Szene & Horizont. Theaterwissenschaftliche Studien

Band 5

Reihe herausgegeben von
Peter W. Marx, Köln, Nordrhein-Westfalen, Deutschland

Die 2017 begründete Reihe bringt Monographien, Sammelbände sowie Editionen zu Themen der Theaterwissenschaft und Medienkultur.

Weitere Bände in der Reihe http://www.springer.com/series/15733

Christiane König

Performative Figuren queerer Männlichkeit

Eine Mediengeschichte von Film und Kino in Deutschland bis 1945

 J.B. METZLER

Christiane König
Institut für Medienkultur und Theater
Universität zu Köln, Köln
Nordrhein-Westfalen, Deutschland

Habilitationsschrift der Philosophischen Fakultät der Universität zu Köln zur Erlangung der Venia Legendi in Medienkulturwissenschaften, vorgelegt von Christiane König. Angenommen von der Philosophischen Fakultät im April 2015.

F O N T E

Gedruckt mit freundlicher Unterstützung der FONTE Stiftung zur Förderung des geisteswissenschaftlichen Nachwuchses.

Szene & Horizont. Theaterwissenschaftliche Studien
ISBN 978-3-476-05145-5   ISBN 978-3-476-05146-2   (eBook)
https://doi.org/10.1007/978-3-476-05146-2

Die Deutsche Nationalbibliothek verzeichnet diese Publikation in der Deutschen Nationalbibliografie; detaillierte bibliografische Daten sind im Internet über http://dnb.d-nb.de abrufbar.

© Springer-Verlag GmbH Deutschland, ein Teil von Springer Nature 2020
Das Werk einschließlich aller seiner Teile ist urheberrechtlich geschützt. Jede Verwertung, die nicht ausdrücklich vom Urheberrechtsgesetz zugelassen ist, bedarf der vorherigen Zustimmung des Verlags. Das gilt insbesondere für Vervielfältigungen, Bearbeitungen, Übersetzungen, Mikroverfilmungen und die Einspeicherung und Verarbeitung in elektronischen Systemen.
Die Wiedergabe von allgemein beschreibenden Bezeichnungen, Marken, Unternehmensnamen etc. in diesem Werk bedeutet nicht, dass diese frei durch jedermann benutzt werden dürfen. Die Berechtigung zur Benutzung unterliegt, auch ohne gesonderten Hinweis hierzu, den Regeln des Markenrechts. Die Rechte des jeweiligen Zeicheninhabers sind zu beachten.
Der Verlag, die Autoren und die Herausgeber gehen davon aus, dass die Angaben und Informationen in diesem Werk zum Zeitpunkt der Veröffentlichung vollständig und korrekt sind. Weder der Verlag, noch die Autoren oder die Herausgeber übernehmen, ausdrücklich oder implizit, Gewähr für den Inhalt des Werkes, etwaige Fehler oder Äußerungen. Der Verlag bleibt im Hinblick auf geografische Zuordnungen und Gebietsbezeichnungen in veröffentlichten Karten und Institutionsadressen neutral.

Lektorat: Oliver Schütze
Titelbild: Das Geschenk des Inders, D 1913, Stiftung Deutsche Kinemathek, 2. Rolle 149.15
J.B. Metzler ist ein Imprint der eingetragenen Gesellschaft Springer-Verlag GmbH, DE und ist ein Teil von Springer Nature.
Die Anschrift der Gesellschaft ist: Heidelberger Platz 3, 14197 Berlin, Germany

Für Bärbel, Rolf-Peter und Chris

Danksagung

Dieses Buch hat eine sehr lange Vorgeschichte, eigentlich eine zu lange im zunehmend gehetzten konkurrenzlastigen akademischen Alltag. In der Umsetzung hat sich das Thema in diesen vielen Jahren zwangsläufig verändert. Auch der theoretisch-methodische Zuschnitt blieb im Zuge persönlicher Veränderungen hinsichtlich meines Fachwissens, aber auch meiner Erlebnisse und Erfahrungen in der Akademie nicht gleich. Die schlussendliche Buchfassung ist Resultat nicht nur einer notwendigen Überarbeitung der eingereichten Habilitationsschrift. Vielmehr ist sie die materiell-semiotische Gravur eines langwierigen Prozesses (nicht-)vorhandener finanzieller und menschlicher Ressourcen. Die Tatsache, dass dieses Buch nun erscheint, ist deshalb vielen Gesten und Handlungen des geistigen und praktischen Gebens, des Haltens, Rahmens und Stützens sowie des wohlwollenden Herausforderns zu verdanken. Mein Dank geht deshalb an Ingrid Hotz-Davies, die den ersten Themenentwurf gelesen und kommentiert hat. Marie-Luise Angerer danke ich für das Zurverfügungstellen nützlicher institutioneller Rahmenbedingungen. Norbert Finzsch habe ich so viel zu verdanken, dass hier nicht alles aufgeführt werden kann. Olaf Stieglitz danke ich für seine Unterstützung bezüglich des Forschungsdesigns der Studie. Peter Marx danke ich für die sehr inspirierenden Gespräche, die mich *outside the box* haben denken lassen, für seine Rückendeckung bei der Verteidigung der Arbeit und für die großzügige Offerte, in dieser schönen Reihe veröffentlichen zu können. Sabine Haenni danke ich für den vertiefenden filmhistorischen Austausch. Paul Fleming und Elke Siegel danke ich für die Möglichkeit, mein Projekt einem internationalen, versierten akademischen Publikum zur Diskussion stellen zu können. Stephan Trinkaus danke ich für Lektüre der und Feedback zur schlussendlichen theoretisch-methodischen Kernidee und seinen Appell, mutig für Un/eindeutigkeiten jeglicher Art und Science Fi/action einzustehen. Ein filmhistorisches Projekt kann nicht ohne Archivarbeit und Recherche entstehen. Ich danke daher insbesondere Anke Hahn von der Stiftung Deutsche Kinemathek für den hürdenlosen Zugang zur audiovisuellen Sammlung sowie die überaus freundliche und entgegenkommende Kooperation. Ohne Maria Matzke und Olaf Saeger hätte ich mich an den Schneidetischen nicht zurechtgefunden. Auch ihnen sei herzlich gedankt. Mein besonderer Dank geht zudem an Marcel Steinlein für die sehr nette Kommunikation sowie eine unkomplizierte und reibungslose Zusammenarbeit mit der Friedrich-Wilhelm-Murnau-Stiftung. Auch dem Bundesarchiv – Filmarchiv gilt mein Dank. Frau Burkhardt und Frau Schwendele von der Beta Film GmbH sowie Frau Herberger von der Rio-Film GmbH haben wie selbstverständlich die Rechtevergabe an den veröffentlichten Filmstills gehandhabt. Meinem Lektor, Oliver Schütze, danke ich für seine ungemein hilfreiche Unterstützung in allen editorischen Angelegenheiten. Renate Kroll möchte ich für die großzügige finanzielle Förderung der Arbeit durch FONTE – Stiftung zur Förderung des geisteswissenschaftlichen Nachwuchses meinen besonderen Dank aussprechen. Rolf-Peter König hat mir Unschätzbares gegeben. Und Chris war wie immer in jeder Lebenssituation, auch der bisher schwersten meines Lebens, voll und ganz für mich da.

im August 2019   Christiane König

Inhaltsverzeichnis

1 **Einleitung**... 1
   1.1 Filmgeschichte als Mediengeschichte – Technisch-
       Anthropomorphes/performative queere Männlichkeit 1
   1.2 Medienarchäologische Voraussetzungen des Mediums Film 8
   1.3 Queere Männlichkeit um 1900 – Der *double bind* des
       Anthropomorphen.. 19

2 **Kaiserreich/Deutschland – Film und Kino, Geschlecht
und Sexualität** 29
   2.1 Kaiserreich/Kleiner Exkurs: Kino und Film
       in Deutschland (1896 bis 1910) 29
   2.2 Fortsetzung/Kaiserreich: Film/Kino/Geschlecht/Sex ab 1910 34
   2.3 Die ‚fantastische' Szene vom ‚fremden Anderen' –
       Das Geschenk des Inders 59
   2.4 Das komische Ge-Stell der Männlichkeit – *Aus eines
       Mannes Mädchenzeit* 83
   2.5 Die mediale Verfolgung der ‚eigenen' Wahrheit – *Die Toten
       erwachen – 6. Abenteuer des berühmten Detektivs
       Stuart Webbs*.. 109
   2.6 Der raumzeitliche geostrategische ‚Verrat' – *Das Tagebuch
       des Dr. Hart* 137

3 **Weimarer Republik/Deutschland – Film und Kino,
Geschlecht und Sexualität**..................................... 167
   3.1 Zwischen/Spiel I: Die technischen Räume rauschhafter
       ‚Widernatürlichkeit' – *Opium – Die Sensation der Nerven* 194
   3.2 Das narrative Tableau un/mittelbarer Beziehungen –
       Das Cabinett des Dr. Caligari 221
   3.3 Die ‚monströse' Un/möglichkeit der
       Selbst-Erkenntnis – *Nosferatu, eine Symphonie des Grauens* 260
   3.4 Die narrative Un/entscheidbarkeit des ‚leeren Ursprungs' –
       Geheimnisse einer Seele.................................. 285

    3.5   Die montierte Lebendigkeit der narrativen ‚Realität' –
           Geschlecht in Fesseln – Die Sexualnot
           der Gefangenen 313
    3.6   Vor/Spiel I: Die uneigentlichen Beziehungen der
           Bildakustik – *Ein Lied geht um die Welt*.................... 347

**4   Nationalsozialismus/Deutschland – Film und Kino,
Geschlecht und Sexualität.** 381
    4.1   Der kinematografische Traum vom Einssein –
           Robert und Bertram 411
    4.2   Die partikulare Szene kinematografischer Unmittelbarkeit –
           Wunschkonzert 439

5   Schlussbemerkung. 467

Filmografie. 471

Literatur. 475

Kapitel 1
Einleitung

1.1 Filmgeschichte als Mediengeschichte – Technisch-Anthropomorphes/performative queere Männlichkeit

Ab dem Jahr 1896 tourten in ganz Europa Wanderkinos.[1] Zumeist waren sie auf Jahrmärkten zu besuchen, auf welchen sie eine Attraktion unter anderen darstellten und in deren Reise- und Aufführungsrhythmen sie eingebunden waren.[2] Die Menschen, die die Wanderkinos besuchten, entstammten allen Gesellschaftsschichten. Männer, Frauen und Kinder jeden Alters, jeglicher sozialer Herkunft besuchten die Jahrmärkte. Nur regionale religiöse Schwerpunkte oder sozio-geografische Kontexte wie Städte oder Dörfer dienten als relevante Ordnungskriterien. Die in den Wanderkinos projizierten Filme waren kurz, maximal ein paar Minuten lang. Sie wurden zu einem Programm mit einer Dramaturgie zusammengefasst. Täglich gab es mehrere Vorstellungen, die die Zuschauer*innen in Interessengruppen vorstrukturierten. Es gab beispielsweise Familienvorstellungen und Vorstellungen für ‚Herren'. Das Programm wurde von einer Person erläutert, die mit dem, der Besitzer*in identisch war.[3] Diese(r) hatte jeweils freie Hand darüber, welche Filme in welcher Reihenfolge auf welche Weise gezeigt wurden. Es heißt, so mancher Betreiber hätte seine Filme rückwärts abgespielt. Oft wurde das Programm von *live* vorgetragener Musik – einem Musiker, einer Musikerin, einer Musikgruppe – begleitet. Es bestand aus Aktualitäten, sprich kurzen Filmen, die politische oder kulturelle Ereignisse aus der ganzen Welt zeigten. Weiterhin enthielt es komische Szenen, einaktige Dramen, Tänze, Sportliches und Akrobatik,

---

[1] Vgl. zum Wanderkino in Europa, der Türkei und Russland im 19. Jahrhundert bis zum Zweiten Weltkrieg Loiperdinger (Hg.) 2008.

[2] Joseph Garncarz ist der Verdienst zuzuschreiben, dies für Deutschland in einem groß angelegten Forschungsprojekt aus verschiedenen Textquellen rekonstruiert zu haben. Vgl. Garncarz 2010a.

[3] Zum Erzähler vgl. Lacasse 2012, Châteauvert 1996.

Tierdressuren, magische Tricks, *tableaux vivants* oder eine Naturansicht. Die meisten Inhalte waren dabei nicht per se neu, die Zuschauer*innen kannten vieles aus den Nachrichten, aus Literatur, aus anderen Jahrmarktsbuden, Spezialitäten- und Sensationstheatern oder Varietés. In der Besonderheit, nun technisch reproduziert und dabei ‚lebensecht' zu sein, war das Erlebnis des sogenannten Kinematografen eine Novität.

Die Zuschauer*innen waren einer Vielzahl heterogener, andauernd wechselnder Schauwerte ausgeliefert, die von der Apparatur und den Lichtbildprojektionen erzeugt wurden, sodass die Wahrnehmung stetig herausgefordert, angereizt und gesteigert wurde. Es sollte die Aufmerksamkeit möglichst bis zum Programmende erhalten bleiben. Die auf die Leinwand projizierten Bewegtbilder stellten sich den Betrachter*innen zwar als Objekte des Sichtbaren dar. Die Art der Bezugnahme konnte jedoch so vielfältig sein, wie die Heterogenität der Schauwerte groß war. Einziger Rezeptionsmodus war nicht nur, wie Tom Gunning ihn für das Kino in diesem Zeitraum veranschlagt, das passiv-aggressive ‚Glotzen'.[4] Die sinnlich-ästhetische Bezugnahme zu den Bewegtbildern wurde durch die Heterogenität der *vistas* multipliziert. Man konnte die Bewegtbilder anstarren, man konnte sie aber auch bedächtig betrachten. Man konnte ebenso absorbiert werden vom Geschehen auf der Leinwand, wie schockiert sein oder auch distanziert werden. Dies alles erfolgte in rasch wechselnden Kombinationen und Wiederholungen. Das Betrachtete konnte mit anderen geteilt, es konnte lauthals kommentiert, sogar der Erklärer konnte ins Erlebnis mit einbezogen werden. Oder man verließ einfach mitten in einer Vorstellung das Vorführungszelt. Keinesfalls war man allein mit den Augen und Ohren konkret in das Geschehen eingebunden. Vielmehr wurde der gesamte Körper mit allen Sinnen permanent vielfältig, heterogen relational zu dem konstituiert, was nicht nur auf der Leinwand, sondern im gesamten Aufführungsraum geschah, inklusive der körperlichen individuellen Eigen-Wahrnehmungen und Selbst-Reflexionen.[5]

An diesem Ort stelle ich mir einen jungen Mann im Publikum vor, der sich ein Programm ansah, vielleicht allein, vielleicht mit seinen Arbeitskolleg*innen, Freund*innen oder auch Verwandten, seinen Schwestern beispielsweise. Davor waren sie vielleicht bei einer Hellseherin gewesen, anschließend schlenderte die Gruppe eventuell zu einem Stand mit Süßigkeiten, um danach noch in einer Schankhalle ein Bier trinken zu gehen. Das aus internationalen Produktionen bestehende Programm zeigte möglicherweise einen Serpentinentanz,[6] einen Boxkampf,[7] ein

---

[4]Vgl. hierzu Gunning 1994 sowie weiterführend Thomson 2009.

[5]Vgl. zum frühen Kino als Ereignis und Projektionskunst in historischer Perspektive Vogl-Bienek 1994.

[6]Es könnte sich um einen Tanz von Loïe Fuller handeln oder auch einen der Mlle. Ancion wie im Wintergarten-Programm Max und Emil Skladanowskys von 1895/96 gezeigt.

[7]Vorstellbar wäre der Kampf zwischen Greiner und Sandow von 1895 ebenfalls aus dem Wintergarten-Programm.

1.1 Filmgeschichte als Mediengeschichte ...　　　　　　　　　　　　　　　　　　　3

Drama mit Enthauptung,[8] einen magischen Trick,[9] eine komische Szene,[10] eine zweite komische Szene[11] sowie schließlich eine Landschaftsaufnahme. Für meinen Zuschauer stelle ich mir vor, dass ihn die kraftvolle Geschmeidigkeit, die lichterfüllte Gestalt der Serpentinentänzerin verzauberte, während er die muskulösen, wendigen Körper von Greiner und Sandow bewunderte und sich vorstellte, ebenfalls so kräftig und sportlich zu sein. Er erinnerte sich dabei an den Boxkampf mit Sandow, von dem er in der Zeitung gelesen hatte. Mit der enthaupteten Königin Mary litt er vielleicht mit, dachte dabei eventuell an das ihm geläufige Schiller'sche Drama, um sich rasch für ein paar Minuten in die raue Schönheit der US-amerikanischen Natur zu versenken. Das mit Mr. Delaware boxende Känguru brachte ihn zum Lachen, während er dem Mann, der auf das Pferd aufzusteigen versucht, andauernd auf den Hintern glotzen musste. Parallel dachte er an einen Bekannten, der dem Boxer ähnlich sah, den er schon lange nicht mehr gesehen hatte und nun wiedersehen mochte. Während der Vorführung ließ er eventuell den Blick durch den Saal schweifen und traf auf ein Augenpaar, das ihn erwiderte, welches das eines älteren Mannes war. Vielleicht wendete sich der junge Mann abrupt ab, voller Erregung, während ihm zeitgleich seine Nebensitzerin etwas ins Ohr flüsterte, den Blick gebannt auf die Tänzerin auf der Leinwand gerichtet. Die Stimme des Erklärers übertönte dabei das Raunen des Publikums. Das Orchester brauste. Die Szenen auf der Leinwand lösten sich in rascher Folge ab. Ein Arbeitskollege winkte ihm von ein paar Sitzbänken weiter vorne aus zu. Der junge Mann winkte zurück, begann gleichzeitig, sich auszumalen, wie eine Begegnung mit dem Fremden verlaufen hätte können oder auch mit jenem Freund, der Sandow ähnelte, bis er schließlich in seiner Phantasie zuerst mit einem Känguru tanzte, dann mit Sandow ein Rendezvous, schließlich Sex hatte, vielleicht selbst Sandow war, wobei dieser wie Mademoiselle Ancion oder Loïe Fuller in ein ausladendes Gewand gehüllt war, während er selbst Boxhandschuhe trug. Er umarmte kurz seine Nebensitzerin und hauchte ihr ein Küsschen auf die Wange. Am späteren Abend hätte er möglicherweise zu Hause seine Erlebnisse im Wanderkino, initiiert durch jene per Licht auf die Leinwand projizierten Bewegtbilder, sowie die damit verknüpfte Phantasie in sein Tagebuch notiert, anschließend onanierte er vielleicht. Womöglich dachte er dabei an die Ausführungen Albert Molls oder Alfred Nordaus über Degeneration bei Masturbation, die er kursorisch gelesen hatte, vielleicht auch an Richard Krafft-Ebings *Psychopathia Sexualis* oder an den ihm gerade erst bekannt gewordenen Berliner Sexualwissenschaftler Magnus Hirschfeld und dessen Thesen vom ‚Dritten Geschlecht', wobei er beim Akt der Selbstbefriedigung etwas Scham empfunden hätte. Vielleicht ging er aber noch zum Tanzen, Schwofen und Schmusen in eine Kneipe, obwohl er am nächsten Tag wieder früh im Büro sein musste.

---

[8]Es handelt sich um die Edison-Produktion *The Execution of Mary, Queen of Scots* von 1895.
[9]Repräsentativ wäre hierfür Georges Méliès' *L'Escamotage d'une dame au théâtre Robert Houdin* von 1986.
[10]Das Beispiel ist hier der Lumière-Produktion *La voltige* von 1895 nachempfunden.
[11]Es handelt sich um die Lumière-Produktion *L'arroseur arrosé* von 1896.

Das für dieses Szenario gewählte Jahr fällt bewusst nicht mit dem mythischen Datum der Geburt des Kinos zusammen, dem Jahr 1895 nämlich. In diesem beginnt in der Filmgeschichte der Institutionalisierungsprozess des Kinos mit der Lichtprojektion von Bewegtbildern auf Leinwand für ein größeres Publikum. Davor war der technische Apparat auf Weltausstellungen oder Jahrmärkten als technische Neuheit im Fokus des Interesses gestanden, die Filme bildeten illustrierendes ‚Beiwerk'. Oft wurden sie auf anderen Apparaten wie dem Edison'schen Kinetoskop ohne Leinwandprojektion vorgespielt, das das visuelle Erlebnis auf eine*n einzelne*n Zuschauer*in beschränkte. Mit den Wanderkinos vergrößerte sich jedoch immens die Erreichbarkeit des Publikums. Ab dem Jahr 1896 setzte daher die Breitenwirkung des Mediums Film ein, die den bereits initiierten Institutionalisierungsprozess des Kinos begleitete.[12]

Mir ist allerdings das gesamte *setting* wichtig: Die kurzen Filme bildeten den Fokus der im Saal sitzenden Menschen mit all ihren Sinnen, der Taktilität ihrer Körper, einschließlich ihrer Erkenntnisvermögen, aber auch mit der Soziabilität ihrer vergeschlechterten, religiösen, alters- und herkunftsbedingten Identitäten. Zugleich demonstriert diese Szene die dynamische, irreduzible Komplexität, Vielfalt und Formbarkeit, durch die das visuelle und akustische Feld von den anwesenden Subjekten zugleich taktil, kognitiv und sozial erlebt wurde. Wahrnehmungen, Körpermotorik, Affekte, Begehren und Kognition waren zwar auf die schillernden, lichtdurchfluteten immateriellen Bewegtbilder gerichtet. Heterogene Anordnung sowie Vielfalt der Programminhalte aber ließen, trotz aller Ordnungstendenzen, kein stabiles Bezugsverhältnis von Gesehenem, Erlebtem und (heterogenem) Publikum zu. So wurden Wahrnehmung und Kognition, Affekte und Begehren der einzelnen Subjekte zwar adressiert und gesteigert, um re-modelliert zu werden, wodurch in dieser *assemblage* partiell neue Muster entstanden. Aufgrund der dabei mitproduzierten Öffnungen ergaben sich jedoch Momente temporärer Unentscheidbarkeit, die zu potenziell unvorhersehbaren Fortsetzungen führen konnten. Anders formuliert, das neu Produzierte war in seiner Un/Bestimmtheit nicht vollständig determinierbar. Die mit ihm einhergehenden Un/möglichkeiten und In/stabilitäten konnten sich zudem an einem anderen Ort, zu einer anderen Zeit bezüglich anderer Wissens- und Begehrensobjekte entladen oder intelligibel gemacht werden. Das Technisch-Mediale von Apparat, Kino und Filmprojektion verschränkte sich vielfältig und komplex mit den sozial ebenfalls multipel verschränkten humanen Affekten, Wahrnehmungsweisen und Erkenntnisformen. Am Ort Wanderkino entstanden immer wieder aufs Neue veränderliche techno-humane, materiell-sensitiv-kognitiv-semiotische Entitäten, wie ich es anhand meiner Figur des jungen Mannes mit dieser singulären queeren *assemblage* zu verdeutlichen versuchte.

Diese Studie ist daher keine Filmgeschichte im herkömmlichen Sinne, sondern eine Mediengeschichte queerer Männlichkeit, bezogen auf Film und Kino

---

[12]Vgl. hierzu erneut Garncarz 2010a.

in Deutschland.[13] Sie ist es deswegen nicht, weil ich mich dabei nicht primär am Paradigma der Repräsentation orientiere,[14] weshalb an dieser Stelle ein paar Worte zur von mir vertretenen Epistemologie der Medien angebracht sind. Diese bestimmen zugleich auch die hier zugrundeliegende Methode.

Alle charakteristischen Merkmale des Mediums Film existierten bereits, als sich das Kino herauszubilden begann. Insbesondere zählen hierzu die Fotografie, die in ihm als Serie wiedergegeben wurde, und das *théâtre optique,* dessen virtuelles Bewegungskompost es um die Fotografie ergänzte, aber auch die wechselnden Szenen der Dioramen, die sequenziell und narrativ angelegt waren. Dazu gehören auch Sensationen wie beispielsweise aus dem Sensationstheater bekannte Zugentgleisungen oder Vulkanausbrüche sowie niesende Männer, Akrobat*innen oder dressierte Kängurus, die die Zuschauer*innen aus den Varietés und Spezialitätentheatern kannten. Im Medium Film traten all diese Elemente in einer ganz spezifischen Konstellation um den Zeitpunkt seines vermeintlich mythischen Ursprungs herum zusammen. Der Film konstituierte sich, indem er diese Bezüge sichtbar zutage treten ließ, in dem Maße, wie er unter dem Signum antrat, ‚das Leben an sich' optimiert, sprich besser als jedes andere Medium zuvor sichtbar zu machen. Das Medium Film produzierte also seine charakteristischen Sichtbarkeiten, indem es bereits vorhandene Medien technisch re-produzierte. Es bildete sich als Medium heraus durch die sichtbare, spezifische Differenzbildung zu anderen Medien, durch differenziale Relationalität also. Diese rekurrierte im Wesentlichen auf die Grundprinzipien von An- und Abwesenheit, von Illusionserzeugung und Illusionsbruch sowie von Nah- und Fernverhältnissen. Diese raumzeitlich-dynamischen und -kritischen Prozesse der De- und Rekomposition visueller heterogener Ansichten lassen sich daher als performative Wieder-Aufführungen im Bereich des Symbolischen bezeichnen.[15] Folgerichtig beginnt diese

---

[13]Diese Mediengeschichte hätte sich selbstverständlich auch als transnationale Geschichte schreiben lassen. Unter anderem aufgrund materieller Beschränkungen wie Ressourcen für den Zugang zu Archiven muss ich hier die für den europäischen und deutschen Kontext spezifischen diskursiven und dispositiven Umstände fokussieren.

[14]Es handelt sich um keine Historiografie zunehmender Sichtbarkeit schwuler Identitäten in Kino und Film seit den Anfängen, wie es noch Vito Russos Anliegen war. Hier soll auch nicht mit einem vermeintlich aktuellen Wissen von männlicher Homosexualität ein Blick in die Filmgeschichte geworfen werden, um retrospektiv Figuren als schwul zu ‚outen' oder Begehrenskonstellationen zu vereindeutigen. Vgl. Russo 1981.

[15]Inspiriert ist dieser Ansatz vom Konzept der Remediation von Jay D. Bolter und Richard Grusin, welcher hier historisch spezifisch verortet und methodisch angepasst ist. Vgl. Bolter/Grusin 2000. Sie fokussieren in ihrer historisch angelegten Studie zunächst einmal neue Medien, hier den Computer. Dass diese nicht aus dem Nichts kommen, sondern sich konstituieren, indem sie bereits Vertrautes reproduzieren, veranschaulichen die beiden als Kunsthistoriker durch eine Archäologie dieser Konfiguration. Anhand des Computers arbeiten sie weiterhin ein grundlegendes konstitutives mediales Differenzprinzip heraus: das produktive Wechselspiel von transparenter Illusion (vermeintlich unvermittelter Zugang zum ‚Leben', zur ‚Wirklichkeit') und Hypermedialität (Aufzeigen medialer Verfasstheit). Der erzeugte Effekt von Lebensechtheit

Mediengeschichte queerer Männlichkeit mit den medienarchäologischen Voraussetzungen des Films,[16] spätestens seit dem ausgehenden 18. Jahrhundert. Für queere Männlichkeit wiederum bedeutet diese spezifische mediale Konstellation des Films, dass sowohl Geschlecht als auch Sexualität nie nur in einfacher Form – als geschlechtliche Identität, als ‚sexuelle Orientierung' oder sexuelle Praktiken – abgebildet wurden. Sie waren (und sind es bis heute) den spezifischen technisch-medialen Prozessen der multiplen und zugleich spezifischen Differenzerzeugungen im Zeichen optimierter Sichtbarmachung des ‚Lebens an sich' in doppelter Hinsicht unterworfen. Bei der technischen Re-produktion von Sex und Geschlecht im Film wurden großteils bereits vorhandene Bilder, Ansichten, Konzepte, Erzählungen und Diskurselemente von beidem wieder-aufgeführt, sprich performativ erzeugt. Zudem fand auch diese performative Wieder-Aufführung unter der Bedingung der herausgestellten Sichtbarkeit ihrer (medialen) Herkünfte im Zeichen der Steigerung des ‚Lebens an sich' als differenziale Relationalität statt. Folglich konnten geschlechtliche und sexuelle Identität sowie Begehren und Begehrenskonstellationen nur als in sich differente Relationalitäten insbesondere im Spannungsverhältnis von Konstruktionscharakter und ‚Lebensechtheit' erscheinen.

In diesem Licht muss man die mediale Neuorganisation von Affekten, Begehren, Perzeption und Kognition der Zuschauer*innensubjekte betrachten. Durch das Filmerleben wurde der Bezug des ‚Subjekts' zu sich selbst neu als affektives und kognitives (Selbst)-Erlebnis und affektive sowie kognitive (Selbst-)Erfahrung von Differenz(en) mit Bezug zu diesen Konzepten konstituiert. Film als Medium war nicht nur Objekt des Wissens und der Erkenntnis über das und vom (anderen) Medium. Er war zugleich Instrument und Operator gesteigerter (eigener) Lust am Schauen und Lust am Willen zum Wissen von sich und dem anderen, was ich in Anlehnung an Michel Foucault, Georges Didi-Huberman und Linda Hentschel als Wissenslust bezeichne.[17]

Die technisch-medialen, performativen und affektiv-kognitiven Verschränkungen von Geschlecht, Sexualität und Begehren mit der Wissenslust des Filmpublikums bildeten aufgrund der dynamischen De- und Rekompositionsprozesse bei ihrer un/bestimmten Wieder-Aufführung stets neue Konturen aus. Diese flexiblen Konturen bezeichne ich modellhaft als Technisch-Anthropomorphes des Mediums

---

durch ein Mediums ist deshalb unauflöslich verschränkt mit dem Verweis auf ein anderes Medium und dessen Konstruktionscharakter.

[16]Hinsichtlich der Medienarchäologie als Methode vgl. Kittler 1986, Ernst o. A. sowie 2001, Huhtamo/Jussi Parikka (Hg.) 2011. Eine frühe Archäologie des Kinos findet sich bei Cerams 1964. Speziell Filmgeschichte als Medienarchäologie skizziert Elsaesser 2004.

[17]Zur Wissenslust vgl. Foucault 2005, Didi-Huberman 1997, Kittler 2002 sowie Hentschel 2001. Dass die Beziehung zu Kino und Film stark libidinös strukturiert war, wurde bereits in den schriftlichen Ausführungen zum frühen Kino wie bspw. von Walter Serner bezeugt. Serners diesbezügliche Beobachtungen erschienen 1913 in *Die Schaubühne* 9. Vgl. Serner 1913.

Film. Gemeint ist damit die performative, dabei relationale Bezogenheit von technisch-medialen und humanen Prozessen. Darin wurden die Positionen von Objekt und Subjekt (vor und auf der Leinwand) partiell ununterscheidbar. Affekt und Begehren sowie Wissen und Erkenntnis (seitens der Bilder, seitens der Betrachter*innen) brachten dabei auf un/bestimmte Weise stetig (neue) Körper, Begehren, Sexualitäten, Geschlechter und Identitäten hervor.

Mit dem Verweis auf die medienarchäologischen Bedingungen des Films lassen sich die Aspekte des Technisch-Anthropomorphen spezifizieren, die für die Figuren des Technisch-Anthropomorphen queerer Männlichkeit relevant waren. Hieraus ergibt sich auch eine spezielle epistemologische Grundlage für den Begriff ‚queer' in diesem Buch, welche zudem eine andere theoretisch-methodische Umgangsweise mit ihm bedingt: ‚Queer' bedeutet hier weniger, im Symbolischen vermeintlich Gegebenes wie Begehren, Begehrensobjekte oder -konstellationen zu interpretieren. Vielmehr ist ‚queer' eine Praxis des Aufsuchens in sich differenter Wieder-Aufführungen von Geschlecht und Sexualität als Konturen des Technisch-Anthropomorphen des Mediums Film. Queer ist dabei die unablässig treibende Kraft, durch welche die historiografische Perspektive diese Konturen auf spezifische Weise in den Blick nimmt, indem sie *pace* Eve Kosofsky Sedgwick als antihomophobes, -misogynes und -rassistisches Projekt primär deren wertschätzende und ermächtigende Effekte verzeichnet.[18]

Ziel ist es, die Konturen des Technisch-Anthropomorphen des Films und seine ermächtigenden Effekte als technisch-mediale, performative queere Männlichkeit seit dem Jahr 1896 nachzuvollziehen und ihre Veränderungen bis 1945 zu notieren. Ich habe mir diesen Zeitraum bewusst erwählt, um zu zeigen, dass die Zeit der NS-Herrschaft zwar einen markanten Bruch darstellt, der durch die Veränderungen des filmischen Dispositivs aufgrund der soziopolitischen Umstände angezeigt wird, ohne die Konstituierung technisch-medialer, performativer queerer Männlichkeit vollständig zu unterbinden.[19] Ich fokussiere hier speziell die technisch-mediale Performativität queerer Männlichkeit nicht nur, weil es, wie es Teresa de Lauretis formulierte,[20] eine historisch bedingte differente

---

[18]Vgl. Sedgwick 1990.

[19]Es gab und gibt in der Geschichte keine harten Brüche, weshalb auch die in der ‚offeneren' Kultur der Weimarer Republik vermeintlich uneingeschränkte Expressivität queerer Identitäten nicht mit dem Stichtag der NS-Herrschaft abrupt endete, was gerne in der Queer Theory so kolportiert wird. Vgl. hierzu die Argumentation bei erneut Russo 1981, weiterführend bei Mennel 2012 sowie Brown 2016. Implizit findet sich die These schon bei Dyer 1990a, 1990b sowie Kuzniar 2000.

[20]Vgl. Lauretis 1991. Es geht hierbei nicht um die Differenz von männlicher und weiblicher sexueller Identität. Entscheidend für dieses Verständnis von Queerness sind die durch unterschiedliche Codierungen und Normierungen bezüglich weiblicher und männlicher Homosexualität erzeugten, unterschiedlichen diskursiven Zuschreibungen sowie individuellen und kollektiven Erfahrungen, inklusive Selbstverständnissen, die historisch unterschiedliche Strategien der (Un-)Sichtbarmachung, der medialen Reproduktion und Performativität (bis heute) mit sich brachten. Eine solche Film- und Mediengeschichte queerer Weiblichkeit steht noch aus. Vielleicht muss sie aber auch nie geschrieben werden.

Erfahrungsebene von Männern und Frauen gibt, wobei die ‚männliche' aufgrund der soziopolitischen Voraussetzungen sichtbarer und schlichtweg einfacher einholbar ist.[21] Vielmehr lassen sich die medienarchäologischen Voraussetzungen für queere Männlichkeit auf besondere Weise mit der bereits existierenden, brillanten Arbeit von Eve Sedgwick zu queerer Männlichkeit in der Literatur sehr gut erläutern und begründen.

Ich werde im nächsten Abschnitt die medienarchäologischen Bedingungen darlegen, die beim historischen Auftreten des Mediums Film vorlagen, mit denen die filmspezifischen Voraussetzungen für queere Männlichkeit erklärbar werden. Sie sind im größeren Kontext der sich während des 19. Jahrhunderts herausbildenden Charakteristika ‚moderner' europäischer Gesellschaften zu sehen und lassen sich im Großen und Ganzen deren bedeutsamen Bereichen der Unterhaltungs- und Wissenskulturen zuordnen. Anschließend werde ich auf Sedgwicks historische Darstellung der Figur jenes Anthropomorphen eingehen, dessen Konturen sich speziell durch rhetorische Strategien in der Literatur bis zum *fin-de-siècle* auf Basis der Arbeit der in sich irreduzibel inkohärenten, paradoxal wirksamen Doppelstruktur der beiden zentralen, für Männlichkeit beziehungsweise männliche Beziehungen verfügbaren Definitionen herausbildeten. Am Ende der Einleitung wird durch die Verknüpfung von beidem schlussendlich eine historisch situierte, spezifische technisch-anthropomorphe Figur der Verschränkung von Medium Film und Geschlecht, sprich technisch-mediale, performative queere Männlichkeit stehen. Deren Modifikationen im Verlauf der Herausbildung des Kino- und Filmdispositivs in Deutschland werde ich im Hauptteil der Arbeit anhand der Lektüre ausgewählter Filme aufzeigen, indem ich die jeweiligen Figuren des Technisch-Anthropomorphen queerer Männlichkeit darin skizziere.

1.2 Medienarchäologische Voraussetzungen des Mediums Film

Die Unterhaltungs- und Wissenskulturen lassen sich im Kontext der für ‚moderne' europäische Gesellschaften im 19. Jahrhundert charakteristischen soziokulturellen und -politischen Bedingungen betrachten.[22] Arbeit, Leben und Repräsentation bildeten ihre wesentlichen soziopolitischen Axiome, gemäß derer kapitalistische (Re-)Produktions-, Vertriebs- und Konsumptionsprozesse

---

[21] Damit meine ich grundsätzlich alle Männer und Frauen, hier jedoch im speziellen Fall Personen, die im soziopolitischen Sinne als nicht-heterosexuell markiert sind und sich potenziell auch so identifizieren.

[22] Zum Konzept der Moderne als in sich widersprüchlicher Differenzierungsprozess, als nicht-linearer Re- und Dekompositionsprozess sich verschieden aktualisierender Ordnungsmuster vgl. Welskopp u. a. (Hg.) 2012. Es handelt sich um eine Weiterführung des Modernekonzepts bei Harwey 1990. Zur queeren Kritik hieran vgl. Halberstam 2005.

1.2 Medienarchäologische Voraussetzungen des Mediums Film

mittels imperialistisch-territorialer Raubbau- und Expansionsbewegungen systematisiert und standardisiert wurden. Sie waren begleitet von Transport- und Kommunikationstechnologien,[23] von Migrationsbewegungen und Urbanisierungsschüben.[24] Europäische Nationalstaaten entstanden auf Basis von Technologien zur erfassungstechnischen, medizinisch-physiologischen und anthropologischen Klassifizierung von Individuen sowie zur biopolitischen Bevölkerungsregulierung,[25] eingedenk deren experimenteller Erprobung in den Kolonien.[26] Als homologe Komplemente zu Produktion und Arbeit entstanden Konsum und Freizeit.[27] Beides unterlag denselben modernen Prinzipien zunehmender Systematisierung, funktionaler Ausdifferenzierung, Standardisierung und Frequenzierung. In ihnen ließ sich die unübersichtliche ‚moderne' Merkwelt von Technik und Lebensentwürfen unter ‚sicheren' Bedingungen reproduzieren und erleben.[28]

Dazu zählte insbesondere das mentale und physische Erleben von Raum und Zeit, von Nah- und Fernverhältnissen, von Beziehungen zu Technik, Waren und Körpern, sprich belebten und unbelebten Objekten, von Beziehungen zu Individuen und Gruppen sowie von Selbst-Verhältnissen. In teils mobilen, teils fixen Einrichtungen wie Spezialitätentheatern,[29] Schank- und Trinkhallen,[30] Zirkussen,[31] Wachsfigurenkabinetten,[32] Panoramen und Dioramen,[33] Panoptika,[34] Sensations- und Illusionstheatern,[35] Variétés,[36] Kabaretts,[37] Jahrmärkten,

---

[23] Vgl. hierzu Hugill 1999, Ross 2008 sowie Headrick 1981, 2000.

[24] Vgl. Bade 2000 sowie Mergel 2009.

[25] Vgl. hierzu Hagner 2000, Florey/Breidbach (Hg.) 1993, Harrington 2002, Palm 2008, 2009, Zimmermann 2001, 2004 sowie Köstering 2003.

[26] Vgl. hierzu Grosse 2000, Conrad 2006, Kundrus 2003, (Hg.) 2003 sowie Goodman u. a. (Hg.) 2003.

[27] Vgl. hierzu Haupt/Torp (Hg.) 2009, König 2000, Siegrist u. a. (Hg.) 1997. Zum Verhältnis von Freizeit und Konsum vgl. Cross 1993, Furlough 2001, dies./Strikwerda (Hg.) 1999 sowie Butsch (Hg.) 1990. In Genderperspektive vgl. Grazia/Furlough (Hg.) 1996. In post-kolonialer Perspektive vgl. Ciarlo 2011.

[28] Vgl. hierzu Kane 2013.

[29] Vgl. hierzu Jansen 1990.

[30] Zu den Trink- und Schankhallen vgl. Geisthövel 2005, Lange 2016 sowie Kosok 1992.

[31] Vgl. hierzu Crary 2002.

[32] Vgl. hierzu Sandberg 2003, Jordanova 1995 sowie Warner 1995.

[33] Vgl. hierzu Sternberger 1946, Kunst- und Ausstellungshalle der Bundesrepublik Deutschland GmbH (Hg.) 1993, Koschorke 1996, Oettermann 1997, Miller 1996, Huhtamo 2013, Haps 2010 sowie Griffith 2008. Zu den Dioramen vgl. Gernsheim/Gernsheim 1956.

[34] Vgl. hierzu Oettermann 1992.

[35] Zum Sensationstheater vgl. Singer 2001 sowie Becker 2016. Zu den Illusionstheatern vgl. During 2002, Steinmeyer 2003, Solomon 2010 sowie Gunning 2012.

[36] Vgl. hierzu erneut Jansen 1990, weiterführend Günther 1981 sowie Ochaim/Bald 1998.

[37] Vgl. hierzu Jelavich 1990, 1993.

Vergnügungsparks,[38] Rummelplätzen,[39] Zoos[40] und Weltausstellungen[41] wurde im Modus der Sensation ein Konglomerat unüberschaubarer visueller, auditiver und taktiler Reize offeriert. Diese wurden wiederum entsprechend der Prinzipien von Analyse und Klassifizierung in Erlebnisformen und Wahrnehmungsschemata gegliedert.

Der korrespondierende Präsentationsmodus entsprach anfänglich meist einem statischen Schema wie der Szene oder dem Tableau, welches einen statischen Weltausschnitt in einem festgelegten Rahmen präsentierte. Das Präsentierte war durch regulierte Bewegungen und Wechsel der Ansichten strukturiert wie beispielsweise bei Guckkästen, Dioramen, Laterna Magicaschauen sowie in der frühen Stereoskopie. Ansichten, Perspektiven und Ausschnitte wurden zusammengebracht und verschweißt, ohne dass ihre Grenzen völlig verschwanden.[42]

Die Betrachter*innenposition war dabei zunächst ebenso statisch und zudem distanziert. Die Grenzen von Ausschnitt und Umgebung sollten als Differenz von einer technisch-ästhetisch erzeugten, illusionistisch präsentierten ‚Realität' zu einer existierenden ‚Wirklichkeit' wahrgenommen und bewusst gemacht werden. Im Spiel von Illusionierung und Illusionsbruch sollte sich das (betrachtende, erlebende) Selbst als Größe erfahren, die diese bewusst konstruierte Grenze sinnlich wahrnehmbar erlebte. Beim – stets retroaktiven – Erkennen und Verstehen der Unterscheidung von Illusion und Bruch wurde es sich als kontrollierende Instanz in dezidierter Abgrenzung zum präsentierten Spektakel und seiner epistemologisch vermeintlich völlig verschiedenen Raumzeit gewahr.

Im Verlauf des 19. Jahrhunderts veränderten sich die Erlebnis- und Erkenntnisformen erneut unter dem Einfluss neuer Transport- und Kommunikationstechnologien, die zugleich das epistemo-ontologische Raumzeitschema modifizierten. Statt eines begrenzten Raums, in dem die Zeit linear und sequenziell, daher kontrolliert begrenzt ablief, bestand es nun aus prinzipiell endloser territorialer Ausdehnung sowie potenziell unabschließbarer Zeit. In den Manifestationen technisch-ästhetischer Reproduktion wurde es umgesetzt als multiple, verschieden gerichtete Bewegungen der Objekte im Raum, kombiniert mit heterogenen, wechselnden Raumausschnitten, daher auch beweglichen Perspektiven. Von besonderer Bedeutung waren dabei zudem Eigenbewegungen aller Art der jeweiligen Betrachter*innen. Nicht von ungefähr skizzieren Wolfgang Schivelbusch und Anne Friedberg die Entstehung eines Regimes des ‚virtuellen' Blicks in Panoramen und Fotografien (oft als Postkarten)[43], welcher im Wahrnehmungsmodus des

---

[38]Vgl. hierzu Rabinovitz 2012, Becker u. a. (Hg.) 2011, Berger 2016, Niedbalski 2016, Dreesbach/Zedelmeier (Hg.) 2003, Brändle 2013 sowie Griffith 2002.

[39]Vgl. hierzu Szabo 2006, (Hg.) 2009.

[40]Vgl. hierzu Wessely 2008, Rothfels 1994, Dreesbach 2005, Wolter 2005, Blanchard u. a. (Hg.) 2012 sowie Thode-Arora 1989.

[41]Vgl. hierzu Mitchell 2002, Cauter 1993, Bennett 2004, Leach 1989 sowie Spiekermann 2000.

[42]Vgl. Crary 1992, Hentschel 2001.

[43]Vgl. zum Medium der Postkarte Geary/Webb 1998.

1.2 Medienarchäologische Voraussetzungen des Mediums Film

Erlebens des Eisenbahnfahrens präfiguriert war.[44] Visualität als analytische Kategorie muss allerdings um die haptische und taktile Dimension erweitert werden, da sie bereits bei der Erfahrung aller Arten von Bahnen sowie beim Besuch hydraulisch betriebener, mit Bewegtbildern ausgestatteter Aufbauten eine gewichtige Rolle spielte.[45] Dazu zählten die sensomotorischen Gesamterlebnisse dieser Art, die die aufwändigen, multipel beweglichen Panoramen der 1890er Jahre boten, in die bewegliche Anordnungen wie Segel- oder U-Boote oder Ballone eingebaut waren. Ein ähnliches Gesamterlebnis stellten ebenso die Eisenbahnwaggons in *amusement parcs* beziehungsweise Vergnügungsparks zur Verfügung, die um 1900 mit den ersten Eisenbahnfilmen *(phantom rides)* ausgestattet waren. Beginn (,Einsteigen') und Ende (,Ankommen' bei einer ,Sehenswürdigkeit') waren zwar vorgegeben, die ,Fahrt' war jedoch prinzipiell endlos.

Auch in ihrer materiellen Existenz brachten die Präsentations- und Erlebnisformen die Bedeutung des veränderten Raumzeitschemas zum Ausdruck. Die Einrichtungen um 1900 waren entweder sehr leicht und modular, daher ressourcenarm und gut transportierbar wie die Aufbauten der *faux terrains* aus Holz und Pappmaché auf Weltausstellungen um 1900 beispielsweise.[46] Oft bildeten sie Komposits, die der Synthetisierung verschiedener Präsentationsweisen und zugleich jener der Wahrnehmungsformen entsprachen. Gerade die begehbaren, sehr aufwändigen Panoramen der späten 1890er Jahre bildeten ein simulatives synästhetisches Gesamterlebnis zum temporären Eintauchen in eine ,künstliche Welt'.

Sinnhaft wurde dieses raumzeitliche Schema in den Einrichtungen immer dann, wenn die zeitliche Komponente von Kontinuität und Dauer mit jenem Prinzip des stetigen Wandels des Inhalts sowie der räumlichen Ansichten verknüpft wurde.

Die im erzeugten Differenzerlebnis entstehenden Übersteigerungen sollten dabei prinzipiell auf neu entworfene Normwerte zurückverweisen. Weil sie potenziell neu und darin unbestimmt waren, mussten sie deshalb zur Stabilisierung permanent wiederholt, das heißt die Erlebnisweisen mussten systematisiert, standardisiert und frequenziert werden. Dieses Bestreben lässt sich allgemein an der zunehmenden Institutionalisierung urbaner Unterhaltungseinrichtungen ablesen. Es lässt sich zudem an besonderen Öffnungs- und Vorführungszeiten erkennen, welche die Regelmäßigkeit der Veranstaltungen sowie deren Besuche vorgaben. Auch die vorgegebenen Programme mit Nummern wie in den Varietés bezeugen die Tendenz zur quantitativen Frequenzierung und Taktung von Freizeit- und Konsumerlebnissen. Besonders aussichtsreich waren daher generell insbesondere jene Institutionen und Apparate, Techniken und Verfahren, die Segmentierung und Standardisierung mit Variation und Vielfalt kombinierten. Nur mittels guter Transportier-, Vertrieb- und Konsumierbarkeit konnten sie überdies mit den Prozessen der Beschleunigung, Intensivierung und Ausdehnung der Bewegungen von

---

[44]Vgl. hierzu Schivelbusch 1977 sowie Friedberg 1993.
[45]Vgl. hierzu Williams 1997.
[46]Vgl. hierzu erneut Haps 2010.

Waren und Menschen, mit ihren Rotations- und Austauschbewegungen mithalten, ansonsten wurden sie marginalisiert.

Die reproduktive Spektakularisierung von in sich differentem Un/Bekanntem wurde dabei keineswegs in symmetrischer Anordnung von Binarismen dargeboten. Vielmehr wurde ein Teil des jeweiligen Binarismus als Normgrenze re-produziert wie insbesondere in den *freak shows,* in denen anhand des spektakularisierten außergewöhnlichen Körpers die Normalisierung arbeitsfähiger moderner Körper verhandelt und austariert wurde.[47] Die jeweilige Normgrenze wurde meist durch den ‚Störfall der Ordnung' wie ‚dem Kranken' oder ‚dem Fremden' (oft auch in Kombination) technisch-ästhetisch aufgeworfen, um es wissenspolitisch durch Verschiebung der Grenze neu zu verhandeln und anschließend zu stabilisieren.[48]

Anhand der in Zoos, Biergärten, Panoptika sowie auf Weltausstellungen stattfindenden Völkerschauen lässt sich demonstrieren, dass zwar Normbildung gewollt war, die in Differenzproduktion entstehenden Un/Bestimmtheiten immer auch zu ungewollten Konstellationen führen konnten.[49] Durch die Präsentation ‚anderer' ‚fremder' Menschen sollten sich die Europäer*innen in der Differenz als solche wahrnehmen und erkennen. Die Bezugnahme war insofern doppelt strukturiert, als dass diese Wissen über die ‚fremden Völker' erlangen sollten. Da die Präsentation jedoch im Modus der Spektakularisierung stattfand, spielte die Wissenslust stets eine große Rolle. Intrinsisch war der Bezugnahme also die exotistische und erotistische Faszination und Attraktion, die beide Gruppen jeweils in der Differenz miteinander verband, eingeschrieben. Konzeptionell betrachtet, sollten sich die Europäer*innen beim Erkennen der Differenz abgrenzend konstituieren. Realiter gingen beide Gruppen jedoch teils erotische und sexuelle Beziehungen miteinander ein.[50] Die Positionen von ‚Subjekt' und ‚Objekt', von ‚Eigenem' und ‚Fremdem' wurden hier potenziell ebenso ununterscheidbar wie die Art der Bezugnahme von abgrenzender (reflexiver) Identifizierung sowie voyeuristischem und sexuellem Begehren.

Epistemologisch waren somit die Erlebnisweisen und Erkenntnisformen der ‚modernen' Welt grundlegend abhängig von den kompositartigen illusionistischen Welten sowie deren Bruch. Dieser verwies zwar auf ein Reales, das sich aufgrund der sich stetig re-produzierten Differenz nie unmittelbar und

---

[47] Vgl. zu den *freak shows* Durbach 2010, Craton 2009 sowie Blue II 2014.

[48] Zur Aufführung von Binarismen als Grenzwertiges vgl. Garland Thompson (Hg.) 1996. Insbesondere mit Bezug zu Geschlecht anhand des Transgenderkörpers vgl. Grosz 1996. Die Extremfälle dieser Grenzen des Darstellbaren bilden in westlichen Kulturen Tod und Sex. Vgl. hierzu Williams 1999. Zum Tod vgl. Stewart 1995. Explizit mit Bezug zur epistemischen Raum-Zeitthematik gegen Ende des 19. Jahrhunderts im Bereich medizinischer Fotografie vgl. Schmidt 2001.

[49] Mit diesem Beispiel möchte ich die Völkerschauen keineswegs ihrer soziopolitischen Funktion entheben. Sie sind als Technologien zur Entmenschlichung radikal zu verurteilen.

[50] Vgl. hierzu erneut Brändle 2013, Dreesbach/Zedelmeier (Hg.) 2003 sowie Lewerenz 2007.

1.2 Medienarchäologische Voraussetzungen des Mediums Film

wahrhaftig zeigte, gerade weil es immer wieder aufs Neue vereindeutigt und festgeschrieben werden musste. Weil lediglich in permanenter Wiederholung als Differenzverhältnis veranschaulicht, waren auch Illusion und Reales potenziell ununterscheidbar. Da davon die Wahrnehmungs- und Erkenntnisformen des Zuschauer*innensubjekts abhingen, affizierte diese Konstellation potenziell immer auch die Stabilität der Position des (sich) erlebenden, wahrnehmenden, erkennenden Subjekts. Insbesondere weil die illusionistischen Techniken auf der Überlistung und Simulation menschlicher Sinnesleistungen basierten, daher unbemerkt, weil automatisch abliefen, war hierüber letztendlich keine sichere Erkenntnis zu erlangen. Zum Ende des 19. Jahrhunderts waren Wissen von der Welt, des jeweiligen Mediums *und* des Selbst als durch dieses Medium konstituierte relational verschränkt. Die Welt erschien als heterogen strukturiertes Bewegtbild, welches durch das Medium kompositartig zusammengesetzt war. Das mit dem technisch-medial konstituierten Welt-Bild verschränkte Selbst existierte in vollem Umfang – hinsichtlich seines Körpers, seiner Identität, seines Willens zum Wissen, seines Begehrens – ausschließlich als Produkt und Effekt dieser Relationalität.[51] Es war sich nur noch so verfügbar, insofern das Erleben und Erkennen qua medial und apparativ konstituierter Selbst-Bilder stattfand. Hierdurch war es im epistemo-ontologischen, dabei doppelten Sinn kaum mehr möglich, wahrhaftig zu wissen, ob man sich selbst sah und erkannte oder ein Bild des Selbst, das aber immer auch ein Bild des anderen war, zumal das Bild durch die in sich differente Re-produktion stets mehrfach gegliedert sein konnte. Die potenzielle Ununterscheidbarkeit von sichtbaren und wahrnehmbaren Objekten und Subjekten überlagerte sich daher untrennbar mit der potenziellen Ununterscheidbarkeit von eigenem und fremdem Körper, eigener und fremder Identität, von Anderem und Selbst.

Ein Blick in die Wissenskulturen ist dafür instruktiv. Mit Wissenskulturen sind zuvorderst wissenschaftliche Museen, Vortragssäle und Labore gemeint.[52] Sie unterlagen denselben Axiomen von Arbeit, Leben und Repräsentation hinsichtlich individueller und gesellschaftlicher (Un-)Produktivität, dazu nötiger (Nicht-)Reproduktivität und deren (unmöglichen) Veranschaulichungen.[53] Entsprechend wurden physikalische und physiologische Entitäten beziehungsweise Materialitäten (tierischer und humaner Abkunft) teilweise recht gewaltförmig der Analyse, Verzeichnung und Klassifizierung nach den allgemeinen Prinzipien der Standardisierung (Durchschnittlichkeit, Reproduzierbarkeit) sowie der funktionalen Ausdifferenzierung (Fragmentierung, Vergleichbarkeit) im Hinblick auf ihre ökonomische, soziokulturelle und -politische Fungibilität unterworfen.

---

[51]Vgl. hierzu Goble 2010 sowie Schrage 2001.
[52]Vgl. hierzu Felsch 2005 sowie Hoffmann 2001a, b.
[53]Zum Thema der Produktivität vgl. Rabinbach 2001 Sarasin/Tanner (Hg.) 1998, Varchmin/Radkau 1981 sowie Rieger 2002. Speziell in Genderperspektive vgl. Osietzki 2003.

Dabei ähnelten sich die Ausstellungs- und Darbietungsformen für eine (selektive, interessierte) Öffentlichkeit[54] sowie die Praktiken und Modi der Zurschaustellung von humanen und nicht-humanen Objekten.[55] Zudem zirkulierten die epistemischen Objekte,[56] inklusive der Apparate und Medien, sowie das jeweils darin implementierte physiologische, biologische, ethnografische, anthropologische, aber auch mathematische und physikalische Wissen zwischen beiden – ganz zu schweigen von personellen Überschneidungen. Was in den Laboren untersucht, gesetzmäßig angeschrieben sowie konkret und modellhaft gebildet wurde, wurde in den Unterhaltungskulturen praktisch umgesetzt. Die dort erzeugten neuen Erfahrungen und das neue Wissen flossen wiederum in die Experimentalanordnungen zurück.[57]

Qua dieses materiell fundierten Wissens waren insbesondere in die daraus hervorgehenden Apparate die Grundsätze von An- und Abwesenheit, Analyse und Synthese sowie Frequenz und Wiederholung implementiert. Es gelangte dabei auf experimentelle *und* unterhaltsame Weise das Differenzprinzip zur strategischen Anwendung. Die Apparate operierten mit den Grenzen von Illusion sowie Sichtbarkeit per se wie beispielsweise die bereits erwähnte Stereoskopie, aber auch das Thaumatrop. Die apparative Bewegung des Flippens des kleinen Blättchens, welches auf der einen Seite einen leeren Käfig, auf der anderen Seite einen Vogel zeigte, erzeugte ein statisches Bild. Der Effekt der Synthese, nämlich das Bild eines im Käfig sitzenden Vogels, vollzog sich dabei in der technisch gestützten Wahrnehmung. Dieser Effekt der Überlistung des menschlichen Sehvermögens sollte dabei dezidiert Teil der Erfahrung sein und auch so bewusst werden. Das Phenakistiskop, das Zoetrop, das Praxinoskop und viele weitere Apparate basierten auf dem Prinzip, aus sequenziellen Bildern eine in der Wahrnehmung zusammengesetzte, kontinuierliche Bewegung zu erzeugen. Dabei unterlagen auch diese anfänglich der potenziellen zeitlichen Unabschließbarkeit, insofern sich das Gezeigte wie ein tanzendes Paar oder eine fliegende Möve beispielsweise endlos wiederholte. In verschiedenen apparativen Anordnungen wurden diese Bewegtbilder dann geschichtet, gespiegelt sowie gerahmt, sodass wechselnde Handlungen in einem Ausschnitt zu sehen waren wie in Guckkästen oder gar auf eine Leinwand projiziert. Das *théâtre optique* bildet den glanzvollen Höhepunkt dieser kompositartigen Bewegtbilder, worin mehrere Streifen von Bewegtbildern einmal in einen Projektionsapparat eingespannt, dort gespiegelt waren, um dann

---

[54]Vgl. hierzu Daum 2002, Zimmermann 2002, Daston (Hg.) 2004, dies./Galison 2004, Heintz u. a. (Hg.) 2001 sowie Reichert 2007.

[55]Vgl. hierzu erneut Griffith 2008, weiterführend Rony 1996 sowie Grewe (Hg.) 2006.

[56]Vgl. hierzu Rheinberger 1992.

[57]Es handelte sich hierbei um keinen generalstabsmäßig durchgeführten Masterplan. Der Systematisierungsprozess vollzog sich aufgrund lokaler Situierung, indem jeweils spezifische Akteur*innen, technisch-physikalische sowie -physiologische Anordnungen und Diskursivierungsstrategien zu einer *assemblage* zusammentraten.

1.2 Medienarchäologische Voraussetzungen des Mediums Film

als virtuelle Bilder auf eine mehrfach in sich in die Raumtiefe hinein geschichtete Bühne auf eine große Leinwand projiziert zu werden.[58] Von ihm unterscheidet sich das Medium Film lediglich darin, Nah- und Fernverhältnisse stärker skalieren zu können sowie durch die Verwendung des fotorealistischen Bildmodus'. Es konnten im *théâtre optique* wechselnde Szenen betrachtet werden, in denen Figuren kurze Handlungssequenzen im Bildvorder- und Mittelgrund aufführten, deren semantisch-narrativer Kausalzusammenhang von den Betrachter*innen erschlossen werden musste.[59]

Nicht nur wurden die Zuschauer*innen sensomotorisch durch die Apparate adressiert. Vielmehr waren sie als Akteur*innen an diese gekoppelt, indem sie sie selbst bedienten. Es wurde gekurbelt und gedreht, was das Zeug hielt. Als Teil der Anordnung sorgten die Zuschauer*innen dafür, dass das Sehen erfolgreich war in dem Maße, wie es vom taktilen, ,richtigen' Bedienen der Apparate abhing.[60] Systematisch wurde das Wissen insbesondere vom physiologischen Sehen zur Produktion der Apparate genutzt, welche wiederum die Prinzipien der Physiologie gesetzmäßig so ,verinnerlicht' hatten, dass sie diese simulieren konnten, sprich in der Reproduktion gerade unter der Schwelle des Bewusstseins operierten.

Um die physiologischen Gesetzen aber aufzuspüren, musste man ihnen erst einmal auf die Schliche kommen. Dementsprechend zeichneten die optisch-mechanischen und elektro-mechanischen Apparate sensomotorische Prozesse auf, sprich sie grafierten sie. Analytisch betrachtet, sind Grafen deshalb von großer epistemologischer Bedeutung, weil sie im strengen Sinn nichts zur Anschauung brachten. Statt dass sie ein Referenzobjekt symbolisch anschrieben, gravierten sich hier vermeintlich die Prozesse des ,Lebens selbst' – wie Bewegungs-, Puls- und Herzfrequenzen – unmittelbar in physikalische Materie ein.[61] Wenn nun aber die Bewegungsfrequenz eines humanen Akteurs von einem Grafen abgenommen wird, welcher selbst der Wissenschaftler ist, fallen Wissen vom humanen Wissensobjekt sowie des Erkenntnissubjekts in eins.[62] Hierdurch wird bereits die Trennlinie von Objekt und Subjekt unterlaufen.

Diese Anordnung verschärfte sich mit dem Phänomen, das Jonathan Crary als „Subjektivierung des Sehens" („subjective vision", Crary 1992, S. 67) bezeichnete. Das Sehen wurde physiologisch,[63] womit Crary meint, die

---

[58]Zur Vielzahl dieser Apparate vgl. Rossell 1998.
[59]Dieser Funktionsweise unterstanden teilweise auch die Panoramen und Dioramen, worin sich der Gesamteindruck für das Publikum erschloss, indem dieses von repräsentiertem Raum und repräsentierter Zeit abstrahierte und die ,Leerstellen' selbst sinnhaft füllte wie bei einem Roman bspw.
[60]Vgl. erneut Williams 1997.
[61]In der Physiologie begann Claude Bernard mit der Methode, am lebendigen Körper Untersuchungen vorzunehmen, in den 1830er Jahren. Vgl. hierzu Schmidgen 2013 sowie Bühler 2004.
[62]Vgl. hierzu Hahn u. a. (Hg.) 2002, Hess 2010, Hoffmann 2001b sowie Rieger 2004.
[63]Vgl. Crary 1992.

,störrische' menschliche Materie habe sich in den zuvor transparenten, metaphorisch durch die Camera Obscura ausgedrückten Prozess der Wissens- und Erkenntnisproduktion geschoben. Wissenshistorisch wurde es jedenfalls erstmals als Erkenntnisgegenstand in seiner materiellen Verfasstheit reflexiv. Im Zuge der diskursiven Ausdifferenzierung sensorischer und motorischer Nerven im Verhältnis zu den zentralen willentlichen und unwillkürlichen Aktivitäten sowie des gesamten Nervensystems trat in der physiologischen Forschung erstmals die fundamentale Arbitrarität von Reiz und Empfindung, von Empfindung und Wahrnehmung sowie letztlich auch von Wahrnehmung und Erkenntnis offenbar zutage.[64]

Insbesondere die von Johannes Müller aufgestellte sogenannte Theorie der ,spezifischen Nerven' demonstrierte, dass Reiz und Empfindung augenscheinlich in keinem systematischen Kausalverhältnis zueinander standen, sondern verstreut und unorganisiert waren.[65] Daher bildete visuelle Wahrnehmung offenbar wie alle anderen Wahrnehmungsarten ein Komposit. Das Skandalöse dieser Erkenntnis ist nicht nur darin zu sehen, dass die humane Materie den unmittelbaren Zugang zur Erkenntnis eines Cogito versperrt, sondern darin, dass aufgrund dieser materiellen ,Versperrung' zwangsläufig alle humane Erkenntnis per se problematisch wird. Auch ist nicht nur, wie Crary argumentiert, relevant, dass Sinnesapparat und Wahrnehmung grundsätzlich für Störungen anfällig sowie für Fehlleistungen und Manipulationen geradezu prädestiniert sind.[66] Vielmehr wirken sich physikalische Materien in geregelter Form als Medien destabilisierend auf die Position eines transzendentalen Cogito aus.

Bernhard Siegert spitzt diese Konstellation auf seine epistemo-ontologische Dimension hin zu.[67] Indem das Erkenntnissubjekt zum Messinstrument avancierte und sich die physiologischen Kräfte dabei selbst aufzeichneten, veränderte sich mit der Epistemologie des Menschen auch dessen Ontologie, da sich die Aufzeichnungsprozesse der Anschaulichkeit *und* der Analyse entzogen. Das entsprechende materielle Substrat wie die Aufzeichnung eines Grafen repräsentierte nicht, sondern encodierte die Materie und machte aus ihr statt eines symbolischen

---

[64]Crary nennt in diesem Zusammenhang die Forschungen von Maine de Biran, Sir Charles Bell, François Magendie, Pierre Flourens, Alois Riegl, Konrad Fiedler und Theodor Lipps. Besonderen Fokus legt er aber auf die Arbeiten von Johannes Müller und Hermann von Helmholtz. Vgl. Crary 1992, S. 67 ff.

[65]In ihr war die funktionale Ausdifferenzierung der Nerventätigkeit (ein Nerv erzeugt stets dieselbe Empfindung) festgehalten. Sie konnte durch beliebige Reize, verursacht von gänzlich verschiedenen Quellen (Faustschlag, Elektrizität), ausgelöst werden. Zu Müllers Experimenten und Theorien vgl. Lenoir 1998, Lohoff 1993, Verwey 1992 sowie Otis 2007. Zu den Arbeiten Gustav Th. Fechners vgl. Scheerer 1993, Marshall 1982 sowie Heidelberger 2000. Zu den Arbeiten Wilhelm Wundts vgl. Woodward 1982, Fahrenberg 2013 sowie Jüttemann (Hg.) 2006. Zu den Arbeiten von Helmholtz vgl. erneut Lenoir 1998, weiterführend Osietzki 1998, Turner 1982 sowie Schmidgen 2009.

[66]Zu den automatischen unbewussten Vorgängen sowie zu den Störungen dieser Prozesse vgl. Schüttpelz/Kümmel (Hg.) 2003 sowie Rieger 2001.

[67]Vgl. Siegert 2003, bes. S. 225–390.

1.2 Medienarchäologische Voraussetzungen des Mediums Film

Zeichens ein zeitkritisches, dynamisches Signal, das (bei Überschreiten einer Schwelle) automatisch ausgelöst werden konnte. Hierin wurde das materielle Substrat ‚Mensch' einem physikalischen Substrat wie dem Leiter oder Relais analog. Bei den zu untersuchenden Gesetzmäßigkeiten sensomotorischer Tätigkeiten, so Siegert weiter, ließen sich die Differenzen zwischen Reiz und Empfindung sowie zwischen Empfindung und Wahrnehmung nicht als kontinuierlicher Fluss von Kräften anschreiben. Ausschlaggebend hierfür waren neue Erkenntnisse über Elektrizität, wie von Faraday in der Körperphysik (Induktionselektrizität) untersucht, die durch jene in der Optik wie durch Fresnels Wellentheorie bekräftigt wurden. Im Kern besagten sie, dass es sich bei dieser Art der Elektrizität nicht wie zuvor angenommen, um ein Fluidum handelte, sondern um zeitabhängige Zersetzungs- und Rekombinationsprozesse, das heißt um kombinierte Schwingungsfrequenzen, sprich oszillierende Schwingungen (Wechselstrom).[68]

Mit der physikalischen Ordnung der von Faraday angeschriebenen und experimentell belegten Induktionselektrizität zum Betreiben von Maschinen ließ sich auch die Differenz zwischen humanem Reiz und humaner Empfindung sowie zwischen Empfindung und Wahrnehmung beschreiben. Die in der Aufzeichnung sichtbar werdenden Differenzen waren als zeitliche Differenzen der Funktion zweier kombinierter Bewegungen und daher als Impulsfrequenzen veranschaulichbar. Ihre physikalischen Gesetzmäßigkeiten wurden mathematisch als Relation von stetigen und unstetigen Grenzfunktionen errechnet. In der Veranschaulichung selbst jedoch, so Siegert, bildeten sie dabei kein Kontinuum, sondern vielmehr Sprünge ab. Das Reelle, auf das sie verwiesen, war nur noch als diskreter Staub beziehungsweise ‚Datenchaos' zu entziffern.[69] Dass nun das Subjekt zum Relais geronn, welches durch Impulse geschaltet wurde und aus Rotationsbewegungen und oszillierenden Schwingungen bestand, wie es diese Figur aus der psychophysikalischen Forschung besagte, ist weniger als Veränderung in der metaphorischen Bezeichnungspraxis von Wahrnehmungs- beziehungsweise Erkenntnisform und technischem Medium zu verstehen. Vielmehr handelt es sich dabei um eine epistemo-ontologische Verschränkung von Selbst und Medien, die materiell und semiotisch relational *und* dabei different gegeben sind.

Diese Erkenntnis konnte jedoch in ihrer Radikalität um 1900 zunächst nicht gedacht werden. Entsprechend tauchte in dieser neuen Ordnung des Seins das

---

[68]Diese wiederum wurden mathematisch als Relation von stetigen und unstetigen Grenzfunktionen bzw. oszillierenden Funktionen errechnet. In der Veranschaulichung ergaben sie kein Kontinuum mehr, sondern bildeten Sprünge ab, sodass das Phänomen bzw. Reelle, worauf sie sich bezogen, nur noch als diskreter Staub zu entziffern war.

[69]Zur modernen formalisierten Mathematik und Analysis vgl. Merthens 1990, Heintz 1993 sowie Stigler 1986. Die resultierende Doppelerkenntnis, dass einmal die gesetzmäßige physikalische Repräsentation der Realität und zudem der humane Wahrnehmungsapparat völlig unzuverlässig waren, initiierte, so Siegert, die gesellschaftliche Debatte über die ‚Krise der Anschauung'. Vgl. hierzu Volkert 1997. Vgl. zur ‚Krise der Anschauung' im kulturellen und gesellschaftlichen Bereich im Kurzüberblick Peters/Schäfer 2006 sowie Burrow 2003.

menschliche Bewusstsein erst einmal als mathematischer Grenzwert, sprich als Fehlfunktion beziehungsweise Störung der Abläufe und retroaktiv auftretende Komponente auf. Positiv umgeschrieben wurde diese, wie Stefan Rieger demonstriert,[70] als getaktete Pulsfrequenz. So erschien es in der Bewusstseinstheorie Henri Bergsons, abgrenzend erläutert anhand des neuen Mediums des Kinematografen. Anders als jene grundlose Unanschaulichkeit der Onto-Epistemologie elektromagnetischer Apparate, ließen sich am Film die Prinzipien der Manipulierbarkeit von Zeit und Raum (Reversibilität, Rücklauf und Vorlauf) erläutern. Dabei ließ sich das Bewusstsein aber nur als Verhältnis zweier irreversibler Impulsfrequenzen (Schwelle) gegenüber einfachen, reversiblen Impulsfrequenzen ausdrücken, wodurch sich seine Einzigartigkeit nurmehr von der Tätigkeit technischer Apparate abgrenzen ließ. In der psycho-physikalischen Forschung konnte genau dieses Differenzverhältnis wiederum nur als Differenz von Aufzeichnungs- und Wahrnehmungsfrequenz angeschrieben werden, sprich humane Sensorik existierte epistemo-ontologisch nur in der Verschränkung von Apparat und Subjekt. Das vermeintlich rein biologisch-humane Resultat war eine Figur, deren spezifische zeitabhängige Wahrnehmung als Trennung von Bewusstsein und Erleben nur in zwei – technisch abgenommenen – Impulsfrequenzen darstellbar war. Als ‚rein' biologischer musste der Organismus sich im Modus eines spezifischen Zeitverhaltens permanent an seiner Umwelt ausrichten, welches im Takt von Bildfrequenzen operierte. Es handelte sich dabei, so Riegers Hauptthese, um virtuelle Bilder, insofern sie einmal seitens des Subjekts durch oszillierende Schwingungen, sprich De- und Rekompositionsprozesse erzeugt wurden. Zudem bestand das Reelle, auf welches sie verwiesen, ebenfalls aus Schwingungs- und Impulsfrequenzen, welche in der Anschauung kein kohärentes ‚Bild' der Realität ergaben. Mit dieser epistemo-ontologischen ‚Sackgasse' der Nachträglichkeit, Unanschaulichkeit und Unzuverlässigkeit von ‚realen' Phänomenen und Bewusstsein erklärt sich, so Rieger, die theoretische Begründung eines nachgerade existenziellen Zwangs für den Organismus, diese virtuellen Bilder zu erzeugen. Nur durch Bildproduktion konnte der kohärente Weltbezug und die Einheit des Organismus (noch) garantiert werden. Hiermit sollte erneut die wesentliche Differenz von humanen und apparativen Dynamiken getakteter Bildfrequenzen evident werden: Im Gegensatz zu Apparaten, gelang ‚dem Menschen' aufgrund der doppelten Impulsfrequenz seiner Senosomotorik ein bildliches Vorweg-Sein (Entwurf), nach Melchior Palágyi von Rieger „vitale Phantasie" genannt.[71]

Da sich in der System-Umweltrelation das Tun an der Umwelt auszurichten hatte, veränderte es sich ständig mit der Veränderung von deren Parametern. Aufgrund dessen modifizierten sich aber auch permanent die Resultate und deshalb die Existenz des Phänomens selbst bei der Beobachtung (‚Störung'). Nicht nur war, was ist, im Augenblick seiner Fixierung nicht mehr, wie es sich eingestellt hatte, sondern es war (bereits immer schon) ein anderes gewesen und würde es auch

---

[70]Vgl. Rieger 2003, bes. S. 159–186.
[71]Vgl. Rieger 2003, bes. S. 226–236 sowie Palágyi 1901.

sein.[72] Die vom Körper permanent prozessierte Ordnung der Evidenz der eigenen Existenz, so Rieger, war ein zeitabhängiges, auf Dauer gestelltes dynamisches Bewegungsprinzip der ständigen Selbst-Regelung. ‚Der Mensch', notiert Rieger, war um 1900 ein sich selbst durch Bildproduktion dauerhaft steuerndes Wesen. Im Grunde war ‚er' sich hierdurch lediglich als intrinsisch differente Figur gegeben. In leichter Abänderung der Figur des automatisch geschalteten Selbst, dessen Cogito ein nachträgliches ‚Anhängsel' bildet, entstand hier die Figur einer zeitkritischen, geringfügigen (Selbst-)Differenz, worin ein Selbst sich qua virtueller Fantasie etwas voraus sein musste, um sich nachträglich immer wieder als bereits neues, anderes definieren zu können. In diesem Selbst-Bild war es, so Riegers Fazit, im Grunde unablässig zeitlich *out of synch* und daher sein eigener Anderer.[73]

Zwar wurde diese Figur als ‚rein' biologisch-humane angeschrieben. Jedoch war sie relational über die Konzepte von Oszillation, Impulsfrequenz und Bildtaktung mit jenen Medien und Apparaten verschränkt, von denen sie sich eindeutig abgrenzen sollte. Das in der unablässigen Wiederholung sich differenzierende Selbst ist als Figur des Technisch-Anthropomorphen der Wissenskulturen schlechthin zu bezeichnen. Sie ist die epistemo-ontologische Umschrift jener flexiblen Figur, in der Subjekt und Objekt sowie Wissen und Lust potenziell ununterscheidbar waren, wie sie in den Unterhaltungskulturen permanent in Gestalt oszillierender Binarismen ‚eigen' und ‚anders', ‚vertraut' und ‚fremd' von Körper, Identitäten und Begehren wieder-aufgeführt wurde, um sie (vergeblich, dabei unaufhörlich) zu (re-)stabilisieren.

Im nächsten Abschnitt werde ich ihre epistemo-ontologische Dimension speziell für queere Männlichkeit erläutern, indem ich mit Hilfe von Sedgwicks Überlegungen ihre Verschränkungen mit der im 19. Jahrhundert bis zum *fin-de-siècle* sich herausbildenden Geschlechterordnung sowie Epistemologie von Geschlecht und Sexualität darlege.

1.3 Queere Männlichkeit um 1900 – Der *double bind* des Anthropomorphen

Aus Sedgwicks historischer Epistemologie von Männlichkeit in europäischen Gesellschaften im 19. Jahrhundert geht deren diskursive Dynamik deutlich hervor.[74] Im Zeichen von Leben, Arbeit und Repräsentation machte sie vermehrt

---

[72]Zu dieser paradoxalen epistemo-ontologischen Konstellation die Ausführungen von Karen Barad, die sie am Dopplerexperiment in der Quantenphysik erläutert und als intra-aktives Phänomen des *cutting together-apart* bezeichnet. Vgl. Barad 2014. Reflexiv wurde sie in der Physik als Beobachterrelationalität. Barad bezieht sich dementsprechend auf Niels Bohrs Quantenmodell.

[73]Vgl. Rieger 2003, S. 239.

[74]Sedgwick hat diese in *Epistemology of the Closet* systematisch ausgearbeitet. Vgl. erneut Sedgwick 1990, bes. S. 86 f. sowie 157 ff. Vorarbeiten hierzu finden sich bereits in Sedgwick 1985, 1986.

männliche geschlechtliche Identität und männliche Körper sichtbar. Effekt hiervon war die zunehmende Dis- und Inkriminierung männlicher Homosexualität. Im Zuge einer sich fixierenden heterosexuellen zweigeschlechtlichen Norm verdichtete sich ein Bündel sexueller Akte, die vormals nur lose an ein Körpergeschlecht gebunden waren, zu „Perversionen". Sie dienten als Grenzfälle, was (nicht) als männlich definiert werden konnte, um dadurch ‚normale Männlichkeit' evident erscheinen zu lassen. Geschlecht und Sexualität, auch wenn sie noch nicht als kohärente Identität konzipiert waren, verschränkten sich darin, sodass, wie Foucault schreibt, „der Homosexuelle" eine Spezies darstellte.[75] Sedgwick betont in diesem Zusammenhang die Reduktion einer Vielzahl sozioökonomischer, -politischer und -kultureller Differenzierungsmerkmale, die männliche Identität und männliche Beziehungen vormals definiert hatten. Bis 1900 entstand, was wir gewohnt sind, als ‚sexuelle Orientierung' (die Ausrichtung des Begehrens auf ein Objekt der sexuellen Wahl) zu bezeichnen, worin das Geschlecht des Begehrensobjekts übercodiert ist.

Die Definition von Männlichkeit (und Weiblichkeit) orientierte sich entsprechend einmal am Geschlecht einer Person, zudem vorwiegend am geschlechtlichen Begehren. Die sich daraus ergebende diskursive Dynamik erläutert Sedgwick nun anhand zweier zeitgenössisch relevanter Tropen, nämlich die der sexuellen Inversion sowie die des Geschlechterseparatismus. Der Inversion lag dabei das Verständnis zugrunde, dass das Begehren einer Person, relativ unabhängig vom Körpergeschlecht, aus männlichen und weiblichen Komponenten zusammengesetzt sei (‚hetero'). Es lässt sich beispielsweise aus Hirschfelds Konzept vom „Dritten Geschlecht" entnehmen. Demgegenüber definierte der Geschlechterseparatismus das Begehren einer Person als gleich mit dem einer anderen Person, die das Geschlecht mit ihr teilte (‚homo'). Im ersten Fall liegt ein partikulares, in Sedgwicks Worten minorisierendes Verständnis von Begehren und Identifizierung (‚anders') vor, aus der eine partikulare schwule Identität und Politik abgeleitet werden konnte. Im Fall Hirschfelds war sie zugleich gender-transitiv, was sich in seinen Bündnissen mit feministischen Gruppen zeigte. Im zweiten Fall lag demgegenüber ein universales Verständnis von Begehren und Identifizierung (‚gleich') vor, wie es sich beispielsweise in der – zugleich misogynen und antisemitischen – Kultur ‚des Eigenen' von Benedict Friedländer ausdrückte.[76]

Begehren und Geschlecht verschränkten sich demnach in der Struktur eines binären *double binds* von ‚gleich' und ‚anders' sowie ‚homo' und ‚hetero', wobei beide potenziell minorisierende und universalisierende Effekte zeitigen konnten.

---

[75] Vgl. hierzu Foucault 1983, Katz 1995 sowie Halperin 1990.

[76] Aus der historiografischen Forschung zu Männlichkeit und (Homo-)Sexualität in Deutschland um 1900 geht deutlich hervor, dass beide Binarismen minorisierende, diskriminierende Varianten sowie universalisierende, wertschätzende Varianten männlicher Beziehungen hervorbrachten, wie bspw. in den homosozialen Männerbünden oder der Wandervogelbewegung. Je nach grundlegender Ausrichtung der Gemeinschaft, wurde darin der Eros entweder marginalisiert oder als Grundkonstituens universal definierter männlicher Beziehungen ausgewiesen, während lediglich der sexuelle Akt verpönt war (s. Abschn. 2.2 sowie Kap. 4).

1.3 Queere Männlichkeit um 1900 ...

Epistemologisch operierten stets *beide* Binarismen in *jeglicher* Sichtbarmachung von männlicher Identität. Dies kulminierte um 1900 in einer Definitionskrise von Männlichkeit per se aufgrund des Definitionszwangs, eindeutig entweder homo- oder heterosexuell sein zu müssen.

Die heterosexuelle Norm macht jedoch jegliche unmittelbare Darstellung des männlichen begehrten Körpers unmöglich. Er war nur über eine Verbotsschranke hinweg zugänglich. Deren Produktivität veranschaulicht Sedgwick anhand verschiedener Beispiele aus der europäischen Literatur (beispielsweise bei Oscar Wilde und Marcel Proust) und Philosophie (bei Friedrich Nietzsche). Sie geht auf die literarischen und rhetorischen Strategien ein, mit denen durch die Art der Bezugnahmen der männliche Körper begehrt, dieses Begehren aber auch zugleich verworfen, verschoben und stellvertretend artikuliert oder nur angedeutet werden konnte (Wilde). Oder in der Art der impliziten Bezugnahme drückte sich gleichzeitig Begehren *und* Ablehnung des Körpers und des ihm zugeschriebenen, gesellschaftlich inakzeptablen Begehrens aus (Nietzsche).

Sedgwick legt in ihrer Literaturanalyse folglich dar, dass dieser doppelt wirksame *double bind* explosionsartig eine literarische Vielfalt hervorbrachte, worin männliches Objekt, doppelte Bezugnahme (Identifikation und/oder Begehren) sowie Rhetorik keine eindeutige geschlechtliche männliche Identität, sondern vielmehr jene Konturen des Anthropomorphen einer sehr elastischen, flexiblen Grenzfigur ergaben. In dieser überkreuzten sich Geschlecht und (gleichgeschlechtliches) Begehren so, dass ihre Konturen im Sinne der beiden Binarismen stets doppelt les- und interpretierbar waren. Je nach Perspektive konnte man sich entweder mit dem Dargebotenen allgemein identifizieren (universale Lesart von Geschlecht) oder man konnte es auf spezielle Weise begehren (minorisierende Lesart von Sex).

Gemäß des gewählten Grades von Implikation, Stellvertretung und Verschiebung konnte diese Grenzfigur an weitere Binarismen angeschlossen werden, durch welche ein Körper, eine Identität, ein Geschlecht und die Bezugnahme zu diesen als abweichende Begehrenskonstellation stellvertretend verhandelt oder auch indirekt symbolisiert werden konnte, allen voran ‚innen' und ‚außen', ‚nah' und ‚fern', ‚eigen' und ‚anders', ‚vertraut' und ‚fremd' sowie ‚krank' und ‚gesund'. Die Darstellungsgeste war vom individuellen Körper bis hin zum *body politic* skalierbar.[77] Die Figur war zudem zu verräumlichen und verzeitlichen: Innen- und Außenraum sowie Oberfläche und Tiefe ließen sich topologisch und temporär zur indirekten Artikulation von (‚verbotenem') Begehren und Identifikation verwenden.[78]

---

[77] Zu ähnlichen, äußerst instruktiven Ausführungen hinsichtlich der Epistemologie der Dekadenz, die direkt anschlussfähig an die Binarismen ‚krank' – ‚gesund' ist und ebenfalls keinen ‚Wesenskern' besitzt, sondern die Figur eines sich wandelnden Anthropomorphen im Diskurs bildet, vgl. Gilman 1980. Sedgwick bezieht sich hierauf.

[78] Vgl. hierzu besonders Sedgwick 1986, worin sie die Verraumzeitlichungen der Bezugnahmen zu begehrten und zugleich verworfenen männlichen Objekten systematisch ebenfalls an Beispielen aus der Literatur erläutert.

Bis zur Jahrhundertwende entwickelten sich insbesondere drei Varianten dieser Struktur: Beim sogenannten *glass closet* wurde eine männliche Figur als sexuell abweichend durch einen sie umgebenden, meist medizinischen Diskurs minorisiert. Aufgrund nachhaltiger Stigmatisierung von schwulen Lebensentwürfen, so Sedgwick, nahm sich nicht nur tendenziell die Darstellung männlicher Objekte und männlicher Beziehungen zurück. Auch aus der darin implizierten Bezugnahme qua Darstellungsmodus sollten die Anzeichen eines ‚korrumpierenden' Begehrens verschwinden.

Wildes *Das Bildnis des Dorian Gray* (1890) dient ihr hierzu als paradigmatisches Beispiel. Die anfängliche Dreiecksbeziehung zwischen den Protagonisten Lord Henry, Basil Hallward und Dorian Gray reduziert sich von einer komplexen, soziopolitisch, ökonomisch und deutlich *erotisch* bedingten Beziehung auf das erotisch-ambivalente Selbst-Verhältnis von Dorian Gray. Zudem überführt Wilde selbst noch dieses affektiv-destruktive Differenzverhältnis in die abstrakte Differenz von ‚Leben' und ‚Kunst'. Je nach Perspektive auf den Roman kann man ihn einmal mit seinem ‚leeren' Gehalt als Diskurs über dieses Verhältnis oder mit seinem ‚vollen' schwulen Gehalt der Liebesbeziehung eines ‚Selbst' zu einem ‚anderen' interpretieren. Beides ist und ist zugleich nicht, existiert als nicht stillzustellende, oszillierende Un/bestimmtheit beider Positionen und folglich auch beider Wahrnehmungsweisen.

Durch weitere Verknappung und Verdichtung der Struktur nahm das männliche Anthropomorphe zur Jahrhundertwende in der europäischen Literatur die Gestalt des *empty closet* an. Darin wurde das begehrte männliche Objekt nicht einmal mehr sichtbar gemacht. Vielmehr verwies nur noch eine melancholisch-empfindsame Rhetorik auf ein verlorenes (geliebtes) Objekt wie in Prousts *Auf der Suche nach der verlorenen Zeit* (1913–1927). Oder sie erzeugte ein Korsett tödlicher Stasis wie in Joris-Karl Huysmans *Gegen den Strich* (1884).

Eine der gängigsten Varianten der konsequenten Vermeidung der Zurschaustellung jeglichen Begehrens in der Bezugnahme zu einem ‚anderen' bestand in der radikalen Aufspaltung einer männlichen Figur. Wie in *Der seltsame Fall des Dr. Jekyll und Mr. Hyde* (1886) von Robert Louis Stevenson fällt diese in eine tagsüber rational agierende und sozial integrierte Seite sowie eine nachts sich Süchten oder Verbrechen hingebende, ‚dunkle' ‚animalische' Seite auseinander, die nichts voneinander wissen. Sedgwick argumentiert, dass diese Figur der Selbst-Spaltung Resultat dieses definitorischen Drucks war, der die ‚typisch moderne' Figur des männlichen Selbstbezugs entstehen ließ.[79]

Anhand von Friedrich Nietzsches Werk demonstriert Sedgwick nun, dass aufgrund der Elastizität der Konturen die Binarismen jederzeit in gefährliche biologistische Definitionen und psychologisch-pathologische Zuschreibungen von

---

[79]Deshalb rechnet sie Tendenz zur Abstraktion in der Kunst der Arbeit des paradoxalen *double bind* zu und interpretiert sie als große Geste der Verwerfung jeglicher Art von Bezugnahme zu jeglicher Art von Figuration in der Repräsentation, um Begehren zum männlichen Objekt der Darstellung radikal auszuschalten.

1.3 Queere Männlichkeit um 1900 ...

minorisierter schwuler Identität münden konnten, indem sie beispielsweise die Formen des ‚Dekadenten', ‚Kranken' und ‚Pathologischen' annehmen, die die kollektive hygienische Fantasie einer schwulenfreien Gesellschaft (bis zum heutigen Tag) beflügelte.

Hiermit begründet Sedgwick ausdrücklich die Notwendigkeit, ein Projekt zu queerer Männlichkeit dezidiert in anti-homophobem, anti-misogynem Kontext zu verorten, wie sie dadurch zugleich die Produktivität des Closet gerade nicht ausschließlich in der Perspektive seiner repressiven, homophoben Grundbedingungen erfasst.

Auf Basis dieses Verständnisses von queerer Männlichkeit als unermüdliche minorisierende und universalisierende Webarbeit zur Produktion eines männlichen Anthropomorphen erstellt Sedgwick ein historisch verortetes Modell wertschätzender queerer Performativität.[80] Es korrespondiert mit der verleugnenden Figur des abstrakten männlichen Selbstbezugs, ist ihr jedoch zugleich dezidiert entgegengesetzt. Strategisch soll darin der durch soziale Ausgrenzung und Diskriminierung erfahrene negative Affekt der Scham durch eine retroaktive Umarbeitung produktiv gemacht werden. In diesem performativen Produktionsprozess erscheint folglich eine Figur des männlichen Selbst ebenfalls in einer Doppelstruktur. Sie gliedert sich in einen absorptiven Innenraum zur wertschätzenden, heilenden Hinwendung zu den vom Außen vormals abgewerteten Teilen sowie einen theatralen Außenraum zur selbstbewussten Zurschaustellung gegenüber Dritten. Beides findet im Sinne einer Reaktion auf den Affekt gleichzeitig statt, ist aber als verzeitlichte Wiederholung einer vormals negativen Erfahrung strukturiert, wobei im Akt der Wiederholung retroaktiv die erzeugten, ‚inneren' Differenz(en) positiv affirmiert werden – also eine Anordnung, in der das männliche Selbst *out-of-synch* ist, insofern affirmiert wird, was es so noch nie gegeben haben wird. Wer sich in dieser Anordnung in der Position des ‚echten' Subjekts oder des Objekts beziehungsweise der Objekte befindet, wer als solcher mittels welcher Art der Bezugnahme – Identifizierung oder Begehren – repräsentiert und wahrgenommen wird, ist bei dieser Figur des ‚eigenen' in sich unablässig mehrfach differenten Selbst bewusst un/bestimmt. Sedgwick bezeichnet diesen Effekt deshalb als Torsion der Referenzialität oder auch „‚abberant' relation to its own reference" (Sedgwick 1993, S. 2).

Ihr historisch begründetes Verständnis von performativer queerer Männlichkeit bildet die hier eingenommene *Perspektive,* mit der das Medium Film und das Kino in Deutschland untersucht wird. In dieser werden die grundlegenden epistemologischen Bedingungen für Männlichkeit in diesem Zeitraum als archäologische Voraussetzungen von Geschlecht und Sex für Kino und Film bestimmt.

---

[80]Historisch verortet ist das Modell, insofern sie es sich aus dem Verhältnis ableitet, welches Henry James retroaktiv in seiner New Yorker Werksausgabe von 1907 einzelnen Publikationen und den darin repräsentierten Figuren beimaß, unter denen auch einige erfolglose Titel zu finden waren. Vgl. hierzu Sedgwick 1993.

Die Figur des Anthropomorphen queerer Männlichkeit, produziert von der unablässigen Webarbeit des doppelt binär strukturierten, paradoxalen *double bind* von ‚gleich' und ‚anders' sowie ‚homo' und ‚hetero', nimmt aber im Medium Film besondere Konturen an, insofern sie darin (technisch) re-produziert wird. Ihre volle epistemo-ontologische Dimension lässt sich nur in der Verschränkung mit den medienarchäologischen Voraussetzungen des Films erfassen, die dieses spezifische Anthropomorphe technisch re-modellierten. Die Figuren des Technisch-Anthropomorphen performativer queerer Männlichkeit entstanden demnach aus den Wieder-Aufführungen beider archäologischer Momente.

Friedrich Kittler argumentiert ebenfalls,[81] dass das Medium Film in seinen Anfängen etwas wieder-aufführte, nämlich einmal die Merkwelt des Ersten Weltkrieges, mit dem es zeitlich ursprünglich gewesen sei. Die darin abgebildeten (Männer-)Körper seien daher Geistererscheinungen, Doppelgänger bereits verstorbener Seelen gewesen, die sie zugleich unsterblich machten. Zudem erklärt er sich das im Medium recht früh auftretende Doppelgänger-Motiv als Reproduktion jener in den physiologischen Laboren registrierten Daten über ‚den Menschen', die hier nun als seelenlose Automaten im Symbolischen der Repräsentation ihr Unwesen trieben.

Kittler geht hier vom Schema einer einfachen Reproduktion aus: Ein (Erkenntnis-)Subjekt begegnet sich (unfreiwillig) in Gestalt einer autonomen Abspaltung. Bei genauerem Blick verkompliziert sich diese Konstellation jedoch: Ein Selbst begegnet sich vielen reproduzierten Teilen (nicht), weil es weder einfach reproduziert wird noch sich dabei in einer stabilen Subjektposition befindet. Diese technisch-mediale, ästhetische Konstellation wird vom generellen Status der Abbildung unterstützt, in der Illusion und Illusionsbruch un/unterscheidbar geworden sind. Ob es sich nämlich beim Sichtbaren nun um einen ‚echten', ‚realen' Teil des ‚Selbst' oder um einen ‚wahrhaftigen' ‚anderen' handelte, musste durch den Repräsentationsmodus der Bilder un/bestimmt bleiben.

Das Medium Film war nun gezwungen, diese spezifische, auf männliche Identität fokussierte Un/unterscheidbarkeit und Un/bestimmtheit im Zeichen verbesserter Lebensechtheit zu reorganisieren. Diese vollzog sich in Form der Produktion differenzialer Relationalität, sprich als Wieder-aufführung anderer Medien, zu denen es sich ins abgrenzende Verhältnis setzte. Das bedeutet, die Figur des in sich gespaltenen, *out of synch* befindlichen Selbst, worin Subjekt- und Objektposition unfixierbar oszillierten, unterlag ebenfalls diesen Prozessen medialer differenzialer Relationalität. Nun könnte man annehmen, dass dies im Zeichen der bekannten Tendenz des Kinoapparats erfolgte, das binäre heterosexuelle Geschlechterverhältnis zu implementieren, indem es in Form einer stabilen Subjekt-Objektkonstellation ‚naturalisiert' wurde.[82] Man könnte weiterhin fol-

---

[81]Vgl. hierzu erneut Kittler 1986, bes. S. 177 ff.
[82]Dass das Medium im Prozess seiner Institutionalisierung die Geschlechterdifferenz mehr und mehr implementierte, ist gängige, allseits anerkannte Erkenntnis aus der feministischen Filmwissenschaft. Vgl. hierzu einschlägig Mulvey 1982.

1.3 Queere Männlichkeit um 1900 ...

gern, dass im produzierten Schema von Transparenz (Illusion) und Hypermedialität (Illusionsbruch) die Figur des männlichen Anthropomorphen ebenfalls einfach binär strukturiert werden sollte: ‚lebensechte', ‚wahre' Männlichkeit (‚hetero') und illusionistische, ‚künstliche' Männlichkeit (‚homo').

Je nach Grad, Intensität und Form der medialen differenzialen Relationalität durch die Prinzipien von An- und Abwesenheit, Nah- und Fernverhältnissen sowie Illusion und Illusionsbruch konnten aber männliche Körper, männliche Identität und ihr Relationsgefüge, inklusive der darin ausgedrückten Bezugnahmen, jederzeit als ‚eigener' Körper und ‚Selbst' oder als ‚fremder' Körper und ‚anderer' als unmittelbar und natürlich gegeben erscheinen. Beides konnte aber auch als ‚Selbst' oder als ‚anderer' jeweils mittelbar, das heißt ‚künstlich' beziehungsweise medial erzeugt ausgewiesen werden. Ob ein filmischer Doppelgänger ein abgespaltener Teil eines männlichen Selbst war, auf den es verwiesen wurde, oder ein veritabler anderer, der begehrt wird, oder ob das männliche ‚Ich' selbst das Phantom war, welches ‚sich' heimsucht oder einen ‚wahrhaft' existierenden Anderen terrorisiert oder begehrt, war aufgrund der doppelten Oszillation von Lebensechtheit und Konstruktionscharakter auf der einen sowie Subjekt- und Objektposition auf der anderen Seite weder vollständig evident zu machen noch darauf zu fixieren. Genauso schwer war zu entscheiden, ob ein männlicher Körper, eine männliche Identität bei indirekter Darstellungsform in Abwesenheit beispielsweise als Geheimnis ein männliches Selbst signifizierte oder einen männlichen anderen. Anders formuliert, es existierte keine eindeutige Zuordnung von ‚heterosexueller' Männlichkeit als ‚natürlicher', ‚wahrhaftiger' und ‚homosexueller' Männlichkeit als ‚künstlicher', uneigentlicher – und *vice versa*. Ein männliches Objekt, eine männliche Beziehung sowie ein darauf bezogenes Begehren konstituierten sich stets in der (mehrfachen) relationalen Differenz von lebensechter Darstellung, Unmittelbarkeit und Sichtbarkeit sowie künstlich erzeugter Uneigentlichkeit, Indirektheit und Gestelltheit. Die beiden zentralen Binarismen von ‚gleich' und ‚anders' sowie ‚homo' und ‚hetero' waren dabei jeweils flexibel mit den filmischen Grundprinzipien verschränkt. Auf diese Weise konnte eine männliche Identität, eine männlich-männliche Beziehung als minorisierte affirmiert werden, indem sie transparent dargestellt wurde. Beides ließ sich aber auch genau in diesem Darstellungsmodus als jeweils universal affirmieren. Denkbar war aber auch, dass sie als minorisierte beglaubigt, indem sie als konstruierte ausgewiesen wurden. Oder sie wurden gerade auf diese Weise desavouiert.

Im Zusammenspiel des *double bind* beider Binarismen mit den medialen differenzialen Relationalitäten entstanden in jedem einzelnen Film jeweils ganz einzigartige Konturen des männlichen Technisch-Anthropomorphen queerer Männlichkeit. Un/bestimmt blieb daher ebenso, wie genau man sich zu diesen Körpern und Identitäten in Bezug setzen soll, qua Identifizierung und/oder Begehren.

Die skalierbaren Achsen von maximal sichtbarer, minorisierter schwuler Männlichkeit bis zu universalisierter, dabei gespaltener Männlichkeit, von mann-männlichem erotischem *bonding* bis zum effeminierten Individuum, von direkter Repräsentation bis hin zur stellvertretenden Darstellung, all die

Erscheinungsformen von Männlichkeit als Körper, Begehren und Identitäten in Gestalt des Technisch-Anthropomorphen lassen sich auf die Oszillationsfigur hin zuspitzen, die technisch-mediale, performative queere Männlichkeit *ist*. Erst aber durch das Anlegen der von Sedgwick gestützten anti-homophoben Perspektive einer queeren Torsion der Referenzialität („aberrant referentiality") lassen sich weniger die repressiven, sondern primär die wertschätzenden Seiten der Konturen dieser Oszillationsfigur herausarbeiten.

In ihrer materiellen, semiotischen und ästhetischen Beschaffenheit änderte sich diese mit den technisch-medialen Bedingungen, denen das Medium Film und das Kino in Europa und insbesondere in Deutschland in den folgenden Jahrzehnten unterworfen war. Deshalb ist es notwendig, sich mit den apparativen sowie dispositiven Bedingungen im Zeitraum von 1895 bis 1945 auseinanderzusetzen.[83]

Eine Schwierigkeit für diese Arbeit bestand dabei in der schlechten Quellenlage, die für die ersten beiden Jahrzehnte der Existenz des Mediums besteht, also von 1885 bis ungefähr 1905. Erst für die Formate ab 1910, in denen fiktive Figuren fiktionale Handlungen in ausgedehnten narrativen Gefügen ausführten, welche in der mittlerweile traditionell gewordenen Kinosituation rezipiert wurden, sind die Filme besser archiviert. Insofern setzen die ausführlichen Analysen, die mit den einzelnen Kapiteln koextensiv sind, erst mit dem narrativen Langfilm um 1910 ein.[84]

In Überblickskapiteln wird die jeweilige institutionelle, diskursive, technische und ästhetische *assemblage* von Kino und Film vor- beziehungsweise vorangestellt.[85] An relevanten Stellen gehe ich auf die Geschlechterordnung sowie die filmisch implementierte Geschlechterbinarität ein, um ihre differenziale Verschränkung mit den Figuren des Technisch-Anthropomorphen queerer Männlichkeit hervorzuheben. Da jeder einzelne Film als singuläre technisch-mediale Wieder-Aufführung dieser Figur zu verstehen ist, sind alle weiteren Kapitel den Filmen gewidmet. Es ist zwar instruktiv, die Überblickskapitel zu lesen, die Dar-

---

[83] Ich verwende diese Begriffe im weiteren Sinn, um das Bündel an institutionellen (politischen, juristischen, ökonomischen, personellen), diskursiven (theoretischen, praktischen, materiellen) und letztlich auch technischen und ästhetischen Elementen zu erfassen. Ich habe die jeweils spezifischen dispositiven *assemblagen* berücksichtigt, insofern sich etwas deutlich veränderte. Vgl. zum Konzept des Dispositivs Foucault 1978. Eine wichtige kritische Exegese hiervon findet sich bei Deleuze 1991. Speziell für den Film als Dispositiv vgl. Comolli 1980.

[84] Die den Zwischentiteln entnommenen Zitate sind alle in der ursprünglichen schriftlichen Fassung angegeben. Bezüglich der Filmstills ist bei folgenden Filmen der Frame Code angegeben: *Das Geschenk des Inders* (D 1913; R: Louis Ralph); *Aus eines Mannes Mädchenzeit* (D 1913; R: Louis Ralph); *Die Toten erwachen – 6. Abenteuer des berühmten Detektivs Stuart Webbs* (D 1915; R: Adolf Gärtner); *Opium – Die Sensation der Nerven* (D 1918/19; R: Robert Reinert) sowie *Ein Lied geht um die Welt* (D 1933; R: Richard Oswald). Bei den restlichen Filmen beziehen sich die Angaben auf den Time Code.

[85] Meine Darstellung des zeitlichen Verlaufs der ‚Entwicklung' von Kino und Film in Deutschland stimmt mit den wenigsten herkömmlichen filmgeschichtlichen Studien zum Kino in Deutschland vollständig überein. Vgl. hierzu u. a. Hake 2004 sowie Kapczynski/Richardson (Hg.) 2012.

stellung ist aber bewusst modular angelegt, sodass die Kapitel zu den Filmen für sich gelesen werden können. Die Schlussbemerkung wiederum ist als Kommentar zum Phänomen gedacht, der sich bewusst mehr zu möglicher weiterer Forschung hin öffnet, als dass er eine systematische Aufarbeitung der Forschungsergebnisse präsentiert.

Die technisch-medialen Bedingungen von Film und Kino bis 1910 skizziere ich nun kurz im folgenden kleinen Exkurs, der dem Überblickskapitel zum Kaiserreich vorausgeht.

Kapitel 2
Kaiserreich/Deutschland – Film und Kino, Geschlecht und Sexualität

2.1 Kaiserreich/Kleiner Exkurs: Kino und Film in Deutschland (1896 bis 1910)

Als modernes Medium sollte der Film das ‚Leben an sich' simulieren können. Dies erfolgte jedoch gemäß Selektion, Wechselfrequenzen und permanenten Auf- und Abbaus des visuellen Feldes. Diese Mechanismen waren zunächst in den einzelnen Filmen sehr reduziert, weshalb sie sich in der technischen Reproduktion in Form von (international zusammengesetzten) Nummernprogrammen vollzogen.[1] Die kuratierten Pakete, die Film mit jeweils einer Einstellung umfassen, erzeugten primär multiple, heterogene *vistas* in Form von wenig kausal zusammenhängenden, narrativ rudimentär verschweißten Szenenabfolgen. Der Schwerpunkt lag auf der Dramaturgie, die die Auswahl der Abfolge bildete und dabei vor allem auf Orchestrierung der Affekte der Publika abzielte.[2] Humane und nicht-humane, lebendige und unbelebte Objekte wurden in Großaufnahmen und Panoramaeinstellungen heterogen nebeneinander gestellt. Es wurden weniger stabile inhaltlich-thematische Ganzheiten erlebt und erkannt, da die Dynamik der Bewegungsabläufe sowie die Veränderung der Inhalte dies nur bedingt zuließen.

Die ersten drei Jahre der öffentlichen Verbreitung (1896 bis 1898) des Films standen ganz im Zeichen verschiedener kinetischer Energien.[3] Ob es sich nun um bewegte nicht-lebendige Objekte handelte wie in Louis Lumières *L'arroseur*

---

[1] Vgl. hierzu erneut Loiperdinger (Hg.) 2009.

[2] In der Forschung wird deshalb auch vom „cinema of attractions" gesprochen. Der Begriff stammt von Tom Gunning. Vgl. Gunning 1986.

[3] Vgl. hierzu Gunning 2009. Vorgeführte Bewegungsarten kannten die Zuschauer*innen bereits aus den Dioramen und Panoramen, insbesondere im US-amerikanischen Kontext aus den *moving panoramas*. Vgl. zu den *moving panoramas* Huhtamo 2002. Zum Überraschungseffekt vgl. Bottomore 1999.

arrosé (F 1895), um nahtlose Identitäts- und Geschlechtsumwandlungen wie in Georges Méliès' *Illusions Fantasmagoriques* (F 1898)[4] oder die Ansicht eines Wasserfalles,[5] es stand die Bewegung im Vordergrund.[6] *Vistas* von letzterem förderten Kontemplation, während Straßenansichten die visuelle und viszerale Aufmerksamkeit erhöhten.

Die Modi, Zuschauer*innen einzubinden, beförderten primär die lustvolle und angstbesetzte Kinetik. Erst sekundär unterstützten sie das Glotzen beziehungsweise den Voyeurismus. Aufmerksamkeitsintensität und Wissenslust setzten sich dabei zu einem heterogenen Bündel zusammen. Die sensomotorischen Eindrücke konnten nur schwerlich zu einem kohärenten Ganzen synthetisiert werden. Damit war zudem keine stabile kontinuierliche Identifizierung verbunden. Der Apparat stand nicht nur synekdochisch für die Dynamik des permanenten Wechsels von verschiedenen Szenen, Ansichten und Perspektiven, sondern bildete zugleich deren Operator. Das Erlebte entzog sich permanent nicht nur raumzeitlich, sondern auch affektiv und kognitiv aufgrund steigender Wechselfrequenzen. Man konnte nur schwer antizipieren, was künftig gezeigt werden würde, man konnte sich auch kaum erinnern, was man gesehen hatte. Insofern war der Apparat zunächst einmal im Wesentlichen auf augenblickliche Vergegenwärtigungen – den häufig bemühten Schock[7] – abgestellt.

Die Verknüpfungsleistungen, die zum Erinnern und Antizipieren notwendig waren, mussten zur Absicherung auf außerhalb der filmischen Erfahrung Liegendes bezogen werden. Die Präsentation erzeugte dabei Überraschungseffekte bei den Zuschauer*innen nicht per se, sondern aufgrund des Zugewinns an Lebensechtheit durch die fotografischen Bilder.[8]

Geschlecht und Sex existierten darin als sich spontan manifestierende, fragmentierte, dabei stetig wechselnde, verstreut gegebene heterogene Ansichten.

---

[4]Dazu zählen auch die Umwandlungsprozesse von Objekten, die die Manipulierbarkeit von Raum und Zeit durch den Film evident werden lassen, wie bspw. in *Charcutrie méchanique* (F 1900; P: Georges Méliès).

[5]Vgl. hierzu Musser 1996.

[6]Solche Produktionen konnten auch ideologische Botschaften vermitteln (Ansichten nationaler Denkwürdigkeiten) wie bspw. Birt Acres' *Rough Sea at Dover* (GB 1895). Vgl. erneut Musser 1996.

[7]Die Erfahrung des Schocks ist Artikulation einer zeitgenössischen Empfindung, die später von Walter Benjamin als Grundlage zur Theoriebildung filmischer Wahrnehmung herangezogen wurde. Da allerdings diese Strukturen der Sukzession von permanent wechselnden Szenen nichts radikal, sondern ein relativ, nämlich auf diesen Apparat bezogenes Neues darstellten, lässt sich der Schock nicht als qualitatives medienbestimmendes Differenzkriterium in Anschlag bringen. Die Erfahrungen waren in anderen kulturellen Unterhaltungsumgebungen gegeben und bekannt.

[8]Lediglich zu Beginn, also im ersten Jahr bestand die Attraktion aus dem Medium selbst. Als Technik war es bspw. auf den Weltausstellungen als Neuheit präsentiert worden. ‚Fotorealistisch' musste jedoch nicht gleichbedeutend sein mit ‚nicht-inszeniert' oder ‚nicht-fiktiv', wie es die ersten Filme demonstrierten, in denen Darsteller*innen in einer konstruierten *mise-en-scène* wie die der *tablaux vivants* bspw. agierten, die filmtricktechnisch verschwinden und wieder erscheinen konnten. Méliès *La voyage dans la lune* (F 1902) ist hierfür eines der bekannteren Beispiele.

Entsprechend änderte sich ständig das darauf bezogene Lustwissen der Zuschauer*innen. Eine stabile vergeschlechterte Identität, fixe Geschlechtskörper sowie die zwischen ihnen existierenden Beziehungen waren uneinheitlich, temporär und erschienen in wechselnder Frequenz, wobei es im Wesentlichen um die vermehrte Steigerung und Anreizung der hierauf beziehbaren Affekte ging.

Nach circa drei Jahren war der Überraschungseffekt abgeebbt. Die Zuschauer*innen kamen als Wissende, die die fotorealistisch gezeigten Phänomene wie Zugfahrten oder -entgleisungen mit denen anderer Medien, die sie zeigten, wie Zeitschriften, Comics oder auch Theatervorstellungen, verglichen.[9]

Anstatt Bewegungen im statischen Bildausschnitt zu zeigen, bewegte sich daher nun der Bildausschnitt durch die Montage der Kamera auf bewegte Objekte wie die Fronthaube von Eisenbahnloks oder Bootsdächer.[10] Hierdurch wurden tatsächlich neue *vistas* generiert, in Verbindung mit einer neuen Art, Bewegungsgeschwindigkeit zu erleben. In der Forschung wird diese Erlebnisform als ‚virtual voyage' bezeichnet.[11] Diese Bewegungen simulierten die technisch produzierten Bewegungen wie Zug-, Boot- oder auch Ballonfahren.

Um 1900 wurden die Filme zudem länger und bestanden nicht mehr nur aus einer Einstellung. Sie konnten dokumentarisch oder fiktional sein, besser lässt es sich von inszenierten Szenen sprechen, in denen Darsteller*innen Minihandlungen auf- beziehungsweise ausführten. Ihre Performanzen waren vielfältig, dabei aber keineswegs beliebig wie beispielsweise bei den Tanz-, Körper- und Musikkünsten oder auch *féerien* (magisch-märchenhafte Szenen),[12] Sketchen und Miniaturen sozialer oder humorvoller Begebenheiten. Die Figuren waren dem sozialen Leben nachempfunden, sie konnten aber auch vollständig fiktiv oder stereotyp sein. Die Szenenabfolgen regelten zudem das Handlungsgeschehen über zeitliche (Parallelmontage) und räumliche Aspekte (Großaufnahmen) wie beispielsweise in Edwin S. Porters *The Great Train Robbery* (USA 1903) und *The Gay Shoe Clerk* (USA 1903). Gerade an letztem lässt sich die Einbindung von attraktiven Ansichten in die Narration erläutern:[13] Bei der Schuhanprobe einer Dame, die von einem Schuhverkäufer beraten wird, vollzieht die Kamera ein *close in* auf deren ‚entblößten' Fußknöchel. Damit wird nicht die Perspektive des Schuhverkäufers simuliert. Die ist Ansicht ‚flach', worin der szenische Charakter erhalten bleibt und einzig dazu dient, dem Filmpublikum den Knöchel als Sensation zu präsentieren.[14] Die hierfür spezifische Form des Filmerlebens vollzog sich nicht mehr nur strikt gegenwärtig. Aus dem in wechselnden Szenen Präsentierten wurde auf ein größeres Bezugsgeflecht qua narrativ strukturierter Zeitlichkeit und Figurenhandlungen

---

[9]Vgl. erneut Musser 1996.
[10]Vgl. hierzu Fielding 2008.
[11]Vgl. hierzu Hayles 2009 sowie Ruoff (Hg.) 2006.
[12]Vgl. hierzu erneut Garncarz 2010a sowie Kessler 2012.
[13]Vgl. zur Einbindung von Attraktionen Keil 1996.
[14]Vgl. erneut Williams 1999.

bezogen. Dennoch orchestrierte die Abwechslung von Szenischem und Narrativem immer noch stark die Affekte der Zuschauer*innen.

In diesem Darstellungsmodus war das Verhältnis von Referent und Zeichen relativ direkt. Zugleich war die Wertigkeit der Zeichen sehr multipel, variabel, form- und wandelbar. Daher wurden auch hier keine stabilen kohärenten geschlechtlichen oder sexuellen Identitäten konstituiert. Die Dominanz sozialer, geschlechtlicher, religiöser und ethnischer Differenzmerkmale zielte augenscheinlich mehr auf (asymmetrische) Pluralisierung denn auf einheitliche Identitäten beziehungsweise Identifizierungen. Diese unterliefen sie gerade im Zuge aufkommender Ordnungstendenzen in Form von Genres wie Humor, Horror und Melodrama. Da sie variabel und flexibel gehandhabt wurden, überkreuzten sich in der Performanz Ausstellung, Stigmatisierung, Verlachen und Distanzierung mit angst- und lustvollen Affirmationen, Identifizierungen, Mitlachen und Empathie.

Als sich ab 1904 die ersten ortsfesten Kinos herausbildeten, zogen in sie häufig wechselnde Filmprogramme (weiterhin internationaler) Produktionen ein. Damit begann die sogenannte Phase des „Kinos des Übergangs". Mit den Verstetigungsmaßnahmen, die mit neuen Vertriebs- und Aufführungspraktiken verbunden waren, wurden die Filme länger. Narrative Operationen wurden komplexer. Darsteller*innen wurden zu Figuren, die fiktionale Handlungen ausführten. Es entstanden nun Filmprogramme,[15] für die sich insbesondere das Format der *serials* eignete.[16] Attraktionen blieben bewusst funktionale Elemente.[17] Sie orchestrierten die Wissenslust der Zuschauer*innen innerhalb längerer narrativer Einheiten.[18] Damit konnten Publika über längere Zeit an den Ort ‚Kino' gebunden werden.[19] Das regelmäßige Erscheinen derselben Figuren in einer längeren, in sich gegliederten Handlung wie in den *serials* beförderte dies zusätzlich. Die Figuren entstammten oft dem Fundus vorheriger Aufführungsformen wie (Sensations-)Theater oder Literatur.[20] In dieser Anordnung erhöhte sich der Grad der ‚Immersion', also des Eintritts in die gezeigte aufgeführte fiktionale Welt. Da die narrativen Szenen beim Miterleben die Handlung der Figuren zu einem sinnvollen Ganzen synthetisiert werden sollten, erforderten die einzelnen Filmeinheiten vermehrte Aufmerksamkeit. In den Detektiv-*serials* waren beispielsweise Verbrechensaufklärung als Ursache und Verfolgungsjagden als Motivation für die Handlung paradigmatisch, die ihre Narration mitstrukturierten. Ihre ‚Lebensechtheit' wurde dabei zugleich ganz dezidiert im Rahmen moderner technisierter Lebensweisen thematisiert. In einfachen Genreschemata bereits angereizt und

---

[15]Vgl. zur Programmgestaltung Kessler u. a. (Hg.) 2002, Loiperdinger (Hg.) 2011 sowie Müller 1994.

[16]Zu den *serials* vgl. Canjels 2011.

[17]Vgl. hierzu Brewster 2012.

[18]Vgl. hierzu Elsaesser und Barker (Hg.) 1990.

[19]Vgl. hierzu erneut Müller 1994.

[20]Hierzu zählen vor allem die bekannten und sehr beliebten Figuren der *serials* wie bspw. Nick Carter, Zigomar, Stuart Webbs oder NoBody (s. Abschn. 2.1 und 2.2).

kanalisiert, wurde die Handlung nun dezidert an thematische Schlüsse geknüpft. Szenen und narrative Elemente wechselten sich dabei praktisch ab. Und Filmenden bildeten oft eine künstlich errichtete Grenze.[21] Im Endergebnis machten die mittels narrativer Strukturen und kaussal logischer Handlungsfolgen strukturierten Filme daher zwar Bedeutungsangebote. Aufgrund der recht losen Montage der Szenen und der offenen Szenenenden war ihre Verlässlichkeit nicht absolut. Von einer transparenten Nachvollziehbarkeit der Figurenmotivation oder gar einer Psychologisierung der Figuren, in die man sich einfühlen und mit denen man sich identifizieren konnte, kann bei weitem nicht die Rede sein. Deshalb konnten die aufgeführten sozialen und identitären Differenzen nicht als integrale Körper, kohärente geschlechtliche und sexuelle Identitäten erlebt und verstanden werden.

Mit der Herausbildung der ersten Kinohäuser ab 1910 ging die Kulturtechnik des Ins-Kino-Gehens einher. Feste Zeiten und Frequenzen hatten sich aber noch nicht institutionalisiert. Die Filme wurden immer noch in Programmform vertrieben und meist noch den ganzen Tag über gezeigt. Dementsprechend mussten sie nach wie vor Attraktionen beinhalten, damit die Zuschauer*innen nicht nur länger in einer Vorstellung blieben, sondern auch regelmäßig wiederkamen. Tendenziell begannen längere Filme zu dominieren. Sie präsentierten zunehmend in Raum und Zeit situierte, kausallogisch nachvollziehbare Handlungsfolgen in mehr und mehr fiktionalisierten Welten. Die sinnhafte Organisation war Literatur und (Sensations-)Theater entlehnt, worin die Problematik längerer raumzeitlicher Strukturen bereits seit langem gelöst worden war.[22] Es vergrößerte sich die Distanz zu den abgebildeten Referenten, womit sich der Ausdifferenzierungsprozess von Dokumentarischem und Fiktionalem forcierte. Zeichen und Bezeichnetes (Bedeutung) traten in ein engeres, symbolisches Verhältnis. Im Zusammenhang mit einer Filmnarration, in der die Szenen strikter kausallogisch und handlungsmotiviert verknüpft waren, wurden raumzeitliche Umgebungen und Figuren als Milieus und soziale, insbesondere ethnische und geschlechtliche Identitäten erkennbar. Sie referierten dabei aber keineswegs auf ‚die Realität', sondern wiederum auf andere mediale Repräsentationen aus Literatur, Theater wie den Hanswurst, die *pantomime dame* oder den ‚Ost-Juden'. Ihr oft augenscheinlich ausgestellter Konstruktionscharakter, der in deutlicher Referenz auf andere mediale Herkünfte zutage trat, verhinderte die Illusion, man habe es mit ‚echten' Personen oder realen sozialen Typen zu tun.[23] Unterstützt wurde diese Nicht-Natürlichkeit von einer Montage, die die Szenenfolgen nicht vollständig

---

[21]So endeten die *serials* häufig mit einem cliff hanger. Einerseits bedeutete dies eine Öffnung hin zu einer größeren narrativen Einheit, andererseits stellte ein solches Ende auch eine semantische Sollbruchstelle dar, die erst einmal sinnvoll überbrückt werden musste.

[22]Vgl. hierzu erneut Singer 2001.

[23]Vgl. hierzu Haenni 2008, worin sie anhand lokaler New Yorker *ethnic theaters* und Kinos aufzeigt, dass die Darstellung, Performanz und Repräsentation ethnischer Identitäten gerade sehr oft vor dem Hintergrund ihrer spielerischen Infragestellung als Essenz erfolgte. Ähnlich argumentiert bezüglich des Geschlechts auch Schlüpmann 1990.

kohärent verknüpfte. Identität strukturierte sich im doppelten abgrenzenden Gestus: einmal als nicht-natürlich im Verweis auf andere Medien; zudem als binäre Differenzen. ‚Fremdes' und ‚Eigenes', ‚Fremdes' im ‚Eigenen', ‚Original' und ‚Kopie', Abspaltungen und Inkorporationen konstituierten Identität als Grenzverhältnisse, die auch raumzeitlich strukturiert sein konnten. Sie waren keine fixen Entitäten und bildeten schon gar keine Essenzen.

Der erhöhte Grad der Wiedererkennbarkeit bezüglich der Filmeinheiten und der Figuren, mit dem die Zuschauer*innen an diese längeren Filmeinheiten gebunden waren, reduzierte und komprimierte grundsätzlich die möglichen Arten der Bezugnahme. Tendenziell sollte man die Figurenmotivation ebenso nachvollziehen können wie die Handlung. Da jedoch immer noch keine kohärente Konstruktion des filmischen Narrativs gelang, war die Bezugnahme wie Identifizierung und Abgrenzung, Begehren und Abscheu nicht vollständig determinierbar.

Spätestens ab 1910 war das Kino eine verstetigte Institution. Es hatte feste Orte, seine Zeiten und Frequenzen etabliert, wie sie praktisch bis Ende der 1980er Jahre bestanden. Es hatte alle seine Publika gewonnen. Das Medium Film hatte bis 1912 fast alle Genres, Stile, ästhetischen und narrativen, piktorialen und szenischen Codes sowie Strategien ausgeprägt, wie wir sie vom klassisch-narrativen Kino kennen. Mit der Etablierung des Langfilms wurde die Wissenslust der Zuschauer*innen durch Voyeurismus und ‚psychologischer Identifizierung' adressiert und orchestriert. Identitäten sollten nun gemäß ihrer psycho-sexuellen Disposition fungibel werden, sodass die Geschlechterbinarität darin zum Tragen kam, wie Mulvey dies für das Hollywoodkino der 1970er Jahre skizzierte.[24] Das Raumzeitgefüge sollte daran ausgerichtet sein. Dass jedoch Geschlecht, geschlechtliche und sexuelle Identität weiterhin nicht nur in der Form heterosexueller Binarität konstituiert wurden, sondern ebenso komplex und vielfältig wie un/bestimmt und un/eindeutig, insbesondere nicht/heterosexuelle Männlichkeit, davon handelt im Kern dieses Buch. Historisch betrachtet, steige ich hier mit meiner Verzeichnung der Figuren technisch-anthropomorpher queerer Männlichkeit in Kino und Film in Deutschland ein. Meine erste Station bilden die technisch-medialen Bedingungen für beides im Kaiserreich ab 1910.

2.2 Fortsetzung/Kaiserreich: Film/Kino/Geschlecht/Sex ab 1910

Im Übergang vom Jahr 1910 zum Jahr 1911 erschienen mit den Sensationsfilmdramen *Abgründe* (Dk 1911; R: Urban Gad) und *Die weiße Sklavin* (Dk 1911; R: August Blom) sowie der von John S. Blackton produzierten Sportdokumentation *Jack Johnson – Jim Jeffries* (USA 1911) längere Filme im deutschen Kino.

---

[24] Vgl. erneut Mulvey 1982.

2.2 Fortsetzung/Kaiserreich: Film/Kino/Geschlecht/Sex ab 1910

Ermöglicht wurde dies durch eine Änderung des deutschen Verleihsystems, das nun nicht mehr nur ganze Kurzfilmprogramme vermarktete, sondern auch Einzelfilme. Es handelte sich dabei um den Monopolfilm, mit dem in Deutschland die Institutionalisierung des Erzählkinos begann.[25] Es veränderten sich hierdurch nicht nur Status von Kino und Film als Institution der Unterhaltung und Ware des Konsums[26] sowie die Debatten zum Film als ästhetisches Medium.[27] Vielmehr veränderten sich die Aufführungspraktiken und Projektionsarten sowie die Konstruktionsweisen der Filme insgesamt, sodass sie unter veränderten Raum- und Zeitbedingungen ein ganz neues sensomotorisches, sinnliches und kognitives Ereignis erzeugten. Bei der Konstituierung des Apparats erwiesen sich Lustwissen, Angstlust und Lust am Schauen als dessen besonders zentrale

---

[25]Das Prinzip des Monopolfilms bestand darin, die Auswertungsrechte an einem Einzelfilm zu monopolisieren. Ein einzelner Film musste dafür rechtlich als geistiges Eigentum eingestuft werden können, denn nur dann existierte ein übertragbares Urheberrecht. 1908 war der Schutz geistigen Eigentums, wie Müller schreibt, in der Novelle von Artikel 14 der Berner Übereinkunft auf das Medium Film ausgedehnt worden. Am 22. Mai 1910 wurde dieser Schutz in Deutschland rechtlich verankert. Zum ersten Mal galt ein einzelner Film, rechtlich betrachtet, als Kunstwerk. Urheber*innen des Films, also die Filmhersteller*innen, konnten demzufolge ihre Rechte an andere, die Verleiher*innen, übertragen. In der besonderen Regelung für das Kino konnten die Auswertungsrechte sogar von den Verleiher*innen auf die Kinobetreiber*innen übertragen werden. Die Kinobetreiber*innen erhielten dadurch das Recht, einen Film uraufzuführen oder exklusiv aufzuführen, was ihnen einen enormen lokalen Wettbewerbsvorteil verschaffte. Für Verleiher*innen verminderte sich das Absatzrisiko. Den Produzent*innen wurden Mindestabnahmen an Filmkopien garantiert, da die Verleiher*innen nur mit vielen Kopien ihr Monopol maximal gewinnträchtig nutzen konnten. Kinobetreiber*innen verloren damit jedoch die individuelle Gestaltungsmöglichkeit der Aufführungen, wie dies hinsichtlich des Nummernprogramms möglich gewesen war. Vgl. erneut Müller 1994.

[26]Unter anderem entstanden mit dem Monopolfilm die ersten groß angelegten Werbekampagnen im öffentlichen Raum für einzelne Filme. Diese gab es im Bereich großer Kunst-, Design- und Industrieausstellungen sowie im Bereich der Völkerschauen oder bei Warenhauseröffnungen bereits seit Ende der 1890er Jahre. Vgl. hierzu Repp 2007 sowie Breckman 1991. Erst im Laufe der 1910er Jahre bekamen Kino und Film also den kulturellen Status einer lukrativen Konsumware sowie eines sozial annehmbaren kulturellen Ereignisses verliehen.

[27]Parallel hierzu bildete sich eine spezifische Kinokritik heraus, ablesbar an einer Anzahl von Neugründungen einiger Filmzeitschriften. Zu den Zeitschriften mit reformerischen Ambitionen zählten die 1912 gegründete Zeitschrift *Bild und Film. Zeitschrift für Lichtbilderei und Kinematographie*. München: Volksvereinsverlag/Verlag Lichtbilderei sowie das *Kino-Archiv. Amtliches Organ der Kino-Reform-Gesellschaft*. Berlin: Verlag der Kino-Reform-Ges. 1913. Kommerzielle Zeitschriften waren u. a. die ab 1912 von der Berliner Éclair herausgegebene *Illustrierte Filmkunst*, die Berliner *Illustrierte Kinowoche*, die es ab 1913 gab, sowie die Berliner Zeitschrift *Kunst im Kino. Zeitschrift für Lichtspielkunst*. Berlin: Lichtspielkunst 1912. Vgl. zu den Anfängen der Filmkritik Diederichs 1986, Schenk (Hg.) 1998, Grob/Prümm (Hg.) 1990, Heuwinkel 1996 sowie Hake 1993, bes. S. 27 ff. Hake verweist darauf, dass das Medium in den Jahren 1909 bis 1910 zudem zum Diskussionsgegenstand in den führenden Magazinen der Zeit wie *Die Gartenlaube* oder auch *Der Kunstwart* avancierte. Erstmals gab es auch sogenannte Previews für Journalist*innen in den Kinos. Auch wurden vermehrt Kritiken in der Tagespresse veröffentlicht. Vgl. Hake 1993, S. 14.

konstitutive Merkmale, worauf die Debatten über das ‚neue Medium' Film immer wieder explizit verwiesen. Geschlecht beziehungsweise sexuelle und soziale Differenz(en) bildeten darin nicht nur die zentralen analytischen Kategorien, sondern wiederum auch jene zur Etablierung des kinematografischen Apparats.

Mit dem Monopolsystem konnten sich Kinobetreiber*innen zunächst durch einen einzelnen, exklusiv gezeigten Film wirksam von anderen Kinos und deren Programmen absetzen. Erst im Zuge dessen entstanden Filmaufführungen mit exklusivem Ereigníscharakter, mondänen Filmpremieren in den Metropolen nämlich. Zeitgleich professionalisierte sich die gesamte Branche. Hierdurch veränderten sich vor allem die Bedingungen für die Kinobetreiber*innen. Anstatt freier, auf dem Markt erhältlicher Programmnummern, die man täglich endlos abspielte, buchte man Filme vorab – auf Termin – bei den Verleiher*innen.[28] Der verschärfte Wettbewerb zwang die Betreiber*innen dazu, den Publika immer neue Filmware zu bieten, daher ihre Kinos permanent umzubauen sowie zu verschönern.[29] Beide Faktoren bestärkten die Tendenz zum Kinopalast um 1910. Mit den Kinopalästen begann die wiederum stiefmütterliche Existenz der ortsfesten Lichtspieltheater und der Ladenkinos, welche ab 1907 aufgrund des Kinoüberschusses im Verschwinden begriffen waren.[30] Insgesamt stieg die Anzahl der Kinos reichsweit von geschätzten maximal 1500 Kinos um 1910 auf ungefähr 2500 bis Ende des Jahrzehnts an.[31]

Die Kinopaläste waren prachtvolle Repräsentationsbauten, meist in moderner Bauweise und mit aufwändiger Inneneinrichtung gestaltet.[32] Sie imitierten damit die Kulturstätten höherer Weihen, ohne jedoch mit ihnen identisch zu sein. Im Gegenteil wurde schon anhand der Architektur deutlich, mit welch' gesteigertem Selbstbewusstsein das Kino als feste kulturelle Größe auftrat. Dieses richtete sich immer noch an der Institution des Theaters aus, jetzt aber, um deutlicher als je zuvor seine eigenen Parameter vorteilhaft zur Schau zu stellen. Das im Kino Gebotene war nicht auf das architektonisch würdevoll gerahmte, dargebotene kulturelle Ereignis begrenzt. Vielmehr präsentierte sich das Kino schamlos als

---

[28]Terminfilme waren Einzelproduktionen, die das Kurzfilmprogramm seit ca. 1907 ergänzten. Sie konnten von einzelnen Kinobetreiber*innen bei mehreren Verleiher*innen gleichzeitig gebucht werden. Für sie gab es keine einheitliche Erstaufführung. Sie hießen so, weil sie zu einem bestimmten Zeitpunkt in den Fachzeitschriften zur Buchung angekündigt wurden.

[29]Beispielhaft erörtert dies anhand der Stadt Osnabrück Paech 1985. Für Hamburg stellt Kinoarten und ihre Situierungen in diesem Zeitraum Töteberg 2008 dar.

[30]Die Institution der Wanderkinos bestand, vorwiegend auf dem Land, bis in die 1920er Jahre fort. Vgl. hierzu erneut Garncarz 2010a.

[31]Vgl. hierzu Traub (Hg.) 1943 sowie Jason 1925. Zu den wirtschaftlichen Faktoren für die Entstehung des Ladenkinobooms vgl. erneut Müller 1994, S. 29 ff. sowie Garncarz 2010a.

[32]Vgl. zur Kinoarchitektur in diesem Zeitraum für die Metropole Berlin auch den kunstwissenschaftlich ausgerichteten Band von Hänsel/Schmitt (Hg.) 1995, in dem die Architekturgeschichte sämtlicher Berliner Kinos abbildungsreich aufgeführt ist.

Unterhaltungsstätte modernen Vergnügens, welches nun in Gestalt eines mondänen Ereignisses erlebt werden konnte.[33]

Corinna Müller schreibt in diesem Kontext, dass das Kino beim Rekurs auf das Theater vor allem dessen Zeitmanagement übernahm.[34] Bereits um 1911 wurden nur noch wenige Kurzfilmprogramme gezeigt. Die Aufführung war, wie im Theater, auf die Abendstunden festgelegt. Das Zwei-Schlager-Programm bildete sich heraus. Damit waren Eintrittszeiten und Rezeptionsdauer vorgeschrieben. Wie im Theater sollte das Kinopublikum mindestens anderthalb Stunden still sitzen und konzentriert einem zusammenhängenden Konstrukt arrangierter Geschehnisse auf der Leinwand folgen. Da diese Veränderungen vom Kinopublikum erst noch erlernt werden mussten, griffen Kinobetreiber*innen zu dem Kunstgriff, die Filme zu parzellieren und als „Akte" darzubieten, damit sie der Struktur des gewohnten Nummernprogramms oder eines Theaterstücks ähnelten. In den ortsfesten Abspielstätten, die nur Filme zeigten, wurden bereits ab 1905 längere Kurzfilme abgespielt, weil dort das Programm häufig gewechselt wurde, wodurch längere Filme gezeigt werden mussten. Diese sogenannten *one* oder *two reeler* dauerten mit einer Länge von circa 300 Metern ungefähr zwanzig bis dreißig Minuten. Formalästhetisch betrachtet, handelte es sich um Filme mit mehreren gestellten beziehungsweise inszenierten Szenen entweder fiktionalen oder nicht-fiktionalen Charakters, welche auf Sensation oder Pointen abgestellt waren. Sie konnten bereits aus mehreren Teilen bestehen, die in einen übergeordneten Sinnzusammenhang gestellt waren und aufeinander aufbauten, und endeten oft mit einem *cliffhanger*, um die Spannung auf den nächsten Teil möglichst hoch zu halten. Die bereits erwähnten *serials*[35] waren weltweit sehr beliebt und besaßen häufig eine wiedererkennbare Hauptfigur, wie einen Detektiv oder eine Detektivin,[36] einen Meisterschurken[37] oder eine Abenteurerin.[38] Viele der in Deutschland gezeigten *serials* kamen überwiegend aus Frankreich, Dänemark sowie den USA, wie

---

[33] Aufgrund moderater Eintrittspreise machte es dieses Angebot sogar für beinahe alle Schichten. Müller schreibt, dass die Kinos immer prächtiger wurden, während die Preise zunehmend verfielen. Das würdigere Erscheinungsbild der Kinos wurde genutzt, um eine maximale Besucher*innenauslastung zu erzielen, was durch Preisstaffelung einigermaßen gewährleistet war.

[34] Vgl. Müller 1994.

[35] Vgl. allgemein zu den *serials* erneut Singer 2001 sowie Canjels 2011. Canjels betont, dass in der Existenzphase langer Kurzfilme und *serials* der einzelne Film nicht als in sich abgeschlossene Einheit betrachtet wurde. Zu den *serials* als narrative Form sowie zur Gewöhnung und Herausbildung des Publikums vgl. Hagedorn 1988. Vgl. zum *serial* auch die Sondernummer von *The Velvet Light Trap: A Critical Journal of Film und Television* 37 (Spring 1996).

[36] Bspw. *Nick Carter* (F 1908; R: Victorin Jasset) oder *Der Riesenfilm Nobody* (D 1921/1922; P: Progreß-Film G.m.b.H.).

[37] Bspw. *Zigomar* (F 1911–1913; R: Victorin Jasset) oder *Fantômas* (F 1913/1914; R: Louis Feuillade).

[38] Bspw. *The Hazards of Helen* (USA 1914–1917; R: J. P. McGowan), *The Perils of Pauline* (USA 1914; R: Louis J. Gasnier), *Lucille Love, Girl of Mystery* (USA 1914; R: Francis Ford) oder auch *The Adventures of Ruth* (USA 1919; R: George Marshall).

überhaupt der gesamte Anteil der Produktionen der gezeigten Filme immer noch zu zwei Dritteln aus nicht-deutschen Produktionsstätten stammte. *Serials* konnten zunächst in den deutschen Kinos allerdings nicht, wie sonst vor allem in den USA üblich, in wöchentlichem Abstand gezeigt werden, weil die Vertriebslage zu schlecht war, sondern nur unregelmäßig, wobei sie zunächst in die Nummernprogramme eingebaut wurden. Diese Situation änderte sich erst mit dem Monopolfilm, wodurch die Möglichkeit entstand, mehrere Teile eines *serials* als abendfüllenden Film in das Zwei-Schlager-Programm aufzunehmen. Oft konnte das Publikum also nicht eindeutig erkennen, ob es einen Langfilm, der in mehrere Akte aufgeteilt worden war, oder mehrere Teile eines *serials* zu sehen bekam.

Das Prinzip der *serials*, mehrere Teile zu verklammern, wurde auf die Produkte des Monopolfilmverleihsystems übertragen. Im Unterschied zu den *serials* stand hierbei weniger der Sinnzusammenhang oder eine Filmfigur im Vordergrund als vielmehr eine per *cross marketing*-Werbekampagne erschaffene, für die Öffentlichkeit unübersehbare Filmpersona, genannt Filmstar.[39] Hierdurch sollte das wirtschaftliche Potenzial eines Einzelfilms optimiert und das Kinopublikum stärker an die Institution ‚Kino' gebunden werden, indem es an den langen Spielfilm gewöhnt wurde. Erst mit dem Produkt ‚Filmstar' entstand die Aura der Einzigartigkeit eines Einzelfilms, weniger also aufgrund seiner inhärenten Schauwerte allein. Da die Preisstaffelungen in den Kinopalästen vielen Menschen unterschiedlichster sozialer Herkünfte den Gang ins Kino ermöglichten, erschienen sie als Ort klassenübergreifender Kulturvermittlung im zeitlichen Vorfeld moderner Massen- und Konsumkultur. Kinopaläste, Werbekampagnen, Premieren, Stars, abendfüllendes Zwei-Schlager-Programm sowie eine möglichst breitgefächerte Adressat*innengruppe bildeten somit die wichtigsten institutionellen Veränderungen, die Kino und Film von 1907 bis 1910 durchlaufen hatten. Dies wiederum wirkte sich auf ihren Status und ihre Einordnung als Kultureinrichtung beziehungsweise als mögliche Kunstform aus, wie sie in den Debatten zu beidem ausführlich diskutiert wurden.

Nachdem noch im ersten Jahrzehnt des 20. Jahrhunderts vor allem das Kino explizit zum Hort der Unsittlichkeit und Krankheit deklariert worden war, der schädlich für Nerven, Körper und Seele, vor allem der Kinder und Frauen sei, gingen die Stimmen in den Debatten nun vermehrt auf den Film und seine ästhetischen Merkmale ein.[40] So unterschiedlich und widersprüchlich die Positionen

---

[39]Stars gab es seit längerem. Ihren Ruhm und Bekanntheitsgrad hatten sie im Bereich anderer Künste aufgrund ihrer Darbietungsleistung erlangt, wie bspw. im Theater oder in der Oper. Aber erst mit dem Monopolfilm wurden sie im und durch das Medium Film als ‚Marken' für die Ware Film und Identifikationsfiguren für das Publikum extra produziert. Vgl. hierzu (Lenk 1998; Hickethier 1997, 1998). Zu den berühmtesten Filmstars dieser Dekade vgl. erneut Canjels 2011, bes. S. 63 ff., sowie Nagl 2009.

[40]Eine auf den Film zugeschnittene professionelle Kritik etablierte sich ebenfalls erst ab den 1910er Jahren. Parallel gab es Zeitschriften zur Filmtechnik und zur Produktion sowie zum Schreiben von Filmen, wie das von Kurt Pinthus herausgegebene *Kino-Buch* (1913) und die Ausführungen des Regisseurs Ewald A. Dupont 1919. Vgl. hierzu erneut Hake 1993.

darin im Einzelnen waren, Einigkeit herrschte darüber, dass das Kino als kulturelle Institution und der Film als Unterhaltungsform aus einer modernen Kultur nicht mehr wegzudenken sei. Jedoch litt es immer noch an den alten ‚Kinderkrankheiten' von ‚Schmutz und Schund', wenn es auch als neue Technik Produkt und Ausdrucksmittel des ‚modernen Zeitalters' war und darin Entwicklungspotenzial besaß. Der Tenor insbesondere der Reformer*innen lautete, dass es nur auf den ‚rechten' Weg zu bringen sei, was bedeutete, ihm eigene ästhetische Merkmale vorwiegend in Abgrenzung zum künstlerischen Sprechtheater zu verleihen, worin seine spezifischen technischen und sozialen Möglichkeiten berücksichtigt wären. Dann wäre es zu reformerischen Zwecken in den Dienst vor allem der Geschmackserhebung und ästhetischen Erziehung im Sinne einer kultur- und darüber nationenstiftenden Ästhetik zu stellen.[41] Zudem könnte es als eigenständige Kunstform, die hauptsächlich auf die Wiedergabe von Natur, die Konstruktion von Bewegung und die Erzeugung neuer Wirklichkeitsformen abgestellt war, vor allem wissenschaftliches Wissen und Märchenhaftes dem Publikum vermitteln. Dies war entsprechend der psychischen und mentalen Verfasstheit der Kinogänger*innen gedacht, die dadurch reguliert werden sollte. Da die recht abstrakte Größe des Kinopublikums von den Autor*innen zumeist einheitlich als den niederen Schichten entstammend, dabei insbesondere aus Arbeitern, Frauen und Kindern bestehend imaginiert wurde, sollte der Film keine ‚falschen Illusionen' erschaffen, die entweder nur zu ungehörigem Verhalten anreizten oder gar möglicherweise den Wunsch zur Änderung der sozialen Verhältnisse einpflanzten. Diese kinematografischen Bedingungen wurden insbesondere seitens vieler Literat*innen, Journalist*innen und Kritiker*innen dahingehend argumentativ verwendet, für eine neue Kunstform zu plädieren, die mit ihren gänzlich neuen und modernen Ansichten der Welt auch eine veränderte Gesellschaftsform hervorbringen, die sie eben jenem Publikum vor Augen führen sollte.[42]

Von fundamentaler Bedeutung war für beinahe alle, die sich über den Film äußerten, dass sich das Kino beziehungsweise der Film nicht am Drama des Sprechtheaters orientieren sollte. Da sich Film nun einmal wesenmäßig mit den sensationellen Aspekten des Lebens auseinandersetzte, so der Tenor in den Debatten, besaß er von sich aus eine größere Nähe zum Sensationstheater.[43] Das

---

[41]Vgl. hierzu erneut Hake 1993, bes. S. 27 ff. Zeitgenössisch auch Häfker 1913 sowie Sellmann 1912. Der Ton bezüglich ‚fremder' Kultureinflüsse verschärfte sich in den Vortagen des Ersten Weltkriegs deutlich. Vgl. hierzu Häfker 1915.

[42]Zu den Vertreter*innen der ersten Position zählen Hermann Häfker, Albert Hellwig, Konrad Lange und Herbert Tannenbaum. Die Sichtweise der zweiten Position nehmen dagegen ein Paul Ernst, Carlo Mierendorff sowie Claire und Yvan Goll. Vgl. hierzu Kaes (Hg.) 1978, Schweinitz (Hg.) 1992 sowie Hake 1993. Vgl. zu den Standpunkten der Kinoreformer*innen Jelavich 2000, bes. S. 283 ff. Jelavich verweist darauf, dass die Kinodebatte ihren Vorläufer in der bürgerlichen Kritik am Varieté besaß. Auch diesbezüglich ging es bereits um eine rückversichernde Selbstüberprüfung der eigenen, schichtbezogenen Werte. Die dem Varieté zugeschriebenen Merkmale und Effekte wurden zwanzig Jahre später auf Kino und Film appliziert.

[43]Vgl. hierzu bspw. zeitgenössisch Forch 1912/1913, weiterführend erneut Jelavich 2000.

Sensationsdrama stellte jedoch in den Augen vieler Reformer*innen eine zeitgenössische Pervertierung des Theaters dar, welches davon gereinigt werden konnte, indem der Film dessen Funktionen übernahm. Diese konnte er angeblich aufgrund seiner Nähe zu Sensation und Attraktion auf Basis seiner ästhetischen Vorzüge (,Lebensechtheit' und Fantasiebeflügelung zugleich) viel besser erfüllen.[44]

Aus den äußerst produktiven, weil auch widersprüchlichen Debatten zum Kino und Medium Film in den 1910er Jahren geht deutlich hervor, einmal dass Kino und Film keineswegs eindeutig an und für sich bestimmbar waren, sondern nur im Rekurs auf bereits bestehende Medien, hier insbesondere Varieté und Theater. Zudem zeigt sich daran deutlich, inwiefern die ästhetische Verfasstheit des Films für die jeweiligen politisch gefärbten Positionen in den Definitionsversuchen instrumentalisiert wurde: Von den erzkonservativen Reformer*innen der bürgerlichen Schicht, die sich damit ihres eigenen Kultur- und Selbstverständnisses zu versichern suchten, bis hin zu anarchistischen Literaten und Satirikern, die mit dem Medium Film ein gänzlich neues Gesellschaftsmodell erschaffen wollten, waren alle Positionen vertreten. Die Versuche insbesondere seitens der Reformer*innen, das Kino und den Film definitorisch zu reflektieren, kann man als intellektuellen Aneignungsversuch *und* zugleich als eine Strategie verstehen, sich selbst diesem neuen kulturellen Phänomen gegenüber abzuschotten, indem man versuchte, beides in den Kategorien vertrauter Denk- und Medienschemata zu bestimmen. Dies galt selbst noch für die Geste der Akzeptanz seiner Aktualität als neue Technik sowie seiner technisch-ästhetischen Spezifika, mit denen eben auch die Spezifik seiner soziokulturellen Funktion sehr eng definiert wurde.

Dabei war die Tendenz, das Kino als Kultureinrichtung insbesondere für bürgerlich-nationale Zwecke zu vereinnahmen, unübersehbar. Im Zuge dessen wurde das Kinopublikum in der Perspektive einer sozialen Distinktion als einheitliche Masse, bestehend vor allem aus Arbeiterschaft und Frauen, gefasst, denen nicht nur ein kindlich-primitives Sehvergnügen attestiert wurde, sondern auch die Unfähigkeit zum ,richtigen' Sehen und der ,richtigen' Erkenntnis. Hierzu musste sie erst einmal erzogen werden, um das schlussendliche Ziel zu erreichen, eine Identifikation mit der ,deutschen' Kultur und Nation zu erzielen.

Diese paternalistische Haltung, Produkt einer bürgerlichen, männlich-zentrierten Position, vollzog somit die ihrer Schicht verpflichteten sozialen und geschlechtlichen Distinktionen gerade über eine Differenzierung von ,niedriger' und ,hoher' Kunst, welche mittels Regulierungsversuchen abgesichert werden sollte. Dieser Abgrenzungsversuch zeugt zugleich von Befürchtungen aller Art hinsichtlich der kulturellen, aber auch politischen Auswirkungen des Kinos als integraler Bestandteil einer nur vermeintlich homogenisierten Vergnügungskultur mit vereinheitlichten Seh- und Rezeptionsgewohnheiten aller Zuschauer*innen.

---

[44]Beide Genres standen darüber hinaus im Verdacht, das willige und unwissende Publikum ,fremden', das heißt sowohl ,jüdisch-kapitalistischen' als auch internationalen, amerikanisch-europäischen kulturellen Einflüssen auszusetzen. Vgl. hierzu zeitgenössisch Samuleit/Born 1914.

2.2 Fortsetzung/Kaiserreich: Film/Kino/Geschlecht/Sex ab 1910

Im Sinne der Zugänglichkeit für viele Menschen, die jedoch damit ganz verschiedene Fantasien, Wünsche und Ideen verknüpfen konnten, war das den Positionen eingeschriebene Unbehagen meist direkt auf kategorische Personengruppen gerichtet, die das Kino besonders exzessiv nutzten und deshalb für seine ‚Illusionen' besonders anfällig waren, Kinder, Arbeitslose und Frauen nämlich. Nicht zuletzt deshalb, so die aufgezeigten Umgangsweisen mit dem Kino, durfte man sie der Wirkmächtigkeit des Kinos nicht einfach überlassen. Dahinter liegt auch die Erfahrung der aktuellen Tageslage, dass gerade diese Gruppierungen, sprich Arbeiter*innen und Frauen, vermehrt begannen, sozial-politische Forderungen zu stellen. Das von den Reformer*innen klar erkannte Potenzial des Kinos als soziokulturelle Institution und kulturelle Technologie, das Produkt und der Agent moderner Gesellschaften zu sein, konnte von ihnen nur gewertschätzt werden, indem es gleichzeitig strikten Zugangs- und Aufführungsregulierungen hinsichtlich der Öffentlichkeit unterzogen wurde.[45] In vielen Fällen überwog jedoch bis zum Ende des Jahrzehnts bei den Reformer*innen eine kulturpessimistische Haltung, die dem Film bei seiner Verortung als niedere Kunstform und dabei als schlechten Einfluss auf besonders schwierige Zuschauer*innengruppen nur die Ausübung negativer Aspekte einer modernen Lebenswelt zuwies.[46]

---

[45]Vgl. hierzu die Studie von Tannenbaum 1912, worin dieser das Kino als eigenständige Kunstform systematisch vom Theater abgrenzte.

[46]Alles in allem, so die Argumentation Kaspar Maases, waren sämtliche Bemühungen der Reformer*innen jedoch erfolglos und hatten sich bis zum ersten Weltkrieg erschöpft. Vgl. Maase 1997, 2001, 2012 sowie Curtis 1994. Von ihrer ‚Lobbyarbeit' gingen zumindest einige Impulse zur Modifizierung der staatlichen Filmzensur um 1910 aus, die sich zunächst zentralisierte, dann mit dem Monopolfilm vereinfachte, da Verleih und Vertrieb transparenter, systematischer und übersichtlicher ineinandergriffen. Auch schrieben sich die edukatorischen Prinzipien der Kinoreformbewegung, wie Hake schreibt, in die medienpädagogischen und -soziologischen Ansätze der 1920er Jahre ein. Parallel entstanden wissenschaftliche Abhandlungen zur physiologischen und psychischen Wirkung des Films in Analogie zur Hypnose. Die Konstruktionsprinzipien des Mediums wurden auf psychische und physiologische Dispositionen rückübertragen. Die Studie *Das Lichtspiel. Eine psychologische Studie (1916) und andere Schriften zum Kino*. Wien 1996, von Hugo Münsterberg im 1916 in englischer Sprache erstveröffentlicht, steht für Theorien repräsentativ, in denen die metaphorische Analogie quasi naturalisiert wird, indem das Medium Film zum Äquivalent psychischer Funktionen gerinnt, worin die Differenz zwischen Technik/Medium und Mensch nicht mehr erwähnt wird. Vgl. zu diesen Abhandlungen in den 1910er (und 1920er) Jahren Andriopoulos 2008. Zu den ideologisch bedingten Verschiebungen in der Debatte von edukatorischen zu ästhetischen bzw. kulturwertigen Argumenten vgl. Hansen 1983. Zu Kunst- und Kulturpolitik sowie zur Zensur im Kaiserreich vgl. Lenman 1994, bes. S. 17 ff. Speziell zur Filmzensur im Kaiserreich vgl. Stark 1982, Birett 1990 sowie Welch 1990. Zum Pressegesetz, zur Pressefreiheit und zur Gewerbeordnung vgl. Kosok 1992 sowie Hoelger 2011. Zum sogenannten Kunst- und Schaufensterparagrafen sowie zum Arbeitgeber- und Theaterparagrafen (Lex Heinze) vgl. Lenman 1984. Lenman geht auch auf den Unterschied zwischen Pornografie- und ‚Schmutz und Schund'-Debatte sowie auf die begriffliche Differenz zwischen ‚Schmutz' und ‚Schund' ein. Weiterführend zu dieser Debatte vgl. erneut Maase 2012, ders./Kaschuba (Hg.) 2001. Die meisten Zensurgründe zielten darauf ab, größere Menschenmassen, wie insbesondere arbeitsmigrierende alleinstehende junge Männer und Frauen sowie Personen ohne ‚ordentliche' Arbeit, allen voran Kriminelle und Prostituierte, zu regulieren. Erst in der Weimarer Republik wurde eine ausdrückliche Filmzensur gesetzlich verankert.

Ähnlich kann man insbesondere die Auseinandersetzung der Literat*innen, Journalist*innen und Kritiker*innen mit Kino und Film in den 1910er Jahren interpretieren. Die zentrale Erkenntnis, dass das Kino moderne Kultureinrichtung und der Film moderne Technologie der Wahrnehmung und Unterhaltung sei, wurde dabei jedoch etwas anders gerahmt. Das ‚Wesen' des Kinos, zu dem es immer noch erst kommen musste, bestand darin, auf moderner Technik basierende Kunst zu sein. Daher wurde der Film zunächst mittels Analogie zu den Charakteristika der Moderne im Allgemeinen, wie insbesondere Geschwindigkeit, Wiederholung, Standardisierung, Vervielfältigung heterogener Elemente und Perspektiven, aber auch Entfremdung, Anonymität und Oberflächlichkeit sowie zur Erfahrungswelt der Großstadt im Besonderen bestimmt. So beschreibt beispielsweise unter anderen auch der Journalist und Theaterkritiker Hermann Kienzl 1911[47] die Kinematografie als Modell für den modernen seelischen Apparat:

> Die Psychologie des kinematographischen Triumphes ist Großstadt-Psychologie. Nicht nur, weil die große Stadt den natürlichen Brennpunkt für alle Ausstrahlungen des gesellschaftlichen Lebens bildet; im besonderen auch noch, weil die Großstadtseele, diese ewig gehetzte, von flüchtigem Eindruck zu flüchtigem Eindruck taumelnde, neugierige und unergründliche Seele so recht die Kinematographenseele ist! (Kienzl 1911, S. 231)

Folgende Konstellation bildete den Kern der Analogie: Eine Mischung aus sich permanent verändernden Ansichten und stetiger Wiederholung ähnlicher Elemente, die, wie die Arbeit in der Fabrik, auslaugend und monoton wirkte, erzeugte zugleich Schockmomente, die durch den permanenten Wechsel neuer Inhalte und Ansichten entstanden.[48] Das Kino wurde hier zum durch die moderne Lebenswelt von Großstadt und Fabrikarbeit erst hervorgebrachten Komplement der Arbeitswelt. Gerade diese besonderen technisch-ästhetischen Bedingungen, so schrieb Georg Lukàcs,[49] durch Bewegung und Aneinanderreihung von Heterogenem neue Sehweisen und Ansichten zu erzeugen, bildeten die Voraussetzung für den gesellschaftstransformierenden Charakter des Films. Zugleich wurde aber auch, wie Walter Serner verdeutlichte, die libidiöse Besetzung des Films, der die Schaulust beförderte, registriert, die einen – unbewusst – zum Sehen aller möglicher Illusionen verführte. Aufgrund dieser Anschauungsform erhielt das Kino durch den Film den Status, Ort des Eskapismus zu werden. Ob man nun die Fantasie oder den Schock zugrunde legte, ob man hierdurch bei Laune gehalten und von der sozialen Realität abgelenkt wurde oder ob man durch sie jeweils bewegt und erweckt werden sollte, auch hier geronn das Publikum zur Figur einer einheitlichen, passiven Masse. Auch hier bestand diese vorwiegend aus Personen niederer Schichten, die universal als passive weiblich codiert wurden,[50] oder in konkreten verführbaren

---

[47]Vgl. Kienzl 1992.
[48]Vgl. zum Schockeffekt Gunning 1989. Zur raschen Abnutzung des Schockeffekts und dessen Ablösung durch das Konzept der (häufig weiblich codierten) Langeweile vgl. Petro 1995. Walter Benjamin arbeitete diese Wahrnehmungsform später zur Filmtheorie aus.
[49]Vgl. Lukàcs 1978.
[50]Vgl. hierzu auch die kritische Darstellung von Huyssen 1986.

Zuschauer*innen.[51] Das Kino selbst wurde in den Momenten weiblich codiert, in denen es als Illusionskunst insbesondere die Literaten und Kritiker zu verführen verstand, wie im Text Walter Serners zur Schaulust im Kino deutlich wird.[52] Diese Positionen zeichnen sich, im Gegensatz zu jenen der Reformer*innen, dadurch aus, dass von der individuellen Warte des bürgerlichen, männlichen (Künstler-) Subjekts auf das Kino und den Film sowie das Kinopublikum geblickt wird. Darin treten alle drei Instanzen (Arbeiter*innen, Frauen, Kino und Film) argumentativ in ein komplexes Äquivalenzverhältnis, von denen sich das individuelle (männliche) Subjekt fasziniert, verführbar und deshalb destabilisiert sieht, jedoch qua Reflexion in der Lage ist, hierüber Neues (Kunst beispielsweise) zu erschaffen und dadurch zu restabilisieren.

Eine Prospektive für das Medium Film als technisch gestützte, dezidiert moderne Kunstform wurde skizziert, mit der potenziell eine neue Gesellschaftsordnung möglich war, die sich jedoch, wie Sabine Hake anmerkt,[53] gerade dadurch auszeichnete, sämtliche in der sozialen Realität durch Klasse und Geschlecht bestehenden Differenzen tendenziell auszustreichen. Durch das Kino, den Film, so eine weitere Argumentationslinie, könnte potenziell eine weltumspannende, völkerverbindende Utopie allumfassender Gleichheit entstehen, wie sie beispielsweise bei Egon Friedell oder Yvan Goll entworfen wurde. Beide Autoren antizipierten eine Position, wie Béla Balász sie erst 1924 in seiner universellen Anthropologie des Films *Der sichtbare Mensch*[54] ausbuchstabierte. Auch die Positionen der Literat*innen und Kritiker*innen sind als Aneignungsversuche von Kino und Film für bestimmte, meist politisch motivierte Zwecke zu interpretieren. Die Kinematografie als moderne Technik nimmt hier letztlich weitgehend die Position ein, zur rückversichernden Distinktion instrumentalisiert zu werden. Je nach politischer Ausrichtung soll dies entweder gegenüber allem erfolgen, was nicht-bürgerlich, nicht-männlich und nicht-künstlerisch ist. Oder die Abgrenzung findet eben gerade zum Bürgerlichen und (Hoch-)Künstlerischen statt. In allen Fällen bleibt jedoch die Inanspruchnahme des Kinos und des Films von der Warte eines unmarkierten, daher universalen Männlichen bestehen.[55]

---

[51]Eine der wenigen Autor*innen, die sich auf Basis empirischer Daten mit den einzelnen Personengruppen befasste, aus denen sich die Kinopublika konkret zusammensetzten, ist Emilie Altenloh mit ihrer Studie *Zur Soziologie des Kinos. Die Kino-Unternehmung und die sozialen Schichten ihrer Besucher*. Vgl. Altenloh 1914. Weitere Differenzierungen nahm Lydia Eger 1920 in ihrer Untersuchung *Kinoreform und Gemeinden* vor. Vgl. Eger 1920. Ebenso recht wertfrei, dem Kino gewogen, erscheint die Darstellung des Filmbetriebs aus der Binnenperspektive von Resi Langer in ihrem Buch *Kinotypen. Vor und hinter den Filmkulissen. Zwölf Kapitel aus der Kinderstube des Films*. Vgl. Langer 1919.

[52]Vgl. erneut Serner 1972.

[53]Vgl. erneut Hake 1993.

[54]Vgl. Balász 2001.

[55]An dieser Stelle ist es angebracht, kurz darauf hinzuweisen, dass es eine ganze Reihe Autorinnen gab, die von ihrer politischen Position her das gesamte Spektrum abdeckten. So zählten bspw. Malwine Rennert und Lydia Eger zum bürgerlichen Lager, während Resi Lange als Fachfrau aus dem Filmbetrieb eine künstlerische Position vertrat. Auch Emilie Altenloh blickt

In dem Maße, wie Kino als soziale Institution, Film als ästhetisches Medium und die damit verknüpften Wahrnehmungsweisen und Erkenntnisformen zwar als verführerisch, jedoch passiv, weiblich und unterentwickelt deklariert wurden, kann man in diesen Positionen deutliche Invektiven gegen konkrete Forderungen nach mehr Sichtbarkeit in der öffentlichen Sphäre, nach politischer und kulturelle Partizipation sowie nach Freiräumen für unterschiedliche Lebensentwürfe sehen, welche insbesondere von Arbeiter*innen und Frauen allen Alters, aller ethnischer Herkünfte und aller sozialer Schichten vorgebracht wurden.[56] Diese wurden im Raum des Redens über die ästhetische Spezifik und Funktion des Films paternalistisch abgeschmettert, um so die eigene Position als unantastbar, weil geschmacklich sicherer zu deklarieren und zu verteidigen.

In das Kinodispositiv, so kann man beobachten, senkten sich die in den Debatten implizierten Tendenzen ebenfalls ein, sich gegenüber den in der sozialen Realität bestehenden Differenzen und Forderungen verschiedener Personengruppen zu verschließen. Dies erfolgte aus zwei Richtungen, die zwar nicht kausal miteinander verknüpft waren, jedoch in der Zusammenstellung das Resultat zeitigten, unterschiedliche Identitätskonzepte, wie sie noch mit dem Kino der Attraktionen sowie dem Kurzfilm gegeben waren, zu reduzieren und damit die Implementierung des binären Geschlechterverhältnisses zu forcieren.

---

wertend auf das Kino und den Film von einer bürgerlichen Warte aus, ohne diese Wertung auf die gesellschaftlichen Gruppen zu übertragen, die das Kino besuchten. Schon allein die Überlegungen dieser Autorinnen zu einer Filmästhetik oder -typologie sind als deutliche Interventionen in das Schema der Projektion einer universal-männlichen Kunstform zu verstehen. Ganz offensichtlich wird dies bei Resi Lange, die ihren Fokus insbesondere auf den Beitrag von Frauen, weiblichen Stars und Figuren für Kino und Film in ihren Arbeiten legt. Vgl. Rennert 1912/1913.

[56]Vgl. zu Lebensrealitäten, Selbstwahrnehmung, Sichtbarkeit und Forderungen von Dienstmädchen Franzoi 1985 sowie Walser 1985. Vgl. zum Zeitraum des ersten Weltkriegs Daniel 1989. Speziell zu den Lebensrealitäten, Anliegen und Forderungen von Arbeiter*innen vgl. Richebacher 1982, Canning 1996 sowie erneut Franzoi 1985. Zum Kinoverhalten dieser Gruppen vgl. Abrams 1990. Vgl. zu den Umständen von Verkäuferinnen Adams 1988. Zur Geschichte des Kaufhauses vgl. Crossick/Badel (Hg.) 1999 sowie Frei 1997. Speziell in geschlechterhistorischer Perspektive hierzu vgl. Rappaport 2004. Zum rassifizierenden Aspekt der Warenhäuser vgl. Carter 2009, bes. S. 156ff. Zum vergeschlechterten ‚richtigen' Umgang mit Konsumgütern, verknüpft mit den Begriffen vom ‚guten' und ‚schlechten' Geschmack ab 1900, vgl. G. König 2001. Zur Gruppe der bürgerlichen Frauen vgl. Meyer 1983, Walser 1985, Allen 1991, Reagin 2007 sowie Stoehr 1983. Religiös differenziert, sah dieses Verhältnis für deutsche Jüdinnen nochmals etwas anders aus. Vgl. hierzu Kaplan 1988. Zu den unterschiedlichen politischen Ausrichtungen der bürgerlichen Frauen vgl. Planert (Hg.) 2000, Wildenthal 2001, Walgenbach 2005, Evans 1976, Greven-Aschoff 1981 sowie Busemer 1985. Europaweit vgl. Paletschek/Pietrow-Enker (Hg.) 2004, Planert 1998, bes. S. 171 ff., 2009 sowie Hong 1996. Vgl. zur Flaneurin und Konsumentin in der Öffentlichkeit erneut Friedberg 1993. Zur kulturellen Funktion des Schaufensters vgl. Chaney 1983 sowie Spiekermann 2000. Zu Sichtbarkeiten und Forderungen von Frauen während des ersten Weltkriegs vgl. Daniel 1987 sowie Davis 1996. Zum spannungsreichen Verhältnis von Arbeiter*innenschaft und Kino vgl. Murray 1990 sowie Langewiesche 1994.

2.2 Fortsetzung/Kaiserreich: Film/Kino/Geschlecht/Sex ab 1910

Mit den längeren Spielfilmen entstand die Notwendigkeit, bildlich-narrative Konstruktionen zu entwerfen, die die Aufmerksamkeit des Publikums über einen längeren Zeitraum binden konnten. Hierzu wurde seitens der Filmproduzent*innen auf bereits bekannte Erzählweisen und Darstellungsformen zurückgegriffen.[57] Neben der Einführung von Zwischentiteln,[58] zuzüglich zum Lecturer/Erzähler, wurde zunächst das Prinzip der Serie weitergeführt.[59] Das überwiegende Genre, welches man dem Theater entlehnte, war aus besagten Gründen das Sensationsbeziehungsweise Melodrama. Beide Genres zeichnen sich durch die Darstellung von Geschehnissen aus, die vor allem die Affekte des Publikums adressieren, wodurch sie sich von Sprechtheater und Tragödie deutlich unterscheiden.[60] Gerade das im Sensationsdrama aufgeführte Geschehen vermittelt keine Idee, sondern präsentiert vorwiegend spektakuläre Ereignisse.

Ben Brewster und Lea Jacobs haben in ihrer detaillierten Studie zum Film der 1910er Jahre herausgearbeitet,[61] wie stark der Rekurs des Films auf den Repräsentationsmodus des Sensationstheaters war. Das Medium orientierte sich daran in Bildaufbau, *mise-en-scène* und insbesondere in Schauspielführung. Brewster und Jacobs argumentieren, dass sich dabei rasch für szenische Konstellationen Strategien entwickelten, die ausschließlich im Medium Film möglich waren. Dazu zählte beispielsweise der Einsatz von Spiegeln, um Blickkonstellationen zu erzeugen, die auf der Bühne unmöglich sind. Die Darsteller*innen kehren sich hierbei bewusst und für das Publikum einsehbar den Rücken zu, können aber über die Spiegelung Blicke austauschen (s. Abschn. 2.4 und 2.5). Dazu zählten ebenso unterschiedliche Einstellungsgrößen wie *close ups*, die nicht mehr, wie noch in der Phase des ‚primitiven' Erzählkinos, zur Lenkung der Zuschauer*innenaufmerksamkeit auf ein attraktives Detail genutzt, sondern nun als integraler Bestandteil einer weiterführenden Narration instrumentalisiert

---

[57] Eine bekannte Strategie bestand darin, namhafte Theaterautor*innen und Dramatiker*innen mit der Stoffentwicklung und dem Schreiben von Drehbüchern zu beauftragen. Vgl. zur berufsbedingten Problematik Quaresima 1990, Diederichs 1990 sowie Müller 1994, bes. S. 224 f. Die andere bestand darin, Romane und Novellen zu verfilmen.

[58] Die Zwischentitel ersetzten dabei den seit 1895 existierenden *conférencier* bzw. Erzähler nicht. Er verschwand um den Jahrzehntwechsel zumeist, weil es sich beim längeren narrativen Film um eine in sich abgeschlossene Sinn- und Wahrnehmungseinheit handelte, die keine erläuternde Instanz im Kinoraum zuließ. Zur Funktion der Zwischentitel in den 1910er und 1920er Jahren vgl. Scheunemann 1997. Grundsätzlich bestand die Funktion der Filmtitel darin, Plotaussparungen zu erläutern, zusammenzufassen oder zu kommentieren. Je mehr das Publikum in der Rezeption narrativer Spielfilme eingeübt und die Suture verbessert war, desto entbehrlicher wurden die Zwischentitel. Sie existierten bis in die 1930er Jahre zur Veranschaulichung von Dialogen fort.

[59] Das Serienprinzip war seit den 1880er Jahren durch Kolportage- und Serienroman, seit 1900 von Comicstrips in Tageszeitungen bekannt.

[60] Vgl. zum Genre des Melodramas einschlägig Brooks 1976, weiterführend Hays/Nikolopoulos (Hg.) 1996. Vgl. zum Melodrama als Filmgenre Gledhill 1987, Neale 1986, Mulvey 1977, Williams 1998 sowie Fletcher (Hg.) 1988.

[61] Vgl. Brewster/Jacobs 1997. Die Autor*innen beziehen sich hierbei weitgehend auf den US-amerikanischen und britischen Film.

wurden. Dazu zählte darüber hinaus eine zurückgenommene Darstellungsweise der Schauspieler*innen. Sie sollte hierdurch naturalistischer wirken, aber darin bestand nicht die Hauptfunktion. Vielmehr sollten durch Kamerabewegungen und Bildausschnitte Körperbewegungen vom Publikum wesentlich besser nachempfunden werden können, als dies bei einer statischen Kamera in einem fixierten Abstand zu den Schauspieler*innen möglich war. Dazu zählten aber auch die Konstruktionen bestimmter Raumausschnitte, die besonders die Raumtiefe ausnutzten so, wie es im Theaterraum unmöglich gewesen wäre. Auf diese Weise, so Brewster und Jacobs, instrumentalisierten die Regisseur*innen die Indexikalität des Films, um eine genuin kinematografische Raumzeit zu konstruieren. Diese wirkte in Verknüpfung mit dem Repräsentationsmodus des Fotorealismus lebensechter, bildete jedoch keineswegs die Realität einfach ab.[62] Es wurde damit auch keine bruchlose, völlig transparente ‚realistische' Illusion erzeugt. Wie im Sensationstheater handelte es sich um ein Spiel mit dem Faktor der ‚Lebensechtheit', die durch eine Doppelbewegung entstand. Der Illusionismus musste einmal im Gegensatz zum alten Medium ‚Theater' verbessert werden. Dies war jedoch nur zu erreichen, so Brewster und Jacobs weiter, indem das neue Medium Film seine Fähigkeiten deutlich in Abgrenzung zum alten zur Schau stellte, also seine technische Bedingtheit transparent machte. Auch im Sensationstheater ging es aber bereits um einen Zugewinn an Lebensechtheit durch den Einsatz spektakulärer Elemente, wie ‚echtes' Wasser, ‚echte' Vulkanausbrüche oder ein ‚echtes' Pferd. Hierbei sollte der Raum des Theaters ebenfalls keineswegs als bruchlose Illusion, sondern als maschinelle Technologie für das staunende Publikum wahrnehmbar sein, wie Ben Singer es beschreibt.[63] Die Lebensechtheit wurde im Medium Film laut Brewster und Jacobs zudem durch die vermehrte Verwendung von quasi-dokumentarischen Naturaufnahmen erzeugt, welche eine weitere Entwicklungsstrategie kinematografischer Verfahren in Abgrenzung zur konstruierten Landschaft des Theaterraums darstellte. Brewster und Jacob sind der Ansicht, jene dienten zur Erweiterung des Bildausschnitts sowie der Bildkomposition. Hierauf verweist auch Leonardo Quaresima, der darin allerdings eine spezielle Eigenschaft des deutschen Kinos erkennen will.[64] In jedem Fall handelt es sich um keine Wiederaufnahme einer Technik zum Abfilmen einer vorgelagerten Realität wie beim Kino der Attraktionen. Welche Funktion die Naturaufnahmen einnehmen konnten, speziell in der Variante deutscher Produktionen, darauf werde ich an späterer Stelle erneut eingehen. Quaresima nennt eine weitere, typisch

---

[62] Brewster und Jacob bezeichnen dies als kinematografischen *pictorialism*. Ich behalte hier bewusst den englischen Originalausdruck bei, da eine Übersetzung kaum sinnvoll erscheint.

[63] Vgl. zu diesem Punkt erneut Singer 2001.

[64] Vgl. Quaresima 1990. Weitere Besonderheiten der Verfahren in den Filmen deutscher Regisseure lassen sich folgendermaßen zusammenfassen: statische Kamera, theatrale Bildaufteilung, theatrales *staging* und *acting,* kaum Tiefenschärfe, deshalb ein recht flaches Bild sowie behäbiges Tempo, da geringe Anzahl von Schnitten. Vgl. hierzu Elsaesser 1990. Vgl. zur Entwicklung eines besonderen kinematografischen Stils um 1910 auch Tsivian 2002. Barry Salt sieht darin lediglich ‚Rückständigkeit' und Nicht-Originalität des deutschen Films. Vgl. Salt 2002.

2.2 Fortsetzung/Kaiserreich: Film/Kino/Geschlecht/Sex ab 1910

kinematografische Strategie, die er mit interner Montage bezeichnet, bei der der gezeigte Bildausschnitt so aufgeteilt wurde, dass zwei konsekutive Aspekte der Erzählhandlung in einem Bild ohne Schnitt zu sehen waren. Auch dieses Mittel sei typische für deutsche Produktionen gewesen, so Quaresima. Wichtig zu erwähnen ist dies, weil Quaresima argumentiert, dass mit diesen typischen Strategien zugleich die Vervollkommnung der kinematografischen Techniken einherging, mit denen sich das Medium Film angeblich vollends vom Kino der Attraktionen ablöste, um jene (endgültige) Form annehmen zu können, die seinem ‚Wesen' entsprach, dem narrativen Spielfilm nämlich. Er argumentiert dabei, dass dieses Zu-Sich-Selbst-Kommen des Films Ergebnis und Verdienst einer bestimmten Gattung gewesen sei, nämlich des von 1911 bis 1914 bestehenden Autorenfilms.[65] Die Begründung des ‚modernen' Kinos und des narrativen Spielfilms ist dabei für ihn wie für viele andere Autor*innen exklusiv mit der Einflussnahme von Regisseuren und Dramatikern begründet, die zumeist aus dem Theater kamen.

Im Gegenzug kann man mit Brewster und Jacobs sowie mit Singer nachweisen, dass sich diese Techniken mit der Einführung des langen Spielfilms bereits schon um 1910 herausbildeten, wofür der Einfluss der Regisseure mitnichten ursächlich ist. Man kann zudem zwar davon sprechen, dass sich diese Techniken bis 1914 vollständig herausgebildete hatten. Diesen vermeintlich genuin kinematografischen Strategien war aber der Hinweis auf bereits vorhandene ältere Medien als selbstreflexive Mediendifferenz inhärent. Im Zuge dessen konnte das Medium nicht zu sich selbst mit der Produktion ‚reiner' Lebensechtheit kommen, sondern musste sich dabei als technisches immer wieder mit seinen Spezifika zu erkennen geben. Die Untersuchungen von Brewster und Jacobs zum Film in der Gegenüberstellung zu Singers hinsichtlich des Sensationstheaters demonstrieren überdeutlich, dass sich die genuin filmischen Strategien unter dem Druck herausbildeten, die Differenzierung zum Theater speziell mit Bezug zum Aspekt der Lebensechtheit als Doppelverhältnis zwischen vorgestellter Natürlichkeit und ausgestellter Technizität nochmals erneut ziehen, sprich wieder aufführen zu müssen.

Diese Notwendigkeit galt ohne Ausnahme auch für das Geschlechterverhältnis.[66] Denn eine weitere, als typisch für den deutschen Film ausgewiesene

---

[65]Ebenso wenig kann der Anspruch des nun ebenfalls anvisierten bürgerlichen Publikums nach einem gehobenen Standard der Filme als allein ursächlicher Grund für die Entstehung des Autorenfilms ins Feld geführt werden. Im Gegenteil zeigt ein Blick auf die Reaktionen des Publikums, dass die Autorenfilme insgesamt beim Publikum passabel ankamen, wie Müller 1994 schreibt.

[66]Bereits um 1900 herum wurde das Geschlechterverhältnis biologistisch begründet, da es im Rahmen der neuen naturwissenschaftlichen Wissensordnung, vertreten durch Sozialdarwinismus, Rassenlehre und Evolutionsbiologie, versachlicht worden war. Grundlegendes Resultat war nun, dass einmal geschlechtliche Identität nicht mehr nur moralisch und sittlich, sondern durch Sexualität begründet wurde. Zudem konnte man das Geschlechterverhältnis auf dieser Basis streng binär ordnen, da es nun über die Reproduktionsfunktion definiert war. Dieses funktional-reproduktive Verhältnis wurde auf die soziale Kategorie der Familie übertragen, welche sich daraus eben ‚natürlich' ableiten ließ. Sie wurde zudem analog zum *body politic* sowie metnoymisch als dessen Kernelement definiert. Vgl. Dickinson 2001, 2007. Auch die Reproduktionssphäre wurde damit der verwissenschaftlichen

Strategie, auf die eigenen technischen Möglichkeitsbedingungen hinzuweisen, wird immer wieder in der Literatur genannt, um die Vervollkommnung des Mediums als Ergebnis des Autorenfilms auszuweisen: die Doppelbelichtung

---

Versachlichung unterstellt, die weitgehend die Diskursregeln zu Identität, Sexualität, Geschlecht und Begehren regelte. Vgl. hierzu Domansky 1996. In der Wahrnehmung der Zeitgenoss*innen handelte es sich bei dieser Umstellung um eine willkommene Herauslösung aus überkommenen Begründungsmustern des Geschlechterverhältnisses, welches nun selbstbestimmter über eine erfüllte Liebesbeziehung gestaltet werden konnte. Weil sie in den intentionalen Rahmen gesunder nationaler Einheitlichkeit gesetzt war, konnte Sexualität zum Argument für politische Betätigung von Frauen und zur Forderung nach der politischen Gleichheit der Geschlechter werden, da man mittels einer harmonisierten Liebesbeziehung seinen Dienst am Volk leistete. Damit reagierten die Geschlechterdiskurse auf die zunehmende Verwischung der Grenzen zwischen öffentlicher und privater Sphäre, die sich insbesondere in den Großstädten durch die veränderten Arbeitsbedingungen, durch Urbanisierung und Migration vollzogen hatte. Diese Symptomatik wurde als Entfremdung der Geschlechter voneinander interpretiert, die mit dem harmonisierten Verhältnis wieder aufgehoben werden sollte. Die Unterschiede der Geschlechter sollten dabei keineswegs aufgehoben werden, weshalb das Verhältnis mit der komplementärfunktionalen binären Heterosexualität begründet wurde. Diese Differenz änderte sich in den 1920er Jahren, da sich die Geschlechter vermeintlich gerade über den erfüllten Sex anglichen. Dieses neugewonnene Maß individueller Selbstbestimmung konnte jedoch auch für feministische Zwecke außerhalb von Familie und Ehe sowie im Rahmen nicht-heterosexueller Beziehungen genutzt werden, die dezidiert das binäre Geschlechtermodell aushebelten. Das Konzept der ‚freien Liebe' war ebenso an nationalistische Ideale, sogar rassistische Positionen rückzubinden, wie seine homosexuelle Variante. Vgl. hierzu Walgenbach 2005. Auch aus der Schwulenbewegung kamen Versuche, das Differenzmodell zu unterwandern, wie Magnus Hirschfelds Konzept der sexuellen Zwischenstufen bspw., auch wenn dieses auf einem gendertransitiven Gedanken basierte. Vgl. hierzu die von Hirschfeld herausgegebene Zeitschrift *Jahrbuch für sexuelle Zwischenstufen,* die im Zeitraum von 1899 bis 1923 regelmäßig erschien. Weiterführend zu Magnus Hirschfeld Dose 2005, Herzer 2001 sowie Kotowski/Schoeps (Hg.) 2004. Zu Hirschfelds Theorie der sexuellen Zwischenstufen vgl. Herrn 2008. Hirschfeld distanzierte sich mit seinem gendertransitiven Konzept (und seiner gendertransitiven Politik in Form der Kooperation mit Teilen der Frauenbewegung) von anderen Konzepten der Homosexualität, die diese mann-männlich, dabei geistig und/oder körperlich begründeten, wie bspw. bei Adolf Brand, Kurt Hiller, Hans Blüher und Benedict Friedländer. Diese machten aus ihrer mysogynen, antisemitischen und nationalistischen Haltung kein Hehl. Vgl. hierzu bspw. Blüher 1912, 1913 sowie Friedländer 1904, 1905. Vgl. weiterführend Nieden und/Bruns 2006 sowie Bruns 2005. Zur Schwulenbewegung in Deutschland vgl. Steakley 1975 sowie Tamagne 2006, 1, bes. S. 59 ff. Ein systematischer Überblick findet sich bei Hewitt 1990. Vgl. zu den Männerbünden Brunotte 2004, Bruns 2008 sowie Völger und/Welck (Hg.) 1990. Zum Lesbentum vgl. Schwartz 1986. Bei aller Verschiedenheit der Begründungen von Homosexualität, ob körperlich oder geistig, ob natürlich, psychisch oder physisch betrachtet, galt für die 1910er Jahre: es gab keine einheitliche Definition, weder von männlicher noch von weiblicher Homosexualität. Dabei war den meisten Menschen das Konzept zwar als Lebensrealität, jedoch nicht als wissenschaftliches Konzept geläufig. Selbstverständlich waren sexuelle Handlungen unter Männern immer noch inkriminiert (die zwischen Frauen weniger, das sie bis dato keine Rechtssubjekte darstellten). Es war aber durch die sogenannten Homosexuellenskandale von 1906 bis 1908 im vollen Blickpunkt der Öffentlichkeit angelangt, was ihm eine Sichtbarkeit und damit Griffigkeit verschaffte. Von der Warte einer öffentlichen Wahrnehmung aus, existierte Homosexualität zu diesem Zeitpunkt also erst in den 1910er Jahren als eindeutig wahrnehmbare, gesellschaftliche Größe. Sie war deshalb auch in höherem Maße sinnstiftend, da sich die Menschen selbst vermehrt über Körper, Geschlecht und Sexualität wahrnahmen und definierten. Vgl. hierzu Bruns 2005, Steakley 1991, Lücke 2007, Tamagne 2006, 1, bes. S. 13 ff. Zur zeitgenössischen Schwulen- und Lesbenkultur Berlins vgl. einschlägig die von Hans Ostwald herausgegebenen *Großstadt-Dokumente* (1904–1908). Der dritte Band, verfasst von Magnus Hirschfeld, trug den Titel *Berlins Drittes Geschlecht* (1904). Vgl. hierzu weiterführend Thies 2006.

2.2 Fortsetzung/Kaiserreich: Film/Kino/Geschlecht/Sex ab 1910

des Films.[67] Diese führte, so die Argumentation, vor allem zur Produktion einer besonderen Figur, dem Doppelgänger nämlich. Corinna Müller weist in diesem Kontext darauf hin, dass sich die Bedeutung dieser Technik nur durch die Referenz aufs Theater erschließt, insofern auf der Theaterbühne eben keine zwei völlig identischen Figuren auftreten können – allerhöchstens in der Variante der Verkleidung.[68] Auch in diesem Fall kann das genuin kinematografische Verfahren nur in dem Maß sinnstiftend wirken, wie hier ein ausdrücklich ans Publikum gerichtetes Fiktionssignal in Form einer Differenzerfahrung zum Theater erzeugt, wodurch dieses in die neue Wirklichkeitsillusion eingeübt wird. Das Doppelgängermotiv wird in der Literatur ausschließlich als Figur der unverkörperten, nicht vergeschlechterten Selbst-Spiegelung interpretiert, die mit der Kategorie des bürgerlichen, männlichen, heterosexuellen, weißen, europäischen Subjekts korreliert. Auch diese Figur wird dort als Höhepunkt der reflektierten Vollendung der Kinematografie gehandelt, die angeblich aufgrund des Autorenfilms 1911 Einzug in die deutschen Kinos hielt.

Mit Heide Schlüpmann kann man jedoch argumentieren, dass es sich um das Resultat handelt, das binäre Geschlechterverhältnis in den Kinoapparat so zu implementieren, dass Männlichkeit in Gestalt dieser Figur des sich in der Spaltung reflektierenden Subjekts in Erscheinung tritt. Schlüpmann argumentiert, dass es sich um ein vereinfachendes Kondensat der verschiedenen, sich in der sozialen Realität auf Basis unterschiedlicher Differenzen konstituierenden Männlichkeiten handelt.[69] Analog hierzu verdeutlicht sie diesen Prozess, dem auch Weiblichkeit unterzogen wurde, in ihrer Gegenüberstellung von Melo- und sozialem Drama. Er vollzog sich jedoch im Grunde genau gegenläufig. Im sozialen Drama, das sich durch den Einbezug von dokumentarischen Elementen und Aspekten des Kinos der Attraktionen auszeichnet, so Schlüpmann, gelingt es Weiblichkeit, sich vom Schein der Natur zu befreien, welche ihr durch die bildlichen und szenischen Traditionen vorgeschrieben sind, wie sie sich im bürgerlichen 19. Jahrhundert ausprägten. Weiblichkeit kann dagegen im sozialen Drama als moderne Weiblichkeit in Erscheinung treten in dem Maß, wie der Film auf den Konstruktionscharakter ihrer Identität in Form des Scheins der Natur reflektiert, indem er diesen als solchen deutlich ausstellt. Mit dieser Art der Kinematografie wird nun endlich die soziale Realität konkreter Frauen ernsthaft berücksichtigt. Im sozialen Filmdrama, so Schlüpmann, ist die Schauspieler*in diejenige, die die weiblichen Lebenserfahrungen aufnimmt, ohne Vorlage und damit frei vom Zwang zur Illusion, männliche Projektionsfläche sein zu müssen. Wie das Kino selbst, ist sie immer schon ‚modern', also die ‚moderne Frau':

> [S]eine [die des Mediums, Anm. C. K.] Bewegtheit kommt ihrer Verwandlungskunst entgegen, die die ihm inhärente Abtrennung des Bildes vom wirklichen Körper unterstreicht – ganz im Gegensatz zum naiven Glauben an das Illusionskino – die Fiktionalität ihres

---

[67] Notorisch wird in diesem Zusammenhang der Einsatz der Filmdoppelbelichtung in Stellan Rye und Paul Wegeners *Der Student von Prag* (D 1913) erwähnt.
[68] Vgl. Müller 1994, bes. S. 167 f.
[69] Vgl. hierzu Schlüpmann 1990, 1996.

> Körperspiels. [...] Jenseits der theoretischen Diskussion um den filmischen Realismus brachte der Film für die Schauspielerin von Anfang an etwas von der Autonomie der Kunst, eine Sicherheit, für das Kameraauge, nicht für den Mann im Publikum ein Gefühl zu spielen, das er mit der Wirklichkeit verwechseln möchte. (Schlüpmann 1990, S. 19)

Das Medium ermöglichte es somit der Schauspielerin, autonom vom Zwang zur realistischen Illusion sich selbst in der Darstellung zu reflektieren, was ihre Sexualität mit einschloss. Diese Reflexion umfasste zudem die der eigenen sozialen Erfahrung des Geschlechts, nämlich die der „aufgezwungenen und gar nicht modernen und autonomen, sondern archaischen und abhängigen Existenz." (Schlüpmann 1990, S. 19) Als kinematografisches Mittel konnte das Dokumentarische allein in Gestalt des Abfilmens von Vorfilmischem die Grammatik und Struktur der Macht, die die soziale Realität durchzog, nicht mehr kenntlich machen. Um diese Funktion ausüben zu können, benötigte das Kinodrama die Struktur des Theaters als Rahmenbedingung der in ihm präfigurierten Geschlechterasymmetrie, auf die es sich deutlich beziehen konnte. Dabei wurde betont der Standpunkt der Schauspielerin eingenommen, „im Interesse der Vergegenwärtigung der Unterdrückung des weiblichen Geschlechts und seiner Repräsentation" (Schlüpmann 1990, S. 20), sodass die Form des Dramas selbst in den Hintergrund trat. Genau in dem Augenblick, in dem eben nicht mehr nur spektakuläre vorgelagerte Wirklichkeit gezeigt wurde, sondern die Schauspielerin als Figur im sozialen Drama agieren konnte, so Schlüpmann, wurde eine Reflexion auf diese Möglichkeitsbedingungen von Weiblichkeit als Schein der Natur und der damit im Drama angelegten Machtstruktur möglich, die auch die gesamte soziale Realität durchzog. Hierdurch sei das soziale Drama zum Wahrnehmungsmodus einer modernen Technik geworden, die den Frauen das Angebot einer modernen Weiblichkeit machen konnte. Es bildete nach Schlüpmann das Genre, das die Geschlechterdifferenz ins Zentrum der filmischen Narration zum Zweck der Darstellung einer nicht regulierten Weiblichkeit stellen, die vom weiblichen Publikum qua Schaulust auch als Spiel einer konstruierten sozialen Rolle interpretiert werden konnte.

Das Melodrama durchbrach dagegen als Frauen-Genre den Schein von Natur nicht. Im Gegenteil, es potenzierte diesen noch, indem die Schauspielerin in ihrer Rolle gezwungen war, im Rahmen dieser durch patriarchalische Strukturen beförderten Rahmung vollständig zu verbleiben. In den Kriminal- und Detektivfilmen wurde der Potenzierung des Scheins Vorschub geleistet, so Schlüpmann, gerade indem die weiblichen Hauptfiguren in diesen Filmen ‚moderne Technik' zwar nutzten, um sich ‚modern' zu geben, nicht aber dazu, das Spiel als Spiel einer Rolle von Weiblichkeit zu durchbrechen, um in ein ‚echtes' modernes Leben aufzubrechen. Schlussendlich wurde Weiblichkeit darin durch männliche Figuren und eine männliche Perspektive gerahmt und sanktioniert. In der Tat lag, wie Singer es anhand seiner Untersuchung der US-amerikanischen *serial queen*-Melodramen beschreibt, diese Bedingung für Weiblichkeit im Medium Film vor: Die moderne, mit technischen Mitteln unterstützte Lebensführung der Protagonistinnen erzeugte sehr oft einen semantischen und ästhetischen Überschuss, der schlussendlich sanktioniert werden musste, indem sie beispielsweise einen tötlichen Unfall erlitten.[70] Schlüpmann attestiert dabei aber sowohl dem Sensations- als auch dem Melodrama des Theaters eine bruchlose Illusion, von der sie die technisch-ästhetische Differenzerfahrung des Films abgrenzt. Singer betont jedoch die Differenzerfahrung von Illusionsbildung und Bruch durch Ausstellen des technischen Aspekts bereits der Aufführung im Theater. Im Medium Film wird diese Konstellation re-produziert, sodass die Differenzerfahrung von Authentizität und Konstruiertheit eben keineswegs verschwindet, sondern sich als modifizierte wieder einstellt.

Schlüpmanns Fazit in Bezug auf die Regulierung von Weiblichkeit hinsichtlich der Kategorien Figur, Schaulust und Publikum im Film ist zwar generell zutreffend. Die Differenzerfahrung von „Schein der Natur" und „Spiel mit der Rolle" lässt sich jedoch weniger in der absoluten Unterscheidung der beiden Genres verorten. Vielmehr ist sie in der Differenz der Geschlechter zueinander aufzufinden.

Der Konstruktionscharakter von Männlichkeit durfte, laut Schlüpmann, im Film überhaupt nicht in Erscheinung treten, weil dies das patriarchalische Machtverhältnis als Gemachtes ausgestellt und damit unwirksam gemacht hätte. Das macht auch in dem Maße Sinn, wie das männliche Prinzip mit technischer Rationalität und abstrakter Intelligibilität in eins gesetzt wurde. Im Gegensatz zu den weiblichen Figuren, die dem Schein der Natur unterlagen, fungierte deshalb für die Protagonisten bereits im Sensationstheater, aber gerade auch in den filmischen Abenteuer- und Detektivgenres die Verwendung technischer Mittel als naturalisierendes Moment ihrer geschlechtlichen Identität. Schlüpmann interpretiert das kinematografische Verfahren der Doppelbelichtung, das mit der Insinuierung der Doppelgängerfigur einhergeht, als verdichtete, abstrahierende Selbstreflexion und daher als idealisierten Schein von Männlichkeit, worin die real existierenden Differenzen verschiedener Männlichkeitsentwürfe kondensiert und geleugnet werden. Dem würde ich nicht grundsätzlich widersprechen. Jedoch ist die Doppelbelichtung gerade in dem Maß ein genuin filmisches Verfahren und technisches Mittel, wodurch, wie Müller schreibt,[71] sich das Medium zur Differenzerfahrung von Illusion und technischer Gemachtheit des Theaters abgrenzt. Und gerade hierin stellt dieses Verfahren den Konstruktionscharakter von Männlichkeit aber deutlich aus, insofern die technische Demonstration anzeigt, dass ein Subjekt nie mit sich identisch, daher die Kategorie (männlicher) Identität an und für sich instabil ist. Durch sie gerät potenziell das männliche Subjekt in Gestalt des Doppelgängers vermehrt als verkörperter und vergeschlechterter Mann ins Blickfeld, gerade weil dieser partiell autonom agiert. Demnach ist die Figur des sich reflektierenden Selbst in Gestalt des Doppelgängers nicht nur als Kondensat zu verstehen, sondern als ausgestellter Konstruktionscharakter von vergeschlechterter Männlichkeit, der deshalb reguliert werden muss. Die Selbstbetrachtung sollte den Effekt

---

[70]Vgl. hierzu auch erneut Singer 2001.
[71]Vgl. erneut Müller 1994, bes. S. 167 f.

erzielen, die Schaulust einzudämmen, um eine größtmögliche Identifikation mit einem abstrakten Ideal universeller Subjektivität zu erzielen, damit das asymmetrische Machtverhältnis nicht gefährdet wurde. Wenn auch anders begründet, gehe ich doch mit Schlüpmann *d'accord,* dass der Autorenfilm als Filmgattung als großangelegtes Projekt der unterschiedlich motivierten Regulierung des sichtbar gemachten Konstruktionscharakters *beider* Geschlechter zu verstehen ist. Während die Regulierung von Weiblichkeit darin bestand, sie auf die Position des weiblichen Schauobjekts zu fixieren, sollte regulierte Männlichkeit möglichst als visuell und narrativ entkörperte, nicht vergeschlechterte auszumachen sein.

Der Etablierungsprozess sämtlicher kinematografischer Mittel, die wir heute noch mit dem narrativen Spielfilm assoziieren, ging bis circa 1910/11 im internationalen Austausch vor sich.[72] Mit ihnen sollten Filmerzählungen realisiert werden, die (im Idealfall) durch entsprechende Montage auf Basis logischer Anschlüsse zu einem Plotablauf mit möglichst transparentem Sinn führen, in denen das Geschlechterverhältnis wie oben beschrieben implementiert werden sollte. Bis zum Verschwinden des Autorenfilms,[73] also zwischen 1910 und 1914, lassen sich, wie Quaresima demonstriert,[74] spezielle Verwendungsweisen international bereits etablierter kinematografischer Techniken im deutschen Film ausmachen. Hierzu zählen statische Kameraeinstellungen, szenische Bildkompositionen, kaum vorhandene Tiefenschärfe, geringe Schnittzahl, innere Montage sowie Naturaufnahmen. Quaresima interpretiert die Ausprägung und Verwendung dieser Mittel aus der Perspektive der Entwicklung des deutschen Kinos, wie bereits erwähnt, als Vervollkommnung des Wesens des Mediums Film. Demgegenüber argumentiert insbesondere Thomas Elsaesser, dass man diese vor allem in deutschen Produktionen langer Spielfilme ab 1910/11 auftauchenden Mittel vielmehr als Nationalisierung des deutschen Kinos verstehen muss,[75] insofern es

---

[72]Im internationalen Kontext gelten David W. Griffith und Thomas Ince in der Filmgeschichte als maßstabsetzend bezüglich der Entwicklung kinematografischer Verfahren, nicht nur mit Bezug zu *mise-en-cadre, mise-en-scène,* Tiefeneinstellung und zum *staging,* sondern auch mit Bezug zu Techniken der Raumzeitkonstruktion. Aber auch hinsichtlich der Montageverfahren, wie insbesondere Parallelmontage und *continuity editing,* werden beide Regisseure stets als marksteinsetzend angeführt. Vgl. hierzu erneut Elsaesser 1990 sowie Tsivian 2002.

[73]Das Phänomen hatte offenbar viel von seinem Reiz verloren. In der generellen Unwirtschaftlichkeit der Filme ist wohl auch der Hauptgrund ihres ‚Niedergangs' zu sehen, wie auch Müller 1994 argumentiert. Ihr Kostenaufwand ließ sich angesichts der Mobilisierung im Zeichen des ersten Weltkriegs in der Öffentlichkeit nur noch schlecht rechtfertigen.

[74]Vgl. erneut Quaresima 1990.

[75]In der Literatur wird in der Regel die Nationalisierung des deutschen Kinos für das Jahr 1914 veranschlagt, also im Ausbruchsjahr des ersten Weltkriegs. Begründet wird dies mit dem Beginn des Eingriffs der deutschen Regierung in die Filmbranche, wie durch den Aufbau des Bild- und Filmamts (BuFA), sowie mit dem systematischen Aufbau vertikal integrierter Filmkonzerne ‚von oben', zunächst die Deutsche Licht-Bildgesellschaft e. V. (DLG, später Deulig), kurz darauf die Universal Film Aktiengesellschaft (UfA). Bereits zu Friedrich Wilhelms II. Zeiten wurden jedoch staatlicherseits Versuche unternommen, über bildliche und ästhetische Strategien und Objekte eine einheitliche nationale Kultur zu stiften. Vgl. hierzu erneut Abrams 1990 sowie Opitz 2011. Zur nationalen Codierung von Konsum- und Kulturgütern vgl. Jenkins 1996. Mit

sich um bewusste Abweichungen von den internationalen Standards, angeführt von den USA, handelte.[76]

Die spezielle Verwendung dieser Mittel zur Konstruktion langer narrativer Filme zielte darauf ab, das Medium einmal vom Ruch der einfachen technischen Wiedergabe von Realität sowie zugleich vom Schein des theatralen Illusionismus zu befreien. Es sollte eine plastische diegetische Welt mit einer nachvollziehbaren Handlung und überzeugenden Figuren erschaffen werden, woraus ingesamt deutlich werden sollte, dass die projizierte visuelle Welt eben nicht nur vorgelagerte, technisch abgefilmte, sondern künstlerisch durchgearbeitete Wirklichkeit war. Dies konnte nur durch die Ausprägung von gestalterischen Mitteln, wie Kameraeinstellung und -bewegung, Bildkomposition, Bildtypen, *mise-en-scène* und *acting*, erfolgen, die sich speziell von den Mitteln des Theaters zum Aufbau einer dramatischen beziehungsweise sensationellen Welt deutlich abhoben. Hierzu war es jedoch bezüglich der kinematografischen Gestaltung unvermeidlich, dass in den Filmen ihr eigener technischer Charakter immer wieder reflektiert wurde, dies insbesondere auch im Vergleich mit anderen Medien. Aus der im Rekurs erfolgten, durch den Vergleich sich einstellenden Differenz entstanden de facto Effekte des Neuen, die als ‚genuin' kinematografische Techniken eingestuft wurden und in der Literatur immer noch werden. Der Einsatz von Kamerabewegungen, der Wechsel der Bildausschnitte, vollzogen durch Schnitte, die eine dynamischere Montage erforderten, ein zurückgenommeneres Schauspiel sowie der Einsatz von Naturaufnahmen, all dies ließ Filme entstehen, die potenziell mit einer recht komplexen Handlung und einem motivierten Figurenspiel in einer filmischen diegetischen Welt aufwarteten. Der möglichst kausal geordnete Plot ließ potenziell ein Narrativ mit einigermaßen kohärentem Sinn entstehen. Diese narrative Organisation konnte durchaus die Schaulust und das Wissen der Zuschauer*innen über eine längere Zeit binden und orchestrieren. Die so kreierte Welt basierte auf Bildern von Natur und Innenräumen, die nun eindeutig als semantisch codierte Räume interpretierbar wurden. ‚Natur' konnte zur Landschaft werden, die soziale und nationale oder auch individuelle und psychische Zustände symbolisierte. Sie wurde bewusst Innenräumen gegenübergestellt, die ebenfalls soziale und nationale sowie individuelle, psychische Zustände anzeigen konnten. Aus speziellen Zusammenstellungen von beidem entstanden Orte als Topoi und Projektionen von sozialen und alltäglichen Lebensrealitäten wie auch von Wünschen und Fantasien. Diese inneren und äußeren Topoi erzeugten und vermittelten durch ihre Codierung sowie ihre raumzeitliche Ausgestaltung ein Narrativ auf Basis der Organisationsprinzipien von Wissen und Nichtwissen, An- und Abwesenheit sowie Nah- und

---

Bezug zum Deutschen Werkbund vgl. Hartwig 1994 sowie in historischem Überblick Breidenbach 1994. Einen allgemeinen Überblick bietet Mosse 1976. Vgl. zur Kunstpolitik im Kaiserreich Foster-Hahn 1996, S.. 71 ff sowie Easton 1996. Zur Entstehung des BuFa und der UfA vgl. Kreimeier 1992, bes. S. 28 ff., Bock/Töteberg (Hg.) 1992, Feldman 1995 sowie Werner 1990. Zum Verhältnis von Regierung und Ufa vgl. Welch 1986.

[76]Siehe erneut die gegenteilige Position bei Salt 1979, 2002.

Fernverhältnissen. Zugleich erzeugten, repräsentierten und transferierten sie qua Sicht- und Unsichtbarkeiten sowie Wissen und Nicht-Wissen ihre Bedeutung auf die Figuren, deren Identitäten sie hierdurch mitgestalteten. Topoi, raumzeitliche Elemente und Projektionen konnten Wissen als Identität (des Eigenen) und Identitäten als Wissen (vom Anderen im Eigenen) verbergen und verstecken, enthüllen oder kenntlich machen.

Daher ist die Funktion dieser Prinzipien nicht von der Konstituierung der Geschlechter zu trennen. So führte die im Narrativ organisierte Welt zu einer Aufteilung des reflektierten Selbst in einen Antagonismus von Hauptfigur und Antipoden. Im ‚Eigenen' wurde dieses männliche Selbst in ein normiertes und ein von der Norm abweichendes, meist kriminelles, aufgespalten. Hierfür steht der Detektivfilm repräsentativ, in dem es gerade um die Akkumulation von Wissen über moderne, urbane Welt und Identitäten der Figuren und des Publikums ging, welches sich diegetisch in die Suche nach einem Täter niederschlug, wie beispielsweise in den *Stuart Webbs*-Filmen. Die Aufspaltung des reflektierenden männlichen Selbsts in einen Antagonismus konnte sich auch pluralisieren und zu rivalisierenden Personengruppen wie geheimen Logen ausweiten. Sie konnte sich auch in einer Konfrontation mit dem ‚Fremden' kondensieren. In den exotistischen Filmen[77] konnte beispielsweise, je nach nationaler Codierung, das ‚Andere' ‚magische' und ‚geheimnisvolle' oder auch ‚primitive' und ‚wilde' Züge annehmen, die es zu ergründen oder zu bekämpfen galt. Die Art der Sichtbarmachung dieser männlichen Figuren sowie die darauf einzunehmende Perspektive zeichneten sich gerade durch eine Bezugnahme aus, die sich betont aus Schaulust und Wissen zusammensetzte. Es sollte jedoch das rationale Moment zweifelsfrei überwiegen. Weiblichkeit dagegen wurde zunehmend auf die Funktion des Figurenobjekts reduziert, auch in pluralisierter Variante, wobei sie auf das Komplement des Eigenen als Beigabe, Ausrichtung oder als Ziel (Geliebte, Ehefrau) beziehungsweise als zu sanktionierendes Normabweichendes (Prostituierte, Diebin) festgeschrieben wurde.[78] In Gestalt der Heldinnenfiguren der Serienfilme war sie nur noch rudimentär mit den Attributen aktiver, selbstbestimmter Weiblichkeit ausgestattet, ohne weibliche Perspektive oder Reflexion weibliche Sexualität(en) und Lebensrealitäten.[79]

Für die symbolischen Landschaften, sprich Topoi ist charakteristisch, dass sie in den Filmen deutscher Produktionen (erst) ab 1914 explizit zu feindlichen geopolitischen Territorien geronnen. Die Abgrenzung von Landschaften als

---

[77] Vgl. herzu erneut Nagl 2009 sowie Struck 2003.

[78] Nicht zufällig verschwanden bis 1914 auch die großen weiblichen Filmstars, allen voran Asta Nielsen. Vgl. hierzu Schlüpmann 1996, u. a. (Hg.) 2010. In diesem Kontext wird sinnfällig, dass es in den Eigenproduktionen des BuFA nur die eine Produktion *Unsühnbar* (D 1917; R: Georg Jacoby) mit einer namhaften Schauspielerin, nämlich Adele Sandrock, gab.

[79] Diese Attribute, die zum Ausstattungsarsenal des Konzepts der „Neuen Frau" zählten, tauchten im Kino der Weimarer Republik in zugespitzter Form in der – höchst ambivalenten – Figur der *femme fatale* wieder auf (s. Kap. 3).

Territorien affizierte umgehend die Darstellung von Männlichkeit, welche sich nun speziell in den Kriegsfilmen in dichotomische Feind-Freund-Differenzen aufspalten musste. Rückgewonnene männliche Autorität und explizite Nationalisierung konvergierten hier sichtbar im Kino. In dem Moment, in dem männliche Figuren in Film und Kino in Deutschland ganz dezidiert als verkörperlichte und vergeschlechtlichte auftraten – und nicht mehr nur als abstraktes, idealisiertes Selbst –, wurden sie als Individuen mit nationaler Macht ausgestattet, die sie als exklusiv männliches Attribut repräsentieren konnten.[80] Parallel beschränkte sich Weiblichkeit zunehmend auf eine weitgehend durch männliche Autorität visuell und diskursiv gerahmte Position in der Funktion, nationales Komplement repräsentierter männlicher Nationalität im Bereich der heimatlichen Front zu sein.[81]

---

[80]Mit Kriegsbeginn begann die Umstrukturierung des Verhältnisses zwischen Staat und Zivilgesellschaft zur binären Formation von Front und Heimatfront. Erste war männlich, zweite weiblich codiert. Vgl. hierzu Hagemann 2008, bes. S. 109, dies./Ralf Pröve (Hg.) 1998, dies./ Stefanie Schüler-Springorum (Hg.) 2002, Hämmerle u. a. (Hg.) 2014, Kundrus 1995, 2002, Daniel 1989, 1993, Frevert (Hg.) 1997, Planert 2000, Hämmerle 2000; Quartaert 2001, Davis 2000 sowie Domansky 1996. Kritisch vgl. Rouette 1993a, 1993b. Demzufolge wurde das binäre Geschlechterverhältnis ebenfalls neu codiert. Männer waren nicht mehr die Versorger, sondern nun Kämpfer fürs Vaterland, welche sich dafür heldenhaft opferten. Dies machte ihre ‚Höherwertigkeit' gegenüber den Frauen aus. An den Kriegsschauplätzen herrschte eine männliche Vergemeinschaftung, die hierarchisch strukturiert und zugleich von Gewalt und emotionaler Nähe geprägt war. Zu diesen homosozialen Verbindungen zählten auch gleichgeschlechtliche sexuelle Kontakte. Da aber die Sexualität auch der Männer der Sicherung des Nachwuchses galt, wurden sie dazu angehalten, hetero- und gleichzeitig außerehelichen Sex zu haben, der zugleich die homosexuellen Betätigungen einschränken sollte. Dennoch wurde, wie Herzog demonstriert, die Situation des Krieges für viele Männer dazu genutzt, sich den Normen der Zwangsheterosexualität zu entziehen und mit ihrer Sexualität zu experimentieren, ohne sich als homosexuell identifizieren zu müssen. Vgl. Herzog 2009, S. 1 ff sowie Crouthamel 2014. Aufgrund dieser Umstände blühten jedoch die Ressentiments gegenüber Schwulen bezüglich einer möglichen Sabotierung der nationalen Einheit auf. Vgl. zum Sexualverhalten während des ersten Weltkriegs der im Rückblick verfasste Überblick von Hirschfeld/Gaspar (Hg.) 1929. Weiterführend Kühne 2002, 2010, 1996. Grundsätzlich sollten sich Männer als harte Kampfmaschinen, als Teile der modernen Kriegsmaschinerie wahrnehmen, die siegreich bis zum Letzten für die Nation kämpften. Der Alltag in der Materialschlacht des ersten Weltkriegs sah jedoch völlig anders aus. Die Männer waren darin nicht nur als individuelle Soldaten und als Kämpfer, sondern auch als sexuell reproduktive Körper im Grunde überflüssig geworden. Viele kamen körperlich verkrüppelt und seelisch traumatisiert aus dem Krieg zurück. Vgl. die beiden Bände von Theweleit 1977, 1978, Kienitz 2001 sowie Bourke 1996. Sie veränderten dadurch nicht nur das Bild der gesellschaftlichen Öffentlichkeit, sondern forderten die Rechtslage sowie die Medizin heraus, die sich nicht nur mit dem Phänomen der Simulation, sondern dadurch auch mit der Sachlage von Versicherungsfällen auseinander setzen mussten. Vgl. hierzu zeitgenössisch Kraeplin 1919 sowie Singer 1919. Vgl. weiterführend Ulrich 1992, Hong 1998, bes. S. 92 ff sowie Radkau 1998 (s. Kap. 3).

[81]Im Zuge der Umcodierung des binären Geschlechterverhältnisses wurden Frauen als Instanz zur Aufrechterhaltung von sittlicher Moral in der sowie als Garantinnen für Nachwuchs für die gesamte(n) Nation stilisiert. Mutterschaft erfuhr enorme symbolische Aufwertung. Dafür wurde nicht nur die neu gewonnene Selbständigkeit der Frauen reguliert, indem all ihre Tätigkeiten als im Dienste der Nation stehend deklariert wurden. Auch wurde zur Wahrung der Reproduktion von gesundem Nachwuchs ihre Sexualität mit pronatalistischen und negativen Maßnahmen

Sie nahm die idealtypische Gestalt der ‚Krankenschwester', ‚Ehrenamtlichen' oder ‚Helferin' an. Zudem wurden sämtliche, bis dahin etablierten Gestaltungsmittel in den Dienst der Erziehung des Publikums zu einer passiv-empfangenden Haltung gestellt, die möglichst deutlich diese idealtypischen Konzepte vermitteln sollten – weniger durch explizite Propaganda, wie oft in der Literatur behauptet.[82] Entsprechend verschwand das weibliche Publikum, so Schlüpmann, gänzlich als soziale Bezugsgröße aus den Schriften der Reformer*innen bei der Beschreibung der kinematografischen Anordnung, wogegen ‚die Frau' in Erscheinung trat, die mit ihrer vermeintlichen Natur, das sittliche Element zur Einigung der Nation zu verkörpern, identisch gesetzt wurde.[83]

Zweifellos stellte sich mit der Einführung des Langfilms die Tendenz ein, mittels einer konsistenten Erzählung stringente Narrative mit kohärenter Bedeutung zu produzieren. Damit war unstrittig die Strategie verknüpft, die Zuschauer*innenaffekte wie Faszination, Angst und Lust, aber auch das Wissen über den Gesamtverlauf einer Einheit Langfilm zu mobilisieren und zu orchestrieren. Eindeutig waren hierzu andere Mittel und Mechanismen als diejenigen nötig, die für die Kurzfilmprogramme, die Kurzfilme sowie die *serials* verwendet worden waren.[84]

---

gesteuert. Da die Einrichtung der Familie im Kriegszustand auseinander zu driften drohte, sollte zudem der Gefahr außerehelichen Sexes, insbesondere mit ‚missliebigen' Personen (‚fremde' Soldaten, Fremdarbeiter, Kriminelle), gegengesteuert werden.

[82] Zu Bild- und Medienpolitik im Kaiserreich sowie Propaganda und Zensur während des ersten Weltkriegs vgl. Albes 1996, Hamann 2004, Bösch 2009 sowie Oppelt 2002, bes. S. 89 ff. Oppelt verweist darauf, dass bereits vor Kriegsausbruch fiktionale Kriegsfilme entstanden, ohne in der breiten Öffentlichkeit großen Anklang zu finden. Sie waren humoristisch, wie bspw. *Der Hauptmann von Köpenick* (D 1906; R: Carl Buderus) oder auch *Es wäre so schön gewesen* (D 1910; R: Jules Greenbaum), oder sie nutzten das Militär nur als Hintergrund für eine banale Liebesgeschichte. Vgl. hierzu Mühl-Benninghaus (1998). Militärische Filme wurden auch von Verbänden wie dem Deutschen Flottenverein bereits vor dem Krieg gedreht. Vgl. hierzu Deist 1976. Speziell zum Einsatz visueller Medien im Ersten Weltkrieg vgl. Holzer (Hg.) 2013. Zeitgenössisch vgl. Hardie/Sabin (Hg.) 1920. Zur Kooperation von Filmfirmen mit der Regierung vgl. Mühl-Benninghaus 1994. Zu den Nachrichtenagenturen im Kaiserreich und ihren kolonialistischen Machenschaften vgl. Wilke (Hg.) 1991 sowie Leitzbach 1998. Weiterführend vgl. Stuchtey 2010. Zu den Zensurpraktiken, zur Bildung von Prüfstellen und Erhebung des Reichsspielgesetzes im Kaiserreich vgl. erneut Welch 1990, Maase 1997, Garncarz 2010a, weiterführend Sturm 2000, Kopf 2003 sowie Petersen 1995, bes. S. 50 ff.

[83] Das Publikum strömte bis zu den letzten Kriegstagen in die Kinos, vor allem Frauen und Jugendliche. Sich zu vergnügen, war in der Öffentlichkeit umstritten und wurde staatlicherseits, je nach Kriegsphase, unterschiedlich bewertet. Bei Kriegsbeginn zu Propagandazwecken erwünscht, wurde es untolerierbar, als sich der menschenmassenvernichtende Krieg zeitlich ausdehnte. Als er sich hinzuziehen begann, argumentierte man, die Menschen hätten eine kleine Flucht aus dem schrecklichen Alltag verdient. Gegen Kriegsende sollte das Medium Film den Soldaten an der Front Durchhaltevermögen und den Daheimgebliebenen Hoffnung vermitteln. Vgl. zur zunehmenden Bedeutung des Films als Propagandamedium und Wirtschaftsfaktor bis 1919 Zglinicki 1979, bes. S. 387 ff sowie Korte 2008, S. 200.

[84] Ab 1919 wurden, laut Müller, in den städtischen ortsfesten Kinos keine Nummernprogramme mehr gezeigt. Vgl. Müller 1994, 2009 sowie Haller 2008.

2.2 Fortsetzung/Kaiserreich: Film/Kino/Geschlecht/Sex ab 1910

Erstmals in der Kino- und Filmgeschichte existierten die institutionellen Voraussetzungen – dunkler Saal, helle Leinwand, Reglosigkeit –, unter denen sich die Zuschauer*innen vorwiegend auf das Leinwandgeschehen konzentrieren und sich im Wissensmodus des ‚als ob' (Colderidges *willing suspension of disbelief*) in die Filmerzählungen praktisch hineinsaugen lassen konnten.[85] Der Apparat war also an einem Punkt angelangt, an dem seine materiellen und institutionellen Parameter in den Hintergrund zu treten begannen. Damit ging verstärkt, wie bei Schlüpmann angemerkt, eine Homogenisierung der Identitäten jenseits der komplexen ausdifferenzierten sozialen auf der Leinwand einher. Blickpunkte, Ansichten, Erzählpositionen wie auch Darstellung von Identität, inklusive Starsystem, sollten eine binär-geschlechtliche Aufteilung des Apparats unterstützen, die in dem Maß asymmetrisch war, wie sie die soziopolitische Machtverteilung reproduzieren sollte.

Das bedeutete jedoch keineswegs, dass der Apparat darin vollumfänglich erfolgreich war. Zunächst einmal waren die Filmformen keineswegs so einheitlich und kohärent, wie Schlüpmann dies für das Ende des Jahrzehnts behauptet.[86] Bis 1914 wurden, was sie ebenfalls erwähnt, weiterhin bewusst Elemente des Kinos der Attraktionen eingesetzt, um die Schauwerte der Filme zu steigern und damit einer passiven Haltung des Publikums entgegenzusteuern. Die Besonderheit der hier verwendeten kinematografischen Mittel, wie szenische Darstellung, statische Kamera, Flächigkeit der Bilder, geringe Schnittfrequenz und zurückgenommenes *acting,* beließ den einzelnen Szenen große Autonomie, sodass die Handlungsfolgen ziemlich unbestimmt blieben und aus der Szenenabfolge nicht zwangsläufig eine einheitliche Interpretation ableitbar war. Gerade unter diesen technisch-medialen Bedingungen war es deshalb beinahe unmöglich, eine bruchlose Illusion zu erzeugen. Um dabei auf den spezifisch kinematografischen Zugewinn an Lebensechtheit in Abgrenzung zu anderen ‚modernen' Technologien und Medien hinzuweisen, blieben (selbst-)reflexive Verweise auf den technischen Charakter des Films zudem unerlässlich. Die Herstellung von Idealtypen der Identitäten war dadurch ebenso wenig vollständig einlösbar, wie das männliche Prinzip als abstrakt-rationales sowie das weibliche Prinzip als konkret-erotisches total umgesetzt oder die Bezugnahme seitens des Publikums vollständig determiniert werden konnte. Der Apparat erzeugte bei der Re-Produktion binärer geschlechtlicher und sexueller Identitäten andauernd Uneindeutigkeiten, Unbestimmtheiten und Öffnungen mit, wie er auch Offenheit hinsichtlich der Bezugnahmearten seitens der Publika ließ. In dem Maß, wie der Apparat auf die sozialen und technischen Bedingungen von Identität reflektierte, war er gezwungen, mehr als das binäre (Geschlechter-)Schema zu reproduzieren: Identität als vergeschlechterte Kategorie moderner Wissens- und Konsumgesellschaften, dabei fundamental durch Sexualität und Reproduktion bestimmt, weshalb auf den *body politic* bezogen; daher stets vom Nicht-Reproduktiven,

---

[85]Vgl. zu dieser historisch spezifischen Medienkompetenz Schweinitz 2006.
[86]Vgl. erneut Schlüpmann 1996.

Nicht-Heterosexuellen abzugrenzen; universal und partikular zugleich; eine Entität, mit der man sich identifizieren, die man aber immer auch begehren konnte. Die beim Autorenfilm forcierte Einpassung der Identitäten in das binäre Schema der Geschlechter verhinderte daher keineswegs vollständig, dass Geschlechteridentitäten nicht doch in hohem Maße nicht bloß als abstrakt-universale Prinzipien, mit denen man sich identifizieren sollte, sondern auch als verkörperte, begehrende und begehrte hergestellt und als solche wahrgenommen wurden.

Die folgenden vier Analysen zeigen exemplarisch vier verschiedene kinematografische Ausgestaltungen der Figuren des Technisch-Anthropomorphen queerer Männlichkeit, die im Rahmen dieser diskursiven und apparativen Bedingungen von Kino und Film in diesem Zeitraum durch diese Überlappungen der beiden konstitutiven Binarismen gleich – anders, homo – hetero entstehen konnten.

In *Das Geschenk des Inders* (D 1913; R: Louis Ralph) wird die Figur einer abstrakten Selbstbespiegelung mit der reflektierten Projektion eines ‚primitiven', zugleich magischen ‚Fremden' kombiniert. Im Modus des ‚primitiven' Kinos wird eine explizit erotische Beziehung zwischen dem männlichen Fremden und dem männlichen Selbst inszeniert, die durch die kondensierte Rückführung auf die Figur der abstrakten Selbstbespiegelung zwar reguliert werden soll, jedoch in diese nicht nur immer wieder einbricht, sondern das gesamte filmische Narrativ bestimmt.[87]

In *Aus eines Mannes Mädchenzeit* (D 1913; P: Oskar Messter) wird im Modus des Komödiantischen durch eine Form des *drag* einer männlichen Figur der Konstruktionscharakter von Männlichkeit und Weiblichkeit betont und dazu genutzt, nicht nur die vergeschlechterte Einzelidentität einer Figur, sondern die verschiedenen Beziehungsarten zu allen anderen Figuren ins Gleiten zu bringen und zu veruneindeutigen. In diesem Prozess technisch-medialer Veruneindeutigung führt die betont kinematografische Enthüllung nicht zu gesellschaftlicher Sanktion einer nicht-heterosexuellen Figur, sondern vielmehr zur authentifizierenden Bestätigung eines nicht-heterosexuellen Begehrens.

Die Toten erwachen – 6. Abenteuer des berühmten Detektivs Stuart Webbs (D 1916; R: Adolf Gärtner) ist ein Beispiel für die Aufspaltung von Männlichkeit innerhalb der Narration in ein rational-wissendes Selbst und seinen Antipoden, den Täter beziehungsweise ‚den Fall'. Die Organisation der Narration sowie die Gestaltung der Topoi unterstützt dabei nur vermeindlich das Prinzip einer sachlich-rationalen Wissensproduktion der männlichen Hauptfigur, insofern sie

---

[87]Der erstaunlich positive Bezug zum Fremden ebnet dabei die Asymmetrie des Machtverhältnisses zwischen den männlichen Figuren ein, ohne zur bloßen Idealisierung des Fremden oder des Eigenen durch das Fremde zu führen. Vgl. hierzu auch in Bezug zu einem anderen Gegenstand, aber mit ähnlicher Argumentation, Moon 1989. Auch handelt es sich keineswegs um eine Fantasie der Entmachtung, gar der Vergewaltigung, wie sie Sedgwick für die koloniale Literatur gegen Ende des 19. Jahrhunderts in England diagnostiziert. Vgl. erneut Sedgwick 1985. Zum spezifisch phantasmatischen Charakter in Bezug auf den Topos ‚Indien', insbesondere in verschiedenen Medien in Deutschland, da keine reale koloniale Beziehung zum Land existierte, vgl. Theaterwissenschaftliche Sammlung der Universität zu Köln (Hg.) 2016 sowie erneut Kundrus 2003.

von Beginn an von Wissenslust und Lust am Schauen durchzogen ist. Bis zum Kulminationspunkt der Handlung bei der Enthüllung des Täters existiert nurmehr die Bezugnahme von Faszination und Lust, die die Figur des Antipoden zum Objekt der Begierde geformt hat. Dabei wird durch den Ausweis des Antipoden als Medienamateur, der Schein und Sein nicht differenzieren kann, offensichtlich, dass er noch nie das wahrhafte Ziel der Ausrichtung des Begehrens der Detektivfigur war, sondern vielmehr ein medial-reflektierte/ende männliche Nebenfigur, die in dem Maße, wie sie das ‚Fremde' verkörpert, eben nur scheinbar nicht im Zentrum des begehrenswerten Interesses stehen kann. Das ‚Fremde' und ‚das Eigene' treten hier in einen Austausch des einigermaßen gleichberechtigten Begehrens aufgrund einer metareflexiven Konstellation, die eben keine einfache Spiegelung, sondern vielmehr eine Diffraktion bildet, in der sich dieses zwischen männlichen Figuren und Zuschauer*in ausbreiten kann.

Der offiziell als Propaganda eingestufte Film *Das Tagebuch des Dr. Hart* (D 1918; R: Paul Leni) ist maßgeblich durch ein territoriales Freund-Feind-Verhältnis strukturiert. Neben dem melodramatischen Schauspielmodus, unterstützt die besondere kinematografische Ausgestaltung der Topoi als geopolitische Territorien dabei nur vermeintlich die klare Gegenüberstellung verfeindeter Nationen. Vielmehr wird über die technischen Mittel zugleich ein Prozess des nationalen Verrats vollzogen, der zugleich als der einer Vereindeutigung von Grenzziehungen und daher auch des Motivationsschemas feindlicher Handlungen lesbar wird. Dieses Unterlaufen territorialer Gegenüberstellungen ist konstitutiv für eine intim-erotische Beziehung zweier Feinde.

2.3 Die ‚fantastische' Szene vom ‚fremden Anderen' – *Das Geschenk des Inders*

Diese Produktion von Carl Werner unter der Regie Louis Ralphs aus dem Jahr 1913 ist leider nur in einer vom Projecto Lumière im Rahmen des europäischen Media Programms restaurierten Fassung einsehbar, die auf einer Kopie des National British Film and Television Archive, London, basiert.[88] Das auf eine Novelle F. C. Obersts zurückgehende Drehbuch stammt aus der Feder Adelaide Renées. Der Film ist recht unbekannt. Man kann aufgrund des Aufführungsdatums von 1913 sowie der Aktstruktur davon ausgehen,[89] dass es sich entweder um einen Langfilm

---

[88]So informiert der erste Zwischentitel: „Die Restaurierung dieses Films wurde ermöglicht durch eine finanzielle Unterstützung des Lumière Projekts Media Programm der Europäischen Union." Im Anschluss werden die Darstellercredits eingeblendet. Darauf folgt der zweite Textblock mit folgenden Worten: „Die Originalfassung des Films ist nicht überliefert. Grundlage für die restaurierte Fassung war eine Kopie aus Großbritannien. Wir danken dem National Film and Television Archive, London. Stiftung Deutsche Kinemathek, Berlin 1996."
[89]Der Film ist in drei Akte eingeteilt, wodurch er nicht nur die Einteilung des Theaters für ein Drama übernimmt, sondern zugleich auch die Kategorie ‚Langfilm' so aufteilt, dass sie den

oder um ein *serial* handelt.[90] Eventuell gab es auch eine Musikbegleitung oder sogar bereits eine für den Film geschriebene Partitur. Aber auch dies ist schwer zu recherchieren. Dies vorausgesetzt, handelt es sich bei der hier vorliegenden restaurierten Fassung vielmehr um eine Rekonstruktion des Originals aus dem Jahr 1996 mit extra neu komponierter Musik.

Epistemologische Konsequenz hieraus ist, dass ein von der ursprünglichen Fassung für den deutschen, aber auch den britischen Markt abweichendes filmisches Narrativ vorliegt.[91] Das bedeutet, erzählerische Elemente und Strategien, Handlungsfolgen und -zusammenhänge, Ursache-Wirkungsverhältnisse, Raumzeit sowie diegetische Welt sind nicht mehr im Originalzusammenhang vorhanden. Es erzeugt daher nicht exakt dieselbe Bedeutung wie die Originalfassung. Die mit dieser Version vorliegenden Inhalte der Einstellungen, die Dramaturgie der Szenen, die Inszenierung, die *mise-en-scène*, der piktoriale Code, das Spiel sowie die Kinematografie erzeugen jeweils ‚für sich' keine uneingeschränkte Evidenz, die womöglich durch die Originalfassung erzeugt worden wäre. Wie groß der Grad der Abweichungen hinsichtlich der Filmsequenzen sowie der Bedeutungen mit Bezug zur Originalversion ist, lässt sich in der Gesamtdimension kaum ermessen. Man muss diese Fassung also als eine Art semiautonomes Werk betrachten. Jedoch kann man annehmen, dass mit der vorhandenen britischen Kopie narrative und kinematografische Elemente vorliegen, die bei der Rekonstruktion einer gewissen Logik der Organisation folgten und deshalb als solche Bedeutungseinheiten nachvollziehbar sind. So ist es denkbar, dass die wahrnehmbaren Inkohärenzen weitgehend dem zeitgenössischen Filmstil zuzurechnen sind, der noch vorwiegend auf nur lose verschweißten Tableaux basierte. Trotz Modifizierung demonstriert diese Organisation des Filmmaterials deshalb eine Kraft des Sichtbaren der *mise-en-scène*, der Inszenierung sowie des piktorialen Codes, die gut lesbar ist und *Das Geschenk des Inders* daher problemlos zu einem wertvollen Beispiel für die der Studie zugrunde liegende Thematik macht.

Das Geschenk des Inders lässt sich keinem Genre uneingeschränkt zuordnen. Eher kommt der Film recht augenscheinlich als Hybrid daher: Aufgrund der ersten Szene, die in Indien spielt, könnte man von einem exotistischen Film sprechen.[92] Da es sich bei dem Geschenk um die Fähigkeit zur Vorausschau handelt und sich

---

Publikumserwartungen entgegenkommt, die bis zu diesem Zeitpunkt nur längere Kurzfilme und *serials* gewohnt waren. Auch wenn dies bedeutete, dass der Film einen längeren Spannungsbogen zu erzeugen hatte, waren die einzelnen ‚Akte' lose miteinander verknüpft und jeder war in sich als abgeschlossene Einheit goutierbar.

[90]Im Gegensatz zu bekannteren Filmen sind deshalb weder Premierenort noch -datum zu erkunden.

[91]Es ist auch nicht zu rekonstruieren, in welchem Ausmaß mit welchen Folgen die britische Fassung von der deutschen damals abwich. Man kann davon ausgehen, dass Inhalt und Semantik des Films auf die britischen kulturellen Wertvorstellungen zugeschnitten waren. Auf welche Weise genau, ist nicht mehr nachvollziehbar.

[92]Vgl. hierzu erneut Struck 2003.

2.3 Die ‚fantastische' Szene vom ‚fremden Anderen' ...

die Hauptfigur (Louis Ralph) in einer (realistisch gestalteten) ‚Vision' selbst begegnet, könnte man den Film in die Rubrik des fantastischen Films, ja sogar des Doppelgängerfilms einordnen. Die Kinematografie rekurriert auf Orte und Inszenierungsweisen der sogenannten Vorläufer des Films, allen voran des Zirkus'. Gerade im Hinblick auf die Inszenierung der Figur des ‚Inders' sind aber auch die Reminiszenzen einmal an die kolonialen Völkerschauen, zudem an die *side shows* und exotistischen Schaubuden des Jahrmarkts und der Kirmes nicht zu übersehen. Das durch die Fähigkeit zur Vorausschau eingespeiste Thema des Schicksals lässt wiederum auf eine dramatische Handlung schließen. Ebenso steht die vorhandene Liebesthematik, die durch eine Dreiecksgeschichte zwischen einer Frau (Adele Reuter-Eichberg) und zwei Männern inszeniert ist, eher im Zeichen der Konflikthaftigkeit als in jenem der Komik. Die inszenierte Ich-Spaltung des Protagonisten sowie dessen Fähigkeit, ‚Visionen' zu haben, befördert eine Lesart des Films in psychologischen Kategorien. Unter diesen Voraussetzungen dominiert eine recht statische Kamera mit wenig Bewegung, ein statisches *acting*, bühnenhafte Szenen, Innenansichten sowie halbnahe Einstellungen (diese mit geringer Tiefenschärfe, das heißt Raumvolumen) und damit das Tableau.

In *Das Geschenk des Inders* stehen verschiedene technische und nichttechnische Verfahren, generische Elemente, piktoriale Codes sowie Modi kinematografischer Inszenierung ebenso nebeneinander, wie sie sich wechselseitig hervorbringen und darin zudem begrenzen. Auf welche spezifische Weise und mittels welcher – auch reflexiver – Strategien dies erfolgt und wie damit zugleich auf spezifische Weise die Körper, das Geschlecht, Macht- und Lustwissen sowie das Begehren konstituiert werden, möchte ich nun mittels eines *close readings* des Films erläutern. Ich werde also demonstrieren, welche Figur des Technisch-Anthropomorphen queerer Männlichkeit in *Das Geschenk des Inders* am Werk ist.

Grob ist der Film durch zwei Handlungsstränge strukturiert, die einander raumzeitlich ablösen, jedoch über die Hauptfigur und deren vermeintlich hellseherische Fähigkeit semantisch und kinematografisch miteinander verknüpft bleiben. Der erste Handlungsstrang wird davon getragen, dass der Protagonist des Films, Sir Henry Ward, nach der Rückkehr aus der britischen Kolonie Indien in sein Heimatland Großbritannien die Bekanntschaft einer Zirkusartistin und Schulreiterin, Kathleen Burns (Baptista Schreiber), macht, deren von ihm vorausgesehener Tod im Film kurz nach seiner ‚Vision' eintritt. Daraufhin beschließt Sir Henry, sich von dem Schock auf dem Gut des Mannes seiner Schwester in Schottland zu erholen. Dort lernt er den Wissenschaftler Sir Donald Warr und dessen Tochter Nora kennen. Diese Begegnung bildet quasi den Auftakt des zweiten Handlungsstranges, in dem es vor allem um die Freundschaft zu Nora geht, die zugleich von Prof. Stael, ebenfalls ein Wissenschaftler und Warrs Konkurrent in Sachen Entdeckungen, umworben wird. Die Inszenierung des Plots legt nahe, dass Nora zwischen den beiden Männern, Sir Henry und Prof. Stael, steht. Diese Dreieckskonstellation scheint in einen Konflikt zu münden, bei dem Stael versucht, Henry zu töten, um ihn als Konkurrenten auszuschalten. Gleichzeitig wird in diesem Handlungsstrang verhandelt, dass Sir Henry, der sich zwischendurch in Berlin aufhält, um seinem vermeintlichen Rivalen Stael das Feld bezüglich Nora zu überlassen, dort seinem Alter Ego begegnet, was er als Todesvision interpretiert. Dieser Teil des zweiten Handlungsstrangs thematisiert somit Sir Henrys Methoden, seinem angeblichen Schicksal zu entrinnen. Schlussendlich wird von Stael beim versuchten Mord an Sir Henry überwältigt, der überlebt, wodurch der Weg für das *happy end* geebnet scheint, das heißt einer Zusammenführung von Nora und Henry sowie dessen Aufnahme in den Familienverbund der Warrs.

Der Film beginnt jedoch mit einer Sequenz, die sämtliche folgende Geschehnisse bedingt und auch tiefgreifenden Einfluss auf die Gesamtkonstruktion des Narrativs nimmt. Diese Sequenz bildet daher die konstitutive Voraussetzung für den weiteren Verlauf des Films, insbesondere in semantischer, aber auch in kinematografischer, vor allem performativer Hinsicht. Nach der Einblendung des Titels (erster Teil), der in der britischen Fassung *A Gift From the East* lautet, wird *Das Geschenk des Inders* mit folgendem englischen Zwischentitel eröffnet: „The story is based on an ancient Eastern superstition. Sir Henry Ward's Hindoo servant Yorke, endows him with the power of seeing visions of the persons whose life is in great danger during the following three days after the vision appears." Im Anschluss werden die Darstellercredits eingeblendet. Einer davon zeigt, wie in damals üblicher Manier, um die Nähe des Films zum Theater zu betonen und gleichzeitig zu überschreiten, den Regisseur und Schauspieler Louis Ralph frontal mit schalkhaftem, durchdringendem Blick in die Kamera in der Rolle Sir Henrys vor einem Vorhang. Danach erscheint der Zwischentitel: „In India. Sir Henry is leaving for England." In einer weiten Einstellung wird eine Kammer gezeigt, die mehr einem Verschlag gleicht und deren kulissenhafter Charakter keineswegs unterschlagen, wenn auch nicht betont ausgestellt wird. Im Bildmittelgrund befindet sich ein orientalisch anmutendes Beistelltischchen sowie rechts davon eine Art Safarisessel. Ansonsten ist der Raum leer, ins Auge fällt die weite leere Rückwand des Raums, auf der ein Sims über einer Öffnung, die ein Fenster darstellen soll, aufgemalt zu sein scheint. Obwohl er einen bühnenhaften Charakter aufweist, wirkt der Raum nach links und rechts hin nicht geschlossen, sondern wird durch den Bildausschnitt, das heißt den Rahmen, den die Kamera um das Sichtbare legt, begrenzt, um das Kinematografische dieser theatralen Anordnung zu verdeutlichen. Am in die Wand eingelassenen Fenster im Bildhintergrund steht eine männliche Figur in ‚traditioneller' indischer Kleidung (Sari und Turban),[93] „Sir Henry Ward's Hindoo servant Yorke", der erwartungsvoll aus dem Fenster blickt. Seine Mimik ist extrovertiert, erst scheint Erkennen in seinem Gesicht auf, dann beginnt er selig zu lächeln. In diesem Augenblick betritt vom linken Bildhintergrund her Sir Henry die Szene beziehungsweise die Kammer. Während Yorke nun vor Freude ganz aus dem Häuschen gerät, bleibt Sir Henry recht geschäftsmäßig, nimmt Yorke nicht einmal richtig zur Kenntnis, begrüßt ihn auch nicht.

---

[93]Zur vermeintlichen Authentizität von ‚traditioneller' Kleidung in diesem Kontext vgl. erneut Brändle 2013, Dreesbach 2005, Wolter 2005 sowie Lewerenz 2007.

2.3 Die ‚fantastische' Szene vom ‚fremden Anderen' ...

Er wischt sich nach dem Betreten des Raums die Stirn, setzt sich in den Sessel, nimmt seine Geldbörse heraus, beginnt zu rauchen. Das Verhältnis der beiden Männer zueinander ist ganz klar dreifach asymmetrisch strukturiert: Sir Henry verkörpert das männliche koloniale, imperialistische Subjekt (britischer Adeliger), während Yorke das männliche koloniale unterworfene Subjekt (armer indischer Mann, Diener) darstellt. Sir Henry stellt den Typus des rationalen Westlers dar, während Yorke den emotionalen Orientalen gibt. Sir Henry erwidert nicht Yorkes Gefühle beziehungsweise er hegt ihm gegenüber nicht dieselben Gefühle. Der wie ein Verschlag anmutende Raum ist dabei soziokulturell kaum identifizierbar, man weiß nicht, ob es sich um ein Vorzimmer, um einen Salon, ein wissenschaftliches Labor oder womöglich Yorkes privates Zimmer handeln soll. Aufgrund der Versatzhaftigkeit der Einrichtungsgegenstände entsteht der Eindruck, es handele sich um das Innere einer Schaubude oder eben auch um das Bühnendekor einer typischen fiktionalen Nummer aus einem Kurzfilmprogramm. Der Charakter der Inszenierung drängt sich daher in den Vordergrund, zumal aufgrund der Kargheit des Raums das Augenmerk ganz auf das Figurenspiel gelenkt wird. Zwei Männer führen somit in einer kolonialistisch-exotistisch inszenierten Umgebung, die die Bühne einer Schaubude sein könnte, *in nuce* eine imaginär-phantasmatische Variante des kolonialen Dramas auf, mit Spotlight auf der ‚exotischen' Figur.

Der Inhalt dieser Inszenierung ist nun folgender. Wir sehen zunächst, wie sich Yorke mit den Worten vor Sir Henrys Füße wirft: „Sahib, you are returning to your native country and everybody here loves your presence. I am poor and cannot give you gold, but I can give you more. It is my parting gift. Take it with you." (Zwischentitel) Anschließend steht er auf, richtet sich dabei zu übermenschlicher Größe auf, wodurch sich an der Wand im Bildhintergrund sein Schatten übergroß abzeichnet. Er hebt mit eindringlicher Miene den Arm über den sitzenden Sir Henry, der sich wie eine Schlange windet und immer tiefer in seinen Sessel rutscht, bis er schließlich ohnmächtig wird. Yorke geht daraufhin in die Mitte des Raums, stellt sich breitbeinig mit Siegermiene mit Blick zur Kamera auf, verweilt einen Augenblick in dieser machtvollen Pose, um zu Sir Henry zurückzukehren und ihn auf den Mund zu küssen (s. Abb. 2.1).

Yorke präsentiert sich hier in der Gestalt einer exotistischen Gewaltfantasie als das gefährliche ‚Andere', das ‚den Westen', ‚den Westler' gegen seinen Willen übermannt. Kurz nachdem er von Sir Henry abgelassen hat, immer noch über ihn gebeugt, erwacht dieser ganz benommen wie aus einer Trance. Er schlägt Yorkes Arm weg, langt sich an den Kopf, als hätte er nach einer durchzechten Nacht einen Kater oder Kopfschmerzen, versucht zur Besinnung zu kommen, wieder Herr der Lage zu werden, was ihm nur mühsam und mit der Unterstützung Yorkes gelingt. Dieser reicht ihm, nun ganz wieder in der Rolle des beflissenen, hörigen Dieners, ein Wasserglas. Als er sich in der Lage fühlt, macht sich Sir Henry auf, um den Raum zu verlassen. Yorke, der zwischendurch mit seligem Lächeln an die Decke geblickt hat, verfolgt ihn, wirft sich ihm ein letztes Mal vor die Füße und küsst lang anhaltend dessen Hände. Sir Henry wiederum drückt Yorkes Kopf in einer geradezu erlöserhaften Geste an seine Lenden. In diesem kurzen Moment, den sich Sir Henry nimmt, um sich seinem Diener und dessen Schmerz gönnerhaft

Abb. 2.1 *Das Geschenk des Inders;* D 1913, Stiftung Deutsche Kinemathek, 1. Rolle 86.28

anzunehmen, scheint die kurzzeitig verkehrte Asymmetrie zwischen den beiden Männern restituiert. Was ist nun hier geschehen? Welcher Inszenierung haben wir als Zuschauer*innen beigewohnt?

Zunächst einmal nimmt Sir Henry die Position des kolonialen Subjekts (s. Abschn. 3.1) sein, welches in ein fremdes Land reiste, in einen fremden Kulturkreis eindringt und sich die dort lebenden Subjekte gewaltsam unterwirft. Darüber hinaus ist mit diesem Status verknüpft, dass, wie Sedgwick schreibt,[94] andere Verhaltensweisen als die im eigenen Land üblichen erprobt werden können, zu denen unter anderem der Wechsel der Positionierung von männlich – viril – aktiv zu weiblich – effeminiert – passiv zählt. Genau dieser doppelt wechselseitig konstitutive Binarismus von ‚fremd' und ‚eigen' wird hier inszeniert. Sir Henry ist zwar augenscheinlich das mit Autorität ausgestattete männliche Subjekt, das sich jedoch in der Fremde auch passivisch verhalten kann. Kurzzeitig schwingt sich Yorke daher zum aktiven Subjekt auf, indem er sich Sir Henrys bemächtigt, ihn beherrscht, indem er in ihn dringt. Der Modus, in dem dies erfolgt, ist ganz im Stil der Inszenierung kolonialer Stereotype gehalten, insofern Yorke das Mittel der weniger ‚zivilisierten', obskurantistischen Variante des Fluches anwendet. Die Asymmetrie des politischen Machtverhältnisses wird kurzzeitig verkehrt

---

[94]Vgl. erneut Sedgwick 1985.

2.3 Die ‚fantastische' Szene vom ‚fremden Anderen' ...

und entspricht dem Motiv/Stereotyp – ähnlich wie es durch die Figur des Nun Taschang in *Opium* (s. Abschn. 3.1) verkörpert wird – der Rache der Kolonisierten an den Kolonisierern. Worauf der Fluch, welcher als Geschenk deklariert wird, abzielt, ist, narrativ betrachtet, augenscheinlich Sir Henrys Psyche. Yorke zwingt Sir Henry gewaltsam seinen Willen auf, er manipuliert ihn gegen seinen Willen. Dabei ringt Yorke Sir Henry nicht nur mit dem Willen nieder, sondern seine Manipulation zielt darüber hinaus genau auf jenen Ort, der radikal vom Willen abgespalten ist, das Unbewusste nämlich. Yorkes gewaltsames Eindringen in Sir Henry gegen dessen Willen, der ihn ohnmächtig werden lässt, stellt in visueller Hinsicht keinen sexuellen Akt dar. Die verwendeten Prinzipien sowie die Struktur dieses Übergriffs entsprechen jedoch exakt dem, was Sedgwick im Zuge der Ausführungen über Erfahrungen männlicher kolonialer Subjekte unter männlichen kolonisierten Subjekten schreibt, eine Vergewaltigung des weißen männlichen Subjekts nämlich. Dieses erfährt die Umkehrung der politischen Machtordnung, die im sexuellen Akt durch das kolonisierte Subjekt vollzogen wird und sich bis zur Ohnmacht steigern kann. Körperlichen Übergriff und Ohnmacht sehen wir hier in buchstäblicher Manier. Und wir sehen einen erotischen Kuss, auch wenn er einseitig erscheint. Offenbar muss diese Erfahrung, die von Yorke als Gabe an Sir Henry deklariert wird, in Sir Henrys Perspektive vom Bewusstsein sanktioniert werden. Willentliche, körperliche und politische Ohnmacht sowie der dafür ursächliche sexuelle Übergriff müssen radikal vom Bewusstsein abspaltet werden. Der Übergriff (Fluch), sein semantischer Gehalt (Ohnmacht) und sein Inhalt (sexueller Akt) dürfen und können nicht ins Bewusstsein gelangen, sie können und dürfen daher auch nicht erinnert werden.

Sie bleiben aber als Spuren in Körper(n) und Gedächtnis(sen), insofern sie die Struktur des männlichen kolonialen Subjekts grundlegend modifizieren, so wie hierdurch auch die kinematografische Anordnung konstitutiv verändert wird. Es findet eine dauerhafte Veränderung statt, durch die Sir Henry statt dieses verbotenen, nicht erinnerbaren, vollkommen verdrängten Inhalts immer wieder etwas anderes sehen muss, was sich seiner Kontrolle ebenso entzieht, wie der Inhalt und die Funktion des Unbewussten selbst, die die Gestalt von Todesvisionen annehmen. Diese ‚Visionen' bilden eine Art Deckstruktur, von der aber keineswegs sicher gesagt werden kann, dass in ihnen die ‚wahrhaftige' Zukunft dargestellt ist. Der Inhalt dieser ‚Visionen', der Tod eines Menschen, könnte ebenso die Repräsentation eines Wunsches sein, der mit der radikalen Destabilisierung der Position des männlichen kolonialen Subjekts verknüpft ist. Es könnte sich ebenso um die Visualisierung des Wunsches handeln, sich radikal einer anderen Person hinzugeben, mit dieser vollkommen eins zu werden.

Strukturell betrachtet, lässt sich also sagen, dass mit der Manipulation Sir Henrys durch Yorke keine strikte Trennung zwischen ‚Fremde' und ‚Heimat' möglich ist, wie sie das Konzept des kolonialen männlichen Subjekts vorsieht. In der Form der Gabe, nämlich der Übergabe eines Teils des Selbst an einen anderen, hat sich Yorkes Fluch in Sir Henry eingesenkt, wodurch Yorke nicht nur quasi ein Teil Sir Henrys geworden ist, sondern auf spezifische Weise dessen Persönlichkeitsstruktur beeinflusst. Die ‚Visionen', die Sir Henry von nun an in der

Heimat haben wird, stellen nicht die einfache Auswirkung des Übergriffs in Form von Deckerinnerungen dar. Sie repräsentieren vielmehr Form und Inhalt eines Umwandlungsprozesses, in dem ein sexueller Akt, weil er weder visualisiert noch erinnert werden darf, in einen psychischen Innenraum umgebildet werden muss. Dieser Prozess läuft parallel damit einher, dass aus dem Szenischen der ersten Einstellung ein genuin kinematografischer Raum wird: Nicht nur stellt der Höhepunkt dieses Prozesses die Erscheinung von Sir Henrys Doppelgänger auf offener Straße in realistischer Umgebung dar, sondern die weiteren ‚Visionen' sind ebenso als Szenen gestaltet, die den Charakter von Jahrmarkt, Kulisse und statischer Einstellung zwar aufrufen, nur um ihn aber zu überschreiten. Der ‚psychische Innenraum' ist ein genuin kinematografischer Raum auch in dem Ausmaß, wie die Kamera Sir Henrys ‚Visionen' nach außen projiziert. Obwohl im Film behauptet wird, dass die Inhalte des Fluchs destruktiver Natur sind, insofern sie vermeintlich den Tod einer Person anzeigen, ist die Struktur dieser ‚Visionen' nicht nur positiv besetzt, sondern von höchster, geradezu schöpferischer Produktivität. Die strukturelle Wirkung des Fluchs, der im Grunde ein sexueller Akt zwischen zwei Männern ist, besteht somit darin, dass Sir Henry im Geiste gebiert, was durch den körperlichen Akt Yorkes implantiert wurde, wodurch er im Raum des sichtbaren Feldes sein (verbotenes) Begehren ausagiert.[95]

Dieser ursprüngliche sexuelle Inhalt der Szene, der nicht an sich, sondern nur durch den Kuss visualisiert werden kann, wird daher zum psychischen Innenraum umgebildet in dem Maß, wie er zugleich in einen Mechanismus der Produktion von Filmbildern mit verschobenem Inhalt – ähnlich der Freudschen Traumstruktur, die wie ein Bilderrätsel funktioniert – überführt wird. Er bildet dadurch auch das verborgene, im Unbewussten liegende Geheimnis, auf das die Struktur der ‚Visionen' rückzubeziehen ist. Im sich entfaltenden Plot ist damit die Frage verknüpft, wie man auf der Basis einer vermeintlichen Zukunftsantizipation seinem Schicksal entrinnen kann.

Unweigerlich bedingt somit die erste Szene im von mir erläuterten Sinn den weiteren Verlauf des Films, insbesondere in kinematografischer, inszenatorischer und semantischer Hinsicht. Sie bildet eben keine reine exotistische Fantasie (des Films), sondern sie repräsentiert die Aufführung eines männlich-männlichen sexuellen Akts, eingekleidet in eine kolonial-exotistische Konstellation, die dem Kino der Attraktionen verpflichtet und in semantischer Hinsicht obskurantistisch, in formaler Hinsicht bühnenhaft ist, welche jedoch gerade aufgrund ihrer (medien-)differenziellen Betonung für alle weiteren Arten und Weisen, wie in *Das Geschenk des Inders* Bilder erzeugt werden, ursächlich ist. Sir Henrys ‚Visionen' sowie die damit verbundenen Handlungen und Ereignisse müssen im Lichte dieser

---

[95]In diesem Kontext muss man auch Sir Henrys Verhalten interpretieren, nachdem er aus seiner Ohnmacht erwacht ist. Auch wenn er den Übergriff negativ empfunden haben mag, kann er sich aufgrund der Ohnmacht nicht mehr an diesen erinnern. Dabei ändert sich sein Verhalten gegenüber Yorke, nachdem er aus der Ohnmacht erwacht ist, nicht grundlegend. Es scheint, als verhalte er sich ihm positiver, emphatischer gegenüber als vor der Verfluchung.

2.3 Die ‚fantastische' Szene vom ‚fremden Anderen' ...

spezifischen kinematografischen, inszenatorischen und semantischen Voraussetzung der Beziehung zwischen den beiden Männern in dieser Szene interpretiert werden.

Zwei Beispiele werden für die Auswirkungen dieser Beziehung, die in die ‚Visionen' umgeschrieben wird, im Film inszeniert. Das erste Beispiel handelt vom Tod der Artistin Kathleen Burns. Sir Henry kehrt umgehend nach dem verhängnisvollen Abschied von Yorke nach England zurück. Dort hält er sich zunächst in London auf, trifft sich mit Freunden, wird Teil des dortigen Gesellschaftslebens seiner Klasse. Wir sehen ihn, wie er einen exotistisch ausgestatteten *salon de thé* betritt, in einer weiten Einstellung vom linken Bildhintergrund zu einem Tisch in den Bildmittelgrund geht, an dem ein paar Männer im angeregten Gespräch sitzen, welche er begrüßt. Großes Gesprächsthema ist, was durch einen Zwischentitel vermittelt wird, Kathleen Burns, die berühmte Zirkusartistin und Schulreiterin, die gerade einen Gastaufenthalt in London bestreitet und bereits im rechten Bildmittelgrund am Nebentisch in einer Gruppe Damen sitzt. (Zwischentitel: „Who is that charming lady? She is Kathleen Burns the celebrated artist, the sensation of London, and is performing at the big Circus.") Im Gegensatz zu den neugierigen Herren, die sie anstarren, würdigen die Damen diese keines Blickes. Nach kurzer Zeit bricht Kathleen Burns mit ihrem Gefolge auf und verlässt den Salon. Darauf folgt ein Zwischentitel: „Kathleen at the Circus". Nach diesem sehen wir Kathleen in einer weiten Einstellung reitend in der Zirkusmanege bei einer Pferdenummer. Um sie herum versammelt ist eine Menschenmenge, die sich augenscheinlich ausschließlich aus Männern zusammensetzt. Der weiten Einstellung folgt ein Einschnitt in die Menge, der klatschende Männer in halbnaher Einstellung zeigt. Anschließend sehen wir nach einem elliptischen Schnitt, wie Sir Henry erneut in Begleitung eines Freundes den Teesalon betritt. Dieser spricht zu ihm: „Stay with me and I will introduce you to the beautiful Kathleen upon her return from the Circus." Nachdem sie sich wieder an denselben Tisch gesetzt haben, erscheint Sir Henry plötzlich in sich gekehrt. Kurz darauf sehen wir in der Bildmitte im Bildhintergrund eine weibliche Figur eingeblendet (Doppelbelichtung), die wir als Kathleen identifizieren können. Nach einigen Sekunden verschwindet die Erscheinung wieder. Sir Henry springt erschrocken auf und deklamiert: „She cannot be at the Circus; I just saw her standing over there." Er greift sich verstört an den Kopf, sein Freund versucht, ihn zu beruhigen. (Zwischentitel: „Nonsense, she is at the moment performing at the Circus.") In großer Verwirrung lehnt Sir Henry den Vorschlag seines Freundes ab, sich weiteren Zerstreuungen hinzugeben, und verlässt allein den Salon. Diese Szene kann, inhaltlich betrachtet, als ,Vision' interpretiert werden. Sie ist, da es sich um die Erscheinung einer Frau handelt, weiblich codiert. Wobei die Aufführung von Weiblichkeit hier aufgrund der Einstellung an einer Schnittstelle evoziert wird. Denn einerseits haben wir es mit einer typischen Szene zu tun, wie sie auch im Theater oder einer Magierschau vorkommen könnte. Auch ist die nebelige Erscheinung aus dem Nichts der Tradition von Geisterprojektionen aus dem 19. Jahrhundert entlehnt. Worin sie sich aber unterscheidet, ist die indexikalische Qualität, von der wir uns aufgrund der vorherigen Szene überzeugen können, derselben, die nur vom Medium Film qua Doppelbelichtung hervorgebracht werden kann: Kathleen ist als fotografisches Motiv im Moment der Ablichtung eingefroren, deshalb ebenso lebensecht wie bewegungslos. Die Szene findet in aller Öffentlichkeit statt und ist nicht mit der subjektiven Perspektive Sir Henrys in direkten Zusammenhang zu bringen. Durch die zeitliche Differenz des ‚Auftritts' der beiden Kathleens stellt sie auch keine Ich-Spaltung der weiblichen Figur dar, sondern lediglich eine kinematografisch erzeugte Doppelung, buchstäblich das Bild der Dame, die verschwindet, ähnlich wie in Georges Meliès Filmtrick aus dem Jahr 1896.

In den nächsten Einstellungen wird erzählt, wie Sir Henry mit sich ringt, ob er Kathleen wegen seiner Vision warnen soll. Ein Freund, der zu Besuch kommt, übermittelt ihm die Nachricht, Kathleen habe ihr Engagement am Zirkus aufgekündigt. (Zwischentitel: Owing to a dispute with the manager, Kathleen cancels her engagement but consents to appear until a substitute is obtained). Offenbar versucht dieser Freund, ihn dazu zu überreden, einen der letzten Auftritte Kathleens zu besuchen. Doch Sir Henry zögert, wie die nächste Szene zeigt, in der er an einer Litfaßsäule steht, auf der ein Plakat des Zirkusses zu sehen ist. Dieses zeigt Kathleen im Kostüm. Darüber ist ein weiteres Plakat angebracht, auf dem Loïe Fuller abgebildet ist, die vor allem in den 1900er Jahren für ihre Serpentinentänze sowie ihre Bühnenschauen bekannt wurde, bei denen sie sich unter Strom setzte.[96] Henry überlegt hin- und hergerissen: „Shall I warn Miss Burns that her vision has appeared to me and her life is in great danger." (Zwischentitel). Er blickt auf das Flugblatt mit der Vorstellungsankündigung im Zirkus in seiner Hand, dann wieder auf das Plakat. Schließlich entscheidet er sich dagegen, Kathleen darüber in Kenntnis zu setzen, was er gesehen hat. Ein Zwischentitel informiert die Zuschauer*innen dementsprechend: Sir Henry who is thinking that Miss Burns will imagine him insane decides not to speak. Mit der nächsten Szene, in der eine Gruppe Männer – beobachtet von einer bärtigen Gestalt im Bildhintergrund – ein Gebäude verlässt, um in ein Automobil zu steigen, ist der erste Akt des Films offiziell beendet.

Der zweite Akt beginnt mit der Ankündigung von Kathleens Tod per Zwischentitel: The gift's first test proves tragically true. Die Aufblende zeigt Kathleen erneut bei einer Pferdenummer. Zunächst ist sie in einer amerikanischen Einstellung zu sehen, wie sie neben einem Pferd steht und sich lächelnd der Menge

---

[96]Weiblichkeit und Warenförmigkeit treten hier in ein konstitutives Wechselverhältnis, zumal es sich bei den Litfaßsäulen um das zeitgenössische Medium für Werbung im öffentlichen Raum schlechthin handelte. Darüber hinaus werden hier zwei Konzepte von Weiblichkeit miteinander in Bezug gesetzt und gleichzeitig kontrastiert: Während Loie Fuller zwar auch auf Varietébühnen auftrat, waren ihre Performances schon sehr einmal von neuer Technik – wie Lichttechnik – abhängig sowie durch das Medium Film geprägt. Burns dagegen gehört als Zirkusartistin einer älteren Generation von Unterhaltungskünsten an, die zwar einerseits auf Geschwindigkeit und Bewegung (sie ist Kunstreiterin) ausgelegt, aber dennoch nicht auf die Frequenzen urbaner Unterhaltungsformen eingestellt, die leicht zu reproduzieren, zu vervielfältigen und flächendeckend zu konsumieren waren. Vgl. hierzu auch die Einleitung des Buchs.

2.3 Die ‚fantastische' Szene vom ‚fremden Anderen' ... 69

zuwendet. Dann wird in einer weiten Einstellung in Aufsicht die Manege gezeigt, sodass im Bildvordergrund in Rückenansicht das Publikum zu sehen ist. Dabei handelt es sich nicht nur um ein bloßes Abfilmen von ‚realen' Zirkusereignissen, da wir in der Position des Filmpublikums das Zirkuspublikum aus einer ganz bestimmten Perspektive, mit gewähltem Bildausschnitt, die Geschehnisse in der Manege verfolgen sehen. Kathleen betritt, auf dem Pferd reitend, im Bildhintergrund die Manege, um ihre Nummer zu zeigen. Die Menge beginnt begeistert zu klatschen. Nach einem Schnitt sehen wir die Manege in einer halbnahen Einstellung, im Bildmittelgrund steht der Zirkusdirektor, hinter dem das Pferd galoppiert, von dem wir Kathleen stürzen sehen. Wir haben es hier also mit der Darstellung einer typischen Sensation zu tun, die eigentlich nicht nur dem Sensationstheater, sondern auch dem Kino der Attraktionen entlehnt, aber bereits in eine montierte narrative Struktur eingebettet ist.[97] Fokus der Aufmerksamkeit ist hier eine weibliche Gestalt, die ebenfalls für dieses Kino noch typisch ist, nämlich die tollkühne, unabhängige Frau, die in dem Maße soziale Ausnahmeerscheinung ist, wie in ihr gesellschaftliche Strömungen, allen voran das Bedürfnis vieler Frauen nach soziopolitischer Teilhabe, nach selbstbestimmtem Leben und selbstbestimmter Sexualität, aufgeworfen und reguliert werden (s. Abschn. 2.2). Als Kathleen tot auf dem Boden liegt, wird sie von den Männern aus dem Publikum umringt. Nach einem Schnitt sehen wir die Manege wieder in einer weiteren Einstellung in leichter Aufsicht, worin ein Arzt Kathleens Tod bescheinigt und sie aus der sie umringenden Menschenmenge heraus aus der Manege getragen wird. Diese zerstreut sich in einer Atmosphäre der Niedergeschlagenheit, sodass eine Figur, die bisher regungslos verharrte, sichtbar wird, bei der es sich um Sir Henry handelt, der völlig zerrüttet scheint.

Augenscheinlich hatte er zu Kathleen keinen persönlichen Bezug, außer, dass er erst ihre Erscheinung, dann ihre Starpersona bewunderte. Sämtliche Versuche seiner Freunde, die beiden miteinander bekannt zu machen, wurden jedoch durch äußere Umstände vereitelt. Was die beiden aus seiner Perspektive verbindet, ist lediglich die Erscheinung, die Sir Henry von ihr im Teesalon hatte. Insofern er davon ausgeht, dass er in Kathleens Bild ihren Tod vorausgesehen hat, ist damit eine Art moralischer Verpflichtung verknüpft, mit der er jedoch nicht umzugehen weiß. Dies könnte daran liegen, dass er den Wahrhaftigkeitswert von deren Inhalt oder seine Sinne, sprich seine ‚Gabe' anzweifelt. Denn auch wenn er annimmt, dass der Inhalt der ‚Vision' den Tod einer Person anzeigt, so war in ihr eben nicht direkt das Zutodekommen dieser Person dargestellt, sondern ein Bild mit anderem Inhalt. Zumal es sich um seine erste ‚Vision' handelte, er somit weder mit der Art der Darstellung noch mit deren Auslegung Erfahrung besaß. Die Erscheinung, die er von Kathleen im Salon hat, nimmt die Form eines statischen Bildes an, die Figur steht aufrecht wie eine Statue, unbeweglich,

---

[97]Das *close in,* um durch Großaufnahme eine Nähe zum Geschehen zu erzeugen, dient hier nicht (mehr) dem *peeping,* wie es noch für die frühen Filme galt, in denen die Großaufnahme dazu diente, den Sensationsreiz zu erhöhen. Vgl. hierzu erneut Williams 1999.

mit über dem Bauch verschränkten Armen, beinahe wie eine Totenmaske. Sir Henry sieht somit nur ein unbewegtes Bild von ihrer Figur, das möglicherweise ein Symbol des Todes sein könnte, aber nicht, auf welche Weise sie sterben wird. Auf welche Wahrheit referiert somit das Bild? Dazu kommt, dass er vermeintlich der einzige ist, der überhaupt dieses Bild gesehen (produziert) hat. Wie soll er somit etwas, was ihm visuell nicht einmal unmittelbar in der Darstellung des Todes verfügbar und dazu noch in Form einer exklusiven Informationsvergabe an ihn gegeben ist, jemand anderem/Drittem vermitteln? Vor allem, wenn es sich bei dem Dargestellten um diese dritte Instanz selbst handelt? Die Struktur aus der ersten Szene, dass der Inhalt der ‚Vision' nicht das Eigentliche (die Todesart, das Sterben), welches selbst nicht darstellbar ist, sondern etwas anderes (eine weibliche Figur, die den Tod eventuell symbolisiert), wiederholt sich somit bei diesem ersten Beispiel. Interessant ist der Umgang mit dieser Struktur beziehungsweise mit dem erzeugten Inhalt. Im Fall der ersten ‚Vision' handelt es sich um das Bild einer Frau. Das Bild wird (nach außen) projiziert, erscheint und verschwindet wieder. Sir Henry entscheidet sich daraufhin dazu, nichts zu unternehmen, er gibt Kathleen nicht Bescheid. Daher decken sich in diesem Fall Bild und Frau, sie sind identisch. Dies wird vom gesamten kinematografischen Kontext der Episode gestützt. Bereits in jener Szene im Teesalon, bevor Henry die Erscheinung von Kathleen hat, schneidet eine auktoriale Kamera in den Zirkus. Dort wird Kathleen als Artistin inszeniert, die zugleich weiblicher Star und darin Objekt des Blicks der Kamera sowie der sie umgebenden Männer ist. Ganz eindeutig überschneiden sich hier der kinematografische Modus des Kinos der Attraktionen mit der ästhetischen Konstruktion der Frau als weiblichem Star sowie der Installierung eines männlichen Blicks, der nicht nur der Position der Kamera entspricht, sondern der sich mit dem männlichen Publikum solidarisiert. All dies wird auf reflexive Weise ausgestellt. Der kinematografische sowie piktoriale Status, die kinematografische und piktoriale Funktion von Weiblichkeit als unbewegtem Bild, als Objekt des männlichen Blicks und daher als reine Oberfläche werden hier ganz augenscheinlich. Das zu diesem Bild von Weiblichkeit als Künstlerin und Oberfläche existierende, ursprüngliche Eigentliche, die reale Künstlerin und die ältere Unterhaltungsform nämlich, stellen offenbar kein ursprüngliches Eigentliches dar (der sexuelle Akt), das sich als Geheimnis unter dem Dargestellten (als Verdrängung) verbirgt, dessen Rätsel es zu lösen gilt. Sie können einfach entweder ad acta gelegt oder als ‚reines' Bild stehen gelassen werden. Damit verknüpft, ist es in diesem Fall nicht möglich, dass aus der Struktur, in der etwas Eigentliches von etwas anderem verborgen wird, das es substituiert, etwas Neues, in Gestalt eines Bildes oder einer Handlung beispielsweise, erschaffen wird. Anders formuliert, sind mit dieser gendertransitiven Variante, dass der Mechanismus der Bildproduktion den sexuellen Akt verdrängt, keine schöpferischen Effekte verbunden, die man als genuin kinematografische interpretieren könnte. Das statische Bild der Frau als kinematografische Projektion im Außen sowie als Vertreterin einer alten Unterhaltungsform bleibt Sir Henry vollkommen äußerlich und daher fremd, es bildet, im Gegensatz zu Yorke, in der Tat sein absolutes Anderes.

Wie bei allen Verhandlungen des Themas vom Schicksal unter den Vorzeichen der Moderne kann man sich nun generell fragen, ob der konkret eintretende Tod Kathleens das unweigerliche Ergebnis der Weltgeschicke ‚an sich' ist und von der ‚Vision' ‚nur' angezeigt wird oder ob er die Konsequenz aus dem Versäumnis darüber ist, ihn als vorausgesagten nicht informationstechnisch vermittelt zu haben. Dieses strukturelle und epistemologische Dilemma lässt sich letztlich nicht auflösen. Mir geht es an dieser Stelle vielmehr darum, dass diese strukturelle, quasi-ontologische Unentscheidbarkeit bezüglich Kathleens Tod hinsichtlich der narrativen Ebene bedingt, dass dieser mit der ‚Vision' keineswegs im eindeutigen Ursache-Wirkungsverhältnis steht. Kinematografisch betrachtet, ist er jedoch eindeutig zu interpretieren. Im Falle Kathleens deutet Sir Henry das Bild nicht, er vermittelt sein Wissen nicht, er handelt nicht. Er schaut das statische Bild an, das die den Tod symbolisierende Frau, die mit dem statischen Bild identisch ist. Der Tod steht hier in einer Linie mit der Frau als statischem Objekt, als unbewegtem Bild. Und genau so, wie das statische Bild der Frau in der/seiner Erscheinung einfach wieder verschwindet, löst sich nach dieser Episode die Funktion dieser Weiblichkeit auf, die bereits als Sensation für den Tod einstand. Die Dame verschwindet im symbolischen Sinn und im konkreten Fall. Der symbolische Tod der Weiblichkeit als konkretes Sterben des weiblichen Stars folgt der Logik des Mechanismus' einer Bildproduktion, aus der nichts Neues, Anderes, Schöpferisches hervorgehen kann. Demgegenüber existiert die durch die erste Szene determinierte Struktur des Films, in der über dem verdrängten sexuellen Akt der schöpferische Mechanismus einer Bildproduktion einsetzt, welcher diesen als verschobenen Inhalt wieder aufführt, der jedoch an der Grenze der Darstellbarkeit angesiedelt ist beziehungsweise selbst nicht repräsentiert werden kann (Tod, Sterben). Umgekehrt betrachtet: In dieser gendertransitiven Variante erschöpft sich also der Mechanismus der Bildproduktion in der der statischen Bildprojektion einer unbewegten weiblichen Figur, die ein Zeichen des Todes symbolisiert, welche bereits unbelebt, da statisches Objekt, weil unbewegtes Bild ist. Wie funktioniert dies aber beim zweiten Beispiel, das man auf dieser Folie interpretieren kann?

Narrativ gesprochen, verlässt Sir Henry nach Kathleens Tod rasch London Richtung Schottland, wo er sich bei seiner Schwester und deren Mann, Lady und Lord Canter, einquartiert, um sich vom Schock zu erholen. Es findet also ein Transfer von der Metropole in die ländliche Umgebung einer Grafschaft statt. Dort lernen wir als Zuschauer*innen zunächst eine recht intakte adelige Familienwelt kennen. Ebenso dient die Präsentation des Gesellschaftslebens der Canters dazu, weitere Protagonist*innen wie Sir Donald Warr und seine Tochter Nora beispielsweise einzuführen. Im Film werden diese Szenen genutzt, um zu zeigen, dass sich Sir Henry und Nora anfreunden – beispielsweise gehen sie nach der Familienzusammenkunft im Garten/Park spazieren.

Rasch und abrupt wird auch die Person vorgestellt, die augenscheinlich ebenfalls in einer besonderen Beziehung zu Nora steht. Im Anschluss an die Spaziergangsszene sehen wir einen Raum mit einem Pult in naher Frontaleinstellung, ein Büro oder Ähnliches, an dem drei ältere Herren über ein Buch gebeugt sitzen, gestikulierend, offenbar debattierend. Aus dem linken Bildhintergrund betritt eine ernst blickende männliche Figur den Raum, die vor die Männer am Pult tritt und beginnt, ebenfalls zu gestikulieren sowie den erstaunten Wissenschaftlerkollegen eine Apparatur zu präsentieren, deren Zweck nicht im Detail erläutert wird und ebenso wenig visuell identifizierbar ist. Die drei Männer gratulieren dem Erfinder. Gemeinsam tragen sie die Apparatur aus dem Raum. Keine der Figuren wird namentlich eingeführt, Sir Warr ist uns jedoch bereits bekannt. Zunächst scheint diese Sequenz autonom von der Handlung um Nora und Sir Henry zu sein, wenn auch inhaltliche Überschneidungen, wie die wissenschaftlichen Tätigkeiten der männlichen Figuren, bestehen. Diese sind deshalb zunächst nicht auf Ebene der persönlichen, speziell sexuellen Beziehungen angesiedelt, sondern auf der der beruflichen, welche jedoch nicht minder geschlechtlich (männlich) codiert ist. Wie auch Dr. Warr erfindet diese männliche Figur Apparaturen, deren Zweck im Film nicht näher erläutert wird. Diese Figur, so geht aus der nächsten Szene hervor, repräsentiert Dr. Warrs größten wissenschaftlichen Konkurrenten, der zugleich Ambitionen gegenüber Nora in persönlicher Hinsicht hegt. Sein Name lautet von Stael, was, wie seine wissenschaftliche Tätigkeit, keine eindeutige Bestimmung der Herkunft erzwingt, jedoch offensichtlich kein englischer Name ist. Er könnte deutsch oder französisch sein. Diese als fremdartig markierte Unbestimmtheit setzt sich im Wortklang fort, insofern der eine Teil eine gewisse Härte vermitteln, der andere weich wirken soll. Physisch betrachtet, repräsentiert von Stael einen dunklen Typus mit schwarzem lockigem Haar, einem Vollbart und großen dunklen Augen. Der ‚fremde' Körper, so scheint hier angedeutet zu werden, fungiert als Zeichen für die Seele, eine dunkle Seele nämlich. Der stiere, intensive Blick, mit dem von Stael sein Gegenüber geradezu durchbohrt, lässt auf den Grat zwischen absolutem, eisernem Willen und Wahnsinn schließen. Schon äußerlich ist die Figur somit nicht nur stereotyp als ‚anderer', sondern darin auch ambivalent angelegt, sie changiert zwischen Genie und Wahnsinn, zwischen Wissenschaftler und Magier, zwischen rational und irrational, zwischen okzidental und oriental. Vielleicht könnte man sie zudem als Präfiguration der Figur des *mad scientist* bezeichnen, wie sie das Kino seither in unterschiedlichen Varianten wie in *Das Cabinett des Dr. Caligari* (D 1921; R: Robert Wiene), *Frankenstein* (GB 1931, R: James Whale) oder auch *Island of Lost Souls* (USA 1932, R: Erle C. Kenton) bevölkert.[98] Historisch betrachtet, weist die Figur selbstredend auf die Experimental- und Wissenschaftskulturen zurück, wie ich sie in der Einleitung dargelegt habe, in denen versucht wurde, physikalische Kräfte zu domestizieren und Maschinen und Apparate zu entwerfen, mit denen der ‚Fortschritt der Menschheit' vorangetrieben werden sollte. Mir kommt es an dieser Stelle darauf an, dass die Figur in großer struktureller und semantischer Nähe zu Yorke und Sir Henry steht, insofern sie ähnliche Binarismen, wie sie an Yorke und Sir Henry verhandelt werden, in sich vereinigt. Differenziert wird hierbei jedoch einmal in der Ambivalenz

---

[98]Vgl. hierzu auch Krause/Pethes (Hg.) 2007.

2.3 Die ‚fantastische' Szene vom ‚fremden Anderen' ...

der Figur, die als Nicht-Brite und Europäer, als ‚fremder im Eigenen' deklariert wird, während Yorke das vermeintlich radikal Andere repräsentieren soll. In wiefern diese Differenzen zur Produktion der Figur des Technisch-Anthropomorphen queerer Männlichkeit genutzt werden, werde ich im Folgenden ausführen.

Von Beginn dieses zweiten Handlungsstranges an wird deutlich, dass es sich nicht um eine Zweierbeziehung, sondern um eine Dreieckskonstellation zwischen Sir Henry, Nora und von Stael handelt. Dazu spielt die Wissensvergabe unter den Figuren eine wichtige Rolle. Sir Henry weiß bis zu einem bestimmten Zeitpunkt im Film nicht, dass eine Verbindung zwischen Nora und von Stael existiert, die über eine Art professionelles Verhältnis hinausgeht, insofern Nora die Tochter und dabei Assistentin seines wissenschaftlichen Konkurrenten ist. In dieser Perspektive bilden Nora und von Stael eine Wissensgemeinschaft, die sich ebenfalls um ein Geheimnis gruppiert, das von der Apparatur nämlich, welches mit dem ihres erotischen Verhältnisses verknüpft ist. Während sich somit Sir Henry stets authentisch gibt (oder zu geben glaubt), bedeutet der gemeinsame Wissensvorsprung von Nora und von Stael, dass sie nicht-authentisch, das heißt, gegenüber ihm strategisch operieren können. Innerhalb dieser Dreieckskonstellation wird Sir Henry dadurch von beiden manipulierbar. Dieses Beziehungsgeflecht wird ganz offensichtlich nicht nur von Liebe, sondern auch wesentlich von Wissen und Macht reguliert.

Der Charakter des unmittelbaren Verhältnisses zwischen Nora und von Stael wird direkt in der Anschlussszene an die Einführung von Staels als Erfinder verdeutlicht. In dieser macht von Stael seine Aufwartung im Hause Warr. Im großbürgerlichen Ambiente weilt der Herr des Hauses, seine Tochter an seiner Seite, in seinem Büro, wo er von einem Bediensteten über von Staels Ankunft unterrichtet wird. Dieser betrit in einer halbtotalen Einstellung mit Tiefenschärfe vom Bildhintergrund aus den Raum, geht nach links vor, postiert sich neben dem Schreibtisch und küsst Nora die Hand. Dr. Warr begrüßt ihn mit Händedruck, bietet ihm einen Stuhl an und beginnt, auf ihn einzureden. Dabei zeigt er mit dem Finger in die Richtung eines anderen Raumes, erhebt sich und geht dort etwas holen. In dem Augenblick, in dem Warr den Raum verlassen hat, springt von Stael auf, tritt rasch an Nora heran und küsst ihr leidenschaftlich die Hand. Ein Zwischentitel informiert uns über von Staels Zustand und Absichten: Professor von Stael, a rival scientist of Sir Donald's is infatuated with Nora and by the power of hypnotism induces her to become engaged to him. Von Stael schüttelt mit durchdringendem Blick seine Fäuste gegen Nora, die erst vor ihm zurückweicht. Er umfasst aber rasch ihre Taille, sodass sie sich nicht weiter von ihm entfernen kann, versucht sie zu küssen, wobei alle Körperspannung aus ihr weicht und sie leblos in seine Arme fällt. Daraufhin küsst er sie auf den Mund. Nach einigen Sekunden erwacht sie schwer atmend aus ihrer Ohnmacht, von Stael nimmt mit unschuldiger Miene galant ihre Hand. Die *contenance* scheint wiedergewonnen zu sein. Nora redet eindringlich auf ihn ein und ringt ihm ein Versprechen ab: „Promise to keep our engagement a secret until Papa's work is finished" (Zwischentitel). Er geht offenbar auf ihre Bitte ein. Da die beiden ihre formell-höfliche Haltung zurückgewonnen haben, erscheint die Szenerie bei Dr. Warrs Rückkehr ganz unverdächtig, als wäre nie etwas zwischen den beiden vorgefallen. Visuell betrachtet, steht diese Szene in vollkommener Analogie zur ersten Filmszene, in der Yorke Sir Henry verflucht. Man kann also davon sprechen, dass auch hier ein sexueller Akt gemeint ist, der ebenso gewaltsam vonstatten geht, insofern von Stael Nora unter Hypnose mit seinem Willen gegen ihren in sie dringt. Ebenso wie in der ersten Szene, wird der sexuelle Akt visuell nur durch den Kuss expliziert, während er eigentlich auf die Veränderung der Persönlichkeitsstruktur Noras abzielt. Im Gegensatz zu Yorke setzt von Stael jedoch nicht die obskurantistische Methode der Verfluchung, sondern die ‚wissenschaftliche' der Hypnose ein.[99] Die Hypnose war um 1900 eine neue, dabei rationale Technik der Manipulation von Menschen. Jedoch wurde im Verlauf ihrer wissenschaftlichen Untersuchung deutlich, dass der bewusste Wille der hypnotisierten Person zwar ausgeschaltet, sie jedoch keineswegs vollkommen bewusstlos war. Insofern waren in ihr die Persönlichkeitsschranken zwar gelockert, ohne aber vollkommen aufgehoben zu sein. In gewissem Maße handelte es sich bei ihren Effekten um die Herstellung eines wechselseitigen Verhältnisses von Hypnotiseur und Hypnotisierter/m, bei dem zweite(r) sich un/bewusst diesem Zustand des nicht-rationalen, selbstgesteuerten Handelns hingab. Es findet im vorliegenden Fall daher eben nicht wie bei Sir Henry eine völlige Verdrängung statt, welche mit der Produktion eines psychischen Innenraums korreliert. Diese Verbindung, so zeigt der Fortlauf der Geschichte, bleibt ebenso ‚unproduktiv' mit Bezug zu sexueller Erfüllung und Bildproduktionen gleichermaßen, ähnlich wie die von Sir Henry zu Kathleen Burns.

Von Stael bildet demnach Yorkes westliches, rationales Pendant – wenn er auch, wie ich bereits zeigte, ambivalent strukturiert und von Vornherein durch seine ethnische Herkunft sowie seine gesellschaftliche Position gegenüber diesem privilegiert ist. Wichtig ist, dass auch bei ihm Sexualität und Geschlechtlichkeit qua Macht über den Körper und die Psyche eines anderen Menschen vollzogen werden. Die Unterwerfung unter den eigenen Willen scheint hier eine zentrale Rolle einzunehmen: Er wartet nicht, bis jemand ihm freiwillig seine Liebe oder sein Geld schenkt beziehungsweise sich unterwirft, sondern er holt sie/es sich mit einer Methode, die genau diese freie Wahl unterminiert. Im Unterschied zu Yorke, dessen Fluch (Gabe) aus der subalternen Position heraus ausgesprochen wird, erfolgt die Willensunterwerfung bei von Stael aus der des einmal mit den Privilegien europäischer Überlegenheit ausgestatteten, zugleich darin aber ‚fremd' attribuierten männlichen Subjekts heraus. In seinen Handlungsmotiven überkreuzen sich immer schon Macht, Wissen, Affekte und Begehren unauflöslich und bringen sich hier in einer gendertransitiven Weise wechselseitig hervor. Das aber macht diese weitaus komplexer und undurchsichtiger, als es uns das vom Film nahe gelegte Motiv der Eifersucht auf Sir Henry bezüglich Noras (vermeintlicher) Liebe zu suggerieren sucht.

Für die Figur Noras wiederum bedeutet dies, dass aufgrund der psychischen Manipulation durch die Hypnose nie mit Eindeutigkeit gesagt werden kann, wie ihre Gefühle und Handlungen motiviert sind. Sie wird zur Verkörperung des

---

[99]Vgl. hierzu erneut Andriopoulos 2008.

2.3 Die ‚fantastische' Szene vom ‚fremden Anderen' ...

Nicht-Authentischen. Leistet sie nun mit ihren Avancen, die sie Sir Henry macht, bewussten Widerstand gegen die (un/bewusste) Manipulation durch von Stael? Wird dieses Verhalten dadurch womöglich gerade ausgelöst? Handelt sie eigenmächtig, weil die Hypnose bei ihr nicht gewirkt hat? Oder handelt es sich dabei etwa um einen (ungewollten) Nebeneffekt der Hypnose? Faktum ist, dass von Stael Nora vollständig überwacht. Rührt seine Motivation jedoch daher, dass er die Wirkmächtigkeit seiner Manipulation, die Manipulation der Manipulierten, überprüfen möchte? Worin aber besteht deren Ziel dieser? Überprüft von Stael also ihre geschlechtlich-erotische Treue ihm gegenüber oder den Erfolg seiner eigenen Tätigkeit? Die Konstellation, dass ein Wille auf einen psychischen Ort zum Zwecke von dessen Manipulation und Beherrschung zielt, der sich diesem per se partiell entzieht, macht die Kontrolle sowie die Kontrolle der Kontrolle *beider*, Willen und Bewusstsein, hoch problematisch, wenn nicht gar unmöglich. Insofern werden nicht nur Noras Motive und Handlungsweisen, sondern die beider Figuren völlig undurchsichtig. Evident bleibt lediglich eine Struktur, die sich als ein Korsett von Macht, Kontrolle und Zwang um beide Figuren legt, welches sie nicht nur untereinander misstrauisch und zugleich widerständig gegeneinander, insgesamt jedoch unauflöslich voneinander abhängig macht. Im Gegensatz zu Sir Henry, bei dem der verdrängte sexuelle Akt in einen Mechanismus der Bildproduktion umgewandelt wird, dessen Effekte wir als Zuschauer*innen nachvollziehen können, wird bei Nora kein psychischer Innenraum visuell nach außen projiziert. Die un/sichtbare Manipulation ihrer Psyche bleibt allein Quelle permanenter Unsicherheit hinsichtlich ihres Verhaltens, was die Interpretation durch die Zuschauer*innen anbelangt. Tatsächlich kann man nie wissen, wer oder was sowohl durch Nora (sie selbst, von Staels Wille?) beziehungsweise von Stael (Vernunft, Wahnsinn, Hass, Liebe?) agiert beziehungsweise von ihnen agiert wird. Ebenso wenig kann keine der beiden Figuren in vollkommener Autonomie fühlen oder handeln.

Sir Henry bleibt scheinbar bis zu jenem Augenblick von dieser Verbindung vollkommen unbehelligt, bis von Stael sich entschließt, selbst in die Beziehung zwischen ihm und Nora zu intervenieren und offensiv gegen Sir Henry vorzugehen. Bei einem Empfang bietet er Sir Henry einen Blick auf seine Arbeit an und lädt ihn, wie der *show man* einer *side show,* in sein Labor ein: „Come inside, with me. I'll show you my work." Dieser nimmt die Offerte gerne an, und von Stael zeigt ihm einige seiner Apparaturen sowie auf eine unförmige, unter einem Tuch verborgene Masse, die er als „the greatest discovery of the century" bezeichnet. Wenn man nun davon ausgeht, dass hier prinzipiell eine Dreieckskonstellation inszeniert, dass zudem das Verhältnis zwischen von Stael und Nora analog dem von Yorke und Sir Henry strukturiert ist, dann lässt sich der Schluss ziehen, dass von Staels Vorhaben, Sir Henry in sein Geheimnis einzuweihen, eben nicht nur rein wissenschaftlicher, sondern immer auch schon zugleich sexueller Natur ist. Als Sir Henry jedoch diese geheimnisvolle Maschine sehen will, verweigert von Stael deren Anblick. Die Verweigerung aber, die Maschine zu enthüllen, hat mit dem Status der verborgenen Apparatur zu tun: Von Stael zeigt Sir Henry nicht, was er (erfunden) hat, weil die Technik offenbar ungeeignet ist, durch Bilder

Evidenzen zu erzeugen, die dann analog des kinematografischen Raums in einen psychischen Innenraum verwandelt werden können, um nach außen projiziert zu werden. Sir Henry lenkt ein, die beiden Männer setzen sich an den Schreibtisch, wodurch Henrys Blick auf ein Foto von Nora auf dem Schreibtisch gelenkt wird. In diesem Augenblick versteht Sir Henry offenbar, dass Nora mit von Stael ernsthaft liiert ist. Hierauf beschließt er, nach Berlin abzureisen, um Nora aufzugeben. Der entsprechende Zwischentitel informiert lakonisch: Henry decides to got to Berlin as evidently Nora no longer loves him. Henry verlässt das Haus seiner Schwester, bricht zum Bahnhof auf, wo er Nora trifft, die ihn zu beschwichtigen versucht und ihm absolutes Vertrauen abringt (Zwischentitel: „Forgive me, and trust me. I'll tell you all in London later.")[100] Auch diese Begegnung wird durch von Stael im Verborgenen überwacht.

Der nächste Zwischentitel verkündet, dass sich Sir Henry nun in Berlin befindet. Die weite Einstellung zeigt ihn mit einer Reisetasche in der Hand frontal aus einer Toreinfahrt gehen. Der nächste Zwischentitel lautet: Sir Henry sees a vision of himself. Die nächste totale Einstellung zeigt ihn, wie er von links hinten im Bild eine Mauer entlang nach vorn zur Kamera geht, rauchend, den Blick direkt in die Kamera gerichtet. Plötzlich ändert sich sein Gesichtsausdruck, er wirkt erschrocken, woraufhin er etwas nach links hinten zurückweicht. Von rechts vorn kommt in angeschnittener Rückenansicht eine zweite männliche Figur ins Bild, die ebenfalls raucht und eine Tasche trägt. Sie geht so lange vor, bis beide Figuren auf gleicher Höhe sind, sich in einem *medium shot* ins Profil drehen, sodass sie sich nun frontal gegenüber stehen. In diesem Augenblick wird eklatant, dass beide Figuren von ein und demselben Darsteller gespielt werden, sprich es sich um eine Ich-Spaltung Sir Henrys handeln muss. Er steht hier seinem Doppelgänger gegenüber. Mit bleicher Mine, völlig entgeistert, fasst er sich an den Kopf angesichts des Unfassbaren und setzt seinen Hut ab (s. Abb. 2.2).

Dann geht er nach vorne Richtung Kamera und blickt kurz erst dorthin, dann über seine Schulter zurück (s. Abb. 2.3).

---

[100]Hier muss erwähnt werden, dass an dieser Stelle im Film ein deutlicher Bruch in der narrativen und zeitlichen Logik zu bemerken ist. Denn in der Szene, in der von Stael Sir Henry die Apparaturen zeigt, wird durch einen Zwischentitel vermittelt, dass sich Dr. Warr und Nora in Berlin aufhalten sollen. Dort treffen sie – wiederum bei einem gesellschaftlichen Empfang – Sir Henry. Von Stael nimmt an dieser Veranstaltung ebenfalls teil, wo er zum ersten Mal direkten Kontakt mit Sir Henry aufnimmt und sein Angebot, ihm seine Arbeiten zu zeigen, vorbringt. Wenn Sir Henry nun beschließt, um Nora und von Stael nicht im Wege zu stehen, nach Berlin abzureisen, Nora ihm am Bahnhof wiederum bedeutet, sie würde ihm später alles in London erklären, liegt ein logischer Fehler in der Raumzeitkonstruktion vor. Sir Henry kann, wenn er sich bereits in Berlin aufhält, nicht nach Berlin abreisen. Dazu müsste er in Schottland oder in London sein. Dies ist jedoch dann unmöglich, wenn Nora ihn später in London treffen möchte. Meines Erachtens spielt aber dieses krude raumzeitliche Paradoxon – von dem man nicht weiß, ob es durch die Rekonstruktion hervorgerufen oder bereits in der Originalfassung angelegt ist – für die Beziehungsstruktur keine Rolle.

2.3 Die ‚fantastische' Szene vom ‚fremden Anderen' ... 77

Abb. 2.2 *Das Geschenk des Inders*, D 1913, Stiftung Deutsche Kinemathek, 2. Rolle 149.15

Sein Alter Ego bleibt ganz ruhig, nimmt seinen Gang wieder auf, geht nach links aus dem Bild, wobei er sich noch einmal nach Sir Henry umblickt (s. Abb. 2.4).

Dies ist offenbar zu viel für Henry. In der nächsten Einstellung sehen wir ihn an einer anderen Straßenecke angstgetrieben von rechts hinten im Bild nach vorn an der Kamera vorbeirennen.

Der nächste Zwischentitel informiert uns darüber, dass Sir Henry aufgrund der großen Erschütterung, die diese Begegnung in ihm auslöste, das Land verlässt und in seine Heimat zurückkehrt. (Zwischentitel: Wild anxiety draws Sir Henry back to the sanatorium.)[101] In der nächsten Einstellung sehen wir Henry in den Salon des Sanatoriums eintreten, der üppig historistisch eingerichtet ist. Dort setzt er sich im rechten Bildmittelgrund an einen Couchtisch. In einer näheren Einstellung beginnt er zu rauchen und zu überlegen. Ein Zwischentitel gibt Auskunft über seine Gedanken: Sir Henry reviews the past: „... was there then

---

[101]An dieser Stelle ist ein weiterer gröberer Bruch in der Organisation des filmischen Narrativs festzustellen, denn zuvor wurde nicht erläutert, dass Sir Henry ein Sanatorium aufsucht. Auch werden keine Gründe genannt. Wo sich das Sanatorium geografisch befindet, lässt sich aus der bisherigen Filmhandlung ebenfalls nicht ermitteln. Überlegungen, ob es sich dabei um die Privatklinik Dr. Warrs handelt, bleiben rein spekulativ.

Abb. 2.3 *Das Geschenk des Inders,* D 1913, Stiftung Deutsche Kinemathek, 2. Rolle 149.65

no help for the unfortunate Kathleen Burns? Yes, if…" Nach dem Rückschnitt in die nahe Einstellung beginnt er, erkenntnisreich zu lächeln und seinen Finger auszustrecken. Der Umschnitt zeigt den Salon in der weiten Einstellung wie zuvor. Das Gemälde, das dort an der Wand hängt und ein bukolisches Schäferidyll zeigt, wird in diesem Moment überblendet und zur Leinwand, auf der erscheint, wie Kathleen Burns zum Direktor ins Büro kommt und erklärt, nicht auftreten zu können. (Zwischentitel: „It is quite impossible Sir, for me to appear tonight…"). Der nun folgende Konflikt ist sehr theatralisch inszeniert, insofern beide Figuren starke Mimik und Gestik einsetzen, um ihren Standpunkt zu verdeutlichen. Beide bleiben beharrlich, bis sich Kathleen offenbar durchsetzt, den Raum verlässt und einen niedergeschlagenen Direktor zurücklässt. Dazwischen sind mehrmals Einstellungen von Sir Henrys lächelndem Gesicht, am Ende der Sequenz die bereits gezeigte weite Aufnahme des Salons geschnitten, in der er mit der Faust energisch auf den Couchtisch schlägt. Sie beendet die *mise en abyme* mit einer Überblendung, nach der wieder das Schäferidyll erscheint. Aus dieser Projektion schließt Sir Henry: „If Kathleen had kept to her original intensions she would certainly not have been killed." Daraus leitet er für sich ab, dass er künftig versuchen muss, Gefahren bewusst aus dem Weg zu gehen. (Zwischentitel: „Thanks Yorke, for your present. I will beware of danger.") Die beiden folgenden Szenen dienen exemplarisch der Veranschaulichung des Motivs, achtsam vor Gefahren zu sein. So schläft Sir Henry nun mit einer Waffe neben dem Kopfkissen, um potenziellen

Abb. 2.4 Das Geschenk des Inders, D 1913, Stiftung Deutsche Kinemathek, 2. Rolle 150.14

Einbrecher*innen die Stirn bieten zu können. Zudem prüft er, bevor er in den Bergen beim Wandern eine Brücke überquert, deren Festigkeit, indem er einen Steinbrocken darauf wirft. Danach wiegt er sich offenbar in Sicherheit, wie ein Zwischentitel informiert: Sir Henry believes that the danger has been overcome.

Sir Henry hat also nach der vermeintlichen Erkenntnis, Nora und von Stael seien ein (Liebes-)Paar, eine zweite ‚Vision'. Diesmal sieht er nicht einen anderen Menschen, sondern sich selbst. Allerdings weicht diese ‚Vision' in kinematografischer Hinsicht enorm von der ersten ab, in der lediglich das starre Bild einer weiblichen Figur erscheint und wieder verschwindet. Sir Henry begegnet einer Figur, die er ist und auch wieder nicht, am helllichten Tag in einem Berliner Viertel an einer Stadtmauer, sprich im selben ‚realen' Raum, als würde er einer ‚echten' Person begegnen, die völlig unabhängig von ihm existiert. Der direkte Vergleich mit *Der Student von Prag* (D 1913; R: Paul Wegener) ist hier durchaus angemessen, was das kinematografische Mittel der Inszenierung angeht. Die Figur ist mittels der kinematografischen Technik visuell, narrativ und semantisch voll in die diegetische Welt des Films eingebettet. Es existiert keine Differenz im Darstellungsmodus zu den Figuren in diesem Film, die lebende Personen repräsentieren. Der Doppelgänger besitzt Volumen und Substanz. Er besitzt sein eigenes Handlungsschema, eigene Mimik, Gestik und vermutlich auch einen eigenen Willen. Er existiert im Gegensatz zum statischen (Phantom-)Bild der Frau, die das

Zeichen des Todes verkörpert. Diese Figur hat scheinbar immer schon ihr Eigenleben geführt, als hätte sie bereits ein Leben gelebt, bevor sie Sir Henry an dieser Mauer begegnet. Es gibt in dieser Szene nur einen winzigen Moment, der für das Erkennen ausreicht, dass es sich um ein und dieselbe Figur handelt, in dem so etwas wie ein Spiegeleffekt eintritt. Ansonsten verhält sich der Doppelgänger autonom. Er ist augenscheinlich Sir Henry gleich *und* nicht vollkommen mit ihm identisch. Ihn als manifestiertes, semi-autonomes Unbewusstes zu interpretieren, wie es bei *Der Student von Prag* gerne gemacht wird, wo es sein unabhängiges Unwesen treibt, greift hier aber zu kurz. Wie beim ersten Beispiel wird hier zwar durchaus Sir Henrys psychischer Innenraum nach außen projiziert. Und im Gegensatz zum Modus der Bildprojektion des ersten Beispieles (statisches Bild einer unbelebten Figur), entfaltet sich hier das genuin kinematografische Verfahren der Doppelbelichtung als Spaltung, für die es keine medialen Vorgänger gibt. Ein Bewegtbild zeigt ein lebendiges männliches Individuum, das nicht nur die Konfrontation aushält, sondern nach der Begegnung seiner eigenen Wege geht. Auch hier wird nicht der Tod beziehungsweise die Todesart an sich visualisiert, auch wenn Sir Henry dies, inhaltlich-thematisch betrachtet, so interpretieren mag. Der männliche Doppelgänger stellt ebenso wenig ein Symbol für den Tod dar, wie das Bild Kathleens in Sir Henrys ‚Vision'. Im Gegenteil scheint er die Kraft des Films zu symbolisieren, dem Tod ein Schnippchen zu schlagen, indem er zum Leben erwecken kann, was bereits tot oder zumindest verdrängt beziehungsweise in Vergessenheit geraten war.

In der Begegnung mit seinem „Selbst", mit dem er nicht identisch, sondern zu dem er different ist, wird hier in kinematografischer Manier das wieder-aufgeführt, was durch die ursprüngliche Begegnung mit dem fremden Anderen, Yorke und dessen Eindringen in das Selbst, verdrängt wurde. Das bedeutet, der kinematografische Akt der gezeigten Spaltung im Sinne einer Entleerung und Bereinigung männlich-männlicher Beziehungen wird in *Das Geschenk des Inders* ganz deutlich in seiner historischen und medialen konstitutiven Abhängigkeit von seinem erotischen Residuum visualisiert – eben ganz anders als in *Der Student von Prag*. Die hier vorgeführte Konstituierung als ‚fremder' männlicher Körper bildet dabei keine wahrhaftige Projektion als radikal Fremdes in dem Maße, wie sein medialer Schaubudencharakter und daher das Gemachte zugleich mit deutlich ausgestellt wurde. Der Mechanismus einer kinematografischen Bildproduktion kommt ohne diese doppelte Bedingung nicht aus. Entsprechend dieses Mechanismus' der Wiederkehr des Verdrängten sinkt Sir Henry vor seinem recht unbeteiligt wirkenden Doppelgänger zusammen, nicht weil er den Tod erblickt, sondern weil Sir Henry seine Konstitution als Subjekt durch den verdrängten sexuellen Akt als Szene der Ohn/macht vor Augen geführt wird.

Die Doppelgängerthematik wird in der Literatur in der Regel mit der Selbstreflexion des filmischen Mediums erklärt. Selbstbezug der Figur und Selbstreflexion des filmischen Mediums werden somit in Analogie gesetzt und damit in einer Linie gedacht. Wie bereits erwähnt (s. Abschn. 2.2), kann man den Effekt auch als den einer medialen differenten Relationalität auffassen, insofern das Medium Film das eigene Verfahren als neues deutlich ausstellt in Abgrenzung zu

2.3 Die ‚fantastische' Szene vom ‚fremden Anderen' ...

einem anderen, wie dem Theater, in dem dieser unmöglich war. In dieser Perspektive stellt sich männliche Selbst-Spaltung als autopoietische Verweisstruktur nochmals anders dar, nämlich als Struktur eines leeren Geheimnisses *par excellence*. *Das Geschenk des Inders* macht aber dessen Voraussetzungen überdeutlich. Technisch erhobene Selbstreferenzialität in Gestalt männlicher Spaltung ist nur möglich durch den sie konstituierenden Akt medialer Differenz, der zugleich ein sexueller, dabei verdrängter Akt zwischen zwei Männern ist.

Dies wird besonders deutlich, wenn man die zwei unterschiedlichen Modi der Bildproduktion untersucht, welche mit den ‚Visionen' verknüpft sind. Die gendertransitive Variante erbringt unter diesen Voraussetzungen keine Selbstreflexion, insofern es keinen gendertransitiven sexuellen Akt gab, der die Grundlage für die Bildproduktion an sich bildet. Wobei ich gezeigt habe, dass im Falle Noras aus Gründen der Macht keine Produktivität aus der psychischen Manipulation seitens von Staels hervorgehen kann. Nur in der genderintransitiven Variante ist es möglich, dass eine kinematografische Technik die männliche Figur ihr Alter Ego erblicken lässt, weil die gleichgeschlechtliche erotische Begegnung deren Grundlage, Ursache und Voraussetzung bildet. Der sexuelle Akt zwischen den beiden Männern macht sich genau im Augenblick der augenscheinlichen ‚reinen' Spaltung des Subjekts als strukturelle Wiederkehr des Verdrängten im Schock bemerkbar.

Aus der Perspektive der Figur ist eine umfängliche Erkenntnis unmöglich, insofern Sir Henrys Identität nun einmal auf der Verdrängung dieses Aktes basiert. Er kann als Figur nicht erkennen, dass es sich bei der Beziehung zu seinem Doppelgänger um keine zum Selbst, sondern zu einem begehrt/enden Anderen handelt. Für ihn bleibt letztendlich die Todesursache sowie jegliche Gefahr, die dahin führt, eine konstitutive Leerstelle beziehungsweise eine Fehlleistung der Interpretation des Erblickten. Das zeigt letztendlich auch sein Umgang mit der Information seines vermeintlich angekündigten Todes und lässt sich an jener Szene festmachen, in der er versucht, zu erkennen, wie Kathleen Burns' Tod hätte vermieden werden können. Dies erfolgt wiederum mittels einer Bildproduktion – einem Film im Film –, die das statische Gemälde der Schäferidylle ersetzt. Sir Henry ist überzeugt, aus dem visualisierten Streit zwischen ihr und dem Direktor ableiten zu können, man könne den Tod dadurch vermeiden, dass man offensichtlichen Gefahren, welche logisch ableitbar sind, aus dem Weg gehe. Im Falle Kathleens meint er im Nachhinein den Umstand dafür ausmachen zu können, dass sie sich nicht hätte hinreißen lassen sollen, aufzutreten. Sir Henry erzeugt hier eine alternative Zukunft. Inhaltlich betrachtet, entsteht dabei eine aleatorische Struktur: Er erzeugt im Nachhinein ein zeitlich vorgelagertes Ereignis, aus dem sich ein künftiges durch vorausgehende Erkenntnisse vermeiden lässt. Bei dieser raumzeitlichen Faltung ist jedoch das nachgelagerte Wissen für das vergangene Ereignis konstitutiv, wodurch dieses zur damaligen Zeit aufgrund der Sachlage aller Faktoren nicht hätte erkannt werden können. Ganz davon abgesehen sowie davon, dass der Status dieser Bilder ungeklärt ist (Handelt es sich um Erinnerungen, um Bewusstsein, um eine Vision oder einen Wunschtraum?), versucht Sir Henry nun, die hierdurch vermeintlich gewonnenen Erkenntnisse auf seine eigene Situation und die Sicherung seiner Zukunft, seines Lebens zu übertragen. Er handelt dementsprechend vorsichtig in seiner Umwelt, da er annimmt, Gefahren entstünden quasi mechanisch-formal durch einfache Ursache-Wirkungsverhältnisse in der äußeren Welt. Dabei übersieht Sir Henry das Wesentliche. Die ‚Gefahr' kann aufgrund ihrer Strukturierung als Wiederkehr des Verdrängten gar nicht inhaltlich angezeigt werden, was sich insbesondere zeigt, wenn sie sich auf ‚ihn selbst' bezieht. Insofern stellt das von ihm Erblickte immer nur eine technisch-medial verschobene Fassung eines ursprünglichen Eigentlichen dar, welches sich seiner Kenntnis und der Evidenz entzieht. Auf der Ebene des Mediums aber ist die inhaltliche Anzeige als Doppelgängermotiv immer schon durch die strukturelle Vorgängigkeit der ursprünglichen Szene von der sexuellen Überwältigung durch Yorke markiert und zeigt sich als konstitutive Performativität des Mediums Film in der Abgrenzung zu anderen Medien gerade in ihrer Produktivität von Bildern. Alle Zwischenstufen der Bildproduktion, die sich auf Weiblichkeit beziehen, können dies nicht leisten, weil es diese medial different hergestellte sexuelle Beziehung nicht gibt. In dem Augenblick, in dem sich Sir Henry selbst erblickt, begegnet er einem Anderen ‚in Fleisch und Blut' und keinem statischen Bild, das den Tod symbolisiert. Deshalb kann der Fall Kathleen als radikal Anderes kein Vor-Bild sein, aus dem Sir Henry für sein Leben verbindliche Schlüsse ziehen kann. Es ist ihm aber aus strukturellen Gründen ebenso wenig möglich, dies in Bezug auf sich selbst zu leisten, jedoch weniger, weil der Modus der Bildproduktion gendertransitiv ist, sondern weil gerade dieser in seinem Fall von der Wiederkehr des sexuellen Verdrängten abhängt. Insofern bringt ihm die Begegnung mit sich selbst auch keine nützlichen Erkenntnisse für die Zukunft seines Handelns. Könnte er sich selbst erkennen und dabei sein Begehren anerkennen, bräche sein psychischer Innenraum, konstituiert als Grenze zwischen ‚Innen' und ‚Außen', zwischen ‚Fremd' und ‚Eigen' durch die Differenz zweier verschiedener Medien vollends zusammen. Daher kann er auch nach der Begegnung mit seinem Doppelgänger zwar nach wie vor ‚Visionen' haben, ohne dass es ihm aber, strukturell betrachtet, möglich wäre, verlässlich in die Zukunft zu sehen beziehungsweise Gefahren an seinem Leib und Leben vorherzusehen.

Aufgrund dessen folgt er auch in der letzten Szene von Stael ganz unbedarft in dessen Labor, wo dieser sich auf ihn stürzt, als Sir Henry nicht dessen Apparatur testen möchte. Im selben piktorialen Code, im selben Modus des Spiels und in derselben Figureninszenierung, wie Yorke es an ihm verübte und von Stael an Nora, versucht von Stael nun, Henry zu überwältigen und ihm seinen Willen aufzuzwingen. Diese Szene kann mit der ersten eng geführt werden, wenn sie auch bewusst in einem anderen *setting,* einem betont modernen, funktional-nüchternen Rahmen stattfindet. Die Maschine, so stellt sich heraus, nachdem der wahnsinnig gewordene von Stael abgeführt wurde, tötet Menschen durch einen Stich mit einer Nadel, die Gift in den Körper einleitet. Nicht nur den Willen versucht sich also von Stael hier zu unterwerfen, sondern er eignet sich auch den Körper des anderen an, indem er ihn mittels einer Technik erst lähmt und gefügig macht, um ihn dann zu töten. Man kann dies als krasse Analogie zur *und* Umkehrung der Yorke'schen Methode interpretieren. Diese sieht vor, dass das ‚orientale' Fremde das ‚okzidentale' Eigene psychisch imprägniert. Dieses erhält wiederum so einen Teil des

,fremden' Selbst als Gabe, woraus Bilder-Leben entstehen kann. Die Beziehung qua (psychischer?) Durchdringung produziert Leben und zwar ausschließlich eines, das für das Medium Film charakteristisch ist, nämlich den ‚echten' autonomen Doppelgänger. Nur hierdurch setzt sich die Maschine zur Bildproduktion überhaupt erst in Gang, um ‚wahrhaftige', genuin kinematografische Bilder zu erzeugen. Die Gefahr, die vom ambivalent strukturierten von Stael qua Überwältigung und seiner Maschine ausgeht, bringt im Gegensatz dazu auch in der Erzeugung der medialen Differenz hinsichtlich der europäischen Experimentalkulturen mit ihren Apparaten nur den Tod – ohne dass dabei ein einziges Bild entsteht. Der Versuch von Staels, Sir Henry zu vergiften, kann also als Versuch interpretiert werden, ihm seinen Willen, aber auch sein Begehren aufzuzwingen. Die technisch-rationale Maschine jedoch, deren Mechanismus auf der Injektion einer künstlichen Flüssigkeit basiert, um Leben zu vernichten, kann in dem Maß keine Macht über Sir Henry ausüben, wie die Maßnahme körperlicher und sexueller Überwältigung eben nicht primär auf die Psyche abzielt, an deren Manipulation und Strukturierung jedoch die schöpferische Bildproduktion in *Das Geschenk des Inders* geknüpft ist. Dass Sir Henry den Anschlag überlebt, steht für den Zwang des Narrativs zur historisch notwendigen Zusammenführung des heterosexuellen Paares und der Restabilisierung der Familie am Ende des Films. Darüber hinaus ist das Überleben aber auch einer Performativität queerer Männlichkeit verpflichtet, in der männlich-männliches Begehren in Anerkennung des betont ‚echten' Fremden die sichtbare Möglichkeitsbedingung zur Produktion ‚echter' kinematografischer Bewegtbilder bildet, die im Unterschied zu jenen rational-technischen Apparaten existiert, die das ‚künstliche' Fremde im Eigenen verkörpern und dadurch keinerlei Produktivität entfalten, sondern lediglich kinematografisches Leben zerstören.

2.4 Das komische Ge-Stell der Männlichkeit – *Aus eines Mannes Mädchenzeit*

Bei der Messter-Produktion *Aus eines Mannes Mädchenzeit* aus dem Jahr 1913 handelt es sich um einen Einakter, dem die Nähe zu den Produktionen für Spielstätten, wie Saal- und Ladenkino und lokalem Varieté beispielsweise, noch deutlich anzumerken ist.[102] Er hat einen Themenschwerpunkt, der unmittelbar an eine Hauptfigur gebunden ist, wobei das Thema beziehungsweise der Konflikt bis zum Höhepunkt recht stringent entfaltet wird, um letztlich aufgelöst zu werden. Insofern ähnelt die Struktur einem Witz und nimmt daher die ideale Form eines Sketches an, um Teil eines Filmprogramms zu sein.

---

[102]Vgl. zu Filmprogrammierung, sozialen Aufführungsorten und Zusammensetzungen des Publikums im Zeitraum des Übergangs vom Ladenkino zum Kinotheater erneut Garncarz 2010a sowie Loiperdinger (Hg.) 2011.

Das Komödiantische ist in den abendländischen Kulturen prädestiniert für Grenzüberschreitungen und Normverletzungen, wie sich in *Aus eines Mannes Mädchenzeit* zeigen wird, insbesondere hinsichtlich geschlechtlicher und sexueller. Als Gattung bringt die Komödie spezifische Merkmale und Attribute, Verfahrens-, Inszenierungs- und Erzählweisen sowie Spielweisen und Körperpraktiken mit ins Medium Film ein, wodurch sexuelle und geschlechtliche Identitäten, Objekte und Beziehungen sowie Begehrensflüsse auf spezifische Weise erzeugt und orchestriert werden. *Aus eines Mannes Mädchenzeit* stellt entsprechend ein Musterbeispiel für die Produktion einer Figur des Technisch-Anthropomorphen queerer Männlichkeit dar.

In der filmwissenschaftlichen Filmgeschichte wird *Aus eines Mannes Mädchenzeit* als zotiger Schwank interpretiert, der aus einer Perspektive des Stadtproletariats (groß-)bürgerliche Werte auf die Schippe nimmt, dabei auch kein Hehl aus der Verschränkung materiell-finanzieller Zwänge und sexueller Bedürfnisse macht. Schließlich, so das einhellige Fazit, werde darin jedoch letztlich die im Kaiserreich immer noch fungible Ordnungsmacht bestätigt, wenn der Betrüger entlarvt und am Ende von der Polizei verhaftet und abgeführt wird.[103]

Beschäftigt man sich mit der Literatur zur Filmkomödie in diesem Zeitraum, dann fallen zwei Schwerpunkte bei der Darstellung auf. Der Komödie wird mit Verweis auf die zeithistorische Gebundenheit des Genres und ihren Bezügen zum jeweils zeithistorisch soziokulturell Gegebenen, wie politischem System, Machtordnung, sozialen Schichten und ethnischen Gruppierungen, für das Wilhelminische Kino eine durchweg konservative Unterströmung bescheinigt. Thomas Brandlmeier kommt in seiner themenbezogenen Systematik immer wieder auf die normative Ausrichtung der Filmkomödien zurück.[104] Heide Schlüpmann wiederum erfasst die Filmkomödie in gedanklicher Linie ihrer historischen Soziologie des Kinos. Dabei analysiert sie die ästhetischen und kinematografischen Veränderungen während des Übergangs vom „Kino der Attraktionen" zum narrativen Kino, um die spezifischen Funktionen zur medialen Bildung von Identität und Geschlecht nicht mehr als abgefilmte, sensationsbeladene Dokumente, sondern als jeweilige sinnhafte soziale und geschlechtliche Rollen herauszuarbeiten.[105] Auch sie resümiert hinsichtlich der Filmkomödien der 1910er Jahre, speziell die aus den Jahren 1912/1913, sie seien tendenziell konservativ. Zwar könne man rezeptionsästhetisch von Entlastungsmomenten, temporären sozialen und sexuellen Wunscherfüllungen sowie vom Durcharbeiten sozialer Ängste sprechen – die notorische zunehmende Erwerbsarbeit von Frauen beispielsweise. Schlussendlich würden jedoch in der Regel auf der Leinwand sämtliche Ordnungen – geschlechtliche, sexuelle, politische und ökonomische – restituiert.

Ein weiterer Forschungsschwerpunkt mit Bezug zur sogenannten frühen Filmkomödie im deutschen Kaiserreich ist die Frage nach dem ‚jüdischen' Witz.[106]

---

[103] Vgl. Brandlmeier 2002, 2004 sowie CineGraph (Hg.) 2004.
[104] Vgl. Brandlmeier erneut 2002, 2004.
[105] Vgl. hierzu erneut Schlüpmann 1990, 1996.
[106] Vgl. hierzu erneut CineGraph (Hg.) 2004.

2.4 Das komische Ge-Stell der Männlichkeit …

Der Ansatz fußt auf dem Argument, das Genre habe sich defizitär entwickelt, da es sich durch den radikalen Ausschluss jüdischer Akteur*innen im deutschen Filmgeschäft, seien es Regisseur*innen oder Schauspieler*innen, konstituierte. Die Aufwertung und Rehabilitation des Genres der Filmkomödie erfolgt in diesen Ansätzen durch die positive Anerkennung des vermeintlich systematisch Ausgeschlossenen. Diese ethisch fundierte Geste der Rehabilitation, die hier die Antriebskraft zur Erläuterung des Genres bildet, ist zwar verständlich. Sie ist aber genauso ahistorisch wie sie auch ein Schema der Teleologie des Genres veranschlagt, in der die Filmkomödie lediglich nur mit der Zutat des ‚jüdischen Witzes' hätte zur vollen Entfaltung gelangen können. Dabei entsteht zudem folgendes argumentative Paradoxon: Einerseits wird im Gestus der Rehabilitation ‚das Jüdische' als Minorisiertes essenzialisiert, um es dann in die Geschichte der Genreentwicklung zu implementieren. Eine Wesensbestimmung dessen, was ‚das Jüdische' am jüdischen Witz sein könnte, kann aber nicht vorgenommen werden, ohne selbst rassifizierende Denkschemata zu reproduzieren. Andererseits löst sich bei einer theoretisch-methodischen Notwendigkeit zur anti-essenzialistischen Herangehensweise an ‚das Jüdische' am ‚jüdischen Witz' umgehend der Gegenstand der Begriffsbestimmung – das Wesen des ‚jüdischen Witzes' – auf.[107] Dabei ist die widersprüchliche paradoxale Struktur des eingeschlossenen Ausgeschlossenen konstitutiv für jede (hybride) Identität,[108] und gerade in der Un/möglichkeit ihrer kohärenten Auflösung sehr produktiv.

In einer weiteren Variante der Bestimmung des Genres, inklusive dessen historischer Entwicklung, wird dazu der Binarismus von ‚eigen' und ‚fremd' ganz bewusst aufgerufen, um ihn als vermeintlich stabilen zuallererst zu konstituieren. Dabei wird auf die national bedingten, kulturellen Herkünfte des Komischen beziehungsweise der Komödie rekurriert. Thomas Brandlmeier schreibt in seiner themenbezogenen Systematik der „frühen deutschen Filmkomödie 1895–1917"[109] vom „deutschen Sonderweg" des Komischen. Dieser besteht für ihn darin, dass in der traditionellen deutschsprachigen geisteswissenschaftlichen Theoriebildung zur Komik, zum Komischen und vor allem zur Gattung der Komödie bei der Herausbildung einer bürgerlichen Ästhetik während der Zeit der Aufklärung ab Ende des 18. Jahrhunderts jene Figuren, die man traditionell verlachte, wie der Hanswurst beispielsweise,[110] aus dem komischen Repertoire zunehmend herausgedrängt

---

[107]Vgl. zu den Filmen Ernst Lubitschs, in denen dieses Paradoxon entfaltet wird, Kasten 1998. Einerseits erstellt Kasten eine Typologie, einen Prädikatkatalog des jüdischen Witzes, andererseits wird ‚das Jüdische' in der modernen Großstadterfahrung aufgelöst.

[108]Vgl. zur Hybridität von Kultur einschlägig Bhabha 2000. Einschlägig zur Un/möglichkeit von kultureller Identität auch Anzaldúa 1987 sowie zu jener von sexueller Identität Stryker 1994.

[109]Vgl. erneut Brandlmeier 2002, 2004.

[110]Der Hanswurst entspräche einem Typus, wie er auch in der Commedia d'ell Arte vorkam. Typen waren nicht nur groteske Überzeichnungen sozialer Charaktere, die dem Verlachen preisgegeben wurden. Vielmehr wurde an ihnen mittels Überzeichnung das Grenzsprengende, sich chaotisch Auflösende (der Gesellschaft) aufgeführt, welches mit dem Lachen verknüpft war. In Begriffen der Körpersemiotik bezeichneten sie den Aspekt des Kreatürlichen, überschäumend Lebendigen, welches sich im Akt des Lachens auf das Publikum ausdehnte und übertrug.

beziehungsweise -geschrieben werden sollten. Johann C. Gottsched führt Brandlmeier in diesem Zusammenhang als *spiritus rector* dieser lang anhaltenden Tendenz an.[111] Das Komische nimmt für Brandlmeier in dieser Tradition einen edukatorischen Zug an, insofern in seiner Lesart von Gottscheds Position per Aufführung mindestens ein Lehrsatz zu verallgemeinern sei. Diese Verallgemeinerung ins Allgemeinmenschliche sollte von möglichst allen bekannten Persönlichkeitstypen in der Komödie exemplifiziert werden, was die grotesken Figuren des Spektakels nicht (mehr) leisten konnten.[112] Im anheimelnden Humor sollte sich das Publikum kollektiv über dieses Exempel verständigen, wodurch (bürgerliche) Gemeinschaftsstiftung garantiert werden sollte. Auf Basis dieser theoretischen und normativen Bestimmung kommt Brandlmeier bezüglich der Filmkomödie zu dem Schluss, dass die ‚nationale Qualität' der deutschen Filmkomödien – zumindest für den Zeitraum des Kaiserreichs – in der Inszenierung eines Normenkonflikts, dessen Infragestellung sowie seiner schlussendlichen Konsolidierung zu sehen sei. Man könnte nun an Brandlmeier die Frage stellen, worin genau der Unterschied zwischen einem aufgeworfenen Normenkonflikt und der Inszenierung von Normen liegt, die durch die Filmkomödie temporär infrage gestellt wurden. Analytisch bedeutete dies, die Komödie stünde in der Pflicht, verschiedene Normen, die in der sozialen Realität gegeben waren und dort miteinander im Konflikt standen, zu repräsentieren. Im Grunde spricht man dadurch, epistemologisch betrachtet, der Filmkomödie die eigenen Möglichkeitsbedingungen als ästhetische Entität geradezu ab. Umgekehrt geblickt: Man kommt zu einem solch' negativen Urteil über die Filmkomödie nur, wenn man ein normatives Schema an das Genre heranträgt, als dessen Umsetzung man die einzelnen Filme jeweils betrachtet, die wiederum an diesem normativen Schema gemessen werden, wie es Brandlmeier vornimmt. In dieser Perspektive würden alle Filmkomödien als minderwertig eingestuft, die keine wahrhaftigen Grenzüberschreitungen sozialer Normen erzeugten. Allein das Komische, so Brandlmeier weiter, besitzt die Funktion hierzu mit der Produktion des Grotesken und des kreatürlichen Lachens, die hier als Zielausrichtung rehabilitiert werden soll – ähnlich wie bezüglich des ‚jüdischen Witzes'. In dieser Logik macht Brandlmeier dann als ‚deutsches' Charakteristikum eine körperfeindliche Tendenz der deutschen Filmkomödien aus. Gegenbeispiele, die von diesem normierten Schema angeblich abweichen, findet er entsprechend durch Personen wie Ernst Lubitsch (‚Jude'), Karl Valentin (*‚freak'*) und Asta Nielsen (‚Ausländerin') verkörpert. Problematisch an dieser Zuordnung ist, dass das körperlich inszenierte Komische, welches als kreatürliches Lebendiges in Opposition zum einverständigen, humorvollen Komischen gesetzt wird, nicht nur der regulierten Komik als grenzensprengende Erfüllungskomik gegenüber steht, sondern diese Gegenüberstellung darüber hinaus mit der

---

[111]Vgl. erneut Brandlmeier 2004, bes. S. 18 f.

[112]Vgl. auch zur Diskreditierung dieser Figuren im Zuge der Gottsched'schen Theaterreform Helduser 2014, worin sie auf die Abspaltung der Figur des Harlekin als Abjekt im Theater der Aufklärung eingeht.

2.4 Das komische Ge-Stell der Männlichkeit ...

essenzialisierten Opposition von Eigenem und (ethnisch, religiös, national) Anderem in eins fällt.

Anstatt die Opposition Norm – Normabweichendes mit jener von Körperfeindlichkeit – Körperbetonung sowie jener von national – international/‚ausländisch‘ analog zu setzen, könnte man dagegen anerkennen, dass das zeitgenössische Historische dieser Filmkomödien gerade darin lag, dass sie alle diese Binarismen in sich aufnahmen, um sie exzessiv zu bedienen. Dabei entstand eine nicht zu homogenisierende Vielfalt dadurch, dass sie diese Binarismen heterogen und in sich widersprüchlich produktiv machten. Sie produzierten Identität vorwiegend als Hybridität, als Un/möglichkeit beispielsweise zugleich ‚deutsch‘ und ‚jüdisch‘ zu sein, und warfen dabei diese Un/möglichkeit als konkreten, soziokulturellen Seinszustand auf, um gleichzeitig auf die Un/möglichkeit einer schlussendlichen Evidenz jener beziehungsweise jeglicher Identität, manchmal sogar auf deren Un/Lebbarkeit hinzuweisen. Gerade die Filmkomödie eignete sich demnach aufgrund ihrer Merkmale und Charakteristika *als Genre* besonders gut, um die mit diesen spezifischen identitären Positionen verbundenen ästhetischen, soziokulturellen und soziopolitischen Potenziale zu entfalten.[113]

Im Medium Film erfolgte dies auf spezifische Weise durch Wieder-Aufführung, da sie im Theater ja bereits existierten. Lohnenswert erscheint deshalb ein Blickwinkel, aus dem die Spezifik der Re-produktion des Komischen als mediale differentiale Produktion erkundet wird. Dann zeigt sich bei der historischen Situierung, dass das Medium Film als modernes in Relation zum Theater als moderner Einrichtung gerade insofern trat, als dass sich hierbei Gottscheds formulierter Anspruch (beziehungsweise normatives Ideal) zur Einlösung des Ideals einer deutschen Komödie unter Ausschluss der grotesken Typen als augenscheinlicher Trugschluss offenbarte. Modern im medientechnischen und ästhetischen Sinne waren Theater und Kino um 1900 nämlich gerade in dem Maße, wie sie von gesellschaftlichen, speziell von geschlechtlichen, religiösen und insbesondere von ethnischen, nicht Typen, sondern Stereotypen bevölkert wurden. Diese führten mittels Witz und Komik jene Inkommensurabilitäten der durch vielfältige Binarismen konstituierten Identitäten und Subjektpositionen drastisch vor Augen, um sie zur Verhandlung, zur Kritik, zur Transzendierung sowie zur Identifizierung zur Verfügung zu stellen, ohne die hierdurch erzeugte Vielfalt an Positionen und Perspektiven zu vereinheitlichen.[114]

Insofern ist auch Brandlmeiers These zur typischen soziokulturellen Funktion der Entlastung der Filmkomödie nochmals zu revidieren, diese gehe schlicht im Eskapismus auf. Die kleinbürgerlichen, proletarischen und migrantischen Publika seien ins Kino gegangen, um sich dort vom Arbeitsalltag temporär zu entlasten, wie auch beispielsweise von sozialer Diskriminierung oder ökonomischer Härte.

---

[113]Dies wird, rein struktural betrachtet, an den Diskussionen über ‚das Jüdische‘ am ‚jüdischen Witz‘ oder Humor deutlich, aber bislang in der deutschsprachigen Literatur epistemologisch noch nicht konsequent genug berücksichtigt. Vgl. hierzu Kasten 1998, 2006.
[114]Vgl. hierzu Haenni 2007.

Diese Haltung sei durch die Art der Filmproduktionen befördert worden. Das Kino unterläge in Brandlmeiers Lesart jedoch einer vereinheitlichten Bestimmung, es würde sich zudem auf de facto heterogene Publika flächendeckend identisch ausgewirkt haben. Damit würde man, epistemologisch betrachtet, die soziale Positionierung sämtlicher ins Kino gehender Individuen homogenisieren.

Wenn es mir auch an dieser Stelle nicht darum geht, eine dezidierte Geschichte der Publika und ihrer bestimmten Arten der Gemeinschaftsbildung im Kino der 1910er Jahre in Deutschland zu schreiben, so würde ich die rezeptologische Funktion der Filmkomödien anders als Brandlmeier begründen. Wie Sabine Haenni für die verschiedenen ethnisch ausdifferenzierten Theater (sogenannte *ethnic theaters* oder auch Jargontheater)[115] und Kinos in New York in den 1910er Jahren gezeigt hat, kann man davon ausgehen, dass das Kino für das Publikum einen Ort darstellte, an dem auf der Bühne *und* der Leinwand die aus Verwerfungen und Widersprüchen real gegebenen Un/Möglichkeiten, bestimmte Identitäten zu performieren, bestimmte Subjektpositionen einnehmen zu können, in der Gruppe kollektiv gerade überschritten werden konnten. Dies, indem durch die Art der Aufführungen und Inszenierungen, vor allem jedoch durch das Spannungsverhältnis von Körpersemiotik und diskursiver Stimme in den Komödien mehrere, dabei aber bestimmte Angebote gemacht wurden.[116] Wichtig ist, so Haenni, dass die Aufführungspraktiken, bei denen sich Amüsement und Vermarktungsstrategien überschnitten,[117] Spielräume für die gleichzeitige Entfaltung kollektiver *und* partikularer Identität entstanden, die nicht auf die Homogenisierung der Erfahrung und des Wissens der jeweiligen ethnischen Gruppe als Ganzes innerhalb einer „fremden" Umgebung abzielten. Gerade das Format der Figurensketche, so demonstriert Haenni für die irischen, italienischen und jiddischen Theater New Yorks, eignete sich in besonderem Maße hierfür, insofern betont mit (normierten) ethnischen Stereotypen gearbeitet wurde. Deren Begrenzungen wurden dabei bewusst durch ein gezieltes, dabei nicht aufgehobenes Spannungsverhältnis von Kleidung, Gestik, Haptik und diskursivem Wort vor allem komisch inszeniert. Gerade umgekehrt, wie Brandlmeier und Kasten argumentieren, zielten diese Strategien nicht darauf ab, schlussendlich die Stereotype zu restituieren, sondern vielmehr darauf, sie umgehend und nachhaltig ästhetisch und sozial zu destabilisieren. Die eigentliche Entlastung durch die Komik, die an den Figuren statuiert wurde, so Haennis folgerichtige Interpretation, wurde aber gerade nicht an diesen und für diese im Sinne eines vorgefertigten Sinns der bedeuteten Welt vollzogen.

---

[115]Vgl. zum Jargontheater Haenni 2007, Marx 2012, 2006b.

[116]Vgl. erneut Haenni 2007. Sie geht hierbei auch auf den Aspekt der Kommodifizierung und Kommerzialisierung der Theater und Kinos ein, die sie jedoch gerade nicht in Opposition zur Hochkultur setzten. Ihre These lautet dementsprechend, dass Kommerzialisierung nicht notgedrungen zur ideologischen Düpierung des Publikums führen musste, sondern Ausdruck migrantischer Identität werden konnte, ohne dass zugleich migrantische Kultur mit Konsumkultur vollkommen eins fiel. Unterschwellig wirkt genau diese Einteilung in Hoch- und Unterhaltungskultur in den Ansätzen von Brandlmeier und Kasten fort.

[117]Vgl. zum Verhältnis von Amüsement, Kommodifizierung und Ästhetik auch Marx 2006a.

2.4 Das komische Ge-Stell der Männlichkeit ...

Vielmehr sollte die Entlastung durch das Komische es dem Publikum ermöglichen, seine Identität(en) durch Partizipation anhand des durch die Spannung und Widersprüchlichkeit freigesetzten Potenzials immer wieder aufs Neue und dabei auf nicht vorhersehbare Weise am sozialen Ort des Theaters, des Kinos herzustellen.

Dieser epistemologischen Grundausrichtung entspricht Ulrich Greiners historische und systematische Bestimmung des Komischen beziehungsweise der Komödie.[118] Er schreibt in erster Linie gegen die in den Theoriebildungen seit der Antike durchgezogene zentrale Opposition bei der Wesensbestimmung des Komischen an, nämlich die zwischen herauf- und herabsetzendem Lachen. Dabei demonstriert er, dass das Komische grundsätzlich so strukturiert ist, dass es ermöglicht, etwas von der Ordnung Ausgeschlossenes innerhalb dieser Ordnung auszusprechen. Das Komische ist daher gekennzeichnet durch einen *double bind*, in dem Normiertes und all das, was durch dieses Normierte von ihm selbst als Abweichendes gesetzt wird, gleichzeitig mit ausgedrückt werden kann. Hierbei handelt es sich um ein wesentlich komplexeres, eben nicht-binäres Verständnis des Verhältnisses von Norm und Abweichung, als es bei Brandlmeier vorliegt. Grundlegend ist das Komische immer durch Ambivalenzen, durch innere Widersprüche gekennzeichnet, die in ihrer Produktivität eben mitnichten versöhnt werden müssen. Das inkommensurable Mehrstimmige, welches sich nicht in einem Sinn fixieren lässt, zählt für Greiner zu den grundlegenden Merkmalen des Komischen.[119] In dieser Bestimmung wird feste Identitätssetzung verweigert, Körperliches aufgewertet und Widersprüchliches auch subsumiert, jedoch ohne dabei partikularisiert zu werden (wie in einer Figur), sondern in Bezug zu einem entgrenzten, exzentrischen (kollektiven) Körper, jenseits klar umreißbarer Subjektstrukturen gesetzt. Das Komische als Struktur kann sich, laut Greiner, verschiedentlich medial manifestieren, sofern es auf einer dialogischen Struktur basiert, worin durch nicht-hierarchische Stimmenpluralität die eine diskursive Quelle dementiert werden kann. Es geht stets über eine jeweils gegebene Ordnung hinaus, hin zu einem von dieser ausgeschlossenen Bereich, der sich zugleich in ihm in Form des durch sie ausgeschlossenen Bereichs manifestiert, wodurch diese sich zuallererst konstituiert.[120] Dieser asymmetrischen Doppelstruktur ist das Lachen mit Bezug zum Witz analog, der innerhalb des Bereichs der Kultur den Raum und die Präsenz zur Befriedigung von Wünschen eröffnet, gegen die die Kulturbildung gerade Grenzen zu errichten versucht. Der Witz breitet sich in der (ernsten) Kultur als deren immanente Übertretung aus. Hierdurch eröffnet sich, so Greiner, eine tertiäre Konstellation des Komischen, worin weder der Gegenstand des Lächerlichen noch dessen Produzent lacht, sondern der Dritte, dem diese Doppelstruktur vor Augen geführt wird. Übertragen auf die konkrete Aufführungspraxis der Komödie,

---

[118]Vgl. Greiner 1992.
[119]Vgl. Greiner 1992, bes. S. 8.
[120]Vgl. Greiner 1992, S. 117, wo er sich auf die sprach- und zugleich handlungsorientierten Theorien des Komischen von Karlheinz Stierle und Joachim Ritter bezieht. Vgl. Stierle 1976 sowie Ritter 1974, bes. S. 62 ff.

übernimmt dabei das Publikum die Position dieser dritten Instanz, die der vom Produzenten, von der Produzentin des Komischen bestochenen mächtige Ordnung, deren Aggression und unterbrochene Lustbefriedigung sich gegen das Objekt der Komik, das Lächerliche auf der Bühne wendet. Gemäß dieser Struktur der Bestechung wird der Konflikt gesetzt, um mittels Komplizenschaft und Ablenkung der Aggression des Publikums vermieden zu werden. In der Komödie kann sich also der lachende Dritte dem anheimgeben, was das Komische als Konfliktvermeidung insinuiert, nämlich statt der (tragischen) Ich-Bildung deren Nicht-Zustandekommen, welches das Chaotische, Ordnung und Maß, Grenze und Gesicht auflösende Moment im Lachen mit sich bringt. Insofern dieses aber gemäß der Doppelbewegung des Komischen bewusst eingesetzt und aufgebaut werden muss, findet das Anheimgeben an das Chaotische unter und mit den geordneten konstitutiven Parametern und Elementen der Komödie als Aufführung statt. Für die Komödie gilt somit, dass sie *immer* in strukturierten Bahnen eine Entlastung des Publikums von dessen Struktur zur Selbstunterdrückung zulässt, ohne dass die Instanz der Ordnung gänzlich verschwindet. Die Qualität einer Komödie bemisst sich folgerichtig nicht nur nach ihrem Objekt (Normenkonflikt), sondern auch nach all ihren medialen Bedingungen.

Dabei kann das Komische als Produkt einer Handlung durch Misslingen der Referenz auf einen bestimmten Sinn- und Erwartungshorizont entstehen, mehr noch aber im Reflex auf dessen festschreibenden Charakter (in Gestalt von Fremdbestimmung). Misslingen ist hier, mit Greiner, als konträr zur Handlungsintention einer Figur stehendes, meist äußerliches, thematisches, aber auch materielles Ereignis zu interpretieren, wozu das Subjekt selbst – mit seiner körperlichen Manifestation oder seiner Kleidung – zählen kann. Es erfolgt meist als nicht vorhersehbares Sich-Ereignen, wodurch sich das Komische im interpretierenden Akt des beobachtenden Dritten spontan einstellt. Um die Handlung des Ereignisses als misslungen aufzufassen, muss die kognitive Leistung des beobachtenden Dritten im Herstellen dieser Referenzumgebung beziehungsweise aus einem Handlungsschema bestehen, aus welchem man sie als gescheiterte ableiten kann. Gerade dies ist aber, so Greiner mit Stierle, von keinem Standpunkt aus gesichert möglich, worin die grundlegende Ambiguität des Komischen zu sehen ist. Anstatt nämlich das Scheitern einer Handlungssequenz evident zu machen, könnte das durch die veränderte Handlung eintretende Ereignis vielmehr bewusst das Handlungsschema als Ganzes mutwillig zerstören. Welche Lesart dieses Sich-Ereignens nun die ‚richtige' ist, lässt sich folglich aus dem vorab Dargestellten genauso wenig ableiten, wie auf welche Weise das Publikum hieran aktiv partizipieren wird: Was bleibt, ist die dialogische Vielstimmigkeit.[121]

Die Komödie als Aufführungspraxis des Komischen kann somit die Vielstimmigkeit unvereinbarer Standpunkte insinuieren, ohne dass sie sich jemals einem ihr äußerlichen Prinzip der Ordnung und Vernünftigkeit unterstellen muss.

---

[121]Greiner bezieht sich hierbei auf die historisierenden Ausführungen zum Komischen, Grotesken und Körperlichen bei Bachtin 1979, 1987.

2.4 Das komische Ge-Stell der Männlichkeit ...

Sie wird aber auch schon aufgrund ihrer eigenen charakterlichen und medialen Bedingungen nie vollkommen ins Strukturlose abgleiten, so Greiner. Entlastung im Sinne des auflösenden, Grenzen sprengenden Lachens findet zumeist aufseiten des Publikums statt, während die Komödie als performative, geordnete Entität erhalten bleibt. Sollte der Grenzfall eintreten, in dem sich in ihr alle Positionen auflösen, reflektiert die Komödie auf sich selbst und stellt den Spieler, die Spielerin im Modus des Als-Ob aus, wodurch die Grenzen der Wirklichkeit als solche erneut anerkannt werden. Aus diesem Grenzen setzenden und dabei verschiebenden Spiel im Spiel, so Greiner, geht schlussendlich stets eine neue, konstruktive Ambiguität des Komischen hervor:

> [D]ie Objekte der Komik, die Figuren der verlachten Welt, erweisen sich als Subjekte und dies ‚Misslingen' des Handlungsschemas ‚Aufbau einer geschlossenen fiktiven Welt' ist gar kein Misslingen, sondern ein Gelingen im Unterbrechen eines Prozesses der Auflösung der komischen Welt in radikale Ambiguität. (Geiner 1992, S. 124)

Für den Ort der Aufführung ist nun hinsichtlich des Mediums Film charakteristisch, dass die Schauspieler*innen nicht in Echtzeit körperlich präsent, sondern ihre Körper und die Rollen, die sie spielen – also die Darstellung und die damit bedeutete Welt –, technisch reproduziert sind. Auch fehlte in den frühen Filmen das diskursive Wort. Dies bedeutet jedoch nicht, dass es keine Mittel gegeben hätte, das tertiär strukturierte Spannungsverhältnis zwischen Aufführung, dritter Instanz und damit bedeuteter Welt zu erzeugen. Das Spiel im Spiel, mit dem der Effekt von gleichzeitig stattfindender Ordnung und Chaos produziert wird, konnte sich sehr wohl an der Inszenierung von Figuren, deren Kleidung, Mimik und Gestik entzünden, wobei das Gesagte der Zwischentitel mit hineinspielen konnte. Im Überblickskapitel zur Weimarer Republik (s. Abschn. 2.2) habe ich mittels der Darstellung der Position von Ben Brewster und Lea Jacobs geschildert, welche filmischen Verfahren sich in den 1910er Jahren im abgrenzenden Verhältnis zum Theater herausbildeten.[122] Von zentraler Bedeutung für die Komödie ist hierbei, dass diese Verfahren eingesetzt werden konnten, um den Effekt eines Spiels im Spiel, das heißt, eines Momentes der Distanzierung von der bedeuteten Welt durch den Verweis auf die materiale Welt der Darsteller*innen zu erzeugen. Damit ist gerade weder nur die sogenannte mediale Selbstreflexivität des Mediums noch der Effekt von Intermedialität gemeint.[123]

---

[122] Vgl. Brewster/Jacobs 1997. Brewster und Jacobs vertreten darin die zentrale These, dass im narrativen Spielfilm der Aspekt, das ‚pure Leben' zu zeigen, nicht zu den wichtigsten Merkmalen des ‚neuen Mediums' zählte, sondern die Fortführung des Verfahrens, ein Bild bzw. ein Tableau mit genuin kinematografischen Mitteln zu erzeugen. Mit dem Konzept der Remediation, wie ich es in der Einführung dieses Buches erläutert habe, lassen sich beide Aspekte als Konstituenten des ‚neuen' Mediums Film zusammen denken und für die Analyse produktiv machen. Bei diesen Verfahren handelte es sich um den Einsatz von Spiegeln zur Raum- und Perspektivenkonstruktion, um das Prinzip des Doppelgängers sowie um die Konstruktion von Landschaften, die nun semantische Funktionen annehmen konnten (s. Abschn. 2.5, 2.6 und 3.1).

[123] Vgl. zur filmischen Selbstreflexivität Steinle/Röwekamp (Hg.) 2004. Zur Intermedialität vgl. Paech/Schröter (Hg.) 2008.

Sabine Haenni hat den Effekt der Diskrepanzherstellung von Darstellung und bedeuteter Welt mit Bezug zu den filmischen Darstellungen von ‚China Town' und ‚Chines*innen' in New York von 1900 bis 1910 als *fake fictions* beziehungsweise als *surface aesthetics* bezeichnet. Diese Ästhetik verhehlte dem Publikum keineswegs, dass das Dargestellte eine bewusste Inszenierung war, wenngleich es visuell, haptisch und taktil konkret erlebt werden konnte.[124] Dies galt auch, wie auch Schlüpmann für die Filme dieser Zeit ausführt, für die Kategorie der Identität, die so inszeniert wurde, dass die Differenz zwischen Rolle, Figur und sozialer Vorlage deutlich werden konnte. So konstituierten sich in den Filmen verschiedene identitäre Gruppen, versehen mit unterschiedlichen Erfahrungs- und Wissenshorizonten, einschließlich des Publikums, die durch das Medium Film kinematografisch orchestriert wurden. Resultat dieser Orchestrierung war die Multiplizierung der Standpunkte innerhalb eines Ordnungssystems, die in sich widersprüchlich sein konnten, welche sich wechselseitig destabilisierten und deren Bedeutung letztlich nicht vorgegeben war, sondern vom heterogenen Publikum jeweils nach eigenen Maßstäben interpretiert werden konnte. Diesem sorgfältigen, auf die Erhaltung von Differenzen abzielenden Prozess, so Haenni, entsprach die Aufrechterhaltung der strukturellen Ordnung mittels der geordneten Aufführung im Theater, wie sie eben für die Komödie charakteristisch ist.

Ich möchte nun im Folgenden demonstrieren, wie speziell in *Aus eines Mannes Mädchenzeit* jener strukturelle *double bind* des Komischen funktioniert,

---

[124]Vgl. erneut Haenni 2007, bes. S. 143 ff. Haenni geht hier bei der filmischen Repräsentation von ‚Chinatown' und ‚den Chinesen' von zwei Thesen aus, die sie an *The Deceived Slumming Party* (USA 1908; R: David W. Griffith) ausarbeitet. Erstens handelt es sich um eine Darstellung, die mit Bezug zum Ort und den Menschen zugleich realistisch und phantastisch, gar magisch war, wobei beide Merkmale nicht miteinander versöhnt wurden. Dies entsprach auch dem ‚modernen' Erfahrungsmodus des vornehmlich weißen, jedoch nicht homogenen Publikums, welches davon angesprochen werden sollte. Die ethnische Gruppe der Chinesen wiederum wurde bar jeglicher Handlungsmacht als Objekte repräsentiert, was als rassistisch zu bezeichnen ist. *Fake fiction* war, so Haenni, die Darstellung des Orts und des ethnischen Typus insofern, als dass in den Filmen eine Disjunktion des Wissens und der Erfahrung von Figuren, die sich Chinatown als *slummer*, also Personen, die sich unters ‚Volk' mischten und sich die Viertel per Tourist*innenbus anschauten, und dem Publikum bestand. Die Zuschauer*innen wusste zudem, dass Chinatown eine Inszenierung, eine Art virtuelle Realität darstellte, die von einer Gruppe ethnisch diverser, aber weißer Figuren vermarktet wurde, und in welche die besuchenden Figuren im Film eintauchen konnten, um sich dort an den *thrills* zu delektieren und besondere sensuelle Erfahrungen zu machen. Eine Gruppe der ethnisch Weißen profitierte somit durch die Kommodifizierung Chinatowns, die über die Produktion dieser *thrills* und Sensationen erfolgte, in der aber zugleich Rassen- und Geschlechterdifferenzen überwunden werden konnten. Mit dieser Gruppe sollten sich die Zuschauer*innen im Kinosaal identifizieren, um eine gleichartige amerikanische Identität anzunehmen, die sich durch klare Abgrenzung zu ‚Chinatown', ‚den Chinesen' und ‚chinesisch' konstituierte. Die Gruppe der Besucher*innen dagegen bildete ihre Identität, die deutlich von der der Wissenden differenziert war, vornehmlich, indem ihre ganz verschiedenen Gefühle und sensuellen Erfahrungen in Chinatown nationalisiert wurden. Ähnliches galt letztlich für sämtliche Inszenierungsformen von ‚ethnischen Dörfern' bspw. auf Weltausstellungen oder in Vergnügungsparks. Vgl. hierzu erneut Haps 2010 sowie Schneider 2011.

2.4 Das komische Ge-Stell der Männlichkeit …

Objekte der Komik durch Misslingen des Handlungsschemas dennoch zu Subjekten zu machen, weil ihre Handlungen sich innerhalb der Ordnung als von ihr Ausgeschlossenes ausbreiten nicht nur mit dem Ziel allein, das Publikum von der real gegebenen Selbstunterdrückung zeitweilig zu entlasten. Vielmehr boten sie durch die inkommensurable Spannung sowie das aufhebbare Heterogene Momente der Identifikation *und* der Transformation in Form medialer Differenzen mit Bezug zu Geschlechtskörpern, Geschlechteridentitäten und Begehrensformen an, wodurch sich in der Relektüre eine besondere Figur des Technisch-Anthropomorphen queerer Männlichkeit einstellt.

Über *Aus eines Mannes Mädchenzeit* schreibt Schlüpmann völlig korrekt, der Film stelle ein Beispiel dafür dar, dass das Genre der Filmkomödie in dieser Zeit den männlichen Sozialcharakter thematisierte und auf vielfältige Weise verhandelte. Die Komödie, so Schlüpmann, entwickelte sich im Zuge der Narrativisierung des Kinos Richtung einer Selbstreflexion des Mannes.[125] Mit Selbstreflexion des Sozialcharakters war grundsätzlich dessen Infragestellung qua Ridikülisierung gemeint, durch welche sowohl das Verdrängte (die sexuellen Wünsche, die Wünsche nach Macht beispielsweise) als auch die Instanz der Verdrängung und ihre Mechanismen, also ‚die Macht' an sich, zur Erscheinung gebracht wurden. Im Übergang vom Kino der Attraktionen zum narrativen Spielfilm, so könnte man Schlüpmann paraphrasieren, schien gerade das aus den Attraktionen vertraute Komische im narrativen Film besonders eigentümlich virulent zu werden, um Männlichkeit reflexiv zu thematisieren. Bei diesem Übergang gestaltete sich die Ridikülisierung des Männlichen in Spielfilmlänge besonders mittels narrativ-struktureller Wiederholungen.

Nun handelt es sich bei *Aus eines Mannes Mädchenzeit* um einen Film, der dem Genre der Rockrolle zuzurechnen ist. Robert J. Kiss hat in diesem Zusammenhang darauf hingewiesen, dass es sich dabei um eine typisch deutsche Variante von Kleider- und Rollentausch handelte, für die er deshalb den Begriff des *cross dressings* als unpassend, weil anachronistisch, erachtet.[126] Kiss erwähnt zwar, dass die Rockrolle als Pendant zur Hosenrolle, in der sich Frauen als Männer verkleiden, ihre Herkünfte aus der griechischen und römischen Pantomime besitzt, die insbesondere in England und dessen Kolonien ihre Fortführung seit der Frühen Neuzeit erfuhr. Bei der britischen Pantomime handelte es sich um ein populäres Genre, ein Weihnachtsstück im Prinzip, das tragische und komische Komponenten sowie märchenhafte Elemente besaß, meist von einem Musikstück begleitet wurde und häufig auf Verwechslungen auf der Grundlage von Kleider-, Geschlechter- und Identitätstausch basierte. Man kann also die Rockrolle epistemologisch

---

[125]Vgl. erneut Schlüpmann 1990, bes. S. 50.

[126]Vgl. Kiss 2006. Gleichzeitig macht Kiss allerdings darauf aufmerksam, dass Damenimitation ein gängiges Genre gerade des Kinos der Attraktionen bildete, von denen auf dem deutschen Markt von den frühen 1900er Jahren bis 1914 sechsunddreißig dokumentierte Einakter verfügbar und fester Bestandteil des Wilhelminischen Kinos waren. Vgl. zu Geschichte und Typologie der Hosenrolle auf der Bühne Blackmer/Smith (Hg.) 1995, Rauscher 2004 sowie Ponte 2013.

und analytisch mit der Frage nach der medialen Bearbeitung und Präsentation von geschlechtlicher und sexueller Identität eng führen.

Im vorliegenden Genre gab es eine Figur, die sogenannte *pantomime dame,* die als ältliche Dame durch einen korpulenten Schauspieler verkörpert wurde. Dieses Genre adaptierte das deutsche Theater, laut Kiss, mit der Uraufführung 1895 von *Charleys Tante,* einer Verwechslungskomödie, die eben auf die Pantomime *Charley's Aunt* rekurrierte, welche am London Royal Theater am 21. Dezember 1892 uraufgeführt wurde. Kiss verdeutlicht dabei, dass es zwar Damenimitatoren im Varieté sowie auf dem Jahrmarkt und in kurzen Bühnennummern in Deutschland ebenfalls bereits schon lange gegeben habe, die seit mindestens den 1850er Jahren dokumentiert waren. Jedoch war offenbar das Neue an *Charleys Tante,* was die damalige Furore und Begeisterung in Deutschland für das Stück angeblich ausgelöst haben soll, die „Narrativisierung des als Frau verkleideten Mannes, der Ausbau dieser Figur zum eindringlich-unübersehbaren Mittelpunkt eines ganzen Dramas".[127] Was Kiss als typisches Merkmal eines nationalen deutschen Kinos interpretiert, nämlich die Verschränkung von Geschlecht und Medium, fasst Schlüpmann dagegen als Übergangsform vom Kino der Attraktionen zum narrativen Spielfilm auf. Eine genauere Untersuchung der Modifizierung einer theatralen Figur, also der *pantomime dame,* im Rahmen kinematografischer Mittel und Strategien ist also angebracht.

Schlüpmann legt nun die Funktion der Rollentauschkomödie dahingehend aus, dass es sich um ein Spiel mit der Geschlechterangleichung handelte, die den Rollentausch primär um der männlichen Lust willen inszenierte. Sie erkennt diese in der Doppelstruktur, dass das Männliche in weiblicher Kleidung innerhalb der Diegese auf das Weibliche bezogen sei, während sie die männliche Lust des Publikums ihrer homosexuellen Erfüllung nahe brächte.

> [S]o ist der männliche Körper in Frauenkleidern die Umkehrung dieser Phantasie [der phallischen Frau, an der eine regressive Omnipotenzphantasie ausagiert wird, Anm. C.K.], die sie ihrer homosexuellen Verwirklichung näher bringt. Doch nur für das Publikum; im Film bleibt der Mann in Frauenkleidern auf das andere Geschlecht fixiert und erleidet die übliche Frustration der Omnipotenzphantasie: er kann in der Verkleidung des Dienstmädchens der angebeteten Kollegin näher kommen, doch in dem Moment, da er sie ‚sein' glaubt, enthüllt sich die Natur seines Geschlechts und als entlarvter Betrüger rückt er ihr doppelt fern. Die Ordnungshüter führen ihn ab. (Schlüpmann 1990, S. 55)

Für das (männliche) Publikum erfüllte sich hier offenbar die Lust insbesondere darin, dass man durch sie bereits zu Beginn des Films zu Kompliz*innen des Protagonisten gemacht wurde. Dessen Wünsche wiederum blieben im Rahmen der Inszenierung, in der die gegebene Ordnungsmacht dominierte, letztlich aber (doppelt) unerfüllt. Über das pure Genießen dieser Geschlechterkonfusion hinaus,

---

[127]Kiss 2006, S. 134. Verwirrend ist diese Darstellung, insofern bereits das Bühnenstück *Charley's Aunt* auf einer dreiaktigen Farce von Brandon Thomas basierte. Das Stück wird ansonsten nicht als Pantomime bezeichnet. Die deutsche Erstaufführung erfolgte im September 1893 in Berlin im damaligen Adolf-Ernst-Theater.

2.4 Das komische Ge-Stell der Männlichkeit ...

stellte sich, laut Schlüpmann, das auf die sozialen Gegebenheiten ausgerichtete Erkenntnismoment ein, dass „die homosexuelle Lust an der Travestie auf eine Verunsicherung in der sozialen Rollenverteilung" (Schlüpmann 1990, S. 56) verwies. Die Verunsicherung selbst resultierte ebenfalls aus den sozialen Fakten der anwachsenden Berufstätigkeit von Frauen zu diesem Zeitpunkt. *Aus eines Mannes Mädchenzeit* sei der einzig bekannte Film aus der Vorkriegszeit, so Schlüpmann, in dem auch eine Beziehung des Kinos zur homosexuellen Szene deutlich wurde. Belegt wird dies von ihr nicht weiter. Stimmig wäre ihre These dann, wenn man davon ausgeht, dass mittels der Ausstellung der Differenz von männlichem Körper und Habitus und der weiblich codierten Kleidung eine geschlechtliche beziehungsweise sexuelle Identität entstünde, die stets eindeutig als ‚homosexuell' entzifferbar wäre. Kiss geht diesbezüglich sogar noch einen Schritt weiter Richtung Abbildung *und* Essenzialisierung. Er schreibt, dass die Figur des Damenimitators in der Filmkomödie, angefangen mit *Charleys Tante*, eine Repräsentation jener Geschlechteridentität darstellte, die zum historischen Zeitpunkt durch die Theorie der sexuellen Zwischenstufen, wie sie Magnus Hirschfeld 1910 ausarbeitete, repräsentiert wurde. Diese besagte, dass die sexuelle Identität einer Person sich graduell aus der Zusammenstellung von weiblichen und männlichen Anteilen ergebe (s. Einl. u. Abschn. 2.1). Kiss ist der Ansicht, man müsse hier darüber hinaus die historischen Formen der Selbstwahrnehmung und -identifizierung realer Personen berücksichtigen. Daher sei auch die Verwendung von Konzepten aus der Queer Theory unangebracht.

Wenn man auch annehmen kann, dass die Theorie der sexuellen Zwischenstufen einen gewissen öffentlichen Bekanntheitsgrad erlangte, nicht zuletzt durch Hirschfelds unermüdliche Aufklärungsarbeit, insbesondere auch durch öffentliche Auftritte, so wäre das Prinzip der Selbstidentifizierung mit dieser Theorie durch alle Personen, die sich als von der Heteronormativität abweichende verstanden, eine übertriebene Homogenisierung sowohl der angebotenen als auch der besetzten Subjektpositionen. Dass sich viele Gruppierungen mit Hirschfelds sozial- beziehungsweise basisdemokratisch gefärbtem, gendertransitiven Modell menschlicher Sexualitäten keineswegs identifizieren konnten oder wollten, habe ich bereits erwähnt (s. Einl. u. Abschn. 2.1). Theorie- und Modellbildungen wie beispielsweise die von Max Stirner,[128] Brand und Friedländer waren exklusiv und genderintransitiv angelegt, sie bezogen sich auf das Weibliche nur durch kategorischen Ausschluss, um nicht zu sagen, sie waren misogyn. Von einer einheitlichen Vorstellung von Nicht-Heterosexualität, die per se exklusiv als Zwischenstufen oder Drittes Geschlecht definiert wurde, mit der sich alle Männer hätten auf gleiche Weise identifizieren können, kann daher keine Rede sein. Kiss dagegen geht so weit, zu behaupten, dass Travestie und Homosexualität in der Rockrolle konvergierten. Eine solche Konstruktion ist gerade bezüglich *Aus eines Mannes Mädchenzeit* verführerisch, da überliefert ist, dass Wilhelm Bendow, der

---

[128]Vgl. Stirner 1913.

Protagonist des Films, schwul war. Darüber hinaus gilt als literarische Grundlage für die Filmkomödie die autobiografische Erzählung des Berliner „Pseudo-Hermaphroditen" (Kiss 2006, S. 138) N. O. Body *Aus eines Mannes Mädchenjahren*.[129]

Mit Schlüpmann bin ich jedoch der Ansicht, dass in *Aus eines Mannes Mädchenzeit* jegliche Natürlichkeit von Geschlecht, Geschlechteridentität, Sexualität und Begehrensflüssen, die durch Ausstellen in der Differenzbildung von Geschlechtskörper und Kleidung aufgerufen wird, von Grund auf infrage gestellt wird.

Beide Autor*innen verweisen also zurecht auf die Residuen des „Kinos der Attraktionen" in diesem filmischen Einakter und stellen das Besondere an ihm heraus mit dem Hinweis auf die Wiederholung als Prinzip zur Thematisierung von Männlichkeit, die sich mit der Verlängerung eines Bühnensketches zu einem narrativen Kurzfilm einstellte. Ebenso wenig aber, wie ich Kiss darin zustimme, dass der Film geschlechtliche und sexuelle Identität thematisiert, indem er sie im Rollentausch historisch abbildet, stimme ich mit Schlüpmann darin überein, dass man ihn aus formal-ästhetischen Gründen als Beispiel für den Übergang vom einen Kino zum anderen auffassen muss. Es ist, mit Brewster und Jacobs gesprochen, gerade die Inszenierungsweise des Komischen, die stark an die Körpergestik, die Kleidung sowie die Mimik geknüpft wird, in medialer Abgrenzung zu anderen theatralen Formen seiner Aufführung, wie sie von der im Varieté und auf Jahrmärkten aufgeführten Pantomime bekannt war, die in ihm die Verschränkung von Geschlecht und Komik zu etwas Besonderem macht. Eng geführt wäre also nach den Möglichkeiten des Komischen zur gleichzeitigen Artikulation verschiedener, unvereinbarer Standpunkte sowie des Spiels im Spiel und des (verlachenden) Dritten speziell als medialer Differenz zu fragen.

Die erste Einstellung gibt hierzu bereits einen deutlichen Hinweis. Wir sehen den Schauspieler und Protagonisten Wilhelm Bendow vor einem schwarzen Hintergrund in einer halbnahen Einstellung in Frauenkleidern, seiner Köchinnentracht, die Arme resolut vor der Brust verschränkt, verschmitzt und kokett direkt in die Kamera lächelnd. Dass es sich hier um eine Rockrolle handelt, ist somit vom ersten Moment an klar. Insofern das Genre bereits bekannt war, bedeutet dies, dass hier ein gängiges Muster aufgeworfen wurde. Wichtig ist die Art, wie sich Bendow ans Publikum wendet: Mit seinem Blick zieht er die Zuschauer*innen an, bindet sie an seine Darstellung, überschreitet dabei das Prinzip der Vierten Wand. Die Art der Inszenierung verweist deutlich auf den an die Bühnennummer gemahnenden direkten Kontakt mit dem Publikum, wie er bei einem Pantomimestück gegeben war. Der Unterschied liegt darin, dass es sich um eine statische Einstellung handelt, dabei um ein gerahmtes kinematografisches Bild. Diese Vorstellung des Schauspielers wurde zwar immer noch als Reminiszenz auf das Theater verstanden, aber der Gestus der Präsentation war, dass die Inszenierung darauf hinwies, dass es sich eben um kein Theaterstück, sondern einen Film handelte. Gleichzeitig wurde hiermit ein Zeichen dafür gesetzt, dass kein Anspruch auf eine

---

[129]Vgl. Body ⁴1907.

durchgängige Illusion erhoben wurde. Fiktionalisierung ging hier demnach nicht bruchlos in vollständige Illusionierung über. Wie genau das Folgende zu interpretieren ist, wurde hierdurch nicht vollständig determiniert.

Beim direkten Blick in die Kamera bleibt es nicht, sondern Bendow steht offenbar auf einer Drehscheibe, ist somit dem Blick der Kamera und des Publikums in einer Drehung um 360 Grad preisgegeben. Man bekommt also die Figur gänzlich in den Blick, mit Vorder- und Rückansicht, mit ihrem koketten Lächeln und in ihrer Köchinnentracht. Das Weibliche wird hier doppelt indiziert: Die typisch weibliche Profession der Köchin wird hier durch die Kleidung als soziales Stereotyp inszeniert. Dies kann man, so man möchte, als Herabsetzung interpretieren. Insofern es durch den männlichen Körper konterkariert wird, steht nicht nur seine Authentizität auf dem Spiel, sondern es wird auch tendenziell dem Verlachen preisgegeben. Nicht nur die Ridikülisierung des Männlichen steht hier somit grundsätzlich zur Disposition, sondern die Natürlichkeit und das Verlachen *beider* Geschlechter. Dies ist jedoch nicht absolut, sondern relational in den entsprechenden Kontext zu setzen, der sich im Verlauf von *Aus eines Mannes Mädchenzeit* entspinnt.

Der Plot handelt nun davon, wie ein Arbeiter beziehungsweise ein Arbeitsloser sich als Köchin bei einem gutbürgerlichen Ehepaar (Olga Engl, Rudolf Senius) anstellen lässt. Dort lernt er das Dienstmädchen kennen, dem er nachstellt. Dieses wiederum ist mit einem Polizisten (Richard Senius) liiert. Nach mehreren Szenen des Nachstellens nach dem Dienstmädchen von seiner Seite, aber auch des Ehegatten und Hausherrn sowie des Dieners des Hauses nach ihm, gibt sich der Protagonist, der im Film lediglich das Pseudonym „Lydia Bratwurst" trägt, dem Dienstmädchen nach einer wilden Party, in der die Bediensteten in die Rolle der ‚Herrschaft' geschlüpft sind, zu erkennen (Cinderella-Motiv). Das Dienstmädchen lehnt nicht nur seine Avancen ab, sondern stellt ihn auch noch vor der Gruppe bloß, von der er eine Tracht Prügel erhält. Letztlich wird er als Betrüger vom Polizisten gestellt, verhaftet und den Ordnungshütern übergeben.

Um aber zu verstehen, inwiefern das Komische hier sein transformatives Potenzial entfaltet, muss man sich die einzelnen Szenen genauer ansehen. In der ersten Filmszene sitzt Bendow in einer halbtotalen Einstellung in seiner Kammer am Tisch, wo er einfach speist und währenddessen Zeitung liest. Seinem Gesichtsausdruck nach zu urteilen, hat er etwas Interessantes entdeckt, die Zeitungsannonce nämlich, worin eine Köchin für den Haushalt gesucht wird. Bendow bleibt nicht lange allein, nach ein paar Sekunden tritt von links seine Zimmerwirtin (Manny Ziener) ein, die ihm zunächst einmal die Rechnung für die Monatsmiete vorhält. Er übergibt an sie die Zeitung, während er seine Entdeckung und sein Vorhaben, sich dort zu bewerben, schildert. Sie reagiert mit schallendem Gelächter und einem auf ihn zeigenden Finger, der ihre Verwunderung zum Ausdruck bringt. Die Frage nach der Wandlung des Geschlechts ist also bereits in der ersten Szene mit der sozialen Frage verschränkt. Bendow lässt sich nicht beirren, ist begeistert und beschwingt von seiner Idee, sodass er seine Wirtin tanzartig herumwirbelt und aus dem Raum stürzt. Noch vor der ‚eigentlichen' Verwandlung von Bendow in „Lydia Bratwurst" entfaltet sich hier eine Art innerhalb der Diegese verankerter

Abb. 2.5 *Aus eines Mannes Mädchenzeit*, D 1913, Stiftung Deutsche Kinemathek, 95.16

komischer Moment, in dem jedoch Objekt/Subjekt der Komik zwar angedeutet, jedoch (noch) nicht greifbar gemacht sind.

Bendows Weg führt ihn schnurstracks zum Barbier, der ihm den Bart und die Nasenhaare in nahen Einstellungen stutzt. Mit einigen Gesten bedeutet er diesem, nachdem er sein glattrasiertes Gesicht im Spiegel überprüft hat, dass er eine Perücke aufsetzen möchte. Man sieht ihn in halbnahen Einstellungen mehrere Perücken aufprobieren, bis er diejenige gefunden hat, die am besten sitzt. In einer halbnahen Einstellung sehen wir ihn sich stolz im Spiegel bewundern und dabei einer männlichen Menge aus weiteren Barbieren und deren Kunden präsentieren, die die Vorführung mit Lachen und breitem Grinsen quittieren (s. Abb. 2.5).

Tatsächlich ist man in diesen beiden Szenen bereits mit vielen Elementen des Komischen konfrontiert, die aus unterschiedlichen Quellen stammen und kein homogenes Objekt der Komik beziehungsweise des Verlachens produzieren. So ist die Reaktion der Wirtin auf Bendows Eröffnung eine Komik, die zwar einerseits die Unangemessenheit zutage fördert, sich als Mann auf die Stelle einer Köchin zu bewerben. Dabei geht es eben nicht nur um die Übernahme weiblicher Eigenschaften und Geschlechterrollen, wie Kochen und Köchin, sondern um die Problematisierung jener Angst über den Verlust der männlichen Integrität durch eine solche Übernahme, die hier in der Tat, wie Schlüpmann schreibt, als soziales Drama inszeniert ist. Es geht aber auch schon um die erleichterte Begeisterung, dieses zu überkommen, durch die Prospektive, Geld zu verdienen.

2.4 Das komische Ge-Stell der Männlichkeit ...

Laut Schlüpmann wird der soziale Kampf (um Arbeit) hier zum Kampf der Geschlechter und des Sexes, wobei die imaginäre männliche Angst bezüglich einer realen Gegebenheit als ‚feindliche' Übernahme inszeniert ist, wodurch sie kanalisiert wird und die asymmetrischen Machtverhältnisse wieder ordnungsgemäß restituiert werden können. Schlüpmann argumentiert weiter, der Film gewinne aus dem Kampf um den Arbeitsplatz und aus der Geschichte sozialer Not seine Lust an der Travestie. Mit dieser werde der Arbeitsplatz zur sexuellen Spielwiese. Aus real-sozialem Geschlechterkampf würde demnach das Spiel mit sexuellen Identitäten.

Ich würde nun, gegen Schlüpmann, behaupten, dass die Komik nicht primär durch die Erschütterung der männlichen Geschlechterrolle erzeugt wird. Die Angst vor erwerbstätigen Frauen, das möchte ich an dieser Stelle nicht bestreiten, war in dem Maße real, wie sie einen imaginären Charakter besaß und die Form von kulturellen Ängsten annehmen konnte. Die Komik aber, welche die männliche Position problematisiert, entsteht hier darin, dass sich ein Mann ohne Arbeit auf eine Stelle bewerben möchte, die zu diesem Zeitpunkt bereits seit längerem – um es salopp zu formulieren – ein typisch moderner Frauenjob war (s. Abschn. 2.2 und Kap. 4).[130] Anders formuliert: Der fiktiv-realen männlichen Angst vor sozialer Not wird hier mit einer Verkehrung der sozialen Rollen in Gestalt einer Konkurrenzsituation am typisch weiblichen Arbeitsplatz begegnet, was vor dem epistemologischen Hintergrund abläuft, die sie verursachende Macht sei symmetrisch. Man könnte deshalb auch folgern, dass die (mediale) Lust zur Travestie bereits vorhanden ist, noch bevor sie als soziales Drama aufgeführt wird. Die Szene mit Bendow und seiner Hauswirtin weist darauf hin. Die Travestie als Lust am Spiel mit dem Geschlecht und der Sexualität wäre immer schon da, weil dies die Komödie immer schon antreibt. Erst sekundär findet sie ihre Ausgestaltung im zeithistorisch begründeten Umstand der sozialen Not und des geschlechtlich strukturierten Konkurrenzkampfs in der Arbeitswelt, der ihre Lust am Spiel im Spiel im Raum der Repräsentation auf spezifische Weise grundiert.

Die Szene beim Barbier bekräftigt nämlich diese Lesart. Kiss macht in seinem Artikel korrekt darauf aufmerksam, dass Bendow einen für männliche Kunden exklusiv vorbehaltenen Barbierladen aufsucht, in dem es Puderquasten und Perücken zu kaufen gibt. Die Lust an der Travestie, so zeigt die letzte Einstellung dieser Szene im Barbierladen, ist nicht nur enorm groß, sondern sie existiert, bevor mit der Zeitungsannonce der Impuls einsetzt, sie in einer bestimmten

---

[130]Denn die zunehmende Erwerbstätigkeit der Frauen fand ja gerade zu diesem Zeitpunkt und je nach sozialer und ethnischer Herkunft in geschlechterspezifischen, dabei untergeordneten Tätigkeitsbereichen statt. So wurden in den Manufakturen und Fabriken Frauen vornehmlich in unteren Positionen und in speziell für sie vorgesehenen Arbeiten eingesetzt. Ansonsten waren sie im Bereich von Schreibarbeit, medizinischen Dienstleistungen, vor allem aber auch als Ladenmädchen in Einzelhandelsgeschäften und neu entstehenden Warenhäusern, nicht zuletzt aber eben überwiegend als Hausangestellte wie Dienst- und Zimmermädchen sowie Köchin tätig. Vgl. zu arbeitenden Frauen um 1900 erneut Franzoi 1985 sowie insbesondere zu Dienstmädchen und weiblichen Angestellten erneut Walser 1985 und Adams 1988.

Konstellation (als Köchin in bürgerlichem Haushalt) durchzuspielen. Sie ist insofern immer schon da, weil der Figur der „Lydia Bratwurst" das Varieté, der Jahrmarkt und die *pantomime dame* noch deutlich ‚in den Knochen' stecken, zu der bereits ein wissendes Publikum für das Goutieren speziell ihrer Identitätsangebote existierte. Die Komik, die im Barbierladen aufgerufen wird, beschränkt sich gerade nicht auf die Travestie allein. Zudem ist das Männliche hier keineswegs auf das Weibliche bezogen, es wird nicht auf die soziale binäre Geschlechterkonstellation verwiesen. Sie stammt aus einer Dynamik des Lachens des Bühnenprogramms und der Filmprogramme, die Einblicke in eine Arbeitswelt gaben. Diese Dynamik des Lachens referiert zudem auf den Barbierladen als Ort fantastischer Vorgänge, wie abgeschnittene Köpfe und langgezogene Hälse, die an ihren ursprünglichen Ort zurückkehren, aber auch Verwandlungen von ‚Rasse' (wie in Méliès *Salon de coiffure*-Kurzfilm von 1908). Durch das Ausstellen seiner eigenen Möglichkeitsbedingungen, die den menschlichen Körper mit ‚wissenschaftlichem' Blick deutlich vor Augen führten und ihn dabei zugleich auf ‚übernatürliche' Weise transformierten, entstand die Lust, sich an den Attraktionen des Mediums zu delektieren und über diese Arten der Wandelbarkeit zu sinnieren. Die letzten Einstellungen im Barbierladen, worin sich Bendow mit Perücke in männlicher Kleidung den anderen Männern präsentiert, können nicht einfach als Verkehrung der Geschlechterrollen oder als lächerlich gemachte Entnaturalisierung von Männlichkeit verstanden werden. Die mit weiblichen Attributen versehene, noch unvollständige Travestie, weist das Geschlecht nicht als Konstruktion beziehungsweise Rolle aus. Vielmehr müssen sie als veritable geschlechtliche Performanz nicht-normierter sexueller Identität interpretiert werden. Das dem Filmpublikum hier vorgeführte Lachen der Männer in diesem von einer breiteren Öffentlichkeit abgegrenzten, zugleich eindeutig und exklusiv männlich codierten Raum, konstituiert ein Spiel mit der Rolle im Spiel und eine Publikumsgruppe im Film, die möglicherweise in sozialer Hinsicht heterogen sein mochte, jedoch das Vorgeführte dementsprechend auffasste und durchaus auf ein spezifisches Geschlecht, eine Sexualität beziehen, mit dem, der sie sich identifizieren konnte. Dementsprechend handelt es sich bei dem Lachen dieser Figuren um kein durch die Sichtbarmachung der Rolle verursachtes, kein herabsetzendes Verlachen (‚Mann in Frauenkleidern'). Vielmehr wird hier mit dem Protagonisten gelacht als Bestätigung dieser geschlechtlichen Performanz einer sexuellen Identität durch alle Anwesenden. Diese offenbarende und zugleich vereinnahmende Szene muss nicht, kann jedoch transformatorisches Potenzial auch für einen Teil des Filmpublikums gehabt haben.

Eine wohlwollende Bestätigung erfährt die Figur und mit ihrer Lust an der Travestie auch in der nächsten Szene durch zwei Frauen, Bendows Hauswirtin sowie deren Zimmermädchen nämlich. Bevor Bendow mit Hilfe und Sachmitteln der Frauen – wie Mieder und Röcke des Dienstmädchens – zu „Lydia Bratwurst" wird, sehen wir Bendow schon bei der Einübung ‚weiblicher' Gesten, noch bevor er in der Diegese als Frau *passt* und dem Filmpublikum das Hergestelltsein seiner Männlichkeit vorgeführt wird. Schlüpmann verweist zurecht darauf, dass die angeklebte Binde sowie die an Strippen aufgezogenen Manschetten, die beim Umkleiden unter Bendows Jacke zum Vorschein gelangen, die „Lust an der Demontage der Männlichkeit" sowie „Männlichkeit als Arsenal von Versatzstücken" ausstellen.[131] Männlichkeit war als Geschlecht noch nie etwas anderes als ein soziokulturell gestütztes Gestell, so wird es im Film verdeutlicht. Die Demontage eröffnet dabei in der Tat weniger das Geschlechtliche am Männlichen, sondern vielmehr das Soziale am Konstruktionscharakter, dessen Schäbigkeit und Fadenscheinigkeit das Männliche als soziale Notlage, als Missverhältnis zum ersten Mal *expressis verbis* versinnbildlicht. Auch hier ist das Soziale ‚nachgeordnet', Effekt des Effekts sozusagen. Der angezeigte soziale Notstand ist als medial inszenierter deutlich ebenso ausgewiesen, wie er und die Demontage der Männlichkeit der Lust an der Travestie nachgeschaltet sind, die sich bereits in der imitierenden Körperpraktik ausdrückte und ankündigte. Beides, so könnte man denken, soll durch In-Einklang-Bringen von Körperpraktik, Geschlechtskörper und -rolle sowie Kleidung überwunden werden. Jedoch wird erst einmal die Lust selbst, für alle Beteiligten sichtbar, zelebriert. Man kann nun einwenden, dass sich Bendow stereotyper männlicher Verhaltensweisen bedient, wenn er mit den Händen durch fließende Bewegungen die Kurven einer weiblichen Statur nachzeichnet, die zur Komik dieser Szene beitragen. Auch wenn diese Bewegungen komisch sind, werden sie nicht im Kontext eingesetzt, dass Männer sich mit weiblichen Eroberungen brüsten oder damit ihre stereotypen Wunschvorstellungen von weiblicher Physis stereotypen Ausdruck verleihen. Im Gegenteil werden sie von Bendow dazu genutzt, zur passenden Kleidergröße für sich selbst zu finden. Alle drei Figuren machen sich über die mehr oder minder adäquate Passform der Kleider lustig. Bendow macht sich, indem er alle möglichen Mieder, Unterhosen und Kleider probiert, selbst zum Objekt der Komik, das mit den anderen über die entstehenden Miss/verhältnisse lachen kann. Dabei handelt es sich aber nur um einen transitorischen Zustand, der in der perfekt sitzenden Verkleidung seinen Höhepunkt findet. Schließlich präsentiert er sich den beiden Frauen in vollendeter Travestie, wobei diese eben nicht nur den Effekt, sprich den Perfektionsgrad der Illusion, sondern ebenso das Produkt ihrer Anstrengungen sowie ihrer Lust an der Travestie bewundern. In *Aus eines Mannes Mädchenzeit* wird zwar über die Travestie ebenfalls die Frage nach der Authentizität weiblicher Identität aufgeworfen, die hier aber keineswegs zum Objekt der Komik erhoben wird. Vielmehr kreiert der Film in dieser Szene ein sozial homogenes weibliches Publikum im Film, welches wesentlichen partizipatorischen und unterstützenden Anteil an der Insinuierung der Travestie hat, unabhängig davon, ob es sich um ‚echte' oder ‚künstliche' Weiblichkeit handelt. Es bestätigt damit eben jene Übereinstimmung des vorausgehenden Bruchs zwischen ‚weiblicher' Körperpraktik und ausgestelltem Konstruktionscharakter von Männlichkeit. Das Lachen der Figuren ist somit als bestätigendes Mitlachen, weil partizipierendes, mit einer Figur zu interpretieren, deren Weiblichkeit so (wenig) echt ist, wie die Rolle der Männlichkeit, deren

---

[131] Schlüpmann 1990, S. 58.

Demontage sie hier vorführt. Dieses Lachen kann, muss aber nicht zwangsläufig identifikatorisches Potenzial für das gesamte Filmpublikum gehabt haben.

Anders sieht es dagegen in der folgenden Szene aus. In dieser überschreitet Bendow als Lydia Bratwurst zum ersten Mal jene Räume, in denen der Prozess der Verwandlung und somit die Insinuierung der Travestie – das Spiel im Spiel – offen vonstatten ging, in Anwesenheit bestimmter Personengruppen, die man als Wissende beziehungsweise Eingeweihte bezeichnen kann. Wenn ich auch versucht habe, zu zeigen, dass bisher eine Disjunktion bezüglich Erfahrung und Wissen der Gruppen sowie des Filmpublikums bestand, so gilt ab der nun von mir erläuterten Szene, dass die Umgebung zunächst ‚blind' gegenüber der ‚falschen' Identität zu sein scheint sowie dass das Filmpublikum stets einen Wissensvorsprung vor den weiteren Charakteren besitzt – bis auf eine Ausnahme. Ich werde auf diesen Punkt zurückkommen. Aus dieser Konstellation entsteht ein Großteil von der nun folgenden Komik.

Erprobt wird die Travestie in einer neuen Umgebung. Als „Lydia Bratwurst" wird Bendow bei einer Agentur vorstellig, die weibliche Hausangestellte vermittelt. Die Szene ist insofern von Bedeutung, als hier mit einer anderen Art von Travestie gespielt wird, dem aufkommenden Starwesen nämlich, welches von der Filmindustrie ab 1910 rigoros produziert und vermarktet wurde (s. Abschn. 2.2). Der Glamour gerade der weiblichen Stars wurde dafür verwendet, wiedererkennbare Personae zu kreieren sowie die Filme mit größeren Schauwerten auszustatten, um damit gezielt die Verkaufszahlen der Filmproduzent*innen und Kinobetreiber*innen in die Höhe zu treiben. De facto wurden die Stars natürlich zu Personae, zu denen sowohl das männliche als auch das weibliche Publikum vielfältige, unterschiedliche Beziehungen aufbauen konnte, die eben nicht mit einer totalen Kommodifizierung und Fetischisierung, also Stillstellung, der Stars auf der einen sowie der totalen Identifizierung und daher Kommodifizierung des Publikums auf der anderen Seite einhergehen mussten. Vielmehr boten die Bilder der Stars ein vielfältiges Angebot für die Konstituierung ganz unterschiedlicher Identitäten eines gänzlich heterogenen Publikums, so wie es Haenni für das *ethnic theater* beschreibt.

Der Punkt, auf den es mir an dieser Stelle ankommt, ist die Bezugnahme des Mediums auf seine eigenen Produktionsweisen und wie diese Reflexion des Mediums für die Produktion welcher Effekte komisch genutzt wird. Denn dass die weiblichen Figuren als Stars bereits glamourisiert wurden, steht außer Zweifel. In dieser Szene wird genau dies gezeigt: Eine Agenturchefin und ihre weiblichen Angestellten umgarnen wie Motten das Licht mehrere Mädchen, die auffällig modisch und elegant – wie Stars eben – gekleidet sind. Vorgeführt wird hier, dass das Medium mittels seiner weiblichen Stars deren Epigonen aus einfachen Laden- oder Dienstmädchen produzierte. Ebenso zeigt sich, dass sich der Effekt der Glamourisierung der Mädchen so auswirkt, als wären sie ‚echte' Stars, da die anderen Frauen scheinbar selbst dieser Illusion erliegen und sich ihnen gegenüber so verhalten, indem sie sie anhimmeln. Anders formuliert, weibliche Geschlechteridentität wird einmal zugleich als filmische Illusion, als fetischisiertes Bild und zudem als identitätskonstitutiver Faktor – für Frauen – ausgestellt, jedoch gerade ohne sie auf den Fetisch zu fixieren. Gerade weil sich die Mädchen wie weibliche Filmstars fühlen und so kleiden, also diese impersonieren, haben sie keinen passiven Bezug zu diesen, sie konsumieren diese Bilder nicht nur in eskapistischem Sinn. Im Gegenteil ist die Impersonierung der Stars gerade Teil ihrer Strategie, ihren Lebensunterhalt zu verdienen. Sie verkaufen damit ihre Arbeitskraft, die ihnen – historisch betrachtet – eine eigenständige, unabhängige Existenz in einer modernen Konsum- und Industriegesellschaft ermöglichte.[132] Das hier entstehende Bild ist das eines weiblich konnotierten Raums, in dem Ökonomie rein weiblich codiert ist, ohne auf den Bereich des Privaten und der Reproduktion allein bezogen zu sein. Frauen unterstützen Frauen darin, sich eine eigenständige Lebensgrundlage zu erschaffen, und der Star als öffentliche Persona bildet ihre geschlechtliche Blaupause, die sie sozial instrumentalisieren. Gerade der Faktor des Glamours bedingt, dass dies mit einem sichtlichen Vergnügen von Seiten aller an der Szene beteiligter Frauen betrieben wird. Das bedeutet jedoch nicht, dass man die Szene nicht auch als Fehllesen der Frauen, sich für etwas zu halten, was sie realiter nicht sind, interpretieren kann, was eine gewisse Komik erzeugt.

Eklatant ist dabei die Divergenz von Bendows Erscheinung, die sich als Lydia Bratwurst in Köchinnentracht, sprich Arbeitskleidung, deutlich von dem glamourösen Aufzug der Mädchen abhebt. Allein diese Abweichung produziert einen komischen Effekt, der aber die weibliche Konnotierung nicht überschreitet, sprich, sich gerade nicht allein aus der Geschlechterdifferenz ergibt. Dazu kommt, dass er/sie trotz der recht groben, da männlichen Gesichtszüge unter der Schminke ähnlich euphorisch begrüßt, behandelt und schließlich angeworben wird, wie die anderen Mädchen. Hier wird auch ein für die *pantomime dame* typisches Verfahren eingesetzt, insofern Bendows Verkleidung brüchig wird: Nachdem er von der Agenturchefin gemustert und für tauglich befunden wurde, überreicht sie ihm per Geldstück den ersten Lohn, den Bendow/Lydia erstaunt entgegennimmt. Im Zuge dessen verrutschen ihm seine unechten weiblichen Brüste, die er/sie grinsend wieder zurechtrückt. In der theatralen Pantomime ist der Illusionsbruch, welcher durch die Inkongruenz von körperlichem Geschlecht oder geschlechtertypischem Verhalten und Verkleidung produziert wird, an sich ein komischer Effekt, der in der Regel vom Publikum goutiert werden kann, von den anderen Figuren allerdings ignoriert beziehungsweise nicht wahrgenommen wird. Hier wird er eingesetzt, um die Divergenz von Bendows Erscheinung und der der Mädchen zusätzlich zu betonen, was den Erfolg des ersten Passings der Geschlechteridentität erhöht. Die dabei produzierte Komik liegt eben nicht nur im Überlesen, in der Ignoranz der ‚falschen' Identität (männlicher Körper in weiblichen Kleidern) seitens der weiblichen Charaktere, sondern insbesondere in der Differenz von Kleidungsstil und Körperästhetik der Figur gegenüber denjenigen der anderen Mädchen, auf die mit dem Illusionsbruch die Aufmerksamkeit des Publikums zusätzlich gelenkt wird. Die erste Travestie gelingt somit ohne jegliche

---

[132]Vgl. hierzu auch Currid 2000 S. 160 f.

Hindernisse an einem Ort, in einem Raum, der exklusiv weiblich konnotiert ist, in welchem jedoch der Konstruktionscharakter von Weiblichkeit ausgestellt, aber zugleich auch affirmiert wird, insofern er die soziale Grundlage für die finanzielle unabhängige Existenzgrundlage der Frauen bildet. Daher kann man Bendows/Lydias Passing als doppelten Erfolg bezeichnen, denn in diesem Raum werden offenbar alle Arten nicht-authentischer, hergestellter Weiblichkeit begrüßt und bestätigt, denn eben dies stellt die Grundlage ihrer erfolgreichen (Selbst-)Vermarktung dar. Gerade an diesem Ort findet somit die Lust an der Travestie ihre Antriebskraft, in kommerziellen Erfolg umzuschlagen, aber nicht im Sinne der Überwindung einer zuvor gesetzten sozialen Notlage, sondern im Sinne der Lust an der Impersonierung weiblicher nicht-authentischer Identität, die in dem Maße die soziale Identität *ist,* wie sie für sich selbst in einer modernen Konsumgesellschaft profitabel sein kann und daher zudem zur weiblichen Autonomie verhilft. Es geht hier eben um keine feindliche Übernahme des einen durch das andere Geschlecht. In diesem Lichte kann man auch das folgende Geschehen interpretieren, das Bendow/Lydia bei der Arbeit als Köchin im Haushalt des gutbürgerlichen Ehepaares zeigt.

Heide Schlüpmann schreibt, die Rockrolle bliebe stets auf das Weibliche bezogen. Auch wenn sie die partielle Entlastung von der heterosexuellen Norm (für das Publikum) ermöglichte, indem ihre Inszenierung die Fantasien homosexueller Tendenzen bediente, so bliebe sie doch zu dessen sozialer Regulierung unbedingt auf eine weibliche Figur, den *love interest* bezogen, argumentiert Schlüpmann. Die männliche Travestie verkompliziert jedoch in *Aus eines Mannes Mädchenzeit* auf verschiedene Weise nicht nur das Verhältnis von Körpergeschlecht, geschlechtlicher Identität sowie sexueller (und sozialer) Identität, sondern dies zudem auf sehr verschiedene Weise. Wie ich an der Szene mit der Hauswirtin und dem Zimmermädchen sowie an der im Barbierladen aufgezeigt habe, entsteht das Komische, welches direkt an die explizite Thematisierung der Natürlichkeit/Künstlichkeit von Geschlecht und Sex geknüpft ist, immer kontextabhängig: Dort, wo sie eben (noch) nicht vollständig ist, ermöglicht es die Travestie, dass die Lust am Spiel durch Lachen diese geschlechtliche und sexuelle Konstellation bestätigt. Dabei habe ich verdeutlicht, dass es in beiden Szenen eben gerade darum geht, dass die Figur Bendow/Lydia Bratwurst keineswegs auf irgendeine weibliche Figur im heterosexuellen Sinne bezogen ist. Die Figuren der Mitlachenden in diesen Szenen affirmieren eine geschlechtliche Identität als un/natürliche, wenn auch nur unter den sehr speziellen Bedingungen von Nicht-Öffentlichkeit. Diese Szenen bieten in jedem Fall eine ernstzunehmende Bezugnahme von nicht-heterosexuellem Begehren und nicht-heterosexueller Identifikation. Nur unter den Bedingungen der vom Filmpublikum gewussten ‚Blindheit' der anderen Figuren für das Spiel im Spiel ist die Identität von Bendow/Lydia Bratwurst in ihrer Un/Natürlichkeit auf das heterosexuelle Weibliche, das Dienstmädchen der bürgerlichen Herrschaft, bezogen. Dort ist das Spiel im Spiel als un/natürliche sexuelle Identität reguliert, weil seine Existenz auf das Wissen des Filmpublikums bezogen ist. Aber sie ist nicht gänzlich aufgehoben. Wenn Bendow als Lydia Bratwurst dem Dienstmädchen, mit dem es zusammen arbeitet, hinterrücks Kusshändchen zuwirft, es sogar zu küssen versucht, entsteht der Effekt der Komik für das wissende Publikum in der unauflöslichen Überlagerung sichtbarer homo- und heterosexueller Geschlechteridentitäten, die sich in Gestik und Mimik ausdrücken. Gerade dies verunmöglicht aber bezüglich beider Figuren anhaltend den eindeutigen, sicheren Rückschluss auf die sexuelle Identität beziehungsweise die Qualität der dort fließenden Begehren. Ob das Dienstmädchen ablehnend reagiert, weil es nicht auf Frauen steht, weil es bereits vergeben ist oder weil es Lydia schlicht unsympathisch findet, ist nicht mit Sicherheit zu entscheiden. So wäre auch für Bendow/Lydia denkbar, dass er/sie das Mädchen küsste, weil er/sie es so sympathisch findet oder weil er/sie sich mit ihm als Frau identifiziert. Dass das Mädchen bezüglich seines Begehrens heterosexuell orientiert ist, soll die Episode mit dem Polizisten demonstrieren, auf dessen Schoß sie schäkernd in der Küche sitzt, und der vom Hausherrn, welcher einen Wink von Bendow erhielt, hinauskomplimentiert wird. Schlüpmann schreibt zu dieser Szene, dass Bendow sich hier die Trauer des Mädchens, für die er selbst verantwortlich ist, zunutze macht, um dabei sexuell zu profitieren. Im Licht der Effekte des Komischen, Geschlechteridentitäten sowohl als hetero- als auch als homosexuelle zu verschränken, bleibt in dieser Szene unentscheidbar, welcher Art der Bezugnahme Bendows sichtbares Verhalten ist, das eine Mischung aus Trösten und Schmusen darstellt, durch Begehren oder Identifizierung, lässt sich schlussendlich nicht sagen.

Die anhaltende Verschränkung homo- und heterosexueller Effekte der Geschlechteridentitäten findet auch in der Interaktion mit anderen Figuren zum Vergnügen des Filmpublikums statt. Wenn Bendow überrascht merkt, dass der Hausherr ihm nachstellt und ihn anzumachen versucht, dann handelt es sich zunächst einmal um die Inszenierung eines für (Film-)Komödien charakteristischen Stereotyps: der betrügende Ehemann, der selbstredend von seiner Frau mit dem Dienstmädchen *in flagranti* ertappt wird. So wird auch in *Aus eines Mannes Mädchenzeit* dieses Stereotyp aufgerufen, das in der Regel zur Ausstellung bürgerlicher Doppelmoral und der krisenhaften Beschaffenheit des bürgerlichen Bollwerks der Ehe eingesetzt wird. Der Effekt der Komik wird für das Publikum jedoch nicht nur durch die Travestie zusätzlich gesteigert, sondern auch dadurch, dass Bendow gezielt zweideutige Situationen produziert, wie beispielsweise beim Servieren des Essens am Tisch dem Hausherrn in Anwesenheit seiner Ehefrau schöne Augen zu machen. Auch hier ist jedoch die geschlechtliche beziehungsweise sexuelle Motivation Bendows, die Quelle der Bezugnahme keineswegs eindeutig, da er Zuneigung und Koketterie augenscheinlich spielt, während die soziale Dimension deutlich zutage tritt, die hier in der Dreierkonstellation unter Einbezug der Ehefrau stattfindet. In Anbetracht der Umstände, dass die Figuren in der Regel die Travestie nicht durchschauen, findet auf der Ebene der Filmdiegese ein Übertritt im sozialen Sinne statt, der sexuell nicht weiter diskutabel ist. Insofern konzentriert sich in der Szene der Übertritt in Gestalt der Anmache ganz auf die Institution der Ehe.

In dieser Perspektive muss man das Ende des Films interpretieren, in dem Bendow sich dem Mädchen als Mann zu erkennen gegeben hat, es ihn folglich an die anderen Hausangestellten ‚verrät', um schlussendlich als Betrüger von der Polizei abgeführt zu werden. Die mit der Travestie gegebenen Möglichkeiten der Vervielfältigung von Begehren, Sexualität und Geschlechteridentität werden zurückgenommen und reduzieren nun auch die soziale Handlungsmacht. In dem Augenblick, in dem äußere Erscheinung, Geschlechterrolle und biologisches Geschlecht fein säuberlich auseinander dividiert und dem vermeintlich entsprechenden Geschlecht zugeordnet sind, erlischt die Wirksamkeit des Erfolgsmodells der Selbstvermarktung, die an die Impersonierung nicht-authentischer, un/natürlicher geschlechtlicher und sexueller Identität geknüpft war. Dementsprechend wird, wenn die geschlechtliche Identität, die Rolle und das biologische Geschlecht scheinbar kongruent aufeinander bezogen sind – als vermeintlich heterosexueller Mann –, Bendow als Betrüger entlarvt und behandelt. Dies ist im doppelten Sinne als sexueller und geschlechtlicher Betrug zu verstehen, der in diesem Fall beides Mal jedoch weniger auf die Sexualität als vielmehr auf die soziale Dimension der Geschlechteridentität bezogen ist: Als Köchin hat er nicht nur einen Beruf ausgeübt, für den er nicht kompetent ist und der üblicherweise von Frauen ausgeübt wird, sondern er hat damit auch als Hausangestellte den gutbürgerlichen Haussegen bewusst torpediert. Als Mann dagegen hat er die ihm von der Gesellschaft angetragene Rolle als ordentlicher Arbeitnehmer, als Brotverdiener und Familienernährer mit seiner Travestie, seiner Übertretung, seiner Unterwanderung von sexuellen, geschlechtlichen und finanziellen Normen nicht erfüllt. In der Szene, in der die Travestie ihr Ende nimmt, hat Bendow das Mädchen während einer Hausparty in den Garten geführt, wo er sie auf einer Bank zunächst stürmisch umarmt. Das Mädchen reagiert hierauf mit einem Lachen. Als er sich vor ihr entkleidet, wird das Mädchen nicht nur in Sekundenschnelle todernst, sondern es tritt auch beinahe gleichzeitig der Polizist aus dem Gebüsch neben der Bank hervor. Wenn dies auch dem Umstand geschuldet sein mag, dass der Film auf seine Pointe zuläuft und sich dadurch das Tempo der Geschehnisse erhöht, so besitzt das abrupte Auftauchen des Polizisten den Ruch eines Verrats – der sexuellen oder der sozialen Identität ist dabei keineswegs eindeutig zu bestimmen. Bendow wirkt in dieser Szene wie ein verschüchtertes Kind, welches vom Polizisten gescholten wird. All seine Chuzpe hat er mit dem Ablegen der Travestie verloren. Während ihm somit das Lachen vergangen ist, gewinnen die anderen Figuren es erst, nachdem ihnen Bendow als Betrüger ausgeliefert wurde. Wenn die Hausangestellten ihn lachend verprügeln, so hat auch das Filmpublikum, sofern es mitlacht, die Seiten gewechselt. Die Szene, in der die Prügel vollzogen werden, besitzt, visuell betrachtet, nichts Komisches an sich, sie ist durchweg gewaltförmig. Das Komische entsteht lediglich dadurch, dass sich die anderen sozial über die Figur erhoben haben und sie nun gemeinsam mit der Ordnungsmacht im Rücken abstrafen – das Lachen ist eines der Häme, ein herabsetzendes Verlachen.

Darin den filmgeschichtlichen Interpretationen folgend, kann man diesen Schluss durchaus als konservativ oder gar repressiv bezeichnen. Dabei gibt der Betrüger die Geschlechtertravestie aus eigenem, erotisch motiviertem Antrieb auf, wodurch er sich sozial verletzlich beziehungsweise angreifbar macht.

2.4 Das komische Ge-Stell der Männlichkeit ...

Abb. 2.6 *Aus eines Mannes Mädchenzeit,* D 1913, Stiftung Deutsche Kinemathek, 420.35

Mit dem Ablegen der Travestie erlischt nicht bloß die Möglichkeit für sexuelle und soziale Uneindeutigkeiten als Spiel im Spiel (der Unwissenden). Vielmehr fällt damit die Möglichkeit per se aus, als un/natürliche geschlechtliche und sexuelle Identität lachend bestätigt zu werden. Die Gruppe derjenigen, die Bendow/Lydia als Betrüger mit Prügel von der vermeintlich höheren Warte der gesellschaftlich gültigen Norm abstraft, konstituiert sich darüber, die sexuellen und sozialen Uneindeutigkeiten, die durch die Travestie ermöglicht werden, und mit ihnen die Performanz beziehungsweise Impersonierung nicht-authentischer, un/natürlicher sexueller und geschlechtlicher Identität als ihr abweichendes Anderes negativ auszugrenzen.

Allein eine Szene weicht hiervon ab, in der eine der Figuren, die das Spiel im Spiel zunächst nicht durchschauen, einen besonderen Auftritt in *Aus eines Mannes Mädchenzeit* hat, die des Dieners des Hauses (Siegfried Berisch) nämlich. Bevor Bendow/Lydia bei der Party ‚die Maske' fallen lässt, wird er/sie wider Willen beim Rasieren vor dem Spiegel ertappt. Man sieht ihn/sie hierzu in einer halbnahen Einstellung in seinem/ihrem Zimmer schräg von hinten vor einem Spiegel stehen (s. Abb. 2.6).

Plötzlich betritt der Hausdiener den Raum. Dieser hatte Lydia bereits in einer vorausgehenden Szene Avancen gemacht, die ihn jedoch abwimmelte. In jener Szene umfasste sie ihn, um ihn von sich wegzuhalten, und setzte ihn auf dem Küchentisch ab. Ihre große physische Stärke symbolisiert dabei ein männliches

Attribut, das zur vermeintlichen weiblichen Geschlechterrolle als Köchin in Divergenz tritt. Hierbei handelt es sich um ein typisches Mittel der Komödie, das dem wissenden Publikum zum Lachen gereicht. Dieses steigerte sich, indem der Diener, der an dieser Stelle die Verkleidung nicht durchschaut, offenbar Gefallen an der Tatkräftigkeit der Köchin findet. Gerade das untypisch ‚Weibliche' scheint ihn an Lydia also zu reizen. In der Szene in der Kammer wird nun diese Haltung erneut deutlich, jedoch mit einem anderen semantischen Effekt versehen, da es sich hierbei um ein Enthüllungsmoment handelt. Auch wenn Bendow/Lydia die Tätigkeit des Rasierens versucht, als weibliche Eitelkeit (Damenbart) abzutun, so ist deren Ursache, das Rasieren ihres/seines Bartes nämlich, aufgrund der Travestie anhaltend mehrdeutig: Liest man Lydia nach wie vor als Kongruenz von Geschlechteridentität, weiblicher Rolle und Kleidung, handelt es sich buchstäblich um einen weiteren, medial bereits seit langem bekannten Charakter, nämlich die ‚Dame mit Bart', die auf Jahrmärkten, in Spezialitätentheatern und *side shows* als *freak* zu bestaunen war. Nimmt man die Figur in ihrer Inkongruenz ernst, ist Lydia ein Mann in Frauenkleidern, sprich die Vorzeichen des Begehrens des Dieners änderten sich schlagartig. Der Diener wird also in dieser Szene über die männliche Travestie beziehungsweise männliche Identität informiert. Das bedeutet aber eben keineswegs, dass sie sich hierdurch vollständig vereindeutigen würde. Nach wie vor bleibt die Un/Natürlichkeit von Bendows/Lydias Identität bestehen. Relevant ist deshalb die Reaktion der Figur, die im Gegensatz zu all den anderen Figuren im Hause des gutbürgerlichen Ehepaares und damit im Raum der vollendeten Travestie vollkommen anders ausfällt. Die Szene zieht ihre Komik zwar einmal aus der physisch transportierten Peinlichkeit und dem Versuch des Überspielens seitens Bendwos/Lydias. Jedoch ist das Lachen des Dieners, der nun Bescheid weiß, dass er es mit einer gänzlich un/natürlichen Identität (‚Homo', *freak,* Transe) zu tun hat, ein bestätigendes, verständnisvolles Mitlachen, ähnlich jener Figuren, die am Verwandlungsprozess als Publikum sowie tatkräftig konstitutiven Anteil nahmen (Bendows Hauswirtin, deren Zimmermädchen, die Männer im Barbierladen). Anstatt zu flüchten oder Bendow/Lydia gar anzuschwärzen, fällt er ihm/ihr in die Arme und versucht, ihn/sie zu küssen (s. Abb. 2.7).

Die signifikante Differenz zu den Szenen, in denen das Spiel im Spiel erst hergestellt wird und Bendow/Lydia darin als un/natürliche ernsthaft anerkannt wird, liegt jedoch darin, dass der Diener seine Beziehung zu ihm/ihr gerade dann bekräftigt, wenn sich die Vorzeichen des Wissens durch den Bruch des Spiels im Spiel verändern. Bendow/Lydia wird in voller Sachkenntnis der Travestie, der Impersonierung sowohl männlicher als auch weiblicher nicht-authentischer *und* nicht-normierter Identität, die konstitutiv für die gesamte Ordnung ist, von der er/sie jedoch ausgegrenzt wird, vom Diener dennoch angenommen. Diese Anordnung präsentiert sich selbstbewusst dem Filmpublikum.[133] Insofern ist nochmals zu

---

[133]Das verdeutlicht auch die folgende Szene, die direkt vor der Hausparty stattfindet, in welcher Bendow/Lydia mit dem noch unwissenden Dienstmädchen und dem nun informierten Diener auf einen Jahrmarkt geht, einen Ort des gesellschaftlich Heterotopen, dessen Angeboten sich alle drei mit großem Vergnügen hingeben. Der Diener verhält sich Bendow/Lydia gegenüber als wäre er sein/ihr Freund.

2.5 Die mediale Verfolgung der ‚eigenen' Wahrheit … 109

Abb. 2.7 *Aus eines Mannes Mädchenzeit,* D 1913, Stiftung Deutsche Kinemathek, 431.33

revidieren, dass sich die Ridikülisierung des Männlichen in Form des einaktigen, narrativen Spielfilms auf eine Dramaturgie nicht der einfachen Wiederholung, sondern einer Dramaturgie der Wiederholung mit mehrfachen inneren Differenzen vollzieht, wodurch genau diese spezielle Form der Ausbreitung der Übertretung einer Ordnung als Affirmation der durch das Spiel im Spiel erzeugten un/natürlichen geschlechtlichen und sexuellen Identität ermöglicht wird.

2.5 Die mediale Verfolgung der ‚eigenen' Wahrheit – *Die Toten erwachen – 6. Abenteuer des berühmten Detektivs Stuart Webbs*

Die Toten erwachen – 6. Abenteuer des berühmten Detektivs Stuart Webbs (D 1915) ist der sechste Film in einer Reihe von Detektivfilmen, die anfänglich insbesondere unter der Regie Joe Mays und Adolf Gärtners realisiert wurden.[134]

---

[134]Die Figur des Stuart Webbs ist eine Kreation des Regisseurs Joe May sowie des ehemaligen Theaterschauspielers Ernst Reicher, der diesen in annähernd dreißig Filmen verkörpert. May und Reicher gründeten zu diesem Zweck eigens die Firma Reicher und Reicher Film, bekannt auch

Mit den *Stuart Webbs*-Filmen etablierte sich in Deutschland das Genre des Detektivfilms als Langfilm, welches sich weltweit bereits im Jahrzehnt zuvor zumeist als *serial* großer Beliebtheit erfreut hatte. Ab circa 1908 wurden *serial films*, also kurze narrative Filme gezeigt, bei denen mehrere Kurzfilme durch einen größeren Spannungsbogen miteinander verknüpft waren, welche jeweils mit *cliff hangern* endeten. Sie wurden teilweise bereits in den Kinos zu einem längeren Film zusammengesetzt und entweder direkt hintereinander oder auch teilweise einzeln wöchentlich vorgeführt (s. Abschn. 2.2).[135] Inhaltlich waren die *serials* vorwiegend auf zeittypische Sachverhalte spezialisiert. Sie zeigten das moderne Leben. Insbesondere wurden in ihnen auf sensationelle Ereignisse mit viel körperlicher Aktivität gesetzt. Zur Erhöhung des Wiedererkennungswerts wurden für dieses Format wiederkehrende Figuren kreiert, wofür sich Detektivfiguren herausragend eigneten, da ihre Geschichten gut zum unübersichtlichen, gewalttätigen, schnelllebigen urbanen Großstadtleben passten.[136] So entstanden Nordisks Sherlock Holmes und Pat Corner, Pathés Nick Winter oder auch Éclairs Nick Carter. Dass gerade Detektivfilme in Serie produziert wurden, lässt sich aber nicht nur mit der Etablierung wiedererkennbarer Charaktere erklären, sondern auch damit, dass das Prinzip des Detektivfilms, Verbrechen aufzuklären, sowohl zur Strukturierung einer längeren Handlung gut als auch ebenso wiederholbar und damit zirkulär ist wie das technische Reproduzieren sowie das kulturell und wirtschaftlich profitable Zirkulieren der Produkte des technischen Mediums Film.[137]

Die *Stuart Webbs*-Serie darf man deshalb weder als neues Filmgenre noch überhaupt als ein neues kulturelles Phänomen betrachten. Vielmehr stellte sie für das deutsche Kino die Etablierung einer Filminstitution dar, in der sich auch alle möglichen Komponenten, welche den Detektivfilm mitkonstituieren, verdichten konnten: angefangen bei narrativen „Erbschaften" seitens literarischer Vorläufer, über filmgenerische Spezifika bis hin zu Funktion und Bedeutung von Film im Kontext von Kontrollregimes und Überwachungssystemen in der Kriminologie seit den 1880er Jahren des 19. Jahrhunderts, inklusive deren kinematografischer Reflexionen. Die *Stuart Webbs*-Reihe bildete in der Folgezeit auch keineswegs ein Unikat, sondern hatte mit der *Joe Deebs*-Reihe sowie der *NoBody*-Serie (Detektivin) direkte Konkurrenz.[138]

---

als Stuart Webbs Company, nachdem sie sich von der Berliner Continental-Kunstfilm GmbH im Jahr 1914 getrennt hatten. Im Jahr dieser Produktion war die Stuart Webbs Company bereits so erfolgreich, dass sie das von der 1911 gegründeten Continental-Kunstfilm GmbH Atelier in Berlin Weißensee (ehemals BIOSKOP Filmatelier; Glasgebäude) übernehmen konnte, während diese ihre Produktionen einstellen musste.

[135]Charakteristisch hierfür war dementsprechend die Einteilung in Akte, die zudem auf die Einteilung von Ort, Zeit und Handlung im Theater verwies. Vgl. zum Format der *serials* erneut Singer 2001 sowie Canjels 2011.

[136]Vgl. hierzu Gunning 1995.

[137]Vgl. hierzu einführend Elsaesser 1991.

[138]Während ihrer zwölf Jahre Laufzeit machte die Serie zwangsläufig hinsichtlich der genannten Komponenten tiefgreifende Veränderungen durch, insofern sie während der Zeit der *serials*

2.5 Die mediale Verfolgung der ‚eigenen' Wahrheit …

Die literarischen Vorläufer des Detektivgenres, insbesondere Autoren wie Edgar Alan Poe sowie Sir Arthur Conan Doyle, waren dabei im Zuge der zeitgenössischen Theoriebildung über den Film gerade aufgrund ihrer literarischen Operationen, weniger wegen der Themen nobilitierfähig geworden.[139] Demgegenüber wurde das Genre des Detektivfilms als direkter Nachfahre ‚billiger' literarischer Ableger der ‚hohen' Literatur betrachtet, wie insbesondere der US-amerikanischen, in Magazinen publizierten *Nick Carter*-Serien *(pulp fiction)*. Die zentralen Kritikpunkte am Genre lauteten: zu starker inhaltlich-thematischer Fokus auf *action*, Gewalt und Verbrechen (und noch ‚Abwegigeres'), wodurch das Genre moralisch, weil den vermeintlichen Sozialcharakter unterminierend, diskreditiert wurde; zu starke unkritische, weil ästhetisch nicht durchgearbeitete Affirmation technischer Neuerungen und deren emphatische Zurschaustellung zum puren Vergnügen der Zuschauer*innen.[140]

Es ist ein Aperçu der Filmtheoriebildung, dass das neue Medium Schock und Faszination für die Subjekte der westlichen Moderne war.[141] Mit Bezug zum großen *impact* auf die Sinne sowie infolge auf das Denken durch das ‚neue' Medium Film nahmen in den Debatten insbesondere zu diesem Genre die Binarismen ‚urban' – ‚provinziell', ‚modern' – ‚altmodisch', ‚traditionell' – ‚progressiv', ‚begrenzend' – ‚befreiend', Technikphilie – Technikphobie, Natur – Kultur, Kunst – Massenunterhaltung sowie Bewahrung der Tradition – Niedergang der Kultur eine zentrale Rolle ein.

Tom Gunning schreibt in diesem Kontext, dass die neuen, durch Technik, Mobilität und Medien erzeugten Erlebnis- und Erfahrungsweisen in modernen Gesellschaften eine Destabilisierung der Identität bewirkt hätten.[142] Mit Bezug zur Fotografie erläutert er deren Emblemcharakter für die neue Ökonomie der Zirkulation, insofern die Fotografie sich von ihren Referenten ablöste und in den Status eines abstrakten Universaläquivalents trat, ähnlich des Geldes, und so endlos zirkulierte. Zugleich befähigten sie ihre Charakteristika, indexikalische und ikonische Spuren des abgebildeten Objekts zu bewahren und mitzutransportieren, dazu, diese flüchtig gewordene Identität erneut zu fixieren. Hinsichtlich ihrer Verwendungsweise blieb die Fotografie problematisch aufgrund ihrer eigenen medialen Inkohärenzen. Aufgrund der Nicht-Intervention des Subjekts konnte sie zwar Beweis, zugleich aber aufgrund der Detailgenauigkeit der Aufnahme zu spezifisch sein, als dass sie de facto im diffus-komplexen Dschungel moderner Lebenswelten

---

begann, über die Zeit der Etablierung des Langfilms ging und sogar das Ende des Autorenfilms überdauerte. Sie nahm ihre Anfänge im Kaiserreich, dauerte beinahe den gesamten Zeitraum der Weimarer Republik an, weshalb für sie ganz unterschiedliche soziokulturelle und -politische Bedingungen vorlagen, wie konstitutionelle Monarchie, nationalstaatlicher Imperialismus, sozialistische und kommunistische Bewegungen, Arbeiter*innen- und Frauenbewegung, Republik und Demokratie sowie ‚moderner' ‚postkolonialer' Nationalismus.

[139] Zur Kritik am Detektivroman vgl. die zeitgenössische gesellschaftskritische Position von Kracauer 1979.
[140] Vgl. hierzu Hesse 1996 sowie Knops 1996.
[141] Vgl. hierzu Kaes 1987.
[142] Vgl. Gunning erneut 1995.

einen direkten Zugriff auf ein partikulares Individuum ermöglichte. Man musste schon einen riesigen Apparat der Kontrolle und Überwachung installieren, um den flüchtigen Individuen beikommen zu können.[143]

Gunning orientiert sich bei seiner Erläuterung, wie der Detektivroman als Produkt und Effekt moderner Erfahrung in westlichen Gesellschaften entstand, im Wesentlichen an den Beschreibungen Walter Benjamins,[144] Siegfried Kracauers und Ernst Blochs. Alle drei verhandelten dabei an der Figur des Detektivs epistemologisch die Spannung zwischen der die Identität destabilisierenden Opazität der modernen Lebenswelt und dem Versuch, diese durch Kontrolle und Regulierung zu restabilisieren.[145] Zwar wurde dies in den kulturellen Fantasien und

---

[143]Die Kriminologie dient Gunning als prominentes Beispiel für die technologische Wirkung eines medialen Dispositivs. Darin diente die Fotografie zur Identifizierung nur in dem Ausmaß, wie sie Teil eines Regimes der Ordnung und Systematisierung war, in dem Codes entwickelt werden mussten, um sie ‚korrekt' zu interpretieren und auszuwerten – wie bspw. die Bertillonage. Anstatt den Verbrecher, die Verbrecherin zu brandmarken, bildete sie ihn ab. Statt Augenzeugenschaft erbrachte sie im Kontext wissenschaftlichen Expertenwissens den Beweis, welcher auf einem Apparat aus Artefakten, technischen Medien und Ordnungssystemen fußte. Die Fotografie war das codierte, sprechende Substitut für den Körper des Verbrechers, der Verbrecherin, zu dem es zugleich eine konkrete Beziehung besaß. Um die ‚Wahrheit' zu verkünden, musste die Identifizierung die Struktur des Wiedererkennens annehmen, da erst einmal der Körper in Form eines indexikalischen und ikonischen Zeichens als Datensatz im Archiv vorlag. Ich erwähne das kriminologische Dispositiv der Fotografie aus zwei Gründen. Erstens steht es hinsichtlich des Körpers des Verbrechers, der Verbrecherin sowie der Kategorie des Beweises im engen epistemologischen, aber auch semantischen und narrativen Bezug zum Genre des Detektivromans (meist Serienroman) und zur Figur des Detektivs. Das Genre ist als Produkt und Effekt der neuen Erlebnis- und Erfahrungsweisen moderner Gesellschaften, bedingt durch Technik, Mobilität, Urbanität, Migration, Kolonialismus und Medien zu sehen, die aufgrund dessen neue Wissensregimes und Kontrollapparate entwickelten, um insbesondere mit De- und Restabilisierungsprozessen von Subjektivität und eigener sowie fremder Identität umgehen zu können. Zweitens gingen nicht nur technisch-ästhetische Charakteristika der Fotografie, sondern gerade auch ihre dispositiven Funktionen bezüglich neuer Körper- und Identitätskonzepte als Residuum in das Medium Film im Allgemeinen, in das Genre des Detektivfilms im Speziellen ein. Vgl. zum Dispositiv der Fotografie im 19. Jahrhundert Sekula 1986 sowie Tagg 1988. Über die Verflechtung dieser Wissensregime und Ordnungssysteme mit den psychiatrischen vgl. erneut Didi-Huberman 1997. Zu den Verflechtungen von Film sowie Kontroll- und Wissensregimen vgl. erneut Kittler 1986.

[144]Benjamin erwähnt er nur kurz mit dem Aspekt, dass die Figur des Detektivs im Zusammenhang mit der Erfahrung des modernen Individuums stehe, in der anonymen Menge aufzugehen, wie er sie im Baudelaire-Aufsatz analysiert sieht. Auf den Aspekt, dass der Detektiv die Ratio verkörpere und daher eine übergeordnete, den banalen, schmutzigen Sachverhalten und Dingen des Lebens gerade enthobene Instanz, ein Pseudogott und Lenker der Geschicke darstelle, was bei Kracauer zentral ist, geht Gunning nicht weiter ein. Nicht, dass die Figur des Detektivs absolut abstrakt bzw. unverkörpert sei, so Gunning, jedoch entspräche sie eben auch nicht dem Mann in der Menge, wie ihn Benjamin bei Baudelaire zu sehen meinte. Vgl. hierzu Benjamin 1977. Charakteristisch für die Figur ist gerade, dass sie zwischen diesen Polen oszilliert, wodurch sie eine gewisse Komplexität erhält.

[145]Zur feministischen Kritik an dieser ‚Krise' der unausgesprochen männlichen Identität bei Benjamin, vor allem aber auch bei Baudelaire, bei dem das (männliche) Subjekt zum Apparat des Kaleidoskops wird, damit es die diffuse Welt zumindest in der Ordnung der Refraktion darstellen kann, vgl. erneut Hentschel 2001.

literarischen Texten zunächst als (manchmal allumfassendes) Krisenszenario arrangiert, jedoch um Verluste und Gewinne auf verschiedenartige Weise aufs Tapet zu bringen. In gleichem Maße und sogar mit gleichen Mitteln konnten daher die Bedingungen dieser neuartigen Identität vom Verbrecher und seinem Gegenspieler, dem Detektiv, ausgebeutet werden. Antagonistisch waren sie, laut Gunning, vermeintlich in dem Sinne, dass Chaos mit dem Verbrecher, der Verbrecherin/Verbrechen, Wiederherstellung der Ordnung mit der Identifizierung/dem Detektiv, der Detektivin verbunden, demnach binär aufeinander bezogen waren.[146]

Gunning betont, dass es im Detektivroman nicht nur um die Funktion des Rätselratens, sondern auch um die Zurschaustellung und Instrumentalisierung der Ökonomie der Zirkulation an sich ging. Diese schlug sich dahingehend in der narrativen Logik nieder, dass der Prozess, das Verbrechen aufzuklären, an den Ablauf der getakteten Zeit gebunden war, worin sich jedoch die vermeintlich eindeutigen, rational erklärbaren Verkettungen von Ursache und Wirkung im Nebel eben jener modernen Opazität gerade räumlich und zeitlich zunächst einmal verloren. Diese logischen Verkettungen waren in der Narration aber nicht nur raumzeitlich bedingt, sondern wurden durch das Spiel von Trug, Schein, Ablenkung, Verkleidung und Täuschung zusätzlich verkompliziert. Die spezifische Funktion der Fotografie war es in diesem Zusammenhang grundsätzlich, so Gunnings These, als stiller, dokumentarischer und exakter Zeuge hinter diesen Betrug zu blicken. Dabei diskreditierte sie den Verbrecher, die Verbrecherin weniger durch Enthüllung. Vielmehr gab sich dieser, diese unter den Bedingungen permanenter Sichtbarkeit im kriminologischen Dispositiv gerade mittels ihm, ihr nicht bewusster charakteristischer Merkmale – der Verhaltensweisen, des Körpers – unwissentlich und -willentlich selbst zu erkennen.

Folgt man dieser bekannten Fährte, dreht sich die Modernität des Filmischen insbesondere im Genre des Detektivfilms im Wesentlichen um den Binarismus technischer Schein – authentische Wahrheit, mit all seinen Problematisierungen. Damit verknüpft ist infolge jener Binarismus der unreflektierten Affirmation der Technik und des Scheins einerseits sowie dem reflektierten Versuch, diese zu transzendieren, andererseits seitens der Figuren, aber auch der Publika.[147]

Schlüpmann wiederum setzt bei ihrer Bestimmung des Detektivfilms am historischen Moment der Wandlung des Genres ein, zu deren Legitimierung sie „zeitgenössische Beobachter" heranzieht, die diese als einen „Wechsel vom sensationsgeladenen, mit groben Effekten arbeitenden Streifen zu Filmen beschrieben, die Psychologie und Logik aufweisen" (Schlüpmann 1991, S. 46). Die grundlegende Differenz der Vertreter des Genres ab 1914 zu den älteren sieht

---

[146]Vgl. hierzu Gunning 1993.

[147]Vgl. hierzu das von Lutz Koepnick skizzierte Konzept, das zwischen einer von den Cultural Studies informierten Lektüre und der Position einer dialektisch vermittelten Technik- und Kulturkritik im Sinne Horkheimers und Adornos schwankt, aber immer noch von „moderner Erfahrung" spricht und dabei genau diese Dichotomien von Sein und Schein, Wahrheit und Lüge sowie Kunst und Kommerz meint. Vgl. Koepnick 2002, bes. S. 1 ff.

sie entsprechend dieser Beobachtungen darin, dass in den Filmen davor noch „ein Optimismus zum Ausdruck [kommt], der der emanzipatorischen Kraft der modernen Technik gilt." (Schlüpmann 1991, S. 46) Anders dagegen bewertet sie die Filme der *Stuart Webbs*-Reihe, in denen ihr die Technik reduziert, gar untergeordnet scheint, die Räume statisch, eng und stilisiert. Dementsprechend drängt sich ihrer Ansicht nach die Lesart auf, die *Stuart Webbs*-Filme wollten durch inhaltliche Traditionalität (Rückgriff auf das literarische Genre des Detektivromans) auf sich selbst als Produzenten von Trugbildern aufmerksam machen, um zugleich epistemologisch konservativ zu einer Position vor der Technisierung zurückzukehren. Der unbestritten konstitutive Aspekt der Täuschung findet sich dann im Thema der Verkleidung wieder. Schlüpmann diagnostiziert hier, dass bei Stuart Webbs

> „die Maskierung, die Fälschung im Zentrum [steht], und sie erfährt eine moralischnegative Konnotierung: Zuallererst bedient das Verbrechen sich ihrer. Allein als Bekämpfung des Verbrechens und mit dessen eigenen Waffen erhält die Täuschung, die Reproduktion des Originals, ihre Rechtfertigung. Sie in diesem Sinne zu handhaben, ist Sache einer männlichen Profession, der des Detektivs." (Schlüpmann 1991, S. 47)

Diese Profession sei in den *Stuart Webbs*-Filmen „eine Art Fortsetzung der Ritterromantik mit zeitgemäßen Mitteln", welche als Reminiszenzen an (unmoderne?) Haltung und (unmodernen?) Stil früherer Filme zu interpretieren sei, in denen „Männerbünde und selbsternannte Herren des Schicksals ihr magisches Unwesen trieben." (Schlüpmann 1991, S. 47). Ihr Resümée mit Bezug zum zweiten der *Stuart Webbs*-Filme zitiere ich hier in voller Länge:

> DER MANN IM KELLER spiegelt eine – dem kommenden Krieg gemäße – Depression über die Errungenschaften der Technik im allgemeinen, eine Beunruhigung über die Sein und Schein verwirrende Reproduktionstechnik im besonderen. Zugleich versucht er eine ästhetische Gegenbewegung aus der Nähe des Kinos zu einer anderen Lebenspraxis als der dem technischen Fortschritt zugehörigen zu bilden. Auf diese andere Lebenspraxis verweist der Schauspieler. Er stellt sich in der Figur des Detektivs – eines Virtuosen der Verkleidung, der Täuschung im Dienste der Aufklärung – selber aus. Angesichts der bedrohlichen Technik gewinnt der Schauspieler alten Stils neue Bedeutung: Als Herrscher über die mimischen Kräfte des Körpers wie der technischen Mittel der Täuschung. Die klassische Normativität seiner Profession – Täuschung im Dienst der Wahrheit – wird zu der des Umgangs mit der Technik. Sie setzt sich auf Kosten jener ästhetischen Reize durch, die dem frühen Kriminalfilm eigen waren. Nun wird die Reproduktionstechnik nicht mehr als Attraktion ausgestellt, als Schock ausgespielt, sondern funktionalisiert. Ihre materielle Realität tritt ganz in den Hintergrund gegenüber der Restauration idealer Wirklichkeit bürgerlicher Subjektivität. Die Wiederaufrichtung dieses Ideals in den Köpfen der Zuschauer und Zuschauerinnen dient einer Filmästhetik, die sich auf die Stabilisierung des männlichen Schauspielers zum Signifikanten konzentriert. (Schlüpmann 1991, S. 47)

Wenn Schlüpmann auch den technisch-ästhetischen Fortschritt in *Der Mann im Keller* (D 1914; R: Joe May) als konservative Geste negativ ausweist, die gerade im Übergang von der Lust an der (ausgestellten) Technik zu ihrer Instrumentalisierung im Dienste der narrativ hergestellten Wahrheit stattfindet, so lässt ihre

2.5 Die mediale Verfolgung der ‚eigenen' Wahrheit ...

Darstellung lediglich den einen oder anderen Zugang zur Technik zu.[148] Daraus folgt zwangsläufig, dass mit der Unterordnung der Technik unter die Finten des Detektivs ein Konzept der Identität installiert wird, worin der Umgang mit der Täuschung und Verkleidung wiederum lediglich als kontrollierte, rationale, daher konservative Inszenierung der Figur interpretierbar wird: der Detektiv als bürgerliches Subjekt im ideal(isiert)en Dekor von Ritterrüstung und Samtteppichen, welches in dieser Lesart zwar wissend, aber durch die große Geste der Ablehnung der Technik generell ganz und gar unmodern erscheinen muss. Der Filmdetektiv verkörperte somit einen Typus des bürgerlichen vormodernen Traditionalisten in moderner Verkleidung, deren Handhabung er zwar beherrscht, die er seinem und ihrem Wesen nach aber wegen ihrer Modernität ablehnt.

Tom Gunning wiederum interpretiert diese Konstellation anhand seiner Auseinandersetzung mit Victorin Jassets Zigomar-Figur und deren Antagonisten, dem Detektiv Nick Carter, genau umgekehrt.[149] Die ‚Verbesserung' des Filmischen, sprich die von den Varietés und Ladenlokalen emanzipiertere Filmmachart sei deshalb künstlerischer und daher auch moderner, weil sie nicht mehr auf die (technischen) Effekte billigen Vergnügens ziele, sondern vor allem auf die vielseitige Performance des Schauspielers setze, die nun gemäß der eigentümlichen Gesetzmäßigkeiten des Filmischen detaillierter und komplexer erfasst und zur Darstellung gebracht werden könne. Im Sinne der Entwicklung des Genres des Detektivfilms, so Gunning, sei der Einsatz von Theaterschauspielern weniger als medialer Rückfall in das bürgerliche Zeitalter des Theaters oder als rückwendige Darstellung eines die Technik im reaktionären Sinne überschreitenden Lebensentwurfs zu deuten, sondern als progressiver Fortschritt hinsichtlich einer eigenständigen Handschrift des Films jenseits seiner bereits länger existierenden medialen (Stief-)Geschwister. In dieser Logik unterstreicht er anhand der Analyse der Zigomar-Figur und ihrer Charaden, ihrer immer neuen Fluchten sowie ihrer Identitätsvervielfachungen, mit denen sie Nick Carter unaufhörlich zu entkommen versteht, seine These von der Repräsentation moderner Lebenswelten in diesem Genre. Diese sieht er vor allem in der Anonymität der Menge sowie der Beschleunigung des Lebens gegeben. Die Figur des Detektivs Nick Carter wiederum verkörpert seiner Ansicht nach nicht nur die rationale Instanz, sondern zugleich jenen anderen Pol, dem Zigomar spiegelbildlich gegenüberstand. Beide vertraten in einer symmetrischen Beziehung mit denselben Mitteln und denselben Tricks das jeweils wechselseitig Andere (einer modernen Gesellschaft). Detektiv und Superheld/schurken besaßen, auch wenn sie aufgrund ihrer verschiedenen Positionierungen verschiedene Funktionen einnahmen, dennoch denselben Status mit Bezug zu den Bedingungen moderner Erlebnis- und Erfahrungsweisen, die sie zugleich figurierten und denen eben nach Gunnings Verständnis eine dezidiert moderne Filmästhetik korrelierte.

---

[148]Vgl. Schlüpmann 1991.
[149]Vgl. erneut Gunning 1993. Die *Zigomar*-Serie hatte ihren Auftakt in Frankreich 1911. Sie war also in diesem Sinne ein zeitlicher Vorläufer der *Stuart Webbs*-Serie.

Um nun *Die Toten erwachen* aus der *Stuart Webbs*-Serie von 1916 interpretieren zu können, lege ich zunächst ein anderes Konzept von Modernität zugrunde. Darin steht der Binarismus Technikaffirmation – Technikkritik nicht exklusiv und jeweils symmetrisch zu den Binarismen Rationalität – Affekt/Attraktion, Kunst – Unterhaltung sowie Modernität – Antimodernität. Seine Wechselwirkung ist mit jenen Binarismen von Verunsicherung – Stabilisierung, Wahrheit – Schein sowie ‚eigen' – ‚fremd' (Identität) vielfältig verknüpft, die sich komplex mit den *double binds* vom filmischen Willen zum Wissen und der filmischen Lust am Schauen überlappen.

Im Folgenden möchte ich also der Frage nachgehen, wie in *Die Toten erwachen* die Erfahrung von ‚Modernität' als epistemologische Verkomplizierung von Wahrheit und Schein sowie Ursache und Wirkung durch die Maschine der Sichtbarkeit Film hergestellt wird, sodass sie bestimmte Objekte des Willens zum Wissen und der Lust am Schauen erzeugt, mit denen die Produktion von ganz bestimmten visuellen ‚Wahrheiten' und Heimlichkeiten verknüpft ist, um bestimmte, insbesondere männliche Identitäten in dem Maße zu ‚verunsichern', wie sie zugleich hierdurch konstituiert werden.

Wie in jedem Film der *Stuart Webbs*-Serie gab es auch in *Die Toten erwachen* einen „Fall": Der dänische Graf von Carok wurde tot aufgefunden. Es wird gemutmaßt, er habe sich umgebracht. Seine Ehefrau, die Gräfin (Stefanie Hantsch), geht jedoch von Mord aus und bittet Stuart Webbs, die Umstände aufzuklären und den Mörder zu fassen. Die Nachricht vom Tod des Grafen wird gleich eingangs per Tageszeitung verbreitet. In der ersten Einstellung ist dementsprechend die Straße einer Großstadt zu sehen (vermutlich London, jedoch unspezifisch dargestellt), wo ein Zeitungsjunge die Ausgabe unter die Menschen zu bringen versucht. Ein gut gekleideter Herr im Gehrock nähert sich, um ein Exemplar zu erwerben. Die Nachricht wird per Insert übermittelt: „Rätselhafter Selbstmord. Auf Schloss Carok hat sich gestern Abend aus bisher unbekannten Gründen Graf Hendrik in seinem Arbeitszimmer erschossen. Es ist dies der dritte Graf von Carok, der innerhalb zweier Jahre durch Selbstmord endete. Sein achtjähriger Sohn ist der letzte Spross des einst so verzweigten Geschlechts." In der nächsten Einstellung wird Webbs (Ernst Reicher) als Figur eingeführt, die in ihrem Arbeitszimmer in mehreren, vermutlich auch älteren Zeitungen recherchiert. Ein Insert gibt Auskunft über die vorangegangenen Morde: „In seinem Arbeitszimmer auf Schloss Carok hat sich gestern nacht Graf Waldemar entleibt. Der Tod wirkt um so tragischer, als auch sein Vater vor kaum 7 Monaten in demselben Zimmer Hand an sich legte: während bei beiden eine in dem Alter eintretende Schwermut als Todesursache angesehen wurde, glaubt man, dass den Grafen Waldemar Carok eine unheilbare Krankheit zu seiner Tat getrieben hat. Das Majorat geht an den Grafen Hendrik von Carok über."

Mehrere Aspekte werden hier bereits etabliert, noch bevor Webbs offiziell von der Gräfin mit der Übernahme des Falls beauftragt wird. Erstens übermittelt die Todesnachricht ein bereits älteres, jedoch effizientes Massenmedium, die Tageszeitung, Emblem bürgerlich-liberaler Gesellschaften, die bereits im 19. Jahrhundert die Sphäre von ‚öffentlich' und ‚privat' neu gestaltete. Auch wenn man in diesem Kontext nicht von einer völligen Demokratisierung der Information

2.5 Die mediale Verfolgung der ‚eigenen' Wahrheit ...

sprechen kann, so war doch die rasche und weite Verbreitung günstiger Zeitungen ein Medium, mit dem viele Gesellschaftssubjekte an der Herstellung von Öffentlichkeit auf unterschiedliche Weise partizipierten.[150] Sie selbst stellt zudem ein Medium dar, in welchem das Genre des Detektivfilms in Serie erblühen durfte. Wichtig ist hier somit die relativ leichte Zugänglichkeit von Informationen über Sachverhalte, die weltweit, auch über große Distanzen, aber relativ zeitnah geschehen. Wichtig ist auch, dass hier das Prinzip der seriellen Produktion bereits angedeutet ist, welchem das Medium Film gerade in der Ausbildung des Detektivgenres selbst unterliegt. Dementsprechend ist Stuart Webbs also informiert, bevor die Gräfin an ihn mit ihrem Anliegen herantritt. Genauso wird uns als meta-reflexive Geste des Mediums bereits angezeigt, womit wir es hier als Zuschauer*innen zu tun haben werden: Mit der Aufklärung eines Rätsels, eines rätselhaften, geheimnisvollen Mordes durch einen Detektiv.

Zum Zweiten verweist hier das durch die Inserts vermittelte Medium der Sprache auf ältere Inhalte, Medien und Strukturen der Repräsentation. Die geheimnisvollen Umstände der Tode, dass es sich überhaupt um Selbstmorde handelte, die Wahl der Begriffe „rätselhaft", „mysteriöse Umstände", die Tatsache, dass die männlichen Vertreter des Geschlechts offenbar in Serie Selbstmord begehen, die rhetorische Markierung durch „Schwermut" und „unheilbare Krankheit" – all diese Informationen rufen weniger die generischen Aspekte des Detektivromans auf, als dass sie eine strukturelle, rhetorische Anordnung kreieren, die sich um ein Geheimnis ranken, das einen nicht zu bezeichnenden, unaussprechlichen Inhalt besitzt. Zwar handelt es sich hier nicht um das Aufrufen eines medizinischen Diskurses selbst, sondern um eine kriminologisch begründete Zeitungsnachricht,[151] jedoch wird durch die Erwähnung von Krankheit und Schwermut in Bezug auf die Umstände der Selbstmorde ein diskursiver Kontext medizinischer Expertise evoziert. Der ‚unnatürliche' Tod ist selbst ein inhaltliches Geheimnis, eine Leerstelle, die aber rhetorisch gerahmt und durch bestimmte, negative medizinische Begriffe[152] betont wird. Dessen Wirkmächtigkeit wird indirekt dadurch bekräftigt, dass der Umstand dreier Selbstmorde in der Familie auf so etwas wie eine Vererbbarkeit der Krankheit, die nicht spezifiziert ist, hindeutet.[153] Es ist eine Abwesenheit, die

---

[150]Vgl. hierzu Reuveni 2006. Vgl. zur Neugestaltung der öffentlichen und privaten Sphäre, insbesondere durch die aufkommende Konsumgesellschaft und ihrer visuellen Kultur in geschlechtertheoretischer Perspektive, Solomon-Godeau 1996.

[151]Tatsächlich könnte man hier davon sprechen, dass dies ein Hinweis darauf ist, dass sich das medizinische Wissen im Verlauf des 19. Jahrhunderts zu popularisieren begann.

[152]Man kann nicht nur von medizinischen Diskursen sprechen, insofern der Begriff der Schwermut an der Grenze zwischen einer wissenschaftlich-objektifizierenden Disziplin ‚Psychologie' und einem subjektiven Diskurs angesiedelt ist, dessen Wurzeln zumindest bis in die Empfindsamkeit zurückreichen.

[153]Die Tatsache, dass bei jedem der Männer offenbar eine andere Ursache vorgelegen hat, denaturalisiert diese im gleichen Atemzug wieder, wie eine Idee von Essenz (Erbkrankheit) eingeführt wird. Zugleich erhalten die ähnlichen Konnotationen bei allen drei Selbstmorden definitiv so etwas wie eine Fortführung einer Lebenspraxis aufrecht, sie erzeugen darin genealogische

hiermit gerade in ihrer Opazität betont wird. Ihr Inhalt wird dabei zunächst durch fehlendes Wissen (Selbstmord unter mysteriösen Umständen/Mord?) gebildet, wie er zugleich Assoziationen Wissender (Figuren oder auch Publika) evoziert.

Drittens wird hier bereits ein für die Serie typisches strukturelles Element installiert, das mit deren generischen Merkmalen in Verbindung steht und zugleich den Verlauf der Narration bestimmt. Generell existiert, im Unterschied zu beispielsweise den *Nick Carter*-Filmen, in der *Stuart Webbs*-Serie kein gleichgestellter Überschurke (wie Zigomar). Auch besitzt Webbs keinen Sidekick wie der berühmte Watson in Doyles *Sherlock Holmes*-Serie beispielsweise. Webbs scheint zunächst ein Einzelgänger, um nicht zu sagen, ein *bachelor*, der sozial und familiär ungebunden sowie finanziell unabhängig ist. Dieser zeichnet sich entweder durch exzessiven Konsum und Lebensstil, verknüpft mit sexueller Freizügigkeit aus oder mit Konsumverzicht und Enthaltsamkeit.[154] Webbs ist also sozial und geschlechtlich beziehungsweise erotisch markiert, ohne dass er es im Film bereits verkörpern oder ausagieren muss.

Beide Elemente, das inhaltlich undefinierte Geheimnis, das durch den Diskurs betont wird, sowie die Figur des ungebundenen *bachelor* bilden verdichtete und entleerte Residuen der *homosexual panic*, die als Repräsentationsstruktur im Verlauf des 19. Jahrhunderts entweder als *empty closet* oder als tödliche, jedoch zugleich durch affektgeladene Relation unauflöslich miteinander verbundene Männer in Erscheinung trat (s. Einl.).[155] Auch Schlüpmann hat dies bemerkt, nur berücksichtigt sie deren schwule Implikationen im Gegensatz zu Sedgwick nicht („magische Umtriebe", Schlüpmann 1991, S. 47), sodass lediglich das Resultat der Verdichtungen allein, nämlich die entleerte Selbst-Spiegelung oder Selbst-Reflexion des Männlichen in den Blick gerät.

Webbs ist deshalb zunächst, inhaltlich betrachtet, genau in dem Sinne ‚modern', in dem er sich per moderner Medien über die Geschehnisse in der Welt informiert, dadurch ein ‚typisch modernes' Raumzeitgefühl entwickelt, das sich auch in Handlung umsetzt, insofern er rasch und flexibel auf Nachrichten reagieren kann (so, wie er schnell mit der Gräfin von Großbritannien nach Dänemark reist). Dies gelingt in der Tat nur auf Basis der Abwesenheit von Merkmalen und Umständen, die schlecht an dieses moderne Raumzeitgefühl adaptierbar sind, wie beispielsweise ökonomisch und geschlechtlich ungebunden sowie rastlos und unkalkulierbar zu sein. Strukturell ist sie in dem Maße ‚modern', wie das Geheimnis als Monstrosität beziehungsweise Unaussprechliches durch Abspaltung als Jenseitiges einer Grenze gesetzt ist, von dem aus jedoch die Lust am Schauen und Wissen sowie der Wille zur Wahrheit gespeist sind.

Kontinuität. Nähme man nun einmal an, es handele sich bei dieser Krankheit um Homosexualität, dann wären hier die Inkohärenzen sowohl in Bezug auf die Definition von sexueller und geschlechtlicher Identität und diejenigen von Homosexualität und Heterosexualität aufgerufen.

[154]Vgl. hierzu erneut Sedgwick 1990.

[155]Vgl. hierzu erneut Sedgwick 1990, bes. S. 163.

Folgende Implikationen lassen sich hier herausarbeiten. Zum einen ist Webbs so flexibel, dass er umgehend auf alle möglichen Umstände reagieren kann. Dabei wartet er nicht, bis jemand ihm einen Fall überträgt, sondern er handelt antizipierend (seine Recherche zu Beginn des Films). Als Figur auf inhaltlich-thematischer Ebene gut an die modernen Umstände der diffusen Lebenswelt angepasst, besitzt er eine Haltung, die ihn überall ein Verbrechen vermuten lässt, einen Fall, den es zu lösen gilt. Kurzum, er nimmt permanent an, dass in der Welt etwas nicht stimmt, er hegt einen immer währenden Verdacht gegenüber seiner Umwelt und allen Individuen darin – eine Art paranoider Haltung also. Das bedeutet, seine Motivation ist bereits (immer schon) durch das Geheimnis genährt und vorhanden. Modernität ist also zugleich einmal inhaltlich der sich in Webbs' sozialen und erotischen Umständen ausdrückende Lebensstil, der zudem zugleich der Narration ihre spezifische Form verleiht. Webbs paranoide Züge demonstrieren dabei zudem von Beginn an, dass weder diese Struktur frei von den erotischen Residuen ist noch dass Webbs das rationale Wissen auf ‚reine' Weise verkörpert. Die konstitutive Abhängigkeit der Instanz reinen rationalen Wissens von dieser spezifischen Verbotsschranke, die das Wissen antreibt, diese paranoide antizipierende Neugierde, die Lust am Willen zum Wissen, kommt nicht ohne die Lust aus, die an ein Objekt des Wissens geknüpft ist, auf welches sie abzielt, das sich jedoch zugleich der Vereindeutigung entzieht. Sie stellt daher von Beginn an die Möglichkeit absoluter ‚Reinheit' *jeglichen* Wissens von Grund auf infrage. Anschlussfähig ist die strukturelle Modernität des Detektivfilms zudem an das reale historische, technisch fundierte Wissensregime der Kriminologie, welchem er seine Anfänge verdankt und welches auf derselben paranoiden Denkvoraussetzung beruht, dass nämlich im Grunde jedes Individuum ein potenzieller Verbrecher, eine potenzielle Verbrecherin sei.

Webbs antizipierende Haltung ist daher auch modern in dem Ausmaß, wie einmal die moderne Technologie der Überwachung diese Paranoia totalisiert, sie zugleich im Detektivroman beziehungsweise -film entleert und zum generischen Element werden lässt. Faszination und Lust am Verbrechen, am Objekt und Subjekt des Verbrechens sollen zwar idealiter von der Abscheu vor dem und insbesondere der moralischen Bewertung des Verbrechen(s) eindeutig getrennt werden, indem alle drei in die rein analytische, rationale Betrachtung überführt werden. Die universalisierte Position unverkörperten, rationalen und unbeteiligten Wissens, die die Struktur des Detektivromans bedingt, ist unter den genannten Voraussetzungen aber nicht nur eine Illusion und ein Konstrukt, sondern in ihrer Reinheit eine Unmöglichkeit. De facto ist sie relational mit den affekt- und lustbesetzten, nicht-rationalen Residuen verknüpft.[156]

Die zweite Implikation, welche mit Webbs' Ungebundenheit, Flexibilität und scheinbarem Unbeteiligtsein in dieser Position des neugierigen Antizipierens verknüpft ist, beinhaltet infolge auch die uneingeschränkte Vielfalt an möglichen Zielen und Objekten der Lust am Schauen und am Wissen sowie am Willen zur

---

[156]Vgl. hierzu erneut Sedgwick 1990, bes. S. 163 ff.

Wahrheit. Letztlich existieren, gerade in einer unanschaulich beziehungsweise diffus gewordenen modernen (Lebens-)Welt so viele Möglichkeiten, wie es potenzielle Verbrecher*innen/Verbrechen beziehungsweise Rätsel zu lösen oder auch Geheimnisse zu lüften gilt beziehungsweise wie sie Webbs sich erschafft – potenziell unendlich viele also. Diese unendliche Vielfalt möglicher Ziele und Objekte, von der auch Gunning schreibt, die sich zudem in der Möglichkeit, technisch zu reproduzieren, auf der Produktionsebene wiederholt, stellt also das der modernen Haltung entsprechende generische Korrelat des universal entleerten, antizipierenden Wissens dar. Ähnlich wie das abstrakte Wissen transportiert auch jenes antizipierende Wissen seine Residuen mit, die, wie sich zeigen wird, bestimmte Ziele und Objekte gegenüber anderen selektieren und daher spezifizieren können. Ich werde also auf den kommenden Seiten demonstrieren, wie gerade diese Konstellation die Figur eines Technisch-Anthropomorphen queerer Männlichkeit in *Die Toten erwachen* hervorbringt.

Diese Grundkonstellation lässt sich auch auf der Ebene der *mise-en-scène* mit Bezug zur Ausstattung insbesondere von Webbs' direkter häuslicher Umgebung nachvollziehen. Schlüpmann urteilt hierzu, dass er quasi in einem überladenen Museum lebe, in dem er die bürgerliche Karikatur eines Adelslebens abgäbe, worin sie die patriarchalische, anti-modernistische Geste der Technikphobie erkennt. Von ihrer eigenen modernistischen Warte aus setzt sie damit Technikphobie zwangsläufig mit Anti-Modernität gleich, wodurch die verwendeten Elemente ebenso zwangsläufig lediglich als Relikte beziehungsweise wertlose Anachronismen interpretierbar werden. Umgekehrt ist es jedoch möglich, in dieser Ausstattung Residuen des literarischen romantischen Gothic zu sehen, die es ermöglichen, un/lebbare Identitäten durch die technische Re-Produktion beziehungsweise Handhabung der Technik in Form der Verkleidung auf andere Art und Weise aufleben zu lassen. Im Gothic stehen sie symbolisch für die Lebensfeindlichkeit jener Effekte, die die paranoide Struktur mit sich bringt. In der Tat haben sie in der Funktion von Dekor ihre tödliche Wirkung etwas eingebüßt, ohne dass sie sich völlig aufgelöst hätten. Wie das Geheimnis um den Tod des Grafen auf Schloss Carok demonstriert, kann das sogenannte Dekor jederzeit wieder spezifische Qualität annehmen, Räume des Wissens und der Ignoranz zu produzieren, und daher die der raumzeitlich strukturierten Lebensbestätigung oder -bedrohung annehmen.

Diese beiden Voraussetzungen – antizipierendes Lustwissen sowie multiplizierte Ziele und Objekte – bringen neben Webbs' Flexibilität und Anpassungsfähigkeit auch eine spezifische männliche Identität hervor. In Abgrenzung zur literarischen Figur des jugendlichen, selbstbezogenen *bachelor* aus derselben Zeit ist Webbs kein junger Erwachsener mehr, sondern ein Mann in den besten Jahren, der im Grunde bereits in die Position vollwertiger männlicher Gesellschaftspflichten eingerückt sein sollte. Sein freies und ungebundenes Junggesellendasein findet dabei augenscheinlich in der völligen Abwesenheit weiblicher Figuren mit Bezug zu ihm als vergeschlechtertem Subjekt statt, ohne dass diese durch allzu große homosexuelle oder heterosexuelle Zwänge problematisiert würde. Damit die Figur des Detektivs das rationale Wissen verkörpern kann, wird er scheinbar in eine körperlose, asexuelle Instanz transformiert. Weibliche Figuren scheinen zunächst lediglich unter den Umständen fungibel gemacht zu werden, dass Webbs an der Wiederherstellung heterosexueller Konstellationen anderer Familien andernorts mitarbeiten kann, wie in diesem Fall die der Gräfin Carok. Webbs' nach außen gerichteter Handlungsdrang, der auf seine weitere, komplexe und unüberschaubare Umgebung ausgerichtet ist, geht offenbar darin auf, dass er seine rationalen Techniken der Identifizierung exklusiv auf die zu lösenden Rätsel, auf die Geheimnisse mit noch unbestimmtem Inhalt richtet.

Jedoch zeugen die ersten Einstellungen mit ihren inhaltlichen Umständen sowie deren medialer Vermittlung gerade von zwei Tatsachen: Erstens, dass der Ort, wo die heterosexuellen Zwänge und ihre nicht-heterosexuellen Fluchten umso drastischer verhandelt und problematisiert werden, gerade die Familien sind, deren Fungibilität als Hort naturalisierter bürgerlicher heterosexueller Gemeinschaft von vorneherein erst gar nicht besteht. Zweitens, dass Webbs' Bezug zu den sich in der Vergangenheit und der Gegenwart abspielenden Geheimnissen und Heimlichkeiten weit über eine rein rationale Haltung hinausgeht.

Im speziellen Fall von *Die Toten erwachen* verweist nicht nur die zugleich stark rhetorisch betonte und thematisch eindeutig markierte inhaltliche Leere bezüglich der drei Grafen' Selbstmorde auf das *empty closet*. Dieses augenscheinliche Nicht/Wissen wird zugleich dadurch bekräftigt, dass es von der Gräfin völlig ignoriert wird. Der Grund, den sie bei Webbs' Beauftragung dafür angibt, warum der Tod ihres Gatten kein Selbstmord sein kann, erscheint dabei nur auf den ersten Blick als einfache Leugnung, wenn sie (vermittelt durch ein Insert) proklamiert: „Wenn auch beim Tode der letzten beiden Majoratsherrn Gründe gefunden wurden, die auf Selbstmord schließen ließen, - - bei meinem Manne war es völlig ausgeschlossen!" Sie gibt zu erkennen, dass es Wissen vom unaussprechlichen Geheimnis gibt, welches sie lediglich hinsichtlich der Ahnen für möglich hält. Auf ihren Mann kann dies keinesfalls zutreffend sein. Insofern geht ihre generische Funktion weit über die einer marginalen Figur hinaus, erstens weil darin die Initialzündung für den offiziellen Auftrag zu sehen ist und – was damit verknüpft ist – zweitens weil sie den qua Ignoranz ausgeübten heterosexuellen Zwang buchstäblich verkörpert (verkörpern muss?), an dem offenbar die männlichen Vertreter in Serie zerbrechen. Dass dieser Zwang ein durch die Öffentlichkeit herbeigeführter ist, kann man daran ablesen, dass die Gräfin, selbst wenn sie wollte, dass das Geheimnis ein Geheimnis bliebe, aufgrund der Zeitungsnachricht die Verbreitung der Information nicht kontrollieren kann. Die konsequente Leugnung bezüglich ihres Gatten deutet aber sogar darauf hin, dass das Geheimnis für sie keine Option eines Lebens ist, das für sie beide gut lebbar gewesen wäre, dass es sich um eine Un/Lebbarkeit handelte. Augenscheinlich besitzt diese Figur zugleich leider eine äußerst statische, geschlechterkonservative Funktion.

Ihr Bericht vom letzten Abend, an dem der vermeintliche Selbstmord erfolgte, soll dann auch als Beweis für dieses „völlig ausgeschlossen!" dienen. Der Bericht wird als Rückblende eingespielt. Er ist von ihrer Warte aus paradox angelegt, insofern gerade die Tatsache, dass kein Mensch ins Schreibzimmer zu ihrem Mann ging, beweisen soll, dass er sich nicht selbst tötete. In einer Totalen wird der Salon des Schlosses gezeigt, in den aus einem Türbogen im Bildhintergrund die Grafenfamilie tritt – Graf Hendrik (Hans Stock), die Gräfin sowie der Sohn –, geleitet vom Major Domus und einem ‚indischen Diener' (Fritz Richard) zur abendlichen Zerstreuung. Der Graf küsst seiner Gattin die Hand und erklärt per Insert: „Ich will noch schnell einen Brief schreiben!" Sein Sohn begleitet ihn gemeinsam mit dem indischen Diener zur Tür seines Schreibzimmers in der rechten Bildhälfte im Hintergrund, während die Gräfin in der linken Bildhälfte auf einem Canapé Platz nimmt. Im Anschluss betritt der Graf, gefolgt von seinem ‚indischen Diener', in einer weiten Einstellung das Schreibzimmer, wo er sich in der rechten Bildhälfte im Vordergrund an den Tisch setzt und zu schreiben beginnt. Währenddessen zündet der indische Diener an einem Tischchen in der linken Bildhälfte eine Kerze an, die er zum Schreibtisch trägt, wo er dem Grafen eine Zigarre anbietet, der diese an der Kerze entzündet.

Der Parallelschnitt zeigt die Gräfin im Salon, die sich mit dem Sohn beschäftigt, der von der Zofe zum Zubettgehen abgeholt wird. Nach einigen Sekunden tritt der ‚indische Diener' aus der Türe des Schreibzimmers und durch den Türbogen im Bildhintergrund ab. Die Gräfin verweilt einige Augenblicke beim Lesen, bis sie erschrocken blickt, aufspringt, schwankt und zur Schreibzimmertüre rennt, um diese abgeschlossen vorzufinden. Ihr Aufruhr lässt den herannahenden Major Domus alarmiert herbeispringen, dem sie gestisch von einem Schuss berichtet. Gemeinsam mit dem eingetroffenen Gesinde suchen sie offenbar nach einer geeigneten Person, um die Türe aufzubrechen. Die Gruppe geht durch den Türbogen ab, während die Gräfin allein im Salon bleibt. Kurz darauf kommen die Bediensteten zurück, unter ihnen ein starker junger Bursche, vermutlich ein Knecht, der sich zuerst, aber erfolglos an der Türe versucht. Sie rufen nach dem ‚indischen Diener', der durch seine imposante Erscheinung, die physische Stärke vermittelt, doch der aussichtsreichste Kandidat für das Unterfangen zu sein scheint. Mit vollem Körpereinsatz wirft er sich gegen die Türe, die sofort nachgibt, während die anderen ihn bejubeln. Die Menge dringt in das Schreibzimmer ein, wo sie nach einem Schnitt den Grafen leblos auf seinem Schreibtischsessel vorfindet. Mit dem Ohnmachtsanfall der Gräfin beim Anblick ihres toten Gatten endet der Rückblick.

Der Bericht besitzt eine eigene narrative Logik, indem er die Geschichte erzählt, wie der Graf tot aufgefunden wurde. Aber inhaltlich geht er darüber weit hinaus. Wir sehen nicht nur zunächst die intakte Familie, sondern auch das vergeschlechterte Verhalten der Figuren, das räumlich organisiert ist, und zwar durch eine strikte Trennung, welche eben gerade mit der Vergabe von Wissen verknüpft ist. Während nämlich die Gräfin im Salon wartet, um anschließend die einzige, auditive Information des Schusses und die einzige visuelle des leblosen Körpers ihres Gatten zu erhalten, werden wir als Zuschauer*innen Zeuge dessen, was sich im Schreibzimmer abspielt. Wir sehen jedoch gerade weder, dass sich der Graf allein im Schreibzimmer aufhielt, wie es die Gräfin wähnte, noch wie der Graf ermordet wird, sondern wie er mit seinem ‚indischen Diener' interagiert. Die Vermutung der Gräfin basiert selbstredend auf einer rassifizierten Ignoranz, die den ‚indischen Diener' als „niemand" einstuft. Gerade diese scheint jedoch auch

Teil der Quelle ihrer völligen Fehlleistung bezüglich der gesamten Situation der Geschlechterordnung und der Geschlechterbeziehungen in diesem Schloss zu sein.

Deutlich für die Filmzuschauer*innen erkennbar, ist der ‚indische Diener' dabei im gesamten Film zugleich überpräsent und unsichtbar sowie übercodiert und unterrepräsentiert. Als Figur, die beinahe in jeder Einstellung anwesend ist, den anderen Figuren wie ein Schatten folgt, ist er zunächst ganz klar als Residuum des Jahrmarkts, der Völkerschauen und des Kinos der Attraktionen ausgewiesen. Obwohl er sich im Hintergrund aufhält, ist er aufgrund seiner nicht-europäischen, prachtvoll schillernden Kleidung und seiner enormen Körpergröße als visuelles Objekt nicht zu übersehen, um nicht zu sagen, permanent betont. Narrativ und thematisch betrachtet, ist aber seine Funktion zunächst wenig greifbar, bis es zu dieser Szene kommt. Der Umstand, dass er seinen Herrn in das abgegrenzte Schreibzimmer begleitet, die Sorgfalt, mit der er ihn an den Tisch geleitet, die Kerze anzündet und dem Grafen die Zigarre darbietet, lässt keinen Zweifel darüber zu, dass die beiden eine enge und vertrauliche Beziehung zueinander haben, die sich der Sichtbarkeit und daher dem Wissen der Gräfin zumindest partiell entzieht. Auch wenn sie nicht ohne die Machtasymmetrie zwischen den beiden denkbar und daher als orientalistische Fantasie ausgewiesen ist, wird sie hier betont als privatisierte, empfindsame Beziehung dargestellt. Sie kann als Fantasie einer realen kolonialen und erotischen Konstellation verstanden werden, die die entsprechenden soziopolitischen und sexuellen Angebote an die Publikumsgruppen machen konnte. Die ambivalente Position des Dieners, die durch das mediale Element der Attraktion, kombiniert mit der rassifizierten Ignoranz konstituiert ist, setzt sich außerhalb des Zimmers fort, insofern er, sobald er das Zimmer verlassen hat, den Rest des Films über keine Sekunde als Verdächtiger gehandelt wird. Zugleich wird damit die spezifische Beziehung der beiden Figuren zueinander bestätigt, insofern sie in ihrer vollen Dimension, wie sie sich dem Filmpublikum präsentiert, für die diegetische Welt der anderen Figuren ein Geheimnis bleibt, nicht nur, indem sie sich visuell entzieht, sondern auch, indem sie verschoben legitimiert wird („Brief schreiben"). Nur ahnen und bewusst ignorieren können sie diese, wie im Fall der Gräfin. Es wäre aber an dieser Stelle völlig falsch sowie homophob, zu behaupten, damit sei der Inhalt des Geheimnisses preisgegeben, es handele sich hier um das Spektakel des Closets. Was im Zusammenhang mit der Nachricht und den Informationen über die Selbstmorde der Grafen deutlich wird, ist, dass die visuelle Berichterstattung weniger den Beweis erbringt, der den Ausspruch der Gräfin untermauern würde, als dass sie auf visueller Ebene eben jenes Geheimnis wiederholt. Die Visualisierung selbst bleibt dabei gerade unspezifisch. Es handelt sich in dem Maß um die visuelle Entsprechung des unaussprechlichen Geheimnisses, wie seine Betonung und Rahmung als Geheimnis durch Verschiebung andernorts bereits per Schrift stattgefunden hat. Als filmgenerisches Element findet es gerade darin eine erneute Betonung, dass es nicht zeigt, worüber es Zeugnis ablegen soll, aber dafür etwas anderes visualisiert, was hierdurch gerade nicht vereindeutigt wird: Wir sehen weder einen verbrecherischen noch einen sexuellen Übergriff – ganz im Kontrast beispielsweise zu in *Das Geschenk des Inders*, wir sehen aber eben auch kein *glass closet*.

Die visuelle Entsprechung dient sowohl stilistisch als auch thematisch insbesondere dazu, keineswegs als Beweis für die Position der Gräfin zu dienen, aber auch nicht als Beweis des Gegenteils mit Bezug auf das Wissen vom offenen Geheimnis, sprich sie minorisiert keine schwule Identität. Die visuelle Ebene führt eine andere Szene auf als diejenige, die dem heterosexuellen Zwang vollkommen entspricht, wobei sie verschiebt und dabei in die Opazität hebt, was hier gezeigt und wie dieses Gezeigte gelesen werden soll. In der Parallelmontage mit der Handlung der Gräfin im Salon verdeutlicht sie jedoch dessen Wirkmächtigkeit, insofern sie sich visuell, im Modus des Spiels und bezüglich der Wissensvergabe stark von der heterosexuellen Szene abgrenzt beziehungsweise abgrenzen muss, da sie einen Inhalt präsentiert, der weder in das binäre Schema von hetero- und homosexuell noch von ‚gleich' und ‚anders' passt. Wie auch immer die Beziehung der beiden Männer im Detail vollzogen wird, ihre Lebbarkeit ist zuallererst einmal augenscheinlich an für weibliche Figuren unzugängliche andere Räume, mit all ihren Zugängen, Abgängen und Gängen sowie dem Wissen davon geknüpft. Aber nicht nur visuell erzählt der Rückblick etwas, was sich der Zweckmäßigkeit der Intention der Gräfin entzieht. Zugleich eröffnet er auch weitere Pfade dafür, wie man die Ursache für den Tod des Grafen interpretieren kann, die ihre dementsprechende kinematografische, bildpolitische Entsprechung und Fortführung findet.

Deutlich wird hierbei somit, dass die eingangs erwähnte unendliche Vielfalt möglicher Ziele und Objekte von Webbs' Techniken des Rätsellösens recht spezifisch kanalisiert und in bestimmte Richtungen gelenkt wird, ohne jedoch inhaltlich expliziert zu werden. Diese gesetzten spezifizierenden Kontexte gilt es stets zu berücksichtigen, wenn man den weiteren Verlauf der Handlung und insbesondere Webbs' Verhalten darin betrachtet.

Webbs' paranoide Haltung vorausgesetzt, agiert er als Detektiv und Spürnase eben nicht nur im Dienste der Mordaufklärung und Verbrecheridentifizierung, sondern er spürt auch den Geheimnissen nach, die sich zwischen Menschen abspielen. Deren wesentliches Merkmal besteht darin, dass sie heimlich vor sich gehen, sprich, dass sie sich nicht nur jenseits normierten Verhaltens abspielen, sondern jenseits der Sichtbarkeit, innerhalb derer diese Verhaltensnormen toleriert werden. Es handelt sich somit um Konstellationen, die den normierten Vorstellungen, insbesondere von ökonomischen, aber auch von sexuellen Beziehungen beziehungsweise allgemein von anderen Arten von Beziehungen und Identitäten nicht entsprechen und sich deshalb dem Licht (der Erkenntnis) entziehen. Sie befinden sich epistemologisch im Bereich der Ignoranz, während sie in raumzeitlicher Hinsicht genau auf der Grenze des Nicht/Wissens liegen. Insofern lohnt es sich, die Relationen der Instanz des unbeteiligten, unverkörperten Wissens, der empfindsamen Verkörperung und der Objekte, wie sie insbesondere raumzeitlich als Nicht/Wissen sowie Un/sichtbarkeiten strukturiert sind, genauer in der Horizontlinie ihrer medialen Bedingungen zu betrachten.

Laut Sedgwick geht das unverkörperte, rational abstrakte Wissen grundsätzlich aus der wechselseitig konstitutiven, dabei komplexen Beziehung zur empfindsamen, sichtbaren Verkörperung hervor, in dem Maße, wie es das andere mit

Bezug zu sich selbst verschiedentlich leugnet und sich selbst aller Sichtbarkeit zu entziehen sucht, während es die spezifischen Verkörperungen spektakularisiert.[157]

In den *Stuart Webbs*-Filmen scheint die Haltung des unbeteiligten rationalen unverkörperten Wissens, laut traditioneller Literatur, sich ästhetisch so niedergeschlagen zu haben, dass sie eine Subjektposition generiert, auf der Technik einmal bewusst verwendet und eingesetzt wird, nicht nur, um Gegner*innen zu manipulieren, sondern auch, um Wissen (über sie) zu generieren sowie um durch dieses erlangte rationale Wissen die Technik besser beherrschen (und bestensfalls ablegen) zu können. Lässt man jedoch einmal die Möglichkeit zu, dass mit den Residuen der paranoiden Struktur ein spezifisches, schwules Geheimnis angezeigt sein könnte, wie es durch die rhetorischen Marker ja bereits gesetzt ist, kann man den Momenten in den Filmen folgen, in denen Wissen und empfindsame Verkörperung zugleich spezifisch raumzeitlich situiertes, spezifisches Wissen und spezifische Verkörperungen, hergestellt mit unterschiedlichen medialen Mitteln, bedeuten.

Auch wenn Webbs zunächst einmal im Verhältnis zum Geheimnis um des Grafen Selbstmord als Verkörperung des rationalen Prinzips im Dienste der Aufklärung auftritt, so eröffnet die weitere, sich verzweigende Struktur des Films, die das Geheimnis umgibt, die damit verbundenen Figuren und ihre Beziehungen untereinander sowie insbesondere die hier entfaltete raumzeitliche Konfiguration ein visuelles Spektakel, das modern ist in dem Maß, wie die Grenze zwischen technischem, rationalem, empfindsamen und erotischen Nicht/Wissen und technischer, rationaler, empfindsamer und erotischer Un/Verkörperung stetig unterlaufen und neu abgesteckt wird.

Dieses *setting*, aber auch diese thematischen und epistemologischen Bedingungen, findet Webbs bereits vor, wenn er mit der Gräfin nach Schloss Carok reist, um sich ein genaueres Bild der Umstände machen zu können. Von denen wiederum erhofft sich die Gräfin, sie mögen tatsächlich auf einen Mord hindeuten. In jedem Fall ist die Reise nach Dänemark zu Schloss Carok eine Verlagerung des Schauplatzes aus Webbs' angestammtem urbanen Umfeld auf das Land beziehungsweise in die Provinz. Die filmgeschichtliche Literatur sieht darin zumeist eine Reminiszenz an die zeithistorischen gesellschaftlichen Umstände, die den Wilhelminischen Charakter dieser Filme bezeugen soll. Auch wenn ich das nicht bestreiten möchte, so denke ich doch, dass die Repräsentation des Schlosses nicht nur als konservative Strategie der Restauration zu werten ist. Es bedarf eines detaillierteren Blicks auf die Wiederaufnahme insbesondere generischer und thematischer Elemente der literarischen Vorläufer. Wie ich bereits erwähnte, gliche eine Aburteilung der *mise-en-scène* als altmodischem, unmodernem Dekor einer einfachen Reproduktion des Binarismus Technikphobie – Technikphilie in Analogie zu jenem von ‚unmodern' – ‚modern' im Geiste eines Fortschrittsnarrativs, in dem ‚alt' und ‚neu' eindeutig differieren. Geht man jedoch von einer grundsätzlichen, nach wie vor wirksamen Verschränkung aus, kann man erkennen, dass die Ausstattung nur bedingt die Funktion reinen Dekors einnimmt. Insbesondere das

---

[157]Vgl. hierzu erneut Sedgwick 1990, bes. S. 117 ff.

Labyrinth der Geheimgänge, die Gruft, die Schatzkammer sowie die versteckten und geheimen Ausgänge, die Geheimtüren, die man mit technischem Know How bedienen kann, all dies sind bekannte Elemente, die eben nicht als altmodischer funktionsloser Tand abgetan werden können, sondern in *Die Toten erwachen* eine zentrale funktionale Bedeutung bezüglich des Geheimnisses und der Produktion von Nicht/Wissen und Erkenntnis/Ignoranz um des Grafen Tod besitzen.

Es ist deshalb kein Zufall, dass Webbs, sobald er auf Schloss Carok eintrifft, nicht die Untersuchung und Befragung der dort lebenden Individuen betreibt, sondern das Auskundschaften des Gebäudes. Nur auf den ersten Blick scheint dabei das Schloss mitsamt seinem Unterbau eine altertümliche Einrichtung zu sein. In Anbetracht der vielen verschlungenen Möglichkeiten, wie man dieses Gebäude unbesehen betreten und verlassen kann, würde ich sogar behaupten, es verkörpert zum einen in Stein gerade jene diffuse, labyrinthartige Lebenswelt, die Gunning mit der urbanen Moderne assoziiert. Das Gangsystem ist so weitläufig und verschlungen, die Wege so lang, dass die Ausgänge zum Teil schon nicht mehr auf dem Schlossgelände zu liegen, sondern sich in der weiteren Umgebung zu verlieren scheinen, wie die Spuren eines Verbrechens selbst. Es bildet in Stein quasi die Vielfalt an Möglichkeiten von Wegen und Zielen. In seiner Unübersichtlichkeit lässt sich dieses labyrinthartig verzweigte Gangsystem, welches das Schloss nicht nur einfach unterhöhlt, sondern sich weit über dessen Grundrisse unüberschaubar ausbreitet und im Halbdunkel liegt, auch als Ort auf der Grenze der gesicherten Rationalität, der Evidenz und natürlich auch der Kontakte der Menschen zueinander interpretieren.

In dem Maß, wie Webbs durch die stockfinsteren Gänge wandelt, die er mit einer Fackel zu erhellen sucht, stellt die visuelle Szenerie den Symbolgehalt zur Verfügung, der der These von der Verkörperung des rationalen aufklärerischen Prinzips durch Webbs zunächst voll Rechnung trägt. Zugleich jedoch kann man diese Szenerie als Hinweis auf Webbs' paranoide Haltung interpretieren, die ihn dazu bringt, sich dort aufzuhalten, wo sich Dinge abspielen, die im Lichte des Tages und der Wahrheit nicht ausgesprochen werden dürfen. An diesem Ort wird deutlich, dass er schon immer bereits in die Dinge jenseits der Sichtbarkeit mit allen seinen Sinnen und seinem Körper involviert ist. Da sie durch den gesetzten rhetorischen Rahmen um das Geheimnis der Grafentode sowie durch die Szene im Schreibzimmer markiert sind, entspricht die Auskundschaftung des Tunnelsystems der Zuwendung zu bestimmten Inhalten des Geheimnisses. Nicht die Inhalte selbst werden hier aber explizit visualisiert, wird das geleugnete Objekt der Dunkelheit, wird das gezeigt, von dem man weiß, weil man es nicht aussprechen darf und deshalb zugleich nicht kennt. Vielmehr kommt an diesem Ort in seiner Darstellung des Halbdunkels das sich gewusst der Sichtbarkeit Entziehende selbst zur Anschauung.

Von zentraler Bedeutung ist unter den Elementen der Ausstattung mit direktem Bezug zum vermeintlichen Selbstmord des Grafen das Steinrelief an der linken Rückwand im Schreibzimmer, welches zugleich wie das Tor zu einem Treppenabgang gehandhabt werden und als (eine mögliche) Schnittstelle zwischen dem offiziellen und dem nichtoffiziellen Teil des Schlosses betrachtet werden kann.

2.5 Die mediale Verfolgung der ‚eigenen' Wahrheit ...

Es verkörpert in Stein, was sich in dem Schreibzimmer (nicht nur) zum Zeitpunkt des Todes des Grafen Carok (nicht) zugetragen haben kann. Der von Webbs erkundete Mechanismus dieser Luke dynamisiert daher die strikte Trennung der Räume und der damit verbundenen Wissenspositionen. Einerseits scheint sie der Annahme, der Behauptung (oder dem Wunsch) der Gräfin, ihr Mann könne sich keineswegs selbst umgebracht haben, Rechnung zu tragen (die Türe ist auf oder zu). Die Gräfin hätte, in der Annahme von etwas anderem (dass kein anderer das Zimmer betreten haben kann), möglicherweise wirklich etwas Richtiges gewusst (die Türe war auf oder zu). Das von den familial codierten Räumen im oberen Bereich des Schlosses vermeintlich klar abgegrenzte Schreibzimmer, von dessen Innenleben sie nichts weiß, scheint durchlässig für alle möglichen Ab- und Auftritte von Objekten und/oder Personen gewesen zu sein, wovon sie offenbar ebenfalls keine Ahnung hat und deren Identität sie nicht kennt (die Türe regelt durch Öffnen und Schließen den Zugang beziehungsweise die Zu- und Abgänge). Aus ihrer Perspektive verdoppelt sich damit die Struktur des Geheimnisses, obwohl der Tatbestand der Luke es zugleich denkbarer macht, dass der Graf zum Zeitpunkt seines Todes nicht allein im Schreibzimmer war. Zu diesem Zeitpunkt im Film lässt sich daraus zunächst jedoch keine Erkenntnis weder über die Identität dieser Person noch darüber gewinnen, wer der Täter sein könnte.

Die im Haus bestehende Trennung von öffentlicher, familialer Sphäre und privater, partikularer männlicher Sphäre wird also durch die technisch eingerichtete Luke verstärkt, während sie durch deren Durchlässigkeit zugleich unterminiert wird und zwar, wie das Gangsystem zeigt, in steinbruchartigem Ausmaß. Die Tatsache der Unüberschaubarkeit der Unterhöhlung des Schlosses wirkt grundlegend destabilisierend auf die im Haus bestehende räumliche Ordnung, die eben auch eine Wissensordnung und eine (stabile) Geschlechterordnung bildet, zurück, sodass man sich fragen kann, wo in dieser Sphäre überhaupt noch klar zwischen ‚privat' und ‚öffentlich' in der Verknüpfung mit familiär und geschlechterspezifisch getrennt werden kann. Die gesamte räumliche Anordnung multipliziert daher die Möglichkeit, buchstäblich Licht ins Dunkel zu bringen, entsprechend jener Vielfalt an Möglichkeiten, wer potenzielles Ziel und Objekt der Untersuchung sein könnte. Diese Vervielfältigung und gleichzeitige Veruneindeutigung geht aber eben gerade nicht vollständig in der filmgenerischen Struktur der Verbrechensaufklärung auf, die eine einfache Opposition von Täter und Detektiv, gespiegelt in der klaren Trennung von Hell und Dunkel, Oben und Unten voraussetzen würde. Im Gegenteil muss man die Pfade, die Webbs' Willen zum Wissen, verknüpft mit dem Lustwissen, entsprechen, genauer verfolgen, um nachzuvollziehen, an welchen Stellen sich das rationale Prinzip auf spezifische Weise verkörpert, wo er also als männliches und auch als empfindsames Subjekt agiert. Dann lässt sich eine doppelte Bewegung ausmachen, einmal die scheinbare Erfassung des Täters, die mittels rationaler, spezieller medialer Techniken herbeigeführt wird, und die Entdeckung eines Objekts der Zuneigung, des Begehrens, welches ebenfalls medial konstituiert ist.

Die filmgenerische Struktur, ein Verbrechen aufzuklären, bedingt in *Die Toten erwachen Webbs,* dass Webbs bei seinen Erkundungen auf dem Gelände und im

Haus von einer Gestalt verfolgt wird, deren Identität unkenntlich gemacht ist. Eine Art Widersacher, der aber nicht antagonistisch wirkt. Während Webbs das Haus auskundschaftet, wird deutlich, dass er von dieser anonymen Figur verfolgt wird, die nicht vor einem Mordversuch an ihm zurückschreckt. Die Aktivität der Figur, Webbs auszuspäen, muss sie selbstredend nicht zwangsläufig als den Mörder des Grafen Carok ausweisen. Sie fühlt sich aber augenscheinlich durch Webbs' wachsendes Wissen vom Geheimlabyrinth der Gänge unter dem Schloss bedroht und in ihrer Mobilität eingeschränkt. Der Struktur nach versucht sich diese Figur somit Wissen darüber anzueignen, was Webbs über das Geheimnis des Mordes weiß: Die Strategie des Detektivs verkehrt sich mit denselben Mitteln gegen ihn. Allerdings erfolgt dies hier gemäß des Prinzips der raumzeitlichen Materialisierung/Verkörperung des Wissens nicht dadurch, dass Webbs' Wissen über den Mordhergang wächst, sondern über die Topologie des Raums. Als moderner, furchtloser Detektiv quittiert Webbs den missglückten Mordanschlag auf ihn mit einem überlegenen Lachen und dem lässigen Anstecken einer Zigarette: Augenscheinlich stellt der ‚Antagonist' in dem Maße keine ernsthafte Gefahr für sein Leben dar, wie er für die Struktur der Narration nicht ausschlaggebend ist.

Dass Webbs nach Erkundung des Geländes und dem Sammeln von Informationen seinen Plan umsetzt, dem Täter schlussendlich eine Falle zu stellen, ist ebenfalls als filmgenerisches Element zu interpretieren, einen Mörder, eine Mörderin zu überführen, meist, indem er oder sie sich selbst anschwärzt. Strukturell betrachtet, wird hierdurch die Situation völliger Unüberschaubarkeit, unendlich möglicher Pfade und „Täter*innen" reguliert und kontrolliert. Webbs findet den vermeintlichen Täter, die vermeintliche Täterin letztlich nicht, indem er ihn/sie per Indizien überführt. Er lockt ihn oder sie mit einem Köder in eine Falle. Hierbei handelt es sich um die filmspezifische Lösung einerseits für ein real gegebenes Problem (diffuse, unanschauliche Komplexität der Wirklichkeit) und den Umgang mit der paranoiden, dabei entleerten Struktur als Effekt des scheinbar unverkörperten rationalen Wissens, die sich in *Die Toten erwachen* wild geteilt und dabei multipliziert hat und in ihrer Unübersichtlichkeit und Unbestimmtheit viele Pfade nehmen kann. Deshalb scheint der Fang als Regulierungsstrategie herbeigebrochen und eben gerade nicht das Ergebnis einer konstanten kohärenten Kette logischer Induktionen zu sein. Zugleich wird das Stellen der Falle als Strategie aber auch genau zu dem genutzt, was Schlüpmann und Gunning als inhaltlich-thematische Umsetzung der Struktur der Narration benennen, Technik und deren Einsatz insbesondere zur Täuschung und Überwältigung des Gegners, der Gegnerin zu verwenden. Dabei wird deutlich, dass der Täter, die Täterin hier Produkt und deshalb auch Konstrukt der zudem (wieder-)aufgeführten inszenierten Verfahren des objektiven Wissens, der rationalen Überlegungen und der modernen Techniken ist. Die Frage ist nun, wer wie auf welche Weise durch diese Inszenierung getäuscht werden soll beziehungsweise kann, sprich wo die Grenze zwischen Technikphilie – Technikphobie sowie zwischen Trug/Schein und Wahrheit verläuft.

In *Die Toten erwachen* werden zwei Szenen generiert, in denen sich diese Fragen strukturell und inhaltlich-thematisch verdichten, indem sie diese Binarismen

2.5 Die mediale Verfolgung der ‚eigenen' Wahrheit …

mit dem raumzeitlich situierten Nicht/Wissen verknüpfen. Während die eine prominent am Ende des Films platziert ist, findet die andere mittendrin und dabei gänzlich außerhalb der Logik des Verbrechens statt. Einerseits scheint sie hierdurch mit Bezug zum Mord am Grafen im Besonderen und zum Geheimnis um die weiteren Tode der Grafen im Allgemeinen völlig entlastet zu sein. Andererseits sticht sie gerade deshalb in ihrer narrativen Nicht/Funktionalität umso mehr hervor und wird deshalb betont. Da sie aber keinerlei Erkenntnisgewinn mit Bezug zum Verbrechen besitzt, muss der Inhalt dessen, was sie zeigt, woanders liegen. Anders formuliert, gerade in ihrer betonten Sichtbarkeit bleibt sie in der Logik rationaler Wahrheitsfindung opak. Webbs' Verwendung technischer Mittel, inklusive Verkleidung, befördern hier buchstäblich nichts zutage, was auf den Bruch mit diesem Schein (der Technik und der Medien) hindeutet, um zur ‚reinen' Wahrheit vorzudringen. Dafür werden seine Handlungen in einem gänzlich anderen Sinne sinnhaft, weil sie beginnen, als Inszenierung rationaler Techniken nicht Trug und Schein des Verbrechens durchdringen und ausstellen zu wollen, sondern vielmehr als technische Mittel, Wissen und Empfindsamkeit zugleich raumzeitlich situiert zu verkörpern/materialisieren und dabei den Schein des Un/Bestimmten und Nicht/Natürlichen zu bestätigen, der an das spezifische Geheimnis geknüpft ist.

Ich möchte im Folgenden die verschiedenen Verläufe von Webbs' Unternehmungen mit Bezug zu diesen beiden Zielobjekten erläutern, deren ‚Auflösung' in diesen Szenen kulminiert.

Bei seinem Eintreffen auf Schloß Carok wird Webbs von einem alten Vertrauten der Familie, Notar Nielson, empfangen, der offenbar mit der Regelung der Erbschaftsangelegenheiten von der Familie betraut wurde. Nielson wird eingangs als seriöse, durch seinen Beruf zudem als rational denkende und handelnde Figur eingeführt. Diesen befragt Webbs in Anwesenheit der Gräfin, ob er sich vorstellen könne, dass der Graf Feinde gehabt habe oder ob jemand einen Vorteil aus dessen Ableben hätte erzielen können. Nielson antwortet per Insert: „Nein! … denn die Stiftungsakte des gräflichen Majorats bestimmt, daß im Falle des Aussterbens der Familie alle Liegenschaften verkauft werden und der Erlös unter die Armen des Landes verteilt wird!" Nielson deutet damit an, dass es offenbar sinnlos gewesen wäre, den Grafen oder sogar irgendeinen der Grafen aus Geldgier zu töten. Allerdings multiplizieren sich dadurch die Motive für einen Mord, wie sie sich zugleich im Lichte der eingangs erwähnten Merkwürdigkeiten bezüglich der Selbstmorde sowie folglich des gezeigten Verhältnisses des Grafen zu seinem indischen Diener spezifizieren. Man kann sich Eifersucht ebenso vorstellen wie homophoben Hass, aber genauso gut Selbstmord aus Verzweiflung, möglicherweise wegen Erpressung beziehungsweise Angst vor erzwungener Enthüllung. Es erscheint dabei wahrscheinlich, dass Nielson mit dem Fall nichts zu tun hat. Ebenso könnte er aber auch darin verwickelt sein. Mit der deutlichen Verneinung vernichtet er zwar den offensichtlichen, vielleicht auch konventionellsten Grund; mit der Verneinung wirft er aber zugleich andere Gründe auf, die ihn eines Wissens verdächtig machen, das über einen rationalen Bezug zum Grafen hinausgeht.

Es stellt sich heraus, dass Nielson die vermummte Gestalt ist, die Webbs ausspionieren und zu ermorden versuchte. Eindeutig wird dies aber bis zuletzt nicht, da er stets in Verkleidung unterwegs ist. Die Gewissheit über seine Identität stellt sich, als Auflösung des Rätsels quasi, erst am Ende des Films dadurch ein, dass er derjenige ist, der Webbs schlussendlich in die Falle geht. Gemäß der Auslegung bei Gunning, macht ihn allein die Enthüllung und damit Identifizierbarkeit als Person zum, aus ihm den Täter, nicht die Rekonstruktion der Tat.

Diese vermeintlich logisch-rational herbeigeführte Erfassung und Überführung des Mörders ist von Webbs als großes Spektakel inszeniert. Hierfür lässt er den Sohn aus der Schusslinie der kommenden Ereignisse zur Schwester der Haushälterin des Grafen in die Stadt bringen. Und er lässt sogar die Gräfin dafür sterben. Der eingeweihte Arzt, Dr. Brandes, verabreicht ihr zu diesem Zweck ein Mittel, durch das sie den vorübergehenden Zustand des Scheintodes erreicht. Zuvor lässt er sie ein Testament unterzeichnen, welches über den Notar in den wichtigsten Tageszeitungen veröffentlicht wird. Dessen Inhalt besagt, dass der Gräfin im Todesfall ein silbernes Kästchen in den Sarg beigelegt werden soll. In diesem ist die Adresse ihres Sohnes verwahrt. Es soll mit der Volljährigkeit des Sohnes geöffnet werden, damit er sein rechtmäßiges Erbe antreten kann. Alle Vorgänge, so der Inhalt des Testaments weiter, seien von Nielson und einem weiteren Notar, Peter Lundstad aus Kopenhagen, notariell beglaubigt worden. Diesen besagten Peter Lundstad, wir ahnen es schon, einen Greis, der am Stock geht, gibt Webbs bei der Beerdigung der Gräfin selbst.

Wie von ihm vorhergesagt, erbricht die vermummte Gestalt einige Tage nach der Beisetzung den in der Familiengruft befindlichen Sarg und entwendet das Kästchen. Webbs verfolgt die Gestalt bis zu einem Raum in einem Haus, wo sie das Kästchen, beobachtet von Webbs durch ein sternförmiges Guckloch, in einem Safe hinterlegt. Als die Gestalt den Raum verlassen hat, öffnet Webbs den Safe, in dem er die Urkunde eines vor Gustav Adolf geflohenen Ahnen findet. Dieser notierte darin den Ort der Schatzverwahrung sowie den geheimen Zugang dazu, der durch einen Mechanismus geöffnet werden kann, welcher in einer in der Eingangshalle des Schlosses auf einem Sockel befindlichen Statue ausgelöst wird. Nach Kenntnisnahme legt Webbs das Dokument in den Safe zurück. Anstatt also der Wahrheit über Tat und Täter*in näherzukommen, ergründet Webbs das nächste Geheimnis, den Schatz des Grafen nämlich.

In der darauf folgenden Szene führt er in der Verkleidung von Peter Lundstad mit Nielson in einer Parallelmontage ein Telefonat, worin er ihn ins Schloss bittet. Webbs weist ihn per Insert darauf hin, dass er „durch Zufall hier ein unterirdisches Gewölbe entdeckt" habe, „das ich gerne in Ihrer Gegenwart besichtigen möchte." Er stellt ihm damit, inhaltlich betrachtet, in Aussicht, den Schatz zu heben. Strukturell betrachtet, lädt er ihn an den Ort eines weiteren Geheimnisses ein. Nielson erscheint umgehend im Schloss, wo er, bereits sichtlich nervös, Webbs, der sich in Begleitung des ‚indischen Dieners' befindet, beim Öffnen der Schatzkammertüre beiwohnt. Während sie zu dritt in die Kammer steigen, gerät Nielson in Panik und versucht zu fliehen. Der hinter ihm gehende ‚indische Diener' schüchtert ihn jedoch mit Grimassen und Drohgebärden so sehr ein, dass Nielson von der Flucht rasch absieht.

In der Schatzkammer angelangt, verändern sich angesichts des Schatzes abrupt Nielsons Gesichtsausdruck sowie Körperhaltung. Beides erzeugt eine Mischung

2.5 Die mediale Verfolgung der ‚eigenen' Wahrheit ...

aus Erstaunen, Gier und purer Freude. Nichts vom seriösen rationalen Menschen ist zu diesem Zeitpunkt mehr von ihm übrig. Dabei sind seine Regungen offenbar ambivalent, denn in Freude und Gier fließt Angst und möglicherweise auch Schuld oder Scham ein. Worin die genaue Ursache dafür zu sehen ist, lässt sich allerdings ebenso wenig eindeutig sagen, wie eben auch nicht absolut sicher ist, dass er tatsächlich mit der vermummten Gestalt identisch oder der wahre Täter ist. Überhaupt bleibt Nielsons Motivation, Webbs' Appell Folge zu leisten, in seiner Bedeutung rätselhaft. Sein Verhalten ist von etwas Unbestimmtem bedingt. Seine Handlung wird jedoch besser interpretierbar, wenn man den Kontext der paranoiden Struktur berücksichtigt, die in *Die Toten erwachen* entleert und generisch geworden ist. Hier erleben wir den Effekt der Wiederkehr eines ihrer residualen Partikel. In dem Augenblick, in dem Nielson augenscheinlich aus der Position des Rationalen und Seriösen herausfällt, destabilisiert sich seine männliche Identität, insofern er über die Inszenierung seiner selbst als rationales Subjekt die Kontrolle verliert und sich buchstäblich mit allen Sinnen in die Anschauung des Schatzes versenkt. Rationales Wissen und empfindsame Verkörperung fallen hier ineins, wobei sie in Nielsons Fall eine ambigue Mischung erzeugen, die nicht eindeutig lesbar ist.

Mit dem sichtlich zunehmenden Verlust seines rationalen Vermögens schwindet augenscheinlich Nielsons Realitätssinn. Angesichts des Schatzes ist er wortwörtlich nicht mehr bei Sinnen. In diesem Gemüts- beziehungsweise Sinneszustands wird er von der Erscheinung der Gräfin, die im Bildhintergrund in weißem langem Gewand im Profil, von vorn angestrahlt, wie ein Gespenst dasteht, völlig überwältigt. Schlimmer noch, er hält sie tatsächlich für einen ‚echten' Geist. Als Zuschauer*innen besitzen wir den Wissensvorsprung, dass es sich um eine Inszenierung handelt. Gleichzeitig sehen wir auch, dass es sich keineswegs um einen Filmtrick (Doppelbelichtung beispielsweise), sondern vielmehr um einen innerdiegetischen Trick handelt, den die anderen Filmfiguren anwenden, um Nielson zu verwirren. Diese besitzen deshalb das Wissen davon, dass es sich um einen Trick, also um puren Schein handelt, während dem guten Nielson die Fähigkeit bereits abhandengekommen ist, Trick/Schein und Realität/Sein auseinanderzuhalten.

Der Trick ist einmal als mediale Referenz auf Robertsons in Rauchwolken projizierte Gespensterfiguren interpretierbar und wird zudem als altmodischer Trick im Film selbst ausgewiesen, insofern er es nicht einmal wert ist, technisch reproduziert zu werden, sondern lediglich auf theatrale Weise. Hierdurch beweisen Webbs und seine Helfer ihre moderne Medienkompetenz, auf deren Klaviatur sie elegant spielen und den Trick zudem für ihre Zwecke instrumentalisieren können. Insofern bilden sie nicht nur die Gruppe der Wissenden, sondern nehmen jene, von Gunning und Schlüpmann beschriebene Haltung ein, Medien und Technik instrumentell kontrollieren zu können. Sie kennen die Differenz zwischen Schein und Wahrheit, zwischen Trug und Realität und können auch deren Grenze klar in den Blick nehmen.

Im Gegenzug bedingt Nielsons sinnen- und verstandeserodierter Zustand, dass er den altmodischen Trick nicht erkennen und deshalb nicht durchschauen kann, sondern ihn für die Wahrheit/Realität hält. Er nimmt daher genau jene Haltung ein, die von Schlüpmann und Gunning bezeichnet werden, wenn es um die binäre Aufteilung von Technikphilie – Technikphobie sowie Wahrheit/Realität – Trug/Schein geht, nur mit umgekehrten Vorzeichen: in der Figur, die die Differenz nicht bemerkt, konvergieren Schein und Realität und Technikphobie und Trug. Auf dieser Position des Verkennens der Realität nicht als Effekt moderner Techniken, sondern als Kompetenz, diese auseinanderhalten zu können, rückt er daher in die thematische Nähe von Irresein und Krankheit. Entsprechend erweist sich Nielson mit seiner Medieninkompetenz nicht als unmodern, sondern anachronistisch im Sinne eines residualen Rests der paranoiden Struktur der *homosexual panic*. Auch wenn wir nie absolute Sicherheit darüber erhalten, ob er der wahre Mörder des Grafen ist, muss man deshalb seine Beziehung zu ihm strukturell erklären.

Nielson kannte das geheime Tunnelsystem des Schlosses wie seine Westentasche, er besaß auch schon lange Kenntnis über den Sitz der Schatzkammer. Obwohl er somit immer die Chance gehabt hätte, sich die gesamten gelagerten Reichtümer anzueignen und damit auch aus dem Staub zu machen, kommt er offenbar notorisch, um nicht zu sagen manisch immer zu dieser Schatzkammer zurück. Die gesamte Fliehkraft dieser zirkulierenden Bewegung kann daher nicht allein an der Materie des Schatzes festgemacht werden, sondern muss sich darauf beziehen, woraus diese Schätze aus seiner Sicht offenbar ihren ideellen Wert beziehen. Selbst wenn nicht sicher ist, dass Nielson den Grafen tatsächlich tötete und aus welchen Gründen, so kann man doch sagen, dass diese Beziehung genau in der Petrifizierung – als Preziose aus Stein – ihre generische Entleerung findet. Anders herum geblickt, erhält der Schatz nicht im Sinne seines materiellen Objektwerts, sondern als Objekt, an dem sich Nielsons Emotionalität, Empfindsamkeit, Begehren und zugleich Wahnsinn und Irresein entzündet, seine Valenz, die für den Besitzer ein-steht. Aufgrund der strukturellen Gegebenheit der manischen Wiederholung, kann eine Auflösung nicht zum Ziel reiner Erkenntnisse führen, sondern muss in der doppelten Enthüllung der destabilisierenden Identität Nielsons als manischer Wahnsinniger, der Schein und Sein nicht voneinander unterscheiden kann, münden, welcher einem medienreflexiven Subjekt nicht antagonistisch, sondern anachronistisch zugeordnet wird. In dieser inszenierten Choreografie nimmt Webbs dagegen die doppelte Rolle des Maskierten (als Notar Lundstad sowie als Gespensterprojektion) ein, der für alle Beteiligten – inklusive der Zuschauer*innen – nicht nur eine Rolle beziehungsweise zwei Rollen spielt. Vielmehr gibt er auch den Regisseur und Bühnenmeister dieser ganz im Zeichen der Anwendung und vor allem Zurschaustellung moderner Techniken stehenden Aufführungen, mit denen man Personen buchstäblich hinters Licht führen kann, sofern man ihre Anwendung beherrscht. Hier führt die Modernität der Mittel, wie Schlüpmann meint, zur Restituierung rational-kontrollierender männlicher Subjektivität in der Figur von Webbs, die derjenigen Nielsons als destabilisierter, emotionaler und anachronistischer entgegengesetzt ist.

Demgegenüber steht die gänzlich anders und dabei äußerst medienreflexiv inszenierte Szene, in der die Verkleidung ebenfalls eine zentrale Rolle einnimmt, deren Mittel und Zweck jedoch eine völlig andere Ausrichtung erfahren. Diese findet

2.5 Die mediale Verfolgung der ‚eigenen' Wahrheit ...

nach Beginn der zweiten Hälfte des Films statt. Sie ist narrativ nicht eindeutig erschließbar, auch wenn man sagen kann, dass ihre Funktion sich im weitesten Sinne mit Webbs' Einsatz von Kontroll- und Überwachungstechniken bezüglich der sich auf dem Schloss befindlichen Personen legitimieren lässt. Erwähnenswert ist, dass sie in einem gesonderten Raum stattfindet, dessen Funktion im Schloss nicht näher definierbar ist.

Wir sehen Webbs dort zunächst in einer halbtotalen Einstellung an einem Tisch, schräg, Richtung Kamera sitzend, wo er sich einen falschen Bart anklebt. Offenbar ist er dabei, sich in den ‚indischen Diener' zu verwandeln. Sinn und Zweck dieser Verwandlung soll vermutlich sein, dass er sich unbemerkt auf dem Gelände umsehen kann. Der ‚indische Diener' steht in der Bildmitte schräg hinter ihm und beobachtet ihn bei seinen Verrichtungen. Er schaut ihm zu, amüsiert zunächst, dann macht er einen erkennenden Gesichtsausdruck, worin sich aber eine doppelte Erkenntnis spiegelt. Nicht nur versteht er offenbar genau Sinn und Zweck der Verkleidung, sondern er beglaubigt ihren Grad der Perfektion, die Kopie des Originals, für die er das lebende Vorbild abgibt. Man könnte jetzt schon sagen, er prüft, wie gut er durch einen anderen selbst geworden ist. Hier verkehrt sich eindeutig, wenn auch nur temporär das Machtverhältnis, insofern der ‚indische Diener', sofern er hier Erkenntnis- und Urteilsvermögen einsetzt, definitiv nicht nur zu einer für die filmische Narration konstitutiven Figur, sondern auch zum erkenntnisgewinnenden Subjekt werden kann, temporär gelöst aus dem doppelten Objektstatus, orientalistische Attraktion und koloniales Objekt sein zu müssen. Zudem könnte man zu diesem Zeitpunkt noch von einem mimetischen Verfahren seitens Webbs' sprechen, insofern er durch das Werden eines anderen sich dessen Identität aneignet. Zwischenzeitlich steht Webbs auf, geht zum indischen Diener, beide stehen sich – etwa mit gleicher Statur und gleicher Körpergröße ausgestattet – gegenüber, wobei Webbs dem ‚indischen Diener' Anweisungen gibt. Dieser verlässt daraufhin durch eine Tür im Bildhintergrund den Raum, um mit einem Stapel Gewänder zurückzukommen. Diesen Stapel golddurchwirkter, sorgfältig zusammengelegter Gewänder übergibt er Webbs, der sie sich daraufhin mit dessen Hilfe anlegt. Die Gewänder können nur aus den Besitztümern des ‚indischen Dieners' stammen, da er der einzige ist, der diese Gewänder trägt. Die Geste des Übergebens hat dabei nichts von der Ausübung eines Befehls, sondern sie besitzt eher den Charakter eines Geschenks, einer Gabe. Zumal sie durch die Art, wie sie stattfindet, die Hingabe, mit der die Überreichung und das Ankleiden (s. Abb. 2.8) erfolgen, exakt die Beziehung zum Grafen Carok wieder aufführt.

Der ‚indische Diener' übergibt mit seinem vollen Einverständnis, mit Lust an der Teilhabe und dem vollen Wissen über Intention und Zweck der gesamten Operation an Webbs einen Teil seiner Identität. Bereits zu diesem Zeitpunkt wird deutlich, dass es sich eben um keinen einbahnigen mimetischen Vorgang handelt, sondern die Mimesis wechselseitig stattfindet. Beide Identitäten, die eindeutig in ihrer Form und Funktion zwar ähnlich, aber auch in ihrer visuellen Anschauung von einander geschieden waren, gehen ineinander über. In dem Augenblick, in dem beide Männer visuell so gut wie nicht mehr voneinander zu differenzieren sind, stellen sie sich vor einen großen Spiegel, der in der linken hinteren Bildhälfte

Abb. 2.8 *Die Toten erwachen,* D 1915, Stiftung Deutsche Kinemathek, 1037.00

an der Wand hängt. Die Kamera zeigt sie nach einem Schnitt in einer halbnahen Einstellung im Halbprofil von schräg hinten, dabei abgewandt von der Kamera in den Spiegel blickend, sodass die Zuschauer*innen ihre Gesichter aber darin frontal beziehungsweise im Profil einander zugewandt gespiegelt sehen können. Die Blickkonstellation in dieser Szene ist insofern bemerkenswert, als dass zuerst Webbs sich im Spiegel anblickt, als wollte er die Perfektion seiner Maskerade überprüfen, dies im Abgleich zu seinem Vorbild. Gleichzeitig schaut der indische Diener abwechselnd zuerst Webbs mit seinem selbstbewussten, wissenden Lächeln an. Dann erfolgt dieser Blickwechsel umgekehrt: Der Diener gleicht sein Bild im Spiegel mit Webbs' ab, welcher ihn lächelnd anblickt (s. Abb. 2.9).

Den gesamten Austausch der Blicke, unterstützt von diesem Lächeln, sehen die Zuschauer*innen in der Spiegelreflexion gedoppelt sowie von hinten als auch von „vorne". Die Konfiguration gleicht einem dreidimensionalen Raum, der ebenso hermetisch in sich geschlossen ist, wie er zugleich durch die vielfachen Reflexionen in eine multiple Diffraktion zersplittert und zusammengesetzt ist, technisch wie auch semantisch betrachtet. Beide Figuren sind und sind nicht eins und identisch, durch die mimetische Operation der Verkleidung gedoppelt in der Identität und durch die Reflexion zusätzlich vervielfältigt. Und dies mittels eines kinematografischen Verfahrens, durch welches der Raum als filmischer Raum konstituiert wird, wie er im Raum des Theaters nicht möglich wäre: dem angebrachten Spiegel. Identität ist hier im wahrsten Sinne des Wortes nicht nur performativ

2.5 Die mediale Verfolgung der ‚eigenen' Wahrheit ...

Abb. 2.9 *Die Toten erwachen*, D 1915, Stiftung Deutsche Kinemathek, 1048.13

hergestellt und medial vermittelt, sondern auch darin technisch, sprich kinematografisch reflektiert, das heißt, ihr Wesen erscheint als Performativität in einem technischen Medium, das sich selbst als solches zudem zu erkennen gibt – ganz modern und un/eins sowie nicht/natürlich zugleich. Die perfekte Annäherung des einen an das andere/den anderen lässt dadurch auch nicht nur den Status eines Originals jeglicher Identität ins Gleiten geraten, sondern sie unterminiert auch generell den (Figuren- und Zuschauer*innen-)Standpunkt, von dem aus sich überhaupt jemals hätte ein Original definieren lassen können: Webbs oder der indische Diener? Es ist dies nicht zu entscheiden. In dieser Zurschaustellung und der Bewegung, welche diese durchläuft, wird das ‚Eigene' zum ‚Anderen' und umgekehrt, wobei im ‚Eigenen' zugleich das ‚Fremde' sichtbar (gemacht) wird, dies jedoch wechselseitig. Diese visuelle multiple Diffraktion der Identitäten, die eine Ununterscheidbarkeit provoziert und zugleich unterminiert, wodurch sie eine Identität des ‚Fremden' im ‚Eigenen' konstituiert und zugleich aufhebt, welche sie visuell und epistemologisch reflektiert, wird unterstützt durch den vielfachen Austausch der Blicke der Figuren, mit dem jeweils anderen, mit dem eigenen Spiegelbild, mit dem Spiegelbild des anderen – eine endlose, multiplizierte Zirkulation von Lächeln und Blicken. Dies geschieht in völliger Sichtbarkeit, insbesondere für die Zuschauer*innen, die diesen Prozess beobachten, in totaler Übereinstimmung der beiden männlichen Figuren, in der Anerkennung sich selbst gegenüber, aber auch der Anteilnahme den implizierten, wissenden Zuschauer*innen gegenüber, in voller Übereinkunft des technischen Mediums Film selbst, das sich in diesem Verfahren der wechselseitigen Anerkennung reflektiert. Es handelt sich um eine höchst medienreflexive Szene, in der diese filmische Reflexivität im Gegensatz zu jener mit dem düpierten Nielson dazu genutzt wird, alle Beteiligten als teilhabende Wissende und teilhabende Empfindende, teilhabende Begehrende eines bestimmten empfindsamen und verkörperten Wissens im Modus un/bestimmter, nicht/natürlicher Identität einzubeziehen. Wissen und Empfindsamkeit sind hier relational verschränkt und in der Identität multipliziert, ausgedehnt auf all ihre möglichen Ebenen – der Figuren, der Narration, der Zuschauer*innen. Genau unter diesen sehr modernen, medialen Bedingungen bekommt in *Die Toten erwachen* das Geheimnis, das von allen anderen Figuren geleugnet oder nicht gewusst wird, einen ganz spezifischen Inhalt, der exakt dem Konzept gleicht, das Sedgwick mit queerer männlicher Performativität bezeichnet: Die spektakuläre, medienreflexive Zurschaustellung einer männlichen Identität, die sich durch die liebevolle Bezugnahme zu einer anderen und daher nicht essenziell, sondern performativ und nicht/natürlich konstituiert.[158]

In *Die Toten erwachen* spitzt sich der Verlauf der paranoiden Struktur, die teilweise generisch und entleert worden ist, demnach auf zwei ganz unterschiedliche Weisen zu.

Bei genauer Betrachtung wird deutlich, dass es sich bei keinem der beiden Pfade um eine reine Durchsetzung von rationalen Techniken handelt, wie sie dem Detektivfilm zugeschrieben werden. In beiden vermischen sich ältere generische Elemente mit neuen, wobei ihre residuale Kraft jedoch ganz verschiedene Ausdrucksformen annimmt. In beiden findet auf ganz verschiedene Art ein Zusammenspiel von struktureller, stilistischer und dekorativer Entleerung *und* inhaltlicher, visueller Spezifizierung statt. Der Verlauf der Verbrechensaufklärung führt ganz bewusst die rationalen und medialen Techniken auf, um aber davon abzulenken, dass dieselben oder ähnliche Techniken sowohl zur Aufklärung als auch zur Produktion von Schein auf ganz andere Weise an anderer Stelle zu anderem Zweck als der Enthüllung instrumentalisiert werden können, die zur rationalen Wahrheit führt. Setzt man deshalb ein Konzept voraus, das eine strenge Trennung von ‚anti-modern' – ‚modern', technikfreundlich – technikfeindlich, abstrakt – konkret, Stil/Form – Inhalt veranschlagt, kann man dieses Zusammenspiel weder erkennen noch erfassen. Nielson als Zielobjekt ist in dem Sinne ein residuales Element, als er tatsächlich von der alten Kraft der paranoiden Struktur der *homosexual panic* getrieben wird. Seine Rahmung als empfindsames Subjekt findet ihren Ausdruck in seiner Spektakularisierung als Irrer, der jedoch gerade nicht darin sein Nicht-Wissen bekundet, dass er eine minorisierte Figur ist, sondern dass er keine Medienkompetenz besitzt. In der Funktion dieser Figur überlappen sich also eine moderne Medienreflexivität (Stil/Form) mit einer Minorisierung der Figur (Inhalt), die aber auf eine Weise minorisiert wird, die eben den Inhalt der Minorisierung in eine universale Struktur einbettet, insofern er nicht als paranoid, sondern als unmodern abqualifiziert wird.

Demgegenüber steht das Spektakel der Identität/Alterität durch den Anderen, in dem das rationale Prinzip um das Lustwissen, das Begehren angereichert ist, das durch die Maschinen der Sichtbarkeit selbst entsteht und der Tatsache Rechnung trägt, dass Modernität immer die Konstitution des Eigenen durch das Andere ist. Webbs und ‚der Inder' stellen die moderne Variante der Konstitution

---

[158]Vgl. hierzu erneut Segwick 1993.

performativer, queerer Männlichkeit dar, in der spezifische Inhalte und empfindsame Verkörperungen zum Erscheinen gebracht werden können, insofern diese mit den ausgefeiltesten medialen Mitteln als nicht-natürliche, un/einige hergestellt werden, ohne dass eine männliche Identität dezidiert negativ minorisiert werden muss. Allerdings ist hier beides nur als jeweiliges Komplement des anderen zu bekommen.

2.6 Der raumzeitliche geostrategische ‚Verrat' – *Das Tagebuch des Dr. Hart*

Dieser Langfilm wurde 1916 von der Produktionsfirma Projektions AG/Union (PAGU) unter der Regie Paul Lenis mit dem Titel *Der Feldarzt* fertig gestellt. Er konnte nicht zuletzt die Zensur 1917 sowie 1918 problemlos passieren, weil es sich um eine Auftragsproduktion des im April 1917 gegründeten Bild- und Film Amtes (BuFA) der Obersten Heeresleitung des Deutschen Kaiserreichs handelte.[159] Ort, Umstände und Anzahl der Aufführungen sind nur rudimentär dokumentiert. Es ist davon auszugehen, dass der Film insbesondere in den Kinos der Großstädte lief, verbunden mit Eiko- und Messter-Wochenschauen.[160] *Das Tagebuch des Dr. Hart* wird in der Literatur zum ‚neuen' Genre des Kriegsfilms (Spielfilm) gezählt.[161]

Nach anfänglichem Misstrauen gegenüber einer ‚plebejischen' Kunstform, versuchten die Machthaber des Kaiserreichs das Medium Film zu instrumentalisieren und institutionalisieren, wie es die Gründung der BuFA 1916 demonstriert (s. Abschn. 2.2). Das Einsetzen des Nachrichtenmonopols mit Ausrufung des Kriegszustands am 31. Juli 1914 bezeugt den stärkeren Zugriff des Staates auf mediale Erzeugnisse, deren Veröffentlichung einer strikteren Regulierung unterworfen wurde.[162] Während des Kriegsverlaufs veränderten sich die an Film

---

[159] Vgl. hierzu Rother 1994, bes. S. 204.

[160] Während der Kriegsjahre verbreiteten sich zunehmend die großen Lichtspielhäuser. Vgl. erneut Jason 1925.

[161] Filme von Kriegsereignissen gab es seit 1895, jedoch im Modus abgefilmter Realität, wie die Dokumentation des US-amerikanisch-spanischen Krieges bspw. Auch in diesen Fällen zählt jedoch die Kontextualisierung und Erläuterung, nicht die ‚reine' Darstellung des ‚Krieges an sich'.

[162] Dies erfolgte gemäß des preußischen Gesetzes über den Belagerungszustand vom 4. Juni 1851. Darunter fielen alle Nachrichten, die mit dem tagespolitischen Geschehen sowie mit den Kriegshandlungen und dem Verlauf des Krieges in Verbindung standen. Folglich wurden nicht nur lokale Zensurstellen eingerichtet, sondern auch sämtliche mediale Erzeugnisse kontrolliert, die sich militärischen Themen oder dem Krieg auch nur im weitesten Sinne widmeten. Dies betraf auch Äußerungen über den Krieg in literarischer oder feuilletonistischer Form, da die Meinungsfreiheit in Wort, Schrift und Bild durch Artikel 5 des preußischen Gesetzes über den Belagerungszustand begrenzt wurde. Das bedeutet hingegen nicht, dass es keine Flut an Publikationen über den Krieg gab. Vgl. hierzu Schneider 1998. Über die Zensurmaßnahmen sowie

und Kino von der Regierung herangetragenen Ansprüche.[163] Zur Frage, wie das Medium ‚den Krieg' repräsentieren sollte, existierte weder Konsens noch Konstanz, was überdies von tagespolitischen Faktoren, teilweise vom Publikumsgeschmack beeinflusst wurde, welche sich während des Kriegsverlaufs änderten, worauf die Machthaber zu reagieren versuchten.[164] Dementsprechend veränderten sich auch Themen und Inhalte sowie Stil, narrative Muster und piktoriale Codes des Genres. Unabhängig davon, ob es sich nun um dokumentarisches oder fiktionales Material handelte, bestand der Zweckhorizont aller Filme, die sich mit dem Thema ‚Krieg' befassten, in der Vermittlungsleistung von territorialer Integrität und nationaler Überlegenheit und Kohäsion.

Im Sinne historischer Quellen fasst Gerhard Paul Kriegsfilme als kulturelle Texte auf, deren „kulturelle Deutungsleistungen" darin bestehen, „über einen abgebildeten Gegenstand hinaus Hinweise auf zeitgenössische kulturelle Konventionen und Codes – [...] – [zu] liefern" (Paul 2003, S. 6).[165] Seltsamerweise kondensiert die Verweisleistung hier in einer ‚adäquaten' Darstellung des Krieges.[166] Was ‚adäquat' bedeutet, darüber herrscht in der Literatur zum Genre des Kriegsfilm im Ersten Weltkrieg bis heute kein Konsens. Einmal ist damit die Forderung nach einer wahrhaftigen, ‚realistischen' Abbildung verknüpft. Zudem kann damit auch das Maß gemeint sein, in dem ein Kriegsfilm die abgebildeten Gegenstände ästhetisch oder symbolisch durcharbeitet und so transzendiert. Im Zentrum dieser Debatten steht zudem die Frage nach dem Verhältnis von individuellem und kollektivem ‚Schicksal' der Kriegserfahrung, vermittelt durch das Medium.

---

die Regulierung von Informationen und Nachrichten vgl. erneut Oppelt 2002, weiterführend Barkhausen 1982 sowie erneut Petersen 1995, der zudem auf die Bedingungen für die Zensur im Kaiserreich und Ersten Weltkrieg eingeht.

[163]Zu den sich während des Kriegsverlaufs verändernden Anforderungen sowie Ansprüchen an Effekt und Wirkung des Films während des Kriegsverlaufs vgl. Baumeister 2003, Rother 1999 sowie erneut Mühl-Benninghaus 1998. In europäischer Perspektive vgl. Sorlin 1999 sowie Urrichio 1998.

[164]Die Drehorte waren durch die Zensur begrenzt, weil einmal die Oberbefehlshaber Angst vor Kriegsspionage hatten, zudem auch kein „negatives" Bild der Kriegsleistung der deutschen Armee öffentlich verbreitet werden durfte. Leere Schlachtfelder auf der einen, friedvolle Übungsplätze auf der anderen Seite zeigten in den Augen der Zeitgenoss*innen gerade nicht den Krieg als ein bewegtes und (welt-)bewegendes (Groß-)Ereignis. Zu einem späteren Zeitpunkt, als sich der Blitzkrieg bereits in einen zähen Stellungskrieg verwandelt hatte, bei dem mittels unglaublichen Waffen- und Menscheneinsatzes um jeden Meter auf dem Gelände gerungen wurde, zeigten die Filme nicht einmal diese „Realität".

[165]Dabei differenziert Paul grundsätzlich Spiel- und Dokumentarfilm. Unausgesprochene epistemologische Grundlage für die Betrachtung und Kategorisierung aller Filme ist dabei die explizite Darstellung des Kriegs. Zur Gegenthese bei der Bestimmung des Kriegsfilms vgl. Kaes 1993, 2000, 2009.

[166]Historisch betrachtet, hieß aber für die Zeitgenoss*innen ‚adäquat' zunächst einmal die berichterstattende informierende Vermittlung eines real stattfindenden gesellschaftspolitischen Ereignisses im Kino durch das Medium Film. Der Krieg stellte zunächst kein Thema der Reflexion über das Ausmaß der Vernichtung oder einen Gegenstand der Erinnerung dar. Obwohl

Als Erzeugnis und Ausdrucksform technischer Rationalität wiederum, wie sie Walter Benjamin bereits bestimmt hatte,[167] ist in die Kriegserfahrung zweifelsfrei die Geschichte der Veränderung gerade dieses Verhältnisses als in und durch Technik selbst Vermitteltes bereits eingeschrieben, deren Höhepunkt das Ereignis des Krieges bildete. Zeitgenössische Filme, die sich am individuellen Schicksal orientierten, so der Tenor in der Literatur, basierten tendenziell auf der Fortführung eines Sinnmusters, welches durch die kollektive Sicht- und Erfahrbarkeit des Krieges gerade destabilisiert wurde. Filme wiederum, die bewusst auf das Individuelle verzichteten, indem sie es – womöglich avantgardistisch – transzendierten, liefen dagegen Gefahr, durch Beförderung des durch die Technik selbst hervorgebrachten neuen Sinnmusters abstrakter, kalter Objektivität die Dimension sowohl des individuellen als auch des kollektiven Leidens zu unterschlagen. Der Krieg als ein mit und durch Technik und Medien vollzogener modifizierte die sich bereits in Veränderung befindlichen Möglichkeitsbedingungen von humaner Wahrnehmung und Erkenntnis, indem er standardisierte und reproduzierte Technik flexibilisierte und dynamisierte.[168] Durch den speziellen Einsatz von Medien ging damit die Erzeugung eines Welt-Bildes einher, welches als geopolitisches beziehungsweise -strategisches ebenfalls dynamisiert, komplex sowie zugleich ästhetisch selbstbezüglich und darin abstrakt geworden war. Der dieser neuen Echtraumzeit entsprechende piktoriale Code war in dem Maße nicht-intelligibel, wie er sich herkömmlichen Decodierungsparametern, wie moralische, ethische oder gesellschaftliche, stark entzog. Damit destabilisierte er die hierdurch vormals einigermaßen feste Position des korrelierenden

---

bereits vor dem Krieg den Militärstrategen das potenzielle Ausmaß der Zerstörung durch die Waffentechniken bewusst war, interpretierten sie dieses nicht negativ. Im Gegenteil wurde teilweise ein technisch hochgerüsteter Krieg als der „humanere" betrachtet, weil er, so die Argumentation, weniger Menscheinsatz fordere und rascher zu führen sei. Zeitgenössische Gegenstimmen prognostizierten jedoch einen zähen, verlustreichen Krieg. Ausgestattet mit Vorstellungen von nationaler Einheit, Volksgemeinschaft und kultureller Superiorität, lehnte die Öffentlichkeit den Krieg keineswegs wegen seines Zerstörungspotenzials ab. Er wurde teilweise als die Routine des modernen industrialisierten Alltagslebens durchbrechende, belebende Maßnahme begrüßt. In dieser Perspektive wurden die Kriegsfilme als Darstellung von etwas Positivem aufgefasst. Diese Einstellung änderte sich erst mit Kriegsdauer. Vgl. hierzu Rürup 1998, Wortmann 1998 sowie Verhey 1998. Mit der Behauptung von der totalen Kriegsbegeisterung, von der bspw. Eksteins 1989 schreibt, sollte man jedoch vorsichtig sein. Dem Anspruch einer wahrhaftigen Berichterstattung wurden selbst Filme, die mit vor Ort gedrehten Aufnahmen aufwarteten, nicht gerecht. An narrative Filme wiederum wurde dieser Anspruch wahrhaftiger Darstellung nicht herangetragen. Daher thematisierten sie zwar den Krieg, bildeten ihn aber nicht ab. Die Filmemacher*innen gerieten deshalb immer wieder ins Visier der Zensor*innen aufgrund eines anderen Parameters von ‚Adäquatheit', nämlich des ehrwürdigen Umgangs mit dem Thema, mit der Obrigkeit (keine Komödien!) sowie der Beförderung nationaler Einheit.

[167]Vgl. Benjamin 1991.
[168]Zum ‚Neuen' der Waffentechniken im Ersten Weltkrieg vgl. Epkenhans 1998. Zum Verhältnis von Waffentechniken und Medien vgl. Kaufmann 1996.

Wahrnehmungs- und Erkenntnissubjekts.[169] Die neue dynamische Raumzeit erforderte mit ihrer Bewusstmachung nicht nur eine neue Wahrnehmung, sondern auch eine entsprechende Erkenntnisform dieser Subjektposition.[170] Zur deren Restabilisierung sollte diese Wahrnehmungs- und Erkenntnisform durch bereits bekannte ästhetische und piktoriale Codes sowie narrative Muster eingehegt und reguliert werden. Der Krieg gestaltete damit die bereits in der modernen kapitalistischen, hochindustrialisierten Gesellschaft vorhandenen Mensch-Maschine-Schnittstellen materiell und sinnhaft neu aus.[171] In der hierdurch entstehenden geopolitischen wie auch kulturfantastischen Figur der Kriegermaschine sollte sich das (männlich) Subjekt rückversichern, indem es einen ästhetisierten Sinn für das große, jedoch (erneut) überschaubare Ganze entwickelte, laut Bernd Hüppauf, „den faschistischen Mann" nämlich („fascist man", Hüppauf 1990, S. 45). Kino und Film, wenn sie auch technisch-serielle, standardisierte Bilder produzierten, wird in der Literatur vorgeworfen, dieses ‚sein' Wesen jedoch nicht erfüllt zu haben in dem Maße, wie weiterhin mit konventionellen piktorialen Codes, Stilen, narrativen und semantischen Mustern gearbeitet wurde.[172]

Ob die Verwendung bekannter piktorialer Codes, narrativer Muster und ästhetischer Strategien jedoch als bewusste Reaktion auf die neue technische Rationalität in Gestalt deren Regulierung oder als deren vollständige Verleugnung aufzufassen ist, lässt sich nicht erschöpfend oder endgültig beantworten.[173] Unstrittig ist, dass der Krieg ein einschneidendes, Wahrnehmung und Erkenntnis modifizierendes

---

[169]Vgl. hierzu Virilio 1989 sowie Hüppauf 1993. Speziell zur Raumkonstruktion vgl. Hüppauf 1991.

[170]Auch dieser Blick war nicht gänzlich neu, sondern hatte sich bereits während des 19. Jahrhunderts in den Laboren der Physiologie sowie in Kliniken und Psychiatrien herausgebildet. Auch hier wurde nicht die Realität interpretiert, sondern ein ideales Bild von Körpern und Identitäten erzeugt. Vgl. hierzu Cartwright 1994 sowie erneut Reichert 2007.

[171]Vgl. zur Mensch-Maschineschnittstelle mit Fokus auf die wechselseitigen, sich (rück-)übertragenden Analogiebildungen zwischen industriellen Techniken und Maßnahmen im Militär sowie militärischen Prinzipien und Maßnahmen in den Betrieben der Hochindustrie in diesem Zeitraum Flemming 1998.

[172]Vgl. erneut Hüppauf 1993, bes. S. 52. Mit ihren konventionellen Mitteln, so das Verdikt in der Literatur, leisteten die Filme zudem einer pervertierten Wahrnehmungs- und Erkenntnisweise Vorschub, worin moderne Technik (des Krieges) sogar mit mythischen Elementen gepaart gewesen wäre. Gerade in den Filmen der Weimarer Republik, die von vielen Expert*innen in der Literatur als gelungene Anti-Kriegsfilme eingestuft werden, sieht Hüppauf das Versagen des Mediums, insofern zwar auf ästhetischer Ebene ein schonungsloses Bild des Krieges entstand, welchem aber der moralische Rahmen fehlte, die durch die der modernen Welt angemessene Darstellung der Gewaltstruktur hergestellt hätte werden, in die die Soldaten besser hätten eingebunden sein sollen. In Georg W. Pabsts *Westfront 1918* von 1930 aber, in dem die Kameralinse mit dem Auge des leidenden Soldaten zusammenfiele, bleibt seiner Ansicht nach die Illusion einer klaren Trennung von Krieg und Zivilisation, Front und Heimat, Subjekt und Technik nach dem Waffenstillstand bestehen, die so gerade nicht mehr aufrecht zu erhalten war – weder ästhetisch noch ontologisch.

[173]Zum Wiederaufleben älterer sinnstiftender Muster und Strategien als Form gelungener kollektiver Trauerarbeit vgl. Winter 2014 sowie erneut Kaes 2009.

2.6 Der raumzeitliche geostrategische ‚Verrat' – Das Tagebuch des Dr. Hart

Erlebnis und die Produktion einer neuen Form der Raumzeit war, jedoch weder im totalisierenden Sinn noch nur lediglich als Krisenerschütterung ‚des Subjekts'.[174]

Einmal hatte die Anwendung der verheerenden Technik durch die europäischen Nationen bereits in den Kolonien stattgefunden. Insofern betraf diese Verheerung in Gestalt des ‚modernen Krieges' eben bei Weitem nicht nur diese (Territorien).[175] Zum anderen ist es unmöglich, die Erfahrungen der verschiedenen Gesellschaftssubjekte zu vereinheitlichen. De facto existierten zwar ‚männliche' Erlebnis- und Wahrnehmungsformen des Krieges, korrelierend mit entsprechenden Raumzeiten, die sich von ‚weiblichen' unterschieden. Sie sind aber nicht allein mit derjenigen koextensiv, die sich im stählernen Maschinenkrieger ausdrückte. Den Ersten Weltkrieg machte, laut Roger Chickering und Stig Förster, mit Bezug zu den europäischen Nationen vor allem die stetige Korrosion einer stabilen Trennung von Militär- und Zivilgesellschaft so ‚modern', die davor bereits problematisch geworden war.[176] Der Krieg war in diesem Sinne total, wie er auch vor der Produktion ‚weiblicher' Erlebnis- und Wahrnehmungsformen nicht Halt machte, sowohl in Form der Präfiguration in der ‚Heimat' durch die vorausgehende Militarisierung der Gesellschaft als auch in Form spezieller Aufgaben, Herausforderungen und Notwendigkeiten, die der Krieg für die Frauen mit sich brachte.[177]

Die Trennung von ‚Heimat' und ‚Front'[178] in Gestalt einer vorgängigen Differenz ist aber Resultat einer nachträglichen Setzung. Sie spitzt sich im Krieg in einer Codierung der räumlichen Differenz von ‚Front' gleich ‚männlich' und ‚Heimat' gleich weiblich' zu. De facto waren aber beide Komponenten bereits wechselseitig durchlässig und komplex miteinander vermittelt sowie in sich vielfältig und unüberschaubar geworden. Dies gilt speziell für die durch diese neuen Raumzeiten reorganisierten, mit (Selbst-)Wahrnehmungen verknüpften Affekte, Begehren und geschlechtlichen wie auch sexuellen männlichen und weiblichen Identitäten.[179] Ich gehe hier also der Frage nach, wie in dem Kriegsfilm *Das Tagebuch des Dr. Hart* die durch den Krieg erzeugten neuen Raumzeiten Eingang finden, welche die Wahrnehmung- und Deutungsmuster, die Affekte und das Begehren sowie das Selbstbild und die vergeschlechterte Identitäte remodellierten.

---

[174]Vgl. hierzu Chickering 1998, 1999 sowie ders./Stig Förster 2003, bes. S. 13.

[175]Vgl. Reimann 2004, weiterführend vgl. Throta 1999, Dabringhaus 1999, Stuchtey 2003, Brogini Künzi 2003, Michels 2010 sowie Kanya-Forstner 2002. Diese Arbeiten rücken die Technik nicht zwangsläufig ins Zentrum, erörtern jedoch die Dimensionen der Zerstörung, Verheerung, aber auch die Verarbeitungsstrategien an den jeweiligen geografischen und geopolitischen Orten.

[176]Vgl. Chickering/Förster 2003, bes. S. 13 sowie Chickering 1999.

[177]Zur Auflösung der Trennung zwischen Heimat und Front im Ersten Weltkrieg s. Abschn. 2.2.

[178]Vgl. zur Erfahrung der Front Ulrich/Ziemann (Hg.) 1994 sowie Bessel 1991, 2003. Zum Ersten Weltkrieg als Kultur- und Männergeschichte vgl. Mosse 1990.

[179]Vgl. zur bereits militarisierten Männlichkeit Funck 2002, Frevert 2001, 2008 sowie Martschukat/Stieglitz 2005, bes. S. 141 ff. Zum Konzept der männlichen Treue zum Vaterland vgl. Buschmann 2010.

Dabei gehe ich auf die spezifischen Verknüpfungen von Technik, Waffen, (Geo- und Affekt-)Politik und Medien in Verbindung mit Identität in diesem Film ein, um die spezifischen Konturen des Technisch-Anthropomorphen queerer Männlichkeit nachzuzeichnen.

Laut *Der Kinematograph* zeigte *Das Tagebuch des Dr. Hart* einerseits „den Segen der ärztlichen Hilfe und Tätigkeit im Felde", andererseits aber auch „den Opfermut, die freudige Hingabe an den Beruf und die Strapazen des Feldarztes", dies alles, ohne den „Eindruck einer propagandistischen Aussage" (*Der Kinematograph*, zitiert in Baumeister 2003, S. 257) zu erzeugen. Die Aussage stellte noch beim Herunterspielen das vom BuFA entwickelte Konzept von Propaganda bezüglich des fiktionalen Spielfilms aus: Eine ideologische Botschaft sollte möglichst so in narrative Muster und kinematografische Techniken eingekleidet sein, dass sie unbewusst vom Publikum übernommen wurde, ohne offenzulegen, dass es sich um ‚deutsch-nationale' Ideologeme handelte.[180] Man könnte also sagen, eine wichtige (Kriegs-)List der deutschen Militärs bestand prinzipiell darin, mittels des Mediums Film die Zuschauer*innen unbewusst zum ideologischen Schema nationaler Überlegenheit und Macht zu verführen, so wie es auch versuchte, bei den Vertretern fremder Mächte ein positives Bild von der deutschen Nation zu erzeugen. Der Feind wurde dabei weniger auf dem Schlachtfeld, als vielmehr dadurch besiegt, dass man ihn mittels entsprechender Bilder im Geiste (durch das Unbewusste) auf die eigene Seite zog (‚umdrehte').

Indem sie etwas anderes aussagt, als sie eigentlich meint, zählt die Propaganda zu den unschönen Aspekten der Machterhaltung moderner Staaten, welche zugleich im spektakularisierten Sichtbaren *und* im Verborgenen blühen – auch Pathologie des Politischen oder *secrecy* genannt. Propaganda findet immer dort un/sichtbar statt, wo der Blick eben (nicht) darauf weilt. Dementsprechend beziehungsweise strukturell analog benennt *secrecy*, so Eva Horn, das grundlegende Paradox moderner Politik, welche sich in einem Raum zwischen einem „Schutz von bürgerlichen Freiheitsrechten (etwa im Wahlgeheimnis) und der Unabhängigkeit von Entscheidungen (im Amtsgeheimnis) einerseits und einer Bedrohung von Gesetzlichkeit und demokratischer Transparenz andererseits" (Horn 2007, S. 118) abspielt.[181] Die Wahrheit des modernen Staates besteht also darin, dass er Macht ausübt, indem er die Transparenz von Macht als sichtbares Spektakel aufführt und sie zugleich andernorts mittels Geheimhaltung konstituiert. Dabei wird das Geheimnis auch zur Feindesbekämpfung genutzt. Propaganda ist ein Element dieser Geheimhaltung, insofern ihre Struktur den Charakter des Rätselhaften, des Geheimnisvollen trägt: Wovon sie spricht, ist, wie erwähnt, nie die eigentliche Botschaft. Diese ist ein sich veränderndes Geheimnis, das nie preisgegeben und daher nicht direkt repräsentiert werden darf/kann. Ansonsten würde

---

[180]Vgl. hierzu erneut Oppelt 2002.
[181]Weiterführend zum Begriff der Propaganda vgl. Schieder/Dipper 1984, Jeismann 2003 sowie Daniel und Siemann (Hg.) 1994.

sie ihr Ziel, das Besiegen des Feindes, nicht mehr erfüllen. Dennoch muss sie etwas darstellen, damit die Botschaft als Kriegslist wirksam übermittelt werden kann.

Dementsprechend sollten die fiktionalen Filme gemäß den Vorgaben des BuFA so produziert sein, dass sie einen offensichtlichen Inhalt, sprich ein ‚unverfängliches' Thema, und eine latente Botschaft, das ideologische Geheimnis, enthielten. Dazu benötigte man Elemente des Offensichtlichen, von denen aber nicht explizit wurde, in welchem exakten Verhältnis sie zur latenten Botschaft standen, keinesfalls jedoch in direkter Relation.

Offenbar war aber *Der Kinematograph* der Meinung, die latente Botschaft in *Das Tagebuch des Dr. Hart* eindeutig entziffert zu haben: Die Werbung für das Feldarztwesen sowie die aufopfernde Tätigkeit von Zivilist*innen (insbesondere als Krankenschwestern) für das Vaterland hinter den Frontlinien. Diese vermeintlich offensichtliche Botschaft wurde von ihm aber gerade deshalb für gelungen erachtet, weil sie so dezent blieb. Dies wurde als besondere Qualität des Films hervorgehoben, da sie so gut in andere thematische, inhaltliche, narrative und kinematografische Elemente eingewoben war, wodurch sie eben gerade nicht als Propaganda empfunden wurde.[182] In dem Maße also, wie *Der Kinematograf* zielsicher die Struktur benannte, die die Funktion der Propaganda aufführte, sprach er den Film von jeglicher Propaganda frei – er hatte den Köder geschluckt.

Für den Filmhistoriker Martin Baumeister wiederum ist klar, dass es sich beim Offensichtlichen in *Das Tagebuch des Dr. Hart* um eine Liebesgeschichte beziehungsweise eine Dreiecksgeschichte zwischen einem Mann und zwei Frauen handelt. Er ist darüber hinaus davon überzeugt, dass das

> lehrhafte Element nicht in die erotische Handlung integriert (ist), die den Film zusammenhält und die am Schluss noch eine politische Note bekommt: Der Protagonist, Dr. Hart, rettet seinem Rivalen im Werben um Jadwiga, Tochter des polnischen Grafen Bransky, dem polnischen Grafen Bronislaw auf dem Operationstisch das Leben (Baumeister 2003, S. 258).

Das ‚lehrhafte' Element steht in dieser Lesart in einem absolut äußerlichen Verhältnis zum Offensichtlichen der Liebesgeschichte. Das Erotische bekommt scheinbar lediglich eine „politische Note". Das Offensichtliche aber, als Schirm für das latente Ideologische, muss stets durchlässig für das Latente sein. Dies wiederum macht es für Uneindeutigkeiten und für Störungen anfällig. Umgekehrt wird das Latente erst durch das Offensichtliche überhaupt lesbar, was es nicht unaffiziert lässt und potenziell für Mehrdeutigkeiten und Fehlschlüsse öffnet. Beides steht zueinander in einem Verhältnis der festen Bezugnahme und gleichzeitig der Uneindeutigkeit. Beim Geheimnis der latenten propagandistischen Botschaft handelt es sich daher um eine konstitutive Doppelstruktur, die, insofern sie

---

[182]Gerade dass der Film letztlich kein (aktuelles) Kriegsgeschehen zeigte, wird ihm in der Literatur vorgeworfen. *Das Tagebuch des Dr. Hart* zählt in der Kritik zu jenen Spielfilmen, die wegen des Einsatzes traditioneller narrativer und kinematografischer Mittel verurteilt werden. Vgl. hierzu erneut Baumeister 2003.

die Eindeutigkeit beider Gehalte ins Gleiten bringt, eine grundlegende Problematik von Darstellbarkeit und Interpretation an sich aufwirft. Wenn das Geheimnis nicht direkt darstellbar ist, kann es nur als Ergebnis einer Verweisstruktur in Erscheinung treten, deren Komponenten aber nicht beliebig sein dürfen, weil sie stets auf das Eigentliche des Geheimnisses zielen müssen. Wenn es sich aber in *Das Tagebuch des Dr. Hart* beim so deutlich Dechiffrierbaren einmal um eine Kriegslist, zudem um Erotisches handelt, dann kann man, ohne den Film bereits analysiert zu haben, davon ausgehen, dass das Erotische keineswegs nur eine „politische Note" trägt, sondern direkt auf das Politische in *Das Tagebuch des Dr. Hart* bezogen ist. Die spezifische Organisation dieses konstitutiven Wechselverhältnisses des Erotischen oder auch Sexuellen und Politischen gemäß dieser Doppelstruktur von indirektem Verweis (Erotisches, Verführung) und konkretem Geheimnis (Kriegslist, Feindesverführung) machte dann das Propagandistische des Films aus.

Der Film entfaltet diese Doppelstruktur in einem *setting*, das auf das Besiegen des Feindes ausgerichtet ist: Grundlegend für das Dargestellte ist das Prinzip, zwei verfeindete Mächte gegen einander antreten zu lassen, das russische Zarenreich sowie das deutsche Kaiserreich nämlich. Auf den Punkt gebracht, handelt der Film von einer Gruppe befreundeter Männer unterschiedlicher nationaler Herkunft, die aufgrund des Krieges zu Feinden werden müssen.[183] Trotz Krieg schaffen sie es am Ende des Films, ihre Freundschaft zu restituieren. Die Grundkonstellation ist somit in der Tat offensichtlich politisch-militärisch und explizit sehr männlich codiert. Sie erzeugt dabei eine geopolitische Gesamtlage, die die Inszenierung eines geopolitischen Raums vorgibt, um nicht zu sagen, erzwingt. Diese wiederum verleiht der Kriegskonstellation ihren vektorialen Sinn, ihre dynamische Entfaltung sowie ihren semantischen Gehalt vor Ort und bestimmt dessen Entfaltungspotenzial. Die konstruierten Räume darf man aber nicht nur als Schauplätze, sondern muss sie zugleich als Strategien und Taktiken eines bestimmten Herrschaftstyps interpretieren. Topografien stellen nicht nur Handlungsräume kriegerischer (belagern und besiegen) und sexueller Natur (versorgen und verführen) dar, sondern sie stehen dafür auch stellvertretend (symbolisch). Beide Handlungsarten können dabei jeweils für die Ziele der anderen instrumentalisiert werden. Territorien sind entweder stabil oder instabil, sie müssen kontrolliert oder zerstört werden, sie können Schutzräume, aber auch gefährliches Terrain bilden, abhängig von ihrer Codierung, die wiederum mit dem Blickpunkt der jeweiligen, von den Figuren eingenommenen ideologischen Seite korreliert. Entsprechend bewegen sich alle Figuren in diesem Film vorwiegend gemäß vorgegebener, meist binärer Parameter: Feind oder Freund; Stabilisierung oder Störung der gegebenen Verhältnisse; Verrat oder Loyalität.

Zu Beginn des Films wird das deutsche Kaiserreich repräsentiert, indem der geopolitische Binnenraum einmal zivil und soziokulturell sowie politisch und weltmännisch-international, dabei geschlechterbinär strukturiert ist.

---

[183]Vgl. hierzu auch die Kurzinterpretation von Brandlmeier 1995.

Wir sehen in den ersten Einstellungen Dr. Hart (Heinrich Schroth), der in einem Kinderheim – vielleicht sogar ein Waisenheim – Kinder betreut. Wie ein liebevoller, treusorgender Vater nimmt er die Kinder auf den Schoß und kümmert sich darum, dass sie bei Tisch alle einen Platz bekommen. Er wird also nicht nur betont als ein fürsorglicher, einfühlsamer Mensch eingeführt, sondern auch als ein Mensch, der in seinem Beruf seine Berufung als Diener der Menschheit gefunden hat. Er stellt nicht nur einen (nationalen) Übervater, sondern auch einen universell guten Menschen dar. Kontext und Umgebung sind sicherlich nicht zufällig so gewählt, dass sie nicht weiter von Militärischem und Krieg entfernt sein könnten. Zugleich wird hier die Figur des Mediziners genutzt, um die Verantwortung gegenüber der Nation zu verdeutlichen. Die Referenz auf das Konzept der Familie wird dadurch betont, dass dem Kinderheim eine weibliche Figur, Ursula von Hohenau (Käthe Haack), vorsteht. Hart und von Hohenau, so scheint der Film zunächst auszusagen, stehen in einem intimen, freundschaftlichen Verhältnis zueinander. Sie nehmen dabei symmetrische Positionen ein: von Hohenau ist Harts weibliches Pendant. Beide bilden im Sinne ihres Pflichtbewusstseins und der hierdurch definierten Geschlechterrollen für das ‚Vaterland' das perfekte Paar. Im Verlauf dieser Szene wird Hart von von Hohenau verabschiedet, gleichzeitig erhält sie vom Hausdiener eine Briefnachricht bezüglich des Ultimatums Österreich-Ungarns an Serbien, wodurch ihre ungewollte, aber notwendige ‚Trennung' besiegelt scheint. In den ersten Einstellungen des Films werden wir als Zuschauer*innen also darüber informiert, dass die Handlung zeitlich in der jüngst vergangenen Vergangenheit des Publikums, nämlich einige Tage vor Kriegsausbruch angesiedelt ist. Das nachfolgende Gezeigte wird sich während des Krieges abspielen müssen. Damit korreliert die zwangsläufige Veränderung des gerade Gezeigten: die schutzbedürftige Kindheit; die Familie; das heterosexuelle Paar. Der Krieg ist bereits Realität der Zivilgesellschaft geworden. Die Frage ist nun, wie er post factum dargestellt wird.

In der nächsten Szene, die zur ersten komplementär steht, wird der geopolitische Kontext erweitert. Sie dient dazu, zu demonstrieren, was die ‚Ankunft' des Krieges bei der weltmännischen, internationalen, vorwiegend männlichen Gemeinschaft bewirkt. Die *mise-en-scène* zeigt einen Park, der weder geopolitisch noch topografisch zuzuordnen ist. Es werden zwei männliche Figuren eingeführt: Graf Bronislaw (Ernst Hoffmann), ein russischer Adeliger, sowie Vicomte Latour, ein französischer Adeliger. Beide werden explizit mittels des Zwischentitels als Freunde ausgewiesen. Sie gehen untergehakt, halten an einem Zeitungsstand an, um sich mittels der neuesten Ausgaben der jeweiligen nationalen Presse, einer russischen sowie einer französischen Tageszeitung, vom österreichischen Ultimatum an Serbien zu informieren. Im Park sitzt darüber hinaus im Rollstuhl der alte Graf Bransky (Adolf Klein), der laut Zwischentitel mit seiner Tochter Jadwiga (Dagny Servaes) zu einem Kuraufenthalt in Bad Oos weilt. Erst jetzt wird eine geografische Verortung vorgenommen: Die Figuren befinden sich im Kurort Bad Oos in Süddeutschland bei Baden-Baden. Der Ort steht für das mondäne Leben der adeligen und industriellen Oberschicht, hier gab sich die internationale Haute Volée in den 1910er Jahren ein Stelldichein. Dennoch handelt es sich sicherlich um eine bewusste Wahl, das Bild harmonischer Verbindung der Nationen gerade auf deutschem Boden stattfinden zu lassen. Diese Szene internationaler Einträchtigkeit wird durch den Krieg neu kartografiert werden. Die beiden jüngeren Männer nähern sich dem Paar Vater-Tochter, man tauscht sich über die neuesten politischen Meldungen aus. Der alte Graf kommentiert das Geschehen mit den Worten „Armes Russland! ..." Er erwähnt hier einen politisch-militärischen Sachverhalt beinahe *en passant*, dessen Dimensionen zu diesem Zeitpunkt eigentlich noch keine der Figuren erfassen kann, nämlich die Schwierigkeit, das Territorium an der Ostfront an mehreren Grenzstellen gleichzeitig sichern zu müssen. Wichtig ist an dieser Szene die Augenscheinlichkeit des Konnexes zwischen dem Persönlichen in Gestalt der Beziehungen der einzelnen Individuen zueinander und dem Nationalen, daher auch Staatlich-Politischen, welches die Figuren jeweils verkörpern. Keine der Figuren ist nur Privatperson. In dem Maße, wie sie einer bestimmten Klasse zugehörig sind, vertreten sie ihre jeweilige Nation, verkörpern sie deren repräsentative Staatsbürger*innen. Die betont persönlich inszenierte Freundschaft zwischen dem russischen und dem französischen Grafen deutet die Möglichkeit der Überbrückung der durch Nationen gezogenen Grenzen durch das Private zwar an. Individuelle Motive für Freundschaft lassen sich aber gerade nicht ausmachen. Die Nachricht vom Ultimatum zeigt hier schon an, dass der Krieg diese persönlichen Beziehungen problematisch werden lassen wird. Durch ihre adelige Position bedingt sich später die Stellung der männlichen Figuren in der jeweiligen nationalen Armee, die sich auf eine bestimmte Gegenüberstellung zuspitzt, nämlich die zwischen Russland und Deutschland: Vicomte Latour fällt umgehend aus der Handlung heraus; Graf Bronislaw wird im Rang eines Offiziers dienen. Ihre jeweilige Stellung bedingt dabei grundlegend das Verhalten der Figuren hinsichtlich Loyalität, Feindschaft und Freundschaft. Alle diese Aspekte der Positionierung einer Figur sind relational an das entfaltete dynamische Raumzeitkonzept geknüpft.

Auch die nächsten beiden Szenen zähle ich noch zur Exposition, insofern sie das Politische direkt thematisieren. Zunächst einmal wird Dr. Hart in seiner Praxis gezeigt, in der sich, bis auf Latour und von Hohenau, alle bisher eingeführten Figuren nochmals einfinden. Graf Bransky lässt sich in Begleitung seiner Tochter Jadwiga von Dr. Hart untersuchen. Graf Bronislaw (ohne explizites Motiv) führt dort mit Graf Bransky und Jadwiga ein Gespräch. Hierdurch werden die möglichen Folgen eines Krieges in russischer beziehungsweise russisch-polnischer Perspektive angedeutet. Polen war bis nach Kriegsende kein eigener Staat, sondern gehörte zum russischen Territorium. Für die Bewohner*innen dieses Territoriums stellte sich im Angesicht des Krieges gegen die Mittelmächte (primär Deutschland und Österreich-Ungarn) doppelt die Loyalitätsfrage: Sollte man für einen Staat wie Russland kämpfen, der ethnisch different war, in dem man aber nur ein kleines Rädchen darstellte? Der Krieg konnte jedoch ebenfalls als große Zäsur das Potenzial für die radikale Abspaltung von Russland mit sich bringen, durch die die Bildung eines selbständigen polnischen Staates in greifbare Aussicht rückte. Man kann die Aufregung über die Loyalitätsproblematik den drei Figuren im angeregten Gespräch ansehen. Speziell in den beiden Figuren Bronsilaw und

2.6 Der raumzeitliche geostrategische ‚Verrat' – *Das Tagebuch des Dr. Hart*

Jadwiga überkreuzen sich Begehren und Nationales über das Prinzip der Zugehörigkeit in einem tertiären Verhältnis mit der ethnischen Differenz, wodurch jegliche stabile binäre Zuordnung – gemäß Klasse, Ethnie und Nation oder auch Begehren und Sexualität – problematisch wird.

Die letzte Szene dieser Exposition spielt im Grand Hotel am Abend des 1. Augusts 1914. Bransky hat zu einer Soirée mit Feuerwerk geladen. Wir sehen zunächst einen ruhigen, besonnenen Dr. Hart mit dem alten Grafen und Jadwiga am Tisch auf der Hotelterrasse sitzend in angeregter Unterhaltung vertieft. Dazu gesellen sich rasch die beiden Grafen Bronislaw und Latour. Hier findet die offizielle Vorstellung von Latour, Bronislaw und Hart statt. Branksy macht die beiden letztgenannten Männer miteinander bekannt. Dafür unterbrechen Dr. Hart und Jadwiga aber nur kurz ihr Gespräch, was im Film mit dem Insert kommentiert wird: „Jadwiga, unbekümmert um die Eifersucht des Grafen Bronislaw, bittet Dr. Hart, sie zum Feuerwerk auf die Terrasse zu führen." Es wird somit der Eindruck erweckt, Jadwiga hätte ein sexuell motiviertes Interesse an Hart. Durch die unauflösliche Relationalität mit dem Nationalen, welches gerade bei dieser Figur unbestimmt ist, und der ethnischen Differenz muss deren persönliche Motivation im direkten Zusammenhang mit der Loyalitätsproblematik stehen (Zu welchem Mann gehöre ich nun eigentlich wirklich, dem deutschen oder dem polnischen, oder ist der gar ein russischer?). Jadwiga ist als (polnische?) Frau offenbar unentschlossen und wankelmütig. Es liegt scheinbar in ihrer Natur, mit den Männern zu spielen. Aufgrund dessen ist sie, wie sich an späterer Stelle zeigen wird, auch keine verlässliche Staatsbürgerin.

Sichtlich ereifert, vielleicht sogar verärgert, gehen Latour und Bronislaw aus dem Bild, um in der nächsten Einstellung zu zweit im Garten des Hotels gestikulierend und debattierend umherzugehen. Ob sie sich nun über Dr. Hart und Jadwiga oder nur über sie oder über Hart unterhalten oder ob sie über die Tagespolitik oder die polnische Unabhängigkeit sprechen, lässt sich nicht eindeutig sagen. In der folgenden Einstellung stehen beide in der Hotellobby, wo sie gleichzeitig die Instruktion ihrer jeweiligen Botschaften erhalten, sich auf schnellstem Wege in ihre Heimatländer zurückzubegeben. Beide sind zutiefst erschüttert. Eklatant wird hier, wie die Politik die persönlichen Beziehungen radikal modifiziert. Diese sind ganz eindeutig geschlechtlich codiert: Latour und Bronislaw verbindet eine tiefe Männerfreundschaft, zu deren Privileg es bislang gehörte, sich weltmännisch zu geben, sprich nationale Differenzen großzügig durch die empfindsame Gemeinschaft Gleichgesinnter und in puncto Macht Gleichgestellter zu ignorieren. Das international aufgestellte Staatspolitische kann am besten durch männliche Subjekte und ihre homosoziale Bindung repräsentiert werden. Aufgrund der geopolitischen Gesamtlage sind beide Männer, auf badischem Parkett scheinbar unzertrennlich, abrupt gezwungen, von nun an getrennte Wege zu gehen. In dem Augenblick, in dem die beiden dies realisieren, wird per Telefon über den Rezeptionisten des Hotels die neueste Botschaft verkündet: „Krieg!" (Zwischentitel) Auch die Tageszeitungen können in einer seltsamen visuellen Koinzidenz, die eigentlich eine zeitliche Verschiebung bedingt, bereits von der (russischen?) Mobilmachung berichten, um deren verfügbare Exemplare sich nun eine aufgeregte Menge reißt. Mit einer Mischung aus Euphorie und Erschrockenheit auf den Gesichtern, sehen wir diese international zusammengesetzte, mondäne Menschenmenge sich rasch auflösen. Diese Szene findet in einer Einstellung statt, die ganz dezidiert den Charakter der ‚Öffentlichkeit' betont, nämlich in der Hotellobby. Mit dem Auflösen der Menschenmenge reißt das Band, das die Staatsbürger*innen als Individuen über ihre geopolitische Distinktion, nationalen Differenzen hinaus untereinander geknüpft hatten, weil es die geopolitische Gesamtlage bislang zuließ. Ausgelöst durch einen Extremfall wird die durchgängige Wirkmächtigkeit der Staatsmacht eklatant, bis ins Kleinste die Gesellschaftssubjekte zu regulieren und hier nun persönliche Verbindungen kurzerhand radikal zu unterbinden.

Wir sehen in einer amerikanischen Einstellung, wie Graf Bronislaw direkt an Dr. Hart vorbeigeht, der ihn erkennt und ihn verabschieden möchte. Da Bronislaw ihn nicht bemerkt (oder ignoriert, da er bereits zum Feind geworden ist?), bleibt Hart einige Sekunden untätig in der Hotellobby stehen, umringt von einer umtriebigen Menge abreisender Hotelgäste. In seinem Gesicht mit dem intensiven Blick spiegelt sich einige Augenblicke die Erkenntnis einer verpassten Chance, mit diesem Mann Freundschaft zu schließen, wofür der Abend vom Gastgeber, Graf Bransky, vorgesehen war. Dann treten Graf Bransky und Jadwiga zu ihm, um sich von ihm zu verabschieden, wobei Jadwiga ihm einen kleinen Blumenstrauß überreicht. Der Krieg erfordert von allen, dass sie sich nicht nur zu ihren jeweiligen Nationalitäten bekennen, sondern auch auf deren jeweilige Territorien zurückkehren, um ihrer sozialen Stellung, ihres Alters sowie ihres Geschlechts gemäß die entsprechenden vaterländischen Pflichten zu erfüllen: Graf Bransky wird auf sein polnisches Gut zurückfahren, das er verwaltet und nun verteidigen muss; Jadwiga wird, wie Ursula, freiwillig als Krankenschwester tätig sein; Bronislaw und Latour werden als Offiziere in der Armee dienen. Das geopolitische Klima formatiert die Räume, in denen politische und sexuelle oder auch polito-sexuelle Beziehungen ausagiert werden und damit auch die Identitäten der Figuren neu.

Dementsprechend hört der Raum, an dem sich diese national heterogene Gruppe so unbeschwert zusammengefunden hat, mit dem Faktum des Krieges aufgrund des staatspolitischen Zwangs zur Loyalität zu existieren auf. Augenscheinlich trennt der Krieg nicht nur diese Personen, sondern er macht, da sie dem nationalen Ruf und der damit verbundenen territorialen Kohärenzbildung Folge leisten (müssen), aus ihnen zwangsläufig Feinde. Alle weiteren Handlungen, die sie von nun an begehen, werden sich primär an diesem Strukturmerkmal Freundschaft – Feindschaft messen lassen müssen, das nicht nur die Verknüpfung zwischen staatlich-politischer Macht und dem Individuum bestimmt, sondern eben auch die Kartografierung der Raumzeit(en).

Und Dr. Hart? Hart ist interessanterweise die einzige nichtadelige Figur unter den Hauptcharakteren dieses Films. Dies bedeutet, er unterliegt, inhaltlich betrachtet, als deutscher Staatsbürger und seinem Alter entsprechend (zwischen 30 und 40 Jahren möglicherweise) der Wehrpflicht. Er muss also dienen, wird aber entsprechend seiner zivilen Ausbildung als Feldarzt eingesetzt. An ihm als Deutschem wird die Wirkung des Drucks zur Herstellung nationaler

2.6 Der raumzeitliche geostrategische ‚Verrat' – *Das Tagebuch des Dr. Hart*

Kohäsion ausführlich und exemplarisch abgehandelt. Sie wird insbesondere den Filmzuschauer*innen in Bildern vorgeführt, die uns dazu verführen sollen, zu verstehen, warum die Figuren sich diesem Zwang freiwillig aussetzen (sollten).

In Uniform fährt Dr. Hart von Bad Oos zu seinem Truppenteil, von dem nicht expliziert wird, wo er sich genau befindet, vermutlich in der Nähe seiner Heimatstadt. Der Blick aus dem bewegten Zugabteil zeigt dabei für einige Sekunden im doppelten Rahmen (Zugfenster, Bildausschnitt) in weiter Einstellung die wildromantische Schönheit des Rheintals. Diese sind als sogenannte Naturaufnahmen von einer bewegten Kamera (hier im Inneren eines Zugabteils montiert) aufgenommen. An ihnen ist mustergültig das Prinzip vom panoramatischen Blick umgesetzt.[184] Sie Szene löst sich aus ihrer Statik und ist ganz dynamisiert, wodurch sich ein genuin kinematografischer Effekt zu erkennen gibt: Dieses Vorbeiziehen der Landschaft, das nicht verhehlt, dass es aus einem Zug heraus gefilmt wurde, ist selbstredend aus dem Theater durch die *moving panoramas* bekannt,[185] jedoch dort nicht auf diese Weise herstellbar, weil sie zwei Bewegungen miteinander kombiniert und dies auch sichtbar ausstellt, insofern sich die Kamera selbst bewegt und den ‚Blick' beziehungsweise die Einstellung dynamisiert. Die Landschaft verliert dadurch ihren Charakter, lediglich technisch re-produziertes Objekt des *moving panoramas* zu sein. Aufgrund des, um mit Brewster und Jacobs zu sprechen, *pictorialism* handelt es sich um kein rein dokumentarisches Bild, sondern um eine genuin filmische Landschaft, die hier einen hohen semantischen Wert annehmen kann, die ‚deutsche Nation' nämlich. Diese Bilder versinnbildlichen wortwörtlich die Größe und Schönheit Deutschlands schlechthin: das Rheintal, das Deutschland zudem als Achse von Süd nach Nord durchkreuzt. Dr. Hart, der sich also auf dem Weg in den Norden befindet, erfährt diese symbolische Landschaft, und das Filmpublikum kann sie, angelehnt an seine individuelle Perspektive, diese jedoch aufgrund des Bildmodus und der nur lockeren Verbindung zur gesamten Narration weit übersteigend, ebenfalls erfahren.

Es ist dabei kein Zufall, dass es sich bei der einzigen Handlung, bei der man ihn anschließend in seiner Heimatstadt zeigt, um die Auszeichnungszeremonie im Rahmen seines vermutlich studentischen Männerbundes handelt. Das streng reglementierte Ritual mit seinen Gepflogenheiten des Trinkens, des Singens und des Skandierens von Sprüchen wird in der durch die aktuellen Ereignisse energisierten, euphorisierten Variante inklusive Hüteschwenken gezeigt. Dr. Hart scheint ein Bürger zu sein, der auch bereits in Friedenszeiten einen guten Sinn für die Pflichten als deutscher Staatsbürger besaß, der sich mit dieser Form nationaler Identität sehr gut identifizieren kann. Dies wird sich auch später daran festmachen, dass er eben nicht ausschließlich medizinisch, sondern auch militärisch im Einsatz beispielsweise bei der Verfolgung und Gefangennahme von (gegnerischen) Soldaten ist. Ganz offensichtlich ist Hart kein Bürger und Privatmann, dessen Identität vornehmlich über zivile, gar über wirtschaftliche Angelegenheiten hergestellt

---

[184]Vgl. hierzu erneut Schivelbusch 1977.
[185]Vgl. zu den *moving panoramas* erneut Huhtamo 2002.

wird. Schon gar nicht ist er ein politisch Indifferenter, sondern Modellfall eines loyalen, pflichtbewussten, militarisierten Bürgers. Dieses Bild von einem national eingestellten, dabei loyalen Bürger sollte sicherlich Angebote zur Nachahmung oder auch Bewunderung für Teile des Publikums machen. Aufgrund seiner bereits bestehenden Militarisierung stellt Hart dabei ein normiertes staatsbürgerliches Subjekt dar, welches über solche Kontexte wie Vereine und Verbünde mit ihren Ritualen wie die des Männerbundes dezidiert als männliches Subjekt konstituiert wird.

Ab nun befinden sich alle Figuren/Personen in einer Feind-Freund-Konstellation in der gezeigten Welt wieder, die nach Maßgabe von Kampf und Sieg in den Termini von Eroberung des Raums in der raumzeitlichen Bewegung des Schlachtenverlaufs gegeben sein wird. Dennoch muss man einen detaillierten Blick darauf werfen, wo genau die Linie zwischen diesen Binarismen verläuft und wie sie raumzeitlich konstituiert ist. Denn gerade unter solchen Bedingungen der konkreten raumzeitlichen und psycho-physischen Konfrontation von in die Geschehnisse auf „beiden Seiten" Involvierten, kann es zu wechselseitigen Missverständnissen, zu Fehleinschätzungen, zu Fehlinterpretationen der Situation, aber auch des unterschiedlichsten Verhaltens der einzelnen Beteiligten auf den verfeindeten Seiten, ja sogar zum Unterlaufen staatlicher und zum Verfolgen anderer, privater Interessen, zu sogenannten politischen Irregularitäten, wie Eva Horn diese Phänomene nennt, kommen.[186]

Ganz folgerichtig entwirft der Film nun eine Topografie der Konfrontation feindlicher Mächte, von Kriegsschauplätzen und Kriegshandlungen, die genau in dem Maße politische Territorien und darin variabel sind, wie die Figuren sich dynamisch auf ihnen hin- und herbewegen, wobei sie ihre politischen, ethnischen und geschlechtlichen sowie sexuellen Markierungen stets mittransportieren. Die Komplexität dieser dynamischen Beziehungen führt dazu, dass jedwede Grenze jederzeit infrage gestellt, manipuliert und verschoben werden kann. Somit ist die Frage nach Identität und Zugehörigkeit nicht völlig beliebig. Sie steht aber unter den sich verändernden geografischen Bedingungen eben jederzeit zur Disposition und kann dadurch prekär werden. Diese Dynamiken und die damit verbundenen Identitäts- und Zugehörigkeitsproblematiken sowie die Effekte, die sie aufgrund ihrer Verknüpfungen mit den politischen wie auch sexuellen Markern zeitigen, werde ich nun systematisch darstellen und erläutern sowie auf ihre Wechselbeziehung jeweils mit den Inszenierungen der Räume eingehen. Auf diese Weise lässt sich auch die Figur des Technisch-Anthropomorphen queerer Männlichkeit in *Das Tagebuch des Dr. Hart* rekonstruieren.

Beim referenziellen Raum der ersten zu besprechenden Topografie handelt es sich um Aufnahmen, die in der Nähe von Brest-Litowsk gedreht wurden. Allerdings ist diese geografische Spezifik nicht eindeutig an den Bildern ablesbar. Die geografische Verortung innerhalb der dargestellten Welt wird über ein Insert vermittelt: „Polen". Während die Landschaft selbst unspezifisch bleibt, ist damit

---

[186]Vgl. erneut Horn 2007.

2.6 Der raumzeitliche geostrategische ‚Verrat' – Das Tagebuch des Dr. Hart

innerhalb des fiktionalen Rahmens semantisch expliziert, dass es sich um das geostrategische Gebiet nicht der West-, sondern der Ostfront und um umkämpftes Territorium handelt, dessen Grenzen eben gerade nicht mehr beziehungsweise noch nicht fixiert sind. Man mag nun gerade in diesem Kontext darüber spekulieren, ob dies deshalb geschieht, weil die Kriegsereignisse an der Westfront zu zahlreich und zu unübersichtlich waren und vor allem darüber, dass ein Stellungskrieg grundsätzlich nicht repräsentierbar ist. Die Ostfront, darüber ist man sich in der Literatur einig, war nicht im selben Ausmaß verhärtet wie die Westfront, sondern dynamischer.[187] Weder gab es dort im selben Umfang zähe Grabengefechte um wenige Meter Boden, noch eine durchgehende Frontlinie mit Gräben, Bunkern und Stellungen. Stärkere Beweglichkeit war grundsätzlich möglich. Darüber hinaus wurden an der Ostfront realiter noch mehr Kavallerieregimenter eingesetzt im Gegensatz zur Westfront, wo Artillerie und Infanterie die dominierenden Kriegstechniken darstellten, weil die Befehlshaber aufgrund der hohen Verluste der Kavallerie bereits während der ersten Kriegswochen die Nutz- und Sinnlosigkeit von deren Einsatz erkannt hatten. In dieser Logik des einfachen Binarismus von ‚dokumentarisch' – ‚referenziell', ‚fiktional' – ‚repräsentativ' wäre es tatsächlich möglich, ein „realistischeres" Bild von der Ostfront als von der Westfront zu erzeugen. Mich interessiert hier aber vielmehr die funktionale Bedeutung dieser semantischen Topografien für das konstitutive Wechselverhältnis zwischen staatlich-politischer Macht und einzelnem Subjekt in der Reflektion auf die Feind-Freund-Konstellation, also auf die Herstellung der Räume des Machtwissens und der Machttechniken beziehungsweise deren Stabilisierungs- und Destabilisierungsmomente im Verhältnis zu den Bewegungen und Beziehungen der Individuen in diesen Räumen.

Bei dieser ersten Kriegstopografie handelt es sich um die Belagerung eines polnisch-russischen Dorfes, das zunächst von den russischen Soldaten gehalten wird. Die ersten Einstellungen zeigen die Aufstellung der deutschen Soldaten an einem Schützengraben in einiger Entfernung vom Dorf. Jedoch befinden sich die Soldaten nicht im Graben, sondern stehen bei hellem Tageslicht in einer weiten Einstellung auf der flachen Erde herum. Im Gegenschuss sehen wir kurz das Dorf in mittlerer Entfernung, über dem Rauchschwaden aufsteigen. Das heißt, das Dorf liegt offenbar unter Beschuss der deutschen Division. Das *shot-reverse-shot*-Verfahren erlaubt es den Zuschauer*innen, sich einen Überblick über diese Konstellation zu verschaffen. Man nimmt sozusagen den Herrscherstandpunkt parallel oder ‚auf Augenhöhe' zu den deutschen Soldaten ein.[188] Der Raum, so die filmische Aussage, repräsentiert zwar eine Frontstellung, jedoch ist er auf Seite der deutschen Division nicht lebensbedrohlich, sondern gut kontrollierbar. Das Tableau, das hier entworfen

---

[187]Vgl. hierzu Fuller 2002, Brand/Dahlmann 2002 sowie Groß (Hg.) 2009.
[188]Eben diese Darstellungsweise wird in der Literatur häufig mit einer ‚falschen' Darstellung des modernen Krieges bezeichnet. Der Krieg werde hier traditionalistisch im Repräsentationsmodus eines Schlachtengemäldes aus dem frühen 19. Jahrhundert dargestellt. Dies ist korrekt, aber, wie ich darlege, geht die Szene auch weit darüber hinaus.

wird, ist zugleich eine Szene, die sich augenscheinlich an den Kriegsgemälden aus dem 19. Jahrhundert orientiert. Insofern könnte man dem Film vorwerfen, er würde mit älteren, unzeitgemäßen piktorialen Codes und Genrekonventionen arbeiten. Die Szene ist aber zugleich ebenso augenscheinlich modifiziert, indem Bewegungen der Figuren, das Feuer und der Rauch dezidiert die Szene dynamisieren sollen. Die Haltung der Kamera ist zwar distanziert. Aufgrund der gewählten Position und des Winkels entsteht jedoch der Eindruck, man sei am Geschehen beteiligt. Es handelt sich um eine Außenaufnahme, die dabei ebenso ‚realistisch' im Sinne des Kriegsgeschehens ist, wie sie gerade nicht einfach Abgefilmtes darstellt. Sie ist zugleich „Krieg" und seine ausgestellte Inszeniertheit, wie sie der ‚reale' Krieg und sein Bild ist und nicht ist. Sie zeigt eine Landschaft im Außen, die genau in dem Sinne politisch codiert ist, wie Bildkomposition, -aufbau sowie -inhalt die relativ entspannte Überlegenheit der deutschen Truppen auf ‚feindlichem Gebiet' zeigt, woran das Filmpublikum durch die quasi *embedded* Kameraposition partizipieren soll. Nicht zufällig sieht man die deutschen Soldaten auf freiem Feld, während man die Feinde nur hinter den Verschanzungen vermuten kann. Diese Sichtbarkeit, die in ‚der Realität' den Soldaten umgehend das Leben gekostet hätte, ist hier das genuin filmisch erzeugte, ‚realistische' Bild von politischer Dominanz und Hegemonie. Zudem wird der Raum selbst durch das *shot-reverse-shot*-Verfahren als filmischer Raum mit Volumen konstruiert, der so auf einem Gemälde oder auch auf einer Bühne nicht herstellbar wäre. Das führt zu seiner Fragmentierung, indem zwei unterschiedliche Perspektiven entworfen werden, die oppositionell gegenübergestellt sind. Und es soll dabei evident gemacht werden, auf welcher Seite man als Filmpublikum zu stehen hat. Diese Perspektiven auf beziehungsweise in die Landschaft sind daher als deren politisch Codierung von zwei feindlichen Gruppen aufzufassen, wobei sie machtpolitisch asymmetrisch angesiedelt sind in dem Sinn, wie sich die deutschen Soldaten räumlich frei und sichtbar auf dem Feld bewegen, während sich die polnischen Gegner, die vermutlich vorwiegend aus ‚polnischer Zivilbevölkerung' bestehen, im Verborgenen halten.

Darüber hinaus dient diese Szene dazu, Harts Aufgabe und Tätigkeit zu repräsentieren. In einer weiten Einstellung sehen wir einen langen Zug verwundeter Soldaten in leichter Aufsicht quer durchs Bild gehen, gesäumt von einigen Berittenen. Einige der Männer müssen sich auf andere abstützen, ein Einzelner ist sogar dazu zu schwach, sodass er in sich zusammensinkt. Diese Einstellung ist kinematografisch nicht eng mit den vorherigen Bildern der Aufstellung verschweißt. Ihr semantischer Wert ist dafür sehr hoch, insofern diese Bilder von Zügen verwundeter Soldaten zum ikonografischen kulturellen Gedächtnis zählen – wir alle haben schon einmal einen solchen Zug Verwunderter als historische Fotografie oder eben auch als Filmaufnahme gesehen. Die Zeitgenoss*innen kannten sie aus Wochenschauen. Auch wenn man also sagen kann, dass es sich quasi um dokumentarisches Material handelt, wird das Geschehen nicht einfach wiedergegeben, sondern wird im Gegenteil hoch symbolisch aufgeladen und soll auch die entsprechenden Emotionen erzeugen, Mitleid für die Verwundeten zu entwickeln, aber auch (nationalen) Stolz auf die deutsche Armee, die sich solchen Strapazen aussetzte.

Der Sturz des einen Soldaten aus diesem Zug nicht identifizierbarer Männer stellt dementsprechend auch jenes partikulare Ereignis dar, das den dokumentarischen Modus durchbricht, insofern es direkt an die Filmhandlung beziehungsweise an die Filmerzählung angeschlossen werden kann, da sich Hart in den nächsten Einstellungen hingebungsvoll um diesen Soldaten kümmert. Angesichts dieser Masse geschwächter Männer mutet die Versorgung eines Einzelnen nicht nur aussichtslos, sondern fast schon unsinnig an. Jedoch erhält sie genau in dem Ausmaß ihre Legitimität, wie sie durch eine halbnahe Einstellung, in der der Soldat, auf dem Boden liegend, Hart vertrauensselig anblickt und sich dieser über ihn beugt, eine extreme Intimität zwischen den beiden Männern etabliert, die auf der wechselseitigen Beziehung zwischen totalem Ausgeliefertsein als beinahe Sterbender und totaler Hingabe und Fürsorge als Versorgender basiert. Genau in diesem Moment, in dem die Kamera in ein *close in* geht, schlägt der Modus der Erzählung semantisch ins Pathetische, darstellerisch ins Melodramatische um. In der Verarztung eines Einzelwesens verdichtet sich der gesamte humanitäre Sinn, der in der (nationalen) Pflicht des Arztes liegt. In diesem Augenblick konstruiert der Film vermeintlich ein Allgemeinmenschliches, das über die staatlichen Direktiven hinausgeht, die der Krieg zur Produktion nationaler Einheitlichkeit mittels Pflicht und Loyalität von seinen Bürgern fordert, die zugleich seine Soldaten sind. Genau jenseits dieser Normierung bietet diese Repräsentation ärztlicher Fürsorge jedoch ebenso das Bild intensiver Intimität zwischen zwei Männern. Gerade weil sie sich in diesem thematischen Rahmen – auf dem Schlachtfeld – abspielt, muss sie sich offenbar nicht weiter erklären und ist vermeintlich von jeglicher erotischen Konnotation zwischen den beiden Männern befreit, wenn sie auch greifbar in der Luft liegt. Sie ist auch deshalb scheinbar so unproblematisch, weil in diesem Rahmen die durch den Krieg gesetzte Binarität zwischen Feind und Freund nicht überschritten wird, sondern sich innerhalb der Binnenstruktur der deutschen Truppe abspielt. Kohäsion der Truppe, so ist es auch in der Literatur zur soldatischen Männlichkeit zu lesen, bildete sich nicht nur mittels Kameradschaft, sondern auch durch emotionale Gemeinschaftlichkeit.[189] Die Begegnung kann hier in der Lesart einer allgemeinmenschlichen humanitären Zuwendung und in der einer männlich-universalen Verbrüderung unter dem Banner nationalistischer männlich-militärischer Kameradschaft ihren Platz und Schutz finden.

Insofern bilden die beiden Szenen eine Ergänzung, die die geopolitische und ideologische Kohärenz des deutschen Kaiserreichs an dieser Front darstellt: Die Kontrolle des belagerten Raums, die auf eine Beherrschung der Lage verweist, zeugt von der geopolitischen Überlegenheit dieser Staatsmacht. Die totale Hingabe an den Beruf, die Berufung, die in diesem Fall in den nationalstaatlichen Anforderungen der humanitären und militärischen Bürgerpflicht völlig aufgehen kann, wird in das Bild einer allgemeinmenschlichen, überzeitlichen Humanität verpackt, die auf die grundlegende Überlegenheit eines deutschen Charakters

---

[189]Vgl. hierzu erneut Kühne 2002, 2010.

abzuzielen scheint. Diese befördert und stabilisiert auch die Gemeinschaft, die zwar männlich codiert ist, aber für die Nation im Gesamten steht. Im zweiten Teil dieser Szene, in der es aber auch und gerade um die persönliche Beziehung zwischen zwei Menschen geht, die im speziellen Fall von Patient und Arzt ein intimes Vertrauensverhältnis darstellt, kommt der Film nicht umhin, diese als augenscheinlich empfindsame männlich-männliche Beziehung zu repräsentieren (latente Botschaft). Gerade weil sich aber das Politische und das Geschlechtliche hier wechselseitig hervorbringen, kann diese Darstellung ohne allzu große Betonung der sexuellen Konnotationen erfolgen, indem diese Beziehung von den Emblemen, Ritualen und Codes des Militarismus eingerahmt wird, die sie als bekannte politisch-militärische Aktion beziehungsweise als bekanntes militärisches Schema des Männerbundes oder auch der Kameradschaft ausweist (manifeste Botschaft).

Dieses Schema einer politisch-militärischen Aktion wiederholt sich im Film mehrmals in verschiedenen Varianten. Es vollzieht sich zumeist als Handlung, die das Humane jenseits des Nationalen betont, jedoch zugleich intensiv geschlechtlich, das heißt hier männlich-männlich erotisch codiert ist.

Nach diesen Einstellungen, die die strategische, aber auch humanitäre Lage der deutschen Division, inklusive Harts Arbeit, versinnbildlichen, verlagert sich der Standpunkt der Perspektive ins Dorf und damit auf die Seite des Gegners. Die russischen Soldaten sowie ein paar Kosaken werden lediglich in Gruppen gezeigt, es wird kein Individuum hervorgehoben. Mehr noch wird aus der individuellen Perspektive eines alten Paares deren Brutalität und Unmenschlichkeit vermittelt: Der Alte (Panje) versucht, diese am Vergiften des Dorfbrunnens, Sinnbild des Lebens und Zentrum des Dorfes, zu hindern und wird brutal von ihnen niedergeschlagen. Allerdings verlassen diese anschließend fluchtartig das Dorf, das von jenem deutschen Regiment eingenommen wird, in dem sich auch Hart befindet. Panjes Frau bittet ihn um Hilfe für ihren Mann. In dessen Hütte verwebt sich die Kriegshandlung mit der Handlung aus der Exposition, insofern Hart an der Wand eine Fotografie mit Jadwigas Porträt entdeckt. Sie, so lautet die Auskunft des Paares, sei die Tochter des „gnädigen Herrn", Graf Bransky, dem Besitzer des Gutes, zu dem das Dorf gehöre. In einer kurzen Rückblende sehen wir Jadwiga in der Funktion der guten Seele präsentiert, die Panje einen Laib Brot überreicht, zugleich aber auch mit den russischen Kosaken schäkert. In diesen Einstellungen vermischen sich in der Figur Jadwigas erneut Sexuelles beziehungsweise Begehren (Schäkern) und Politisches (Soldaten). Unverhohlen zeigt sie ihr Interesse, das gerade in seiner Oberflächlichkeit und Flüchtigkeit ihre Unzuverlässigkeit zumindest in sexuellen Dingen betont, welche potenziell aber eben unter den gegebenen Bedingungen der geopolitischen Gesamtlage immer auch zu politischer Unzuverlässigkeit führen kann. Weiterhin ist ihre politische wie sexuelle Zugehörigkeit offen. Eindeutig ist damit allerdings auch, dass sich das Territorium, auf welchem sich Hart nun befindet, ebenfalls weder politisch noch sexuell fixieren lässt.

Der Fortlauf dieser Szene besteht darin, ein betont humoristisches Bild der deutschen Truppe zu zeichnen, welches zugleich im dezidierten Gegensatz zu den russischen Soldaten die Gutmütigkeit und Freigiebigkeit der deutschen Soldaten vermitteln soll. Sie hat dabei in der Tat etwas von einem militärischen Schwank.

Aus ihrer Gulaschkanone versorgen die deutschen Soldaten die Dorfkinder, und obwohl die Rationen streng eingeteilt werden müssen, bekommen die Dorfbewohner stets einen Teil ab. Humoristisch muten die Einstellungen, die eher episodisch als narrativ angeordnet sind, deshalb an, weil die Soldaten bei häuslichen Tätigkeiten, insbesondere dem (misslingenden) Kochen, gezeigt werden, die traditionellerweise weiblich konnotiert sind. Gerade darin ist jedoch eine realistische Konstellation zu sehen, wie in der Literatur immer wieder hervorgehoben.[190] Hier wird sie jedoch ganz eindeutig in der Form des Schwankartigen der Lächerlichkeit preisgegeben. Die Tätigkeiten finden zudem nicht in einer Feldküche, sondern in zivilen Küchen statt, welche aber aufgrund von Bombardierungen in Trümmern liegen. Das Gewaltsame, das durch das Eindringen des Militärischen ins Zivile normalerweise hervorgerufen und bezüglich der russischen Kosaken auch deutlich ausgesagt wurde, ist hier im Hinblick auf die deutschen Soldaten aufgefangen in einer konnotativ geschlechterverdrehten Inszenierung ziviler, harmloser Häuslichkeit. Es entsteht hier ein groteskes Bild, insofern im Kontext dieser Zerstörungen der Zivilgesellschaft genau diese von den deutschen Soldaten re-inszeniert wird. Es basiert darauf, dass dieser Teil des russischen Imperiums von der deutschen Armee zerstört wurde, der einmal ein zwar nationaler (darin immer schon prekärer), aber dennoch ziviler Bereich war. Auf dieser Grundlage kann die mit der Zerstörung einhergehende Umkehrung der geopolitischen Lage vor Ort genutzt werden, um ein Bild der deutschen Armee zu entwerfen, das augenscheinlich um die Gunst der polnischen Bewohner*innen und der deutschen Zuschauer*innen wirbt. Zur Ansicht gelangt hier inmitten der Trümmertopografie die humoristisch verzerrte Imagination einer geopolitischen Zukünftigkeit: So könnte das neue Herrschaftssystem aussehen, wäre das Territorium deutsch.

Der mit dem nächsten Standortwechsel einhergehende Entwurf einer Topografie setzt erneut auf das Prinzip des überschaubaren Raums, in dem es (noch) einen klar überschau- und kontrollierbaren Standpunkt gibt. Dieser wird wiederum von den deutschen Soldaten eingenommen, die sich recht frei auf dem offenen Gelände bewegen. Damit verknüpft ist erneut jene Position für die Zuschauer*innen, direkt am Geschehen, aber aus gesicherter Distanz teilzuhaben. Wieder handelt es sich um ein freies Feld. Auf diesem steht eine Mühle. Sie befindet sich ganz in der Nähe des Schlosses Bransky, auf das die deutsche Division vorrückt. Per Insert werden wir als Zuschauer*innen darüber informiert, dass Schloss Bransky noch von der russischen Armee besetzt ist. Als die deutsche Division auf der Anmarschstraße bei der Mühle anhält, müssen die Soldaten feststellen, dass sie systematisch beschossen werden. Es stellt sich heraus, dass die Mühle kein leeres und damit harmloses ziviles Gebäude, sondern ebenfalls bewohnt oder (von polnischen Partisanen, Kosaken oder russischen Soldaten) besetzt ist. Von den Handlungen, die von den unsichtbaren Personen ausgeführt werden, geht zudem offensichtlich Gefahr für die deutsche Division aus.

---

[190]Vgl. erneut Kühne 2002, 2010 sowie Herzog 2009.

Die Agitatoren stehen nicht nur in unsichtbarer, weil nachrichtentechnischer Verbindung mit der russischen Division, sondern auch politisch auf deren Seite. Die Mühle ist also ein geostrategischer Raum, begrenzt zwar, aber dafür aufgrund der mit ihr verbundenen Taktiken für die eine Seite extrem gefährlich beziehungsweise tödlich. Nicht nur, dass die Gebäude feindliche Räume darstellen, es ist zudem immer damit zu rechnen, dass sich auf diesem Territorium deren Bewohner*innen mit dem Feind verbünden. Das bedeutet, die deutschen Soldaten kämpfen nicht nur mit Waffentechniken gegen den ‚eigentlichen' Feind, nicht dieser allein stellt eine Gefahr dar. Vielmehr sind ebenso die unbekannten politisch-ideologischen Anschauungen der Bewohner*innen nicht kalkulierbar und können jederzeit zur ernst zu nehmenden Bedrohung werden. Nicht zufällig handelt es sich um einen ‚Spion' (Zwischentitel), der von den deutschen Soldaten gefangen genommen wird, woran Hart teilnimmt, indem er ihn gemeinsam mit dem Kommandanten der Division im Nahkampf überwältigt. Bei dieser Inszenierung handelt es sich um ein Tableau, das man so hätte auch auf der Bühne betrachten können. Es gelten hier somit am ehesten in reiner Umsetzung die dem Kriegsfilm vorgeworfenen altmodischen Verfahren der Inszenierung.

Ein wenig später in der Handlung sehen wir an diesem Ort dann Hart zum ersten Mal sich systematisch seiner Aufgabe der Versorgung der Soldaten widmen, die durch diesen Beschuss verwundet wurden. Kriegshandlungen, so die Logik der Darstellung, fordern menschlichen Tribut. Die Szene, in der dies geschieht, ist bei hellem Tageslicht gefilmt. Hart ist zu sehen, wie er vor allem seine Utensilien mit Hilfe seiner Assistenten herrichtet. In einer Schnittfolge verändert sich die Kameraeinstellung von *medium* zu *medium close up* im *shot-reverse-shot*-Verfahren, wobei die entstehende Blickkonstellation unter den Männern die Szene des narrativen Flusses enthebt und sich hierdurch eine in sich geschlossene männliche Gemeinschaft konstituiert. Diese besteht aus einem eingespielten Team, wobei die Assistenten sowohl eine vollkommene Akzeptanz von Harts Autorität als auch eine persönliche Bewunderung für ihn zur Schau stellen. Aber nicht nur Hart wird zum Zentrum der Blicke durch die Assistenten, sondern auch die zu versorgenden Soldaten partizipieren daran, jedoch auf andere Weise: Bei der Darstellung dieser meist oberkörperfreien, muskulösen Männer wird der eindeutig männlich codierte, durchtrainierte soldatische Körper ins Zentrum gerückt. Das intrinsische Paradox in dieser Inszenierung springt förmlich ins Auge: Einerseits sollen die deutschen Soldaten einem Idealbild männlicher Stärke entsprechen, andererseits sind sie gerade hier in der Rolle geschwächter, verwundeter Männer zu sehen. Gerade aus diesem Paradoxon entsteht aber die doppelte Wirkung der Fokussierung auf die männlichen, schönen Körper, die wiederum besondere Aufmerksamkeit seitens des Arztes und seiner Assistenten erhalten. Bewunderung für den einen Arzt und Mann durch die Blicke der Assistenten wird hier direkt mit der Bewunderung des männlichen Körpers durch deren Blicke und denen der Zuschauer*innen eng miteinander verschweißt. Die Szene bildet eine Konstellation, in der die männlichen Blicke und männlichen Körper miteinander so verbunden sind, dass sich in dieser geschlossenen Einheit Identifizierung und Begehren relativ frei, fließend von einem zum anderen, entfalten können. Beide Teile der Szene, die Gefangennahme des Spions sowie die Verarztung der Verwundeten, ergänzen sich erneut als geopolitische Aktion, die einmal durch die Gefangennahme des Spions und die Sprengung der Mühle von der Überlegenheit der deutschen Division zeugt, die zudem als allgemeinmenschliche humanitäre Aktion zu interpretieren ist, die zugleich ein in sich geschlossenes Verweissystem von männlich-männlicher Intimität und Begehren, von bewundernden Blicken und idealen männlichen Körpern mitproduziert, welches jedoch aufgrund des militärisch-männerbündischen Rahmens ganz unverkrampft und nicht offen sexuell codiert ist und so verstanden werden muss.

Gemäß der Logik des ‚irregulären' Verlaufs der Kriegsfront zwischen den beiden staatlichen Mächten, bildet Schloss Bransky einen Kreuzungspunkt, der erst von der russischen Einheit besetzt, dann von der deutschen Division ins Visier genommen wird. Vom Innenstandpunkt des Schlosses aus gesehen bedeutet dies, dass wir hier zum ersten Mal ein Territorium sehen, welches geostrategisch umkämpft wird, insofern hier zwei Divisionen direkt aufeinander treffen. Und es ist näher zu betrachten, wie die russischen Soldaten dabei vorgehen.

Man sieht in unregelmäßigen Abständen die Explosion und den Rauch von Detonationen. Es entsteht ein Bild des chaotischen Aufruhrs, der geostrategischen Auflösung, die mit einer mentalen Irritation verknüpft ist. In verschiedenen, rasch wechselnden Einstellungen, die die Orientierung erschweren, werden sowohl die Innenräume als auch der umliegende Garten des Schlosses gezeigt, welche die Anspannung und Dramatik der Situation ebenso evozieren wie sie die Beengtheit und den Verlust des (beherrschenden) Überblicks erzeugen. Diesem Chaos entspricht die kinematografische Fragmentierung des Raums, mit der die Multiplizierung der Perspektiven verknüpft ist. Man verliert schlicht den Überblick, sprich die distanzierte Herrscherposition und begibt sich in die Niederungen individueller Standpunkte, deren Aktionen unkoordiniert sind, die deshalb offenbar auch nicht zum militärischen Sieg führen können. Soldaten springen recht wahllos durchs Bild, man hat den Eindruck, hier werde keine konsistente militärische Strategie angewendet. Graf Bransky scheint der einzige Ruhepunkt, ein sistierender Block in diesem dynamischen Geschehen zu sein. Graf Bronislaw, der die russische Division anführt, hat sich bereits für den Rückzug entschieden und versucht dementsprechend, den Grafen und Jadwiga dazu zu überreden, mit ihm zu fliehen.

In das politische Geschehen wird somit das persönliche, erotische Geschehen implementiert. Es bildet eine erweiterte Perspektive, die sich auch im melodramatischen Modus des Spiels von den anderen Einstellungen abheben darf. Der Graf steht dabei mit erhobener Faust ostentativ im Saal und deklamiert: „Ich erwarte die Deutschen!" (Zwischentitel) Wobei seine Motive nicht unbedingt eindeutig sind: Will er bleiben, weil er sein Territorium bis zuletzt zu verteidigen gedenkt und sich erst dann ergibt, wenn der Sieg der Deutschen feststeht und sie ihn gefangen nehmen? Oder bleibt er aus politischer Überzeugung, ein deutscher Sieg sei begrüßenswert? Ist mit „erwarten" somit „begrüßen" im politischen Sinn gemeint? Jadwiga setzt ihrerseits ihr bislang doppeldeutiges Verhalten fort. Sie ist zögerlich, sie entwindet sich Bronislaws Umarmung, der nicht nur mit Worten auf sie eindringt, sondern sie zudem zu küssen versucht. Als er sich abrupt von ihr abwendet, streckt sie flehend die Arme nach ihm aus und ruft ihm hinterher. Aber nicht nur der Modus der Darstellung ist hier theatralisch-melodramatisch. Vielmehr geht mit dieser politisch-geschlechtlichen Wankelmütigkeit der Aufbruch von Emotionen unter der Oberfläche einher, der das Tableau bereits durch die Einbettung in den chaotisch inszenierten Beschuss des Schlosses gesprengt hatte. Politisch codiert ist dies insofern, als dass mit dieser Emotionalität augenscheinlich auch der Verlust nicht nur der erotischen Contenance, sondern auch der der militärischen Überlegenheit verknüpft ist. Ob das Küssen seitens Jadwigas ein strategischer Schachzug ist, mit dem Bronislaw sie letztlich zum Verlassen des Schlosses bringen will (politisches Motiv) oder ob es sich um einen Ausdruck echter Gefühle der Zuneigung und Liebe (sexuelles Motiv) handelt, ist dabei aber nicht eindeutig auszumachen. Genauso uneindeutig bleibt, ob sie sich seiner Umarmung entwindet, weil sie nichts für ihn als Mann empfindet, weil ihr Herz an Dr. Hart hängt (sexuelles Motiv), oder ob sie wegen des Besitzes (und ihrem Vater) (persönliches und politisches Motiv) auf dem Schloss bleiben will. Dass sie ihm nach der Umarmung nachruft, macht die Situation noch undurchsichtiger. Hat sie es sich anders überlegt, weil sie Bronislaw doch liebt oder weil sie erkannt hat, dass die Flucht möglicherweise der beste Weg ist, am Leben zu bleiben? Jadwiga verkörpert als Frau und als Polin, das heißt als zum russischen Territorium Zugehörige, jedoch ethnisch davon different Markierte einmal die Wankelmütigkeit ihrer weiblichen Natur, die sie sowohl in sexueller als auch in politischer Hinsicht unzuverlässig macht. Zudem repräsentiert sie die angeschlagene Kohärenz jener beherrschenden Machtform, auf deren Territorium sie sich befindet. Bronislaw wiederum agiert aus der Position dessen, der zu handeln gezwungen ist, der geostrategische Entscheidungen treffen muss, die das gesamte Verhalten, auch das geschlechtliche beziehungsweise sexuelle dominieren. Die Tatsache, dass er sich für den Rückzug in Form der Flucht entscheidet, lässt selbstredend keine Spekulationen darüber offen, wie der Film die geopolitische Gesamtlage sowohl der Polen als auch der Russen bewertet. Bronislaw flieht schließlich zu Pferd in einer Gruppe Kosaken und reitet in den Wald. Jadwiga verbleibt an der Seite ihres Vaters. Der wiederum erwartet den Einmarsch und die Besetzung durch die deutsche Division, deren Kommandant ihn wie ein Ehrenmann mit Handschlag begrüßt. Ob es sich um eine Gefangennahme handelt, wird nicht offensichtlich.[191]

---

[191]Nimmt man hypothetisch an, dass der Graf sich als Russe fühlt, wäre er in den Augen des deutschen Kommandanten ein Feind. Dann würde die Inszenierung ein altes Bild des Krieges evozieren, bei dem Adelige und die Militärführung als Ehrenmänner von der feindlichen Seite behandelt wurden. Geht man davon aus, dass der Graf mit einem unabhängigen polnischen Staat als Ergebnis des Krieges kalkuliert, dann könnte man ihn als Freund der Deutschen einstufen. In diesem Fall handelte es sich um eine Geste unter freundlich Gesinnten. In keinem Fall entspricht das Bild jedoch dem modernen Gesicht des Krieges, in dem überhaupt kaum noch Kriegsgefangene gemacht wurden, sondern auf Extinktion alles menschlichen Materials abgesetzt wurde. In dieser Logik des Krieges ging man als Befehlshaber lieber ins Exil, als dass man sich gefangen nehmen ließ. Anders formuliert, man versuchte, zu desertieren.

2.6 Der raumzeitliche geostrategische ‚Verrat' – *Das Tagebuch des Dr. Hart*

Mit dem Einmarsch und dem ‚Sieg' der deutschen Division ändert sich schlagartig die gesamte Topografie des Schlosses. Das Licht in den Einstellungen ist gleichmäßig und sehr hell, die Schnitte werden ruhiger, die Figuren bewegen sich langsamer, systematischer. Weite Einstellungen dominieren, die nicht nur Ausschnitte des Schlosses, sondern dieses aus der Außenansicht in der Gesamtheit seiner Anlage zeigen. Man gewinnt auch als Zuschauer*in wieder einigermaßen den Überblick und die kontrollierte Distanz zurück. Die Besatzung der Deutschen bringt schlichtweg die topografischen Indizien des Krieges wie Rauch, Feuer und Bombeneinschläge zum Verschwinden. Die behauptete geopolitische Lage des deutschen Sieges über die russische Division erlaubt eine geostrategische Neuordnung des sichtbaren Raums, der nun vor allem Beruhigung und Stabilisierung ausdrücken soll. Dafür steht vor allem auch das medizinische Personal ein, durch welches nun das in ein Lazarett umgewandelte Schloss ganz im Zeichen des Heilens und der Genesung steht. Mit der politischen stabilisiert sich auch die sexuelle Ordnung in mehrfacher Hinsicht. Nicht nur Feld- und Stabsärzte sind anwesend, um sich um die verwundeten Soldaten zu kümmern, sondern ebenso Krankenschwestern – das Territorium wird hetero/sexuell reorganisiert. Diese bringen aufgrund der mit ihrer Weiblichkeit verknüpften Attribute Elemente des komplementären Zivilen, des Humanen ein. Mit ihnen wird zudem das Konzept der mütterlichen Fürsorge aus dem militärisch-kameradschaftlichen Kontext herausgelöst und an den Ort zurückgeführt, wo es in den zeitgenössischen Debatten verankert war, beim Weiblichen nämlich – allerdings jetzt eben auf frisch erobertem Territorium. Es war die Bestimmung der guten Frau als Staatsbürgerin, ihre weiblichen Eigenschaften wie Fürsorge und Zuwendung in das nationale Projekt einfließen zu lassen (s. Abschn. 2.2). Darüber hinaus werden die Beziehungen der Hauptfiguren neu geordnet.

Schon der Beginn der Szene führt ein neues Motiv ein, die weibliche Opferbereitschaft aus der Heimat nämlich: Ursula von Hohenau hat einen Lazarettzug gestiftet, mit dem sie nach Schloss Bransky fährt, um dort Verwundete in die Heimat zu überführen. Wir sehen sie in einer Krankenschwesterntracht in Bad Oos, wo sie von einer jubelnden Menschenmenge am Gleis verabschiedet wird, um in den Zug zu steigen. Diese Bilder sind in ein paar Einstellungen gedreht, die parallel zu denen ablaufen, in denen Dr. Hart auf einem Hauptverbandsplatz am Tisch sitzt und sinnierend etwas ins sein Tagebuch notiert. Es entsteht der Eindruck, als handele es sich um seine Gedanken oder seine Erinnerungen an Ursula, sprich um einen *flash back*. Jedoch zeigen die Bilder von der Zugabfahrt ein zeitlich parallel ablaufendes Geschehen. Obwohl Hart davon nichts wissen kann, sind ihre Aktivitäten narrativ miteinander verknüpft, wie sie geschlechtlich und sexuell im politischen Sinn von Beginn des Films an aufeinander bezogen sind. Der Handlungsstrang ist Teil des deutschen geostrategischen Plans, wird hier jedoch filmstrategisch an Harts heimliche Wünsche, an sein vermeintliches Begehren angeschlossen. Diese parallel laufende Handlung erfüllt die geostrategische Funktion, dass mit der Figur Ursulas die deutsche, aufrichtige und aufopferungsbereite, stets loyale Weiblichkeit in Schloss Bransky im Sinne einer Konsolidierung des geostrategischen Raums einzieht, um die männlich-militärische und zugleich humanistische Dr. Harts zu ergänzen. Ihre Anwesenheit hat aber vor allem die Funktion, zusätzlich zur Stabilisierung der binären Geschlechterordnung in diesem geostrategischen Raum beizutragen: Sie weiß, dass Hart, der ihr durchgehend von der ‚Front' in die ‚Heimat' Briefe schrieb, sich auf Schloss Bransky aufhalten muss. Das heißt, sie verfolgt mit ihrer Ankunft immer schon eine doppelte, politische und sexuelle Strategie. Dies erfolgt im Gegensatz zu Hart selbst, der eher zufällig erfährt, dass sie die Reise überhaupt angetreten hat. Die beiden kommen im Garten des Schlosses Bransky zusammen, wo sie sich ein intimes Stelldichein geben. Hiermit ist die binäre Geschlechterordnung in ihrer stabilen Komplementarität von Mann/Arzt/Staatsbürger und Frau/Krankenschwester/Staatsbürgerin ausdrücklich als heterosexuelle konsolidiert.

Die zweite Zusammenführung des anderen heterosexuellen Paares erfolgt unter etwas dramatischeren Umständen. Im Garten des Schlosses eröffnet Jadwiga Hart, dass sie sich um den Verbleib von Bronislaw große Sorgen mache. Zunächst lässt sich an der Situation wenig ändern. Hart tut weiterhin seinen Dienst als Arzt, indem er im Garten eine Impfung aller Soldaten vornimmt. Kein allgemeinmenschlich Humanitäres soll hier repräsentiert werden, auch wenn die Zuschauer*innen nochmals viele muskelbepackte Männer mit freiem Oberkörper zu sehen bekommen, sondern etwas, der Situation angemessenes Pragmatisches. Auch wird hier nicht mehr die männlich-männliche Intimität evoziert, wie zuvor noch im Film. Der Umgang mit den Verwundeten, die Beziehung zwischen Patient und Arzt hat sich hier auf einen medizinisch-technischen Vorgang reduziert. Allerdings kann man davon sprechen, dass es sich beim Impfen um eine Körpertechnik des schmerzhaften Eindringens in den Körper handelt, die dessen Integrität verletzt. Sie steht im Gegensatz zur weiblichen Pflege, bei der weniger invasive, ‚sanftere' Techniken angewendet werden, um den soldatischen Körper wieder zu regenerieren. Insofern wäre der Rückzug auf das ‚rein Technische' eine Verschiebung der Codierung der Beziehungen unter den Männern innerhalb eines geschlechtlich codierten Raums, indem das Weibliche nun alle empfindsamen und sanften Aspekte übernommen, während das Männliche für das Rationale, Harte einzustehen hat. Das ‚Eindringen' in den männlichen Körper jedoch, der mit ‚fremden' Substanzen verunreinigt wird, kann auch als schwules Residuum innerhalb dieser vermeintlich objektiv-wissenschaftlichen Technik interpretiert werden (s. Einl. u. Abschn. 3.1).

Hart wird jedoch in die Lage versetzt, Jadwiga ihrer Sorgen zu entheben. Im Anschluss an die Impfung begleitet er einen Lazarettwagen, der mit vielen Verwundeten zum Schloss zurückkehrt. Bei einem weiteren Verwundeten handelt es sich offenbar um einen russischen Soldaten, Bronislaw nämlich, der sich aufgrund der territorialen Gegebenheiten und seiner zuvor gewählten Zugehörigkeit nun in einen Kriegsgefangenen verwandelt hat. Zudem ist er offenbar lebensgefährlich verletzt, inszeniert durch anhaltende Ohnmachtsanfälle. Die Begegnung der beiden wird in einer Einstellung dargestellt, die im *shot-reverse-shot*-Verfahren erst Bronislaw im Lkw liegend, dann Hart mit ernsthaft besorgtem Gesichtsausdruck zeigt, der auf ihn blickt. Wir können davon ausgehen, dass Hart den russischen Offizier wiedererkennt.

2.6 Der raumzeitliche geostrategische ‚Verrat' – *Das Tagebuch des Dr. Hart*

Jadwiga erkennt ihn ebenfalls sofort, als er auf der Bahre ins Schloss getragen wird. Von diesem Augenblick an weicht sie nicht mehr von Bronislaws Seite. Aller Wankelmut hat sich in dieser Figur nun aufgelöst: Politische Eindeutigkeit zieht sexuelle Verlässlichkeit nach sich. Jadwiga scheint so von Liebe erfüllt zu sein, dass sie sich Hart vor die Füße wirft, als sie Bronislaw im Sterben wähnt, und ihn bittet, diesem das Leben zu retten. Dieser führt die nötige Operation erfolgreich durch, womit angedeutet ist, dass die beiden eine glückliche gemeinsame Zukunft haben werden. Der ‚befriedete' geostrategische Raum verweist auf eine geopolitische Gesamtlage, in der das deutsche Kaiserreich offenbar die Oberhand gewonnen hat. Das Territorium ist erfolgreich erobert, die Topografie geostrategisch gemäß der geopolitischen Lage neu formatiert worden. Zu dieser Neuformatierung zählt einmal das Bild des sanften, fürsorglichen Heilens und Genesens, verknüpft mit der Etablierung einer stabilen heterosexuellen Geschlechterordnung, die die Handlungen der Figuren dominiert. Darüber hinaus ist mit der territorialen Uneindeutigkeit die geostrategische Unzuverlässigkeit jener Figuren verschwunden, die zum umkämpften Terrain gehören: Graf Bransky, vor allem aber Graf Bronislaw und Jadwiga. Es wird hier die eindeutig zweideutige politische Botschaft erzeugt, Deutschland hätte im Sinne Polens Russland besiegt – ob als neues Herrschaftssystem oder die polnische Autonomie befördernd, bleibt betont offen.

Der Film schließt dementsprechend mit dem Bild einer neu gewonnenen Harmonie aller Beteiligten unter deutscher Vorherrschaft, welche das Thema des Filmbeginns nochmals aufgreift, jedoch unter der neuen geopolitischen Lage anders inszeniert. Hierin ist das explizite propagandistische Element des Films zu sehen, insofern das, was gezeigt wird, nicht das Eigentliche ist: Es gab niemals einen wahrhaft ‚deutschen Sieg' an der Ostfront; Deutschland hat Polen nie ‚befriedet' und dabei zum autonomen Staat erhoben. Im Kaminzimmer des Schlosses sitzen alle einvernehmlich im Halbkreis um den Kamin herum. Hart liest aus seinem Tagebuch, das die vergangenen anderthalb Jahre (von August 1914 bis 5. November 1916)[192] umfasst. Teilweise wird dies über Inserts mit den

---

[192] Der Film zeigt keine konkreten Schauplätze und orientiert sich bei der Chronologie der Ereignisse an keiner offiziellen historiografischen Verzeichnung. Mit Bezug zu den Geschehnissen an und den Verläufen der Ostfront kann man bis zum Ende des Jahres 1916 sagen, dass im Jahr 1914 von deutscher Seite aus die Verteidigung ostpreußischer Gebiete im Vordergrund stand, in die die russischen Divisionen umgehend nach Kriegsausbruch eingefallen waren. Nachdem Deutschlands Grenzen im Osten gesichert worden waren, drangen deutsche Truppen aber auf russisches Gebiet vor, was Teile von Polen, insbesondere Galizien, Estland und Litauen umfasste. Im Verlauf des Jahres 1915 versuchte die russische Armee erfolglos, die Gebiete zu verteidigen. Sie musste sich dann zurückziehen, was in der Militärgeschichte der „große Rückzug" genannt wird. Bis ins Jahr 1916 gelang der russischen Armee keine einzige erfolgreiche Gegenoffensive insbesondere in diesen Gebieten. Sie wurden unter deutscher Oberhoheit unter dem Begriff „Ober Ost" verwaltet. Man könnte nun spekulieren, dass die grundlegende Aussage des Films zur geopolitischen Überlegenheit, die sich in der Kontrolle des Territoriums am Ende des Films bündelt, auf diesen Zeitpunkt der Verwaltung durch Ober Ost referiert. Letztlich lässt sich das aber nicht sagen. Das Jahr 1916 wiederum wurde im Frühjahr von der Schlacht am Narotschsee in Weißrussland im März sowie von der von Juni bis September andauernden Brussilow-Offensive primär in Galizien bestimmt, bei der die russische Armee den zeitweilig größten Erfolg seit

jeweiligen Buchseiten, teilweise in Rückblenden gezeigt, die aus Szenen des Films zusammengesetzt sind, wie die Kinder im Kinderheim, der Abend des Feuerwerks, Jadwiga und Bronislaw auf dem Bett nach der Operation beispielsweise. Neben den vergangenen Ereignissen und Erlebnissen, die hier zwangsläufig alle zu dem versöhnlichen Ende führen müssen, ist auf der letzten Seite, die eben jenes Datum des aktuellen Tages trägt, vermerkt, dass sich nun der Wunsch des Grafen Branksy erfüllt habe, nämlich die Freundschaft zwischen Bronislaw und Hart. Harts Hand schlägt in Großaufnahme das Tagebuch zu. Und wir sehen in den folgenden Einstellungen nicht nur die Gruppe vor dem Kamin auf dem Sofa sitzen, sondern die Kamera fährt nah an Hart und Bronislaw heran, die direkt nebeneinander Platz genommen haben, und zeigt, wie sie sich die Hände schütteln und intensiv mit wissendem Blick in die Augen schauen. Hierdurch wird im Einvernehmen mit der Kamera eine besondere, ganz individuelle Intimität zwischen diesen beiden Figuren hergestellt, die sie von den anderen intendierterweise abgrenzt. In der letzten Einstellung haben die beiden ihre Hände in Großaufnahme auf dem Tagebuch übereinander gelegt (s. Abb. 2.10).

Aus den beiden Männern, Hart und Bronislaw, sind schlussendlich Freunde geworden, so steht es in Harts Tagebuch, gekleidet in den Wunsch des alten Grafen Bransky, dessen Strategie dies ja von Beginn an gewesen sein soll. Wie aber wird der Feind zum Freund? In der Logik des Krieges gibt es entweder Sieger und Besiegte oder es gibt zwei, die bereits vorher eine Allianz bildeten. Aber – wie es dieser Film vorführt – man muss stets mit Wankelmütigkeiten und Unzuverlässigkeiten bezüglich der Loyalität eines Individuums rechnen. Vom Feind zum Freund werden kann man nur dann, wenn man – gewollt oder ungewollt – verrät: seine Staatsmacht, seine Nation, seine Nationalität sowie nicht zuletzt seine ethnische, politische und sexuelle Zugehörigkeit. Hier bewegen wir uns bereits wieder in gefährlicher Nähe zur Propaganda beziehungsweise vielmehr zur *secrecy*. Denn bei dieser handelt es sich ja um eine Methode beziehungsweise um eine Kriegslist, den Gegner unbewusst mittels einer harmlosen manifesten Botschaft, hinter der eine ideologische latent verborgen ist, auf die eigene Seite zu ziehen. In diesem Fall wäre anzuzweifeln, ob das Überlaufen zum Gegner gewollt und

---

Kriegsbeginn verbuchen konnte. Dennoch handelt es sich beim 5. November um ein interessantes Datum. Es ist nichts darüber bekannt, dass sich im geostrategischen Raum des Territoriums an diesem Tag etwas ereignete, das auf eine radikale Veränderung des Gesamtgeschehens hindeutete. Jedoch proklamierten an diesem Tag sowohl der deutsche als auch der österreichische Kaiser ein unabhängiges Königreich Polen, das aus den ehemals russisch-polnischen Gebieten zusammengesetzt sein, sich aber politisch und militärisch eng an den Mittelmächten orientieren sollte. Der Tag ist als historisch wichtiger Tag in die Geschichte eingegangen, ohne dass sich damit aber im Kriegsverlauf etwas entscheidend verändert hätte, das heißt, die durch den Krieg in Bewegung geratenen geopolitischen Räume und ihre Neuformatierungen waren damit nicht still gestellt. Die Proklamation hatte bis dato lediglich einen symbolischen Wert, aber keine durchdringende politische Schlagkraft. Gerade dieser Symbolgehalt macht aber am ehesten die durch den Film behauptete geopolitische Lösung für das Territorium sinnhaft, auf dem sich die Handlung abspielt, sowie die dazugehörige Überlegenheit der deutschen Staatsmacht.

2.6 Der raumzeitliche geostrategische ‚Verrat' – *Das Tagebuch des Dr. Hart* 163

Abb. 2.10 *Das Tagebuch des Dr. Hart,* D 1918/19, Friedrich-Wilhelm-Murnau-Stiftung, 0:44:17:65

deshalb als Verrat zu bezeichnen ist. Läuft man jedoch als Individuum bewusst zum Gegner über, dann hat man in jedem Fall Verrat begangen. Dann muss man sich aber auch in den Koordinaten der Geheimhaltung bewegen, ansonsten läuft man Gefahr, von der verratenen Staatsmacht liquidiert zu werden. Man kann nicht gefahrlos zum Gegner überlaufen. Was also motiviert jemanden, dies zu tun? Welcher Anreiz besteht im Fall von Bronislaw, auf die deutsche Seite zu wechseln beziehungsweise ganz dezidiert, Harts Freund zu werden? Auf den ersten Blick ist dieses Motiv nicht ersichtlich. Jedenfalls lässt es sich nicht aus den manifesten geostrategischen und politischen Handlungen erschließen, die Bronislaw ausführt. Er flieht von Schloss Branksy, als die deutsche Division einmarschiert. Er wird verwundet beim Beschuss eines Gebäudes durch die Deutschen, die ihn dann als Verwundeten gefangen nehmen. Nach freiwilliger Handlung sieht dies zunächst nicht aus. Um so rätselhafter erscheint seine Einwilligung in diese Freundschaft. Um ein wenig Licht in diese Angelegenheit zu bringen, möchte ich ein letztes Mal auf die Topografie eingehen, speziell auf jene, die der Film zwischen Bronislaws Flucht von Schloss Bransky und dem Eintreffen Ursulas vor Ort entwirft.

Bis zu diesem Zeitpunkt sind im Film die einzelnen Orte einigermaßen klar von einander getrennt und räumlich umgrenzt. Die Topografien sind recht überschaubar und gut geopolitisch sowie geostrategisch lesbar. Die im Krieg befindlichen verfeindeten Mächte bekämpfen sich durch Beschuss, wobei die Darstellung von Mann-zu-Mann-Gefechten so gut wie nicht vorkommt (mit aus Ausnahme des Spions, der aber vermutlich kein russischer Soldat ist). Orte werden von den einen besetzt, von den anderen eingenommen, daher geräumt und verlassen oder eben belagert. Die damit verbundene Freund-Feind-Konstellation löst, wie bereits erläutert, auf dem Territorium einige politisch-ideologische Destabilisierungsmomente (Spion, Jadwiga) aus. Die Topografien sind zwar generell recht gut umgrenzt und dabei mit klaren Linien durchzogen. Jedoch sind in sie politisch-ideologische Verwerfungen und Faltungen eingebaut, die zu unkalkulierbaren Veränderungen bezüglich der Loyalitäten Dritter (zumeist der Bewohner des Territoriums) führen. Diese Art der Topografie ändert sich genau in jener Szene, die auf Bronislaws Flucht von Schloss Bransky folgt.

Kein Ort, kein Gebäude ist mehr zu sehen, auch keine überschaubaren Landschaften, mit denen die entsprechenden Standpunkte der Divisionen korrelieren. Die Topografie hat sich in Gelände, bestehend aus Naturaufnahmen, verwandelt. Die Perspektiven sind geneigt, man sieht vornehmlich Fragmente einer hügeligen, teilweise bewaldeten Landschaft, zumeist in amerikanischen oder halbnahen, rasch wechselnden Einstellungen in Untersicht. Es entsteht der Eindruck, einmal näher am Geschehen, an den Figuren dran zu sein, zudem verliert man den räumlichen Überblick. Das Geschehen beschleunigt, dynamisiert sich, es wird komplexer. Thematisch betrachtet, fokussiert der Film hier die Flucht der russischen Kosaken vor den deutschen Dragonern. Es existiert also eine Gruppe zu Pferde, die flieht, und eine, von der sie verfolgt wird. Beide werden abwechselnd gezeigt. Die Verfolgung durch die Dragoner zwingt die Gruppe der Kosaken zum Aufsplitten. Graf Bronislaw ist also gezwungen, allein weiter zu reiten. Während der Flucht auf seinem Pferd wird er so schwer verwundet, dass er irgendwann im Wald ohnmächtig vom Pferd fällt. Dazu wird eine Parallelhandlung konstruiert, in der Hart seiner Tätigkeit im Lazarett und auf dem Feld nachgeht. Beide Handlungsstränge sind zwar teilweise parallel montiert, sie besitzen aber nicht dieselbe Zeitintensität. Vom ersten Strang bekommen wir lediglich wenige Einstellungen zu sehen, was die Zeit extrem kondensiert. Der zweite Strang erhält mehr Dauer. Wir sehen Hart seine Tagebucheinträge machen. Durch heftige Gefechte bedingt, ist offenbar ein hohes Aufkommen an Verwundeten und Sterbenden entstanden, die es akut in den Griff zu bekommen gilt. Laut der erzählten Zeit verbringen deshalb Hart und sein Team einen Tag und eine Nacht damit, die Verwundeten und Schwerverletzten zwischen den Toten auszumachen, sie zu bergen und so gut wie möglich zu versorgen. Wir sehen sie nicht nur beim Verbinden und Abtransportieren von auf dem Feld liegenden Soldaten, sondern auch in düsteren Bildern beim nächtlichen Umherstreifen im Wald.

Am nächsten Tag findet der Sanitätshund Troll einen Verwundeten auf dem Feld, dessen Mütze er schnappt und mit ihr ins Lazarett rennt. Hart identifiziert diese Mütze als die eines russischen Offiziers. Er folgt Troll zu dem Ort, an dem der Verwundete liegt und stellt zu seiner Überraschung fest, dass es sich um Bronislaw handelt. Er begrüßt ihn erfreut, hilft ihm auf, stützt ihn, setzt ihm seine Offiziersmütze auf und gibt ihm zu trinken. Diese Szene des Hilfeleistens und der Fürsorge wird unterbrochen von einer Einstellung, in der eine Reitergruppe hinter Büschen versteckt zu sehen ist (ob Kosaken oder Dragoner, ist zu diesem Zeitpunkt nicht eindeutig zu sagen), die nach ein paar Sekunden wegsprengt. Es soll der Eindruck entstehen, dass die beiden verfolgt, umzingelt, belauscht und überrascht werden. In der folgenden Einstellung sehen wir Bronislaw am Boden liegend, halb aufgestützt, mit entblößter Brust, die er Hart darbietet (s. Abb. 2.11).

Dieser beugt sich über ihn und streicht mit einem Tuch behutsam immer wieder über dessen Brust so lange, bis die Reitergruppe heransprengt, wodurch die

2.6 Der raumzeitliche geostrategische ‚Verrat' – *Das Tagebuch des Dr. Hart*   165

Abb. 2.11 *Das Tagebuch des Dr. Hart,* D 1918/19, Friedrich-Wilhelm-Murnau-Stiftung, 0:27:56:89

beiden unterbrochen werden. Sie springen entsetzt auseinander, Bronislaw wendet sich von Hart ab, dann wird er von einem der Kosaken aufs Pferd gezogen und verschleppt, wobei Hart von seinen schwingenden Beinen umgestoßen wird. Hart bleibt allein zurück, hält sich den Arm. Ein Insert informiert uns darüber, dass er aufgrund seiner Verwundung zum Hauptverbandplatz gehen muss. Dorthin begibt er sich, wo er beginnt, Tagebuch zu schreiben, und der Film suggeriert, er denke dabei an Ursula.[193]

Die Szene im Wald dokumentiert den Verrat, den Bronislaw begeht, aus dem sich der rätselhafte Charakter seines Motivs für den Übertritt ergibt. Dabei ist seine Beziehung zu Hart definitiv nicht (nur) politischer Natur, sie ist aber gemäß der Voraussetzung, dass das Geheimnis des Verrats selbst nicht direkt, sondern

---

[193]Der Hauptverbandplatz ist in einer Kirche untergebracht worden, überfüllt mit verwundeten Soldaten, Sanitätern und Ärzten. Die Kirche ist gut ausgeleuchtet, die Einstellungen sind weit, die Kamera schwenkt, teilweise in Aufsicht, gemächlich durch den Raum und gibt neben den Männerkörpern auch die christlichen Insignien, wie die Kanzel, den Altar, das Kreuz sowie die Fensterrosette wieder. Der Raum ist ein streng abgegrenzter, geschützter Raum, in dem sich ausschließlich Männer aufhalten. Die Kamera, scheinbar andächtig und respektvoll gegenüber den religiösen Elementen des Baus, gewährt den männlichen Subjekten auf derselben hierarchischen Ebene das gleiche Maß an andächtiger Bewunderung – aus der Distanz. Im Gegensatz zu den

nur als Verweis repräsentierbar ist, auch nicht explizit homosexuell. Ihr fehlt aber genau jene allgemeinmenschliche Dimension, die in den Szenen repräsentiert wird, in denen Hart die Verwundeten der deutschen Seite pflegt. Und weil es um die Beziehung beziehungsweise das Ausagieren liebevoller Handlungen zwischen militärischen Feinden (zwei Anderen) geht, fehlt ihr ebenso der national geprägte, militärisch-männerbündlerische Charakter nationaler Kohäsion, durch den die anderen Szenen der männlich-männlichen Fürsorge gerahmt waren. Das Geheimnis, das kein politisches, sondern ein sexuelles Geheimnis ist, liegt nicht in der sichtbaren sexuellen Handlung selbst, sondern gründet darin, dass diese nicht-sexuelle Handlung als durch die Anwesenheit von Dritten bezeugter *Übertritt* markiert ist. Dieser verräterische Übertritt macht den schon zu Beginn begehrten Feind auf einem un/definierten Terrain, das definitiv kein Territorium ist, zum intimen, begehrten Freund. Die sexuell begründete Beziehung der beiden Männer kann daher als Geheimnis nicht explizit visualisiert werden, nicht, weil sie sexueller Natur ist, sondern weil sie für die anderen, militärischen und zivilen Figuren unsichtbar bleiben muss, da sie generell nur unter der Verschwiegenheit der *secrecy* entstehen und daher immer nur als latente Botschaft existieren kann. Dass es sich um eine Beziehung handelt, die selbst im Archiv nicht ins Vergessen hinabsinken kann, weil sie nur Eingeweihten zugänglich ist, dass man dieses Geheimwissen aber dennoch schützen muss, weil es angreifbar macht, demonstriert die Geste der letzten Einstellung, in der Hart und Bronislaw die Hände auf dem Tagebuch übereinanderlegen.

---

vorherigen Szenen, in denen es um die Verarztung von Verwundeten ging, treten hier der Blickpunkt der Kamera und der *point of view* der Figur Harts radikal auseinander. Was zuvor unter ihm und seinen Assistenten als geschlossene Einheit der männlich-männlichen Intimität konstruiert wurde, geht hier auf den Raum in der Reflektion der Kamera über das Geschehen über. Hart ist ein kleiner Punkt in diesem Gewimmel. Im Lichte der vorausgehenden Szene wirkt diese wie eine national und dabei zudem religiös verbrämte Apotheose männlich-männlicher Beziehungen, in der sich Identität und Begehren unreguliert und unkontrollierbar überkreuzen.

Kapitel 3
Weimarer Republik/Deutschland – Film und Kino, Geschlecht und Sexualität

Die Filmindustrie crashte während des Ersten Weltkriegs in Deutschland keineswegs. Aufgrund der für die Branche typischen Struktur konnte sie sich noch während der Kriegszeit erholen, wenn auch unter deutlich veränderten wirtschaftlichen Bedingungen.[1] Um 1919 gab es eine kleine Anzahl gut florierender Produktionsfirmen mit manufakturaler Produktionsweise.[2] Allerdings war die Filmbranche bis dahin zu einem wichtigen Industriezweig neben Kohle-, Elektro- und Chemieindustrie angewachsen, mit der sie zudem wirtschaftlich verflochten, dabei international vernetzt war. Diese internationalen Beziehungen litten während des Kriegs zwar, was sich primär auf das Kontingent- und Lizenzsystem (mit Frankreich, den Niederlanden, England, den USA, aber auch einigen osteuropäischen Ländern) auswirkte.[3] Dennoch konnte sich die Branche sofort nach dem Krieg neu aufstellen. Partiell eingeschränkt wurde sie lediglich durch ein zentralisiertes und gesetzlich verankertes Zensursystem[4] sowie durch die bis zur Jahrzehntmitte

---

[1]Vgl. hierzu einschlägig Peukert 1987, bes. S. 71 ff. sowie Weitz 2007. Zur Kultur der Weimarer Republik vgl. einschlägig Laqueur 1974.

[2]Vgl. Elsaesser 2000, bes. S. 106 ff. Die Produktionsfirmen vertrieben ihre Produkte noch selbst. Es entstanden zudem Vertriebsfirmen. Dominant war immer noch das Monopolsystem mit Zweischlagerprogramm. Produzent*innen waren immer noch wichtiger als Regiseur*innen. Die Zeit der Blockbuchungen mit ihren Stars wie Asta Nielsen und Henny Porten ging zuende. Zum Starsystem in der Weimarer Republik vgl. Garncarz 2010b. Die Anzahl der Kinos stieg bundesweit von ca. 2.500 um 1919 bis 1929 auf 5000. Vgl. hierzu Müller 2003a, bes. S. 24. Dagegen Kleinhans 2003, bes. S. 14, der für die Jahreszahl 1917 bereits 31.030 Kinos anführt.

[3]Prinzipiell wurden weniger ausländische Filme importiert und weniger deutsche Filme exportiert, wodurch die finanzielle Rentabilität niedriger war. Aufgrund der instabilen Währung waren die Investitionsspielräume klein, zumal die Firmen auf Fremdkapital aus dem Ausland angewiesen waren. Vgl. zum Lizenzsystem sowie zu Handelsverflechtungen von deutscher und US-amerikanischer Filmwirtschaft Gomery 1980. Weiterführend Barbian 1998, Spiker 1975, Bock u. a. (Hg.) 2001, Thompson 1996 sowie erneut Kreimeier 1992. Vgl. zum Kontingentsystem Toeplitz 1992, S. 1.

[4]Zur Zensurpolitik in der Weimarer Republik vgl. erneut Barbian 1998, bes. S. 213 ff., Petersen 1995, Loiperdinger 2004 sowie erneut Spiker 1975. Spiker argumentiert, in der Praxis sei die Zensur eine Nachzensur, der Idee des Lichtspielgesetzes vom 15. Mai 1920 nach eine Wirkungs-

dauernde Inflation.⁵ Von dieser erholte sie sich, analog zur gesamten Wirtschaft, durch den Wirtschaftscoup des Dawes-Plans 1925 endgültig. Bis zu diesem Zeitpunkt hatten sich die Beziehungen zur internationalen Filmwirtschaft wieder gebessert, daher ausgeweitet und intensiviert.⁶ Infolgedessen verschwanden die kleinen Produktionsfirmen bis zur Jahrzehntmitte fast ganz vom Markt. Sie gingen meist in den Großkonzernen auf, die mittlerweile nach dem Prinzip der *vertical integration* strukturiert waren.⁷ Gerade die Dimension internationaler Verflechtungen ließ die mit der *vertical integration* verknüpften Standardisierungs- und Systematisierungsprozesse à la Ford und Taylor deutlich zutage treten, welche gegen Ende des Jahrzehnts eine hitzige Debatte über die ‚Amerikanisierung' von Kultur in Deutschland insinuierten.⁸

Da die großen Filmfirmen vermehrt ihre eigenen Kinoparks aufbauten, wurde die Selbstbestimmung der Kinobetreiber*innen weiter eingeschränkt. Die verbliebenen Spielräume nutzten diese bei der Gestaltung der Kinoarchitektur, insbesondere der Fassaden, die einen eigenständigen Beitrag zur Präsentation des

---

und Geschmackszensur gewesen. Maiwald schreibt zum Lichtspielgesetz, dessen Wortlaut sei deutlich antisemitisch, antisozialdemokratisch sowie undemokratisch gewesen, was eine ebensolche Zensurpraxis befördert habe. Vgl. hierzu Maiwald 1983, bes. S. 30. Spiker führt weiter aus, dass diese negative Maßnahme durch eine positive substituiert wurde, nämlich durch das bereits im Kaiserreich etablierte Prädikatsystem, welches nun das Prädikat „künstlerisch wertvoll" umfasste, um damit Kulturfilme durch Ausnahme von der Lustbarkeitssteuer rentabler und dadurch öffentlichkeitswirksamer zu machen. Vgl. hierzu erneut Spiker 1975, bes. S. 119. Weiterhin wurden, wie Maiwald argumentiert, bereits in der Weimarer Republik die Kontingentbestimmungen im Sinne einer politischen Zensur instrumentalisiert. Dies, insofern die Einfuhrbeschränkungen für ‚ausländische' Filme und die Anerkennung deutscher Produktionen nun nicht mehr wirtschaftlich, sondern kulturell legitimiert wurden, um damit den nationalen Film zu schützen. Hierzu wurden Unbedenklichkeitsscheine ausgestellt, deren Begründungen in der Nazi-Zeit leicht im völkischen Sinn umcodiert werden konnten, wie das auf das Zensurparagrafen im Lichtspiegelsetz zutrifft. Vgl. hierzu erneut Maiwald 1983, bes. S. 38 ff., S. 95, S. 122 ff., S. 133 ff. und S. 159 sowie erneut Spiker 1975, bes. S. 111 ff. Zur Zensur in Fällen sozialer Tabus wie bspw. Homosexualität vgl. Steakley 1999.

⁵Vgl. Widdig 2001.

⁶Insbesondere der Kontakt zu Hollywood-Firmen wurde ausgebaut, indem man Leihverträge für Schauspieler*innen, Produzent*innen und Regisseur*innen abschloss. Auch finanzierten diese Firmen die deutschen teilweise mit, bauten zudem deutsche Dependencen, Tochterfirmen sowie eigene Kinoparks auf.

⁷Bis Jahrzehntende war der *merging*-Prozess der Großunternehmen mit ihrem vertikal integrierten Aufbau abgeschlossen. Vgl. hierzu erneut Spiker 1975 sowie Crary 1989.

⁸Die Debatte war nicht neu, insofern es um die generelle Frage nach der Vermitteltheit von Kultur durch Technik im größeren Kontext von lebensweltlicher Versachlichung und Rationalisierung ging. Durch die Projektion auf die Außengröße USA wurden die positiven und negativen Aspekte dieser Problematik durch Rückspiegelung auf die eigene Nation ausgehandelt. Vgl. zeitgenössisch Halfeld 1927. Vgl. einschlägig Nolan 1994 sowie Lüdtke u. a. (Hg.) 1996. Hinsichtlich Kino und Film (vgl. erneut Kaes 1990), weiterführend Saunders 1994, Ellwood/Kroes (Hg.) 1994, Garncarz 1993 sowie Saekel 2011.

Filmthemas leisteten.⁹ Den zwei langen Spielfilmen stellten sie kurze Kulturfilme und Aktualitäten voran. Auch ließen viele Kinobetreiber*innen vor allem bei den Filmpremieren Artist*innen, Revuegruppen und Tanzkapellen auftreten. Begründen lässt sich dies damit, dass die durch das Monopolsystem erzeugte Exklusivität der Filme das Ins-Kino-Gehen zu einem besonderen Erlebnis machte. Es wurde nun als mondänes glamouröses Ereignis gefeiert und als Abendveranstaltung inszeniert. Dadurch eignete sich das Kino vollends die Attitüde der bürgerlichen Institution des Sprechtheaters an, um diese zugleich zu erodieren und für sich zu instrumentalisieren. Denn die Form des ‚gehobenen' Erlebnisses machte das Kino nun auch für das Theaterpublikum sehr attraktiv. Damit konnte es sich endgültig von einer umstrittenen sozialen Einrichtung, die einem dubiosen oder unreflektierten Publikum zweifelhaftes Vergnügen bot, verabschieden und als veritable Kultureinrichtung reüssieren.

Mit dem kulturellen Mehrwert, den das Kino mit dieser spektakulären Erlebnisform erzeugte, kamen Kino und Film in der gesamten Gesellschaft sehr gut an. In das kapitalträchtige, kulturell avancierte Produkt ‚Film' wurde nun viel investiert. Die Spielfilme wurden systematisch in professionellem Maßstab mittels großer *cross marketing*-Kampagnen beworben.¹⁰ Um dieses Produkt interessanter zu gestalten, wurden Genres wie Filmdrama (soziales und Melodrama) und Kulturfilm (Aktualitäten, Reise- und Wissensfilme) weiter ausdifferenziert. Kinopublika konnten zwischen diesen gut differenzieren, sprich: sie hatten sich an die vom Dispositiv forcierte Unterscheidung zwischen Dokumentarischem und Fiktionalem gewöhnt. Das Kino wurde von einer professionellen Filmkritik begleitet. Zudem wurden die ersten wissenschaftlichen Studien zum Film publiziert, die nun nicht mehr nur technische, juristische oder medizinische Aspekte des Mediums abhandelten. Der Langspielfilm hatte sich etabliert, und der Aufbau dieser längeren Filmerzählung folgte prinzipiell den kinematografischen Regeln, die im US-amerikanischen Kino spätestens seit 1912 zum weltweiten Standard erhoben worden waren. Ohne Rekurs auf ein anderes Medium kam jedoch auch der Langfilm nicht aus: Die mediale Vorlage für die Struktur eines Filmnarrativs bildete nun nicht mehr vorwiegend das Sprechtheater, sondern insbesondere der Roman. Hierdurch musste das Medium Film neue Strategien entwickeln, um seine wesensmäßigen Vorzüge durch mediale Abgrenzung verdeutlichen zu können. Dadurch änderten sich Repräsentationsmodus, kinematografische Mittel und die theoretische Legitimierung insbesondere bezüglich des Zugewinns an Lebensechtheit sowie, parallel hierzu, die Verweisungsart auf den eigenen Konstruktionscharakter, was die Strategien der Wieder-Aufführung von Geschlecht und Sexualität nicht unaffiziert ließ.

In dem Maße, wie Kino und Film ihre ‚Kinderkrankheiten' abgelegt hatten, wurde in den zeitgenössischen Filmtheorien die Legitimität von Kino und Film

---

⁹Vgl. hierzu Ward 2001, bes. S. 142 ff. sowie erneut Canjels 2011, bes. S. 67 ff.
¹⁰Vgl. hierzu erneut Andriopoulos 2008.

kein Stück mehr angezweifelt.[11] Nun gab aber die zunehmende Formelhaftigkeit der Filme, in der sich ihr Warencharakter deutlich abzeichnete, Anlass zu Bedenken, was eine Neubestimmung des Status' von Film als Kunst nach sich zog.[12]

Die Debatten setzten am Entwicklungspotenzial und der Vervollkommnung des Mediums an, wobei man sich ganz auf die kinematografischen Merkmale konzentrierte: Fotorealismus, Bewegung, Rhythmik und Dynamik wurden als Kernelemente des Films definiert. Die sich daraus ergebenden Möglichkeiten einer Filmkunst beziehungsweise Filmsprache hatten sich wiederum nach zwei Seiten hin deutlich abzugrenzen: Erzählliteratur und Theater auf der einen, Prinzip der ‚nur' technisch reproduzierten Wirklichkeit auf der anderen Seite. Dieses interne Spannungsverhältnis versuchte man in den Theorien verschiedentlich aufzufangen, wie immer abhängig vom Standpunkt der Autor*innen, die ihren Gegenstand kulturpolitisch zu vereinnahmen suchten. Einig war man sich darin, dass der Film als einer hochindustrialisierten Gesellschaft vollkommen entsprechenden technischen Form der Abbildung ein großes Potenzial besaß, welches bislang in ihr noch nicht zur Genüge ausgeschöpft wurde. Wie nun aber diese technische Struktur ästhetisch aussehen und wirken sollte, darüber gingen die Ansichten auseinander.

1921 veröffentlichte die Kunsthistorikerin und Fotografin Lu Märten eine historisch-materialistische sowie dialektische, dabei anti-mimetische Ästhetik des Films.[13] Darin argumentierte sie, dass das implementierte physikalische, optische und chemische Wissen grundlegend für die Hervorbringung einer bestimmten Ästhetik der technischen Reproduktion sei. Der Film vervollkomme sich dahingehend, so Märten, dass er durch seine Mittel auf jene, die historische Bedingtheit des in ihm implementierten wissenschaftlichen Wissens als Teil seiner Produktivkraft reflektiere.[14] Damit präfigurierte sie eine Theorie technischer Rationalität, welche in dem Maße gesellschaftsbildend ist, wie durch sie Wahrnehmungs- und

---

[11]Sabine Hake schreibt, dass ökonomische, juristische und soziale Aspekte von Kino und Film in der Geschichtsschreibung als deren Vorgeschichte deklariert wurden, wodurch man die Warenförmigkeit des Films, seinen schwachen Kulturwert als ‚niedrige' Kunstform sowie sein unkundiges Publikum aus der Theoriebildung *peu à peu* herausschreiben konnte. Vgl. erneut Hake 1993.

[12]Kulturhistorisch betrachtet, hatte sich in Deutschland bis zu den 1920er Jahren die Konsumkultur durchgesetzt. Zur Konsumgesellschaft vgl. erneut Andriopoulos 2008, weiterführend Torp 2009 sowie Reuveni 2000. Hochindustrialisierte Arbeitsteilung (Administration und Produktion), erweiterter Freizeit- und Vergnügungssektor, Kultur- und Medienverbünde brachten, neben den neuen politischen Akteur*innen wie Arbeiter*innen und Frauen, die Angestellten als neue soziale Figur hervor, deren soziokulturelle Werte, Selbstverständnis und Handlungsmuster sich deutlich von traditionell-bürgerlichen abhoben. Vgl. zur Kultur der Angestellten zeitgenössisch Kracauer 1971. Weiterführend vgl. Stegmann 2008, Kocka (Hg.) 1981 sowie Hake 2008.

[13]Vgl. Märten 1921. Weiterführend vgl. Heller 1984, bes. S. 157 ff.

[14]Diese anti-mimetische Linie verfolgten insbesondere Walter Ruttmann und Hans Richter. Vgl. Ruttmann 1930. Darin argumentiert er, Technik müsse von der Kunst in Dienst genommen werden zu dem Zweck, den Sieg des Geistes über die Technik herbeizuführen. Damit liegt sein Ansatz nahe an denjenigen Ernst Jüngers, Filippo T. Marinettis oder auch Adolf Hitlers.

Erkenntnisformen hervorgebracht und strukturiert werden, ganz im Sinne einer modernen Medientheorie, wie sie ein gutes Jahrzehnt später Walter Benjamin in seinem *Kunstwerk*-Aufsatz[15] sowie den *Theorien des deutschen Faschismus*[16] formulierte.

Auch Siegfried Kracauer äußerte bereits 1920 in seiner ebenfalls historisch-materialistischen, formalästhetischen Filmtheorie in kritischer Form die These, die seriellen und standardisierten Produktivkräfte des Films würden fälschlicherweise noch zur Erzeugung eines Ganzen instrumentalisiert, in dessen Erscheinungsform (Ornament) die Spuren seiner eigenen Fragmentiertheit harmonisch und daher lediglich oberflächlich aufgehoben wären, wodurch seine soziale Bedingtheit – gemeint war von ihm primär soziale und politische Ungleichheit, aber auch kulturelle Heterogenität – eben gerade nicht reflektiert werden konnte.[17] Mit den Produktionen der Filmindustrie werde vielmehr, so sein Argument, Mimikry am Konzept eines organisch gewachsenen, mit vermeintlich wahrhaftigen, darin naturalisierten Substanzen und Werten versehenen, einheitlichen Ganzen betrieben, das von der Gesellschaft fälschlicherweise als Ideal einer völlig eingelösten Vernunft wahrgenommen würde.[18] Gerade darin sah er die Gefahr einer aufkommenden Irrationalität, die sich gegenüber den Bedingtheiten der sozialen Realität verschloss und, wie er rückblickend in den 1940er Jahren folgerte, sich bereits während des Expressionismus' entwickelt hatte, um sich in der Nazi-Zeit voll zu entfalten.[19]

Die über die Möglichkeiten einer Filmkunst geführte Diskussion verbreitete sich in der Tat hauptsächlich in der Debatte über den sogenannten expressionistischen Film, wobei sie sich in den 1920er Jahren zentral an der Produktion *Das Cabinett des Dr. Caligari* (D 1920; R: Robert Wiene) aufhängte. Dieser Film schien dafür besonders gut geeignet zu sein, da darin der Modus des fotorealistischen Abfilmens einer vorgelagerten Wirklichkeit erstmalig fast vollständig aufgegeben worden war. In seiner Filmkritik zu *Das Cabinett des Dr. Caligari* formulierte Herbert Ihering kritisch seinen Anspruch an eine expressionistische Filmkunst:[20]

> Wenn man die übernaturalisierten Forderungen des Filmspiels rechtzeitig erkannt hätte, hätte das Kino – trotz der künstlerischen Demoralisierung durch den Betrieb – an der Entwicklung einer präzisen, akzentuierten, durch Sachlichkeit phantastischen mimischen Kunst mitarbeiten können. Aber man blieb soweit zurück und am Stofflichen haften, dass heute der expressionistische Film, der organische Entwicklung sein müsste, für ein sensationelles Experiment gehalten wird. (Ihering 1961, S. 374)

---

[15]Vgl. Benjamin 1974, S. 471–508.
[16]Vgl. erneut Benjamin 1980.
[17]Vgl. Kracauer 1958, 1977. Anders dagegen Bela Balázs, der 1924 dem Film aufgrund der Ästhetik der technischen Reproduktion die Fähigkeit zuschrieb, eine vom Körper ausgehende, universelle Sprache zu entwerfen, die Menschheit jenseits realer sozialer Kämpfe und Heterogenitäten vereinen sollte. Vgl. Balázs 2001.
[18]Vgl. Kracauer 1977.
[19]Vgl. Kracauer 1958.
[20]Vgl. Ihering 1961.

Ihering verdeutlicht am Beispiel des expressionistischen Films, wie die Filmkunst hätte zu sich selbst gelangen können. Die Dominanz des Stofflichen verhinderte dies jedoch, sodass nun das Expressionistische im Film fälschlicherweise nur als sensationelle Novität in Erscheinung trat. Dieses Stoffliche hätte, so Ihering in argumentativer Nähe zu Kracauer, zwangsläufig nur die Form von Irrationalität, hier einer Wahnvorstellung, annehmen können.

Ebenso negativ äußerte sich Rudolf Arnheim über *Das Cabinett des Dr. Caligari*. Für ihn war der Expressionismus eine vormals radikale, avantgardistische Kunstform in ihrem Anspruch,[21] gesellschaftliche Neuerung herbeizuführen, indem er nicht auf die Realität, sondern auf das Wesentliche der Dinge verwies. Im Film wäre er, so Arnheims bitterböses Resümée, weder Neuerung dieser Kunst noch im Ergebnis radikal, sondern lediglich auf den Status des Dekors herabgesunken:

> Seitdem sich aber die Methode, Rechtwinkliges schief zu machen, Häuschen gegeneinander fallen zu lassen und Rundliches spitz darzustellen für Cabaret-, Theater- und Kino-Einrichtungen eingebürgert hat, und seitdem die Wände auch des dürftigsten Cafés in feurigen Zungen die extravagante Modesprache sprechen, muten einen Dekorationen dieser Art eher konventionell als fortschrittlich an, und man konstatiert bei dieser Gelegenheit, dass es sich hier (wie auch bei vielem, was seit Jahren die Kunstausstellungen dekoriert) gar nicht um Expressionismus, d. h. um Darstellung des berühmten „Wesentlichen in den Dingen" handelt, sondern dass hier einfach das Äußerliche der Objekte nach ornamentalen Gesichtspunkten umgearbeitet, wenn auch sehr hübsch umgearbeitet worden ist. [...] [M]an hat sie in einen entzückenden Tapetenstil hineinkomponiert." (Arnheim 1977, S. 177)

Thomas Elsaesser knüpft mit seiner Analyse des expressionistischen Films[22] an Arnheims Position an, spitzt sie jedoch im historischen Rückblick zu:[23] 1920 war der expressionistische Stil so populär geworden, dass sein Auftreten im Film in keiner Weise mehr radikal, sondern lediglich nur mehr hätte neu sein können. Die dahinter liegende Motivation sieht er in der alten Strategie der Filmbranche gegeben, mit stilistischen Neuerungen regelmäßig den Schauwert ihrer Produkte für nationale und internationale Publika zu erhöhen. Elsaesser schließt, das Besondere dieser Filme liege weniger in ihrem Stil oder Dekor, sondern vielmehr in der neuen Art, den Filmpublika spannendere und komplexere Filmerzählungen[24] zu präsentieren.[25]

---

[21]Vgl. zur historischen Avantgarde Bürger 1974, Hewitt 1993, Huyssen/Segal 1988.

[22]Entgegen ihrer nationalen und internationalen Breitenwirkung war die Anzahl der Filme gering. Zur Wirkungsgeschichte von *Das Cabinett des Dr. Caligari* als Verflechtungsgeschichte nationaler und internationaler Rezeptionen vgl. Thompson 1990 sowie Pratt 1993.

[23]Vgl. erneut Elsaesser 2000, bes. S. 18 ff. sowie 61 ff.

[24]Die Vorlage hierfür bildete nun nicht mehr das Theater, sondern der Roman.

[25]Michael Budd argumentiert dagegen, dass der Stil und nicht die Erzählform das Distinktionsmerkmal der Filme bilde. Vgl. Budd 1990, bes. S. 17 f. sowie S. 23 ff. Für Elsaesser stellt *Das Cabinett des Dr. Caligari* ein Unikat dar, insofern der Effekt des Neuen dieser Konstellation nicht wiederholbar sei, während der Filmstil kopiert werden konnte, wie bspw. in *Genuine* (D 1920; R: Robert Wiene), *Das Wachsfigurenkabinett* (D 1924; R: Paul Leni), *Raskolnikow* (D 1923; R: Robert Wiene), *Von morgens bis mitternachts* (D 1920; R: Karlheinz Martin) und *Schatten* (D 1923; R: Arthur Robison). Vgl. Elsaesser 2000.

Tatsächlich zeichnet sich Robert Wienes Film durch eine verschachtelte Erzählkonstruktion aus, in der die verschiedenen Erzählstränge nicht kausallogisch miteinander verknüpft sind, wodurch das Filmende nicht mit einem narrativen Schließen koinzidiert. Die Gesamtaussage des Films bleibt daher uneindeutig, mehrere Lesarten des Films sind möglich. Damit verweist der Film auf seine eigenen Konstitutions- und Möglichkeitsbedingungen als Filmerzählung im Hinblick auf den Status durch verbindliches rationales, das heißt technisches Wissen konstituierter Wahrheit. *Das Cabinett des Dr. Caligari* ist dabei beileibe nicht der einzige Film, der diese neue Selbstreflexivität zu Schau stellte. Viele Filme stellten diese vermehrt sogar auf zweifache Weise aus. Einmal wurde in ihnen deutlich, dass eine organisierende, dabei unsichtbare, mit Autorität versehene Instanz das Erzählte nach den Prinzipien von An- und Abwesenheit, von Ursache und Wirkung, von Realität und Schein über den gesamten Verlauf der Einheit ‚Langfilm' strukturierte. Das Kinopublikum sollte erleben und erfahren, dass es auf eine neue Art und Weise in den Filmprozess mit Affekten, Begehren und Erkenntnis eingebunden wurde. Lust, Faszination und Angst sowie Wissen und Nicht-Wissen wurden über die Filmlänge durch diese An- und Abwesenheiten orchestriert, was deutlich gemacht werden sollte. Diese besondere Orchestrierung des Lustwissens erzeugte zugleich einen starken Sog, durch den das Kinopublikum nun praktisch in die Handlung eingesaugt werden sollte. Gleichzeitig entstand dadurch, dass der Status von Wissen als verlässliche Wahrheit problematisiert und reflektiert wurde, eine Distanz des Publikums. Indem die Filme deutlich machten, dass sie eine *Konstruktion* in Form einer Erzählung darstellten, wurden auch rationales Wissen und Wahrheit an sich als Hergestelltes deutlich hervorgehoben und in ihrer Verbindlichkeit und Schlussendlichkeit infrage gestellt.

Diese Erzählverfahren stehen im Kontrast zur Filmform des Langfilms in den 1910er Jahren, in denen, inbesondere im Genre des Detektivfilms, An- und Abwesenheiten, Realität/Wahrheit und Schein noch so strukturiert waren, dass durch die Anwendung rationalen Wissens eine Tat, ein Geheimnis oder ein Rätsel verlässlich gelöst werden konnte. Die Auflösung des Rätsels fiel dabei mit der nicht weiter hinterfragbaren Wahrheit ineins. Hier nun wurde die Möglichkeit, überhaupt zu einer verbindlichen Wahrheit zu gelangen, grundlegend bezweifelt, weil Wahrheit an sich als durch die technische Rationalität eines Mediums vermittelte transparent wurde. Nicht nur waren dabei die Handlungsstränge verschachtelt und ineinander verwoben, sondern sie bildeten beinahe zwanghaft vollzogene Wiederholungen, die in sich inhaltlich sowie perspektivisch variierten. Schlussendlich eine kohärente Bedeutung hieraus zu entnehmen, war so gut wie unmöglich.

Der anti-mimetische Impuls in den expressionistischen Filmen, mittels heterogener Bildtypen und -stile sowie eines ‚künstlichen' Dekors der vorgelagerten Wirklichkeit eine Absage zu erteilen, beförderte dabei im Rahmen einer nicht-linearen, nicht-kausalen narrativen Ordnung, dass nun auch Orte und Landschaften, die bereits in den 1910er Jahren zu symbolischen Topoi geworden waren, deutlich als heterogene *Konstrukte* ausgewiesen wurden. Die kinematografischen Verfahren wichen in diesen Filmen zudem bewusst vom Regelwerk des bereits sehr dynamisierten Hollywoodkinos ab, insofern in ihnen nun das Tableau ganz gezielt eingesetzt wurde, um es in ein Spannungsverhältnis zu Kamerabewegungen zu setzen. Mit ihm ließen sich insbesondere melodramatische Szenarien verdichten, in denen alltägliche Nöte schicksalhaft verhandelt, indem sie durchaus das ‚Realistische' hin zum Wesentlichen der Dinge transzendierten. Nicht nur machte dies den Filmplot handlungsarm und statisch. Auch das Figurenspiel reduzierte sich auf das Affektiv-Expressive, geäußert durch Mimik, Gestik und vor allem Blicke. Beide Charakteristika führten dazu, dass die Figuren in den Filmen den Ereignissen mehr zuzuschauen schienen, als dass sie aktiv die Handlung vorantrieben oder die Geschehnisse beeinflussten. Sie wirkten zugleich affektiv aufgeladen und passiv reaktiv – sich unkontrollierbaren Ereignissen ominöser Herkunft ausliefernd. Ohne entsprechende *match cuts* durch *continuity editing* blickten oder gestikulierten sie oft ins Leere. Diese nur geringfügig kausale Figurenführung korrespondierte mit der nicht-linearen, nicht-kausalen Logik des Narrativs in dem Maße, wie die Handlungen der Figuren meist nicht motiviert waren oder die Figuren überhaupt keine Kontrolle über den Handlungsverlauf besaßen. Im Fall, die Figuren suchten die Handlung zu beeinflussen, vollzogen sie dies selten durch rationale Handlung oder Wissensbildung, sondern durch die Ausübung von allerlei Kräften, deren zentraler Zug darin bestand, dass sie selbst unsichtbar waren (wie Hypnose, aber auch Geld an der Börse beispielsweise), wogegen ihre Effekte in der diegetischen Welt vorwiegend als Übertretungen, als Aufbrechen sozialer Texturen erkennbar wurden (Mord unter Hypnose, Börsencrash). Das Prinzip der Manipulation auf Distanz machte dabei das Verhältnis zwischen ohnmächtigen Figuren und einflussnehmender Erzählinstanz nochmals reflexiv – das Ereignis war deutlich als ein durch die narrative Instanz herbeigebrochenes Konstrukt zu erkennen. Dieses Prinzip brachte es zudem mit sich, dass sich die Voraussetzungen für verbindliche, sinnstiftende Beziehungen zwischen den Figuren und der Erzählinstanz sowie untereinander vollkommen verkehrten: Es herrschten (unsichtbare) verschiedene, opponierende, seien es kollektive oder individuelle Kräfte, deren Quelle oder Ursachen man nicht diagnostizieren konnte. Nur ihre Auswirkungen waren spür- und wahrnehmbar, ohne dass man sie intelligibel machen, worauf man deshalb nur noch meist unkoordiniert und -durchdacht reagieren konnte. Dadurch erklärt sich, warum in diesen Filmen permanent Figuren in ‚andere' Bewusstseinszustände verfallen, die entweder äußerlich induziert (Hypnose) oder individuell-psychisch bedingt sind (Psychose, Schizophrenie, aber auch Schlafwandeln, Traum und dergleichen). So handeln die Figuren entweder unter Einfluss ‚fremder' Kräfte oder im Zustand des Unbewussten oder im Drogenrausch wie in *Opium – Die Sensation der Nerven* (D 1919; R: Robert Reinert), *Das Cabinett des Dr. Caligari* sowie *Nosferatu, eine Symphonie des Grauens* (D 1922; Friedrich W. Murnau). Dabei ist der Bereich vom individuellen Zustand/Körper zum *body politic* locker skalierbar, sprich man weiß nie, ob die verursachenden äußeren Kräfte gesellschaftlich oder persönlich bedingt sind. Manchmal werden die Figuren selbst verrückt, ohnmächtig oder bewusstlos, sodass sie manche Handlungen nicht bewusst miterleben, wodurch sich ihnen Wissen über Ereignisse entzieht beziehungsweise sie das erworbene Wissen nicht ‚korrekt' kontextualisieren können *(Opium, Nosferatu, Das Cabinett des Dr. Caligari)*. Diese Zustände stellen das vom Rationalen als sein anderes Gesetztes dar. Deshalb müssen die symbolischen Topoi der filmischen Räume nun zu Projektionen psychischer Zustände, zu ‚Seelenlandschaften' werden, weil hierdurch zwei sich ausschließende, exklusiv binär angeordnete Ebenen der Realität als *ununterscheidbar* konstituiert werden. In der Literatur wird in diesem Kontext oft von der Projektion psychotischer, paranoider psychischer Strukturen gesprochen, die sich im Außen der Figuren expressiv spiegelten. Damit soll dem Argument Rechnung getragen werden, dass sich mit dem Weimarer Kino die Verinnerlichung und Psychologisierung des Kinos etablierte.[26]

Es lässt sich mit dieser Bestimmung jedoch exakt gegenteilig argumentieren. Insofern die Figuren permanent ohne ihr Wissen handelten, womöglich unter Einfluss ‚fremder' oder unbewusster Kräfte, gestaltete sich hier eben kein psychologischer Innenraum. In dem Maß, wie die Figuren als eindeutig durch andere Kräfte konstituierte Identitäten deutlich ausgewiesen wurden, handelt es sich vielmehr um eine selbstreflexive Strategie der Filme, narrativ das Material des Realen zu organisieren, indem die Grenze zwischen ‚innen' und ‚außen', zwischen ‚eigen' und ‚fremd' permeabel und damit prekär gemacht wird. Deshalb unterscheiden sich auf dieser Ebene die Figuren zudem keineswegs von Waren, Dingen und unbelebten Objekten, die nämlich in diesen Landschaften ebenfalls ihr ‚Eigenleben' entfalten konnten: Sie alle stellen augenscheinlich im gleichen Umfang ‚Material' für die Konstruktion einer Filmerzählung dar.

Insgesamt betrachtet, präsentierte sich daher das visuell Gezeigte und dabei narrativ Konstruierte in Form eines heterogenen Komposits, das, wenn überhaupt, nur mit großen Mühen zu einem kohärenten Ganzen verschweißt werden konnte. All dies zielte primär darauf ab, zu verdeutlichen, dass Filme zwar Erzählungen waren, jedoch diese mit ihren eigenen visuellen und stilistischen Mitteln operierten und daher etwas Neues erzeugten. Sie verwiesen also auf sich selbst als zu älteren Erzählmustern differente. Genauso rekurrierten sie teilweise auf den expressionistischen Stil, um gleichzeitig zu zeigen, dass es sich um Filmtricks und weder um expressionistische Kunst noch bloße abgefilmte Wirklichkeit handelte. Unvermeidlich war in diesem Kontext in der Tat der Verweis auf den eigenen Warencharakter, ein finanzstarkes, wertiges und deshalb begehrtes Produkt und Unterhaltungsgut moderner Konsumgesellschaften zu sein. Gerade durch die unvermittelte Heterogenität der Teile eines unvernähbaren Ganzen, worin das Grundprinzip schlechthin dieser Filmform zu sehen ist, bezogen sich die Filme auf eine soziale Wirklichkeit, die sich ebenfalls durch die wilde Zusammenstellung heterogener, glänzender Oberflächen im ästhetischen und stilistischen Sinn (Kult der Oberfläche und des Ornaments, *surface aesthtics*) sowie produktiv heterogener Kräfte und Akteur*innen im gesellschaftspolitischen

---

[26]Vgl. Budd (Hg.) 1990, Kaes 2009 sowie Koebner u. a. (Hg.) 2003.

Sinn (Frauenwahlrecht, Migration, Demokratie) auszeichnete.[27] Auch ermöglichten es die Filme den Filmpublika, sich zwar als integrale Zuschauer*innensubjekte, dabei aber gerade nicht-kohärent, sondern in sich different und multipel zu erleben und zu reflektieren. Sie taten dies mit dem selbstreflexiven Gestus, dass das Medium Film eine technische Struktur bildete, die mit ihm eigenen Mitteln fiktive Welten und Identitäten herstellte, die als spezifische Konstruktionen, genau darin aber als kulturell und gesellschaftlich verbindliche Aussagen wahrgenommen werden sollten.[28]

Ab 1924 veränderten sich kinematografische Mittel, Filmform, Erzählstrukturen und Abbildungsmodus, was in der Gesamtheit dazu führte, dass zwar immer noch ein merkbar aus Teilen bestehendes, kohärentes Ganzes wahrnehmbar wurde (werden sollte). Hierzu wurden vermehrt Naturaufnahmen verwendet, Kamera, Schnitt und Montage wurden dynamischer („entfesselte Kamera').[29] Anstatt auf die eigenen Möglichkeitsbedingungen zur Produktion von Konstrukten von Welten und Identitäten zu verweisen, reflektierten die Filme auf ihre Möglichkeitsbedingungen mit ihren Grundlagen von fotorealistischem Bild, Kamera, Schnitt und Montage zur Produktion ‚realistischer', ‚lebensechter' Welten und Identitäten. Film als Filmkunst setzte sich daher zunehmend dezidiert im Sinne der Vervollkommnung seines Wesens vom artifiziellen Stil und Dekor des expressionistischen Films ab. Entsprechend wurden die dort als Konstrukte ausgewiesenen symbolischen Topoi naturalisiert, indem sie sich zu typisierten

---

[27]Elsaesser argumentiert mit Bezug zur Filmform, sie sei konsequenter Ausdruck des Scheiterns der von der Arbeiterschaft ersehnten radikalen gesellschaftlichen Umwälzung. Sie transportiere die gesellschaftliche Stasis in Gestalt der universalisierten individuellen psychotischen Blockade. Antagonistische Kräfte prallten unversöhnlich in Form von Unbewusstem und Doppelgängern aufeinander. Vgl. erneut Elsaesser 2000. Anton Kaes wiederum sieht darin die im Ersten Weltkrieg erlebten Traumata ausgedrückt. Vgl. Kaes 2001.

[28]Gerade in den Filmtheorien ab Mitte der 1920er Jahre wird deutlich, dass das Konstrukt eines aus unvermittelten, heterogenen Teilen bestehenden Ganzen in Gestalt visuell und ökonomisch zu konsumierender Oberflächen sehr wohl im soziopolitischen Sinn wahrgenommen und problematisiert wurde. Vgl. hierzu zeitgenössisch Stindt 1924 sowie Harms 1924. Hierin wurde bei der Wesensbestimmung des Films de facto seine Referenz auf die soziale Wirklichkeit vollständig aufgegeben, indem sich im technischen Medium eine harmonisierte, darin idealisierte Gesellschaftsordnung (re-)produzieren sollte. Bei Harms trat dabei der Anspruch an die Filmkunst, die nationale Einheit zu befördern, sehr deutlich zutage. Auf die Spitze getrieben, konzipierte Hans Buchner den Film als Medium zur Beförderung weltweiter Hegemonie des deutschen Nationalstaats. Vgl. Buchner 1927. Die adäquate Filmform hierzu sah er im Großfilm, die zu gleichen Teilen die internationale Aufmerksamkeit erregen und den nationalen Geist erheben sollte, wofür für ihn die Fritz-Lang-Filme *Die Nibelungen* (D 1924) und *Metropolis* (D 1927) sowie Friedrich W. Murnaus *Faust* (D 1926) standen. Gerade hinsichtlich des letztgenannten Films macht Elsaesser überzeugend darauf aufmerksam, dass Stil und Erzählform keine Einheit stifteten, sondern den Warencharakter Deutschlands als Tourismusland und den des Films als Ergebnis von Tricktechniken geradezu parodistisch ausstellten. Vgl. hierzu erneut Elsaesser 2000, weiterführend Toeplitz 1992 sowie Zglinicki 1979.

[29]Vgl. Elsaesser 2000, bes. S. 232 sowie Eisner 1975, bes. S. 96.

sozialen Milieus verdichteten.[30] Diese standen in einem strikt geregelten Verhältnis zu den Figuren, die allerdings immer noch weitgehend melodramatisch spielten. Jetzt waren es aber die sozialen Milieus, die die Schicksale der Figuren determinierten, in die sie unausweichlich eingebettet waren. Nicht mehr die Tableaux zwangen die Figuren in ein Korsett, unter dessen Druck die Figuren emotional zusammenbrachen, ihre Gefühle barsten. Die Milieus wurden vielmehr zum Auslöser von Emotionen der Figuren, die sich gegen diese dezidert soziale Determiniertheit ihrer Umwelt zur Wehr zu setzen versuchten. Durch den entsprechenden Mechanismus begannen sie, ihre individuellen Gefühle in den öffentlichen Raum zu projizieren, wie dies beispielsweise in *Geheimnisse einer Seele* (D 1926; R: Georg W. Pabst) oder auch in *Geschlecht in Fesseln – Die Sexualnot der Gefangenen* (D 1928; R: Wilhelm Dieterle) geschieht. In dem Maße, wie die Figuren Vertreter*innen ihres jeweiligen Milieus verkörperten, wurden sie als eindeutig identifizierbare Typen dargestellt und darin naturalisiert. Die Figuren waren daher in dem Maße gerade nicht mit psychologischer Tiefe ausgestattet, wie sie einen sozialen Typus verkörpern mussten. Ihr Schicksal sollte zugleich individuell und partikular, in seiner Verallgemeinerbarkeit aber exemplarisch und darin eindeutig lesbar werden.

Gesteigerte Lebensechtheit korrelierte somit direkt mit einem weiteren Grad an Konstruiertheit in Bezug auf die filmischen Raumzeiten sowie auf die filmischen Identitäten. Tendenziell sollte dabei Eindeutigkeit mit Blick auf Bedeutung und Lesart erzeugt werden. Rhythmische Kamera und Montage beförderten beide Aspekte. Die dynamische Kamera produzierte in der Verfolgung unbarmherzig Ausschnitte einer vorgelagerten Wirklichkeit, die sie wie mit dem Seziermesser herauspräparierte, um sie zu einem möglichst lebensechten Ganzen sauber zu vernähen und zusammenzusetzen.[31] Der Problematik, dass sich durch diese starke Durchdringung der vorgelagerten Wirklichkeit potenziell zugleich die Perspektiven multiplizieren konnten, wurde in den Filmen mit einer strengeren Kontrolle von Ansichten, Perspektiven, Blickführung und Handlungsschemata entgegengearbeitet. Insofern sich damit der Spielraum für ein selbstbestimmtes Auffüllen

---

[30]Elsaesser spricht hier, meines Erachtens zu Unrecht, von einem Quasi-Dokumentarimus, insofern er nicht in vollem Ausmaß berücksichtigt, dass diese Topoi bereits extrem zur Produktion einer bestimmten Welt-Sicht instrumentalisiert wurden. Repräsentativ hierfür steht das Genre der sogenannten Straßen- bzw. Zillefilme, wie bspw. Georg W. Pabsts *Die freudlose Gasse* (D 1925). Man muss für das Verständnis dieser Fälle die ältere Kunstrichtung der Neuen Sachlichkeit heranziehen, die in der Literatur in der Regel als Reaktion und damit als geradezu resignierte Akzeptanz des gesellschaftlichen Status Quo gedeutet wird, zu der sich die Filme in meist bestätigenden Bezug setzen. Zur Neuen Sachlichkeit als Kunstform vgl. Lethen 1975 sowie Plumb 2006. Zur Neuen Sachlichkeit als männlich codierter Verhaltenslehre vgl. Morat 2010. Speziell zum Verhältnis Neue Sachlichkeit und Film vgl. Kappelhoff 2003.

[31]In der Forschung wird dies als neusachliche Kinematografie bezeichnet, worin sich eine nüchtern-objektive Haltung der Kamera gegenüber dem Sichtbaren ausdrückte. Ich halte diese Bestimmung für unzureichend. Das Gezeigte scheint so stark visuell-perspektivisch vorselektiert, dass eine bestimmte Lesart auf der Basis einer impliziten Welt-Sicht befördert wird.

narrativer Leerstellen verringerte, wurde auch die Zuschauer*innenposition verdichtet und vereinheitlicht. In welcher Weise das visuell und narrativ gezeigte, soziale Milieu problematisiert wurde und wie man es zu deuten hatte, darüber sollte keine Uneindeutigkeit mehr existieren. Wissen und Nichtwissen, Wahrheit und Schein, Sichtbares und Unsichtbares, Rationales und Irrationales wurden im Feld des Sichtbaren autoritär so verhandelt, dass es nichts mehr auszudeuten gab.

Diese An-Sicht wurde zudem durch die veränderte Machart und Funktion der Zwischentitel befördert, die nicht mehr nur (ausgesparte) Plotzusammenhänge erläuterten, sondern primär Dialoge veranschaulichten, womit der verbale Austausch zwischen den Figuren intelligibel gemacht wurde. Die Zuschauer*innen wurden somit einmal kinematografisch in diese naturalisierten Milieus mit ihren naturalisierten Typen zwar stark hineingezogen. Dies erfolgte jedoch zu dem Zweck, *eine* präferierte Lesart deutlich zu vermitteln. Hiermit erklärt sich auch einer der neuen Bildtypen dieser Filme, nämlich der durch eine exzessive *low key*-Lichtsetzung erzeugte *glow,* der einen radialen Glanz erzeugte, welcher von den Figuren und Objekten abstrahlte, sodass die Oberfläche der Bilder leicht verschwamm, wodurch das Bild beinahe opaque wurde, wie beispielsweise in *Geschlecht in Fesseln* oder auch Georg W. Pabsts *Die Büchse der Pandora* (D 1929). Man könnte dies auch als Versiegelung der Bildinhalte bezeichnen. Dieses Verfahren machte aber nicht weniger auf sich aufmerksam, wie die strikte Kameraführung und die rhythmische Montage, die sich daher als Instanzen zur Produktion dieser lebensechten, zugleich undurchdringlichen sozialen Milieus mit ihren sozialen Typen zu erkennen gaben und daher reflektiert werden konnten.[32] Indem sich Kamera und Erzählinstanz immer wieder ins Bewusstsein hoben, regulierte sich damit die affektive Involviertheit der Zuschauer*innen gegenüber den Milieus und den Figuren, die man distanziert betrachten können sollte, um die Filme eindeutig zu lesen.

Es ging keineswegs um Einfühlung in die oder Identifikation mit den Figuren, sondern man musste sie exemplarisch, als ‚Fälle' bestimmter sozialer Umstände auffassen, wie der sexuelle Notstand von Männern im Gefängnis *(Geschlecht in Fesseln)* oder die Psychoanalyse als Heilmittel psychopathologischer Störungen *(Geheimnisse einer Seele)* beispielsweise. Dadurch aber, dass ‚Fall' und Milieu so ‚realistisch' daherkamen, wurde die darin gezeigte und thematisierte soziale Realität eben gerade nicht als verhandelbar dargestellt, um vom Publikum unterschiedlich erlebt, aufgenommen und reflektiert zu werden. Der Apparat setzte diese normative Ansicht gerade dadurch um, dass es einen recht überschaubaren Handlungsstrang in der Filmerzählung gab, der eine verlässliche Bezugsebene

---

[32]Hierdurch konnte auch eine Reflexion des Zustands der sozialen Wirklichkeit einsetzen, welche maßgeblich aus Oberflächen bestand, hinter welchen sich nichts mehr befand. Vgl. hierzu Petro 1989, bes. S. 166, die in der typisierten Weiblichkeit flexible Identifikationsangebote für Zuschauerinnen als Gesellschaftssubjekte und Konsumentinnen sieht, sowie McCarthy 2009. Zum ‚Kult der Oberfläche' vgl. Makropoulos 2007. Bezüglich der Charakteristik der Architektur in der Weimarer Zeit vgl. erneut zeitgenössisch Kracauer 1977, bes. S. 311 ff, weiterführend Hake 2008 sowie Ward 2001.

bildete. Dieser wurde aber, aufgrund dessen, dass sich die Emotionen der Figuren in die öffentlichen Räume projizierten, visuell und narrativ immer wieder durch chaotische Bilderfolgen durchbrochen, die den veränderten seelischen, psychischen oder intellektuellen Zuständen der Figuren entsprachen. Deren visuelle Herkünfte entstammten eindeutig dem Arsenal älterer kinematografischer Verfahren, wie insbesondere Mehrfachbelichtungen, was in der Literatur auch nicht unbemerkt blieb.[33] Hierdurch entstanden immer noch verschiedene Bezugsebenen, die gleichzeitig als Realitätsebene und Projektionsfläche wahrgenommen werden – da sie sich jetzt zwar nicht mehr wechselseitig ausschlossen (wie noch in *Das Cabinett des Dr. Caligari*) –, dafür aber unauflöslich überlagern konnten *(Geheimnisse einer Seele, Geschlecht in Fesseln)*. Die Problematik einer Doppelcodierung des sozialen Milieus als ‚Wirklichkeit' oder ‚Wunsch' affizierte zugleich Handlungsstatus und Existenz der Figuren. Zwar wurden sie gezwungenermaßen durch dynamisierte, rhythmisierte Kamera und Montage aktiver. Ob sie nun aber als Subjekte oder Objekte ihrer eigenen Träume und Ängste, Wünsche und Fantasien in diesen agierten oder in der ‚Realität',war nicht unbedingt eindeutig auszumachen. Auch die potenzielle Multiplizierung von Perspektiven aufgrund der akribischen Durchdringung der vorgelagerten Wirklichkeit durch die Kamera erzeugte ein gewisses Maß an Mehrdeutigkeit ebenso wie die visuelle Undurchdringlichkeit der Bilder. Konstruktionscharakter und ein Bild vom ‚echten Leben' oszillierten in dieser Anordnung des Apparats besonders stark. In dieser Perspektive muss man auch seine Tendenz betrachten, geschlechtliche, sexuelle sowie ethnische Identitäten möglichst binär anzuordnen und dabei zu fixieren.

Patrice Petro und Miriam Hansen konstatieren,[34] dass das Kino in der Weimarer Republik vermehrt Frauen als ‚neue' Gesellschaftssubjekte, ausgestattet mit neuen Rechten, neuem Selbstverständnis und neuen Lebensentwürfen adressierte.[35]

---

[33]Vgl. hierzu Browne/Mc Pherson 1980, Ruhs 1990 und Friedberg 1990b.
[34]Vgl. erneut Hansen 1983 und Petro 1989.
[35]Das Geschlechterverhältnis wurde zwar weiterhin binär konzipiert. Es geriet aber zunehmend durch das erhöhte Maß an juristischer, politischer und ökonomischer Partizipation und Selbstbestimmung der Frauen als arbeitende und konsumierende unter Druck. Dieses zeigte sich kulturell in den popularisierten Konzepten der ‚neuen Frau' und des ‚Flapper Girls'. Vgl. mit Bezug zum Frauenwahlrecht Bridenthal/Koonz 1984, Sneeringer 2002, Canning 2010a, bes. S. 9., 2010b sowie Lefko 1997. Zur Instrumentalisierung des weiblichen Körpers für die Kolonialpolitik vgl. Wildenthal 2010. Zur Politisierung des weiblichen jüdischen Körpers vgl. Gillerman 2010. Zum Verhältnis von Weiblichkeit und Kulturpolitik vgl. Petersen 2001. Zu neuen weiblichen Lebensentwürfen vgl. zeitgenössisch Giese 1925. Weiterführend vgl. Reintsch 2014, Frame 1997, Grossmann 1983, 1986, Hake 1987, Meskimmon/West (Hg.) 1995 sowie Peiss 2004. Zur Politisierung von Frauen durch Konsum vgl. König 2001, 2008. Zu Weiblichkeit, Konsum und Schaulust vgl. Ganeva 2008, Studlar 1991, Barndt 2010 sowie Petro 1987. Es erhöhten sich aber nicht nur Partizpation und Selbstbestimmung. Vielmehr ging es weiterführend darum, alternative Lebensentwürfe zu realisieren, die nicht die Dichotomie von öffentlicher und privater Sphäre oder die der Geschlechterbinarität einfach reproduzierten. Beide Aspekte waren in der Neuen Frau und dem Flapper Girl verdichtet, weswegen sie ebenso Anklang fanden wie

Unter den hierzu entwickelten Verfahren, so Janet Bergstroms These, implementierte primär die „*erotic of looking*" (Bergstrom 1985, S. 199) jene ökonomisch bedingte Veränderung des Geschlechterverhältnisses.[36] Bergstrom macht dies an den Charakteristika der Filme fest, keine kohärente Bedeutung zu erzeugen, sondern mittels abstrahierter Bildaussagen vielfältige Ambiguitäten zu produzieren. Hierdurch konnte sich einmal die Schaulust der Filmpublika von konkreten begehrten Figuren/Objekten beispielsweise auf Landschaften verschieben. Zudem ließ sich eine voyeuristische, libidinöse Bezugnahme zum begehrten Objekt in eine kontemplative Haltung transformieren. Zwischen Begehren und Kontemplation konnte somit permanent gewechselt werden, gerade weil keines von beiden auf spezifische visuelle oder inhaltliche Objekte fixierbar war.

Petro erklärt mit Bergstroms *erotics of looking*, wie sich der Apparat in zwei geschlechterspezifische Genres ausdifferenzierte, um durch die Mobilisierung von Schaulust und Begehren Frauen und Männer unterschiedlich zu adressieren. Im Genre des Kammerspiels sieht sie die ‚weibliche' Variante des Straßenfilms,[37] welches im weiblich codierten Milieu wie Hintertreppe, Kammer oder Seitenstraße angesiedelt war.[38] Darin wurden ‚weibliche' Belange in melodramatischem Modus dargestellt. Die repräsentierten ‚weiblichen' Alltagsnöte wurden zu Räumen der Wunscherfüllung hin transzendiert, die den Zuschauerinnen als realiter mögliche Handlungs- und Lebensoptionen präsentiert wurden. So wurden beispielsweise, laut Petro, in *Zuflucht* (D 1928; R: Carl Froelich) mittels einer passivisierten männlichen Hauptfigur Handlungsmöglichkeiten für die weiblichen Figuren geschaffen, die darin ihre eigenen Begehren und Wünsche, stellvertretend für die Zuschauer*in, ausagierten. Verräumlichte soziale Mobilität konnte, so Petro, in geschlechtliche Mobilität transformiert werden.

Dagegen handelte es sich beim fantastischen Film um ein männlich codiertes Genre. Darin wurden vorwiegend ‚männliche' Belange thematisiert, wie

---

Gegenreaktionen hervorrufen. Nicht zuletzt deshalb brachte man diese Weiblichkeit mit der ‚Krise der Zivilisation' als eine ihrer Degenerationserscheinungen ebenso in Verbindung wie man auch männliches nicht-reproduktives, sprich homosexuelles Verhalten oder ‚fremde', sprich jüdische Lebensweisen als Degenerationsphänomene öffentlich diffamierte. Zeitgleich prosperierten schwule und lesbische Lebensentwürfe wie nie zuvor in politischer Hinsicht über die Bewegungen, in kultureller Hinsicht in Magazinen und Katalogen. Vgl. hierzu erneut Tamagne 2006, S. 1, bes. S. 113 ff. sowie Faderman/Eriksson 1990, Stümke 1989, Gordon 2006, Berlin Museum (Hg.) 1984 sowie Hohmann 1985. Diese Lebensentwürfe sind als Produkt und Effekt zunehmender Rationalisierungs- und Kommodifizierungsprozesse aller Gesellschaftsbereiche zu verstehen, die relational mit Prozessen der Affektbesetzung und Ästhetisierung (von Waren und Körpern gleichermaßen) verknüpft waren (und es bis heute sind). Vgl. hierzu erneut Eitler 2009 sowie Solomon-Godeau 1996.

[36] Bergstrom 1985.

[37] Zum Genre des Großstadt- bzw. Straßenfilms allgemein vgl. Grob 2003.

[38] Beispiele für solche Filme sind *Zuflucht* (D 1928; R: Carl Froelich), *Hintertreppe* (D 1921; R: Leopold Jessner) sowie Pabsts *Die freudlose Gasse*.

insbesondere männliche Ängste vor dem Verlust des sozialen Status. Wie bereits im Kino der 1910er Jahre, fand dies mittels Verwendung der Figur männlicher Selbst-Bespiegelung statt. Männlichkeit spaltete sich hierin allerdings weniger in einen unkontrollierbaren Doppelgänger und ein darüber entsetztes Selbst, sondern vielmehr in ein dargestelltes passives Objekt und eine aktiv schauende Subjektposition auf.[39] Anhand von *Faust – eine deutsche Volkssage* (D 1926, R: Friedrich W. Murnau) erläutert Petro dabei, dass sich das hierdurch mobilisierte männliche (Zuschauer-)Begehren auf dieses männliche passivisierte Objekt beziehen ließ. Dieses konnte zunächst als erotisches Objekt wahrgenommen werden, bis sich die Schaulust jedoch in Kontemplation aus der Distanz transformierte. Durch diese Kontemplation konnte, so Petro weiter, den männlichen Zuschauersubjekten eine temporäre Entlastung von der zwangsheterosexuellen Geschlechterbinarität ermöglicht werden, bevor sie wieder reguliert, indem sie an die Figur der kritischen männlichen Selbst-Bespiegelung beziehungsweise Selbst-Erkenntnis zurückgebunden wurde. In diesem Genre, so Petro, existierte einmal kein Raum für ein sozial und geschlechtlich mobilisiertes weibliches Begehren, zumal zudem das Konsumieren eines passiven erotischen männlichen Objekts für Frauen per se nicht zur Selbsterkenntnis hätte führen können, sondern lediglich zum erotischen Konsum.

Was Petro allerdings als Effekt der Ausdifferenzierung in zwei Genres beschreibt, worin die Geschlechter offenbar getrennt auftraten und wodurch sie getrennt adressiert wurden, ist bereits in den Filmen selbst strukturell angelegt. Darin geriet das Geschlechterverhältnis augenscheinlich so unter Druck, dass sich die Geschlechterbinarität als Verhältnis beinahe auflöste. Die Filme beförderten dies durch ihre Machart, indem sie Suture, Eindeutigkeit und Kohärenz vermieden. Schaut man sich die Filme insbesondere in der ersten Jahrzehnthälfte genauer an, sieht man, vor allem in den expressionistischen Filmen, dass sowohl Weiblichkeit als auch Männlichkeit in so großem Maß passivisiert wurden, dass sie kaum noch in Austausch miteinander traten. Eine Figur wie die der Jane (Lil Dagover) in *Das Cabinett des Dr. Caligari* weist beispielsweise einen so hohen Grad an Selbstgenügsamkeit auf, dass ihre Funktion in Bezug auf das Geschlechterverhältnis als narratives Konstrukt nicht mehr signifikant ist. Wider Willen, könnte man sagen, wird diese Figur selbst-bestimmt. Selbst wenn man behaupten könnte, dass die weiblichen Figuren in den Filmen Zielpunkt für die männlichen Figuren beispielsweise in Gestalt der Verlobten oder Ehefrau sein sollten, so verhinderte die Erzählkonstruktion gänzlich sowohl die diesbezügliche semantische Eindeutigkeit als auch eine erfüllende Einlösung dieser narrativen Funktion, wie man an *Das Cabinett des Dr. Caligari,* aber auch an *Nosferatu* sehr gut ablesen kann. Standen die weiblichen Figuren dagegen im Zentrum, bewirkte, wie Petro korrekt bemerkt, ihre geschlechtliche Mobilität in gewissem Ausmaß auch ihre soziale Mobilität. Dies trifft, neben dem Kammerfilm, auch auf den Abenteuerserienfilm wie beispielsweise *Die weiße Sklavin* (zwei Teile, D 1921; R:

---

[39]Vgl. erneut Bergstrom 1985 sowie Petro 1989, bes. S. 155 ff.

Arthur Teuber) zu. Die Protagonistin kann in diesen Filmen als Frau in dem Maße mobil werden, wie sich durch sie koloniale Fantasien erfüllen, die in ‚der Realität' vereitelt wurden. Solange sie sich ‚in der Ferne' aufhält, handelt sie höchst selbstbestimmt. Betritt sie dagegen ‚heimischen' Boden, muss sie sich den ‚eigenen' gesellschaftlichen Konventionen beugen, die eben auch Geschlechterkonventionen sind.[40] War ein sichtbarer Bezug zu Männlichkeit vorhanden, fungierten die weiblichen Figuren meist sowohl in passiver als auch aktiver Form als Faktoren, die das zwischen verschiedenen möglichen Bezugnahmen oszillierende Spiel unter männlichen Figuren störten, wie beispielsweise in *Opium, Das Cabinett des Dr. Caligari, Nosferatu, Geschlecht in Fesseln* und *Geheimnisse einer Seele* der Fall.

Beide Aspekte dieser weiblichen Funktion, Selbstbezogenheit und Störung, kondensierten bis zum Jahrzehntende in der Figur der mörderischen *femme fatale*, wofür *Die Büchse der Pandora* paradigmatisch steht. In narrativer Logik ist Lulus auf Männer bezogenes Begehren genau in dem Maße sexuell, wie sie Identität keineswegs mehr unter erotischen, sondern unter rein ökonomischen Voraussetzungen betrachtet. ‚Ordentliche' Männlichkeit ist ausschließlich zur Erfüllung ökonomischer Wünsche attraktiv. Sexuelle Attraktion geht nur von nicht-normierter Männlichkeit aus, die dennoch vollkommen objektifiziert wird – beides inhaltliche und strukturelle Gründe, warum Lulu unbedingt sterben muss.

Die ausdrückliche Problematisierung des Geschlechterverhältnisses als erodierte Binarität erfolgte in den Filmen der zweiten Jahrzehnthälfte in Gestalt von exemplarischen psychischen, kriminellen oder sexuellen ‚Fällen' des sozialen Milieus. Evident wird dies in *Geschlecht in Fesseln,* worin die weibliche Figur zunächst eine ‚normale' Hausfrau und Ehefrau ist, die an der Haftstrafe ihres Mannes beinahe zugrunde geht. Sie wächst über diese passive Rolle hinaus, indem sie ihre innere psychische Spannung in den öffentlichen Raum trägt und sich zugleich ‚verkauft', worin beides soziale Züge annimmt. Auf diese Weise kommt der Grundkonflikt dieses Films, das Zerbrechen einer Ehe zum Ausdruck. Auch in *Geheimnisse einer Seele* steht die Geschlechterbinarität als Ehekrise im Zentrum, die hier als Dreieckskonstellation entwickelt wird. Hierin ist die weibliche Figur auf eine reine Projektionsfläche für die Emotionen wie Hass und Eifersucht des Ehegatten reduziert. Auch eine erfolgreiche psychotherapeutische Behandlung am Filmende und die dargestellte Versöhnung des Ehepaars können nicht über die Nicht/Beziehung der Geschlechter hinwegtäuschen.

Insofern korrespondierten die Filme aufgrund ihrer besonderen Machart weniger, wie Petro behauptet, mit der Heterogenität der in der sozialen Realität gegebenen Geschlechterentwürfe. Vielmehr gestaltete sich darin direkt die soziale Problematik einer enorm unter Druck stehenden, zunehmend erodierenden Geschlechterbinarität. In dem Maße, wie die Filme Weiblichkeit als selbstgenügsam beziehungsweise selbstbezogen darstellten, reflektierten sie auf deren soziale Möglichkeitsbedingungen, wie sie durch ökonomisch unabhängige, sexuell selbstbestimmte, mit politischen Rechten ausgestattete, zugleich durch Medien

---

[40]Vgl. hierzu Nagl 2009.

gestaltete Weiblichkeit gegeben war, die sich in der sozialen Figur der (alleinlebenden, arbeitenden, sexuell aktiven) Konsumentin verdichtete.

Für Männlichkeit zeitigte diese Lockerung der Geschlechterbinarität andere Folgen.[41] Mit Petro bin ich zwar der Ansicht, dass nach wie vor die Figur der Selbst-Bespiegelung existierte. Durch die Machart der Filme in der Weimarer Republik verlor sie endgültig die Position des distanzierten, rationalen Wissenssubjekts, damit vollends die Kontrolle über Wissen und Wahrheit, über Sicht- und Unsichtbares sowie infolge über die Fähigkeit, Realität/Wahrheit und Schein differenzieren zu können – deshalb auch die Kontrolle über sich selbst. Das männliche Selbst spaltete sich nun in das Andere/die Anderen im Eigenen oder das Fremde des Eigenen auf, dies auf zweierlei Weise. Einmal erhielten die Abspaltungen insbesondere in der ersten Jahrzehnthälfte durch diesen Kontrollverlust ihr Eigenleben. Sie konnten sich multiplizieren und manipulierten das männliche Selbst, wie sie vermehrt die Gesellschaft mittels Schreckenstaten terrorisierten, wie beispielsweise in *Das Cabinett des Dr. Caligari* und *Nosferatu*. Dabei attackierten sie vermehrt andere männliche Figuren.

Seit dem Ende des Kaiserreichs waren die männlichen Figuren bereits als vergeschlechterte verkörpert, in ihrer Konstruiertheit jedoch nicht explizit als medial vermittelt ausgewiesen, insbesondere nicht in der Funktion nationaler Repräsentation. Im Kino der Weimarer Republik nun trat der Konstruktionscharakter der Figuren als sexualisierte Personen deutlich zutage, insofern sie im Affekt transgressive Taten begangen, durch die sie, in gesellschaftlicher Perspektive betrachtet, auf ‚pervertierte' Weise ihre Fantasien auslebten. Dabei pendelte ihr Aktionsmodus zwischen völliger Passivität und melodramatischer Affekthandlung. Durch das vorgegebene reduzierte, melodramatische Spiel im Tableau dominierte zunächst die affektbesetzte Reaktion, die nicht unbedingt in Handlung übersetzt wurde, sondern sich in Blickstrukturen äußerte, auf die sich die

---

[41] Auch das Konzept von Männlichkeit änderte sich unter dem Druck, dem das Geschlechterverhältnis ausgesetzt war. Juristisch, politisch und kulturell wirkmächtig waren die traumatisierten, kriegsversehrten männlichen Körper in ihrer öffentlich gemachten Nicht-Produktivität und Nicht-Reproduktivität. Vgl. hierzu Kienitz 2001 und Bourke 1996. Bewusst entgegengesetzt, jedoch aus derselben Quelle männlicher Ohnmacht angesichts des Krieges stammend, war das Bild der durch den Krieg gehärteten männlichen Kampfmaschine, wie sie bspw. von Ernst Jünger propagiert wurde. Männlichkeitskonzepte wurden zunehmend in der medial erzeugten öffentlichen Sphäre diskutiert. Vgl. hierzu Schmidt 2000. Darin wurde zudem ‚moderne' Männlichkeit bereits über Konsum, Stil und Geschmack sowie Kultur und Mondänität definiert. Dieses Männerbild wurde jedoch, gesamtgesellschaftlich betrachtet, als nicht-nationalistisch und nicht-reproduktiv eingestuft. Es kondensierte sich in der Figur des Bachelors, der entweder promiskuitiv oder asexuell war und intime Beziehungen zu Frauen und Männern pflegte. Vgl. zum Bachelor erneut Petro 1989 sowie Sedgwick 1990. Die widersprüchlichen Männlichkeitskonzepte stehen im Kontext des spannungsreichen Diskursfeldes von individuellem männlichem Körper, individueller männlicher Identität und *body politic* in der modernisierten, rationalisierten, produktiven und kohärenten Nation und ihren (inneren) ‚anderen', wie traumatisierte männliche Psychen, versehrte männliche Körper, die zugleich konsumorientierte, sexualisierte und lustbesetzte, dabei unproduktive Individuen sein konnten.

Einflussmöglichkeiten zwangsweise beschränkten. Zumal das männliche Selbst aufgrund seiner instabilen Position bezüglich Wahrheit und Schein seiner Wahrnehmung und Erkenntnis nie trauen konnte – Mann wusste nie genau, was oder wen man gesehen hatte und wie man dessen/deren Aktionen interpretieren sollte. Vor allem trat eine Selbst/Verunsicherung über die Art der Bezugnahme der männlichen Figuren untereinander ein. Diese Unsicherheit dynamisierte die Optionen von Begehren und Identität, indem sie ins Oszillieren gerieten. Ob es sich um affektive (irrationale) Lust oder Angst, um Attraktion oder Abscheu oder eben um Identifizierung beziehungsweise (rationale) Distanznahme handelte, diesbezüglich konnten sich weder die Figuren selbst noch infolge die Zuschauer*innen sicher sein.

In den expressionistischen Filmen, in denen Beinflussung von Figuren durch äußere, unkontrollierbare Kräfte dominierte, ist das Oszillieren zwischen den Bezugnahmen unendlich, da die Figuren tatsächlich nicht direkt, sondern immer nur indirekt über eine nicht-kausallogische Montage aufeinander bezogen sind. So sind die im Tableau inszenierten, dabei feststeckenden Affekte, Gesten, Mimiken und insbesondere Blicke immer in jede Richtung ausdeutbar. In den neusachlichen beziehungsweise sozial-realistischen Filmen der zweiten Jahrzehnthälfte können dagegen konkrete Bezugnahmen hergestellt werden, die eindeutig als sexuell-erotische auszumachen sind, die dann hinsichtlich des männlichen Selbst in Form einer sozialen Problematik dargestellt werden, wie beispielsweise Sexualnot männlicher Haftinsassen und Ehekrise in *Geschlecht in Fesseln* oder männliche Psychose und Ehekrise in *Geheimnisse einer Seele*. Das bedeutet nicht, das ‚äußere Realität' und ‚psychischer Innenraum' in eine eindeutiges, differenzierbares Verhältnis treten. Im Gegenteil verschränken auch diese Filme beide Ebenen bis zur Un/unterscheidbarkeit.

Petros und Bergstroms Argumente sind in dem Maße korrekt, wie die Figur der männlichen Selbst-Bespiegelung zwar nach wie vor von zentraler Bedeutung ist, jedoch wesentlich einfacher mit Bezug zur Geschlechterbinarität und zugleich wesentlich komplexer, weil durch deren Lockerung das Selbst-Verhältnis der männlichen Figuren nochmals stärker reorganisiert werden kann, befördert durch die spezielle Machart der Filme. Sie stellen die auf spezifische Weise destabilisierte soziale Position von Männlichkeit (Kriegsversehrtheit, Verlust des sicheren Einkommens, Sinken des Status als Verdiener des Lebensunterhalts der Familie, Sinken des sozialen Prestiges, Teilung von politischer Macht, Medienimage, Konsum) und deren sexuelle Position (Heterosexualität im Lichte der nun in der Mitte der öffentlichen Sphäre angekommenen Homosexualität) als auf spezifische Weise durch (technische) Medien konstruierte aus, worin sie einen merkbar konstitutiven Teilbereich von deren Heterogenität bilden. Unter diesen apparativen Bedingungen, die mit der Erosion der Geschlechterbinarität visuell und strukturell arbeiteten, um sie einerseits in ihrem Konstruktionscharakter zu verdeutlichen, dies andererseits aber auch als ihre soziale Gegebenheit auszuweisen und gerade darin zu befördern, wirkte sich auf die männlich-männlichen Beziehungen dergestalt aus, dass die sowieso nicht zu stabilisierende Oszillation von Begehren und Identifizierung extrem dynamisiert und intensiviert wurde.

Opium ist ein Beispiel für einen kinematografisch induzierten Drogenrausch, sprich die technische Veräußerlichung erweiterter, verzerrter Bewusstseinszustände. In diesem Rahmen wird Männlichkeit in der Form einer Gegenüberstellung von ‚Eigenem' und ‚Fremdem' konstituiert, wobei die technischen Bedingungen durch verschiedene Modi des Rauschs auf die zunehmende Wahrnehmung der Durchlässigkeit der Grenzen von Rausch und Realität hinarbeiten. Sie befördern nicht nur, dass die Identitäten nicht mehr eindeutig abgrenzbar sind. Vielmehr wird durch die Unmöglichkeit einer eindeutigen Differenzierung zwischen ‚Realität' und Rauschzustand als künstlich induzierter Illusion in voller Sichtbarkeit eine männliche erotische Beziehung bestätigt.

Der expressionistische Film *Das Cabinett des Dr. Caligari* ist ein Beispiel für die Konstellierung mehrerer männlicher Beziehungen, die nicht nur sehr intim, sondern extrem affektgeladen – sowohl negativ als auch positiv – sind. Die Erzählstruktur vermittelt zunächst den Versuch eines Protagonisten, sich im Nachhinein der verbindlichen Bedeutung vergangener Ereignisse rückzuversichern. Die Suche nach der Wahrheit über den Mord an einem Freund bleibt aufgrund verschachtelter Handlungsstränge bis zuletzt ungeklärt, wie auch bis zum Filmende die semantische Ambivalenz bestehen bleibt. Die Beziehungen der Figuren in der Binnenhandlung leben vom melodramatischen Spiel. Deren Mimiken und Blicke drücken sich stets durch eine Bandbreite von Affekten aus, die sich weder gänzlich vereindeutigen noch aufgrund der reduzierten Aktivität der Figuren einem eindeutigen Bezugsobjekt zuordnen lassen. Dem Protagonisten stehen als Abspaltungsformen des männlichen Selbst' männliche passive Opfer, visuell als androgyne *freaks* codierte, unbewusste Schlafwandler sowie ein Mastermind gegenüber, der im Hintergrund die Strippen zieht. Die an (weiblichen und männlichen) passiven Objekten gewaltförmig ausagierten Transgressionen sind deutlich sexualisiert, manchmal auch tödlich. Dabei ist der Status der passiven Objekte intrinsisch ambivalent, da sie selbst zu Angreifern werden können, jedoch nur unter dem Umstand, dass sie ‚automatisch', sprich unbewusst handeln. Angst und Lust sind innerhalb dieser Beziehungen kaum zu unterscheiden, wodurch die ambivalente Art der Bezugnahme zu den Objekten der Blicke als Objekte des Begehrens oder der Repulsion, als Objekte der irrationalen Zuwendung oder der rationalen Distanznahme bis zuletzt erhalten bleibt. Die nicht-kohärente Form des Narrativs befördert diese Uneindeutigkeiten und Mehrdeutigkeiten, wird jedoch vom Status des althergebrachten Tableaus darin konterkariert, den affektiv-erotischen Beziehungen der männlichen Figuren untereinander einen würdigen Auftritt zu genehmigen.

Nosferatu ist ein Beispiel dafür, wie über ‚Naturlandschaften' psychische Zustände ausgedrückt werden. Für den Film gilt dies in besonderem Maße, da er handkoloriert wurde, sodass die Topoi qua Farbkodierung die für diese psychischen Zustände verantwortlichen Stimmungen betonen. Da es sich um einen Horror- beziehungsweise um einen Vampirfilm handelt, wird hier einer (vermeintlich) rationalen Welt eine andere, fremd codierte Gegenwelt gegenübergestellt. Beide Welten durchdringen sich jedoch in Form zumeist unsichtbarer Kräfte wechselseitig. Auch hier erschöpfen sich die Beziehungen daher vor allem in affektbesetzten Mimiken und Blicken der männlichen Figuren, deren Art der Bezugnahme ambivalent bleibt. Die Reise des Protagonisten führt ihn in die Welt des radikal Anderen, sprich des Vampirs, wo dieser an ihm eine gewaltsame, wie in *Das Cabinett des Dr. Caligari* ebenfalls sexualisierte Transgression vornimmt. Im Film werden diese nächtlichen Ereignisse bei Tageslicht in einer medienreflexiven Spiegelsituation kondensiert, in der das Erlebte lediglich oberflächlich entleert und rationalisiert wird, sodass es verdrängt werden, damit der Protagonist unbeschwert die sichere Heimreise antreten kann. Das wissende Lächeln des Protagonisten deutet eher auf ein positiv besetztes Erinnern der verdrängten Vereinigung mit dem Vampir hin. Das auch hier noch sehr reduzierte Spiel unterstreicht dabei nicht nur die Ambivalenz der Referenzobjekte, sondern die Ambivalenz der Bezugnahmen der Figuren untereinander, Angst und Faszination, Aggressivität und Attraktion lassen sich ebenso wenig auseinander halten, wie sich unbewusste transgressive Zustände nicht von rationaler Selbstreflexion trennen lassen, sondern dafür konstitutiv sind.

In *Geheimnisse einer Seele* hat sich der ‚realistische' Modus der Inszenierung durchgesetzt, in dem anhand exemplarischer Vorfälle typisierte Figuren ihr Schicksal erleiden. Im Kern steht hier die Problematisierung des binären Geschlechterverhältnisses in Gestalt einer durch Verdachtsmomente ausgelösten Psychose des Protagonisten, der davon getrieben ist, seine Frau zu ermorden. Die Lösung des Problems soll durch Psychoanalyse herbeigeführt werden, deren Wert als rationale, objektiv-wissenschaftliche Technik vorgeführt wird. Bezugsobjekt der psychotischen Verfasstheit der männlichen Figur ist aber nicht nur die Ehefrau. Vielmehr bezieht sich der Tötungstrieb, der sich in die soziale Realität übersteigenden Fantasien und Halluzinationen äußert, zugleich kompulsiv auf den Cousin der Gattin, mit dem sie und der Protagonist eine gemeinsam verbrachte Kindheit teilen, der aus der Fremde, sprich imaginären Kolonien, in die Heimat zurückkehrt. Dadurch dass der Tötungstrieb zwar libidinös besetzt ist, dabei aber aus einer psychischen Quelle, nämlich dem Unbewussten stammt, bleibt uneindeutig, einmal auf welches der beiden Bezugsobjekte, Ehefrau oder Cousin, diese Besetzungen gerichtet sind sowie ob die Triebquelle nun gewaltförmig oder erotischer Natur ist. Die Trennung der Ebenen von ‚Psychose' und ‚Realität' wird zunehmend unterlaufen, sodass die Konstruktion des filmischen Narrativs deutlich die Möglichkeit durchkreuzt, den ‚Ursprung' der Psychose zu erfassen. Vielmehr gibt sich das Narrativ demgegenüber als Prozess stetiger Verschiebungen zu erkennen, worin die Objekte als Zielpunkte des Begehrens oszillieren.

Geschlecht in Fesseln ist ein weiteres Beispiel für einen ‚realistischen', ‚sozialkritischen' Film, der einen in einem besonderen sozialen Milieu, hier ein Gefängnis, angesiedelten ‚Fall', die Sexualnot der Gefangenen nämlich, darstellt. Die beinahe didaktische These des Films besteht darin, ein sexuelles Argument für ein soziales Argument zu instrumentalisieren: Mangels externer weiblicher Zuneigung käme es dort zwischen den Insassen zu homosexuellen Handlungen, ein Zustand, den es zu verbessern gelte. Unter diesen kinematografischen Bedingungen wird eine Einzelidentität in der Figur ‚des Homosexuellen' minorisiert. Zudem entsteht eine empfindsam-erotische Bindung an den Protagonisten des Films, die jedoch am Filmende abgebrochen wird. Allerdings entwickelt der Film eine ausgestellte Auseinandersetzung zwischen dem älteren kinematografischen Verfahren des Tableaus sowie der bewegten Kamera, in deren relationalem Differenzverhältnis deutlich wird, dass gerade die heterosexuelle Beziehung unlebbar geworden ist, während in der Dynamik und Bewegung die männlich-männliche erotische Beziehung unterstützt wird.

Als in Deutschland ab 1929 der Ton in die Kinos einzog, hatte sich die ‚autoritäre' Machart der sozial-realistischen Filme etabliert. Wie sich der Apparat durch den Ton erneut veränderte, lässt sich folgendermaßen zusammenfassen. Im Zuge der seit 1929 auch in Deutschland herrschenden sogenannten Wirtschaftskrise,[42] war es lediglich den Großfirmen wie der Ufa beispielsweise möglich, das nötige Kapital für die Umstellung auf den Ton durchzuführen. Da aufgrund der sogenannten Depression die Kaufkraft der Menschen allgemein recht gering war, gingen die Besucher*innenzahlen bis 1933 zurück. Dies führte aufgrund von Preisverfall zur Schrumpfung des Lichtspielsektors.[43] Auch wenn man sich in der Literatur einig ist, dass sich der Ton innerhalb von drei Jahren bis Ende 1931 in der Produktion etabliert hatte,[44] setzte er sich aufgrund des hohen Kapitalaufwands erst bis zum Ende des Jahrzehnts vollständig durch.[45]

Mit ‚Ton im Film' ist dabei zunächst einmal die standardisierte und reproduzierbare Verknüpfung von Musik, Geräusch und Dialog mit einem singulären Vertreter der historisch gewordenen Kategorie ‚Langfilm' bezeichnet,[46] deren technische, juristische, ökonomische und ästhetische Bedingungen weitgehend von den Produzent*innen kontrolliert wurden.[47] Hergestellt wurde unter den Bedingungen, dass die Filmfirmen nun mit Vertretern von Elektro- und Musikindustrie sowie mit Firmen kooperierten, die Nachrichten- und Radiotechnik entwickelten. Mit dem Entstehen eng verzahnter Medienverbünde ab 1930 konnte daher der Ton des Films anderweitig kommerziell und kulturell wie beispielsweise ein im Film gesungener Schlager verwertet werden. Die neuen

---

[42]Vgl. hierzu kritisch erneut Weitz 2007, bes. S. 146, Bridenthal u. a. (Hg.) 1984, Peiss 2004, Canning 2010b, Gordon 2006. Weiterführend Faulstich 2008, Föllmer/Graf (Hg.) 2005 sowie Fritzsche 1996. Der Begriff der ‚Goldenen Zwanziger' speziell auf Film und Kino bezogen vgl. erneut Faulstich (Hg.) 2008 sowie Korte 1998.

[43]Vgl. Stahr 2001, bes. S. 58 f.

[44]Diese These vertritt Gomery 1980, bes. S. 82.

[45]Zur Einführung des Tonfilms mit Bezug zur Ausstattung der Kinos vgl. zeitgenössisch Herkt 1931 sowie Gabler 1932. Mit Bezug zu Tonpatenten vgl. zeitgenössisch Strohm 1934. Weiterführend vgl. Jossé 1984, Müller 2003a, b, Ashkenazi (2010a), Altman (1980a), Polzer (Hg.) 2002. Zur Geschichte des Tonfilms in transnationaler Perspektive vgl. Dibbets 2006. Zu Geschichte, Phänomenologie und Psycho-Physik des Tonfilms sowie zur Bild-Ton-Relation vgl. Flückiger 1999.

[46]Zu den widersprüchlichen Debatten zum Tonfilm vgl. King 1984, Gunning 2001 sowie erneut Crary 1989, Sannwald 1999, Mühl-Benninghaus 2002, bes. S. 55 ff. sowie erneut Müller 2003a, b.

[47]Zur Standardisierung des Tons vgl. Altman 1996 sowie erneut Crary 1989 und Müller 2003a, b.

Medienverbünde waren nicht nur von enormer Wirtschafts- und Finanzkraft,[48] sondern sie brachten auch sehr gute Tonfilmverfahren und Nachvertonungsverfahren (Vollsynchronisation) hervor. Diese verschafften ihnen im internationalen Kontext einen guten Wettbewerbsvorteil, wodurch sich der Mehrkostenaufwand für Tonfilme rentierte. Dass der Tonfilm zu einer kulturellen oder nationalen Beschränkung auf Produktions- und Rezeptionsseite führte, traf nur bedingt zu. Nach wie vor existierten in- und extensive internationale Verflechtungen, insbesondere mit der US-amerikanischen Filmindustrie.[49]

Dabei wurden in den Jahren bis zu dessen voller Etablierung Tonfilm und Stummfilm in der Öffentlichkeit als zwei verschiedene, durchaus gleichberechtigt nebeneinander existierende ästhetische Entitäten betrachtet.[50]

Die Mehrzahl der zeitgenössischen Vertreter*innen der Debatten über den Tonfilm wie Techniker*innen, Produzent*innen und Kritiker*innen war sich noch nicht darüber im Klaren, was nun den Tonfilm wesentlich ausmachte. Während insbesondere die Techniker*innen auf der Produktionsseite den Ton in mimetischer Funktion verwendet sehen wollten, setzten sich vor allem Künstler*innen für eine anti-mimetische ästhetische Definition des Tons im Film ein.[51] In

---

[48]Zum Tonfilm als Teil von Medienverbünden vgl. Mühl-Benninghaus 2001, Prümm 1995, erneut Spiker 1975, bes. S. 48 ff. sowie Gomery 1976. Zur Entstehung der Radio- und Nachrichtenindustrie vgl. Hickethier 2008, Krug 2002, Führer 1997, Leonhard (Hg.) 1997, Schneider (Hg.) 1984, Cebulla 2004, Marßolek/Saldern 1998 sowie erneut Faulstich (2008), bes. S. 17. Zum Radio als psycho-physische Technologie in der Weimarer Republik vgl. erneut Schrage 2001. Die Kooperation von Film-, Musik- und Radiotechnikfirmen wurde ab 1930 von der Regierung durch den Aufruf zur Kartellbildung gebilligt. Sie verschärfte hierzu die gesetzliche Kontingentregelung für den Import ‚ausländischer' Filme.

[49]Dazu zählen die Patentrechtsstreite zwischen Filmproduktionsfirmen und Elektrokonzernen der verschiedenen Nationen. Dazu zählt auch, dass die US-amerikanischen Firmen rasch begannen, Mehrsprachen- bzw. polyglotte Filme in Europa zu produzieren, zu vermarkten und zu zeigen. Vgl. hierzu erneut Dibbets 2006 sowie Gomery 1976, 1980, bes. S. 84. Zu den Mehrsprachenfilmen vgl. Krützen 1996, Wahl 2010, Distelmeyer (Hg.) 2006 sowie Petro 2009. Zu den polyglotten Filmen vgl. erneut Krützen 1996 sowie Müller 2003b. Unter diesen Bedingungen setzte die zweite Welle der Abwanderung deutscher Regisseur*innen, Schauspieler*innen und Produzent*innen in die USA ein.

[50]Zu Differenz und Analogie von Stumm- und Tonfilm bzw. zur Frage der Anlage des Tonfilms im Stummfilm vgl. erneut King 1984, Crary 1989, Müller 2003a, b. King vertritt die These, der Stummfilm habe zu Jahrzehntende den Tonfilm antizipiert, da sich das reduzierte Figurenspiel zunehmend auf verbalen Austausch der Figuren konzentrierte.

[51]Repräsentativ für die erste Gruppe standen Hans Wollenberg und Wolfgang Umbehr. Vgl. Umbehr/Wollenberg 1932. Weiterführend zeitgenössisch vgl. Engl 1927, Fischer/Lichte (Hg.) 1931, Hahn 1939, Hatschek 1931, Kahan 1930, Kalbus 1935, Lichte/Narath 1945, Lolhöffel 1933, Skaupy 1932, Warschauer 1930 sowie die 1931 erschienene Sondernummer von *Die Woche* 33, Nr. 27 vom 04.07.1931. Zur zweiten Gruppe zählten insbesondere Sergej M. Eisenstein, Wsewolod I. Pudowkin und Grigori W. Alxandrow, die den Ton im Tonfilmmanifest kontrafaktisch zum Bild definierten. Vgl. Eisenstein u. a. 1984. Auch Walter Ruttmann definierte im Programmheft zu seinem Film *Die Melodie der Welt* (D 1929) den Tonfilm kontrafaktisch mit dem Satz: „Man versuche sich klarzumachen, daß Tonfilm nichts anderes sein kann als Kontrapunkt." Zitiert nach Ihering 1959, S. 566 f. Weiterführend vgl. Thompson 1980.

diesem Kontext blieben die Referenzen zum Stummfilm nicht aus. Da es sich bei diesem in ihren Augen um eine vertiable eigenständige Kunstform handelte, deren zentrale Elemente fotorealistische Bewegtbilder, Schnitt und Montage waren, musste der Ton entsprechend so definiert werden, dass auch der Tonfilm als eigenständige Kunstform erkennbar wurde.[52] Hiermit wurde eine zweite Abgrenzung vorgenommen. Da der Tonfilm mit dem Ton die Sprache technisch reproduzieren konnte, durfte er keinesfalls das Sprechtheater imitieren. Damit war der Anspruch verknüpft, dass sich einmal die Handlung nicht auf Dialoge reduzierte, wodurch diese zudem nicht die gesamte Narration dominieren sollten. Darüber hinaus durfte der Ton generell nicht einfach technisch reproduziert sein, sprich reine Abnahme von filmisch Vorgelagertem. Dementsprechend formulierte Rudolf Arnheim seine Vorstellungen insbesondere vom Sprechfilm als gelungener Kunst dahingehend, dass durch bestimmte Bild-Tonverknüpfungen eine Synthese auf höherer Ebene erzeugt werden sollte. Dazu durften durchgängig eingesetzte Sprechstimmen nicht maschinenartig reproduziert, sondern sie sollten ‚human' werden. Am besten eingelöst sah er dies erstaunlicherweise im gezeichneten Film.[53]

Es dauerte vor diesem Hintergrund der Diskussionen bis Mitte der 1930er Jahre, bis sich für den Tonfilm eigene ästhetische Parameter herausgebildet hatten, die ihm nun, weil standardisiert, als sein Wesen zugeschrieben wurden: Geräusch als Atmosphäre; Musik als aus dem Bild erklärbar oder als semi-autonome, dabei integrale Begleitung (Kommentar); Sprache als durch die Narration plausibilisiert, im Bildmittelgrund vernehmbar.

Das Kinopublikum war dabei davon fasziniert, dass es nun endlich die Stimmen der Figuren auf der Leinwand, mehr noch, ihrer berühmten Stars hören konnte. Elsaesser argumentiert in diesem Kontext, dass deren Stimmen bereits aus Radio und von Schallplatte bekannt waren, wodurch hier nicht unbedingt nur der Zugewinn an Lebensechtheit erzeugt, sondern zugleich auch ein reflexives Spiel mit der technischen Reproduzierbarkeit der (Sing-)Stimme in verschiedenen Medien inszeniert werden konnte.[54] Hieran zeigt sich, dass das Medium mit dem Tonfilm erneut daran arbeitete, einen Zugewinn an Lebensechtheit zu erzeugen, dies zugleich aber in merkbarer relationaler medialer Differenz sowohl zum Theater als auch zum Stummfilm. Was sich dabei bereits seit 1924 tendenziell eingestellt hatte, dass nämlich die kinematografischen und narrativen Mittel eine Konstruktion einer fiktionalen Welt mit fiktionalen Identitäten zu naturalisieren suchten, konnte hiermit seine Fortsetzung finden. Dementsprechend wurde gerade

---

[52]Dass „der Tonfilm" zunächst nicht als Einheit wahrgenommen wurde, bezeugen die verschiedenen Begriffe, die für ihn kursierten, wie bspw. Geräuschfilm, Musikfilm, Filmtonoperette und Dialog- bzw. Sprechfilm. Vgl. hierzu erneut Sannwald 1999.
[53]Vgl. Arnheim 1977, S. 58 ff., bes. S. 64, weiterführend Kracauer 1985. Zur systematischen Untersuchung von Ton-Bildverhältnissen vgl. Percheron/Butzel 1980. Speziell zum Verhältnis von Musik und Bild Gorbman 1980.
[54]Vgl. zu diesem Punkt Elsaesser 1994, 2002.

den Sprechstimmen ein hohes Maß an Authentifizierung beigemessen, da sie den Charakter abrundeten. Zugleich, so wird aus Elsaessers Bemerkung deutlich, wussten die Zuschauer*innen genau, dass es sich nicht um die ‚realen' Stimmen der ‚echten' Starpersonae handelte, sondern um medial vermittelte Stimmen. Der keineswegs wie ein Bruch zu verstehende Unterschied zum Kinoapparat, wie er bislang funktioniert hatte, lag darin, dass mediale Differenz nicht mehr nur an merkliches Verweisen auf andere Medien und ihre Verfahren und/oder auch die eigenen strukturellen Möglichkeitsbedingungen als Narrativ im Zeichen des ‚Zugewinns an Lebensechtheit' geknüpft war. Augenscheinlich wurde sie nun thematisiert als grundsätzliche Bedingtheit, sprich mediale Vermitteltheit alles Lebendigen beziehungsweise von ‚Realität' per se. Was genau ‚Realität' ausmachte, so der entscheidende Unterschied, lag jetzt in der Differenz, wie verschiedene Medien sie in sichtbarer Differenz zu anderen als existierende hervorbrachten.

Insofern ging mit der Authentifizierung durch die vernehmliche Sprechstimme parallel das Ausstellen der technischen Reproduzierbarkeit von Identität durch Medien einher, welche sich nun als Ursache von Identität per se in einer modernen Konsum- und Mediengesellschaft zu erkennen gab. Insofern argumentiert Elsaesser auch korrekt, dass das Experimentieren mit selbstreflexivem Ton in den ersten Jahren des Tonfilms kein Alleinstellungsmerkmal avantgardistischer Praktiken, sondern durchaus ein auch die kommerziellen Filme umfassendes Verfahren darstellte, allen voran in den Sänger- und Musikfilmen angewandt. Dieses humorvolle, ironische Spiel mit technisch reproduzierten Körpern, Begehren, Geschlechtern und Identitäten äußerte sich oft im Thema der Identitätsdoppelungen und -verwechslungen, die betont auf das Spannungsverhältnis einmal zwischen Schauspieler*in und Figur sowie Figur und Rolle und damit zudem von ‚falscher' und ‚authenischer' Identität der sich in Medien realisierenden Staridentität verwiesen.[55] Nicht nur wurden phänomenologisch Körper und Stimme immer wieder mehrfach dissoziiert. In Form ihrer technischen Reproduziertheit konnten beide auch zu verschiedenen Zeiten an verschiedenen Orten auftreten, indem sie entweder nur hör- oder auch sichtbar wurden. Hierdurch veränderte sich daher nochmals der ontologische Status von Identität, insofern er als durch Medien hergestellter an sich neu bestimmt und darin auch positiv als neue *conditio humana* ausgestellt werden konnte. In dem Maße, wie sich Identität raumzeitlich verflüchtigte, erstand sie zugleich als grafische Spur auf Schallplatte, im Radio oder im Filmbild wieder auf, wobei sie sich raumzeitlich vervielfältigen konnte. Daher wurde auch deutlich, nicht nur, in welchem Ausmaß Identität an die Konstitution von konstruiertem Raum und konstruierter Zeit gebunden war, sondern dass diese Bedingungen auch bezüglich aller Kategorien galten, die mit den anderen Merkmalen des Tonfilms assoziiert wurden.

---

[55]In der Praxis kam es durch Störungen wider Willen zu solchen Reflexionsmomenten, wenn die Synchronisation von Bild und Ton fehlschlug. Vgl. hierzu erneut Müller 2003a, bes. S. 242 f.

Denn dass mit dem Ton auch Raumzeitverhältnisse neu gestaltet werden konnten, wurde in den Debatten zum sogenannten *off*-Ton deutlich und darin reflektiert.[56] Mit ihm sollte es möglich sein, die im Bild getrennten Raumeinheiten besser zu vernähen, wodurch ein plastischer Raum entstehen sollte. Der Ton als neues intrinsisches Konstituens konnte also handlungsvorantreibend und narrationsstrukturierend fungieren. Eine nicht im Bild verankerte Geräuschquelle konnte jedoch auch potenziell irritierend wirken, sodass der Ton umgekehrt Distanz zum auf der Leinwand Gezeigten erzeugen konnte. Damit verwies er in seiner raumzeitlichen Dimension in dem Maße, wie er einen Zugewinn an Lebensechtheit erzeugen konnte, nicht nur darauf, dass er Konstituens einer fiktionalen Welt war, in der er plausibel gemacht werden musste. Zugleich zeigte er an, dass die Kategorie ‚Raum' an und für sich keine stabile, essenzielle, sondern eine volatile, relative physikalische Größe (im Sinne eines Kontainers) sowie eine psychoakustische Größe in Relation zum Menschen, Individuum und Zuschauer*innensubjekt bildete.

Die durch diese Neuordnung von Wissen und Nicht-Wissen, von An- und Abwesenheit, von Sichtbarem und Unsichtbarem, von Hör- und Unhörbarem sowie von Wahrheit und Schein bedingten kinematografischen Verfahren nutzten das Bild-Tonverhältnis, um Identität als vielfältig innerlich sowie äußerlich gespaltene zu präsentieren. Verhandelt wurde dezidiert das Thema von ‚Original' und ‚Kopie', wie aus *Ein Lied geht um die Welt* (D 1933; R: Richard Oswald) deutlich hervorgeht. Gleichzeitig wurde die Verankerung von Identität in einer relativ gewordenen Raumzeit thematisiert, worin sie sich ebenfalls körperlich und sinnlich dissoziieren und vervielfältigen, um nicht zu sagen replizieren konnte. Insbesondere die Singstimme wurde zum neuen Träger des Ausdrucks von Emotionen und vor allem von Begehren. Dass sowohl das Bild-Tonverhältnis komplex als auch die darin agierenden Figuren körperlich und sinnlich vielfältig an- und abwesend sein konnten, vereindeutigte dabei potenziell die Ausrichtung der Stimme auf ein Objekt sowie die Identität dieses Objekts im Song im Besonderen sowie im Film im Allgemeinen.

Trotz ‚Zugewinn an Lebensechtheit' durch die Zugabe der menschlichen Stimme im Tonfilm, trat, auch wenn der Apparat seine Tendenz hierzu beibehielt, keineswegs eine vollständige, insbesondere geschlechterbinäre Naturalisierung der Figuren ein. Während Männlichkeit und Weiblichkeit in den letzten Stummfilmen noch kaum mehr aufeinander bezogen waren, scheint das Verhältnis auf den ersten Blick in den Filmen mit Ton restituiert. Allerdings war es dies mit einem Dreh: Die technisch voll reproduzierbaren, voll vergeschlechterten, sexualisierten Körper und Stimmen kamen nurmehr in Form der Oszillation zwischen ‚schönem Schein' und ‚echter Identität', sprich von Eigentlichkeit und Uneigentlichkeit zum Einsatz. Dasselbe traf auf ihre Verankerung in der visuellen Realität der Filme zu, in der sie sinnlich anwesend, aber körperlich abwesend – und umgekehrt – sein konn-

---

[56]Vgl. zur Diskussion über Tonperspektive und *off*-Ton erneut Müller 2003a, bes. S. 286 ff. sowie Paech/Paech 2000, bes. S. 134.

ten. Daher war ihre raumzeitliche Verortung vervielfältig- und erweiterbar, was sowohl die Identität an sich als auch die Konfiguration von Figuren als Objekte und die Arten der Bezugnahme zu ihnen ebenso vielfältig, komplex und un/eindeutig machte.

In der filmhistorischen Forschung wird nun vor allem das Verdikt über die Unterhaltungsfilme im Zeitraum von 1929 bis 1933 gesprochen.[57] Die Dominanz ‚seichter' Themen, vorwiegend aus der Glamour- und Starwelt des Varietés und der Operette, wäre zwar medienreflexiv gewesen. Jedoch hätten sich die Filme durch ‚reine' Selbstreflexion komplett von der sozialen Realität abgeschottet. Dies wird ihnen als Flucht in die Unwirklichkeit einer filmischen Scheinwelt vorgeworfen, im Sich-Verlieren in der Vervielfältigung des Scheins. Damit ist der implizite Vorwurf verknüpft, das Kino der frühen 1930er Jahre hätte die Zeichen der Zeit nicht rechtzeitig erkannt und an den politischen Fakten der Machtergreifung durch die Nazis 1933 völlig vorbeiproduziert, um sich dann mittels dieser eskapistischen Filme nahtlos durch die Nazis vereinnahmen zu lassen.

Wenn man auch sagen kann, dass in der Tat die Genres der Komödie und des Musikfilms das Kino dominierten, so darf man doch die darin auf humorvolle, ironisch verhandelte Reflexion des Medienmetiers nicht als reine Selbstreferenzialität abtun. Einmal setzten sich die Filme mit diesem Duktus merklich von den neusachlichen, sozialkritischen Filmen Ende des Jahrzehnts ab. Diese Reflexionsstrategie beförderte ein Wissen in den Filmen davon, dass sich das Medium nicht einfach eindeutig von einer sozialen Realität unterschied, welche dem Medium vorgelagert war, gegenüber der es sich nun wie in den ‚sozialkritischen' Stummfilmen ‚richtig' positionieren sollte. In den frühen Tonfilmen wurde nun kein Hehl mehr daraus gemacht, dass das Medium Film als aktiver Produzent von Welt(en) und Identitäten integraler Akteur dieser sozialen, auch physikalischen Welt in all ihrer Heterogenität und Unübersichtlichkeit, ihrem ornamentalen Glanz *und* ihrer sozialen Prekarität geworden war. Reflexiv konnte daher auch werden, dass das Wesen der physikalischen Welt durch Relativität ihrer Größen, das Wesen der sozialen Realität durch eine heterogene Konfiguration vieler, in ihrer Widersprüchlichkeit unvermittelter Oberflächen bestand, die diese Welt in ihren multiplizierten Ansichten und Perspektiven *war,* welche auch die Realität von Subjektpositionen, Identitäten, Geschlecht, Sexualität und Begehren bildete und hinter die es kein Zurück mehr gab.

Dass die angenommene absolute Relativität von Raum und Zeit, von Wahrnehmung und Bewusstsein in der Doppellogik von Realität und Schein im Film problematisch war, erkannte bereits 1931 H. Schapek, Pressereferent des Lux-Konzerns in Wien, der dies bemängelte und daraus die Anforderungen an den

---

[57]Wichtige Titel in diesem Zusammenhang sind *Das Kabinett des Dr. Larifari* (D 1930; R: Robert Wohlmuth) sowie *Der Schuß im Tonfilmatelier* (D 1930; R: Alfred Zeisler). Vgl. zur Selbstreflexivität dieser Filme erneut Müller 2003a, b), weiterführend Hagener/Hans 1999, bes. S. 14, Elsaesser 1999, bes. S. 92 ff. sowie Schweinitz 2003.

Tonfilm zur Produktion einer kollektiv-rezipierenden Einheit des Publikums ableitete, wie in der Dezember-Ausgabe vom 24. 1931 in *Der Film* formuliert:
[D]er Tonfilm hat noch nicht jene Sprache gefunden, die für alle gesprochen werden kann, weder in der Färbung, noch im Inhalt, noch im Gefühlsmäßigen. Er haussiert in Mechanisierungen und konterminiert die intime Wirkung, indem er – heute noch – verflacht und entpersönlicht. […] Wir haben keine Tonfilme für das Publikum, dass es zu einem Aufnahmeorgan zusammenschmilzt und dass trotzdem jeder empfinden muss, dass der Film für ihn, nur für ihn, gerade für ihn geschaffen wurde. […] Das Gerüst ist vorhanden. Aber es fehlt die richtige Brücke zum Publikum. Aufgabe der Produktion wird es im Jahr 1932 sein, diese Brücke zu schaffen. Sonst wird der Abgrund zwischen dem Tonfilm und seinem Publikum immer klaffender (Zitiert nach Müller 2003a, S. 151).

Beide der in diesen Filmen (noch) offen verhandelten Aspekte, die Durchdringung der physikalischen Welt und der sozialen Realität und ihre Hervorbringung durch Medien sowie die Relativität jeglicher individueller, sozialer oder physikalischer Größen, wurden von den Nazis klar erkannt. Unter den Umständen ihrer Disparatheit wurden Heterogenität und offene Verhandelbarkeit aber als umgehend abzuschaffende aufgefasst, um das chiliastische Projekt einer bereits immer schon ewig währenden harmonischen, mit dem Staat identischen Volksgemeinschaft einzulösen. Die grundlegende Strategie, eine bruchlose Einheit zu erzeugen, worin das Gemachte der Teile nicht nur als Ganzes im Schein präsentiert, sondern als immerwährend gültige völkische Wahrheit transzendiert wurde, indem die Bedingungen ihrer Gemachtheit gerade systematisch verleugnet und verschleiert wurden, um das Bild der Einheit im achronistischen ewigen Zustand präsentieren zu können, wurde nun an den Kinoapparat herangetragen und veränderte dessen Zusammenstellung.

Ein Lied geht um die Welt fällt seiner Datierung nach in den Übergang der Herrschaftszeit des Nationalsozialismus. Hinsichtlich seiner kinematografischen Mittel, seiner Verhandlungsweisen von Wissen und Wahrheit, Sein und Schein, von ‚authentischer‘ und ‚technisch reproduzierter‘ Identität zählt dieser Sängerfilm in der Literatur zu jenen Unterhaltungsfilmen, in denen zwar mediale körperliche und sinnliche Vervielfältigung und Mehrfachverankerung der Figuren strategisch verhandelt werden, denen aber auch vorgeworfen wird, sie reflektierten die soziopolitische Realität nicht adäquat. Einmal nun spielt der Ton hier eine zentrale Rolle für diese Verhandlung ‚echter‘ und ‚künstlicher‘ Körper, Stimmen und Identitäten in Gestalt der erotisierten Singstimme. Diese kann Begehren zwar unmissverständlich artikulieren. Aufgrund ihrer Körperlosigkeit ist sie phänomenologisch aber ebenso schlecht zu verorten wie aufgrund dieser vorhandenen raumzeitlichen Dislokationen, der Verschiebungsphasen von An- und Abwesenheit die Identität des besungenen Objekts, die im Song lancierte Ausrichtung des Begehrens sowie die Übereinstimmung mit einem visuellen Objekt un/eindeutig bleibt. Potenziell kann sie aufgrund der im Wesentlichen aus einer Dreierkonstellation bestehenden Geschlechterbinarität immer auf die Frau oder den anderen Mann bezogen werden. Zugleich macht dieser Film mittels der vervielfältigten stimmlichen und körperlichen Inszenierung seines Protagonisten, dem ‚kleinwüchsigen' jüdischen Opernsänger Joseph Schmidt, diese Körperlichkeit als problematische soziale Identität überdeutlich.

3.1 Zwischen/Spiel I: Die technischen Räume rauschhafter ‚Widernatürlichkeit' – *Opium – Die Sensation der Nerven*

Mit *Opium – Die Sensation der Nerven* produzierte die Berliner Monumental-Filmwerke GmbH unter der Regie Robert Reinerts 1919 einen immens erfolgreichen (Stumm-)Film. Er wurde noch vor seiner Uraufführung am 29. Januar 1919 im Düsseldorfer Residenztheater zensiert. Eine erneute Zensur erfolgte im Jahr 1921, als sich die von 1918 bis 1920 ausgesetzte Filmzensur der Weimarer Republik reetabliert hatte.[58] Der Film, so die Begründung, thematisiere zwar ein gesellschaftlich relevantes Thema, den Drogenkonsum nämlich, allerdings zu reißerisch. Zeitgenössisch wurde er als sogenannter Milieufilm bezeichnet, weiterhin wurde er mit ‚Sittenfilm' beziehungsweise ‚Aufklärungsfilm' tituliert.[59]

Im Zeitraum von 1918 bis 1920 entstanden auffällig viele Filme, die sich den Themen „Abtreibung, Homosexualität, Prostitution, Eheberatung, Schwangerschaft" sowie „Geschlechtskrankheiten, Abtreibung, Alkoholismus" (Schmidt 2000, S. 26 f.) widmeten. Dieses Phänomen wurde in der Literatur lange Zeit mit dem Fehlen von Zensur begründet.[60]

Malte Hagener und Jan Hans machen in ihrer Einleitung zum von ihnen herausgegebenen Band *Geschlecht in Fesseln* darauf aufmerksam, dass es verfehlt wäre, sowohl Zensur als rein repressives Instrumentarium als auch das Fehlen von Zensur als völlig rechtsfreien Zustand absoluter kreativer und intellektueller Freiheit zu verstehen.[61] Vielmehr sehen sie in der Zensur eine Instanz, die einen bereits vorhandenen produktiven Diskurs über ein gesellschaftlich relevantes Thema,

---

[58]Vgl. zum Zensurwesen im Kaiserreich erneut Welch 1990, Maase 1997, Garncarz 2010a, Sturm 2000, Kopf 2003 sowie Petersen 1995.

[59]Vgl. zeitgenössisch Michaelis 1925. Er befürwortet den Milieufilm, wenn dieser die realen Lebensbedingungen, auf die er referierte, objektivierend, sprich als gesamtgesellschaftliches Phänomen darstellte. Weiterführend vgl. Sternheim 1918.

[60]Vgl. bspw. erneut Zglinicki 1956, bes. S. 556.

[61]Vgl. Hagener/Hans 2000. Zum Genre der Aufklärungsfilme werden unter anderem die von Richard Oswald gedrehten Filme *Es werde Licht!* (D 1917), *Prostitution – Die sich verkaufen* (D 1919) und *Anders als die anderen* (D 1919), aber eben auch die spätere Produktion unter der Regie von Wilhelm (später William) Dieterle *Geschlecht in Fesseln* von 1928 gerechnet. Vgl. hierzu erneut Schmidt 2000, bes. S. 23.

hier die individuellen und gemeinschaftlichen ‚Schattenseiten' der Gesellschaft, reguliert, indem sie Impulse setzt. Sinn und Zweck von Zensur, so Hagener und Hans, sei es im Wesentlichen, durch die diskursive Sichtbarkeit und Sagbarkeit eines Themas dieses so zu modifizieren, dass sich die Gesellschaft darüber selbst neu konstituieren könne.

In dieser Perspektive kann man die Insinuierung der Zensur nach dem Weltkrieg als gesellschaftliches Steuerungsinstrument betrachten, die sich, abgrenzend zum Kaiserreich, als einheitlicher demokratischer Staat durch diskursive Aushandlung ihrer Normen und Werte anhand spezieller Themen herauszubilden suchte. Dass sich hierzu, gerade im Lichte des als durch den Krieg zerrüttet wahrgenommenen Moral-, Sitten- und Wertekanons,[62] insbesondere anrüchige beziehungsweise Tabuthemen anboten, erklärt sich auf zweifache Weise.

Erstens ging es ganz pragmatisch darum, das Verhältnis von individuellem Körper (inklusive Psyche und Geist) und *body politic* nach den Verheerungen des Krieges zu restabilisieren. Zweitens eignen sich Tabuthemen besonders gut zur Verhandlung von Grenzen hin zu einem – durchaus faszinierenden – Verbotenen, welches durch eine Verbotsschranke als unerreichbar gesetzt, deshalb nicht eindeutig markiert ist.[63] Hagener und Hans schreiben in diesem Zusammenhang davon, dass „ein diskursives Niemandsland" entsteht, „über das sich die Gesellschaft noch nicht explizit verständigt hat." (Hagener/Hans 2000, S. 18) Gerade weil das Anrüchige als uneindeutige Abweichung deklariert ist, muss darüber im Sinne der Aufrechterhaltung von „Ordnung und Sicherheit" (Lichtspielgesetz, Paragraf 1, 2. Abschnitt von 1920) in der Gesellschaft debattiert werden, wobei die Produktivität des Diskurses die Grenzen des Sag- und Sichtbaren verschiebt. Damit erklärt sich auch das erneute Kaprizieren der institutionellen Zensur auf das (nicht mehr so neue) Medium Film in diesem Zeitraum. Die gesetzliche Verankerung des Mediums zeugt einmal davon, wie wichtig es zwischenzeitlich als kulturelle Instanz geworden war. Kino und Film waren nun zum ernstzunehmenden gesellschaftlichen Ort, zur wichtigen kulturellen Technologie avanciert, wodurch sich die Gesellschaft den Tabuthemen gegenüber platzierte, indem diese darin sicht- und hörbar gemacht wurden. Hagener und Hans schreiben deshalb von einem Medienwechsel: Was zuvor in zotigen Journalen und Blättern wie beispielsweise dem Sittenspiegel thematisiert worden war, durfte nun – reguliert – auf der Leinwand erscheinen.[64]

Weil aber die darin dargestellte Körperlichkeit im Allgemeinen, Sexualität im Besonderen neu waren, wurde dies als Überschreitung empfunden, über deren Darstellbarkeit erst einmal verhandelt werden musste, um sie regulieren zu können. Nicht der Inhalt eines Films an sich wurde als Anrüchiges, Tabuisiertes

---

[62]Der Begriff der Sittenwidrigkeit besaß im Kaiserreich die Nuance, dass er durch die gesellschaftlichen (Fehl-)Entwicklungen bedingtes, im Verfall befindliches Verhalten anzeigte.
[63]Vgl. hierzu auch erneut Sedgwick 1990, bes. S. 137 ff.
[64]Zum *Sitten-Spiegel* als literarischem Vorläufer des Sittenfilms vgl. Jazbinsek 2000.

wahrgenommen.⁶⁵ In der Sichtbarmachung selbst lag die Überschreitung. Aufklärungs- beziehungsweise Sittenfilme trugen daher zur Produktivität des Diskurses über Tabuthemen bei, indem sie als Bewegtbildmedien verfahrenstechnisch mit dem Entbergen eines verbotenen Verborgenen operierten, womit die Öffentlichkeit nicht vertraut war.⁶⁶

Dabei wurde eine qualitativ begründete Trennlinie errichtet: Während man dem Aufklärungsfilm didaktischen Wert beimaß, wurde der Sittenfilm als reißerisch-voyeuristisches Genre abgeurteilt. Als Einstufungsmerkmal galt den Zeitgenoss*innen zumeist, ob ein Film in der Lage war, das recht prosaische Thema ästhetisch zu transzendieren. Damit einher ging die Anforderung, die gesamtgesellschaftliche Dimension der Problematik zu vermitteln. Nur dann konnte das Prädikat ‚Aufklärung' verliehen werden. Der Sittenfilm wurde als kommerzieller ‚Schund' betrachtet, weil er sein Thema lediglich ausbeutete, indem er nur die ‚niederen Sinne' wie den Voyeurismus ansprach und damit angeblich das Publikum mehr aufgeilte als aufzuklären. Diese Einteilung der Filme, die in der Literatur weitgehend übernommen wurde,⁶⁷ impliziert, über die Tabuthemen, die sich an der ‚Realität' messen lassen mussten, hätte eine objektive ‚Wahrheit' existiert. Gerade deshalb aber, weil die Filme um etwas Anstößiges kreisen, welches seine Faszination in erheblichem Maße aus der Verbotsschranke bezog, durch die es vom ‚normalen' Gesellschaftskörper getrennt wurde, unterlief nicht nur die klare Trennlinie zwischen Tabu und Norm, sondern machte eine scharfe Trennung von Wahrheit und Lustwissen über das Phänomen nahezu unmöglich. Obszönität als Operation an den Rändern beziehungsweise jenseits der Grenzen von Sichtbarkeit macht den einzuholenden Gegenstand per se unaufhörlich un/eindeutig, wir wir von Linda Williams wissen.⁶⁸

Der Titel *Opium – die Sensation der Nerven* eröffnet dabei ein riesiges semantisches Feld: die Problematisierung, aber auch Dramatisierung von Drogenkonsum;⁶⁹ der Konsum als Genuß und *impact* auf den individuellen und eventuell auf den Gesellschaftskörper; die Veränderung des individuellen Körpers, dessen

---

⁶⁵Die Struktur ist der des Obszönen in der Pornografie analog. Das Versprechen, etwas nie zuvor Gesehenes sichtbar zu machen, kann deshalb nicht eingehalten werden, weil dieses über eine Verbotsschranke hinweg erzeugt werden muss. Vgl. hierzu erneut Williams 1989. Es handelt sich daher um eine Struktur der nachträglichen Setzung eines Vorgängigen, zu dem kein unmittelbarer Bezug besteht, weswegen darauf lediglich verwiesen werden kann. Vgl. hierzu erneut Sedgwick 1990, bes. S. 136 ff.

⁶⁶Alle bis dahin existierenden Medien verhandelten Erotik und Sex. Vgl. hierzu erneut Crary 1996, Hentschel 2001 sowie Eitler 2009.

⁶⁷Bei der Aufteilung der Filme gibt es Abweichungen. Signifikanterweise wird *Opium* im Filmregister von *Geschlecht in Fesseln* als Aufklärungsfilm aufgeführt, während der Film bei Tobias Nagl als kommerzieller Sittenfilm firmiert. Schönings 1997, bes. S. 200, rubriziert *Opium* wiederum unter „Asien".

⁶⁸Vgl. erneut Williams 1999.

⁶⁹Zum Konnex fremde Substanzen – Sexualität – Nervenleiden vgl. erneut Radkau 1998.

Empfindungsfähigkeiten und Wahrnehmungsformen, vielleicht aber auch des Wahrnehmungsapparats des Publikums. In jedem Fall muss er im zeitgenössischen Verständnis etwas Normabweichendes evoziert haben.

Sämtliche Anwendungen von Drogen waren schließlich bereits zu Beginn des 20. Jahrhunderts illegalisiert. Drogen und ihr Konsum sind zwar nicht mit Sexualität koextensiv.[70] Beide Themen sind jedoch einmal in der Struktur ihrer diskursiven Herstellung analog. Zugang ist zu beiden nur über eine Verbotsschranke hinweg möglich, sodass sie lediglich durch Verweise einholbar sind. Eine absolute Wahrheit kann über sie nicht produziert werden. Beide Themen sind dabei zudem wesentlich an die Verhandlung der ‚inneren' und ‚äußeren' (Grenz-)Linien des Körperlichen gebunden, strukturiert durch Binarismen, welche diesem erst seine wahrnehmbare, intelligible Kontur verleihen. Die mittelbare Darstellung modelliert jeweils diese Konturen durch Verschieben und Verweisen des einen Themas durch das andere in der Repräsentation. Für beide Themen gilt, dass das jenseits der Verbotsschranke Liegende Ängste vor sowie Fantasien über Veränderungen dieser Grenzlinien wie Manipulation und Modifikation (Abhängigkeit, Übergriffe, gewaltsames Eindringen und Aufbrechen sowie erweitertes Bewusstsein) hervorrufen können. Ebenso ist bei der Herstellung dieses Anthropomorphen hinsichtlich seiner Grenzlinien das Individuelle auf das Kollektive skalierbar und umgekehrt.

Für Drogen gilt, dass sie als Ware Stoff, Medium und Sinnmuster für die Konturen des nationalen *body politic* in Abgrenzung zum ‚fremden' Territorium, zur ‚fremden' Nation beziehungsweise Kultur dienten. Charakteristisch ist dabei, dass sie im Verlauf des 19. bis zu Beginn des 20. Jahrhunderts vom Genuss- und Heilmittel, von der exportierten Luxusware zum Alltagsgebrauch und ‚natürlichen' Rohstoff für medizinische und chemische Labors mutierten, bis sie zur krankmachenden, daher verbotenen Substanz deklariert wurden. Dies erfolgte stets abhängig von den Bereichen und Personengruppen, in denen und für die sie verwendet und bestimmt wurden.[71] Daher vollzog sich die Bildung der Grenzlinien, durch welche sich sein Anthropomorphes generierte, vor allem durch die Binarismen ‚gesund' – ‚krank', ‚frei'(willig) – ‚abhängig', ‚belebend' – ‚sedierend', ‚aktiv' – ‚passiv' sowie ‚natürlich' – ‚künstlich'.[72] Diese Binarismen

---

[70]Zum Dispositiv der Sexualität erneut Foucault 1983, weiterführend Laqueur 1990. Speziell für die USA vgl. Emilio/Freedman (Hg.) 1998. Für Deutschland vgl. erneut Herzog 2005 sowie Dickinson 2001, 2007.

[71]Vgl. hierzu Berridge/Edwards 1987, Yangwen 2005 sowie Hickman 2007. Laut Hickman wurde in den USA aus einer schlechten ‚persönlichen' Gewohnheit das neue medizinische Konzept der Abhängigkeit, das nun die Persönlichkeitsstruktur um den Gewohnheitsaspekt erweiterte. Vgl. Hickman 2007, bes. S. 9 f. Weiterführend für den US-amerikanischen Kontext vgl. Helmer 1998, Morgan 1981, Courtwright 1982, 2001 sowie White 1998.

[72]Der Begriff der Abhängigkeit war insofern zentral im Diskurs über Drogen, als dass an ihm *class* und *race* verhandelt wurden. Bewusstsein und freier Wille waren stets dem eurozentrischen männlichen Subjekt vorbehalten. Eine solche Produktion nahm in der Figur des drogenabhängigen ‚Chinesen', der sogenannten *yellow peril,* in USA Gestalt an. Der Binnenraum

waren in dem Maße instabil, wie sie aufgrund der flexiblen Verweisstrukturen jederzeit die Bedeutungen des jeweils anderen aufnehmen konnten.[73] Die zentralen, an die Drogen geknüpften Ängste und Fantasien beinhalteten zum einen den (unwissentlichen) Kontrollverlust durch (unsichtbare) Manipulation des ‚Natürlichen', ‚Eigenen' durch das ‚Fremde' und ‚Künstliche' auf der einen Seite, das Feiern und Begrüßen beiderseitiger Durchringung, der Aufnahme und schlussendlichen Überwindung von ‚Fremdem' auf der anderen.[74] In dem Maße, wie Drogen Stoff, Medium und Sinnmuster von ‚künstlichen', ‚Verführungen' des ‚Eigenen' oder auch des ‚Fremden' bildeten, war dieses Anthropomorphe nicht nur für die substituierende Darstellung von Sexualität und Exotismus beziehungsweise Orientalismus durchlässig. Vielmehr ließen sich mit und durch diese Verweise zudem Raumverhältnisse strukturieren, durch die wiederum die Konturen des Anthropomorphen selbst uneindeutig, unübersehbar, daher im Sinne einer Strategie der raumzeitlichen *camouflage* un/intelligibel gemacht werden konnten.[75] Wie die Strukturierung von medial konstituierten, semantisch aufgeladenen Raumverhältnissen dazu dient, die in der Verknüpfung von Drogen, Sexualität und ‚Orient' entworfenen Verweisstrukturen camouflageartig zu decken und gleichzeitig als un/mögliche Grenze der Sichtbarkeit und von Evidenz per se mittels des Binarismus

---

der USA wird hier im Inneren durch ‚fremde' Identitäten, durch ‚passive' Opiumraucher*innen nicht nur unterwandert und geschwächt, sondern, da die Droge abhängig macht, auch von der Verführung der ‚eigenen' Frauen (Erotik, Geschlecht) sowie der Passivität (nationale und individuelle Identität/Unproduktivität) der ‚eigenen' Männer bedroht. Zu den rassifizierenden kulturellen Stereotypen hinsichtlich *asian-americans* vgl. Chan 2001, Gollwitzer 1962 sowie Mehnert 1995. Zur historischen Lebensrealität von Chines*innen in Deutschland vgl. Amenda 2003.

[73]Vgl. hierzu erneut Sedgwick 1990.

[74]Hierzu zählen die Verschriftlichungen der Selbstexperimente von Thomas de Quinceys *Confessions of an English Opium Eater (1821/22)* über Charles Baudelaires *Les paradis artificiels. Opium et Haschisch* (1860) bis zu Sigmund Freuds *Über Coca* (1884) sowie Walter Benjamins *Haschisch in Marseille* (1932). Weiterführend vgl. Marschall 2000, Kupfer 1996 sowie Maren Möhring (o. A.). Gerade in den sogenannten Selbstbeichten wurde der Konnex von Drogen und Sexualität auf individueller Ebene explizit gemacht, insofern Drogen als Hilfsmittel zur Erweiterung des Bewusstseins von ‚niederen' Körperbedürfnissen befreien sollten wie essen oder eben Sex haben. Zudem wurde ihnen die Wirkung zugeschrieben, den Sex zu verbessern oder zu verschlechtern. Der Körper wurde im Konnex mit den Drogen zum Medium (veränderter) Selbstwahrnehmung.

[75]Im Orientalismus wird auf Basis einer realen geopolitischen Asymmetrie eine semiotische Binarität von ‚Eigenem' und ‚Fremdem' so entworfen, dass zweites einmal eindeutig abgegrenzt und zum Objekt wird, aber zugleich auch eingehegt werden kann. Wäre es radikal anders, würde es nicht intelligibel. Auf diese Weise ist die Bezugnahme seitens des ‚Eigenen' stets doppelt, durch Angst und Bedrohung einer- sowie Faszination und Attraktion andererseits strukturiert. Paradoxerweise konnte es dadurch wiederum als fremd und eigen konstituiert werden, wodurch das Verhältnis von ‚Eigen' und ‚Fremd' mit Bezug zu den Konturen des Anthropomorphen komplex strukturiert war. Er war zudem direkt an die Binarismen männlich – weiblich, innen – außen sowie aktiv – passiv anschlussfähig, ohne bloß dichotomisch zu wirken. Vgl. hierzu Said 1981 sowie erneut Bhabha 1994. Zum exotistischen Film vgl. erneut Struck 2003, 2010.

3.1 Zwischen/Spiel I: Die technischen Räume rauschhafter ...

‚Schein' und ‚Realität' zu verhandeln, um damit ein Technisch-Anthropomorphes queerer Männlichkeit herzustellen, werde ich im Folgenden aufzeigen.

Um an dieser Stelle ein kurzes Resümée des Plots zu geben: Der ‚britische' Arzt Dr. Gesellius (Eduard von Winterstein) forscht über Opium in ‚China' und gründet nach seiner Rückkehr zu Hause in England eine Klinik für Suchtkranke. Sein Assistenzarzt, Richard (Conrad Veidt), Sohn seines verschollenen befreundeten Arztes Armstrong (Friedrich Kühne), den Gesellius wie seinen eigenen großzieht, bringt sich um, weil er eine Affäre mit Gesellius' Frau, Maria (Hanna Ralph), einging, für die er sich unerträglich schuldig fühlt. Gesellius träumt dabei kurz zuvor im Opiumrausch, dass er Richard selbst ermordet habe.[76] Daraufhin reist er nach ‚Indien' ab, wo er sich völlig dem Drogenkonsum hingibt. Als gebrochener Mann und körperlich zerrüttet, kehrt er nach vielen Jahren nach ‚England' zurück, wo er in seiner Klinik von seiner Frau und dem in der ‚Heimat' aufgetauchten Freund und Arzt, Armstrong, nun Leiter der Klinik, gepflegt wird und seinen Tod erwartet.

Die Handlung spielt sich an drei geografischen Orten ab, erst ist sie in ‚China' angesiedelt, dann erfolgt ein Handlungsstrang, der in ‚England' spielt. Anschließend geht es nach ‚Indien'. Am Ende des Films befinden sich alle Figuren wieder in ‚England'.

Dabei sei bereits vorab erwähnt, dass die szenische Ausgestaltung in den fremden Ländern augenscheinlich vom Kino der Attraktionen lebt beziehungsweise stark durch *surface aesthetics* (Haenni 2007) geprägt ist.[77] Auch die Darstellung der Figuren muss in diesem Kontext betrachtet werden. Sie ist insbesondere durch das *blackfacing* der Figur des ‚indischen Dieners' Ali (Alexander Delbosq) aus heutiger Sicht gerade in ihrer ignoranten rassifizierenden Selbstverständlichkeit nur schwer erträglich. Ebenfalls vorab anzumerken ist, dass Gesellius' Opiumräusche in allen Fällen, bis auf einen, visuell als orgiastische Zusammenkünfte gestaltet sind, in denen leichtbekleidete beziehungsweise halbnackte Frauen zu sehen sind, die sich teilweise küssen, sowie Männer in Faunsverkleidung, dies in einer relativ ‚realistischen', ‚natürlichen' Umgebung, wie am Ufer eines Sees oder im Wald. Sie referieren assoziativ auf ein Bildreservoir griechisch-antiker Darstellungen und stehen in der Bildtradition dionysischer Tableaux – auch wenn

---

[76]Dadurch, dass Dr. Gesellius Opium raucht, wird die Figur gesellschaftspolitisch gemäß der älteren Diskurse markiert, in denen Opiumrauchen etwas Anrüchiges war, verknüpft mit den Klischees des Fremden. Allerdings raucht Gesellius das Opium nicht nur, sondern er nimmt es auch ein, nicht zuletzt deshalb, weil er es als Arzt vermutlich auf legalem Wege erhält. Es handelt sich dabei um ein weiteres, neueres Stereotyp vom Mediziner im Selbstversuch nämlich bzw. vom Arzt, der selbst der Drogensucht verfällt. Sein Konsum steht damit aber auch in der vorwiegend literarischen Tradition, durch eine unnatürliche Substanz ein ‚widernatürliches' Begehren zu substituieren, welches wiederum indirekt in der Figur des Selbstversuchs universalisiert wird. Vgl. hierzu erneut Sedgwick 1990, bes. S. 172.

[77]Zu den historischen Völkerschauen und Wanderausstellungen vgl. erneut Dreesbach 2005, Lewerenz 2007, Wolter 2005 sowie Honold 2004. Speziell zur archäologischen Verbindung von Völkerschau und Film vgl. Thode-Arora 1997.

sie gerade in ihrer kinematografischen Überschreitung aufgrund einer doppelten Dynamik von Bildabfolgen, Doppelbelichtungen und vielfältigen Bewegungen im Bild explizit davon abweichen.[78] Teilweise sind die Räusche so inszeniert, als würde Gesellius halluzinieren, insofern er in einer Person eine andere zu erkennen meint. Kinematografisch gelöst ist dies mittels Tricktechnik (Überblendungen und Doppelbelichtungen), wobei die Darstellung keine Subjektive von Gesellius erzeugt, auch wenn dies technisch zu dieser Zeit bereits möglich gewesen wäre. Während somit die Darstellung der ‚fremden' Länder deutlich die Ästhetik der *fake fictions* (Haenni 2007; s. Abschn. 2.4) annimmt, setzen die Orgien dezidiert auf die kinematografische Modifizierung des dionysischen Tableaus, insofern sie nicht nur Dynamik und Bewegung im Bild zeigen, sondern auch mit Doppelbelichtung ein typisch filmisches Verfahren einsetzen, um den Realitätseffekt zu durchbrechen – sie sind keine Inszenierungen rein auf der Ebene der *mise-en-scène*. Die Naturaufnahmen sind also keineswegs abgefilmt, sondern führen einen semantisch aufgeladenen Topos wieder auf: Wald und See sind hoch erotisch und sexuell codierte Orte. Auch wenn der Film hier Ausdrucksformen für veränderte Bewusstseinszustände findet, so sind doch diese gerade an kein Einzelbewusstsein eines Subjekts geknüpft.

Gesellius ist als Arzt zugleich ein Reisender. Das kennzeichnet ihn von vorneherein als imperialistisches Subjekt, das sich Wissen über ‚fremde' Länder und deren Kulturen sowie über ‚fremde' Substanzen aneignet. Insofern ist er also nicht nur Arzt, sondern zudem auch (Er-)Forscher/Eroberer. Darin geht aber sein Status nicht auf, sondern er unterzieht sich dort, wohin er reist, zudem einem doppelten Selbstexperiment: Er taucht in die ‚fremden' Kulturen ein, wie er auch die ‚fremden' Substanzen zu sich nimmt. Damit vereint er in sich bereits von Anfang an die Position eines rationalen Wissenssubjekts und eines orientalisierten Subjekts, um nicht zu sagen, die Einnahme von Drogen in ‚fremden' Ländern passivisiert ihn und rückt ihn dadurch in die quasi-ontologische Nähe zu Weiblichkeit. Die geografischen Orte, jene Ziele seiner Reisen in die Ferne, so lässt sich bereits an dieser Stelle resümieren, stellen Orte dar zur temporären Überschreitung männlicher Handlungs- und Umgangsweisen, die in heimischen Gefilden sanktioniert oder zumindest sozial geächtet sind – ähnlich wie auch bereits in *Das Geschenk des Inders* (s. Abschn. 2.3 u. Einl.).

Dies zeigt sich auch durch den Unterschied in der Art der Einnahme der Droge. Während Gesellius in ‚England' Opium in seiner Klinik flüssig einnimmt, wie es ihm als Arzt zur Verfügung steht, greift er in den ‚fremden' Ländern zur Opiumpfeife. Erstes wurde im gesellschaftlichen Rahmen lange Zeit geduldet, insofern

---

[78]Zeitgenössisch wurden bestimmte Darstellungen des Körpers durch Elemente aus der Antike zum Zweck einer Camouflage gerahmt, um sie damit vor Zensur zu schützen. Diese künstlerische Strategie wendete bspw. auch der Fotograf Wilhelm von Gloeden in seinen erotischen Fotografien von Jünglingen in dieser Zeit an. Auch der Künstler Elisàr von Kupffer verfremdete die Abbildungen nackter männlicher Körper mit den Emblemen seiner Elisarionsphilosophie. Vgl. hierzu Ricci 2007 sowie Möhring 2004. Die Erotik grenzt hart an die erotisch bis pornografischen Bildcodierungen des *stag movie*. Vgl. hierzu erneut Williams 1999.

die entspannende Wirkung des Opiums auch als Mittel zur Bewältigung eines harten Alltags im anstrengenden Beruf angesehen wurde. Zweitem hing immer schon der Ruch ‚fremder' exotischer Praktiken an, wobei das rassifizierende Stereotyp mit pejorativen Attributen wie Passivität und niederer Zivilisationsstufe versehen war und teilweise auch mit ‚kriminellem Milieu' assoziiert wurde. Die Persona Gesellius ist somit bereits von Beginn an mit beiden semantischen Feldern und den damit verbundenen soziokulturellen Bewertungen markiert.

Aufgrund dessen wird zwar die mit der geografischen Distanz verbundene Fantasie vom zeitlich begrenzten anderen Leben in einem anderen Land, in die man bewusst eintreten, aus der man aber auch willentlich wieder heraustreten kann, indem sie klar abgegrenzt und ihre Übergänge kontrolliert werden, zunächst über die *mise-en-scène* behauptet. Eine klare Grenzziehung wird aber bereits durch die Anlage der durch die Figur verkörperten Persona unterlaufen. Auch der zweite Teil der klassischen Variante dieses ‚Orientalisierens' des europäischen männlichen Subjekts wird durch die Figur nicht eingelöst. Er besteht darin, dass zwar das männliche Subjekt orientalisiert werden kann, die nationale Identität zu Hause jedoch aufgrund der machtpolitisch bedingten Asymmetrie der Relation unangetastet und unverändert stabil bleibt. Wenn wir ihn zu Beginn des Films in ‚China' sehen, wie er erst in seinem Labor steht, um anschließend vor der Rückkehr nach ‚England' noch die Opiumhöhle Nung Tschangs (Werner Krauß), der angeblich das beste Opium verkauft, aufzusuchen, hält sich Gesellius offenbar nicht zum ersten Mal in ‚Asien' auf und besitzt zudem einiges an Erfahrung mit dem Opium. An dieser Stelle sei bereits darauf hingewiesen, dass es kein Zufall ist, dass gerade Gesellius' ‚indischer Diener' Ali, der ihn überall hin begleitet, davon zeugt. Gesellius' Drogenkonsum findet nicht nur nicht erstmalig statt, sondern beschränkt sich keineswegs auf das Rauchen in ‚China' oder in ‚Indien'. Auch in der ‚Heimat' nimmt er Drogen. Die Figur Gesellius ist somit immer schon doppelt markiert und strukturiert: imperiales Wissenssubjekt und orientalisiertes Subjekt, mit aktivischen und passivischen Zügen zugleich.[79]

Struktur und Inhalt seiner Räusche sind dabei jeweils an die verschiedenen Einnahmepraktiken in den verschiedenen Ländern geknüpft. Anders formuliert, unter bestimmten geografischen und kulturellen Bedingungen hat das auf unterschiedliche Weise eingenommene Opium verschiedene Auswirkungen auf ihn und damit

---

[79]Damit meine ich, dass Gesellius die mit dem Willen verbundene Aktivität ebenso verkörpert wie die willentlich eingegangene Passivität, die mit der Droge erreicht werden kann. Der aktive Wille wird eher mit der inneren Disposition einer Person verknüpft, während die Passivität, die mit der willentlichen Einnahme der Droge einhergeht, keine intrinsische Qualität der Person sein muss – sie kommt von außen, ist fremd, stammt aus einem anderen Land. Vgl. hierzu Sedgwicks Analyse von Dickens *The Mystery of Edwin Drood,* eines unvollendeten Fortsetzungsromans, publiziert in sechs Teilen 1870 (Dickens Tod verhinderte die Fortsetzung der geplanten sechs Teile), worin sie die interne Spaltung der Figur John Jaspers zwischen aktivem, heterosexuell orientiertem Willen und der willentlich durch die Drogen herbeigeführten Passivität erläutert, die homosozial strukturiert ist. Im Verlauf der Handlung ist diese Trennung nicht aufrecht zu erhalten. Vgl. erneut Sedgwick 1985, bes. S. 189 f.

auch auf seinen Körper, sein Begehren und seine Identität, jeweils markiert durch einen Bildmodus. Nicht zufällig entspricht dabei dem orgiastischen Rausch ‚in der Fremde' der der erotischen-dionysischen Darstellungsweise, während der in der ‚Heimat' weniger einen Rausch als eine Halluzination darstellt. Das bedeutet, in der Un/möglichkeit, ‚Schein' und ‚Realität' eindeutig von einander trennen zu können, bestehen vom Binarismus ‚fremd' und ‚eigen' abhängige Differenzen. Der Binarismus von Wahrnehmung und Wahrheit, der zugleich die geografischen Koordinaten strukturiert, ist somit an die In/Stabilität des männlichen Subjekts geknüpft und wird durch verschiedene Bild- und Inszenierungsmodi problematisiert. Diese organisieren wiederum die Grenze von ‚innen' und ‚außen' als un/sichtbare Trennlinie so, dass die von ‚fremd' und ‚eigen' mitaffiziert wird.

Auch wenn es zunächst erscheint, als seien die Grenzen von ‚fremden Ländern' und ‚Heimat' klar gesteckt, sind sie doch instabil. Dies zeigt sich zunächst aufs Deutlichste im soziokulturellen Bereich. Bereits in der ‚Heimat' wird nämlich die Destabilisierung *jeglicher* Grenze auf dem Terrain der Biopolitik und des Sexualitätsdispositivs, sprich in der ödipalen Familie problematisiert. Gesellius' Familie, Mutter Maria (Hanna Ralph) und sein Töchterchen (Loni Nest), zerbröckelt. Als offizieller Grund wird im Film Gesellius' Abwesenheit impliziert. Diese treibt Maria offenbar zur außerehelichen Betätigung – der Film behauptet, das Objekt ihres Begehrens sei Richard, Gesellius' Assistenzarzt und Sohn des verschollenen Freundes Armstrong. Es bleibt zunächst offen, ob mit der Abwesenheit auch die psychische *absence* vor Ort, zu Hause, evoziert durch den Drogenrausch gemeint sein könnte, das heißt als Ursache für das Zerbrechen der Familie nicht vielmehr die Sucht des Familienvorstands zu veranschlagen wäre. Dabei gilt es im Blick zu behalten, dass überhaupt die Abwesenheit männlicher Familienvorstände in den britischen Familien kein individuelles Phänomen zu sein scheint, sondern geradezu allumfassend. Gesellius' ehemaliger Kollege und Freund, Armstrong, zählt ebenfalls zu diesen Männern, die ihre Familien verlassen, weil es sie offenbar in die ‚Ferne', insbesondere nach ‚Asien' treibt. Explizit wird dabei nicht, woran dieses Begehren geknüpft ist, ob an die Droge als Rauschmittel oder an ihr wirtschaftliches Potenzial, oder welche anderen Zielobjekte, Stoffe beziehungsweise Körper es anvisiert. In Gesellius' Klinik werden sich schließlich viele britische Männer einfinden, um sich von der Sucht ‚heilen' zu lassen.

Tatsächlich muss man annehmen, dass die beiden Familiengeschichten mehr oder weniger in der literarischen Tradition der doppelten Spiegelung stehen, wobei in der Regel die der anderen als Negativfolie dient. Auf den ersten Blick scheint dies auch der Fall zu sein: Während Gesellius zunächst als erfolgreicher Arzt auftritt, der mit staatlichen Forschungsgeldern seine ‚Asienreisen' finanziert, an öffentlichen Einrichtungen doziert und eine Klinik aufbaut, verliert sich der andere im Sog der ‚fremden Welt' sowie des Drogenrauschs. Erst nach langer Zeit taucht Armstrong wieder in ‚England' auf, körperlich und geistig zerrüttet. Während Gesellius' ‚britische' Familie exemplarisch zu sein scheint, ist Armstrongs nicht nur zu Beginn der Handlung zerbrochen, sondern sie ist darüber hinaus auch noch hybrid und orientalisiert: Die Figur der Mutter existiert in dieser Familie nicht; Armstrongs Sohn, Richard, wurde von Gesellius quasi wie ein Sohn aufzogen, nachdem jener verschwunden war; Sin, Armstrongs uneheliche Tochter (Sybill Morel), geht aus der unehelichen Affäre mit der Frau Nung-Tschangs hervor; bevor Armstrong sich Richard gegenüber als leiblicher Vater zu erkennen geben kann, verübt dieser Selbstmord; Sin übernimmt schlussendlich die Verantwortung für Richards Tod, wodurch sie zusätzlich sozial geächtet wird, da sie für die Tat ins Gefängnis gehen muss.

Auf den zweiten Blick ergeben sich jedoch, wenig überraschend, mehr Übereinstimmungen als Differenzen: Die männlichen Mitglieder der Familien verlassen (wiederholt) die ‚Heimat', wodurch die Familien porös und für andere Konfigurationen und Praktiken des Begehrens durchlässig oder noch durchlässiger werden. Gesellius' Familie zerbricht letztlich ebenso wie Armstrongs. In beiden Fällen stehen somit die Verhaltensweisen der männlichen Figuren hinsichtlich ihres Begehrens, die ‚Heimat' zu verlassen, um nach ‚Asien' zu reisen, jeweils dafür, dass die ‚heimischen' Strukturen instabil sind beziehungsweise werden. Hierin werden sie auch deutlich als abschreckende Beispiele für das Filmpublikum vorgeführt. Zwar sind die Familienverhältnisse von Armstrong und Gesellius keineswegs symmetrisch, jedoch zeigt ein spiegelnder Vergleich, dass sowohl in der ‚Fremde' als auch in der ‚Heimat' die familialen Verhältnisse, damit aber auch die sexuellen Beziehungen und die Ausdrucksformen des Begehrens möglicherweise noch nie so stabil waren, wie es die stabilisierende Struktur des orientalisierenden Fantasmas suggeriert. Die zentrale Parallele zwischen den beiden männlichen Figuren besteht augenscheinlich darin, dass Gesellius im Verlauf des Films in einem ‚fremden' Land mehr oder weniger ins Delirium verfällt, aus dem er trotz Hilfe von Sin und Ali erst nach langer Zeit ‚erwachen' kann. Bei seiner Rückkehr in die ‚Heimat', so wird es visuell vermittelt, ist er ein körperliches und seelisches Wrack mit irreparablen Schäden, deren Folgen offenbar den Tod nach sich ziehen. Der gesamte Handlungsverlauf scheint somit eine Wiederholung von Armstrongs Schicksal durch Gesellius zu sein. Dieser Schein trügt jedoch. Denn es gibt eine wesentliche Differenz in der Inszenierung beider, und die bezieht sich auf das Geschlecht.

In der ersten Episode, die in ‚China' spielt, hält Nung-Tschang Gesellius in seiner Opiumhöhle gefangen und zwingt ihn dort geradezu zum Opiumrauchen: „Sie werden diesen Raum nicht mehr lebend verlassen!" (Zwischentitel) „Rauchen Sie! Sie werden keine Schmerzen, keinen Hunger, keine Langeweile, noch Verzweiflung fühlen …" (Zwischentitel) „Mein Opium trägt Sie über alle Härten des Todes hinweg." (Zwischentitel) Die beiden Figuren sitzen dabei nebeneinander in dem Raum, der Gesellius' Gefängnis bildet. Aber statt dass nun Gesellius' Opiumrausch visualisiert würde, erzählt Nung-Tschang seine Geschichte: „Sie sollen meine Liebe für die Europäer verstehen." (Zwischentitel) Er berichtet in einem Rückblick, wie eines Tages ein Europäer in seiner Teestube auftauchte.

Man sieht in einer Totalen einen ‚chinesischen' Markt, der sehr belebt ist, im Bildvordergrund befindet sich im Freien ein Podest, auf dem Tischchen stehen, an denen Figuren auf dem Boden sitzen. Ein ‚Europäer' in klischeehafter Safarikleidung sitzt unter ihnen, der von einer ‚Chinesin', Nung-Tschangs Frau, bedient wird, und küsst ihr die Hand. „Zu unseren Gästen zählte ein bekannter europäischer Arzt" (Zwischentitel). „Er hatte Weib und Kind in seiner Heimat und trotzdem ..." (Zwischentitel). Man sieht in einer Halbtotalen, wie sich Armstrong und Nung-Tschangs Frau im Profil küssen, vor ihnen, aber unbemerkt, kauert im Bildvordergrund vor einem Paravent ein verzweifelter Nung-Tschang: „...alles zerbrach Glück und Ehre..." (Zwischentitel). Das Szenario ist eine Mischung aus ‚Realistischem' und beinahe Magischem, wobei beide Aspekte unversöhnt nebeneinander stehen bleiben. Die filmische Strategie zielt hier darauf ab, dem Publikum etwas ‚Fremdes' schmackhaft zu machen. Mit Haenni ist hier von einer *fake fiction* zu sprechen, insofern das Publikum wusste, dass es sich um kein ‚reales' chinesisches Viertel handelte, in welchem ‚echte' Chines*innen in ‚traditioneller Kleidung' ihren Verrichtungen nachgingen. Zugleich konnte es aber an der exotistischen Opulenz einer solchen Inszenierung partizipieren. Die meist geschäftigen ‚Chines*innen' im Bildhintergrund dienen in der Tat in ihrer Entindividualisierung als ausgestelltes Dekor. Das Café wiederum als Treffpunkt von ‚Ost' und ‚West' fungiert als Aufführungsort einer interkulturellen Erotik, kulminierend im Kuss zwischen Armstrong und Nung-Tschangs Frau, die vom weißen europäischen Publikum faszinierend begutachtet werden kann, wie sie zugleich als für beide Kulturen übel ausgehende und daher als abschreckendes Beispiel rassifizierend markiert und darin illegalisiert ist.

Infolge rächt sich Nung-Tschang, indem er Armstrong zum Rauchen verführt. Er erzählt Gesellius, dass Armstrong verschwand und seine Frau im Kindsbett starb. Dennoch zog Nung-Tschang das ‚Halbblut', Sin, wie seine Tochter auf. Der Rückblick zeigt die stereotype imperiale Konstellation, in der ein ‚Europäer' nicht nur in den fremden chinesischen Kulturkreis eindringt, sondern dort einem bereits doppelt erniedrigten, zur Passivität verdammten ‚Chinesen' die Frau abspenstig macht und mit dieser einen ‚Bastard' zeugt. Nung-Tschang schwört jedoch im Sinne des Reichs, das zurückschlägt, Rache. Diese hintertreibt er zunächst mit einem Mittel, das aus dem Reservoir der imperialen Mächte selbst stammt: dem über arabische Händler vertriebenen, meist aus der Türkei oder Ägypten stammenden Opium, mit dem die britische Macht versuchte, den chinesischen Markt profitabel zu erobern. Hier wird also die Korrumpierung des Anderen nicht über den Besitz, sondern über das Geschlecht mit der Korrumpierung des Anderen durch die Droge konterkariert und so zugleich deren Konnex sichtbar gemacht. Diese Korrumpierung, also die Affäre Armstrongs mit Nung-Tschangs Frau, aus der Sin geboren wird, ist zwar heterosexuell ausgerichtet, gerade darin aber negativ konnotiert, weil illegalisiert.[80] Auch schon mit Bezug zur Figur Armstrongs ist also die exotistische Fantasie nur vermeintlich stabil heterosexualisiert. Hinsichtlich der Droge Opium besitzt diese mit Blick auf Armstrong die Funktion, ihn gegen seinen Willen zum Konsum zu verführen und ihn so in die Sucht und zum illegalen Heterosex zu treiben. Zugleich ist die Konstellation der ‚Verführung durch den Fremden' exemplarisch für das bereits mehrmals angesprochene

---

[80]Vgl. erneut Berridge/Edwards 1987.

zeitweilige Experimentieren mit gesellschaftlich geächteten sexuellen Handlungsweisen, wie es für das koloniale männliche Subjekt typisch war (s. Einl. u. Abschn. 2.1). Allerdings verläuft das Schema in Armstrongs Fall so, dass er erst nach langer Zeit nach Hause zurückkehrt, um sich als Drogensüchtiger dort willentlich von seiner Sucht heilen zu lassen, insofern er sich freiwillig in Gesellius' Klinik einweist. Im Film wird diese Heilung als Erfolg dargestellt und mit sozialer Rehabilitation vergütet, insofern Armstrong am Ende als Arzt zum Klinikleiter avanciert. Allerdings erfolgt dies unter den Bedingungen, dass seine Familie nur bedingt restituiert werden kann.

Im Falle von Gesellius gestalten sich der Orientalismus, das Schema sowie die Frage nach (willentlicher) Hingabe und Kontrolle durch den Willen komplizierter. Dies hängt damit zusammen, dass an ihm die Problematik der Grenze zwischen ‚fremd' und ‚eigen' als Differenz von ‚innen' und ‚außen' sowie von ‚Schein' und ‚Realität' paradigmatisch verhandelt wird.

In Bezug auf die wechselseitigen Beeinflussungen von ‚Fremd' und ‚Eigen' ist deshalb ein genauer Blick darauf angebracht, welche Funktion der Stoff des Opiums mit seinen Wirkungen jeweils an welchem Ort und zu welcher Gelegenheit einnimmt und unter welchen kinematografischen Bedingungen. Gesellius ist vermutlich bereits Opiumkonsument und bringt sowohl den Stoff als auch seine Sucht in die ‚heimischen Gefilde' wieder mit zurück. Es ist in seinem Fall daher wesentlich schwieriger, den Wunsch nach Entgrenzung, nach dem Anderen sowie das zirkulierende Begehren exakt in den Blick zu bekommen, um zu erkennen, auf genau welche Objekte, einschließlich deren Geschlecht es zu beziehen ist.

Kinematografisch wird dem dadurch Rechnung getragen, dass die Wirkung der Drogen und die damit verbundenen Zustände der Entgrenzung, die als Rausch visualisiert werden, zwar an Gesellius' Perspektive und Wahrnehmung angelehnt sind, ohne jedoch mit ihr ineins zu fallen. Die kinematografischen Inszenierungen der ‚fremden Orte' als exotistische Fantasien korrelieren mit dem Zustand des Rauschs als Fantasie oder Halluzination, wobei sie zunehmend die Trennlinien zwischen ‚innen' und ‚außen' sowie ‚Realität' und ‚Schein' unterlaufen, was durch den Bezug zu ihren jeweiligen Inhalten zusätzlich verkompliziert wird.

Bevor ich auf diese Struktur und das Schema eingehe, um nach der Ausrichtung des Begehrens zu fragen, ist es bedeutsam, sich Gesellius' Intention als Arzt, der sich mit Drogen befasst, näher anzusehen, die mit einem bestimmten Programm verbunden ist. Seine Erforschung der Drogen, die im Selbstexperiment um die individuelle leibliche Erfahrung erweitert wird, könnte er in den Dienst medizinischer Erkenntnisse, medizinischen Wissens stellen, um Menschen zu heilen. Die Frage ist aber, wovon? Von dem Wunsch nach der Entgrenzung, von der ‚Sucht' selbst oder von den Auswirkungen auf die Physis sowie die gesellschaftlichen Strukturen? Wie bereits erwähnt, lässt sich dies nicht einmal aus den wissenschaftlichen Diskursen selbst als eindeutiges Wissensobjekt herausfiltern. Umso interessanter ist es zu sehen, welche Lösung der Film in der Form von Gesellius' Darstellung des Sachverhalts bei einem öffentlichen Vortrag an der Universität anbietet. Weder erklärt er ‚wissenschaftlich objektiv' die chemische Substanz und ihre Zusammensetzung sowie die eventuellen Wirkungen auf Körper und Geist noch eine medizinische Methode zur Heilung. Vor einem männlichen bourgeoisen und sehr europäischen Publikum deklariert er ‚Freude' und ‚Glück' zum Ziel seiner Bestrebungen. Dies formuliert er per Zwischentitel folgendermaßen: „… es ist, als ob in unserer furchtbaren Zeit alles Glücksgefühl in der Welt abhanden gekommen wäre … ein erschreckender Mangel an Freudigkeit drückt die Menschen zu Boden…. So kommt es, dass viele – und es sind oft die feinsten und besten – ihre ermattete Seele durch Gifte zu einem Rausch des Glückes aufpeitschen – Opium! Wehe euch Ärmsten, die ihr heimlich diesem Laster fröhnt … Euer Geist und Körper ist verwüstet, entsetzliche Qualen – ein elendes Siechtum euer Los – ihr seid verloren … In meinem Haus will ich für diese Unglücklichen ein Asyl errichten … mein Haus soll ein Haus des Glückes sein."

Als Arzt sieht er seine Aufgabe in erster Linie darin, die Menschen, die dem Konsum der Droge verfallen sind, eine Art Zufluchtsort zu bieten. Er macht also viel weniger Prävention, als dass er die Menschen auffängt, nachdem sie ‚krank' geworden sind. Die Gründe dafür sieht er in einer freudlosen Existenz, deren Ursachen er jedoch nicht näher benennt. Dieser Zustand scheint so etwas wie eine Art *conditio humana* (der westlichen) Subjekte zu sein. Drogen zu konsumieren, ist offenbar lediglich eine unter anderen Optionen, dieser überindividuellen, nicht selbst verursachten Misere zu entkommen. Sie ist aber gerade darin eine zentrale, da das, was sie verspricht, genau auf die Veränderung der durch die Misere evozierten seelisch-psychischen Zustände in positiver Weise abzielt. Die Wortwahl von der „ermatteten Seele" nimmt dabei den seit spätestens den 1880er Jahren bekannten und geläufigen europäischen Diskurs über Nervosität, Ermattung und Degeneration auf.[81] ‚Glück' wäre hier allerdings eindeutig ein ‚natürlicher', weil ‚ursprünglicher' Zustand, den die Droge ‚künstlich' zu erzeugen verspricht, wobei der Begriff „Rausch des Glückes" deutlich macht, dass es sich dabei um ein ‚falsches', weil nicht-authentisches Glück handelt.

Dem entsprechend formuliert Gesellius, dass wahres Glück nur ohne künstliche Substanzen erhältlich sei. Der Umstand, dass Gesellius aber nicht ausspricht, worin sich das ‚wahre' Glück außer sich selbst manifestiere, sprich welcher Gegenstand seinem Inhalt entspräche, kreiert eine semantische Leerstelle, ein inhaltliches Geheimnis. Es lässt nicht nur mehr Raum für Spekulationen und Assoziationen zu, sondern destabilisiert und dynamisiert zugleich von Beginn die Binarismen, die damit verknüpft sind, nämlich ‚innen' und ‚außen', ‚fremd' und ‚eigen' sowie insbesondere die nach ‚Wahrheit'/‚Realität' und ‚Schein'. Gesel-

---

[81]Wichtig ist, dass dieser Diskurs die Arbeits- und Produktionsbedingungen der Hochindustrialisierung und ihre Auswirkungen auf das Individuum und damit die sozialen hierarchischen Distinktionen, die mit verschiedenen Arbeitsverhältnissen verknüpft waren, ausblendete. Im Gegenteil wurde mit Bezug zu Rauschmitteln und ihrer Verwendung in verschiedenen sozialen Schichten und Milieus sogar ein umgekehrtes Ursache-Wirkungsverhältnis unterstellt: Nicht die Einnahme der Drogen zur Entlastung war der Effekt von unmenschlichen Arbeits- und Lebensbedingungen in bestimmten Schichten, sondern die Menschen aus diesen Schichten griffen aufgrund ihrer sozial-evolutionären Disposition zu Drogen. Gesellius entpuppt sich hier als eine Art weichgespülter historischer Materialist.

3.1 Zwischen/Spiel I: Die technischen Räume rauschhafter ...

lius ruft schließlich mit der Unterscheidung von ‚wahrem' und ‚falschem' Glück, die an die Einnahme der Droge beziehungsweise deren Entzug gebunden ist, die höchst aufgeladenen Binarismen ‚natürlich' – ‚künstlich' auf, die vor allem im medizinischen Kontext eingesetzt wurden, um ‚Gesundheit' von ‚Krankheit' im Allgemeinen, mit Bezug zum Körper und seinen Bedürfnissen im Speziellen ‚natürliche' von ‚künstlichen' zu trennen. Diese wiederum standen aber historisch in unmittelbarer diskursiver Nähe zum alten Binarismus von ‚natürlich' – ‚widernatürlich', wie er mit den Formen des Begehrens verknüpft wurde.[82] Das ‚wahre' Glück hat hier nichts mit den gesellschaftlichen Arbeits- und Produktionsbedingungen zu tun. Keinesfalls ist es durch die ödipale Familie in der ‚Heimat' zu erlangen. In jedem Fall sagt es aber etwas über die ‚natürlichen' und ‚künstlichen' Bedürfnisse sowie die Natürlichkeit von Begehren an sich aus.[83] Damit universalisiert Gesellius das Thema des Glücks auf eine Weise, in der er das eventuell ‚falsche' Glück Einzelner unbedingt im ‚wahren' Glück der ganzen Menschheit aufgehen lassen möchte. Anders formuliert, das eventuell ‚falsche' Glück unter einzelnen Gleichen (minorisiertes ‚homo') soll unter dem allgemeinen Glück aller (universalisiertes ‚gleich') subsumiert werden. In nichts weniger besteht sein Anspruch, den er hier einer Expertengemeinde in seiner Position als Arzt und Wissenschaftlersubjekt präsentiert, gerade weil er es als Bezugsobjekt aufgrund der rhetorischen Leerstelle nicht spezifizieren muss, von dessen Inhalt jedoch der universalisierte Anspruch ebenso abhängt wie die Un/möglichkeit einer klaren Unterscheidung von ‚natürlich' und ‚künstlich'.

Nur baut das humanitäre Projekt in den ‚heimischen Gefilden', der gesamten Menschheit mit einer Suchtklinik zum Glück zu verhelfen, auf sandigem Boden auf. Denn die Idee, ‚England' zu einem Ort des Generalentzugs zu machen, entspringt eben jener orientalistischen Fantasie, den nationalen Körper frei von ‚fremden Einflüssen' zu halten. Neben Gesellius und Armstrong reisen ja nicht nur andere Personen, Sin beispielsweise, die von Gesellius nach ‚Europa' gebracht wird, wo sie umgehend ‚europäisiert' wird, indem sie einen abendländischen Namen (Magda) erhält. Nun-Tschang taucht mysteriöserweise in Gesellius' Klinik ebenso auf, wie im ‚indischen Dschungel'.[84] Auch die Droge selbst zirkuliert nicht nur zwischen ‚China', ‚Asien' und ‚England', sondern auch jeweils in diesen Ländern. Wie bereits erwähnt, sind davon nicht nur die in die ‚Fremde' reisenden

---

[82]Vgl. hierzu erneut Sedgwick 1990, S. 171 ff.

[83]Vgl. hierzu erneut Sedgwick 1990, die die Notwendigkeit, ‚unnatürliche' Bedürfnisse von einem angeblich ‚natürlichen' Begehren abgrenzen zu wollen, so einschätzt, dass „desire must necessarily throw into question the naturalness of any desire" (Sedgwick 1990, S. 172).

[84]Man muss die Bedeutung der beiden Figuren und ihre jeweilige narrative Funktion trennen. Während bei Sin tatsächlich das Thema der kulturell-hybriden Familie im Vordergrund steht, besitzt Nung-Tschang einen symbolischen Status für eine Macht, die eine Staatsmacht, aber auch eine übernatürliche Macht – das ‚Böse' – sein könnte. Dass beide Figuren europäische rassifizierende Stereotype des Fremden darstellen, sei an dieser Stelle nochmals erwähnt. Vgl. hierzu erneut Nagl 2009, bes. S. 69 f.

männlichen ‚Europäer' und deren Familien in der ‚Heimat', sondern männliche Individuen per se und damit auch Familien in ‚fremden' Ländern betroffen. Die repräsentierten Familien und ihre Strukturen sind allgemein und allerorts extrem brüchig und wechselseitig durchlässig, gerade in ihrer kulturellen Hybridität, worauf augenscheinlich die aufgenommenen oder adoptierten sowie unehelich ‚in der Fremde' gezeugten Kinder hindeuten.

Ich habe ebenfalls bereits darauf hingewiesen, dass der Doppelstatus von Gesellius als Wissenssubjekt und orientalisiertes Subjekt, die Vereinigung von Aktiv und Passiv in seiner Persona, die klare Trennbarkeit, die diese Fantasie suggeriert, unterwandert. Dies wirkt sich nun direkt auf die Möglichkeitsbedingung dieses Projekts aus. Denn Gesellius' wissenschaftlich-rationale Performanz wird immer schon durch sein Verlangen nach den Drogen und damit dem Versetzen seines Körpers in einen künstlichen Zustand infiltriert und problematisiert. Insofern verkörpert er nicht nur buchstäblich das schief liegende Gegenteil von dem, was er willentlich anstrebt, nämlich eine ‚glückliche', ‚drogenfreie' Menschheit – denn er ist glücklich und er nimmt Rauschmittel. Vielmehr basiert das aktive willentliche Wollen auf der Voraussetzung, dass es ein Verlangen nach den Drogen, ein Begehren nach den ‚künstlich' herbeigeführten, passiven Rauschzuständen gibt. Es speist sich aus einer Quelle, in der sich Wille und Wunsch untrennbar überlappen. Folglich ist der ‚Zustand des Glücks', wie er es beschreibt und scheinbar anstrebt, ohne dieses Verlangen, dieses Begehren gar nicht denkbar, die Durchsetzung des Willens als dessen Anderes eine Un/möglichkeit. Damit stehen jedoch zugleich sämtliche Differenzen von ‚innen' und ‚außen', von ‚fremd' und ‚eigen' sowie ‚Realität' und ‚Schein' bereits von Beginn an infrage. Wendet man konsequent den Blick auf ihn selbst nicht als Subjekt der Diskursaussage, sondern als involviertes Objekt, dann besteht sein Wunsch-Wille darin, etwas aus ihm zu entfernen, das eben kein ‚künstlicher', von außen stammender Teil – eine ‚fremde Substanz' – ist, sondern intrinsisch zu ihm gehört.

Vor dem Hintergrund dieser epistemologischen Bedingungen muss man sich fragen, was genau diese begehrten ‚künstlichen Zustände' bewirken, welche Funktion die Modi der Entgrenzungen – nach anderen Welten, Zuständen, nach ‚fremden' Objekten – besitzen. Es ist dabei davon auszugehen, dass die jeweiligen Orte und die damit verbundenen Zustände jeweils doppelt wechselseitig aufeinander bezogen und darin durchaus widersprüchlich strukturiert sind. Die Frage ist also, welche Entlastungen durch welche (willentlichen, kontrollierten) Begrenzungen ermöglicht beziehungsweise verunmöglicht beziehungsweise welche Kontrollen durch welche Zustände der Passivität, des Genießens einer Entgrenzung ermöglicht und verunmöglicht werden. Hierzu muss man sowohl die Umstände der Drogenräusche, ihre geografische Verortung als auch die Inhalte dieser Zustände genauer betrachten.

Im gesamten Film werden vier Rauschzustände inszeniert, zwei davon finden an ‚fremden' Orten, einmal in ‚China', einmal in ‚Indien', zwei davon in ‚England', dabei in der Klinik statt. Der erste Rausch, der im Film gezeigt wird, ist eingebettet in die Episode um Gesellius' Gefangennahme in Nung-Tschangs Opiumhöhle, wo er von dessen Vergangenheit erfährt, und Sins Flucht vor ihm

3.1 Zwischen/Spiel I: Die technischen Räume rauschhafter ...

aus ‚China' mit Gesellius' Hilfe, woraufhin Nung-Tschang seinen Racheschwur erneuert: „Tod dem Europäer. Ihr entgeht meiner Rache nicht!" [...] „Wie er, der Schurke, mir einst das Liebste nahm, so will ich Euch nehmen, was Euch das Liebste ist." (Zwischentitel) Insofern es sich um die Inszenierung einer exotistischen Fantasie handelt, folgt die *mise-en-scène,* mit der ‚China' ausgestaltet wird, ähnlich wie in der Szene mit dem Café, einer Logik der *surface aesthetics*: Das deutsche Filmpublikum soll in eine ‚exotische' Szene eintauchen können, deren Reize einerseits ebenso ‚künstlich' wie faszinierend sind, wobei man an ihnen risikolos partizipieren kann. Man sieht zumeist in einer halbtotalen Einstellung einen Markt, im Ansatz auch Gärten mit üppiger Blumenpracht sowie Nung-Tschangs Teestube. Davon abweichend, ist die Darstellung des Interieurs der Opiumhöhle klischeehaft, insofern die Architektur verwinkelt ist, die Räume schlecht ausgeleuchtet, gar dunkel und mit einigen dekorativen ‚chinesischen' Versatzstücken versehen sind. Es fällt schwer, sich als Zuschauer*in darin zu orientieren, zumal die Kamera häufig den Figuren auf Schulterhöhe folgt oder diese in einer nahen Einstellung im Bild positioniert sind. Ebenso klischeehaft ist die Repräsentation junger Tänzerinnen, die sich dort neben Nung-Tschangs Gefolgsleuten und dessem ‚indischen Diener' Ali aufhalten. Sie sind leicht bekleidet, wobei die bauchfreien Kostüme eher ‚türkisch' oder ‚arabisch' anmuten. Die Kleidung markiert die Frauenkörper als erotisch aufgeladen, ja anrüchig. Dennoch haben die Tänzerinnen augenscheinlich Freude an ihren Aufführungen und genießen das Opiumrauchen. Die Geschlechtergrenzen sind in der Höhle scheinbar relativ durchlässig, während sie in der geografischen Umgebung außerhalb derselben einer strengeren Regulierung und Kontrolle unterworfen werden. Auch hierbei handelt es sich um das Aufrufen vieler stereotyper Darstellungen, angefangen vom Bild der ‚gefallenen Mädchen', über die buchstäbliche bildliche Umsetzung der illegalen, verruchten ‚Drogenhöhle', bis hin zu exotistischen Tänzen, exotistischer, moralgelockerter Erotik, die sich hier zur Schau stellen, wie sie im gleichen Atemzug zur lustbesetzten Partizipation und wohlgesitteten, bürgerlichen Distanzierung und Aburteilung seitens des Filmpublikums aufrufen sollen.

Zwar will Nung-Tschang Gesellius in der Tat gefangen halten, aber Gesellius begab sich durch den Hinweis eines ‚chinesischen' Kollegen willentlich dorthin in der bewussten Absicht, Opium zu rauchen. Insofern besteht der Auslöser für den Rausch teilweise in Gesellius' eigener Absicht, teilweise in der aufoktroyierten ‚Verführung' durch Nung-Tschang. Gesellius befindet sich währenddessen in einem recht karg eingerichteten Raum, der nicht vielmehr als einen Paravent und eine Pritsche enthält. Die Inszenierungsweise lässt sich als einfaches Tableau beschreiben.

Auf dieses hin setzt der Rausch ein, in dem die Bilder der Titelsequenz reproduziert sind: unscharfe Aufnahmen von jungen Frauen in transparenten, antik anmutenden Gewändern, die sich rhythmisch hin- und herwiegen und tanzen, unterbrochen von negativen, auf dem Kopf stehenden Überblendungen, verbunden mit einer Kamerafahrt an Bäumen entlang. Diese Bildanordnungen erschweren jegliche raumzeitliche Orientierung. Sie werden erweitert um Szenen mit männlichen Figuren, Faune eventuell, die die Nymphen ‚in der Natur' necken und jagen, ergänzt um Bilder von einem Boot mit Faunen und Teufeln darin, das an einem Ufer entlang gleitet, an dessen Böschung eine größere Gruppe Nymphen die Arme schwingt, bis hin zu zwei beinahe nackten Nymphen, die auf einem Pferd in einer nahen Einstellung durchs Bild preschen. Darüber läuft zu Beginn ein Textband, welches die Worte der Titelsequenz wiederholt: „Opium, seltsamstes aller Gifte, du Wohltäter der schmerzgepeinigten Kranken – gütig und furchtbar zugleich! Wehe den unglücklichen, die deinen Lockungen erliegen". In die Rauschbilder ist ein Zwischentitel eingeschoben mit den Worten: „Durch alle Träume aber dringt die Sehnsucht nach Frau und Kind, die er über alles liebt, nach der Heimat."

Die Inhalte der Szene entstammen den *tableaux vivants* des 19. Jahrhunderts, worin körperliche Nacktheit mittels Rahmung durch griechisch- oder römisch-antike Symbolik abgemildert wurde. Diese werden hier deutlich überschritten, insofern es sich einmal um sogenannte Naturaufnahmen handelt, die gleichzeitig bereits aus der ‚Mottenkiste' der Filmtricks stammen, sodass der Effekt erotisch betonter Nacktheit durch die Kinematografie genauso deutlich erzeugt, wie sie dabei reguliert wird. Diese Bilder drücken nicht zwangsläufig Gesellius' eigene innere Bilderwelt aus, sondern stehen in ihrer ausgestellten kinematografischen Gemachtheit für sichtbare Erotik und Sexualität. Diese ist nicht mehr exklusiv heterosexuell ausgerichtet, das heißt, sie hat sich im Status des Verbotenen gesteigert. In ihrer ‚Verzerrung' soll sie sowohl als Warnung dafür dienen, welche sexuellen ‚Entgleisungen' die Einnahme von Drogen bewirken, wie sie zugleich zur visuellen erotischen Verführung, zur ‚Animation' des Filmpublikum dient. Diese Szenen sind direkt an die Zuschauer*innen gerichtet und ‚simulieren' in ihrer Suggestivkraft quasi Sog und Bann der Droge, wie sie zugleich das filmische visuelle Feld als Verführung schlechthin merkbar feiern. Der kinematografisch induzierte Rausch ist verführerisch, ähnlich wie das Kino, und wirkt psychisch, körperlich und sexuell entgrenzend, ist aber eben darin auch verderblich, diese Doppelbotschaft wird hier für das Kinopublikum erzeugt. Der Hinweis darauf, dass Dritte, wie die Familie, darunter leiden könnten, erscheint demgegenüber recht dezent, öde und vernachlässigenswert.

Im Anschluss daran sehen wir eine kurze Sequenz, in der Maria die Tochter auf dem Arm trägt. Beide Figuren blicken direkt in die Kamera und winken ihr zu. Diese Einstellungspartikel, in denen die Familie gezeigt wird, folgen einer anderen Logik als die Bilder davor. Hierfür wurden Außenaufnahmen verwendet, in denen sich die beiden Figuren im heimischen Garten befinden. Ihr Status ist beinahe insofern dokumentarisch, als dass beide Figuren die innerdiegetische Abgeschlossenheit der Welt durchbrechen, indem sie direkt in die Kamera winken, deren Anwesenheit sie augenscheinlich wahrnehmen. Die Strategie schmiegt sich hier an Aufnahmen von *home movies* an.[85] Es ist, als impersoniere die Kamera den abwesenden Vater, der diese Aufnahmen irgendwann einmal zu Hause von seiner

---

[85]Vgl. zur Geschichte des *home movie* Kuball 1980.

Familie gedreht hat. Wenngleich hier eine Subjektive der Figur simuliert werden soll, tritt der gegenteilige Effekt ein. Die Bilder repräsentieren dokumentarische *remainder*, die fremdkörperartig in Gesellius' Drogenrausch einbrechen. Die Unmöglichkeit eines unmittelbaren Zugangs wird durch ihren Status sowie das Verhalten der Figuren betont, was die ‚reale' Trennung der Figuren verstärkt. Der starke indexikalische Charakter der Filmbilder, die auf einer ‚faktischen' Existenz eines medial zu übermittelnden Sachverhalts insistieren, steht im starken Kontrast zu den soghaften ‚unordentlichen' Bildern der Rauschphantasie. Sie bilden zugleich deren legitimierende, jedoch ausgeschlossene Ermöglichungsbedingung: Die mittelbar existierende Familie ist als von ihr Ausgegrenztes konstitutiv für die Rauschfantasie, sofern das in ihr entfaltete Begehren eben nicht auf sie gerichtet ist, sondern relativ frei zirkuliert.[86] Der ‚fremde' Ort ermöglicht in der Funktion einer Fantasie die Entgrenzung des Selbst Richtung einer anderen Welt und dient daher dem Zugang Gesellius' zu uneindeutigem Begehren. Nicht umsonst handelt es sich um eine filmtechnische Wiederholung der Bilder des Filmbeginns, die Sexualität als rauschinduzierte ‚Verirrung' darstellen, der in dem Maße an kein individuelles Subjekt geknüpft, wie er für das Filmpublikum als Warnung und Verführung gestaltet ist. In diesem Sinne ist der Inhalt des Rauschs zunächst einmal mit dem koextensiv, was ihn hervorbringt: dem Begehren. Daher lässt sich diesbezüglich in diesem ersten Rausch keine eindeutige Ausrichtung, vielmehr eine Vervielfältigung sexueller Zustände, Möglichkeiten und Begehren ausmachen. Um aber überhaupt als Fantasie oder besser Fantasma entstehen zu können, benötigt es ein konstitutives Element, das dem Ort (‚China') und dem Begehren (für wen, weiß man noch nicht) äußerlich, also einerseits fremd, wie es, das ‚Heimische' nämlich, zugleich von diesem abhängig ist.

Den zweiten Rauschzustand erfährt Gesellius entsprechend zu Hause in seiner Klinik. Er ist eingebettet in die Episode um die Affäre Marias mit Richard sowie dessen Sturz vom Pferd und anschließendem Selbstmord. Nach der Flucht mit Sin aus ‚China' verbreitet Gesellius seinen Plan von der Beglückung der Menschheit durch seine Klinik („Haus des Glücks"). Dieses Zuhause wird, entgegen der vermeintlichen Sehnsucht, die er in der Ferne für die Lieben daheim entwickelt, hinsichtlich Gesellius' sozialem Status als geradezu paradiesisch dargestellt: eine Villa am See, eine gut gehende Privatklinik mit vielen Angestellt*innen und Patienten. Richard, Armstrongs Sohn, scheint seine Sache als stellvertretender Klinikleiter gut zu machen, immer dann, wenn Gesellius auf Reisen ist. Dieser wurde von Gesellius nach dem Verschwinden von dessen Vater wie ein Sohn behandelt. Die Störung im ‚Heimischen' findet nun in Form eines ödipalen und sexuellen Übertritts statt, wie man ihn variantenreich aus den romantischen Romanvorlagen des 19. Jahrhunderts kennt: Ziehsohn und Ehefrau verlieben sich

---

[86]In der Forschung wird dies so ausgelegt, dass die Rahmung durch die ödipale Kleinfamilie die Ermöglichungsbedingung für erotische Darstellungen sei. Dennoch lässt sich dies nicht von Gesellius' Verlangen nach dem Rausch, nach den künstlichen Zuständen und dem ‚widernatürlichen' Begehren trennen.

ineinander und beginnen in Abwesenheit des Hausherrn eine Affäre. Interessant ist, wie im Film mit der Unerträglichkeit der Schuld der sexuellen, da außerehelichen ‚Verfehlung' verfahren wird: Nicht wie im Melodrama zu erwarten wäre, Maria, sondern Richard versucht, sich in einer sentimentalen Geste umzubringen. Der Suizid gelingt ihm erst beim zweiten Mal, nachdem er nach einem Sturz vom Pferd einige Tage im Krankenzimmer verbringen musste.[87] Gesellius erfährt dabei unfreiwillig, indem er zufällig in der Nähe des Krankenzimmers lauscht, beim Krankenbesuch seiner Gattin von deren Neigungen. Er ist zutiefst getroffen und greift, nachdem seine Frau mit Begründungsversuchen aufwartet (Zwischentitel: „6 Jahre allein … Dem Glück der Welt galt deine Liebe – deine Arbeit. – Wo aber blieb unser Glück?"), sofort zum Opium (Zwischentitel: „Seiner Tatkraft beraubt, verwirrt durch die auf ihn herniedersausenden Schicksalsschläge greift der Gelehrte zu dem Gifte. Dessen Bekämpfung bisher sein Lebensziel war."). Anstatt also auf den Rivalen loszugehen oder die Ehefrau in Schande zu verjagen, versetzt sich Gesellius hier ganz bewusst in den Zustand des ‚künstlichen Glücks'. Im Film wird zwar eine trianguläre Beziehung aufgebaut, die heterosexuell strukturiert sein soll. Die nicht vollzogene Eheverpflichtung seitens Gesellius betont die männlichen Figuren in ihrer beider unterschiedlichen ‚Normabweichungen' als gegenseitig stellvertretende Positionen gegenüber dem Begehren, das sie als ein empfindsamer junger Mann und ein passivisiertes, drogenabhängiges männliches Subjekt teilen. Maria spricht zwar somit in Fakten, sprich Jahren und Entfernungen von Gesellius' Unverfügbarkeit, nennt aber als Grund das von Gesellius universalisierte „Glück der Welt" aller (Männer). Ohne dass es die Figuren minorisieren würde, deutet ihre un/eigentliche Bindung aber auf die partikulare Dimension des Themas vom „Glück der Welt" hin. Nicht weil mit Richards Markierung als empfindsames Subjekt der Binarismus ‚natürlich' – ‚künstlich' aufgerufen würde, sondern weil die Grenze von ‚eigen' – ‚fremd' dabei nicht überschritten wird, kann Gesellius' Erschütterung über Richards Tod allein als strukturell entleerter Gestus gelesen werden.

Der damit einhergehende Rausch findet in ‚England' und dort in einer Umgebung statt, die sich dem medizinischen Fachwissen verpflichtete, das heißt in Gesellius' Klinik. Von einer exotistischen Fantasie kann somit in diesem Fall nicht gesprochen werden. Im Gegenteil befindet sich Gesellius, ganz profan, in seinem Schreibzimmer. Der Rausch beschert ihm aber entgegen seines Verlangens

---

[87]Der Sturz vom Pferd ist ein Topos, durch den Zustände der Veränderung von Körper und Bewusstsein herbeigeführt werden können wie bspw. auch in Max Macks *Der Andere* (D 1913) oder *Das Tagebuch des Dr. Hart* (D 1916) (s. Abschn. 2.6). Das Pferd besitzt in der Psychoanalyse auch eine erotische Konnotation. Wie weit dies hier eine Rolle spielt, lässt sich nicht schlussendlich beantworten. Aber auch bezüglich der Geschichte der Kinematografie selbst nimmt das Pferd eine Schlüsselrolle ein: Schließlich wurden in den physiologischen Labors an Pferden die Regelmäßigkeiten physiologischer Abläufe abgenommen und registriert. Es wurden an ihnen auch Bewegungsläufe mittels Kameras untersucht. Sie stehen für Dynamik und Bewegung, die im Medium Film kinematografisch reproduziert werden. Diese Funktion erhält es auch zur Dynamisierung dieses romantischen Bildes vom Ritt in den Tod in diesem Film.

3.1 Zwischen/Spiel I: Die technischen Räume rauschhafter ...

nur zu Beginn Nymphen und Faune, insofern er wie die Titelsequenz eingeleitet ist. Diese wird jedoch rasch von Überblendungen abgelöst, die inhaltlich nicht eindeutig identifizierbar sind, nach denen wir aber Gesellius in vorheriger Umgebung (Schreibzimmer) sehen, wie er sich bewegt, sich über Richard entrüstet: „Meine Ruhe, mein Glück durch ihn vernichtet – er muss sterben ..." (Zwischentitel). Er steht vom Stuhl auf, geht ins Krankenzimmer, wo er Richard erwürgt. Dann schleppt er ihn durch den Gang der Klinik. Dies wird überblendet, sodass sich beide abrupt am nächtlichen See befinden, wo Gesellius Richards Leiche hinter sich herschleift und in der Erde verscharrt. Anschließend sieht man ihn wieder in der Schreibstube am Tisch eingenickt, eine Schwester kommt ihn wecken.

Kinematografisch werden hier einmal fiktionale Realität (,England', Klinik, Schreibzimmer) und Rausch (Titelsequenz mit leicht bekleideten Mädchen) übereinander geblendet. Zudem wird die Grenze zwischen ,objektivem' Inhalt und ,subjektiver' Erfahrung niedergerissen: Gesellius wird sowohl zum Objekt in seinem Traum als auch dessen Handlungssubjekt; er sieht sich quasi selbst beim Handeln zu. Der Inhalts des Rauschs, der Mord an Richard nämlich, erscheint zwar als Resultat der Entgrenzung und daher als Halluzination. Die Bilder besitzen aber einen ,realistischen' Status. Der ,fantastische' Anteil des Inhalts wird durch die Überblendungen und die Ellipse unterstützt, der ,realistische' Anteil wird durch den ikonografischen und indexikalischen Status der Bilder gestützt. Letztlich ist nicht mit Sicherheit zu entscheiden, ob das Gesehene Inhalt eines Rauschs und daher nicht geschehen ist oder ob wir eine Tat sehen, die eben vom Täter in einem Zustand ausgeführt wurde, der sich der Kontrolle seines freien Willens entzieht, sprich eine Tat, die er bei vollem Bewusstsein niemals begangen hätte. Sie dient hier keineswegs als Verführung des Publikums, sondern als veritables Abschreckungsmanöver, das die durch den Rausch verursachte Entgrenzung merklich als moralisch-juristischen Übertritt im ,Heimischen' markiert. Die Un/unterscheidbarkeit von ,Realität' und ,Wahn' aber, die durch die Un/unterscheidbarkeit des Status der Bilder hervorgerufen wird, unterläuft zugleich nicht nur die Grenze zwischen ,Realität' und ,Schein'. Vielmehr affiziert diese auch die Trennlinie einem (psychischen) ,Innen' und ,Außen', insofern man sich fragen muss, ob Gesellius nun ,wirklich' gehandelt hat oder nur im Traum. Diese Differenz organisiert die Grenze zwischen ,Eigenem' und ,Fremdem' (im Eigenen) nochmals neu, insofern die Unterwanderung die Un/eindeutigkeit impliziert, ob Gesellius nun ,wirklich' Richard etwas angetan (aktive Variante) oder dies nur geträumt hat (passive Variante). Mit der potenziellen Un/möglichkeit dieser Trennung wird daher zugleich die Grenze zwischen aktivem, freien Willen und unfreiwilliger, passiver Hingabe problematisiert, die selbst wiederum an die Thematik der ,natürlichen' und ,künstlichen' Zustände und damit auch an die Verhandlung von Begehren per se andockt. Die in der ,heimischen' Umgebung erfolgende Entgrenzung durch die Einnahme der ,künstlichen' Substanz der Droge, die diese Trennlinien unterläuft, vereindeutigt jegliche Art der Referenz zu dieser Tat seitens Gesellius, wie sie zugleich Realität und Schein *ist*. Der *impact* dieses Kollapses produziert die Gewalttat am doppelt codierten ,Eigenen' (,Ziehsohn', ,Brite'), welches zugleich als ,anders' (,empfindsam') markiert ist. Diese stellt sich, ähnlich wie

Das Geschenk des Inders sowie *Die Toten erwachen,* als Wieder-Aufführung des strukturellen paranoiden Residuums der (heteronormativen) *homosexual panic* dar.

Der ‚heimische' Kontext befördert durch die mittels Rausch erzeugte Entgrenzung ein Begehren, nicht nach dem ‚Fremden', das man aufgrund seiner Alterität ganz unproblematisch genießen kann. Vielmehr wird hierbei das Begehren nach dem ‚Eigenen' insinuiert, welches man, insofern es in seiner Begehrlichkeit bedrohlich wird, nicht anders kann, als zu töten. In der ‚Heimat' funktioniert die vom Orientalismus mittels der Drogen beförderte Struktur offenbar nicht, worin das ‚Fremde' etwas ist, das man faszinierend finden kann, indem man es einhegt und intelligibel macht, um es in sicherer Distanz ‚abzulegen'. Der Status des Opiums, ‚fremder' Stoff zu sein, den man zwar willentlich zu sich nimmt, um ein Objekt problemlos zu genießen, aber auch wieder ‚ausscheiden' zu können, weil der Stoff etwas ‚Künstliches' ist, zeitigt hier andere Effekte. Der Zusammenbruch von ‚innen' und ‚außen', von ‚subjektivem' und ‚objektivem' Standpunkt, der die Differenz zwischen ‚natürlich' (‚eigen') und ‚künstlich' (‚fremd') unterläuft und dadurch die ‚Künstlichkeit' des Begehrens als instrinsische Qualität des Subjekts offenbart, erfolgt im visuellen Modus nicht der orientalistischen Fantasie, sondern einer psychischen Halluzination, die den Charakter ihrer Konstruktion jedoch nicht minder verdeutlicht, als die exotistische Schaubudenästhetik der orientalistischen Fantasie.

Vor dieser epistemologischen Folie kann man sagen, dass nicht der Umstand der angeblichen Untreue seiner Frau Gesellius so erschüttert, dass er sofort nach ‚Indien' abreist. Obwohl alle Figuren von seiner Unschuld überzeugt sind, flieht Gesellius geradezu vor den ‚heimischen' Umständen. Der ‚real-fiktive' Tod der Figur Richards ist konstitutiv für den Zusammenbruch der kohärenten Fantasie von ‚realer' Heimat. Er erfolgt dann, wenn Gesellius die Droge zu Hause nimmt, um damit aus der ‚Realität' zu fliehen, wodurch eben keine evidente Fantasie des Exotischen evoziert wird, sondern lediglich eine gewaltförmige Szene der Nichterfüllung entsteht, die das ‚Heimische' als ‚Realfiktion' unlebbar macht.

Die Flucht vor diesem Zusammenbruch ist in diesem Blickwinkel als Steigerung des Verlangens nach der Restitution der Ganzheit dieser Fantasien, als Flucht in die künstlichen Paradiese, als Ermöglichungsform und Wunschinhalt von Gesellius' ‚künstlichem', ‚widernatürlichen' Begehren zu interpretieren. Insofern ist ‚Indien' als exotistische Fantasie in der Tat als Steigerungsform des Exotischen gegenüber ‚China' mit einer höheren Immersionskraft nur folgerichtig. Die *mise-en-scène*, mit der ‚Indien' in *Opium* ausgestaltet ist, untermalt den exotischen Charakter aufs Deutlichste. Abgesehen von den Attraktionen wie Elefanten und *blacks,* die auf ihnen in ‚exotischen' Kostümen reiten, sowie ‚exotische' Tänzerinnen, die merklich als solche ausgewiesen sind, sticht die Opulenz der Bauten ins Auge sowie die topografischen Bestimmungen, auf die sie verweisen: Festsaal im Palast des Maharadschas; ein Basar; der ‚Harem' des ‚Maharadschas'. Die mit diesen Orten verbundene ‚künstliche' Exotik ist mit Erotik aufgeladen, um nicht zu sagen durchtränkt. Zugleich wird deutlich, dass die *surface aesthetics* von ‚Indien' mit dem fiktionalen geografischen ‚Indien' in diesem Film koextensiv ist.

3.1 Zwischen/Spiel I: Die technischen Räume rauschhafter ...

Narrativ betrachtet, ist der hier inszenierte Rausch in die Episode nach der Flucht eingebettet, in der Gesellius' Absturz in ‚fremde Welten' und die totale Hingabe an das Opium geschildert wird. Bereits die ‚Künstlichkeit' der Umgebung mutet also wie ein im Drogenrausch entstandenes Bild an, das seinen Charakter als ‚falsches Glück' deutlich zur Schau stellt, sodass die Übergänge zwischen einem ‚künstlichen' Zustand und einer ‚Realität' auf Null zusammenschrumpfen. Der Aufhebung dieser Grenzlinie, die mit einer Intensivierung des Erlebens verknüpft ist, entspricht auch, dass Gesellius in dieser Umgebung einmal so tief in die Rauschzustände und ihre Inhalte eintritt (in den ‚indischen' Opiumhöhlen), dass er von den tatsächlichen Begebenheiten (ein von Nung-Tschang angezettelter Brand in der Stadt) gar nichts mehr mitzubekommen scheint. Darüber hinaus ist er offenbar bereits so durchgängig *high,* dass er bei Alltagshandlungen in der ‚äußeren' *urbana* schon auf der Straße halluziniert, indem er bei Begegnungen mit einer Person in dieser eine andere zu erkennen glaubt.

Sin und Ali, die mit Gesellius das Land verlassen haben, versuchen ihn nur mit mäßigem Erfolg vom Opiumrauchen abzuhalten (Zwischentitel Maria: „Tuen Sie es nicht! Es ist das furchtbare Gift Nun-Tschangs! Mein Leben gäbe ich für Sie hin" – Insert Gesellius: „Ich weiß, Magdalena, aber ich liebe dich nicht – ich liebe nur eine ...."). Gesellius gibt sich hier ungehemmt dem Genuss der Droge hin, wobei zwei unterschiedliche Modi der Entgrenzung inszeniert werden.

Einer davon ist der Opiumhöhle zugeordnet, also dem Ort, an dem normierte Handlungsweisen wie auch die Geschlechterrollen eh schon sehr gelockert sind, man sich zugleich aber in einer schützenden Gemeinschaft Gleichgesinnter befindet *(dope fiends),* die diskret ist und nach geltendem Ehrenkodex aus keinem der eigenen Missgeschicke oder Unzulänglichkeiten, vielleicht auch Heimlichkeiten, Gewinn schlagen darf (was nicht immer eingehalten wird). Konsum setzt der Film in diesem Zusammenhang mit Passivität gleich. Der Inhalt des Rauschs beginnt mit den bekannten Bildern aus der Titelsequenz, blendet dann in eine Nahaufnahme einer Teufelsfratze über, gefolgt von einer Nahaufnahme einer Frau, die sich mit blankem Busen in die Kamera dreht. In einer Halbtotalen sehen wir dann Gesellius, den zwei Nymphen unterhaken, hinter ihnen die Teufelsgestalt. Gesellius blickt hierbei noch recht konsterniert. Nach einem Schwenk über den See in Abenddämmerung springen die Nymphen durchs Bild, von denen eine vom Teufel ins Gebüsch entführt wird. Anschließend sehen wir ihn auf einer Ziege reiten, im Hintergrund läuft das Bacchanal ab. Gesellius ist nun buchstäblich in die Fantasie eingetreten. In dem von diesem Bildmodus unterstützen Rausch taucht er zum ersten Mal als Figur auf, wodurch er auch darin nicht nur zum Subjekt/Objekt seiner aktiven und passiven Handlungen wird, sondern auch noch uneindeutiger wird, auf welche Objekte/Subjekte diese sowie sein Begehren innerhalb dieser augenscheinlich erotisch ‚verwirrten' Szenerie gerichtet sind (Ist er selbst diese Figuren mit den dargestellten nicht-heterosexuellen Handlungen? Sieht er diesen ‚nur' zu?), deren Teil er nun geworden ist.

Diesem Rausch folgt eine Szene, in der Sin in die Opferrolle schlüpft, indem sie Gesellius gegenüber behauptet, sie selbst habe Richard ermordet, woraufhin er sie bedrängt und zu erwürgen versucht: „So habe ich durch dich sie verloren – alles verloren." (Zwischentitel). Daraufhin stürzt er auf den Ball des Maharadschas. „Aufgepeitscht durch das Gift, lässt sich Gesellius auf das Abenteuer mit der Fürstin ein." (Zwischentitel) Bei der Begegnung mit ihr hält Gesellius die Fürstin für seine Frau Maria, die nun eben exotisch-verführerisch gekleidet ist. Dort also, wo sich das ‚Außen' auf dem Höhepunkt der *surface aesthetics* befindet und bereits koextensiv mit dem Rauschzustand geworden ist, sprich die Grenzen zwischen ‚innen' und ‚außen', ‚fremd' und ‚eigen' sowie ‚Realität' und ‚Schein' aufgehoben sind, reduzieren sich die Visualisierungen der Halluzination auf geringfügige kinematografische Tricks wie die Doppelbelichtung. Die Fürstin bringt Gesellius zu ihren Gemächern, allerdings immer vom Fürsten beobachtet, der von Nun-Tschang informiert wurde: „Dein Weib und der Europäer…" (Zwischentitel) Im totalen Rauschzustand, der übersteigerten ‚Künstlichkeit', die die ‚Realität' *ist,* lässt sich Gesellius somit auf eine intime Begegnung ein, die explizit heterosexuell gelagert ist. Da es sich nach gesellschaftlicher Konvention in ‚Indien' offenbar um eine Übertretung handelt, die sanktioniert werden muss, kostet ihn diese beinahe das Leben: Er muss vor der Gefolgschaft des Maharadschas fliehen, die ihn zu töten versucht.

Mit Sins und Alis Hilfe gelingt ihm die Flucht aus dem Palast, wobei bemerkenswert ist, wie er mehr und mehr die Kontrolle über die Umstände, seine Handlungen und deren Konsequenzen verliert und sich den Geschehnissen mehr und mehr ergibt, wie er auch immer stärker nach den Rauschzuständen giert. Sein nächster Gang führt ihn sofort wieder zur Opiumhöhle zurück, wo der Entrückungszustand ähnliche Inhalte erbringt, wie der vorherige, allerdings werden die Handlungen expliziter, sexualisierter. Nicht nur wird die Teufelsgestalt mit einer Nymphe intim, sondern zwei Nymphen küssen sich. Er selbst fährt mit einem Boot am Ufer vorbei, an dem die halbnackten Nymphen sich wiegen. Der gesteigerte Zustand des Rauschs bringt somit durch die Lockerung der Trennlinie zwischen ‚Realität' und ‚Rausch', zwischen ‚innen' und ‚außen' zugleich eine gesteigerte Lockerung der Inhalte mit sich, die durch ihre Spezifizierung zwar partikularer und individueller, zugleich aber auch ‚moralischer', weil ‚widernatürlicher', und ‚unpersönlicher' sind, da Gesellius darin als anwesende mitwirkende, aber distanzierte Figur auftritt. Derweil spitzen sich die Gegebenheiten in der Stadt zu, Nun-Tschang zettelt den Brand an, sodass die Bewohner*innen fliehen müssen. Die Intensivierung des Erlebens durch die Rauschzustände, die offenbar mit dem Aufflammen des Begehrens einhergeht, welches nun auch explizit ‚künstliches' Begehren zulässt, geht mit einer Dramatisierung der Zustände im Rahmen der exotistischen Fantasie einher, sodass ‚Indien' sensationell in Flammen aufgehen muss. Auch die Fantasie scheint hierdurch ihre Kohärenz zu verlieren in dem Ausmaß, wie Gesellius diese immer mehr bewohnt und sich diesen Zuständen hingibt. Die Dramatisierung erfolgt dabei der Struktur, dass in diese exotisch-sexualisierte ‚fremde' Welt noch das bedrohlich ‚Fremde', Untergrabende in Gestalt Nun-Tschangs einbricht, der sich Gesellius' Vernichtung auf die Fahnen geschrieben hat und darüber hinaus seiner Tochter die Augen dafür zu öffnen versucht, dass Gesellius' Begehren nicht auf sie gerichtet ist: „Was willst du bei ihm – er liebt dich nicht." (Zwischentitel).

Dabei folgen jene Entgrenzungsmomente, die Gesellius nicht in der Opiumhöhle, sondern während des Fests des Fürsten erlebt, einer anderen Logik, die auch mit einer anderen Bildstrategie verbunden ist. Am exotisch-erotisierten Ort des Fests, dem Palast und seinen Haremsräumen gelingt Gesellius eine Entgrenzung in dem Maße, wie diese nicht gegenüber den Räumen abschließbar und daher auch nicht den Regulierungen unterworfen ist, denen diese quasi-öffentlichen Räume unterliegen, insbesondere mit Bezug zum Geschlecht. Wenn auch diese künstlichen Zustände die Trennlinie von ‚Rausch' und ‚Realität' noch durchlässiger erscheinen lassen, so können gerade in ihnen keine ‚künstlichen' Begehren direkt zum Ausdruck gelangen. Gesellius wird nach diesen Räuschen ein zweites Mal festgenommen und einer ‚einheimischen' Strafe unterzogen: Auf ein Pferd gebunden, wird er in den gefährlichen ‚Dschungel' geschickt, in dem die Raubtiere (in Indien nicht existierende Löwen) bereits auf ihn warten, um ihn zu verschlingen. Der Preis für das Bewohnen dieses ‚künstlichen', fremden Paradieses' mündet somit in eine Art Expulsion, eine Abjektierung, die zu einem Ort jenseits der ‚Zivilisation' führt, an dem scheinbar rohe ‚Naturkräfte' walten – jener andere Aspekt der orientalistischen Fantasie vom ‚dunklen Kontinent', der so anders ist, dass er das eigene Leben bedroht. Rückblickend mutet die Begegnung mit den zahmen Löwen aus dem Berliner Zoo komisch an, auf die Gesellius in dieser Sequenz trifft. Zeitgenössisch waren sie sicherlich eine Attraktion. Sin ist ihm todesmutig auf einem Pferd gefolgt, sodass die beiden sich, nachdem Gesellius aus seiner Ohnmacht erwacht ist, gemeinsam durch den ‚Dschungel' schlagen: ein Drogensüchtiger und eine Frau im tiefsten Herzen ‚fremden' Nirgendwos – größere Passivität und Hilflosigkeit ist gar nicht denkbar, eine exotistisch-rassifizierte Repräsentation von Selbstaufgabe und Kontrollverlust aber auch nicht.

In dieses Bedrohungsszenario bricht der ‚indische Diener' Ali nun als rettender Helfer ein, der schließlich nicht nur ein Mann, sondern zudem ein ‚Einheimischer' ist, der sich mit den ‚heimischen' Lebensbedingungen offenbar bestens auskennt. Den Löwen, der Gesellius scheinbar angreift, ringt er zwar nieder, aber getötet wird dieser durch einen Schuss aus Gesellius' Waffe, von diesem geführt. Hier verdichtet sich erneut die Konstellation, die bereits in ‚England' aufgestellt war, lediglich mit vertauschtem Figurenarsenal, deren Differenz nicht zu übersehen ist. Zugleich erleben wir eine Figur in *black face* bei einer turbulenten Stuntnummer. Als ‚fremd' markierte Männlichkeit ist ein Effekt des Jahrmarkts und des Mediums Film. In diesem Teil der exotischen Fantasie wird an einem Ort jenseits ‚zivilisatorischer' Markierungen, aber auch Begrenzungen eine trianguläre Beziehung zwischen einer Frau und zwei Männern durchgespielt. Die Frau, Sin, halb ‚Europäerin', halb ‚Chinesin', nach ‚Europa' und nach ‚Indien' Verschleppte, ist dem einen Mann bis zur absoluten Selbstaufgabe zugeneigt, sodass sie sogar einen (fantasierten) Mord zu gestehen bereit ist und für ihn anstatt seiner ins Gefängnis gehen wird. Dabei hat dieser Mann ihr bereits in erotischer Hinsicht eine Absage erteilt. Der zweite Mann, ebenfalls Verschleppter, Untergebener, in einer asymmetrischen Beziehung zu Gesellius stehend, ihm wie ein Schatten den gesamten Verlauf des Films über folgend, tausend Handreichungen für ihn ausführend und offenbar ebenso bereit, für ihn das Leben zu lassen

(s. Abschn. 2.5). Hier, im Nirgendwo einer ‚nie gesehenen Welt', befindet sich also eine hybride Familie, zwei junge Menschen, beide irgendwie zugelaufen, in untergeordneter Position, die zugleich Gesellius' Tochter und Sohn sein könnten, für die er eine paternalistische Verpflichtung fühlt. An diesem Ort der auf diese drei Figuren streng reduzierten soziokulturellen Einschreibungen, in dieser ‚Wüste' in mehrfachem Sinn, lässt der Film zu, was im Rahmen heimischer Koordinaten nur negativ behandelt werden konnte. Die Reaktion Gesellius' auf Alis Rettungsversuch liest sich dementsprechend wie folgt: „Du bester, treuester aller Menschen, wir wollen nie mehr von einander gehen!" (Zwischentitel) Diesen Satz spricht er aus, wenn er ihn in einer Naheinstellung an seine Brust drückt und ihm dann ins Angesicht schaut, als wolle er ihn küssen. Hier bricht nun die ‚böse Macht' Nun-Tschangs in diese Einöde ein, wodurch Ali durch einen Sturz einen Steilhang hinab zu Tode kommt. Er löst damit seinen zu Beginn des Films exklamierten Racheschwur ein, den Menschen das Liebste zu nehmen. Seine Tat besiegelt er mit einer triumphierenden Geste, hoch zu Ross, wo er deklamiert: „Bald ist meine Rache vollendet!" (Zwischentitel). Gesellius bleibt letztlich nichts zu tun, als seinen geliebten Gefährten Ali zu betrauern. Er streicht ihm über den Kopf und küsst ihn in einer halbnahen Einstellung (s. Abb. 3.1).

Gesellius tötet hier nicht selbst, was ihm das Liebste ist, wie im Falle Richards, sondern eine ‚fremde' böse Macht, der er auf Ebene der allumfassenden exotistischen Fantasie ausgeliefert ist, deren Kohärenz sie hier vollends vernichtet.

Abb. 3.1 *Opium,* D 1918/19, Beta-Film GmbH, 2. Rolle 1148.36

3.1 Zwischen/Spiel I: Die technischen Räume rauschhafter ...   219

Man kann diesen Tod als Sanktion durch den Film verstehen, ebenso aber auch als Moment, an dem die exotistische Fantasie als ‚natürlich/künstliches' Paradies, als Ort, an dem problemlos und uneingeschränkt ‚widernatürliches' Begehren genossen werden kann, ihre Funktion als Möglichkeitsbedingung verliert. Konsequent spielt die letzte Sequenz in ‚England'.

Gesellius kehrt, von Sin begleitet, als Wrack in seine Klinik zurück, die nun vom genesenen Armstrong geführt wird und in der seine Frau Maria ihre Berufung darin gefunden hat, die exklusiv männlichen Patienten der Klinik als Krankenschwester zu pflegen. Einzig von seiner Tochter wird er erkannt. Der letzte Rauschzustand ist eingebettet in die Episode um Sins Schuldgeständnis sowie die Aufklärung dieses Justizirrtums. Zentrales Element in dieser Charade spielt eine Kamée der Tochter, in der Richard vor seinem Tod eine Nachricht hinterlegte, von der wir nur spekulieren können, dass auf diesem Papier ein Schuldgeständnis notiert ist, weswegen er sich das Leben nahm. Entdeckt wird diese Notiz mehr oder weniger zufällig von Maria, die daraufhin versucht, Sin aus dem Gefängnis herauszubekommen. Dort hat auch Nun-Tschang seinen letzten Auftritt, nachdem er Armstrong nochmals vor Augen führte, dass er ihm den Sohn nahm, von dem er annehmen muss, dass ihn seine eigene Tochter ermordete. Er versucht, Sin aus dem Gefängnis zu befreien, kommt aber bei diesem Versuch letzlich ums Leben. Sin wird jedoch schließlich rehabilitiert und daraufhin wieder in die hybride Familie um Gesellius aufgenommen, wo sie ihm, gemeinsam mit der Tochter, Maria und Armstrong die letzten Stunden vor dem Tode beisteht. Ein Zwischentitel kündigt dies an: „Der Gelehrte weiß, dass er verloren ist. Sein vergifteter Körper besitzt nicht mehr die Widerstandskraft, die durch den Verzicht auf den Opiumgenuss hervorgerufenen Erschütterungen zu überstehen." Das bedeutet, der durch das Opium herbeigeführte, ‚künstliche' beziehungsweise ‚widernatürliche' Zustand ist nun permanent, er scheint Gesellius zur ‚wahren Natur' geworden zu sein. Mit diesem Köper- und Wahrnehmungsmodus ist er so eins, dass er nicht einmal mehr Opium einzunehmen muss, um andere Daseinsebenen wahrnehmen und erleben zu können. Zwar bettelt er Armstrong am Ende des Films an, er solle ihn noch ein letztes Mal vor seinem Tod einen Opiumtraum träumen lassen, dieser hält ihn jedoch davon ab und geleitet ihn zu einem Liegestuhl, von wo aus er auch ohne Droge in einen anderen Bewusstseinszustand überwechselt, der sich bereits zu einem Daseinszustand erweitert hat. Denn die Trennlinien zwischen ‚innen' und ‚außen', zwischen ‚subjektiver' und ‚objektiver' Perspektive, zwischen ‚aktiv' und ‚passiv', zwischen ‚Realität' und ‚Schein' sowie zwischen ‚eigen' und ‚fremd' sind so durchlässig, dass eine gänzlich neue Konstellation entstehen kann, nämlich die ihrer allumfassenden Un/Unterscheidbarkeit und Un/eigentlichkeit. Ganz fluide scheinen die Parameter des geografischen, nun nicht mehr nationalen, aber auch nicht mehr kolonialen Körpers, aber auch des individuellen, substanzendurchwirkten Körpers zu sein. Dem trägt auch der Bildmodus Rechnung.

Wir sehen Gesellius in seinem Liegestuhl sitzend, nach hinten gelehnt. Dann erscheint er von hinten im Halbprofil auf einem Felsbrocken stehend, im Bildhintergrund, das heißt über ihm lediglich Himmel. Er hebt die Arme. Danach sehen wir Nymphen am Ufer, ebenfalls mit erhobenen Armen, die sich anschließend

Abb. 3.2 *Opium,* D 1918/19, Beta-Film GmbH, 2. Rolle 1478.07

verbeugen. Das Bild wird unscharf und überblendet von einer Einstellung, in der Gesellius im Bildvordergrund schräg von hinten in einer halbnahen Einstellung am Ufer steht und auf den Fluss blickt. Dort gleitet ein Boot, auf dessen Deck Ali steht. Gesellius ruft ihm zu: „Bist du es, treuester aller Freunde? Mich zu begleiten, bist du da?" (Zwischentitel) Sie strecken sich die Arme entgegen, das Boot nähert sich, die Einstellung lässt offen, ob er Gesellius aufs Boot holt oder an ihm vorüberfährt (Abb. 3.2).

In der nächsten Einstellung sehen wir Gesellius wieder im Lehnstuhl sitzend, umgeben von seiner ‚Familie', von der er sich Vergebung erbittet. Die letzte Einstellung zeigt ihn halbnah, in leichter Untersicht, von schräg hinten im Lehnstuhl, mit erhobenen Armen, woraufhin er aufsteht und sich um die eigene Achse dreht, gefolgt von der Kamera. Der letzte Zwischentitel liest sich dazu wie folgt: „Während Professor Gesellius in das Land ewiger Ruhe hinübergleitet, hat er nicht die Empfindung, zu sterben – nein, zu leben, neu zu leben."

So wie unter diesen speziellen Bedingungen die Grenzlinien von ‚Realität' und ‚Schein', von ‚innen' und ‚außen', von ‚aktiv' und ‚passiv', von ‚willentlich' und ‚gezwungen', von ‚natürlich' und ‚künstlich', von ‚fremd' und ‚eigen' beziehungsweise von ‚Eigenem' und ‚Fremdem' längst das Körperliche als gegeneinander durchlässig und un/unterscheidbar erstellt und daher die Kategorie des Subjekts un/möglich gemacht haben, sind auch die bildstrategischen Ebenen in ihrer Un/eindeutigkeit allumfassend: Ob Gesellius nun im Lehnstuhl in seiner Klinik sitzt, an einem imaginären Ufer eines imaginären Flusses steht, ob es sich hierbei um die filmisch-symbolische Inszenierung einer Epiphanie handelt – all diese Interpretationen können zutreffen, dennoch erscheint es sinnlos, sie und ihre vermeintlichen Deutungsmuster auseinanderhalten zu wollen. Ihre Un/Unterscheidbarkeit befördert keineswegs semantische Beliebigkeit, sondern ermöglicht schlussendlich, dass im ‚natürlich/künstlichen' Zustand, in dem Gesellius ‚aktiv' und ‚passiv' zugleich, ‚Subjekt' und ‚Objekt' des Begehrens des ‚Eigenen' und

,Fremden' im ,Eigenen' und ,Fremden' ist, die Wiedervereinigung mit Ali stattfinden kann. Gesellius' Tod ist demnach auch weniger als Übergang hin zu oder Eintritt in ein neues Leben zu sehen, sondern als Sich-Ereignen dessen, was immer schon (nicht mehr) ist und nicht war/ist: Das Begehren, das durch eine exotistische Fantasie ermöglicht und als sein anderes befördert, im ,Eigenen' als sein Negatives abjektiert wurde, worin beide jeweils unterschiedliche visuelle Ausgestaltungen erfuhren, kann nun mit dem Objekt dieses Begehrens eins werden, das Gesellius völlig angstfrei allumfassend genießen kann.

3.2 Das narrative Tableau un/mittelbarer Beziehungen – *Das Cabinett des Dr. Caligari*

Das Cabinett des Dr. Caligari (D 1920) in Regie von Robert Wiene wird uneingeschränkt in der Forschung als Meilenstein des Weimarer Kinos betrachtet. Die Aufführungsgeschichte des Films zählt zu den wichtigen Momenten der Kulturgeschichte der Weimarer Republik. Das stadtweite Marketing zur Berliner Filmpremiere wird, wie Stefan Andriopoulos erwähnt, mit dem berühmten Slogan „Du musst Caligari werden" kolportiert.[88] Die glamouröse Premiere der Decla-Produktion im Marmorhaus im Februar 1920 entsprach ganz der zeitgenössischen Aufführungspraxis im Zeichen urbaner Freizeitgestaltung, in der das Pastiche moderner Lebenswelten zelebriert wurde.[89]

Die zeitgenössische Filmkritik, darunter Siegfried Kracauer, Herbert Ihering, Rudolf Arnheim und Kurt Tucholsky (alias Peter Panter),[90] fiel allerdings äußerst kontrovers aus. Über Valenz, Status und Bedeutung des Films wurde heftig diskutiert: Während Tucholsky[91] den expressionistischen Stil als notwendige Neuerung des Mediums pries, mokierte sich Arnheim noch 1925 über dessen „Tapetenstil" (Arnheim 1982, S. 177 f.).[92] Der Chefredakteur der *Lichtbild-Bühne*, Rudolf Kurtz, definierte 1926 – also im Augenblick des Aufkommens der Neuen Sachlichkeit – den Expressionismus anhand des Films als Ausdruck einer noch nicht vollständig vollzogenen, dialektischen Bewegung zwischen der psychischen Einfühlung in die Welt und dem Willensprinzip, diese neu (revolutionär) zu

---

[88]Vgl. hierzu Andriopoulos 2009.
[89]Vgl. hierzu erneut Ward 2001, bes. S. 142 ff. sowie Budd 1990, bes. S. 26. Zur Produktionsgeschichte vgl. erneut Elsaesser 2000, bes. S. 61 ff. Zur Vor- und Entstehungsgeschichte von Film und Drehbuch vgl. Prawer 1995. Vgl. zur Rezeptions- und Wirkungsgeschichte in Frankreich erneut Thompson 1990. Vgl. zur Rezeptions- und Wirkungsgeschichte in den USA erneut Budd 1990.
[90]Vgl. erneut Balach/Bock (Hg.) 1995, bes. S. 139 ff.
[91]Vgl. Panter (=Kurt Tucholsky) 1995, S. 146 f.
[92]Robert Wiene äußerte sich post festum selbst zum Film. Vgl. Wiene 1995.

gestalten und daher als ein im philosophiegeschichtlichen Sinne transitorisches Phänomen.[93] Der expressionistische Stil nahm für ihn die Funktion einer Brücke zwischen dem mehr schlecht als recht vermittelten Organischen der Objekte und dem Konstruktionsprinzip des Geistigen ein. Dies kam in seinen Augen vortrefflich durch tricktechnische Verlebendigung von Belebtem und Unbelebtem gleichermaßen zum Ausdruck.[94] Zielpunkt in diesem zukunftsgewandten, teleologischen Schema war für Kurtz der absolute Film. Siegfried Kracauer situierte den Film dagegen noch 1958 in seiner Sozialpsychologie des deutschen Kinos in *Von Caligari zu Hitler*[95] hinsichtlich seiner gesellschaftlichen Relevanz ganz bewusst in der Nachkriegszeit, wobei er das geschichtsphilosophische Schema auf den Kopf stellte. Der Umstand, so seine produktionstechnische Argumentation, dass bestimmte Motive in den großen und erfolgreichen Produktionen der Nachkriegszeit regelmäßig auftauchten, bezeuge die historisch erstmalig auftretende Wirkmacht des Mediums Film, als Spiegel für „bestimmte seelische Veranlagungen" (Kracauer 1958, S. 8) des deutschen Volkes zu fungieren. Analog der nach dem Weltkrieg aufkommenden Aufklärungsfilme, die etwas Neues, Gesellschaftsveränderndes zur Anschauung brachten, so Kracauer, besäße *Das Cabinett des Dr. Caligari* in der Form, wie sie von den beiden Autoren Janowitz und Mayer ursprünglich gedacht war, revolutionäres Potenzial. In dieser Version konnte die bis dato mörderische und daher irrationale Staatsmacht, die das Individuum zur Tötungsmaschine abgerichtet hatte, zumindest symbolisch durch ein rationales Prinzip überwunden werden. Dieses revolutionäre Potenzial wurde, laut Kracauer, durch das nachträgliche Einfügen der klar abgegrenzten Rahmenhandlung relativiert. In dem Maße, wie die in der Binnenhandlung präsentierte Irrationalität der Macht, verkörpert durch Caligari, zum Hirngespinst eines kranken Individuums, hier Francis, geronne und sich dadurch interiorisiere, so Kracauer, werde der symbolische Sieg über die Macht ausgehebelt. Widerstand gegen die Staatsgewalt war in Kracauers retroaktiver Lesart nur noch im Geiste möglich, worin sich zu seinem Leidwesen gerade die wahrhaftige soziale Realität der damaligen kollektiven psychischen Disposition der Nachkriegszeit ausdrückte. Dementsprechend beurteilte

---

[93]Vgl. Kurtz 1926.
[94]Vgl. hierzu auch die anknüpfende Lesart von Eisner 1975, bes. S. 21 ff. Eisner interpretiert die zeitgenössische Sicht auf den Expressionismus als künstlerisches Äquivalent der zerrissenen deutschen Nachkriegsgesellschaft, der sich wie diese nun durch Synthese erneuern sollte, wodurch ihrer Ansicht nach „ein wirklich schöpferischer und nicht reproduktiver Geist, das Weltbild nach seiner Idee um[formt]" (Eisner 1975, S. 16). Das expressionistische Dekor erklärt sie mit den düsteren Stellen in der Objektwelt, die noch nicht durch den einfühlenden Geist umgeformt wurden und daher ihr phantomhaftes Eigenleben entfalten. Sie vergleicht dies mit Wilhelm Worringers Verständnis der Phantastik in der Romantik. Vgl. Worringer 1908. Allgemein lässt sich in Eisners Perspektive aus dieser Ansicht der Dinge die entfesselte soziale Macht erahnen, die deshalb nicht eindeutig repräsentiert oder wahrzunehmen ist. Die nur unvollständig in die Idee gehobenen Bilder, so Eisners Fazit, entsprächen dem Zustand eines verwirrten Geistes, der sich im expressionistischen *setting* ästhetisch ausdrückte.
[95]Vgl. erneut Kracauer 1958, bes. S. 37 ff.

3.2 Das narrative Tableau un/mittelbarer Beziehungen …

er den expressionistischen Stil. Er hielt ihn in dem Sinne für gelungen, dass er die gegenständliche Welt in eine „ornamentale Gefühlslandschaft" (Kracauer 1958, S. 44) verwandelte. Damit wären innere Vorgänge zwar erfolgreich exteriorisiert worden, jedoch ließe sich im Zusammenspiel mit der Rahmenhandlung dieses nach außen gestülpte Innere eben nicht als radikal umgeformtes Gesellschaftliches interpretieren. Die durch Caligari verkörperte Macht war für Kracauer nachhaltig irrational, weil sie in produktionstechnischer und gesellschaftspolitischer Hinsicht völlig entfesselt blieb und dabei im Sinne einer manipulativen Kraft weiterhin ihre verführerische Wirkung auf die Gesellschaftssubjekte ausübte, die selbst ohnmächtig und wehrlos blieben. Zu dieser Macht wurde keine veritable politische Alternative aufgezeigt, so Kracauers bitteres Fazit.[96] Mit der Rahmenhandlung werde vielmehr das von Janowitz und Mayer intendierte Prinzip der Freiheit als wahrhaftige politische Alternative auf ein karnevaleskes Chaos reduziert, sodass lediglich zwischen ihm und der Tyrannei eine Wahl bestehe, anstatt dass sich wahrhaftige Umwälzung vollziehe. Die vorgeführte Ausweglosigkeit hinsichtlich dieser Dichotomie werde, so Kracauer weiter, aufgrund der Rahmenhandlung als Normalzustand einer Gesellschaft von Geisteskranken repräsentiert. Dementsprechend schlussfolgert er, „[d]as Irrenhaus als Abbild des normalen Lebens: nachdrücklicher und endgültiger ließ sich das Gefühl von Ausweglosigkeit kaum darstellen." (Kracauer 1958, S. 48)[97]

Auch die extensive filmhistorische Forschung zu *Das Cabinett des Dr. Caligari* arbeitet sich daran ab, den soziopolitischen Gehalt des Films anhand des spannungsreichen Zusammenspiels von Rahmen- und Binnenhandlung sowie von expressionistischem Stil und ‚modernen' Charakteren gegenüber einer konventionellen Filmnarration zu eruieren. In dieser Perspektive wird ein traditioneller Erzählstil gesetzt und vorrangig mit der Rahmenhandlung identifiziert, während der expressionistische Stil für einen besonderen Bildtypus steht, der der Binnenhandlung zugeschrieben wird. Beides wird dort, mit Kracauer, doch über ihn hinaus, in ein Spannungsverhältnis gesetzt, das produktiv gemacht wird.[98] Da sich durch die Erzählkonstruktion der expressionistische Stil, wie bereits durch Kurtz und Kracauer gedeutet, als Veräußerlichung innerer Prozesse eines verwirrten Geistes in Form von Verzerrungen präsentiert, wird geschlossen, dass durch den Film keine verlässliche Bedeutung erzeugt wird, was einer eindeutigen Interpretation im Wege steht.

---

[96]Wegen seines Vergleichs von Caligari mit Hitler über den Bezug zu Joseph Fremans 1943 publiziertem Roman *Never Call Retreat* wird Kracauer in der filmhistorischen Forschung für diesen nachträglichen analytischen ‚Kurzschluss' mit dem NS bis heute stark kritisiert. Vgl. Salt 1979, Jung/Schatzberg 1992, Minden 1988, Carroll 1978 sowie erneut Koebner u. a. (Hg.) 2003, Isenberg (Hg.) 2009, Rogowski (Hg.) 2010, Prawer 1980, bes. S. 164 ff, Andriopoulos 2008, bes. S. 90 ff, Elsaesser1990, S. 173 sowie Hansen 1983, bes. S. 165 ff.

[97]Vgl. hierzu auch die direkt daran angelehnten Argumentationen von Caroll 1978, bes. S. 79 und Prawer 1980, bes. S. 169.

[98]Vgl. erneut Carroll 1978, Prawer 1980, Elsaesser 1990 sowie Koebner u. a. (Hg.).

Inhaltlich führt dies dazu, wie es beispielsweise aus der Argumentation des Literaturwissenschaftlers Michael Minden ersichtlich wird, dass die Charaktere ebenso wenig psychologisch wie die vorliegenden Machtverhältnisse ideologisch ausgedeutet werden können.[99] Formal führt dies wie beispielsweise bei Michael Budd und Thomas Elsaesser dazu, dass aus der stilistischen, ästhetischen und semantischen Uneindeutigkeit das Prinzip einer Selbstreflexion des Narrativs, geknüpft an die Reflexion der Repräsentation per se, abgeleitet wird. Epistemologisches Resultat aus dieser weitreichenden Induktion ist, dass sich das filmische Narrativ als machtvolle Instanz ausweist, die sowohl die Figuren als auch die Zuschauer*innen lenkt und manipuliert, sodass letzteren die Möglichkeit zu einer klaren Referenz auf die soziale Realität verwehrt bleibt. Für Budd spiegelt sich darin das durch die Produktion bedingte gesellschaftliche Machtverhältnis wider, insofern nach seiner Einschätzung der expressionistische Stil ein ästhetischer Trick der Filmindustrie ist, konventionelle Spielfilme aufzuwerten, um ihr wirtschaftliches Potenzial zu steigern. Die als solche identifizierbare konventionelle Erzählstruktur in Verbindung mit dem durchgängig eingesetzten expressionistischem *setting* erzeugten dabei, so Budd, gezielt Inkonsistenzen, wobei das *setting* als Exzess des Dekors inhaltlich mit dem Zustand der Geisteskrankheit koinzidiere. Diese Konstellation, so Budd weiter, erzeuge zwei voneinander abweichende Lesarten, nämlich eine naive, die sich an der Geistesverwirrung orientiere, sowie eine informierte Lesart, die die Inkonsistenzen als Reflexionsmoment des Films selbst aufzufassen wisse – eine durch die Produktion intendierte Zweiklassentrennung des Publikums sozusagen. Diese wird von Budd sogar überdies dichotomisch vergeschlechtert („weibliches' Massenmedium ‚realistischer' Widerspiegelung vs. ‚männliche' ‚modernistische' Reflexion). Bis zu einem bestimmten Punkt sieht er diese Anordnung offenbar kritisch: Die sich darin ausdrückenden Identifikationsangebote manifestierten sich in der Repräsentation durch die Unterdrückung von („echter'?) Weiblichkeit, verkörpert in Jane, deren inkonsistente Repräsentation als ‚realistische' und zugleich expressionistische über den Stil als warenförmig konstituierte doppelt lesbar sei.[100] Dass es sich dabei um keine Unterdrückung, sondern vielmehr um die reale, nämlich in sich widersprüchliche Bedingung ‚moderner' Weiblichkeit handelte, lässt Budd als qualifizierte Lesart nicht zu.

Auch Thomas Elsaesser knüpft mit Bezug zur Funktion des expressionistischen Stils bei der Aufwertung konventioneller Filmprodukte durch die Filmindustrie an.[101] Dabei verortet er den Film dezidiert im Kontext des Aufkommens des

---

[99] Vgl. Minden 1988.

[100] Die durch die generelle Uneindeutigkeit bedingte, doppelte Lesart sieht Budd zudem auf Genreebene umgesetzt, insofern das Horrorelement das mit der Liebesgeschichte verknüpfte Happy End schlussendlich verhindere, was eine reflektierte, ‚modernistische' Lesart des Films befördere. Vgl. die feministische Kritik hieran bei Schlüpmann 1982 sowie erneut Petro 1989 und Hansen 1983.

[101] Vgl. erneut Elsaesser 2000, bes. S. 61 ff.

Autorenfilms in den 1910er Jahren, dessen ultimativen Höhe- und Endpunkt *Das Cabinett des Dr. Caligari* in seinen Augen darstellt. Primär durch den Stil bedingt, mache dies den Film zu einem wahrhaftigen Unikat. Expressionistisches *setting* und Dekor bilden für Elsaesser in diesem Kontext vorrangig ein wichtiges, aber nicht das einzige Element eines eklektischen Pastiches. In diesem manifestiere sich nicht nur die filmwirtschaftliche Bestrebung der Filmindustrie, das Produkt ‚Film' attraktiver zu gestalten. Vielmehr spiegele dieses Pastiche die soziale Realität wider, insofern diese sich durch vielfältige, irreduzibel widersprüchliche gesellschaftspolitische Positionen, Bestrebungen und Entwicklungen in der Weimarer Republik auszeichne. Den gesellschaftlichen Horizont dieser Multiperspektivik bildet für Elsaesser das Versagen der bürgerlichen Schicht, nach dem Krieg ihre politische Hegemonie zu installieren – gemeint ist damit natürlich eine stabile Demokratie. In diesem Licht betrachtet, gestalte sich der gesamte Film, indem er die soziopolitische Multiperspektivik und das Streben nach politischer Hegemonie als inkommensurable Parameter operationalisiere. Das geschehe, indem das uneingelöste Desiderat der politischen Oberhoheit nurmehr in Form von Verzerrungen in Erscheinung trete. Der expressionistische Stil bilde dabei dasjenige Mittel des Exzesses, durch welches dieses politische Bestreben permanent unterlaufen werde. In der Perspektive des Autorenfilms, in dem es bereits in den 1910er Jahren um die Frage nach ‚wahrer' Kunst und Autorschaft ging, entstehe dann, so Elsaesser weiter, ein reflexartiger Zwang, diese Inkommensurabilität regulieren zu wollen. Er sieht diesen primär auf thematischer Ebene in der Entstehung ödipaler Konflikte angewandt: Macht könne nur symbolisch angeschrieben werden, hinter der sich, analog eines Fetischs, der eine Leere anzeige, zumeist nichts verberge. Die unheimliche Grundlosigkeit der realen Macht bedinge, so Elsaesser, dass der ödipale Konflikt nie ganz gelöst, sondern verleugnet werden müsse und deshalb lediglich verschoben werden könne. Das Begehren, die Kontrolle über diese Situation zu erlangen, verschiebe sich folglich auf die Erzählform selbst, in der es nun um die Oberhoheit über ‚Wahrheit an sich' ginge. Dies äußere sich im regulierten Zugang zum Sichtbaren und Unsichtbaren. Aufgrund des Drucks aber, den die regulierende Kraft der Erzählform auf die inkommensurablen verschiedenen Perspektiven ausübe, so Elsaesser weiter, produziere diese ihr eigenes unheimliches Nichteinholbares immer mit. Darin sieht er den Status der fantastischen Elemente gegeben. Nicht der expressionistische Stil macht also für Elsaesser das Unkonventionelle in *Das Cabinett des Dr. Caligari* aus. Vielmehr sind es die erzählerischen Komponenten, wie *mise-en-abyme* der Rahmenhandlung oder auch kompulsiv-repetitive Strukturelemente, die sich aufgrund der Notwendigkeit, Sichtbares und Unsichtbares immer wieder aufs Neue eindeutig verknüpfen zu müssen, zwangsläufig einstellen. Es entstehe eine Reflexivität des Films, indem die Erzählform die Aufmerksamkeit auf ihre eigenen Komponenten lenke, weil diese sich im ‚Kampf' um den Status von Wahrheit per se nicht vollständig unter die Narration als Ganzes subsumieren lasse. Elsaesser bezeichnet diese Form als Erzählung, die verleugnet, was sie erzählt, wodurch sie erst recht Aufmerksamkeit darauf lenkt, was sie im Erzählprozess zu verdrängen und unsichtbar zu machen sucht. Die Filmform betone, was sie nicht ist, nämlich den Stil, den Akt des Erzählens, die Szene und das Tableau, während die Narration in den Hintergrund trete.

Dieses spezielle Verhältnis von Erzählung und Erzählkomponenten macht also, laut Elsaesser, die Möglichkeitsbedingungen des filmischen Erzählens als Thematik der konstitutiven Ohn/Macht von Un/Sichtbarkeit erst reflexiv. Damit korreliert für ihn die Position eines in seiner Anschauungsfähigkeit erschütterten, geradezu ohnmächtigen Zuschauer*innensubjekts. Diese Ohn/macht knüpft zudem an eine paranoide Struktur im Filmtext an, die auf männlich-narzisstischen Strukturen basiert, aufgrund derer sich vorwiegend das männlich Subjekt vervielfache sowie räumlich und zeitlich disjunkt mit dem ‚Anderen' seiner Sicht und/oder seines Lustwissens verbinde. Elsaesser veranschlagt hierbei die Position eines dezidiert männlichen Zuschauersubjekts, die gekennzeichnet ist durch die Spaltung von Sicht/Wahrheit. Sie sei jener sozialen Realität analog, auf die sie, so Elsaessers Fazit, referiere: Im Wissen über die mittlerweile modifizierte gesellschaftliche Position von Männlichkeit werde hier ein betont kohärentes Selbstbild entworfen, worin die durch die gesellschaftlichen Veränderungen herbeigeführte eigene Inkohärenz geleugnet werden könne. Die Leugnung untergrabe jedoch wiederum die vermeintliche Kohärenz, wodurch ständige neue merkliche Inkohärenzen entstünden. Dieses per se männliche Zuschauersubjekt changiert nach Elsaesser in seiner Bindung an den Film permanent zwischen ohnmächtigem Involviertsein und reflexiver Distanzierung.[102]

Es ist unstrittig, dass die Elemente des Films unvermittelt nebeneinander stehen, sei es bezüglich des Stils, des Bildtypus oder des Narrativs, was ursächlich dafür ist, dass eine eindeutige Lesart des Films verhindert wird. Hinsichtlich der Zuschauer*innenposition ist ebenso zweifelsfrei, dass sie dadurch permanent zwischen Macht und Ohnmacht, Faszination und Abscheu sowie Identifizierung und Distanzierung oszilliert. Elsaessers Thesen zugespitzt, lassen sich deshalb die Arten der Bezugnahme zu jenen inkommensurablen Elementen einzeln sowie in ihrer Gesamtheit nicht determinieren.[103] Auch gehe ich mit Elsaesser *d'accord*, dass vorwiegend das männliche Selbst von Spaltungen und Multiplizierungen betroffen ist. Der korrelative Fokus jedoch auf das männliche Selbst und etwaige ödipale Konflikte, die in narzisstische, paranoide Strukturen umgebogen werden, greift meines Erachtens nach aber zu kurz. Charakteristisch für *Das Cabinett des Dr. Caligari* ist, dass die gesamte Filmstruktur orchestriert wird von Affekten und libidinösen Besetzungen, deren *impact* gerade deshalb so stark ist, weil sie aufgrund der Inkommensurabilität der Komponenten eben nicht eindeutig an

---

[102]In der Quintessenz stellen für Elsaesser Filmform, Sinngehalt und Subjektposition von *Das Cabinett des Dr. Caligari* eine große männliche Abwehrgeste gegenüber der sozialen Realität dar, in der diese Vormachtstellung durch Frauen-, Arbeiter*innen- und Migrationsbewegungen längst aufgeweicht worden war.

[103]Vgl. Murphy 1991, worin er das Verhältnis von Stoff und Form so deutet, dass keine strikten Trennungen gemacht werden können, wodurch eine grundlegende ‚unheimliche' Ambivalenz im Bild entstehe, die eine unendliche Unentscheidbarkeit, gerade hinsichtlich der sich verdoppelnden männlichen Identitäten und ihres Selbst-Bezugs mit sich bringe.

3.2 Das narrative Tableau un/mittelbarer Beziehungen ...

bestimmte Figuren und Objekte gebunden, daher generell nicht eindeutig lesbar sind. In der Zuspitzung von Elsaessers Thesen lässt sich daher argumentieren, dass sich beides keineswegs nur mit ungelösten ödipalen Konflikten einer männlichen Figur, eines männlichen Selbst erklären lässt. Mit und über Elsaessers Beobachtungen hinaus ist in *Das Cabinett des Dr. Caligari* die Quasi-Autonomie der (repetitiven) Komponenten mit ihrem ‚Eigenleben' grundsätzlich un/bestimmt, wie diese systematisch nicht kaussallogisch verknüpft sind. Diese Konstellation betrifft auch die Beziehungen eines ‚Selbst' zu seinen Abspaltungen: Sie sind autonome Wesen in dem Außmaß, wie ihre Existenzen auf der Inkommensurabilität der Elemente basieren, die sie erst hervorbringen. Daher sind auch sie wechselseitig un/bestimmt, weil primär über intensive Affekte, Gesten und Blicke relational miteinander verknüpft.

Dabei stehen sie nicht nur einer konventionellen Erzählform diametral gegenüber, deren konstitutives, dabei ausgeschlossenes Anderes sie darstellen. Vielmehr muss man die Konventionalität der Filmform selbst noch einmal anders perspektivieren. Sie ist es nur dann, wenn man sie als gegebenen, angewandten Standard betrachtet, wie er maßgeblich durch das US-amerikanische Kino der 1910er Jahre aufgestellt worden war, und darin nicht weiter infrage stellt. Es wird in der Literatur zum expressionistischen Film immer wieder erwähnt, dass es sich bei *Das Cabinett des Dr. Caligari* um eine spezielle Variante der Filmproduktion handelte, die sich in vollem Bewusstsein vom US-amerikanischen Standard abhob.[104] Hierzu werden in der Literatur vor allem die kinematografischen Elemente von Tableau und Szene erwähnt, von Kadrierung und Bildgestaltung durch *matte* und verschiedene Blenden, zudem überzogenes und melodramatisches Spiel, verzerrte, geneigte Ansichten und Perspektiven bis hin zum unbestimmten Verhältnis von *onscreen-* und *offscreen space*.

Eine solche Dichotomisierung schränkt den Blick für ein Phänomen ein, das den Film wesentlich bestimmt: Nicht nur im Hinblick auf das Narrativ als Ganzes betrachtet, sondern bereits innerhalb einer Szene, in der es angeblich ‚nur' um den Exzess des Dekors geht, werden durch Schnitt und Montage kausallogische Verkettungen durchkreuzt, die Transparenz hin auf einen eindeutigen Sinn unterlaufen. Diese Mittel erzeugen zugleich einen Zugewinn an Lebensechtheit durch eine ‚unsichtbare' Montage des *close in* und des *shot-reverse-shot*-Verfahrens. Hierdurch werden die gezeigten Sachverhalte geradezu naturalisiert in deutlicher Abgrenzung eben, *pace* Elsaesser, nicht zum Filmstil, sondern zur spezifischen bildlichen Rahmung von Figuren und Handlungen sowie der *mise-en-scène*, zum Tableau also. Diese Mittel verbinden sich mit der gesteigerten Stilisierung der Figuren und ihren Handlungen (Überzeichnung, Übertreibung), die deshalb zugleich sehr stark die Aufmerksamkeit auf sich ziehen.

Nicht nur das Spannungsverhältnis von Erzählform zu Stil und Filmkomponenten, sondern auch die Frage nach der ‚Reflexivität' des Films lassen

---
[104]Vgl. Budd 1990, Minden 1988 sowie Elsaesser 2000, bes. S. 92.

sich dementsprechend nochmals umschreiben in die Produktion medialer differenzialer Relationalität. Die Verwendung ‚älterer' bekannter Komponenten wie Überbelichtungen, *mattes,* Blenden sowie Tableaux stellen in *Das Cabinett des Dr. Caligari* diejenigen Elemente dar, die in der Tat als starke *remainder* buchstäblich eines ‚anderen' Kinos fungieren. Dies wird jedoch nicht vom Kino der Attraktionen gebildet, sondern von dessen merklich stilisierter Überschreitung, die sich folglich eben auch in den Blickwinkeln und -neigungen sowie im Verhältnis von *off-* und *onscreen space* zeigt. Parallel werden im vermeintlich durchgängigen expressionistischen *setting* Verfahren eingesetzt, die sich abgrenzend als genuin kinematografische gerade darin zu erkennen geben, dass sie sich unmerklich vollziehen sollen. Im Wechselspiel erzeugen beide Techniken Un/bestimmtheit als Inkommensurabilität, die sich vorwiegend durch ein affektgeladenes Spiel mit Gestik, Mimik und Blick zeigt, welches sich nicht kausallogisch einhegen lässt, resultierend in einem (reflexiven) Vexierspiel von An- und Abwesenheit, von Sichtbarkeit und Unsichtbarkeit, von Sinn und Unsinn sowie von Realität und Schein. Damit ist die Produktion eines Zuschauer*innensubjekts verknüpft, das zwischen Affekt und Kalkül, zwischen Wissen und Nichtwissen sowie zwischen Macht und Ohnmacht oszilliert, nicht nur, weil es keine Kontrolle besitzt beziehungsweise keine Eindeutigkeit über Handlung, Bedeutung oder Art der Bezugnahme herstellen kann. Vielmehr ist der Grund darin zu sehen, dass die Art des Involviertseins durch Affekte und/oder Kognition, durch Identifizierung und/oder Begehren aufgrund dieser doppelt angelegten Verfahren an sich nicht kontrollier-, weil unvorherseh- und daher ungreifbar sowie zwangsläufig immer wieder aufs Neue in sich different ist. Insofern war der Bezug zur sozialen Realität und der darin verankerten sozialen Positionen in *Das Cabinett des Dr. Caligari* nicht nur auf der Ebene unvereinbarer (politischer) Perspektiven angesiedelt, sondern auch auf der Ebene moderner Lebenswelt per se: Die *surface aesthetics* ließ auf nichts hinter der *vista* schließen, daher war die ‚Wahrheit an sich', zu der man unvermittelt durchdringen konnte, nicht (mehr) gegeben, sondern augenscheinlich bereits medial vermittelt. Ihre heterogenen Oberflächen erzeugten eben nicht nur *fake,* sondern letztlich auch *fact fictions* – hieraus bestand die unhintergehbare Realität in ihrer Nicht/Gegebenheit.

Keineswegs lässt sich daher die Doppelung der Charaktere sowie ihr seltsam unmotiviertes Spiel in den Szenen nur mit uneingelöster politischer (bürgerlicher) Hegemonie, mangelnder Psychologie oder männlich-ödipalen Konflikten erklären. Ein Blick auf die Geschlechterbinarität macht dies besonders augenscheinlich. Denn die Un/Eindeutigkeit von Geschlecht wird als Spannungsverhältnis zwischen den beiden Bildmodi ausgetragen und somit Geschlecht im Speziellen, die Geschlechterbinarität im Allgemeinen in jedem Fall als medial konstituierte sehr deutlich ausgewiesen. Weshalb ich die ‚Selbst/Reflexivität' des Films anders als Elsaesser legitimieren würde. Die auf Basis des Wechselspiels der beiden Bildmodi erzeugten, deutlich sichtbaren Inkommensurabilitäten machten ja nicht nur den semantischen Gehalt und die Arten der Bezugnahme seitens des Zuschauer*innensubjekts uneindeutig, sondern verstärkt auch die Bezugsarten zu und zwischen den Charakteren. Für die Kategorie ‚Geschlecht' bedeutet dies,

3.2 Das narrative Tableau un/mittelbarer Beziehungen … 229

dass der Film, indem er sie als durch Medien konstituierte evident machte, einmal eine Vervielfältigung der Bezugnahmen der Figuren zu Subjekten und Objekten durch affektbeladene Blicke und Gesten ins Endlose betrieb, wie er sie hierdurch zugleich stärker differenziert regulierte. Anders formuliert: Er setzte auf Pluralisierung geschlechtlicher Identitäten, wie sie der sozialen Realität entsprachen, vollzog aber diese im Schema der Geschlechterbinarität als deren Spannung bis aufs Äußerste, die mit ihrer Lockerung und Vereindeutigung einherging. Hierdurch brach die Figur des männlichen Selbst-Bezugs erneut auseinander. Die Abspaltungen waren dabei keine Komponenten des Selbst wie die Doppelgänger, sondern in ihrer Eigenständigkeit Figuren, denen man eben nicht ansah, von denen man nicht mit Sicherheit sagen konnte, welchen Status sie überhaupt besaßen. Gerade darin waren sie aber als *strange*/fremd markiert, wie sie zugleich aufgrund der Oszillation der Bezugnahmen, die durch das Vexierspiel der Bildmodi lanciert wurde, jederzeit sowohl zu Objekten von Wissen und Neugier als auch von affektbeladener Sicht und laszivem Blick – in speziellen Fällen auch von todbringender Geste –, sprich von (verleugnetem) Begehren werden konnten. Diese Anordnung bringt eine besondere Figur des Technisch-Anthropomorphen queerer Männlichkeit in *Das Cabinett des Dr. Caligari* hervor.

Um dies zu demonstrieren, möchte ich mit der Analyse der Eingangssequenz beginnen. Zwei Männer sitzen in einer halbtotalen Einstellung im Profil schräg nebeneinander auf einer Bank in einem von einer Mauer umzäunten, herbstlichen Garten. Der angeschnittene Raum bleibt unspezifisch. Beide Figuren sind in dunkle Anzüge mit Umhang gehüllt. Die Körper werden der Aufmerksamkeit entzogen. Die Kleidung liefert ein Indiz für ähnliche Klassenzugehörigkeit. Der Fokus ruht auf den Gesichtern, die über das Alter der beiden Auskunft geben: Wir haben es mit einem älteren und einem jungen Mann zu tun. Von einer Halbtotalen im Profil erfolgen mehrere Schnitte, durch die die beiden einmal frontal jeweils allein, dann nebeneinander sitzend, in einer halbnahen Einstellung gezeigt werden. Zuerst berichtet der alte Mann von vergangenen, schrecklichen Erlebnissen, von Geistern, die ihn von Heim, Herd und Familie wegtrieben. Die Frontaleinstellungen sind durch Irisblenden gerahmt, sodass der Schnitt auf sich aufmerksam macht, indem er auf spezifische Weise die Nähe zum sichtbaren Objekt herstellt. Man erkennt gut die Mimik der Figuren. Das Einstellungsprinzip ist bekannt, mit dem Verfahren wurden seit den 1910er Jahren gerne zu Filmbeginn die Hauptfiguren eingeführt, die zumeist wie Bühnenschauspieler*innen geradeaus und damit (häufig lächelnd) in die Kamera blickten. Das Verfahren gab es auch als *close in,* um ein Detail hervorzuheben, wie der Knöchel der Dame in *The Gay Shoe Clerk* beispielsweise. Der Unterschied liegt hier nun in der Kombination und Einbettung in die Narration, wodurch mit Bezug zu den Figuren zwar eine Annäherung als ‚Vergrößerung' vollzogen wird, ohne dass das ‚Innere' der Figuren zum Ausdruck gelangt. Beim *close in* geht es daher also (noch) um keine Psychologisierung der Figuren, sondern (immer noch) darum, das Filmpublikum näher an das (sensationelle) Geschehen zu bringen. Beide Figuren schauen in den Frontaleinstellungen nie direkt in die Kamera, sondern die Einstellungsgröße verdeutlicht, dass sie mit den Gedanken woanders sind. In ihrer Entrücktheit schauen sie sich aber auch nicht gegenseitig an. Unterbrochen wird diese recht intime, entspannte Situation des Sitzens und Schweigens allein dadurch, dass in einer Halbtotalen eine dritte Figur von rechts hinten den Bildraum betritt. Es handelt sich um Jane (Lil Dagover), die die Aufmerksamkeit des jungen Mannes auf sich lenkt. In mehreren Schnitten wird gezeigt, wie Jane zur Bank vorgeht, um dann direkt an ihr vorbeizuschreiten. Man sieht Francis (Friedrich Fehér) in einer nahen Einstellung, wie sich sein Gemüt hebt, wie er vor Erwartung zu lächeln beginnt, sich dann grämt, als sich Jane bereits abgewandt hat und vorbeigegangen ist. Nachdem sich die beiden Männer wieder etwas beruhigt haben, erklärt Francis dem alten Mann (Hans Lanser-Ludolff), dessen Namen nicht genannt wird, dass dessen Geschichte nicht schlimmer sein könnte als seine, die er mit dieser Frau, seiner einstigen Verlobten, erlebt habe (Zwischentitel). Danach erfolgt eine Einstellung, in der Jane halbtotal zwischen den Bäumen hindurchgeht. In einer halbtotalen, frontalen Einstellung, die durch eine Irisblende gerahmt ist, beginnt Francis mit über dem Kopf erhobener Hand, dem alten Mann seine Geschichte zu erzählen, von der man erst meinen könnte, es handele sich um seine pure Erinnerung und daher um einen filmischen *flash back:* Die Geschichte von Holstenwall, dem kleinen Dorf, in dem Francis geboren wurde.

Die Blende schließt sich und öffnet sich in der Bildmitte, um den Blick auf das wie von Lionel Feininger gemalte Städtchen Holstenwall freizugeben, das sich an einen Hügel schmiegt, der von einem Kirchturm gekrönt wird. Der ‚Himmel' über dem Städtchen ist weiß. Eine rautenförmige Blende schließt sich, ein Zwischentitel informiert über die alljährliche Kirmes in Holstenwall. Eine Rundblende öffnet sich mittig rasch, gibt die Kirmes in einer der beiden Grundeinstellungen zu sehen, mit dem Leierkastenwagen rechts, dahinter der quer verlaufenden Rampe, hinter der man die Spitze eines Karussells sieht. Links im Bildmittel und -hintergrund befinden sich Zeltwände, zwischen denen sich Figuren bewegen. Die Blende schließt sich sofort wieder, und die beiden Männer sitzen immer noch halbnah und frontal auf der Bank, Francis stiert an der Kamera vorbei und ist sichtlich erzürnt oder auch erschüttert. Er hebt seine Hand und spricht: „Das ist er!" (Zwischentitel) Die nächste Aufblende zeigt die Kirmes in einer etwas näheren Einstellung, in der Caligari (Werner Krauss) von rechts vorn in den Bildmittelgrund schreitet, sich umschaut, Richtung Kamera wendet, dort frontal stehen bleibt, sodass man seine Erscheinung mit den überzeichneten Handschuhen, dem Spazierstock, dem Umhang, seinem Zylinder und den reflektierenden Brillengläsern deutlich erkennen kann. Das alles erfolgt im Zeitraum von ein paar Sekunden, bis sich die runde Irisblende zuzieht, sodass nur noch Caligaris Kopf zu sehen ist, der mit verkniffenem Mund, versteckt hinter seinen dicken Brillengläsern, an der Kamera vorbeischaut. Hier wird das Verfahren der Rahmung durch die Irisblende ebenfalls genutzt, entfaltet jedoch bezüglich Caligari einen anderen Effekt. Sie ist ein sehr betontes narratives Werkzeug in diesem Film, wobei sie wie eine Art ‚Zensur' die Bildinhalte aus- und auf Detail zurechtschneidet und dabei den Blick sehr stark lenkt. Dies bezieht sich sowohl auf nicht lebende Objekte wie das Örtchen Holstenwall oder die Kirmes als auch auf Figuren wie Francis, Caligari oder Cesare. Zu einem späteren Zeitpunkt indiziert sie den Übergang zwischen

3.2 Das narrative Tableau un/mittelbarer Beziehungen …

verschiedenen Raumzeitebenen in einem Bild: einmal die vom Film dargestellte, durch Francis erzählte ‚aktuelle' Handlung; einmal die der im Tagebuch sowie in der apokryphen Chronik Dr. Caligaris gelesenen Berichte. In nahen Einstellungen sowie Großaufnahmen fungiert sie speziell bei Caligari (und Cesare, gespielt von Conrad Veidt) wie ein Brennglas, das die stilisierte Übertriebenheit der Darstellung, inklusive Mimik und Gestik der Figur, vermehrt zur Schau stellt. In Gestalt eines Abziehbildes einer Figur aus einem expressionistischen Gemälde, die auch eine Comicfigur sein könnte, wird Caligari den Zuschauer*innen nähergebracht. Anstatt dass jedoch Wahrheit, Klarheit oder Eindeutigkeit gegenüber dieser eintritt, bringt die verfahrenstechnische Annäherung im Gegenteil die ‚Verzerrung' ans Licht, die ihn als *strange* oder fremd, ja geradezu ‚künstlich' ausweist. Sie gibt nicht seinen Charakter frei, aber, dass er von ‚merkwürdigen' Affekten besetzt ist, die sich primär über laszive Blicke ausdrücken. In dieser Einstellung tritt der Effekt (noch) nicht ein, weil es sich um eine Halbtotale handelt, in der die Figur eingeführt wird. Ihr Einsatz weicht von dem auf Francis bezogenen deutlich ab, insofern mit Bezug auf ihn der Fokus auf die Mimik gelegt und durchaus ‚Gemütsverfassungen' ausgedrückt werden sollen.

Die nächste Einstellung zeigt Francis und den alten Mann frontal auf der Bank sitzend, wobei dieser sich leicht zu Francis nach links gebeugt hat, den Kopf gesenkt, den Blick zu ihm erhoben, während Francis mit vor der Brust verschränktem Arm, erhobenem Kopf und aufgerissenen Augen nach links aus dem Bild blickt. Die Irisblende zieht sich bis zum Gesicht des alten Mannes zu, der mit leerem Gesichtsausdruck vor sich hinstarrt. Der Zwischentitel informiert darüber, was Francis offenbar zeitgleich deklamierte: „Allan, mein Freund." Nur durch einen Schnitt vermittelt, sehen wir in einer Totalen das Zimmer von Allan (Hans Heinrich von Twardowsky), dem jungen, mit Francis befreundeten Studenten. Von dieser Einstellung bis zu derjenigen gegen Ende des Films, in der Caligari in die Zelle des Sanatoriums verbannt wurde, sehen wir die beiden Männer nicht mehr auf der Bank sitzen. Anders formuliert, ab genau dieser Einstellung übernimmt die Erzählinstanz des Films ohne weitere kausallogische Erläuterung, ohne Angabe einer Handlungsmotivation seitens der Figuren Francis' vermeintliche Rückschau.

Es wurde bereits vielfach geschrieben, dass die filmische Narration von *Das Cabinett des Dr. Caligari* die Trennung der verschiedenen Erzählebenen unterlaufe. Zugespitzt kann man sogar sagen, dass die Art des Schnittes von Beginn an darauf hinarbeitet, alle Erzählebenen eng miteinander zu verknüpfen. Die figurenbezogene Rückschau entfaltet sich hier nicht in der ‚klassischen' Manier, einen Bericht filmisch zu inszenieren. Es werden lediglich einige Erzählfragmente präsentiert, die die Gesprächssituation der beiden Männer auf der Bank unmotiviert durchbrechen. Beide Ebenen, die des aktuellen Geschehens sowie die des ‚Rückblicks', werden gleichermaßen betont, indem sie mehrfach zergliedert und ineinander verwoben werden. Insofern handelt es sich um eine vereinfachte, inhaltlich-thematisch fundierte Lesart, wenn Budd im Auftreten Janes den Katalysator für Francis' Erzählung sieht (Musenfunktion). Es mag sein, dass sich Francis durch ihr Sich-Entziehen animiert sieht, gerade diese Geschichte zu erzählen. Jedoch gibt zuvor der alte Mann sowohl Tenor als auch Orientierung der Art der

Erzählung in dieser Situation vor: schreckliche Erlebnisse, die die Männer nicht nur von Heim und Familie weg-, sondern auch in diese Situation brachten. Alexander Doty schreibt in diesem Zusammenhang von einer *cruising*-Situation, was in einer queeren Lektüre der Repräsentation des Films gerechtfertigt ist.[105] Die Aussage des Alten ist zudem diskursiv mit dem schwulen Residuum einer verfolgten, ‚wider-natürlichen' Gemeinschaft aufgeladen, insofern die Figuren keinen Bezug zu Heim und Familie besitzen. Da sie strukturell entleert ist, kann sie genauso gut auf den Krieg verweisen. Die Einstellung mit Jane allein im Garten verdeutlicht ihre filmische Autonomie jenseits von Francis' Erzählung, wodurch sie von Anfang an nicht im Status des erotischen Zielobjekts seiner Fantasie aufgehoben ist. Die Figuren begegnen sich ohne ‚wahrhaftigen' Austausch und weisen hierdurch die Geschlechterdifferenz als problematisch gewordene aus. Janes Erscheinen unterbricht lediglich das sich abspielende ‚Gespräch' zwischen den beiden Männern und dynamisiert es zugleich affektiv, insofern Francis verstört wirkt und emotional reagiert. Genau so aber, wie die Männer keinen ‚echten' Dialog führen, handelt es sich auch hierbei um eine Art Krümmung in der Begegnung: Die Aufmerksamkeit wird zwar kurzfristig abgelenkt, die Affekte kochen hoch, aber die Figur, die auslöst, wird nicht zum eigentlichen Zielobjekt oder bewusst intendierten Inhalt der Erzählung, sie ist nicht wirklich damit gemeint. Umgekehrt reagiert sie auch nicht, sie lässt sich nicht auf die anderen Figuren ein – es entsteht kein dialogisch strukturiertes, klar motiviertes Handlungsschema.

Umso wichtiger erscheint ein genauer Blick auf den strukturellen Beginn von Francis' Erzählung. Eröffnung des sogenannten Rückblicks bildet eine Einstellung vom Ort Holstenwall, der offenbar eine Zeichnung, ein Gemälde ist. Gleich eingangs weist der Film mit der deutlichen Referenz auf die expressionistische Malerei auf den ‚künstlichen'/künstlerischen Charakter seines Inhalts hin. Dies erfolgt, indem er mittels Rundblende den Ort zum statischen gemalten Bild verkleinert, sprich in gewisser Weise ebenfalls verzerrt. Die hier per Rundblende und nur in einer kurzen Einstellung gezeigte Kirmes wird oft in der Literatur als mythischer Ort der Geschichte des Kinos angeführt.[106] Sie wird jedoch durch das expressionistische *setting* in einer stilisierten Fassung dargestellt. Das exotistisch

---

[105]Vgl. Doty 2000, bes. S. 23 ff.

[106]Vgl. erneut Andriopoulos 2008, Budd 1990, Elsaesser 2000, Kaes 2009 sowie Minden 1988. Betont wird in diesem Kontext zumeist, dass die Unterhaltungseinrichtungen von Kirmes (religiöser historischer Hintergrund) oder Jahrmarkt (ökonomischer historischer Hintergrund) in der historischen Zeit abgeschlossene Vorläufer des Kinos bildeten. Was aber Caligari als Showman mit Cesare hier ausstellt, ist eine Kuriosität, eine menschliche Anomalie, also ein *freak*. Für *freak shows* wurde an den Wegesrändern beim Übergang zum Hauptausstellungsplatz in Vorzelten auf Jahrmärkten oder Kirmessen mit einzelnen Attraktionen geworben, auf Englisch *side shows* genannt. Sie dienten dazu, das Publikum anzulocken und ‚heiß' auf die Vorführung der Attraktionen in den Zelten zu machen. Genau diese Tätigkeit im Vorzelt ist hier speziell kinematografisch repräsentiert. Nicht nur mit der örtlich-institutionellen Herkunft des Kinos wird in *Das Cabinett*

3.2 Das narrative Tableau un/mittelbarer Beziehungen …

Ornamentale des expressionistischen Stils weist den Ort in seiner ‚Künstlichkeit' als ferngelegene, ‚fremdartige' Vergangenheit aus und führt ihn als ‚entrückten', ‚verzerrten' raumzeitlichen Topos gerade als mit deutlich modernen Mitteln erzeugten vor. Dazu passt das Publikum, das sich später vor Caligaris Zelt tummeln wird, welches in mit ornamentalen Mustern besetzte Umhänge und Hüte gekleidet ist, worunter sich (‚fremdes') ‚fahrendes Volk' und ‚Zwerge' befinden.

Der Raum, in dem die Kirmes inszeniert wird, ist der Raum einer Bühne mit zwei Ebenen, wobei in der ersten Einstellung, in der sie zu sehen ist, nur eine dieser Ebenen gezeigt wird. Wenn Allan und Francis zur Vorstellung gehen, wird die Kirmes in einer zweiten Einstellung gezeigt, die den Anschluss zur ersten bildet, wenn man dort im Bildhintergrund die Rampe hinuntergeht. Diese Einstellungen werden zu einem späteren Zeitpunkt durch die Frontalansicht der Zeltwand von Caligaris Bude ergänzt, die sich stilistisch durch extreme Nüchternheit auszeichnet und einen Übergang zur Inszenierungsweise des Zeltinneren repräsentiert. Das Zeltinnere gehört einer ganz anderen Art der Gestaltung des visuellen Feldes an, wie ich an späterer Stelle noch ausführen werde.

Der Film zeigt die Kirmes in keiner Weise fotorealistisch, wie er sie zugleich in einem besonderen expressionistischen Stil darstellt, wodurch sie durch ihre überkommene Andersartigkeit als konstruierter Topos herausgestellt wird, der mittels filmischer Verfahren erstellt wurde. Er hebt sich darin deutlich von den anderen Räumen im Film ab, die zwar nicht minder expressionistisch dargestellt sind, deren Wirkung jedoch eine völlig andere ist.

So ist Allans Zimmer, mit dem der Teil der Begegnung der beiden Männer auf der Bank endet, um in den ‚Rückblick' überzugehen, zwar vom

---

des Dr. Caligari gearbeitet, sondern explizit mit der Herkunft eines besonderen Unterhaltungsgenres, bei dem es um die Ausstellung von außergewöhnlichen Körpern ging. Deren Charakteristika insbesondere darin bestanden, dass sie sich den binären Decodierungsprozessen entzogen, die sie zugleich anregen sollten. Bei Cesare handelt es sich um eine Gestalt der Liminalität und Transgression, deren anfängliche geschlechtliche, ethnische und altersbedingte Uneindeutigkeit in Eindeutigkeit verwandelt werden soll, indem sie hier in Analogie zur narrativen Dynamik gesetzt wird: Er soll zum auf ein eindeutiges Geschlecht – die Frau – bezogenen Monster werden, das die Frau bedrängt und entführt, um sie sich gefügig zu machen oder sie gar zu töten. Dieses geschlechterbinär arrangierte Handlungsmuster wird im Film abgebrochen und als dysfunktional ausgewiesen. Im Gegensatz dazu wurde die Konstellation der *freak show*, die auf einem Kontrakt zwischen den Zuschauer*innen und dem/n *freak/s* basierte, an einer anderen Stelle des Films kinematografisch komplex hergestellt. Der ursprüngliche Vertrag umfasste, dass zum einen das lebendige Ausstellungsobjekt an sich eine Anomalie, eine Abweichung darstellte. Zum anderen war es komplex mit vertrauten, normierten Aspekten von Identität, Körper, Geschlecht usw. verknüpft. Dazu gehörte, dass es in direkte Interaktion mit dem Publikum trat. Er/sie konnte bestaunt, betatscht und befragt werden. Er/sie betatschte, küsste und blickte zurück (vgl. auch die Einleitung dieses Buchs). Die kinematografische Herstellung dieser Konstellation weicht jedoch fundamental von dieser dynamisch-interaktiven Begegnung ab, indem sie deren Fluss durch Stillstellung der Körper in der Narration, im Bild und im Gemälde sowie durch die Produktion von Distanzen zwischen den Figuren blockiert. Auf das Spannungsverhältnis von *side show* und Spektakel im Innenzelt weist auch Crary 2002 hin.

expressionistischen Einfluss nicht frei. Sämtliche Innenräume von Wohnungen und Häusern sind im Film mit schrägen Wänden, verkrümmten und verzerrten Linien, mit aufgemalten Türen und Fenstern, gemalten Lichtkegeln auf den Böden sowie übergroßen, verzerrten Möbelstücken ausgestattet, wobei meist die Wände im Bildvordergrund die Szene einrahmen und aufgrund ihrer Neigungen den Bildausschnitt verkleinern und eine Atmosphäre der Bedrückung erzeugen. Auch ist das Bild an sich noch zentralperspektivisch aufgebaut, wirkt jedoch dezentriert. Insbesondere Carroll hat auf die Bemalung der Wände hingewiesen, die häufig Wandecken vortäuschen, aber im Grunde vielmehr nach unten spitz zulaufende Dreiecke darstellen, die wie Messer in das gesamte Bild gewaltsam hineinschneiden.[107] Zwar handelt es sich hierbei eindeutig um eine Stilisierung im expressionistischen Sinn. Insgesamt entsteht aber der Effekt der Abstraktion, der der verspielten, ‚fremdartigen' Ornamentik der Kirmes gegenübergestellt wird. Der expressionistische Stil ist somit keineswegs einheitlich aufgebaut und verwendet. Er dient vielmehr dazu, Raumzeitlichkeiten als (vermeintlich) differente zu entwerfen, indem die eine als ‚künstlich', dabei vergangen beziehungsweise zeitlich enthoben der anderen als zwar stilisierte, jedoch gegenwärtige und immanente entgegengesetzt wird. Mit den selben stilistischen Mitteln werden somit gänzlich andere Aussagen hinsichtlich der erzählten Welt als Ergebnis differenzialer Medienrelationalitäten gemacht: Während mit dem Verweis auf andere expressionistische ‚Künste', aber auch Populärkultur, wie dem Comic, in Verbindung mit modernen kinematografischen Mitteln Raumzeit und Figuren als *strange,* ‚fremd', ‚verzerrt' und ‚künstlich' dargestellt werden, fungiert der Verweis auf den Expressionismus – im Spannungsverhältnis mit der Neuen Sachlichkeit – als allumfassende Durchdringung des Filmischen als Maßnahme des Selbstverständlichwerdens und daher in der Tat als Ausweis des *latest state of art* des Mediums, sprich er wird in *Das Cabinett des Dr. Caligari* naturalisiert, um nicht zu sagen, ‚heimisch' gemacht.

Die privaten Innenräume ähneln sich, sei es Allans kleine Bude, Francis' Schreibstube oder auch der Salon von Olsens. Die unterschiedlichen Einrichtungen dienen der Markierung einer (bürgerlichen) Klassendistinktion, die sich von der überdimensionierten Darstellung öffentlicher Räume abhebt, die deren Übermacht repräsentieren.[108] Dagegen heben sich das Innere von Caligaris Wagens sowie das Zeltinnere durch betonte neusachliche Inszenierung ab. Kontrastiv hierzu stehen die Außenräume der sogenannten ‚Natur', bei deren Darstellung die Stilisierung ins Abstrakte auf die Spitze getrieben wurde. Im Hof des Sanatoriums kommen alle Stilarten zusammen und gleichen sich in der Logik der

---

[107]Vgl. erneut Carroll 1978.

[108]Zu den stark überzeichneten, stilisierten Räumen zählen noch die Gefängniszelle sowie die in zweifacher Weise verwendete, modifizierte Zelle im Sanatorium, in die erst Caligari, dann Francis eingesperrt werden. Dazu kommen noch die Gänge zwischen den Häusern im Ort und der Platz, den die Menschen häufig überqueren, die ebenfalls sehr stilisiert, aber mehr verzerrt als überzogen dargestellt sind.

Aufhebung sämtlicher Grenzziehungen schlussendlich gegenseitig aus. Die medial gestützte relationale Differenz, die vordergründig die zwar problematisierte, jedoch eindeutige Trennung der Erzählebenen zu lancieren scheint, wirkt über die stilistische Ausdifferenzierung als interne Differenzierung, die die Binarismen ‚eigen' und ‚fremd' bedient, mit der aber gerade wirksam die Grenzen von ‚Wirklichkeit' und ‚Wahn' unterlaufen werden.

Der Raum, in dem Allan zum ersten Mal gezeigt wird, ist demnach zwar ein stilisiert-abstrahierter, darin aber naturalisierter Ort. Er wird zunächst in einer Totalen gezeigt, worin er einer Bühne gleicht, die jedoch nach links und rechts nicht begrenzt ist. Er ist besonders kadriert und wird erst mit dem Schnitt in einen filmischen Raum überführt. Zunächst sieht man Allan in einer Totalen in seinem Zimmer, wie er stehend ein Buch liest. Er ist dabei sichtlich unkonzentriert, geht ein paar Schritte in die Bildmitte, stellt sich neben einen Sessel und legt auf der Rückenlehne einen Arm ab. Genau in diesem Moment vollführt die Kamera ein *close in*. Das bedeutet, sie zeigt Allan in einer ganz individuellen Situation bei einer ganz individuellen Tätigkeit, dem Lesen nämlich, wozu die Zuschauer*innen in die Position beobachtender Nähe versetzt werden, ohne dass die Kamera, wie bei Caligari durch die Rundblende, auf sich selbst aufmerksam macht. Dies geschieht vielmehr auf ganz selbstverständliche, quasi ‚natürliche' Weise. Wir werden an die Figur herangeführt, ohne dass die Kamera zum Sezierinstrument dieser Figur würde. Hierdurch entsteht eine Intimität zu dieser Figur.

Allan ist so unruhig, dass er das Lesen unterbricht, und die Kamera schneidet wieder in die Totale des Zimmers zurück, wo dieser das Buch auf den Tisch legt, um sich erregt zum Fenster nach hinten zu wenden und dorthin zu gehen. Erneut geht die Kamera in ein *close in*. Wir sehen Allan schräg von hinten, wie er lächelnd und freudig erregt nach hinten durch das Fenster schaut (Mauerschau). Dann dreht er sich um, blickt mit geweiteten Augen, selig lächelnd über die Kamera hinweg beziehungsweise an ihr vorbei. Das Figurenspiel macht Allans Befindlichkeit, seine Handlungen und deren Motivation offenbar, welche durch etwas jenseits dieses szenischen Bildraums Gegebenes ausgelöst werden. Dieser gleicht zwar einem Bühnenraum, wird jedoch durch die Schnitte, vor allem die *close ins* zu einem glaubwürdigen filmischen Raum. Dennoch bleibt die Konstruktion des Raums den inhaltlich-thematischen, narrativen Anschluss schuldig. Nach einem erneuten Schnitt in die Totale des Zimmers sehen wir Allan nach vorne aus dem Chiaoscuro des hinteren Teils des Zimmers treten. Er hält kurz inne, frontal zur Kamera gerichtet, um dann nach rechts vorne wegzutreten. Elsaesser beschreibt als typisch für das Spiel mit dem *on* und *off space* in *Das Cabinett des Dr. Caligari* eine solche Szene, in der wir als Zuschauer*innen völlig mit diesem Bildraum allein gelassen werden, den wir in diesem Moment mit Bezug zur Filmhandlung nicht deuten können.[109] Dieser leere bühnengleiche Bildraum macht als filmischer Raum insofern auf sich aufmerksam, als dass die Zuschauer*innen dieses angespannte Vakuum zu spüren bekommen, das entsteht, wenn *nichts* weiter

---

[109]Vgl. erneut Elsaesser 2000, bes. S. 92.

geschieht, *nichts* weitererzählt wird. Der Mangel an Bewegung, an Handlung tritt als Negativität eines Prozesses ins Bewusstsein, der Anwesenheit, Bewegung und Handlung bedingt, die weniger für die Bühnenhandlung, als vielmehr für die Filmerzählung wesentlich sind. Allan kommt in der Tat noch einmal zurück, nimmt seinen Mantel vom Haken und lächelt in einer halbnahen Einstellung nochmals in die Kamera. Dann geht er nach links vorne ab. Die Rückkehr ist narrativ nicht legitimiert. Sie betont nur nochmals, dass hier etwas (nicht) erzählt wurde, weil es hier nicht gezeigt und in seiner Sichtbarkeit nicht weitergeführt wurde: eine Art *mise-en-abyme* des Bühnen- und des Filmgeschehens zugleich.

Allan ist dabei augenscheinlich, dem Aussehen und der Einrichtung seines Zimmers nach zu urteilen, ein mit bescheidenen finanziellen Mitteln ausgestatteter Student. Sein Charakter ist nicht originär, denn diese Figuren existierten auf der Bühne des bürgerlichen Theaters seit dem ausgehenden 18. Jahrhundert. An ihm werden insbesondere literarische Vorlagen des romantischen, schwärmerischen Junggesellen nochmals durchexerziert. Neu ist, dass er ohne Sprechton gezwungen ist, seine Gedanken, Gefühle und Motive durch seine betonte Gestik und Mimik zu vermitteln, die seinem Verhalten eine melodramatische Nuance verleihen, ohne dass sie jedoch durch die Erzählung selbst erläutert oder legitimiert würden. Seine Unkonzentriertheit mag dabei schon Ausdruck moderner Zerstreuung sein. Jedenfalls verkörpert er einen bestimmten Typus, so sehr, dass er Doty dazu verleitet hat, ihn als typischen Buben, sprich als jugendlichen schwärmerischen Schwulen zu bezeichnen. Ikonografisch lässt sich das nicht leugnen, performativ käme dies einer minorisierenden Vereindeutigung der Figur gleich. Ich würde lieber davon sprechen, dass Allan die erste Figur in *Das Cabinett des Dr. Caligari* ist, die den Zuschauer*innen als männliche Identität näher gebracht wird, ohne dass sie jedoch spezifiziert würde. Als einzige Figur ändert sie ihren Status nicht, sie entwickelt sich nicht. Als deutlich ‚emotionales', daher empfindsames Subjekt ausgewiesen, wundert es aber deshalb nicht, dass Allan aber zum Opfer werden muss.

Nachdem er sein Zimmer verlassen hat, führt ihn sein Weg auf den Platz von Holstenwall, auf dem sich die Wege vieler Dorfbewohner*innen kreuzen. Die Außenräume des Dorfes wie beispielsweise die Gänge zwischen den Häusern nehmen hinsichtlich der Stilisierung eine Mittelposition ein, insofern sie zwar abstrakt-stilisiert, jedoch nicht so extrem überzeichnet sind wie die Innenräume der öffentlichen Einrichtungen. Sie stellen zweifelsohne Räume des Übergangs, des Transfers innerhalb des Ortes dar.

Auf dem Platz erhält Allan von einem Zeitungsjungen ein Flugblatt in die Hand gedrückt, das über die Kirmes informiert. Obwohl er somit schon auf seinem Weg ist – wir wissen nicht, wohin er ursprünglich wollte – scheint er nun ein dezidiertes Wunschziel vor Augen zu haben, an dem er Francis beteiligen möchte. In der nächsten Einstellung wird Francis' Schreibstube in einer Totalen gezeigt. Auch diese ist abstrakt-stilisiert, dabei nur leicht mehr dekoriert als Allans Zimmer. Im Bildmittelgrund sitzt Francis im halbschrägen Profil in der Totalen an seinem Schreibtisch. Er hat bereits antizipierend den Kopf nach links hinten gedreht. Von dort stürmt Allan in das Zimmer zu Francis hin, lehnt sich an die Rückenlehne des Stuhls, greift Francis am Arm und zeigt ihm das Flugblatt. Francis erhebt sich und nimmt das Blatt. In diesem Moment erfolgt ein *close in* auf die beiden Figuren. Beide Männer stehen nun nah – näher als in der Halbotalen zuvor – nebeneinander, sie lächeln sich an, Francis begutachtet das Flugblatt, Allan nimmt seine Hand und beginnt mit der anderen, ihn am Ärmel zu zerren. Offenbar will er ihn dazu bewegen, ihn irgendwo hin zu begleiten. Strukturell betrachtet, handelt es sich um die Wiederholung der Szene in Allans Zimmer. Der Bildraum, der einer Bühne ähnelt, wird durch das *close in* in einen filmischen Raum verwandelt, wobei dies hier geschieht, indem die Kamera auf ganz natürliche Weise die Interaktion zweier Figuren näherbringt, deren männliche Identität konstituiert wird, indem sie die Gefühle der beiden füreinander sichtbar macht: Die beiden jungen Männer, die ein geringer Altersunterschied und ein gewisses Sozialprestige trennen, pflegen ein intimes Verhältnis, eine innige Freundschaft miteinander. Die Inszenierungsart naturalisiert dieses Moment der Intimität. Doty schreibt, dass man das folgende untergehakte gemeinsame Gehen von Francis und Allan zur Kirmes der beiden als *strolling* zweier Liebender bezeichnen könne. Ich würde sagen, dass bereits hier in diesem Zimmer, noch bevor die beiden zur Kirmes aufbrechen, durch das kinematografische Verfahren eine wahrhaftiges geschlechtliches und erotisches *bonding* der beiden Figuren hergestellt wird, insofern sie in ihrer verfahrenstechnischen Konstruktion als sich ‚natürlich' vollziehende inszeniert ist. Dieses Verfahren wiederholt sich, wenn die beiden von der Kirmes zurück sind, Allan von Cesare bereits seinen Todeszeitpunkt vorausgesagt bekommen hat und die beiden Jane auf dem Platz begegnet sind.

In der Zwischenzeit wurde eine Parallelhandlung eingeführt, deren zeitlicher Bezug zum Gang der beiden Männer auf die Kirmes nicht eindeutig ist. Logisch ist sie jedenfalls nur partiell. Denn wir sehen in der nächsten Szene, wie Caligari bei dem Beamten versucht, sich eine Erlaubnis für sein Gewerbe zu holen. Diese Szene wurde vielfach untersucht und so gedeutet, dass es sich hier um das anfängliche soziale Motiv der gesamten Handlung handelt, das in ein individuelles fantastisches, dann ödipales Motiv überführt wird: Im Kern handelt es sich um die Demütigung einer Figur des ‚fremden, fahrenden Volkes' durch den Vertreter der staatlichen Ordnungsmacht, die Caligari durch den Mord an dem Beamten vermeintlich in einen Triumph über die Staatsgewalt verwandelt. Folglich eröffnet sich Caligari erst als pervertierte Vatergestalt Jane in einer obszönen Geste im Zelt,[110] dann lebt er seine Eifersucht auf Allan und Francis bezüglich Jane aus, indem er Allan durch Cesare töten lässt. Diese Szene ist, wie die vorausgehende, in sich geschlossen. Es lässt sich zu diesem Zeitpunkt somit schwer ermessen, welche Funktion ihr innerhalb der Erzählung noch zukommen wird, auch wenn der soziale Gehalt nicht zu leugnen ist. Der individuelle Gehalt der Szene ist aber bemerkenswert, insofern hier erneut die Irisblende bei der Darstellung Caligaris eingesetzt wird. Die Szene gibt einen guten Einblick in Caligaris Spannbreite an affektbesetzten Blicken, welche das Offensichtliche, die gespielte Unterwürfigkeit,

---

[110]Vgl. erneut Prawer 1980 sowie Elsaesser 2000, bes. S. 78.

gepaart mit dem Hass auf den ignoranten Beamten, der sich später zudem über ihn lustig macht, geradezu zerbröseln. Die Figur funktioniert zwar somit abhängig vom szenischen Kontext innerhalb eines Tableaus, die indizierte Veränderung der Mimik und Blicke ergibt jedoch keinerlei Erkenntnisgewinn bezüglich seiner Motive und Handlungen. Einzig seine Andersartigkeit kommt hier als übertriebene Verzerrung in ihrer Negativität erneut zum Ausdruck, und dies eben im Gegensatz zu Allan, an dessen Gefühlsregungen uns die Kamera wie selbstverständlich partizipieren lässt, auch wenn seine Handlungen ebensowenig narrativ gebunden sind.

Wenn Caligari auf der Kirmes vor seinem Zelt Werbung für seine Attraktion macht, ist zwar Handlungszeit vergangen, wir können aber nicht wissen, wieviel. Man kann daraus nur schließen, dass er noch eine Genehmigung erhielt. Ich habe bereits darauf verwiesen, dass es von der Kirmes zwei Grundeinstellungen im gesamten Film gibt, die quasi die Außenszenen repräsentieren. Hier wird zunächst die der allerersten Einstellung von der Kirmes entsprechende, anschließend die zweite gezeigt, in welcher sich in einer Halbtotalen ein Weg vom linken Bildmittelgrund nach hinten schlängelt, gesäumt von vielen Zelten. In dieser Einstellung wird ausführlich das nach Alter, sozialem Status, Religion und Geschlecht äußerst gemischte Publikum wie Studenten, Honoratioren, ‚Zwerge‘, eine Familie, ein älteres bäuerlich gekleidetes Paar ausgedehnt gezeigt, wie es vor Caligaris Zelt flaniert. Als Zuschauer*in kann man an diesem (bekannten) Treiben zunächst aus der Distanz teilhaben. Es wird dabei zudem deutlich, dass man zur Durchsetzung seiner Attraktion bei bestehender Konkurrenz dem bunten Treiben und Personengewimmel werbetechnische Mittel einsetzen muss: Caligari schwingt seine Klingel und rollt das Plakat aus, auf dem in abstrahierter Weise wie ein Munch-Gemälde Cesare bis zu den Knien abgebildet ist.

Hier fungiert die mediale differenziale Relationalität anders herum als zu Beginn des Films: Dass Konsum beworben werden muss, ist kein überkommenes Relikt, sondern aktuelle Sachlage, die auch Film und Kino zu beherzigen haben, jedoch unter anderen Vorzeichen. Denn mit einem Plakat, angebracht wie auf einer *side show*, ist es nicht mehr getan. Deshalb erfolgen hier mehrmalige Umschnitte von einer Halbtotalen der Zeltgasse zu einer frontalen Naheinstellung des Eingangs von Caligaris Zelt. Die *vista* des szenischen Raums der Kirmes wird hierdurch betont unterbrochen und in einen geschichteten filmischen Raum verwandelt, wodurch sich die Filmzuschauer*innen von der Ansicht des flanierenden Publikums plötzlich in die Menge des gaffenden Publikums versetzt sehen: So funktioniert ‚echtes‘ Filmmarketing! So werden wir mitgerissen. Distanz zur Szene und Einbezug in das Geschehen vor dem Zelt, das Anschauen vieler Attraktionen und das Anpreisen einer speziellen Attraktion alternieren in dieser Szene. Der Film baut somit im Verhältnis zum älteren Medium Kirmes seine ganz eigene Art der Verführung des Filmpublikums bezüglich der im Zelt gezeigten Attraktionen auf.

Der Bezug zur expressionistischen Malerei, den das Plakat von Cesare herstellt, macht aus diesem eine abstrahierte, angeschnittene, leblose Figur, die zunächst dem körperlichen Zustand entspricht, in dem er sich als schlafender Somnambulist befindet. Was den Kern der Attraktion jedoch ausmacht, dass nämlich ein

3.2 Das narrative Tableau un/mittelbarer Beziehungen …

lebloses Wesen erwacht, sich bewegt und spricht, leistet das Plakat gerade nicht. Insofern wird am älteren Ort der Attraktionen die Malerei wiederum als statisches Medium vom Film als Bewegtbildmedium ausgestochen, analog in der Ansicht von Holstenwall in der Eingangssequenz. Hier geht es auch schon deutlich darum, dass wir als Filmzuschauer*innen nicht nur Publikum von Attraktionen, sondern eben auch von der Herstellung pluralisierter Identitäten sind, wobei wir dabei an der teilweise geisterhaften, rational nicht erklärbaren Verlebendigung spezifischer Identitäten unmittelbaren Anteil nehmen. Vorausblickend möchte ich deshalb bereits an dieser Stelle erwähnen, dass im Film das Verfahren, Dinge und Personen zum Leben zu erwecken, damit einhergeht, sie zugleich auf spezifische Weise der Sicht zu entziehen, um sie zum entsprechenden Zeitpunkt unerwartet wieder zu enthüllen.

Mit dieser Kirmesszene wird direkt ein zweiter Handlungsstrang verknüpft, was auch durch den entsprechenden Zwischentitel expliziert wird, der auf die nun einsetzenden mysteriösen Ereignisse hinweist. Es handelt sich um die Mordserie beziehungsweise darum, dass die Polizei den ermordeten Beamten tot in seinem Bett auffindet. Der Zwischentitel identifiziert zwar den Beamten. Gezeigt wird aber in dieser Einstellung lediglich ein bühnenartiger, abstrakt-expressionistisch gestalteter, karg eingerichteter Raum, in dem sich drei Personen aufhalten, die sich über das Bett beugen. Der Leichnam selbst wird nicht gezeigt, man sieht lediglich den Inspektor sowie die beiden Polizisten in einer halbtotalen Einstellung, die sich am Bett abstützen, um dann zum Fenster nach hinten zu gehen und dort hinauszuschauen. Es erfolgt kein *close in* zu den Figuren. Die Kamera bleibt unbewegt in einer Einstellung, wodurch der Raum praktisch ein Bühnenraum bleibt, auch wenn die Figuren mit der Mauerschau ihre Aufmerksamkeit auf den *off space* richten. Keine der Figuren wird vom Film personalisiert oder erhält eine Identität, es handelt sich um einen rein pragmatischen Vorgang der Informationsvermittlung, dass der Mord entdeckt und die offizielle, durch die öffentliche Hand vollzogene Ermittlung aufgenommen ist. Wichtig ist dies, weil die Mordserie die vermeintliche Triebfeder für die Binnenhandlung abgeben wird, wie auch in der Literatur bemerkt.[111] Weil die Struktur des Detektivfilms hier aber nicht (mehr) greift, ist das detektivische Element in *Das Cabinett des Dr. Caligari* nicht vollständig an Francis gebunden, wie häufig in der Literatur behauptet. Charakteristisch für diesen Film ist, dass die Figur, die nach der Wahrheit sucht, nicht identisch ist mit der, die die Ermittlung führt, und darüber hinaus der Prozess der Wahrheitsfindung nur lose mit den Morden verknüpft ist. Aufgrund der speziellen Anordnung von Erzählung und stilistischen Elementen wird betont das eine Motiv (Francis möchte Allans Mörder finden) auf ein anderes verschoben (Francis möchte die Identität von Caligari beweisen), wobei schlussendlich nichts gelöst werden kann. Wahrheitssuche und Wahrheitsfindung driften hier völlig auseinander, sodass es vielmehr zum großteils unfreiwilligen Finden unvorhersehbarer ‚Wahrheiten' mit Bezug zu nicht minder un/eindeutigen Objekten kommen kann. Deshalb

---

[111]Vgl. erneut Elsaesser 2000, bes. S. 72 und S. 77.

können die Figuren durchgängig keine kaussallogischen Zusammenhänge oder Induktionsketten generieren. Deshalb stoßen sie auf diese ‚Wahrheiten', die immer partial bleiben müssen, eher ad hoc. Anders formuliert, sie werden von diesen qua Affekt ‚getroffen', weshalb sie nur reagieren können.

Francis selbst ist weder Inspektor noch Detektiv. Mit einer Detektivfigur wie beispielsweise Stuart Webbs hat er nichts gemein. Als junger Privatgelehrter ist er, ähnlich wie Allan, eine aus Literatur und Theater bekannte Figur, deren Konflikte in einer zwar durch bürgerliche Ideale gekennzeichneten, jedoch von politischer Hegemonie des Adels regulierten Welt dezidiert als krisenhafte Männlichkeit thematisiert werden. Auch er trägt schwärmerisch-romantische Züge, sein Spiel ist potenziell melodramatisch. Seine Handlungsmotivation bleibt ebenso unklar wie bei Allan, bis dieser ermordet wird, sprich diese intimisierte und darin authentifizierte Beziehung gewaltsam zerbricht. Erst dann beginnt Francis zu handeln.

Wie bereits erwähnt, wiederholt sich die Authentifizierung der Beziehung von Allan und Francis in der Szene, die auf ihre Rückkehr von der Kirmes folgt, wo Allen von Cesare seinen Tod vorhergesagt bekam (Zwischentitel: „morgen Nacht"), sie von dem Mord am Beamten über einen Aushang auf dem Platz erfahren haben und Jane auf dem Platz – also im öffentlichen Raum, zufällig – begegnet sind. In dieser Szene, die mit einer halbtotalen Einstellung auf den Hauseingang von Francis' Wohnung beginnt, thematisiert der Film zunächst die Dreiecksbeziehung zwischen Allan, Francis und Jane. Man muss dazu sagen, dass die Begegnung mit Jane in visuell-kinematografischer Analogie zum ersten Treffen von Allan und Francis konstruiert wird. Aus einer halbtotalen Einstellung, in der Allan noch dem an einer Hauswand im linken vorderen Bildteil angebrachten Aushang zugewandt ist, Francis aber Jane bereits bemerkt hat, wie sie vom Bildhintergrund auf den Platz getreten ist, zu ihr geht, um sie freudig zu begrüßen, wird in eine halbnahe Einstellung geschnitten, in der Francis und Jane sich höflich begrüßen. Die Stimmung der Szene ist ganz ruhig, die Figuren bekunden gesittet ihre große Sympathie füreinander. Allan tritt dazu, auch er begrüßt Jane, die sich ihm freudig zuwendet und mit ihm austauscht. In mehreren halbnahen Einstellungen wird gezeigt, wie sie zu dritt durch die Gassen gehen, bis sie in einer Halbtotalen vor Francis' Wohnhaus stehenbleiben und Jane, die zwischen den beiden Männern schritt, nach vorn links aus dem Bild geht, ohne sich groß zu verabschieden. Auch wenn der Film hier die Verbindungen zwischen den Figuren eindeutig intimisiert und darin authentifiziert, so ist doch ihre Zuwendung zueinander weit weniger melodramatisch und affektiv aufgeladen wie die zwischen den beiden Männern. Nicht zuletzt findet sie nicht in privatem, sondern im öffentlichen Raum statt, wo sie auch mit dem Abgang Janes endet.

Die folgende Szene vor dem Hauseingang, nachdem die beiden von der Kirmes zurückkommen, soll das vorausgehende Geschehen resümieren, nämlich dass sich Janes Aufmerksamkeit und Liebe zwischen den beiden Männern aufteilt (Zwischentitel: „Wir lieben sie beide.") – ein Zugeständnis an die Konvention des heterosexuellen Plots, der an sich bereits durch die Dreieckskonstellation problematisiert ist. Analog der ersten Szene des Films, entsteht der affektiv-schwärmerische Ausdruck *post festum,* nämlich in Abwesenheit der weiblichen Figur.

3.2 Das narrative Tableau un/mittelbarer Beziehungen …

Ausagiert wird er aber, in Abweichung von dieser, als affektives, geteiltes Erleben. Zunächst sind sie vor Francis' Hauseingang in einer halbtotalen Einstellung zu sehen. Francis hat sich bereits dem Treppenaufgang zugewandt, Allan steht schräg zur Kamera gewandt, mit gehobenem Kopf und seligem Blick, wiegt sich gedankenverloren hin und her. Dann wendet er sich Francis zu, neigt sich zu ihm. In diesem Augenblick vollzieht die Kamera das *close in* zur halbnahen Einstellung, in der die beiden nah beieinander stehen. Allan erhebt nochmals selig lächelnd mit geschlossenen Augen den Kopf, während Francis sich zu ihm beugt und spricht: „Wir überlassen die Wahl ihr. Aber, egal, was geschieht, wir werden immer Freunde bleiben." Nicht die Liebe zur Frau aber, sondern die empfindsam-schwärmerische Freundschaft der beiden zueinander ist das, was der Film hier erneut als Intimität konstituiert, bestätigt und verfahrenstechnisch authentifiziert. Die Szene wird aufgelöst, indem die Kamera in die Halbtotale zurückkehrt, wobei die beiden sich immer noch zugewandt sind, sich an den Händen halten, tief in die Augen blicken, um dann lächelnd auseinanderzutreten.

In dieser Perspektive muss man Allans Tod interpretieren, der für Francis wie ein Schock ist, vermittelt in zwei Szenen. In der einen überbringt Allans Hauswirtin (Elsa Wagner) Francis die Nachricht, die andere schließt an jene an, in der die beiden bei Allen zu Hause dessen Leiche vorfinden. In beiden Szenen bleibt der Raum durch die Kamera unangetastet, es erfolgt kein einziges *close in* wie bei den Begegnungen von Francis und Allan, sodass Francis' Reaktion auf die Nachricht der Wirtin zwei Mal wie eine theatralische, melodramatische Geste erscheint, die in sich allein dem Gefühlsausdruck dient. In der ersten Szene erschrickt er beinahe zu Tode, in der zweiten steht er tief erschüttert, einer Ohnmacht nahe an Allans Bett. Doty bemerkt in diesem Zusammenhang, dass man die Intensität von Francis' Gefühlen bereits daran ablesen könne, dass er sich erschrocken habe, bevor die Wirtin ihm die Nachricht von Allans Tod übermittelt. Zudem verweist er zurecht darauf, dass hier ein Mann schmerzlich den Tod einer geliebten Person betrauert. Für ihn ergibt sich daraus Francis' Motiv für den Rest der Gesamthandlung, nämlich sich aus Rache am geliebten Allan auf die Suche nach dessen Mörder zu begeben. Es ließe sich, so Doty weiter, Allans Tod mit dem von Cesare thematisch verknüpfen, insofern mit dessen Tod der Tod des Geliebten gerächt oder aufgewogen würde. Francis' obsessive Suche nach dem Mörder deutet er als durch Hass substituierten Ausdruck seiner Liebesgefühle. Die Gesamtkonstruktion des Films lässt sowohl die erste als auch die zweite Interpretation zu und stützt diese. Um dies besser nachvollziehen zu können, ist ein genauerer Blick auf die Beziehung zwischen Caligari und Cesare instruktiv. Denn sie ist zunächst spiegelbildlich, wenn auch nicht symmetrisch zu der von Allan und Francis, dabei dieser diametral gegenübergestellt konstruiert, bevor sich die Beziehungen überschneiden. Entscheidend ist dann, wie beide Beziehungen miteinander verschränkt werden.

Wie bereits mehrfach erwähnt, ist die gesamte Konstruktion der filmischen Narration schwierig dahingehend einzuordnen, ob es sich um Francis' ‚wahre' Erinnerungen oder um ‚reine Fantasie' handelt. Würde es sich um Erinnerungen handeln, würde das berichtete Geschehen durch die letzten Ereignisse im

Sanatorium in zweifacher Hinsicht problematisch werden. Einmal insofern ihr Wahrheitsgehalt infrage stünde, zudem insofern Francis' Status als Person und sein Geisteszustand doppeldeutig würde. Würde man – rückblickend – annehmen, dass er von Anfang an geisteskrank gewesen sei, müsste man den Status des bislang Gesehenen in ein anderes epistemologisches Register heben, es als Francis' ‚Hirngespinst' ausweisen. Jedoch gibt es, wie in der Literatur bemerkt, Indizien dafür, Francis nicht als exklusiven diskursiven Ursprung der filmischen Narration zu verstehen. Von Beginn an sind die verschiedenen Erzählebenen ineinander so verschachtelt, stellen die Verfahren das Gezeigte in seiner Gemachtheit so deutlich aus, dass sich hier ständig eine von Francis' Perspektive unabhängige, übergeordnete Erzählinstanz bemerkbar macht. Man kann sich kurz fragen, was epistemologisch mit der jeweiligen Interpretation – ‚Wahrheit' oder ‚Hirngespinst' – gewonnen wäre. Mit Blick auf die Handlungsmotivation der Figuren sowie ihre Beziehungen zueinander nämlich gar nichts. Der Film gibt bis zuletzt keinen Anlass dazu, die bisher gezeigten, sichtbaren Ereignisse weder infrage zu stellen noch sie gar völlig außer Kraft zu setzen. Was diesbezüglich wesentlich schwerer zu Buche schlägt, ist Francis' Motiv, das sich von der Suche nach dem wahren Mörder Allans hin zur wahren Identität von Caligari verschiebt, wodurch sich die Frage nach der Identität noch einmal völlig anders stellt. Dies erfolgt ungefähr nach zwei Dritteln des Films, nach denen sich der Schwerpunkt der Handlung eindeutig von den Geschehnissen in Holstenwall auf jene in der Klinik verlegt, nachdem Caligari vom Schauplatz des Schreckens geflohen ist, auf dem Francis sich mit der Puppe konfrontiert sieht.

In einer konventionellen Lesart wäre damit beispielsweise gegeben, dass Francis' Motivation bei der Suche nach dem Mörder, den er in Caligari oder auch Cesare vermutet, vorwiegend über Handlungen transportiert wird. Tatsächlich macht er sich hierzu dreimal auf, Caligaris Wohnwagen zu durchsuchen, einmal mit Janes Vater, einmal mit dem Inspektor. Während Cesare Jane überfällt und verschleppt, spioniert Francis gerade Caligari in seinem Wohnwagen aus. Die Entwicklung dieser Ereignisse, die von Francis' Verdacht getragen sind, verwandeln sich eben von einem Besuch bei Tage, bei dem Caligari freundlicherweise Einblicke in seinen Wagen und Cesares Verbleib im Kasten gibt, über dessen Ausspionieren bei Nacht bis hin zum letzten Gang zum Wohnwagen in Begleitung des Inspektors bei einer offiziellen Durchsuchung des Wohnwagens, bei dem die Puppe entdeckt wird. Wichtig ist bei diesen ‚Besuchen', dass Francis sich in der Nacht nicht zu erkennen gibt, sondern den Beobachter spielt, der durchs Fenster in den Wagen guckt, wo er den sitzenden Caligari und den vermeintlich schlafenden Cesare heimlich beobachtet. Diese Handlung wird vom Film auch mittels Einstellungen transportiert, die trotz der heimlich-distanzierten Beobachtung eine Position der Nähe erzeugen, indem die Kamera einen *over the shoulder view* von Francis einnimmt. Sie ist nah am Fenster positioniert und blickt somit in Nahaufnahme, entlang Francis' Blickachse, durch das Fenster in den Wohnwagen. Eine Aussage des Films besteht sicherlich darin, dass sich Francis hier durch die Nähe zum Geschehen seiner Sinne sicher zu sein scheint. Anders herum formuliert, wir sollen ihm als Zuschauer*innen glauben, dass wir genau wissen, was wir sehen,

3.2 Das narrative Tableau un/mittelbarer Beziehungen …

weil wir wie er so nahe an diesem Geschehen dran sind. Tatsächlich wissen wir aber auch im Gegensatz zu Francis aufgrund der Parallelhandlung, in der Cesare im Schlafgemach Jane überfällt, dass sich Francis gerade bei dem Schluss, wen er vor Augen hat, nicht mehr täuschen könnte. Dass Cesares Handlungen überhaupt nicht Francis' rationalen Schlüssen beziehungsweise Vorstellungen entsprechen, zeigt nochmals deutlich die Abweichung vom Detektivschema, in dem dieser seine moderne Fähigkeit, Spuren zu lesen, dadurch unter Beweis stellt, dass er die Schritte des Täters vorhersagen kann, die Wahrheit eruiert und den Mordfall damit auflöst. Nichts dergleichen findet hier statt, sondern der Fokus der Szene sowie ihre Funktion im Kontext der Gesamterzählung liegen ganz woanders. Sie geht somit nicht in der Funktion der Sicherung des Wissens (beziehungsweise dessen Täuschung) auf, die allein auf eine rationale Erklärung abzielt. Sondern sie produziert aufgrund des speziellen Bildausschnitts, der die Nähe zu einer intimen Situation zwischen Caligari und Cesare herstellt, einen Überschuss in der Sehposition, die ganz eindeutig nicht unbedingt mit Voyeurismus, aber mit der Lust am Schauen auf diese beiden Männer gleichzusetzen ist. Francis partizipiert durch seine Blicke somit gemeinsam mit dem Filmpublikum an der ‚merkwürdigen', zugleich sehr intimen Situation der beiden ‚fremdartigen' Charaktere, die hier vom Film eindeutig als Dreiecksbeziehung konstituiert ist. Wenn Jane anschließend ihre, von Francis' Variante drastisch abweichende Fassung der Ereignisse erzählt, dass sie nämlich von Cesare überfallen und verschleppt wurde, so ist dies für Francis eben kein Grund zur Todesfurcht, sondern Anlass zur Skepsis. Womit er in der Begegnung mit Jane konfrontiert wird, ist der theoretische Irrtum, den er selbst währenddessen beging, sein erkenntnisleitendes Interesse richtet sich jedoch nicht exklusiv auf seinen Irrtum bezüglich Cesares Aufenthaltsort und dessen Zustand. Anders formuliert, hier zeigt sich erneut die residuale Struktur des Detektivgenres, die jedoch mit einer Abweichung reproduziert wird: Janes Erzählung evoziert in Francis den Verdacht, dass Straat (Ludwig Rex) nicht Allans wahrer Mörder sein kann (Er vergewissert sich anschließend beim Inspektor, ob dieser sicher in der Zelle verwahrt ist). Jedoch erfolgt daraus nicht die im Grunde logische Handlung, dass er sich auf die Suche nach Cesare begibt, um ihn dingfest zu machen. Vielmehr will er sich vergewissern, ob er mit seiner Sicht auf das Innere des Wagens in der Nacht richtig oder falsch gelegen hat, das heißt, er ist an der Sicherstellung seiner eigenen Wahrnehmung, seiner eigenen Rationalität viel mehr interessiert als daran, diese unhinterfragt für die Erfassung des Mörders einzusetzen. Nur so erklärt sich, warum er zum Ort dieser Unsicherheit, dieser epistemologischen Verunsicherung zurückkehrt. Diese wird evoziert durch seine ambivalente Haltung in der Szene, die zwischen Rationalität, verbunden mit Wissensproduktion, und Lust am Schauen, verknüpft mit erotischer Partizipation an der Situation durch den Blick oszillierte. Doty schreibt hierzu, dass die Puppe, die von Francis aus dem Kasten gehoben wird, ikonografisch-semantisch mit einer Steigerung der ‚widernatürlichen' Monstrosität gleichzusetzen sei, die Cesare bereits verkörpert, welche hier enthüllt wird.

Die Enthüllungsszene ist in einer halbtotalen Einstellung gefilmt, in der das Geschehen wie auf der Bühne abläuft. Insofern ist sie inszenierungstechnisch analog zur Szene, in der Francis von Allans Tod erfährt und ihn betrauert, einzig im Affekt weicht sie ab: Das Publikum wird mit dem vollen Ausmaß von Francis' Horror konfrontiert, er ihn ad hoc beim Anblick und der Umarmung der Puppe überkommt. Dabei ist der Horror nicht allein Quelle und Resultat der Erkenntnis, dass er sich in der Vergangenheit (über den Inhalt des Kastens, über den wahren Aufenthalt Cesares?) täuschte. Die Entdeckung, dass sich im Kasten nicht das lebendige Wesen Cesare, sondern eine männliche Puppe befindet, lässt auch den Schluss zu, dass Francis vom Affekt, den die Ansicht der Puppe erzeugt, völlig überwältigt ist. Dabei perhorresziert er, worauf er seine Lust am Schauen richtete. In der aktuellen Situation rationaler Wissenssuche werden zwei vergangene affektive Erlebnisse mobilisiert. Einmal wird die Schaulust nochmals als affektives Geschehen durchlebt, wobei die positive in eine negative Besetzung umschlägt: Der Schock ist gegenüber der Puppe identisch mit dem Affekt des Horrors, der die vormalige Schaulust ersetzt. Die Puppe als Nicht-Lebendiges, als Ding, das auch vom Film im Gegensatz zu schlafenden Figuren nicht mehr verlebendigt werden kann, ist dem Film vollkommen äußerlich, ein völlig verabscheuungswürdiges Abjekt des Films. Als lebloser *remainder* steht sie aber auch zugleich stellvertretend für ein verlorenes geliebtes Objekt (Allan), dessen unwiederbringlichen Verlust sie unvorhergesehen anzeigt und dessen Affektbesetzung sie reaktiviert. Hierin ist die erste Art zu sehen, wie die Beziehungen zwischen Allan und Francis sowie Caligari und Cesare miteinander in Bezug gesetzt werden.

An dieser Stelle des Films implodiert quasi die symbolische Ebene, die die Handlung bislang getragen und die Motivation der Suche nach dem Mörder legitimiert hatte. Konsequenterweise flüchtet Caligari, der dieser Szene wie ein Zuschauer beigewohnt und sich dabei sichtlich unwohl gefühlt hat, in einen anderen Handlungsraum, da der in Holstenwall narrativ ‚aufgebraucht' ist, worin er beinahe zwangsläufig eine andere Gestalt, Funktion und auch Identität annehmen muss. Hier ist auch der Punkt in der Narration angesiedelt, an dem sich Francis' Motivation von der Suche nach Allans Mörder auf diejenige von Caligaris Identität verschiebt. Es wurde sehr viel darüber geschrieben, dass Caligari an sich eine mehrfach bedeutsame Figur sei. Prawer hat diese verschiedenen Funktionen und Bedeutungen in seiner Ikonografie herausgearbeitet, wie Schausteller, Mystiker, Heiler, Direktor, Outsider, sogar Krüppel, Tyrann, und zugleich ihre subversive Kraft benannt. Darin hafte, so Prawer, Caligari sogar eine tragische Note an, denn ihm sei zueigen, dass er unter den Demütigungen, gesellschaftlicher Ächtung und sozialem Außenseitertum leide. Aus der mehrfachen Ikonografie und Bedeutung Caligaris wurde zudem des Weiteren häufig gefolgert, er habe keinen ‚echten' Charakter, sondern stelle vielmehr eine Kraft dar, die sich entsprechend positiv (als Heiler oder Unterhalter) oder negativ (als subversive Kraft und als staatlicher Tyrann) entlade.

Nimmt man nun den Handlungsverlauf in den Blick, sieht man natürlich in den ersten zwei Dritteln des Films eine Figur, die ihrem schaustellerischen Gewerbe nachgeht, die sich aber auch verhält, als wolle sie der Öffentlichkeit gegenüber etwas verbergen. Was man aber auch sieht, ist seine Beziehung zu Cesare. Diese Beziehung ist sicherlich in mehrfacher Hinsicht ungleich und asymmetrisch

3.2 Das narrative Tableau un/mittelbarer Beziehungen …

angeordnet. Allerdings ist nur auf den ersten Blick eindeutig, wie diese Ungleichheit und die Asymmetrie gelagert sind. Cesare wird in der Literatur oft als willenloser Automat beschrieben, der Caligaris Launen und Einwirkungen hilflos ausgeliefert sei. Laut Janowitz sollte er den normalsterblichen Mann repräsentieren, der vom staatlichen Machtapparat wahllos zu allen, insbesondere kriegerischen Schandtaten getrieben wurde. Bereits in der filmhistorischen Literatur wurde dieser Bezug relativiert, insofern außer dem Krieg auch noch andere Einflüsse in den Bildern selbst genannt werden, die Caligaris Wirken bestimmen, wie der Kontext der Kirmes, das Motiv der Wahrheitssuche, das Element der Aufklärung, aus der die apokryphe Chronik stammt, sowie der Komplex des Sanatoriums. Aber auch die Figur des Cesare ist rein visuell, ikonografisch und semantisch zu merkwürdig, zu *strange,* zu krass, zu ‚künstlich' und zu effeminiert, als dass man sie auch nur ansatzweise als ‚normale' Figur interpretieren könnte. Die Beziehung, die wir in den ersten zwei Dritteln sehen, ist die einer Wohngemeinschaft, bestehend aus einem älteren und einem jungen Mann. Sie ist, da es sich um ‚fahrendes Volk' handelt, semantisch als ‚fremd' und damit auch in der Tradition der Kriminologie des 19. Jahrhunderts als potenziell kriminell' codiert. Inhaltlich-thematisch wird sie im Zuge dessen ökonomisch deklariert, worin sie als Ausbeutungsverhältnis gekennzeichnet ist, insofern Caligari mit Cesare Geld verdienen will (vielleicht auch den medizinischen Beweis antreten). Dennoch ist die Beziehung durch Aufmerksamkeit und Fürsorge gekennzeichnet. In der privaten Umgebung seines Wohnwagens füttert Caligari Cesare von Hand, so die Szene, in der wir diese Handlung in einer Halbtotalen sehen, wodurch die Beziehung vermittelt und charakterisiert, ohne dass sie intimisiert wird. Ikonografisch entsteht das Bild einer Beziehung, die diskursiv in den Kontext päderastischer Konstellationen zwischen zwei Männern verschiedenen Alters und unterschiedlicher sozialer Position im klassischen Sinn gestellt werden kann. Cesare ist in seiner Position, Lage und Verfassung auf Caligari angewiesen und ihm in gewissem Maß auch ausgeliefert, und zwar sowohl physisch als auch psychisch. Semantisch betrachtet, wird der Gehalt dieser Beziehung auf das Motiv der unbewussten Manipulation verschoben. Cesare repräsentiert Caligaris verlängerten Arm bei der Ausübung der Morde beziehungsweise verkörpert das (unbewusste) Medium, durch welches Caligari seinen Willen ausübt.

Cesare ist aber nicht nur höriges Instrumentarium. Ähnlich wie Caligari repräsentiert Cesare mehr als er tatsächlich darstellt. Es handelt sich um eine androgyn gestaltete, durch das geschminkte Gesicht überzogene Figur, die aber keinen comicartigen Charakter besitzt, wie man dies Caligari bescheinigen könnte. Die Vorläufer seines Männlichkeitskonzepts findet man einmal bei den Zirkus- und Varieteartisten, auf der Bühne expressionistischer Theaterstücke oder auch auf den Gemälden Edward Munchs. Im Gegensatz zu Allan und Francis, die Männerkleidung tragen, die zwar kostümartig, dabei aber altmodische Straßenkleidung ist, liegt der Schwerpunkt bei Cesare auf seiner Körperlichkeit. Diese wird durch das enge Trikot zum einen betont, wie es ihn zugleich feminisiert. Auf visueller Ebene der Körperinszenierung findet sich bereits jene Ambivalenz, die in seiner Körpersprache und seiner Mimik fortgeführt ist. Ist er nachts unterwegs, schleicht er mit der Grazie einer Ballerina tänzelnd eine Wand entlang. Steht er auf der Bühne, sind seine Bewegungen starr und abgehackt. Sein weiß geschminktes Gesicht mit den schwarz umrandeten Augen nimmt Konnotationen der Darstellungen von Masken aller Art, von expressionistischen Gemälden, von Pantomimen und Zirkusclowns auf, die eine weite Bandbreite – von tragisch bis komisch, von männlich bis weiblich – der Interpretation zulassen. Die markanteste Konnotation der Figur als männliche Person, die des Artisten nämlich, tritt im Film größtenteils verzerrt in Erscheinung: Cesares bewegt sich weder viel noch geschmeidig. Im Gegenteil ließe sich seine Bewegungsgrammatik auf Stehen und Liegen im Kasten, auf starres Ausstrecken der Hände und Aufreißen der Augen begrenzen. Der direkte interpretatorische Zugang zu Cesare ist somit seine körperliche und geschlechtliche Un/eindeutigkeit, die sich auch in seinen Gesichtszügen kristallisiert und nicht zuletzt massiv auf die Star Persona Conrad Veidts zurückzuführen ist. Auch bei tieferer semantischer Ergründung löst sich diese Un/eindeutigkeit keineswegs auf. Cesare ist als Mörder ein (ethisches) Monster, er ist als Somnambulist bereits ein *freak,* der auf dem Jahrmarkt der Attraktionen gezeigt wird, als Medium Caligaris ein Neben-Sich-Stehender und Automat, in jedem Fall stellt er einen gesellschaftlichen Außenseiter und Sonderling dar.[112] Aber er ist kein willenloses Opfer Caligaris, wie es gerne in der Literatur dargestellt wird. Doty verweist in seiner queeren Interpretation des Films darauf, dass man die Manipulation Cesares durch Caligari auch so lesen kann, dass ein Mann von einem anderen verführt wird – eine typische, durch Verschiebung hervorgerufene Umschrift für ein homosexuelles wechselseitiges Begehren, die nicht zuletzt in Verbindung mit zeitgenössischen wissenschaftlichen Erklärungen vom Verführen zu Homosexualität (‚Umdrehen') gebracht werden kann. Dies lässt sich aber dahingehend erweitern und auch in seiner Wechselseitigkeit betonen, dass das Töten für einen anderen als das Äußerste, was man für einen anderen Menschen zu tun vermag, das Ausmaß der Hingabe dieser Figur für Caligari verdeutlicht, auch wenn diese in die Figur des nur partiell bewusst Handelnden gekleidet ist (s. Abschn. 2.3). Auch die Un/eindeutigkeit der narrativen Funktion Cesares bleibt bestehen, was sich in der unterschiedlichen Ausführung der Verbrechen zeigt.

In der Literatur wird spekuliert, warum Cesare zwar Allan, aber nicht Jane tötet. Die Interpretationen reichen einmal von der Repräsentation Cesares, der Francis' unbewusste Wünsche erfüllt, seinen Rivalen im Kampf um Jane zu beseitigen (*straighte* Interpretation) oder Cesare, der Caligaris Eifersucht auf Allen gegenüber Cesare ausagiert (schwule Interpretation), über Cesare, der Mitleid mit Jane entwickelt, weil er sie selbst als Liebesobjekt bevorzugt (heterosexuelle Variante) oder Cesare, der sich von Jane eher abgestoßen fühlt und daher seinen Auftrag nicht zu Ende ausführt (schwul-misogyne Variante) bis hin zu Cesare, der sich mit Jane partiell identifiziert, da sie beide marginalisiert sind (queere

---

[112]Elsaesser 2000 und Doty 2000 weisen im Zusammenhang mit der Außenseiterposition der beiden Figuren auf ihre Namen hin, die aus dem feminin und passiv codierten Süden, sprich Italien stammten.

3.2 Das narrative Tableau un/mittelbarer Beziehungen ...

Variante). Nimmt man die beiden Übergriffsszenen vergleichsweise in den Blick, sind sie verfahrenstechnisch analog gestaltet, sie zeitigen jedoch durch ihre Kontexte völlig verschiedene Affekte und Effekte.

Beide Szenen beginnen mit einer Aufblende auf einen szenischen Raum, auf den das Publikum einen distanzierten Blick erhält. Dieser Raum wird mehrfach zergliedert, um den Handlungsverlauf zu charakterisieren (Cesare betritt Allans Zimmer und nähert sich seinem Bett; Cesare nähert sich Janes Heim, schleicht sich zur Terrasse, um von dort in ihr Schlafzimmer einzusteigen). Auf dem Höhepunkt beider Szenen, auf dem der körperliche Kontakt repräsentiert ist, sehen wir nur Naheinstellungen, die übereinander geblendet werden, ungewöhnlich schnell geschnitten sind, teilweise in Aufsichten, vor allem aber in ungewöhnlichen Bildausschnitten, die den umgebenden Raum beinahe vollständig ausblenden. Allein das Geschehen liegt im Zentrum der Aufmerksamkeit und ist durch die Art der Montage, durch den Bildausschnitt so nah an die Zuschauer*innen gebracht, dass man beinahe in das Handgemenge der Figuren gerät. Von den Gesichtern sehen wir genau die Ausdrücke, die zwischen Horror, Angst und Entsetzen schwanken und so affektiv aufgeladen sind, dass man unbedingt mitfiebert. Diese Einstellungen vermitteln eine Handlung so, wie sie nur durch den Film und kein anderes Medium erzeugt werden können, und naturalisieren sie darin auch, wobei die Zuschauer*innen an diesem Horror recht unmittelbar partizipieren können. Worin sich beide unterscheiden, ist der jeweilige Höhepunkt des Geschehens.

In der ersten Szene entsteht er durch einen an die Wand projizierten Schatten, worin Cesare seinen Dolch in Allan versenkt, womit die Szene zugleich endet. Im zweiten Fall hat er das Messer bereits zuvor in einer halbtotalen Einstellung fallen gelassen, in den Naheinstellungen geht es somit entweder um das Töten per Hand oder um etwas anderes (möglicherweise um Vergewaltigung), jedenfalls liegt der Höhepunkt dort, wo Jane in ihrer Angst ohnmächtig hintenüberfällt und anschließend von Cesare leblos abtransportiert wird. Ikonografisch ist die erste Szene, darauf hat Doty zurecht verwiesen, als negativ umcodierte sexuelle Handlung zu interpretieren, die deshalb stellvertretend durch den Schatten visualisiert wird. Performativ sind die Einstellungen bezüglich der Handlungen in beiden Szenen nicht nur die intensivsten des Films, sondern auch die am stärksten filmischen. Zugleich ist diejenige mit Jane die einer maximalen Sichtbarkeit. Genau an diesem Punkt muss man auf die Bedeutungsdifferenz blicken, die sie produzieren. Für Jane bedeutet dies nicht nur, zu überleben, sondern auch die Möglichkeit zu erhalten, ihre Version der Geschichte zu erzählen, auf der sie sichtlich beharrt, wenn sie sie Francis übermittelt. Für Allan dagegen bedeutet sie den Tod. Der Schatten zeigt hier jedoch die Grenze von Sichtbarkeit per se an, insofern wir zwar die Handlung direkt sehen, nicht jedoch, wie sie am Objekt mit welchem Motiv ausgeführt wird. Das Moment des Horrors, das hier inszeniert wird, produziert einen Affekt, der dem Francis' bei der Entdeckung der Leiche Allans sowie der der Puppe als Cesares Substitut entspricht, allerdings rein den Zuschauer*innen vorbehalten ist, und in der sich die Szene vollkommen erschöpft. Danach kann hier nichts mehr weitererzählt, die Handlung nicht fortgeführt werden, im Gegensatz zur Szene mit Jane, die abrupt in ihre Verschleppung durch Cesare mündet, der sie irgendwann auf offener Strecke ohne nachvollziehbare Motivation einfach ‚ablegt'.

Hierbei handelt es sich um die zweite Art und Weise, wie sich die Beziehung von Allan und Francis mit der von Cesare und Caligari verknüpft, in die das Publikum nun gleichzeitig unmittelbar (Affekt) und un/eindeutig (dargestellte Tat) involviert ist. Der intensivste Moment im Film, der den Tod als ultimative intime Begegnung in/direkt visualisiert, bettet die Zuschauer*innen erlebnistechnisch ein. Ob die Handlung durch Caligari intendiert und eingeleitet oder ob sie durch Francis' unbewusste Wünsche bestimmt wird, wie sie also narrativ und semantisch motiviert ist, spielt in diesem Kontext nur eine untergeordnete Rolle. An diesem Punkt konvergieren die Begehren der Zuschauer*innen mit der in ihrer Negativität dennoch äußerst affektbesetzten, libidinös codierten Handlung, die nur aus fragmentierten Körpern und Blicken, teilweise in die Kamera, besteht und darin aufgeht.

Die zweite Art, die Beziehung von Caligari zu Cesare zu vermitteln, sind die Tableaux, in denen die Figuren beinahe unbeweglich stehen, dafür aber umso intensivere Blicke werfen (als Blick in den *off space*). Diese sind jedes Mal durch die Rundblende gerahmt. Der Film konstituiert Caligaris laszive Blicke nur mit Bezug zu Cesare als – wenn überhaupt – eindeutige Artikulation. Zudem gibt das letzte Drittel des Films zusätzlich Auskunft über sein Verhältnis zu Cesare. Wichtig ist in diesem Zusammenhang, dass die Szenen, die dies vermitteln, aus anderen Medien, nämlich der Chronik und insbesondere Caligaris Tagebuch entnommen und handlungslogisch durch die gemeinsame Lektüre von Francis und den anderen Doktoren des Sanatoriums legitimiert sind sowie narrativ über höchst reflexive Verfahren des Films eingespeist werden. Dazu gehört einmal eine doppelte Rundblende, die die Zeitebenen der Lektüre und den Inhalt des Gelesenen miteinander verkoppelt beziehungsweise die eine in die andere ganz betont übergehen lässt, sodass beide als Effekt einer übergeordneten Erzählinstanz und nicht exklusiv Francis' Perspektive identifizierbar werden.

Die erste handelt davon, dass Caligari/Direktor endlich einen Somnambulisten in die Klinik eingeliefert bekommt, an dem er die von ihm in der Chronik gelesenen Experimente, jemanden in Trance Handlungen ausüben zu lassen, ausprobiert. Hier sehen wir das Büro in einer halbtotalen Einstellung, die unverändert bleibt, worin die Ärzte Cesare, ungeschminkt, auf einer Bahre schlafend, hereinbringen und vor Caligari abstellen. Cesare wird ikonografisch als passive, männliche ‚schöne Leiche' repräsentiert – in dieser Inszenierungsweise eine Novität in der Geschichte des deutschen Kinos. Wichtig ist aber Caligaris Reaktion auf diesen ‚Fund': Nachdem er die Ärzte weggeschickt hat, wird das Publikum Zeuge seiner großen Freude, der er mit ausladenden Gesten Ausdruck verleiht, mit denen er Cesare betatscht, umarmt und beinahe küsst. Die zweite Szene ist jene, in der der vermeintlich tote Cesare nach seinem Zusammenbruch auf dem Feld von Bauern (?) in Caligaris Büro gebracht wird – eine Wiederholung mit Abweichung also. Hier sehen wir nicht nur, wie Caligari vor Wut und Schmerz in Rage gerät, sondern anschließend über Cesares leblosem schönen Körper zusammenbricht, bevor

3.2 Das narrative Tableau un/mittelbarer Beziehungen …   249

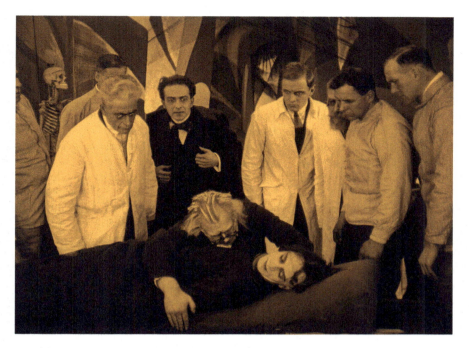

Abb. 3.3 *Das Cabinett des Dr. Caligari,* D 1920, Friedrich-Wilhelm-Murnau-Stiftung, 1:08:54

er von den Ärzten in eine Zwangsjacke und anschließend in die Zelle gesteckt wird (Abb. 3.3).

Diese Szene ist dabei nicht nur ikonografisch, worauf Doty hinweist, sondern verfahrenstechnisch analog jener gestaltet, in der Francis Allans Tod in dessen Zimmer betrauert sowie jener, in der Francis sich beinahe zu Tode über die Puppe erschrickt. Auch hierfür ist es nicht ausschlaggebend, welche Handlung ausgelöst wird oder in welchem Verhältnis die Szene zum Ende der filmischen Narration steht. Es geht vielmehr darum, auf welche Weise die beiden Beziehungen der jeweils beiden Männer in der jeweiligen Szene deutlich über die Visualisierung ihrer Gemütsregungen inszeniert werden.

Es ist an dieser Stelle ein kurzes Zwischenfazit angebracht. Der Film stellt die Beziehung von Francis und Allan ins Zentrum und verknüpft sie mit der von Cesare und Caligari. In beiden Fällen erfolgt dies nicht über figurenmotivierte Handlungsfolgen, die sich linear und logisch aneinanderreihen, sondern primär über Blickkonstellationen, Affektausbrüche sowie melodramatische und schwärmerische Gesten, die als Reaktionen ad hoc auf unvorhersehbare Ereignisse aufzufassen sind. Die un/logische Begegnung mit Objekten, Sachverhalten und Figuren gestaltet sich von der ersten Szene an als spontane Reaktion, die erst einmal Affekte freisetzt, die mehr die Wahrheit über die Figuren aussagen, als diese handelnd irgendeine Wahrheit finden können. Während dieses Schema sich in der Beziehung von Caligari und Cesare primär als Wechselspiel von Blicken auf

Distanz, von Gesten, starrer Körperhaltung und Leblosigkeit wiederfindet, welche stark in ihrer Übertreibung und Verzerrung auf sich aufmerksam machen, die beide als ‚fremd' und/oder ‚irre', sprich als un/eigentliche Identitäten markieren, ist das von Francis und Allan durch weichere, dynamischere Übergänge gekennzeichnet, die tendenziell unwahrnehmbar werden und daher die Identitäten ‚vertraut' beziehungsweise wahrhaftig erscheinen lassen. Beide Beziehungen sind nicht nur spiegelbildlich, darin aber asymmetrisch sowie repetitiv konstituiert, sondern erzeugen an bestimmten Stellen des Films Überschneidungen, wo sie affektbesetzt aufeinandertreffen wie die Szene mit der Puppe oder die Entdeckung der Leichen (Allans und Cesares).

Deshalb ist es instruktiv, auf jene Szene näher einzugehen, in der alle vier Figuren gleichzeitig präsent sind. In dieser Szene kommen jeweils beide Darstellungs- und Bildmodi zusammen und produzieren auf diese Weise durch die Deutlichkeit der medialen differenzialen Relationalität von Tableau und Rundblende in Kombination mit dynamischem Schnitt und *close in* in aller Sichtbarkeit die spezifische Identität aller vier männlichen Figuren, durch welche sie ihre Beziehung untereinander konstituieren. Diese Szene wiederum besitzt ihr Äquivalent, welches in der Literatur als Enthüllungsszene schlechthin interpretiert wird, in der Szene, in der Caligari Jane nachts in sein Zelt lockt, um ihr dort Cesare vorzuführen. Äquivalent nenne ich sie deshalb, weil hier ein Handlungsmuster wiederholt wird, das sich inhaltlich zu ähneln scheint. Um jedoch die unterschiedlichen Effekte herauszuarbeiten, möchte ich deshalb zuerst die Szene mit Jane erläutern, welche der anderen chronologisch nachgeordnet ist.

Jane macht sich in dieser Szene nachts auf den Weg, um nach ihrem Vater zu suchen. Dieser hält sich bereits mit Francis in der Polizeistube auf, wo sich beide Männer versichern, dass die Polizei Allans Mörder (Ludwig Rex) inhaftierte.[113] Dies wird als Parallelhandlung inszeniert. Zunächst wird die Kirmes in der ersten grundlegenden Einstellung gezeigt, das heißt, auf der oberen Fläche, die im Bildhintergrund an die Rampe anschließt, über welche man in die Zeltgasse gelangt. Zuerst wird Janes Gesicht im Profil in einer Rundblende gezeigt. Die Blende öffnet sich auf den gesamten Platz der Kirmes hin, den Jane kurz lächelnd überblickt. Dann begibt sie sich nach hinten zur Rampe und steigt hinab. Die Kirmes ist menschenleer. In der nächsten Einstellung sehen wir die Zeltgasse, auf deren rechter Seite sich Caligaris Zelt befindet. Jane kommt aus dem Bildhintergrund, sich an den Zeltwänden entlang schleichend, nach vorn getreten, wo sie in der

---

[113] Von Bedeutung ist an der Inszenierung dieser Szene, dass sie mit vielen *close ups* von Straat und Francis arbeitet, die mittels einer Rundblende fokussiert werden. Das Verfahren ist also dem analog, Caligaris Wesen zu zeigen. Es tritt jedoch ein anderer Effekt ein, insofern sich eine Art *shot-reverse-shot*-Verfahren aufbaut, die jedoch ähnlich gekrümmt ist, wie die ‚Gesprächssituation', in der sich Francis zu Beginn des Films mit dem alten Mann befindet. Francis taxiert Straat mit seinem Blick, während der Gesprächsinhalt über Zwischentitel vermittelt wird, was die semantische Krümmung verstärkt, weil man die Figuren nicht sprechen sieht. Auch hier macht sich eine autoritäre Erzählinstanz bemerkbar, die den Dialog praktisch für uns ‚auslegt', indem sie ihn ‚erfindet'.

3.2 Das narrative Tableau un/mittelbarer Beziehungen ...

Bildmitte einen Moment allein verharrt und sich umschaut. Dann blickt sie auf das Zelt und schreitet rechts die Stufen empor. Es handelt sich um eine der wenigen Einstellungen, in denen die Kamera mit der Figurenbewegung mitschwenkt. Jane ist also von etwas in oder vor Caligaris Zelt angezogen, noch bevor dieser auf der Bildfläche erscheint. Dessen Kopf schießt plötzlich in einer gerahmten Großaufnahme zwischen den Zeltwänden hervor, nach links und rechst blickend, als wolle er prüfen, was vor seinem Zelt vor sich geht. Die Kamera schneidet zurück in die Halbtotale, wo Jane vor Caligari zurückweicht, der auf das Podest getreten ist und nun seinen Stock/Stab hält, der den auf dem Plakat abgebildeten Cesare und Jane visuell verbindet. Die beiden Figuren beginnen, miteinander zu kommunizieren. Jane wird dabei erst in einer ovalen Irisblende sichtbar, sodass wir ihr vor Furcht und Faszination erregtes Gesicht sehen. Dann neigt sie sich in der nächsten halbtotalen Einstellung vor, um etwas zu äußern. Caligari reagiert, ebenfalls in einer ovalen Irisblende gezeigt, mit Achselzucken und schelmischem Grinsen. Während sich Jane in der nächsten Halbtotalen von ihm schüchtern abwendet, nähert er sich ihr und beginnt, sie ins Zelt zu locken. Mit einem Schnitt befinden wir uns im Zeltinneren.

Eine halbnahe Einstellung zeigt uns den Kasten, angeschnitten, auf der Bühne, in dem sich Cesare befindet. Wir wissen, dass es sich um diesen Kasten handelt, da wir ihn bereits zuvor in einer Szene bei der Aufführung in Caligaris Zelt gesehen haben. Ansonsten wäre es schwierig, den Bildinhalt zu interpretieren, da man im Grunde nur helle und dunkle Flächen erkennen kann, die keine Raumtiefe bilden und nicht als Bühnenraum identifizierbar sind. Von links kommt, ebenfalls halbnah, Caligari, gefolgt von Jane, ins Bild. Er lockt sie mit den Fingern wie eine Märchenhexe heran und steigt die Stufen zur Bühne hinauf. Während er sich nach einem kurzen Antippen der Kastentüre links neben den Kasten stellt, zögert Jane, bleibt auf den Stufen in gebührendem Abstand stehen, lehnt sich zunächst an die Wand rechts von der Bühne. Caligari öffnet mit den Händen den Kasten, macht einen Sprung, stellt sich dann wiederum direkt neben Cesare, frontal zur Kamera gerichtet. Jane neigt den Oberkörper nach vorn und blickt voller Neugierde zum Kasten beziehungsweise auf Cesare. Dann sehen wir Caligaris Gesicht in einer Irisblende in Großaufnahme, wie er hinter seinen Brillengläsern nach rechts mit lüsternem Blick Richtung Kasten schaut, analog der ersten Aufführung, bis sich die Blende etwas schließt. Die Kamera schneidet in die halbnahe Einstellung von der Bühne, etwas weiter, zurück. Caligari steht neben dem Kasten, schaut verzückt auf Jane und hält den Stab vor sich. Dann streckt er seine Hand mit zwei Fingern nach Jane aus. Jane hat sich von der Bühne scheu weggedreht und blickt leicht entsetzt auf den Boden. Caligari spricht sie an, deutet dann mit dem Stockknauf auf Brusthöhe Cesares, hat damit wieder Janes Aufmerksamkeit auf sich gezogen. Sie schaut ihn an, als Cesare sich zu bewegen beginnt. Er öffnet die Augen. Jane dreht sich ihm neugierig, fasziniert und verängstigt zu, tritt sogar zu ihm vor. Er reißt in diesem Augenblick die Augen auf, als erschrecke er. Sie steht bereits direkt vor ihm, weicht dann aber wieder zurück, dreht sich nach links mit aufgerissenem Mund und geweiteten Augen von der Bühne weg und lehnt sich beinahe ohnmächtig an die Wand hinter ihr (s. Abb. 3.4).

Abb. 3.4 *Das Cabinett des Dr. Caligari*, D 1920, Friedrich-Wilhelm-Murnau-Stiftung, 0:42:56:18

Beide Männer schauen sie durchdringend an, sie erwidert den Blick, auf den Cesare erstaunt reagiert, während Caligari zu grinsen beginnt. Als hätte sie gerade etwas Schreckliches bemerkt, hält sich Jane plötzlich schützend die Hand über ihren Kopf, duckt sich und rennt nach links vorn weg aus dem Bild. Die beiden Männer blicken ihr nach. Mit einer Irisblende auf Caligaris Gesicht in Großaufnahme endet die Szene.

Von großer Bedeutung ist, dass die Szene im Zeltinneren mit einer Halbtotalen beginnt, die den Raum von vornherein verengt und verfremdet. Gerade weil wir das Zeltinnere bereits gesehen haben, fällt auf, dass man sich hier nur schwer räumlich orientieren kann. Das bedeutet, der Raum ist zugleich bekannt und doch nicht sofort deutbar, was ihn buchstäblich unheimlich macht und ‚verfremdet'. Zudem findet die Szene bei Nacht statt, nachdem die Kirmes für das öffentliche Publikum geschlossen wurde, sodass es sich um eine ‚private' Vorstellung handelt, die den Ruch des Verbotenen, Illegalen trägt. Der Kameraausschnitt fokussiert hier ohne *establishing shot* umgehend die Bühne, sodass der Rest des Zeltinneren ausgeblendet wird. Das Filmpublikum wird direkt in die Nähe des Geschehens versetzt. Gleichzeitig bleibt die Kamera auf das Bühnengeschehen aus gebührender Distanz gerichtet. Obwohl wir also etwas ‚Verbotenem' beiwohnen, verbleiben wir als Zuschauer*innen beim Großteil des Geschehens im Modus der Ansicht auf die Bühne. Dementsprechend lässt sich die Handlung deuten.

3.2 Das narrative Tableau un/mittelbarer Beziehungen …

Caligari tippt mit seinem Stock an den Kasten, öffnet dann beide Türen, sodass Cesare erkennbar wird, der nach einer Weile die Augen öffnet. Wir sehen aus einer Position heraus, die uns das Geschehen visuell begrenzt, aber inhaltlich in seiner Gesamtheit zeigt, Janes Reaktion auf diese Eröffnung. In der Literatur wird diese Szene symbolisch gedeutet. Caligari enthüllt sich vor Jane als „dirty old man" (Elsaesser 2000, S. 78). Was aber wird denn hier enthüllt, wenn ‚der Stab' symbolisch als Fetisch, der den Mangel anzeigt, (ein-)steht? Das visuelle Feld selbst ist eine Szene maximaler Sichtbarkeit. Das Publikum sieht, wie Jane zwischen Schrecken und Faszination schwankt, wie sie sich neugierig Cesare nähert, um dann zu flüchten. Nichts wird enthüllt. Jane reagiert vielmehr auf etwas, was wie ein Exzess der Sicht wirkt: die beiden Männer mit ihrer ‚fremden' Art und Beziehung zueinander, durch die Umstände des Raums betont als *strange* und verboten markiert, visuell affektbesetzt und mit lasziven Blicken ausgestattet, für die der Stab Instrument, Medium und Verbindungsglied darstellt. Der Effekt wird verstärkt konstituiert und vermittelt nicht in der halbnahen Einstellung, sondern in der Großaufnahme von Caligari, der wieder mit lüsternem Blick nach rechts blickt, wo sich bezüglich der Blickachse definitiv nicht Jane, sondern Cesare befinden muss. Ihr Fluchtreflex ist keine Angst, dass sich Caligari oder auch Cesare ihr unsittlich nähern könnten. Sie ist ein reaktiver Affekt auf diesen Exzess, welcher Francis' Reaktion auf die Puppe analog ist. Es geht allein um die Er/Öffnung dieses ‚seltsamen Geheimnisses', das nun ein im Verbotenen sichtbares, ein spezifisches Geheimnis ist. Die Szene zeigt, wie Jane in diese Konstellation begehrlicher Affekte und Blicke als wissende Zuschauerin unfreiwillig einbezogen wird. Diese Anordnung wird dem Kinopublikum in Form der Ansicht, kombiniert mit den ‚entlarvenden' gerahmten Großaufnahmen Caligaris vorgeführt.

Der erste, auffällige Unterschied zu dieser ‚Enthüllungsszene' besteht in der anderen Szene, in der Cesare zum ersten Mal im Film von Caligari aufgeweckt wird, darin, dass sie tagsüber geschieht. Die Kirmes ist stark frequentiert und dadurch als öffentlicher Raum ausgewiesen. Die Szene beginnt damit, dass Francis mit Allan untergehakt auf dem Platz auf der Kirmes erscheint, der in der ersten grundlegenden Einstellung derselben gezeigt wird. Hier schauen sie sich in einer halbtotalen Einstellung begeistert um, Allan wirkt dabei sichtlich ausgelassener als Francis, der immer noch leicht reserviert einer solchen ‚billigen' Unterhaltung gegenüber eingestellt ist. Dann begeben sie sich zur Rampe und gehen im Bogen an einer Gruppe junger Mädchen vorbei. Wir sehen in der nächsten Einstellung Caligari frontal vor seinem Zelt in einer Halbtotalen seine Klingel schwingen, in der Hand das Plakat haltend. Zudem sieht man in einer Aufsicht von hinten die Publikumsmenge, die sich vor Caligari drängelt. Somit werden wir in einem kontinuierlichen Prozess zunächst aus der Distanz bis direkt vor Caligaris Zelt geführt, wo wir ihn beinahe aus den Augen des Kirmespublikums betrachten können. Die Schnitttechnik des Films lässt uns die Kirmes beinahe direkt erleben, insofern wir mit der Kamera zwischen den Zelten an den Attraktionen vorbeiflanieren können. Der Film macht also deutlich, dass er gerade dadurch ein Gefühl des direkten Erlebens der Kirmes produziert, dass er seine besonderen Techniken anwendet, hier nämlich in das Geschehen hineinzuschneiden und die Kamera nah an das Geschehen heranzuführen. Diese, durch Montage erzeugte Dramaturgie wird im Zeltinneren auf besondere Weise fortgesetzt.

Caligari lädt mit seinem Spruch das Publikum ein, sich Cesare anzuschauen, den dreiundzwanzigjährigen Somnambulisten, der bisher durchgeschlafen habe und nun zum ersten Mal aus seinem todesartigen Schlaf von Caligari für diese Vorstellung geweckt werde. Mit ausladenden Gesten bittet Caligari sein Publikum, einzutreten, nachdem er mehrfach mit seinem Stock auf Cesares Abbild gezeigt hat. Im Umschnitt sieht man frontal das Publikum aus Caligaris Perspektive in leichter Aufsicht. Im (rein männlichen) Publikum befinden sich Francis in der Bildmitte sowie Allan in der linken oberen Bildhälfte, der verzückt und mit geöffnetem Mund nach schräg rechts vorn auf das Podest blickt. Es ist ganz offensichtlich, dass Caligaris Spektakel bei den beiden unterschiedliche Gemütszustände auslöst. Allan scheint der Unbedarftere zu sein, der sich dieser Art Vergnügen auch unvermittelter hinzugeben bereit, während Francis immer noch stark reserviert ist, sogar versucht, Allan davon gänzlich abzubringen. Allan ist also der durch ‚billige Attraktionen' leichter Verführbare, während Francis den skeptischen Protagonisten, sprich rationalen, ‚modernen' Leser, Zuschauer mimt. Dennoch sind beide im gleichen Umfang in das Geschehen involviert, wie die Kamera durch das *shot-reverse-shot*-Verfahren verdeutlicht. Zugleich nähert sich diese Kameraposition der Perspektive Caligaris an. Noch bevor die Vorstellung beginnt, entspannt der Film per Schnitttechnik eine Dramaturgie der dialogischen Blicke zwischen Caligari, dem Schausteller und Verführer, und den beiden bürgerlich-akademischen jungen Männern, Allan und Francis. Dann wird mit einem expressiven Zwischentitel die Vorstellung in Großbuchstaben angekündigt: DAS CABINETT DES DR. CALIGARI. Mit diesem Zwischentitel wird die Perspektive sprungartig vom Außen- in den Innenraum des Zeltes verlegt.

Wie bereits eingangs erwähnt, wird hier das Register im *setting* gewechselt, vom expressionistisch-ornamentalischen zum expressionistisch-abstrakten Dekor. In leichter Untersicht gibt die Kamera den gesamten Publikumsraum frei, die versammelte Menschenmenge wird rücklings gezeigt, wie sie den Blick auf die beleuchtete Bühne im Bildhintergrund richtet. Der Publikumsraum ist relativ dunkel, Licht strömt von hinten auf die Szene. Im Gegensatz zur Szene im Zelt mit Jane, die in einer halbnahen Einstellung gezeigt wird, ist hier zunächst einmal durch einen *establishing shot* in der Totalen eine klare Distanz zum Bühnengeschehen gegeben. Man ist als Kinozuschauer*in in die Position versetzt, nicht nur dieses Geschehen, sondern auch dasjenige im Zeltraum aus der Distanz zu beobachten. Wir sind somit zugleich als Publikum selbst im Saal anwesend, jedoch aus einer Distanz, die es uns ermöglicht, neben der Vorführung auch das Publikum zu beobachten. Der Raum ist also, im Gegensatz zur Enthüllungsszene mit Jane, ein szenischer Raum im doppelten Sinn, der einen kontrollierten Überblick verschafft. Zugleich wird hier eine Authentifizierung produziert: Die Gestaltung des visuellen Feldes nähert sich der ‚realen' Anwesenheit auf der Kirmes an, sie besitzt beinahe dokumentarischen Charakter, gegenüber der bereits eingangs über die halbnahe Einstellung intimisierten Szene mit Jane im abstrakten Raum einer nicht näher zu bestimmenden Bühne.

3.2 Das narrative Tableau un/mittelbarer Beziehungen …

Aus dieser Distanz beobachten wir nun Caligaris Vorstellungsbeginn. Wir sehen ihn von seitlich hinten zwischen dem Vorhang hervortreten, seine Klingel haltend, dann wegwerfend, wie er sich mit ausgebreiteten Armen verbeugt, dann den Finger drohend erhebt, während er den Vorhang immer mehr durch das Ziehen an einer Kordel öffnet. Hierbei handelt es sich wirklich um eine Geste des Enthüllens. Auch hier ist die Bühne aufgrund des expressionistisch-abstrakten Stils keineswegs illusionistisch, sondern schlicht in weißen, grauen und schwarzen Tönen gehalten. Es gibt keine Verzierungen, kein Dekor, keine Gegenstände, nur schattierte Wandflächen. Die Wand, die die hintere Begrenzung der Bühne darstellt, wirkt, als bestehe sie aus Bahnen weißer Leintücher. Weil aber die Raumverhältnisse sichtbar sind, bleibt in dieser *mise-en-scène* der ‚verfremdende' Effekt aus. Caligari steigt über eine kleine Stufe zur Bühnenmitte. Nach dem Schnitt sehen wir ihn frontal in einer totalen Einstellung auf der Bühne, wild gestikulierend, das heißt, die Kamera zeigt uns plötzlich das Bühnengeschehen näher, sie macht aus Caligari selbst ein Spektakel, dem die Kinozuschauer*innen direkt folgen können, indem sie in die Position, analog des Zeltpublikums, direkt vor die Bühne versetzt werden. Caligari geht zum Kasten, der aufrecht an der Wand lehnt, senkt seinen Stab, klopft damit einmal auf den Kastendeckel, dreht sich wieder frontal Richtung Publikum, hebt seinen Stock, den er vor sich abstellt. Dann dreht er sich wieder in Richtung Kasten, öffnet mit einer Hand dessen rechte Türe, hinter der schon halb Cesare mit geschlossenen Augen sichtbar wird. Caligari tritt nach links einen Schritt zurück, öffnet dabei zugleich die linke Türe des Kastens und blickt ins Publikum. Mit ausgebreiteten Armen gestikuliert er weiter und präsentiert Cesare, indem er seinen Stock hebt und senkt. Er dreht sich wieder dem Publikum zu, geht in die Knie, verzerrt dabei das Gesicht mit erhobenen, ausgebreiteten Armen und dreht sich wieder nach rechts Richtung Kasten. Dann erfolgt eine Großaufnahme von Caligaris Gesicht in der Rundblende, das zwar frontal aufgenommen ist, aber Caligaris Augen rollen nach links, und er blickt verschmitzt hinter seinen dicken Brillengläsern, mit geschürzten Lippen, beinahe geifernd nach links in den *off space*, wo sich Cesare befinden muss. In der folgenden halbnahen Einstellung sehen wir Caligari wie in der vorherigen. Er blickt verzückt nach rechts, seinen Stab vor der Brust verschränkt. Rechts ist der Kasten im Bild zu sehen, in dem sich Cesare in aufrechter Haltung, frontal zu Kamera stehend, in Rumpfansicht, mit geschlossenen oder gesenkten Lidern befindet. Als hätte ihn dieser angegriffen, weicht Caligari ein wenig zurück, hebt seinen Stab. In der nächsten Einstellung sehen wir wieder sein Gesicht in Großaufnahme in der Irisblende, wie in der vorigen Großaufnahme: Verzückt blickt er nach rechts. Dann beginnt er in der halbnahen Einstellung, zum Publikum gewendet, Cesare zu adressieren: „Cesare!!! Kannst Du mich hören?! Cesare, Ich rufe Dich, ich, Dr. Caligari – dein Meister! Erwache für einen Augenblick – aus deiner dunklen Nacht." (Zwischentitel) Daraufhin sehen wir Cesares Gesicht mit den geschlossenen Augen in einer Großaufnahme, der Großaufnahme von Caligaris Gesicht analog in einer Rundblende. Er beginnt, zuerst die Augenbrauen, dann die Mundwinkel zu kräuseln, als wäre es ihm unangenehm, zu erwachen. Er öffnet leidend leicht den Mund. Anschließend heben und senken sich mehrmals langsam seine Augenlider.

Er blickt direkt in die Kamera mit einem traurigen Gesichtsausdruck. Plötzlich reißt er die Augen auf. Wenn wir auch sukzessive an das Bühnengeschehen näher herangeführt und dabei teilweise mit eingebunden werden, so wird mit der Großaufnahme in Irisblende durch Cesares direkten Blick in die Kamera mit zwei Prinzipien gebrochen: erstens einmal mit der Trennung von Bühnengeschehen und Publikumsraum, wie sie im *establishing shot* aufgebaut und suggeriert wird; zweitens mit dem Effekt des *close in,* welcher die Beziehungen zwischen Allan und Francis authentifiziert und naturalisiert. Da es im Kontext des Vorführungsraums durch die Anordnung von Bühne und Zuschauerraum in der Regel unmöglich ist, das Gesicht einer Person auf der Bühne in Großaufnahme zu sehen, macht hier das Verfahren besonders auf sich aufmerksam. Die Einstellungsgröße mit der Blende verweist auf die Möglichkeit der Manipulation der Zuschauer*innenposition im Verhältnis zum Gezeigten durch das Medium Film im Gegensatz zum Bühnengeschehen, wie es sich den Zeltzuschauer*innen präsentiert. Grundsätzlich betont die Rundblende Caligaris und Cesares affektbesetzte *strangeness,* Caligaris Lüsternheit, Cesares Melancholie und Empfindsamkeit.

Cesares direkter Blick in die Kamera stellt nun aber eine deutliche Verletzung der vierten Wand dar. In der Literatur wird dies häufig als Selbstreferenz des Kinos interpretiert. Es wurde hierzu das ältere Verfahren umcodiert, was sich in einer Inszenierungsdifferenz von Caligari und Cesare bemerkbar macht und die Frage nach der Selbstreferenz spezifizierend verschiebt. Die Irisblende von Caligaris Gesicht setzt ihn den Blicken des Filmpublikums als ‚seltsame', ‚fremdartige' Attraktion aus. Cesare erwidert aber in Großaufnahme den Blick der Kamera und damit des Kinopublikums. Er wird daher weniger dem sezierenden Blick preisgegeben, als dass er vielmehr das Kinopublikum mit seinem intensiven Blick verführt. Er macht deutlich, dass er weiß, weniger, was das Zeltpublikum sieht, sondern wie das Filmgeschehen aufs Filmpublikum wirkt. Nicht nur macht also das Medium auf sich selbst, sondern Cesares Gesicht macht auf sich selbst als Objekt des Begehrens aufmerksam, das bewusst und unmittelbar alles und jeden verführt, der, die sich in seinem Blickfeld befindet: Allan und Francis und das Filmpublikum, Sie und mich! In ihrer Intensität ist diese Verführung mit Blicken, der wir distanzlos ausgesetzt sind, den Übergriffsszenen analog.

Cesare wird anschließend in einer totalen Einstellung von Caligari mit dessen Stock an den vorderen Bühnenrand dirigiert, wohin er mit ausgestreckten Armen und abgehackten Bewegungen geht, bis er stehenbleibt und seinen Blick auf das Publikum richtet. Caligari, der ihn dabei aus den Augenwinkeln beobachtet hat, tritt ebenfalls frontal an den Bühnenrand, hebt den Stock nach links über sich, bewegt ihn dann im Bogen nach rechts.

In einem Umschnitt sehen wir in Aufsicht Allan und Francis im Publikum. Sie sind beide gut ausgeleuchtet, während der Raum und die Menschen um sie herum im Dunkel versinken. Der Raum verflacht und ‚franst' nach links und rechts ‚aus', wodurch er unbestimmt und abstrakt wirkt. Hierdurch werden die beiden fokussiert. Man kann lediglich drei der umstehenden männlichen Figuren erkennen, noch bevor Allan die Aufmerksamkeit Caligaris auf sich zieht, indem

3.2 Das narrative Tableau un/mittelbarer Beziehungen ...

er Cesare seine Frage stellt. Allan neigt sich dabei seitlich zu Francis. Die Einstellung zeigt nochmals die unterschiedlichen Reaktionen der beiden Figuren auf das Spektakel: Während Francis zwar fasziniert, aber zugleich amüsiert ist, scheint Allan zunächst wie vor Schreck und Verzücken gebannt. Gleichzeitig sehen wir diese Reaktionen zwar nicht aus einer Subjektive, aber dennoch aus einer Position von der Bühne herab. Es findet keine ‚ordentliche' Verschweißung von *point of view shots* wie im klassisch-narrativen Kino statt. Gleichwohl wird der Raum der Bühne mit dem Zuschauer*innenraum in ein dialogisches Verhältnis gesetzt, das heißt, das aus Bewegung und Schauen bestehende Verhalten der vier Figuren wird durch diese Dramaturgie fokussiert und ihre Verknüpfung auch personalisiert. Die nahen Einstellungen partikularisieren das dialogische Geschehen der wechselseitigen Begutachtung, wobei die Kamera von der Bühne aus die beiden Hauptfiguren ganz klar ins Zentrum der Aufmerksamkeit rückt. Im Umschnitt sehen wir die Bühne in leichter Untersicht in einer halbnahen Einstellung wie zuvor, wobei Caligari frontal zum Publikum steht, sich dabei an den Hut tippt, während Cesare reglos neben ihm steht. Dann beginnt Caligari im *medium shot*, gerahmt von einer Irisblende und mit verrutschter Brille, lächelnd und den Hut lüftend, sich verbeugend, das Publikum zu adressieren: „Meine Damen und Herren! Cesare, der Somnambulist, wird alle Ihre – Fragen beantworten. Cesare kennt jedes Geheimnis – er kennt die Vergangenheit und sieht in die Zukunft – Versuchen Sie Ihr Glück ...." (Zwischentitel). Im Umschnitt auf den Zuschauer*innenraum sehen wir nochmals die Reaktion Francis' und Allans in einer halbnahen Einstellung, frontal zur Kamera, wie sie nach links vorn (auf die Bühne) blicken. Allan wendet sich dabei an Francis, der auf ihn einredet, den Blick auf die Bühne *off space* richtet, ihn an die Hand nimmt und nach hinten zerrt. Augenscheinlich versucht er, Allan dem Bann zu entreißen. Allan vermittelt den bildlichen Eindruck, als sei er hypnotisiert vom Bühnengeschehen. Insofern ist er in visueller Hinsicht nicht nur ein Pendant von Cesare als derjenigen Figur, die in der diegetischen Welt unter dem Einfluss ‚manipulativer Kräfte' steht. Vielmehr bündelt sich in dieser Figur in der diegetischen Welt, worin der Bezug zum Kinopublikum besteht, nämlich in der Verführung durch Cesare nicht als Bühnenspektakel, sondern als Filmfigur. Die völlige Absorption, in der sich Allan befindet, von der es Francis nicht gelingt, sie zu durchbrechen, unterscheidet Allan zudem grundlegend von Jane. In dem Maße, wie wir sie als Filmpublikum in der Ansicht (des Bühnengeschehens) aus der halbtotalen Distanz betrachten, gelingt es dieser, sich nach dem Affekt willentlich zu distanzieren. Gemeint ist damit aber auch eine weitere asymmetrische Spiegelung, die auf der Ebene der Einstellungen im visuellen Feld erzeugt wird. Cesare und Allan sind weniger durch ein klassisches *shot-reverse-shot*-Verfahren miteinander verbunden. Vielmehr werden sie qua Affekte von Verführung und Verführtsein sowie zudem durch die (stellvertretende) räumlich fokussierte Positionierung der Figuren verknüpft, die eben kein Bühnengeschehen simuliert, sondern einen filmischen Raum konstituiert. Über die stellvertretende Substitution der Positionen wird sogar das Filmpublikum zum Medium dieses Verknüpfungsprozesses. Hierüber wird in positiver Weise ermöglicht, was in der Mordszene als Handlung durch Auslöschung eines Menschenlebens mit Genitiv-S nur negativ repräsentiert werden kann. Der Mordszene analog in der Intensität des Austauschs, handelt es sich hier um keine ‚wahrhaftige' Begegnung, sondern um einen qua Affekt hergestellten Akt der Verführung, der sich dabei einmal als differenziale Relationalität von Bühnenspektakel und Filmereignis zu erkennen gibt, wie er auch die Konstruktion des filmischen Raums als totale Manipulation von Raumzeit deutlich macht: Die Raumzeit des Affekts ist wie ein kinematografischer Implosionspunkt, auch der beiden Kreise der Beziehungen der Figurenpaare Francis – Allan sowie Caligari – Cesare. Und das Filmpublikum ist *all over* in diese Verführung involviert. Die Szene steigert sich bis zu Cesares Ankündigung von Allans Todeszeitpunkt nach dessen Frage (Allan in Großaufnahme, von unten angestrahlt, in leichter Aufsicht vor schwarzem Hintergrund: „Wie lange habe ich noch zu leben?" (Zwischentitel) – Cesare: „Bis zum Morgengrauen." (Zwischentitel)). Wir sehen dazu beide Figuren erneut in Großaufnahme, beide diesmal ohne Irisblende, was daher einem *seamless continuity editing* und einer Steigerung des Grades der ‚lebensechten' Intimität am nächsten kommt. Jedoch wird diese Nicht/Begegnung unterbrochen von einem Tableau.

Dieses wird uns in einer halbtotalen Einstellung gezeigt. Seine Anspannung drängt Allan geradezu auf die Bühne. Wir sehen, wie er nach rechts zum Bühnenaufgang geht, wo er mit dem Rücken zur Kamera stehen bleibt. Caligari, frontal gezeigt, nimmt ihn mit einem frechen Grinsen ins Visier und beobachtet ihn beim Erklimmen der Stufen. Francis folgt Allan in dem Versuch, ihn aufzuhalten. Allans Blick ist auf Cesare fixiert, der frontal neben Caligari steht und vor sich hinstarrt. Alle Figuren sind einen Moment lang in dieser Bewegung wie erstarrt, wobei sie sich mit den Blicken gegenseitig fixieren: Francis blickt besorgt auf Allan, Cesare zum Bühnenrand Richtung Allan und Francis, Caligari etwas verärgert auf Allan. Dann streckt Allan den Arm nach Cesare aus und blickt zu ihm auf (s. Abb. 3.5).

Zweimal zerschneidet dieses Tableau kurzzeitig den verbalen Austausch zwischen Allan und Cesare, wobei sich das zweite Tableau vom ersten ganz leicht unterscheidet. Allan hat zwischenzeitlich eine Stufe erklommen. Er starrt immer noch auf Cesare, der ihm nun den Blick zugewandt hat und ihn direkt fixiert. Francis dreht sich verwundert Cesare zu, während Caligari mit sardonischem Lächeln auf Francis schaut. In Kombination von räumlicher Montage mit tableauartiger Ansicht wirkt das Geschehen wie stroboskopartig ‚zerhackt', nicht nur entschleunigt, sondern für einen kurzen Moment beinahe zeitlich enthoben. Zugleich werden wir als Filmzuschauer*innen auf zweierlei Weise vom Film adressiert: Einmal sind wir ‚unmittelbar' in die qua Blick vollzogene Verführung Allans durch Cesare eingebunden. Zugleich katapultiert uns die Kamera mit der halbtotalen Einstellung aus dieser verdichteten intensiven Intimität zwischen Allan, Cesare und dem Filmpublikum heraus in die Ansicht. Es scheint, als wäre es derselbe Augenblick, geteilt in zwei unterschiedlichen Daseinsformen (intim und öffentlich, individuell und kollektiv oder minorisiert und universalisiert zugleich), also weil Zeit vergangen ist, in sich different. Da die Kamera eine

3.2 Das narrative Tableau un/mittelbarer Beziehungen … 259

Abb. 3.5 *Das Cabinett des Dr. Caligari*, Friedrich-Wilhelm-Murnau-Stiftung, 0:21:58

Zwischenposition direkt vor der Bühne einnimmt, simuliert sie weder die Position des Zeltpublikums noch lediglich das Bühnengeschehen. Es handelt sich deshalb um keine Darstellung des Bühnengeschehens als Spektakel. Vielmehr entsteht durch diese besondere Kombination von raumzeitlicher dialogischer Struktur und Tableau die spezielle Möglichkeit, distanziert die Anordnung des Begehrens zu betrachten, die wir zeitgleich affektiv erfahren dürfen. Wir betrachten hier keineswegs die Vorführung einer Attraktion, sondern erleben und erkennen zugleich eine Begehrenskonstellation, die von zwei auf vier Figuren hin- und zurückspringt. Insofern funktioniert diese Szene derjenigen von Jane analog – mit Abweichung. Am hellichten Tag werden wir in aller Öffentlichkeit nicht nur Zeug*innen der als *strange* und ‚fremd' markierten Beziehung zwischen Caligari und Cesare. Vielmehr werden wir hier partizipativer Teil der Überkreuzung zweier Begehrenskonstellationen, die durch die Kombination zweier Verfahren und Bildmodi raumzeitlich so konstituiert werden, dass wir sie im affektiven Erleben zugleich deutlich erkennen können. Im Gegensatz zu Jane, die lediglich in der Ansicht etwas erkennt, was sie als Schock empfindet, da sie es nicht (nur als sexuellen Übertritt) erleben durfte, befördert die Anordnung, dass wir bereits dazu verführt wurden, diese Begehrenskonstellation in ihrer spezifischen wie auch allgemeinen Variante anzuerkennen.

3.3 Die ‚monströse' Un/möglichkeit der Selbst-Erkenntnis – *Nosferatu, eine Symphonie des Grauens*

Wenn es um das Kino der Weimarer Republik geht, findet auch *Nosferatu, eine Symphonie des Grauens* (D 1922; R: Friedrich W. Murnau) in der filmhistorischen Forschung allseits Erwähnung. Er wurde als letzter Film der Produktionsfirma Prana-Film, gegründet von Albin Grau und Enrico Dieckmann, im März 1922 im Berliner Zoopalast mit großem Spektakel, inklusive einer Tanzperformance von einer Solotänzerin der Staatsoper, uraufgeführt. Hierzu war die gesamte Prominenz der Berliner Filmszene geladen, nachdem der Film generalstabsmäßig beworben worden war. In der zeitgenössischen Kritik wurde er aufgrund der äußerst präzisen Bilder zwar als für technisch sehr gelungen befunden. Mit Bezug zum ‚Gruselfaktor' in Gestalt des Grafen Orlok jedoch gereichte ihm diese Exzellenz zum Nachteil: Die Kritiker*innen waren der Überzeugung, man erschauere vor einer derart gut ausgeleuchteten, plastisch und daher recht ‚lebensecht' inszenierten Figur nur unzureichend.[114]

In der Forschung besteht über den Film nur hinsichtlich der Genrezuordnung Einvernehmlichkeit: Aufgrund der Übersteigerung der ‚Realität', der unheimlichen Stimmung sowie der Figur des Vampirs wird *Nosferatu* als fantastischer Film kategorisiert.[115] Er wird darüber hinaus häufig als *der* erste Vampirfilm (Spielfilm) der Filmgeschichte bezeichnet, was ihn zum Begründer des Horrorgenres macht.[116]

In der Literatur wird er darüber hinaus teilweise, wie bei Lotte Eisner beispielsweise, zum expressionistischen Kino gezählt. Der Film, so Eisner, erzeuge die „‚expressivste Expression'" (Eisner 1975, S. 100), gerade weil er sie ohne technische Mittel allein durch Naturaufnahmen erstelle.[117] Auch in der weiteren For-

---

[114] Vgl. hierzu die Materialien zur zeitgenössischen Kritik von Hans Wollenberg, Béla Balázs und J-s. in Prinzler (Hg.) 2003, S. 129 ff.

[115] Zur Historisierung der ästhetischen Kategorie des Fantastischen vgl. Fischer 1978.

[116] Der Verweis auf den Spielfilm ist relevant. Bereits in der zweiminütigen französischen Meliès-Produktion *Le Manoir du Diable* (1896) kommt eine Vampirfigur vor. Louis Feuillade brachte 1915/1916 ein Film-*serial* mit dem Titel *Les vampires* heraus. Einen Überblick über Vampire und Vampirismus im frühen Kino bieten Karg u. a. (Hg.) 2009. Weiterführend vgl. Koebner 2004, Arnold u. a. 2000, Prüßmann 1993, Pirie 1977, Skal (Hg.) 2004 sowie Seeßlen/Jung 2006. Zur inhärenten Genrehybridität des Vampirfilms vgl. Auerbach 1995. Zur Historisierung diskursiver und medialer Funktion und Bedeutung von Vampir und Vampirismus vgl. Butler 2010, bes. S. 1 ff. Aus feministischer und queerer Perspektive vgl. Weiss 1993 sowie Williamson 2005. Aus (post-)feministischer Sicht vgl. Halberstam 1995. Aus post-kolonialer, post-*race*-Perspektive thematisieren den Vampir sowie das Monströse für das 21. Jahrhundert Levina/Bui (Hg.) 2010, Diawara/Klotman 1991 sowie Medovoi 1998. Zu kulturhistorischen und literaturwissenschaftlichen Positionen zum Vampir vgl. Begemann u. a. (Hg.) 2008, Schmidt 1999, Cohen (Hg.) 1996, Brittnacher 1994, Lecouteux 2001, Levine 2011 sowie Schaub 2008.

[117] Vgl. erneut Eisner 1975, S. 99 ff. Gelungenen Expressionismus im Film macht sie an der Atmosphäre fest, die durch Spiel von Licht und Schatten, malerische Komposition sowie überirdische Transparenz bei gleichzeitig starker Plastizität des Bildes erzeugt wird. Vgl. erneut Eisner 1975, S. 21 ff. sowie Catania 2004. Zur Kritik an dieser Definition vgl. erneut Elsaesser 2000, bes. S. 227 sowie Koebner 2003a, bes. S. 25 sowie zu einer entgegengesetzten Funktionsbestimmung des Expressionismus vgl. Kuhns 1997.

3.3 Die ‚monströse' Un/möglichkeit der Selbst-Erkenntnis … 261

schung wird argumentiert, das Unheimliche entstehe dort weniger durch verzerrte Perspektiven, schief verlaufende Linien und geneigte Wände. Vielmehr werde es auf der Folie quasi-dokumentarischer Bilder,[118] die die Normalität der Lebenswelt indizierten, als deren Anderes durch den Einbruch des Übernatürlichen erzeugt, auch wenn diese sich in eine Topografie von ‚Land'/‚Natur' und ‚Stadt' binär aufteile.[119]

Diese Binarität inspirierte die Forschung zu Interpretationen des gesellschaftspolitischen Gehalts des Films. Mit der Verlegung der Story in die Vergangenheit (1838, Beginn des Biedermeier), so der Tenor, würden zwei Gesellschaftsformen im historischen Modell der Ablösung gegenübergestellt, nämlich die ‚alte Welt' des Adels sowie die ‚neue Welt' der bürgerlichen Industriegesellschaft.[120] Rona Unrau und Erik Butler argumentieren weiter, aus der wechselseitigen Bedingtheit beider Welten resultiere schlussendlich eine konservative Kulturkritik an den Werten moderner Gesellschaften (Profitstreben, Verhältnis zum ‚Fremden', Status von Technik) seitens Murnaus.[121] Andere Positionen betonen in der Argumentationslinie Kracauers die allegorische Bedeutung des Films in Bezug auf die zeitgenössische soziale Realität. Der expressionistische Stil fungiere dazu, die Figur ‚Nosferatus' als politischen Tyrannen lesbar zu machen.[122] Jedoch, so Lane Roth,

---

[118]Es seien hier ein paar der Drehorte erwähnt: Wismar, Lübeck, Lauenburg und Rostock, in der heutigen Slowakei am Vratnapass, in Dolny Kubyn (Nordslowakei) sowie am Fluss Váh. Die Funktion dieser ‚realistischen' Bilder ist auf zwei Ebenen anzusiedeln. In topografischer Hinsicht zeigen sie die Durchdringungen von vermeintlich natürlicher, natürlich-animalischer und dämonischer Welt sowie sozialer Welt an. Sie symbolisieren daher die Verbindungen verschiedener ‚Landschaften'. In Bezug auf die Narration bilden sie die Grundelemente für ein diskontinuierliches Raumzeitgefüge, das verstörend auf die Filmzuschauer*innen wirkt. Ähnlich wie bei Wiene, konstatiert Elsaesser auch bezüglich Murnaus *écriture* eine bewusste Abwandlung bereits etablierter Erzähltechniken, womit sich die Dominanz des Tableaus in Murnaus Filmen erklärt. Insofern ist auch in *Nosferatu* der Sinnzusammenhang als Resultat einer höheren Erzählinstanz erkennbar. Daher spiegeln die symbolischen Landschaftsbilder weniger die psychische Disposition der Charaktere wider, sondern verweisen auf sich als Erzähleinheiten des Filmnarrativs. Charakteristisch für den Film ist die Gegenüberstellung von ‚natürlichen' Landschaften und Stadtansichten.

[119]Vgl. hierzu erneut Eisner 1975, Elsaesser 2000, weiterführend Pérez 1971, 1993 sowie Weinstock 2012, bes. S. 81. Vgl. zu Funktion und Bedeutung des Raums in *Nosferatu* erneut Pérez 1971 sowie Koebner 2003a, bes. S. 10 ff.

[120]Dass diese historische Periode politisch keineswegs harmlos ist, darauf macht Butler deutlich aufmerksam. Vgl. hierzu erneut Butler 2010, bes. S. 156.

[121]Vgl. hierzu Unrau 1996, Butler 2010, bes. S. 156 ff. sowie ansatzweise auch Koebner 2003a, bes. S. 28 f.

[122]Vgl. zur Problematik, Funktion und Bedeutung der Figur zu vereindeutigen, Kracauer 1958, S. 50. Bei Unrau verkörpert Nosferatu den Tod, bei Butler das Prinzip des Zusammenbruchs von Gesundheit und Identität und daher ‚das Andere' schlechthin. Bronfen sieht in ihm ein Medium, das Krankheit und Tod auslöst bzw. die Beziehung zum Anderen vermittelt. Roth interpretiert Nosferatu in Anlehnung an Kracauers Systematik des Tyrannenfilms als eine ungezügelte Kraft der Tyrannei. Vgl. erneut Roth 1979. Der Tyrannenthese folgen im Großen und Ganzen auch Unrau 1996 und Butler 2010. Kaes dagegen interpretiert Nosferatu als Allegorie des mit dem Tod konfrontierten jungen Soldaten. Vgl. Kaes 2009, bes. S. 88.

sei der Stil gerade eine Fluchtstrategie, um die ‚reale' Ohnmacht der Gesellschaft gegen den Tyrannen zu verschleiern, indem sie in den Bereich des Fantastischen verschoben sei, worin die Macht des Tyrannen allein durch rituelles Opfer und mythisches Ereignis gebrochen werden könne.[123]

Weiterer Schwerpunkt der Forschung zum Film ist der unrühmliche, weil unautorisierte Bezug zur berühmten literarischen Vorlage, nämlich Bram Stokers *Dracula* (1897).[124] Hierbei stehen insbesondere zwei Aspekte im Fokus der Untersuchung: In thematischer Hinsicht wird bemerkt, dass ein männlich-patriarchaler Antagonist in *Nosferatu* ebenso wie die weiblichen Vampire fehlten. Aus dem ersten Aspekt wird damit das funktionale Übergewicht Nosferatus begründet, der folglich das Böse schlechthin verkörpere, das sich ungehindert ausbreiten könne, womit zugleich die allegorische Lesart gestützt wird. Judith Mayne sieht darin keine radikale Abweichung vom *Dracula*'schen Schema, sondern lediglich eine Verschiebung durch Umcodierung der durch Dracula verkörperten Funktionen.[125] Im Forscher und Privatgelehrten Bulwer sei eine Position wissenschaftlichen Wissens verkörpert, die dem Unheimlichen, Übernatürlichen nun nicht mehr antagonistisch entgegengesetzt werde. Vielmehr werde dieses aus naturwissenschaftlicher Sicht generalisiert und naturalisiert, was es vermeintlich intelligibel mache, während es sich ihm ‚in Wahrheit' angleiche und dienlich sei.[126] Hinsichtlich der fehlenden Vampirinnen argumentiert sie beispielsweise, dass sich der zwischen Dracula und Van Helsing ausgetragene Machtkampf, in *Dracula* durch zwei kontrastierende Weiblichkeitskonzepte (Mina und Lucy) am weiblichen Körper vollzogen, in *Nosferatu* in einer weiblichen Figur, Ellen nämlich, kondensiere. Ähnlich wie Janet Bergstrom und Elisabeth Bronfen, argumentiert Mayne bezüglich Stokers Roman, anhand der entgegengesetzten Weiblichkeitskonzepte werde jeweils der (männliche) gute und der schlechte Umgang mit dem Tod sowie die Dichotomie von Gut und Böse, manifestiert in Enthaltsamkeit versus sexueller Erfüllung, vor dem Hintergrund einer letztlich konservativ-patriarchalischen Werte-, Gesellschafts- und Geschlechterordnung verhandelt. Diese Werte- und Geschlechterordnung restituiere sich im Roman schließlich durch die Tat des männlichen (guten) Helden.[127] In *Nosferatu* dagegen löse sich diese Dichotomie auf beziehungsweise sei in die Figur Ellens verlegt. Hierdurch, so Mayne weiter, werde aus der eindeutigen Abgrenzung zu Nosferatu eine ambivalente Haltung

---

[123]Vgl. Lane 1979. Kracauer kritisiert die Lesart vom Opfer scharf. Vgl. hierzu Kracauer 1958, S. 50. Kaes sieht im Opfer die Aufarbeitung des (männlichen) Traumas durch den Ersten Weltkrieg umgesetzt. Vgl. erneut Kaes 2009, bes. S. 86 ff.

[124]Hieraus bildete sich eine Legende zum Film. Vgl. hierzu erneut Arnold u. a. 2000. In diesem Materialienband findet sich auch ein Teil der zeitgenössischen, sehr kontrovers geführten Debatte in den Filmkritiken. Vgl. zu den verschiedenen Filmfassungen, vornehmlich in Europa und den USA, auch Patalas 2005.

[125]Vgl. Mayne 1986.

[126]Vgl. zu diesem Punkt erneut Butler 2010, bes. S. 159.

[127]Vgl. erneut Mayne 1986 sowie Bergstrom 1985 und Bronfen 1990.

3.3 Die ‚monströse' Un/möglichkeit der Selbst-Erkenntnis ...

ihm gegenüber. Die Montage unterstütze diese Ambivalenz, indem sie, „geheime Affinitäten" („secret affinities", Elsaesser 2000, S. 238) zwischen ihr und Nosferatu herstelle. Dementsprechend wird Ellens Hingabe an Nosferatu in der Literatur unterschiedlich aufgefasst und bewertet. Während Pérez darin eine grundmenschliche Handlung angesichts des Todes erkennen möchte,[128] lesen Mayne, Unrau und Roth diese Tat als rituelles Opfer zur Restituierung einer sozialen Gemeinschaft unter radikalem Ausschluss des Anderen und damit auch als schlussendliche Aufhebung der Ambivalenz.[129]

Stephen D. Arata[130] demonstriert jedoch für *Dracula* sehr eindrücklich, dass bereits hier die vermeintlichen Dichotomien von Tod und Leben, Krankheit und Gesundheit, Gut und Böse, West und Ost, Wissenschaft und Mystizismus sowie Wissen und Begehren zwar betont aufgerufen, zugleich aber auch durchgehend destabilisiert werden. Am Vampir als Wissensobjekt hängt hier die zentrale Frage nach der Wahrheit und der Produktion von Sinn, inklusive deren medialer Bedingungen. Beides kann jedoch gerade deshalb nur schwerlich evident gemacht werden, weil dieses Objekt, an dem sie verhandelt werden, auf oder gar jenseits der Grenze von Intelligibilität und Evidenzproduktion angesiedelt ist. Deshalb, so Arata, problematisiere der Roman gerade die Un/Möglichkeit des radikalen Ausschlusses per se. Dies erfolge, indem er auf einer Struktur basiere, worin der Vampir erst nachträglich als vordiskursives Phänomen gesetzt werde.[131] Der Vampirismus folge im Roman einer Logik, gemäß derer etwas Abgeschlossenes in einer Struktur, die durch dessen Ausschluss abgeschlossen sein sollte, latent erhalten bleibt. Dies, so Aratas Argument, geschehe auch in *Nosferatu,* möglicherweise gerade bei der (technischen) Reproduktion als deren eigenes Unbewusstes. Er verknüpft somit strukturelle und inhaltliche Aspekte, insofern hier der Vampir als Monster einer Kultur etwas wie beispielsweise ihre eigenen negativen Seiten oder blinden Flecke anzeigt.[132] Mittels seiner Existenz repräsentiere, so Arata weiter, der Vampir das selbst nicht-evidente Prisma, worin sich die Gesellschaft spiegele, ohne dass sie sich darin jemals vollständig reflektieren könne.[133]

---

[128]Vgl. Pérez 1993.

[129]Vgl. die Position von Kaes, worin Ellen als typische Hysterikerin das Kollektiv der Deutschen nach dem Krieg repräsentiert, die sich mit der Wiederkehr des verdrängten Horrors des Krieges konfrontiert sehen. Vgl. Kaes 2009, S. 116 f.

[130]Vgl. Arata 1990.

[131]Auf den Zusammenhang von Narration als Reproduktion geht auch insbesondere Ruthner 2006 ein. Gerade Medien, so Ruthners Argument, erweisen sich oft als unzuverlässige Quellen beim Versuch, das Unheimliche intelligibel zu machen. Speziell zum Verhältnis von Vampirismus, (technischer) Reproduktion und kolonialer Moderne vgl. Abbott 2007.

[132]Die monströse Abkunft des Vampirs steht im historischen Kontext der (britischen) *freak shows*. Nicht zufällig zählte Count Orloff, wie der ‚eigentliche' Titel Nosferatus ist, zum Arsenal deren bekannter historischer Figuren, der um 1900 sogar seine eigene Agentur zur Vermittlung von *freaks* besaß. Vgl. hierzu erneut Durbach 2010, bes. S. 11.

[133]Unrau 1996 behauptet, während bei Stoker schlussendlich sämtliche Ambivalenzen aufgelöst würden, dominierten sie in *Nosferatu* bis zuletzt. Demgegenüber sehen Bronfen und Butler in

Wissens- und Wahrheitsproduktion, wie Arata korrekterweise bemerkt, ist bezüglich des Vampirs im doppelten Sinn an Medien geknüpft. Einmal wird mit ihnen in thematischer Hinsicht stets nachträglich versucht, die Spuren der Zurichtung, die er an (meist) humanen Körpern hinterließ, ‚korrekt' zu lesen, sprich evident und verstehbar zu machen. Bei der Dekodierung der *graphé* entsteht jedoch durch die retroaktive Setzung als Vorgängiges überhaupt erst, was sie bezeichnen soll, allerdings als Verschobenes. Von daher erzeugt sie die Frage nach der Un/möglichkeit von (technischer) Reproduktion und (biologischer, körperlicher) Reproduktivität stets mit, die zugleich immer auch eine Frage von Übertragung und Übertragbarkeit sowie von Überlieferung, Tradition und Tradierung ist. Anders formuliert: Das Thema des Vampirismus verhandelt im Kern stets Varianten diskursiver und sexueller un/natürlicher sowie trans-generativer Reproduktion(en). Exakt hierüber werden im Vampirismus Materialitäten, Sinnlichkeiten/Ästhetiken sowie Sinn/Rationalitäten gänzlich verschiedener Herkünfte (tierischer, technischer, fremder, textueller usw.) auf un/natürliche Weise miteinander verknüpft.[134] Die relationalen Differenzen von individuellen und/oder kollektiven Körpern in der Form von (Nicht-)Wissen und (Nicht-)Reproduktivität werden dabei vorzugsweise an den Binarismen Leben und Tod, Krankheit und Gesundheit, Sex(ualität) und Begehren, Versehrtheit und Unversehrtheit sowie Verunreinigung und Reinheit verhandelt.[135] Zudem wird die Frage aufgeworfen, wie verlässlich Medien in diesem Zusammenhang die Nicht/Reproduktion leisten können. Insofern handelt es sich bei der doppelten Thematik von Un/Sichtbarkeit und Nicht/Reproduktivität um eine Verknüpfung von thematischer und struktureller Generativität. Daher lässt sich Aratas ausgelegte Fährte dahingehend verfolgen, ob die Figur des Vampirs in *Nosferatu* in beiderlei Hinsicht als ungewollt mitproduziertes Anderes medialer Sichtbarmachung, sprich als technisch reproduziertes Unbewusstes der Struktur der Narration zu verstehen ist.

Thomas Elsaesser geht bei seiner Betrachtung von *Nosferatu* ebenfalls speziell auf die strukturellen Auswirkungen von dessen Abweichung von *Dracula* ein.[136]

Nosferatu klare Grenzen restituiert, während in *Dracula* bis zuletzt jegliche eindeutige Position aufgeschoben bleibe. Vgl. hierzu auch Aratas 1990 Argument bezüglich *Dracula*. Zum Vergleich von *Dracula* und *Nosferatu* vgl. auch Kaes 2009, S. 98 ff.

[134]Zum materiell-semiotischen Konnex von Nicht-Natürlichem und Nicht-Menschlichem, welches sich in der Figur Nosferatus überkreuzt, vgl. Steinborn 2013. Zum quasi Cyborgstatus des Vampirs vgl. Stone 1995.

[135]Vgl. dagegen Butler, der Themen wie Sexualität, Tod und Angst vor dem, den ‚Fremden', vor Neuem, Obskurantismus, Technik, Kapitalismus, Revolution, usw., gerade deshalb als sekundäre Elemente betrachtet, weil sie für ihn lediglich historisch spezifische Ausprägungen annehmen können. Dazu zählt für ihn auch der zeitgenössische Antisemitismus, den er biopolitisch erläutert. Vgl. Butler 2010, bes. S. 160 ff. Zum Verhältnis von historisch ‚realer' Angst vor Sexualkrankheiten und *Dracula* vgl. Showalter 1990. Vgl. zum Thema Reinheit und Verunreinigung in kulturanthropologischer Sicht Douglas 2002.

[136]Vgl. Elsaesser 2000, S. 223 ff.

3.3 Die ‚monströse' Un/möglichkeit der Selbst-Erkenntnis ...

Das Fehlen einer starken Van-Helsing-Figur sowie das der weiblichen Vampire führt seiner Ansicht nach zunächst einmal zu mehreren Dreiecksbeziehungen der Figuren, nämlich einmal zwischen Nosferatu, Ellen und Hutter sowie zwischen Nosferatu, Hutter und Knock. Auch Mayne und Pérez gehen etwas detaillierter auf die Beziehungen der ersten Dreiecksbeziehung ein und versuchen dabei, die Funktion und Bedeutung der Kinematografie zu ergründen. Ähnlich wie in *Das Cabinett des Dr. Caligari,* drängt sich dabei die tableauartige Quasi-Autonomie der einzelnen Szenen auf, deren Zusammenhänge weder durch kausallogische Handlungsfolgen noch durch transparente Figurenmotivation gestiftet werden. Zudem macht sich hier immer wieder eine übergeordnete Erzählinstanz im Erzählprozess bemerkbar. Repräsentativ steht dafür, so Pérez, Mayne und Elsaesser, jene eindrückliche Szene, in der Ellen in der Nacht im Schlaf nach ihrem Geliebten ruft, während dieser gerade von Nosferatu überwältigt wird. Dieser hält jedoch just in dem Augenblick inne, richtet sich auf und blickt in die Richtung aus dem Bild, sodass ein *eyeline match* mit Ellens Blickrichtung aus der vorigen Einstellung entsteht, die wirkt, als höre er ihren Ruf. Diese Konstellation einer dialogischen Relation über Raum und Zeit hinweg bezeichnet Elsaesser mit ‚geheimer Affinität'. Sie erfolgt nicht qua Blick wie bei *Das Cabinett des Dr. Caligari.* Elsaesser sieht darin die Stiftung einer Verbindung durch eine Art Sensibilität oder Affekt auf Distanz, eine Ansteckung aus der Ferne. Man könnte aber auch von der Wahrnehmung eines Objekts in einer anderen Szene, sprich im wahrhaftigen Modus von Williams Ob-Szönität (*off scene* oder *off space*) sprechen. Ich würde sogar einen Schritt weitergehen und die These aufstellen, dass wir als Kinozuschauer*innen immer wieder und zwar gerade im Vergleich zu *Das Cabinett des Dr. Caligari* in gesteigerter Form dazu genötigt werden, das Ob-Szöne zu betrachten, da wir es – im Gegensatz zu den Figuren – immer wieder vor Augen geführt bekommen. Das ‚Verbotene', der ‚Tabubruch' der erotischen Beziehung von Ellen und Nosferatu liegt hier in der Tat nicht in der unmittelbaren Veranschaulichung eines ‚widernatürlichen' Begehrens, sondern in der offensiven Ob-Szönität begründet, die durch den krassen Schnitt merklich herbeigeführt wird. Wir haben es hier also mit einer anderen Variante der Produktion von Un/sichtbarkeit durch die Wiederaufführung der Grenze des Sichtbaren zu tun.

Dieses Schneiden/Montieren macht sich beispielsweise auch in jener Szene besonders bemerkbar, in der sich Hutter dem Reich Nosferatus nähert. In diese Handlung sind Einstellungen hineingeschnitten, die panoramaartig die umgebende Landschaft zeigen. Man sieht Täler und Berggipfel, hinter denen die Sonne verschwindet. Nicht nur sind diese Einstellungen anders eingefärbt als die Einstellungen, die das Wandern zeigen. Es handelt sich bei den Einfärbungen auch nicht um bloße Codierungen der Handlung im herkömmlichen Sinn, um eine bestimmte Stimmung zu erzeugen – was sie sehr wohl tun.[137] Der Wechsel der Farben bringt es mit sich, dass man dem Wechsel der Inhalte des visuellen Feldes gewahr wird. Dies hat zur Folge, dass beispielsweise die Berggipfel, die man

---

[137]Vgl. zur Farbe im Kino einschlägig Marschall 2005.

zunächst als bildliche Referenz auf romantische Berg- und Waldmalerei verstehen könnte, durch die monochrome Einfärbung deutlich nicht als piktoriale Landschaft, sondern als dezidiert kinematografische Landschaft erscheinen. Dieser Effekt wird durch Schwenks über die Landschaft noch verstärkt. Das demonstrative Zeigen von zusammengesetzter, daher nicht-kontinuierlicher Landschaft lässt sich weder dem Standpunkt noch der Perspektive einer Figur innerhalb der Diegese zuordnen. Es macht daher nicht nur darauf aufmerksam, dass hier eine übergeordnete Erzählinstanz am Werk ist, sondern auch, dass durch Zeigen stets immer etwas – Teile der Landschaft, der ‚Realität' – nicht gezeigt, also ausgelassen oder verborgen wird, was impliziert, dass etwas möglicherweise überhaupt nicht existiert oder nicht-existent gemacht wird.[138] Filmisches Erzählen selbst, so das Fazit hinsichtlich dieser Strategie, ist immer schon scheinbar produktives Weglassen – die narrative Struktur macht deutlich auf ihre eigenen Konstruktionsprinzipien aufmerksam. Dies erfolgt ausdrücklich im Modus einer Montage, die den trennenden Schnitt als solchen in Kombination mit einer dynamischen Kamera in Abgrenzung zum Tableau betont. Die höhere Erzählinstanz setzt sich zudem augenscheinlich von der innerdiegetischen Erzählstimme ab, wie sie durch den schriftlichen Bericht des anonymen Erzählers xxx repräsentiert wird, was bereits insbesondere Mayne bemerkt hat.[139]

Ähnlich wie *Dracula*, ist *Nosferatu* multiperspektivisch angelegt durch mehrere, nur lose miteinander verbundene Erzählstränge sowie[140] durch den Einsatz

---

[138]Ebenfalls deutlich wird das Konstruieren eines Gesamtzusammenhanges in den Szenen, in denen Bulwer seinen Studenten die Natur des Vampirismus bzw. den Vampirismus als natürliches Phänomen anhand einer fleischfressenden Pflanze und eines semi-transparenten Polypen erklärt. Zunächst wird in einem *establishing shot* die Situation erläutert. Darauf folgen nähere Einstellungen von Bulwer, der vor einem Terrarium steht und sich vorbeugt. Dennoch sind die Inhalte und Objekte der folgenden Szenen, die das Geschehen im Detail zeigen, eindeutig nicht Teil der diegetischen Welt. Besonders im Fall des Polypen handelt es sich um eine quasi-dokumentarische Einstellung, die vermutlich einem wissenschaftlichen Lehrfilm entnommen wurde. Vor schwarzem Hintergrund ist der Polyp im Aquarium so beleuchtet, dass seine Konturen deutlich zu sehen sind. Zunächst gibt es kaum Bewegung im Bild. Dann bewegt sich das Tier Richtung oberer Bildrand, von wo es ein Kleintier erbeutet, das ihm zur Fütterung gegeben wird (vermutlich mit einer Pinzette dargereicht). Bulwers Erklärung mutet seltsam an: Er erläutert nicht das Sichtbare als naturwissenschaftliches Faktum. Vielmehr deutet er den Polyp analog eines Vampirs auf Basis seiner materiellen Ähnlichkeit („wie ein Phantom"). Die Bezüge zwischen den Einstellungen sowie zwischen Gesagtem und Sichtbarem sind mehr als diffus und wirr. Ihre Anordnung weist sich als willentlicher Akt einer übergeordneten Erzählinstanz aus, deren Zusammenhang herbeigebrochen zu sein scheint.

[139]Vgl. erneut Mayne 1986.

[140]Mayne teilt den Film grob in drei Teile ein: Hinreise Hutters; Rückreise Hutters; Nosferatus zeitgleiche Reise nach Wisborg. Bereits den ersten Teil könnte man weiter in zwei Teile unterteilen, da ein großer funktionaler und sinnstiftender Unterschied zwischen Hutters Reise und seinem Aufenthalt auf dem Schloss besteht. Ab dem Zeitpunkt, ab dem Nosferatu das Schloss verlässt, verkompliziert sich das filmische Narrativ dadurch, dass mindestens drei alternierende Erzählstränge entstehen. Dazu kommt noch die Episode mit Bulwers pseudo-wissenschaftlicher Veranschaulichung, die an den Rest der Handlung wenig anschlussfähig ist. Sie lässt sich kaum

verschiedener Medien.[141] Es ist grundsätzlich unmöglich, eine einzige diskursive Quelle auszumachen. Vor allem aber existiert, was die Autorität über die filmische Erzählung anbelangt, eine Grundspannung zwischen dem Bericht des Erzählers xxx und der narrativen Instanz, welche die Bildszenen und Sequenzen miteinander verknüpft. Die dabei entstehende Diskrepanz, so Maynes Schluss, rührt vorwiegend daher, dass der Wissensstand des Berichterstatters, der versucht, die Ereignisse nicht nur zu zeigen *(monstrare)*, sondern gleichzeitig zu deuten, permanent hinter jenen zurückfällt, der von der bilderzeugenden Instanz produziert und vermittelt wird. Das Mehr-an-Wissen, auf das hier angespielt wird, ist ganz deutlich als Effekt der Wiederaufführung von Literatur und Text durch das Medium Film ausgewiesen, insofern durch die Reproduktion des Mediums Buch im Film nochmals dessen Mängel ausgestellt werden.

Die Produktion einer Asymmetrie bei der technischen Reproduktion des Mediums ‚Buch' im Medium ‚Film' wird bereits in der ersten Einstellung im Anschluss an den Vorspann erkennbar. In dieser wird der Bericht als materiell vorhandenes Buch vor einem schwarzen Hintergrund gezeigt – eine herkömmliche Variante, mit Inserts umzugehen, die Schriftmaterial visualisieren. Der Buchdeckel ist geschlossen. Man kann den Titel erkennen, der sich wie folgt liest: *Aufzeichnung über das große Sterben in Wisborg anno Domini 1838* von xxx. Dieser Titel gibt genug Information preis, sodass die Zuschauer*innen wissen, dass der folgende Inhalt des Films etwas mit Tod und Sterben zu tun haben wird. Die Seite wird dann wie von Geisterhand per Trickverfahren umgeschlagen. Auf der nächsten Seite ist in einer Art Anrufung an die Leser*innenschaft notiert: „Nosferatu. Tönt dies Wort Dich nicht an wie der mitternächtige Ruf eines Totenvogels. Hüte Dich es zu sagen, sonst verblassen die Bilder des Lebens zu Schatten, spukhafte Träume steigen aus dem Herzen und nähren sich von Deinem Blut."

Dieser knappe Text ist keineswegs als ‚neutraler' Bericht vergangener Ereignisse zu verstehen, sondern appelliert, in der Tat wie die Diktion eines Romans aus der Romantik, direkt an den Leser, die Leserin, sprich Zuschauer, Zuschauerin. Es handelt sich um eine Lektüreanweisung, die zugleich eine Drohung darstellt. Lautes Lesen des Namens ruft etwas hervor: Leben wird die Qualität von Schatten annehmen; Träume werden zu blutzehrenden Entitäten werden. Auch wenn die angerufenen Bezüge von Leben/Realität und Tod/Traum/Fantasie chiastisch

---

innerdiegetisch verorten, zeitlich determinieren oder fixieren. Nosferatus Schiffsreise, das Wüten der Pest auf dem Schiff, Hutters Rückreise zu Fuß und zu Pferd, Ellens Warten sowie ihre Vorahnungen werden nicht nur alternierend gezeigt, sondern gehen beinahe unmerklich ineinander über, sobald das Schiff im Hafen von Wisborg angelangt ist, auch wenn es keine eindeutigen zeitlichen Hinweise für einen linearen Ablauf des Geschehens gibt. In Wisborg werden diese Erzählstränge noch durch jenen Strang erweitert, in dem die Honoratioren der Stadt, wie bspw. der Bürgermeister, Dr. Sievers, der Stadtarzt, sowie Harding, der Reeder, dem die Empus gehört, versuchen, das Rätsel des ‚Geisterschiffes' zu ergründen. Vgl. erneut Mayne 1986.

[141]Gemeint sind hiermit vor allem Nosferatus Brief an Knock, *Das Buch der Vampyre,* Hutters Brief an Ellen, der Logbucheintrag des Kapitäns sowie die öffentliche Bekanntmachung der Pest mit den Verhaltensregeln für die Bevölkerung.

angeordnet sein sollen, erweist sich dies als Schieflage, insofern die Bezugsebene für das Leben immer schon die Bilder sind. Diese stellen offenbar die ‚wahrhaftige' Referenz dar, woran sich sowohl das Scheinhafte des Traums als auch das Reale des Lebens werden messen lassen müssen. Der Film ist augenscheinlich dasjenige Medium, welches das ‚echte Leben' zeigt, unabhängig davon, in welcher substantiellen, materiellen Form. Dabei handelt es sich aber um eine Überschreitung der Funktion, die dem expressionistischen Kino bei Eisner zugeschrieben wird, dass nämlich Filme romantischen Fantasien Leben einhauchen – Filme sind vielmehr Leben als Traum *und* als Realität. In *Nosferatu* wird keine Fantasie technisch so erzeugt, dass wir sie für etwas Magisches halten, weil die Verfahren sich unsichtbar machen würden. Im Gegenteil wird auf dieses Verhältnis durch stetiges Verweisen auf die kinematografische Technik permanent hingewiesen. Überhaupt entsteht offenbar alles im Film und insbesondere in *Nosferatu* mittels Tricks und Techniken, die einzig der Kinematografie vorbehalten sind: Bei keinem Buch von dieser Welt blättert sich eine Seite um, ohne dass sie nicht von einer Hand gehalten wird. Wenn es sich nun dabei aber in *Nosferatu* um ein übernatürliches Phänomen handelt, wie inhaltlich durch den Text angezeigt werden soll, dann ist es zuallererst merkliches Produkt und deutlicher Effekt technischer Reproduzierbarkeit. Das Medium Buch wird verwendet, um diesen Inhalt zwar vermeintlich historisch zu situieren, weist ihn aber in der Performanz als moderne, kinematografische Variante dieses Geschehens aus. Daran ändert auch nichts, dass es sich um alte Tricks aus der ‚Mottenkiste' der Kinematografie (Stoptrick, Überblendung) handelt. Damit wird vielmehr eine betonte Überschreitung erzeugt, insofern sie hier nicht als Attraktion fungiert, sondern in die Narration vollständig eingebunden ist – sie ist zum Standard des kinematografischen Repertoires geworden. All die im Film verwendeten, ‚angestaubten' Tricks werden systematisch genutzt, um die Fähigkeiten des Mediums vorzuführen, nicht nur im modernen Sinn ‚Leben' technisch reproduzieren zu können, sondern ‚Wirklichkeit' als medial konstruierte *und* vermittelte auszuweisen. Diese Art differentialer Medialitätsproduktion betrifft nun aber nicht nur das Verhältnis von diegetischem Text und Filmtext, sondern auch dessen Verhältnis zu den literarischen Vertretern schauerromantischer Literatur, angefangen bei Poe, über Lewis und Walpole, Shelley und Beckford, Hoffmann und Paul, Baudelaire, Farrère und Lautréamont, bis hin zu Flammarion, Wells und eben zu Stoker, die dem Filmpublikum vermutlich alle recht gut bekannt waren.

Die darin dargestellte Grundproblematik des Schauers nimmt ihren Ausgangspunkt stets in einem ‚realen' Phänomen, sodass sich dieses, sei es qua wissenschaftlicher Erkenntnis, sei es qua Gesellschafts-, Arbeits- und Produktionsverhältnisse, aus der Sicht eines individuellen Subjekts immer mehr entzieht beziehungsweise unüberschaubar und uneinsehbar (geworden) ist. Nicht umsonst wird diese Konstellation als Problematik der Wahrnehmung eines (in der Regel männlichen) Subjekts verhandelt. Unüberschaubarkeit beziehungsweise Uneinsehbarkeit der Welt oder ‚Realität' werden dadurch zu lösen versucht, dass die ‚verzerrte' subjektive Einbildungskraft daraufhin ihre eigene (zerstörerische oder heilende) Version von Realität produziert, die vermeintlich kohärent ist. Sie bildet quasi eine eigene Schicht, die eben nicht autonom ist, sondern mit dieser verknüpft bleibt, da diese konstitutiv für sie ist. Das heißt, es entstehen ineinander verwobene Phänomenebenen, die die Realität zugleich sind und nicht sind. Nicht zuletzt deshalb lässt sich bei diesen Texten scheinbar so problemlos mit dem Freud'schen Konzept des Unheimlichen arbeiten, weil dem Subjekt das wahrgenommene Vertraute in unvertrauter Gestalt begegnet.[142]

Diese Bezüge sind in *Nosferatu* auf mehrfache Weise vorhanden, nämlich einmal auf der Ebene der Bildgestaltung, wie ich sie bezüglich der Landschaft bereits erwähnte: Die Schwenks über grün, gelb, rot und blau eingefärbte Bergtäler und -spitzen, über Wälder und Wiesen beziehen sich eindeutig auf die Ikonografie (schwarz-)romantischer Landschaftsdarstellungen. Der Effekt des Unheimlichen wird dabei nicht durch etwas Unbelebtes erzeugt, was sich im Bild zu bewegen beginnt. Vielmehr erzielen die Kolorierungen gemeinsam mit der Kamerabewegung den Effekt, etwas vermeintlich Vertrautes wie Landschaft zu ‚verfremden'. Das visuell gestaltete Unheimliche wird hier deutlich als Effekt nicht individueller Wahrnehmungsstörung einer Figur oder eines Subjekts, sondern als Resultat ‚moderner' Mittel technischer Reproduktion ausgewiesen.

In der Literatur wird zudem oft darauf hingewiesen, dass sich das Unheimliche gerade dort findet, wo man es nicht vermutet, in der Repräsentation der vermeintlichen Idylle in Wisborg zu Beginn des Narrativs nämlich.[143] Die Szene, in der Hutter Ellen den Blumenstrauß übergibt, und sie ihm vorwurfsvoll vorhält, er habe die Blumen ‚getötet', wird als bereits eingangs gesetzte Infiltration dieser Idylle durch das ‚Fremde', Unheimliche gedeutet. Aber auch die visuelle und performative Ausgestaltung weiterer Figuren, wie insbesondere Bulwer und Knock, weisen zu Beginn schon deutlich darauf hin, dass in der ‚Heimat' etwas ‚Seltsames' am Werk ist, noch bevor wir dieses als Zuschauer*innen konkret in Augenschein nehmen konnten.

Um das Unheimliche aber entsprechend deuten zu können, muss man die Verknüpfungen seiner thematischen, visuellen Produktion mit der strukturellen, narrativen Konstruktion von Raumzeit in *Nosferatu* näher in den Blick nehmen. Erst dann ist es auch möglich, zu erkennen, welche Figur des Technisch-Anthropomorphen queerer Männlichkeit in diesem Film entsteht.

In der Literatur wird verstärkt darauf hingewiesen, dass auf der Basis der Landschaftsaufnahmen in Verbindung mit der besonderen Bildkonstruktion und der narrativen Anordnung der Szenen ein besonderer Raum entsteht. Dieser sei, anders

---

[142]Nach Friedrich Kittler antizipierte die Schriftkultur der Romantik das Medium Film, indem die Einbildungskraft einen Fluss erzeugte, der dem Film ähnelte, welcher vor dem inneren Auge des Subjekts ablief. Dieses bekam die Differenz von ‚Schein' und ‚Wirklichkeit' nicht mehr richtig in den Blick. Um 1900 löste sich die romantische Vorstellung technisch ein, stellte dabei aber ihre Konstruktionsprinzipien aus, wofür auch *Nosferatu* ein Beispiel darstellt. Das Argument richtet sich auch gegen die Position Eisners. Vgl. Kittler 1995.
[143]Entgegengesetzt argumentiert Bronfen 1990, die eine wahrhaftig biedermeierliche Idylle annimmt.

beispielsweise als in *Das Cabinett des Dr. Caligari,* aufgrund seines quasi-dokumentarischen Charakters eben nicht Ausdruck ‚innerer' Gefühlswelten der Figuren, sondern vielmehr ein quasi-autonomer symbolischer Raum, der deshalb alles Mögliche repräsentieren könne. Wenn jedoch in der Literatur hinsichtlich *Nosferatu* von Symbolik geschrieben wird, ist stets ein besonderer Topos gemeint, der des Dazwischen nämlich. So wie der Rhythmus der kinematografischen Erzählung davon getragen wird, dass mehrere Figuren hin- und herreisen, wodurch sie in verschiedene Richtungen mehrere Räume durchqueren müssen, steht der Raum des Dazwischen metaphorisch für Nosferatu: eine Figur der Grenze, zugleich eine Figur der Transgression dieser Grenze; ein Wesen im Zustand der Liminalität, des Übergangs und der Wandlung. Dabei handelt es sich um eine starke Reduktion der Funktion des Raums (sowie der Zeit) in *Nosferatu,* die mehr mit der Frage nach der technischen Reproduzierbarkeit und der strukturellen Funktion der Figur Nosferatus als vermeintlich Unbewusstes moderner Erzählformen zu tun hat.

Diese Funktion zeigt sich deutlich in jener Szene, in der Hutter seine Wanderung Richtung des Schlosses allein zu Fuß fortsetzt. Zentral ist hierfür der Abschnitt der Szene, worin Hutter die Brücke überquert hat und sich damit auf Nosferatus Terrain befindet. Wir sehen in dieser Szene zunächst einmal weite Einstellungen von einem Wald, durch den ein Weg geschneist ist. Hutter kommt zu Fuß aus dem Bildhintergrund, klein, nach vorn und stellt sich etwas unmotiviert an den Wegesrand. Dann sieht man, ebenfalls aus dem Bildhintergrund, klein, Nosferatus Kutsche mit großer Geschwindigkeit nach vorn ins Bild fahren. Bei der verwendeten Technik handelt es sich um eine Kombination aus Stoptrickverfahren und Zeitraffer, also bekannten kinematografischen Verfahren. Koebner hat dies ebenfalls bemerkt und bezeichnet sie als Griff in die Trickkiste Meliès'scher Provinienz.[144]

Da es sich um die Szene handelt, in der Nosferatu als Figur eingeführt wird, kann man daraus schließen, dass er mit diesem Verfahren als ‚typischer' Vampir repräsentiert werden soll, eine Entität nämlich, die mit übermenschlichen beziehungsweise übernatürlichen Kräften ausgestattet ist. Er kann sich über humane physikalische Gesetze, daher raumzeitliche Beschränkungen hinwegsetzen, denen diese unterworfen sind. Wie seine literarischen *counter parts,* kann auch er sich offenbar schneller bewegen als ein Mensch. In eindeutiger Referenz auf den bis dato literarischen, dabei typischen Vampir wird also Nosferatu wiederum als merklich kinematografische Figur ausgewiesen. Bei aller scheinbaren Ähnlichkeit mit romantischer Motivik und Ikonografie macht ihn dies eben zu einem ‚typisch' kinematografisch-filmischen Vampir. Sein ‚Wesen' besteht darin, dass die Newton'schen Gesetze der Physik keine Anwendung finden. Weinstock hat für dieses Phänomen den Begriff des „vampire space" geprägt, „a smooth space in which thought overcomes distance and movement is unimpeded by either material obstacles or national boundaries." (Weinstock 2012, S. 13). Vampirische Bewegung, so Weinsteins Auslegung,

---

[144]Vgl. erneut Koebner 2003a.

in keeping with the vampire in general, is reflective both of dread and desire – anxiety over the unstability of a modern world ‚perpetually in the throes of massive change' (Abbott 2007:5), as well as the desire to transcend the limitations of time and place and become something other. (Weinstock 2012, S. 13)[145]

Weinstocks Bemerkungen sind aus der Perspektive einer (männlichen, eurozentrischen) Subjektposition formuliert, aus der heraus der Vampir in Abgrenzung betrachtet und gedeutet wird. Setzt man sie für einen Moment aus, stellt sich der *vampire space* ganz anders dar. Wie Koebner bemerkt, werden in *Nosferatu* alle, zu diesem Zeitpunkt bereits bekannten kinematografischen Tricks verwendet, um eine speziell Vampiren zugängliche, mit ihnen einhergehende Raumzeit zu konstruieren, die ihre kinematografische Abkunft gerade nicht ausblendet, sondern betont. Anhand eines, ich würde sagen erweiterten *vampire spaces* wird somit ermöglicht, das Verhältnis von technischer Reproduzierbarkeit zur ‚Wirklichkeit' näher zu beleuchten als das von Weinstock angesprochene Verhältnis der medialen Konstruktion von ‚Leben', ‚Realität' und ‚Wahrheit' zu einer zunehmend uneinsehbar und daher problematisch gewordenen physikalischen und sozialen Realität. Indem ihm alle technischen Mittel der Reproduzierbarkeit des Mediums Film zur Verfügung stehen, über die er offenbar Macht ausüben kann, ist im kinematografischen Vampir Nosferatu das sehr moderne Prinzip der Grenze von technisch erzeugtem, sprich ‚künstlichem' nicht-reproduktiven ‚Leben' und ‚natürlicher' reproduktiver ‚Wirklichkeit' verkörpert: Nur er kann durch Wände gehen; nur er kann in der Zeit springen; nur er kann per Telekinese Objekte, seien es Sargdeckel oder Schiffe, bewegen und steuern; nur er kann mit Händen in die ‚Wirklichkeit' eingreifen und Ellens Herz so zusammendrücken, dass sie daran stirbt. Insofern ist er nicht und steht nicht für das Andere dieser diegetischen Gesellschaft. Er steht auch nicht symbolisch für das Dazwischen einer Gesellschaft und ihrem Anderen. Er ist weder ihr Unbewusstes noch das Unbewusste der Erzählstruktur. Vielmehr ist er die Relationalität dieser Differenz, eine Figur medialer Un/bestimmtheit *und* medialer Nicht/Reproduktivität.

Ich möchte deshalb nun im Folgenden die Figur noch etwas näher beleuchten, denn sie besitzt neben den funktionalen Aspekten von Liminalität und Transgression sowie den epistemologischen Aspekten von Raumzeit und Bewegung auch noch weitere, die sich ebenfalls, ähnlich wie Raum, Bewegung und Status, auf ganz spezielle Weise durch Bezugnahme zu den literarischen, theatralen und piktorialen Vorläufern des Unheimlichen, aber auch insbesondere des Vampirischen als spezifisch kinematografische konstituieren.

In der Literatur sind sich die Autor*innen nicht hundertprozentig darüber einig, ob Nosferatu nun das Andere schlechthin verkörpert oder nur dessen Medium beziehungsweise Auslöser repräsentiert. Bronfen argumentiert beispielsweise mit Zweitem, wobei das Argument narrativ-strukturell fundiert ist. Bei dieser Funktionalisierung geht jedoch gerade jene Dimension verloren, die den Film als Medium ausmacht, die visuell-bildliche nämlich. Und auf dieser Ebene ist Nosferatu ganz

---

[145]Vgl. auch Abbott 2007.

eindeutig als ein Wesen dargestellt, welches eine Mischung aus einem ‚fremdartig' aussehenden Menschen und einem Tier bildet. In der Literatur wird dies als Anderes aus westlich-anthropozentrischer Perspektive gedeutet. Die Frage ist aber, ob oder was mit diesem Andersartigen codiert werden soll. Mit Butler bin ich der Ansicht, dass es keineswegs übertrieben ist, hierbei an jüdische Stereotypisierungen zu denken. Allerdings würde ich weiter gehen und behaupten, dass in die Darstellung Nosferatus zudem Elemente eingebunden sind, die auf eine ‚osteuropäische' oder gar ‚persisch-arabische' Herkunft verweisen. Zwar wandelt sich Nosferatus Aussehen während des Verlaufs des Films, jedoch sind die einprägsamsten Elemente seiner Kleidung Umhang und Schlapphut. Ebenso einprägsam ist jedoch zudem die Kleidung, die er im Schloss trägt, der fezartige Hut sowie das kaftanartige Gewand nämlich. Die Ikonografie orientiert sich augenscheinlich und zugleich lose an den kulturhistorischen Anfängen des Vampirismus zu Beginn der Aufklärung,[146] sodass sie primär als Variante der Produktion eines in sich differenten ‚Fremden' erkennbar wird.

Ähnlich verhält es sich mit dem ‚tierischen' Element der Repräsentation der Figur. Dieses wird über die langen, krallenartigen Finger sowie über die Fangzähne impliziert. Nosferatu ist als ‚fremdartiges' Hybridwesen *more than human* und daher als ‚unnatürlicher' *freak* für das zeitgenössische Publikum interpretierbar. Im Film vollzieht sich eine Art Tier-Werden, insofern Nosferatu eine un/bestimmte Beziehung zu Ratten besitzt, die mehrmals aus den Särgen als undifferenzierte Masse hervorströmen.[147] Butler versteht die Ratten als bekannte, hier einfach reaktivierte verunglimpfende Allegorie auf Juden und Jüdinnen. Koebner sieht dagegen mit Referenz zu aktuellen und vergangenen Antisemitismen diese Lesart als übertrieben an,[148] da weder Nosferatus Auswirkung auf die Menschen noch seine Beziehung zu den Ratten und ihrem Tun evident seien. Gerade die augenscheinliche un/bestimmte Bezugnahme erzeugt aber einen semantischen Exzess, der unter anderen diese Lesart Nosferatus im Sinne eines verabscheuungswürdigen ‚Tiers' als besondere Variante einer Deutungsgeschichte der Ratten als Symbol für das ‚menschliche Ungeziefer' ermöglicht, als welches die Juden und Jüdinnen im zeitgenössischen Antisemitismus bezeichnet wurden. Ebenso ermöglicht dieser Überschuss aber auch eine Lesart der Ratten als Tiere der Nacht beziehungsweise des Teufels. Ich würde sogar so weit gehen, zu behaupten, dass sich die Un/Eindeutigkeit in der Art der Referenz zudem auf die vermeintliche Wirkung der Ratten beziehen lässt, die Pest zu übertragen. Koebner merkt an, dass nicht eindeutig bestimmbar ist, ob der Tod, der sich über das Schiff und die Menschen in Wisborg ausbreitet, nun das Resultat der Pest, die von den Ratten übertragen wird, oder durch Nosferatus Biss herbeigeführt ist.

---

[146]Vgl. hierzu erneut Lecouteux 2008 sowie Schaub 2008.
[147]Mit Tier-Werden ist hier das Konzept von Gilles Deleuze und Félix Guattari gemeint, das sie in *Tausend Plateau* darlegen. Vgl. Deleuze/Guattari 2002.
[148]Vgl. Koebner 2003a, bes. S. 24. Weiterführend zum Antisemitismus vgl. Kaes 2009, bes. S. 108 ff., Müller 1999 sowie Gelder 1994.

3.3 Die ‚monströse' Un/möglichkeit der Selbst-Erkenntnis …

Wäre das der Fall, handelte es sich um eine metonymische, jedoch dabei zugleich wechselseitig konstitutive Bedeutungsverschiebung zweier sichtbar thematisierter Inhalte: Die Bisse könnten die Pest stellvertretend repräsentieren und umgekehrt. Die Pest könnte überhaupt die zwar ‚natürliche' ‚objektive', dabei aber gänzlich unzureichende Erklärung der Menschen in der innerdiegetischen Welt, aber auch des Erzählers von dem sein, was über sie hereinbricht. Sie könnte darüber hinaus in einer obskurantistischen Lesart als ‚natürliches' Phänomen Zeichen einer ‚übernatürlichen' Macht sein, die hier gesellschaftliches Verhalten bestraft. Gerade diese Lesart ginge an der ‚Wahrheit' über das Phänomen vorbei, obwohl es sich um eine ‚übernatürliche' und keine ‚wissenschaftlich-objektive' Erklärung handelte. Es ist nicht mit Sicherheit zu sagen, weder woran der Matrose noch der Kapitän der Empusa noch die Menschen in Wisborg gestorben sind. Nosferatu erscheint dem einzig verbliebenen Matrosen auf der Empusa wie ein technisch produzierter Geist. Dieser stirbt vermutlich durch Ertrinken. Dass Nosferatu den Kapitän mit seinem Biss tötet, lässt sich nur indirekt durch seinen Schatten ableiten, der sich über ihm aufrichtet. Analog seiner visuellen Un/bestimmtheit, ist auch die Kraft Nosferatus mit ihren Auswirkungen nicht zu vereindeutigen, da er für nichts Eindeutiges steht, weil er es selbst nicht verkörpert, sondern vielmehr die ob/szöne, nicht/natürliche Verknüpfung nicht/natürlicher, deshalb un/eindeutiger Entitäten, seien sie tierischer oder menschlicher, seien sie semiotischer oder phänomenaler Herkunft.

Umso interessanter ist Nosferatus Kontakt zu einer bestimmten Figur im Film. Wenn Nosferatu in Wisborg eingetroffen ist, hat Hutter mehrmals sonderbarerweise Nosferatus Übergriffe gut überlebt. Von zentraler Bedeutung ist in diesem Kontext, dass Nosferatu auf bildlich-visueller Ebene – daher für den Zuschauer, die Zuschauerin – im Gegensatz zur Vielzahl der literarischen Vampire seine Gestalt nicht so sehr wandeln kann. Ein *passing* der Figur als ‚echter' Mensch beziehungsweise vergeschlechterter Mann ist Nosferatu gänzlich unmöglich. Insofern trifft auf ihn nicht zu, was die meisten Vampire charakterisiert, nämlich den anderen Figuren zeitweilig als unglaublich attraktives, insbesondere sexuell anziehendes Individuum zu erscheinen. Nosferatu, so sieht das auch Koebner, stellt in seiner irreduziblen Vieldeutigkeit immer eine Art Kauz, sprich ‚schräger Vogel' dar. Visuell betrachtet, bleibt er in seiner Un/eindeutigkeit *strange*. Dazu gehört auch, dass er im Gegensatz zu Dracula eben nicht polyglott ist und mit aktuellen zeitgenössischen Medien umzugehen weiß, um in modernen Gesellschaften ungehindert als Mensch durchzugehen.

Hier ist auch Funktion und Bedeutung seines Schattens sowie seines Spiegelbildes zu verorten, welche vielen Autor*innen in der Debatte zum Vampirismus ein Rätsel bleiben. Zwar wird vielfach angemerkt, Nosferatus Herkunft sei das Chiaoscuro des expressionistischen Kinos mit seinem besonderen Einsatz von Licht und Schatten. Das ist vollkommen korrekt bemerkt. Er ist, wie die meisten bekannten Vampire, ein Geschöpf der Nacht, und das Tageslicht bringt ihn in schreckliche Bedrängnis. Aber sein Wesen besteht ausschließlich aus kinematografischen Elementen, unter anderem aus Licht und Schatten. Hierdurch muss die Figur im Verhältnis zum literarischen Vampir keine Kommunikationsmedien verwenden, um den Schein einer menschlichen Figürlichkeit zu erzeugen. Deshalb können wir seinen Schatten als Reflexion auf Hauswänden sehen. Wir wissen auch, welche Handlung er begeht, die wir entsprechend deuten können. Deshalb ist er in der filmischen Narration nicht nur ein Schatten, wo das *chiaoscuro* besonders zur Anwendung kommt. Da er nichts Jenseitiges, sondern die Differenz in sich schlechthin verkörpert, kann er ein Spiegelbild besitzen, weil dieses ein typisch kinematografisches Element bildet, eine Raumvergrößerung zu erzielen.

Das bedeutet nicht, dass der Spiegel in *Nosferatu* keine besondere Bedeutung hat – alles andere als das, wie ich im Folgenden zeigen werde. In den literarischen Texten jedoch, so die am häufigsten in den Debatten zum Vampirismus vertretene These, steht das fehlende Spiegelbild des Vampirs in der Regel stellvertretend für den blinden Fleck der repräsentierten Gesellschaft gegenüber dem Fremden im Eigenen, gegenüber dem, was sie an sich selbst nicht erkennen mag.[149] Der Spiegel ist eine Textfigur, die besonders in der negativen Variante als Medium der (mangelnden) Selbsterkenntnis einer Kultur beziehungsweise Gesellschaft oder auch eines Individuums dient.[150] Weil aber Nosferatu im Film durchgängig nicht das ganz Andere repräsentiert, sondern als relationale Differenz zwischen lebensechtem kinematografischen Schein und uneinsehbar gewordener Wirklichkeit produziert wird, die er verkörpert, besitzt der Spiegel nicht diese, qua Repräsentation regulierte Funktion. Das Spiegelbild kann erscheinen, weil die Figur nicht/natürlicher Schein und nicht/natürliche Wirklichkeit zugleich ist.

In dieser gedanklichen Linie kann man die vermeintlich oppositionelle Relation Nosferatus zur Gesellschaft, im Film vertreten durch die Stadtgemeinschaft Wisborgs, betrachten. Nur in einer rein funktional-strukturellen Interpretation *Nosferatu*s, wie sie Bronfen vorgelegt hat, lässt sich die These aufrecht erhalten, Nosferatu verkörpere das radikal Andere, zu dem die Gemeinschaft jeglichen Bezug leugne, wodurch er letztlich auch ausgeschlossen werden müsse. Allein, Nosferatu repräsentiert als dieses ‚Fremde im Eigenen' gerade nichts Bestimmtes, Eindeutiges, wie dies Arata für Dracula überzeugend ausführt: eine fremde Kultur, eine andere Gesellschaft(sordnung), eine normabweichende Sexualität oder dergleichen. Der Film konstituiert Nosferatu als das ‚Andere' auf bildlich-visueller Ebene sowie strukturell-narrativ durchgängig, jedoch als das, was in sich un/bestimmt bleiben muss.

Obwohl die Figur in ihrer uneinholbaren *strangeness* eher abstoßend wirkt, bedeutet dies deshalb gerade nicht, dass sie nicht anziehend wirkt. Ihre große Fas-

---

[149] Vgl. hierzu erneut die absolut überzeugende Argumentation Aratas 1990 bezüglich *Dracula,* worin er von „reversed colonization", der Angst vor der Unterwanderung, der Übernahme durch das ‚Fremde' schreibt und das fehlende Spiegelbild so deutet, dass die britische Gesellschaft nicht in der Lage war, das eigene ‚Fremde', hier den Imperialismus und die Kolonisierung, zu erkennen. Der Spiegel dient somit, auch in seiner negativen Variante, als textuelle Figur und dabei als Medium der Selbsterkenntnis.

[150] Vgl. zur Ontologie und Geschichte des Spiegels in westlichen Kulturen Melchior-Bonnet 2001.

3.3 Die ‚monströse' Un/möglichkeit der Selbst-Erkenntnis ...

zination bekunden eindeutig die Reaktionen aller anderen Figuren auf ihn, die im Film personalisiert werden, also vornehmlich Knock, Hutter und Ellen. Faszination kann durchaus mit Angst und Abscheu gemischt sein. Die Figur Knocks verdeutlicht, dass sie zu bewundernder Ergebenheit und Aufopferungswille führen kann.

Nosferatus Aussehen besitzt in ikonografischer Hinsicht eine weitere Dimension, auf die Richard Dyer hingewiesen hat, die der schwulen ‚Tante' nämlich.[151] Mit seinem ikonografischen Argument stellt sich Dyer speziell bezüglich *Nosferatu* gegen den Großteil der Debatte über medienkonstituierte Vampire, medienkonstituierten Vampirismus, in der vorwiegend der Austausch der Körperflüssigkeit des Blutes sowie das Saugen stellvertretend, das heißt allegorisch als Akt des Sexes interpretiert wird.[152] Nosferatus ikonografisches Komplement bildet dabei nicht Knock, der ihm rein äußerlich und auch hinsichtlich seiner Verhaltensweisen (er isst Fliegen) ähnelt, sondern vielmehr Hutter, den Dyer als ‚Buben' auffasst.[153] Die Beziehung zwischen den beiden Figuren sei codiert als allegorisierte Darstellung von verbotener beziehungsweise gesellschaftlich geächteter Sexualität, so Dyers These. Ich stimme Dyer in dem Punkt zu, dass die Ikonografie mit Bezug zur Bedeutung der Figuren von großer Wichtigkeit ist. Allerdings sollte sie sich nicht in der allegorischen Lesart erschöpfen, die damit auf (verbotene) Formen der Sexualität in einer vermeintlich vorgelagerten Realität verweist. Jeder Vampir, jede Vampirin steht in Relation zu sämtlichen anderen, bereits existierenden Vampiren, egal aus welchen Medien, egal aus welcher Zeit er oder sie stammt. Insbesondere die Vampire und vorwiegend Vampirinnen des 19. Jahrhunderts repräsentieren – neben den weiteren Kategorien des zeitgenössischen Fremden, wie Kapitalismus, Imperialismus, Kolonialismus, ethnische und religiöse Alterität, Technisierung und Medialisierung – den Prozess der Normalisierung der biologistischen heterosexuellen, durch Familie und Ehe abgesicherten Geschlechterordnung. Dies erfolgt gerade, indem an ihnen die exzessiven, transgressiven und nicht-akzeptierten Varianten von Sexualität und Begehren dargestellt, thematisiert und verhandelt werden. Kein Vampirismus ist daher per se ohne Sexualität und geschlechtliche Identität zu haben, auch nicht in *Nosferatu*. Allerdings ist er hier in Form von Relationalität, genauer von nicht/natürlicher Nicht/Reproduktivität der Differenz von nicht/natürlichem Schein und nicht/natürlicher Wirklichkeit vorhanden.

---

[151]Vgl. erneut Dyer 1990, bes. S. 35 ff. Zur Charakterisierung des zeitgenössischen schwulen Typus der ‚Tante' vgl. erneut Gordon 2006. Diese Typen hatten besonders während der Weimarer Republik Konjunktur oder waren zumindest während dieser Zeit in der Gesellschaft am sichtbarsten.

[152]Interessant ist an dieser These darüber hinaus, dass Dyer damit seine frühere These zur Allegorisierung von Sex durch den Vampirismus insbesondere in der Literatur revidiert. Vampirismus sei eine, so Dyer dort mit historischem Blick in die Literatur, im Prinzip *die* Strategie, schwule und lesbische Formen der Liebe und Sexualität stellvertretend zu repräsentieren und qua Camouflage dadurch einer heteronormativen Kultur zugänglich zu machen. Vgl. Dyer 1988.

[153]Vgl. zur Typologie des ‚Buben' erneut Gordon 2006, bes. S. 80 ff. Auch der ‚Bube' ist eine Figur schwuler Selbstinszenierung mit Hochkonjunktur zur Zeit der Weimarer Republik.

In der Literatur wurde dabei ganz korrekt angemerkt, dass sich *Nosferatu* in eine Tradition von ‚Texten' einreihe, die einen männlichen Vampir zur zentralen Figur machen. Aufgrund der zentralen weggelassenen Elemente seien bei der Reproduktion in der Tat einige auffällige Differenzen produziert worden. Dabei entsteht jedoch der starke Eindruck sowohl der geschlechtlichen als auch der ‚ethnischen' Un/bestimmtheit der Figur dieses Vampirs. Auch das Merkmal einer unleugbar unwiderstehlichen Faszination ist hochgradig ambivalent – Horror und Begehren –, was die Figuren der diegetischen Welt ebenso betrifft wie das Filmpublikum. Ebenso wenig deutlich wird Nosferatus eigenes Begehren.[154]

Auf die un/eindeutige Repräsentation von Sexualität und Begehren in *Nosferatu* weist auch Bergstrom hin.[155] In ihrer *erotic of looking* beschreibt sie speziell anhand von Murnaus Filmen, dass in ‚Wahrheit' sexualisierte Beziehungen zwischen Figuren auf die Ebene emphatischer Betrachtung eines ‚rein' ästhetischen Bildinhalts gehoben und dem Publikum präsentiert wurden. Sie beschreibt diesen Prozess folgendermaßen:

> A system of relays, delays, and necessarily deferred gratification is built up out of a series of basically static views of compositions that recall paintings, and that call upon the viewer to look at the image on the screen as if he or she were looking at a work of art (Bergstrom 1985, S. 194)

Auf diese Weise, so Bergstrom, werden „narratively unacceptable representations of desire possible on another level." (Bergstrom 1985, S. 194). In diese Beziehung verlagert, richtet sich in der Erotik der Betrachtung demnach ein aktiver Blick der Zuschauer*innen auf einen passiven, sich diesem Blick darbietenden Bildinhalt.[156] Bergstrom betont, dass sie durch eine besondere qualitative Art der Bezugnahme

---

[154]Koebner schreibt bezüglich des Vampirismus als stellvertretender Repräsentation von Sexualität, Vampire zeichneten sich vor allem dadurch aus, dass sie alle und jeden geschlechterübergreifend bissen. Wie das genau gemeint ist, bleibt unklar. Man könnte dies in abschätziger Weise auf nicht-heterosexuelle Praktiken beziehen. Man könnte aber auch darin in allegorischer Lesart des Vampirismus die polymorph-perverse Lust von Vampir*innen erkennen. Vgl. erneut Koebner 2003a. Entgegenzusetzen wär diesem Standpunkt, dass die Praxis, geschlechterübergreifend zu beißen, eine universalisierte Camouflage dafür darstellt, dass das eigentliche Objekt der Begierde beim Blutsaugen ein spezifisch minorisiertes, gleichgeschlechtliches Objekt sei. Vgl. hierzu erneut Dyer 1988. Die entscheidende Stelle im Film bezüglich Nosferatus uneindeutigen Begehrens ist meines Erachtens jene, in der Literatur oft angeführte, in der Nosferatu beginnt, Ellen zu manipulieren. Er steht darin mit starrem Blick am Fenster seines Hauses und blickt in die Kamera. Die frontalen Einstellungen auf ihn werden mit einer Ansicht der Schlafkammer Ellens verschweißt. In der Literatur wird argumentiert, Nosferatu beobachte Ellen, weil er sie begehrt. Dass aber in dieser Szene Hutter in einem Sessel am Fuße von Ellens Bett schläft und zwar als schöner männlicher Schläfer, wie zuvor am Kamin, wird schlichtweg übersehen. Worauf oder auf wen von den beiden sich Nosferatus Begehren richtet, ist nicht entscheidbar.

[155]Vgl. Bergstrom 1985.

[156]Bergstrom geht davon aus, dass in Murnaus Filmen eine männliche Figur visuell in die passive Position des Angeschaut-Werdens versetzt wird, die weiblich codiert ist, ohne jedoch konkret mit weiblichen Attributen ausgestattet zu sein. Im Falle von *Nosferatu* macht sie dies an jener Kaminszene fest, die sich an Nosferatus ersten Übergriff auf Hutter am nächsten Morgen anschließt.

3.3 Die ‚monströse' Un/möglichkeit der Selbst-Erkenntnis ...

zu den Bildinhalten bestimmt sei, die entweder passiv oder aktiv sein kann.[157] Das Objekt dieser wohlwollenden Betrachtung muss nachgerade keine vergeschlechterte Figur sein. Insbesondere das Bild der Landschaft, so Bergstrom, lade bei Murnau dazu ein, sich mit aktivem Blick einer kontemplativen Betrachtung hinzugeben:

> Murnau also gives an important place to images of landscapes (or compositions that recall genre paintings of the sea, country people, or even the city) which invite the same kind of contemplative look. I believe that this look is continuous with figure-oriented images in Murnau's films, and that both are invested with a generalized, non object-oriented sexuality. (Bergstrom 1985, S. 201)

In der Abstraktion, so schlussfolgert Bergstrom, gehe bei Murnau die konkret (re-)präsentierte Sexualität zwar verloren, um mit denselben Strategien „in a more general and all-pervasive sense for the spectator" (Bergstrom 1985, S. 202) wiedergewonnen zu werden. Bergstrom geht davon aus, dass es den historischen Zuschauer*innen ermöglicht wurde, sich jeweils entweder auf aktive oder passive Weise zu den Filmbildern in Bezug zu setzen, um sich so vorübergehend von gesellschaftlich normierten, dem Medium vorgängigen Geschlechteridentitäten zu entlasten und damit auch zeitweilig ein nicht gesellschaftlich akzeptiertes Begehren erfahren zu können. Mittels der Konvention, die Narration als Spiel von Fluss und Stagnation zu präsentieren, machte der Film, so Bergstrom weiter, den Zuschauer*innen das Angebot, unabhängig vom ‚realen' Geschlecht der Zuschauer*innen, Begehren auf jeweils aktive oder passive Weise zu erleben, ohne es an eine Figur in der diegetischen Welt binden zu müssen.

Begehren wäre in dieser Anordnung das, was entsteht, wenn sich ein Bild darbietet und wieder entzieht. Man würde also keine Figur begehren, auch nicht das Bild von einer Figur, sondern das Bild selbst, das sich als passives Objekt zur Kontemplation der Betrachtung der Zuschauer*innen darböte und dadurch begehrenswert würde, dass es sich immer wieder entzieht. Ich stimme Bergstrom darin zu, dass Begehren nicht figurativ inszeniert und in Handlungen der Figuren umgesetzt werden muss, damit man von erotischen Beziehungen sprechen kann. Aber unspezifisches Begehren ins Verhältnis von Zuschauer*innen zu Bildern zu verlagern, kommt zwar einer Entessentialisierung von Geschlecht gleich, universalisiert jedoch das Geschlechterverhältnis erneut in seiner binären Anordnung (jetzt eben nicht mehr ‚weiblich' – ‚männlich', sondern ‚aktiv' – ‚passiv'). Die Erotik

---

[157]Bergstrom bezieht sich hier auf Mulveys psychoanalytisch informierte Ausführungen zu Position und Effekt von Weiblichkeit im narrativen Spielfilm, wobei diese erwähnt, dass das Bild der (passiven) Frau dazu tendiere, die Narration anzuhalten. Um ihre These von der Entkopplung von Geschlechteridentität und Begehrensart zu erläutern, greift Bergstrom auf Freuds Konzept von der sexuellen Identität zurück, indem sie betont, dort sei die Relation von sexuellem Objekt und sexuellem Ziel nicht determiniert. Vgl. erneut Bergstrom 1985, S. 200. Das aus einer Quelle stammende Begehren sei in Bezug auf Objekt und Ziel keineswegs stabil. Mulvey dagegen teile, so Bergstrom, den Apparat zu strikt geschlechterspezifisch auf in ein passives Bild von Weiblichkeit, das exklusiv Objekt und Ziel eines aktiven männlichen Blicks sei. Dabei blieben die Begehrensströme stets, so Bergstroms Kritik, an die Figuren gebunden.

des Betrachtens ist vielmehr in anderer Hinsicht mit Bezug zum Zusammenspiel von Narrationsfluss und Momenten des Anhaltens, sprich der Tableaux relevant, dies aber mit Blick auf die spezifischen Inhalte dessen, was sie dort zeigen oder eben nicht zeigen. Auch spielen Ambivalenz und Abstraktion eine Rolle, jedoch nicht nur im Hinblick auf die Arten der Bezugnahme der Zuschauer*innensubjekte, sondern als Formen des ausgestellten Wissens und daher als Ebenen des diegetisch vermittelten Wissens sowie der Erkenntnismöglichkeiten sowohl der Figuren als auch des Publikums.

Um dies für *Nosferatu* auszuführen, muss ich auf den Aspekt des Vampirismus speziell mit Bezug zum Thema der nicht/natürlichen Reproduktivität des Vampirs als Figur der Relationalität der Differenz von nicht/natürlichem ‚Schein' und nicht/natürlicher ‚Wirklichkeit', inklusive des möglichen Wissens von dieser Differenz zurückkommen.

Wie bereits erwähnt, wird das Thema des Wissens vom Vampir in literarischen Texten so verhandelt, dass einmal die humanen Figuren versuchen, das Phänomen des Vampirs intelligibel zu machen, wobei es gerade erst im Prozess meist retroaktiv als das der Gesellschaft, dem Individuum äußerliche Andere hergestellt wird. Zudem verläuft die Verhandlung des Themas auf einer Metaebene, insofern daraus, mit Mayne gesprochen, ein „Problem der Narration" erwächst, das bedeutet, dass auf unterschiedlichen Ebenen der Wissens- und Wahrheitsproduktion um die Vorherrschaft darüber gestritten wird, was die Wahrheit über dieses Phänomen sei. Wie bereits oben ausgeführt, wird die Frage nach ‚Wissen' und ‚Wahrheit' in *Nosferatu* gleich eingangs als große, augenscheinliche Diskrepanz bezüglich der Kenntnis und Erkenntnis von und über Nosferatu zwischen dem Berichterstatter xxx und der filmischen Erzählinstanz etabliert. Wobei die Position der Wahrheit grundsätzlich dem Medium Film zugeschlagen wird, jedoch nicht, ohne den Status von Wahrheit per se unangetastet zu lassen.

Blickt man auf die innerdiegetische Welt, existieren zwei Figuren, die vermeintlich wissen, womit man es bei einem Vampir im Allgemeinen beziehungsweise Nosferatu im Besonderen zu tun hat: Knock, der mit ihm im Bunde steht, sein Handlanger und Subalterner ist, und Ellen, die Hysterische, die Ahnungen hat, jedoch keine ‚übernatürlichen', seherischen Fähigkeiten. Sie ist, gerade augenscheinlich im Gegensatz zu Hutter, die einzige, die sich das Wissen um Nosferatu aus dem *Buch der Vampyre* aneignet, ein arkanes Wissen, dessen ganze Dimension sie möglicherweise nicht versteht, dessen Sinn sie aber so weit erfasst, dass sie in der Lage ist, zu schließen, was für das Überleben der sozialen Gemeinschaft vonnöten ist, die ‚Opferung' einer Jungfrau nämlich. Hier ist von Bedeutung, wie die Narration das Verhältnis von Ellen zu Nosferatu sowohl strukturell und bildlich-visuell als auch semantisch konstituiert.

In der Szene, in der sie von Nosferatu ‚heimgesucht' wird, kennt sie nicht nur bereits dessen Identität oder sein Wesen, sondern sie weiß auch, worauf sie sich einlässt, wenn sie von ihm gebissen wird. Bei dieser Szene handelt es sich um die erste der letzten Sequenz im Film, narrativ angeordnet nach Hutters Rückkehr und Nosferatus Ankunft in Wisborg, worin Nosferatu am Fenster steht und ihre Schlafkammer beobachtet. Der Auftakt der Szene besteht darin, dass sie Nosferatu in einer halbnahen Einstellung hinter den Gittern des Fensters zeigt, frontal mit Blick in die Kamera. Im Umschnitt sehen wir zunächst nahe Einstellungen von Ellen, die beunruhigt aus dem Schlaf erwacht, um dann ans Fenster zu treten. Es handelt sich um kein konventionelles *shot-reverse-shot*-Verfahren. Vielmehr ist man erst einmal als Filmzuschauer*in mit Nosferatu ‚direkt' konfrontiert. In leicht modifizierten Einstellungen wird Nosferatu gezeigt, der mit den Armen Handbewegungen macht, die wie eine Art minimalistisches Dirigieren erscheinen. In den folgenden Einstellungen ist Ellen entweder halbnah frontal am Fenster oder rücklings zu sehen, wie sie scheinbar Nosferatus Einfluss erliegt und sich gleichzeitig körperlich dagegen wehrt. Seine und ihre Handlungen werden durch die Montage als in/direkte miteinander verschränkt. Ähnlich wie in *Das Cabinett des Dr. Caligari*, erfolgt hier eine Verknüpfung recht autonomer, statischer Einstellungen. Anders als dort, sehen wir jedoch, was sie verbinden soll, wenn auch nicht kausallogisch dargeboten. Bei der direkten Konfrontation mit Nosferatus Blick stehen wir als Publikum nicht für eine Figur ein, die von diesem ‚verführt', sondern die indirekt beeinflusst wird. Wir befinden uns nicht in der Position des Mediums der Verführung. Ellens Manipulation durch Nosferatu nehmen wir dazu aus der Distanz wahr. Von daher zeigt sich hier merklich die Elsaesser'sche „geheime Affinität". Zugespitzt bezeichne ich dies aber als ob-szöne Handlung. Wissen und Begehren, die mit Bezug zu Ellen nicht eindeutig von einander zu unterscheiden sind, werden hier indirekt und auf Distanz erzeugt und ausgeübt. Die Anordnung ist bereits als nicht/natürliche Reproduktivität lesbar, insofern die Handlung des Vampirs mit seinen ‚übernatürlichen' Fähigkeiten als in/direkter Eingriff in die ‚Realität' – in einer anderen Szene – evident wird. Es handelt sich um keine Visualisierung einer unmittelbaren sexuellen Transgression, jedoch als Transmission von etwas unspezifisch Nicht/Natürlichem.

Die ‚dialogische' Struktur vollzieht sich bis zu dem Punkt, an dem die Kammer so gezeigt wird, dass der Sessel rechts neben dem Fenster sichtbar wird. In diesem lehnt Hutter, schlafend, ähnlich der Szene am Kamin nach der ersten Nacht im Schloss. Man kann also zunächst folgern, dass entweder Nosferatu seinen Einfluss exklusiv auf Ellen ausübt oder dass Hutter gänzlich unbeeinflusst von Nosferatus omnipotenter Manipulationsmacht ist. Ich behaupte aber, weder noch. Die bildlich-visuelle Konstruktion der Relation von Nosferatu und jeweils Ellen sowie Hutter hängt eng mit der Frage nach dem Stand des Wissens und dem Umgang damit seitens der Figuren, nach ihrer jeweiligen Reaktion auf Nosferatus Manipulation zusammen. Hierbei wird eine modale Differenz insinuiert, die jeweils eine andere Art der nicht/natürlichen Reproduktivität im Hinblick darauf hervorbringt, was gerade mit dem Nicht/Wissen übertragen wird bezüglich der Differenz von ‚lebensechtem Schein' und ‚uneinsehbarer Wirklichkeit'.

Ellen weiß, wer Nosferatu ist. Sie kennt ihre Rolle. Dieses Wissen, gepaart mit der Ob-Szönität ihrer Verbindung zu Nosferatu, bewirkt die Ambivalenz der Figur: Wie sie von ihrer Schlüsselposition im heimlichen, zugleich ‚heimischen' und ‚heimatlichen' Drama weiß, weiß sie zugleich, dass sie sich den Manipulationen nicht wird entziehen können. Ihre Bitte an Hutter, ausgerechnet Bulwer als Schutzinstanz zu holen, bezeugt dies, wie diese anzeigt, dass kein Wissen, keine menschliche Expertise schlussendlich Kontrolle über die eintretenden Ereignisse bringt. Noch bevor Hutter die Wohnung verlässt, macht sich Nosferatu auf den Weg zu Ellen. So sehen wir in den berühmten Einstellungen, wie sein übergroßer Schatten in Untersicht die Wand an der Treppe hochgleitet, ohne dass auch nur der Hauch einer körperlichen Präsenz sichtbar wäre. Wir sehen, wie allein sein Schatten über den Türknauf gleitet und er die Wohnung betritt. In den Umschnitten sehen wir Ellen, die zunächst den zweiten Fensterflügel öffnet, sich dann nach rechts wendet, mit entsetztem Gesichtsausdruck dorthin blickt, wo sich die Türe des Schlafzimmers befinden muss. Dann verändert sich ihr Gesichtsausdruck, der als freudige Erwartung interpretierbar ist, um sich anschließend in einer halbnahen Einstellung frontal nach hinten auf das Bett sinken zu lassen. Sie sitzt, wiederum mit blankem Entsetzen ins Gesicht geschrieben, auf der Bettkante, wobei von unten im Bild der Schatten von Nosferatus bekrallter Hand ins Bild kommt, der über ihren Rumpf nach oben zu ihrem Herzen wandert. Hier ballt sich die Hand zur Faust. Ellen krümmt sich vor Schmerz zusammen. Es wird deutlich, dass diese Figur, unabhängig davon, in welchem Substrat sie erscheint, als Schatten oder als visuell gezeichnete Figur, Handlungen begehen kann, die in der materiellen Welt beziehungsweise der sozialen Realität konkrete Auswirkungen haben. Als Figur der Verkörperung der relationalen Differenz von ‚lebensechtem Schein' und ‚uneinsehbarer Wirklichkeit' kann seine Schattenhand das Herz eines Menschen tödlich zusammenpressen. Dieser offenbar kinematografisch konstituierte und als solcher ausgewiesene Raum ist zugleich ein epistemologischer Raum, in dem mit kinematografischen Mitteln diese Differenz aufgeführt und als solche sichtbar, daher epistemologisch zugänglich gemacht wird. In der vorliegenden Szene wird dieser Raum ein Ort, an dem in einer Einstellung alles zu sehen ist: das Schlafzimmer in seiner gesamten Breite; das (eigentlich) eheliche Bett, in dem Ellen leblos ausgestreckt liegt; Nosferatu, frontal zum Publikum gedreht, hinter dem Bett kauernd, sein Kopf über Ellens Hals gebeugt; der Spiegel, der schräg an der Wand hinter ihm hängt, worin sein Hinterkopf zu sehen ist. In dieser Einstellung wird in diesem Raum die Differenz minimal gehalten, wobei die Beinahekonvergenz in einer quasi-heterosexuellen Anordnung als Übergriff ausgewiesen ist, der augenscheinlich den Effekt zeitigt, *alle* Beteiligten vom Leben zum Tod zu befördern: Ellen stirbt durch Nosferatus Griff; Nosferatu wird den ersten Schrei des Hahns nicht hören, die Gefahr der ersten Sonnenstrahlen nicht bemerken und so durch das Sonnenlicht verglühen.[158]

Dagegen zeichnet sich Hutter durch eine geradezu trotzig-halbstarke Unwissenheit aus. Er überhört alle Warnungen der ländlichen Bevölkerung im Wirtshaus, er macht nicht rechtzeitig kehrt, *Das Buch der Vampyre* pfeffert er mit höhnischem Grinsen in eine Ecke und die Bisswunden interpretiert er im Brief an Ellen als harmlose Mückenstiche. In der Nacht im Wirtshaus aber plagen auch ihn Alpträume.

---

[158]Auch in diesem Moment bleibt er noch ganz kinematografisches Wesen, da er sich zuerst in eine Rauchwolke à la Robertson hüllt, um dann durch Stoptrickverfahren vollends zu verschwinden.

3.3 Die ‚monströse' Un/möglichkeit der Selbst-Erkenntnis ...

Der Anblick seines unruhigen Schlafs wird von Einstellungen von einer Hyäne unterbrochen, die eine unheimliche Annäherung an das *more than human* Nosferatus bewirken. In dem Augenblick, in dem Hutter die Brücke überquert, ändert sich nicht nur die Koloration der Szene, sondern der Bericht bekundet, dass ihn just in diesem Augenblick die Angst überkommt (Zwischentitel: „Kaum hatte Hutter die Brücke überschritten, da ergriffen ihn die unheimlichen Gesichte, von denen er mir oft erzählt hat."). Ganz frei vom Einfluss ‚seltsamer' Mächte scheint Hutter nicht zu sein, wie es ihm sein Tagesbewusstsein vermitteln möchte. Der deutliche Unterschied zu Ellen liegt darin, dass Hutter seine Ahnungen nicht auf den Begriff bringen kann. Er bemüht sich auch keineswegs, diesen seltsam unbestimmten Zustand zu ändern, indem er sich beispielsweise mit dem Vampirbuch befasst. Er will partout nicht wissen, was er ahnt. Das führt aber dazu, dass er sich ständig nach etwas sehnt, ohne den Inhalt beziehungsweise Gegenstand seiner Ahnungen beziehungsweise Sehnsucht eindeutig bestimmen zu können. Genau dieses Sehnen, weniger der Wille nach Aufklärung ist es daher, was ihn zum Schloss zieht.

In der Literatur wird häufig darauf verwiesen, dass es sich dabei um eine Reise zur Selbsterkenntnis handele, insofern Hutter und Nosferatu Doppelgänger bildeten. Deshalb wird die Szene, in der Hutter Nosferatu zum ersten Mal im Sarg liegen sieht, als Szene der Selbst-Erkenntnis interpretiert. Ich stimme diesen Beobachtungen bis zu dem Punkt zu, an dem die Struktur der Handlung einer Tendenz folgt, irgend etwas aufzuklären. Jedoch ist dieses Element nachgerade auf den Kopf gestellt. Hutters Handlungen erschöpfen sich allein in diesem Begehren nach etwas, das er nicht bestimmen kann und will. Er weiß nicht, wo er es finden wird. Insofern würde er es nicht einmal erkennen, wäre er damit direkt konfrontiert. Insofern vollzieht sich hier, ganz ähnlich wie in *Das Cabinett,* dass die Figur zumeist nur affektiv reagieren kann, auf das, was ihr widerfährt. Hier ist dieses Prinzip aber auf die Spitze getrieben, insofern das, was affiziert, nicht vorgängig existiert, sondern erst qua Affekt überhaupt hergestellt werden kann. Hutter kann daher immer nur Wissen, wenn überhaupt, post-affektiv intelligibel machen, welches immer different von dem ist, was er erlebt – ganz im Gegensatz zu Ellen.

Die Szene, in der sich Nosferatu in der Nacht über Hutter beugt, ist daher in Analogie zu jener zu betrachten, in der er Ellen heimsucht. Auch in dieser Szene gibt es eine Schnittfolge, in der Hutter nur erahnt, dass sich etwas hinter seiner Schlafzimmertüre abspielt. Auch hier gibt es Einstellungen, in denen Nosferatu starr mit Blick in die Kamera zu ihr gewendet steht. Aber hier nehmen wir ungefähr Hutters Perspektive ein. Wir sind quasi das Medium der Vermittlung dieser individuellen Relation. Auch hier wird ein kinematografischer Trick *par excellence* verwendet, um den Effekt des Nicht-Menschlichen, ‚Übernatürlichen' zu inszenieren: Die Türe öffnet sich (wie der Bericht, also der Filminhalt selbst) wie von Geisterhand. Nosferatu scheint ins Zimmer zu schweben. Anders als in der Szene mit Ellen, wird hier aber die Differenz von ‚lebensechtem Schein' und ‚uneinsehbarer Wirklichkeit' aufrechterhalten – der hier verwendete Trick ist ‚wirklich' ein ‚alter Hut', den man kennt. Anders als dort, findet auch keine ob-szöne Manipulation, sondern eine Performance unmittelbar vor den Augen der Figur statt. Hutter ist hier Zuschauer eines altmodischen Trickspektakels.

Hier werden keine Schnitte und keine höhere Erzählinstanz benötigt, die dieses Geschehen extra über Raum und Zeit hinweg montieren. Nosferatu präsentiert sich Hutter vollumfänglich als das, was er ‚wirklich' ist, eine nicht/natürliche Figur in sich geteilter medialer differenzialer Relationalität (alter Trick), die zugleich ‚Realität' und ‚Schein' ist (‚echter' Geist). Hutter wiederum durchschaut weder das eine noch das andere. Er besitzt keinerlei Wissen davon, wie beides – Vampirismus, Medien – funktioniert, sodass er Nosferatu nicht in seinem Wesen erkennen, sondern nur, affektiv getroffen, erschauern kann. Auch in dieser Szene gibt es die Einstellung, in der Hutter, analog zu Ellen, auf der Bettkante sitzt und schreckerstarrt den Übergriff Nosferatus erwartet. Dabei handelt es sich bereits um den zweiten Übergriff seitens Nosferatus, der ihn in Schattengestalt überwältigte. Im Getroffensein oszilliert Hutters Haltung zwischen Faszination und Grauen, weil er (sich) bereits ein anderer gewesen ist. Der entscheidende Unterschied zu Ellen ist, dass er als Verwandelter die Angriffe überlebt und dass es eine Zeit des ‚danach' gibt, sprich die Narration weiterläuft. Wichtig dabei ist, dass Hutter bei vollem Tageslicht nichts mehr von seiner Veränderung zu wissen scheint. Nicht umsonst sehen wir ihn bei Tag, wie er stets in der Gruft vor dem im Sarg liegenden Nosferatu erschaudert. Im Kontext des Vorausgehenden kann man dieses Moment der Selbst-Erkenntnis definitiv nur als Fehllesen interpretieren. Um dies richtig einzuordnen, ist ein Blick auf den ersten Übergriff instruktiv.

In dieser Szene bittet Nosferatu Hutter nach dem Abendessen, mit ihm, dem „Liebenswertesten", noch etwas Zeit zu verbringen, da er am Tag schlafe. Er nähert sich Hutter konfrontativ, wobei bildlich-visuell verdeutlicht wird, dass Hutter entsetzt rücklings sukzessive zum Kamin in den Bildhintergrund zurückweicht, während Nosferatu gleichzeitig vom Bildvordergrund aus auf ihn zugeht. Die Szene endet mit einer Rundblende, die sich über Nosferatus Cape schließt. Im krassen Gegensatz zum Übergriff bei Ellen, der in einer Szene maximaler Sichtbarkeit stattfindet, wird hier das Sichtfeld abrupt und radikal verengt sowie etwas merklich ausgelassen. Der Film versetzt die Zuschauer*innen in die Position der Figuren, nämlich etwas zu erahnen, ohne genaue Kenntnisse davon zu besitzen. Im Gegensatz zur Szene, in der Nosferatu Ellen auf ob-szöne Weise in ihrem Wissen manipuliert und anschließend tötet, ist hier das gesamte Geschehen im Bild des vor Horror erstarrten Hutters, der vom Vampir als Vampir bedroht wird, ohne dass er weiß, womit er es ‚wirklich' zu tun hat. Verknüpft wird dieser Affekt mit dem radikalen elliptischen Schnitt, der die Ob-Szönität steigert, insofern nun die gesamte Handlung *off scene* stattfindet. In der nicht-heterosexuellen Variante wird der Übergriff überdeutlich als unzeigbar markiert, was ihn gerade als sexuellen codiert. In dieser Form lässt sich die Manipulation nicht als Differenz von ‚lebensechtem Schein' und ‚uneinsehbarer Realität' anschreiben. Der Raum, an dem der Übergriff stattfinden kann, ist das radikal Andere des Films selbst, der hier etwas zeigt, was er zugleich bewusst auslässt, indem er es ‚zensiert'. In ihrer Absolutheit ist die Darstellung der Manipulation keineswegs nicht/natürliche Reproduktion, die bei der Übertragung für alle Beteiligten tödlich enden muss, wie in der heterosexuellen Anordnung. Wie gesagt, Hutter überlebt.

Deshalb ist es wichtig, dass in der folgenden Szene am anderen Morgen die Differenz von ‚Realität' und ‚Schein' erneut inszeniert und dabei ebenfalls

3.3 Die ‚monströse' Un/möglichkeit der Selbst-Erkenntnis …

minimiert wird, ohne dass eine Begegnung der beiden Figuren stattfindet. Die Szene steht bei Bergstrom repräsentativ für die Erotik des Betrachtens bei Murnau. Sie stellt dabei Hutters Inszenierung in den Vordergrund, der nämlich als schöne passive männliche Figur dargestellt wird, die dem aktiven (männlichen oder weiblichen) Blick des Zuschauer*innensubjekts dargeboten wird. Zwar gehe ich mit Bergstrom darin *d'accord,* dass es sich um einen Augenblick des Innehaltens, des Anhaltens der Narration handelt, wodurch Hutter passivisiert und feminisiert wird. Für mich ist aber die dann einsetzende Handlung relevant. Denn Hutter steht, nachdem er erwacht ist, auf, reckt und streckt sich lächelnd in einer halbtotalen Einstellung vor dem Kamin. Dann wirft er einen kurzen Blick auf seinen Daumen, den er sich in der Nacht zuvor verletzte, was Nosferatu dazu bewegte, ihm das austretende Blut abzulecken. Offenbar hat er eine geringfügige Erinnerung an die vergangenen Ereignisse. Dementsprechend fasst er sich auch mit der Hand an den Kragen, beugt sich zu seinem Reisesack hinunter und nimmt einen Handspiegel daraus hervor, um sich zu betrachten. Nun folgt eine Einstellung, in der der Spiegel groß in Aufsicht zu sehen, während der gesamte Raum darum herum im Dunkel versunken ist. Angeschnitten sieht man noch Hutters Hand, die den Spiegel hält. Im Spiegel sieht man in der Aufsicht Hutters Hals zwischen der Halsbinde. Vor allem aber sieht man seine Lippen. Er lächelt leicht, fasst sich dann an den Hals, reckt ihn, sodass man die zwei Bisspunkte erkennen kann (s. Abb. 3.6).

Abb. 3.6 *Nosferatu,* D 1922, Friedrich-Wilhelm-Murnau-Stiftung, 0:29:30:10

Abb. 3.7 *Nosferatu,* D 1922, Friedrich-Wilhelm-Murnau-Stiftung, 0:29:35:17

Anschließend senkt Hutter den Kopf wieder und lächelt nochmals (s. Abb. 3.7).

In diesen wenigen Einstellungen, nach denen sich Hutter frohgemut aufmacht, um sich am reich gedeckten Tisch zu stärken und dann das Schloss zu erkunden, generiert der Film das genuin kinematografische, dabei reflexive Bild einer Selbst-Erkenntnis einer männlichen Figur. Diese verläuft weniger über das Erkennen der Differenz, sprich des Wesens des Anderen, welches zur Erkenntnis des Anderen im Eigenen führen soll. Vielmehr vollzieht sie sich über das lustvolle Anerkennen des als durch den Anderen anders gewordene Eigene. In diesem Augenblick, in dem wir als Filmpublikum Zeug*innen davon sind, dass Hutter sich nicht nur an etwas Nicht-Gezeigtes erinnert, sondern auch an seinen Bezug zum Erinnerten, nämlich augenscheinliches Vergnügen, löst sich die Funktion des Spiegels in Nosferatu vollends ein: Wir sehen Hutter bewusst nicht ganz, sondern wir sehen in einem stilisierten minimalen Raumausschnitt vor allem Hutters schön geschwungene, lächelnde Lippen. Hutter nimmt dabei voller Lust an, wovor er zuvor vor Schreck erstarrt war oder vor Horror zurückschreckte, und lässt das Zuschauer*innensubjekt an dieser nicht Erkenntnis, sondern eigenen Wissenslust in vollem Umfang teilhaben weniger im Sinne einer Reflexion, sondern als Selbstannahme seines ganz spezifischen männlich-männlichen Begehrens in Abwesenheit des begehrenden/begehrten Subjekts/Objekts.

In diesem Bild, welches das in der Reduktion betonte Bild einer schönen männlichen Figur, dabei ein Erinnerungspartikel und das Bild einer Selbstbetrachtung zugleich ist, sehen wir ihn nicht nur, wie er sich selbst sieht als Veränderter durch das, was zeitlich vergangen und dabei un/sichtbar geblieben ist. Zugleich erkennen wir als Filmpublikum, dass wir ihn jetzt wahrnehmen so ähnlich, wie ihn Nosferatu am Abend zuvor wahrgenommen haben muss. Auch dessen wird er sich in diesem Augenblick retroaktiv gewahr – in der wohlwollenden Bezugnahme zu ‚sich selbst' erkennt er sich zugleich als das Subjekt von diesem und Objekt dieses spezifischen ‚fremdartigen' Begehren(s) an. In dieser definitiv nicht-heterosexuellen Anordnung wird der Übergriff retroaktiv als sexueller nochmals bestätigt, indem er strukturell eine nicht/natürliche Reproduktion bildet, worin das Wesen der nicht/natürlichen Differenz von ‚Schein' und ‚Wirklichkeit', wie es von Nosferatu verkörpert ist, beglaubigt werden darf.

3.4 Die narrative Un/entscheidbarkeit des ‚leeren Ursprungs' – *Geheimnisse einer Seele*

Am 26. März 1926 fand die Premiere von *Geheimnisse einer Seele* im glamourösen, frisch eröffneten Gloria-Palast am Berliner Kurfürstendamm statt – und wurde ein großer Erfolg.[159] Es handelt sich um Georg W. Pabsts vierte Regiearbeit im direkten Anschluss an *Die freudlose Gasse*. Der erfolgreiche Ufa-Produzent Hans Neumann und der renommierte Kameramann Guido Seeber zeichneten ebenfalls verantwortlich für den Film. Dieser ist mit einer abenteuerlichen Produktionsgeschichte verbunden, in der sich die (un-)heimlichen Affiliationen zwischen Film und Psychoanalyse widerspiegeln.[160] Um den Aufklärungsanspruch und seine wissenschaftliche Fundierung beziehungsweise ‚Objektivität' zu untermauern, lag ihm ein von dem Psychoanalytiker Hanns Sachs formuliertes Pamphlet bei.[161] Die Vermarktung erfolgte dabei zusätzlich mit dem

---

[159]Ich beziehe mich in der Analyse auf die rekonstruierte Fassung des Filmmuseums im Stadtmuseum München in Zusammenarbeit mit Transit Film.

[160]Sigmund Freud war als Berater vorgesehen, reagierte jedoch skeptisch auf das Projekt, die psychoanalytische Methode in Film zu übertragen, worüber er sich mit seinen Kollegen Karl Abraham und Hanns Sachs, der die Beratung übernahm, schriftlich austauschte. Vgl. hierzu Jones 1957, Chodorkoff/Baxter 1974 sowie Konigsberg 1995. Zum Themenkomplex Film und Psychoanalyse speziell in *Geheimnisse einer Seele* vgl. Friedberg 1990b. Zur zeitgenössischen Akzeptanz der Psychoanalyse als sogenannte ‚jüdische Methode' vgl. Gilman 1993a, b. Zur Färbung der Methode mit religiöser Alteritätserfahrung vgl. Ruhs 1990.

[161]Publiziert wurde das Pamphlet 1926 unter dem Titel *Psychoanalyse: Rätsel des Unbewussten*. Vgl. hierzu Heath 1999. Heath weist darauf hin, dass der Inhalt eines Traums eine verschobene Darstellung sei. Zudem ließe sich die zeitgleiche Popularität von Kino und Psychoanalyse damit erklären, dass beides Maschinen zur Synthese reproduzierter Einzeleindrücke darstellten, die vollkommen dem Zeitalter der Rationalisierung und dem Willen zum Wissen von lebendigen

Hinweis auf die Verfilmung einer ‚realen' Fallstudie und dem Untertitel: „ein psychoanalytischer Film".[162]

In der zeitgenössischen Wahrnehmung wurde diese Verbindung von Psychoanalyse und Film als weitgehend gelungen wahrgenommen, wie Dr. M-I (alias Dr. Mendel) in seiner Kritik in der *Lichtbild-Bühne* vom 25. März 1926 durchblicken lässt:

> Nein, hier wird nicht graue Theorie gelehrt, hier erleben wir in einem dramatisch starken und durchweg menschlich leichtest verständlichen Seelenkonflikt, was uns allen naheliegt. Und begreifen wir mit einem Schlage an diesem geschickt aus dem Leben gegriffenen Exempel, was das ist: „Psycho-Analyse"! Wissen nun, daß das keine ledern-wissenschaftliche „Theorie" sein kann, sondern eminent, praktische Methode zur durchgreifenden Heilung seelisch Kranker, die bisher leider oft genug im Irrenhaus, Gefängnis oder durch Selbstmord enden mußten. Eine medizinische Kur ohne giftige Medizinen, eine hochinteressante Therapie, die oft fast eher einen „Seelendetektiv" erfordert, als einen Arzt; und die sogar tätigste Mithilfe des Patienten selbst verlangt; der in allen Fächern seines Gedächtnisses kramen muß, um aus Träumen, Stimmungen und ihm selbst merkwürdigen Handlungen das herauszukristallisieren, was sein Unterbewußtsein ihm als Seelenkrankheit angehext zu haben scheint. (Dr. Mendel 1926, o. A.)[163]

Die Popularisierung der Psychoanalyse durch das Medium erschien Mendel besonders relevant. Der Film bot in seinen Augen die Möglichkeit, seelische Konflikte dramatisch und vor allem bewegend darzubieten. Hierdurch, so der epistemologische Kniff von Mendels Kritik, stelle sich quasi ad hoc die Erkenntnis ein, „was das ist: die Psycho-Analyse!". Die Psychoanalyse als abstrakte, schwer zugängliche Methode erschloss sich offenbar für ihn durch die emotionale, ja melodramatische Darstellung wie von selbst, worin der gelungene Transfer zu liegen schien. In seiner Filminterpretation verweist Ira Konigsberg darauf, dass Hugo Münsterberg diesen Konnex von Film und psychischen Prozessen in seiner Analogsetzung von filmischem und psychischem ‚Apparat' bereits 1916 hergestellt hatte.[164] In den 1910er Jahren blieb es bei einer Metatheorie zum Film, da dies dem Abbildungsparadigma des Kinos (noch) nicht entsprach (s. Abschn. 2.2). Die visuelle, narrative und kinematografische Veranschaulichung ‚innerer' Prozesse beispielsweise durch Projektionen in die Außenwelt wie in *Das Cabinett des Dr. Caligari* erfolgte erst zu Beginn der 1920er Jahre (s. Kap. 3, Abschn. 3.1, 3.2 und 3.3).

Prozessen entsprächen. Vgl. zudem erneut Konigsberg 1995, bes. S. 529, der auch auf die bemerkenswerten Differenzen zwischen deutscher und englischer Schnittfassung des Films eingeht.

[162]Mit Bezug zur Illustration der Psychoanalyse im Film werden in der Forschung Analogien zu anderen Genres wie dem Aufklärungsfilm gezogen, so bspw. bei Webber 2009. Bergstrom ordnet ihn dem Kulturfilm zu. Vgl. Bergstrom 1990a. Zum sogenannten Aufklärungs- bzw. Sitten- und Tendenzfilm s. Abschn. 3.1 und 3.5.

[163]Dr. M-I (Dr. Mendel) 1926.

[164]Vgl. erneut Münsterberg 1916. Für Friedberg steht die Metageschichte der bislang theorielosen Verbindung zwischen Psychoanalyse und Kino noch aus. Aktuellere Versuche diesbezüglich finden sich u. a. in Pauleit u. a. (Hg.) 2009.

3.4 Die narrative Un/entscheidbarkeit des ‚leeren Ursprungs' ...

Die Psychoanalyse als Methode war zu diesem Zeitpunkt im öffentlichen Bewusstsein und im Kino angekommen. Interessanterweise erfolgte ihre Veranschaulichung im Sinne der Exteriorisierung ‚innerer Prozesse' durch *Geheimnisse einer Seele* gerade zu einem Zeitpunkt, ab dem (circa 1924) die neusachlichen Tendenzen im Kino zu übernehmen begannen, wodurch der Repräsentationsmodus im Gegensatz zum expressionistischen Kino auf eine ‚objektive' und ‚realitätsgetreue' Bezugnahme zur sozialen Realität im Sinne eines Milieus umstellte.[165]

Neusachliche Überlegungen bezogen sich in den 1920er Jahren im Wesentlichen auf die Phänomene zunehmender Technisierung der Gesellschaft, inklusive Rationalisierung, Taylorismus und Fordismus sowie erhöhten Konsums. Diese Aspekte moderner (westlicher) Existenzweisen versuchte man nicht mehr nur zu kritisieren, um sie (radikal) zu ändern, sondern ‚objektiv-distanziert' mit szientistischen Methoden zu registrieren. Damit einher ging der politische Modus des Arrangierens mit dem Status Quo.[166]

Der hierbei an den Film formulierte Anspruch, das Paradigma einer ‚rein' technisch erzeugten *verisimilitude* aufzugeben, um nun höhere, abstraktere Ideen von Gesellschaftlichkeit zum Ausdruck zu verhelfen, lässt sich dabei nur vordergründig als paradoxaler Bezug zur ‚sachlich-objektiven' Registratur des ‚Wirklichen' verstehen. Es sollte auch hier ‚die Realität' nicht einfach abgefilmt, sondern ästhetisch durchgearbeitet werden, diesmal jedoch nicht mehr emotional expressiv, sondern mittels ‚distanzierter' Rationalität.[167] Die allgemeine Auffassung von der Psychoanalyse als einer abstrakten exakten Methode, Trieb und Begehren sowie Angst und Ablehnung in die ‚richtigen' Bahnen zu lenken, wie in *Geheimnisse einer Seele* angeblich umgesetzt, korrelierte sehr gut mit neusachlichen Prinzipien.

Janet Bergstrom sieht dies im ‚psychologischen Realismus' des Films umgesetzt. Pabst habe darin jener Tendenz nachgegeben, bei der „is an increasing emphasis [put, Anmerk. C. K.] on ‚realistic' characters who are carefully individuated through psychological depth" (Bergstrom 1990, S. 163).[168] Bergstrom

---

[165]Als Gegenentwurf zum Expressionismus gedacht, werden die akademischen Debatten hierüber selbstredend heterogen geführt. Zum Begriff der neuen Sachlichkeit als epistemologisches und ästhetisches Konzept vgl. McCormick 2001, bes. S. 39 ff., erneut Ward 2001 sowie Petro 1989. Zu den unterschiedlichen Ausdifferenzierungen des Stils der Neuen Sachlichkeit, die man auch politischen Lagern nicht exakt zuordnen kann, vgl. ebenfalls McCormick 2001. Weiterführend vgl. Schmied 1969, Willett 1978, erneut Lethen 1975 sowie Plumb 2006. Zur männlichen Codierung des Begriffs, die einer Feminisierung der Kultur gegenübergestellt wurde, erneut McCormick 2001 und Petro 1989.

[166]Vgl. hierzu McCormick 2001, Laqueur 1974 sowie Weitz 2007.

[167]Vgl. zu den zeitgenössischen Debatten über das Medium Film und dessen Potenzial, anti-mimetisch zu sein, erneut Hake 1993 (s. Kap. 3).

[168]Bergstrom sieht die andere Tendenz des distanzierten Registrierens der Phänomene in den Filmen von Lang realisiert. Dieser setzte ihrer Ansicht nach (noch) weniger auf psychologische Tiefe der Charaktere, sondern gerade weiterhin auf Typen. Jedoch wurde dadurch ihr Bezug zum gesellschaftlichen Ganzen stärker betont. Vgl. Bergstrom 1990a.

fokussiert entsprechend in ihrer Interpretation des Films die kinematografische Darstellungsart der psychologischen Tiefe der Filmfiguren. Das Label „psychoanalytischer Film", so ihre Argumentation, sei missverständlich, insofern die Darstellung der psychologischen Dimension

> is represented through a variation on the use of available types. The character's actions, dreams, and emotional states are reduced to bits of ‚typical' information that become completely comprehensible as they are transformed into a case study, that is, in the translation of the character's behavior into conventionalized symptoms that become rationalized as a nameable and curable neurosis. (Bergstrom 1990, S. 164)

Diese Typisierung und Verengung auf einen ‚Fall' werde, so Bergstrom weiter, von den zentralen kinematografischen Verfahren getragen, zuvorderst von der Eindimensionalität und Transparenz der Handlung. Aufgrund des vorliegenden Schemas eines klassisch-narrativen Spielfilms führte dies schließlich zum Eindruck von einem Psychogramm (Neurose) eines einzigen, dazu noch männlichen Individuums. Anne Friedberg gelangt demgegenüber bezüglich des Films zu dem Schluss, die kinematografischen Verfahren in *Geheimnisse einer Seele* seien den psychoanalytischen Techniken der Sortierung, Durcharbeitung und Rekonstruktion durchaus vergleichbar. Deshalb würdigt sie den Film als gelungene Veranschaulichung einer Traumdeutung im Sinne einer gelösten Fallstudie.[169] Bergstrom sieht allerdings gerade in der schlussendlich erfolgreichen ‚Heilung' einen konservativen Zug des Films gegeben. Denn, so ihr Argument, durch die exklusive Bezugnahme auf ein (männliches) Individuum werde der gesamte, durch Gender, *race* und *class* strukturierte gesellschaftliche Komplex bewusst ausgeblendet und die Psychoanalyse als normierende Psychotechnik legitimiert, Gesellschaftssubjekte fungibel zu machen.[170] Einer affirmierenden Lesart, die eine erfolgreiche Einlösung der Psychoanalyse annimmt, steht sie daher kritisch gegenüber.

Andrew Webber liest dagegen den Film bewusst nicht in dieser Perspektive, sondern verankert seine Lesart in einer kulturhistorischen Epistemologie über die Sinnstiftung in der Moderne. Darin, so Webber, könne die ‚sachlich-objektive' Erkenntnisform, der Wille zum Wissen, nie ohne Kopplung an das Begehren sowie den Affekt, sprich an die Lust am beziehungsweise an die Angst vor dem Wissen gelesen werden. Eine wahrgenommene und vollzogene ‚moderne Rationalität', deren Produkt und Effekt der Film selbst bildet, sei epistemologisch nie von seinem Konstituens, dem Begehren, der Lust, (mehr) zu sehen und zu wissen, zu trennen. Entsprechend formuliert er sein Verständnis vom Bezug zur Psychoanalyse:

---

[169]Vgl. Friedberg 1990a, bes. 41 ff. Weiterführend hierzu erneut Konigsberg 1995, der auf die Funktion der verschachtelten Handlungsstruktur hinweist, sowie Ruhs 1990 psychoanalytische Lesart des Films.
[170]Vgl. erneut Bergstrom 1990, bes. S. 177 ff. Vgl. die ähnliche Argumentation von McCormick 2001, bes. S. 95 ff.

3.4 Die narrative Un/entscheidbarkeit des ‚leeren Ursprungs' ...

> In keeping with this psychoanalytic scene of knowledge acquisition, organization, and communication, the questions to be asked of Modernist culture and its case histories are fundamentally concerned with the desire to know. Following Freud, and others after him (Roland Barthes for one), this desire is meant in a strong sense, suggesting that the production, construction, and acquisition of knowledge, even when its objects are not evidently erotic, is also psycho-sexualized [...] The desire to know is one that incorporates at once forms of epistemophilia – the pleasure of coming to know – and epistemophobia – the morbid fear of coming to know; and the sexualization to which it is subject may accordingly carry with it what Freud calls both the ‚Lust' and the ‚Angst der eigentlichen Sexualvorgänge'. (Webber 2009, S. 192 f.)

Folglich existiert kein unmittelbarer Zugang zum Wissen bei seiner Produktion. Insofern lässt sich der in *Geheimnisse einer Seele* zu enträtselnde ‚Fall' als sinnstiftender Topos begreifen, zu dessen Enträtselung der Schlüssel, mit dem diese vollzogen wird, die Bedingung dafür bildet, dass dieser nicht vollständig evident gemacht werden kann. Im Prozess der ‚Auflösung', die die Voraussetzung für die ‚Heilung' bildet, erfolgt stets eine Verschiebung, die sich immer wieder von Neuem in der Aufführung einer ‚anderen Szene' als die der ursprünglich gemeinten manifestiert. Das bedeutet, was, wenn überhaupt, evident werden kann, ist, dass der Prozess der Wahrheitsfindung bei jeder Rekonstruktion etwas unvorhersehbares Neues produziert, wodurch dieses nie mit sich identisch sein kann. Deshalb ist der Prozess im Grunde nicht abschließbar.

Webber bezeichnet diese Struktur der Sinnstiftung als intrinsisch arbiträr (ich würde lieber von in sich different sprechen), zur Erläuterung deren Möglichkeitsbedingungen er das Allegoriekonzept von Walter Benjamin heranzieht. Er betont in diesem Kontext die grundsätzliche Vergeschlechterung dieser topografischen, zugleich voyeuristischen Anordnung.[171]

Den Konnex von Kino und Psychoanalyse legt Webber nun so aus, dass beide Bilderrätselproduktionsmaschinen seien, in denen die verschobene, sich in ihrer Arbitrarität reflektierende Struktur der Sinnstiftung manifest werde. Daher könnten unvorhersehbare Objekte im Film sowie in der Psychoanalyse die Funktion eines Schlüssels annehmen, indem sie zum „instrument of displacement or dislocation" würden (Webber 2009, S. 191). Für die Moderne, so Webber weiter mit Benjamin, nehme die Allegorie die Form eines Andenkens als Sammlung an, deren Allegorese einer Doppelstruktur von Zeigen und Verstecken, vom doppelten Wunsch, zu wissen und nicht zu wissen, unterworfen sei.

> ‚Wißtrieb' operates, in other words, after the manner of the partial drives, vacillating in its alignment between voyeurism and exhibitionism, sadism and masochism. We might say that ‚Wißtrieb' is a dialectical operation between the partial drives of epistemophilia and epistemophobia [...]. (Webber 2009, S. 194)

---

[171] Vgl. erneut Webber 2009. Die Neugierde, wissen zu wollen, ist bei ihm weiblich codiert. Sie zielt einmal auf das Wissen von der geheimen Brutalität männlicher Sexualität sowie auf das männliche Wissen, welches wiederum auf Weiblichkeit gerichtet ist und den weiblichen Willen zum Wissen bestraft.

Der Wunsch als veranschaulichte Phantasie korreliere, so Webber, dabei nie mit der einen Interpretation, sodass das Geheimnis per se nie vollständig auflösbar sei. Die in der Forschung prominent besprochene Traumsequenz in *Geheimnisse einer Seele,* die sich im Bildmodus deutlich von den restlichen, ‚realistisch' dargestellten Szenen abhebt, deutet Webber dementsprechend im Sinne Benjamins als Schauplatz von Kuriositäten. Dieser visualisiere in dem Maße einen Wunsch, wie diese technisch hervorgebracht seien, wodurch sie sich der Kontrolle der Figur, respektive des Traumsubjekts entzögen.

> Physical, and in particular genital, curiosity is therefore deployed into negotiation of topographical and architectonic structures: the bell tower topped with a version of the cousin's helmet and the shrine, entered through a narrow gap between rocks and containing a version of the curio that was sent by the cousin, are the key figures of that genitally disposed allegorical dreamscape. […] The dream recurrently sets the protagonist in positions of exclusion and subjection. […] Curiosity is performed on his mind-screen as if in versions of the primal scene, and it apparently carries the classic punishment for that original form of curiosity in repeated enactments of castration (as in the laughing Medusan heads on the bell tower). (Webber 2009, S. 196 f.)

Mit Bezug zur Enträtselung des Geheimnisses beziehungsweise der Auflösung der Neurose argumentiert Webber, im Film werde der Versuch unternommen, die Allegorie restlos zu entschlüsseln, indem sie tendenziell im Fetisch fixiert oder durch Ausagieren des Triebs vermeintlich vollständig aufgelöst werde. Aufgrund der strukturellen Arbitrarität der Allegorie jedoch, hier in Form des heterogenen, technisch produzierten Kuriositätenkabinetts, könne jederzeit ad hoc ein anderes Objekt in den Fokus der Aufmerksamkeit rücken und sich daher einer alternativen Deutung anbieten, als die mit der ‚ursprünglichen' Zurschaustellung beabsichtigte. Webber macht dies für *Geheimnisse einer Seele* an zwei zentralen *remaindern* innerhalb der Narration fest,[172] die eine narrative Suture verhinderten, welche koextensiv mit der Lösung der ‚Fallstudie' durch Auflösung der psychischen Blockade und des Symptoms sei (dem Dolch sowie der exotistischen Statue). Aufgrund dessen werde die in einem gestörten Verhältnis zum Phallus stehende Männlichkeit, so Webbers Fazit, eben nicht vollständig als ‚normale' heterosexuelle restituiert.

Soweit ich Webbers Ansatz schlüssig finde, so stellt er seine Analyse wiederum in diesen buchstäblich ‚herausragenden' Objekten still. Das Konzept der intrinsisch arbiträren Allegorie, hier im Topos eines durch eine Verbotsschranke nicht unmittelbar zugänglichen (Wunsch-)Inhalts gegeben, lässt sich aber auf keine spezifischen Objekte fixieren, weil sie konstitutiv unvorhersehbar und damit grundlegend un/eindeutig sind. Insofern ist man hier mit einem Prozess konfrontiert, dessen Funktion und Bedeutung sich, wie Webber selbst argumentiert, eben nicht retroaktiv durch einfaches Lesen erschließt. Im Gegenteil ist, weil unvorhersehbar, das im Nachhinein als ‚Lösung' Präsentierte zwangsläufig von jeglichem Vorausgehenden unterschieden, wodurch es in seiner Un/eindeutigkeit stets etwas

---

[172]Vgl. hierzu Webber 2009, bes. S. 201 ff.

3.4 Die narrative Un/entscheidbarkeit des ‚leeren Ursprungs' ... 291

anderes ist. Berücksichtigt man diese epistemologischen Bedingungen in ihrem vollen Umfang, lässt sich die un/vollständige Aufdeckung der Problemursache der psychischen Störung als un/möglicher Prozess einer vollständigen Enträtselung nicht nur mit dem unabschließbaren Prozess von Sinnstiftung per se verknüpfen. Vielmehr ist damit die grundsätzliche relationale Offenheit beziehungsweise Un/bestimmtheit jeglicher Thematisierung von ‚Selbst' – sowohl bezüglich eines Subjekts als auch bezüglich des Mediums Film – angesprochen. Über diese Zugangsweise erschließt sich die Figur des Techno-Anthropomorphen queerer Männlichkeit in *Geheimnisse einer Seele*.

Ich möchte hierzu mit der ersten Szene des Films beginnen, weil sie als *pars pro toto* für die un/mögliche Selbst-Erkenntnis des Protagonisten aufgebaut ist und als Veranschaulichung des Status Quo der Blockade für dessen Subjektsein fungiert. Diese setze ich zu einem späteren Zeitpunkt ganz dezidiert ins Verhältnis zur zentralen Traumsequenz, die in der Forschung als Visualisierung ‚innerer' Vorgänge gedeutet wird. Der Film beginnt mit einer Einstellung, in der wir ein Spiegelbild sehen: Das Gesicht des Mannes (Werner Krauss), partiell, wie es sich vom Mund zu den Augen hin verschiebt. Das Filmbild gibt dabei den Rahmen des Spiegels frei, wodurch das sichtbare Gesicht nur als Spiegelbild des Mannes erkennbar wird. Durch den bewusst inszenierten Spiegelrahmen wird hier eine visuelle *mise-en-abyme* vollzogen: Im Rahmen eines statischen Rahmens bewegt sich ein reines (männliches) Selbst-Bild, dessen Blockade daher rührt, dass der Kontext (als Vergangenheit, die die Ursache der Blockade bildet) nicht nur ausgeblendet ist, sondern als grundlos deutlich ausgewiesen wird, insofern der im Spiegel erscheinende Referent (das männliche Selbst) fehlt. Die doppelte Abgrenzung zum ihn umgebenden, dabei nicht identifizierbaren Raum lässt diesen zudem als etwas erst noch zu Entschlüsselndes erscheinen. Erst in der nächsten Einstellung wird der Raum, ein Schlafzimmer, gezeigt. Die Szene offenbart zugleich die Distanz des Protagonisten zu seiner Ehefrau durch die Inszenierung einer räumlichen Trennung. Der Mann und die Frau (Ruth Weyher) besitzen getrennte Schlafzimmer, sie vollziehen vermutlich ihre bestehende Ehe nicht. Die Szene codiert zugleich die Geschlechterdifferenz.

Die erste Einstellung, in der die Frau zu sehen ist, stellt keine Aufnahme des Gesichts dar. Die Frau wird ganz zeigt, wie sie vor einem Ankleidespiegel sitzt. Im großen Ankleidespiegel seitlich von ihr spiegelt sich lediglich ein weiterer, auf der gegenüberliegenden Seite des Zimmers angebrachter Spiegel. Beide bezeugen die Leere des Raums. Weiblichkeit ist hier ebenso referenz- wie grundlos inszeniert, mit dem Unterschied, dass sie als ‚volles' Bild in Erscheinung tritt. In dem Augenblick, in dem der Mann in einem *establishing shot* durch eine Türe das Zimmer betritt, wird deutlich, dass sich die Frau in einem anderen Raum aufhalten muss. Impliziert wird dies durch ihre Körperhaltung und die Einstellungsgröße. Sie sitzt in einer halbnahen Einstellung im Profil vor dem Spiegel, dann dreht sie sich nach rechts vorne um und ruft. Die Frau selbst wird nicht im Spiegel gezeigt, sie ist mit dem Bild des schönen, erotisierten Objekts identisch, ohne zur Selbstreflexion fähig zu sein. Nach ein paar halbnahen Einstellungen kommt es zur intimen Situation zwischen den beiden, die in Nah- und Großaufnahmen gezeigt wird und dazu beiträgt, eines der Symptome des Mannes – die Lust, seine Frau umzubringen – zu evozieren. Wir sehen dabei in einer Aufsicht, zumeist in einer *over the shoulder*-Perspektive des Mannes den Nacken der Frau, aus dem seine Hände ihr das Haar hochstreichen, um ihr ein paar Strähnen mit dem Rasiermesser zu stutzen. Von Beginn der Narration an wird hier deutlich, dass in ihrer Intimität sexuelle mit aggressiven Anteilen des Begehrens gepaart sind. Bevor in der Narration verhandelt wird, dass jemand in der Nachbarschaft mit einem Rasiermesser getötet wurde sowie dass die Szene mit der Frau die Messerphobie des Mannes auslöst, nimmt das Rasiermesser gleich in der ersten Einstellung, in der beide zu sehen sind, den Status eines bedrohlich und erotisch aufgeladenen Artefakts an. Die intime Szene wird durch den Ruf der Nachbarin (Lili Damita) unter- und aufgebrochen, insofern er buchstäblich die Haut der Frau im Nacken aufreißt und damit die intime Situation beendet. Die nächsten Einstellungen gehören der Öffentlichkeit: Wir sehen nicht nur, wie sich immer mehr Menschen draußen vor dem Nachbarhaus, inklusive der Staatsmacht, vertreten durch mehrere Polizisten, sowie Sanitäter versammeln. Die Instanz der Kamera nimmt dabei auf spezifische Weise am Geschehen teil, indem sie den Blick in einer leichten Aufsicht auf die Straße freigibt, wobei sie eine rennende, nicht-identifizierbare Figur verfolgt und hinter einer weiteren herrennt, deren Beine sie einfängt. Die Kamera macht sich hier als übergeordnete Erzählinstanz, als ‚entfesselte Kamera' bemerkbar gegenüber einem öffentlichen Geschehen, an dem sie teilnimmt und das sie zugleich im doppelten Sinne des Wortes verfolgt. Diese Bilder einer Öffentlichkeit, die sich um einen Mord herum konstituiert, brechen in die intime Situation mit einer ebenso großen Gewalt ein, wie sie zugleich seltsam konsequent von dieser Intimität ferngehalten werden.

Die folgenden Einstellungen zeigen die häusliche Routine, wie der Mann auf dem Weg zur Arbeit das Haus verlässt, als wäre draußen nichts vorgefallen. Kurz registriert er mit einem Blick durchs Fenster, ohne Gegenschuss, das Geschehen auf der Straße. Dort angekommen, geht die Kamera betont in Einstellungswinkel und -größen, die viel von der sozialen Umgebung zeigen – die Straße, die gegenüberliegenden Häuser, die neugierigen Menschen davor, den Krankenwagen, die Gruppe der Kinder – und die Distanz des Mannes hierzu demonstrieren, der diesem in großem Bogen ausweicht. Er beobachtet das Geschehen aus der Ferne, während er umgekehrt von den Schaulustigen neugierig taxiert wird, alles von der Kamera beobachtet.

Webber interpretiert diese Konstellation als ‚andere Szene', in der sich das Un/Heimliche abspielt: Es wird hier eine lose Assoziation aufgeworfen, der Mann sei des Mordes verdächtig. Narrativ betrachtet, löst sich entsprechend der Verschiebung der aufkommende Verdacht gegen den Mann im Laufe des Films als falsche Fährte auf. Indem die Gewalttat des Mordes, indirekter, abwesender Kern dieser Szene, ganz bewusst vom Privatgeschehen des Ehepaares abgegrenzt wird, entfaltet sie um so mehr ihre unheimliche Kraft in diesen Bildern von der intimen Situation, sodass sie darin sogar materielle Spuren in Form von Schnitten erzeugt. Umso signifikanter ist, dass, mit wenigen Ausnahmen – Friseurladen, Kneipe,

Polizeipräsidium – sich der Rest des Films in Innenräumen, seien es ,reale', seien es ,psychische', abspielen wird.

Am Ende dieser Szene wird dabei hervorgehoben, dass die Beziehung der beiden nicht nur sexuell und gewaltförmig, sondern auch durch einen Mangel konstituiert ist, insofern die körperliche Markierung der Frau durch den Schnitt das Thema der Differenz als ultimative Trennung vorwegschreibt. Thematisch wird dies in der nächsten Szene gemacht, in der die Frau ihren Mann zur Haustüre die Treppe hinunter zum Salon begleitet, wo wir am Fuße der Treppe eine Hündin mit ihren Welpen liegen sehen. In der nächsten Einstellung hat sich die Frau in halbnaher Einstellung zu den Hunden gebeugt, ihr Mann steht im Bild angeschnitten links neben ihr. Wir sehen sie in der Bewegung des Aufrichtens, wobei ihr Gesichtsausdruck sichtbar wird: Leiden, Frustration, möglicherweise auch schon Enttäuschung und Resignation über die Kinderlosigkeit.

Hier wird auch das zentrale kinematografische Verfahren eingeführt, das bei der Inszenierung der Geschehnisse in Innenräumen verwendet wird. Im Gegensatz zu der involviert-distanzierten Kamera in der Verbrechensszene in der Öffentlichkeit, die grob verwackelte und unruhige Bilder erzeugt, registriert sie hier kleinste Bewegungen: ein Kopfnicken; ein Vorbeugen des Oberkörpers beim Einschenken eines Glases; die Schneidebewegung einer Hand mit einem Messer. Nach einem kurzen *establishing shot* werden diese Szenen in halbnahe und nahe Einstellungen aufgeteilt, wobei durch dynamische Montage die Bewegung der Figuren über den Rahmen der Einstellung hinaus im nächsten Bild fortgeführt wird. Dies wird mit der Bewegung der Kamera ganz bewusst kombiniert. Das Verfahren setzt sich dadurch dezidiert zum Tableau, wie es in *Das Cabinett des Dr. Caligari* sowie in *Nosferatu* extensiv eingesetzt wird, in auffälligen Kontrast. In *Geheimnisse einer Seele* wird nicht bloß das Leben als kontinuierliche Bewegung eingefangen. Vielmehr ,lebt' die Kamera bei der Registratur selbst der kleinsten Lebensregungen, inklusive der ,inneren' Aufruhr der Figuren mit. Dabei hadert der Apparat mit der Vernähung der Anschlüsse, sodass bei der Fortführung der Bewegungen häufig Überlappungen oder Sprünge entstehen. Da der menschliche Bewegungsapparat sehr behende ist, kann der gezeigte Bildinhalt augenscheinlich nicht immer visuell kontrolliert werden. Beides untergräbt den Eindruck der Kontinuität des Lebensflusses.

Dies ist wichtig zu registrieren, weil diese Haltung der Kamera mit dem zweiten wichtigen Verfahren korreliert, welches die gesamte Narration strukturiert, nämlich die ständige Wiederholung von Einstellungen und Szenen, die dabei variiert werden.[173] Der Film grenzt sich hier dezidiert gegen ältere kinematografische Verfahren, die statische Einstellung mit Bewegungen im Bild sowie die technisch bewegte, montierte Kamera ab. In der Abgrenzung entsteht die mediale differentiale Relationalität, dass mit der bewegten Kamera zwar das Leben der mensch-

---

[173] Die Kamera geht bei der Fokussierung ihrer Objekte nicht beliebig vor, ändert jedoch ad hoc den Fokus in einer Einstellung.

lichen Figuren wesentlich besser, sprich ‚realistischer' repräsentiert werden kann, aber nur zum Preis nahtloser kontrollierter Kontinuität durch das Unsichtbarmachen des Schnitts. Diese, die Narration insgesamt dominierende Technik der beweglichen Kamera in Verbindung mit dem schnellen Schnitt steht nun gerade dem Verfahren entgegen, welches in der Traumsequenz verwendet wird, nämlich der statischen Kamera, die im Bild Bewegungen aller Art (hier qua Doppelbelichtung) zeigt. Sie enthält, wie Webber ganz richtig bemerkt, ein Kabinett von Kuriositäten, gerade auch spezifisch kinematografischer Herkunft: in den Bildvordergrund fahrende Züge; Figurenspiel vor schwarzem Hintergrund; Zeitlupe; exotistisches Dekor; Szenarien aus Abenteuer- und Reisefilmen; Schattenspiel; Zoetropbilder und Vieles mehr. Als ‚ausgediente' Attraktionen sollen sie hier nun, auch in Abgrenzung zum expressionistischen *setting* wie beispielsweise in *Das Cabinett* die verdrängten Wünsche eines einzelnen Individuums illustrieren. In der Verlegung des vormals ‚Außen' der Kinematografie in den ‚psychischen Innenraum' eines männlichen Subjekts erkennt Bergstrom korrekt die regulierende Entsozialisierung von dessen Funktion und Bedeutung, es wird quasi zum ‚Seelenmüll' eines männlichen Subjekts umfunktioniert.

Es ist wichtig, die Traumsequenz in Bezug zur im zweiten Teil des Films einsetzenden Therapie zu setzen. Einmal erfährt in dieser Szene die Technik des kontinuierlichen Bewegungsflusses im Gespräch des Mannes mit dem Arzt, Dr. Orth (Pavel Pawlow), eine enorme Steigerung. Die Kamera folgt hier der kleinsten, nicht nur körperlichen, sondern auch emotionalen Regung. Die ‚innere' Erregtheit beider Figuren kulminiert im Aufnehmen des dolchförmigen Brieföffners durch den Mann, der damit mehrmals in die Luft sticht. In der Literatur wird nur der Wissensaspekt des Arztes, nicht aber genau die damit einhergehende Lust beider Figuren an dieser Aufführung der nun angeblich aufgelösten Blockade (Tötungswunsch gegenüber der Ehefrau) erwähnt. Dabei handelt es sich um die Reproduktion eines Handlungsschemas, das dem Symptom ähnelt, wie es der Mann im Traum gegenüber seiner Frau bereits ausagierte und wie es sich in leichter Abwandlung schon zeigte, als der Mann die Fotos vom Vetter (Jack Trevor) betrachtete. Das Symptom wird also keineswegs aufgelöst, sondern unter anderen Vorzeichen in differenter Wiederholung re-produziert. Wie diese Reproduktion zu deuten ist, werde ich noch ausführen.

Zudem waren die hier angewendeten Prinzipien von Wiederholung und Varianz zu Beginn der 1910er Jahre bestens bekannt, ihre Funktion bestand allerdings darin, Handlungslogiken einer fiktiven Erzählung möglichst transparent und durch logische Nachvollziehbarkeit einer verlässlichen Wahrheit intelligibel zu machen (s. Abschn. 2.2). Deshalb ist auf ihre spezifische Konstruktion und Funktion in *Geheimnisse einer Seele* zu achten. Auffällig werden in der sogenannten Auflösungsszene, in der der Trauminhalt wiederholt wird, einmal sämtliche Einstellungen aus der Traumsequenz in eine andere narrative Ordnung gebracht. Zudem variiert der Präsentationsmodus der Bildinhalte. Sie werden manchmal in einer anderen Einstellungsgröße, manchmal in einem anderen Einstellungswinkel, manchmal in leicht versetztem Bildausschnitt gegenüber dem ‚Originalbild' oder gar stärker modifiziert gezeigt, sodass

3.4 Die narrative Un/entscheidbarkeit des ‚leeren Ursprungs' ...

ein anderer Fokus und damit auch eine Abweichung in der Bedeutung entsteht.[174] Handelte es sich dabei um die simple Rekonstruktion des Wunsches als Resultat des Durcharbeitens unbewusster Inhalte, müsste die Visualisierung die aufgelöste ‚wahrhaftige' Szene und damit die schlussendliche Bedeutung des Traums preisgeben. Die Fragen und Kommentare des Arztes führen jedoch dazu, dass immer weitere Bilder präsentiert werden, die kein Teil des vorausgehenden Traumes bilden, sondern einen anderen Status besitzen, wie beispielsweise Erinnerungen oder Gedankenbilder. Dabei ist aufgrund des Präsentationsmodus' nicht exakt nachvollziehbar, wie weit die Bilder durch die Figur selbst motiviert sind. Es scheint, als würden die Bilder der Traumsequenz in der retroaktiven Wiederholung mittels Abweichungen und (symbolischer) Ergänzungen vielmehr von einer übergeordneten Erzählinstanz interpretiert oder kommentiert (Bild vom gemeinsam gepflanzten Baum; Bild vom leer bleibenden Kinderzimmer; Bild vom geküssten Welpen; Bild von der triadischen, stilisierten Figurenkonstellation auf den drei Stufen der Freitreppe).[175] Insbesondere die Fantasie, in der die Frau den Vetter

---

[174]Die Turmszene ist bspw. dahingehend abgewandelt, dass wir vom Ersteigen des Turms, der im Traum dreimal in Zeitlupe gezeigt wird, nur den Anfang und den Schluss sehen. Auch fehlen die Gesichter der Fremden, die den Mann scheinbar hämisch auslachen. Ebenso ist die Reihenfolge, in der über die Glocken in starker Untersicht die Gesichter der Frau, des Dienstmädchens sowie der Assistentin (Hertha von Walther) geblendet werden, verändert. In der Seeszene, in der die Frau mit ihrem Vetter Boot fährt, von weit oben vom Mann beobachtet durch das kleine Fenster des Labors, werden die beiden beim ersten Mal in einer intimen Situation fokussiert. Sie kulminiert darin, dass auf der Wasseroberfläche die Puppe erscheint, die von der Frau herzlich aufgenommen wird, um sie dem Vetter zu übergeben. In der Fortführung der Szene als Traum winken beide Figuren nach oben Richtung Kamera, wo sich vermeintlich der Mann hinter dem Fenster befindet. In der Wiederholung während der Therapie liegt nun der Fokus darauf, dass die Frau die Puppe herzt und küsst, das Winken wird nicht wiederholt. Auch die Szene im Tempel, in dem der Mann in der Statue das Gesicht seiner Frau erkennt, eine Notiz schreiben will, die aber schon das Telegramm des Vetters ist, wird in der Wiederholung so verändert, dass das Gesicht der Frau gar nicht mehr erscheint. Stattdessen sehen wir, wie die vom Mann fortgeworfene Notiz auf den Boden fällt und dort in Rauch und Feuer aufgeht.

[175]Im ersten Teil der Szene steht der Mann rechts neben der Frau auf dem Podest, in einer totalen Einstellung, von schräg hinten links, den Blick gesenkt, aber den Kopf zu ihr gedreht. Beide sind vom Durchgang gerahmt, der mit Vorhängen gesäumt ist. Der Raum hinter ihnen ist unbestimmt und liegt im Halbschatten. Von links oben fällt Licht auf die beiden. Sie lächelt ihn etwas verunsichert an. Dann sehen wir, wie ein Schatten von links auf die Gestalt der Frau zu fallen beginnt. Eine nähere Einstellung zeigt, wie der Schatten gerade auf der Höhe ihres Schoßes Halt macht. Wir sehen auch die geballten Fäuste des Mannes, der daneben steht. Im nächsten Teil der Szene, die etwas später folgt, aber die chronologische Fortführung zu sein scheint, sehen wir den Vetter frontal vor unbestimmtem hellen Hintergrund herzlich lächelnd Richtung Kamera gehen. In der nächsten Einstellung sehen wir alle drei wieder in der Totale, der Mann steht nun zwischen der Frau und dem Vetter, wobei der Vetter auf den Mann lächelnd zutritt, ihm die Hand gibt und die andere auf dessen Schulter legt. Worauf sollen wir aber durch die leichte Differenz in der Wiederholung aufmerksam gemacht werden? Wo ist der Erkenntnisgewinn anzusiedeln? Tritt der Mann zwischen den Vetter und die Frau, um seinen sexuellen und Besitzanspruch gegenüber dem Vetter anzumelden und zu verteidigen? Oder treten sich der Vetter und der Mann einfach nur herzlich entgegen, wie sie dies immer tun, wobei die Frau als Dritte, wie immer, außen vorsteht? Letztlich bleibt dies un/entscheidbar.

verführt und vermutlich mit ihm schläft, im Beisein des entsetzten Mannes hinter der ornamenthaften geschnitzten Trennwand, bildet ein gänzlich neues Element der Narration.

Man könnte nun argumentieren, dass sich in der Abweichung bei der performativen Wiederholung der Kerninhalt des Wunsches und damit die schlussendliche ‚Wahrheit' der Störung enthüllt, wodurch der Prozess der bewussten Subjektbildung qua Auflösung der Blockade zu einem erfolgreichen Abschluss gebracht würde. Stattdessen wird aber ständig weiteres Material, werden immer noch mehr Bilderfolgen produziert, die sich für die Filmzuschauer*innen als neu zu interpretierende erweisen, deren eindeutige Entschlüsselung sich in der neuartigen Re-Kombination gerade unendlich entzieht. Wenn auch auf narrativer Ebene zweifach behauptet wird, die Ursache der Blockade sei erkannt und überwunden, nämlich einmal in der sprachlichen Formulierung des Arztes: „Der Schmerz, daß Ihre Frau als Kind ‚Ihre Puppe' dem Vetter schenkte – ist in Ihrer ‚kinderlosen' Ehe wachgeblieben!!" (Zwischentitel) sowie durch das Ausagieren des Symptoms durch Wiederholung der bisher blockierten Handlung (Erstechen der Ehefrau mit dem Messer), so wird doch auf kinematografisch-visueller Ebene durch den Präsentationsmodus der Bildinhalte mittels abweichender Wiederholungen in thematischer Hinsicht gar nichts aufgelöst. Vielmehr werden die fundamentalen Möglichkeitsbedingungen von Wahrheitsfindung und Sinnproduktion als solche ausgestellt, indem sie in ihrer Grundlosigkeit als konstitutiv prekär und daher instabil ausgewiesen werden. Deshalb sollte man die Bildinhalte der Traumsequenz und die von ihnen angebotene Symbolik im Lichte dieser, in der Therapiesitzung veranschaulichten Un/Möglichkeitsbedingungen jeglicher Sinnstiftung betrachten.

Bezüglich der visuellen Strategie stechen dabei zwei Bildinhalte heraus, die in der Therapiesitzung prominent gesetzt sind, die sexuelle Handlung zwischen der Ehefrau und ihrem Cousin sowie die ihrer Ermordung nämlich. Der Mann partizipiert als Voyeur an den sexuellen Aktivitäten der Frau mit dem Vetter. Seine Mimik lässt dabei auf Horror, Wut und Angewidertsein schließen. Nun ist aber keineswegs gesichert, was Quelle, Ziel und Objekt dieses Horrors sind. Wenn der visualisierte Wunsch das Szenario einer Nicht-Erfüllung, also eben nicht die Einlösung, sondern eine ‚andere Szene' repräsentiert, wie Bergstrom und Webber argumentieren, ist daher der Bezug zu dem anderen, in der Szene nicht abgebildeten Teil der männlichen Identität (Mangel, Exzesse?) nicht fixierbar. Das zweite Bild ist dasjenige des Zustechens mit dem Säbel. In der Traumsequenz wird dies so inszeniert, dass der Mann in einer totalen Einstellung im Profil auf ein Bild seiner Frau einsticht, welches durch Doppelbelichtung als transparente Projektion erzeugt ist. Die Frau erscheint dabei langsam, das Bild bleibt halbtransparent, die Frau winkt ihm zugewandt zu, während der Mann wie in Rage zusticht und das Bild nach ein paar Sekunden wieder verschwindet. Unabhängig davon, ob man die Szene buchstäblich oder symbolisch liest, bleibt sie in ihrer Bedeutung unauflösbar ambivalent. Auch hier stellt sich die Frage, was diese ‚andere Szene' aufführt in Verbindung zum Rest der männlichen Identität, die hierin nicht abgebildet ist. In der Wiederholung der Szene während der

3.4 Die narrative Un/entscheidbarkeit des ‚leeren Ursprungs' ...

Therapiesitzung erscheint die Frau gar nicht mehr als Projektion, es bleibt somit die nun kontextlose Geste des Zustechens mit dem Dolch. In dem Maße, wie sich hier Zielausrichtung und Objekt der Geste verflüchtig beziehungsweise entkoppelt haben, besteht die einzige Sicherheit hinsichtlich der Deutung in der Erkenntnis, dass der Trieb stets zugleich aggressiv und sexuell angelegt ist. Zu mehr Wissen über sexuelles Handeln und sexualisierte Inhalte im Sinne einer Szene, die zur Lösung der Blockade und zur Restituierung männlicher Subjektivität führend enträtselt werden muss, reicht es nicht. So wie der Trieb aggressiv und sexuell sein kann, wie Ziel und Objekt des Triebs nicht fixiert werden können, ist auch die Position des Subjekts zugleich aktiv und passiv, auf welches sich sowohl die Enträtselung als auch die ambivalente Position der jeweils lust- und angstbesetzten Objekte jeweils beziehen lässt. Mit dem Ausstellen der Mechanismen von Sinnstiftung und deren gleichzeitiger Unabschließbarkeit geht daher in *Geheimnisse einer Seele* die Produktion von sexualisiertem Lustwissen und sexualisierter Lustangst parallel einher. Ihre jeweiligen Verknüpfungen mit den verschiedenen Objekten/Subjekten können aufgrund ihrer Nicht-Fixierbarkeit daher immer zumindest doppelt gelesen werden. Die besondere Struktur der arbiträren Sinnstiftung durch die spezielle narrative Ordnung der Bilder, Einstellungen und Szenen unterstützt dabei, dass die Relationen zwischen Trieb (sexuell, aggressiv), Ziel (aktiv, passiv) und Objekt (Frau/Mann) arbiträr und über das Filmende hinaus un/eindeutig bleiben.

Wirft man deshalb nochmals einen Blick auf die durch das Narrativ organisierte Grundthematik von der Blockade des männlichen Subjekts und ihrer vermeintlichen Heilung, ergibt sich folgendes Bild: Der Mann entwickelt bei der Nachricht vom Mord und zeitgleicher Ankündigung des Vetters der Frau die Lust, seine Frau zu ermorden, was als Sanktion dagegen eine Messerphobie auslöst. Mordlust und Messerphobie sind als sekundäre Effekte einer vorgängigen, wesentlich ‚tieferen Störung' zu verstehen, der Impotenz des Mannes nämlich, welche von den aktuellen Störungen überlagert und in der ersten Szene des Films bereits deutlich gemacht wird. Beide Störungen beziehungsweise Symptome sind dabei stets auf zwei Personen bezogen, die im direkten ursächlichen Zusammenhang mit der Impotenz stehen: die Frau und ihr Vetter. In der Therapie soll nun die ‚in der Tiefe' liegende Ursache freigelegt, damit der Erkenntnis und Heilung zugänglich gemacht werden. Der Arzt macht als solche ein Kindheitserlebnis aus, in welchem die Frau statt dem Mann dem Vetter die Puppe überreichte. Hier wird nicht nur ein kompliziertes Ursache- und Wirkungsverhältnis zwischen Ereignissen, realen und imaginierten, hergestellt. Vielmehr findet auch eine Schichtung verschiedener Zeitlichkeiten statt, die an jeweils unterschiedliche mentale und psychische Modalitäten geknüpft sind, dabei in einem unüberschaubaren kausalen und konsekutiven Zusammenhang stehend.[176]

---

[176]Im zweiten Teil des Films ist die Zeitordnung noch schwerer nachvollziehbar. Während im ersten Teil ein paar Tage vergehen, deren Ablauf durch die konkrete Ankunft des Vetters determiniert ist, lässt sich für den zweiten Teil kaum mehr sagen, wie viel Zeit bis zum

Webber und Konigsberg erfassen nun diese imaginierten und realen Ereignisse in ihren unterschiedlichen Zeitlichkeiten topologisch, als immer ‚andere Szenen' (Webber) oder *ad infinitum* gestapelte Schachteln in Schachteln (Konigsberg).[177] Ich möchte dagegen detaillierter auf die hier zum Einsatz kommenden Bildmodalitäten und kinematografischen Verfahren eingehen, mit denen die für ursächlich gehaltenen Ereignisse in Form von Erinnerungen oder Gedanken visuell veranschaulicht werden sollen. Hierbei tritt die Zeit der Filmerzählung ins Bewusstsein als Konstruktion der Ordnung von Lebenszeit. Die Problematik des Fixierens von flüchtigen, weil sich in der Bewegung, im Lebensfluss stetig verändernden Inhalten korreliert dabei zugleich mit der Unabschließbarkeit von Sinnstiftung per se.

Für den Versuch, zeitliche Ankerpunkte zu schaffen, werden im Film zwei Szenen bemüht, die vermeintlich ins Zentrum des Geheimnisses führen. Es handelt sich einmal um eine Szene, in der die drei Protagonist*innen Fotografien aus ihrer Kindheit betrachten sowie die spätere Therapieszene, in der das vorausgehende fotografische Motiv quasi filmisch zum Leben erweckt wird, welches die Ursache für die Impotenz, die Übergabe der Puppe nämlich, evident machen soll.

Diese erste Szene findet kurz vor der Ankunft des Vetters der Frau statt. Der Mann betrachtet darin allein ein Foto des Vetters. Dieser ist darauf in seiner Safariuniform abgebildet. Auf eine Safari hatte er sich nach der Heirat der beiden begeben. Koloniale Referenzen werden dabei aufgerufen.[178] Das Foto weicht von den typischen Safarifotografien ab, da hier der Kontext – das Tier, die unterworfenen ‚wilden Fremden' – fehlt. Der Kamerablick fokussiert das abgebildete

---

sogenannten Abschluss der Therapie vergangen ist. Zwar gibt ein Zwischentitel inmitten der Therapie Auskunft darüber, dass „einige Monate" vergangen seien. Die Bildinhalte bleiben jedoch gleich: Wir sehen stets den Mann im Behandlungszimmer des Arztes, dazwischen die Einsprengsel von Erinnerungen, Traumausschnitten, Phantasien, Gedanken. So intim die Situation zwischen den beiden Figuren ist – alle Außenwelt scheint beinahe vollständig ausgeblendet zu sein, die Parallelhandlungen begrenzen sich auf wenige Szenen –, so verdichtet und kontinuierlich scheint darin jeweils die Zeit abzulaufen, wie sie zugleich in der Kombination der wiederholten Szenen völlig achronisch ist.

[177] Vgl. erneut Webber 2009 sowie Konigsberg 1995.

[178] Die koloniale Fotografie besaß zu Beginn des 20. Jahrhunderts eine Versicherungsfunktion für die männlichen Vertreter kolonialer Macht zu einem Zeitpunkt, als die Stabilität in den Kolonien gar nicht mehr gesichert war und die Position von Männlichkeit in den häuslichen Gefilden ebenfalls durch die Frauenbewegung, das Phänomen der ‚Neuen Frau' und erwerbstätige Singlefrauen erschüttert wurde. Die Abbildungen zeigten dabei meist den Herrn der Safari, den kolonialen Herrscher, der sich mit Triumphgebärde über ein erlegtes Tier beugte, meist, aber nicht immer umgeben von Vertretern des indigenen, unterworfenen Volkes. Dabei musste stets größter Bedacht darauf gelegt werden, den Mann nicht zum reinen Schauobjekt des fotografischen Blicks sowie der Betrachterin gerinnen zu lassen – daher die Pose des Triumphes. Vgl. hierzu auch Vettel-Becker 2005 sowie Bate 2004. Im Laufe der Tradition der Safari verschob sich die Bedeutung des Fotos dahingehend, dass es weniger um die Inhalte als vielmehr um das Foto als Beweis und Inbesitznahme von Macht ging. Vgl. hierzu Ryan 1997, der dies für das britische Weltreich erörtert, sowie Hashemi Yekani 2012.

3.4 Die narrative Un/entscheidbarkeit des ‚leeren Ursprungs' ... 299

Objekt, wodurch es passivisiert und erotisiert wird: Wir sehen einen schönen Mann, gut ausgeleuchtet mit einem *low key*-Verfahren, der zugleich, forsch in der einen Hand eine Pfeife haltend, beide Hände über das aufgestellte Knie gelegt, dabei besinnlich nach rechts aus dem Bild (in die Weite) blickt. Das Foto füllt dabei beinahe die gesamte Bildeinstellung aus, wir sehen es in einer starken Aufsicht, in der am linken unteren Rand nur der Daumen des Mannes erkennbar ist, der die Fotografie hält. Der Daumen streicht kurz über die linke untere Bildkante des Fotos (s. Abb. 3.8).

Dann wird (mit der anderen, nicht sichtbaren Hand) ein zweites Foto vorgezogen und über das andere gelegt. Auf diesem sehen wir wieder in einer Aufsicht den Vetter, nun total und frontal, mit Blick zur Kamera, die Arme in die Hüften gestemmt, Pfeife im Mund, von oben links beleuchtet. Auch hier ist der Hintergrund unbestimmt. Die Kamera schwenkt bei dieser Bewegung des Wechsels der Fotografien erst nach rechts, dann nach unten leicht mit, wodurch sie visuell die Bewegung nachvollzieht, die der Mann mit der Hand ausführt. Zwar ist der Kamerablick an die Perspektive des Mannes angelehnt, sie entwickelt aber ihre eigene Autorität und registriert quasi autonom die Mikrobewegung der Hand. Während die Bedeutung der Fotografie bezüglich ihrer narrativen Funktion völlig un/eindeutig bleibt, wird sie dennoch zum materiellen Träger der Beziehung, zum erotisierten Besitzstück ihres Betrachters und des Filmpublikums. In der Abweichung, die die Kamerabewegung zur Fotografie produziert, welche nur

Abb. 3.8 *Geheimnisse einer Seele,* D 1926, Friedrich-Wilhelm-Murnau-Stiftung, 0:11:18:14

die Pose zeigt, werden wir auf dieses erotisierte Besitzverhältnis aufmerksam gemacht. Nun wird dieses Foto in der Regel in der Literatur nicht erwähnt, weil es in dieser Szene von den beiden Gastgeschenken des Vetters, der japanischen Mütterlichkeitsstatue sowie dem Säbel, symbolisch völlig überlagert wird, mit denen er seine Ankunft ankündigte, die die Messerphobie mitauslöst. Tatsächlich erzeugt die Fotografie beziehungsweise das Betrachten der Fotografie einen Effekt/Affekt. In Abwesenheit des Vetters produziert der Mann retroaktiv ein an diesen geknüpften Affekt, der in eine Handlung überführt wird, nämlich das Aufnehmen des Säbels. Es wird aber gerade nicht eindeutig, ob es sich dabei um eine Geste der (homophoben) Abwehr beim Erleben der eigenen erotischen Attraktion gegenüber der Fotografie, um die Abwehrgeste im Sinne der erotischen Konkurrenz mit dem Vetter gegenüber der Frau oder um die Symbolisierung einer phallischen Handlung gegenüber dem (noch) abwesenden Vetter handelt. Wichtig ist, dass durch das Medium Fotografie, welches einen Augenblick in der Vergangenheit fixierte und daher als Beweis dieses Moments dient, im Nachhinein etwas ausgelöst wird, das erstens nicht in der Fotografie selbst eindeutig encodiert ist. Zweitens gleicht die ausgelöste Handlung dem Symptom, mit dem der Mann im Traum seine Frau zu ermorden sucht. Die Differenz zwischen den beiden Medien Fotografie und Film wird hier in die un/bestimmte Verknüpfung von erotisiertem, statisch abgebildeten Objekt und dynamischer affektiver Handlung übersetzt.

Die zweite Fotografie zeigt den Mann als Kind und seine Mutter. Es wird in der Szene gezeigt, in der der Vetter nach seiner Ankunft mit der Frau im Salon die Fotos aus vergangenen Tagen durchforscht, während beide den Mann zum Abendessen erwarten. Es handelt sich um eine typische, im Studio gefertigte Porträtfotografie, man sieht die Figuren bis zum Rumpf, die Ränder der Körper fransen nach unten hin aus in ein unbestimmtes Weiß, das auch den Hintergrund abgibt. Charakteristisch für diese Fotografie ist, dass sie das gesamte Filmbild ausfüllt, sodass sie dabei ein Filmstill erzeugt. Beide Figuren schauen frontal in die Kamera. Das Foto erscheint nicht durch den Blick einer Figur motiviert. Es funktioniert also auch wie eine Fotografie: ein eingefrorener Augenblick in einem Leben, bei dem der Körper des Subjekts sich – laut Barthes –[179] schon im Vorhinein zum Objekt macht, um nochmals von der Kamera stillgestellt zu werden. Gleichzeitig signifiziert die Fotografie mehr, als sie im Sinne der Repräsentation eines bürgerlichen Ichs leisten soll,[180] dies vor allem mit Bezug auf das Kind, wie Benjamin es in *Berliner Kindheit um 1900* beschreibt,[181] dass nämlich das Unbehagen, fotografiert zu werden, bedingt, dass sich das Wesen des abgebildeten Objekts/Subjekts in der Fotografie nur entfremdet und verzerrt wiederfinden lässt. Zwar ist die Geste der Mutter eindeutig. Sie lächelt nicht nur in die Kamera, sondern drückt auch den Kopf des Jungen an ihre Brust, sodass dessen Oberkörper und

---

[179]Vgl. Barthes 1985.
[180]Vgl. zur Fotografie als Sicherungsinstrumentarium bürgerlicher Normativität erneut Sekula 1986 sowie Tagg 1993.
[181]Vgl. Benjamin 2019.

3.4 Die narrative Un/entscheidbarkeit des ‚leeren Ursprungs' ...

Kopf leicht nach hinten gebogen sind. Seine Lippen rücken besonders ins Zentrum der Aufmerksamkeit, und man sieht, wie er bemüht ist, den Blick der Kamera zu erwidern, um dem Format des Porträts zu entsprechen, ohne dass es ihm wirklich gelingt. Er ist im doppelten Sinn nicht Herr seiner Selbst, sondern mehrfach, durch den fotografischen Apparat, durch die von der Mutter erzwungene Pose, ‚verrückt' und ‚verzerrt'. Das Foto löst nichts aus oder blockiert etwas. Vielmehr repräsentiert es, quasi zeitenthoben und daher universell, die Beziehung zwischen Mutter und Sohn. Sie sagt noch mehr über das (nur noch medial) zugängliche Wesen eines Subjekts in seiner ‚inneren', ‚Verrücktheit' aus.

Das letzte, in dieser Szene gezeigte Foto repräsentiert die drei Protagonist*innen als Kinder. Wir sehen zunächst die Frau und den Vetter in einer halbnahen Einstellung vor dem Kamin sitzen, wie sie sich beide vorbeugen, um auf die Fotografien zu blicken. Es gibt dabei keine *over the shoulder*-Ansicht, wie beim Foto des Vetters. Dann wird das Foto die gesamte Bildeinstellung ausfüllend präsentiert. Es zeigt die drei Kinder, frontal, als Porträt. Auch hier ist der Hintergrund unbestimmt, weil verschwommen. Im Kontrast zum Porträt von Mutter und Sohn, handelt es sich um eine Art Schnappschuss, der an Weihnachten zu Hause aufgenommen wurde. Die Kinder konnten also bis zu einem gewissen Grad selbst bestimmen, in welcher Pose sie vom Apparat ‚abgeschossen' werden wollen. Dennoch sind sie nicht ganz frei, das Dispositiv erlegt auch hier, wie die Mimik der Kinder demonstriert, bis zu einem gewissen Grad Zwänge auf. Nicht nur lässt die Mimik des links im Bild stehenden Jungen, sprich dem Kindheits-Ich des Mannes Rückschlüsse zu auf dessen Unbehagen zu, ins fotografische Dispositiv gerückt und gepresst zu werden. Vielmehr offenbart sein Gesichtsausdruck eine nicht zu deutende Überraschung. Sein Kopf ist nach rechts geneigt zu dem Mädchen, dem Kindheits-Ich der Frau, das in der Mitte zwischen den beiden Jungen steht. Mit abgeklärter Miene schaut das Mädchen direkt in die Kamera. Rechts steht das Kindheits-Ich des Vetters, den Kopf nach rechts zu dem des Mädchens geneigt, dabei befindet es sich in etwas größerer Distanz zu diesem als das Kindheits-Ich des Mannes. Dafür blickt der Vetter mit einem Lächeln und blitzenden Augen forsch in die Kamera. Wie das Verhältnis der Kinder untereinander konstituiert ist, zeigt sich also weniger in der Körperhaltung als darin, mit welchem Grad der Professionalität sie sich in Pose stellen. Darin drückt sich ihre Ähnlichkeit, ihre Verwandtschaft, aber auch ihre Verschiedenheit aus. Dem Mädchen und dem Kindheits-Ich des Vetters gelingt die Produktion dieser Ähnlichkeit mühelos, während das Kindheits-Ich des Mannes als Subjekt in der unsicheren, instabilen Pose beinahe zerfließt.

Das Foto unterscheidet sich in einem wesentlichen Punkt von der Fotografie von Mutter und Sohn: Seinen Inhalt in der unteren rechten Ecke können wir nicht mehr erkennen, weil sich darauf das Licht des Salons der Eheleute reflektiert. Es wird also ein diegetisch motivierter, dabei abstrakter Bezug zum umgebenden sozialen Raum in der konkreten zeitlichen Situation hergestellt, der reflexiv wahrgenommen werden kann. Dasselbe Foto erscheint noch einmal, wenn der Mann nach Hause gekommen ist, den Vetter herzlich begrüßt und umarmt hat und die beiden gemeinsam die Fotos betrachten. Es verbleibt in der diegetischen Welt, insofern es auf einem Tablett liegt, welches auf dem Kamintisch abgestellt wurde, gemeinsam mit der japanischen Statue und dem Säbel. Die Einstellungsperspektive ist aus der Sicht des Mannes auf das Foto gerichtet, die Kinder blicken dabei direkt in die Filmkamera. Gemeinsam mit diesen überdeterminierten Symbolen scheint das Foto alle psychischen Elemente für die Blockade zu bündeln.

Dass es dabei einen konkreten, unheimlichen *remainder* aus der Kindheit der drei Figuren bildet, ist auch Nick Browne und Bruce McPherson nicht entgangen. Sie schreiben von einer zweifachen Funktion der Fotografie in *Geheimnisse einer Seele*.[182] Sie fixiere (bereits) den vergangenen Moment der Ursache für das Problem der Impotenz, die Eifersucht nämlich. Sie bilde das materielle Artefakt der Einschreibung des vergangenen Augenblicks und das Medium der Übermittlung der Bedeutung, die es im Hier und Jetzt besitze. Daher könne man es als Anachronismus bezeichnen. Es lege frei, was die Grundlage der Bedeutung für den aktuellen Zustand sei, ohne diesen zu verändern. Allerdings mache sie dabei nicht ein sexuelles Moment sichtbar, sondern die soziale, durch Medien mit hervorgebrachte Differenz der Individuen.

Nachdem der Mann kurz frontal in einer halbnahen Einstellung zu sehen ist, erscheint eine zweite Fotografie von den Kindern in einer Aufsicht, wieder angelehnt an seine Perspektive. Der Bildinhalt weicht leicht von der ersten Fotografie ab. Auch sie nimmt nicht den gesamten Bildausschnitt ein, sondern liegt quasi schräg im Filmbild und ist oben links und unten rechts angeschnitten. Die Kinder sind darauf wieder frontal, nun aber im Ganzkörperformat zu sehen. Rechts neben ihnen steht, angeschnitten, ein Weihnachtsbaum, dessen schwer mit Schmuck behangene Äste ins Bild ragen. Links sehen wir angeschnitten eine Art Ablage, vielleicht ein Tisch mit einem Tuch darüber. Davor steht ein Schaukelpferd im Profil, von dem nur der Kopf ins Bild ragt. Vor dem Baum, ebenfalls im Profil, ist das Vorderrad eines Fahrrads zu sehen. Mittig steht das Mädchen, nun im Kleid und mit einer Schleife im Haar, links und rechts von den beiden Jungen gesäumt. Den Körper gespannt, aufmerksam nach vorn gerichtet, schaut es leicht links an der Kamera vorbei und lächelt. Das Vetter-Kindheits-Ich hat seine rechte Hand auf dem Kopf des Schaukelpferds abgelegt, es lächelt entspannt und selbstsicher in die Kamera. Das Mann-Kindheits-Ich blickt direkt, aber etwas gequält in die Kamera. Man sieht deutlich, dass sich das Mann-Kindheits-Ich und das Mädchen an den Händen halten. Auf der anderen Seite, zwischen dem Mädchen und dem Vetter-Kindheits-Ich, sind die Hände von Kleidung verdeckt. Man weiß nicht, ob sie sich die Hände reichen. Auch hier wird Identität, Intimität, Ähnlichkeit und Differenz nicht über die Haltung der Körper zueinander gestiftet, sondern über die Art, wie sie sich der Fotokamera präsentieren. Trotz körperlicher Nähe zum Mädchen, zeichnet sich das Kindheits-Ich des Mannes durch seinen gequälten Gesichtsausdruck, seine unbestimmte Körperspannung aus und erzeugt den Eindruck des Fremdseins, der Nichtzugehörigkeit. Diese Fotografie, so Browne und McPherson, fixiere den Augenblick der Verursachung der Blockade

---

[182]Vgl. Browne/McPherson 1980.

3.4 Die narrative Un/entscheidbarkeit des ‚leeren Ursprungs' ...

des Mannes. Dabei verweisen sie auf den entscheidenden Unterschied zur Filmsequenz, in der die Erinnerung in Bewegtbildern während der Therapiesitzung präsentiert wird: Auf dem Foto ist das Mädchen ohne Puppe abgebildet. Hieraus schließen sie, dass die Übergabe der Puppe bereits stattgefunden haben muss. Ich würde hinzufügen, dass dies gerade in dem Augenblick in der Narration erfolgt, in dem im Medium der Fotografie etwas Zukünftiges in diesem vergangenen Augenblick antizipiert wird, nämlich die spätere eheliche Verbindung von Mann und Frau. Diese ist jedoch im Augenblick ihrer anachronistischen Reaktivierung bereits Vergangenheit durch die sexuelle und psychische Distanzierung der beiden voneinander.

Der zentrale Punkt ist hier der, dass das Foto de facto nicht von der Filmsequenz während der Therapiesitzung zu trennen ist, da es dort mit zeitlicher Verschiebung die Erinnerung auslöst. Durch die kinematografisch erzeugte Verlebendigung dieser Szene entsteht genau diese doppelte Differenz – die raumzeitliche von Zukunftsantizipation und deren Vergangenheit, die kausallogische von Ursache und Effekt der Eifersucht. Sie verstärkt, was in der Fotografie bereits angelegt ist, insofern bereits durch sie – entgegen der Ansicht von Browne und McPherson – eben keine raumzeitliche und kausallogische Abfolge garantiert ist. Die mediale relationale Differenz von Fotografie zu Film besteht als Re-konstruktion einer Auslassung, indem in der filmischen Variante nämlich nun unmittelbar gezeigt wird, dass das Mädchen die Puppe an den Vetter übergibt. Der Unterschied zwischen Fotografie und Filmsequenz besteht daher exakt nicht in der Differenz zwischen Anachronismus und Rekonstruktion, sondern vielmehr in der unterschiedlichen Manifestation einer grundlegenden Instabilität (des Wissens, des Begehrens). In der Bewegung und Verlebendigung wird dieses Element der Übergabe der Puppe hier einerseits zum ersten Mal explizit visualisiert. Im Kontext der Narration aber und damit des Prozesses der Sinnstiftung sowie der Auflösung der Ursache für die Blockade stellt sie eine ultimative Novität dar. Wenn der Film also als Maschine zur Produktion des Lebendigen vermeintlich zeigt, wie sich die Ereignisse in der Vergangenheit ‚wahrhaftig' zugetragen haben, um damit die Enthüllung schlechthin zu behaupten, erfolgt dies unter den Vorzeichen, zu verdeutlichen, dass mit dem neu in Erscheinung Tretenden gerade nichts fixiert ist, weil es etwas anderes zeigt, als die sexuelle ‚Wahrheit' der Ursache. Die Bedeutung wird durch Modifikation dynamisiert und vervielfältigt, sodass sich die Lösung des Rätsels hinsichtlich der Störung und ihrer ‚Heilung' letztlich merklich nur weiter ins Un/Bestimmte verschiebt. Dies lässt sich mit einem genaueren Blick auf die Inszenierung der Szene belegen.

Sie beginnt signifikanterweise nicht mit den Kindern, sondern mit dem Fotografen, der nicht personifiziert wird. In einer halbnahen Einstellung blickt er frontal zur Kamera gerichtet nach vorn, richtet mit den Händen seinen Apparat aus, den er vor sich auf Bauchhöhe hält. Der Kontext ist eindeutig ein bürgerliches Wohnzimmer oder ein Salon. Rechts hinter ihm an der Wand hängt ein Spiegel, in dem sich sein Rücken ausschnittweise reflektiert. Darüber ist noch etwas Raum im Spiegel erkennbar. Der Sichtwinkel ist physikalisch so gewählt, dass wir im Spiegel im Grunde sehen müssten, worauf der Fotograf den Apparat richtet: das fotografierte Objekt nämlich, das entweder die Kinder sein müssten oder, als deren Substitut, die Zuschauerin, der Zuschauer. Wir sehen allerdings hinter dem Fotografen im Spiegel lediglich einen Ausschnitt vom Weihnachtsbaum. Im Film wird somit genau dort, wo die Lösung des Rätsels der Impotenz sitzen sollte, indem die Bewegtbilder die Erinnerung aktualisieren, im Kern eine genuine Leerstelle erzeugt. Hierdurch führt der Film als Prozess des Erinnerns die Funktion der Fotografie als fixem Beweis einer ursprünglichen Anwesenheit der Kinder und deren Bedeutung augenscheinlich vollkommen *ad absurdum*. Nicht nur sehen wir etwas anderes als etwas sexuell Motiviertes, das die männliche Blockade ausgelöst hat, sondern wir sehen gar nichts. In der nächsten Einstellung sehen wir dagegen die Kinder in einer Totalen, frontal zur Kamera gerichtet, beinahe wie auf den Fotografien. Die Sicht auf die Kinder ist keineswegs als *reverse shot* zur vorausgehenden Einstellung mit dem Fotografen zu interpretieren. Allein der Weihnachtsbaum bezeugt, dass sich alle im selben Raum aufhielten.

In dieser Einstellung sehen wir den Prozess des In-Pose-Rückens der Kinder, die von der Frau, die vermutlich die Mutter des Mannes, weil sie mit abgeschnittenem Kopf zu sehen ist, unterstützt und gleichzeitig im disziplinierenden Sinne gefordert wird: Sie geht hinter den Kindern hin und her und richtet mit der Hand ihre Köpfe nach vorn zur Kamera aus. Die Kinder reagieren zugleich willig und eigenwillig, indem sie die Blickrichtung selbst bestimmen und mit dem Körper bestimmte Bewegungen ausführen. Offenbar wird hier erneut der Charakter der drei differenziert. Der Vetter und die Frau reagieren, als wäre das Posieren eine Selbstverständlichkeit, während der Mann, rechts im Bild, wieder einmal eher abwesend aus dem Bild schaut, erstaunt, bis die Mutter kommt und die Kinder in Positur bringt. Bemerkenswert ist, dass das Mädchen in diesen Einstellungen eine Puppe im Arm hält. Hier wird somit die Achronie und daher nicht nur die zeitliche, sondern auch die kausallogische Unzuverlässigkeit der Fotografie vorgeführt, insofern deutlich wird, dass wir nicht sicher sein können, wann das Mädchen die Puppe hatte und dem Vetter übergab – vor oder nach der fotografischen Aufnahme. Die Verlebendigung durch die Filmkamera arbeitet bei der Demontage des Mediums Fotografie als wahrhaftigem Anachronismus darauf hin, auf die Un/möglichkeit beider Medien aufmerksam zu machen, den Dingen buchstäblich ‚auf den Grund' zu gehen. Der Film dient hier als Medium des Sichtbarmachens dieses Defizits beider Medien.

Die folgende Einstellung zeigt den Fotografen wie zuvor, er schaut nach links an der Kamera vorbei, dann auf den Fotoapparat hinunter. Im Spiegel hinter ihm ist nach wie vor nichts zu sehen. Abweichend von der ersten Einstellung, in der der Fotograf zu sehen war, schwenkt die Kamera von links in die Einstellung hinein, sodass der Eindruck entsteht, eine Bewegung werde zuende geführt, die in der vorigen Einstellung begann. Dies geschieht analog des Verfahrens, das in den meisten der ‚realistischen' Einstellungen zur Anwendung gelangt, in denen die ‚Außenhandlung' gezeigt wird. Die Kamera nimmt also, ähnlich wie in der Einstellung, in der der Mann die Fotos des Vetters anschaut, eine quasi-autonome

3.4 Die narrative Un/entscheidbarkeit des ‚leeren Ursprungs'...

Position ein, die irgendwo zwischen den Kindern und dem Fotografen angesiedelt ist. Zwischen diesen vermittelt sie gerade nicht, sie stellt keinen *match* der direkten Gegenüberstellung her, sondern sie hebt – nach der Infragestellung der zeitlichen Kongruenz beziehungsweise Konsekution – vielmehr deren räumliche Disparatheit hervor. Konsequenterweise gedacht, müssten also nicht die Kinder im Spiegel zu sehen sein, sondern der filmische Apparat selbst. Dies wird in der dritten Einstellung nochmals verstärkt. Zunächst werden noch einmal, in einer davon deutlich abgegrenzten Einstellung, die Kinder wie zuvor, frontal zur Kamera gewandt gezeigt. Die Frau/Mutter hat sich aus dem Bild zurückgezogen, und wir können nochmals beobachten, wie die Kinder nun selbstständig versuchen, die richtige Pose für die Kamera zu finden. Das Mädchen richtet sich noch einmal extra auf. Das Kindheits-Ich des Mannes, rechts von ihm, verzieht etwas das Gesicht, während sich das Kindheits-Ich des Vetters, breit grinsend, in Positur wirft. Dann ziehen das Mädchen und das Kindheits-Ich des Mannes die Schultern hoch und halten praktisch die Luft an. Die Blicke sind unterschiedlich ausgerichtet: Das Mädchen blickt selbstbewusst frontal in die Kamera, das Kindheits-Ich des Vetters blickt nach rechts vorn, ebenfalls mit selbstbewusstem Gesichtsausdruck. Das Kindheits-Ich des Mannes schaut zwar in die Kamera, aber mit zugleich erstauntem, verunsichertem Blick. Dann sehen wird den Fotografen wie zuvor, immer noch frontal zur Kamera gerichtet, den Kopf auf den Fotoapparat gesenkt. Er schaut hoch in die Filmkamera, lächelt breit und zeigt dabei mit dem Finger auf den Apparat. Anschließend richtet er sich auf. Die Kamera schwenkt ganz leicht mit seiner Bewegung nach oben mit. Er geht nach links hinter dem Stuhl weg, auf den er den Fotoapparat abgestützt hatte, wobei die Kamera ihm in einem Bogen von mittig oben nach links folgt. Nun wird das Bild im Spiegel ganz frei für die Sicht: Man sieht vorwiegend den Fußboden des Salons, in der rechten oberen Ecke ist der Baum und links davon das Fahrrad reflektiert, keine Kamera, kein Kind ist zu sehen.

Damit bleibt der Fotograf ein völlig fremdes Objekt/Subjekt in dieser Anordnung. Die Bilder von den Kindern sind ganz eindeutig allein von der Filmkamera als übergeordneter Erzählinstanz aufgenommen. Diese mehrfache *mise-en-abyme* fungiert in der bewegtbildlichen Erinnerung, die eine höchst mediumsreflexive Konstruktion vorstellt, weniger dazu, die Präsenz, die Wahrhaftigkeit des Ereignisses zu festigen, als vielmehr dazu, dessen Kohärenz und Existenz grundlegend infrage zu stellen. Dies erfolgt, indem sie alle raumzeitlichen Parameter und damit auch die Art der Beziehungen der Figuren zueinander mehrfach auseinander dividiert, um nicht zu sagen diffraktiert. Die Wahrheit ist, dass die Bilder nicht nur die Grundlosigkeit ihrer Referenten zur Schau stellen, sondern dabei auch keine eindeutigen Bezüge herstellen, die verlässlich zu decodieren sind und daher als Evidenz einer möglichen Ursache für einen Jetztzustand dienen, der retroaktiv aufgelöst werden kann.

Erst ab dem Augenblick, ab dem der Fotograf aus dem Bild verschwunden ist, kommt aber in die Anordnung der Kinder Bewegung im doppelten Sinn:

Nicht nur treten sie sofort auseinander, der Vetter und die Frau separieren sich in die linke Ecke des Wohnzimmers, weit weg vom Weihnachtsbaum, hin zur auf dem Fußboden ausgebreiteten Eisenbahn.[183] Vielmehr wird auch die Konstellation in mehrere dynamische Einstellungen untergliedert. In der ersten sehen wir noch in einer statischen Einstellung die fortgeführte Handlung der Kinder, wie sie sich aus der Pose des Fotos gelöst haben. Das Kindheits-Ich des Vetters und das des Mannes stehen sich im Profil gegenüber, der Mann blickt von unten herauf grimmig auf den Vetter, der den Kopf gesenkt hat, als hätte er ein schlechtes Gewissen. Zwischen ihnen steht dahinter das Mädchen mit der Puppe im Arm, es blickt nach links hinten aus dem Bild, dann zieht es das Kindheits-Ich des Vetters nach links, wobei die Kamera leicht nach links mitschwenkt. Das Kindheits-Ich des Mannes bleibt allein stehen, dreht sich frontal zur Kamera, die Hand auf dem Kopf des Schaukelpferds abgelegt. Nun entspinnt sich eine Parallelhandlung in diesem Raum, die ihn durch die Inszenierungsweise mit überwiegend bewegten Nah- und Großaufnahmen in zwei intime Räume aufteilt. Während das Mädchen und der Vetter erst Eisenbahn spielen, sie ihm dann die Puppe überreicht, tritt zum Kindheits-Ich des Mannes eine erwachsene Frau mit einem Baby, deren Identität nicht preisgegeben wird. Am Ende der Szene sehen wir das Kindheits-Ich des Mannes, wie er neben dem Weihnachtsbaum links im Bild mit traurigem Gesichtsausdruck steht. Sein Blick ist nach rechts gewandt, die Kamera schwenkt dorthin, ohne das Objekt seines Blickes zu zeigen. Es gibt auch keine Anschlusseinstellung mit den beiden Kindern und der Puppe. Wir sehen in der nächsten Einstellung das Kindheits-Ich des Mannes nah, zuerst im linken Profil, dann dreht er langsam den Kopf mit gesenktem Blick nach vorn, wobei die Kamera mit der Bewegung seines Kopfes nach rechts mitschwenkt, die Abblende findet in der Bewegung statt. Auch wenn also die Kopfbewegung des Jungen und sein Gesichtsausdruck einen Rückschluss auf seine Emotion zulassen – angesiedelt zwischen Traurigkeit und Enttäuschung –, lässt sich nichts Genaues über deren Ursache/Quelle, ihre Zielausrichtung beziehungsweise ihr Zielobjekt sagen. Wir haben zwar gesehen, wie das Mädchen dem Vetter die Puppe tatsächlich übergibt. Durch die betonte Trennung vom Kindheits-Ich durch die Montage wird aber jegliche eindeutige Bezugnahme verwehrt. Wenn die Puppe ein materielles Artefakt ist, welches Zuneigung verkörpert und vermittelt, wird diese nicht nur besessen, sondern auch übergeben. Wenn weiters die Szene alle drei Figuren umfasst, dabei aber strukturell arbiträr beziehungsweise un/bestimmt ist, könnte das Kindheits-Ich des Mannes enttäuscht sein, weil es nicht selbst der (passive) Empfänger der Puppe ist. Diese Bedeutung schlägt nicht nur der Therapeut in der Rekonstruktion vor. Sie wird auch in der Litera-

---

[183]Inhaltlich und narrativ betrachtet, stimmen die Übergabe der Puppe und das Schießen des Fotos also keineswegs zeitlich überein, wie Browne und McPherson schreiben. Epistemologisch ist dies aber nicht von Belang, da der Film als Erinnerung die Beweisfunktion der Fotografie fundamental ausgehebelt hat. Man muss dabei erwähnen, dass die Erinnerungssequenz durch Einschübe der Therapiesitzung im Behandlungszimmer des Arztes unterteilt ist.

3.4 Die narrative Un/entscheidbarkeit des ‚leeren Ursprungs'...

tur bei Deutungen im psychoanalytischen Sinn präferiert.[184] Ebenfalls denkbar wäre jedoch, dass das Kindheits-Ich das Mannes darüber enttäuscht ist, dass es selbst nicht die Puppe (aktiv) übergeben konnte, vielleicht an die Frau, vielleicht aber auch an den Vetter. Im Grunde löst also die vermeintliche Erinnerung, die angeblich den Ursprung der Impotenz, die Eifersucht, enthüllen soll, im Hinblick auf die sexuelle Blockade des Mannes gar nichts, sie macht diesbezüglich nichts evident. Vielmehr zeigt sie erneut, dass gemäß ihrer eigenen Gesetzmäßigkeiten das sexuelle Wissen, die Lust, zu wissen und am Schauen, vielmehr wiederholt, aber aufs Neue arbiträr zwischen Trieb, Ziel und Objekt aufgespalten ist, wobei Ziel (aggressiv, sexuell) und Objekt (Frau, Vetter) permanent gegeneinander vertauscht und verschoben werden können.

Daher muss man nochmals nach der Struktur der Blockade fragen, genauer, wie sich der bereits eingangs doppelt strukturierte Trieb (aggressiv-sexuell) im Laufe der Narration entwickelt und verändert. Einmal besteht eine Blockade von Beginn an, die sich darin äußert, dass der Mann den Sexualakt mit der Frau nicht (mehr) vollzieht. Dabei ist, wie ich bereits erwähnt habe, sein Begehren gegenüber seiner Frau von Beginn an doppelt strukturiert, nämlich sexuell und aggressiv zugleich. Nun wird im Film behauptet, dass sich dieser Trieb vorwiegend in Aggression verdichtet, nachdem der Mann aufgrund des Tumults auf der Straße seine Frau in den Nacken schneidet. Der daraus resultierende Wunsch, die Frau zu töten, erhält seinen sichtbaren Ausdruck in der Traumsequenz, in der er auf das halbtransparente Bild seiner Frau mehrfach einsticht. Dies erfolgt, nachdem der Mann die Fotografien des Vetters anschaute, den Säbel in die Hand nahm und voller Abscheu wieder ablegte. Daraus entsteht die Messerphobie, die angeblich exklusiv auf die Frau bezogen ist in dem Wunsch, die Frau zu töten, der nicht real werden darf – daher die Blockade. Nun wird aber der Wunschinhalt, der visuell eine Reduktion des Triebes des Mannes auf die aggressive Komponente darstellt, in der psychoanalytischen Deutung in der Literatur gerade mit der sexuellen Komponente substituiert. Das bedeutet, dass der Mann eigentlich seine Frau sexuell penetrieren möchte. Allerdings wird dies durch die Messerphobie verhindert. Die Messerphobie wird in der Literatur symbolisch dahingehend gedeutet, dass der Mann nicht in die Position voll ausgebildeter Männlichkeit rücken, weil sich nicht phallisch verhalten wolle. Diese Position wird mit Kastrationsangst und der Angst vor Frauen erklärt. Bei beiden handelt es sich um Begründungen, die den Mann letztlich passivisieren und feminisieren. Würde man den Wunsch und die Phobie dementsprechend deuten, würde die Messerphobie die Impotenz des Mannes verstärken, weil auch der Wunsch, die Frau zu töten, lediglich eine symbolische Umschreibung dafür wäre, den Sexualakt mit ihr zu vollziehen. Die Messerphobie verstärkte also die Blockade, die heterosexuelle Beziehung zu leben und zu genießen.

---

[184]Die visuelle Ebene wird dann symbolisch dahin gedeutet, dass das Mädchen die Frau repräsentiert, die dem Vetter ein Kind schenkt so, wie die Frau dem Mann ein Kind schenkt, um den Phallus durch das Kind zu besitzen, an dem es ihr eigentlich mangelt. Das Motiv der Eifersucht bezieht sich darauf, dass die Frau die reproduktive Funktion nicht mit ihm, sondern mit dem Vetter erfüllt.

Anders dagegen, wenn man den Rahmen des psychoanalytischen Deutungsschemas verlässt und Wunsch, Phobie und Blockade im Kontext der Thematik von Wissensproduktion und Sinnstiftung im Rahmen medialer Möglichkeiten versteht. Ich habe eingangs erwähnt, dass die psychoanalytischen Elemente als Veräußerlichung ‚innerer' psychischer Prozesse hier primär eingesetzt werden, um sexuelles Wissen und Lust, zu wissen und zu schauen, einzuspeisen. Sie werden von den filmischen Verfahren so umgearbeitet, dass sie auf die Un/möglichkeitsbedingungen von Bedeutungsstiftung per se hinweisen. Dass dies genutzt wird, nicht nur um die Grundlosigkeit der Referenz als Ursache für kausallogische Zusammenhänge aufgrund der Un/möglichkeit unmittelbaren Zugangs zur Wahrheit in der Form medialer relationaler Differenzen (statische vs. dynamische Kamera, fotografisches Bild vs. Filmkamera, Kino der Attraktionen vs. sozialrealistisches Kino) auszustellen. Vielmehr werden hierdurch systematisch die Korrelationen von Wissen und Lust als Un/eindeutigkeit der Beziehungen von erotischem Trieb, Ziel und Objekt ständig wieder-aufgeführt. Sie verschieben sich im Verhältnis der drei Protagonist*innen permanent zwischen der Frau und dem Vetter mit Blick auf den Mann. In dieser Perspektive ist es möglich, den Trauminhalt nicht als eindeutige Szene für einen männlichen Mangel zu interpretieren, der sich ausschließlich auf Weiblichkeit bezieht. Vielmehr kann dieser als filmisches Szenario einer Nicht-Erfüllung im Sinne seiner fundamentalen Un/Bestimmtheit bezüglich des Wissens und der Sexualität betrachtet werden. Versteht man die Traumsequenzen in dieser Perspektive, lässt sich weder der manifeste noch der latente Inhalt vereindeutigen. Wenn der Mann als Zuschauer bei den vermeintlichen Sexualakten und in der Familienkonstellation präsent ist, lässt sich nicht eindeutig ausmachen, wie sein Horror, der ihm beim Anblick des Vollzugs des Sexualakts zwischen seiner Frau und deren Vetter ins Gesicht geschrieben ist, motiviert ist.

Zwar erscheint das Einstechen auf das Bild der Frau im Traum wiederum als ‚logische' Transposition des passiv erfahrenen Affekts in aktive Handlung. Unter dieser Bedingung symbolisierte jedoch der Wunsch, an der Frau die aggressive Seite des Triebes auszuagieren, nicht nur die heterosexuelle Variante (die Frau sexuell zu penetrieren). Denn diese Konstellation ist eine Wiederholung jenes Handlungsschemas, welches mit dem Symptom begründet wird, das sich jedoch bereits zuvor in der Transposition des Affekts seitens des Mannes zeigte, nachdem er die Fotografien vom Vetter betrachtete. Sie ist als Variante beinahe unwahrnehmbar, insofern die Kopplung von erotisiertem Objekt (Vetter) und affektiver Handlung (des Mannes) als Differenz von Medium Fotografie und Medium Film exklusiv auf der Ebene der ‚äußeren Realität' angezeigt wird. Mit Bezug zur Frau als Objekt, das getötet werden soll, wird die Verknüpfung von Objekt des Triebes (Frau) und affektiver Handlung (des Mannes) dagegen auf der Ebene ‚innerer Vorgänge' angesiedelt, wodurch sie als Differenz zwischen ‚Realität' und ‚Traum' dargestellt wird.

Die letzte Traumszene ist hier relevant, die der Mann während der psychoanalytischen therapeutischen Behandlung durcharbeitet. Sie folgt direkt auf die Schlüsselszene, in der im Film die vermeintliche Ursache für die Impotenz gezeigt wird, die Sequenz mit den Kindern auf dem Weihnachtsfest nämlich. Der

3.4 Die narrative Un/entscheidbarkeit des ‚leeren Ursprungs' ...

Mann springt dabei auf und schreit: „Im Traum geriet ich dann in rasende Wut - -". (Zwischentitel) Dann sehen wir als Traumausschnitt das Labor in einer weiten Einstellung. Der Mann rennt vom Fenster hinten rechts weg nach links vorn zum Tisch, nimmt sich von dort den Säbel, stellt sich ins linke Profil, rechts im Bild, und beginnt, mehrfach nach oben in die Luft zu stechen. Dabei grinst er breit und triumphierend. Die vorausgehende angebliche Enthüllung der Ursache der Impotenz soll also eindeutig zur Auflösung der Messerphobie geführt haben. Damit sollte es möglich sein, dass der Mann den Phallus nun vollständig impersonieren, sprich die sexuelle Seite des Triebes hinsichtlich seiner Frau ausleben kann. Angezeigt wird die Auflösung in der Re-konstruktion des Traums von der Tötung der Frau jedoch so, dass sie sich buchstäblich verflüchtigt hat. Das Bild der Frau erscheint also in dieser rekonstruierten Fassung gar nicht mehr. Zwar ist der Bezug zu ihr in ihrer Abwesenheit da, weil es sich um die Wiederholung einer Szene mit leichter Abwandlung handelt. Die damit einhergehende Fähigkeit des Mannes, den Phallus zu impersonieren, indem er wieder ein Messer in die Hand nehmen kann, wird visualisiert, indem er aufs Aggressivste mehrmals in die Luft sticht. Hier, auf der ‚äußeren Realitätsebene' des Films, ist nun gar kein Zielobjekt des Triebs mehr vorhanden, sodass letztlich unentscheidbar, ob die Handlung nun manifest aggressiv oder symbolisch sexuell motiviert ist. Insofern visualisiert das Zustechen mit dem Säbel oder Messer auf niemanden am ‚Ende' der Therapie konkret, was im (sozialen) Realen existiert und nicht existiert: die heterosexuelle Beziehung; die Eindeutigkeit der Art der Bezugnahme auf ein Objekt; Aggressivität und/oder Begehren. Was bedeutet es also, dass der Mann in die Luft sticht? Dass er den Phallus ‚erfolgreich' impersoniert, aber gegenüber einem abwesenden, daher un/bestimmten Objekt?

Die Handlung des Zustechens wird im Film beinahe unmerklich aus dem ‚Traum' in die ‚Realität' verschoben, wodurch das Verhältnis von ‚Traum' zu ‚Realität' beziehungsweise die Differenz zwischen ‚inneren psychischen' und ‚äußeren realen' Prozessen unterlaufen wird. Daher ist die Handlung gar nicht mehr eindeutig als – wie immer geartetes – Ausagieren eines Wunsches auszuweisen. Wir sehen hier den Mann in verschiedenen Einstellungsgrößen in mehreren, rasch hintereinander geschnittenen Einstellungen, wie er rasend immer wieder ins Leere sticht und sich dabei völlig verausgabt. Die vermeintliche Auflösung der Blockade, zu deren inhaltlicher Visualisierung das Messerstechen gehörte, re-produziert somit *post festum* ein Handlungsschema, das vom ‚Symptom' gar nicht zu unterscheiden ist. Zumal es sich bei der Handlung um die Wiederholung einer Geste handelt, die als Transposition des Affekts sowohl bezüglich der Frau als Objekt im Traum als auch bezüglich des Vetters als Objekt der Fotografie aufgebaut wurde. Wenn keine Differenz mehr zwischen ‚Traum' und ‚Realität' besteht, dann lässt sich auch nicht mehr von Ausagieren eines Wunsches sprechen, sondern allein von einer affektiven Handlung, wobei das anvisierte Objekt, wie schon im rekonstruierten Traumelement, eine merkwürdige Leerstelle bleibt. Gerade deshalb bleibt aber auch die Motivation – Aggression oder Sexualität – un/eindeutig. Die ‚Heilung' besteht somit wesentlich darin, nicht nur das Kino der Attraktionen komplett zum Verschwinden zu bringen, die Fotografie als Medium des evidenten Beweises eines vergangenen Moments zu demontieren, sondern sogar das Verhältnis des Mediums Film zu sich als Differenzverhältnis von ‚Realität' und ‚Schein' zu thematisieren mit der Ausrichtung auf die Frage, wie ‚Wahrheit' über eine Ursache grundsätzlich zu erlangen ist. In diesem Prozess stellen sich nicht nur die Konstruktionsprinzipien filmischen Erzählens selbst aus. Vielmehr verweisen sie insbesondere mittels der fundamentalen Differenzeinebnung von ‚inneren' und ‚äußeren' Prozessen auf die Grundlosigkeit aller Referenz und daher der Un/möglichkeit einer unmittelbaren, ‚echten' und stabilen Abbildbarkeit – von ‚Realität', von ‚Traum' – per se. Umgekehrt deutet in *Geheimnisse einer Seele* alles daraufhin, dass die Gesamtheit des Gezeigten als in sich Differentes, in sich Abwesendes (Vergangenes und Zukünftiges) implizierend, stets un/eindeutig bleiben muss. Das trifft hier auch gerade dann zu, wenn sich die filmischen Verfahren anschicken, das Leben ‚realistischer' zu zeigen, da sie sich in ihrer Begrenzung zu erkennen geben, die lebendigen Objekte, die latent entfliehen, gänzlich einzufangen.

Der Prozess, die Differenz zwischen ‚inneren psychischen' und den ‚realen äußeren' Prozessen zu unterlaufen, bildet die Triebkraft, sich des Wissens zu versichern, auch und gerade desjenigen der Filmzuschauer*innen. Er bildet die Quelle der Lust, mehr zu sehen, mehr zu wissen, der erotischen Lust am Schauen, die buchstäblich nie zum Abschluss kommt, weil der Prozess der Wahrheitsfindung, der Sinnstiftung sich als unabschließbar ausweist. Durch die sich wiederholende, dabei verändernde gezeigte Ebene des ‚Traums', die letztlich nicht eindeutig von der ‚Realität' zu unterscheiden ist beziehungsweise beide ständig gegeneinander substituiert und ineinander verschoben werden, lassen sich Trieb, Objekt, Ausrichtung und Ziel des Wissens, aber auch der Sexualität weder eindeutig begründen, noch motivieren. Schon gar nicht gehen sie vermeintlich nur von der männlichen Hauptfigur aus und richten sich bis zuletzt auf die Frau, sondern oszillieren permanent bis zuletzt zwischen Mann, Frau und Vetter.

Diese Konstellation lässt sich an der letzten Szene vor dem Epilog, der als herbeigebrochene Regulierung von Wissen und Sexualität zu verstehen ist, nochmals verdeutlichen. Die Szene beginnt im Salon, nachdem der Mann nach ‚erfolgreichem' Abschluss der Therapie nach Hause zurückkehrt ist. Sie ist also als Versöhnungs- und Heimkehrszene gedacht. Die weite Einstellung zeigt den Salon, mit einem Aufgang zur Treppe rechts vorn im Bild. Links befindet sich der Kamin. Der vordere Bereich des Salons liegt im Halbdunkel. Der Blick ist frei auf ein Zimmer im Bildhintergrund, an dessen Wand hinten mittig ein Fenster angebracht ist. Wir wissen, dass dieses Zimmer zur Terrasse führt. Man kann es vom Salon aus durch einen weiten Durchgang betreten, der mit Vorhängen gesäumt ist. Durch das Fenster schimmert von rechts hinten Licht strahlenartig in das Zimmer. Von links vorne tritt der Mann ins Bild, geht bis zur Stufe am Kamin vor, stellt sich ins rechte Profil. Von links hinter dem Vorhang tritt dann die Frau in den Durchgang, stellt sich dabei mittig, frontal, einen Augenblick lang wie eine Schauspielerin, die sich dem Publikum präsentiert. Sie wartet schüchtern, mit vor dem Bauch gefalteten Händen ab, wobei sie praktisch von den Lichtstrahlen umgeben und

3.4 Die narrative Un/entscheidbarkeit des ‚leeren Ursprungs' ...

zu einer Lichtgestalt geformt wird. Nachdem der Mann die Hände nach ihr ausgestreckt hat, geht sie, ebenfalls mit ausgestreckten Armen, ihrem Mann entgegen, der sie begrüßt. Sie bleibt, von schräg links vorn gefilmt, vor ihm eine Stufe unter ihm stehen und lächelt ihn an. Er blickt auf sie. Dann tritt hinter dem Vorhang, praktisch in beinahe identischer Wiederholung der Vetter hervor, lediglich etwas dynamischer als die Frau in den Durchgang schreitend. Er stellt sich frontal breitbeinig in den Durchgang, ebenso von den Lichtstrahlen umkranzt wie zuvor die Frau. Der Mann hebt den Kopf und schaut zum Vetter. Dieser Körperbewegung folgt der Zwischentitel: „Ich habe Dir vieles abzubitten!", von dem man nicht mit Sicherheit sagen kann, an wen der beiden er gerichtet ist. Anschließend sehen wir den Salon wie zuvor. Der Mann zeigt mit einem Finger auf den Vetter, tritt einen Schritt nach links, lässt seine Frau los, die sich nach links hinten zum Vetter umdreht, und rennt nach hinten zur Lichtgestalt des Vetters, der seine vor dem Bauch gefalteten Hände löst. Die Kamera vollführt ein *close in* auf das Terrassenzimmer. In einer halbnahen Einstellung sehen wir nun, links im Bild, den Vetter, in ganz leichter Untersicht, er steht frontal zur Kamera gerichtet und lächelt, seine Gestalt ist nach wie vor von rechts überstrahlt, er schaut nach links vor. Von dort kommt von unten der Mann ins Bild, rennt zu ihm hin, stellt sich links neben ihn, legt den Kopf an seine Brust und fasst ihn an den Schultern. Die Kamera schwenkt bei dieser Bewegung leicht nach rechts mit. Man sieht, wie die beiden Hände des Vetters den Mann am Rücken fassen und halten, der weiterhin seinen Kopf an die Brust des Vetters drückt. Dieser legt wiederum seinen Kopf auf die Schulter des Mannes ab. Sie stehen in inniger Umarmung, die linke Hand des Vetters klopft dem Mann auf den Rücken, sie drehen sich leicht hin und her als würden sie sich wiegen (s. Abb. 3.9).

Was die Szene verdeutlicht, ist, dass das Begehren (des Mannes) in Bezug auf Ziel und Objekt bis zuletzt selbst dann noch un/eindeutig bleibt, wenn uns als Filmzuschauer*innen beide Optionen deutlich innerhalb einer Szene vor Augen geführt werden. In diesem Licht lässt sich eben die Frage danach beantworten, warum der Mann weiterhin mit dem Messer sticht: Der un/eindeutige Trieb ist ein un/eindeutiges Symptom, hervorgebracht durch die Auflösung der eindeutigen Differenz von ‚Traum' und ‚Realität'. Hierdurch werden Wille zum Wissen und Begehren, mehr zu sehen und zu wissen, nun frei, unmotiviert, unbegründet, ungebunden und nicht zielgerichtet, sodass das Ausagieren sowohl konkret als auch symbolisch gedeutet werden kann. Es lässt sich dabei stets ebenso auf konkrete wie imaginäre, auf heterosexuell wie nicht-heterosexuell codierte Objekte bezogen interpretieren.

In diesem Licht muss man den Epilog des Films interpretieren. In ihm wird fortgeführt, was die *screen* der psychoanalytischen ‚Heilung' im Film als totale Auflösung der Ebene des ‚Traums'/‚Wunschs' unter der Ägide des ‚Realistischen' behauptete und sich dort als Reduktion und Vereindeutigung des Verhältnisses von Trieb, Ziel und Objekt bereits vollzogen hat: Die gelöste Blockade führt zum Vollzug des heterosexuellen Akts, der nun mit einem Kind besiegelt und bezeugt wurde. Diese Konstellation ist visuell eingekleidet in das Panorama

Abb. 3.9 *Geheimnisse einer Seele,* D 1926, Friedrich-Wilhelm-Murnau-Stiftung, 1:12:55:11

einer idyllischen alpinen, betont nicht-modernen Berglandschaft, in der auf einem Hügel eine einfache Holzhütte steht, vor der die Frau im Schaukelstuhl malt, bis sie den Mann, der beim Angeln ist, nach Hause ruft, damit er sein Kind auf den Arm nehmen kann. Im Schlussbild sehen wir in einer halbtotalen Einstellung die Frau, links im Bild, im rechten Profil, wie sie glücklich nach rechts blickt, wo der Mann im linken Profil steht, im Ausfallschritt, das Kind hochhaltend. Wir sehen also nicht einmal hier eine intime Geste zwischen den beiden, sondern das Bild funktioniert wie ein Emblem eines heterosexuellen, reproduktiven Triumphes, der weit über das Einzelindividuum hinausweist und in seiner erneuten Typisierung in den Bereich der sozialen Realität hineinragt. Hier soll ein starkes Bild (deutscher) nationaler und familialer Einigkeit und Harmonie erzeugt werden.[185]

In der Literatur wird dieser Epilog als melodramatisch und kitschig, vor allem aber als Setzung empfunden, wodurch die Ernsthaftigkeit des Unternehmens, über einen ernsthaften Sachverhalt wie die Psychoanalyse aufzuklären, unterminiert beziehungsweise relativiert werde. Teilweise wird dabei eingelenkt, dass ein abendfüllender Spielfilm, auch wenn er zu den Kultur- und Aufklärungs-

---

[185]Es ist dabei kein Zufall, dass aus dem Bild sämtliche Parameter getilgt sind, die Kategorien wie Klasse und Ethnie indizieren. Das Bild erscheint ‚sachlich-objektiv' als natürliche Konsolidierung der Kernfamilie, überzeitlich einerseits, mit einer nationalen Unterströmung versehen andererseits, jenseits aller sozialen, politischen und religiösen Kategorien der Differenzbildung in der sozialen Realität.

filmen zähle, dennoch bestimmte Zugeständnisse an ein unterhaltendes Genre, in diesem Fall das Melodrama zugunsten des Filmpublikums machen müsse.[186] Webber verurteilt die Setzung nicht im oben ausgeführten Sinn, sondern gelangt im Zuge seiner detaillierten Untersuchung der Darstellungsart sowie des Repräsentationsmodus' zu dem Schluss, eine Geste (das Fallenlassen des Eimers durch den Mann, als er den Ruf der Frau hört) und ein kinematografisches Verfahren (die Handkamera, die ihn verfolgt und ihm vorauseilt, als er den Hügel zur Hütte hinaufstürmt) bekundeten die Nichtkohärenz und Inkonsistenz dieser letzten Szene des Films. Mit Webber bin ich der Ansicht, dass man den Epilog unterinterpretierte, würde man ihn lediglich als Zugeständnis an das Genre auffassen. Ich denke aber, dass die Inkohärenz der Szene weniger das Bild im Sinne des Hinweises auf die Problematik jeglicher Sinnstiftung unterminiert. Die Szene ist schlichtweg doppelt beziehungsweise in sich different gestaltet: Ihre Konstruktion lässt eine Lesart zu, die der reduktionistischen Schirmfunktion entspricht, wie sie dem psychoanalytischen Deutungsschema im Sinne einer ‚Heilung' und damit eines Abschlusses entlehnt wurde. Sie lässt im Verhältnis zum Vorausgehenden, zum Gesamten der Narration als Prozess gleichzeitig eine Lesart zu, in der es immer eine ‚andere Szene' gibt, in der Wissen nicht unmittelbar evident gemacht werden kann, in der es keine eindeutige Differenz zwischen medialer Realitätskonstruktion und medialen psychischen Vorgängen (mehr) gibt, in der der Prozess der Sinnstiftung deshalb unabschließbar ist und worin sich Lustwissen und -angst, Aggressivität und Sexualität nicht eindeutig voneinander trennen lassen, weshalb Trieb, Objekt und Ziel des Begehrens nicht nur bis zuletzt, sondern immer un/bestimmt bleiben müssen (Vetter oder Frau, ist nicht zu entscheiden).

3.5 Die montierte Lebendigkeit der narrativen ‚Realität' – *Geschlecht in Fesseln – Die Sexualnot der Gefangenen*

Geschlecht in Fesseln – Die Sexualnot der Gefangenen, Wilhelm Dieterles Filmdebüt in Deutschland 1928, wurde von der zeitgenössischen Kritik wie auch vom zeitgenössischen Publikum für einen Tendenzfilm gehalten.[187] Mit dem Begriff

---

[186]Vgl. hierzu erneut Bergstrom 1990, Friedberg 1990b sowie Konigsberg 1995.
[187]Es handelt sich bei der vorliegenden Fassung um den 1996 vom Filmmuseum München und der Stiftung Deutsche Kinemathek restaurierten Film, basierend auf einer zensierten Fassung von 1930 aus dem Bestand Gosfilmofond sowie einer französischen Fassung, die von der Deutschen Kinemathek archiviert wurde. Beide Fassungen wurden so zusammengefügt, dass sie der Originalfassung weitgehend entsprechen. Fehlende Zwischentitel wurden um die Texte der vorliegenden Zensurkarten ergänzt.

"Tendenz" bezeichnete man Filme mit heiklen sozialpolitischen Themen, die in den 1920er Jahren im Zuge der erneut entflammten Reformdebatten beispielsweise zum Paragraphen 218,[188] dem sogenannten „Abtreibungsparagraphen", oder zur Strafvollzugsreform heftig diskutiert wurden. Die Filmpremiere fand am 24. Oktober 1928 im illustren Tauentzienpalast in Berlin statt. Der Film wurde dort ein Riesenerfolg. Das darin verhandelte Sujet schien auf den ersten Blick gleich zwei heikle Themen aufzugreifen, nämlich den Strafvollzug und männliche Homosexualität. Zeitgenössische Kritiken zum Film bekunden, dass er großteils als Plädoyer für Menschenwürde und Toleranz aufgefasst wurde. So resümierte das Reichsfilmblatt vom 27. Oktober 1928: „Ein leidenschaftlicher Tendenzfilm, – aber mit einer Tendenz, der wir uns alle anschließen können: Es ist das ein Film, der für Liberalität und Menschenwürde, gegen Dickfelligkeit und Unduldsamkeit kämpft."[189] Christian Rogowski schreibt in seiner Interpretation des Films vom Spagat, den die Produzenten zwischen ‚Tendenzfilm' und künstlerisch wertvollem Film vollführten.[190] Einerseits wurde er vor der Premiere reißerisch[191] mit Slogans wie „Nur öffnen, wenn Sie alleine sind!" beworben, wodurch ihm die Aura des Anrüchigen und Verbotenen verliehen wurde.[192] Andererseits sollte die gesellschaftliche Brisanz des Themas vom umstrittenen, weil als unmenschlich verrufenen Strafvollzug möglichst ernsthaft dargestellt und vermittelt werden.[193] Zu diesem Zweck lagen dem Film, wie der erste Zwischentitel vermerkt, zwei Quellen vor: die Erlebnisse des kommunistischen Menschenrechtsaktivisten Erich Plättner in der Haft sowie eine angeblich journalistische Publikation des linken Publizisten und Chefredakteurs der Berliner Zeitung am

---

[188]Ein Filmbeispiel für die Behandlung des § 218 des Strafgesetzbuches ist *Cyankali* von Hans Tintner, der am 20. Mai 1930 Premiere hatte und auf dem gleichnamigen Theaterstück von Friedrich Wolf aus dem Jahr 1929 basierte. Vgl hierzu erneut Petro 1989 sowie Dohrmann 2000.

[189]Die rechtsgerichtete Kritik wiederum machte den Film schlecht und stellte den sozialpolitischen Anspruch an sich infrage. Zu weiteren Kritiken bezüglich des Films in der *Welt am Montag*, in *Der Kinematograph,* im *Film-Kurier* sowie in Paimanns Filmlisten vgl. die Quellen in Gallwitz 2000, bes. S. 165.

[190]Vgl. hierzu Rogowski 2010, bes. S. 215. Der Begriff Aufklärungsfilm war nicht Bestandteil des zeitgenössischen Vokabulars zum Film. Vgl. hierzu auch erneut Gallwitz 2000, bes. S. 154. Vgl. allgemein zum Aufklärungs- und Sittenfilm im Kino der Weimarer Republik erneut Hagener (Hg.) 2000, darin zum Genre des Aufklärungsfilms erneut Schmidt 2000.

[191]Rogowski bezeichnet die reißerisch gemachten Filme sogar als „sexploitation films" (Rogowski 2010, S. 215).

[192]Vgl. zum Genre der Sexual- und Aufklärungsfilme während der Weimarer Republik s. Kap. 3 und Abschn. 3.1.

[193]Um dem Film Respektabilität zu verleihen, war in der Kinoinformationsbroschüre des Tauentzienpalastes der Synopse der Story eine Stanze aus dem Dritten Gesang von Dantes *Inferno* vorangestellt. Der Film erhielt schließlich nach Prüfung das Prädikat „künstlerisch wertvoll", wodurch er von der Vergnügungssteuer befreit war. Vgl. zur weiteren Aufführungsgeschichte des Films erneut Rogowski 2010, S. 216 und S. 233 sowie Gallwitz 2000, S. 163 f.

Mittag, Franz Höllering.[194] Darüber hinaus wurde der Film bei Vorführungen durch Vorträge der Literaten Erich Mühsam und Ernst Toller sowie des Sexualwissenschaftlers und Aktivisten Magnus Hirschfeld begleitet, was ihn in einen wissenschaftlichen Kontext einbetten sollte. Im zweiten Zwischentitel des Films reklamierte die Schirmherrschaft für den Film die linksorientierte Deutsche Liga für Menschenrechte. Die Respektabilität gerade dieser Referenzen war aber aufgrund ihrer weltanschaulichen und politischen Tendenzen sowie ihrer religiösen Herkünfte alles andere als *common sense*-fähig.[195] Die sozialen Forderungen nach einer Verbesserung der Haftbedingungen, bezogen auf den Sexualtrieb als Menschenrecht[196] und daher Bestandteil einer größeren gesellschaftspolitischen Debatte, mussten daher, um sie erfolgreich an ein liberales, bürgerliches Publikum zu vermitteln, künstlerisch wertvoll erscheinen. Dies, so nun Rogowskis These, wurde mit melodramatischen Mitteln erreicht, mit denen das Publikum emotional adressiert werden konnte.[197] Das Spannungsverhältnis von Anrüchigkeit und künstlerisch anspruchsvoller Darstellung führte, laut Rogowski, zu Widersprüchlichkeiten in der Aussage des Films. Die durch das Genre des Melodramas gegebene, eher traditionelle Weltsicht war in seiner Perspektive mit der sozialpolitischen Forderung nicht nur der Verbesserung des Strafvollzugs, sondern vor allem der Sexualität des Individuums als Grundrecht nur schwer zu vereinbaren.

Sowohl die zeitgenössischen Kritiken als auch die akademische Literatur verbleiben allgemein ziemlich unscharf darin, die im Film aufgestellten Forderungen eindeutig zu benennen. Dies deutet auf eine im Film angelegte Unschärfe hin. Man konnte ihn als Plädoyer dafür verstehen, dass im Gefängnis entstandene Sexualnot ausgelebt werden können, weil Sexualität ein Grundrecht sein sollte. Man konnte aber auch schließen, dass *jegliche* Art von Sexualität ein Grundrecht darstellte, sprich die sexuelle Identität an sich als Menschenrecht definiert werden sollte.[198] Diese thematisch-semantische Unschärfe, so Rogowski, erschien dann

---

[194]Vgl. Plättner 1929, mit einem Vorwort von Magnus Hirschfeld und Felix Abraham. Das Buch wurde ein Jahr nach der Premiere des Films publiziert. Plättner schilderte nicht nur seine Erlebnisse, sondern stellte einen Katalog von Forderungen für eine Reform des Strafrechtvollzugs auf. Vgl. Plättner (1929), bes. S. 21 ff. Vgl. hierzu auch Gallwitz 2000, bes. S. 156 und 163, der die historischen politischen Umstände hinsichtlich der Strafrechtsreform erläutert. Auf welche Arbeit Höllerings zur Sexualnot von Häftlingen im Gefängnis sich der Zwischentitel konkret bezog, ist nicht nachvollziehbar. Fraglich ist generell, ob es sich um eine faktische oder eine fiktionale wissenschaftliche Arbeit handelte.
[195]Vgl. zu Erich Mühsams Vortrag über Sexualnot zeitgenössisch Hirschfeld 1930, bes. S. 720 f. Zu Ernst Tollers Überlegungen zur Strafrechtsreform vgl. Toller 1931. Zu den Verbindungen des Instituts zu linken politischen Gruppierungen in der Weimarer Republik vgl. Fuechtner 2002.
[196]Rogowski stimme ich darin zu, dass mit dieser Forderung nach einem universellen Menschenrecht im Film tatsächlich unausgesprochen ein biologistischer Begriff von Sexualität und geschlechtlicher Identität gesetzt wird.
[197]Vgl. Rogowski 2010, S. 215.
[198]In der Tat nutzten Teile der Reformbewegung die Forderung nach einem Ausleben des Sexualtriebs der Gefangenen im Namen der Sexualität als universellem Menschenrecht gegen Homosexualität. Argumentiert wurde damit, dass mit Freigang und Urlaub die homosexuelle Betätigung im exklusiv männlichen Gefängnis unterbunden werden könne. Vgl. Rogowski 2010, S. 222.

in Verknüpfung mit dem bereits widersprüchlichen Verhältnis von progressiver politischer Forderung und Genre des Tendenzfilms auf der einen und eher konservativem Kunstanspruch auf der anderen Seite als irreduzibel widersprüchliche Aussage über Sexualität und geschlechtliche Identität in *Geschlecht in Fesseln:*

> [T]here is a peculiar contradiction between the film's overt agenda of propagating universal sexual rights and the manner in which the question wether such general rights extend to gays is to a certain degree obfuscated by the narrative. (Rogowski 2010, S. 213)

Auf Plot und Story bezogen, formuliert Rogowski den Widerspruch so, dass „[w]hile the film indeed addresses questions of sexual desire in a same-sex environment (the prison), it is misleading to reduce the film to the label ‚gay-themed'." (Rogowksi 2010, S. 203)[199] Im Gegenteil, würde „the film to a certain extent calls into question what constitutes homosexuality." (Rogowksi 2010, S. 213) Durch den Ausschluss der Figur des jungen Häftlings Alfred (Hans Heinrich von Twardowski) aus der Narration, verbunden mit dem melodramatischen Tod der beiden Protagonist*innen, Franz (Wilhelm Dieterle) und Helene (Mary Johnson), am Ende des Films, werde Homosexualität denunziert und damit die geforderte Universalität der sexuellen Identität als Grundrecht verraten. Die progressivistische (aufgeklärte) Agenda werde damit einem essentialistischen, patriarchalen Begriff transhistorischer Unantastbarkeit der heterosexuellen Institution Ehe preisgegeben.[200]

Dass mit der sozialpolitischen Thematik aber auch ein anderer Repräsentationsmodus der Filme einherging, berücksichtigt Rogowski lediglich mit einem Verweis auf die dokumentarischen Stadtansichten in *Geschlecht in Fesseln,* die er den minutiös gestalteten, oft in ihrer Abgegrenztheit zu jeglichem ‚Außen' klaustrophobisch anmutenden Innenräumen (Privaträume und Gefängnis) dichotomisch entgegensetzt. Den Stadtansichten der Metropole sei bereits die Krise der Weimarer Republik eingeschrieben, so Rogoski, mit denen sich die Zuschauer*innen so gut identifizieren konnten, wie mit dem melodramatischen Spiel der Protagonist*innen. Dass jedoch gerade hier über kinematografisch produzierte (‚Innen'- und ‚Außen'-)Räume nicht nur die Binarismen ‚öffentlich' und ‚privat', ‚aktiv' und ‚passiv', ‚rational' und ‚emotional' sowie ‚lebendig' und ‚tot', sondern zwangsläufig auch die von ‚männlich' und ‚weiblich' (neu) in ihrer Verhandlung fundamental destabilisiert wurden, darauf geht Rogowski nicht ein. Mit Bezug zum melodramatischen Figurenspiel muss man deshalb gerade nicht nur die Beziehungen zu den jeweiligen Räumen im Plot, sondern auch die Art ihrer kinematografischen Herstellung betrachten.

Ganz typisch für diesen Film ist, wie melodramatisch motivierte Emotionen zum Ausdruck gelangen, und dies in einer beinahe dokumentarisch gestalteten Umwelt. Dies erfolgt im augenscheinlichen Kontrast zu den expressionistischen

---

[199]Er bezieht sich dabei auf die Vermarktungsstrategie des US-amerikanischen Vertreibers der aktuellen DVD, der den Slogan verwendet: „Gay-themed films of the German Silent Era".
[200]Vgl. Rogowski 2010, bes. S. 229.

Filmen wie *Das Cabinett des Dr. Caligari,* Filmen, in denen Landschaften zu symbolisch aufgeladenen Topoi wurden wie beispielsweise in *Nosferatu* oder Filmen, in denen ‚innere psychische' Zustände visualisiert wurden wie beispielsweise in *Geheimnisse einer Seele.* In dem Maße, wie die Figuren in *Geschlecht in Fesseln* ihre Emotionen externalisieren, projizieren sie diese handlungsorientiert in den öffentlichen Raum. Hierfür ist die Bewegung der Kamera, ist die bewegte Kamera konstitutiv. Diese zunehmend bewegte Kamera ermöglichte in Verbindung mit Doppelbelichtungen und Überblendungen fließende Übergänge zwischen Nähe und Ferne, zwischen Anwesenheit und Abwesenheit, aber auch zwischen ‚außen' und ‚innen', zwischen den Figuren und den Objekten ihrer Wahrnehmungen, ihrer Emotionen und Erkenntnisse. Sie konnte ‚Intimität' gleichermaßen gestalten wie auch ‚Entfremdung' durch Bewegung oder Stasis. Die Verwendungsweisen von Tableaux und Rundblenden[201] sind daher in diesem Film als dezidierte Strategien zu verstehen, auf die Konventionen eines ‚älteren' kinematografischen Repräsentationsmodus' zu verweisen, um sich davon deutlich abzugrenzen. Mediale Reflexion bedeutet hier, ‚echte' Lebendigkeit der kinematografischen Bewegung dezidiert einem statischen Bild entgegenzuhalten, welches mit tödlicher Starre/Stasis von Figuren und Beziehungen identisch ist. Durch beider Zusammenspiel können Räumen neue Funktion und Bedeutung erhalten sowie Begehren und Emotionen neue Ausdrucksweisen, Wahrnehmungsformen und Bezugsmuster entfalten, die insbesondere mit Bezug zur Geschlechteridentität ganz andere Ansichten entstehen lassen. Hiermit lässt sich die Figur des Technisch-Anthropomorphen queerer Männlichkeit in *Geschlecht in Fesseln* erklären.

In dieser Perspektive gelangt man bereits hinsichtlich der ersten Szene zu einem völlig anderen Interpretationsresultat als Rogowski. Darin sehen wir Franz, den Protagonisten von *Geschlecht in Fesseln.* Rogowski ist der Ansicht, dass hier eine Verbindung zur gesellschaftspolitischen Situation der Weimarer Republik hergestellt wird, insofern man sieht, wie ein Mann mit Hut in einem öffentlichen Park am hellichten Tag die Zeitung liest und den Anzeigenteil studiert. Gerade dadurch, dass die Figur über weite Teile der Szene nicht identifiziert werde, so Rogowski, könne sich ein zeitgenössisches Publikum mit einem Mann identifizieren, der symbolisch für alle ‚men in grey flannel suits' in der wirtschaftlichen Krise stecke. Entweder sei Franz hinter der Zeitung versteckt oder es sei nur die Großaufnahme seiner Hände zu sehen, keinesfalls jedoch sein Gesicht. Franz schlage sich, so Rogowski weiter, als Arbeitsloser mit wenig einträglichen Beschäftigungen herum, wie dem Filmen vorbeigehender Passant*innen.

Dass es sich um eine höchst selbstreflexive Szene handelt, die den Status des öffentlichen Raums auf spezifische Weise und dabei gerade nicht (nur) als sozial-realistischen verhandelt, lässt sich leicht zeigen. In der ersten Einstellung

---

[201]Erfolgt im Film bspw. eine Rahmung, dann wird sie strategisch dazu eingesetzt, auf das Flüchtige, das Oberflächliche oder das Künstliche, Gestellte des Inhalts hinzuweisen.

dieser Szene ist Franz tatsächlich von der Zeitung verdeckt. Da aber der Anzeigenteil in Richtung Kamera eingeblendet ist, erscheint fraglich, ob er ihn liest, um nach Arbeit zu suchen. Das Zeitunglesen erscheint vielmehr als Zeitvertreib, um Untätigkeit zu überbrücken, bis es etwas zu tun gibt, nämlich zu zweit einen Film herzustellen. Franz' männlicher Begleiter weist ihn darauf hin, wodurch sich Franz in Bewegung setzt. Kurz sehen wir sein Gesicht in einer halbnahen Einstellung beinahe frontal, dann dreht er sich zum Bildhintergrund, um nach dem Schnitt in der Totalen aus dem Bildmittelgrund auf die Kamera zuzugehen. Seine Hände sind vor den Bauch gefaltet, darin befindet sich ein Stapel Karten. Diese werden in der nächsten Einstellung durch einen Schnitt in einer Nahaufnahme gezeigt, sodass wir nur partiell den Rumpf der Figur im grauen Anzug erkennen können. Das Bild wird praktisch von den gut lesbaren Karten ausgefüllt. Der aufgedruckte Text lautet: „Sie sind soeben gefilmt worden!" (Zitatzeichen von C.K., im Original ohne Anführungszeichen) Nach dem Schnitt sehen wir nah das Gesicht der jungen Passantin sowie Franz' Gesicht zum ersten Mal im Profil, der sie anlächelt nur, um dann nach hinten ins Bild wegzugehen, wo bereits verschwommen im Hintergrund neben einer Berliner Trinkhalle Franz' ehemaliger Chef frontal zur Kamera gedreht steht, um ein paar Schritte nach vorne zu machen und Franz im Bildmittelgrund zu begrüßen.

Entgegen Rogowskis Behauptung vertrete ich die These, dass hier nicht Franz' ökonomisches Missverhalten demonstriert wird. Es geht hier nicht (nur) um die finanzielle Transaktion, ein Filmporträt an Passant*innen (nicht) verkaufen zu können. Die junge Frau freut sich aufrichtig darüber, zum Objekt eines Films geworden zu sein, und Franz weist sie ausdrücklich darauf hin. Genau darin liegt wiederum der höchst realistische Gehalt der Szene: Jede*r Mann, Frau konnte im öffentlichen Raum der Großstadt in den 1920er Jahren längst zum Filmobjekt werden. Gerade Franz' Hinweis darauf macht aber aus der ‚realistischen' Szene, also dem Quasi-Dokument, welches buchstäblich allen Subjekten widerfahren kann, eine veritable Filmszene. Die Nahaufnahme mit dem Kartentext „Sie sind soeben gefilmt worden!" verlängert diese Bedingung von Identität in den Zuschauerraum und verwandelt sie in ein reflexives Moment für die Zuschauer*innen. Zugleich ist hiermit ein zeitlicher Marker gesetzt, der die Situation allumfassend als moderne zeitgenössische ausweist. *Geschlecht in Fesseln* stellt performativ einen aktuellen Bezug zum Raum der modernen Großstadt und der darin existierenden Lebensentwürfe her als nicht nur medial vermittelte, sondern als durch Medien konstituierte.[202] Die nicht-identifizierbare Figur ‚Franz' fungiert hierbei als ‚Mensch' und Regisseur in einer Art Cameoauftritt gleichermaßen. Sie geht aber nahtlos und

---

[202]Medien müssen offenbar nicht mehr nur wie noch in den 1910er Jahren in Filmen wie bspw. *Stuart Webbs* oder *Wo ist Coletti?* (D 1913; R: Max Mack) im unüberschaubaren urbanen Moloch Personen dingfest machen, um sie zu identifizieren, weil sie kriminell oder ‚anders' waren. Von einer Kamera ‚abgeschossen' zu werden, ist jetzt normaler Bestandteil moderner urbaner Lebensweise, was einer Umcodierung der Bedeutungszuschreibung (ins Positive) entspricht.

daher beinahe unmerklich in eine Filmfigur über in dem Moment, in dem Franz von seinem ehemaligen Chef angesprochen wird. Beinahe bis zuletzt hält dabei die Kamera die Identität der Figur zurück. Wenn der Ex-Chef Franz seine *carte de visite* überreicht, wird der Fokus auf die Gesten der Hände in Großaufnahme gelegt, wodurch die Kamera demonstriert, welche *scale* sie durchlaufen kann, indem sie auf die Mikrogeste im öffentlichen Raum hinzuweisen in der Lage ist – auch hier entgeht ihr nichts. Die durch eine Drehung sichtbar gewordene Rückseite gibt die Adresse zu lesen, die als narrative Implikation für den Fortlauf der Handlung einsteht, weil Franz in diesem Geschäft vorstellig werden wird: Elektrolux Kurfürstendamm.

Der öffentliche Raum der aktuell existierenden Stadt ist augenscheinlich kein reines Abbild einer präexistenten Stadt, sondern ein mit kinematografischen Mitteln konstituierter Raum, da er als Dokument zwar durch die Kamera durchschritten werden, jedoch nahtlos in einen narrativen, dabei augenscheinlich montierten Raum transferiert werden kann. Dieser Raum ist weitgehend männlich codiert. Männliche Figuren dominieren den öffentlichen Raum und die darin vollzogenen Tätigkeiten, ob als ästhetische Praxis/Autorschaft oder ökonomische Transaktion, also unabhängig davon, ob jemand beschäftigt oder arbeitslos ist. Weiblichkeit ist hier als flüchtiges Objekt vorhanden, das mit diesen Praktiken ‚eingefangen' werden kann, ohne selbst produktiv zu sein. Die männliche Identität, die diesem Raum entspricht, gleicht einer modernen, wobei der Fokus weniger auf dem ökonomischen, sondern vielmehr auf dem konsumistischen Aspekt liegt. Nicht nur produziert Schauspieler und Regisseur Wilhelm Dieterle ein Kulturprodukt, das konsumiert werden kann, sondern er erweckt hier den Eindruck eines *dress man*. Seine kinematografische Inszenierung gleicht einer Werbekampagne. Es handelt sich auch hierbei weniger um ein Dokument als um ein reflexiv medial gestaltetes Bild, das verdeutlicht, in welchem Maß weibliche und männliche Identität an sich zu diesem Zeitpunkt bereits medial hergestellt sind.[203] Dass diese Existenzweise ökonomisch prekär werden kann, ist damit nicht ausgeschlossen, was der Film ausdrücklich thematisiert. Diese Bedingung wird aber gerade in dieser Szene (noch) nicht betont.

In der Folgeszene wird das Verhältnis von gestaltetem Raum, Erleben, Wahrnehmung und Identität nochmals bestätigt. Franz hat sich zu Elektrolux begeben und wartet dort darauf, gehört zu werden. Die erste Einstellung der Szene ist durch das Schaufenster des Geschäftes gefilmt, wobei der Rahmen des Schaufensters als Rahmung der Straßenszene deutlich erkennbar ist. Man kann sie daher als *mise-en-abyme* interpretieren. An der unteren Bildkante erkennt man noch einen Teil der Schaufensterauslage. Da sich der Raum im Halbdunkel befindet, sieht man alles nur sehr undeutlich. Rechts im Bild sehen wir in einer halbnahen Einstellung die rückansichtige Silhouette einer Figur, die durch das Schaufenster in den Bildhintergrund blickt. Mittig ragt von der unteren Bildkante der lange Griff

---

[203]Vgl. zu Männlichkeitskonzeptionen in der Weimarer Republik auch Kessel (Hg.) 2005.

eines Elektrolux-Staubsaugers ins Bild.[204] Die Produkte werden nicht prominent platziert, sie bilden durch die visuelle Anordnung die Rahmung der Szene, wobei es sich nicht zufällig um technische Apparate handelt, die die weiblich codierte Hausarbeit erleichtern sollen.[205] Der enge Konnex von Ökonomie, Technik und geschlechtlicher Identität erzeugt ‚Modernität'. Die Einstellung betont zudem den Film als Medium, der mit dem Inhalt der Szene – die moderne Großstadt – ein besonderes Verhältnis eingeht. Parallel zum Blick der am Fenster stehenden Figur ist der Blick des Publikums draußen auf die Straße und das pulsierende Leben dort gerichtet. Die Szene remedialisiert daher in einer statischen Einstellung den Repräsentationsmodus der Filme von Stadtansichten aus den 1890er Jahren, den sie zugleich umschreibt: Durch den halbdunklen Raum und das gerahmte Fenster verdoppelt sich die Filmprojektion, insofern die Erfahrung des Filmschauens sich in den Kinosaal verlängert, ohne jedoch damit identisch zu sein, insofern sich das Gezeigte eben nicht auf das Gerahmte reduziert. Vielmehr dehnt es sich auf den gesamten narrativen Raum aus, der – ebenfalls nahtlos – in dem Augenblick aktiviert wird, in dem sich die Figur Richtung Kamera nach rechts vorn lächelnd umdreht und dorthin weggeht. Ein quasi-dokumentarischer wird so in einen narrativen Raum eingebettet, sodass die Möglichkeitsbedingungen beider deutlich hervortreten, während zugleich die dazu verwendeten Mittel des Übergangs möglichst auf Kontinuität und Transparenz setzen. Im Verlauf der Story wird sich nicht nur das Verhältnis von ‚Dokumentarischem' und ‚Fiktionalem' und damit Status, Funktion und Bedeutung des ‚öffentlichen' und ‚privaten' Raums verändern. Er wird zudem, insbesondere durch den zunehmenden Fokus auf die Identitäten der Figuren anderen Räumen entgegengesetzt, um die eh bereits in Bewegung befindlichen Grenzen zwischen den Räumen aufhebend und restituierend im Durchlaufen der kinematografisch möglichen Maßstäbe zu erkunden.

Der erste Raum, welcher dem öffentlichem Raum des urbanen Lebens und des Konsums kontrastiert wird, ist der ‚private' Raum, sprich die in der zweiten Szene der ersten Sequenz präsentierte Wohnung von Franz und Helene Sommer. Hier sehen wir als erstes die Großaufnahme eines Namensschilds aus Messing, darunter einen Klopfer im Stil des *art déco*. In der rechten Bildhälfte ist von schräg hinten links, angeschnitten, ein Frauenkopf zu sehen. Eine weibliche Hand wischt über das Schild. Dann springt die Kamera in eine nahe Einstellung der Frau im Profil, Helene, die außen an der Wohnungstür steht und das Schild mit Franz' Namen poliert. Sie scheint ein Geräusch zu hören und dreht sich deshalb links Richtung Kamera, schaut überrascht an ihr vorbei nach rechts unten, sodass wir ihr Gesicht und ihre Figur insgesamt zu sehen bekommen. Spätestens in der zweiten Szene des Films ist demnach Helenes Identität etabliert. Den Besuch, ihren Vater (Paul Henckels), begrüßt sie herzlich und betritt mit ihm die Wohnung.

---

[204]Vgl. zum *window shopping* als Vorstufe einer filmischen Wahrnehmungsweise erneut Friedberg 1993.

[205]Vgl. zum Einzug der Technik in die Haushalte seit der Jahrhundertwende Hausen 1987 sowie Heßler 2011. Zeitgenössisch vgl. Michel 1907.

In der beengten Wohnung wird zunächst minutiös in vielen Naheinstellungen gezeigt, dass Helene versucht, ihrem Vater gegenüber zu verbergen, dass sie selbst putzt. Dies erfolgt mit Fokus auf die Bewegungen der Hände, denen gefolgt wird, anstatt eines *shot-reverse-shot*-Verfahrens der Gesichter der Figuren. Eine übergeordnete Erzählinstanz beobachtet quasi das Verhalten der Figuren während ihres Gesprächs und nimmt dabei jeweils deren Mikrobewegungen in den Blick. Mit ein paar Einstellungen wird die Wohnungseinrichtung als eine Mischung aus traditionellen und modernen Möbeln präsentiert. Helene selbst tritt in einem zwar modernen, aber züchtigen Kleid auf. Jegliche Erotisierung ihrer vergeschlechterten Identität wird durch das Dekor in der Kontextualisierung daher sorgfältig vermieden, wie sie zugleich über Einstellungsgrößen, Bildausschnitte und Beleuchtungsart als glamouröses Bild von Weiblichkeit inszeniert ist. Sozialmoralische und erotische Konnotation werden also über zwei unterschiedliche kinematografische Strategien gleichzeitig hervorgebracht und in eine produktive Spannung zueinander gesetzt: Einmal wird die junge Frau als moderat modern dargestellt, bei klarer Verteilung der Geschlechterrollen. Sie verkörpert dabei das weibliche Geschlecht, ohne jedoch erotisiert zu werden. Als ‚schönes Bild' soll sie zudem auf visueller Ebene von Beginn an seitens des Filmpublikums genossen werden. Diese Darstellung von Helene wird sich, entsprechend der Veränderung ihrer Beziehung zu Franz, im Verlauf des Films merklich verändern.

Über die Darstellung der klassischen Rollenverteilung hinaus, repräsentiert Helene die weibliche Codierung des privaten Raums. Weiblichkeit ist buchstäblich mit Kleinheit, Beengtheit und Häuslichkeit identisch. Nicht nur muss in narrativer Hinsicht zur Prüfung der Ordnung der Vater, der als *pater familias* an der Grenze zur Karikatur porträtiert ist, rekrutiert werden, wenn der Ehemann nicht zu Hause ist. Vielmehr ergibt sich das durch die Einstellungsgrößen mit dem Fokus auf die Mikrobewegung der Figuren, die im Gegensatz zu jenen im öffentlichen Raum keinerlei Extensionsmöglichkeiten erhalten, wie in der Szene mit Franz im Park vorgeführt. Überdeutlich wird dies, wenn Helene versucht, bezüglich Franz' Abwesenheit ihren Vater zu belügen. Sie fingiert und inszeniert dabei einen Anruf bei der Fabrik, in der Franz bis dato angestellt war.

In den Einstellungen, die diesen simulierten Anruf zeigen, ist die Kamera zunächst nah auf den Apparat gerichtet, hinter dem man noch Helenes Kleid sowie ihre Hand sieht, die auf die Gabel drückt, um die Verbindung zu kappen. Dann schwenkt sie auf Helene so, dass sie in einer halbtotalen Einstellung mit dem Gesicht ins Bild kommt. Helene wird anschließend in einem Umschnitt von schräg rechts hinten gezeigt, wie sie zunächst in den Hörer spricht, dann hält sie ihn vom Ohr ein wenig weg, dreht sich nach vorn zur Kamera und spricht den verleugnenden Satz in Richtung ihres Vaters im *off space* vorne links: „Schade, Franz ist mit einem seiner Direktoren zu einer wichtigen Besprechung über Land gefahren." (Zwischentitel) Die Szene endet mit einer Aufsicht auf das Tischchen, auf dem das Telefon steht, worauf noch eine von Helenes Händen auf der Gabel zu sehen ist, während sich die andere wiederum von der oberen Bildkante hineinbewegt und den Hörer auflegt.

Diese Szene sagt nicht nur etwas über Helenes Motivation aus, nämlich große Scham gegenüber ihrem Vater im Speziellen, möglicherweise allgemein hinsichtlich ihrer sozialen Situation zu empfinden. Das Telefon wird dabei zum Medium der Lüge, der Verleugnung, des Geheimnisses, sprich der Uneigentlichkeit, wobei die Filmbilder die Wahrheit über die große Scham empfindende Figur erzeugen. Sie können es auch deshalb, weil sie ihre Gestaltungsmöglichkeit zur Schau stellen: Während die Kamera ein Objekt fokussiert und uns zeigt, geht die Handlung Richtung *off space* weiter, wodurch die Differenz von ‚Wahrheit' und ‚Schein' aufgeführt wird.

Es entsteht hier ein beengter Raum mit Mikrohandlungen, der sich lediglich einmal öffnet, wenn nämlich Helene ihre Lüge dem Vater gegenüber verkündet. Die hier verwendeten Einstellungen sind jenen der oben beschriebenen Szene mit Franz nicht unähnlich, sie vermitteln jedoch ein ganz anderes Bild von durch den Raum konstituierter Weiblichkeit. Während sich die männliche Figur weltmännisch im ‚öffentlichen' Raum in allen seinen Dimensionen auf reflexive Weise bewegt, wird die weibliche Figur hierauf begrenzt, sie verkörpert diese häusliche Enge, wobei die Unaufrichtigkeit, mit der sie zugleich assoziiert ist, ebenfalls mit einem Medium verknüpft wird, von dem sich der Film hierdurch abgrenzt. Die Kamera ist die einzig Verzeichnerin der entlarvenden Wahrheit, indem sie Wahrheit an sich konstituiert. Während das Telefon als Helenes ‚Draht zur Welt' nur die Lüge befördert, ist die Kamera in der Lage, diese visuell zu verdeutlichen, indem sie den Raum durch Einstellungsgrößen und Schnitte fragmentiert, verengt und dabei noch mehr ins Detail geht. Zugleich wird Helene in dieser Szene aufgrund der Groß- und Nahaufnahmen extrem dem betrachtenden Blick des Filmpublikums ausgeliefert. Dieses Verfahren wiederholt sich später im Film und wird dazu verwendet, die sozialen Interaktionen der Häftlinge im Gefängnis zu repräsentieren. Die Intimisierung der Handlung durch Nahaufnahmen wird hier genutzt, um ein moralisch fragwürdiges, nicht-authentisches Verhalten visuell zu sanktionieren, indem es sichtbar gemacht wird. Im Gefängnis dient dasselbe Verfahren zur weitgehend positiven Repräsentation eines sozial bereits sanktionierten Verhaltens, der Straffälligkeit nämlich. Ich werde darauf an späterer Stelle noch genauer eingehen. Im Gegensatz zum Raum des Gefängnisses jedoch, der prinzipiell von der Außenwelt abgeschnitten sein soll, handelt es sich hier um keinen völlig in sich geschlossenen Raum. Auch benötigt er, um als weiblich codierter überhaupt zu funktionieren, ein männliches Prinzip (Vater und/oder Ehemann). Wie sich Helenes Verhältnis zum Raum sowie das Verhältnis von ‚öffentlichem' und ‚privatem' Raum mit Franz' Identitätsveränderung modifiziert, wird sich alsbald zeigen.

Franz betritt in der vierten Szene des Films den häuslichen Raum zum ersten Mal im gesamten Filmverlauf (das zweite Mal, wenn er zum Ende des Films aus dem Gefängnis zurückkommt). Dieser Auftritt versinnbildlicht die Beziehung des Ehepaares. Es hat etwas Spielerisches, wenn Franz an der Tür klingelt und Helene, wenn sie öffnet, nur den Kasten des Staubsaugers vor der Türe vorfindet, weil sich Franz im Treppenhaus versteckt. Auch hier bildet ein technischer Apparat (hier nicht der Film, sondern der Staubsauger) das Substitut des Mannes, welcher

3.5 Die montierte Lebendigkeit der narrativen ‚Realität' ...

zugleich die Verlängerung seiner Identität bildet. Statt des Apparats ‚Film' jedoch, der souverän nicht nur über das Sichtbare herrscht, sondern auch die technisch-rationale Überlegenheit von Männlichkeit versinnbildlicht, handelt es sich aber nicht umsonst um einen technischen Apparat, welcher weiblich codierter Hausarbeit zugeordnet ist und mit dem dieser Mann als Vertreter nun in die weibliche Sphäre eindringt. Um zu verstehen, welche Konsequenzen diese Konstellation für die Beziehung zwischen Franz und Helene als heterosexuellem Paar in ihren eigenen vier Wänden mit sich bringt, müssen zwei Szenen betrachtet werden, die das Verhältnis von Männlichkeit und weiblich codierten Innenräumen inszenieren.

In jener vorausgehenden Szene bei Elektrolux geschieht, was Rogowski ganz richtig bemerkt hat: Als Filmfigur wird Franz zunächst einmal sozial, ökonomisch und in Bezug auf seine geschlechtliche Identität als Mann gedemütigt. Die männlichen Angestellten dort, die Franz, dem Ingenieur, sozial unterstellt sind, bringen ihm erst einmal die Verkaufstaktiken eines Vertreters bei. Dies wird über Einstellungen vermittelt, in denen der Angestellte Franz mehrmals eine lächelnde Verkaufsfratze vorführt. Franz steht in einer halbnahen Einstellung frontal zur Kamera gedreht und versucht mehrmals verzweifelt, ein Lächeln auf sein Gesicht zu zaubern, bis seine Mundwinkel erstarren. Dieses Gebaren wiederholt sich mehrmals. Männlichkeit wird hier deutlich als nur schwerlich einzuübende Performanz ausgestellt, wobei gerade diese Männlichkeit immer wieder die Grenze zum Häuslichen und zum Weiblichen überschreitet. Denn um ökonomisch in dieser Branche zu reüssieren, muss Mann nicht nur verkaufen, sondern auch als Verführer erscheinen. Männlichkeit und Konsum stehen bei dieser Tätigkeit nicht wie in der Parkszene, in der Franz einmal der kontrollierende Regisseur, Herr über den öffentlichen Raum ist und zudem wie ein *dress man* aussieht, in einem Verhältnis der Repräsentation und medial konstituierter Identität zueinander. Vielmehr sind männliche Erotik und Konsum als ökonomisches Verkaufsprinzip miteinander verknüpft. Will Mann zum ökonomischen Abschluss kommen, muss Mann ganzen Körpereinsatz zeigen. Dabei wird die männliche Identität offenbar zur Farce, hinter deren Fassade die ‚authentische' Männlichkeit nur noch geknickt und spannungslos existiert. Die ökonomische Resignation, gepaart mit der sozialen Demütigung, beginnt hier, Franz' männliche Identität zu modifizieren. Mit dieser Umwandlung geht zudem ein Prozess einher, Franz mittels kinematografischer Techniken, analog zu Helenes Inszenierung, zum schönen männlichen Blickobjekt zu machen. Dieser Prozess beginnt exakt mit dem Höhepunkt von Franz' ökonomischer Demütigung, wie Rogowski ebenso bemerkt, in der Szene, in der Franz' Verkaufspleiten in Zeitraffer gezeigt werden.

Hierzu wird eine sechsfach doppelbelichtete Einstellung, angeordnet wie ein Ornament, verwendet, in der er sechs mal in einer halbtotalen Einstellung nach hinten im Bild ein Haus betritt, um es Richtung Kamera gewandt sofort wieder zu verlassen. In einer Überblendung wird sein Gesicht in einer leichten Aufsicht in Großaufnahme gezeigt, er blickt mit gesenkten Lidern nach vorn unten links, sein Gesicht ist dabei flächig und hell ausgeleuchtet, wobei es sich um eine Inszenierungsweise handelt, die bis dato typisch für Frauengesichter war. Die einzige Abweichung davon besteht in der ‚männlichen' Geste der Anstrengung, insofern sich Franz den Hut aus der Stirn schiebt, sich frontal zur Kamera dreht und dabei mit dem Ärmel über die schweißnasse Stirn wischt. Seine leidenden Gesichtszüge werden dabei von der Kamera in Großaufnahme festgehalten: Die Performanz von verkaufswirksamer Männlichkeit, von konsumistischer Verführung ist augenscheinlich ‚harte Arbeit'. Die Interpretation, dass hier die totale Kastration und Feminisierung der Figur im Verlauf des Films ihren Ausgang nimmt, halte ich für nicht differenziert genug. Im weiteren Verlauf der Handlung muss sich Franz in anderen Situationen wie zu Hause Helene sowie im Gefängnis anderen Mithäftlingen gegenüber als aktiv-durchsetzungsfähiger Mann gebärden und beweisen. Was aber, analog der doppelten Inszenierungsweise von Helene, gerade nicht ausschließt, dass er auf visueller Ebene immer stärker zum erotisierten Blickobjekt gemacht wird. Die sozioökonomische Ebene der Charakterisierung der Figur, die ohne Zweifel zunehmend prekärer wird, sowie die performative der Herstellung des männlichen Verführers in der heterosexuellen Konstellation, gemeinsam mit der destabilisierten modernen Männlichkeit, stehen zunächst zur visuellen Inszenierung der Figur als schönes konsumierbares Objekt in einem großen Spannungsverhältnis. Das lässt sich an der Szene demonstrieren, in der er einer Dame den technischen Apparat vorführen darf, ohne ihn schlussendlich zu verkaufen. Der ökonomische Misserfolg ist dabei direkt an das Misslingen der geschlechteridentitären Aufführung geknüpft, wie er nicht von Ungefähr als erotische Ablehnung zu interpretieren ist. Zugleich wird Franz einem komplexen Blicksystem unterworfen, welches zum einen innerdiegetisch abwertend, jedoch in Bezug zur Instanz der erzählenden Filmkamera durchaus als geradezu fetischisierende Objektifizierung zu deuten ist. Wird dies berücksichtigt, erschließt sich auch die Inszenierung von Franz' männlicher Identität innerhalb der Gefängnismauern. Dazu an späterer Stelle mehr.

Die Szene lässt sich buchstäblich als Schlafzimmerszene bezeichnen, insofern die Dame des Hauses Franz nicht im Salon, sondern im Schlafzimmer, sich auf dem Bett räkelnd, empfängt. In einer Aufsicht wird auch hier nicht der Mann, sondern erst der technische Apparat, der Staubsauger gezeigt, der nicht zufällig eine weiße Berberkatze verscheucht, die auf das Bett zu ihrer Besitzerin flüchtet. Franz wird also bei der Ausübung einer ‚typisch weiblichen' Tätigkeit gezeigt. Diese ist hier eindeutig durch Klasse spezifiziert, insofern die Dame des Hauses diese Anschaffung für ihr Zimmermädchen tätigen will. Franz ist dabei extrem den Blicken der weiblichen Figuren, inklusive der Katze und des Publikums, ausgeliefert. Hier verkehrt sich nicht nur die Codierung, sondern auch die Machtkonfiguration innerhalb des Raums: Während der ‚öffentliche' Raum männlich codiert ist, übt hier Weiblichkeit Macht und Kontrolle aus, wenn auch hierarchisch gegliedert. Dennoch befindet sich mit Bezug zum Objekt, dem technischen Apparat das Hausmädchen in der Position, Franz zu beobachten, an den sie kein Wort richtet. Die beobachtenden, sich austauschenden Frauen bilden eine exklusive Gruppe, worin der Mann lediglich als Objekt der Beobachtung und Bewertung kurzzeitig einbezogen wird. Abweichend von einer totalen Passivisierung des Blickobjekts, wird Franz als lebendige Attraktion vorgeführt, zu der auch der Apparat gehört, der die Verlängerung seines Körpers bildet. Auch wenn Franz' Misserfolg ökonomischer Natur sein mag, ist die Ablehnung vielmehr erotisch legitimiert. Hierbei spielt die Perserkatze keine unbedeutende Rolle. Sie symbolisiert traditionell Femininität und unkontrollierte weibliche Sexualität. In dieser Szene steht die weiße Berberkatze aber nicht nur für den indolenten Luxus (süßes Nichtstun, wie das Sahneschlecken) der Frau, sondern sie wird auch in ein ganz besonderes Verhältnis zu Franz gesetzt. Einmal wird sie in Großaufnahmen gezeigt, sehr stark ausgeleuchtet, sodass ihr Gesicht flächig erscheint, in leichter Aufsicht. Ihr weißer Pelz verleiht ihr eine Aura aus Licht, sodass sie wie eine strahlende Skulptur erscheint. Sie ist also teurer Besitz eines Menschen, muss zugleich nicht selbst für ihren Unterhalt aufkommen, wird vollständig von dieser Person versorgt, von der sie zugleich vollkommen abhängig ist. In ihrer Untätigkeit könnte sie Franz nicht unähnlicher sein, während sie, genau wie Franz, nichts besitzt. Wie der Apparat in einer Beziehung zum Mann steht, dessen Substitut und Verlängerung er repräsentiert, steht die Katze im Verhältnis zu ihrer weiblichen Besitzern. In diesem Sinn symbolisiert die Katze nicht nur weibliche Sexualität, sondern sie bildet ein weibliches erotisches *human-animal*-Kontinuum. Visuell und inhaltlich betrachtet, lehnt die Katze Franz offensichtlich ab. Da beide in ökonomischer Hinsicht und offenbar auch in Bezug auf Klasse unter der Dame des Hauses stehen, sind sie in ein erotisch begründetes Kontiguitätsverhältnis zueinander gesetzt: Obwohl die Katze einen Teil des weiblich-weiblichen Kontinuums bildet, ist sie die erotische Stellvertretung des Mannes, von dem sie sich nach Geschlecht und Spezies deutlich unterscheidet. Franz wird daher in dieser Szene weniger feminisiert, denn animalisiert und als heterosexueller Mann erotisch desavouiert.

Neben der misslingenden, eindeutig gestellten Männlichkeitsperformance in der Rolle des Verkäufers, der vorwiegend den Blicken der Frauen ausgeliefert ist, fängt die visuelle Ebene bei der kinematografischen Inszenierung der ebenfalls ausgestellten geknickten ‚authentischen' Männlichkeit, die lediglich von der erzählenden Kamera registriert wird, zudem immer wieder Franz' herausfordernden, geradezu aufreizenden Blick in die Kamera ein. Diese Blicke sind, ebenfalls nicht zufällig, eingebunden in ein *shot-reverse-shot*-Verfahren von Großaufnahmen der Gesichter von Franz und der Katze, während die Dame des Hauses deutlich macht, dass sie den Staubsauger nicht erwerben wird. Gerade in dem Augenblick des ökonomischen Misserfolgs, verknüpft mit der erotischen Ablehnung durch Frauen und Katze, fordert Franz aber seinen Status als reines Blickobjekt heraus, indem er diesen auf erotische Weise, nur sichtbar für die Katze, die Kamera und das Publikum, selbstbewusst erwidert. Dieser aufreizende, geradezu erotische Blick der Figur in die Kamera wiederholt sich ein weiteres Mal im letzten Drittel des Films in einer Szene, in der er zum Inhalt von Helenes Halluzination wird, gerade dadurch aber nicht mehr das heterosexuelle Begehren der Figur ‚Franz' weder verkörpert noch repräsentiert. Vielmehr ist dieser körperlose, vom ‚realen' Subjekt ‚Franz' losgelöste verführerische Blick, der vom Wissen zeugt, den Status eines filmisch-visuell sowie erotisch zu konsumierenden, begehrenswerten Objekts zu besitzen, zunächst einmal vor allem an das Publikum gerichtet.

Dies muss man mitbedenken, wenn man die vierte Szene untersucht, in der sich Helene und Franz zu Hause begegnen. Durch Franz' Anwesenheit in der Wohnung scheint die durch das männliche Prinzip etablierte Ordnung nur vordergründig restabilisiert, da sich seine männliche Identität in ökonomischer, aber auch sexueller Hinsicht bereits symbolisch, performativ sowie visuell-kinematografisch geändert hat. Mit der Präsentation des Staubsaugers im eigenen Zuhause versucht er zwar, seine Funktion als Broterwerber und damit seine Männlichkeit gegenüber Helene zumindest partiell zu restituieren. Aber auch unter diesen Bedingungen hat sich die häusliche Konstellation bereits modifiziert, seine Männlichkeit ist zu Hause infrage gestellt, da ihm Helene eröffnet, dass sie sich für die Arbeit in einer Kneipe als Zigarettenmädchen entschieden hat.[206]

Franz' Wut, als er von Helenes Plänen erfährt, ist dabei eben nicht nur als nicht-rationale Einstellung gegenüber der ökonomischen Notwendigkeit zu verstehen, sondern als unmittelbare Umsetzung des durch die Ehe sanktionierten männlichen Prinzips der Ordnungserhaltung, die sich hier noch als Geschlechterperformanz vollzieht. Auch wenn Franz später einlenkt und Helene in ihrem Vorhaben unterstützt, wird dennoch die Mühe deutlich, die der Film aufbringt, um eine Frau als ökonomisch eigenständig und daher als unabhängiges Individuum zu zeigen. Volle ökonomische Unabhängigkeit wird Helene erst dann erlangen, wenn Franz an sie keine ehelichen und erotischen Ansprüche mehr stellt – und umgekehrt.

Diese Ansprüche werden im zweiten Teil dieser Szene betont, um Franz' Status als heterosexueller Mann durch sein auf Helene gerichtetes Begehren deutlich zu untermauern. Darin wird er bezüglich der Inszenierung seiner Männlichkeit einmal völlig authentifiziert (keine Geschlechterperformanz), indem er zugleich visuell-kinematografisch hyperinszeniert, sprich stilisiert ist, allerdings hier noch gemeinsam mit Helene. Wir sehen zunächst eine halbnahe Einstellung, in der Franz nach dem Streit mit Helene diese versöhnlich umarmt. Dann löst er die Umarmung, geht langsam vor Helene auf die Knie, als würde er sie anbeten wollen und umfasst sie auf der Höhe ihrer Taille. Nach einer Überblendung sehen wir sein Gesicht in einer nahen Einstellung in Aufsicht, wie er, frontal zur Kamera gedreht, Helene anblickt, die auf ihn, von schräg hinten links angeschnitten, herabblickt. Sein Gesicht ist hell ausgeleuchtet, seine Ohren und Haare scheinen zu strahlen. Der Bildhintergrund ist dabei völlig undifferenziert. Er lächelt nach vorne rechts, wo wir noch Helenes Kopf sehen können. Dann zieht er sie zu sich und nimmt sie in die Arme. Er legt dabei seine rechte Hand auf ihren Rücken, sodass sie nah quer ins Bild kommt und wir den Ehering mittig im Bild zu sehen bekommen. In der letzten Einstellung dieser Szene sind beide halbnah zu sehen, wobei Helene von links vorn nach schräg rechts in die Bildmitte in Franz' Armen

---

[206]Warum sich Helene als Frau eines Ingenieurs ausgerechnet in einer Kneipe für eine Tätigkeit als Zigarettenmädchen bewirbt, ist, inhaltlich betrachtet, nur schwer nachvollziehbar. Auch in den 1920er Jahren war sie in sozialer Hinsicht sie immer noch nah an der Prostitution angesiedelt.

liegt, ein seliges Lächeln auf dem Gesicht. Er steht vornübergebeugt links im Bild, hält sie in seinen Armen. Dann dreht er sich Richtung Kamera, schaut sie lächelnd an und trägt sie direkt an der Kamera vorbei.

Die sexuelle Konnotation dieser Einstellung, die in einem besonderen *low key*-Licht gedreht ist, in dem beide Figuren beinahe leuchten, ist überdeutlich. Die Szene soll bezeugen, dass das Begehren auf den, die jeweils andere*n gerichtet ist, welches aber durch die hyperstilisierte Manier als idealisiertes Konstrukt ausgewiesen wird, welches zeitlich enthoben erscheint. Insofern vollzieht sich das gerichtete heterosexuelle Begehren zwar in der Intimität der häuslichen Situation, weist aber in seiner Hyperstilisierung bereits darüber hinaus. Franz' Männlichkeit konstituiert sich nach der ökonomischen und vor der erotischen Schlappe ganz betont über die erfolgreiche erotische Aktivität, die aber deutlich nicht als ‚real' gegeben erscheint. Die Inszenierungsweise der Figuren betont dabei visuell beider Körper, speziell die Hände, aber vor allem erneut das Gesicht. Die besondere Lichtsetzung und die *mise-en-scène* des Bildhintergrundes, der gerade in den intimen Momenten sehr undeutlich, das heißt unspezifisch ist, betonen die ‚Irrealität' der exklusiv aufeinander bezogenen Erotik. Man kann hier von einer Idealisierung dieser heterosexuellen Erotik im Speziellen, der heterosexuellen Beziehung im Allgemeinen sprechen, die nur einmal im gesamten Film entsteht. In der folgenden Kneipenszene fordert Franz zum letzten Mal seinen erotischen Besitzanspruch an Helene mit einem Faustschlag gegen ihren fremden Belästiger ein, wodurch er mit dem Gesetz in Konflikt gerät. Dies begründet seine Gefangenschaft, die die Trennung das Paares nach sich zieht – zuerst in Untersuchungshaft, dann, als jener seinen Verletzungen erliegt, in der Strafvollzugsanstalt.

Von da an bringen Franz und Helene ihr wechselseitiges Begehren nicht mehr im ‚privaten', sondern stets im ‚öffentlichen' Bereich zum Ausdruck, großteils in Abwesenheit des, der anderen. Wobei eine deutliche Differenz zwischen ‚öffentlichem' Raum der Stadt und dem der Institution des Gefängnisses besteht. Kinematografisch betrachtet, gehen beider Begehren von einem idealisierten Modus in einen imaginären, unerfüllbaren in Gestalt von Traum, Wunsch oder Halluzination über. Hierdurch nehmen die in ihnen artikulierten Begehren durch die Entkopplung von ‚ursprünglichem' begehrten Objekt zunehmend andere Routen, sodass sie immer weniger, zuletzt gar nicht mehr aufeinander bezogen sind. Der Modus, die Figuren als erotische Blickobjekte zu konstituieren, verliert sich dabei nicht, sondern wird anders kontextualisiert und erhält somit andere Bedeutung.

Der weitere Verlauf des Films wird bei Rogowski als Negativdemonstration der Sexualnot und daher als ‚eigentlicher' soziopolitischer Gehalt des Films aufgefasst.[207] Anhand der Darstellung des Gefängnisaufenthalts solle, so Rogowski,

---

[207]Vgl. zum zugrundeliegenden historischen Modell des Dampfkessels, der überkocht, mit Bezug zum Sexualtrieb auch erneut Gallwitz 2000. Aufgrund der besonderen Konstellation im Gefängnis griffen die Männer zu anderen Methoden, um den sie kontrollierenden Sexualtrieb zu beherrschen. Zu den gewählten Maßnahmen zählte nicht nur das im Film demonstrierte Modellieren von Frauenfiguren und weiblichen Vaginas aus Brotkrumen, die zur sozial und moralisch

die Problematik der Sexualnot vorgeführt werden. Das zeitgenössische Argument der Reformer*innen lautete, im Gefängnis nehme ein unausgelebter Sexualtrieb überhand, sodass die Männer praktisch gezwungen seien, gesellschaftlich geächtete, sprich homosexuelle Handlungen zu begehen. Zudem wurde argumentiert, heterosexuelle Männer würden in Männergefängnissen von schwulen Männern zum Sex verführt. Aufgrund dessen plädierte der konservative Reformflügel dafür, Ehefrauen zum Abbau des ‚sexuellen Drucks' zu Gefängnisbesuchen zuzulassen.

Eindeutig wird hier, dass in der Argumentation einmal die vergeschlechterten Individuen sehr stark über ihre Sexualität definiert wurden. Dazu kommt, dass die sexuelle Erfüllung in dem Maße, wie sie als universelles Gut deklariert wurde, offenbar heterosexuell sein musste. Umgekehrt bedeutet dies, dass die individuelle sexuelle Praxis eben gerade kein universelles Gut sein, auf das man sich ein Grundrecht erwerben konnte. Rogowski interpretiert die Darstellung der Gefängniserlebnisse in *Geschlecht in Fesseln* nun als Plädoyer dafür, dass diese individuellen Praktiken nicht mehr gesellschaftlich geächtet und damit zum Menschenrecht erhoben werden sollten. Diese ‚progressive' Botschaft des Films sieht er durch den melodramatischen Modus des Films, manifestiert insbesondere in Helenes Verhalten, sowie durch das Filmende ausgehebelt, insofern insbesondere letzteres die heterosexuelle Beziehung schlussendlich restituiere und überhöhe. Zu allem Übel, so Rogowski weiter, werde die positive Darstellung einer schwulen Beziehung dadurch relativiert,[208] dass Alfred als Schwuler ausgestellt, minorisiert und desavouiert, insofern er am Ende von Franz abgewiesen würde. Rogowski naturalisiert damit sexuelle Identität im Sinne der authentischen Repräsentation von einer dem Medium vorgelagerten sexuellen Identität, wobei er die diesbezügliche Aussage des Films ausschließlich im Lichte des narrativen Schließens eines konventionellen klassisch-narrativen Spielfilms auslegt.

De facto führt der Film die scheiternde Beziehung eines Ehepaares vor, wobei die Ehepartner durch die mit der Inhaftierung einhergehende Trennung und die

---

verwerflichen Tätigkeit der Selbstbefriedigung führten, sondern dazu zählte auch die drastische Maßnahme der Selbstentmannung, wie sie anhand der Figur des jungen Mithäftlings demonstriert wird, der nach einem missglückten Versuch der Selbstkastration mit einer Scherbe, die er im Innenhof des Gefängnisses findet, Selbstmord (mit der Waffe eines Wärters) verübt. Vgl. hierzu auch erneut Plättner 1928. Indirekt wird das inakzeptable sexuelle Verhalten unter Männern an der Figur des Industriellen Steinau repräsentiert. Steinau stellt eine Figur des offenen Geheimnisses dar, insofern im Film angedeutet wird, dass er erpresst und nach § 175 inhaftiert wurde. Gerade dies hindert die narrative sowie bildlich-inhaltliche Ebene nicht, ihn als Liebhaber Helenes zu instrumentalisieren bzw. zu präsentieren. Für ihn gilt das Motto „it takes one to know one" mit Bezug zum Filmpublikum.

[208]Rogowski führt die Elemente an, die für eine solche Beurteilung der Repräsentation wohl ausschlaggebend waren: Alfred nähert sich Franz als der Jüngere der beiden Männer nur sehr zaghaft und liebevoll, auf geradezu pennälerhafte Weise; er lehnt es ab, Franz zu erpressen, wie es ihm sein Freund, den wir nicht mit Namen kennenlernen, vorschlägt, was damals übliche Praxis war, insbesondere zwischen sozial unterschiedlich gestellten Männern.

3.5 Die montierte Lebendigkeit der narrativen ‚Realität' ...

damit verbundenen Lebensumstände praktisch dazu gebracht werden, ‚moralische' Fehltritte zu begehen: Während sich Helene dem Industriellen Steinau (Gunnar Tolnæs) hingibt, sprich Ehebruch begeht, lässt sich Franz mit Alfred ein. Ihre ‚Wiedervereinigung' am Ende des Films kann man jedoch anders kontextualisieren als Rogowski dies unternimmt und gelangt hierdurch zu keiner negativen Bewertung einer schwulen Figur, mit der sich eine konservative Gesamtbotschaft des Films begründen ließe.

Die Inszenierungsarten der beiden Protagonist*innen bleiben über den gesamten Verlauf des Films trotz ihrer Trennung seltsam gleich. Da sich jedoch die Umstände ändern, verändert sich auch der Herstellungsmodus von geschlechtlicher und sexueller Identität mit Bezug zu den verschiedenen Räumen, in denen diese sich jeweils ausdrückt, wodurch sich deren Bedeutung vollständig verändert.

Zu diesen Inszenierungsarten zählt insbesondere das melodramatische Spiel, das dem ‚wahren' politischen Gehalt eben nur vermeintlich entgegengesetzt ist, welcher durch die Erlebnisse im Gefängnis vermittelt wird. Denn in dem Maße, wie das melodramatische Spiel durch die Kamerabewegungen unterstützt wird, bleibt es weder nur auf eine einzige Figur (Helene), noch auf den Privatraum begrenzt. Aber auch die Bildgebung sowie die Blicke der Figuren, über welche Begehren visuell konstituiert wird, unterwandern die Dichotomie von ‚privat' und ‚öffentlich', von ‚innen' und ‚außen' sowie von ‚politisch' und ‚unpolitisch'. Dies ist insbesondere für das Filmende mit Bezug zur vermeintlichen Restituierung der heterosexuellen Beziehung von Bedeutung. Wenn Franz und Helene beschließen, gemeinsam in den Tod (durch Vergasen) zu gehen, dann geht dem die eindeutige Erkenntnis voraus, dass diese Beziehung nicht mehr lebbar ist. Dies nicht nur, weil sie, inhaltlich betrachtet, sozial geächtet sind aufgrund ihrer fehlgeleiteten Verhaltensweisen, sondern weil auch ihre Begehren eindeutig überhaupt nicht mehr aufeinander bezogen sind und es auch nie wieder sein werden.

Die Aufteilung in zwei Handlungsstränge ist dabei durch die soziopolitisch wie auch materiell zu verstehende Institution Gefängnis bedingt, die auch als quasi-ursächlich für die verschiedenen Entwicklungen der beiden Figuren vermittelt wird, welche bei beiden offenbar auf moralisch inakzeptables Fehlverhalten hinausläuft. Die Bedeutung der Verlaufsformen der Entwicklung von Franz und Helene könnten dabei jedoch nicht unterschiedlicher sein. Bevor ich darauf näher eingehe, verdeutliche ich den Gehalt der Instanz des Gefängnisses (Untersuchungsgefängnis sowie Zuchthaus).

Erstens handelt es sich um einen Raum, der im strengen Sinn weder ‚privat' noch ‚öffentlich' ist, insofern er einen Einschluss im ‚öffentlichen' Raum bildet. Durch die Inszenierungsweise, nämlich jeweils *establishing shots,* die das Gefängnis von außen zeigen, sowie durch die Bewegungen der Wärter, die das Gebäude betreten, es durchqueren und verlassen können, wird deutlich, dass es ein ‚Außen' gibt, aber der Zugang hierzu streng über Macht geregelt ist. Diese Umstände stehen somit zur Ohnmacht der darin Eingeschlossenen in Kontrast. Zweitens handelt es sich beim Gefängnis um ein Gebäude, dessen Architektur die Beziehungen aller daran Beteiligten qua hierarchischer Position regelt, weshalb es nicht nur eine materielle, sondern auch eine semiotische Instanz bildet. In dieser Funktion werden aufgrund der Anordnung als einschließende Ausschließung die Binarismen, durch die der Raum generell organisiert ist, neu strukturiert, wie ‚normal' und ‚kriminell', ‚mächtig' und ‚ohnmächtig', aber auch ‚aktiv' und ‚passiv', ‚rational' und ‚emotional' sowie insbesondere ‚männlich' und ‚weiblich'.[209] Dabei zeigt sich, dass, obwohl es sich um eine ‚rein' ‚männliche' Umgebung handelt, dennoch ein Inszenierungsmodus verwendet wird, der ansonsten dem privaten Raum vorbehalten ist. Es überwiegen die Ansichten von Zelleninneren. Die Beziehungen der Männer untereinander werden vorwiegend in Nah- und Großaufnahmen gezeigt. Darüber hinaus wird deutlich, dass weder der Raum noch die darin agierenden Figuren frei von Emotionen sind, wie die deutlich inszenierten Reaktionen der Häftlinge auf den Selbstmordversuch eines Insassen, denen der Schock dieser Tat ins Gesicht geschrieben steht. Die Darstellung von Franz und seinen Zellengenossen dient folglich dazu, diese Reorganisation von männlicher Identität aufzuführen, indem diese eine nach Persönlichkeit und Charakter, aber auch Alter und Haftdauer, sozialer Herkunft und aktiver sowie passiver Rollen differenzierte Gemeinschaft präsentieren. Diese zeichnet sich dabei insbesondere dadurch aus, dass sie die Beziehungen der Männer als Lebens- und Gefühlsgemeinschaft vor Augen führt, indem die Kamera sie vor allem durch Großaufnahmen intimisiert.[210] Das heißt, während sich an einer Figur das Problem der Sexualnot zum Selbstmordversuch zuspitzt, dabei aber auch partikularisiert wird, steht mit Bezug zur Gemeinschaft der Männer zwar die vergeschlechterte Identität im Vordergrund, die aber alle Aspekte außer dem Sexuellen umfasst und daher in ihrer positiven wie negativen Emotionalität und Intimität als ‚normal' ausgewiesen wird. Die Handlungsarten der Männer lassen sich also durchaus als melodramatischer Spielmodus interpretieren, der unter den spezifischen räumlichen Bedingungen des Gefängnisses als einschließender Ausschließung entstehen kann.

Franz wird innerhalb des Gefängnisses doppelt inszeniert: Mit Bezug zu Helene sehen wir ihn leidend, also in melodramatischer Haltung. Im Laufe des Films verändert sich die Quelle seines Leidens von Trennungsschmerz hin zu Melancholie bezüglich der zerrütteten Ehe. Mit Bezug auf Helene vollzieht sich während des Filmverlaufs ein Erosionsprozess seiner heterosexuellen Männlichkeit, verknüpft mit dem des binären Geschlechterverhältnisses. Franz' melodramatisches Spiel und Inszenierungsweise als schönes Blickobjekt können daher anderer Funktion und Bedeutung zugeführt werden. Mehr und mehr verkörpert Franz immer konkreter eine neue empfindsam-emotionale, affektive männliche Identität als Resultat der Freisetzung seines Begehrens, der Auflösung sei-

---

[209] So ist Weiblichkeit, verkörpert in der Ehefrau des Gefängnisdirektors, keineswegs gänzlich ausgesperrt, erhält jedoch einen dezidiert umrissenen Ort, nämlich die Privatstube des Direktors. Darin wird ganz augenscheinlich eine ‚normale' Situation eines intakten Familienlebens präsentiert, das gemeinsame Mittagessen nämlich.

[210] Vgl. zu diesem Punkt der homosozialen Gemeinschaft in einer exklusiv männlichen Umgebung Rogowski 2010, Kühne 2002, 2010, Herzog 2009, See 1990 sowie Greve 1990 (s. Kap. 2, Abschn. 3.1, 3.5, Kap. 4 sowie Abschn. 4.1 und 4.2).

ner exklusiven Bezogenheit auf Helene. Parallel hierzu erscheint er im Gefängnis zudem als aktiver Mann, der sich mit den Zellengenossen streitet, der auch Streit schlichtet und sich augenscheinlich in der Rolle einer Art Vertrauensperson als ‚Anführer' der Gemeinschaft präsentiert. Im Kontext der männlichen Gemeinschaft kann er offenbar eine ‚normal' funktionierende Männlichkeit impersonieren. Dass sie in diesem Kontext keine exklusiv heterosexuelle mehr sein muss, ist gar nicht weiter problematisch. Im Gegensatz zu der schon eingangs idealisierten Darstellung der erotischen Beziehung zwischen ihm und Helene, die dazu noch in den Status einer imaginären, unerfüllten verschoben wird, werden die Beziehungen im Raum des Gefängnisses immer ‚realer' und intensiver und können teilweise dieselbe emotionale und erotische Färbung annehmen, die sonst den heterosexuell codierten Privaträumen vorbehalten ist.

Die Inszenierung Helenes im Raum außerhalb des Gefängnisses stellt sich völlig anders dar. Ihre Identität wird, trotz finanzieller Unabhängigkeit aufgrund der Stelle als Sekretärin oder Buchhalterin, die sie bei Steinau annimmt, vor allem auf ihre Sexualität begrenzt. Weniger an der Figur Franz', sondern an ihr wird exemplarisch Sexualität als ‚Notstand' vorgeführt, als Sexualnot also, die durch die Trennung verursacht ist. Höhepunkt des sexuellen Entzugs bildet jene Szene, in der Helene mitten in der Nacht beim Gefängnis verzweifelt und erfolglos versucht, zu ihrem Ehemann vorgelassen zu werden. Davor hat sie Tag und Abend mit Steinau verbracht, dessen Avancen sie zweimal versuchte, abzuwehren, ihnen jedoch schließlich erlegen ist. Wichtig ist hierbei, dass tatsächlich alles im ‚öffentlichen' Raum stattfindet und im Film sehr großen Wert darauf gelegt wird, dass Helene es erst zwei mal ablehnt, mit Steinau in Privaträumen (seine Villa, ihre Wohnung) allein zu sein. Der Destabilisierungsprozess von Helenes moralischer Haltung und ehelicher Pflichterfüllung vollzieht sich mit viel Bewegung.

Zunächst ist diese Bewegung de facto auf die schönen Erlebnisse mit Steinau bezogen, der mit ihr ins Grüne fährt. Die Kamera ist dabei auf einen Wagen montiert, der Steinaus Wagen vorausfährt. Beide Figuren befinden sich im Fond des Wagens, jedoch ist erst einmal Helene allein frontal zu sehen. Es handelt sich dabei um eine Parallelhandlung, wobei die Montage zunächst einen Fehleindruck erzeugt, der erst am Szenenende aufgelöst wird. In der vorausgehenden Szene sieht man Franz nämlich sich von seinen Zellengenossen entfernen, um allein am Fenster zu sinnieren. Aufgrund dessen vermutet man als Zuschauer*in erst einmal, Franz würde sich an diese schöne Ausfahrt erinnern. Dann fährt die Kamera jedoch vom Wagen weg, was ein deutlicher Verweis auf die frühere statische Kamera ist, wie sie noch in den 1910er Jahren auf Boote und Züge montiert wurde, wodurch zugleich offensichtlich wird, dass jetzt Bewegungen der Kamera kombinierbar und flexibel sind, sodass sie das Leben „draußen" sehr gut einfangen können. Genau in dieser Differenz ist der Unterschied zwischen ‚legitimer' und ‚illegitimer' erotischer Handlung angesiedelt: Nicht Franz, sondern Steinau sitzt neben Helene am Steuer, sodass es sich um keine Erinnerung an vergangene ‚bessere Zeiten' von Franz und Helene handeln kann. Dann fährt die Kamera ein Stück weg, wodurch die schöne Umgebung, das Grün des Vororts sichtbar wird. Diese Bewegung setzt sich fort in einigen Einstellungen, in denen die Kamera parallel zu Gebäuden fährt, wobei ersichtlich wird, dass die beiden vom Land in die Stadt fahren, bis sie zuletzt vor Steinaus Villa gelangen, wo die Fahrt zunächst ihr Ende findet. Als Helene Steinaus Einladung ablehnt, mit ihm in die Wohnung zu kommen, und sie sich dennoch entscheiden, weitere Zeit miteinander zu verbringen, startet Steinau den Wagen erneut, und die Kamera verfolgt den Wagen, der die Straße nach hinten ins Bild wegfährt. Anschließend zieht sie sich auf eine übergeordnete Position zurück, insofern wir ein dunkles Bild vorgeführt bekommen, durch welches sich qua Doppelbelichtung in zwei gegensätzliche Richtungen Leuchtreklamen diagonal durchs Bild bewegen – was den Eindruck der (emotionalen) Spannung der Situation zusätzlich erhöht. Am Ende dieser montierten elliptischen Szene setzt Steinau Helene vor ihrem Wohnhaus ab. Wir sehen sie in einer totalen Einstellung, wie sie zunächst nach hinten zur Haustüre treten will. Sie verschwindet kurz im Halbdunkel des Eingangs, dann dreht sie sich Richtung Kamera um und schaut, halb im Schatten, halb von einer Laterne beleuchtet, nach rechts vorn in den *off space,* wo Steinaus Wagen geparkt ist. Die Beleuchtung illustriert buchstäblich ihren inneren Zwiespalt. Bis dahin, so die Aussage des Films, bleibt Helene standhaft gegenüber Steinaus Avancen, geht nicht bis zum Äußersten. Jedoch steigert sich offenbar der Sexualtrieb so sehr, dass er alle anderen, abstrakteren Konzepte von Liebe, Ehe und Treue völlig untergräbt.

Zunächst sehen wir Helene also in ihrer Wohnung, wie sie hektisch und verzweifelt auf und ab geht. In mehreren Einstellungen erscheint ihr dabei per Überblendung Franz als Halluzination. Sie sieht ihn zunächst vor dem Schrank stehend, wie er sich das Jackett anzieht und sich die Jackettärmel richtet. In dem Augenblick, in dem sie auf ihn zurennt, um ihn zu umfassen, verschwindet er. Sie lehnt dann an der Schranktüre, hält sich mit einer Hand am Knauf fest, wodurch sich die Türe öffnet. Hektisch beginnt Helene, sich eines von Franz' Jacketts aus dem Schrank zu holen, um daran zu schnüffeln. Dann sinkt sie vor dem Schrank auf die Knie und faltet das Jackett auf ihrem Schoß zusammen. In einer Überblendung wird in der nächsten Einstellung ein *over the shoulder shot* gezeigt, der das Jackett in Aufsicht zeigt, Helene ist links im Bild von schräg hinten rechts angeschnitten und schaut darauf. Auf dem Jackett bildet sich wiederum Franz' Gesicht in Nahaufnahme ab, der zu ihr aufblickt (s. Abb. 3.10).

Sie küsst das Jackett, wobei sich Franz' Gesicht in diesem Augenblick auflöst. Helene sitzt immer noch vor dem Schrank und blickt nach rechts. Nach dem Schnitt sehen wir durch eine Überblendung das eheliche Bett quer im Bild in einer Nahaufnahme. Franz erscheint, auf der Bettkante sitzend, er hat sich Richtung Kamera gedreht, den Kopf in die Hand gestützt und lächelt in die Kamera. Ein weiteres Mal erscheint er im Spiegel, dann liegt er in einer Aufsicht mit hinter dem Kopf verschränkten Armen auf dem Ehebett. Jedes Mal blickt er dabei direkt, lächelnd und mit seinem aufreizenden Blick in die Kamera. Die Einstellungsfolge kulminiert darin, dass die Kamera im Wohnzimmer eine Drehung von dreihundertsechzig Grad vollführt, wobei in Doppelbelichtung Franz' Gesicht in Großaufnahme erscheint, wiederum frontal zur Kamera, lächelnd, mit seinem aufreizenden Blick (s. Abb. 3.11).

3.5 Die montierte Lebendigkeit der narrativen ‚Realität' ...

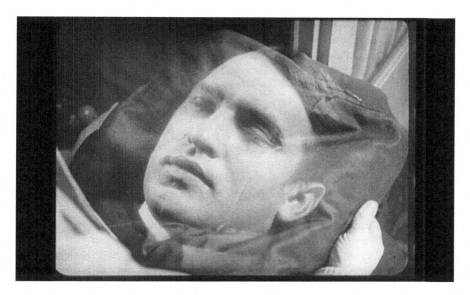

Abb. 3.10 *Geschlecht in Fesseln,* D 1928, Stiftung Deutsche Kinemathek, 01:04:20

Abb. 3.11 *Geschlecht in Fesseln,* D 1928, Stiftung Deutsche Kinemathek, 01:05:12

Mit diesem Verfahren werden nicht allein Helenes Emotionen visualisiert. Franz erscheint als ‚Geist' mittels des alten Trickverfahrens der Doppelbelichtung. Neu ist daran lediglich die umgekehrte geschlechtliche Codierung. Im Kontrast zu beispielsweise *Stuart Webbs* aus den 1910er Jahren oder auch zu *Nosferatu*, handelt es sich hierbei aber um keine Sinnestäuschung. Vielmehr ist der Raum mit diesen Emotionen und mit Helenes ganz auf das Begehren konzentrierter Identität koextensiv. ‚Realität' und ‚innerer' Zustand sind immanent auf derselben Ebene angesiedelt und werden nicht wie in *Geheimnisse einer Seele* als getrennte Sphären (‚Traum' vs. ‚Realität') aufgebaut, um ihre Differenz zu unterlaufen. Die Differenz beider Dimensionen bleibt aber deutlich sichtbar als Differenz von älterem kinematografischen Verfahren und neuerem Verfahren, insbesondere der bewegten Kamera. Helenes emotionaler Zustand wird exteriorisiert, indem er in die Realitätsebene wie selbstverständlich implementiert ist.

Aufgrund von Franz' Abwesenheit entsteht eine Art Raum der absoluten Selbstbezogenheit Helenes, ein Subjektraum als Komposit aus ‚Realität' und ‚innerem' Zustand. Dieser Zustand ihrer ‚wahrhaftigen' Realität ist koextensiv mit der Nichterfüllung ihres Begehrens. Indem dessen Artikulation und Extension auf dieses Raumkomposit begrenzt bleibt, entkoppelt es sich mehr und mehr von der konkreten Figur ‚Franz'. Es handelt sich um einen weiteren geschlechterkonservativen Zug des Films, dass die Freisetzung ihres Begehrens nur als Substituierung des einen Mannes durch einen anderen sowie als sozial zu sanktionierendes Drama inszeniert werden kann. Die Koextension von weiblichem Begehren und Raumkomposit unterläuft in dem Maße, wie sie die Differenz von ‚real' und ‚imaginär' sichtbar macht und unterminiert, auch die Binarismen ‚privat' und ‚öffentlich' sowie ‚männlich' und ‚weiblich'.

Das zeigt sich in der Fortführung der Szene. Helene verlässt ihre Wohnung und wandert nächtens zum Gefängnis, wo sie Einlass verlangt beziehungsweise ihren Ehemann einfordert. Die Kamera folgt dabei mit ihren starken Schwenks in Aufsicht mit weiten und nahen Einstellungen nicht nur Helenes Bewegungen, sondern macht damit auch die Koextension von Helenes Emotionen mit dem ‚öffentlichen' Raum deutlich, wie auch ihren ‚inneren Aufruhr' sowie ihr Scheitern vor dem Tor. Dazwischen ist immer wieder ihr Gesicht in Großaufnahme durch das Guckfenster des Tors geschnitten, hinter dem sie mit aufgerissenen Augen schreit: „Mein Mann!". Als sie schließlich von einem Wachhund verscheucht wird, taumelt sie durch die nächtlichen Straßen Berlins, bis sie sich bei Steinaus Villa wiederfindet, der nach einer Zechtour zu Hause angekommen ist. Sie tritt dort an die Haustüre.

Wir sehen sie zunächst in einer halbtotalen Einstellung, frontal zur Kamera gerichtet, an die Wand gelehnt, mit Blick nach links vorn, wo Steinau angeschnitten steht, erstaunt, sie zu sehen. Sie brabbelt „mein Mann!" (man kann dies an den Lippenbewegungen ablesen, wobei der Zwischentitel dies auf „Mann!" reduziert). Im Umschnitt sehen wir Steinau nah, wie er, etwas vorgebeugt, nach rechts blickt und sie bittet, sich deutlicher zu artikulieren. Dann sehen wir Helenes Gesicht in einer Großaufnahme, weichgezeichnet, erst blickt sie erschöpft nach links vorn, dann schließt sie halb die Augen und stammelt immer wieder „Mein Mann!". Nach dem Zwischentitel: „Mann" sehen wir Helene wie zuvor, mit geschlossenen Augen. Dann hebt sie die Arme über den Kopf und neigt den Kopf nach hinten, sodass durch ihre erhobenen Arme ein Halbschatten auf ihr Gesicht fällt. In einer weiteren Einstellung sehen wir Steinau von hinten, nah, von schräg hinten links angeschnitten, er hat den Kopf nach hinten zu Helene gedreht, von ihr sind nur, links im Bild, Haaransatz und Stirn zu sehen. Ihre Hände liegen auf seinen Schultern auf, sie krallt sich beinahe daran fest. Dabei sieht man deutlich den Ehering am Finger ihrer rechten Hand. Sie legt den Kopf an seine Brust. In der Überblendung sehen wir in einer offenen Rundblende beide halbnah, wobei Steinau zwar frontal, aber mit nach rechts gedrehtem Oberkörper zu sehen ist, wie er eine beinahe leblose Helene in seinen Armen hält. Sie ist an seine Brust gelehnt, man sieht sie mit geschlossenen Augen im Profil. Nach dem Bruchteil einer Sekunde schaut er sich nach vorn links und rechts um, als wolle er prüfen, ob sie beobachtet werden, dann kehrt er der Kamera den Rücken, die Türe schließt sich ein wenig, er schließt sie, vermutlich mit der Fußhacke, vollends. In dem Augenblick also, in dem Helene ihrem Sexualtrieb nachgibt, auf den ihre geschlechtliche Identität reduziert ist, wird einmal aus dem Ehemann ein universeller Mann, der zudem sexuell ganz konkret durch einen anderen Mann ersetzt wird. All das spielt sich in dem Raumkomposit ab, worin ihr ‚innerer Zustand' mit der ‚Realität' koextensiv ist. Es ist weder auf das Gefängnis noch auf andere Privaträume ausdehnbar.

Ob es nun die Wirkung der Scham ist oder die Wirkung des Geheimnisses ihres Fehltritts mit Steinau, den sie nicht in der Lage war, Franz zu beichten – Helene fällt es folglich offenbar schwer, weiterhin positive Gefühle für Franz aufzubringen. Eine Zukunft Helenes als ökonomisch unabhängige, außereheliche sexuelle Beziehungen genießende Singlefrau ist im hier entfalteten Verständnis von weiblicher Identität unmöglich. Wenn es einen konservativen, durch die melodramatischen Elemente beförderten Zug in *Geschlecht in Fesseln* gibt, dann ist er genau hierin zu sehen. In diesem Licht betrachtet, handelt es sich beim Filmende um die Sanktionierung einer weiblichen Figur, die als reiner Opfertod zu interpretieren ist.

In dieser letzten Szene, die die Idealisierung und Erotisierung der Beziehung zu Franz zu Beginn des Films wiederholt, dabei aber enorm variiert, insofern die Großaufnahmen der Gesichter der beiden, die sich in den Armen halten (beziehungsweise er hält sie im Arm, sie hat bereits mit geschlossenen Augen die Positur einer Leichenmaske angenommen), durch eine Stilisierung des ausströmenden Gases als eine Art opaker Nebel, der die Figuren einrahmt, zusätzlich überhöhen. Nur im Tod ist die im Leben erloschene Liebe, das jeweils dem anderen gegenüber erloschene Begehren zu transzendieren beziehungsweise eine heterosexuelle Liebe zu verewigen. Dafür müssen die Figuren in der Leblosigkeit erstarren. Der Film endet mit einem Tableau, in dem die Figuren skulptural fixiert und gemäldeartig umrahmt werden (s. Abb. 3.12).

In diesem ist alles, was den Film zuvor bezüglich heterosexuell organisierter Emotionen, Begehren und sozialer Interaktion ausmachte, erloschen und eingefroren. In dieser Perspektive wird diese heterosexuelle Beziehung, selbst wenn sie überhöht erscheint, nicht, wie Rogowski schreibt, verherrlicht, wodurch die heteronormative Geschlechterordnung restituiert wird. Mit dem Rekurs auf das alte Verfahren des Tableau wird deutlich dessen todbringende, eindeutig negative Wirkung vor Augen geführt: Der Preis, den beide Figuren für ihre ‚Wiedervereinigung'

Abb. 3.12 *Geschlecht in Fesseln,* D 1928, Stiftung Deutsche Kinemathek, 01:46:40

bezahlen, besteht nicht im Scheiden aus dem Leben durch den Tod, sondern in der radikalen Leblosigkeit und Erstarrung, die die statische, rahmende und fixierende Kamera mit sich bringt, die an Lebensfeindlichkeit nicht zu überbieten ist.

Franz entfaltet unter den Umständen des Gefängnisses eine gänzlich andere vergeschlechterte und sexuelle Identität. Wie bereits erwähnt, geht die Destabilisierung seiner heterosexuellen Männlichkeit mit der zunehmenden Entidealisierung seiner erotischen Beziehung mit Helene einher. Parallel bildet Franz eine neue männliche Identität aus, in der ‚rational' und ‚emotional', ‚aktiv' und ‚passiv' sowie ‚männlich' und ‚weiblich' harmonisch miteinander kombiniert werden. Dies schließt die Möglichkeit ein, Affekt und Begehren unproblematisch in nicht-heterosexuelle Konfigurationen fließen zu lassen. Kinematografisch vollzieht sich der Entkoppelungsprozess durch eine Verschiebung von der erotischen und dabei idealisierten Beziehung zu Helene im ‚realen' Privatraum zu einer imaginierten abstrakten Beziehung im Gefängnis. Damit geht die konkrete intime Beziehung zu Alfred im ‚realen' Raum des Gefängnisses einher.

Die erste Etappe dieser Verschiebung ist durch einen Traum gekennzeichnet. Franz liegt dabei nachts in seinem Zellenbett mit seinen drei anderen Mithäftlingen. Die Kamera fährt dabei in einem Bogen aus einer halbtotalen Einstellung an ihn in eine Großaufnahme seines Gesichts in Aufsicht heran. In der Überblendung wird uns in einer halbnahen Einstellung Helene präsentiert, wie sie still dasitzt. Dabei wird sie wie auf einem Podest gedreht, während der Hintergrund unspezifisch ist (s. Abb. 3.13).

3.5 Die montierte Lebendigkeit der narrativen ‚Realität' ...

Abb. 3.13 *Geschlecht in Fesseln,* D 1928, Stiftung Deutsche Kinemathek, 00:39:42

Weder Helene noch die Kamera bewegen sich, das heißt, das Objekt der Liebe hat hier bereits einen statuenhaften Charakter angenommen. Die statische Kamera bildet hierzu das Korrelat, welches lediglich das Objekt flächig wiedergibt. In der Überblendung sehen wir dann Helene halbnah, liegend, nach vorne links lächelnd, wo nach ein paar Sekunden Franz als Objekt seines eigenen Traums ins Bild kommt, der ihren Unterarm mehrmals küsst, sich immer weiter nach oben vorarbeitend. Auch hier bleibt die Kamera statisch, nur die Objekte bewegen sich leicht, Franz mehr als Helene, die vorwiegend passives Objekt ist. Der Bildhintergrund ist absolut unspezifisch, man kann den die Figuren umgebenden Raum nicht identifizieren. Insofern ist er stilisiert und abstrakt, wodurch die Szene der Narration partiell enthoben wird. Die idealisierte erotische Beziehung von Helene und Franz wird hier ganz eindeutig in einem stilisierten Raum inszeniert, der sich jenseits der Handlung befindet. Er exteriorisiert Franz' ‚innere' Zustände. Im Unterschied zum Verfahrensmodus bei Helene, wird hier ein von der erzählten ‚Realitätsebene' deutlich nicht visuell verschiedener, sondern kinematografisch differenter Raum erzeugt. Er ist völlig ‚eingebildet', sprich imaginär. Franz kann hier deshalb mit Helene in unmittelbaren Austausch treten. Ähnlich wie bei Helene, findet auch hier eine Entindividualisierung statt, insofern Helene zum Symbol für Weiblichkeit schlechthin gerinnt, das von Franz als universalem Mann bewundert wird. Vor allem wird uns diese Konstellation in einer abstrakt-stilisierten Szene deutlich vor Augen geführt. Selbst das leere Ehebett, das per Überblendung mit dem Gefängnisbett den visuellen Übergang zur Zelle bildet, fungiert nur noch als Ikone für ‚Ehe'. Kurz entsteht auch hier ein Raumkomposit, in dem ‚innerer Zustand' und ‚Realität' verknüpft werden. Jedoch soll damit lediglich ein sichtbarer Übergang zwischen dem stilisierten und dem ‚realen' Raum erzeugt werden. Deshalb ist Helene hier nicht einmal als ‚Geist' anwesend, wie umgekehrt Franz in Helenes Halluzinationen. Franz soll visuell als leidendes, schönes Objekt dem genießenden Zuschauer*innenblicks dargeboten und zugleich in der heterosexuellen Variante als Mann universalisiert werden. Beides ist aber zugleich disjunkt zu seiner neuen männlichen geschlechtlichen Identität in der Gefängnisrealität, worin sich die Binarismen in kombinierter Form konkretisieren können, sodass er dort zum empfindsam-begehrenden und willentlich-aktiven Subjekt werden kann.

Die nächste Phase dieser Veränderung zeigt sich in der Szene, in der Helene ihn zum ersten Mal in der Strafvollzugsanstalt besucht. Die soziale Implikation besteht darin, dass die Eheleute sich lediglich unter Aufsicht eines Wärters begegnen können. Signifikanterweise wird die Umarmung, die wir hier sehen, durch eine Balustrade getrennt, sodass sie nur indirekt vollzogen werden kann. Auch hier ist der Raum zwar nicht unspezifisch. Aufgrund der minimalistischen Einrichtung ist der Bildhintergrund jedoch meist leer – bis auf den Wärter, der die wachende Ordnungsmacht repräsentiert.

Franz fällt darin vor Helene auf die Knie, umarmt sie auf der Höhe ihres Gesäßes, wobei wir dieses von hinten sehen. Es verdeckt Franz, dessen Hand wir im Bildvordergrund erkennen können, welche den Ehering trägt. Gerade in dieser Einstellung sehen wir lediglich die zwischen den beiden verlaufenden Gitterstreben der Balustrade. Am Ende dieser Szene sehen wir Franz in einer Aufsicht in Großaufnahme, zunächst seinen Scheitel, dann nimmt er den Kopf in den Nacken mit geschlossenen Augen. Helene, die links im Bild von schräg hinten rechts angeschnitten in einer nahen Einstellung zu sehen ist, wischt ihm mit der Hand mit einem Taschentuch über die schwitzende Stirn. Er ergreift ihre Hand, nimmt dabei das Tuch, welches er als Fetisch behalten wird und worüber ihn seine Zellengenossen später aufziehen werden. Helene und Franz werden somit erneut in Nah- und Großaufnahmen gezeigt, der räumliche Kontext ist auf ein Minimum begrenzt, die Beleuchtung ist so gesetzt, dass die Gesichter der Figuren hell und flächig sind und ihre Konturen das Licht abstrahlen. Die Schnitte sind so gesetzt, dass man immer näher an die Figuren herangeführt, in ihre nicht mehr vorhandene Intimität buchstäblich hineingezogen wird, als wäre man Teil der räumlichen Anordnung ihrer Körper. Die Bewegungen der Figuren verlangsamen sich beinahe auf Zeitlupentempo. Die anfängliche Idealisierung ihrer Beziehung verschiebt sich durch die Inszenierungsweise ins abstrakt-stilisierte Imaginäre. Hier kündigt sich das Schlusstableau des Films an, den Tod der Figuren antizipierend. In der vermeintlich intimsten Situation der ‚realen' Begegnung der beiden im Gefängnis ist der melodramatische Modus so verdichtet, dass die Begegnung raumzeitlich enthoben wird und in der Pose erstarrt, worin beider Begehren füreinander nur noch als stillgestellte Spuren vorhanden sind. Eine ‚wahrhaftige' Begegnung als legitimes heterosexuelles Paar kann nicht mehr stattfinden. Beide Figuren befinden sich bereits unwiederbringlich in ihren jeweils spezifischen, dabei irreduzibel differenten Raumkompositen aus ‚innerem Zustand' und ‚Realität'.

3.5 Die montierte Lebendigkeit der narrativen ‚Realität' …

Die nächste Stufe dieser Disjunktion vollzieht sich, als Franz in Einzelhaft muss, weil er für den Suizid eines jungen Zellengenossen verantwortlich gemacht wird, der sich mit der Waffe eines Wärters erschoss. In der Zelle sehen wir eine Wandzeichnung, die das Porträt einer Figur mit zusammengezogenen Brauen zeigt, welche mit leidendem Gesichtsausdruck nach oben links im Bild zu blicken scheint. Dort steht, an die Wand gelehnt, von schräg hinten rechts, Franz, der über die Zeichnung streichelt. In einer Überblendung sehen wir Helene in der gleichen Position wie die Figur auf der Zeichnung. Die Überblendung erweckt diese praktisch zum Leben und personalisiert sie, wobei Helene wie diese Figur völlig still bleibt. Helene ist die Zeichnung, die das Filmbild ist. Franz küsst Helene und zugleich die Wand des Gefängnisses. Bei der Exteriorisierung von Franz' ‚inneren' Zuständen werden diese kurzzeitig in die ‚Realität' implementiert. Im Kontrast zum Exteriorisierungsverfahren von Helene, wird jedoch ein klarer Wechsel beider Ebenen von ‚innerem' Zustand und ‚äußerer' Realität per Schnitt und nicht per Überblendung herbeigeführt. Helene wird nicht ‚wirklich' Teil von Franz' Gefängnisrealität.

In der anschließenden Phase der Entkopplung weiß man als Zuschauer*in nicht, wie man das Bild interpretieren muss, welches durch Doppelbelichtung erzeugt wird. Man sieht in einer halbtotalen Einstellung die Zelle. Franz steht, weil er nicht schlafen kann, von seinem Bett auf und geht mit geballten Fäusten nach hinten zur Zellentür. In diesem Moment erscheint, über das gesamte Filmbild geblendet, eine sitzende nackte Frau. Diese Figur ist nicht identifizierbar beziehungsweise personalisiert (s. Abb. 3.14).

Abb. 3.14 *Geschlecht in Fesseln,* D 1928, Stiftung Deutsche Kinemathek, 01:11:02

Das quasi-autonome, allumfassende Bild illustriert, dass das Begehren sich nicht mehr auf eine spezielle Frau, sondern auf die Kategorie „Frau" im Allgemeinen bezieht. Die projizierte Visualisierung des weiblichen Objekts ist hier zum erotischen Vergnügen unmittelbar dem Filmpublikum dargeboten. Zugleich ist sie völlig von der Narration abgelöst und deshalb in keiner Weise mehr an die Figur ‚Franz' mit seinen erotischen Fantasien und Wünschen, seinem Begehren gebunden.

Nachdem in der anschließenden Szene die erste intime Begegnung mit Alfred erfolgt ist, wird es überhaupt keine Projektionen von Weiblichkeit mehr geben, die erotisierte heterosexuelle Bezogenheit auf Weiblichkeit ist vollständig abwesend. Von da an existiert – bis zur letzten Szene – Franz einmal als idealisiertes Blickobjekt sowie als männlich vergeschlechterte Identität, die sämtliche Binarismen in sich aufgenommen hat, die die Räume und Geschlechteridentitäten differenzieren sollen.

Zur Veranschaulichung dient die Szene mit dem Treffen im Büro des Direktors, der sich bereit erklärt hat, eine Ausnahme zu machen und das Ehepaar miteinander allein zu lassen. Helene sitzt in einer weiten Einstellung in einem Stuhl neben dem Schreibtisch des Direktors im Profil und schaut nach links zur Türe, an der Franz steht, den Blick auf den Boden gesenkt, nervös und unentschlossen. Der Direktor sitzt optisch zwischen ihnen an seinem Schreibtisch, erhebt sich dann und verlässt den Raum. Das bedeutet, hier findet keine Stilisierung des Raums wie in den vorausgehenden Szenen statt, in denen ihre abstrakt-idealisierte, erstarrte erotische Beziehung gezeigt wurde. Sie sind beide buchstäblich in der Realität angekommen. Anstatt nun aber zu zeigen, wie Helene und Franz miteinander interagieren, wird ausführlich die Szene gezeigt, in der sich der Direktor mit seiner Familie ein Viertelstündchen zum Kaffee trifft – als würde sich das Bild trauter Familienharmonie buchstäblich zwischen Helene und Franz drängen. Wenn nach dieser Szene erneut in das Büro des Direktors geschnitten wird, sehen wir Helene und Franz in exakt derselben Position, weit voneinander entfernt. Der Zeitmarker der Viertelstunde, der auf der Stickerei angegeben war und metaphorisch für die Zeit der Szene mit dem Kaffeetrinken selbst stand, lässt sich daher auch auf die Zeit von Helene und Franz übertragen, die offenbar eine Viertelstunde starr und unverändert im Büro verbrachten. Dann folgen zwei Schnitte auf jeweils Helene und Franz in einer nahen Einstellung, die verdeutlichen, wie unangenehm beiden die Situation ist. Beide Figuren bewegen sich jeweils stets einen Schritt oder sie machen eine Geste mit dem Arm, dann erstarren sie aber wieder. Erfolgloses Resultat dieser Versuche ist, dass sie sich nicht annähern, sondern die Distanz zwischen ihnen bestehen bleibt.

Anschließend sehen wir Helene, halbnah, von schräg links vorne. Sie sitzt immer noch auf dem Stuhl neben dem Büroschreibtisch, wobei sie den Kopf nach rechts gedreht hat und nach rechts, von Franz weg, auf den Boden schaut. Am rechten Bildrand öffnet sich dann eine Tür. Man sieht eine Hand. Der Direktor geht hinter Helene von rechts nach links, währenddessen sich Helene nach links dreht und enttäuscht nach links *off space* schaut. Sie dreht dann ihren Kopf frontal

3.5 Die montierte Lebendigkeit der narrativen ‚Realität' ...

zur Kamera, senkt den Blick auf ihren Schoß, entnimmt ihrer Tasche ein Tuch, das sie langsam an ihr Gesicht führt. Währenddessen fährt die Kamera an sie heran, bis sie in Großaufnahme, zunächst verschwommen, zu sehen ist. Dann fokussiert die Kamera ihr Gesicht und stellt sie scharf, sodass man die Träne auf ihrer Wange erkennen kann. Die Kamera bewegt sich also, um aus dem Tableau, in dem sich beide Figuren in der Distanz zueinander befinden und der darin ungenutzt verstreichenden Zeit, in die Bewegung zu gehen, um durch das Durchqueren des Raums extra Helenes Melancholie, ihre Trauer einzufangen. Als skalare Instanz befördert sie nicht die (männliche) vergeschlechterte Identität wie in der ersten Szene, sondern sie demontiert vollends das binäre Geschlechterverhältnis.

In der nächsten Einstellung sehen wir dann auch Franz' Gesicht in Großaufnahme. Er ist von rechts beleuchtet, sein Gesicht ist ganz hell, er schaut unter gesenkten Lidern mit jenem herausfordernden, aufreizenden Blick direkt in die Kamera. Beide Großaufnahmen mit direktem Blick in die Kamera sind aber aufgrund der bestehenden emotionalen Distanz nicht mehr füreinander bestimmt, sondern finden lediglich nur noch für die Augen des Publikums statt. Helene und Franz sind auch nicht mehr gemeinsam in einem Bild vorhanden, selbst wenn sie sich im selben Raum aufhalten. Im Umschnitt – wenn es denn ein veritabler, psychologisch und individuell motivierter Umschnitt ist – sehen wir Helene, nah, wie zuvor, die den Blick gar nicht hält, sondern unsicher um sich blickt. Man sieht, dass sie immer noch das Tuch hält und weint. Nun kommt von links eine Hand ins Bild, die langsam über ihren Hut streichelt. Zunächst einmal wissen wir nicht, um wessen Hand es sich handelt. In der Überblendung sehen wir Helene in einer nahen Einstellung von schräg links vorn unten rechts im Bild sitzen und nach links unten vorne blicken. Dort steht Franz, der sich ein wenig über sie gebeugt hat und ihr sanft, gar mitleidig über den Kopf streicht. Ohne dass die Kamera es uns hat wissen lassen, hat Franz die Distanz zu Helene praktisch sprunghaft überwunden. Sie bildet heterosexuelle eheliche Interaktion nur noch als disjunkte ab. Helene hält immer noch weinend das Tuch, das sie jetzt an den Mund führt. Er legt eine Hand in ihren Nacken, nimmt ihr das Tuch aus der Hand und tupft ihr damit, vor sie gebeugt, die Augen. Sie schaut ihn an, nimmt den Kopf in den Nacken. Er blickt mit etwas zusammengezogenen Brauen zurück, spricht sanft mit ihr, während er ihr weiter die Tränen aus den Augen tupft. Noch verdichteter lässt sich Melancholie nicht verkörpern. Dann fährt die Kamera von ihnen weg, bis sie halbnah im Bild zu sehen sind. Plötzlich sieht man links die Hand des Direktors sich auf Franz' Schulter legen, man sieht auch den Ehering. Helene senkt den Kopf, blickt nach links, während sich Franz nach links zum Direktor umdreht, der ihn aus der Bewegung wegführt. Helene bleibt allein, schaut Franz resigniert nach links nach, wobei die Kamera etwas nach unten schwenkt, um Helene mittig im Bild zu positionieren. Montage und Kamerabewegungen vermitteln weiterhin deutlich, dass es keine gemeinsame Intimität mehr zwischen den Figuren geben wird, sie passen nicht mehr gemeinsam in ein intimes, idealisiertes Bild.

Bei Franz' letzter Imagination von Helene, ausgelöst durch den Anblick eines Abzeichens auf einer Polizistenmütze mitten auf der Straße, als Helene und Franz mit dem Taxi nach Hause fahren,[211] handelt es sich zunächst um eine Art *flash back*, die dennoch nicht eindeutig durch die Figur ‚Franz' motiviert ist. Es werden dabei Bilder von Franz' Vergehen in der Kneipe, seiner Verhaftung durch die beiden Polizisten sowie seiner Verurteilung durch den Richter gezeigt, die wir als Filmpublikum bereits alle gesehen haben. Dann geht diese ‚Erinnerung' in eine ‚Imagination' über, die Franz' Distanzierung Helene gegenüber durch neue Bilder illustriert. Man erahnt den modellierenden Einfluss einer übergeordneten Erzählinstanz, insofern es sich um stilisierte Bilder handelt. Drei Zwischentitel werden dabei eingeblendet, die das Vergehen der Zeit indizieren sollen: ERSTES JAHR; ZWEITES JAHR; DRITTES JAHR. Die Szenen des ersten Jahres zeigen Helene und Franz eng umschlungen im Besuchszimmer, jedoch in einer Variation dessen, wie sie dem Filmpublikum zuvor in der filmischen Narration als ‚real' gegebene Ereignisse präsentiert wurden: eine statische Einstellung mit einem unspezifischen Bildhintergrund; die geringe Bewegung impliziert hier noch Intimität. Anschließend stehen sie sich räumlich voneinander entfernt unbewegt an der Balustrade des Besuchszimmers ebenfalls in einer statischen Einstellung gegenüber. Im dritten Jahr lassen sie beide weit voneinander entfernt nur noch die Köpfe hängen. Einstellungsmodus und Figurenbewegung werden hier augenscheinlich in Variation wiederholt. Während also die ‚reale' Umgebung, sprich die Stadt mit dem fahrenden Taxi dynamisch ist, zeigt im Kontrast hierzu der ‚innere Zustand' der Figur totale Unbeweglichkeit. Dies geschieht im Stilisierungsmodus, durch dessen Beibehaltung sich die vormals abstrakt-idealisiert dargestellte erotische Beziehung in eine nurmehr abstrakt-imaginäre Beziehung wandelt, welche schon hier ins statische Tableau mündet.

Demgegenüber steht Franz' Beziehung zu Alfred, die sich während des Gefängnisaufenthalts entspannt, im Zeichen der Gefängnisrealität und männ-

---

[211]Wie Helene Franz aus dem Gefängnis abholt, wird nicht gezeigt. Die Freilassung ist rein metaphorisch inszeniert, indem wir sehen, wie außen an der Gefängniswand ein Vogel durch das vergitterte Fenster fliegt. Nicht zufällig wird aber die Heimfahrt im Taxi gezeigt. Zunächst sehen wir das Taxi aus einer Vogelperspektive von rechts nach links quer durchs Bild fahren, die Kamera verfolgt es bis zu einem bestimmten Punkt mit einem Schwenk nach links mit. Zwar sind wir mit einem öffentlichen Raum konfrontiert, der jedoch mit den individuellen Emotionen der Figuren, unterstützt durch die Kamerabewegung, aufgeladen ist, auch wenn es sich in diesem Fall um Wut oder Frustration handelt. Dann sehen wir eine Straßenansicht aus dem Wagen heraus nach vorn auf die Straße, wobei der Wagen immer noch in Bewegung ist. Es kommt eine sehr belebte Kreuzung in den Blick. Die Kamera stoppt an einem bestimmten Moment, der mit dem Anhalten des Wagens koinzidiert. Kurz sehen wir den den Verkehr regelnden Polizisten auf der Kreuzung in einer totalen Einstellung mittig im Bild sowie einen Kollegen am linken Straßenrand stehen. Dann folgt eine höchst bemerkenswerte Einstellung: Der regelnde Polizist wird von hinten gezeigt, die Kamera fährt an ihn aus einer halbtotalen Einstellung heran, plötzlich dreht er sich um und schaut direkt in die Kamera. Diese fährt so an ihn heran, dass sein Gesicht kurz in Großaufnahme zu sehen ist, dann schwenkt sie leicht nach oben auf seinen Helm, sodass das Abzeichen ins Bild kommt. Genau hier setzt mit einer Überblendung die Erinnerung ein. Die Erinnerung ist also nicht persönlich und privat, sondern direkt durch die Repräsentation des Staates motiviert. Diese Einstellung ist vermutlich nicht mehr auf der Straße, sondern im Studio gedreht worden.

3.5 Die montierte Lebendigkeit der narrativen ‚Realität' ...

lichen Gemeinschaft, worin konventionelle Binarismen neu geordnet und daher auch männlich-männliche Intimität recht unproblematisch ausagiert werden kann. Die dazugehörigen Modi von Bild, Schnitt und Inszenierung sind weder abstrakt, noch stilisiert oder idealisiert. Dafür erschaffen, befördern und vermitteln sie Bewegungen ‚innerer' (affektiver, begehrenslogischer) und ‚äußerer' (affektiver, körperdynamischer) negativer und positiver Zustände, die für das ‚Leben an sich' stehen. Höhepunkt dafür ist eben jene Szene, in der Alfred Franz seine Liebe gesteht.[212]

Wie in der ersten Szene des Films bei Sommers an der Garderobe, als der Vater bemerkt, dass Helene Putzzeug in ihrem Kittel hat und sie ihm dies gegenüber zu verheimlichen versucht, schwenkt auch in dieser Szene die quasi-autonome Kamera von Alfred zu Franz und wieder zurück. Wir sehen Alfred nach hinten ins Bild im Bett ausgestreckt quer im Bild, er blickt schwer atmend nach links oben. Dann sehen wir in einer nahen Einstellung Franz, der die Hand wieder hinter den Kopf genommen hat, den Arm auf die Bettlehne gestützt, sein Gesicht liegt von links vorn nach rechts schräg im Bild. Zuerst sind seine Augen geschlossen, dann öffnet er sie und blickt nach rechts *off space*, richtet sich ein wenig auf und beugt sich nach rechts vor, fragt: „Alfred, woran denkst Du?" (Zwischentitel) Nach dem Zwischentitel sehen wir Franz nah wie zuvor, dann schwenkt die Kamera in einem Bogen nach rechts unten auf Alfred, der zu sprechen beginnt: „lege die Hand aufs Herz und versprich mir daß Du mich nicht auslachst!" (Zwischentitel). Anschließend sehen wir Alfred wie zuvor, dann schwenkt die Kamera im Bogen nach oben links auf Franz, der erst nach rechts *off space* blickt, wie in der vorigen Einstellung von ihm. Er senkt den Blick, schluckt, schüttelt den Kopf und antwortet: „Ich werde Dich nie auslachen." (Zwischentitel) Dann sehen wir Franz wieder wie zuvor, wobei die Kamera erneut im Bogen nach rechts unten auf Alfred schwenkt,

---

[212] Selbstredend kommt man nicht umhin, Alfred als quasi naturalisierten Schwulen in diesem Film zu interpretieren. Dies wird auch durch die Szenen verdeutlicht, in denen man ihn außerhalb des Gefängnisses sieht, nachdem er nach kurzer Haftzeit entlassen wurde. Er ist auf der Straße zu sehen, wie er einem Freund Signale gibt, der ans offene Fenster tritt, um ihn zu begrüßen. Etwas später sehen wir die beiden in der Stadt am Geländer zu einem Fluss hin stehend, sie unterhalten sich über die mögliche Erpressung. Diese Szene wird mit einer halbnahen Einstellung eröffnet, in der wir beide Figuren sehen, rücklings an das Geländer gelehnt, wie sie sich im Profil anschauen. Dann wird jeweils auf die Figuren in nahen Einstellungen geschnitten, wobei immer die sprechende im Fokus steht. Nachdem jedoch der Freund die Erpressung erwähnt, dreht sich Alfred von ihm ab und geht weg, wobei ihm die Kamera folgt. Rogowski interpretiert den gesamten Handlungsstrang mit Alfred dahingehend, dass sein Verhalten ambivalent sei, man nicht wissen könne, aus welchen Motiven er handele. Auch in der letzten Szene vermutet Rogowski, dass Alfred bei Sommers vorstellig würde, weil er Franz eventuell erpressen wolle. Alfred verkörpere dennoch die tragische Figur des Films, weil er am Ende von Franz abgelehnt würde. In der Perspektive meiner Lesart, in der die Identität der Figuren, ihre Gefühle und Begehren koextensiv mit den Räumen sind, die sie hervorbringen, verknüpft an unterschiedliche kinematografische Verfahren, erhält Alfred in der letzten Szene die Möglichkeit, das melodramatische klaustrophobische Tableau zu verlassen. Dafür, dass Alfred keinen Platz in diesem Tableau hat, erhält er immerhin die Möglichkeit, (als Einziger der Protagonist*innen) weiterzuleben.

immer noch schwer atmend, den Blick immer noch nach oben links gerichtet. Er spricht. Seine Worte jedoch werden nicht durch Zwischentitel vermittelt. Dabei schwenkt die Kamera nach links oben zu Franz, der mit ernster Miene vor sich hinblickt, dann die Augen schließt. Die Kamera schwenkt wieder im Bogen nach unten rechts auf Alfred, der immer noch heftig atmet. Alfred nimmt seine Hand an seinen Hals, um sich Luft zu verschaffen, dann spricht er erneut: „Warum sagst Du nichts – (größerer Schriftzug) verachtest Du mich?" (Zwischentitel) In der nächsten Einstellung sehen wir Alfred wie zuvor, er hebt leicht den Kopf, blickt nach links, spricht wieder (Das Gesprochene wird nicht übermittelt.). Alfred streckt die Hand nach links aus, wobei die Kamera die Handbewegung einfängt, sie begleitet, bis die Hand in der Bildmitte angelangt ist, dann bis zur Bettlehne von Franz' Bett mitschwenkt, von dem nur der Arm angeschnitten am linken Bildrand zu sehen ist. Alfreds Hand hält dort inne, nach ein paar Sekunden erscheint von links Franz' Hand mit dem Ehering am Finger der rechten Hand, mit der er nach Alfreds Hand greift (s. Abb. 3.15, 3.16 und 3.17).

Man sieht kurz das Händepaar, sie haben sich fest gefasst (s. Abb. 3.18).

Dann zieht Alfreds Hand beide nach rechts unten, etwas mehr zu Alfreds Körper heran, bevor das Bild abblendet.

Die Kamera registriert hier wie in der Szene mit Helene und ihrem Vater die von den Figuren ausgeführten Mikrobewegungen. Sie setzt sich jedoch hierzu anders in Bezug. Zunächst einmal zeigt sie zwar ebenfalls einen kleinen Raumausschnitt, um Nähe zu den Figuren zu implizieren. Im Gegensatz zu ihrer Position gegenüber Helene fragmentiert sie die Figuren weit weniger. Auch hier ist die Kamera Zeugin einer von Scham geleiteten Handlung. Sie zeigt deutlich

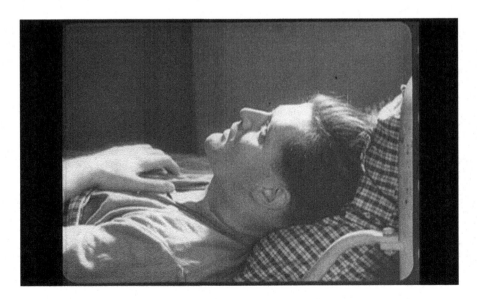

Abb. 3.15 *Geschlecht in Fesseln,* D 1928, Stiftung Deutsche Kinemathek, 01:20:00

3.5 Die montierte Lebendigkeit der narrativen ‚Realität' ...

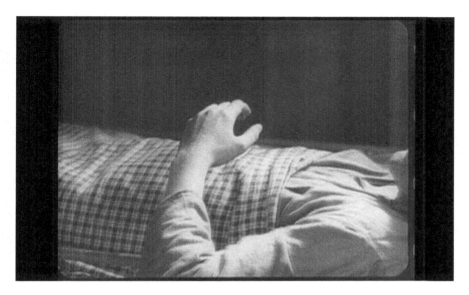

Abb. 3.16 *Geschlecht in Fesseln,* D 1928, Stiftung Deutsche Kinemathek, 01:20:08

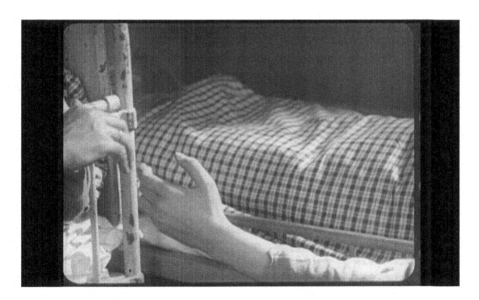

Abb. 3.17 *Geschlecht in Fesseln,* D 1928, Stiftung Deutsche Kinemathek, 01:20:13

die Bewegungen der Figuren, während die Erzählinstanz uns ganz bewusst die besonders empfindlichen Inhalte des Gesprächs vorenthält. Im Gegensatz zur Szene mit Helene jedoch, in der die Kamera deren Lüge sanktioniert, werden

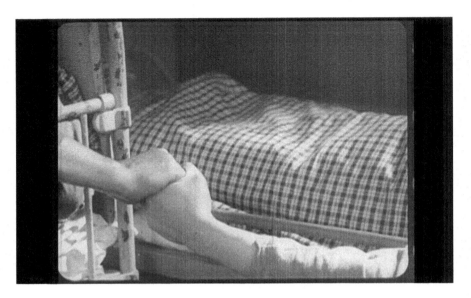

Abb. 3.18 *Geschlecht in Fesseln*, D 1928, Stiftung Deutsche Kinemathek, 01:20:18

Alfred und Franz nicht denunziert. Die Bewegungen der Kamera tasten die Figuren nicht sezierend ab, als wären sie Objekte, die hier vorgeführt werden. Vor allem fragmentiert sie nicht unerbittlich die Objekte, um sie in ihrer Fixierung darzulegen, oder den sie umgebenden Raum. Vielmehr bewegen sich Kamera und Figuren miteinander. Die Kamera belässt das sozial geächtete, erotische, individuell schambesetzte Verhalten durch die Schwenks in der Sichtbarkeit, ohne es zu beschneiden. Sie begleitet in einer Einstellung die Bewegungen der Handlungen, durch die die Beziehung weitgehend ausgedrückt wird, und befördert sie dadurch und verhilft ihr zu ihrem Recht. Indem sie die Körperbewegungen begleitet, affirmiert sie durchweg das, was zwischen Franz und Alfred geschieht. Das dargestellte Kontinuum der Interaktion ist dabei bewusst nicht durch ein *shot-reverse-shot*-Verfahren psychologisch motiviert. Sobald einzeln im Bild zu sehen, sind die Figuren jeweils erotische Blickobjekte mit Ausrichtung auf das Filmpublikum. Sind sie gemeinsam zu sehen, wird das Tableau aufgerufen, um es durch die Bewegungen der Kamera parallel zu den Körperbewegungen merklich zu überschreiten. In Kombination entsteht hier als variierte Wiederholung der Inszenierung der heterosexuellen Beziehung von Helene und Franz eine nicht-heterosexuelle Beziehung. Diese findet nun im ‚konkreten Leben' statt und ist zugleich (neu) idealisiert. All dies erfolgt unter wohlwollender Beobachtung der Kamera, in deren Position wir als Zuschauer*innenpublikum versetzt werden. Diese Art der Präsenz erschöpft sich jedoch nicht nur im Blick der Kamera. Der Bildmodus der bewegten Kamera befürwortet ebenfalls die intime Inszenierung der Figuren. Beides erzeugt und beglaubigt eine erotische Beziehung, die als ‚reale' authentifiziert wird, indem sie sich eben nicht in der idealisierten Stasis, sondern ganz dezidiert als lebendige Dynamik vollzieht, unterstützt vom neueren Verfahren der bewegten Kamera, die sich hier vom Tableau als tödlicher heterosexueller Fixierung/Entfremdung merklich distanziert.

Selbst wenn Alfred zugegebenermaßen als zeitgenössischer Typus eines ‚Buben' der Weimarer Republik in *Geschlecht in Fesseln* naturalisiert ist, lässt sich die Beziehung zwischen ihm und Franz eben nicht auf den eindeutigen Nenner einer gescheiterten schwulen Liebe bringen, die allein durch das Filmende desavouiert wird. Sie wird uns im deutlichen Kontrast zur heterosexuellen Beziehung/ Liebe als lebendige, darin wahrhaftige vorgeführt und als nicht-heterosexuelle unzweifelhaft bestätigt. Um zu diesem Ergebnis zu gelangen, muss man jedoch in vollem Umfang die Auseinandersetzung im Film mit den Bedingungen von Identität als per se durch Medien konstituierte, daher die zunehmend durchlässige Grenze von medial konstituierter ‚Realität' und medial konstituiertem ‚Schein' berücksichtigen. Dieser Prozess vollzieht sich hier in der Auseinandersetzung insbesondere von älteren und neueren kinematografischen Verfahren, indem nicht nur zwei verschiedene Formen medial konstituierter, vergeschlechterter Identitäten (Helene und Franz), sondern auch zwei hierdurch verschieden konstituierte Arten von erotischer Beziehung, eine heterosexuelle und eine nicht-heterosexuelle (Alfred und Franz), hervorgebracht und einander kontrastiert werden.

3.6 Vor/Spiel I: Die uneigentlichen Beziehungen der Bildakustik – *Ein Lied geht um die Welt*

Ein Lied geht um die Welt hatte am 9. Mai 1933 im Berliner Ufa-Palast Premiere und wurde ein großer Erfolg. Daran konnte auch die im *Völkischen Beobachter* vom 10. Mai 1933 geäußerte beißende Kritik nichts ändern.[213] Der Film lancierte einen der beliebtesten Rundfunktenöre und Schlagerstars der 1920er und frühen 1930er Jahre, Joseph Schmidt, in einer Hauptrolle.[214] Die Narration war gänzlich um den ‚realen' Star Schmidt herum gebaut.[215] Dieser musste aufgrund seiner

---

[213] Vgl. *Völkischer Beobachter* vom 10. Mai 1933. Vgl. zur Aufführungsgeschichte des Films Wulff 2010.

[214] Es existiert neben dem von mir angeführten gängigen Titel ein zweiter für diese Fassung von 1933, nämlich *Ein Lied geht um die Welt (Die Joseph-Schmidt-Story)*. Im Rundfunk sang Schmidt allerdings vorwiegend Opernarien.

[215] Fritz Kampers war ein bekannter und beliebter Theaterschauspieler und Kabarettist. Charlotte Ander hatte sich als (Stumm-)Film-, Bühnen- und Operettendarstellerin einen Namen gemacht. Viktor de Kowas Karriere nahm erst während der Zeit des Nationalsozialismus richtig Fahrt auf. Ihre Karrieren verliefen sehr unterschiedlich. Kampers' Karriere war sowohl während der NS-Zeit als auch in der Bundesrepublik ohne Bruch. Viktor de Kowa wurde zum Star des NS-Kinos. Ander dagegen musste, da sie von den Nazis als nicht ‚reinrassig' angesehen wurde, Deutschland im Anschluss an die Laufzeit von *Ein Lied geht um die Welt* verlassen. Nachdem

jüdischen Abstammung einen Tag nach der Premiere aus Deutschland fliehen.[216] Schmidts letzter Auftritt im Berliner Rundfunk fand am 20. Februar 1933 statt, wo ihm die Verträge bereits gekündigt worden waren. Hans Bredow, dessen amtierender Leiter, „hatte die Zeichen der Zeit längst erkannt" (Fassbind 1992, S. 65) und bereits vorauseilend die erst in dem am 24. März verkündeten Ermächtigungsgesetz verlautbarten Maßnahmen institutionell umgesetzt.[217] Die gängige Ausschlusspraxis bestand darin, ‚missliebige' Personen, insbesondere nicht-arischer Herkunft, für ‚ungeeignet' und ‚unzuverlässig' einzustufen (s. Kap. 4). Wegen dieser nur indirekt ‚rassisch' begründeten Formulierung konnte Schmidt aufgrund seiner Popularität nach der Entlassung aus dem Rundfunk noch eine Zeit lang in der Filmbranche weiterarbeiten.

Ein Lied geht um die Welt zählt in der Forschung zu den sogenannten Übergangsfilmen zwischen Weimarer Republik und NS-Zeit.[218] Als gemeinsames Charakteristikum wird für sie angegeben, dass sie in den letzten Tagen der Weimarer Republik produziert worden waren, jedoch erst in den ersten Jahren der NS-Zeit ins Kino gelangten. Ihre Qualität wird daran bemessen, ob sie den Schrecken der NS-Zeit antizipierten oder ‚nur' auf den historischen Augenblick referierten. Im ersten Fall wird ihnen generell eine kritische Haltung gegenüber der NS-Herrschaft attestiert, während sie im zweiten Fall generell als gänzlich unpolitische, daher die NS-Ideologie affirmierende abgetan werden.[219] Argumentiert wird in diesem Kontext einmal mit ihrem weitgehend ‚unernsten' Charakter sowie zudem mit ihrer oberflächlichen Ästhetik der Selbstbezüglichkeit.

Nun handelt es sich bei *Ein Lied geht um die Welt* um einen Tonfilm. In der Forschung wird diskutiert, ob man ihn als Musikfilm, „Film mit Musik",[220] Operetten- oder Sängerfilm kategorisieren sollte.[221] Im Genre des beliebten Sängerfilms, so Brian Currid und Thomas Elsaesser,[222] konstituierte sich die Star-

---

sie nach England emigriert war, kehrte sie, da dort erfolglos, 1935 nach Deutschland zurück, wo sie nur eingeschränkt arbeiten durfte. Während 1933 und 1945 spielte sie in drei Filmen mit, *Ein Lied geht um die Welt* eingeschlossen. Eine regelmäßige Tätigkeit als Schauspielerin nahm sie erst 1950 wieder auf.

[216]Er migrierte erst nach London, später nach Österreich, wo er den ebenfalls geflohenen Regisseur Richard Oswald wieder traf und mit ihm noch einen Film drehte.

[217]Vgl. Fassbind 1992.

[218]Vgl. hierzu Witte 2004.

[219]Dagegen plädieren Hagener und Hans dafür, die Filme nicht als Vorboten nationalsozialistischer Ideologie und Propaganda einzustufen, sondern sie historisch spezifisch zu kontextualisieren. Als Merkmale nennen sie in diesem Zusammenhang die Umstellung auf den Ton, den Einzug fordistischer Arbeitsmethoden, Genreausdifferenzierungen, Selbstreflexivität der Filme, erhöhte Medienkompetenz des Publikums sowie die Affirmation der Prinzipien einer modernen Konsumgesellschaft. Insofern sie in ihrer Darstellung den Zeitraum von 1928 bis 1938 abdecken, ist der Fokus deshalb problematisch, weil sie keine Bezüge von Ästhetischem und Politischem herstellen. Vgl. Hagener/Hans (Hg.) 1999.

[220]Sannwald 1999, S. 37.

[221]Brian Currid bezeichnet ihn durchweg als Sängerfilm. Vgl. Currid 2006, bes. S. 100.

[222]Vgl. erneut Currid 2006 sowie Elsaesser 2002.

3.6 Vor/Spiel I: Die uneigentlichen Beziehungen der Bildakustik ...

persona[223] des Sängers nicht exklusiv über die Stimme, sondern als komplexes audio-visuelles Phänomen. Wie Elsaesser bemerkt, wurde vom Filmpublikum in dem Maße zwischen ‚echtem Star' und Filmpersona des Sängers unterschieden, wie er oder sie sich nicht ‚in Realität', sondern gleichzeitig in verschiedenen Medien wie Konzert, Radio, Schallplatte und Film herausbildete. Ursula Vossen argumentiert dagegen, in den Augen des Publikums seien Starpersona des Sängers, der Sängerin und Filmrolle oft zusammengefallen.[224] Und dies, obwohl ein Verständnis von technischer Reproduzierbarkeit der Stimme, des Körper und der Identität durchaus vorhanden war. Dies äußerte sich darin, dass sofort moniert wurde, wenn eine Gesangsrolle von einem Schauspieler, einer Schauspielerin dargeboten wurde, die Gesangseinlagen jedoch von einem professionellen Sänger, einer professionellen Sängerin interpretiert wurden. Gerade indem das Publikum die Medienpersona zu naturalisieren schien, vollzog es diese Naturalisierung im bewussten Spiel mit deren Status als durch den Film technisch-medial vermittelter. In den Filmen selbst wurde diese Konstellation oft als Spiel mit der Identität im Spannungsfeld von ‚Unmittelbarkeit' und ‚Authentizität' sowie ‚Vermitteltheit' und ‚Entfremdung' reflexiv gemacht, insofern diese von Identitätsverwechslungen handelten, die auf der – meist temporären – Dissoziation von Körpern und Stimmen basierten.

Bei Leonardo Quaresima zählt der Film zu den Opern- beziehungsweise Operettenfilmen.[225] In diesem Genre, so Quaresima, gehe es nicht um das reine Abfilmen von Oper beziehungsweise Operette. Vielmehr konstituiere sich das Genre dadurch, dass die angestammten Aufführungsmedien, die es einbinde, insbesondere Oper, Theater und Varieté, überwunden würden. Das geschehe durch Herauslösen einzelner Gesangs- oder Performancenummern aus ihrem ursprünglichen Kontext, die in andere visuelle, narrative und akustische Zusammenhänge eingesetzt und mit Liedern oder Songs aus anderen Genres kombiniert werden.[226] Gerade hierin besteht für ihn das spezifisch Opernhafte des Opernfilms. Brian Currid sieht dagegen mit der Dekontextualisierung und Fragmentierung eine „Verschlagerung" sämtlicher Lieder und Arien einhergehen.[227] Der Schlager steht für ihn für ein populäres Genre, das sich dadurch auszeichnet, dass es von traditionellen bürgerlichen kulturellen Aufführungskontexten entwurzelt ist, sodass es zur Matrize für alles Musikalische werden kann. Durch die Wiederaufnahme im Medium Film wird diese Entwurzelung verstärkt, indem der Schlager nochmals in neue Aufführungskontexte versetzt wird.[228]

---

[223] Vgl. zum Starsystem in den dreißiger Jahren Lowry 2002.
[224] Vgl. Vossen 1998.
[225] Vgl. Quaresima 1999.
[226] Gegenteilig argumentiert Claus 1998, bes. S. 82. Zum Verhältnis von Operette und Film vgl. Bono 1998. Zur Relevanz der Tonfilmoperette für das Kino Koebner 2003b.
[227] Vgl. Currid 2006, S. 101.
[228] Die aufgeführten Lieder sind, neben den zwei zentralen Schlagern *Frag' Nicht* (Musik: Hans May; Text: Ernst Neubach) sowie *Ein Lied geht um die Welt* (Musik: Hans May; Text: Ernst Neubach), teilweise Kunstlieder, die auch als Volkslieder bekannt und intoniert wurden, wie bspw.

Was in beiden Fällen der Einordnung des Films deutlich wird, ist die Zuschreibung seines medienreflexiven Potenzials. Dies betrifft einmal das Thema der Identität mit Bezug zu den aktuellen Medienverbünden.[229] Dies betrifft zudem die Rolle des Tons mit Bezug zu anderen musikalischen Gattungen. Elsaesser schreibt hinsichtlich des Aspekts reflexiver medialer Vermitteltheit, dass die Filme hierdurch ihren Status als Ware verdeutlichten, indem das Begehren (nach) ihnen in der Struktur von Aufschub und Wunscherfüllung zu einer Narration organisiert wurde.[230] Meine These lautet dagegen, dass die Reflexion der medialen Vermitteltheit in betont ausgestellter Organisation des Ton-Bildverhältnisses innerhalb der Filmnarration durch die Aufführung von An- und Abwesenheit, von Oberfläche und Tiefe von Körpern und Stimmen in Raum und Zeit vorwiegend erfolgte, um ‚authentische' beziehungsweise ‚entfremdete', ‚nicht-natürliche' Identität(en) und/oder Differenz(en) zu produzieren. Die zentralen Fragen nach ‚Wahrheit' und ‚Schein' sind meist auf Identität bezogen, welche sich darin überhaupt nur noch als Spiel der medialen differenzialen Relationalität von Medien verhandeln lässt. Darin können Medien ganz verschiedene Grade von Vermitteltheit annehmen. Im differenzialen medialen Spiel können sich auch immaterielle (Begehren) oder materielle Arten (Apparate oder Menschen) der Bezugnahme manifestieren. Zudem sind materielle und immaterielle Objekte und Artefakte gegeneinander austauschbar: Das Begehren kann sich auf Stimmen, Körper und Apparate beziehen; Körper oder Apparate können Begehren transportieren und vermitteln. *Ein Lied geht um die Welt* ist demnach ein Beispiel für einen Film, in dem der Status medialer Vermitteltheit von Identität in der Reflexion erkannt und mit all seinen Konsequenzen anerkannt wird. Dies erfolgt, indem seine Möglichkeitsbedingungen mit Bezug zur sozialen Realität von einer modernen, technisierten, von Medienverbünden aktiv hervorgebrachten Konsumkultur lustvoll durchgespielt werden, worin das Maß wechselseitiger Hervorbringung von Medien und Realität augenscheinlich verdeutlicht wird. Im Grunde handelt es sich um das Gegenteil einer Ästhetik der Selbstbezüglichkeit, welche das Filmpublikum mittels Produktion von bis zuletzt aufgeschobenem Begehren so stark an den Film bindet, dass es die vermeintlich abgegrenzte, es umgebende Realität völlig aus dem Blick verliert. Berücksichtigt man die Verfahren medialer differenzialer Relationalität als

---

Am Brunnen vor dem Tore aus dem *Winterreise*-Zyklus (1827) von Franz Schubert oder auch *Launisches Glück* (1932) nach Motiven von Johann Strauß' II. Darüber hinaus werden Arien gesungen, aber auch italienische sowie neapolitanische Volksweisen, wie bspw. *Santa Lucia*, komponiert von Teodore Cottrau, 1849 erschienen. Es handelt sich um ein Potpourri von Genres, verteilt über den Verlauf einer eineinhalbstündigen Handlung. Die Lieder halten an den jeweiligen Stellen den Fluss der Narration potenziell an.

[229]Zum Medienverbund vgl. erneut Marßolek/Saldern 1998, bes. S. 14 sowie Elsaesser 1994, bes. S. 36 f. Zur Entwicklung des Rundfunks in Deutschland vgl. erneut Hickethier 2008. Im Film werden prominent die Schallplattenfirma Parlophon sowie REICO-Radiogeräte präsentiert. Zur Firmen- und Technikgeschichte der Parlophon vgl. Erb 1998.

[230]Vgl. erneut Elsaesser 1994, 2002 sowie Currid 2006.

3.6 Vor/Spiel I: Die uneigentlichen Beziehungen der Bildakustik ...

Hervorbringungstechniken von vergeschlechterter Identität als nicht/authentischer Performativität, kommt man der Figur des Technisch-Anthropomorphen queerer Männlichkeit in *Ein Lied geht um die Welt* auf die Spur.

Ich beginne dazu mit der Darstellung der Eingangssequenz des Films, da sich in ihr über das Bild-Ton-Verhältnis mediale Vermitteltheit qua Reproduzierbarkeit von Körper und Stimme, von Identität, von Raum und Zeit anhand von ‚Wahrheit' und ‚Schein', Oberfläche und Tiefe entfaltet. Während noch die Titel auf Schwarz zu sehen sind, hören wir aus dem *off* ein Orchester, das eine Art neapolitanische Weise spielt *(Santa Lucia),* wobei die Streicher sich akustisch deutlich bemerkbar machen. Dann wird aufgeblendet: Wir sehen in schnellem Wechsel zwei markante Stadtansichten von Venedig (Dogenpalast; Markusplatz mit dem Markus-Turm), anschließend ein paar Ansichten des engeren Kanals der Innenstadt zwischen Häuserreihen, dann eine kleine Brücke, von der aus auf eine Hauswand geschwenkt wird. Man begleitet als Zuschauer*in also den Prozess, wie vom ‚öffentlichen' in einen ‚privaten' Raum stroboskopartig übergegangen wird. Dies erfolgt zudem, indem Venedig als Postkartenansicht kaleidoskopartig evoziert wird. Die berühmte Stadt wird als Postkartenszenerie präsentiert, allerdings mit deutlich ausgestellten kinematografischen Mitteln, nämlich Schnitt und Montage sowie Bewegung im Bild. Im Kontrast beispielsweise zu *Geschlecht in Fesseln*, besitzt die Stadt hier keinen dokumentarischen Status (mehr), sondern hat sich in ein visuell und akustisch medial konstituiertes, dabei touristisiertes Artefakt verwandelt. Dabei vernehmen wir die romantisch-schwärmerische Orchestermusik durchgehend, quasi ‚über das Bild' gelegt. In Kombination erzeugen Musik und Bilder nicht nur das Tourist*innenziel, sondern auch die ‚technisch' reproduzierte Ikone ‚Venedig'. In dem Augenblick, in dem von einer Brücke aus auf eine Hauswand hochgeschwenkt wird, emanzipiert sich die Rhythmik der Bilder, was das Einsetzen der Narration markiert. Dennoch hören wir weiterhin das Orchester aus dem *off,* bis zur nächsten Einstellung, in der wir einen erhöhten Hauseingang sehen, zu dem eine Treppe hinaufführt. Deutlich wird hier, dass der ganz leichtfüßig beinahe unwahrnehmbar hergestellte Übergang von vermeintlich dokumentarischen Stadtansichten und narrativem Raum eigentlich gar keiner ist, insofern er von der Musik als übergeordneter Klammer von der ersten Einstellung an zusammengehalten und dadurch nicht als fiktionaler, aber als medial hergestellter hervorgebracht wird.

Die Musik wird nun etwas leiser, setzt für einen kurzen Moment sogar ganz aus, bis wir Schmidts Stimme aus dem *off Ein Lied geht um die Welt* singen hören, zu dem ihn das Orchester begleitet. Die verschiedenen Medien, die hier am Werk sind, erzeugen in ihren Differenzen merklich das filmische Raumzeitkomposit. Hinsichtlich der Thematik der Identität vernehmen wir erst den Rundfunktenor ‚Schmidt' nur akustisch, bevor wir ihn in seiner Rolle als Riccardo sehen. Verdeutlicht wird hier, dass wir es im Medium mit der Starpersona ‚Schmidt' als Rundfunktenor zu tun haben, der dem Filmpublikum vorwiegend durch seine Stimme bekannt gewesen sein dürfte. Beide ‚Schmidts' werden dabei durch das doppelte Spiel von akustischer und visueller An- und Abwesenheit hergestellt: Die sonst vorwiegend auf Schallplatte zu vernehmende Stimme wird im Film reproduziert, während der dazugehörige Körper (noch und medial gedoppelt) abwesend ist. Gerade diese Abwesenheit produziert aber erst Schmidt als Starpersona auf implizierte Weise ständig mit. Es ist daher über den gesamten Verlauf des Films praktisch unmöglich, die Filmfigur ‚Riccardo' von der Starpersona ‚Joseph Schmidt' eindeutig zu trennen. Dass das Spiel von An- und Abwesenheit bereits ein politisch begründetes Konstituens bildet, wird deutlich, wenn man Folgendes bedenkt: Schmidt durfte nicht in den großen Opernhäusern auftreten, weil er mit seiner Körpergröße von 1,54 m nicht dem Standardgardemaß männlicher Darsteller entsprach; zwar war er ein erfolgreicher Sänger, durfte jedoch bereits seit März 1933 nicht mehr in seinem Stammhaus, dem Berliner Rundfunk, singen, weil er jüdischer Abstammung war. Von daher ist umgekehrt die merkliche akustische Dominanz seiner Stimme als politisch motivierte Antwort auf diese Diskriminierung zu lesen. Seine Stimme, die dem Publikum bereits aus dem Radio und von Schallplatten sehr gut bekannt war, darf sich mit aller Kraft bildüberschreitend verbreiten.

Diese technisch reproduzierte Stimme wird nun in der Welt der Narration verankert, insofern vor dem Haus auf der Treppe ein Mann sitzt, der dieser Stimme lauscht, während er einen Teller Spaghetti isst, und eine Frau, die rechts neben der Treppe damit beschäftigt ist, Wäsche von der Leine zu nehmen. Diese Figuren werden in der Handlung nicht personalisiert. Sie verkörpern prototypisch das (immer noch) begeisterte Radiopublikum. Sie stehen zugleich repräsentativ für das lokale Milieu einer kleinbürgerlichen Umgebung. Man goutiert diese Art von Musik nicht im Opernhaus, im Theater oder Varieté, sondern praktisch auf der Straße, bei alltäglichen Verrichtungen. Vage angedeutet wird hier die Aufteilung der Geschlechterrollen, wobei beide Figuren auf unterschiedliche Weise, jedoch im selben Ausmaß, von dieser Stimme verzaubert werden. Es kommt ein kleiner blonder Junge hinzu, der im weiteren Verlauf der Handlung noch einen Botendienst leisten wird, worin man die Wahrung stimmakustischer Tradition in ihrer populären Variante verstehen kann (die ganze ‚Familie' hört Radio).

Der Film verweist hier auf die Operette, von der er das ‚fremdländische', kleinbürgerliche *setting* und die ahistorische Einordnung borgt, sie aber kinematografisch umschreibt: die Stadt ist eine ‚fotorealistische' Stadt, wenn auch zum ikonischen Klischee geronnen;[231] die Figuren repräsentieren quasi Typen, jedoch ohne festgelegte Funktion.

In dieser Szene kommt vor dem Haus die Figur Simoni (Fritz Kampers), einer der drei Mitbewohner einer Männer-WG, ins Bild, ohne dass sie personalisiert würde. Schmidts Stimme dominiert weiterhin das Bild. Erst nach dem nächsten Schnitt sehen wir Simoni in der gemeinsamen Wohnung der Protagonisten, Riccardo, Rigo (Viktor de Kowa) und Simoni, der in einer halbtotalen Einstellung mit Rigo in ein Gespräch vertieft ist. Zeitgleich hören wir immer noch Schmidts

---

[231]Vgl. zum Punkt der schwachen Aussagekraft der *mise-en-scène* in den Filmen der 1930er Jahre Heins 2013, bes. S. 29.

Stimme aus dem *off*, die etwas lauter das Ende des Liedes schmettert. Merklich hat sich somit der Übergang von Schmidts Stimme im Status des *voice over* in den Status eines *voice off* gewandelt, wodurch nur beinahe nahtlos die Narrativisierung der Stimme eingesetzt hat. Der Moment jedoch, in dem Schmidts Stimme mit Schmidts Körper in mediale Kongruenz tritt, wird von der Kamera dramatisiert. Der kinematografische Auftritt Schmidts durch die phasenweise Verankerung seiner Identität als Einheit von Stimme und Körper im Bild wird bis zum Äußersten in dieser Szene dem Blick des Filmpublikums vorenthalten, wodurch die Thematik in der ersten Szene des Films bereits ausgestellt und reflektiert wird.

Simoni und Rigo werden in dieser Einstellung sozial personalisiert, es wird zugleich ihr Charakter vorgeführt, deren beider Bedeutungen im Film bestimmt. Sie sprechen über das von Riccardo gesungene Lied. Simoni hebt darauf ab, dass es sich um „sein" Lied handele, das er damals in der Mailänder Scala hätte singen wollen. Später wird sich herausstellen, dass Simoni über seine vergangene Karriere als Opernsänger gelogen hat, was ihn zu einer unzuverlässigen Figur macht. Rigo wiederum fummelt an einer Mandoline, was ihn als Musiker und nicht als Sänger ausweist. Beide nehmen, so die Inszenierung, das Leben leicht und es mit der Wahrheit nicht so genau.[232] Dies ist insofern von Bedeutung, als beide Figuren ‚Helferfiguren' darstellen, die Riccardo vermeintlich vor Invektiven schützen und ihm beim Vorankommen seiner Gesangskarriere behilflich sein wollen. Riccardo wiederum definiert sich in visueller Hinsicht vorwiegend über seinen nicht-normierten Körper. Gerade dies bedingt aber, dass Rigo und Simoni ihn bis zum Ende des Films weitgehend wie ein Kind oder einen *freak* behandeln und auch so über ihn gegenüber Dritten, teilweise in seiner Anwesenheit, sprechen.[233] Die Szene zeichnet sich weiters durch die Komik aus, die in der Disparatheit liegt, dass die Figuren von einem alten Opernlied sprechen, während dem Publikum bekannt sein durfte, dass es sich bei dem gesungenen Lied um einen von Hans May für den Film 1933 geschriebenen Schlager handelte.

Erst nachdem der letzte Ton des Schlagers verklungen ist, kommt also Riccardo ins Bild, wodurch sich die Hierarchie von Ton als technisch reproduzierter Gesangsstimme des berühmten Tenors Schmidt und von Bild als technisch

---

[232] Sowohl Simoni als auch Rigo sind als komische Figuren angelegt. Sie sind, anders als Riccardo, Typen der Komödie entlehnt. Diese stellen, ähnlich wie die Figur des Harlekin in der Commedia dell'Arte, den Zerrspiegel der Gesellschaft dar. In der Regel tragen diese Figuren, so Heins, keine sozialen Merkmale, wie für sie zudem Ansehen, Aufstieg und vor allem Geld keine Rolle spielen. Vgl. Heins 2013. Wulff ist der Ansicht, Riccardos Figur sei am Typ des Bajazzo, des Betrogenen Betrügers angelehnt. Vgl. Wulff 2010. Allerdings ist er dies unter explizit verännderten medialen Bedingungen, insofern er mittels seiner Schlager intonierenden Stimme betrügt. Zudem schreibt der Sängerfilm die Operette im modernen Sinn um, indem der Künstler durch den Verzicht auf den *love interest* zu seiner ‚wahren' Bestimmung, nämlich der Musik *und* der Karriere findet.

[233] In ihren Augen mangelt es ihm an Männlichkeit. So weist Rigo Nina an einer Stelle des Films – doppeldeutig – darauf hin, Riccardo sei kein Mann, „mit dem eine Frau spielen" sollte. Simoni wiederum ist immer wieder um Riccardos Wohlergehen besorgt.

reproduziertem Bild vom Tenor Schmidt in der Rolle des Riccardo verkehrt. Zunächst bleibt Riccardo hinter den beiden Figuren auf einer niedrigen, jedoch unsichtbaren Empore stehen, sodass bestehende Größenunterschiede zwischen den drei Männern nur angedeutet, nicht aber über den Körper und seine Größe ersichtlich und damit begründet werden. Diese körperliche Differenz wird erst nach wenigen Einstellungen affirmiert, indem die visuelle Ebene durch Wegfahrt eine Enthüllung produziert, die die ‚Gleichheit' der Figuren als Trick und daher optische Täuschung des Filmpublikums ausweisen. Von Beginn an wird deutlich gemacht, dass das Verhältnis der Figuren im doppelten Sinn kein symmetrisches ist. Mit Blick auf die narrative und visuelle Ebene erfolgt dies nicht hinsichtlich der individuellen künstlerischen Fähigkeit, sondern ist vielmehr bedingt durch die von außen auferlegten sozialen Normierungen, die den Körper betreffen. Mit Blick auf die akustische Ebene, die vorwiegend durch die relationale Mediendifferenz evoziert wird, findet dies hinsichtlich des Starfaktors statt. Dass es sich bei der ersten Asymmetrie um unausgesprochene soziale Übereinstimmungen handelt, wird durch die Ausweisung als Fehllektüre, sprich die falsche Annahme eines körperlichen Standards ins Bewusstsein gehoben. Dies erfolgt unter der Bedingung, dass das Filmpublikum Schmidts nicht-konventionelle Körpergröße vermutlich kannte. Gerade deshalb besitzt Schmidts Körper mit seiner von der Norm abweichenden Gestalt hier bereits das Potenzial, zur Sensation, zum Skandal zu werden. Davon handelt im Wesentlichen die Narration des Films, gemäß des Sängerfilmschemas.

Riccardo soll zum Bühnenstar avancieren, wobei der anzustrebende Erfolg in der Kunst (‚Karriere') nur durch Verzicht auf das ‚private' Glück der Liebe gelingt. Das durch Irrungen und Wirrungen charakterisierte Schema wird durch das Verhältnis von verzaubernder, begehrter Stimme und rasch ausgestelltem, daher skandalisiertem, nicht-normiertem Körper zusätzlich verkompliziert, was die Identitäten aller Figuren und nicht nur Riccardos Männlichkeit nicht unaffiziert lässt.[234] Bereits in dieser Szene werden aber die Grundlagen der Beziehung der Figuren verdeutlicht und damit auch die Problematik, welche durch die Differenzen von Musiker und Sänger sowie von nicht-normiertem Körper und bezaubernder Stimme angetrieben ist, die durch die Dissoziationsmöglichkeiten qua technischer Reproduktion verkompliziert wird, an die (vorwiegend) männliche Identität geknüpft ist.

Im Film werden mehrere Enthüllungsprozesse vorgeführt: Schmidts Körper wird dem Publikum präsentiert; Nina (Charlotte Ander), der *love interest,* wird entdecken, dass die sie verzaubernde Stimme nicht mit dem Körper identisch ist, den sie begehrt; der Rundfunkdirektor wird sich wundern, wenn er Riccardo leibhaftig zu sehen bekommt, nachdem er nur seine Stimme vernahm; Riccardo wird sich wundern, dass er nicht, wie von Simoni versprochen, in der Scala, sondern auf einer Varietébühne als Clown auftreten wird; Simoni enthüllt dabei, dass er bezüglich seiner Opernkarriere gelogen hat; Rigo wird dem Varietépulikum

---

[234]Vgl. hierzu auch erneut Currid 2006.

3.6 Vor/Spiel I: Die uneigentlichen Beziehungen der Bildakustik ... 355

gegenüber auf der Bühne ‚gestehen', dass er nicht der Sänger ist, der das berühmte Lied intoniert. Die Enthüllungen finden somit auf unterschiedlichen Ebenen mit Bezug zu verschiedenen Personen oder Personengruppen in- und außerhalb der Narration qua Orchestrierung ihrer Kenntnisse, Erwartungen sowie Wunschvorstellungen statt, die jeweils auf andere Figuren, Stimmen, Körper oder Apparate bezogen sind. Sie spitzen sich dahingehend zu, dass alles in einer Sichtbarkeit zusammenkommt, die eigentlich mit Kongruenz und Authentifizierung in eins fallen sollte, insofern Riccardo schlussendlich seinen Körper und seine Stimme öffentlich auf der Bühne zur Schau stellen darf. Wie genau der Film dieses Schlussbild generiert, dazu später mehr.

In dem Maße, wie Riccardos ‚Karriere' Fahrt aufnimmt, ‚emanzipiert' er sich durch und mit seiner Stimme zugleich von Rigo und Simoni, zu denen er im Verhältnis einer männlichen Gefühlsgemeinschaft steht. Der erste Teil des Films soll diesen Emanzipationsprozess verdeutlichen, insofern es Riccardo ohne Hilfe seiner Kumpels gelingt, ein Engagement im Rundfunkhaus zu ergattern, welches aus ihm eben einen Radiostar macht. Dabei kreist diese ‚Emanzipation' um Schmidts un/angepassten Körper und dessen Durchsetzung auf der narrativen und visuellen Ebene, die durch alle Elemente des Films konstant problematisiert wird, um sie schlussendlich zu affirmieren. Auch hierin ist ein merkliches politisches Statement des Films zu sehen.

Die Kehrseite dieser ‚Karriere' verdeutlicht daher, dass Riccardo/Schmidt in dem Maße, wie Rigo und Simoni für ihn nichts ausrichten können, wie eng begrenzt ihre Macht im sozialen Feld ist, wie unzuverlässig, wankelmütig, ja sogar verlogen sich beide Riccardo gegenüber vor allem in seiner Abwesenheit verhalten, vom sozialen Umfeld zum Außenseiter gemacht wird.

In der Szene, in der Riccardo sein erstes Engagement erhält, geht er zunächst durch die Stadt, bis er am Rundfunkhaus ankommt. Lange schlendert die Figur durch die Stadt, wodurch der Zweck dieser Bildeinstellungen verdeutlicht wird. Man erhält als Zuschauer*in eine ‚Führung' durch die Stadt Venedig mit ihrer morbiden Renaissanceschönheit. Die wenigen Menschen präsentieren eine Mischung aus ‚modernen' Menschen (Männer in modernen Anzügen) und ‚einfachem Volk' (Gemüsehändlerin, eine Wäscherin), ohne direkten Verweis auf die tagespolitische Lage im italienischen Faschismus. Es entsteht ein quasi-imaginäres, dabei zeitenthobenes Bild von Venedig im Modus eines *travelogue*. Riccardo fügt sich in diese Szenerie mit seiner besonderen Erscheinung – kleine Körpergröße, Typus mit dunklen Haaren und dunklem Teint – scheinbar wie ganz ‚natürlich' ein.[235] ‚Riccardo' hebt sich als Filmfigur in besonderem Maße durch diese

---

[235]Dieses Verhältnis von Ton und Bild kehrt sich in einer späteren Szene um, in der Riccardo mit Nina eine Gondelfahrt auf dem Kanal macht. Während beide Figuren beinahe ausschließlich in weiten Aufnahmen zu sehen sind, hört man die gesamte Zeit über Riccardo *Ich sag' Dir* singen, während man das Singen selbst aufgrund der Einstellungsgröße nicht erkennen kann. Mit vielen Einstellungen wird eine Stadtansicht erzeugt. Riccardos Stimme löst sich nicht nur von der Figur ‚Riccardo', sondern wird daher immer mehr zur Stimme des Sängerstars ‚Schmidt', der weniger Nina als die Stadt selbst besingt, die von dieser begehrenstechnisch ‚deutsch' vereinnahmt wird.

Einbettung in die ‚realistische' Szenerie ‚Venedig' von allen anderen Figuren des Films ab, wobei er durch die Aufladung mit der besonderen Aura des Südländisch-Faszinierenden nicht als ‚realer Mensch', sondern als über die Narration hinausweisende Persona Starsänger ‚Joseph Schmidt' ausgewiesen ist. Dabei wird er in dieser Szenerie ‚heimisch' gemacht, sprich eingehegt, und damit als ‚Fremder' so verortet, wie in der sozialen Realität des NS-Regimes seine ‚fremde', das heißt ‚rassisch missliebige' Identität bereits ausgeschlossen wurde.

Wenn er beim Funkhaus ankommt, ist er bereits diese Starpersona, auch wenn er innerhalb der Handlung noch dessen Direktor Dante mit seiner Wände und Türen durchdringenden Stimme von seinen Gesangsqualitäten überzeugen muss. Riccardo stellt sich in dieser Szene mittig in die Eingangshalle und beginnt, eine Arie zu singen. Die Szene ist so geschnitten, dass man deutlich die vielen weiteren Menschen in der Halle erkennen kann. Sie bilden gemäß Alter und Geschlecht den Querschnitt einer bürgerlichen Mittelklasse: ältere Herren in Cutaways, mit Bowler und Monokel; jüngere, Anzug und Hut tragende Männer; ältere Frauen mit Pelzkrägen an den Mänteln und auffällig großen Geschmeiden; jüngere Frauen in schlichter moderner, dabei femininer Kleidung. Sie bilden Riccardos/Schmidts Publikum, das ihn jetzt schon bewundert und ihm Beifall klatscht, noch bevor er im narrativen Sinn ‚berühmt' ist. Gemeinsam mit dem Filmpublikum bestätigen sie ihn darin, dass er kann, was er schon ist, nämlich ein gefeierter Tenor, der zwar nicht auf Opernbühnen singen, aber bis vor kurzem immerhin noch in Theatern, Rundfunkhäusern und Festhallen auftreten durfte. Es entsteht hiermit eine seltsame Verschränkung der Zeitlichkeiten, insofern Riccardo/Schmidt hier antizipiert, was für Schmidt/Riccardo bereits Vergangenheit ist. Seine außergewöhnliche körperliche Erscheinung wird hier durch ein bürgerliches Publikum konsolidiert, das quasi aufgrund seines Starstatus darüber ‚hinwegsieht', dass er im ‚realen' Leben bereits ein Ausgegrenzter ist.[236] Hier erzeugt der Film also ein Phantasma im doppelten Sinn, insofern das Singen im Rundfunkhaus bereits aus ‚rassischen' Gründen in der Realität ebenso unmöglich geworden war, wie sein Erfolg immer schon von der Abwesenheit seines Körpers in öffentlichen und kulturellen Institutionen abhing. Die hier produzierte Raumzeit lebt davon, dass Riccardo den Erfolg mit anwesendem außergewöhnlichen Körper haben kann, der Schmidt (schon) verwehrt war, in konstitutiver Abhängigkeit von dessen Erfolg als Startenor außerhalb des Mediums Film, ohne dass es sich jedoch um ein utopisches Moment der völligen Losgelöstheit von allen sozialen Kriterien handelte.

Die Szene ist so geschnitten, dass Riccardo beim Singen in Anwesenheit weiterer Figuren zu sehen ist. Dazwischen werden diese Figuren immer wieder einzeln oder in kleinen Gruppen in näheren Einstellungen gezeigt, um nochmals

---

[236]Riccardo tritt dort mit seinem Körper als privat singende Figur auf, wo das Milieu ethnisch und klassenspezifisch als kleinbürgerlich und ‚italienisch' markiert ist, nämlich im Biergarten, in dem er ein Stelldichein mit Nina hatte. Dort ist die Narration illusionistisch transparent, Raum und Zeit sind kohärent, wodurch Riccardo vermeintlich mit sich als Figur identisch ist. Hier kann er auch ‚natürlicher' Teil einer selbstredend klischeehaften Musikantengemeinschaft sein.

den Effekt von Riccardos betörender Stimme zu verdeutlichen, die aus dem *off* zu hören ist. Zwar soll hier visuell eine ideale Gemeinschaft der Zuhörer*innen entstehen, vereint werden sie jedoch durch Schmidts Stimme. Durch die unterbrochene Narration wird mehr gezeigt als erzählt, dass hier eine traditionelle Gesangsdarbietung kinematografisch umgeschrieben wird. Auch wenn es sich um keine Bühnenshow handelt, fungiert die Szene wie ein Auftritt, insofern sie im ‚öffentlichen' Raum stattfindet, worin aber der durch die Stimme erzeugte Effekt von der Starpersona ‚Schmidt' und weniger der Figur ‚Riccardo' erzeugt wird. Es handelt sich also noch nicht um den ‚richtigen' Ort, Riccardo ist noch kein ‚echter' Star, sprich, mit sich identisch, sondern Riccardo partizipiert parasitär von der Berühmtheit des Starsängers ‚Schmidt'. Der in einem anderen Stockwerk sitzende Direktor wiederum, der ihn nicht zu sehen bekommt, beurteilt ihn ausschließlich nach seiner Stimme. Als er ihn zu sich kommen lässt, kann er sich eine bissige Bemerkung über Riccardos Statur nicht verkneifen. Indem er ihm in der Anerkennung seines Stimmpotenzials sofort das Medium ‚Radio' zuschreibt, begrenzt er den Erfolg auf die Stimme, wodurch der Ausschluss des nicht-normierten Körpers aus dem Erfolgsrezept als naturalisierte Setzung innerhalb der filmischen Narration affirmiert wird. Die erfolgreiche Vermarktung einer Starpersona kommt aber ohne Bild nicht aus, was in den folgenden Zwischentiteln verhandelt, worin über das Verhältnis zwischen den Medien Fotografie und Radio das Thema der Identität anhand von An- und Abwesenheit reflektiert wird. Diese erläutern nämlich, dass Riccardos Karriere als berühmter Rundfunktenor begann, man seine Bilder aber aufgrund seiner Erscheinung nicht veröffentliche.

Bevor Riccardo aber an sein Ziel gelangen kann, als Künstler mit Stimme und Körper auf der Bühne in der Öffentlichkeit zum ‚echten' Star zu werden und damit zu ‚sich selbst' zu kommen, vollzieht der Film eine Reihe von Verwechslungen der Identität sowie Enthüllungen, die sich auf den *love interest* beziehen. In der ersten Begegnung mit Nina besteht demnach der erste Zwischenschritt zur ‚wahren Identität' Riccardos als ‚echter Star', wobei Currid die Szene als „‚love' sequence" (Currid 2000, S. 168) bezeichnet. Sie folgt auf die Zwischentitel, die von Riccardos Erfolg berichten. Dazwischen wird eine Einstellung von einer sich drehenden Schallplatte im Detail in Aufsicht gezeigt. Als sie stehen bleibt, wird der Aufkleber sichtbar, auf dem unter dem Label Parlophon zu lesen ist: Riccardos Stimme singt *Am Brunnen vor dem Tore*. Darunter steht die Verzeichnisnummer B 604 401. Dann setzt kurz die Stimme Riccardos/Schmidts mit der Zeile ein: „Oh, wie freut …". Darauf folgt Schwarz und eine Aufblende. In der Visualisierung des Mediums Schallplatte wird hier bewusst die Überblendung von ‚Riccardo' und ‚Schmidt' erzeugt, wobei das Bild-Ton-Verhältnis auf die wechselseitige Gratifikation von Filmerfolg und Schallplattenerfolg verweist, die durch diese Überblendung eintritt, wodurch ganz augenscheinlich ‚Schmidt'/‚Riccardo' als Warenobjekt konstituiert sind, insofern der Stimme das visuelle Bild der Schallplatte entspricht.

Ganz in diesem Geiste des Warenkonsums und der ökonomisch bedingten Fetischisierung von Apparaten und Stimmen beginnt die Szene mit einer Straßenansicht, wobei die Kamera schräg auf das Schaufenster eines Schallplattengeschäfts gerichtet ist, beklebt mit den großen Lettern „PARLOPHONE" und „RICCARDO" sowie (halb verdeckt) REICO RADIO. Die Buchstaben auf dem Glas werfen ihre Schatten auf die Wand im Geschäft, sodass sie dessen Innenausstattung überblenden. Label, Stimme und Geräte werden hier in dieser hierarchischen Reihenfolge dargeboten, sodass Industrie, Kunst und Technik ‚natürlich' zueinandergehörend präsentiert werden. All diese Bezüge, die für eine moderne Konsumgesellschaft charakteristisch sind, werden hier auf und hinter der gläsernen Oberfläche als heterogene Oberflächlichkeiten dargestellt und darin affirmiert, inklusive des Künstlers als Produzent und Produkt in diesem *setting* des (kulturellen) Konsums. Vorne links im Bild steht schräg ein Mann im modernen Anzug und mit Hut, der ins Schaufenster blickt. Da der Hut das ins Profil gedrehte Gesicht verdeckt, ist erst einmal nicht erkennbar, dass es sich dabei um Riccardo handelt. Ebenso wenig eindeutig ist, worauf sich sein Blick richtet, ob auf die mit Schallplatten gefüllten Regale im Inneren des Geschäfts oder tatsächlich auf Nina, die das Filmpublikum aufgrund des Arrangements der *mise-en-scène* in dieser Einstellung erst einmal überhaupt nicht sehen kann. Die Kamera nähert sich der männlichen Figur und begleitet sie mit einer Fahrt nach rechts zur Eingangstüre des Geschäfts, das sie betritt. Wir wissen nun, dass es sich um Riccardo handelt. Drinnen nimmt er den Hut ab, geht zur Verkaufstheke, vor der einige gewichtige Radioempfangsgeräte und mehrere Labelaufsteller stehen, nach rechts vor, hinter der nun Nina gemeinsam mit einem Kollegen sichtbar wird, und bittet um Schallplatten von RICCARDO. Der Bezug von Person als Figur im Film zu sich selbst als kulturelles Produkt im Film, der in der Außenansicht des Geschäfts etabliert wurde, setzt sich somit im Plattenladen fort. Nina ist fleißig dabei, Riccardos Wert als dieses Produkt zu demonstrieren, indem sie gleich viele Schallplatten aus den Regalfächern hinter sich herauszieht. Dann führt sie ihn in die Hörkabine.

Diese gleicht mit ihren Reproduktionen von Louis XV.-Möbeln und Fotografien von Sängern und Sängerinnen an den Wänden einem Boudoir wie auch einer Ruhmeshalle des kommerziellen Gesangs. Sie impliziert daher die ‚Privatheit' kommerzieller Diskretion, daher einer käuflichen Form von Intimität und stellt das Objekt einer ökonomisch fundierten, zu konsumierenden ‚Innerlichkeit' dar, die der Oberflächlichkeit/Oberfläche des Schaufensters sichtlich kontrastiert wird. Vorne links im Bild ist eine große Truhe mit einem Schallplattenspieler darin aufgestellt. Nina stellt sich neben die Truhe und fragt Riccardo, was er denn hören wolle: „Rigoletto, Tosca oder ein deutsches Volkslied?" Nachdem Riccardo unentschlossen bleibt, legt sie als erstes *Am Brunnen vor dem Tore* auf. Beide stehen nun erst einmal nebeneinander. Nina hat sich den Schallplattenstapel an die Brust gedrückt und beginnt, innig Riccardos ‚körperloser', ‚immaterieller' Stimme zu lauschen. In dieser halbnahen Einstellung sieht man die beiden zunächst einmal, wie sie sich beim Zuhören immer wieder kurz anblicken, dann den Blick abwenden. Die Szene baut darauf auf, dass Nina nicht weiß, dass sie gerade neben dem Mann steht, dessen Stimme sie so berührt. Die Blicke, die sie wechseln, sind dabei dennoch nicht wirklich zu deuten. Beide Figuren tauschen sich vermeintlich über die Stimme aus, die sie hören und die sie verbindet. In ihrer Verehrung, ihrem Begehren zu dieser Stimme sind sie sich einig, für beide bedeutet sie aber etwas anderes: Für Riccardo bedeutet sie Anerkennung beziehungsweise Selbstliebe, vielleicht auch indirekter Ausdruck der Liebe für jemand Drittes; für Nina Liebe zu einem nicht anwesenden Anderen beziehungsweise zu dessen ‚immateriellem' Substrat. Die gesamte Dramaturgie der Szene ist darauf ausgelegt, vor allem Nina als glühend bewundernde Zuhörerin dieser ‚entkörperlichten' Stimme zu präsentieren, wobei sie zugleich als weibliche Filmfigur mit voyeuristischem Schauwert versehen wird. Aus den Einstellungen, die sie halbnahe und nahe zeigen, wird deutlich, welche imaginäre, idealisierte Beziehung Nina zu dieser Stimme hat, sie wirkt wie entrückt. Darin wird sie dem Kinopublikum präsentiert, welches sie ebenfalls als schönes Filmbild, den Star Charlotte Ander begehren oder sich mit ihm identifizieren kann. Mit Bezug zu Nina wiederholt sich im Verhältnis zwischen Filmbild und Publikum somit das Thema der konsumistischen Haltung gegenüber einer Starpersona, die zugleich Quelle und Produkt von Bewunderung, Begehren und Verführung ist, wie sie auch auf das Verhältnis von Filmpublikum und Schmidt zutrifft, jedoch vorwiegend auf die Stimme bezogen. Hier wird die visualisierte Körperdifferenz als Geschlechterdifferenz augenscheinlich, insofern ‚Ander'/‚Nina', im Gegensatz zu ‚Schmidt'/‚Riccardo', vom Typus her einer ‚genehmen' Weiblichkeit entspricht.

Erst nach und nach scheint sich dann die Bedeutung von Riccardos Blick zu verändern, indem er sich dem Blick des Publikums annähert. Aus dem Blick des Einvernehmens gegenüber der Stimme der beiden Figuren untereinander entsteht eine Art Komplizenschaft von Filmpublikum und Riccardo hinsichtlich des Betrachtens von Nina als schönem Objekt des voyeuristischen Blicks, worin ihr Körper als ‚genehmer' affirmiert wird. Das wird dramaturgisch dadurch verstärkt, dass Nina sich von Riccardo nach rechts vorn entfernt, die Plattenhüllen auf eine Kommode rechts an der Wand legt, sich frontal zur Kamera dreht, um dort, mit vor dem Oberkörper gekreuzten Armen, nach vorn rechts aus dem Bild an die Kabinendecke oder zum Apparat zu schauen, während sie weiterhin Riccardos Stimme aus dem *off* lauscht. Durch diese Bewegung macht sie sich selbst verstärkt zum schönen Objekt des Blicks der Zuschauer*innen, aber auch Riccardos. Dieser wiederum geht in die entgegengesetzte Richtung im Raum nach hinten links zu einem Sessel, in den er sich setzt. Von dort aus beginnt er, wechselweise den Apparat und Nina zu beobachten. Man könnte nun mit Currid sagen, dass es sich um eine Liebesszene handelt, in der Riccardos Stimme symbolisch für den Austausch des Begehrens zwischen den beiden Figuren steht, dass also Riccardo Ninas Objekt des Begehrens ist und umgekehrt, dass sie in seinen Augen zum begehrten Objekt wird, wobei die Stimme die immaterielle Basis, das Medium dieser Vermittlung wäre.[237] In dieser Szene kommodifizierter Innerlichkeit und Empfindsamkeit, vermittelt durch eine abwesende Stimme, trifft das aber nicht zu. Erstens, weil Riccardos Begehren zunächst einmal von sich selbst abgelenkt werden muss, um überhaupt auf Nina übertragen werden zu können. Dabei ist nicht

---

[237]Vgl. erneut Currid 2000.

eindeutig, was er in ihr sieht, wenn er sie beobachtet, eine schöne junge Frau, die er begehrt, oder eine Person, die sich in ihn verliebt hat und daher eine Art ideale Zuhörerin verkörpert – weshalb sie erst begehrenswert wird. Zweitens ist Nina umgekehrt recht rasch dabei, sich nur noch auf Riccardos Stimme zu konzentrieren und sich nicht mehr um den anwesenden Riccardo zu kümmern. Ihr Begehren ist also keineswegs auf ihn in seiner materiellen Anwesenheit gerichtet, sondern, wenn überhaupt, allenfalls noch auf ein anderes anwesendes Objekt. Dies bringt mich, drittens, zum Apparat. Der Schallplattenspieler in dem Kasten ist ganz augenscheinlich ein Fetisch, da er immer wieder zum ausgewiesenen Objekt der Blicke beider Figuren wird. Dieser macht den Mangel sichtbar, indem er ihn zugleich substituiert, den abwesenden Körper, der zu dieser betörenden Stimme gehört. In einer paradoxen Anordnung tritt die immaterielle Stimme in eine nicht intelligibel zu machende Verbindung zu diesem Kasten als technisch-materiellem Objekt, der hier für den Körper einsteht.[238] Daher ist der Apparat ein Begehrensabsorptionsgerät *par excellence,* insofern er der begehrenswerten Stimme eine materielle Verankerung, einen Körper liefert, auf die sich das Begehren Ninas konkret beziehen kann. Die Begehren zirkulieren daher keineswegs exklusiv zwischen zwei Figuren, sondern in mehreren, sich überlagernden Doppel- und Dreieckskonstellation zwischen Riccardo, dem Apparat und Nina. Viertens, und darauf weist Currid bereits hin, handelt es sich nur scheinbar um eine intime Situation.[239] Currid geht darauf ein, dass, während die beiden in der Kabine lauschen, nicht nur Riccardos Stimme außerhalb der Kabine zu hören ist, sondern wir sehen auch immer wieder andere Zuhörer*innen, Ninas Kollegen und ihre brünette Kollegin sowie ein Gruppe Kund*innen. Daher verschränkt sich in der technisch reproduzierten Stimme qua ihrer Abwesenheit Konsum/Begehren und Reichweite: Gerade weil sie über die Grenzen des Raums hinweg akustisch vernehmbar ist, verbleibt sie kein begehrenswertes Objekt für die Personen im Raum, das individuell genossen werden könnte. Vielmehr ist sie immer schon auch für eine sich anderswo befindliche Öffentlichkeit kommerziell verfügbar. Die über sie hergestellte Intimität ist immer ein technisch reproduziertes, zugleich durch das Begehren erzeugtes, dabei aber auch Raumzeit überwindendes, zirkulierendes Produkt. Deshalb kann sie immer auch woanders, zu einem anderen Zeitpunkt von jemand anderem genossen werden.

Die Kund*innen betreten dabei sogar die Kabine als Publikum, sodass Riccardo kurz von Nina und Apparat abgelenkt wird. Da er aber lächelt, kann man daraus schließen, dass ihm dieses weitere Publikum nicht unangenehm ist. Nicht

---

[238]Die hierdurch erzeugte Dissoziation von Körper und Stimme, die zugleich eine Transposition von Funktionen darstellt, ist in ihrer visuellen Umsetzung wohl am radikalsten, da sie die fundamentale Problematik, worin Authentizität von Identität gründet, deutlich in Szene setzt. Ist die Stimme nur als Tonspur aus dem *off* ‚über die Bilder' gelegt, lässt sich diese fundamentale Disparatheit leichter überspielen, da sie dem kinematografischen Apparat als Ganzem zugeordnet und besser akzeptiert werden kann.

[239]Vgl. erneut Currid 2000.

3.6 Vor/Spiel I: Die uneigentlichen Beziehungen der Bildakustik ...

nur sind diese Kund*innen für die Intimität dieser Situation konstitutiv. Vielmehr macht dies erneut deutlich, dass Riccardos Stimme selbst nichts ist, was sich exklusiv auf ein Individuum im Sinne ‚privaten' Konsums oder Besitzes beziehen ließe. Zumal gerade in dieser Szene kein Liebeslied erklingt, in dem ein ‚lyrisches' Ich ein Du besingt, wie dies bei dem Schlager *Frag nicht* der Fall ist. Man hört seine Stimme, wenn man die Bilder aus dem Verkaufsraum sieht. Sie ist so dominant, dass die Unterhaltung der Kund*innen und Kolleg*innen unhörbar wird. Das heißt, die Stimme verbindet in dieser Szene eben nicht nur Nina und Riccardo, sondern weitere Figuren/Personen, wie sie dies schon in den vorausgehenden Szenen tat, ein größeres Publikum nämlich. Aber sie verbindet nicht (nur), sondern sie besitzt in ihrem Status als Medium auch trennende Funktion, sie schiebt sich eben zwischen die Anwesenden und eröffnet jenseits des im Bild Sichtbaren und durch das Bild Einholbare eine ganz andere Ebene der Wahrnehmung, Rezeption und Daseinsweise. Nina ist in dieser Szene augenscheinlich mit ihrer Aufmerksamkeit, aber auch mit ihren Gefühlen ganz woanders, sie hat kaum Augen für den anwesenden Riccardo. Riccardo demgegenüber beobachtet sie gerade darin, wie sie verzückt etwas zuhört, was er ist und zugleich nicht ist, ein abgespaltener Teil von ihm und er selbst als Abwesender. Insofern würde ich Currids Beobachtung, dass Nina eine Art perverse Lust gegenüber Riccardo empfindet, in dem Augenblick, in dem sich enthüllt, welcher Körper zu dieser Stimme gehört, dadurch ergänzen, dass auch Riccardos Lust ‚pervers' ist in dem Maße, wie er sich selbst als begehrenswert empfindet, wenn er Nina dabei betrachtet, wie sie seine Stimme bewundert.[240] Auch diese Szene funktioniert als eine Art Aufführung, die ganz eindeutig in dem Augenblick beendet, in dem Riccardos Stimme verklungen ist. Angezeigt wird dies dadurch, dass die Kund*innen, die im Türrahmen der Kabine standen und auf den Apparat schauten, sich nun wieder in den Verkaufsraum zurückbegeben, nicht dadurch, dass Riccardo und Nina zueinander gefunden hätten. Der Fluss der Narration wird dadurch aufgenommen, dass Nina erklärt, ihr größter Wunsch sei es, diesen Menschen, der da gesungen habe, einmal persönlich kennen zu lernen. Daraufhin entspinnt sich ein kurzer Dialog zwischen den beiden, in dem Riccardos Befürchtungen aufleuchten, sie könne enttäuscht sein, wenn sich herausstelle, dass dieser Mensch womöglich klein sei. Hierauf antwortet sie, dass nur die Stimme zähle und Napoleon ebenfalls klein gewesen sei, um ihre vordergründige Toleranz zu bekunden, mit der sie Riccardos Ahnungen zu entkräften versucht. Riccardo überredet Nina dann dazu, ihn in seiner Männer-WG zu besuchen mit dem Versprechen, sie mit „diesem Menschen", mit dem er befreundet sei, bekanntzumachen. Riccardo bleibt somit Nina gegenüber dabei, sich zu sich selbst als dritte Person in Bezug zu setzen, indem er sie über seine Identität nicht aufklärt. Darauf beruht folglich Ninas Verwechslung von Riccardo und Rigo in der folgenden Szene.

---

[240] Vgl. erneut Currid 2000, bes. S. 170.

Dass es aber gerade um den Körper geht, wenn es um diese Stimme geht, wird in dieser überdeutlich. Bevor Nina eintrifft, werden Simoni, Rigo und Riccardo dabei gezeigt, wie sie den Kaffeetisch dekorieren, Simoni hat sich sogar eine Schürze umgebunden, Rigo richtet einen Blumenstrauß in eine Vase. All diese Verrichtungen sind vorwiegend komisch konnotiert, sodass das, wonach es aussieht, keinen allzu großen Schaden am Bild normierter Männlichkeit anrichtet, wenn hier die häuslichen Tätigkeiten der männlichen Gefühlsgemeinschaft gezeigt werden. Simoni wird Nina im Verlauf der Szene als die bereits von Riccardo angekündigte „Wirtschafterin" vorgestellt, die dabei in schallendes Gelächter ausbricht, Simoni jedoch umgehend das Tablett aus der Hand nimmt mit der Bemerkung, dass sie ja nun dafür da sei. Ebenso im Modus des Komischen werden zunächst die Umstände der Enthüllung von Riccardos körperlicher Identität gegenüber Nina präsentiert. Als sie die Wohnung betritt und Riccardo sie an der Türe empfängt, schweift ihr Blick bereits antizipierend in den Raum auf Rigo, der neben Simoni am Tisch steht, beide Richtung Tür gewandt. Sie geht mit raschen Schritten an Riccardo vorbei und steuert Rigo an, dem sie die Hand gibt mit den Worten, sehr erfreut zu sein, ihn, Riccardo, nun persönlich kennenzulernen. Während Rigo schon in diesem Moment die Charade auflösen möchte, signalisiert ihm Riccardo, er solle sie aufrechterhalten. Zunächst sitzt also Nina zwischen den drei Männern in dem Glauben, Rigo sei Riccardo, bis sie ihn bittet, etwas zu singen.[241] Rigo versucht, sich mit allen möglichen Strategien herauszureden. Auf Riccardos Bitte hin ist also Rigo gezwungen, zu lügen und sich lächerlich zu machen. Erst schiebt er Kuchenkrümel vor, die seine Stimme belegen, dann behauptet er, das Klavier sei nicht gestimmt. Dies erfolgt alles nur als Vorlage für Riccardo, Rigo als Lügner und als komische Figur darzustellen, sprich, er zwingt Rigo zumindest temporär zu einer uneigentlichen Verhaltensweise und daher nicht-authentischen Identität, was er nutzt, um sich in um so besserem Licht als die eigentliche, ‚authentische' Identität ‚Riccardo' Nina gegenüber präsentieren beziehungsweise outen zu können.

Dies erfolgt schrittweise, indem er erst selbst zum Klavier geht, um durch kurzes Spiel zu beweisen, dass es keineswegs verstimmt ist. Rigo stellt sich neben ihn ans Klavier, um dort auf Riccardos Insistieren hin mit dem Singen von *Santa*

---

[241]Die Wahl fällt dabei auf *Santa Lucia*. Dies aber nicht willkürlich, sondern aufgrund des Umstands, dass dieses Lied ‚von draußen', vom Kanal her hereindringt, wo der blonde Junge sitzt, der es mit dem Akkordeon spielt. Es handelt sich dabei um jenes Prinzip des Weitertragens und spontanen Intonierens des Schlagers, den man irgendwo aufschnappt, wie man es aus der oralen Tradition von Volksliedern kennt, wovon Currid schreibt. Hier ist der Schlager als Produkt und Effekt des modernen Medienverbunds innerhalb der Filmnarration also naturalisiert, indem er vermeintlich in der oralen Tradition wieder verankert, da er mit einem Musikinstrument gespielt wird. Allerdings zergliedert die Bildebene diese Unmittelbarkeit, die in der Phänomenologie des Tons impliziert ist, da Lied und Quelle des Liedes getrennt werden, sodass das Lied im Wohnraum hörbar wird, ohne dass der Junge mit dem Akkordeon zu sehen ist. ‚Von draußen' hereinklingen könnte das Lied aber auch aus einem Radio in einer anderen Wohnung, deren Fenster gerade geöffnet sind.

3.6 Vor/Spiel I: Die uneigentlichen Beziehungen der Bildakustik ...   363

Lucia zu beginnen. Die Komik der Szene wird weiter fortgeschrieben, indem Rigo nun in die Haltung verfällt, er könne tatsächlich singen, was er mit überzeichneten, ausladend theatralischen Gesten tut, wodurch er sich doppelt lächerlich macht, die Figur quasi zur Karikatur verkommt: Er kann nicht singen, tut aber so; er imitiert im schlechtesten Sinne einen (Opern-)Sänger.[242] Dagegen wirkt Riccardo am Klavier sehr seriös, vor allem, wenn er selbst zu singen beginnt. Bei all dem goutiert Simoni, der eingeweiht ist und sich daher problemlos in die Position des Zuschauers, -hörers begeben kann, aus der Distanz nur die komische Dimension. Nina wiederum erlebt hier als Zuhörerin und begeisterter Stimmfan im doppelten Sinne ihr ‚blaues Wunder': Einmal kann der Mann, den sie sich körperlich als Riccardo vorgestellt hat, zweifelsohne gar nicht oder nur schlecht singen. Zudem entspricht der Körper, der letztlich zu der von ihr so bewunderten Stimme gehört, nicht ihren Vorstellungen von einem idealen männlichen Körper. Der Schock wird auch nicht abgemildert durch die Tatsache, dass sie diesen Körper schon kennt. Im Gegenteil wird ihr die volle Dimension dieser Disparatheit retroaktiv erst bewusst, durch die eine irreduzible Disparatheit in ihr eigenes Schema von einem begehrenswerten Mann eingezogen wird.

Die Enthüllung Riccardos ‚wahrer' Identität löst also keineswegs irgendeine Verwicklung auf, sondern produziert mit Bezug zu Nina erst eine unüberbrückbare Dissoziation von ihrer phantasmatischen Beziehung zu Riccardos Stimme und der Zielrichtung ihres Begehrens auf Rigos Körper, die im Verlauf des gesamten Films nicht konsolidiert werden kann. Im Gegenteil ist und bleibt Riccardos Körper über den Rest der Handlung mit Bezug zu dieser Figur ein Skandal, ein irreduzibler, aber konstitutiver ‚Störfaktor'. Durch Ninas eigene Körperhaltung, Mimik und Gestik, die sich während des Films verstärkt, wird deutlich, dass sich dieser Körper nun geradezu unangenehm (wieder-)aufdrängt. Insofern wird heterosexuelles Begehren in dieser Konstellation anhand dieser beiden Figuren, noch bevor Nina sich körperlich Rigo zuwendet, eigentlich als radikale Unmöglichkeit aufgeworfen, welche bis zuletzt strikt beibehalten wird.[243] Auch hier wird

---

[242]Diese Konstellation wiederholt sich in der Schlussszene des Films, ist dort jedoch mit ganz anderen Vorzeichen versehen. Ich gehe darauf an späterer Stelle detaillierter ein.

[243]Es gibt eine Szene in der Theatergarderobe, die man als die ‚intimste' zwischen den beiden bezeichnen könnte, insofern nur sie beide anwesend sind. Zwar ist der Raum kein privater Raum in traditionellem Verständnis, aber er ist völlig gegenüber der Umwelt abgeschlossen. Insofern wäre diese Szene geeignet, die heterosexuelle Beziehung voranzubringen. Riccardo möchte Nina in dieser Szene den Verlobungsring, den er für sie gekauft hat, übergeben. Umso interessanter ist die Inszenierung der Szene, in der ein Spiegel das dominierende Artefakt der *mise-en-scène* bildet. Nicht nur ist Riccardo im Clownskostüm, da er direkt vom Auftritt kommt, sondern beide Figuren sind so inszeniert, dass wir Ninas Rückenansicht als Spiegelbild und sie zugleich frontal im Bild sehen, während Riccardo zuerst frontal als Spiegelbild in Erscheinung, dann so ins Bild tritt, dass wir nur seine Rückenansicht sehen, bevor er, direkt an Nina gerichtet, mit Orchesterbegleitung *Frag'* nicht zu singen beginnt. Er steht, leicht über sie gebeugt, sie sitzt auf einem Hocker, sodass die visuelle Signifikanz der Körpergröße nicht betont wird. Nina blickt

die Geschlechterdifferenz als körperliche Differenz produziert und affirmiert, wobei die Inszenierung dieser Art (Liebes-)Beziehung diese nicht anklagt, sondern vielmehr ihre Unlebbarkeit problematisiert, was als politische Positionierung des Films aufgefasst werden kann.

An der Figur der Nina wird im Film weiters durchgespielt, was es bedeutet, wenn aus einer idealen Zuhörerin eine (Ehe-)Frau werden soll. Currid schreibt, dass das Genre des Schlagers Grundlage neuer Formen der Subjektivierung in einer modernen Konsumgesellschaft werden konnte.[244] Denn den Schlager musste man nicht passiv konsumieren, sondern man konnte ihn sich aneignen und seine Identität nach dem Vorbild des Schlagerstars bilden, relativ unabhängig vom eigenen Geschlecht. Genau dieser Prozess findet hier aber nicht statt. Eingangs ist Nina eine moderne, berufstätige Singlefrau, die sich mit Konsumartikeln, auch Schlagern, vergnügt, deren Vergnügen darin liegt, eine imaginäre, höchst affektive Beziehung zu der männlichen Stimme aufzubauen, für die sie schwärmt. Dabei bleibt es. Nina wird nicht selbst zur Produzentin von Schlagermusik, sie entwirft ihr Leben nicht weiterhin (aktiv) in der Resonanz auf den Schlager. Hierin verbreitet der Film eine ganz eindeutige, durchgängige Geschlechterpolitik: Frauen hören den Männergesangsstimmen zu, beim Wäscheabhängen, beim Schallplattenverkaufen, in der Kneipe oder im Theater. Ihre Identität als Frauen bilden sie entweder als schöne zu konsumierende Objekte der Betrachtung oder in Gestalt herkömmlicher naturalisierter Geschlechterrollen. Im gesamten Film hört man kein einziges Mal eine Frau singen.

Der Film führt deshalb eher als negativ belegte Transgression vor, was geschieht, wenn der weibliche Fan seinen Star/Mann, dem die ‚entkörperlichte' Stimme gehört, persönlich kennenlernen will. Sie erlebt eine herbe Enttäuschung, insofern durch die Überschreitung kein unmittelbarer Zugriff auf den Star möglich ist, höchstenfalls erwirbt sich frau die Gunst des ‚Jungens von nebenan', für dessen Rolle Viktor de Kowa aufgrund seines Aussehens prädestiniert war. Dass hier aus der weiblichen Perspektive die Transgression scheitert, indem sie auf den außergewöhnlichen, eindeutig nicht nur individuell unbegehrten, sondern auch soziopolitisch nicht gewollten Körper bezogen ist, bildet einen unheimlichen

---

währenddessen erst einmal Riccardo direkt an, dann wandert ihr Blick in den Spiegel und wieder zurück auf Riccardo. Beide Figuren sind im visuellen Feld verdoppelt bzw. gespalten. Ihre Blicke aufeinander sind nicht durchgängig direkt, jedenfalls der Ninas nicht. Riccardo bringt seine Liebe nicht mit der körperlichen Aktivität des Küssens oder des Liebeswortesprechens, sondern des Liebeswortesingens zum Ausdruck. Die Dissoziation zwischen Körper und Stimme, auf die das Begehren gerichtet ist und zwischen denen es keine Vermittlung gibt, wird hier auf der visuellen Ebene der Divergenz von Selbst-Bild und Figur verschoben und erneuert. Nina kommentiert Riccardos Lied dann auch entsprechend: „Jedes Mal, wenn Sie singen, könnte ich alles um mich herum vergessen." Nach wie vor ist ihr Begehren, wenn überhaupt, dann auf seine Stimme gerichtet, von seinem Körper ist Nina nach wie vor in seiner unmittelbaren Präsenz nicht gebannt bzw. betört.

[244]Vgl. erneut Currid 2000.

3.6 Vor/Spiel I: Die uneigentlichen Beziehungen der Bildakustik ... 365

remainder im Film, der die visuelle Disparatheit von ‚arischer' blonder Schönheit und ‚südländisch' dunklem *freak* auf unangenehme Weise überbetont.

Aufgrund dieser mehrfachen Dissoziation von Körpern, Stimmen, Identifizierung und Begehren ist ein erneuter Blick auf Rigo nötig, der im Film als Riccardos Freund aufgebaut wird, der zugleich sein Konkurrent ist. Wie bereits erwähnt, ist die Figur von Anfang an als komische angelegt. Nicht nur erzeugt Rigo mit seinen Aussagen, seinem Gebaren und seiner Mimik immer wieder komische Augenblicke, auch wird er der Lächerlichkeit preisgegeben, wie in der Szene der Enthüllung von Riccardos ‚wahrer' Identität gegenüber Nina oder auch in der Schlussszene des Films, in der er auf der Bühne demonstrieren muss, dass er nicht singen kann. Zugleich ist er ein mäßig erfolgreicher, keineswegs allzu ambitionierter Künstler, ein Musiker, ein Bohemien, ein Tagträumer. Diese Charakteristik verdichtet sich in der Rolle, die er am Ende des Films spielen und im Theater aufführen wird, nämlich die eines Pagliacci, einer tragik-komischen Figur (s. Abschn. 2.4 und 4.1), die vom Pech verfolgt und vom Publikum ausgebuht wird. Rein visuell betrachtet, ist aber die Figur durch die Besetzung mit Viktor de Kowa zugleich erstens ein schmucker junger Mann, dessen Körper und Gesamterscheinung seine Rolle konterkariert. Als solcher *eye catcher* wird er im Film auch immer wieder dem voyeuristischen Blick preisgegeben. Zudem ist er zweitens als Typus Riccardo beinahe diametral entgegengesetzt. Während dieser nicht groß und etwas gedrungen ist sowie schwarzes Haar hat, verkörpert Rigo den hochgewachsenen, hellen, beinahe schon ‚nordischen' Typ. Mit seinen flapsigen, schnoddrigen Aussagen transportiert er allerdings zugleich auch seine Lebenseinstellung, die ebenfalls Riccardo gegenübergestellt ist, insofern er gar keine Ambitionen besitzt, ein berühmter Star zu werden, der in der Öffentlichkeit auftritt. Dazu fehlt ihm natürlich, wie dies bei Riccardo der Fall ist, die Bedingung des Mangels, den er kompensieren müsste. Er kann es sich im soziopolitischen, aber auch filmästhetischen Sinn ‚leisten', ein Standardnormalo beziehungsweise ein ‚gewöhnlicher Mensch' zu sein. Dafür besitzt er aber auch nicht Riccardos künstlerisches Potenzial und kulturelles Kapital. Rigo stellt in diesem Sinne weder einen typischen männlich-markanten Helden noch einen der realen Welt entrückten Künstlerstar dar. Er ist deshalb auch wesentlich greifbarer als Riccardo. Deshalb bildet er, nicht Riccardo, als netter ‚Junge von Nebenan' das heterosexuelle Pendant zum ‚Mädchen von Nebenan', Nina nämlich. Deshalb lernt Nina in diesem Film, dass es unmöglich ist, eine Starpersona in ihrer Gänze zu ‚bekommen' und mit ihr eine ‚reale' Beziehung zu führen. Lieber soll sie eine ‚normale' heterosexuelle Beziehung mit dem netten, anständigen, durchschnittlichen, dabei ‚genehmen' Jungen von Nebenan führen. Hierin lassen sich ‚Vorboten' beziehungsweise Erfüllungsleistungen bezüglich des gesellschaftlichen Anspruchs an Geschlechteridentität, -differenz und -rollen erkennen (s. Kap. 4).

Dennoch kann ihr Begehren nicht vollständig kanalisiert werden, um eine standardisierte weibliche Identität zu konstituieren, insofern dieses konstitutiv immer auch von Riccardos Stimme abhängt. In dem Maße, wie Riccardos unbegehrter Körper sich unablässig wie ein wiederkehrendes Abjekt in ihre imaginäre Beziehung zu seiner Stimme drängt, ist eine erotische Beziehung für Nina auf

‚realer' Ebene immer durch einen Mangel gekennzeichnet, nämlich die Abwesenheit der betörenden Stimme, an der es wiederum dem körperlich attraktiven Rigo fehlt. Anders formuliert, ist Ninas ‚perverses Begehren', das dem Begehren für eine Stimme entspringt, deren Körper sie de facto nicht begehrt, nicht aufzuheben. Es bleibt der irreduzible Spalt zwischen körperlich und stimmlich Begehrtem, eine Art relationaler Abgrund, der durch einen (immateriellen) Mangel und zugleich durch ein (materielles) Zuviel gekennzeichnet ist. Hierdurch erhält sie aber – wider Willen – den Status eines Art Mediums, an das weitere Körper und Begehren angeschlossen, die durch sie orchestriert werden. Dies ist möglich, weil der relationale Abgrund von Mangel und Zuviel sowie An- und Abwesenheit nicht vorhersehbar ist, da Körper, Stimmen und Begehren prinzipiell voneinander entkoppelt und neu räumlich und zeitlich un/bestimmt re-produziert werden können. Im Wesentlichen tritt diese Anordnung in der Szene zutage, in der sie Riccardo mit Rigo betrügt.

Inhaltlich-narrativ betrachtet, folgt die Szene jener, in der Riccardo Nina nach der Bühnenprobe mit Rigo im Revuetheater zuerst den Verlobungsring präsentierte, sie dann zu einem Ausflug ausführte, bei dem er für sie in der Gondel zum ersten Mal *Frag nicht* singt, um sie anschließend mit in den Biergarten der ‚italienischen' Kneipe zu nehmen.[245] Im Anschluss an diesen Ausflug kommt Riccardo in dieser Szene ziemlich spät nach Hause, da er noch einen Auftritt im Rundfunk hat, zu dem er gleich aufbrechen muss. Rigo und Simoni erwarten ihn bereits müßig auf einem Diwan lümmelnd. Simoni gemahnt Riccardo, er solle sich nicht erkälten, um seine Stimme für den Auftritt zu schonen. Riccardo nimmt es gut gelaunt mit Humor, bezichtigt Simoni, ein „alter Brummbär" zu sein, und präsentiert den beiden Männern seine Idee, Nina zu heiraten. Sie reagieren darauf sehr verhalten, eher bestürzt, was Riccardo in der Eile nicht wahrnimmt. Er verlässt umgehend die Wohnung.

Simoni erhebt sich vom Diwan, links im Bild, geht nach rechts, wo im Bildhintergrund der Durchgang zur Küche zu sehen ist. Rigo hat sich wieder ganz auf dem Diwan ausgestreckt, das Gesicht halb von seiner Clownsmütze bedeckt. Die Kamera schwenkt nach rechts mit Simonis Bewegungen, dann hält sie an, als sich Simoni umdreht, einen Schritt Richtung Diwan zurückmacht, sich vorbeugt und zu Rigo sagt: „Ich werd' ihm jetzt mal was Ordentliches kochen." Rigo antwortet nur

---

[245] Es ist signifikant, dass wir Riccardos und Rigos Probe ihrer Bühnenshow selbst nicht zu sehen bekommen, sondern dieses Vergnügen bis zur letzten Szene aufgeschoben wird. Damit ist aber auch verknüpft, dass Riccardo diese Bühnenshow nicht im Clownskostüm bestreiten wird. Er darf und soll auf gar keinen Fall als Witzfigur in die Öffentlichkeit treten – insbesondere nicht als kleinwüchsiger Startenor, der er ist, mit dem dunklen Teint –, sondern, im dem Augenblick, in dem seine Strategie aufgeht, er öffentlich in seiner Gänze singen darf, soll und muss er der seriöse Künstler sein, wie das Filmpublikum ihn auch als Startenor kennt. Dennoch erscheint er Nina in dieser Szene, da er sich gerade beim Abschminken befindet, im Clownskostüm. Sein Körper wird hiermit, gedoppelt im Spiegel, zwar bedeckt, aber durch das unförmige Kostüm letztlich noch unauthentischer und damit noch unattraktiver gemacht. Sein Körper ist im literalen Sinn für Nina ein Witz, den sie nicht ernstnimmt.

mit einem Brummeln aus dem *off:* „Hm." Simoni begründet sein Vorhaben: „Der Junge hat sicherlich den ganzen Tag nichts Vernünftiges gegessen." Er geht wieder nach rechts Richtung Küche, wo er beinahe den Rest der Szene verbringen wird. Die Kamera folgt ihm kurz mit einem Schwenk, dann hält sie inne und schwenkt zurück in den Raum auf den Diwan mit Rigo, bis dieser ganz im Bild ist. Ganz eindeutig ist hier die Kamera als Instanz anwesend, die das Geschehen rahmt und registriert, dabei aber auch eine Quasi-Autonomie entwickelt, zu entscheiden, auf welche Objekt beziehungsweise Figuren sie den Fokus richtet. Sie erscheint damit als unsichtbare in der Szene anwesende Instanz, die ihre gerichtete Perspektive demonstrativ zur Identifikation für das Filmpublikum anbietet.

In diesem Augenblick klingelt es *off* an der Wohnungstüre. Ich beschreibe diesen relativ bedeutungslosen Ablauf der Szene,[246] um zu demonstrieren, wie wenig Zeit vergeht, bis Nina in der Wohnung auftaucht. Nina muss praktisch bei Riccardos Abgang schon vor der Haustüre gewartet haben. Dass sich Rigo und Simoni im Modus des Komischen darüber streiten, wer von ihnen beiden nun die Türe öffnen geht, soll ihre vermeintliche Überraschung indizieren. Denn wenn Rigo Nina vor der Wohnungstüre aus dem *off* begrüßt, tut er dies sichtlich erstaunt, beinahe schon übertrieben überrascht. Er geleitet sie in das Wohnzimmer, wo sie in einer halbtotalen Einstellung im Profil einander zugewandt stehenbleiben. Ihr kurzer Dialog, den sie nun führen, muss hinten in der Küche für Simoni akustisch deutlich vernehmbar sein – Simoni ist also heimlicher, abwesender Zeuge des sich nun entfaltenden Geschehens, und in dem Maße, wie er nicht einschreitet, sanktioniert er dieses.

Nina blickt Rigo kurz an, dann erklärt sie sich ihm mit gesenktem Blick: „Entschuldigen Sie den Überfall. Ich möchte Riccardo gerne hören, und wir haben kein Radio zu Hause." Sie hebt etwas den Kopf und blickt nach rechts vor an ihm vorbei. Er streckt nun ein wenig die Arme nach ihr aus: „Na, ist sehr vernünftig, dass sie gekommen sind." Dann zeigt er mit seinem rechten Arm nach links in den Raum: „Bitteschön." Beide gehen weiter nach links in den Raum, dies erfolgt durch einen Schnitt, wobei hier links angeschnitten im Bild bereits der Radiokasten zu sehen ist, neben den sie treten und sich halbnah frontal zur Kamera stellen. Darauf folgt eine halbtotale Einstellung, in der wir Simoni sehen, wie er aus dem Durchgang der Küche tritt und nach links späht. Wir werden daher als Filmpublikum Zeug*innen davon, dass Simoni weiß, was hier abläuft. Die nächste Einstellung zeigt wieder Nina und Rigo nahe beieinander, man hört Simoni

---

[246]Gerade unter kinematografischen Aspekten wird die Position der Kamera signifikant, wenn sie erst Simoni begleitet, um dann zu ‚beschließen', dass sie lieber zu Rigo zurückkehrt, um zu zeigen, was er tut. Nicht nur, dass die Kamera hier auf sich aufmerksam macht als eine weitere, im Raum anwesende (blickende) Instanz, sondern sie antizipiert, dass das Geschehen im Wohnzimmer mit Rigo bedeutsamer ist als die Vorgänge um Simoni in der Küche. Ab da postiert sich die Kamera erst einmal, begleitet Rigo dann mit einem Schwenk zur Wohnungstüre, durch die er nach hinten aus dem Bild geht, um Nina zu begrüßen. Beide betreten dann den Raum und gehen nach links, wobei sie die Kamera mit einem Schwenk zurück nach links begleitet, um in die angestammte Position zurückzukehren.

„'Nabend!" aus dem *off* rufen. Nina antwortet ihm ebenfalls mit einem kurzen „'Nabend", dann wendet sie sich dem Apparat zu. Anschließend schneidet die Kamera auf Simoni zurück, der neigt sich nochmals nach links, um besser sehen und hören zu können, dreht sich dann aber auf Zehenspitzen Richtung Küche nach rechts um. Mit Simonis grundlegendem Einverständnis gegenüber dieser betont intim konstruierten Situation zeigt die Kamera den weiteren Verlauf der Szene in halbnahen Einstellungen oder Großaufnahmen der Gesichter der beiden Figuren – und des Apparats.

Rigo legt nun seinen Arm in der halbnahen Einstellung auf den Radiokasten, damit praktisch hinter Ninas Rücken ab und lächelt sie an, während sie sich ihm kokett zuwendet mit den Worten: „Ich möchte gerne mit Ihnen über Riccardo sprechen." Er nimmt den Arm weg und faltet beide Hände vor seinen Körper, sagt zu ihr lächelnd: „Sie sind wirklich ein netter Kerl." Sie reibt sich die Finger, wendet sich von ihm ab und spricht nach links vor aus dem Bild: „Ist das nicht eigentlich schade?" Rigo neigt sich etwas zu ihr mit der Frage: „Was?" Sie wendet sich ihm wieder zu, aber mit gesenktem Blick: „Dass er ... so klein ist." Dann hebt sie den Blick und schaut ihn direkt an, blickt aber gleich wieder nach rechts weg. Rigo schnaubt etwas entrüstet, stemmt die Hände in die Hüften, senkt den Blick, um dann von unten herauf Nina direkt anzuschauen: „Er ist ein wunderbarer Mensch." Sie nickt, sagt leise gehaucht: „Ja." Sie blicken sich tief in die Augen. Dann tritt er näher, legt seinen Arm erneut auf den Kasten hinter ihr ab. Sie wird sichtlich nervös, schaut Richtung Kamera, geht leicht in die Knie, um nach links vor Richtung Apparat auszuweichen. Man sieht nun den Apparat im Detail in einer Frontalansicht: oben die Drehknöpfe für die Sendereinstellung, darunter die Knöpfe zur Regelung (zwei kleine links und rechts, ein großer mittig), darunter ist das REICO-Logo angebracht. Um das Display herum sieht man die Holzverkleidung. Von unten kommt Ninas Hand in Großaufnahme ins Bild, sie dreht einen Knopf. Die Räder der Sendereinstellung oben auf dem Display drehen sich. Man hört plötzlich Riccardos Stimme: „Nie klang mein Herz so, um dir zu zeigen ..." Ninas Hand verschwindet wieder aus dem Bild. In der nächsten Einstellung sieht man Rigo halbnah, frontal, wie er von unten herauf mit einem sehr ernsten, beinahe bedrohlichen Gesichtsausdruck nach links vorn blickt. Sein rechter Arm ist nach links vorn gestreckt, da er auf dem Kasten liegt, den rechten Arm hat er in seine Hüfte gestemmt. Dann sehen wir Nina nah links im Bild mit auf den Kasten gesenkten Blick, der rechts neben ihr noch zu sehen ist. Sie lächelt. Aus dem Apparat/*off* erklingt Riccardos Stimme: „... wie heiß es schlägt." Nina hebt den Blick nach rechts oben, während Riccardos Stimme singt: „Frag' nicht, frag' nicht ..." Dann sehen wir Rigo wie zuvor, während wir Riccardos Stimme *off* singen hören: „Frag' nicht, schau' nur tief in meine Augen." Rigo senkt den Arm, schaut dabei weiterhin nach links vorn (s. Abb. 3.19).

Die nächste, halbnahe Einstellung zeigt das Radio frontal. Man sieht am unteren Bildrand noch die Lautsprecher angeschnitten mittig, darüber das REICO-Logo (s. Abb. 3.20).

Riccardos Stimme klingt aus dem *off:* „Und d ..." Dann sehen wir Nina wie zuvor, sie blickt lächelnd nach rechts vorn, während Riccardos Stimme wieder aus

3.6 Vor/Spiel I: Die uneigentlichen Beziehungen der Bildakustik … 369

Abb. 3.19 *Ein Lied geht um die Welt,* D 1936, Rio Film GmbH, 4. Rolle 30.34

Abb. 3.20 *Ein Lied geht um die Welt,* D 1936, Rio Film GmbH, 4. Rolle 30.36

dem *off* ertönt: „... u wirst alles wissen von m ...!" Nina hebt ihren Blick nach rechts oben. Die nächste Einstellung zeigt Simoni frontal halbnah im Halbschatten vor der Küchenwand sitzen. Er hat den Kopf nach links geneigt und weint. Riccardos Stimme erklingt aus dem *off:* „... ir." Die Kamera schwenkt nach unten, während Riccardos Stimme singt: „Seitdem ich dich gesehen, kann ich der Liebe großes Wunder verstehen." Der Schwenk macht sichtbar, dass Simoni gerade Zwiebeln schält. Sicherlich dient das Unterbrechen des emphatisch-empfindsamen Geschehens zwischen Riccardos Stimme, Ninas Bild und Rigos Bild durch einen komischen Moment der Entlastung. Der relationale ‚Bruch' ist insofern jedoch bedeutsam, als dass er nicht nur nochmals demonstriert, dass Intimität, wie in der Szene mit Riccardo und Nina, stets eine enäußerte Intimität ist, an der immer auch andere konstitutiven Anteil nehmen, insbesondere, wenn es um die Verzauberung durch die Stimme geht. Die Einstellung sagt aber darüber hinaus auch etwas über das Ton-Bildverhältnis aus.

Einmal verdeutlicht sie, dass das Bild durch enthüllendes Zeigen die Quelle der Ursache (hier die Zwiebeln) einer Handlung zeigen kann, wodurch die potenzielle Nicht-Authentizität *jeglicher* Handlung in einer filmischen Konstruktion zutrage tritt. Gleichzeitig zeigt aber dieses vermeintliche Enthüllen der Quelle der Ursache für die Handlung, dass das Bild selbst die Ursache visuell eben schlussendlich nicht darin beglaubigen kann, die eigentliche Quelle zu sein oder *nicht:* Ob Simoni weint, weil hier der ‚innere' Zustand seiner Gefühle zum Ausdruck gelangt, deren Ursache in der Wirkung der Stimme liegt, oder wegen der Zwiebeln, ist schlussendlich nicht einzuholen, auch wenn die Kamera dies behauptet, worauf sie uns deutlich hinweist. Jedenfalls bleibt der Bezug zur Stimme un/bestimmt, wie zugleich die Entkopplung von Ursache und Wirkung, von Gefühlen und Begehren sowie von Figuren und Objekten so deutlich wird, dass auch der Rest der Szene hiervon mit-konstituiert wird.

Dann schwenkt die Kamera wieder nach oben auf Simonis Gesicht. Riccardos Stimme singt derweil aus dem *off:* „Alle Last dieser Welt, alle Sorgen ..." Wir sehen nun wieder Nina, wie zuvor, jetzt aber frontal zur Kamera gerichtet, wobei sie den Kopf geneigt hat und versonnen nach rechts vorne blickt. Riccardos Stimme singt *off:* „... um Geld. Alles Leere, alles Schwere ..." Die Kamera zeigt nun Rigo nah, ebenfalls frontal, wie er begehrlich nach links schaut. Riccardos Stimme erklingt aus dem *off* mit: „... ab von mir fällt, denn meine Sinne wollen immer nur dich. Ja, mein Sein hat nur ..." Rigo hat derweil zu lächeln begonnen. Man sieht dann Nina wie zuvor, sie schaut jetzt versonnen nach links hoch, während Riccardos Stimme erklingt: „... Sinn, wenn ich nahe dir bin ..." Sie lächelt jetzt ebenfalls. Die nächste Einstellung zeigt Simoni wie zuvor in der Küche. Er schaut verzückt lächelnd nach oben rechts, während Riccardos Stimme *off* singt: „... wenn ich weiß, was du fühlst und ich weiß, was du willst ..." Simoni nimmt eine weitere Zwiebel vom Herd, blickt auf seine Hände mit der Zwiebel, schält lächelnd und weinend weiter. Dann sehen wir wieder Nina in einer nahen Einstellung, frontal, wie sie lächelnd nach rechts blickt (s. Abb. 3.21).

Riccardos Stimme erklingt aus dem *off:* „Frag' nicht ..." Rigo tritt im Profil neben sie ins Bild und lächelt sie dabei an, während Riccardos Stimme *off* singt:

3.6 Vor/Spiel I: Die uneigentlichen Beziehungen der Bildakustik ...

Abb. 3.21 *Ein Lied geht um die Welt,* D 1936, Rio Film GmbH, 4. Rolle 34.08

„Frag' nicht, frag' nicht …" Nina lächelt jetzt direkt Rigo an, er blickt zurück. Sie dreht sich von ihm weg, frontal zur Kamera und blickt nach links. Aus dem *off* hören wir Riccardos Stimme: „… schau' nur tief …" In der nächsten Einstellung wird Rigo nah in einer Aufsicht gezeigt, unten links im Bild sieht man noch Ninas Scheitel und ihr angeschnittenes Profil. Derweil singt Riccardos Stimme aus dem *off*: „… in meine Augen. Du wirst alles wissen von mir." Rigo verzieht verzückt das Gesicht. Nina wendet sich ihm ein wenig zu. Dann dreht sich Rigo zu ihr, seine Mimik signalisiert Anerkennung von Riccardos gesanglicher Leistung. Dessen Stimme singt *off*: „Oh, frag' nicht, sag' nicht, dass nicht strahlt aus meinen Augen …" Rigo blickt wieder nach rechts, bei dem Wort „Augen" schaut er Nina direkt an, während wir Riccardos Stimme vernehmen *(off)*: „… die ganze große Sehnsucht …" Die nächste Einstellung zeigt Nina, frontal zur Kamera gedreht, sie steht lächelnd links im Bild und schaut nach rechts zu Rigo, der sich vorn im Bild ihr zugewendet hat. Man hört Riccardos Stimme *off*: „… nach dir." Rigo beugt sich vor, legt seine Stirn auf Ninas Stirn und schließt dabei die Augen. Nina senkt ein wenig den Kopf. Wir sehen nun das Wohnzimmer in einer weiteren Einstellung, Rigo und Nina stehen frontal zur Kamera gerichtet vor dem Radioapparat. Sie hat den Kopf nach rechts geneigt, er schaut sie direkt an, fasst sie mit der Hand unters Kinn und hebt ihren Kopf. Riccardos Stimme singt aus dem *off*: „Nie kann ein Wort so erklären, …" Rigo küsst Nina, während Riccardos Stimme singt: „… was uns bewegt. Nie kann ein Herz so …" Nina löst sich von Rigo, um ihn anzublicken, dann beugt sie sich nach rechts vor. Wir sehen nun das Wohnzimmer in einer weiten Einstellung, wie eingangs, die beiden stehen dort

Abb. 3.22 *Ein Lied geht um die Welt,* D 1936, Rio Film GmbH, 4. Rolle 97.12

halbtotal, die Kamera schwenkt aber sofort nach rechts auf den Durchgang zur Küche. Man hört Riccardos Stimme *off:* „… so zeigen, …", während die Kamera zur Wohnungstüre schwenkt. Riccardos Stimme singt weiter: „… wie heiß es schlägt." Die Kamera schwenkt zeitgleich weiter nach rechts, bis sie anhält und den Sessel neben dem Fenster zeigt. Riccardos Stimme singt derweil *off:* „Frag' nicht, frag' nicht …" Simoni kommt nun in einer nahen Einstellung aus dem Durchgang zur Küche, er geht ein paar Schritte vor, hält dann kurz inne und blickt erstaunt nach rechts. Riccardos Stimme singt *off:* „… schau' nur tief in meine …" Im Wohnzimmer stehen Nina und Rigo in einer halbtotalen Einstellung direkt vor dem Radiokasten. Sie liegen sich jetzt in den Armen und küssen sich innig. Man hört Riccardos Stimme *off* „… Augen …" singen. Simoni steht immer noch beim Küchendurchgang, wendet nun den Kopf nach rechts und stößt dadurch an einem Balken an. Riccardos Stimme erklingt *off:* „… und du wirst alles wissen!" Die nächste Einstellung zeigt die Wohnungstüre nah, die Tür fliegt auf und Riccardo tritt, halbnah, beschwingt ins Wohnzimmer, wobei er lächelnd nach rechts vorn schaut, während seine Stimme singt: „wissen!" Riccardo hält inne, erstarrt, auf seinem Gesicht breitet sich Entsetzen aus (s. Abb. 3.22).

Man sieht Simoni beim Küchendurchgang wie zuvor, er lässt nun resigniert die Schultern sinken und schaut nach links in den Raum. Dann blickt er erschrocken von rechts nach links und wieder zurück. Riccardos Stimme singt derweil *off:* „… von." Simoni bewegt sich, unangenehm berührt, hin und her. Dann sehen wir nochmals Riccardo an der Türe in einer halbnahen untersichtigen Einstellung, er senkt nun den Blick. Gleichzeitig singt seine Stimme *off:* „… mir!" Riccardo schluckt. Die nächste Einstellung zeigt, wie sich Nina und Rigo, halbnah, vor dem

3.6 Vor/Spiel I: Die uneigentlichen Beziehungen der Bildakustik ...

Radiokasten immer noch eng umschlungen küssen. Plötzlich ertönt eine nüchterne Frauenstimme aus dem *off:* „Achtung, Achtung, wir beenden das Schallplattenkonzert von Riccardo! Der Künstler hat im letzten Moment wegen Unpässlichkeit abgesagt." Nina und Rigo haben sich derweil voneinander gelöst. Sie blicken sich zuerst ernst ins Gesicht, dann aneinander mit gesenkten Köpfen vorbei. Nina hat den Blick nach rechts zur Wohnungstüre gewendet, fragt aber erst erstaunt: „Schallplatten?" Dann stützt sie sich auf Rigos Arm ab, um sich nach rechts zu neigen, wohin sie mit erschrockenem Gesichtsausdruck blickt. Rigo hält sie und wendet dann ebenfalls den Kopf nach rechts. Wir sehen anschließend Riccardo in einer halbnahen Einstellung immer noch an der Türe stehen, frontal zur Kamera gewandt, wie er nach links in den Wohnraum blickt. Er ist immer noch vor Schreck erstarrt. Von rechts vorn kommt Rigo ins Bild, stellt sich rechts neben ihn ins Profil. Er neigt sich leicht mit am Körper herunterhängenden Armen zu ihm: „Riccardo ... Ist doch nichts geschehen. Sieh' mal, du hast da gesungen, ..." Rigo hebt einen Arm und deutet ein wenig nach links, spricht dann weiter: „... und es ist wirklich nichts geschehen." Er legt Riccardo versöhnlich beide Arme auf die Schulter. Riccardo würdigt ihn keines Blickes. Von links vorn kommt Simoni dazu und stellt sich von schräg rechts hinten seitlich neben Riccardo, fasst ihn dabei links und rechts an den Armen und neigt sich zu ihm: „Aber Riccardo, was ist denn geschehen? Was stehst du denn da, als ob du umsinken würdest? Na du, na komm' doch zu dir!" Er schüttelt Riccardo ein wenig, dann fasst er ihn mit der Hand unterm Kinn, sodass er dessen Backen zwischen den Fingern quetscht. Anschließend nimmt er beide Arme hoch, während er sich aufrichtet, um zu postulieren: „Es ist wirklich nichts geschehen!" Riccardo blickt ihn kurz an, dann wieder mit leerem Blick vor sich hin. Simoni neigt sich noch einmal zu ihm, wedelt mit der Hand vor ihm herum: „Wir sind doch lauter Menschen, die es gut mit dir meinen, hm?" Rigo neigt sich auf der anderen Seite ebenfalls zu Riccardo und streicht ihm dabei mit der Hand über den Rücken. Riccardo verzieht wie ein trotziges Kind das Gesicht, hebt seine Arme, um beide abzuwimmeln, entwindet sich ihrem Zugriff und rennt durch die Türe zum Flur nach hinten rechts weg aus dem Bild.

Ich schildere diese Szene deshalb in aller Ausführlichkeit, zum einen, weil sie inhaltlich von zentraler Bedeutung ist, insofern es sich um ‚die Liebesszene' in *Ein Lied geht um die Welt* handelt, aber auch um die Szene des Verrats. Zum anderen lässt sich an ihr demonstrieren, auf welche komplexe Weise hier Ton- und Bildebene miteinander verknüpft werden, wobei die Bedeutung der Szene eben nicht vorwiegend über Dialog transportiert wird, wie dies Heins im Anschluss an Rentschler behauptet. Die Szene kommt mit erstaunlich wenig Dialog aus. Darüber hinaus basiert ihr Höhepunkt, nämlich der Kuss zwischen Nina und Rigo in Riccardos Anwesenheit, auf einem fundamentalen Mangel an Medienkompetenz beziehungsweise auf der Spezifik des Mediums Radio.

Nina und Rigo wähnen sich insofern in trauter Zweisamkeit, als Simoni ihnen praktisch durch seinen Rückzug in die Küche ‚grünes Licht' gab, nachdem er gesehen hat, wer zu Besuch kam. Sie wähnen sich deshalb in Sicherheit, weil sie annehmen, dass Riccardo im Funkhaus ist, wo er *live* singt, sprich vor

Ort körperlich präsent ist. Erst in dem Augenblick, in dem Riccardo in der Türe steht und sie beobachtet, stellt sich heraus, dass im Radio, dem Medium für Livemusik, eine Schallplattenaufnahme lief, sich Riccardo also bereits während der Sendung auf dem Heimweg befand. Das Medium Radio ermöglicht und befördert somit die Entkopplung von Stimme und Körper und unterläuft daher die raumzeitlichen Parameter der (physikalischen und sozialen) ‚Realität', der sie in der Regel unterworfen sind, und durch die ‚Präsenz' definiert ist. Dies zelebriert der Film in Gestalt des Bewusstmachens dieser Dissoziation, die auf der visuellen Ebene hier noch zusätzlich bekräftigt und daher gegen die vermeintlichen ‚natürlichen' Gegebenheiten von An- und Abwesenheit, von Nah- und Fernverhältnissen ausgespielt wird. Wenn Riccardo zur Türe hereinkommt, ist er er selbst und nicht er selbst als visuell inszenierter, präsenter Körper, der nicht singt, und als singende Stimme, die nicht visualisiert werden kann. Er ist sich merklich in seiner Identität über eine Disjunktion als in sich differente gegeben: Stimme, Körper und Identität werden hier anhand der Figur paradigmatisch als medial differente Relationalität aufgeführt.

Deutlich wird daher, dass unter den gegebenen medialen Voraussetzungen technischer Reproduzierbarkeit ‚Realität' und ‚Schein' keine stabilen Binarismen mehr bilden, sondern beides aus ein und derselben Quelle (des Ursprungs technischer Gemachtheit) stammt. Das bedeutet jedoch gerade nicht, dass ihr Zusammentreten in neuen Verhältnissen beliebig wäre. Im Gegenteil wird in der Szene ebenfalls eklatant, dass damit Erschütterungen, nicht von ‚Wahrhaftigkeit', gar ‚Wahrheit' oder ‚Verlässlichkeit', sondern von ‚Zugehörigkeit' und ‚Eindeutigkeit' hinsichtlich sozialer (das Herunterspielen von Simoni und Rigo, die Riccardo erneut wie ein Kind behandeln), technischer (Riccardos disparate körperlich-stimmliche Identität, der Apparat als Medium, Substitut, materielle Spur eines Abwesenden), aber eben auch erotischer und sexueller Aspekte verbunden sind (Riccardos Stimme, der Text des Songs, die Bilder von Nina und Rigo, darin ihre Blicke, die Bilder vom Apparat).

Insofern ist auch die vermeintliche Intimität zwischen Nina und Rigo immer schon eine ‚prothetische', eine technisch hergestellte und vermittelte. Die beiden sprechen zwar „über Riccardo", aber Riccardo ist anhaltend zwischen ihnen präsent, ohne körperlich anwesend zu sein, insofern seine Stimme ihre Begegnung dominiert. Es wäre aber nun zu kurz gegriffen, zu behaupten, diese Stimme vermittle nur durch den Text von *Frag nicht* das zwischen den Figuren, was diese sich nicht auszusprechen getrauen. Die Stimme bildet keine Metapher für ein Liebesbekenntnis.

Die Szene ist grundsätzlich in Analogie zu jener im Schallplattengeschäft konstruiert, in der Nina Riccardo seine Platten vorspielte. Nur ist es hier nicht Riccardo, der körperlich präsent ist und für den seine Stimme singt, sondern seine Stimme singt in der Situation einer vermeintlichen Innerlichkeit und Intimität von Nina und Rigo. Jedoch, und hier spitzt sich zu, was in der anderen Szene bereits angelegt ist: Die Stimme ist kein Medium im Sinne des Transports der Gefühle zwischen zwei Figuren (was an Simoni schon auf visueller Ebene vorgeführt wurde). Sie drückt nicht stellvertretend die Gefühle beider Figuren füreinander aus. Die

3.6 Vor/Spiel I: Die uneigentlichen Beziehungen der Bildakustik ...

Stimme ist Quelle, Produzent sowie Zielobjekt von un/bestimmten, potenziell vielen Begehren, deren Adressierungsweisen und Verteilungsströme nicht vollständig zu kanalisieren und zu regulieren sind. Wie die erste Szene ja bereits zeigt, breitet sich die Stimme dort in den Verkaufsraum aus, wo sie auch andere Kund*innen betört. Die Wirkung ihres Begehrens kann ein narzisstisches Begehren sein, wenn Riccardo sich selbst zuhört. Sie kann sich aber auch, wie in der Ausflugsszene, von der Figur der besungenen Frau lösen und auf die Stadt oder sogar auf den Gondoliere beziehen. Sie löst sich auch, phänomenologisch betrachtet, vom Apparat selbst, der ihre Quelle zu sein vorgibt, auf den sie sich aber genauso beziehen kann. Letztlich kann sich ihr Potenzial also endlos ausdehnen und verteilen, kann alles und jede, jeden – wie die verschiedenen Publikumsmengen – erund umfassen, inklusive wiederum den Apparat. Umgekehrt kann sich aber jeder und jede mit dem Begehren dieser Stimme in einen begehrenden Bezug setzen, ohne dass dessen konkretes Objekt vorab determiniert wäre oder von vornherein existierte. In ihrer gleichzeitigen An- und Abwesenheit verbindet und trennt sie die anderen Figuren zugleich: Sie ist selbst Un/bestimmtheit.

Speziell im Hinblick auf die hier anwesenden Figuren bedeutet dies, dass Nina Rigo nicht ohne dieses durch die Stimme erzeugte Begehren küsst, mit dem ihr eigenes Begehren für Riccardos Stimme verschränkt ist. Rigo ist keineswegs ein ‚vollständiger' Ersatz für Riccardo, sondern das konkrete Objekt, der männliche Körper, auf den sich Ninas durch die Stimme getragenes Begehren stützt. Aus einer einfachen Disparatheit von Körper und Stimme entsteht durch das von Riccardos Stimme produzierte un/bestimmte Begehren eine multiple, un/bestimmte Kontaktzone. Ninas ‚perverses Begehren' wird hier also nicht ein- oder aufgelöst, sondern gelangt an ihren radikalen Höhepunkt. Begehrte Stimme und begehrter Körper sind hier beide anwesend und nicht anwesend. Sie sind zum Greifen nahe, aber nicht auf eine Person bezogen, sondern immer über den Abgrund, die Spaltung von Stimme(n) und Körper(n) hin verbunden. Diese Un/Bestimmtheit von Körpern, Stimmen durch Begehren bezieht sich, wie im Film gezeigt, im Grunde auf alle Figuren, auch auf Simoni und Rigo, auch wenn die Verfahren unterschiedlich sind, wie ich anhand von Simoni demonstriert habe.

Um so relevanter ist es, sich die Szene im Hinblick auf Rigo zu vergegenwärtigen, um zu sehen, inwiefern sich die Un/bestimmtheit des Begehrens, durch das Begehren auf ihn verfahrenstechnisch bezieht, um es schlussendlich als un/natürliches zu affirmieren. Rigo ist ja nicht nur Riccardos visueller Antipode. Er ist auch sein Freund, der immer wieder erzählt, dass er mit seinen siebenundzwanzig Jahren Riccardo sechsundzwanzig davon kenne. Es wird somit die Behauptung aufgestellt, die beiden stünden wie Brüder zueinander.

Die Gemeinschaft, in der sie mit Simoni leben, entspricht einer Art zusammengewürfelter, nicht auf Blutsverwandtschaft beruhender, also ‚un-natürlicher' Familie, einer männlichen intimen Gefühlsgemeinschaft sozialer Außenseiter. Alle drei Männerfiguren kennzeichnet, dass sie Künstler und bis dato, mit Ausnahme von Riccardo, nicht besonders erfolgreich sind. Dieser Status ermöglicht ihnen eine von den gängigen Normen bürgerlicher Existenz zumindest teilweise abweichende Lebensart. Daher müssen sie keine ‚typischen' männlichen Helden repräsentieren, wie auch die Regeln heteronormativen Verhaltens gelockert sein können. Dazu kommt, dass bei allen drei Figuren das Verhältnis von Starpersona, Figur und Rolle im Film deutlich ausgestellt und darin forciert ist, dass es inhaltlich thematisiert wird, sodass sie alle in verschiedener, dabei mehrfacher Hinsicht ‚uneigentliche', ‚nicht-authentische' Männlichkeitskonzepte vorstellen.

Simoni ist die Figur, an der die Übertragbarkeit von Geschlechterrollen leichtfüßig durchexerziert wird. Er wird im Film als mütterliche und väterliche versorgende Instanz dargestellt. Der weitgehend aufrechterhaltene Modus des Komischen hinsichtlich dieser Figur fängt dabei, ähnlich wie in *Aus eines Mannes Mädchenzeit,* die geschlechtlichen ‚Übertretungen' immer wieder auf und kanalisiert sie. Zudem besteht Simonis Uneigentlichkeit darin, dass er bezüglich seiner Gesangskarriere in der Mailänder Scala in der Vergangenheit sowohl gegenüber Riccardo und Rigo als auch in der Öffentlichkeit lügt. Beide Varianten der Uneigentlichkeit sind im Film gut reguliert, insofern sie keinerlei *impact* hinsichtlich der Entkopplung/Neukopplung von Stimmen, Körpern und Begehren besitzen, gerade weil sie in ihrer Leichtigkeit selbstverständlich daherkommen. Jedoch macht diese Lüge Simoni zu einer unzuverlässigen Figur, deren Motivation ebenso wenig transparent ist, wie sie von der Kamera nicht vollständig evident gemacht werden kann, wie die Zwiebelszene demonstriert. Daher kann per se alles, was er anspricht, letztlich stets auf etwas anderes bezogen werden, als das Offensichtliche. So rät er beispielsweise in einer Szene Riccardo, der mit ihm auf Rigo nach dessen Rendezvous mit Nina wartet, es sei besser „für unsereins", wenn man allein bliebe. Ob Simoni hier das Soziale im Sinne der Künstlerkarriere meint oder das Sexuelle, bleibt un/bestimmt.

Die Kategorie der Uneigentlichkeit entfaltet sich bezüglich Rigo auf zweierlei Weise. Er behauptet Riccardo gegenüber stets, er sei sein bester Freund und handele zu seinem Besten. Die Szene bei Campinelli, dem Theateragenten, demonstriert jedoch, dass er ihm gegenüber nicht immer aufrichtig ist. Simoni und Rigo bringen Riccardo zu diesem unter dem Vorwand, Campinelli habe für sie einen Bühnenauftritt, inklusive Vertrag. Riccardo singt Campinelli in Anwesenheit von Simoni und Rigo etwas vor, woraufhin dieser in einen Begeisterungsrausch verfällt. Am Ende des Treffens stellt sich für Riccardo heraus, dass er unter falschen Voraussetzungen hergekommen war. Anstatt nämlich, wie er dachte, ein Engagement für die Mailänder Oper zu bekommen, hat Rigo für sie beide ein Engagement als Musikclowns in einer Revueshow mit Namen Scala Varieté an Land gezogen. Riccardo gibt sich in der Szene sportlich und klein bei, unterzeichnet den Vertrag auch mit den Worten, dass es egal sei, wo, dafür umso wichtiger sei, dass er endlich überhaupt auf einer Bühne singen könne. Auch die Beziehung zu Nina, die Rigo hinter Riccardos Rücken vorantreibt, fällt in diese Kategorie. Riccardo verlangt ihm immer wieder den Gefallen ab, sich um Nina zu kümmern, wenn er selbst keine Zeit hat. Rigo instrumentalisiert diese Gelegenheiten jeweils für seine eigenen Zwecke, sowohl karrieretechnisch als auch begehrenstechnisch betrachtet. Auch er stellt eine unzuverlässige Figur dar, deren Motivation nicht eindeutig zum Ausdruck gelangt und von der Kamera nicht vollständig evident gemacht werden kann, wie dies auf Simoni zutrifft. In der Szene mit Nina am Radioapparat wird

3.6 Vor/Spiel I: Die uneigentlichen Beziehungen der Bildakustik ...   377

dies, gerade in Kombination mit dem an Simoni beim Zwiebelschälen durchgeführten Ausstellen der Unmöglichkeit der Kamera, die Gefühlszustände der Figuren beglaubigen zu können, sehr deutlich. Nicht nur wird in dieser Szene die ‚intime' Wahrheit über Nina und Rigo gezeigt, die schlussendlich von Riccardo schmerzlich ‚enthüllt' wird. Nicht nur ist Ninas Begehren irreduzibel gespalten, daher von Körpern und Stimmen entkoppelt sowie un/bestimmt auf andere Objekte übertragbar. Vielmehr trifft diese Spaltung und die damit evozierte Un/bestimmtheit mit Bezug zu Subjekt/Objekt, zum (technischen oder organischen) Körper oder zur (technisch reproduzierten oder die unmittelbaren) Stimme ebenso auf die Figur ‚Rigo' zu. Der Gestus der Enthüllung hinsichtlich einer vermeintlichen (hetero-)sexuellen ‚Wahrheit' in dieser betont intimen Situation bleibt deshalb hinsichtlich der ‚wahrhaftig' gemeinten Objekte und ihrer Beziehungen untereinander die endgültige Wahrheitsbegründung schuldig. Gerade durch das Verfahren der Enttäuschung seitens Riccardos ist Rigo ebenfalls un/bestimmt.

Wenn nun Rigo in der Varieténummer explizit in die Rolle des Musikclowns, sprich des Pagliacci schlüpft, erfährt seine Unaufrichtigkeit gerade im Moment der Transparenz von Figur und Rolle in der diegetischen Welt eine Art Naturalisierung, insofern sein Charakter als Figur der Rolle entspricht, die er spielt: ein Heuchler, einer, der anderen schön nach dem Mund redet, ein Feigling. Er kommt darin praktisch als Figur ‚zu sich selbst'.

Gleichzeitig könnte das Moment der Disparatheit zwischen Figur, Rolle und transparenter erzählter Welt, gedoppelt in der Varietéaufführung sowie im Film, der sie zeigt, nicht größer sein. Da Riccardo aus Enttäuschung weggerannt ist, muss Rigo das Varietéstück alleine aufführen. Es handelt sich dabei um die letzte Szene des Films und um seinen Höhepunkt.

Rigo wird hier so inszeniert, dass das melancholische Element der Figur des Paglicacci betont wird, sprich man deutlich seinen Schmerz und sein Leiden erkennen kann. Zwar erlaubt diese Rolle Rigo, diese Gefühle vor Publikum in der ‚Öffentlichkeit' zum Ausdruck zu bringen. Dabei bleibt jedoch un/bestimmt, sowohl ob Rigo diese nur spielt oder es sich um ‚echte' Gefühle handelt als auch, wie genau diese Gefühle motiviert sind: Leidet er darunter, dass er das Stück alleine aufführen muss, weil er sich dem nicht gewachsen fühlt (soziale, berufliche Motivation), oder leidet am Schmerz des Verlusts eines begehrten Objekts (erotische Motivation)?

Im Wesentlichen besteht das Stück daraus, dass Rigo Musikinstrumente zwar benutzt, ohne sie jedoch ‚wirklich' zu spielen, sprich die hörbare Musik kommt von einem Bühnenorchester. Hier wiederholt sich im Grunde strukturell die Phänomenologie der Dissoziation von immaterieller Stimme und materiellem Körper, hier nun vorgeführt in der Dissoziation von Musik, Instrument und Körper sowie von Bühnen- und Filmbild. Wir sehen das Orchester nie, der Ton ist betont asynchron mit Rigos Bewegungen, er macht sich teilweise ‚selbständig' und dadurch auf sich aufmerksam, indem andere Instrumente erklingen als die, die Rigo gerade in Händen hält. Effekt hiervon ist, dass Rigo gezwungen ist, dem Ton praktisch hinterherzurennen, wobei ihm die Kamera folgt und sich dadurch die filmische Erzählinstanz als übergeordnete bemerkbar macht. Rigo wird hierdurch doppelt als Figur inszeniert, die das Geschehen, gespielt und nicht gespielt, nicht unter Kontrolle hat, auch in dem Sinn, dass Figur, Rolle und erzählte Welt permanent in disparate, relationale Differenz zueinander treten: Rigo ist zugleich, thematisch betrachtet, ‚er selbst' und in medialer Hinsicht buchstäblich mehrfach nicht eins mit sich. Er ist hier eindeutig *out of synch.*

Diese Performanz spitzt sich zu dem Höhepunkt zu, wenn er in diesem Kostüm allein versucht, *Ein Lied geht um die Welt* zu singen. Rigo versucht sich also daran, den Schlager zu imitieren und dabei den körperlich und stimmlich abwesenden Riccardo zu impersonieren, er bildet Riccardos unzureichendes Substitut mit Bezug zur betörenden Stimme. Er macht sich dabei bis zum Äußersten lächerlich, wodurch das für das Bühnenpublikum noch Komische der Szene für das Filmpublikum ins Tragische kippt. Nicht nur demonstriert der Film noch ein letztes Mal, dass de Kowa/Rigo nicht das künstlerische Kapital Schmidts/Riccardos besitzt, sondern auch, dass sich seine Starpersona nicht gemäß des Schlagers konstituiert. Er zeigt sich öffentlich darin, sich etwas zueigen zu machen, was er weder hat (eine betörende Stimme) noch ist (ein begnadeter Sänger), er zeigt sich in der ‚Öffentlichkeit' der Bühne im Gestus der enthüllenden Beichte als Betrüger, als uneigentliche Identität und vor allem als Wesen des Mangels. Die betörende Stimme, das Begehren, das an sie gekoppelt ist, kann eben nicht einfach reproduziert beziehungsweise simuliert werden, hierzu wird das ‚Original' benötigt. In diesem Augenblick ist der Ausdruck ‚wahren Leidens' auf die Spitze getrieben und zugleich in der Un/bestimmtheit hinsichtlich Rigos Motivation verdichtet: Ob er unter mangelnder Gesangskompetenz oder unter Riccardos stimmlicher und körperlicher Abwesenheit leidet, ist nicht eindeutig auszumachen.

In diesem Moment betritt Riccardo in Straßenkleidung vom Seiteneingang her den Theatersaal und beginnt, *Ein Lied geht um die Welt* zu singen. Die Kamera begleitet ihn dabei von einer Position aus dem Saalpublikum heraus mit einem Schwenk nach links in einer halbtotalen Einstellung, wie er zu Rigo auf die Bühne geht. Riccardo kann/darf nun als Riccardo/Schmidt endlich in aller Öffentlichkeit auf der Bühne als ‚er selbst' – nicht im Clownskostüm – auftreten und singen. Zwar ist er nicht in der Mailänder Oper angekommen, aber gerade im Revuetheater, dem Ort des Schein des Scheins, können endlich mediale Starpersona, Figur und Rolle ‚wahrhaftig' eins werden. Rigo fällt in dieser Szene vor ihm auf die Knie, hält sein Gesicht mit beiden Händen und macht eine große, übertriebene Geste Richtung Publikum, mit der er den ‚wahren' Sänger vorstellt. An diesem Ort ultimativer Uneigentlichkeit kommen Rigo und Riccardo vor begeistertem Publikum nun wieder zusammen. In diesem Augenblick restituiert sich Rigos Identität durch den Ausgleich des Mangels durch den anderen, Riccardo nämlich, der nun mit allem anwesend ist, mit begehrenswerter Stimme und nicht-normiertem Körper. Im Kontrast zur ‚intimen' Enthüllungsszene mit Nina, in der die betörende Stimme bis zuletzt immateriell bleibt beziehungsweise lediglich durch den technischen Apparat orchestriert wird, wodurch begehrte Stimme und begehrter Körper aller Beteiligter irreduzibel disparat bleiben, und die ‚Intimität' prothetischer Art ist, können hier auf der Bühne begehrte Stimme und Körper in ein Verhältnis affirmierender Unmittelbarkeit dieser beiden Figuren treten. Nichts muss ‚gespielt'

3.6 Vor/Spiel I: Die uneigentlichen Beziehungen der Bildakustik ...

werden, schon gar nicht Intimität. Hier können Stimmen, Körper und Begehren ihrer allumfassenden Uneigentlichkeit als nicht-natürliche relational different sein. Nina spielt nicht von Ungefähr in dieser Szene nur noch als Zuschauerin im Theatersaal oder hinter der Bühne eine Rolle, die schlussendlich in die konventionelle heterosexuelle Beziehung von Rigo weggeführt wird.

Auf der Bühne erklingt das Lied statt über der filmischen Postkartenansicht der italienischen Stadt Venedig nun endlich ‚tatsächlich' zum ersten Mal im Film „in der ganzen Welt", hier in Gestalt einer Bühnenrequisite, einer Drehscheibe, auf der vier Kontinente metaphorisch dargestellt sind, verdichtet vertreten durch extrem klischeehafte, ausgrenzende Bilder: Eiffelturm, Akropolis und Kölner Dom stehen für ‚Europa'; ein Elefant, ein Tempel und ein Buddha-Abbild repräsentieren ‚Asien'; ein ‚Indianer' vor einem Wallstreet-Wolkenkratzer und ein schickes tanzendes weißes Paar sollen ‚Amerika' darstellen; eine Pyramide, eine Giraffe und die Sphinx in der Wüste stehen für ‚Afrika' metaphorisch. Nach Rigos Kniefall vor Riccardo beenden die beiden ihre Nummer gemeinsam wie geplant. Kinematografisch betrachtet wird zwar der Illusionseffekt der Drehscheibe gezeigt und als solcher ausgestellt, um aber teilweise bewusst aufrechterhalten zu werden, damit deutlich wird, dass es sich nicht nur um ein Bühnengeschehen handelt, sondern die ‚ganze Welt' buchstäblich eine Bühne, sprich medial hergestellte Konstruktion ist. Beide stehen im Profil in einer amerikanischen Einstellung auf der Drehscheibe, wobei Rigo Riccardo folgt. Da ihre Füße nicht zu sehen sind, wird durch die Drehscheibe der Effekt erzeugt, als schritten sie tatsächlich in einer Landschaft nach links voran. Als Filmzuschauer*innen sehen wir jedoch genau, dass es sich um eine Requisite handelt.

Insofern macht der Film einmal mehr deutlich, dass es nicht darum geht, eine Revue abzubilden. Vielmehr wird mit der Revue als filmischem Element erneut gezeigt, dass der Film sich in einer modernen Konsum- und Warengesellschaft als das Produkt mit den besseren Schauwerten ‚verkaufen' kann, wobei der Wert des Scheins über Milieu und soziale Realität als Referenz dominiert. Gerade die letzte Einstellung verdeutlicht dies. Wenn Riccardo auf der Bühne direkt vor dem bereits geschlossenen Vorhang steht, noch einmal *Ein Lied geht um die Welt* singt und dabei lächelnd direkt in die Kamera blickt, singt er nicht (nur) für das Revuetheaterpublikum, sondern in erster Linie für die Filmzuschauer*innen. Auch wenn in den kommenden Jahren die Grundschwierigkeit dieser Filme sein wird, im politischen Sinne programmatisch zur Abschirmung gegenüber der sozialen Realität instrumentalisiert zu werden, kann und muss in diesem Film das Vergnügen an der Uneigentlichkeit, an der Nicht-Authentizität und an der Kontaktzone von nicht-natürlichen Körpern, Stimmen und Begehren triumphieren. Im Bereich des deutlich als solches ausgestellten Scheinhaften, also gerade unter den Vorzeichen eines Nicht-Authentischen, kann sich Riccardo/Schmidt in einer Öffentlichkeit zeigen, wo es Schmidt als Starpersona jüdischer Abstammung im Realen bereits nicht mehr möglich war. Dort können aber auch die medial konstituierten, disjunkten Körper, Stimmen und Begehren in neue Verknüpfungen zueinander treten, deren Konstellation auf der Bühne nicht als Unmittelbarkeit, sondern vielmehr als ‚wahrhaftige' Anordnung gegenüber den irreduziblen Rissen zwischen ‚echtem'

Körper und ‚natürlichem' Begehren (in der Konstellation mit Nina) gefeiert wird. Das Insistieren auf dem Uneigentlichen, gerade dann, wenn sich das Gesehen- und Gehörtwerden eines Individuums in seiner Gesamtheit geradezu unverschämt aufdrängt, kann man sowohl als Vorlage für eine spätere Instrumentalisierung im Sinne einer Ästhetisierung des Realen verstehen. Man kann es aber auch als imaginäres Insistieren auf einem Realen, das in der Anerkennung von Differenzen besteht, seien es, wie hier ethnische, religiöse Herkunft oder eben körperliche Alterität beziehungsweise sexuelle Abweichungen, und welches merklich different ist von einem Realen, in dem diese künftig gesellschaftlich nicht mehr akzeptabel waren und nicht mehr toleriert, sondern zu Unlebbarkeiten wurden.

Kapitel 4
Nationalsozialismus/Deutschland – Film und Kino, Geschlecht und Sexualität

Eine Geschichte von Film und Kino in der Zeit des Nationalsozialismus muss von der Warte eines epistemologischen Bruchs aus geschrieben werden. Dies ist notwendig, da die Kernidee der ewig währenden, harmonisierten Volksgemeinschaft alle unternommenen Regierungstechniken der Nazis legitimierte, um den *body politic* so neu zu ordnen, dass ein radikal Anderes korrelativ erzeugt (Konzentrationslager) wurde, worin schlussendlich alles Abweichende, alle ‚Nicht-Genehmen' radikal ausgeschlossen (Vernichtung) wurde(n).[1] Auch wenn die Nazis 1933 den gewollten radikalen Bruch mit der Vergangenheit nie vollumfänglich vollzogen, um ad hoc das darauf gegründete ewige Ideal der völkischen Gemeinschaft zu installieren, ist der *impact* ihrer Regierungstechniken auf alle Gesellschaftsbereiche doch zu stark, als dass die Darstellung auch nur ansatzweise das Bild einer soziopolitischen und -kulturellen Kontinuität erzeugen und damit affirmieren sollte.[2] Deshalb ist die Darstellung soziopolitischer Faktoren relevant, die Kinodispositiv und Medium Film bedingten.

---

[1] Vgl. hierzu Kershaw 1985, 1995. Vgl. zur Sichtbarmachung, Ausgrenzung und Verfolgung von Sinti und Romani Milton 1995, 2001, Müller-Hill 1988, Riechert 1995, Rose/Bamberger/Reuter (Hg.) 1995 sowie Willems 1997. Für das annektierte Österreich vgl. Steinmetz 1966 sowie Thurner 1983. Vgl. zu Rassismus und Verfolgung von deutschen und nicht-deutschen *blacks* im NS Lusane 2002 sowie Campt 2004. Vgl. zum Unterschied in Verfolgungslegitimation und -ausführung von Juden und Jüdinnen und Schwulen Heinemann 2005, S. 22–66, Grau 1995 sowie Giles 2005a, bes. S. 259.

[2] Der Idee nach sollte es sich dabei um eine klassenlose Gesellschaft handeln. Jedoch sollten nicht alle Gesellschaftsindividuen gleiche Rechte und gleichen Status genießen. Jede*r sollte seinen individuellen Anlagen gemäß, die sozial zu fördern und fordern waren, einen bestimmten Platz in dieser Ordnung zugewiesen bekommen. Das Regime setzte dazu auf das Leistungsprinzip. Sofern man sich selbst damit identifizierte, im Dienste und Geiste des Regimes das Ideal zu erfüllen, konnte man jenseits von biologischer und sozialer Herkunft einen Platz in dieser Meritokratie erwerben. Vgl. hierzu auch Siegel 1989. Anhand der nationalsozialistischen Führungselite demonstriert dies d'Almeida 2008, 2011 sowie Werner 2013, bes. S. 49 ff.

Die Notwendigkeit zur radikalen Veränderung der Gesellschaftsform, die die eigene Position und das Handlungsschema im Verhältnis zu einem entwerteten Jetztzustand legitimierte, implizierte, dass das Ideal völkischer Gemeinschaft noch nicht existierte. Der ‚defizitäre' Jetztzustand musste sich folglich formal ändern. Hierzu hatte sich die suspendierte Gegenwart in eine mythisch-ursprüngliche Vergangenheit und eine ideal eingelöste Zukunft aufzuspalten. Das Vergangene war als noch immer uneingelöstes Potenzial im Zukünftigen bereits eingeschrieben, wie dieses das Ursprüngliche immer schon imprägniert hatte. Problematisch an dieser epistemo-ontologischen Raumzeitkonfiguration eines in sich gespaltenen Jetztzustands war, dass sich deshalb die Einlösung ins Unbestimmte verschob. Das Ideal musste daher permanent performativ hergestellt und abgesichert werden.[3] Zudem konnte auf Basis dieses Raumzeitschemas kein konkretes, sondern lediglich ein unbestimmtes Bild dieser idealisierten Volksgemeinschaft entstehen, da ansonsten die Korrektur des defizitären Jetztzustands nicht zu legitimieren gewesen wäre.

Dieses chiliastische epistemo-ontologische Schema beeinflusste die politische Praxis maßgeblich. Die Verhältnisse ‚des Menschen' zum Gewordenen von Ökonomie, Rationalität und Technik musste gemäß dieses neuen Raumzeitschemas recodiert und -formuliert werden. Zugleich musste der *body politic* durch die mittels Anreizung, Belohnung und Lenkung sowie Bedrohung, Terror und Auslöschung ausgeführten Regierungstechniken neu geordnet werden, indem er mittels radikaler Abgrenzung nach außen hin im Inneren streng gegliedert wurde. Dies erfolgte in Form einer ‚Korrektur' aller Aspekte, die nicht in sich negativ, sondern auf Basis ‚falscher' Prinzipien fehlgeleitet, sprich ‚verzerrt', ‚entfremdet' und ‚entartet' (geworden) waren. Die Ökonomie, sprich der Kapitalismus war aufgrund ‚fremder', meist ‚jüdischer' Einflüsse völlig entfesselt und außer Kontrolle geraten. In Verknüpfung mit der Technik schlug sich dies in ‚falscher' Rationalität, nämlich ‚seelenloser' Massenproduktion nieder. Deren Produkte waren zudem ‚fälschlicherweise' mit emotionalen Werten ausgestattet und dadurch zum Schein beziehungsweise Fetisch geworden. All diese Aspekte waren nun entsprechend des chiliastischen Schemas durch Rückgriff auf einen imaginierten mythischen völkischen Ursprung, der die Blaupause für das ewige Ideal bildete, zu korrigieren. Dies musste erfolgen, indem Erzeugnisse von Kunst und Kultur das neue Ideal

---

Das Leistungsprinzip, so Werner, war männlich codiert und objektivierte die männlichen Hierarchien. Frauen und ihr Engagement waren aufgrund des asymmetrischen Geschlechterverhältnisses generell weniger wert. Sozialer Aufstieg über Klassen- und vor allem auch Geschlechterschranken hinweg war de facto begrenzt. Die damit verbundenen Gratifikationen wurden großteils durch Ausgrenzung, auch durch Beraubung der ‚jüdischen Bevölkerung' betrieben. Vgl. hierzu auch Baranowski 2004. Mit Bezug zum Kunstraub Petropoulos 1996.

[3]Zum Raumzeitschema vgl. zeitgenössisch Evola 1936 sowie Dvorak 1938. Dvorak schrieb über das Wesen des Rundfunks, er stünde im totalen Einklang mit dem politischen Willen des Regimes, da er in Echtzeit reale Ereignisse übertragen und so eine Erlebnisgemeinschaft produzieren konnte. Vgl. weiterführend Dvorak 1940.

nicht nur ausdrückten, sondern als im Hier und Jetzt erfülltes vergegenwärtigten, um es für die Bevölkerung vor allem anschaulich, sprich sinnlich-ästhetisch, dabei emotional erlebbar zu machen.

Walter Benjamin prägte für diese Prozesse die begriffliche Synekdoche der „Ästhetisierung des Politischen" bereits 1936 in seinem *Kunstwerk*-Aufsatz.[4] In der ökonomischen und kulturellen Rationalisierung der technischen Reproduzierbarkeit als Massenproduktion, so Benjamins Argument, drückte sich die moderne *conditio humana* aus, deren historisch-dialektisches Konstitutionsverhältnis es kritisch zu reflektieren galt. Referenzgröße war ihm der Erste Weltkrieg, in dem dieses Verhältnis aus dem Gleichgewicht geraten war, worin sich der Missstand mangelnder Reflexion entbarg. Die Reflexion des wechselseitigen Konstitutionsverhältnisses von Technik und Rationalität sollte daher fundamental für die soziopolitische Gestaltung einer Gesellschaft in dem Maße sein, wie die (rationale) Partizipation aller Staatsbürger*innen am politischen Prozess durch adäquate politische Repräsentation gewährleistet wurde. In *Theorien des Faschismus* definierte Benjamin bereits 1930[5] den Faschismus als Gesellschaftsform gerade durch vollständige Abwesenheit dieser kritischen Selbstreflexion.

Andrew Hewitt argumentiert in Fortführung der Benjamin'schen These, in der Politik der Nazis sei die ‚wahrhaftige' politische Repräsentation der Bevölkerung suspendiert und durch eine Logik der Repräsentation in Gestalt der Metaphysik der Präsenz ersetzt worden. Auf diese Weise musste diese unaufhörlich am Gemeinschaftserlebnis ‚Volk' in einer Zuschauer*innenposition partizipieren.[6] Sie hatte nur noch ständig sich selbst als vom und für das Volk existierende affektiv zu vergegenwärtigen. Im Zuge dessen löste sich die epistemologische Differenz von ‚Realität' und ‚Schein' auf.[7] Deshalb konnte die konstitutive Hervorbringung von ‚Realität' als durch Technik und Rationalität erzeugte sowie (politische) Repräsentation als soziokulturelle Form dieser Rationalität nicht kritisch reflektiert werden.

Durch das ständige Vergegenwärtigen einer idealen Zukünftigkeit in Form des rekursiven Raumzeitschemas steigerte sich die ästhetische Durch- und Umarbeitung bezüglich der rechtlichen, ökonomischen und politischen Existenz ‚genehmer' Individuen ins Allumfassende. Parallel stiegen hierzu korrelativ Repression und Terror hinsichtlich der rechtlichen, ökonomischen und kulturellen Existenz ‚unerwünschter' Individuen ins Unermessliche.

Zugleich konnte es jedoch gerade aufgrund des raumzeitlichen Modus des „Noch-Nicht", der keine konkrete Veranschaulichung zuließ, keine einheitlichen

---

[4]Vgl. erneut Benjamin 1977.
[5]Vgl. erneut Benjamin 1980. Weiterführend hierzu vgl. Stollmann/Smith 1978, Dröge/Müller 1995, Koepnick 1999, NGBK (Hg.) 1987 sowie Hillach 1978. Speziell zur Filmästhetik vgl. Rother 2007 sowie Schütz 2002b, S. 221–238.
[6]Vgl. erneut Hewitt 1993. Er arbeitet darin die epistemologische und ästhetische Nähe, aber auch die eindeutigen Unterschiede zu den historischen Avantgarden heraus.
[7]Vgl. hierzu Schäfer 1997.

ästhetischen Merkmale, keinen kohärenten Stil, auch keine konkreten Stoffe oder Inhalte geben, die sich als wesentlich ‚nationalsozialistisch' bezeichnen ließen.[8] Charakteristisch für diese ‚Ästhetik des Politischen' sind daher die Figur des eklektizistischen Pastiches, die Um- und Recodierung sowie die Reauratisierung von Bestehendem. Altes wurde retroaktiv mythisch verbrämt und mit antizipatorisch reauratisiertem Aktuellem verknüpft. Im Evidentmachen sollte die Ganzheit heterogener Teile als bereits harmonisierte ganz ‚natürlich' aufscheinen.

Deshalb wurden strategisch in unterschiedlichen kulturellen und künstlerischen Bereichen, je nach Verwendungszweck, avantgardistische und neusachliche Verfahren mit aus der griechischen und römischen Antike entlehnten Darstellungspraktiken kombiniert. Die Techniken wurden jeweils situativ und auf den jeweiligen Anwendungsfall bezogen diskursiv rekontextualisiert und recodiert, wie beispielsweise die Produkte und Architektur des Bauhauses und des Werkbunds, die nicht der ‚offiziellen' neuen ‚Wirklichkeitsauffassung' entsprachen und dennoch nach wie vor hergestellt und vertrieben wurden.[9] Architektur, Waren und Kunstwerke wurden nicht nur gestalterischen Umarbeitungen unterzogen, sondern auch semantisch im Sinne des neuen Ideals legitimiert.[10] Aufgrund des abwesenden ontologischen Wesenskerns des völkischen Ideals, so Dieter Bartetzko in Bezug auf die staatliche Architektur des NS, wurden kulturelle und künstlerische Artefakte dazu verwendet, ‚Stimmung' und ‚Atmosphäre' zum Ausdruck zu bringen, welche unbestimmt auf Werte wie beispielsweise Ehre, Heroentum, Todesmut oder Ewigkeit verwiesen.[11]

Insbesondere technischen Medien wie Radio, Rundfunk, Fotografie und Film kam dabei ein besonderer Status zu, sie bildeten einen starken Medienverbund.[12]

---

[8]Vgl. hierzu Steinweis 1995.
[9]Vgl. Betts 2004.
[10]Vgl. hierzu erneut NGBK (Hg.) 1987 sowie Frietsch 2009. Zur politisch motivierten Reästhetisierung von Alltagsgegenständen vgl. erneut Betts 2004.
[11]Vgl. Bartetzko 2012, bes. S. 133 ff. Mit Bezug zur Kulturpolitik und speziell zur bildenden Kunst vgl. Haug 1987, bes. S. 82 f. Für die Kunstpolitik einschlägig Brenner 1963, Cuomo (Hg.) 1995, Huener/Nicosia (Hg.) 2006, Taylor/Will (Hg.) 1990, Etlin (Hg.) 2002, Labanyi 1989, Blume/Scholz (Hg.) 1999, Masset 2009 sowie Petropoulos 2000. Zur Funktion der bildenden Kunst hinsichtlich der Produktion eines künftigen ‚arischen' Geschlechterideals vgl. Schrödl 2009. Zur Kunstpolitik bezüglich der Kunst jüdischer Künstler*innen vgl. Mickenberg u. a. (Hg.) 2003. Zum jüdischen Kulturleben allgemein vgl. Dahm 1988. Vgl. zur künstlerischen Fotografie Sachsse 2003. Zur Bedeutung der Geschlechterdifferenz im konstitutiven Wechselverhältnis von Skulptur und Fotografie vgl. Wenk 1991 sowie Frietsch 2008.
[12]Zum Medienverbund in zeitgenössischer Perspektive vgl. Traub 1933. Das Medium Radio wiederum funktionierte unter anderem deshalb sehr gut, weil der Rundfunk in Deutschland mit seiner bestehenden Gesamtstruktur leichter unter staatliche Kontrolle zu bringen war als Pressewesen und Filmindustrie. Vgl. zur Presse Schäfer 1984. Zum Rundfunk vgl. erneut Reichel 1991 sowie Wulf 1966. Weiterführend vgl. Drechsler 1988, Schütz 1995, Bergmeier/Lotz 1997, Birdsall 2012, Koch 2006a, b, Hickethier 2009, Schmölders 1997 sowie erneut Marßolek/Saldern (Hg.) 1998 und Currid 2006. In Genderperspektive vgl. Lacey 1996. Zur Rundfunkpolitik in

Jedoch waren Kino und Film in den Augen der Nazis zwar ein wichtiger, im kulturellen Verbund mit Architektur, Werbung, Design, Kunst sowie Ritualen im ‚öffentlichen' Raum nur *ein* weiterer Produzent dieses Ideals.[13] In diesem Sinne muss man hinsichtlich des Films konstatieren, dass jeder einzelne Vertreter des Kinos als Teil dieses ästhetisch-kulturellen Verbundes stets potenziell über sich hinaus- und auf das zu vergegenwärtigende ideale Ganze verwies. Das Charakteristische der Kinematografie, ein besonders ‚lebensechtes' Bild zu erzeugen, kam dabei der nationalsozialistischen Absicht, ein ‚wahrhaftiges' Bild der ‚neuen' Realität zu produzieren, optimal entgegen. Ich komme darauf zurück.

Die juristisch legitimierten Regierungsmaßnahmen sollten dabei das Kinodispositiv im Geiste der völkischen Gemeinschaft verändern. An der Anzahl der im zwölfjährigen Zeitraum der Nazi-Herrschaft erlassenen und durchgeführten Verordnungen zum Kinodispositiv und zum Film lässt sich darin zweifellos eine Grundintention erkennen.[14] Die institutionellen, juristischen, ökonomischen und technischen Bedingungen von Kinoapparat und Medium Film waren in ihrer materiell-semiotischen Diskursivität aber behäbig, daher nicht ad hoc umwälzbar. Das schließt nicht aus, dass in der Filmindustrie nicht schon vor 1933 Haltungen und Tendenzen existierten, die im Hinblick auf die Ziele und Maßnahmen der Nazis sehr durchlässig waren.[15] Zunächst kurzzeitig systematisch-strategisch betrieben, mussten die ergriffenen Maßnahmen allerdings immer wieder situativ und spontan korrigiert und angepasst werden. Selbst bis zur Vollverstaatlichung der Filmindustrie im Jahr 1942 machten die Lenkungs- und Modifikationsversuche Kino und Film nicht zum total kontrollierten Kinoapparat beziehungsweise völlig vereinheitlichten Medium. Dennoch veränderten die ergriffenen Maßnahmen wie Regularien und Verordnungen massiv insbesondere die konkreten Existenzen all der in der Filmbranche tätigen Personengruppen. Sie veränderten auch jeden einzelnen Vertreter der Ware ‚Film', wie sie das konkrete Kinoerlebnis einschneidend modifizierten.

Bereits im Jahr der Machtübernahme 1933 erließen die Nazis entscheidende Gesetze und Verordnungen. Eine der ersten Maßnahmen bestand in der Änderung der Kontingentbestimmungen vom 28. Juni 1933, in deren Rahmen alle importierten und in Deutschland produzierten Filme einer Unbedenklichkeitsprüfung unterzogen wurden. Diese, in der Weimarer Republik zum ‚Schutz' deutschen Kulturguts ins Leben gerufene Bestimmung wurde nun biologistisch

---

den späten Kriegsjahren vgl. Klingler 1983. Zu den Schwierigkeiten bezüglich der Kontrolle des Mediums vgl. erneut Bergmeier/Lotz 1997, Schäfer 1991, Schütz 1995b, Zimmermann 2006 sowie Reuband 2001. Speziell zum Fernsehen im NS Prümm 2002, Winkler 1994 sowie Hoff 1990.

[13]Vgl. hierzu Reichel 1991, bes. S. 208 ff. sowie Vondung 1971.

[14]Vgl. hierzu erneut Stahr 2001 sowie Dahm 1995. Dagegen die These von der totalisierten Herrschaftspraxis in Hermann/Nassen (Hg.) 1993.

[15]Vgl. hierzu erneut Maiwald 1983 sowie Spiker 1975.

erweitert, insofern zu den Bewilligungskriterien einer deutschen Produktion zählte, dass alle Mitwirkenden nicht nur die nationale Zugehörigkeit, sondern auch die deutsche Abstammung nachweisen mussten. Damit konnten alle im biologischen Sinne ‚Nicht-Deutschen' aus der Filmbranche entfernt werden. Martin Loiperdinger bezeichnet diese Verordnungsveränderung als eines der ersten anti-jüdischen Gesetze.[16]

Verknüpft wurde diese Ausschlussstrategie mit einer ‚Belohnungsstrategie', insofern parallel das bestehende Prädikatsystem erweitert wurde. Neu vergebene Prädikate[17] wie „staatspolitisch und künstlerisch wertvoll" und „Film der Nation" senkten nicht nur Steuern und verbesserten den Ruf von Produktionsfirmen und Kinobetreiber*innen, sondern sie signalisierten zugleich, dass deren Gesinnung und die sich im Film ausdrückende mit der des Regimes harmonisierte.[18]

---

[16]Vgl. Loiperdinger 2004. Diese Maßnahme führte zusammen mit den ersten Entlassungen bereits ein Jahr zuvor zu einer massenhaften Abwanderung jüdischer Regisseur*innen, Schauspieler*innen und Produzent*innen. Vgl. hierzu Smedley 2011 sowie Weniger 2011. Für den Kulturbereich und die Künste vgl. Heilbut 1983 sowie Barron/Eckmann (Hg.) 1997. Jan P. Johannsen versucht dagegen zu argumentieren, dass das am 7. April von der neuen nationalsozialistischen Regierung verabschiedete, erstmals im Bereich des öffentlichen Dienstes umgesetzte, rassisch begründete „Gesetz zur Wiederherstellung des Berufsbeamtentums vom 7. April 1933", das nicht-arische Personen aus dem Beruf ausschloss, keinen Eingang in die Statuten und Durchführungsverordnungen der Reichsfilm- sowie der Reichskulturkammer gefunden habe. Das war auch nicht nötig. Denn der Ausschluss aus der Filmkammer erfolgte laut Gesetzestext nach Maßgabe mangelnder Eignung und Zuverlässigkeit. Insofern wurde der Ausschluss nicht explizit ‚rassisch' begründet. Vgl. Johannsen 2009, bes. S. 74.

[17]Vgl. zum Prädikatsystem im NS Kanzog 1994.

[18]Die Maßnahmen kamen insbesondere den wenigen verbliebenen, vertikal integrierten Produktionsfirmen zugute, wozu die Durchführungsverordnung vom 1. November 1933 des Reichsfilmkammergesetzes zählt. Darin wurden Neugründungen oder Wiederinbetriebnahmen von Kinotheatern auf der schwammigen Basis „mangelnder wirtschaftlicher Grundlage" oder „Unzuverlässigkeit des Bewerbers" untersagt, was zu einer Regulierung des Lichtspielparks führte. Dazu zählt ebenso der am 7. August erlassene „Beschluss betreffs des Zweischlagerprogramm[s] vom 7.8.1933". Dieser wirtschaftlich begründete Beschluss traf die Kinobetreiber*innen existenziell und sollte sehr lange Auswertungszeiten mehrerer Filme in einem Kino unterbinden sowie dessen Durchlauf an neuen Produktionen erhöhen. Auch dies Maßnahme kam, wenn auch indirekt, nur den Filmproduktionsfirmen zugute. Es handelte sich jedoch um kein Vollverbot wie Spiker 1975, bes. S. 125 f. schreibt. Auch Corinna Müller verweist darauf, dass sich bereits 1932 das Begleitprogramm aus Kulturfilm und Wochenschau eingebürgert hatte. Insofern handelte es sich weder beim Programmablauf noch bei den -elementen um etwas radikal Neues. Der Unterschied bestand jedoch darin, dass dies ab 1933 staatlicherseits verordnet wurde. Vgl. Müller 2009, bes. S. 49. In den folgenden drei Jahren setzte sich daher die ab 1932 durch Weltwirtschaftskrise und Umstellung auf Tonfilm bereits beschleunigte Zentralisierung und Verdichtung der Tonfilmbranche fort, ohne dass das Regime direkt eingriff. Eine eigenständige Vertriebsebene hörte 1937 praktisch zu existieren auf. Vgl. hierzu erneut Spiker 1975, bes. S. 58 ff. Allgemein zur Frage, inwieweit das Regime die Filmbranche unter totale Kontrolle bringen wollte oder nicht, vgl. erneut Spiker 1975, bes. S. 130 ff., sowie Phillips 1971. Ab 1938 kam es vermehrt zu Übergriffen und Boykotten jüdischer Kinobetreiber*innen, die ihre Geschäfte aufgaben. Vgl. hierzu erneut Kleinhans 2003, bes. S. 61 ff. Zum endgültigen Verbot des Zweischlagerprogramms 1935 vgl. erneut Koch 2006a.

Mit Einberufung der Reichsfilmkammer, die mit dem Reichskulturkammergesetz vom 22. September 1933 in die aus sieben Kammern bestehende, ständisch organisierte Reichskulturkammer eingegliedert wurde,[19] konnten auch alle in der Filmbranche Tätigen erfasst werden. Diese Maßnahme wirkte sich negativ auf die Existenz aller Filmschaffenden aus, insofern Mitgliedschaft de jure zwar optional blieb, Nichtmitgliedschaft de facto aber zum Berufsverbot führte. Das zugrunde gelegte Kriterium der ‚Zuverlässigkeit' wurde dabei immer häufiger rassisch-biologistisch ausgelegt.[20]

Im Februar 1934 wurde darüber hinaus in das Lichtspielgesetz von 1920 das Wort „nationalsozialistisch" hinsichtlich eventuell zu verletzender Empfindungen bei der Rezeption eingefügt. War die Wirkungs- und Geschmackszensur in der Weimarer Republik noch eine Nachzensur gewesen, wurde sie nun zur Vorzensur. Mit dem Argument, im Nachhinein kostspielige Änderungen zu verhindern, sollten nun alle Filme[21] dem Reichsfilmdramaturgen zur Prüfung vorgelegt werden.[22] Die ineffiziente Prüfpraxis, die er in Kooperation mit der einzig verbliebenen Prüfstelle in Berlin vollzog, führte schlussendlich dazu, dass die Prüfstelle ihren Einfluss gänzlich verlor und der Reichsfilmdramaturg ohne rechtliche Grundlage in die Filmproduktionen eingreifen konnte.

Eine weitere zugleich fördernde und hemmende Maßnahme war die mit dem Posten des Reichsfilmdramaturgen einhergehende Einrichtung der Filmkreditbank, die den Filmfirmen mittelbar Darlehen zur Verfügung stellte. In willkürlich getroffener Absprache mit dem Reichsfilmdramaturgen wurden diese Darlehen bewilligt, sodass dadurch indirekt ‚missliebigen' Filmprojekten die Realisierung verweigert werden konnte.[23]

Trotz dieser Maßnahmen geriet die Filmbranche 1937 in eine wirtschaftliche Krise. Auch wenn die Transaktionen Erich Winklers, des Treuhänders der Cautio-Gesellschaft und späteren „Reichsfilmbeauftragten", als Versuch interpretiert werden können, den Industriezweig rentabel zu machen, ohne ihn vollständig staatlich zu kontrollieren und zu lenken, begünstigten seine Handlungen die Tendenzen zur Vollverstaatlichung, die sich 1942 mit der Erschaffung des vom „Reichsfilmintendanten" geleiteten Ufi-Konzerns weitgehend einlösten.[24] Die ökonomische Schieflage der Filmindustrie war aber strukturell bedingt und ließ sich

---

[19]Zur Reichsfilmkammer vgl. erneut Spiker 1975, bes. S. 104 ff. sowie Rentschler 1996a.
[20]Vgl. hierzu Stargardt 1998.
[21]Vgl. zur unübersichtlichen Zensurpraxis sowie zum Verbot von Filmen Maiwald 1983, bes. S. 149 ff. und S. 158, sowie Wetzel/Hagemann 1978.
[22]Dessen Posten war im Reichsministerium für Volksaufklärung und Propaganda eingegliedert. Zu Aufgaben und Funktionen des Reichsfilmdramaturgen vgl. erneut Maiwald 1983, bes. S. 122 ff. Zur Arbeit des Ministeriums für Volksaufklärung und Propaganda vgl. erneut Rentschler 1996a, b sowie Moeller 1998.
[23]Vgl. zur Filmkreditbank erneut Spiker 1975, bes. S. 94 ff. sowie Maiwald 1983, bes. S. 126.
[24]Zu Funktion und Strategie Winklers vgl. erneut Spiker 1975, bes. S. 162 ff., sowie Maiwald 1983, bes. S. 177 ff. Zur Ufi vgl. Spiker 1975, bes. S. 212 ff., S. 224 und S. 229.

nicht innerstaatlich lösen. Sie wurde vorwiegend durch die räuberisch-territoriale Ausdehnung Nazi-Deutschlands in die überfallenen und annektierten Länder verlagert und dadurch aufgefangen.[25] Filmproduktion und Kriegspolitik waren unauflöslich miteinander verknüpft und profitierten bis 1944 wechselseitig politisch, ökonomisch und kulturell voneinander. Bis 1944 wirkte sich dies gewinnbringend für die Filmbranche aus.[26] Auch wenn sich die Bedingungen der Filmproduktion ab diesem Jahr verschlechterten, so gab es doch bis in die Nachkriegszeit keinen Tag ohne Film und Kino. 1945 änderten sich umgehend einige Aspekte des Kinodispositivs wie Zensur, Preisfixierungen, Programmdiktate, Block- und Blindbuchungen, Verleihverträge, Kontingentbestimmungen, das Prädikatsystem sowie die nationalsozialistisch geführten Verbände und staatlichen Institutionen. Einiges davon wurde im Rahmen der neuen Republik einfach fortgeführt.

Bis in die letzten Tage des Regimes wurden die Kinos besucht, wenn auch die Zahl der Besucher*innen Schwankungen unterlag. Einschneidend für die Demografie der Publika war der 12. September 1938, an dem der ‚jüdischen Bevölkerung', die bereits politisch entrechtet und ökonomisch wie kulturell enteignet worden war,[27] der Besuch kultureller Veranstaltungen, inklusive der Kinos, verboten wurde.

Dabei hatte sich die Aufführungspraxis bereits 1933 mit der Gestaltung der Fassaden der immer noch schlichten Kinoarchitektur verändert – zunächst auf freiwilliger Basis. Um den kommerziellen und sensationellen Charakter der Außengestaltung zu mindern, wurden die Fassaden schmuckloser, die Werbeplakate kleiner und dezent angebracht. Diese Tendenz wurde nun im Rahmen des Werbeverbots vom 12. September 1939 durch das Verbot von Plakatierung staatlicherseits forciert.[28] Man setzte, analog der Staatsarchitektur, auf ‚atmosphärische Stimmung', die unbestimmt auf Werte wie Ernsthaftigkeit, Weihe und überzeitliche Überhöhung verwies und vorwiegend sinnlich sowie emotional rezipiert werden sollte. Dazu wurden durch den vermehrten Einsatz der bereits verwendeten Lichtarchitektur neue Akzente gesetzt. Auch die Inneneinrichtung der Kinos sollte nach diesen Gesichtspunkten gestaltet sein. Zu diesem Zweck wurden vor allem große Swastika-Banner rechts und links von der Leinwand angebracht, sodass sich das nationalsozialistische Symbol während des gesamten Aufenthalts, inklusive Filmrezeption, im Bereich der visuellen Wahrnehmung der Zuschauer*innen befand. Sobald man sich also dem Kino näherte, wurde man mit den Emblemen

---

[25]Zur Expansionspolitik der Nazis vgl. Blackbourn 2005 sowie Mazower 2009. In geschlechtertheoretischer Perspektive vgl. Harvey 2002.

[26]Vgl. hierzu erneut Spiker 1975, bes. S. 183 ff., Stahr 2001, Winkel/Welch (Hg.) 2007 sowie Drewniak 1987, bes. S. 691 ff.

[27]Im Zuge der Nürnberger Gesetze war ihnen 1935 die Staatsbürgerschaft genommen worden. Filme konnten nach dem Verbot nur noch im Rahmen von Vorführungen des Kulturbundes deutscher Juden rezipiert werden, der im Januar 1938 in jüdischer Kulturbund in Deutschland e. V. umbenannt wurde. Er bestand bis 1941 fort, wurde dann teilweise liquidiert. Zwar bestanden sein Verlag und Buchbetrieb weiter, jedoch musste er seine Veranstaltungstätigkeit einstellen. Vgl. hierzu erneut Stahr 2001, Dahm 1988 sowie mit Bezug zum Theater Rovit 2012.

[28]Vgl hierzu erneut Spiker 1975, bes. S. 128.

des Nazi-Regimes konfrontiert, deren semantisch vage gehaltene, dafür umso überwältigendere Darbietung einen bereits vor der Filmrezeption in die nationalsozialistische Gesinnung einstimmte.[29]

Visuelle, akustische und kognitive Adressierung und Lenkung der Zuschauer*innen verstärkten sich in der Programmgestaltung. 1933 war noch eine Abfolge von musikalischer Einlage, Vorprogramm aus Kulturfilm und Wochenschauen,[30] abgelöst von zwei Spielfilmen, üblich. Manchmal wurden sogar drei Spielfilme an einem Abend gezeigt. Zwar sollte diese Praxis durch den „Beschluss betreffs Zweischlagerprogramm vom 7.8.1933" endgültig verboten werden. In der Umsetzung erwies sich dieses Verbot aufgrund laufender Vertragsverpflichtungen zwischen Verleiher*innen und Kinobetreiber*innen zumindest bis ins Jahr 1934 als schlecht durchsetzbar. Im Zuge der Erneuerung des Lichtspielgesetzes wurde 1934 das Kinoprogramm dann staatlicherseits geregelt. Es sah eine Wochenschau, einen Kulturfilm, bis zu drei Akte und höchstens insgesamt neunhundert Meter Beiprogramm, bestehend etwa aus einer Groteske oder einem Lustspiel, sowie einen abendfüllenden Langfilm vor, der ein Spiel- oder ein Kulturfilm sein konnte. Damit wurden Aufführungspraxis und Erlebnisform von Kino und Film vereinheitlicht.

Das Kinoerlebnis wurde keinesfalls allein durch den Spielfilm dominiert. Das Programm wurde wahrscheinlich mehr als eine Einheit gegliederter, unterschiedlicher Formate von den Zuschauer*innen wahrgenommen. Indem die Wochenschauen politische Ereignisse, die Kulturfilme weltanschauliche, völkerkundliche, wissenschaftliche oder auch sozial- und kulturpolitische Themen zeigten, entstand im Verbund mit dem Spielfilm ein Rezeptionserlebnis, welches die nationalsozialistische Gesinnung zwar nicht unmittelbar vermittelte. Die Teile waren jedoch keineswegs rein ‚atmosphärisch' aufzufassen, wie Bartetzko es der Architektur bescheinigt, sondern vielmehr auf bestimmte Weise unbestimmt, also un/bestimmt. Dieses Präsentationsprinzip ist als Politik der Bilder im Sinne der ‚neuen Wirklichkeitsauffassung' zu verstehen, worin im gleichen Atemzug zurichtende, abwertende und abgrenzende und aufwertende, belohnende und integrative Bilder von Völkergruppen und Individuen, von Territorien und Lebensentwürfen gezeigt wurden, ohne sie unmittelbar oder gar kausallogisch miteinander oder mit dezidierten Ideologemen zu versehen.

Entsprechend der zunehmenden epistemologischen Entdifferenzierung von ‚Realität' und ‚Schein' wurde auch die Unterscheidung von ‚Dokumentarischem' und ‚Fiktionalem' ausgehöhlt. In den dokumentarischen Formaten war der Stoff enorm ästhetisch durchdrungen, während in die fiktionalen Spielfilme vermehrt ‚realitätsnahe' Komponenten, einschließlich dokumentarischen Materials, eingebettet wurden.[31] Diese verfahrenstechnische Entdifferenzierung sollte

---

[29]Zum Kino als Erlebnisraum vgl. Segeberg 2004.
[30]Zu den Wochenschauen in der NS-Zeit vgl. erneut Bartels 2004.
[31]Es wurde in den zeitgenössischen Theorien immer wieder gefordert, ästhetische Strategien des Kulturfilms wie Zeitraffer oder *slow motion* in den Spielfilm zu integrieren. So sollte in den Genres Lehr- und Kulturfilm durchaus eine ästhetische Durchgestaltung der Realität

die Vergegenwärtigung des unbestimmten völkischen Ideals im Sinne der Metaphysik der Präsenz befördern. Zugleich arbeitete die pasticheartige Anordnung verschiedener Stilrichtungen der Wahrnehmung eines bruchlosen Ganzen entgegen. Aus diesem Grund ließ sich, analog zu anderen Kulturtechniken oder Künsten, kein feststehender Wesenskern nationalsozialistischer Filmästhetik ausmachen.[32] Bezüglich der Rezeption sollten die Zuschauer*innen zwischen ‚tatsächlicher' und dargestellter Wirklichkeit nicht mehr eindeutig differenzieren, sondern die filmische Wirklichkeit so wahrnehmen, als wäre sie mit der ‚tatsächlichen' sozialen Realität, allerdings in ihrer bereits ‚verbesserten', ‚neuen' Variante identisch.[33] Gleichzeitig musste sie in ihrer ‚defizitären' Variante zumindest ansatzweise wahrnehmbar bleiben, damit sie dem Publikum Wiedererkennungsangebote machen konnte.

Das hing auch mit dem Umstand zusammen, dass das Kinodispositiv im Nationalsozialismus eine zentrale Institution im florierenden Unterhaltungssektor darstellte. Kino und Film bildeten nach wie vor einen nicht nur zugkräftigen, sondern auch sehr profitablen Industriezweig.[34] In diskursiver Ausstellung aller Mängel der Hollywood'schen Machart bei deren gleichzeitiger Umcodierung wurden Filme mit extrem hohen Schauwerten produziert. Diese sollten nicht nur ein internationales Publikum, sondern auch möglichst viele sehr verschiedene Publika/Bevölkerungsgruppen innerhalb Deutschlands ansprechen.[35] Vorzugsweise die ‚genehmen' deutschen Staatsbürger*innen, die voll ausgebildete Konsument*innen waren,[36]

---

vorgenommen werden. Die Wochenschauen wurden dagegen als ‚reines' Abbild der Realität verstanden, da sie politische Ereignisse vermittelten. Sie unterlagen dabei eindeutig Gestaltungsprinzipien, die wir heute unter ästhetischen Gesichtspunkten als die Realität politisch durchgestaltend interpretieren würden. Interessant ist das Verständnis des Dokumentarfilms. Einmal wurde er zeitgenössisch als reines Abbild der Wirklichkeit aufgefasst wie bei Gunter Groll, der das Beispiel des Abfilmens eines Musikkonzerts in diesem Zusammenhang erwähnt. Vgl. Groll 1937. Gleichzeitig wurde immer wieder Leni Riefenstahls *Olympia*-Film als Beispiel für ein gelungenes Zeitdokument angeführt, gerade weil hierin aufgrund einer exzellenten Durchgestaltung des Vorfilmischen angeblich der Wesenskern der abgebildeten Realität zum Vorschein gelangte. Vgl. hierzu auch Koch 1943. In diesem Licht betrachtet, ist es interessant, wie hartnäckig sich in der aktuellen Literatur das Konzept einer eindeutigen Differenz zwischen Dokumentarischem und Fiktionalem hält: Im Dokumentarischen würde das Modern-Ideologische (Technik- und Fortschrittsaffinität), im Spielfilm dagegen das unmodern Völkisch-Ideologische (Blut und Boden, Bauern- und Ständeverehrung) zum Ausdruck gelangen; im Dokumentarfilm sei das politische Ideologische vordergründiger zutage getreten, während im Spielfilm das Unpolitische gewollt dominierte. Vgl. zur Problematik dieser Differenz erneut Rother 2007.

[32] Vgl. hierzu erneut Rother 2007, weiterführend Petro 1998 sowie überblicksartig Koch 2002.
[33] Die Berichte des Geheimdienstes sowie die der SOPADE, dem Vorstand der Sozialdemokratischen Partei Deutschlands im Prager und Pariser Exil, bezeugten, dass die Zuschauer*innen die ‚Botschaften von oben' sehr genau wahrnahmen.
[34] Vgl. hierzu auch erneut Schütz 1995.
[35] Vgl. zur Problematik dieser Sichtweise erneut Rother 2007 sowie Schütz 2002b, bes. S. 228, worin er zudem die Widersprüchlichkeit innerhalb der Kulturpolitik des Regimes erwähnt.
[36] Vgl. erneut Quaresima 1994 sowie Koepnick 1999. Historisch betrachtet, muss man deshalb die ökonomischen Aspekte mit denen des visuellen Vergnügens verknüpfen, da der Bereich des Konsums, zu dem der Film zählte, insofern er zum das Korrelat der Arbeitswelt bildenden Freizeit-

sollten seitens des Regimes zu Zustimmung und aktiver Teilhabe angereizt und gerade über das Konsumerlebnis belohnt werden.[37] Bei gleichbleibendem Grundziel, nämlich die Erhaltung der Macht mittels Einstimmung und Zustimmung der ‚genehmen' Bevölkerung,[38] wurden daher während der zwölf Jahre Herrschaft immer wieder Zugeständnisse ans Publikum gemacht.[39]

Die Indienstnahme war mit Bezug zu Kino und Film als ‚Korrektur' einer ‚Fehlentwicklung' gedacht, worin ein probates technisches Mittel[40] durch ‚falsche' ökonomische, politische und kulturelle Zugriffe von der Entfaltung seines Potenzials abgehalten worden war und nun seiner ‚wahren' Bestimmung zugeführt werden konnte.[41]

---

bereich gehörte, ebenfalls strikt reguliert werden sollte. Vgl. zur Arbeit im Nationalsozialismus einschlägig aus faschismuskritischer Sicht Rabinbach 1979 sowie in sozialgeschichtlicher Hinsicht mit symboltheoretischem Ansatz Lüdtke 1991. Zum staatlichen Regulierungsinstrument für Unterhaltung und Freizeit, dem Amt für Schönheit und Arbeit nämlich, sowie zur Organisation Kraft durch Freude vgl. in kulturgeschichtlicher Perspektive erneut Baranowski 2004.

[37]Bezüglich der Problematik der zustimmenden Bevölkerung vgl. einschlägig Peukert 1982; Ian Kershaw 1983b, Frei 1998 sowie Gellately 2001. Zu Formen des Widerstands vgl. Steinbach/Tuchel (Hg.) 1994 sowie Schmiechen-Ackermann (Hg.) 1997. Zur (Nicht-)Existenz von ‚öffentlicher Meinung' vgl. Longerich 2007, Kershaw 2002, Browning 1993, Dörner 2007 sowie Bajohr/Pohl 2006. Zum Ausmaß der freiwilligen Unterstützung und Kooperation seitens der Bevölkerung vgl. Heinsohn u. a. (Hg.) 1997, bes. S. 11. Zum Punkt der Komplizenschaft durch Denunziation vgl. Gellately 1990, Hornung 2007 sowie Bock 1997.

[38]Vgl. erneut Currid 2006 sowie Reichel 1991.

[39]Zur Problematik einer einheitlichen Kategorie ‚Publikum', welches angeblich total manipuliert wurde, vgl. erneut Koepnick 1999, Quaresima 1994 sowie Schenk 1994. Dagegen zur bestehenden Heterogenität der Publika vgl. Zimmermann 2005.

[40]Zu diesem Technikverständnis vgl. auch erneut Hewitt 1993, bes. S. 132 ff., Hillach 1978, weiterführend Herf 1984, Orr 1974 sowie Dietz u. a. (Hg.) 1996. Zeitgenössisch vgl. Schwerber 1932 sowie Dvorak 1940, 1949. Darin erläuterte er einmal Technik als Naturbeherrschung, die jedoch als semi-autonome Dynamik für ‚normale' Menschen etwas Magisches enthielte, das unhinterfragt angenommen würde, weshalb Technik durch den ‚überlegenen' Geist beherrscht werden musste. Sie musste zugleich Instrument des politischen Willens zur Macht werden, der auch die koloniale Herrschaft begründete.

[41]Zu den Einflüssen, die zur ‚Fehlentwicklung' des Films beigetragen hatten, gehörten in den Augen der Nazis Rationalität, Humanismus, Weltläufigkeit, ‚jüdische' Vereinnahmung, Profitorientierung, Partikularismus, Individualismus, excessive sowie fehlgeleitete Exotik und Erotik. Unter diesen konnte das Medium nichts anderes hervorbringen als oberflächliche, leere und mechanistische, sprich dem Wesen der Dinge entfremdete, abstrakte Ornamente und Typen. Vgl. zu diesem Punkt die zeitgenössische Bestandsaufnahme des Films, die er am Star verhandelte, welcher zum Selbstzweck geworden war und Rollen nur noch schablonenartig verkörperte, Krünes 1933, bes. S. 378 f. Auch die Auswahl der Filmthemen, so Krünes Vorwurf, unterläge der Wiederholung eines eingeschränkten Repertoires. Das Konzept des Stars widerspräche darüber hinaus dem Gemeinschaftsgedanken. Hinter Krünes Überlegungen steckte der Gedanke einer Authentifizierung der Person des Schauspielers, der Schauspielerin, wie es sich zugleich um eine Analogisierung der Gemeinschaftsidee im Raum der Filmproduktion als Ensemble handelte. Bei diesem Übertragungsverfahren wurde die authentische Arbeitsgruppe dem Einzelwesen, dem künstlich erzeugten Star gegenübergestellt. Die Realität sah jedoch anders aus. Während seine Ausführungen auf kulturpolitischer Linie des Regimes lagen, wurden weibliche und männliche

Das der Metaphysik der Präsenz inhärente Paradoxon, im Hier und Jetzt ein von einem idealisierten Vergangenen imprägniertes, ideales Uneingelöstes, daher immer ein in sich Differentes zu vergegenwärtigen, schrieb sich in der bestimmungsmäßigen Funktionalisierung des Mediums Film fort.[42]

In den zeitgenössischen Schriften zu Film und Kino haderten die Autor*innen mit der dem Medium aufgetragenen weltanschaulichen Aufgabe, die bereits bestehende Reflexion auf Medien als die soziale Realität aktiv mitgestaltende im Sinne einer zweiten Ordnung ‚der Natur' zu bestimmen. Die irreduzible, zugleich aber konstitutive Differenz von durch das Medium erzeugter Welt und ebenfalls bereits weitgehend medial konstituierter, aber ‚falsch' entwickelter sozialer Realität war dabei ebenso schwer zu überbrücken, wie sie auch nur schwerlich legitimiert werden konnte.

So ließen Richard Kolb und Heinrich Siekmeier in ihrem 1933 herausgebrachten Band *Rundfunk und Film im Dienste nationaler Kultur* das Medium Film zunächst einmal entwicklungsgeschichtlich in metaphorischer Sprache als reine Naturgewalt, Bäumen gleich, in Analogie zum ‚national-deutschen' ‚organischen' Charakter in Erscheinung treten. Die ‚Fehlentwicklung' des Mediums bezogen sie auf die durch politisch fragwürdige, internationale Einflüsse ‚verzerrten' Inhalte. Da es nun buchstäblich neu ‚verwurzelt' war, konnte das Medium jetzt aus „Fontänen" (Kolb 1933, S. 19) die ‚richtigen' kulturellen und vor allem geistigen Inhalte über die Bevölkerung ausschütten. Die Autoren begründeten somit das Medium selbst als ‚deutsche' Naturgewalt jenseits von historischer Zeit und technischer Entwicklung. Damit versetzten sie es einmal in eine mythische, ursprüngliche Vergangenheit. Zugleich machten sie aus ihm ein Objekt, welches im Laufe seiner Existenz durch äußerliche ‚fremde' Einflüsse an der Entfaltung seines ursprünglichen Potenzials gehindert worden war. Aufgrund

---

Stars bewusst aufgebaut und sowohl für das europäische als auch amerikanische Publikum systematisch vermarktet.

[42]In der Literatur wird behauptet, während des Nazi-Regimes seien keine Filmtheorien entstanden. Dies ist so zu verstehen, dass die Entwicklung von Film- und Medientheorien seitens der Forschung in der Tradition der (links-)liberalen Publizistik und des Feuilletons verankert wird, die in dieser Form nicht mehr existierte. Zumal am 27. November 1936 die wertende Kunstkritik generell durch Anordnung des Reichsministeriums für Volksaufklärung und Propaganda verboten wurde. Vgl. hierzu erneut Stahr 2001, bes. S. 133 f. Dafür institutionalisierte sich das Schreiben über das Medium Film in den Akademien vor allem im Bereich der Theaterwissenschaft sowie der aufkommenden Zeitungswissenschaft. Die Anzahl dieser Publikationen stieg zunehmend, wobei sich parallel ein Markt für anwendungsorientierte Publikationen entwickelte, die auch als Anleitung für den Privatbereich konzipiert waren, den man im Grunde auch noch regulieren wollte. Vgl. hierzu bspw. erneut Traub 1933. Weiterführend zeitgenössisch vgl. Opfermann 1938, Jasper 1934, Wehrlau 1939, Werder 1943, Koch/Braune 1943, Hippler 1942 sowie Oertel 1941. Zu filmhistorischen Ansätzen mit stark antisemitischen Untertönen vgl. Kriegk 1943, Neumann u. a. 1937 sowie Jason 1936. Vgl. bezüglich der Zunahme von Publikationen über den Film die Bibliographie der Lehrschau der Universum-Film Aktiengesellschaft (Hg.) 1940. Zum Amateurkino während der NS-Zeit vgl. erneut Kuball 1980. Zur Entstehung der Filmwissenschaft als eigenständiges Fach vgl. Zimmermann 2001.

der Veränderungen in der sozialen Realität in Form der ‚neuen Weltanschauung' konnte es nun zu seiner Bestimmung gelangen. Allerdings war beides mit Bezug auf das Ideal noch unvollendet. Die Differenz zwischen einer zu korrigierenden sozialen Realität und den zu korrigierenden Inhalten des Mediums wurde damit in das der Metaphysik der Präsenz entsprechende Raumzeitschema eingepasst, um die Unbestimmtheit intelligibel zu machen.

In Richard Bies und Alfred Mührs essayistischem Band *Die Kulturwaffen des neuen Reiches. Briefe an den Führer, Volk und Jugend,*[43] ebenfalls aus dem Jahr 1933, versuchten sich die Autoren ganz dezidiert an einer Wesensbestimmung des Films. Als dem politischen Willen absolut unterzuordnendes Instrument sollte er auf Basis seiner spezifischen Merkmale, dem fotografischen Bewegtbild, dem Schnitt sowie der rhythmischen Montage nämlich, durch die Steigerung der Wirklichkeit politische Allegorien entwerfen. Die Argumentation richtete sich gegen die US-amerikanische Produktion bloßer Wirklichkeitsillusionen, die damit, laut Bie und Mühr, einen Spalt zwischen die tatsächliche und die dargestellte Wirklichkeit triebe, was unbedingt zu vermeiden wäre.[44] Indem die Übersteigerung der Wirklichkeit die „überpersönliche Idee der Volksgemeinschaft" (Bie/Mühr 1933, S. 147) versinnbildlichte, sollte der Film diese mit seinen spezifischen Mitteln als ganz ‚natürliche' erscheinen lassen. Das Wesen des Films sowie das ‚Lebensgesetz', durch welches sich die ideale Volksgemeinschaft einstellte, wurden damit kongruent gesetzt. Auch wenn es sich um eine Art kinematografische Poetologie handelte, lässt sich der dahinterstehende politische Wille nur schwerlich ausblenden, der deshalb präskriptiv sein musste, weil die beschriebene Kongruenz (noch) nicht existierte.

Auch in Gunter Grolls Ansatz, den er in seinem Buch *Film. Die unentdeckte Kunst* entwickelte,[45] wurde die Bestimmung des Films als eigenständige Kunstform gemäß seines Wesens an die Idee einer geistig präfigurierten idealen Wirklichkeit geknüpft. Seinen Ansatz legitimierte Groll mit der Behauptung, es hätte bislang keine Bestimmungsversuche des Mediums gegeben, womit er zwanzig Jahre Kinodebatten annullierte. Mit der Setzung eines theoretischen Neuanfangs zur Wesensbestimmung des Films wies er diese als Forschungsdesiderat aus und

---

[43]Bie/Mühr 1933.

[44]Zur Bezugnahme zum Hollywoodkino, das einerseits als standardisiert, deswegen ‚entfremdet' bestimmt wurde, während andererseits die Techniken, indem man sie umcodierte, zur Erzeugung hoher Schauwerte für einen internationalen Markt und möglichst viele verschiedene nationale Publika eingesetzt wurden, vgl. erneut Rother 2007, Elsaesser 1994, Koepnick 2002, Garncarz 1993, Rentschler 1996a, Lowry 1998 sowie Ascheid 2003. Zu den filmwirtschaftlichen Beziehungen zwischen Hollywood und deutscher Filmindustrie während des Nationalsozialismus, aber auch zu kulturellen und ästhetischen Merkmalen vgl. Spieker 1999 sowie Wollrich (Hg.) 2001. Allgemein zur Amerikadebatte vgl. Gassert 1997, Becker 2006 sowie Saldern 2013. Zur zeitgenössischen Auseinandersetzung mit dem Hollywoodkino vgl. Findahl 1939 sowie Debries 1930. Eine zeitgenössische einschlägige Position findet sich in exil-amerikanischer Perspektive bspw. bei Ross 1936.

[45]Groll 1937.

erklärte seinen eigenen Entwurf im gleichen Atemzug offensiv zur Kampfschrift. Jetzt erst wäre der Film, so Groll, an einem Entwicklungspunkt zur Entfaltung seines Wesenpotenzials angelangt. Dabei wäre das Material dieser Kunst bereits geistig präfiguriert, sodass das in ihm Repräsentierte kein einfaches Abbild, sondern eines der durch dieses Material spezifisch gestalteten Wirklichkeit sei. Das sein Material präfigurierende geistige Prinzip, die Weltanschauung also, sollte es, so Groll weiter, dabei ermöglichen, über die Repräsentation äußerlicher Gegenständlichkeit hinaus, dessen ‚wahres' Wesen aufscheinen zu lassen. Ansonsten bliebe es bei der reinen technischen Reproduktion. Groll erkannte somit die Technizität des Films als Ausdruck der ‚neuen Zeit' an. Sein gestalterisches Potenzial musste jedoch dahingehend ‚korrigiert' werden, dass durch den Film das in ihm aufscheinende geistige Prinzip, sprich die ‚neue Weltanschauung', als bereits existierende neue Realität zu erkennen war. Grolls Ansatz besagt somit, dass die offenbar noch nicht vollständig vollzogene Umbildung der Realität durch die neue Weltanschauung als im Film bereits eingelöste darzustellen, worin das geistige Prinzip bereits verdinglicht und damit naturalisiert worden war. Ähnlich wie im Ansatz von Bie und Mühr, blieb auch hier das Problem bestehen, dass einmal sich das Medium als Teil dieser ‚neuen' Realität ebenfalls im Zustand der Nicht-Einlösung befand, daher eben (noch) keine idealen Bilder dieser Realität erzeugte. Da die Form der naturalisierten Idealität im Sinne der vollständigen Umsetzung des geistigen Prinzips nach wie vor nur bedingt von der wahrnehmbaren Realität abweichen durfte, hatte sich dies zudem möglichst unmerklich zu vollziehen. Was genau dargestellt werden sollte, musste per definitionem unbestimmt bleiben, konnte nicht unmittelbar dargestellt werden.

Noch im Jahr 1943 arbeitete sich der Leiter des Zentrallektorats des Amtes für Schrifttumspflege, Peter von Werder, an dieser epistemo-ontologischen Problematik ab.[46] Er musste offenbar konstatieren, dass das Medium Film in dem Maße sein Wesen nicht entfaltet hatte, wie es das ‚neue geistige Prinzip' immer noch nicht ‚adäquat', das heißt überzeugend als ‚neue wahre Wirklichkeit' darbot. Auch von Werder band seine Argumentation in das Verzerrungsschema ein, wonach die bisherige Entwicklung zur reinen technischen Reproduktion geführt hätte, wogegen nun endlich das ‚wahre' Wesen der Dinge durch den Film organisch zum Vorschein gelangen könnte. Von Werder schrieb dabei fünf ‚soziale' Bereiche vor, in denen dieses geistige Prinzip offenbar jeweils spezifisch waltete, welche der Film nun als Wirklichkeit darzustellen hatte: „Rasse, Gemeinschaft, Arbeit, Wehrwille und Bauerntum" (von Werder 1943, S. 26).

Von Werder fokussierte die soziale Funktion des Mediums Film, dessen Breitenwirkung er in der privaten Freizeitgestaltung der Bevölkerung sah. Die Kategorie des Publikums konzipierte er analog der Entwicklung des Mediums: Es war von außen beeinflussbar, besaß aber noch nicht die ‚richtige' Geisteshaltung zur Erfassung der (nicht mehr ganz so neuen) politischen Realität. Das Nachhängen ‚falscher Vorbilder' konnte deshalb gut durch das Medium Film

---

[46]Von Werder 1943.

,korrigiert' werden, weil es vorwiegend die Emotionen und Phantasie, weniger das Reflexionsvermögen der Menschen adressierte. Um seine Funktion als „seelisch-geistige Macht ersten Ranges" (von Werder 1943, S. 9) erfüllen zu können, musste das Medium, ähnlich wie bei Groll, ,korrigiert' werden, indem sein Material gemäß des geistigen Prinzips der neuen ,Wirklichkeitsauffassung' präfiguriert wurde.[47] Dass diese, durch die fünf Bereiche abgedeckte, immer noch nicht vollständig durch den Film eingelöst worden war, begründete von Werder selbstredend nicht mit der paradoxalen Struktur der Metaphysik der Präsenz, sondern mit der durch ,fremde' Einflüsse verursachten Fehlentwicklung des Mediums.

Das an dieses herangetragene Diktum, keine allzugroße Differenz von gezeigter und ,tatsächlicher' Wirklichkeit zu erzeugen, verwies implizit darauf, dass weder die ,tatsächliche Realität' noch die ,Wirklichkeitsauffassung' oder das Medium selbst diesen Anforderungen standhalten konnten. Um diese weiterhin bestehende ,Unzulänglichkeit' nun endlich aufzuheben, forderte von Werder vom Film, dass er das Repräsentierte keinesfalls in zu starken Kontrast zur außenstehenden Wirklichkeit setzte, damit das Publikum im Vergleich zum eigenen ,normalen' Leben möglichst hierzu keine Divergenz wahrnahm, woraus sich ,falsche Schlüsse' ziehen lassen konnten:

> Dann ist das Kino nicht mehr ein abseits des politischen Lebens liegendes Feld der öffentlichen Lustbarkeit, sondern es steht als mächtiger Faktor mit im Zentrum der Bemühungen um Formung und Erziehung des neuen deutschen Menschen. Dann erkennt man, daß Tagesleben und Film in ihren gedanklichen Hintergründen übereingehen müssen, damit nicht das Arbeitsleben durch das Freizeiterlebnis in Frage gestellt oder gar widerlegt wird. (von Werder 1943, S. 23)

Von Werder resümierte, der Film wäre gerade deshalb ein hervorragend geeignetes Medium zur Umerziehung der immer noch unter Verstädterung, Zwangsneurosen, Profitgier und „beziehungsloser Erotik" (von Werder 1943, S. 42) leidenden Bevölkerung, weil er als Kind der Massenkultur des technischen Zeitalters die veraltete, mechanisierte „Maschinenseele" (von Werder 1943, S. 42) überwinden helfen könnte. Dem Spielfilm attestierte von Werder besondere Eignung, da dieser vor allem „Gefühl, Herz und Phantasie" (von Werder 1943, S. 44) ansprach,

---

[47]Zu diesem Zweck entwickelte von Werder ein komplexes komparatistisches zivilisationshistorisches Modell, in dem Wirklichkeitsauffassung, Menschenbild und Kunstform ins Verhältnis gesetzt waren. Die darin historisch erfolgten ,Verzerrungen' ließen einen Menschen als Untertan und Marionette entstehen, wie er im modernen Einzelkunstwerk und den anonymen Revuen repräsentiert sei, so von Werder, worin sich seine emotionale, geistige und seelische Bindungslosigkeit ausdrückte. Dementsprechend könnte die dazugehörige Wirklichkeitsauffassung nur Verzerrung der ,wahren' Wirklichkeit sein, die sich wesentlich durch innere organische Zusammengehörigkeit auszeichnen würde. Dem stellte er den neuen Menschentypus des im organischen Zusammenhang des Lebens aktiv agierenden Individuums gegenüber, entsprechend einer Wirklichkeitsauffassung, in der sich der Zuammenhang von Welt, Leben und Mensch ohne jegliche kritische Reflexion emotional und anschaulich erschloss. Entsprechend umfasste für ihn das neue Aufgabengebiet des Films innen- wie außenpolitische Aspekte, da die anderen Völker die neue Wirklichkeitsauffassung mit dem entsprechenden Menschenbild ebenso wie die Volksgenoss*innen erlernen sollten, selbstredend aus unterschiedlichen Perspektiven.

was der Verfasstheit des Publikums am nächsten kam. Er veranschaulichte zudem die ‚neue Wirklichkeitsauffassung' mittels diskreter, indirekter Repräsentation der fünf Wirklichkeitsbereiche. In von Werders Bestimmung der Kategorie des Spielfilms schien daher auf, was an der bisherigen ‚Fehlleistung' des Films kritisiert wurde, wobei er die Ursache auf die Kategorie des Publikums verschob. Dieses hielt das Abgebildete ‚fälschlicherweise' für die Wirklichkeit, da es die ‚neue Wirklichkeitsauffassung' immer noch nicht in vollem Umfang internalisiert hatte.[48]

Selbst wenn in diesen Ansätzen, zumindest bei Groll und von Werder, pro forma der Film als autonome Kunst bestimmt werden sollte, wurde die Trennung zwischen Politik und Kunst immer weiter unterlaufen.[49] Dies ließ sich gar nicht verhindern, insofern im politischen Sinn begründet werden musste, dass und wie das Medium als technisch-ästhetische Struktur in einer Schieflage zur Gesellschaft und zu sich selbst als Produzent von Bildern derselben stand. Genauso musste begründet werden, inwiefern es aber ideal zur verdinglichten Veranschaulichung des ‚neuen geistigen Prinzips' war, welches aus dem politischen Willen floss und allumfassend wirksam sein sollte. In dieser epistemologischen Perspektive wurde exakt reflektiert, dass gerade der Film als Medium zur performativen (Wieder-) Herstellung eines (zukünftigen) Ideals der harmonischen Volksgemeinschaft so besonders geeignet war, weil er das Repräsentierte als Reales veranschaulichen konnte. Reflektiert wurde in den Theorien ebenso, bis zu welchem Ausmaß Film

---

[48] Von Werder sowie Groll betonen vordergründig die Abgrenzung von Unterhaltung zu Propaganda. Bei Groll wird dies durch eine Zuordnung von Formaten wie Zeitungsartikel, Plakat oder politische Rede insinuiert, denen er keine ästhetische Durchgestaltung der Wirklichkeit zugesteht. Unterwandert wird die kategoriale Differenzierung jedoch über den Stoff, wie politische Idee, die, laut Groll, eben doch künstlerisch gestaltet werden kann. Vgl. Groll 1937, bes. S. 115. Diese könnte, wie bei von Werder ausgeführt, eben durchaus auch im Spielfilm inszeniert und veranschaulicht werden. Auf ähnliche Weise wurde mit der Differenz von Dokumentarischem und Fiktionalem verfahren. So wurde in den Positionen immer wieder gefordert, ästhetische Strategien des Kulturfilms in den Spielfilm mit einzubinden. Zudem wurde argumentiert, in den Genres Lehr- und Kulturfilm wäre eine ästhetische Durchgestaltung durchaus möglich, obwohl diese gerade die Realität zum Thema machten. Im Lichte dieser in sich widersprüchlichen zeitgenössischen Bestimmungen erscheinen die ganzen aktuellen Debatten zu Film und Kino in der Nazi-Zeit sehr kategorisch, da sie an der eindeutigen Trennung zwischen Propaganda und Kunst bzw. Unterhaltung festhalten, wie bspw. Koepnick 1999, Quaresima 1994 und Rother 2007. Vgl. zum Begriff der NS-Propaganda mit Bezug zum Film einschlägig Albrecht 1969, Hull 1969, Leiser 1974, Hoffmann 1988, Kronlechner/Kubelka (Hg.) 1972, Welch 1993, Winkler-Mayerhöfer 1992, Kundrus 2005, Garden 2012 sowie erneut Barkhausen 1982 und Kreimeier 1992. Kritisch dagegen aus einer alltags- und mediengeschichtlichen Perspektive vgl. Zimmermann 2006. Zur (mäßigen) Durchschlagskraft nationalsozialistischer Propaganda vgl. Mühlenfeld 2008, Kershaw 1983a sowie Zimmermann 2005. Eine filmwissenschaftliche Begriffsdefinition von Propaganda gibt Neale 1977.

[49] Ein Ansatz, in dem die Verknüpfung von Politik und Ästhetik eine zentrale Rolle spielte, war der von Walter Ulrich und Hermann Timmling, wie sie ihn in *Film. Kitsch. Kunst. Propaganda* 1933 ausarbeiteten. Da er im Kern auf dem Genie aufbaute, durch dessen Gestaltungswillen allein Kunst entstehen konnte, setzten sie sich damit dezidiert von Kunst als Kollektivhandlung ab, was den Nazis nicht genehm war. Vgl. Ulrich/Timmling 1933.

als Medium zur tatsächlichen Umbildung der Wirklichkeit im Sinne der Modifizierung humaner Wahrnehmungsweisen und Erkenntnisformen und daher ihrer Körper und Identitäten beitrug. Anders formuliert: Es zeigt sich hier in den Texten ein hohes Reflexionsmaß hinsichtlich der wirklichkeitskonstituierenden Funktion von Medien. Allerdings wird das Medium als Instrument gefasst, das es durch den ‚menschlichen Willen' zu beherrschen und zu modifizieren gilt. Jedoch blieb in der Wesensbestimmung des Films stets eine Leerstelle dort, wo aufgrund der ‚realiter' noch einzulösenden Zukünftigkeit durch diesen politischen Willen eben keine ästhetischen Vorgaben gemacht werden konnten, wie das zu minimierende, möglichst unmerkliche Differenzverhältnis von ‚Realität' und Repräsentation/ ‚Schein' konkret gestaltet werden konnte beziehungsweise sollte. Dabei ließ sich die paradoxe Struktur der Metaphysik der Präsenz nicht aufheben: Ob nun am Medium oder am Publikum gelegen, es ließ sich nichts unmittelbar darstellen oder wahrnehmen, was sich aufgrund der Tatsache, dass etwas Vergangenes im idealen Zukünftigen aufscheinen sollte, gerade im Augenblick der Gegenwart unbestimmt aufspaltete und dabei ins Unverfügbare entzog.

Da die Filme die Aufgabe besaßen, etwas lebensecht und dabei idealisiert zu repräsentieren, gestaltete sich das Verhältnis von ausgestelltem Konstruktionscharakter und Naturalisierungsstrategien im Medium Film für die Zeit des NS deshalb folgendermaßen: Es existierte ein klares Bewusstsein davon, dass die Filme aktiv soziale und physikalische Welt mitproduzierten. Die Ergebnisse waren jedoch (immer noch) ‚falsch' und ‚verzerrt', weil sie die ‚falschen' Elemente der Realität ‚falsch' und ‚verzerrt', sprich zu partikular und darin zu heterogen reproduzierten. Aufgrund dessen musste die qua ‚geistigem Prinzip' zu vollziehende ‚Korrektur' zwangsläufig darauf abzielen, das neue Verhältnis von Teilen und Ganzem in Form des rekursiven Raumzeitschemas permanent sicht- und hörbar zu machen. Das ‚Wesen' des Films eignete sich dazu vermeintlich besonders, weil es Idealisierungen so außerordentlich lebensecht repräsentieren konnte. Das bedeutet, epistemologisch und ontologisch betrachtet, dass praktisch Konstruktionscharakter und Ideal durch die Erzeugung einer Natur zweiter Ordnung in der Repräsentation zusammenfallen sollten. Obwohl also das Ideal augenscheinlich Resultat der wesensmäßigen Prinzipien des Mediums Films und dabei als Resultat der Arbeit dieser Prozesse angesehen werden konnte, sollte es gerade im Sinne seiner Wesenhaftigkeit eben nicht als zu reflektierendes, sondern als ‚Natur an sich' in Erscheinung treten.

Das Problem war nur, dass die in der Repräsentation erscheinende Idealität nicht allzu stark vom Bild der sozialen Realität abweichen durfte, um die ja immer noch existierende Differenz nicht reflexiv werden zu lassen. Sie war aber in dem Maße irreduzibel, wie einmal Film eben nicht mit der Realität identisch ist und das chiliastische Raumzeitschema der Metaphysik der Präsenz dies grundsätzlich verhinderte. Insofern blieb realiter immer auch Raum nicht nur für Reflexion, sondern auch für Partikularität.

Es lassen sich aber hierdurch die strategischen Versuche erklären, mit dem potenziell sichtbaren Konstruktionscharakter des Mediums umzugehen. In der Ordnung der Repräsentation wurde er in eine hierarchische Ordnung kultureller

Differenzen übersetzt, die die heterogene Partikularität des Noch-Nicht-Idealen aufscheinen ließen, um sie folglich zu regulieren. Innerhalb der raumzeitlichen Anordnung, die oft die der Narration bestimmte, erfolgte dies als Überwindungsprozess, der in einen nicht weiter hinterfragbaren Idealzustand mündete, der (vermeintlich) ewig gültig, weil er mit dem mythischen Ursprungszustand angeblich identisch war. So wurde der merkliche mediale Konstruktionscharakter in den Filmen de facto meist dazu genutzt, das Versagen seines nationen- beziehungsweise völkervereinheitlichenden Potenzials von Medien beim immer wieder neu codierbaren ‚Anderen', ‚Fremden' zu suchen oder durch das ‚Andere', ‚Fremde' zu begründen, wofür beispielsweise Detlef Siercks *Schlussakkord* (1936) repräsentativ steht.[50] Der ‚falschen', technisch durch das Radio vermittelten US-amerikanischen Kultur wird darin die ‚authentische', weil visuell naturalisierte Ganzheit des deutschen Volkes gegenübergestellt. Alles, was repräsentiert wurde, sollte idealiter auf das eine Ideal bezogen werden können, wobei dies nie garantiert, da grundsätzlich nur indirekt darauf verwiesen werden konnte. Im Zuge der Erfüllung des eschatologischen Raumzeitschemas, die korrekturwürdige Gegenwart durch neue Werte und Ideale im Rückgriff auf mythisch-ursprüngliche zu substituieren, musste praktisch alles kulturell ‚Missliebige' in Gestalt einer negativen Referenzgröße erst einmal gezeigt werden, damit es im Rückgriff auf ‚ursprüngliche' Werte als zu Überwindendes inszeniert werden konnte.

Theoretisch sollten die Maßnahmen zur Durchsetzung der ‚neuen Wirklichkeitsauffassung' auf eine vollständige Neuerung des Films als ästhetischem Medium abzielen. De facto wurden aber vom Regime[51] aus den oben genannten Gründen weder konkrete ästhetische Vorgaben gemacht noch durchgesetzt. Daher traten die gewünschten Aspekte des Ideals in das Verhältnis einer vielfältigen, teilweise widersprüchlichen Mixtur mit jenen Aspekten der vermeintlich bereits existierenden,[52] dabei abzulehnenden ‚Wirklichkeit', die deshalb angeblich konkreter werden konnten, jedoch keineswegs weniger ideologisch aufgeladen und strukturiert waren. Inhaltlich wurden anti-kapitalistische, antisemitische und rassistische sowie anti-moderne Sachverhalte mit völkisch-nationalen, ursprünglich-mythologischen und idealen vermischt.[53] Strukturell wurden dokumentarische mit fiktionalen Strategien vermengt, avantgardistische Verfahren mit konventionellen.

---

[50]Eine in visueller Fülle gestaltete, deutsche nationale Einheit, die vermeintlich nicht technisch vermittelt ist, steht darin einer sichtbar uneinheitlichen US-amerikanischen Gemeinschaft gegenüber, insofern diese Musik nur vereinzelt und über das Radio rezipiert werden kann.

[51]Es werden hierfür in der Literatur häufig Goebbels' Aufzeichnungen herangezogen, um diese These zu unterstützen.

[52]Vgl. zu dieser Vielfalt und Widersprüchlichkeit erneut Elsaesser 1994, Rentschler 1996a, Lowry 1998 sowie Garncarz 1994.

[53]Es ist schwierig, dieses Phänomen seiner vollen Dimension gemäß zu deuten. Ob es sich dabei um einen systematischen Versuch des Regimes handelte, durch Multiplizierung von Subjektpositionen für möglichst viele Zuschauer*innensubjekte über Identifikation Zustimmung zu erhalten, lässt sich schwer beurteilen. Selbst wenn man dies vermutet, ist nicht sicher, ob die

Diese strukturelle wie auch inhaltliche Heterogenität allein verhinderte schon die totale Durchschlagskraft bei der Repräsentation einer vollständig im Sinne des Ideals umgebauten Gesellschaft.

Betrachtet man nun die Heterogenität von Stilen, Formen und ästhetischen Verfahren sowie die Vielfalt und innere Widersprüchlichkeit an Stoffen, Themen und Inhalten der Filme,[54] so lässt sich der grundlegende Ordnungsversuch seitens des Regimes bezüglich des Kinodispositivs sowie des Mediums Film folgendermaßen darstellen. Vorwiegend die Achsen ‚privat' – ‚öffentlich', ‚Arbeit' – ‚Freizeit' sowie ‚Individuelles' – ‚Gemeinschaftliches' sollten völlig neu organisiert werden, sodass letztlich jedes ‚genehme' Element der Gesellschaft in seiner Existenz durch das große Ganze der harmonisierten Gemeinschaft legitimiert wurde. Diese Anordnung wurde mit dem Paradigma kombiniert, alles ‚Nicht-Genehme' raumzeitlich so zu verorten, dass es in jedem Fall als ‚nicht-ideal' und daher unbedingt zu Überwindendes erkennbar wurde, wovon man sich eindeutig abgrenzen konnte.

---

gewollte Strategie eher die der Identifizierung, des Miterlebens oder, wie Stephen Lowry behauptet, der Entlastung und damit Entpolitisierung war. Selbst die Akzeptanz der Heterogenität des Dispositivs durch das Regime ließe sich noch als gewollte Strategie auffassen, wenn man diesem zuschrieb, dass es um keine vollständige Indoktrination der Zuschauer*innenschaft zur Herrschaftsstabilisierung, sondern lediglich darum ging, deren Akzeptanz zu sichern. So argumentiert etwa Rentschler 1996. Auch Ascheid geht davon aus, dass das Zulassen ideologischer Widersprüche vor allem als heuchlerischer Pragmatismus seitens des Regimes interpretiert werden kann. Alle Mittel, selbst Konzepte, die dem ideologischen Kern widersprachen, waren recht, wenn sie nur dazu führten, Zustimmung der ‚genehmen' Bevölkerung zu erzielen. Auch damit redet Ascheid letztlich doch der Form einer starken Lenkung das Wort.

[54]Im Genre des Kulturfilms wurden neusachliche und avantgardistische Techniken verwendet. Argumentiert wurde dabei, dass sich hierdurch Realität in idealisierter Form deshalb als ‚natürlich' vergegenwärtigen konnte, weil sie als ästhetisch vollständig durchdrungen in Erscheinung trat, formvollendet traf dies in den Augen der zeitgenössischen Literatur auf die Filme Leni Riefenstahls zu. In der reflexiven Variante avantgardistischer Praxis, so die Fortführung der Argumentation, werde das konstitutive Wechselverhältnis von Realität und Medium problematisiert, was sich dem Anspruch nach bei Willy Zielke und Walter Ruttman realisierte. Deren Filme werden in der Literatur dem dokumentarischen Stil zugeordnet, worin Gestaltung von Form und Material im Verhältnis zu Idee und Stoff als ‚realitätsbezogen' aufgefasst und daher meist im Rahmen von Propaganda diskutiert werden. Vgl. hierzu erneut Dröge/Müller 1995. Zu Ruttmanns Filmen vgl. Schenk 2004. Sie werden gegen den Spielfilm in Anschlag gebracht, der als rein fiktionales Genre nach Maßgabe Hollywood'scher Kriterien transparente Illusionen in melodramatischem, weltabgewandtem, daher historisch reaktionärem Duktus erzeuge. In der Literatur wird die Gattung deshalb oft als rein unterhaltende Kategorie abgetan. Vgl. erneut Rother 2007, Koepnick 2002, Zimmermann 2006 sowie Eder 2004 und Quaresima 1994. Setzt man die Dichotomie von ‚dokumentarisch' versus ‚fiktional' funktional jener von politischer Propaganda und kommerzieller Unterhaltung analog und trennt dazu diejenige von Form und Materie versus Idee und Stoff auf, sitzt man tendenziell einer faschistischen Denkungsart auf. Diese behauptet die eindeutige Trennung bei gleichzeitiger Unterwanderung der Grenze, um die Kategorie des Ästhetischen politisch möglichst allumfassend vereinnahmen zu können. Abzulesen ist diese Tendenz an der revisionistisch geführten Diskussion über *Triumph des Willens* (D 1935; R: Leni Riefenstahl), u. a. bei Segeberg 1999, Zox-Weaver 2011 sowie Rother 2004, worin er explizit erwähnt, dass avantgardistische Techniken auch im Spielfilm verwendet wurden.

Da die Regierungstechnik auf die performative Teilhabe aller am Projekt der Vergegenwärtigung der harmonischen Gesamtheit des Volkskörpers abzielte, wurde hierzu in der Ordnung der Repräsentation die Differenz zwischen Dokumentarischem und Fiktionalem, zwischen ‚niedriger' Unterhaltung sowie ‚hoher' Kunst und von ‚Propaganda' unterlaufen. In dieser Perspektive ist kaum nachvollziehbar, dass in der Forschung tatsächlich noch kategorische Unterschiede zwischen politischer Propaganda und ‚Dokumentarischem' auf der einen und unpolitischem, ‚rein unterhaltendem' fiktionalen Spielfilm auf der anderen Seite gemacht werden.[55]

Glaubhafter sind die Versuche in der Literatur, die Filmproduktionen gemäß der durch die veränderte Anordnung dieser Achsen entstandenen Neuordnung zu systematisieren.[56] Linda Schulte-Sasse legt beispielsweise das Konzept der (Volks-) Ganzheit als Figur zugrunde, auf welche die heterogenen Teile beziehungsweise verschiedenen weltanschaulichen, durch Figuren repräsentierten Positionen bezogen sind, die erstere jedoch transzendieren sollte.[57] Laura Heins wiederum fokussiert durch tagespolitische Bedingungen in den Vordergrund tretende soziale und ideologische Aspekte wie Pol*innenfeindlichkeit, Russ*innenressentiments und Antisemitismus, aber auch ‚weibliche Aufopferung' gegenüber ‚männlichem Pflichtgefühl' sowie das Durchhalteprinzip zu Kriegsende.[58] Die Filme werden dabei von den Autorinnen thematisch gebündelt, indem sie ihnen einen kohärenten Sinnzusammenhang hinsichtlich der Produktion dieser Figuren und

---

[55]Zu diesen Autor*innen zählen Koepnick, Quaresima 1994 und Rother 2004. Ausgenommen von dieser binären Differenzierung sind die folgende Spielfilme angeblich expliziten nationalsozialistischen Inhalts: *Hitlerjunge Quex* (D 1933; R: Hans Steinhoff), *Hans Westmar* (D 1933; R: Franz Wenzler) und *S. A. Mann Brand – ein Lebensbild aus unseren Tagen* (D 1933; R: Franz Steidt). Dazu zählen auch die anti-polnischen und anti-britischen Filme *Heimkehr* (D 1941; R: Gustav von Ucicky) und *Leinen aus Irland* (D 1939; R: Heinz Helbig) sowie die ausdrücklich antisemitischen Filme, auch Hetzfilme genannt, wie *Jud Süß* (D 1940; R: Veit Harlan), *Die Rothschilds* (D 1940; R: Erich Waschneck) sowie *Robert und Bertram* (D 1939; R: Hans H. Zerlett), die vor allem ab 1937 gedreht und veröffentlicht wurden. Zu den darin verhandelten antisemitischen Stereotypen und deren Herkünfte vgl. Schulte-Sasse 1996, bes. S. 47 ff., sowie Herzog 2005, bes. S. 26 ff., Bock u. a. 2006, bes. S. 13 ff., Friedman 2006, Breitenfeller/Kohn-Ley (Hg.) 1998, Otte 2006, Gilman 1991 sowie Braun 2006. Zur Kulturgeschichte des Antisemitismus vgl. Volkov 2000a, Mosse 1970, 1999 sowie Braun/Heid (Hg.) 2000. Zu weiteren, rassistisch motivierten Stereotypen vgl. A. G. Gender-Killer (Hg.) 2005.

[56]Vgl. hierzu O'Brian 2004, Hake 2001 sowie erneut Ascheid 2003 und Rentschler 1996a.

[57]Vgl. erneut Schulte-Sasse 1996. Zu einer Typologie von Weiblichkeitskonzepten im Spielfilm während des Nationalsozialismus vgl. Bechdolf 1992. In ideengeschichtlicher Perspektive vgl. Carter 2004. Mit kulturgeschichtlichem Ansatz vgl. Bruns 2009 sowie Romani 1982. Mit Blick auf (einzuübende) Geschlechterrollen vgl. Ellwanger 1987 sowie dies./Eva Warth 1995. Mit Bezug speziell zu Filmen zwischen 1939 und 1945, dabei eher auf soziale Figurationen abzielend, die in den Filmen repräsentiert wurden, wie die „politische Heldin", die „Mutter", die „Ehefrau", aber auch bspw. die „Rassenschänderin", vgl. Fox 2000. Dagegen ideologiekritisch vgl. Schlüpmann 1988/91.

[58]Vgl. erneut Heins 2013. Eine thematische Einteilung unternimmt mit Fokus auf das Geschlechterverhältnis auch Lange 1994.

Aspekte unterstellen, welcher folglich zur retroaktiven Bestätigung in der Analyse rekonstruiert werden kann.⁵⁹

Stephen Lowry geht dagegen von einer unauflöslichen internen Widersprüchlichkeit der ästhetischen Struktur der Filme aus. Er folgert, dass es gezielt den Zuschauer*innen überlassen bleiben sollte, die im weltanschaulichen Sinn ‚richtige' Position auszumachen. Lediglich ästhetische Stimmungsmarker wie Sehnsucht nach dem Tod, Melancholie oder auch Lebensfreude sollten, so Lowry, indirekt auf die ‚korrekte' Interpretation hindeuten.⁶⁰ Schlussendlich sollte diese Unbestimmtheit im so erzeugten imaginären Raum der Zuschauer*innen entlastend wirken, wodurch dort Widerstandspotenziale kompensatorisch gedacht und ausgelebt hätten werden können zu dem Zweck, sie für den Bereich der realen Politik zu entschärfen.⁶¹

Mit dieser Reduktion der strategischen Arbeit des Kinodispositivs und der Homogenisierung der Kategorie des Publikums richtet Lowry auf epistemologischer Ebene wieder sauber die Trennungen auf, die weder in der sozialen Realität noch nunmehr in den Ideologemen der Nazis existierten, zumal dies nicht deren Wirkung entsprechen sollte.⁶² Der Raum des Kinos konnte und sollte eben gerade nicht mehr scharf vom Raum der soziopolitischen Realität außerhalb des Kinos abgegrenzt werden können. Gerade der Raum vermeintlich privater Wunscherfüllung durch Konsum von angeblich ‚rein' fiktionalen Erzählungen sollte schon längst kein Ort mehr sein, an dem die Individuen sich selbst überlassen werden durften. Genauso wie der Raum des Films eben auch kein Raum mehr war, an dem es nur um die Produktion und Veranschaulichung privater, individueller Belange moderner Menschen in Konsumgesellschaften ging. Das im Kino gezeigte Leben

---

⁵⁹Vgl. hierzu kritisch Ascheid 2003, die auf die tautologische Struktur der Interpretation hinweist. Ebenso schwierig sind deshalb thematische Bündelungen der Filme zur Aufstellung eines zeitlichen Phasenmodells: bis 1936 die Phase der heiteren Komödien, Operetten- und Musikfilme; bis 1939 Vorbereitungs- und Einschwörfilme der sogenannten Stabilisierungsphase; die heroischen aufhetzenden Filme der Kriegsjahre bis zur sogenannten ‚Wende'; ab 1943 bis Kriegsende die Durchhaltefilme; kurz vor Kriegsende die kurze Phase der Untergangsfilme sowie der Überläuferfilme. So erfolgt bei Strobel 2009 sowie Kundrus 2005.

⁶⁰Schlussendlich liegt hier die Vorstellung zugrunde, dass die strategische Produktion von Widersprüchen dazu führen sollte, ihre Konsolidierung von einer einzigen, übergeordneten Instanz herbeizuführen, wie dies teilweise in der historischen Literatur zur Politik des Regimes im Allgemeinen sowie bezüglich der Funktion Hitlers im Speziellen behauptet wird. Vgl. hierzu Bracher 1976. Nicht unumstritten, die Position von Frei 1987. Mit gutem Überblick versehen, erneut Kershaw 1985b. Ob Lowry diese Übertragung auf die Filmproduktion allerdings bewusst im Blick hatte, ist nicht ergründbar. Er würde in diesem Fall auch das Zuschauer*innensubjekt in die Position der übergeordneten Instanz versetzen. Ob dies aber eine intendierte Maßnahme des Regimes war, ist fraglich und muss ungeklärt bleiben.

⁶¹O'Brian geht noch einen Schritt weiter, insofern sie vor allem auf die affektive, begehrenstechnische Komponente, weniger also auf die kognitive Dimension bei der Zuschauer*innenrezeption eingeht, um die weitgreifende ‚ideologische' Wirkungsmacht der Spielfilme im Nationalsozialismus zu erklären. Vgl. O'Brian 2004.

⁶²Siehe hierzu ebenfalls kritisch Ascheid 2003, bes. S. 11 ff.

sollte sich ja gerade weder sozial noch ästhetisch merklich von dem der sozialen Realität abheben. Vielmehr sollte die darin gezeigte Wirklichkeit zwar *enhanced,* aber dennoch als dieselbe wiedererkennbar sein. Indem die Zuschauer*innen eine Welt geboten bekamen, die ihnen ihre eigene unmerklich in ‚verbesserter' Gestalt vor Augen führte, sollten sie gerade davon abgehalten werden, überhaupt eine mögliche Differenz der ersten zur zweiten wahrzunehmen, um darüber (womöglich) nachzudenken. Sie sollten erst gar nicht in die Situation gelangen müssen, sich in ihrer Fantasie eine ‚bessere' Welt vorzustellen, die sich von der sozialen Realität außerhalb des Kinos unterschied. Aufgrunddessen musste man sie noch an ihren vermeintlich intimsten, privatesten, individuellsten Punkten adressieren, um ihnen ihre neue Position im Raum der völkischen Gemeinschaft schmackhaft zu machen.

Alle verfügbaren ästhetischen Verfahren wurden deshalb prinzipiell auch dazu aufgeboten, ein möglichst attraktives, darin überzeugendes Bild von ‚Privatheit' und ‚Individualität' zu erzeugen. In dem Maße, wie ihre Existenzberechtigung letztlich stets als exklusiv durch das große Ganze legitimierte evident wurde, war Partikularität sogar erwünscht oder genehm. Dass Individuelles, Privates und Freizeit jeweils als singuläres Partikulares oder zumindest als etwas auf ein anderes Gesellschaftliches Bezogenes sichtbar und interpretierbar wurde, war zwar nicht gewollt. Es war allerdings ebenso wenig ganz auszuschließen, da es erstens erst einmal als solches gezeigt werden musste und zweitens die darin aufscheinende Differenz von ‚neuer Realität' und ‚tatsächlicher Realität' schlussendlich irreduzibel und darin un/bestimmt blieb, sodass sie immer auch anders aufgefasst werden konnte.[63]

In dieser Perspektive ist auch die Produktion von Geschlecht, Geschlechteridentitäten und Geschlechterverhältnis zu betrachten.[64]

Männlichkeit und Weiblichkeit sollten in dem Maße als individuelle geschlechtliche Identität in Erscheinung treten, wie sie in einer idealisierten Form

---

[63]Schulte-Sasse führt in diesem Zusammenhang das Beispiel von Joseph Marian an, der den Oppenheimer in Veit Harlans *Jud Süß* spielte. Die Figur war als Antiheld angelegt, von dem man sich abgrenzen sollte. Aufgrund von Marians charmanter Ausstrahlung und seines charismatischen Stils verzauberte er aber buchstäblich insbesondere das weibliche Publikum, von dem er körbeweise Fanpost erhielt. Vgl. Schulte-Sasse 1996.

[64]Es ist in den Geschichtswissenschaften unstrittig, dass nicht nur die Rassenideologie die Grundlage der nationalsozialistischen Weltanschauung bildete, sondern diese auch direkt an die Kategorie des Körpers, daher auch an die von Geschlecht und Sexualität geknüpft war. Auch wenn es sich um keine originäre Ideologie handelte, avancierte sie während der Nazi-Herrschaft zur *ultima ratio* der Politik und bestimmte die Techniken des Regierens. Vgl. hierzu überblicksartig Dickinson 2004. Zur Besonderheit der nationalsozialistischen Rassenideologie vgl. erneut Kershaw 1985, 1995. Weiterführend zur Rassenpolitik als Geschlechterpolitik vgl. einschlägig Bock (Hg.) 1993. Die Kategorie ‚Rasse' fungierte als radikales Ausschlusskriterium mit Bezug zum idealisierten ‚Völkskörper', auf den sie zugleich mit Bezug zur Kategorie ‚Geschlecht' nivellierenden Effekt zeitigte. Innerhalb des idealisierten ‚Volkskörpers' dominierte dagegen als Strukturprinzip die Kategorie ‚Geschlecht', wenn auch beide Kategorien sowohl exogen als auch endogen miteinander verknüpft waren. Vgl. hierzu Quack 1997, Kaplan 2003, Distel 2001, Bock

und darin als ‚natürliche' wahrgenommen wurden.[65] Beide Identitäten sollten streng gemäß ihrer Funktion für die Gemeinschaft aufeinander bezogen sein.[66] Wie Antje Ascheid mit Bezug zur kinematografischen Produktion von Weiblichkeit bemerkt, entstanden in dieser Zeit viele Spielfilme mit Frauen als Heroinen,

---

(Hg.) 2005, Ofer/Weitzman (Hg.) 1998, Hauch 2001, Bauer u. a. (Hg.) 2005, Przyrembel 2003 sowie Schneider 2005.

[65]Insofern war das Geschlechterverhältnis der Leitidee von der harmonischen Volksgemeinschaft analog. Das lässt sich insbesondere anhand der Umcodierung von Weiblichkeit ablesen. Auch sie war in der Geschichte ‚fehlentwickelt', musste also im Sinne des Ideals korrigiert werden. Dazu wurde auf ein mythisches Bild der Vergangenheit rekurriert, in welchem vor allem völkisch-nationale, arische Elemente, allen voran ‚Mutterschaft', dominierten. Diese wurden zudem mit modernen Elementen kombiniert, die nun den ‚Verzerrungen' durch Kapitalismus, ‚Judentum', Sensationalismus als umcodierte entgegengesetzt wurden, wie es die verwendeten Attribute ‚natürlich', ‚lebensbejahend', ‚sportlich' und ‚kameradschaftlich' implizierten. Diese Elemente traten selbstredend in der Repräsentation in ein Spannungsverhältnis, wie es nicht nur Historiker*innen wie bspw. Elke Frietsch, sondern auch Filmwissenschaftler*innen wie Antje Ascheid bemerken. Vgl. erneut Frietsch 2008 sowie Ascheid 2003. Obwohl die Geschlechterbinarität insbesondere für die Reproduktion funktionalisiert werden sollte, wurde sie nicht exklusiv biologistisch begründet, gerade weil sexuelles Verhalten nicht (mehr) als Privatvergnügen, sondern als Dienst an der Volksgemeinschaft definiert wurde. Zugleich zählte sie aber dennoch zu den Gratifikationsmaßnahmen in der Gestalt individueller Wunscherfüllung, sprich als vollzogener Konsum. Sie war vielmehr sozial bedingt, wurde aber mit einer wesensmäßigen Differenz begründet, welche Position und Funktion des Individuen bestimmte und damit zugleich letigimierte, warum das nur vordergründig symmetrische Geschlechterverhältnis im Sinne des Leistungsprinzips eben letztlich doch hierarchisch angeordnet sein musste. Weil aber alle ‚genehmen' Individuen mit der Aussicht auf Belohnung adressiert wurden, erschien es, als würden alle, Männer wie Frauen, nicht nur im gleichen Umfang durch das System anerkannt, sondern dies auch noch in ihrer ‚wahren' individuellen Identität. Zur Neuorganisation der Geschlechteridentitäten im öffentlichen Raum vgl. erneut Bock 1997. Ebenso wurde im Großen und Ganzen mit Liebe, Intimität und Sexualität verfahren. Auch diese Konzepte wurden umcodiert, indem sie aus dem spannungsreichen Begründungszusammenhang von ‚jüdischer Frivolität' und ‚bürgerlicher Verklemmtheit' herausgelöst und als ‚natürlich' und ‚lebensbejahend' ausgewiesen wurden. Alte Institutionen wie die Familie sollten so erodiert werden, dass ihre angestammten Funktionen neu im gesamten Raum der Volksgemeinschaft organisiert werden konnten. Dabei war auch hier das Adressierungsprinzip relevant, durch das sich jedes Individuum vermeintlich noch in seinen intimsten Wünschen durch das Regime ernstgenommen fühlen sollte. Es handelt sich deshalb nicht nur um biopolitische Maßnahmen oder solche der Zustimmungserzeugung. Vielmehr muss man dies als Regulierungsstrategie von Konsum, hier von Körpern und Sexualität, verstehen. Vgl. hierzu erneut Herzog 2005, bes. S. 15 ff. Alle Formen von Sexualität, die eben nicht ‚lebensbejahend', sprich nicht reproduktiv oder ‚rassisch missliebig' waren, wurden nicht nur öffentlichkeitswirksam diskreditiert und zugleich pornografisch ausgeschlachtet. Vielmehr wurde de facto das Sexual- und Reproduktionsverhalten mit repressiven Maßnahmen reguliert, wie bspw. durch Zwangssterilisierung, Kastration und Abtreibung bis hin zur Internierung. Vgl. hierzu Fout 2002.

[66]Die Begründung der Kategorie ‚Geschlecht' gemäß ihrer sozialen Funktion zielte direkt auf die Umordnung aller sozialen Schichten. Durch das geltende Leistungsprinzip, das sich grundsätzlich an alle Staatsbürger*innen richtete, sollte prinzipiell jede_r die Möglichkeit zum sozialen Aufstieg erhalten. Dabei wirkte es sich hinsichtlich des Geschlechts eben unterschiedlich aus. Frank Werner demonstriert, dass die Kategorie ‚Leistung' bereits männlich codiert war und

die als große Stars aufgebaut waren, wie beispielsweise Käthe Nagy, Ilse Werner und Zarah Leander.[67] In den von ihnen gespielten Figuren, so Ascheid, wurden in der sozialen Realität vorhandene widersprüchliche Weiblichkeitskonzepte, meist in Gestalt innerer Zerrissenheit oder einer (unmöglichen) Wahl zwischen verschiedenen Männertypen repräsentiert, die jedoch am Filmende im ideologisch ‚korrekten' Sinn aufgelöst wurden.[68] Ascheid begründet dies vor allem mit der Kategorie der Zuschauerin, die als Konsumentin von Filmfantasien durch verschiedene Weiblichkeitsbilder adressiert werden sollte,[69] damit sie sich entweder identifizieren oder von einer ‚negativen' Vorlage distanzieren konnte. Da der Spielfilm als niedere, weil ‚feminisierte' Kulturkategorie öffentlich abgetan wurde, so Ascheid weiter, richteten sich die Filme beinahe ausschließlich an ein weibliches Publikum. Insofern Männern der Bereich von Politik und ‚wertiger' Kultur vorbehalten war, so Ascheids Argumentation, sei das männliche Publikum als Adressierungsgruppe des Spielfilms weitgehend außen vor gelassen worden. Der ‚reine' Konsum von Unterhaltungsgütern entsprach offiziell nicht den ‚wertigen' Männlichkeitskonzepten, so Ascheid.[70] Diese Begründung macht sie an der Beobachtung fest, dass in den Filmen, entgegen der Vielzahl unterschiedlicher Weiblichkeitskonzepte, lediglich eine überschaubare Anzahl an Männlichkeitskonzepten – Held, historischer ‚Übermensch' und (Künstler-)Genie – existierten. Sie reetabliert dabei auf theoretischer Ebene mit Bezug zu den Geschlechtern Binarismen, die gerade mit Bezug zur Trennung von ‚Unterhaltung' und ‚Propaganda', ‚Öffentlichkeit' und ‚Privatheit', ‚Arbeit' und ‚Freizeit', ‚Konsum' und ‚Leistung' sowie ‚hoher' und ‚niedriger' Kunst gar nicht mehr existierten.[71] Die Tatsache, dass *jedes* Individuum im gleichen Umfang zustimmend sowie aktiv-produktiv zum Staat ins Verhältnis gesetzt werden sollte, erforderte auch die

---

deshalb primär die Hegemonie männlicher, hierarchisch strukturierter Gemeinschaften objektivierte. Weiblicher ‚Erfolg' war, egal auf welches Resultat bezogen, stets weniger wert in dieser, in Werners Worten, „Aufwertungsdiktatur". Vgl. erneut Werner 2013, bes. S. 49 ff., Bock 1997 sowie Siegel 1989.

[67]Vgl. hierzu auch Meyhöfer 1989.

[68]Ascheids Argumentation hebt darauf ab, dass die im Film aufgeworfenen unterschiedlichen Weiblichkeitskonzepte ebenfalls Identifikationsangebote an Frauen machten, wodurch eine totalisierende Identifizierung mit der am Filmende vermittelten Position nicht zwangsläufig eintreten musste. Sie führt dies ausführlich anhand der Starfigur Lilian Harveys aus in Ascheid 1998.

[69]Vgl. zu Frauen als Konsumentinnen in der NS-Zeit Guenther 2004.

[70]Darüber hinaus, so Ascheid weiter, war das Bild des glamourösen starken Mannes, welches als Projektionsfläche und Identifikationsangebot für männliche Gesellschaftssubjekte dienen sollte, Hitler oder den oberen Parteifunktionären bzw. den Ministern vorbehalten. Zur Bedeutung der Geschlechterdifferenz bei der Bestimmung des Verhältnisses von Kunst und populärer Kultur, das in Spielfilmen verhandelt wird, vgl. auch Schrödl 2004.

[71]Dass auch dieser Binarismus neu organisiert werden sollte, zeigt sich in der Funktionalisierung insbesondere der Musik Ludwig van Beethovens. Gerade nicht mehr entlang der sozialen Differenzierung sollte diese Musik goutiert werden. Als ‚typisch' deutsche sollte sie die einheitliche Gemeinschaft unter Ausschluss derjenigen stiften, die ‚nicht-genehm' waren aufgrund ‚fremder' Gesinnung oder Herkunft. Im Kern wurde dabei nicht die Musik selbst honoriert. Vielmehr

Neuordnung seines Bezugs zu den Sphären des Politischen, der Produktion und der Öffentlichkeit auf der einen und der der Unterhaltung, des Konsums und des Privaten auf der anderen Seite. Anders formuliert: Männer und Frauen waren zwar verschieden, darin asymmetrisch, jedoch in gleichem Umfang jeweils auf *alle* Gesellschaftsaspekte bezogen.

In den Filmen lässt sich entsprechend hinsichtlich der Repräsentation von Weiblichkeit die erhebliche Mühe erkennen, ‚Privatsphäre' überhaupt noch als wirksamen Gegensatz zur ‚Öffentlichkeit' auszuweisen, um ansatzweise überzeugend vermitteln zu können, dass sie ausschließlich daran geknüpft ist, wofür *Schlussakkord* ein gutes Beispiel bildet.[72] Korrelativ hierzu war ‚Öffentlichkeit' durch das Bild der idealisierten Gemeinschaft substituiert, worin Männlichkeit *grundsätzlich* die wertigere Position zugewiesen wurde. Um bei *Schlussakkord* als Beispiel zu bleiben, führt das dazu, dass die männliche Hauptfigur eben nicht nur ‚in der Öffentlichkeit' als Künstlergenie auftritt, sondern zugleich auch ‚zu Hause' die Rolle der Mutter besser erfüllen kann als eine Frau, hier die ‚schwierige' Ehefrau und Stiefmutter, die ihre Rolle als Frau eben nicht ‚korrekt' einnimmt und sich nicht ‚richtig' in die Gemeinschaft eingliedert.

Als relevanter Produzent der ‚neuen Wirklichkeitsauffassung' konnte es sich das Kino demnach gar nicht leisten, das männliche Publikum *nicht* ebenso allumfassend zu adressieren. Für alle ‚genehmen' männlichen Individuen sollten im gleichen Umfang Anreize und Gratifikationen über den Konsum von Körpern und Sexualität bis hin zu bebilderten Fantasien im Kino erzeugt, verteilt und reguliert wurden. Dass es mehr Filme mit weiblichen Stars gab und weniger Männlichkeitstypen auf der Leinwand in Erscheinung traten, ist weniger darin begründet, dass es sich bei Kino und Film um ‚feminisierte', ‚minderwertige' Kunst beziehungsweise ‚bloße' Unterhaltung handelte.[73] Vielmehr sind die wenigen verfügbaren idealisierten Männlichkeitstypen ausreichend, um ihre grundsätzlich ‚wertigere', durch die Gemeinschaft definierte Position evident zu machen. Anders herum formuliert:

---

stand sie quasi-symbolisch für ‚typisch deutsche Kultur'. Vgl. hierzu erneut Currid 2006 sowie Schulte-Sasse 1996. In diesem Licht muss auch die offizielle Abneigung gegen den Jazz gesehen werden. Nicht als niedrige Kunstform war er abzulehnen, sondern weil er im ‚rassischen' Sinne ‚fremd' war. Zu den Swing- und Jazzdebatten, die historisch ambivalent geführt wurden, erneut Schäfer 1981. Weiterführend vgl. Kater 1992 sowie Polster (Hg.) 1988. Zum Verständnis von ernster und populärer Musik im Nationalsozialismus, zur Musikpolitik des Regimes sowie zur Musikwissenschaft als Kulturtheorie vgl. Kater 1997, ders./Riethmüller (Hg.) 2003 sowie Potter 1998 und Heister/Klein (Hg.) 1984. Zum Verhältnis ‚deutscher Nationalität' und Musik im Überblick vgl. Applegate/Potter (Hg.) 2002.

[72]Vgl. zur gesellschaftlichen Neuordnung des Binarismus privat – öffentlich auch erneut Peukert 1992 sowie Wagner 2000.

[73]Dem offiziellen Weiblichkeitsbild war ein Männlichkeitsbild beigeordnet. Es konstituierte sich entsprechend der männlichen Funktion, die ‚höherwertige' Position in der idealen Volksgemeinschaft einzunehmen. In der Logik der allgemeinen Höherwertigkeit von Männlichkeit war der gesamte Raum der Gemeinschaft an und für sich männlich codiert. Die Praktiken männlicher Vergemeinschaftung waren, weil wesentlich staatsbildend, kohäsiver als diejenigen weiblicher Vergemeinschaftung. Diese besaßen in dem Maße keine Grundlage, wie Weiblichkeit

Männlichkeit war prinzipiell mit der Gesamtheit der gemeinschaftlichen Sphäre koextensiv. Daher definierte sie sich auch im Film als das Geschlecht, das alle Aspekte der Gesellschaft dominierte. Damit ging einher, dass sie in Gestalt des Individuums stets einen Gesellschaftstypus verkörperte, der zumeist auch in Bezug zu männlichen Gemeinschaftsformen stand, wie diese zugleich repräsentativ für die Ganzheit der Gemeinschaft waren. Weiblichkeit war darin als bloßes Komplement auf bestimmte Positionen fixiert, weshalb sie sich anhaltend legitimieren musste.

Dies lässt sich mit einem weiteren relevanten Aspekt erklären, der mit der möglichst unmerklichen Differenz von dargestellter, ‚idealer' Wirklichkeit und ‚neuer' sozialer Wirklichkeit sowie mit der raumzeitlichen Anordnung der Überwindung eines ‚verzerrten' Jetztzustands hin zu einer Zukunft zusammenhängt, in der sich etwas ‚Mythisches' einlöst. Er lässt sich direkt auf die Kategorie ‚Identität' beziehen.

Sabine Hake erläutert dieses Phänomen überzeugend an der Starpersona Heinz Rühmanns und den Filmen, in denen er die männliche Hauptrolle spielte. Sie arbeitet die Strategie heraus, mit der das Medium Film das Publikum geschlechterspezifisch

---

in funktioneller Komplementarität zu Männlichkeit begründet war. Auf dieser epistemologischen Folie sollte alles, was sich von dieser Männlichkeit abhob, sichtbar als ‚nicht-genehm' abgegrenzt und abgewertet werden. Vgl. hierzu erneut Werner 2001 sowie Theweleit 1984. Weiterführend Winter 2013, Mosse 1996, bes. S. 155 ff., Connell 2013, Kühne 1996, 2002, 2006, 2010 sowie Knoch 2004. Als eine ‚nicht-genehme' Form von Männlichkeit muss man auch Homosexualität einstufen, da es sich um eine nicht-reproduktive sexuelle Identität handelte, weshalb sie verfolgt wurde. Vgl. hierzu Oosterhuis 1994, Jellonek 1990, 2002, S. 149–161, Lautmann 2002, Zinn 2012, Plant 1991, Grau (Hg.) 2004 sowie Stümke/Finkler 1981. Eine etwas andere Perspektive nimmt Herzer 1984 ein. Homosexualität, so Herzer, wurde nicht aus moralischen Gründen diffamiert. Vielmehr ging es um das politische Verständnis von Sexualität als nicht individuell, sondern stets durch das sie legitimierende Gesamte bestimmter. Sie wurde deshalb dezidiert nicht biologistisch begründet, sondern als ‚abweichendes' Verhalten betrachtet, weil sie dadurch korrigierbar schien. Aus diesem Grund wurde Homosexualität oft als ‚unsittliches', ‚asoziales' oder ‚arbeitsscheues' Verhalten bezeichnet. Die juristischen und medizinischen Debatten zur Bestimmung von Homosexualität in der NS-Zeit bezeugen das diskursive Ringen um eine zu korrigierende biologische Anlage. Vgl. hierzu Oosterhuis 2002. Der ‚harte' Kern der Definition bestand von juristischer Seite aus im schwer nachzuweisenden Analverkehr. Aufgrund dessen wurden weniger sexuelle Handlungen zwischen Männern, sondern individuelle Attribute bzw. Verhaltensweisen wie Blicke und Gesten zur Grundlage der Definition. De facto wurde hier eine sexuelle Identität diskursiv produziert, die praktisch jeden Mann unter Generalverdacht stellte. Vgl. hierzu Giles 2002, 2005b. Weil sie deshalb das prinzipiell befürwortete und beförderte homosoziale Band zwischen Männern zur Bildung der Staatsräson potenziell unterlief, musste Homosexualität in der Figur des effeminierten Schwulen vereindeutigt werden, um einen vermeintlich evidenten Grenzfall zu erzeugen. Vgl. hierzu erneut See 1990, Greve 1990, weiterführend Nieden 2005, Hancock 1998, Hewitt 1996, Zinn 1997 sowie Micheler 2005. Lesben waren grundsätzlich nicht als Rechtssubjekte definiert, wodurch sie zwar einerseits nicht strafrechtlich verfolgt wurden, dadurch aber auch der Zugriff auf einzelne Individuen jenseits rechtlicher Maßnahmen vereinfacht wurde, was sich bspw. in der Zwangsreproduktion zeigte. Vgl. hierzu Lanwerd/Stoehr 2007 sowie Schoppmann 1991, 2012.

adressierte, dabei aber nicht individuell, sondern mittels eines verzeitlichten Schemas von Individualität, welche immer auf ein Ganzes bezogen ist.[74]

Dabei kann der durch Rühmann verkörperte Männlichkeitstypus des ‚kleinen Mannes' zunächst als Umcodierung eines bestehenden Männlichkeitskonzepts, nämlich des Angestellten, aufgefasst werden. Das Bild des ‚kleinen Mannes' diente, laut Hake, dazu, innerhalb der Filme gesellschaftliche Widersprüche und sexuelle Ambivalenzen des Männlichkeitsbildes zu verhandeln.[75] So standen darin starrsinniges Festhalten an individuellen Überzeugungen gegenüber dem *common sense* oder auch eine asexuelle Tendenz gegenüber einer regressiven, expressiven Sexualität nebeneinander. Widersprüche innerhalb der Figur des ‚kleinen Mannes' sollten die Trennung zwischen politischer Sphäre und Unterhaltungskultur reetablieren, indem sie in der Starpersona ‚Rühmann' als transzendiert und überwunden behauptet wurden, um letztlich als Allzumenschliches in Erscheinung zu treten. Dieses wiederum sollte jenseits aller Ideologie angesiedelt sein. Rühmanns Aufgabe bestand demnach darin, als Figur den (‚normalmenschlichen') *common sense* zu verkörpern, der sich auch mal im politischen Alltag ‚verheddern' konnte, während seine Starpersona als Ikone das allgemeinmenschliche Ideal jenseits alles Politischen vermitteln sollte.

Hake argumentiert, Rühmann habe in den Filmen für eine Art Selbstfindung des männlichen Subjekts repräsentativ gestanden. Diese habe sich als Wiedererlangen der Kontrolle über einen temporären Selbstverlust vollzogen, der sich durch ein es umgebendes Chaos eingestellt hatte. Es wurden, so Hake weiter, im Bereich des Individuellen in den Filmen bewusst permanent konventionell geschlechtlich codierte Verhaltensweisen oder Geschlechter- und Sexualitätsnormen überschritten. Diese merklichen Transgressionen wurden zum einen lustvoll zelebriert, um sie in Form individuellen Erlangens männlicher Selbstkontrolle ins Ziel allgemeiner „sozialer Harmonie" (Hake 1998, S. 43) zu überführen, wodurch sie reguliert werden konnten.[76] Auch die trangressiven Zwischenstufen seien, so Hake, durchaus als gewollte Identifikationsangebote für das Publikum inszeniert worden. Erst unter der Voraussetzung, dass mit dem inszenierten Prozess des temporären Selbstverlusts die Spaltung der Identität einherging, trat die nachfolgende Selbstermächtigung des männlichen Selbst umso stärker als ‚authentische', weil eigens und willentlich herbeigeführte in Erscheinung. Dies drückte sich in Rühmanns verändertem gestischen und mimischen Spiel aus (von ‚kindisch' zu ‚souverän' beispielsweise).

---

[74]Vgl. Hake 1998.

[75]Marcia Klotz hat diese innere Widersprüchlichkeit an der Starpersona Hans Albers' untersucht. Bei dieser nehme sie, so Klotz, einen tragischen Zug an, insofern sie darin scheitere, sich erfolgreich ins Allgemeinmenschliche einzuschreiben. Vgl. Klotz 1998.

[76]Damit begründet sich auch die Dominanz von Komödien und Melodramen in der NS-Zeit, die sich für ausagierte und regulierte Transgressionen von Affekten, Emotionen, Begehren im Rahmen aufgeführter Normregister besonders gut eignen.

Auch wenn Hake aufzeigt, dass anhand der Figur des ‚kleinen Mannes' die Trennung von privater Unterhaltung und politischer Öffentlichkeit reproduziert werden sollte, weist ihre Interpretation stark in Richtung eines Unterlaufens dieser Trennlinie. Die vermeintlichen ‚Privatangelegenheiten' männlicher Identität waren ja immer schon die sozial bedingten Probleme, die diese in der Auseinandersetzung mit ihrer Umwelt hatte. Nur im Zuge dessen, dass sie als *innerer* Konflikt *eines* männlich vergeschlechterten Individuums verhandelt wurden, worin sie aber nicht lösbar waren, konnten sie überhaupt als Nicht-Privates ausgewiesen werden, indem sie zum Jenseits dieser Differenz, dem vermeintlich Allgemeinmenschlichen nämlich, hin transzendiert wurden. Dass die Figur des ‚kleinen Mannes' keineswegs jenseits nazi-ideologischer Affinität zu interpretieren ist, darauf verweist Hake schon. Jedoch macht sie den Konnex nicht in vollem Umfang explizit: Bei diesem ‚Allgemeinmenschlichen' handelte es sich keineswegs um etwas jenseits der ‚neuen Wirklichkeitsauffassung' Angesiedeltes. Es entsprach vielmehr der Vorstellung idealisierter Identität in ihrer zeitenthobenen, immerwährend gültigen Variante, welche mit dem Raumzeitschema koextensiv war und daher als höchst politische aufzufassen ist. Die zu erlangende künftige Idealität der Individualität wurde als achronische ‚Natur' dargestellt, die demnach ebenso unhinterfragbar wie unveränderbar war. Das ‚Allgemeinmenschliche' bildet hier demnach keine Kategorie des *common senses*, als Ergebnis der gemeinsamen Aushandlung vieler Individuen im historischen Prozess. Sie wird vielmehr an der Schablone des Individuellen jenseits des Menschlichen gemessen, die eben nicht durch das Individuelle, sondern durch das von außen auferlegte Ideal der harmonisierten Gemeinschaft begründet ist, an der es sich messen lassen muss und durch welche es allein legitimiert ist. Diese Kategorie des Individuellen ist *larger than life,* daher weniger ‚allgemeinmenschlich' als ‚übermenschlich'.

Hake schließt prinzipiell in diesem Sinne ganz korrekt, dass die vermeintlich individuellen Überschreitungen in den Filmen, indem sie ins einzelne Individuum verlegt wurden, von nun an nur noch als (unerwünschte) Abweichungen vom idealisierten Ganzen denkbar waren:

> Aus der Kritik an den existierenden Verhältnissen wurde die Diagnose persönlicher Unreife und aus dem Widerstand gegen gesellschaftliche Normen das Problem individueller Abweichung. (Hake 1998, S. 48)

Bei Rühmann nahm das Individuelle die Gestalt temporärer Regression an, welche in jedem Fall überwunden werden musste. Auch in Bezug auf die erotische beziehungsweise sexuelle Codierung von Männlichkeit und, wenn auch mit anderem Profil, von Weiblichkeit durften im Sinne der individuellen Adressierung und Gratifikation von und für Männer(n) und Frauen zeitweise die idealisierten Schemata bezüglich sexueller und geschlechtlicher Praktiken, Begehrensformen und Identifikationsmuster im Medium Film überschritten werden.

Schlussendlich waren diese jedoch einzulösen, sodass das binäre Geschlechterschema aufrechterhalten wurde, wie es zugleich jegliche individuelle Bezogenheit der Geschlechter aufeinander suspendierte. Die Neuordnung der Geschlechterbinarität wurde dafür in eine Funktion überführt, die sich allein daraus erklärte, dass sie sich auf die idealisierte Volksgemeinschaft als Ganzes bezog und deren ‚Wohlergehen' diente, wie beispielsweise die reproduktive Funktion der ‚Mutter' oder die produktive Funktion von ‚Arbeiter', ‚Soldat' beziehungsweise ‚Künstler'. Gerade deshalb sind die familialen und geschlechtlichen Beziehungen in vielen dieser Filme weder biologisch noch legal fundiert. Sie ziehen ihre Legitimität ausschließlich daraus, in welchem Maße sie sich in ihrer Ausgestaltung auf das Ideal der harmonisierten Volksgemeinschaft beziehen lassen. ‚Intimität', ‚Liebe' oder gar ‚Begehren' können hier nicht individuell als Partikulares erlebt oder repräsentiert, sondern müssen per se im Sinne ihrer binären Funktion für dieses Ideal performativ produziert werden.

Dieser Prozess vollzieht sich in den Filmen zumeist als – wie auch immer geartete – ‚Krise' des jeweiligen männlichen oder weiblichen ‚Individuums'. Darin kann nur exemplarisch gemäß des Schemas des noch nicht erreichten Ideals der (reale) Konflikt mit der noch nicht idealisierten Umwelt (der sozialen Realität) als (innerer) Konflikt eines Einzelmenschen kontrolliert überwunden werden. Im Sinne der Bezogenheit auf dieses Ideal ist dieser Konflikt überhaupt nur daraus erklärbar und kann dadurch legitimiert werden.

Der wesentliche Unterschied zwischen den Geschlechtern in Bezug zu dieser funktionalen Repräsentation ist darin zu sehen, dass Weiblichkeit, wie Jana F. Bruns und Erica Carter verdeutlichten,[77] in den Filmen in der Regel in ihrer Komplementärfunktion reguliert wurde. Bei gelungener Transzendenz des ‚Individuellen' mündete dies bei Weiblichkeit lediglich im ‚Seelisch Schönen', wie es Ascheid anhand der Beispiele von Nagy, Leander und Werner belegt. In zugespitzter Fortführung von Ascheids These argumentiere ich, dass Weiblichkeit im Gegensatz zu Männlichkeit grundsätzlich verwehrt blieb, in die Position des ‚Allgemeinmenschlichen' einzurücken.

Weniger weil die Konzepte von Männlichkeit und Weiblichkeit in der sozialen Realität so widersprüchlich waren, wurde also beides im Medium Film demnach widersprüchlich repräsentiert. Die Figuren performierten vielmehr in Form immer noch bestehender Nicht-Idealität von Gesellschaftlichkeit eine zukünftige idealisierte Identität, indem ein defizitärer Jetztzustand transgressiv zelebriert wurde, nur um ihn auf eine Zukunft hin zu überwinden, in der sich vermeintlich ein verloren gegangenes Ideal nun als ewig gültiges einlöste. Diese Idealität war jedoch an und für sich weder unmittelbar noch vollständig evident zu machen. Erstens, weil sie eben keine individuelle mehr, sondern eigentlich schon eine ‚übermenschliche' war. Zweitens, weil sie ihre Existenzberechtigung allein durch das gemeinschaftliche (völkische) Ideal erhielt. Drittens und am Relevantesten, weil in der Struktur der in sich differenten Performanz angelegt war, dass sie gar nicht gänzlich im ‚Allgemeinmenschlichen' oder ‚sublim Schönen' aufgehoben werden konnte. Und gerade weil in vielen Filmen so augenscheinlich wird,

---

[77]Vgl. erneut Bruns 2009 sowie Carter 2004.

dass männliche und weibliche Identitäten prozessual werden, da sie ja in sich modifizierbar sein müssen, ist auch das gewollte Resultat der absoluten Naturalisierung in der stillgestellten Form ihrer idealisierten Versionen als dessen Effekt der ständigen Herstellung nicht zu übersehen. Andauernd werden die Nahtstellen, die für die Bruchlosigkeit dieser Inszenierung sorgen sollen, als prekäre deutlich, damit reflektier- und unterschiedlich ausdeutbar. Gerade dort, wo das Vernähen misslang, dort, wo die Struktur der Performativität des Raumzeitschemas und damit die Repräsentation einer natürlichen Ordnung von Ganzem und Teilen, von Gesellschaft und Geschlechteridentitäten zusammenbrach, entstanden Zonen des Partikularen und Individuellen, welche weniger das zu korrigierende Abweichende als vielmehr das im Sinne der Verdinglichung des Ideals erst gar nicht Verfügbare bilden konnten.

So wird in der Komödie *Robert und Bertram* (D 1939; R: Hans H. Zerlett) ein Gaunerpaar dezidiert als Korrektur zur ‚normalen' Volksgemeinschaft über Transgressionen dargestellt, wobei der Weg der beiden Protagonisten eben, analog zur Figur Heinz Rühmanns, zur Transzendierung ins ‚Allgemeinmenschliche' führen soll, inszeniert als buchstäbliche Apotheose. Die Produktion von Männlichkeit im Sinne des herzustellenden Ideals gelingt jedoch nicht dort, wo sie über das Wechselverhältnis der beiden Medien Film und Skulptur naturalisiert werden soll. Im Gegenteil, das Medium Film wird gerade durch die Abgrenzung zur Versteinerung, die sich in der Skulptur doppelt manifestiert, zum Raum der partikularen männlichen Wunscherfüllung, die auf ein anderes männliches Objekt bezogen ist.

In dem Kriegs- und Propagandafilm *Wunschkonzert* (D 1940; R: Eduard von Borsody) geht es thematisch auf den ersten Blick vermeintlich um die Inszenierung einer heterosexuellen Liebesbeziehung. Sie ist eingebettet in eine soziale Umgebung, in der zwischen ‚dem Mann in Zivil' und ‚dem Soldaten' keine Differenz mehr existiert, analog der unterlaufenen Binarität von Zivil- und Kriegsgesellschaft. Dies wird durch die Instrumentalisierung des Radios als die Volksgemeinschaft vereinheitlichendem Apparat vollzogen. Dem Medium Film fällt die Aufgabe zu, visuell diese durch das Radio gerade nicht hergestellte Präsenz aller Bürger*innen als ‚natürliche', weil visuell gegebene Einheit zu bezeugen. Die Analyse dieser vermeintlich visuellen Fülle zeigt aber, dass weder Radio noch Film die bruchlose Vernähung raumlichzeitlich verstreuter Elemente der Volksgemeinschaft gelingt. Das wiederum führt in *Wunschkonzert* zu semi-autonomen Formen männlicher Vergemeinschaftung, deren Band zur inszenierten Volksgemeinschaft prekär ist. In den Momenten, in denen der Film gegenüber dem Radio eine visuelle Fülle behauptet, sind die Begegnungen der beiden männlichen Protagonisten radikal durch das gesamte Ganze nicht legitimiert. Deshalb sind sie als absolut partikulare Formen einer intimen Beziehung, nicht zwischen zwei Soldaten oder dem Dienstherrn und seinem Untergebenen, sondern zwischen zwei vergeschlechterten männlichen Individuen in der gesamten Dimension ihrer persönlichen Fantasien, Wunschvorstellungen und Emotionen gegeben.

4.1 Der kinematografische Traum vom Einssein – *Robert und Bertram*

Als *Robert und Bertram* im Juli 1939 im Hamburger Ufa-Palast uraufgeführt wurde, war, laut Susan Tegel, genau ein Jahr zuvor eine Order vom Reichsministerium für Volksaufklärung und Propaganda an die Filmindustrie hinausgegangen, antisemitische Filme zu produzieren.[78] Der Appell von Anfang des Jahres 1938 musste im Herbst wiederholt werden, da sich diese nicht besonders umtriebig in der Umsetzung gezeigt hatte. Ob die Produktion von *Robert und Bertram* als direkte Befolgung dieser Order aufzufassen ist, lässt sich nicht befriedigend rekonstruieren.[79] Der Film wird allerdings in der Forschung neben *Leinen aus Irland*[80] als eine der beiden einzigen antisemitischen Komödien der NS-Zeit bezeichnet.[81] Damit reihte er sich in die Geschichte humoristischer und komödiantischer Darstellungen ‚jüdischer' Stereotype ein (s. Abschn. 2.4).[82] Der entscheidende Unterschied zu vorherigen Darstellungen liegt in *Robert und Bertram* darin, dass die Stereotype im Wechselspiel mit einer angeblich ‚nichtjüdischen' Kultur nicht zur Ver- oder Aushandlung zur Disposition stehen, sondern es letztlich darum geht, in eine davon gänzlich freie Welt einzutreten – um eine absolute, radikalisierte Variante also. Die filmische Erzählung erzeugt dies nicht

---

[78] Vgl. Tegel 1996, bes. S. 515 f.

[79] *Robert und Bertram* war kein großer Kinoerfolg der Tobis-Filmkunst GmbH. Vgl. hierzu erneut Schulte-Sasse 1996, bes. S. 235. 1939 zählte sie wie die Ufa, die Bavaria sowie die Berlin, Wien und Prag Film bereits offiziell zu den sogenannten staatsmittelbaren Filmproduktionsfirmen. Mit Hans H. Zerlett führte ein erfahrener Regisseur und Parteigenosse Regie. Helmut Schreiber war Herstellungsgruppenleiter der Produktion. Die Rollen der beiden Protagonisten waren wie viele der Nebenrollen mit Rudi Godden als Robert und Kurt Seifert als Bertram mit Schauspieler*innen besetzt, die über große Theater- und Operetten- sowie Kabaretterfahrung verfügten.

[80] In diesem Film geht es um die ‚jüdische Hegemonie' der Textilindustrie in Großbritannien.

[81] Bspw. schreibt O'Brian, dass der Film der erste nach den Pogromen des Jahres 1938 gewesen sei, der „Jews as cultural and economic outsiders in great detail" (O'Brian 2004, S. 32) porträtierte. Die folgenden Filme, die Jüd*innen in negativem Licht darstellten, taten dies nicht mehr per Komik, sondern per offener Anfeindung wie *Jud Süß*, *Die Rothschilds* und *Der ewige Jude* (D 1940; R: Fritz Hippler). Da *Robert und Bertram* im Jahr 1839 spielt, wird er in der Literatur häufig als Komödie, Filmposse oder auch als Musikkomödie bezeichnet. Vgl. zum freien Umgang mit der Geschichte insbesondere im Operettenfilm erneut Bono 1998.

[82] Hierfür stehen die Filme Ernst Lubitschs vom Ende des Kaiserreichs bis zum Beginn der Weimarer Republik repräsentativ. Lubitsch setzte den unauflösbaren, intrinsischen Widerspruch, eine vermeintlich ‚jüdische' Essenz mit einer ‚nicht-jüdischen' Kultur vermitteln zu müssen, durch Komik in Szene. Insofern zielte die Repräsentation stets auf die Verhandlung von Identität, die nicht immer politisch korrekt verlaufen musste. Gemeinsam mit Max Mack versuchte sich Lubitsch 1915 interessanterweise an einem Film mit dem Titel *Robert und Bertram oder die lustigen Vagabunden*. Essenzialistisch argumentiert dezidiert Ashkenazi 2010b. Zur Tradition der komplexen Darstellung ‚jüdischer' Stereotype im Verhältnis zur ‚nicht-jüdischen' deutschen Kultur im Bereich populärer Gattungen wie Zircus, Jargontheater und Revue seit Ende des 19. Jahrhunderts vgl. erneut Marx 2006a, 2012 sowie Otte 2006.

allein anhand der Darstellung ‚typisch jüdischer' Identität, sondern verstärkt mittels kinematografischer Verfahren sowie visueller und narrativer Komponenten, welche sich sehr stark im Verhältnis zum Medium Theater bemerkbar machen.

Hans H. Zerlett schrieb über die frei verwendete Vorlage, nämlich die gleichnamige Posse Gustav Raeders aus dem Jahr 1856, „[d]iese Ipelmeier-Szene [habe, Anm. C.K.] schon bei Räder eine stark antisemitische Tendenz; sie steht auch in meinem Film im Mittelpunkt." (Zerlett 1939, o. A.) In der Forschung wird Raeders Posse als völlig unbedenklich ausgewiesen,[83] um abgrenzend *Robert und Bertram* für den dargestellten Antisemitismus umso rigoroser anprangern zu können.[84] Ähnlich wie die zeitgenössische Kritik[85] hat aber auch sie Schwierigkeiten, das Antisemitische in *Robert und Bertram* eindeutig zu lokalisieren. An Albert Schneiders zeitgenössischer Kritik in der *Licht-Bild-Bühne* lässt sich diese Schwierigkeit ablesen, indem für ihn die misslungene Evidenz ‚jüdischer Verkommenheit' den Konventionen der Komödie zuzuschreiben war.[86]

Da Zerlett das Drehbuch für den Film auf der Folie des Stückes schrieb, spielen die Herkünfte vom derben bürgerlichen Theater, von der Posse und der Farce in diesem Film eine wichtige Rolle.[87] Beide Theatergattungen stellen explizite Verhandlungsorte von Ressentiments, Vorurteilen, Stereotypen und Klischees *par excellence* dar, die aber komisch und humorvoll gerahmt werden, um sie zu kanalisieren.

In beiden wird durch die Struktur des Stücks in Form des Einbruchs eines Störenfrieds in die statische Anordnung eines Milieus ein Bruch mit der Illusion des Mediums erzeugt. Er dient dazu, die inhaltlich dargebotene Scheinhaftigkeit und Uneigentlichkeit der Mitglieder*innen des Milieus durch die Spiegelfunktion des Störenfrieds ans Tageslicht zu befördern, damit sich das Milieu neu ordnen kann. Hierdurch wird das Publikum in die Position des verlachenden Dritten gerückt, das zur Selbstreflexion angeregt werden soll.

Posse und Farce zählen demnach zu jenen Gattungen, die bewusst mit Transgressionen operieren, um Affekte und Kognition anzuregen und zu steuern sowie letztlich im Sinne der Restitution der Gesellschaftsordnung zur deren Neuordnung beizutragen. Nur mit dieser speziellen Affekt- und Kognitionssteuerung des

---

[83]Vgl. zu Raeders Posse Spieldiener 2008. Darin erörtert sie die Perpetuierung von Juden-Stereotypen im Theaterstück und vergleichsweise in Zerletts Film. Vgl. zur Entwicklung der Stereotype als Figuren und Rollen im Theater seit dem ausgehenden 18. Jahrhundert, die sich teilweise aus den Figuren der Wandertruppen rekrutierten, die für burleskes, derb-komisches Repertoire bekannt waren, sowie über die Variationen des sogenannten ‚Aufsteiger'- bzw. ‚Schacherjuden' vom einfachen Händler zum Börsenmakler im Verlauf des 19. Jahrhunderts Bayerdörfer/Fischer 2008. Ebenfalls zur Thematik der Entwicklung jüdischer Rollen im Theater seit dem ausgehenden 18. Jahrhundert Bayerdörfer (Hg.) 1992.

[84]So schreibt Schulte-Sasse bspw., dass „Zerlett used only episodes from Raeder, but added an anti-Semitic perspective lacking in the original." (Schulte-Sasse 1996, S. 235).

[85]Vgl. bspw. die Kritik von Brentani 1939, zit. nach O'Brian 2004, S. 62.

[86]Schneider 1939, zitiert nach O'Brian 2004, S. 62.

[87]Zur Farce in theaterhistorischer Perspektive vgl. Klotz 2007.

Publikums lässt sich erklären, warum in der Posse Gesetzesübertretungen zwar sozial geahndet werden, die verübenden Gauner*innen jedoch oft ungeschoren davonkommen. Erfolgreich in der Vermittlung der ‚richtigen' Werte und Normen sind Posse und Farce nicht allein durch die Veranschaulichung auf der Bühne, sondern erst im konstitutiven Wechselverhältnis zwischen Bühnenperformanz und Publikum (s. Abschn. 2.4), weshalb dessen direkte Adressierung durch die Figuren, ähnlich wie im Jargontheater, eine zentrale Strategie darstellt.

Es wird daher in beiden zentral ‚Realität' und ‚Schein' in doppelter Hinsicht verhandelt mit Fokus auf einen doppelten Bruch. Die Opposition von ‚Realität' und ‚Schein' wird oft mittels Identitätsverwechslungen, hervorgerufen durch Maskeraden, sowie Geheimnissen und Missverständnissen aller Art, insbesondere aufgrund sprachlicher Fehlleistungen, seien es Falschaussagen oder Fehlinterpretationen, inszeniert. Gerade das Bühnengeschehen lebt dabei von einem hohen Tempo, von aberwitzigen Verhaltensweisen, von Stunts, von raschen Bewegungen und Körpermanipulationen jeglicher Art sowie von extremen Schauwerten. Um der sozialen Scheinhaftigkeit Rechnung zu tragen, ist der recht begrenzte Bühnenraum so gestaltet, dass die umfassende realistische Illusion ans Hyperreale grenzt, wie beispielsweise durch die Verwendung lebendiger Tiere auf der Bühne. Konterkariert vom aberwitzigen Geschehen, wird aber der Schein zwangsläufig durchbrochen.[88] Die Farce schlägt sich also ihren Weg zur sozialen Realität, indem sie den Schein vermehrt und zugleich durchbricht: nämlich einmal als medialen Schein, einmal als soziale und ethische Scheinhaftigkeit. Wobei in der Regel nur das Zweite negativ bewertet, während das Erste, weil ursächlich konstitutiv für dieses Zweite, als notwendiges Mittel erachtet und legitimiert wird.

In der Tat enthält *Robert und Bertram* auf den ersten Blick viele Elemente, die das Genre der satirisch possenhaften Komödie seit Ausgang des 19. Jahrhunderts prägen: Gesellschaftssatire; Gesellschaftsstereotype; Verwechslungsmuster; Possenreißer; Musikeinlagen.[89] Deshalb muss ein Blick darauf geworfen werden, in welches Verhältnis sich der Film als technisches Medium zu den beiden Gattungen setzt, da sich dies auf die Thematisierung des Verhältnisses von ‚Realität' und ‚Schein' auswirkt. Dazu zählt auch der Bezug zur Geschichte der beiden Kunstformen, wie sie sich im 19. Jahrhundert, also zu Raeders Zeit, herausbildete, die im Film als historische Verortung des *settings* und der Handlung auftauchen. Damit ist die Konstruktion eines spezifischen Raumzeitschemas verknüpft. Es gilt also, den Film gerade nicht aus der Verantwortlichkeit der zeitgenössischen Realität des NS-Staates zu entlassen, sondern mittels genauer Analyse festzuhalten, wie die möglichst unmerkliche Differenz von ‚Realität' und sogenannter

---

[88] Vgl. hierzu Vardac 1949 sowie Haenni 2007.

[89] Der Film erweitert Farce und Posse um typisch filmische Komponenten, insofern er keine traditionellen Volksweisen wiedergibt, sondern die für Musik- und Operettenfilme typischen Musikeinlagen. Beim *Wiener Lied* handelt es sich um einen Schlager (s. Abschn. 3.6). Die Operettenarie, die Robert im Palais Ipelmeyer zum Besten gibt, ist seine eigene Kreation. Sie bildet eine freie Nachahmung der Gattung ‚Operette'.

‚neuer Wirklichkeitsauffassung' als möglichst unmerkliche mediale Differenz konstituiert ist. Denn nur, wenn man all dies berücksichtigt, wird deutlich, wie in *Robert und Bertram* Identität im Spannungsfeld von Konstruktionscharakter und Naturalisierung (Natur zweiter Ordnung) verhandelt wird. Hierüber erschließt sich auch die Figur des Technisch-Anthropomorphen queerer Männlichkeit in diesem Film.

In der Farce oder Posse des 19. Jahrhunderts steht meist ein kleinbürgerliches Milieu im Zentrum, das ein ‚Außen' in Gestalt eines Außenseiters produziert.[90] Die Gemeinschaft wird erschüttert und dazu angehalten, die Dinge im Lichte neu gewonnener Erkenntnisse zu ordnen. Handlungsorte sind zumeist das Wirtshaus, der Biergarten, später das Hotel oder das Warenhaus, also Topoi, die sich aufgrund struktureller Spezifika durch Bewegungen und Begegnungen von Menschen auszeichnen – wenn man sie denn nicht rundweg als ‚öffentliche' Orte bezeichnen mag. Das Milieu soll in seiner Spezifik dargestellt werden. Dessen Charakteristika werden durch verschiedene Figuren vertreten, die typische Standpunkte, Werte oder Haltungen verkörpern. Der Impuls von außen erzeugt eine innere Dynamik zur Eigenregulierung des Milieus. Daraus ergibt sich, dass das Geschehen in Szenen verdichtet ist und sich weniger in einer kontinuierlich ablaufenden, sich fortentwickelnden Handlung entfaltet.

Diese Grundkonstellation war zu jenem historischen Zeitpunkt als Raeder die Posse publizierte (1856) sowie zu dem Zeitpunkt, zu dem die Posse 1939 spielte (1839), ähnlich politisch motiviert. Ein kleinbürgerliches Milieu ist angehalten, sich über die eigene soziale Positionierung Gedanken zu machen, einmal bezüglich politischer Mitspracherechte im immer noch feudalistischen System des deutschen Staatenbundes, einmal jedoch auch hinsichtlich des Verlusts wirtschaftlicher Kontrolle durch Industrialisierung und internationale Kapitalflüsse. Der Film nimmt also Bezug auf die Gattung der Posse zu genau dieser Zeit, um aber diese politischen Aspekte der faktischen Geschichte und der Geschichte der Kunstgattung gerade nicht zu thematisieren. Die strukturelle Variante des Schemas der Posse in *Robert und Bertram* präsentiert kein in sich ausdifferenziertes Milieu (in Typen). Sie stellt vielmehr zwei Milieus gegenüber, die weitgehend stereotyp (‚Juden') und klischeehafte (‚Landbevölkerung', ‚deutscher Michel') inszeniert sind. Die augenscheinliche ethnische Differenz ist über die Opposition von Land und Stadt aufeinander bezogen: ‚arische' Bevölkerung auf dem Land; ‚jüdische Bevölkerung' in der Großstadt.

Mit einem Blick auf das Gesellschaftssystem lässt sich demnach ein erster Eindruck über die Umschriften erhaschen, die der Film bezüglich der historisch vorhandenen Elemente der beiden Gattungen macht. Dazu zählen zuvorderst die Darstellungen von Amtspersonen und Amtsmacht. Beide gehören im Film einem historischen Gesellschaftssystem, der Monarchie beziehungsweise der Fürstentümer an, das zeitlich vor dem Nationalstaat angesiedelt ist. Die Darstellung der

---

[90]Vgl. Klotz 2007, bes. S. 23 ff.

Figuren, die diese Macht verkörpern, muss man als satirisch bezeichnen: Die beiden Polizisten (Fred Goebel und Harry Gondi) trinken im Dienst mehr als sie arbeiten. Sie sind unfähig, Roberts (Rudi Godden) und Bertrams (Kurst Seifert) ‚wahre' Beschäftigung zu ergründen. Am Ende des Films können sie die beiden nicht davon abhalten, mit dem Ballon in den Himmel aufzusteigen. Strammbach, der Gefängnisdirektor (Fritz Kamper), steht den beiden in Sachen Trinkfreudigkeit, Unwissenheit und Unfähigkeit in nichts nach. Erst lässt er Robert und Bertram aus dem Gefängnis entkommen. Aus männlicher Eitelkeit durchschaut er anschließend deren (‚weibliche') Maskerade auf der Kirmes nicht. Auch ihm gelingt es schlussendlich nicht, sie erneut einzusperren. Tatenlos muss er am Filmende zusehen, wie die beide entkommen. Noch lächerlicher kann man Amtsgewalt kaum repräsentieren, indem man sie als ‚unmännlich' und ‚unnütz' vorführt.

Die Verlagerung in die ‚historische Vergangenheit' entspricht einem kalkulierten Effekt, insofern diese Art der ‚Staatsräson' mit einem längst vergangenen Zeitpunkt eins fällt. Sie wird wie durch ein Brennglas in die Vergangenheit als Zustand ganz ‚natürlich' gesetzt, sodass die deutlich ausgestellte Insubordination gegenüber einer solchen Amtsmacht in dem Ausmaß geduldet wird, wie deren Unzulänglichkeit eindeutig als zu überwindende ausgewiesen wird. Vektorial richtet sich hier die ‚historische' Zeit schon auf die ‚Zukunft' aus, welche auf die aktuelle Jetztzeit hindeutet, ohne dass diese als solche explizit gemacht würde.

Für die ‚jüdischen' Stereotype gilt, dass die Geschichte ihrer theatralen Darstellungsformen zitiert wird, deren Aufrufen sich im zeitgenössischen Sinn aber selektiv und tendenziös vollzieht. Die Thematik der Assimilation und die des sozialen Aufstiegs sind hier durchgängig negativ konnotiert.[91] Die Figur der ‚schönen Jüdin' ist exklusiv auf freigiebige Sexualität reduziert, die des jungen jüdischen Mannes auf einen Tölpel. Das ‚Jiddischsprechen' der Figuren dient allein deren Verunglimpfung[92]. Die negativ veranschaulichten Aspekte alles ‚Jüdischen' bilden ein Kaleidoskop, das retroaktiv als ‚naturgegebener' Zustand des vermeintlich historischen Zeitpunkts, dem Jahr 1839 nämlich, ausgewiesen wird. Die spezifische Geschichte dieser darstellenden Künste in Bezug auf ihre typischen Elemente wie Ressentiments, Klischees und Stereotype wird hier also in einer Doppelbewegung wieder-aufgeführt. Einmal reduziert die Wiederaufführung deren Komplexität aufs Negative und stellt sie dabei eben nicht zur Verhandlung zur Disposition. Dies erfolgt, indem sie sie als unerwünschten, aber wie natürlich gegebenen Zustand einer vermeintlich historischen, absolut vergangenen

---

[91]Vgl. erneut Otte 2006 sowie Rovit 2012. Alle dargestellten Stereotype sind in der Geschichte ihrer Aufführungen vielschichtig und komplex. Vor allem nehmen sie teilweise positive Werte und Normen an. Manche verkörpern sogar die ‚überlegene' ethische Position.

[92]Das ‚Jiddischsprechen' der Figuren ist eine moderne Form der Sprachgebung, die sich erst im Zuge der expliziten Ausstellung alles ‚Jüdischen' in modernen Gesellschaften ausprägte. Es wurde oft nicht als reines Abgrenzungskriterium, sondern gerade als Verhandlungs- und Aushandlungsmittel verwendet.

Vergangenheit darstellt. Nicht allein die Repräsentation der durchaus ausgestellten Stereotype ist hier demnach problematisch. Durch die Verlagerung in den historischen, vermeintlich abgeschlossenen Augenblick vollzieht sich die radikale Ausgrenzung der damit konstituierten, dem Verlachen preisgegebenen ‚jüdischen Identität'. Durch die so erzeugte raumzeitliche Distanz soll sich auch das Publikum leichter eindeutig von diesen negativ inszenierten, lächerlich gemachten Figuren abgrenzen können. Der Spielraum für Deutung und Interpretation soll damit gleichzeitig minimiert werden.

Entgegen Schulte-Sasses Ansicht gehe ich davon aus, dass es sich bei der Darstellung der sogenannten Landbevölkerung (Hochzeits- und Kirmesszene),[93] in der die meisten Figuren ‚Trachten' tragen, keineswegs um historisch ‚korrekte' Darstellung handelt.[94] Vielmehr muss man sie als klischeehafte, parodistische auffassen. Durch den inhaltlich-thematischen sowie narrativen Kontext wird deutlich, dass die Landbevölkerung naiv, unwissend und tumb ist. Keine der Figuren merkt, dass das *Wiener Lied* kein Wiener Originaltitel ist, und dennoch werden alle von der Sentimentalität des Liedes mächtig ergriffen, wie von einer alten Volksweise. Selbst wenn die Kostüme historischen entlehnt wären, liegt der erzielte Effekt der Inszenierung darin, vor allem diese Charaktereigenschaften auszustellen.

Ähnliches trifft auf die Figur des ‚deutschen Michel' (Heinz Schorlemmer) zu. Von der wiederum bemerkt Schulte-Sasse korrekt, sie entwickele sich als einzige. Zugleich, so Schulte-Sasse weiter, könne man diese Veränderung vom tumben, individualistischen, passiven und zimperlichen Michel zum strammen, zackigen, durchsetzungskräftigen Soldaten nur als Parodie interpretieren.[95] Seine neugewonnene Stärke erschöpft sich allein darin, vor den Augen seines geliebten blonden Lenchens (Carla Rust) am Ende des Films auf der Kirmes den „strammen Max" zu hauen, um ihr seine männliche Stärke zu beweisen.

Beide, ‚Landbevölkerung' und ‚deutscher Michel', werden durch die Verlagerung in eine vermeintlich historische Zeit als zwar notwendiges, weil historisch jeweils identitätsbildendes Element betrachtet, mit dem man sich aber

---

[93]Die Kirmes als Topos funktioniert etwas anders als die Hochzeit, sie besitzt auch eine andere Bedeutung. Es kommt nicht von ungefähr, dass es sich erstens um eine Referenz auf die Vorgeschichte des Kinos handelt, also um einen Ort, an dem finanzielle Transaktionen, Handel und Vergnügen zusammentreffen. Sie entspricht hier dem Repräsentationsmodus, im Sinne des Theaters eine perfekte Bühnenillusion zu erzeugen, die mittels kinematografischer Verfahren bewusst überschritten wird. Inhaltlich-thematisch betrachtet, fungiert diese Referenz ebenfalls als Konstruktion eines Orts der Präsentation von Tier- und Menschenschau wie die *freaks*, die man in der ersten Einstellung der Kirmes zu sehen bekommt, oder der Affe bspw. Zudem handelt es sich um einen Ort, an dem das ‚exotische Fremde' dargestellt und voyeuristisch ausgeschlachtet wird, um es als Absonderlichkeit übertrieben auszuweisen und für das Filmpublikum zu regulieren. Die Hochzeit ist zwar ebenfalls eine Anordnung geregelten Vergnügens, jedoch legitimiert sich ihre Betrachtung gerade nicht durch radikale Andersartigkeit und ‚fremde Herkunft'.
[94]Vgl. Schulte-Sasse 1996, bes. S. 240.
[95]Vgl. Schulte-Sasse 1996, S. 242 ff.

keinesfalls zu stark identifizieren sollte, da sie den modernen Rollenmustern sowie Identitäts- und Wertvorstellungen (noch) nicht entsprechen. Anders als bei den ‚jüdischen' Stereotypen, bei denen das Verlachen durchweg negativ inszenierter Eigenschaften überwiegt, soll hier deren parodistisches Ausstellen ihrer Charaktere keine allzu große Distanz beim Publikum erzeugen.

Die Wieder-Aufführungen der Figuren aus Posse und Farce vollziehen sich in *Robert und Bertram* als Strategien, die Stereotype zu selektieren und damit das Publikum auf verschiedene Weise zu adressieren, wodurch Identifikation und Distanzierung geregelt werden sollen. Dabei spielt das Kriterium der Historizität insofern eine zentrale Rolle, als dass hierdurch die spezifischen Formen des (negativen) satirischen und parodistischen Ausstellens so arrangiert werden können, dass sie dem Publikum verschiedene Arten des Verlachens/Mitlachens anbieten, die insgesamt auf eindeutige Bezugnahmen und daher Deutungen ausgerichtet sind. Während das Milieu der ‚deutschen' Kultur lediglich als Ort ‚hinterwäldlerischer Vorgeschichte' abgetan werden kann, soll man sich von der völlig übertriebenen, exzessiven, dabei negativ belegten ‚jüdischen' Kultur als radikal abzulehnende distanzieren.

Die mittels der Verfahren des Mediums Film erzeugten Umschriften sind daher keineswegs ungerichtet oder neutral, sondern im doppelten Sinn tendenziös: Einmal weisen sie auf ein Bedeutungspotenzial, das in der Jetztzeit verankert, aber im Film selbst nicht explizit gemacht wird (‚neue Weltauffassung'), weil es nur abgrenzend zum Dargestellten implizit erschlossen werden kann (im Verhältnis zum Judentum, zur ‚unfähigen' Amtsmacht, zu sozialen Figurationen wie der ‚tumben Landbevölkerung' beispielsweise). Die Distanz, die beim possenhaften Zitat von ‚Geschichte' hergestellt wird, versetzt zudem die Geschichte selbst in eine eindeutig vorgelagerte Zeit. Das heißt, die Geschichte wird als absolut vergangene Zeit gesetzt. Sie soll mit all ihren negativen, aber auch komischen Elementen, die vorwiegend durch *race,* aber auch durch den Binarismus Land – Stadt markiert sind, gegen die Jetztzeit abgedichtet werden.

Im Gegensatz zur Farce und Posse des Theaters, die die zu regelnde Störung des Milieus in umgrenztem Raum mittels Eigendynamik aufzulösen versuchen, entspannt der Film eine Narration, in der auf den ersten Blick diese Milieus miteinander vermittelt werden sollen. In dieser Vermittlerfunktion treten nun auf den ersten Blick die beiden Protagonisten auf.[96]

---

[96]Strenggenommen tun sie das natürlich schon, insofern sie nicht nur in die Ereignisse eingreifen, sondern ihre Handlungen Konsequenzen nach sich ziehen. Die Hochzeitsszene zeigt das genaue Gegenteil von einem sich neu organisierenden Milieu. Im Trubel der Hetzjagd bleibt einzig das Hochzeitspaar ruhig, auf dem die Kamera für ein paar Sekunden ruht, um zu demonstrieren, dass das Milieu in seinem ideologischen Kern unerschütterlich ist. Analog ist die Ipelmeyer-Szene aufgebaut. Nachdem die Hetzjagd nach den Protagonisten in vielen dynamischen Einstellungen gezeigt wurde, stellt sich Jacques, der Butler des Hauses, auf die Galatreppe des Palais und wendet sich mit ausladender Handbewegung direkt an das Kinopublikum mit einer bekannten jüdischen Redewendung: „Schlussgalopp mit der jiddischen Hast, nä?"

Robert und Bertram sind dabei zweifellos Abkömmlinge sämtlicher Possenreißerfiguren, die das Theater seit den Tagen der römischen Komödie (wie beispielsweise von Plautus oder Terenz) kennt, wie beispielsweise den Arlecchino (Harlekin), aber auch den Pagliacci (s. Abschn. 2.4 und 3.6) und die Brighella. Bei genauerem Hinsehen wird aber deutlich, dass sie zudem moderne Ahnen aufweisen. Nicht nur der Dandy mit Stock, Zylinder und im Frack aus dem 19. Jahrhundert wird uns in der Figur von Robert vorgeführt, sondern auch die moderne Variante des Parvenüs, wie wir ihn aus Chaplin-Filmen kennen. Ebenso ist Bertram in seiner Ausstattung, mit Flachmann und Pfeife in der Tasche seines fadenscheinigen Rocks, Schiebermütze auf dem Kopf und Schirm in der Hand, noch augenscheinlicher als Chaplins Ahne erkennbar. Während Chaplins Figuren jedoch dezidiert in einer modernen sozialen Umgebung agieren, die ihre durch *class* markierten Existenzen bedingt, sind Robert und Bertram gerade von *class* befreite Figuren.[97] Der Bezug zu den historischen Figuren sowie die Verlagerung in eine ‚historische Vergangenheit' wird also instrumentalisiert, um sie im sozialen Sinn erst einmal vom Sozialen der Jetztzeit fernzuhalten. Gleichzeitig können sie aufgrund kinematografischer Tricks durch die Luft fliegen, sprich sie besitzen übermenschliche Fähigkeiten. Das entspricht in einer Komödie einer Übertretung. Diese Fähigkeit dient dem Zweck, den Schein der theatralen Posse als ‚falschen' auszuweisen und zu demonstrieren, dass die mit kinematografisch-technischen Mitteln erzeugte Illusion die ‚bessere' ist.

In diesem Licht muss man auch grundsätzlich die kinematografischen Strategien im Verhältnis zur Bühneninszenierung interpretieren. Gleich im Vorspann wird dieses Verhältnis aufgeworfen. Man sieht in einer Frontalansicht ein Kasperletheater, das durch das Filmbild so gerahmt ist, dass um das Theater herum nur noch schwarzer Raum sichtbar wird. Der Bezug weist merklich auf das Verhältnis hin, wobei Film als das Ermöglichungsmedium gezeigt wird, dessen Funktion selbst noch undifferenziert ist. Zunächst wird dann ein Vorhang von einer Kasperlefigur am rechten unteren Bildrand weggezogen, gefolgt von Bildhintergründen, die von der Decke des Theaters wie Theaterwände heruntergelassen werden. Die Motive sind nur verschwommen zu sehen. Nicht nur, dass hier bereits angedeutet wird, dass das Filmpublikum mit einer Posse konfroniert ist. Vielmehr wird das Theater als Diminutiv gegenüber dem Film ausgewiesen. Auch wird zunächst einmal suggeriert, man habe es mit einer Bühneninszenierung zu tun. Das ändert sich in dem Augenblick, in dem über die Hintergrundwände die Titel projiziert und durch Überblendungen gewechselt werden. Film und Kasperletheater verdeutlichen ihre Verbindung, die nicht anders denn als selbstreflexive Geste beider Medien gelesen werden kann. Das ‚Scheinhafte' beider Medien wird als Schein überdeutlich, während ihr Verhältnis klar asymmetrisch strukturiert ist.

---

[97] Mit Bono 1998 lässt sich argumentieren, die Figuren müssten in der Tradition der Operette keiner Gesellschaftsklasse angehören. Charakteristisch ist für sie, dass sie „nicht seßhaft [sind], sich kaum ums Geld [kümmern], Moral und Besitz [verachten], in den Tag hinein [leben]. Sie teilen eine im Motto ‚Carpe Diem' resümierte Weltanschauung und vertreten die Ideologie der Operette." (Bono 1998, S. 33).

Dieses Verfahren zieht sich durch den gesamten Film. In vielen Einstellungen erscheint das Gezeigte zunächst wie gerahmt, unabhängig davon, ob es in ‚der Natur' oder in Gebäuden spielt. Entweder werden Fenster, Tür- oder Torbogen eingesetzt, um den Bildrahmen sichtbar zu machen, oder Äste und Baumstämme leisten diese Funktion. Dazu kommt, dass der Film keineswegs verhehlt, dass es sich um eine reine Studioproduktion mit keiner einzigen Außenaufnahme handelt. Es geht also einmal darum, den Bühnenraum als solchen quasi zu ‚imitieren', um ihn als Begrenzung sichtbar zu machen, damit er dann mittels dynamischer Schnittfolgen, langen Kamerafahrten und -schwenks überschritten und in einen möglichst großräumigen kontinuierlichen Raum überführt werden kann. In den drei wichtigen Szenen – Hochzeit, Palais Ipelmeyer, Kirmes – wird das alte Verfahren des Tableaus zitiert, um es aber in der Verfolgung des turbulenten Geschehens mittels der entfesselten Kamera und hoher Schnittrate innerlich zu dynamisieren. Die Verfahren stehen in ihrer Dynamik für Unruhe und Störung, die aber auf rein visueller Ebene geregelt werden, nicht im Sinne eines sozialen Aufruhrs, der die Milieus ereilt, damit sie sich verändern.

Nun könnte man argumentieren, dass diese mittlerweile konventionellen kinematografischen Strategien, inklusive Einbettung lebensechter Elemente wie des Kanals mit echtem Wasser oder des lebendigen Pferds dazu dienen, eine vollkommen transparente, weil ‚lebensechte' Narration hervorzubringen. Das Gegenteil ist aber der Fall. Denn in dieser augenscheinlich künstlich erschaffenen Welt wirken diese beinahe hyperreal, gerade weil das Filmpublikum vom Medium Film bereits seit langem eine völlig andere Art Realitätseffekt gewohnt ist. Auch hiermit wird die theatrale Illusion, der Schein der Posse als minderwertiger ausgewiesen, gegenüber dem sich die ‚bessere' Illusion des Films behauptet. Diese wird in all seiner Uneigentlichkeit als ‚Natur' (zweiter Ordnung) ausgegeben.

Dabei erzeugt der differenzial zwischen beiden Medien produzierte Schein keinen Standpunkt, von dem aus er durchbrochen werden könnte. Diese Konstellation hat Elsaesser als Charakteristikum der Filme der 1930er Jahre benannt, sich qua Historisierung und Darstellungsmodus gegenüber der aktuellen Wirklichkeit nach zwei Richtungen hin abzudichten, nämlich einer historischen ‚alten' und einer aktuellen ‚modernen'.[98]

Medialer Schein wird hier noch in den Brüchen vermehrt und nicht durchlässig zur aktuellen gesellschaftlichen Realität hin. Die angeblich durch den Film überwundene ‚falsche' Illusion der theatralen Posse erscheint als nicht-idealer Zustand des Mediums, der inhaltlich und strukturell deshalb in eine abgeschlossene Vergangenheit verlagert wird, von der sich die aktuelle Realität angeblich als ‚bessere' abhebt.[99] Damit ist aber zugleich durch den Film die Kraft

---

[98] Vgl. erneut Elsaesser 1999.

[99] Das hier angegebene Jahr 1839 zählt in der Geschichtswissenschaft zur Restaurationsphase in Deutschland. Es existieren dabei Parallelen in den innenpolitischen Maßnahmen der Regime. Die mächtigen Länder des Staatenbundes, allen voran Preußen, unterdrückten mittels Zensur- und Zwangsmaßnahmen nationale und liberale Bestrebungen. Diese ‚historische Realität' ist jedoch nicht expliziter Gegenstand des Films. Die nationalstaatlichen Bestrebungen unter der Hand

der Farce als Genre, der Gesellschaft einen (negativen) Spiegel vorzuhalten, ausgehebelt. Ihre Funktion ist *ad absurdum* geführt.

Da die vermeintlich ‚wahrhaftige', ‚bessere' Andersartigkeit (der Jetztzeit) in der Farce selbst nie *sichtbar dargestellt* wird, sondern lediglich in der Differenz inszeniert werden kann, indem zum in die Vergangenheit verlegten Anderen parodistische Distanz geschaffen wird, ist sie nur als impliziertes, aktuelles Abwesendes lesbar. Ihr Inhalt soll sich in der (Selbst-)Reflexion des Publikums konkretisieren.

Das hat O'Brian zur Aussage veranlasst, die beiden Protagonisten verkörperten als Landstreicher die Unproduktivität schlechthin, wie sie als ‚reales' historisches Phänomen in Monarchien und Fürstentümern vor der Einheit Deutschlands 1871 möglich war, dort verfolgt wurde, in der filmischen Narration jedoch nicht radikal geahndet wird.[100] Diese Art der ‚Unproduktivität' sei im NS-Staat nicht geduldet und mit Strafmaßnahmen wie Arbeitslager und Zwangsarbeit belegt worden. Der Film, so O'Brian weiter, mache auf komische Weise ein aktuelles Phänomen sichtbar, das durch die Verlagerung in die Geschichte visualisiert werden könne, was in der aktuellen Variante unmöglich sei. Damit sollte, laut O'Brian, Anpassung an erzwungene Norm seitens des Filmpublikums herbeigeführt werden, während die Sichtbarmachung zugleich an reale Konsequenzen gemahnte.[101]

---

begrüßt, wenn auf der Kirmes auf einem Banner zu lesen ist: Mit Herz und Hand fürs Vaterland! Durch die Verlagerung in die Geschichte wird der negative Teil der faktischen Wirklichkeit des Jetztzustands (Zwang, Zensur, Terror, Gewalt, Deportation) abgespalten. Dafür wird der historisch abgewertete Teil national-demokratischer Bewegung positiv als Motto für den Jetztzustand vereinnahmt. Hinsichtlich der Geschichte der Posse als Kunstform wurde darin bis zum Beginn des erneuten Aufkommens der Frage nach einer Einheit Deutschlands Nationalstaatlichkeit eher kritisch verhandelt, da es sich aus der Perspektive des kleinbürgerlichen Milieus um eine Zentralisierungs- und Vereinheitlichungsmaßnahme handelte. Die kleinbürgerliche Identität konstituierte sich dem gegenüber mittels lokaler Spezifika, die durch (inter-)nationale Phänomene (wie Kapitalismus) oder eben auch nationalstaatliche Bestrebungen potenziell gefährdet waren. Vgl. hierzu erneut Klotz 2007, bes. S. 99 ff.

[100]O'Brian argumentiert, Robert und Bertram ließen, insbesondere für ein Arbeiterpublikum, Spielräume zum Ausagieren von Gefühlen zu, sie bildeten quasi eine temporäre Ersatzentlastung von der monotonen Arbeitswelt des aktuellen Jetztzustands. Beide würden, so O'Brian weiter, die Normen und Werte der Gesellschaft mit Füßen treten. Als Gegenleistung würden sie für Unterhaltung sorgen. Ihre zumeist recht harmlosen Streiche bildeten eine Abwechslung vom Alltagsleben. Mit so einem Argument wird die Kategorie des Publikums homogenisiert. Zudem nimmt man mit der Entlastungsthese den Raum des Kinos von der Politik aus. Vgl. O'Brian 2004, bes. S. 36 f.

[101]Ähnlich argumentiert Klotz 1998. Sie schreibt, bestimmte Aspekte der faschistischen Realität seien in den Filmen unsichtbar gemacht, während sie im Hintergrund als negative oder auch positive Implikationen durchgängig wirksam blieben. Sie macht dies am Fall der historischen Figur Carl Peters fest, dessen gnadenloser Umgang mit der afrikanischen Bevölkerung sowie insbesondere sexuelle Beziehungen mit Afrikanerinnen im Film nicht thematisiert werden, jedoch aufgrund medialer Kenntnisse des Publikums seiner Geschichte implizit vorhanden gewesen sein müssen.

4.1 Der kinematografische Traum vom Einssein – *Robert und Bertram*

Anders als O'Brian denke ich aber, dass sich das Implizierte weniger auf die negativen beziehungsweise repressiven Aspekte der aktuellen Realität wie zur Abschreckung dienende Sanktionen bezieht. Das Farcehafte, das eine merkliche Differenz zwischen ‚Ist-, und ‚Sollzustand' einzieht, orientiert sich hier ja am Uneingelösten des ‚geistigen Prinzips' der ‚neuen Weltauffassung', zu der das Ideal des großen Ganzen einer harmonisierten Volksgemeinschaft unter vollständigem Ausschluss alles ‚Missliebigen' zählt.[102] Die historisch-vergangene ‚Unproduktivität' ist als politisches Phänomen abgeschlossen. Weil der Idealzustand in der inszenierten historischen Zeit noch uneingelöst ist, befinden sich die beiden in einem raumzeitlichen ‚Dazwischen'.

Deshalb imaginieren sich Robert und Bertram ins Jahr 1939, von dem sie sich ‚Weltverbesserung' erhoffen, hoffen, dass sich bis dahin alle ‚weltweiten Konflikte' in Wohlgefallen aufgelöst haben. Deshalb gibt es für sie keinen anderen Ort als den Himmel, die Transzendenz also, in die sie sich schlussendlich flüchten – aber keine Zeitreise. Die Bedeutung der Epiphanie der beiden durch Eintreten in ein überstrahltes Himmelstor am Filmende, die inszeniert ist wie eine Revuenummer, kann man nicht anders interpretieren als un/mögliche Veranschaulichung einer nicht unmittelbar visualisierbaren, darin idealen Zukünftigkeit des zeitlosen Elysiums. Was genau dort geschieht, bleibt eine durch mehrere (Himmels-) Tore gerahmte, durch gleißendes Licht zugleich entgrenzte, dabei aber deutlich markierte Leerstelle. Gerade in dieser Überhöhung ist aber der Wert dieses zu

---

[102]Das ist nicht zynisch gemeint als Vorrang des Ideals vor der Realität. Das Gegenteil ist der Fall. Die diskursiven, technischen und medialen Praktiken gestalteten die Realität im Jahr 1939 für alle Personen jüdischer Herkunft zunehmend unerträglicher. Das Jahr 1939 markiert den Übergang von der identifizierenden Ausgrenzung zur Vernichtung, der, grob gesagt, mit den Nürnberger Gesetzen eingeleitet wurde. Zunächst wurden Personen jüdischer Herkunft die Staatsbürgerrechte eingeschränkt, und die Heirat zwischen Juden und Nicht-Juden wurde verboten. Entrechtung und Ausgrenzung setzten sich 1938 mit der Verordnung über Reisepässe von Juden fort. Darin mussten sich Personen jüdischer Herkunft ab 23. Juli 1938 mit einer Kennkarte ausweisen, ab 5. Oktober 1938 den Namen ‚Jakob' und ‚Sarah' im Pass vermerken lassen. Direkt im Anschluss an die Pogrome in der Nacht vom 9. auf den 10. November 1938 wurde am 12. November 1938 die *Verordnung zur Ausschaltung der Juden aus dem deutschen Wirtschaftsleben* herausgegeben (RGBl. 1938 I, S. 1580), die zu einer großen Zahl an Enteignungen von Betrieben führte. Am 3. Dezember 1938 folgte die *Verordnung über den Einsatz des jüdischen Vermögens* (RGBl. 1938 I. S. 1709), die als kollektive Reparationszahlung für die angeblich von den Jüd*innen selbst durch die Pogrome hervorgerufenen finanziellen Schäden deklariert wurde. Am 15. Dezember 1938 wurde die erste Rate dieser sogenannten Judenvermögensabgabe fällig (die letzte im 15. August 1939). Im November 1938 verbot Goebbels im Zuge der Verordnung RGBl. 1938 I, S. 1580 Personen jüdischer Herkunft die Teilnahme an kulturellen Ereignissen und Veranstaltungen. Deren Besuch konnte nur noch im Rahmen des 1933 von Kurt Baumann und Kurt Singer gegründeten Kulturbundes Deutscher Juden stattfinden. Am 14. November 1938 wurden Schüler*innen jüdischer Herkunft aus den Schulen entlassen. Im Januar 1939 wurde die Reichszentrale für jüdische Auswanderung gegründet, um Status und Aufenthalt Enteigneter zu regeln. Ghettoisierung war eine Folge hiervon, flankiert von fortlaufender Bedrohung und Repression, Enteignung und Demütigung. Different betroffen waren auch andere Gruppen wie politische Gegner, Schwule und Sinti und Roma (s. Kap. 4).

erreichenden Zustands merklich: In ihrer nicht-visualisierten Evidenz ist die räumlich dargestellte Zukünftigkeit un/bestimmt. In Differenz zu dieser Inszenierung wirkt dadurch das bisher Dargestellte deutlich nicht-ideal. Umgekehrt lässt sich daraus ableiten, was dort alles idealiter nicht mehr existiert: Robert und Bertram müssen nicht mehr landstreichen, aber auch keine Zwangsarbeit leisten. Darin hat sich die Staatsmacht konsolidiert und die Landbevölkerung ist gesinnungstreu. Vor allem gibt es darin keine Jüd*innen mehr.

Die hier zwischen theatralem Schein und kinematografischem Schein erzeugte, wahrnehmbare Differenz soll auf einen (noch uneingelösten) gesellschaftlichen Idealzustand hinweisen. Der erzeugte Bruch markiert deshalb nicht die Differenz zwischen einer illusionistisch dargestellten Welt und einer sozialen Realität, die es aufzuheben gelte. Er verweist vielmehr darauf, dass das Medium Film grundsätzlich das bessere ist, um den Schein von Idealität per se zu erzeugen. In dem Maße, wie der Idealzustand nicht unmittelbar gezeigt werden kann, weil er als noch nicht eingelöster dargestellt werden muss, erscheint er hier nochmals deutlich als mediale differenziale Relationalität von Revue (,Schein des Scheins' als noch uneingelöstes Ideal) und Film (,Schein der Natur', noch nicht idealer Jetztzustand). Dieser Zustand des ,Dazwischen' der beiden Protagonisten, aufgeführt in dieser medialen differenzialen Relationalität, steht im Kontrast zur merklich absolut gesetzten Vergangenheit. Da sie als überwundene dargestellt wird, kennzeichnet diese vor allem die Unmöglichkeit, die dargestellten sozialen Milieus miteinander zu vermitteln. Ein Zustand, dessen ,Abschaffung' Robert und Bertram herbeisehnen, wovon sie, wie sich zeigen wird, ganz spezifische Vorstellungen besitzen.

Das Medium, das für die Unmöglichkeit der Vermittlung der sozialen Milieus steht, ist Geld, also jenes Universaläquivalent und Abstraktum, das letztlich hinter allen Beziehungen und Handlungen in einer kapitalistischen Gesellschaft steht, nicht zuletzt auch hinter der Existenz des Films. Auch bildet ausdrücklich Weiblichkeit sein Äquivalent in diesem Film, wie beispielsweise Lenchens Freiheit im Tausch für ein Wirtshaus gehandelt wird oder wie die Preziosen, die Frau Ipelmeyer und ihre Tochter tragen, welche ihr soziales Kapital anzeigen.

Wenn man genauer betrachtet, wie dies konkret vonstatten geht, dann lässt sich folgende Konstellation erkennen: Der brave Wirt des Silbernen Schwanen, Herr Lips (Alfred Maack), und seine Tochter Lenchen stecken in Schwierigkeiten, insofern sie von einem zwielichtigen Bürger, Herrn Biedermeier (Arthur Schröder), durch den Pachtvertrag des Wirtshauses abhängig sind. Dieser wiederum erpresst die beiden mit den Finanzen im erotischen Sinn: Er verlängert den Pachtvertrag nur dann, wenn Lenchen einer Heirat mit ihm zustimmt. Biedermeier selbst steht aber in einem Abhängigkeitsverhältnis zum jüdischen Bankier Ipelmeyer (Herbert Hübner), von dem er sich einen Kredit holte, dessen Wechsel nun fällig werden. Heiratete Biedermeier Lenchen, könnte er mit dem Gewinn, den das Wirtshaus abwirft, seine Schulden bei Ipelmeyer bezahlen. An diese Information gelangen Robert und Bertram, indem sie Biedermeiers Brieftasche bei der Hochzeit stehlen. Wie Schulte-Sasse ganz richtig bemerkt, ist Geld hier so gut wie gar nicht beziehungsweise nur in einer Einstellung, als Talerrollen sichtbar,

4.1 Der kinematografische Traum vom Einssein – *Robert und Bertram*

während es eigentlich als Abstraktum im Hintergrund alle sozialen Beziehungen strukturiert.[103]

Robert und Bertram haben in einer Einstellung erlauscht, dass Biedermeier Lenchen in Sachen Heirat unter Druck setzt. Dieser sagt zu ihr, als sie sich das Hochzeitstreiben anschauen: „Sie werden noch mal eines Tages froh sein, wenn ich Sie heirate." Woraufhin ihn Lenchen fragt: „Was heißt das?" Er neigt sich zu ihr, um zu antworten: „Zum Beispiel, wenn das Geschäft hier nicht mehr so gut gehen sollte." Robert und Bertram sind sich daraufhin einig, dass es sich bei Biedermeier um einen unsympathischen reichen Kerl handelt. Nachdem die beiden aber entdeckt haben, dass Biedermeier selbst ein ‚Opfer' des ‚jüdischen Börsenjobbers' Ipelmeyer ist, beschließen sie, die Sache selbst in die Hand zu nehmen und ein wenig Schicksal zu spielen. Ziel ist es, Lenchen vor Biedermeier zu bewahren. Nachdem sie mit den Pferden der Polizisten geflohen sind, kaufen sie sich von deren Erlös ordentliche Fräcke und fahren (auf einem Holztandem) nach Berlin (durch den Wald). Dort fädeln sie mittels einer Charade ein, Ipelmeyer im berühmten Café Kranzler kennenzulernen. Dieser riecht sofort den parvenühaften Braten, seine Tochter eventuell an einen Adeligen verheiraten zu können, als sich ihm Robert als Gesangsprofessor Müller zu erkennen gibt, der hier seinen Schüler, den Herrn Grafen von Monte Christo alias Bertram, trifft. Ipelmeyer lädt die beiden umgehend zu einer Soirée mit Maskenball in seinem Palais ein, wo er sich erhofft, seine Tochter Isidora mit dem Grafen verkuppeln zu können. Robert und Bertram spielen das Spiel mit, aber nur, um schließlich den Bankier um die schweren Preziosen zu erleichtern, die seine Gattin und seine Tochter an diesem Abend (zur Schau) tragen, inklusive ein Paar verzierter Schuhschnallen. Diese werden den verwirrten Lips zugesandt mit einem anonymen Begleitschreiben der beiden Vagabunden, in dem sie das ganze finanzielle Beziehungsgeflecht erklären. In ihrer Wahrnehmung nämlich löst sich das Problem der Lips (Lenchen muss Biedermeier nicht heiraten), im Fall, dass sie Biedermeier die Preziosen übergeben, in Luft auf, der damit Ipelmeyer bezahlen könnte.

Darin ist die erste Unschlüssigkeit zu sehen, dass unverständlich ist, warum Lips Biedermeier Geld bezahlen sollte, wenn es doch um die Verlängerung des Pachtvertrages geht. Zuvor hatte sich Herr Lips in einer Einstellung bei Lenchen darüber beschwert, dass Biedermeier diesen nicht verlängern wolle, gerade zu einem Zeitpunkt, zu dem der Silberne Schwanen gut laufe. Geld oder dessen Mangel scheint hier also nicht das Kernproblem zu sein. Die nächste Unschlüssigkeit ergibt sich bei der Überlegung, welchen Schluss Robert und Bertram aus der Bemerkung Biedermeiers gegenüber Lenchen ziehen, wenn er ihr droht, sie würde schon noch einmal dankbar sein, wenn er sie heirate. Unsympathisch ist

---

[103]Vgl. Schulte-Sasse 1996, bes. S. 233 ff. Anders als Schulte-Sasse bin ich nicht der Ansicht, dass ‚der Jude' an sich im gesamten Film wie das Geld als ‚Abstraktum' konstituiert und repräsentiert ist. Im Gegenteil sind diese Figuren viel zu sehr körperlich und sprachlich präsent, was ja gerade die ‚spezifische Besonderheit' ihrer inkommensurablen Partikularität vermitteln soll – das gilt auch unter den Bedingungen ihrer stereotypen Darstellung.

er den beiden nicht, weil er Lenchen für Erotik (?) finanzielle Sicherheit anbietet, sondern weil er vermeintlich viel Geld hat. Ob mit dem Diebstahl der Biedermeier'schen Geldbörse intendiert ist, ihn um sein Geld zu erleichtern, kann man nur spekulieren – Sinn machen würde dies nicht, gerade weil Biedermeier de facto pleite ist. Was nun aber folgt, nachdem sie herausbekommen haben, dass Biedermeier kein Geld besitzt, übertrifft, geknüpft an die vorherigen Unstimmigkeiten, in Sachen Undurchsichtigkeit alles Erdenkliche. Aus welchem Grund die Lips die Preziosen zurückgeben sollten, wird keineswegs schlüssig. Um damit den – nicht existierenden – finanziellen Ruin abzuwenden oder den erotischen Erpresser zu besänftigen? Was gewinnt Biedermeier mit den Preziosen?

Wie man es dreht und wendet, die Ereignisse, die die Handlung vorantreiben und die Narration strukturieren, indem Robert und Bertram versuchen, Wertvolles von den ‚falschen' zu den ‚richtigen' Besitzer*innen zu verschieben, ist augenscheinlich als semantisch-narrative Charade, als *nonsense* zu verstehen. Es zählt nur, was am Schluss dabei herauskommt, dass nämlich Ipelmeyer, dem ‚jüdischen Börsen-Jobber', ein möglichst großer finanzieller Schaden entsteht.

Mit dem unbeliebtesten aller Medien demonstriert dieser augenscheinliche narrative Unfug, dass die Milieus nicht harmonisch miteinander vermittelt werden können. Erstens, weil Geld nicht dasjenige Medium sein sollte, das überhaupt die Beziehungen der Menschen untereinander regelt. Zweitens, weil diese Milieus grundsätzlich nicht miteinander harmonieren.

Zwar entspricht eine Konzentration des Geschehens in einer Szene der Struktur von Farce und Posse. Damit soll die innere Eigendynamik des Milieus betont werden. Das zusammenhanglose Nebeneinander der Szenen aber in der kinematografischen Struktur dient hier aufgrund des Bruchs mit der Illusion des theatralen Scheins, der auf die Szene begrenzt, hier aber überwunden ist, dazu, die Unvereinbarkeit der Milieus vor Augen zu führen.

Die drei Hauptereignisse, auf die sich Handlung und Narration konzentrieren, die Hochzeit, der Maskenball sowie die Kirmes, finden folglich praktisch völlig unabhängig und unvermittelt voneinander statt. Die Übergänge werden durch Robert und Bertram hergestellt, die die Szene jeweils betreten, worin sie sich mit einer falschen Identität, meist in Maskerade, einbringen. Am Ende erzeugen sie ein Ereignis (Biedermeiers Brieftasche bei der Hochzeit; Ipelmeyers Juwelen beim Fest), durch das sie die Szene gezwungenermaßen verlassen müssen, verfolgt von den Mitglieder*innen des traditionellen Milieus. Diese Szenen wiederum halten potenziell die Narration aufgrund der überbordenden Ausstattung, der Bewegung im Bild durch Tanz und Gesang sowie der musikalischen Einlagen, sprich ihrer audiovisuellen Opulenz an.

In der Hochzeitsszene wird allein das gemeinschaftliche Begehen des traditionellen Festes mit seinen Ritualen wie Ansprache des Brautvaters, erster Tanz, Brautpaarkuss, Tanz der Gäste veranschaulicht, lediglich unterbrochen von der Darbietung des *Wiener Liedes* der beiden vermeintlichen Wandermusiker Robert und Bertram. Zwar bekommen wir als Filmpublikum die Reaktionen der Bevölkerung auf Robert und Bertram zu sehen. Ihr Auftritt hebt sich aber durch die Verwendung des Schlagers von der Volkstümelei des Rituals deutlich ab. Diese

4.1 Der kinematografische Traum vom Einssein – *Robert und Bertram*

soziale Distanz wird durch die Art der Inszenierung wie distanziertes Abfilmen von Ereignissen in einer Kulisse sowie nah gezeigtes Verhalten der beiden bei ihren Tanz- und Gesangsnummern unterstrichen. Insofern tauchen die beiden nicht unmittelbar ins Geschehen ein bis zu dem Zeitpunkt, an dem sie von den anderen wegen des Diebstahls gejagt werden. Mit dieser Art der Distanzierung soll sich wohl auch das Filmpublikum mit der ‚tumben Landbevölkerung' nicht allzu sehr identifizieren.

Anders dagegen die Szene in Ipelmeyers Palais. Sie zeigt bestimmte Charaktere mit ihren Eigenheiten, die sich auf ‚jüdische' Stereotype reduzieren, wie die ältere Matrone, die schöne junge Jüdin, den mächtigen, dicken Bankier, den lachhaften jungen Liebhaber, den diabolischen jüdischen Quacksalber, den gewitzten, frechen Diener, aber auch den korrupten Engländer, der sich mit den jüdischen Bankier gemein macht. Dabei verkörpert jede Figur eine negative Eigenschaft wie Raffgier, Neid, Hysterie, Ambition und Arroganz, die ‚den Juden' der abwertenden Lächerlichkeit preisgeben soll. Dabei spielt die Sprache eine wichtige Rolle. Das ‚Jiddische' steht als derber Dialekt selbstredend im krassen Kontrast zu der ‚hochherrschaftlichen' Umgebung des Palais. Dieses stellt wiederum einen Ausbund an Retro-Chic aus dem Rokoko dar. Das zentrale Motiv bildet, wie in der Literatur oft erwähnt, die jüdische Assimilation.[104] Diese kommt einmal im negativen Stereotyp in der Maskerade, zudem in der Bereicherung und Aneignung ‚fremder' hier ‚deutscher' Kultur durch den ‚ungebildeten (Ost-)Juden' zum Ausdruck.[105] Während das eine vor allem über das Bild (die Maskerade),[106] das andere vor allem über die Sprache (mangelnde Bildung, deshalb zwanghafte, ungezügelte Aneignung von Kultur) produziert und vermittelt wird, verknüpft sich beides miteinander vor allem in der Auswahl der Kostüme der Familie Ipelmeyer. Während

---

[104] Vgl. erneut Schulte-Sasse 1996, Aschheim 1982 sowie O'Brian 2004.

[105] Notorisch werden in diesem Kontext von der Literatur die sprachlichen Verwechslungen zitiert. Allen voran die vom Butler, Jacques, produzierten, der statt Pompadour Pampadour, statt Kleopatra Kleptomania und statt Ouvertüre Ofentüre sagt. Auch nennt er den Sonnenkönig „Louis Quatorze, der XIV." (also, Ludwig der Vierzehnte Fünfzehnte). Ebenso wird die mangelnde Bildung erwähnt, wie bspw. Ipelmeyer das französische Wort für „verärgert", also „faché", mit dem deutschen Hackbraten, nämlich Faschiertes, verwechselt. Dass es sich dabei um eine Anspielung auf die Gattung der Farce selbst handelt, etymologisch sich von lateinisch *farcire*, stopfen, herleitend, vergrößert die Distanz für den ‚wissenden' Teil des Filmpublikums. Vgl. erneut O'Brian 2004, bes. S. 39. Ipelmeyers und ihre Gäste erkennen zudem nicht, dass es sich beim Grafen von Monte Christo um die titelgebende Figur aus dem Abenteuerroman von Alexandre Dumas handelt. Dazu kommt, dass der Roman zwischen 1844 und 1846 veröffentlicht wurde. Der Film nimmt es hier mit der historischen Faktizität also bewusst nicht so genau, um wiederum im Verhältnis zu den ‚jüdischen' Figuren eine distanzierende Komplizenschaft mit dem ‚informierten' Teil des Publikums herzustellen. Zum Ressentiment gegen die ‚Ost-Jüd*innen' vgl. Aschheim 1982.

[106] In diesem Fall wird in der Literatur immer wieder auf Frau Ipelmeyers Antwort auf die Frage verwiesen, wie sie ihren Liebhaber Forchheimer trotz Maske erkenne. Diese lautet, an seinen Füßen. Vgl. auch zu den Stereotypen des jüdischen Körpers Breitenfeller 1998. Weiter zu ‚jüdischen' Stereotypen Volkov 2000b sowie zu den Lebensentwürfen vgl. Kaplan (Hg.) 2003.

sich Herr Ipelmeyer als ‚Sonnenkönig' darstellt, gefällt sich Frau Ipelmeyer (Inge Van der Straaten) in der Rolle der ‚Madame Pompadour', ihre Tochter (Tatjana Sais) tritt als ‚Königin Kleopatra' auf.[107] Robert und Bertram kehren dieses Motiv mit ihrer Maskerade nun um. Die Komik entsteht hier aus dem Wissensvorsprung des Filmpublikums gegenüber den Figuren, dass Robert und Bertram nicht wahrhaftig diejenigen sind, die sie zu sein scheinen. Vorgeführt wird hier, dass die eigentlich ‚wahren', weil erfolgreichen Assimilierten, Robert und Bertram sind. Die ‚Nicht-Juden' übertreffen hier die ‚Juden' noch beim Ausüben ihrer ‚ureigenen Disziplin', der unmerklichen Assimilation sowie des besseren Infiltrierens.[108] Hieraus kann das Filmpublikum die ‚Dummheit' der ‚jüdischen' Figuren verlachen und sich qua ethnisch-religiöser Differenz über sie erheben. Entscheidend ist, dass es nicht darum geht, dass das Filmpublikum durch die Veranschaulichung der Scheinhaftigkeit dieses Milieus neue Erkenntnisse darüber gewönne, wie das Milieu und folglich die Gesellschaft zu verbessern wäre. Als ethnisch-religiöse Differenz wird die hier als Schein inszenierte Scheinhaftigkeit zur unveränderlichen, dabei abzulehnenden ‚Natur' erhoben. Das Milieu bleibt deshalb unverändert und geschlossen. Darin ist die Szene der Hochzeitsszene analog gebaut. Anders als in dieser aber, zeitigt die durchgehend parodistische Repräsentation der Stereotype großteils abwertendes Verlachen.

In dieser Logik muss man auch die Szene interpretieren, die in der Literatur als die außergewöhnlichste Szene erwähnt wird. Schulte-Sasse deutet sie im Rahmen der Macht des Blicks, ‚den Juden' sichtbar zu machen. In dieser Szene wird dargestellt, wie sich die Gäste bei Ipelmeyers zwischen Konzert und Maskenball kostümieren. Dazu haben sich alle in nebeneinanderliegende Einzelräume begeben. Die Kamera ist außerhalb der Hauswand platziert, sie bewegt sich in einer Fahrt nach rechts an dieser entlang und gleitet so über die verschiedenen Fenster. Dahinter wird nun das Umkleiden der Figuren sichtbar. So sehen wir, wie Frau Ipelmeyer von ihrer Dienstmagd angekleidet wird, wie Herr Ipelmeyer gerade dabei ist, sich seine Perücke aufzusetzen. Isidora steckt sich einen Kamm in ihr Haar, während sich Ipelmeyers Prokurist Forchmeier (Erwin Biegel) bereits vollständig in einen *l' honette homme* verwandelt hat. Der Buchhalter und jugendliche Liebhaber Samuel (Armin Münch) versucht, das Visier seiner Ritterrüstung hochzuklappen. Und Robert und Bertram beginnen in ihren Gardeoffizierskostümen ein Fechtduell. Die Primaballerinen sind währenddessen dabei, sich abzuschminken.[109]

---

[107]Hierin ist eine weitere Quelle der Erheiterung zu sehen, insofern es sich bei der Pompadour um die Mätresse des Sonnenkönigs handelte. Dass Frau Ipelmeyer sich zur Mätresse des Königs stilisiert, wo ihr Mann offenbar sein Auge auf andere Damen wirft – hier die Primaballerina der Aufführung im Palais im Speziellen –, steckt voller Widersprüchlichkeit, die als Unwissenheit ausgewiesen ist.

[108]Vgl. zu diesem Punkt erneut Schulte-Sasse 1996, bes. S. 239.

[109]Pikant, aber ganz im Rahmen des vorliegenden Geschlechterkonzepts ist die erneute Rückfahrt der Kamera nur in diesem Fall, um noch einmal einen erneuten Blick auf die Ballerinen zu erhaschen.

Das Fenster bildet stets den Rahmen für diese Ereignisse. Man wird also immer wieder darauf aufmerksam gemacht, dass man voyeuristische(r) Zeug*in einer gerahmten Szene ist, die sich durch die Kamerafahrt nach rechts als kinematografischer Bildinhalt ausweist. Diese ist so motiviert, dass die Figuren jeweils zu einem bestimmten Moment erkennen, dass sie beobachtet werden. Angezeigt wird dies durch einen direkten Blick in die Kamera, wobei sich immer eine Figur im Zimmer Richtung Fenster bewegt, dabei meist aus dem Bildrahmen tritt und den Vorhang vorzieht.

Indiziert wird hier, dass die Kamera eine Art innerdiegetischer Instanz ist, die von den Figuren ausgemacht werden kann. Zugleich werden wir aufgrund der Rahmung und des Vorhangs darauf aufmerksam gemacht, dass es sich um eine theatrale Illusion handelt. Als Zuschauer*in wird man in die Position der Kamerainstanz versetzt, dabei in eine reflexive Distanz zum Geschehen gebracht. Das Verfahren ist insgesamt analog dem eines Blicks durch einen Guckkasten, besser dem durch ein Kinetoskop, in dem die in sich bewegten Ansichten gegeneinander ausgetauscht und verändert werden. Theatrale bühnenhafte Szenerie wird hier augenscheinlich und direkt mit proto-kinematografischer Technik verknüpft. Wichtig ist an dieser Szene aber besonders, dass Sichtbarkeit thematisiert wird, indem ihre (mobilen) Grenzen aufgezeigt werden. Wesentlich ist dabei nicht, dass die Kamera selbst selektiert, was sie sieht, indem sie sich bewegt, wodurch sich die Bildinhalte ändern. Vielmehr wird ihr und dem Filmpublikum die Sicht durch die Figuren selbst entzogen.

Der direkte Blick in die Kamera der Figuren ist an sich weder bezüglich der theatralen Aufführung der Farce noch hinsichtlich des Kinos etwas Neues oder Besonderes. Gerade in der Gattung der Farce ist ja in Form der Couplets beispielsweise die direkte Wendung an das Publikum vorgesehen. Die Änderung, die hier eintritt, ist, dass die Form der Adressierung durch die Figuren über die Geste der Ausgrenzung eines voyeuristischen, singulären Blicks stattfindet. Diese wollen nicht beobachtet werden, weshalb sie sich entziehen. Der voyeuristische Blick, typisch für das Kino, wird damit als solcher deutlich markiert und gleichzeitig als unpassend, störend abqualifiziert. Die in diesem Blick deutlich erkennbare Erotik wird von den Figuren nicht erwidert. Eine potenzielle erotische Aufladung des Blicks speziell bezüglich dieser Figuren wird in dieser Szene geradezu zensiert. Zudem ist dies zugleich die einzige Szene, in der speziell diese Figuren in eine ermächtigende Position insbesondere gegenüber dem Filmpublikum einrücken, in der sie mit diesem in einen ‚unmittelbaren' Austausch treten, der dezidiert blockiert wird. Individuelle Perspektiven, gar individueller Austausch, sind gegenüber den distanzierten, allgemeinen Ansichten problematisch, weil sie nicht der Erkenntnis, sondern nur dem puren, individuellen Vergnügen oder Begehren dienen. Das Kinopublikum soll sich nicht allzusehr mit etwas identifizieren, das sich in seiner ‚Andersartigkeit' betont als etwas Attraktives präsentiert, weshalb es sich selbst der Sichtbarkeit entzieht, um sich ‚freiwillig' ‚hinter den Kulissen' im Verborgenen abzuspielen.

Gerade diese Szene steht zugleich repräsentativ für die gesamte Sequenz in Ipelmeyers Palais. Hier wird ein opulentes, ausuferndes Feuerwerk an optischen und akustischen Reizen geboten, die kaum noch zu überbieten, deshalb auch schwer zu kanalisieren sind. Wenn auch über die Ipelmeyers und ihre Gäste gelacht werden soll, so soll doch mit ihnen auch ordentlich gefeiert werden. Und Robert und Bertram sind hier mittendrin und haben dabei ihren Spaß, ganz zu schweigen vom Kinopublikum.[110] Was hier als ‚störende' Veränderung, als Produktion von Turbulenzen inszeniert wird, lässt sich allein auf kinetische Energie und audiovisuelle Reize zurückführen. Robert und Bertram tragen dazu nur insofern bei, als dass sie jeweils noch ein Quentchen mehr Trubel am Ende dieser Szene erzeugen, um dann rasch abzutreten und das Milieu zu verlassen, welches wesentlich unverändert bleibt. Die Szene folgt einer Logik, in der etwas Negatives, daher Abzulehnendes mittels Transgression erst einmal übertrieben präsentiert und darin möglichst faszinierend betont werden muss, damit es in der Abgrenzung überwunden werden kann.

Im Film wird auf die grundlegende Unvereinbarkeit der Milieus als Teile eines großen Ganzen hingearbeitet, deren heterogenes Nebeneinander auch für den historischen Zeitpunkt 1839 hypostasiert werden kann. Die Welt und das Gesellschaftssystem in ihr im Jahre 1839 entspricht einer nicht-idealen, in der es Teile gibt, die nun einmal nicht zusammengehören – Teile davon wird und soll es dann auch in der aktuellen nicht mehr geben.

Nun ist aber diese sichtbare nicht-ideale Welt chaotisch, geradezu *messy:* Sie zitiert alte Volksweisen und nutzt moderne Schlager; sie spielt in einer Vergangenheit, in die nicht nur geschichtlich nachfolgende Elemente mit hineinspielen (wie das Zitat von Alexandre Dumas' Roman von 1844), sondern in der auch Geschichte (‚fact') mit Literatur (‚fiction') gemixt wird. Die Figuren bestehen aus bekannten Stereotypen, die zugleich modern inszeniert sind und deren Identität ihren Konstruktionscharakter und ihre Schablonenhaftigkeit nicht verhehlt. Die Bühnenillusion wirkt durchgängig glaubhaft, ist aber mit älteren und modernen Bühnentricktechniken durchzogen, die sich immer wieder in den Vordergrund drängen. Bei der Parodie der Figuren werden die Überschreitungen lustvoll zelebriert, wobei *alle* Figuren dem Verlachen preisgegeben werden. Diese Welt ist zudem prächtig und mit hohen Schauwerten ausgestattet.

---

[110]Dass auch im Kontext einer *fake identity* echte Gefühle entstehen können, zeigen Bertrams Avancen gegenüber Frau Ipelmeyer. Von Genuss und Lust können sich auch die beiden Protagonisten nicht gänzlich freimachen, auch wenn das Bertram besser zu gelingen scheint als Robert, der für Exotismen und erotisch-ethnische Transgressionen anfälliger ist, wie es der Traum von den zwei ‚orientalisch' anmutenden Bauchtänzerinnen in der ersten Szene des Films verdeutlicht. Am Ende wird deren Bild von dem zweier Polizisten überblendet, die Bertram ‚in der Realität' aufgreifen. Das *gender bending* der visuellen Ebene dient hier der Komik, ist jedoch thematisch als Regulierung der ethnisch-erotischen Transgression durch die ‚reale' Ordnungsmacht gedacht. Bertram nähert sich, wie O'Brian korrekt bemerkt, den Ipelmeyers über das Kriterium der Ungebildetheit an, deren Ursachen aber gänzlich verschieden gelagert sind. Bei Bertram ist sie sozial begründet, da er ein „ausgebrochener Bourgeois" ist. Ipelmeyers Wissensdefizite sind dagegen eindeutig ‚rassisch' begründet. Gerade das exotistisch begründete Begehren nach dem Anderen aber produziert und vermehrt zusätzlich das Begehren nach der Transgression gerade über die Verbotsschranke hinweg. Dieses galt es wiederum in der aktuellen Realität wie in den Nürnberger Gesetzen zur Rassentrennung bspw. zu regulieren. Vgl. hierzu erneut O'Brian 2004 sowie Klotz 1998, bes. S. 108 f.

4.1 Der kinematografische Traum vom Einssein – *Robert und Bertram*

Was Dynamik und Schauwert der Szenen anbelangt, nähern sich beide Milieus über ihre inhaltlich-thematische Differenz hinweg gefährlich an, sodass gerade auf der Ebene des audiovisuellen Vergnügens eine heimliche, wenn auch nicht ausgesprochene Wahlverwandtschaft, so doch zumindest eine Komplizenschaft zwischen ‚jüdischem' und ‚arischem' Milieu entsteht. Sie kann nicht nur umfassend genossen werden. Vielmehr wird die Trennung, die durch die behauptete Inkongruenz der Teile, von denen einer ‚gefährlich', ‚überflüssig', ‚nutz'- und ‚wertlos' ist oder in Zukunft sein wird, gezogen wird, potenziell untergraben.[111] Die Teile der Narration werden dabei nicht vernäht, sie sind nicht kausallogisch geordnet und bilden keine kohärente Erzählung. Deshalb läuft hier die Abdichtung, die mit der Verlagerung in die Vergangenheit beabsichtigt ist, Gefahr, durchlässig zu werden. In diesem pasticheartigen Eklektizismus an Verfahren und Strategien, Themen und Topoi sowie Stereotypen und Klischees ist es schwierig, den wahrhaftigen Gesamtsinn des narrativ und visuell Gegebenen zu entnehmen.

Auch das Raumzeitschema ist davon betroffen: In visueller, narrativer und technischer Hinsicht ist die Vergangenheit dermaßen mit einem Jetztzustand verschränkt, dass die Zukünftigkeit, mit der sie imprägniert ist, auch im Hier und Jetzt als uneingelöste wahrgenommen werden kann. Wenn es also eine Referenz auf die soziale Wirklichkeit in diesem Film gibt, dann ist es weniger die drohende Strafe bei Subordination, sondern vielmehr der Zustand einer Realität, in der sich die Einlösung des ‚Ideals' der von allem ‚Fremden' bereinigten harmonisierten Volksgemeinschaft offenbar endlos verschiebt – was ins Bewusstsein treten kann.

Wenn also dieses Bild einer *messy* Vergangenheit/Gegenwart als zu verlachende Negativfolie für eine antizipierte Zukunft dienen soll, wird mit der vermeintlich abgeschlossenen Vergangenheit auch gleich der aktuelle Jetztzustand verlacht. Das in Form einer strukturellen und bildlichen Epiphanie der beiden Protagonisten sowie inhaltlichen Leerstelle aufscheinende, sprich un/bestimmte Ideal, muss dem Publikum aber erst einmal schmackhaft gemacht werden. Bis es dazu kommt, bleibt man animierte*r, belustigte*r Zuschauer*in/Betrachter*in dieses chaotischen, nicht-idealen Vergangenheits/Jetztzustands.

In dieser Perspektive muss man noch einmal einen genaueren Blick auf die beiden Protagonisten und ihre Bedeutung sowie Funktion innerhalb der Narration werfen. Beide Figuren sind prinzipiell als Außenseiter angelegt. Sie kommen zwar wie Störenfriede daher, indem sie in ein Milieu von außen eindringen. Im Kontrast zu Farce und Posse assimilieren sie sich dort aber zunächst einmal ziemlich gut. Durch Robert und Bertram entsteht also erst die Möglichkeit, Einblicke in die Milieus zu erhalten und die anderen Figuren beziehungsweise Gruppen zu verlachen.[112] Anstatt sie aber neu auszurichten, werden die Milieus großteils

---

[111]Vgl. die ähnliche Interpretation von O'Brian 2004, bes. S. 39 f., sowie Schulte-Sasse 1996, bes. S. 239, die bemerkt, dass durch die Komik auch manche Figuren sympathisch gezeichnet werden wie bspw. Samuel Bantheimer.

[112]Genau betrachtet, entsteht die Möglichkeit zum Verlachen der Figuren durch direkte Interaktion mit den beiden Protagonisten lediglich mit Bezug zur Amtsgewalt, sprich zu Strammbach und den beiden Polizisten, die nach ihnen suchen.

schlicht voyeuristisch ausgebeutet. Insofern wirken Robert und Bertram weder als wahrhaftige Reflektoren (wie Till Eulenspiegel) noch als (Ver-)Mittler. Sie halten im Prinzip nicht einmal die lose konstruierte Narration mit zielgerichteter Handlung zusammen. Das lässt sich damit erklären, dass dort, wo Teile nicht miteinander vermittelbar sind, buchstäblich kein Ort, weil keine Rolle (mehr) für Außenseiter übrigbleibt. Ähnlich wie die Farce in der Differenz zum medialen Schein des Films keine Spiegelfunktion mehr besitzt, hat sich hier die Funktion des Störenfrieds wortwörtlich in Luft aufgelöst. Strukturell ‚heimatlos' geworden, bummeln und tanzen Robert und Bertram recht ziel- und orientierungslos durch die Landschaft beziehungsweise filmische Narration.

Ihre Identitäten sind dabei *en miniature* analog der heterogenen und inkommensurablen Milieus konstituiert. Beide Figuren sind eklektizistisch angelegt. Robert verkörpert den romantischen Dandy. Er ist zugleich bekennender aufgeklärter Rationalist und Moralist. Darin geht er aber selektiv vor, denn wenn es um das Besitztum, insbesondere von Jüd*innen geht, ist er skrupellos und wirft seine Moral über Bord. Er besitzt eine Vielzahl musischer Fähigkeiten, kann singen, tanzen und dichten. Er ist zwar des Lateinischen mächtig, beherrscht aber kein Französisch. Er weiß, wie man sich ‚in feinen Kreisen' verhalten muss, spricht aber ‚Berliner Schnauze'. Sein wendiger, schlanker Körper fungiert dabei als materielles Substrat seiner körperlichen und weltanschaulichen ‚Wendigkeit'.

Bertram dagegen ist zwar anders, aber deshalb nicht weniger heterogen strukturiert. Er ist ungebildet(er), schwerfälliger, sowohl im Geiste als auch in seinen Bewegungen als Robert. Er ist dabei zugleich ein ‚bodenständiger' Charakter, wie er auch immer wieder kurz davor steht, sich aus Eigennutz und Habgier am Besitz anderer zu vergreifen. Seine sinnliche Seite schlägt neben ihren musischen Ausformungen auch gerne mal ins Erotische um, wenn er sich ‚orientalische' Bauchtänzerinnen erträumt, einer ‚Bordsteinschwalbe' hinterherguckt oder nach Frau Ipelmeyers Hand greift. Auch ist er anderen sinnlichen Genüssen wie Essen und Trinken nicht abgeneigt. Im Gegensatz zu Robert, verkörpert er dabei eher den ‚intuitiven' Charakter, der darin aber ebenso ‚wendig' ist.

Beide Figuren sind deshalb weder als Gegenspieler noch als Komplementärcharaktere zu verstehen. Ähnlich wie die Milieus in der Gesamtschau, sind auch sie weit davon entfernt, Ideale zu verkörpern. Das liegt nicht nur an ihrem Status als Vagabunden oder ihren Gesetzesüberschreitungen, sondern vielmehr daran, dass sie weder in sich einheitliche noch einander gegenüber kommensurable Entitäten bilden. Robert und Bertram sind als Figuren so angelegt, dass an ihnen auf individueller Ebene diese Problematik der Veranschaulichung eines in die Vergangenheit gelegten, nicht-idealen Zustands verhandelt wird, der zu einer uneindeutig definierten, ausgesparten idealen Zukunft hin überwunden werden soll, worin Vergangenheit und Gegenwart jedoch verschränkt sind. Deshalb müssen sie diese vorgestellte nicht-ideale Welt transzendieren.

Sie verkörpern also raumzeitliche Vektoren, die in die abgeschlossene nicht-ideale Vergangenheit die noch nicht eingetretene ideale Zukünftigkeit räumlich als Epiphanie implementieren sollen. An ihnen soll exemplarisch durchexerziert werden, wie alle Teile miteinander zu einem zeitlich enthobenen, ewig währenden 'harmonischen' Ganzen verschmolzen werden können. Dabei handelt es sich um ein schwieriges Unterfangen.

Auf der Ebene der dargestellten Welt nimmt dies zunächst einmal die Züge nicht nur einer Freundschaft, sondern auch einer Gefühlsgemeinschaft an. Es verwundert daher nicht, dass die beiden immer dann, wenn sie untereinander sind, sich entweder in den Armen liegen (das Wiedersehen im Gefängnis) oder miteinander Tänzchen aufführen. In den Szenen, in denen sie in andere Milieus eindringen, ist die Komik und das Verlachen auf andere Figuren bezogen, welches Robert und Bertram initiieren (auf der Hochzeit, auf der Kirmes) oder welches von den Figuren evoziert wird (im Palais Ipelmeyer). Darin sind sie nicht Ziel, sondern Quelle des Spotts (Roberts Aufführung der Arie im Palais). Im Kontrast dazu sind sie in den Szenen, in denen sie unter sich sind, gleichzeitig Quelle und Ziel von Komik und daher potenziell dem Filmpublikum zum Verlachen preisgegeben. Der Tanz, den die beiden im Wald aufführen, ist dabei ganz eindeutig als Geschlechterparodie aufzufassen, der als solche im Rahmen der Farce goutiert werden kann. Man kann über beide lachen, wenn sie Händchen haltend umeinander herumhopsen, sich vor einander verbeugen und gegenseitig schöne Augen machen.[113]

Zugleich sind sich Robert und Bertram ihrer Funktion und Bedeutung nicht im vollen Ausmaß bewusst, sie haben aber eine Ahnung davon und wünschen es sich sehnlichst herbei. Nicht zuletzt beschwert sich Robert, nachdem sie die Juwelen an Lips schickten und nun wieder auf Wanderschaft sind, über die aktuellen Geschehnisse in der Zeitung – die tatsächlich ein unbestimmtes und zugleich sehr passendes Echo auf die des Jetztzustandes ergeben –, woraufhin Bertram ihm antwortet, dass sich all diese Probleme auf der Welt im Jahr 1939 sicherlich schon erledigt hätten.[114]

Der Wunsch nach einer idealen, vereinten Welt beziehungsweise Gesellschaft, den sie äußern, führen sie, ohne dass sie groß darüber nachdächten, an sich selbst vor. Das klingt bereits in ihren Namen an: In Robert und Bertram überschneidet sich ein Teil des Namens, man könnte sie auch, zusammengefasst, als RoBERT-

---

[113]Im Rahmen des Verlachens anderer Figuren durch Wissensvorsprung seitens des Filmpublikums ist ihre Geschlechtermaskerade in der Kirmesszene angesiedelt. Primär dient sie dazu, noch einmal die Dummheit und Borniertheit der Amtsmacht vorzuführen. Strammbach wird zur Zielscheibe des Verlachens, weil er die Charade der beiden aufgrund seiner gockelhaften Verliebtheit nicht durchschaut. Die Differenz von geschlechtlicher Identität und geschlechtlicher Aufführung dient hier inhaltlich dem Zweck, sich sicher in einem ansonsten ‚feindlich gesinnten' Umfeld zu bewegen. Was sich auch zeigt, wenn sie verfolgt werden, sobald die Maskerade fällt. Es wird hier natürlich mit dem audiovisuellen Reiz der Effeminierung der beiden Figuren bewusst im Rahmen der Komik der Farce gespielt. Durch das Verschwimmen der Motivation – Verfolgung wegen Stehlens, Verfolgung wegen Gesetzesübertretung, Verfolgung auf Basis des § 175 – wird aber die thematische Implikation deutlich.

[114]Folgender Dialog entspannt sich hier. Robert sagt: „Eine schreckliche Welt! Diese Überschriften. Ach, die Kämpfe im Fernen Osten, der Aufstand in Indien, neue Attentate in Russland, Unruhen in Spanien, die Rassenkämpfe zwischen Weißen und Negern in Amerika. Ja, gibt's denn nun gar keine Ruhe? Wir leben doch schließlich im Jahre 1839." Daraufhin antwortet ihm Bertram: „Lass mal, mein Junge. In 100 Jahren sieht das alles anders aus."

ram nennen. In der oben angeführten Szene schreit Robert diesen Wunsch auch in die Welt hinaus, aber nicht an die Gesellschaft adressiert, sondern „den Göttern", sprich, den höheren Mächten gewidmet: „Hört uns, ihr Götter! Durch Zeit und durch Raum, wir sind eine Seele. Ein Herz und ein Traum!"[115] Hier wird die Metapher von der idealen Verschmelzung von ‚Geist' und ‚Seele', von ‚Körper' und ‚Geist' bemüht. Bevor aber dies (vermeintlich) in der transzendierten Fassung der Epiphanie am Filmende erfolgt, löst sich ihr Wunsch auf individueller Ebene ein, insofern sie einen Traum gemeinsam träumen.

Nun muss man kurz einen Blick auf diese Szene, vor allem auf deren *mise-en-scène* werfen. Sie schließt direkt, aber gerade nicht im narrativen Sinne nahtlos, sondern völlig unvermittelt an jene an, in der ihr Fall zum Entscheid bis vor den König gelangte, der die Bemerkung machte, dass es doch nicht rechtens sei, dass diese beiden kleinen Gauner, die ja nicht einmal zu ihrem eigenen Vorteil die Juwelen gestohlen hätten, für lange Zeit ins Gefängnis müssten, während die großen Gauner – gemeint ist hier vor allem Ipelmeyer als Vertreter aller ‚habgierigen Juden' –, ungestraft davonkämen.[116] Der Szene folgt, ebenfalls ohne jeglichen Übergang, unvermittelt, die Schlussszene des Films, in der sich Robert und Bertram auf der Kirmes als Frauen verkleidet mit Strammbach einen Scherz erlauben, bis sie ‚enttarnt' werden, fliehen und mit dem Ballon in den Himmel aufsteigen. Sie ist neben der ersten Szene, in der ihr Wiedersehen und Ausbruch aus dem Gefängnis gezeigt wird, die einzige, in der der Plotfokus auf ihrer Interaktion liegt. Sie ist also als abgeschlossene Funktions- und Bedeutungseinheit zu interpretieren. Sie ist als eine von zwei singulären Szenen zu verstehen, da Robert und Bertram hier dezidiert nicht als Störenfriede in ein Milieu hineinplatzen, sondern die Konstituierung ihrer beider Identität im Vordergrund steht.

Der Dialog, der Schrei und das Schläfchen finden also in einem Park statt, in dem in einem Rondell drei Statuen aufgestellt sind, die griechische Götter verkörpern. Venus in der Mitte, frontal stehend, links von ihr sitzend, mit Traube in der Hand, Bacchus. Rechts von ihr, mit Hut und Äskulapstab, wie Rodins Denker etwas vorgebeugt auf dem Sockel sitzend, Merkur. Zunächst einmal bekommen wir diese als Ansicht zu sehen, als eine Art Umschnitt aus Roberts und Bertams Perspektive, die sie aus gebührendem Abstand, hinter einem Zaun stehend, begaffen. Bertram fragt noch: „Wer sind denn die Typen?", woraufhin Robert ihm erklärt, welche Götter die Statuen verkörpern. Bertram macht sich daraufhin über Venus defizitäre Schönheit – ihr fehlt der rechte Arm – lustig, woraufhin Robert ihn zurechtweist, dass er doch ein Banause sei, was Bertram nur damit kontert, dass er froh sei, nicht zu wissen, was das bedeute. Die Szene beginnt also mit

---

[115] Auch nicht unerheblich ist Bertrams Reaktion auf diesen Ausspruch, er hält nämlich Robert den Mund zu mit der kurzen Bemerkung: „Halt's Maul!", wobei er sich besorgt umschaut.

[116] Zwar wird der König hier als einsichtiger, benevolenter Patriarch skizziert. Wie aber die letzte Szene mit der amtlichen Bekanntmachung zeigt, worin für ihre Erfassung eine Belohnung von 100 Mark ausgesetzt ist, bedeutet das keineswegs, dass sie ungestraft blieben. Obwohl sie keine Straftaten begangen haben, sind ‚die Jüd*innen' dennoch als die ‚wahren Verbrecher*innen' abgestempelt.

4.1 Der kinematografische Traum vom Einssein – *Robert und Bertram*

dieser Frontalaufsicht von Robert und Bertram hinter den Gitterstäben des Zaunes, die wir als Publikum erst einmal – vor allem im Licht der vorausgehenden Szene – mit einem Gefängniszellengitter verwechseln sollen. Das Weggeschlossensein, das hier spielerisch angedeutet wird, steht weniger sinnbildlich für die drohende Einbuchtung. Vielmehr lässt sich das Bild darauf beziehen, dass die beiden diese erste Welt noch nicht überwunden haben, sondern immer noch im Paradigma des Scheins des Kasperletheaters sowie des Films selbst verweilen müssen.

Dann setzen sie sich auf die sich daneben befindliche Böschung, Bertram pflückt Blümchen, um herauszubekommen, ob er aus seinem Flachmann trinken soll oder nicht – was er dann sowieso machen wird –, Robert liest und kommentiert die Schrecknisse des Weltgeschehens aus der Zeitung. Die Szenerie umrahmt die beiden mit Büschen, hinter ihnen ein dunkler Nachthimmel, an dem eine volle Mondscheibe rechts oben im Bild hängt, die ihr sanftes Licht über die beiden ergießt. Die musikalische Untermalung besteht aus einem romantischen Motiv, gespielt von einem Orchester. Im Anschluss daran sieht man das Rondell wieder in einer Ansicht von schräg links vorn auf die Statuen in einer totalen Einstellung, dann schwenkt die Kamera nach rechts auf die beiden Protagonisten, die lang ausgestreckt, Scheitel an Scheitel, in Aufsicht schlafend im Gras der Böschung liegen. In einer Überblendung sehen wir Roberts Gesicht in Aufsicht in einer nahen Einstellung, mit geschlossenen Augen, den Mund zu einem Lächeln leicht geöffnet (s. Abb. 4.1).

Abb. 4.1 *Robert und Bertram,* D 1939, Friedrich-Wilhelm-Murnau-Stiftung, 1:20:58:22

Am oberen Bildrand kann man noch leicht Bertrams Scheitel erkennen. Nach der Überblendung wird in einer näheren Einstellung, frontal, die Merkurstatue gezeigt (s. Abb. 4.2).

Anschließend erfolgt die Überblendung in eine Naheinstellung von Bertrams Gesicht in Aufsicht (s. Abb. 4.3).

Auch er grinst mit geschlossenen Augen im Schlaf, während man am oberen linken Bildrand noch Roberts Kopf angeschnitten erkennen kann (s. Abb. 4.4).

In der folgenden Einstellung wird Bertram vom Bild von der Bacchusstatue überblendet (s. Abb. 4.5).

Nach der Überblendung sehen wir in einer näheren Einstellung frontal die Bacchusstatue (Abb. 4.6).

Die folgende Überblendung zeigt die Venusstatue aus etwas größerer Entfernung. Nach dem Bruchteil einer Sekunde beginnt sie, den Kopf hin- und herzudrehen. Die Kamera fährt etwas zurück, während die Venus wieder den Blick frontal ausrichtet, bis die beiden männlichen Statuen ins Bild kommen. In der nächsten Einstellung sehen wir die Statuen von schräg hinten, im Bildhintergrund ist quer der Zaun, dahinter die Böschung, darüber der Nachthimmel mit der Mondscheibe zu sehen. Merkur sitzt nun links im Bild, von schräg hinten rechts aufgenommen, auch er dreht den Kopf nach rechts vorn, wo im rechten Bildausschnitt, rücklings, bis zu den Beinen, die Venus steht und zu ihm zu blicken

Abb. 4.2 *Robert und Bertram*, D 1939, Friedrich-Wilhelm-Murnau-Stiftung, 1:21:02:03

4.1 Der kinematografische Traum vom Einssein – *Robert und Bertram* 435

Abb. 4.3 *Robert und Bertram,* D 1939, Friedrich-Wilhelm-Murnau-Stiftung, 1:21:02:06

scheint. Merkur dreht nun den Körper zu ihr und fasst sich mit der Hand fragend an die Brust, verbeugt sich leicht und lüftet dabei den Hut. An dieser Stelle wechselt die Musik von einem romantischen Thema zur Erkennungsmelodie von Robert und Bertram („Wenn man nur stets Courage hat, was braucht man da viel Geld? Man kommt als Bummlerkandidat ganz lustig durch die Welt."). In der nächsten Einstellung sehen wir, halbnah, den ins Profil gedrehten Bacchus sitzen, der den Kopf nach vorn links gewendet hat, nun grinst und mit den Schultern zuckt. Rechts im Bild sehen wir noch, im Halbschatten, Venus' Oberkörper, die den Kopf nach hinten zu Bacchus gedreht hat. Die Musik untermalt diese Einstellung mit einer flätig-ironischen Posaune. Dann folgt eine Einstellung, in der wir noch einmal Merkur frontal als Ganzes sehen, wie er sich gerade hinsetzt und lächelnd seinen Hut wieder aufsetzt, dann mit weit ausgebreiteten Armen nach links erneut verbeugt. Anschließend steckt er den Äskulapstab vorne zwischen seine Beine auf den Sockelboden und macht eine Bewegung, als wolle er gleich abheben. Die nächste Einstellung zeigt Bacchus ganz, von schräg links vorn, wie er kokett ein Bein hebt. Es folgt eine Einstellung, in der das Rondell frontal aus der Ferne zu sehen ist, mittig steht die Venusstatue, unbewegt, während links und rechts von ihr Bacchus und Merkur auf ihren Sockeln richtiggehend zappeln, als wollten sie sich von den Sockeln lösen, aufspringen und sich in die Arme fallen. Nach einer Überblendung sieht man den Park bei Tag, in der Bildmitte befindet

Abb. 4.4 *Robert und Bertram,* D 1939, Friedrich-Wilhelm-Murnau-Stiftung, 1:21:02:10

sich, quer im Bild, die Kante der Böschung, von der die beiden Figuren nun nacheinander den Abhang Richtung Kamera hinunterkollern. Die Musik passt sich dabei diesen Bewegungen an. Robert und Bertram sitzen dann am Fuß der Böschung nebeneinander vor dem Zaun, erzählen sich ihren Traum und bemerken dabei, dass sie wohl das Gleiche geträumt haben. Robert sagt lächelnd und seufzend: „Ich war Merkur, und Venus winkte mir." Der neben ihm kniende Bertram fasst sich an die Brust mit dem Satz: „Mir auch. Ich war Bacchus." Robert dreht sich überrascht zu ihm um: „Nein?!" Woraufhin Bertram fortfährt: „Der alte Säufergott. Junge, wir träumen sogar dasselbe." Robert macht hoch erfreut eine Handbewegung: „Ja!" Er springt auf, breitet die Arme aus, die Kamera schwenkt hoch und mit ihm nach links, sodass er, frontal am Zaun stehend, nun seinen an die Götter gerichteten Wunsch exklamieren kann, dass sie beide über Raum und Zeit ein Herz und ein Verstand, eine Seele und ein Traum seien.

Die Szene scheint bildlich beinahe einem romantischen Roman von E. T. A. Hoffmann, Ludwig Tieck oder einem romantischen Gemälde von Arnold Böcklin oder auch Caspar D. Friedrich entsprungen zu sein. Auch die Musik unterstreicht die Referenz auf die Romantik, wobei sie durch ihre ironischen Untertöne mit ihr bricht. Die Verlebendigung der Statuen könnte ein direktes Zitat aus Joseph Eichendorffs *Das Marmorbild* (1818) oder Ovids Pygmalionmythos sein. Hierzu wird nun aber die Differenz erzeugt, dass nicht nur das Bild der Göttin der Liebe

4.1 Der kinematografische Traum vom Einssein – *Robert und Bertram* 437

Abb. 4.5 *Robert und Bertram,* D 1939, Friedrich-Wilhelm-Murnau-Stiftung, 1:21:03:22

auf einmal zum Leben erweckt wird. Gemäß des Versuchs, die Idealität im ‚echten Leben', in der ‚Realität' zu vergegenwärtigen, sollen eben auch die durch die männlichen Götter Merkur und Bacchus verkörperten Ideale verlebendigt werden. Beide sind, wohlgemerkt, nicht die erste Garde von Göttern, kein Apollo oder Zeus beispielsweise, sondern die zweite oder vielleicht sogar dritte Garde. Nicht umsonst wird Merkur als Götterbote bezeichnet, der zugleich Schutzherr der Kaufleute, Schacherer und Diebe ist. Bacchus wiederum genießt den anrüchigen Ruf, ein ausschweifendes Leben zu führen. Dazu kommt, dass die Figuren, in dem Augenblick, in dem sie als Statuen ‚lebendig' werden, enge Trikots tragen, auf denen ‚nackte Körper' aufgemalt sind.

Auch in dieser Szene sind die beiden Protagonisten in doppelter Weise nicht ‚sie selbst', sondern nehmen eine uneigentliche ‚falsche' Identität an. Das dahinter stehende Prinzip ist jedoch ein anderes als beim Eindringen in die verschiedenen Milieus von ihnen angewandt. Sie verkleiden sich nicht, das heißt, es findet keine Maskerade statt, sondern es geht um eine Metamorphose von unbelebtem Material in lebendiges, nacktes Fleisch. Nicht Assimilation, sondern Transformation steht hier zur Disposition. Diese Verwandlung wird ausschließlich mittels kinematografischer Verfahren und Tricks erzeugt, sie benötigt somit die Techniken des Films, während sich die Verkleidungen ausschließlich im Rahmen der innerdiegetischen Welt über Maskeraden abspielen.

Abb. 4.6 *Robert und Bertram*, D 1939, Friedrich-Wilhelm-Murnau-Stiftung, 1:21:13:24

Die Verwandlung selbst ist unter die Lupe zu nehmen. Denn wenn man sagen kann, dass sich die Vagabundenfiguren, die Outlaws, in ‚das Ideal' griechischer Götter verwandeln, ist das nicht ganz korrekt. Vielmehr imaginieren sie sich in halbnackte Steinstatuen, die ‚zum Leben erwachen'. Es wird hier zwar angezeigt, die Figuren die Ebene der nicht-idealen Welt transzendieren zu lassen. Er mündet jedoch auf individueller Ebene darin, von den lustigen Störenfrieden, die sich maskieren, in Figuren verwandelt zu werden, deren Fleischlichkeit dominiert. Gerade darin sind sie verstärkt uneigentlich, weil ihre ‚lebendige' ‚Nacktheit' ‚scheinhaft' (aufgemalt) bleibt.

Die Venus, die Robert angeblich gewinkt haben soll, spielt hier selbstredend nicht die Rolle, das Objekt des Begehrens für die eine oder andere männliche Figur zu sein. Allenfalls ist sie das im Auge des betrachtenden Filmpublikums. Ihre Bedeutung besteht darin, dass sie das Prinzip der Liebe verkörpert, die die beiden als zwei unterschiedliche Teile eines großen Ganzen harmonisch vermitteln soll. Diese trennend/verbindende Mittlerfunktion kommt ihr zwar zu. Erfolgreich ist sie darin aber nicht. Denn in der Schnittfolge, aus der der Traum besteht, fällt diese Vermittlung aus. Zunächst imaginiert sich Robert nämlich im Traum als Merkur, anschließend imaginiert sich Merkur/Robert aber nicht die Venus, sondern Bertram/Bacchus. Erst danach tritt die Venus als Vermittlerin zwischen den beiden männlichen Figuren auf. Ganz offenbar wird diese Schranke benötigt, ohne die die ganze Szene zu eindeutig wäre. Der Versuch, sich in einen Gott zu verwandeln, mündet also anstatt in der Darstellung einer idealen überhöhten Vereinigung von Seele, Körper und Verstand in eine der wechselseitigen fleischlichen Verführung/Vereinigung der beiden Figuren, die durch die Komik, die sich in der Szene über deren Mimik und Gestik sowie über die Musik entfaltet, mehr schlecht als recht gerahmt wird. Wie man in der Szene im Palais Ipelmeyer über die Figuren lachen und sich dem reinen Vergnügen an der audiovisuellen Opulenz und Dynamik hingeben kann, ist es auch hier möglich, statt die Figuren wegen ihres misslingenden Wandlungsversuchs zu verlachen, mit Genuss zu goutieren, was uns hier vor Augen geführt wird: Die Szene einer Verführung zwischen zwei Männern als Ergebnis ‚altmodischer' kinematografischer Tricks in der modifizierenden Umschrift der ‚höchsten' bildenden Kunst, der Skulptur nämlich. Der Schein des Scheins als ‚neue Natur' des Ideals lässt sich auf individueller Ebene in deren Partikularität nicht herstellen, sondern verbleibt vielmehr auf der Ebene der Vermehrung der Uneigentlichkeit und damit faszinierender, zugleich nicht-idealer, männlicher körperlicher und seelischer Vereinigung.

Wenn die beiden in der nächsten Szene ihre Epiphanie erleben, durch die sie in den als visuelle Leerstelle gestalteten, idealen Zustand einer noch nicht eingelösten Zukünftigkeit hinüberwechseln, findet das ganz außerhalb des partikularen Bereichs ihrer Identitätsbildung statt. Der Himmel wiederum, der wie eine Revue gestaltet ist, kann nur ein Ort der Vermehrung des Scheins sein, den die beiden in den letzten Einstellungen affirmieren, in denen sie händchenhaltend gen Himmelstor tänzeln. Dieser vermag im doppelten Schein der Farce und des Mediums Film, welches sie wiederum ausgehebelt hat, keinen ‚wirklichen' Bruch zu erzeugen. Dies verbleibt dem Filmpublikum nur zur verlachenden Komik.

4.2 Die partikulare Szene kinematografischer Unmittelbarkeit – *Wunschkonzert*

Wunschkonzert hatte als Auftragsarbeit für die Ufa am 30. Dezember 1940 im Berliner Ufa-Palast am Zoo seine Premiere.[117] Der Film kam beim Publikum sehr gut an.[118] Förderlich für diesen Erfolg war, dass er durch die Prüfstelle die Prädikate „staatspolitisch wertvoll", „künstlerisch wertvoll", „volkstümlich wertvoll" und „jugendwert" verliehen bekommen hatte. Diese werteten ihn im Licht

---

[117]Die Produktion von *Wunschkonzert* oblag der Cine-Allianz Tonfilm Produktion GmbH, die bis 1937 von ihren Gründern, Arnold Pressburger und Gregor Rabinowitsch, geführt wurde. 1932 entstand sie als Union-Tonfilm und war bis zum 1935 eingeleiteten Liquidationsverfahren sehr erfolgreich. Pressburger und Rabinowitsch wurden 1937 enteignet und verließen das Land. Sie hatten ihre Firma deshalb gegründet, weil sie aufgrund sich durch ihre ethnische und religiöse Herkunft stetig verschlechternder Arbeitsbedingungen in der Ufa aus dieser austraten.
[118]Zu den Produktionen sogenannter reichsmittelbarer Firmen vgl. erneut Rentschler 1996a, O'Brian 2004 sowie Heins 2013. Ihr Anteil betrug 1940 einundsechzig Prozent.

der Öffentlichkeit stark auf. Zudem entlasteten sie steuerlich enorm Produktion, Vertrieb und Vorführungen. Die staatlichen Behörden schufen somit die besten Bedingungen für eine lange, ausgiebige Auswertung des Films. Wie bereits üblich, bildete *Wunschkonzert* den Höhepunkt des Kinoerlebnisses als Teil eines den Kinobetreiber*innen ausdrücklich empfohlenen, (vorher-)bestimmten Programmablaufs (s. Kap. 4). Eduard von Borsody als Regisseur und Drehbuchautor sowie Felix Pfitzner als Produzent waren gestandene Filmleute. Von Borsodys Agenda liest sich aufgrund seiner vorausgehenden Kooperationen mit Gustav von Ucicky bei den beiden Filmen *Flüchtlinge* (D 1933) und *Morgenrot* (D 1933) als recht systemkonform. Der seit 1933 für die Ufa tätige Schlager- und Filmkomponist Werner Bochmann zeichnete verantwortlich für Ton und Musik. Unter anderem schrieb er den Schlager *Gute Nacht, Mutter,* der im Film eine prominente Rolle einnimmt. Kameramann Franz Weihmayr hatte für *Mädchen in Uniform* (D 1931; R: Carl Froelich/Leontine Sagan) gearbeitet, anschließend bei den von den Nationalsozialisten in Auftrag gegebenen Produktionen *Hans Westmar* (D 1933; R: Franz Wenzler), *Sieg des Glaubens* (D 1933; R: Leni Riefenstahl) und *Triumph des Willens* (D 1935; R: Leni Riefenstahl) mitgearbeitet. Günther Anders zählte ebenfalls zu Gustav von Ucickys engen Mitarbeiter*innen, während Carl Drews ein altgedienter Ufa-Kameramann war. Die Werbekampagne für den Film war ganz auf seine beiden Stars, Ilse Werner und Carl Raddatz, zugeschnitten.[119]

In der Literatur wird darüber gestritten, ob es sich bei *Wunschkonzert* um einen Propagandafilm handelt, wofür die Inszenierung nationalsozialistischer Emblematik sowie martialischen Kriegsgeschehens spräche.[120] Er lässt sich zudem als Unterhaltungsfilm kategorisieren, da ihm eine fiktionale Story von einer aufopferungsvollen (Liebes-)Beziehung zugrunde liegt. Es wird aber auch argumentiert, dass, auch wenn *Wunschkonzert* als Unterhaltungsfilm angelegt sei, der Film dennoch propagandistisch wirke, was mit der glorifizierten Darstellung des Krieges, in Kombination mit der zustimmenden guten Laune der Figuren, begründbar sei.[121] Zudem ist man sich nicht einig darüber, ob die Liebesgeschichte zum bloßen Beiwerk des Kriegsfilms ‚degradiert' würde oder umgekehrt die Genrekonventionen des Liebesfilms eine ‚wahrhaftige' Darstellung des Krieges verhindere. In der Tat sind in *Wunschkonzert* nationalsozialistische Emblematik, Werte und Rituale sowie Krieg und dessen Verherrlichung genauso relevant wie eine flotte Liebesbeziehung beziehungsweise eine Dreiecksbeziehung zwischen einer Frau und zwei Männern.

Erst aber unter Verzicht auf eine dichotomische Sichtweise von Propaganda- und Unterhaltungs- sowie Kriegs- und Liebesfilm lassen sich all diese Phänomene produktiv machen. In *Wunschkonzert* macht die Liebesgeschichte, die zur

---

[119]Vgl. hierzu Bathrick 1999, bes. S. 130.
[120]Vgl. erneut Albrecht 1969, Barkhausen 1982 sowie Welch 1993.
[121]Vgl. erneut Schulte-Sasse 1996, bes. S. 295 sowie Heins 2013 und Lowry 1991, 1998. Weiterhin wird der Film als Kriegs- bzw. Liebesfilm kategorisiert. Vgl. zur Debatte erneut Welch 1993, dagegen Bathrick 1999 sowie Andress 1991.

Thematisierung einer vermeintlich ‚rein' individuellen Form erotischen Begehrens im binären Geschlechterverhältnis dient, überhaupt nur im Rahmen der Visualisierung von Krieg und Militarismus Sinn, weil sie nur durch das Gesamtbild einer idealen, dabei bereits vollumfänglich militarisierten Gesellschaft vollständig legitimierbar ist.

Zur Interpretation des Films wird in der Literatur zudem eine weitere Dichotomie herangezogen, die von ‚dokumentarisch' und ‚fiktional' nämlich. Das rührt daher, dass im Film *footage* aus Leni Riefenstahls *Olympia* (D 1938), aus Wochenschauen wie militärische Übungen und Kriegsereignisse (von 1936 bis 1940 vermutlich) sowie Aufnahmen aus dem Berliner Funkhaus verwendet wurden. Lowry und O'Brian argumentieren, beide Arten von Material verzerrten ‚die Realität' beziehungsweise ‚den Krieg' ästhetisierend.[122] Speziell O'Brian geht darauf ein, dass in *Wunschkonzert* die vernichtende Erfahrung des technisierten Ersten Weltkrieges geleugnet werde. Ich würde die These um den Punkt ergänzen, dass die durch den technisierten und medialisierten Ersten Weltkrieg modifizierte Wahrnehmung des Krieges hier unter anderen Bedingungen nicht aufgehoben, sondern gerade fortgesetzt wird. Dieser Krieg war einmal ein bereits durch Medien (Film, Fotografie, Nachrichtentechnik) konstituierter Krieg, in dem aber zudem aufgrund der hochtechnisierten Kriegsschauplätze ‚nichts zu sehen' war. Bei der Darstellung dieses Krieges wurde bereits auf mediale Formate, piktorale und narrative Codes sowie Stereotype zurückgegriffen, erstens, um ihn überhaupt darstellbar zu machen, und zweitens, weil er für die Produktion eines (meist überhöhten) Bildes der (‚siegreichen') Nation herhalten sollte.

Wenn man den Punkt der Kriegsdarstellung für *Wunschkonzert* produktiv machen will, muss man die epistemologische Veränderung in Bezug auf den Status von Medien in einer Gesellschaft sowie die hierdurch vermittelte soziale Realität mit berücksichtigen, die sich bereits mit dem Ersten Weltkrieg vollzogen hatte. Im vorliegenden Repräsentationsmodus ging es nicht (mehr) um Abbildung. Die Repräsentation war der sozialen Realität nicht mehr äußerlich, sondern ihr Produzent. Die Differenz von Realität und ihrer Repräsentation sowie, daraus hervorgehend, die Differenz von ‚dokumentarisch' und ‚fiktional', bestanden nur noch als Differenz zwischen den medialen Strategien verschiedener Medien. Nicht nur, dass dies in *Wunschkonzert* durch die prominente Gegenüberstellung zweier Medien, Film und Radio, explizit thematisiert wird. Vielmehr wird in diesem Film genau damit verfahrenstechnisch operiert: Die Frage nach ‚authentischer' und daher ‚natürlicher' Lebensweise, inklusive Liebe, und der nach ‚entfremdeter', ‚unnatürlicher' Lebensweise wird permanent aufgeworfen, indem beides jeweils als Effekt wechselseitig konstitutiver medialer Strategien verhandelt wird. Dabei erweist sich im Licht dieser medienepistemologischen Bedingungen gerade das

---

[122] Vgl. erneut Lowry 1991 sowie O'Brian 1997. Auch Bathrick schreibt in diesem Zusammenhang vom Krieg, der zur Metapher von der Geschichte, die von der Liebesgeschichte kleingehalten wird, und von „Domestizierung des Weltkrieges" (Bathrick 1999, S. 129). Der Film „verharmlos[e]" den Krieg (Andress 1991, S. 361).

als ‚natürlich', was wie gänzlich durch Medien vermittelt wird, also eine Natur zweiter Ordnung vorstellt. Kann es jedoch diesen Status nicht aufweisen, sondern wird als ‚einfach' technisch Produziertes und deshalb in seiner Partikularität sichtbar, wird es als ‚entfremdet' und deshalb ‚unerwünscht' ausgewiesen. Das konstitutive Wechselspiel verschiedener Medien bringt in diesem Film kollektiv und/ oder individuell gedachten Raum, gedachte Zeit sowie Identität hervor, indem das entworfene Raumzeitschema die Funktion jeweils eines Mediums in Abgrenzung zu einem anderen evident machen soll, wodurch zugleich die jeweilige Identität legitimiert wird.

Auch in *Wunschkonzert* wird das eschatologische, chiliastische Raumzeitschema des Vollzugs der Einlösung der Zukunft qua ursprünglich-mythischer Elemente umgesetzt, worin das Ereignis ‚Olympiade' sowie die historischen Marker ‚spanischer Bürgerkrieg', ‚Sieg über Polen' sowie der ‚Angriff auf England' die akzentuierenden Rahmenbedingungen bilden. Es wird in Raum und Zeit eine ganz eigene ‚Geschichte' entworfen, nämlich die einer nationalsozialistisch geprägten, gigantischen *success story*, beginnend mit einer Art Urknall, der ‚Olympiade 1936' nämlich, worin sich beinahe sämtliche Ereignisse als *larger than life* präsentieren (müssen). Wenn die Zeit des Films mit dem Jahr seiner Premiere und damit der historischen Jetztzeit des Filmpublikums von 1940 endet, löst das Filmende visuell und akustisch durch die Demonstration militärischer Stärke mittels schmissiger Marschmusik und mächtiger Kriegs- und Militärtechnik die im ‚Ur-Ereignis' von 1936 angelegte ideale Zukunft im Hier und Jetzt ‚erfolgreich' ein. Dies vollzieht sich gerade unabhängig von der historischen ‚Realität' eines zähen Stellungskrieges beziehungsweise einer Niederlage gegen England 1940. Sinn und Zweck dieser Bilder ist allein, zu demonstrieren, was jetzt ist/sein soll und immer sein wird/soll: ein ‚siegreiches', sich allumfassend und unendlich ausdehnendes, ewig währendes nationalsozialistisches Reich.

Jedes Ereignis, das in diesem Film repräsentiert ist, muss das ihm eigene Potenzial zur Einlösung hinsichtlich der legitimen Zugehörigkeit zu diesem Raumzeitschema unter Beweis stellen. Ansonsten läuft es Gefahr, ‚nicht-authentisch', ‚verräterisch' und ‚unerwünscht' zu sein. Potenziell ist dies immer dann der Fall, wenn ein Ereignis, eine Identität oder Gemeinschaft nicht durch Medien visuell und akustisch vermittelt und darin naturalisiert ist, sprich wenn es in seiner medial erzeugten Transparenz als einfaches Reproduziertes wahrnehmbar wird. Dann sind Identität und Gemeinschaft nicht ‚natürlich' durch Medien vermittelt, wodurch sie zudem nicht auf das ideale raumzeitliche Ganze der *success story* bezogen sind. Diese Bedingungen gelten selbstredend für alle vermeintlich ‚persönlichen', ‚intimen' oder gar ‚erotischen' Geschehnisse oder Regungen. Individuelle Identität erschließt sich in diesem Repräsentationsmodus nur über unterschiedliche Grade (nicht-)medialer Un/mittelbarkeit.

Paradigmatisch wird diese Anordnung in *Wunschkonzert* bei der Visualisierung des Wunschkonzerts gestaltet,[123] worin die visuelle Fülle des Bildes eine

---

[123] Vgl. zum Wunschkonzert der Wehrmacht Koch 2006a.

4.2 Die partikulare Szene kinematografischer Unmittelbarkeit – *Wunschkonzert*

‚authentische' Gemeinschaft evident machen soll, die nicht durch Krieg, sondern durch ‚Kultur', insbesondere Musik gestiftet ist.[124] Das bei den Übertragungen anwesende, ausgesuchte Saalpublikum, seit 1939 vor allem Angehörige der Wehrmacht sowie Versorgungspersonal, bekam eine Show zu sehen, bei der sowohl die Berliner Philharmoniker als auch die Stars aus Film- und Musikbusiness *live* auf der Bühne auftraten. Heinz Goedecke, der ‚Erfinder' dieses Sendeformats, tritt in *Wunschkonzert* in seiner Funktion als Sendungsmoderator in Erscheinung, das heißt er spielt als Figur ‚sich selbst'. Des Weiteren geben Stars und Personae Nummern zum Besten, die dem Filmpublikum aus anderen medialen Kontexten bekannt waren. Nicht nur Filmstars wie Marika Rökk, Heinz Rühmann, Josef Sieber, Hans Brausewetter und Paul Hörbiger, sondern auch der bekannte Dirigent Eugen Bochum, der bayerische Kabarettist Weiß Ferdl, der Tenor Wilhelm Strienz sowie der Musiker Albert Bräu haben mit Musik- und Kabaretteinlagen auf der Bühne des Wunschkonzerts für die Wehrmacht in *Wunschkonzert* ihren Auftritt.

Als Filmpublikum bekommt man diese Stars einerseits so zu sehen, wie sie auch in anderen medialen Kontexten (Film, Kabarett, Schallplatte) auftraten, allerdings zugleich auch so, wie man sie sonst nie zu sehen bekam, weil der Zugang zur Bühnenshow des Wunschkonzerts strikt reguliert war. Es wird hier die mögliche Partizipation an einem Geschehen evoziert, das einer elitären Gruppe vorbehalten war, wodurch über das Medium eine ‚Gleichheit' der Gemeinschaft suggeriert wird, in die das Filmpublikum einbezogen ist. Im Film wird daher weniger auf eine soziale Realität als vorgelagerte verwiesen. Vielmehr werden weitere mediale Ereignisse und Umgebungen wieder-aufgeführt, durch welche vermeintlich diese ideale, darin überhöhte Gemeinschaft konstituiert werden soll. Der Status dieser Gemeinschaft ist aber insofern ‚real', als er hier als ganz selbstverständlich von Medien hervorgebracht vorgeführt wird, worin sich das Ideal bereits manifestiert. Natürlich ist sie ‚ganz' nur in dem Maß, wie sie sich durch Kultur als Ereignis präsentischer Fülle konstituiert, gleichwenn sie nur durch den Einsatz von Schnitt und Montage zustandekommt. Sie ist idealisiert, weil diese ‚scheinhafte' Realität als authentische, ‚natürliche' ausgewiesen wird. Genau darin ist jedoch die Authentizität der Gemeinschaft, ihre ‚wahre' ‚Natur' zu sehen, die mit ihrer Erwünschtheit zusammenfällt, und an der das Filmpublikum ‚unmittelbar' partizipieren soll.

Um alles Gezeigte und Gehörte auf das ideale Schema beziehen zu können, müssen somit mehrere Medien in ein Wechselverhältnis treten, damit sie die vermeintliche Natur einer sich endlos ausdehnenden Präsenz in Raum und Zeit herstellen können. Das Radio, imaginiert als ultimatives Echtzeitmedium, erhält dabei die Funktion absoluter Präsenz vorwiegend dadurch, dass in ihm nichts

---

[124] Von 1936 bis 1938 hieß es noch Wunschkonzert für das Winterhilfswerk, erst ab 1939 wurde der Name in „für die Wehrmacht" umbenannt. Vgl. zu Entstehung und Geschichte des Wunschkonzerts ausführlicher erneut Koch 2006a, S. 162 ff. und S. 188 f. sowie Bathrick 1999, bes. S. 116 ff. Beide Autoren merken an, das Prinzip des Hörer*innenwunsches habe bereits seit Beginn der Einführung des Radios 1923 in Deutschland existiert.

gespeichert und damit auch nichts manipuliert werden kann. Hierdurch avanciert es zum Medium von Wahrhaftigkeit schlechthin. Das Echtzeitmedium Radio konstitutiert aber weder etwas Vergangenes noch etwas Zukünftiges, sondern immer nur etwas strikt Gegenwärtiges, weshalb es vor allem zur Herstellung räumlicher Kontinuität dient, während die Zeit darin unmerklich abläuft. Demgegenüber kann mit dem fotorealistischen Speichermedium Film zwar Gegenwärtiges aufgenommen und als ‚Reales' gezeigt, jedoch insbesondere Vergangenes (Geschichte und Erinnerung), aber auch Zukünftiges (Fantasie, Utopie) gestaltet werden. Durch Schnitt und Montage lassen sich auf der Raumzeitachse Daten manipulieren. Das schließt einmal die Gestaltung von Noch-Nicht-Dagewesenem oder So-Nicht-Existierendem ein, birgt aber zudem auch die Gefahr, Ereignisse nicht nahtlos vernähen zu können. Wie auch Schulte-Sasses bemerkt, zeichnet sich *Wunschkonzert* deshalb durch eine stark elliptische Erzählstruktur aus. Nur im Zusammenspiel, so die Behauptung, die im Film aufgestellt wird, sind diese Medien folglich in der Lage, dieses ideale, bereits begonnene, jedoch immer noch herzustellende Ganze, diese ‚ideale Volksgemeinschaft' im ‚ewigen Reich' hervorzubringen. Beide Medien bringen sich bei dieser Ergänzung gegenseitig hervor, indem sie präsentische Kontinuität auf ganz unterschiedliche Weise erzeugen. In der Analyse zeigt sich allerdings, dass sie sich de facto nicht immer ideal ergänzen, sondern vielmehr in ihren gewollten Effekten gegenseitig begrenzen.

Auch dieser Aspekt lässt sich an Aufführung und Übertragung des Wunschkonzerts verdeutlichen. Das Bild einer ‚idealen Ganzheit' wird angestrebt und weitgehend erreicht, solange der Saal im Funkhaus gezeigt wird. Hierbei werden die Interaktionen zwischen Auftretenden, Orchester, Radiomoderation und Publikum fokussiert. Die Einstellungen sind ganz bewusst so gewählt, dass nur die Bühnenstars in *close ups* zu sehen sind (genauer gesagt, nur Marika Rökk), während bei Aufsichten auf Saal, Publikum und Bühne meist weite Einstellungen aus möglichst vielen Perspektiven dominieren. Höhepunkt der Inszenierung bildet eine direkte Aufsicht auf die Bühne in der Bildmitte, während die untere Hälfte mit Publikum in Rückansicht ausgefüllt ist. Beides, Saal und Bühne, wird gerahmt von der Saalarchitektur, an deren Säulen links und rechts Hakenkreuzbanner angebracht sind.

Schwieriger wird die Darstellung unvermittelter Ganzheit, sobald diejenigen einbezogen werden sollen, die ebenfalls Teil dieser abstrakten Idee der Gemeinschaft sind, jedoch durch das Radio einzeln oder in kleinen Gruppen adressiert werden. Schnitt und Montage als kinematografische Techniken zur Überbrückung räumlicher Distanzen werden hierbei zum thematischen Legitimationsproblem. In mehreren Einstellungen werden unterschiedliche Individuen oder meist familiale Kleingruppen in ihren spezifischen Umgebungen gezeigt (die Oma mit den Enkeln, das alte Paar mit Kopfhörern, die junge Frau an der Nähmaschine mit ihren spielenden Kindern, die Soldaten, die im Stroh des Bauernhofs kampieren, die junge Frau, die den Brief an den Soldaten schreibt, die alte Soldatenwitwe, die älteren Meister in ihren jeweiligen Werkstätten), entweder zu Hause oder an ihrer Arbeitsstätte. Schnitt und Montage verbinden nicht nur, sondern machen zugleich potenziell auf die räumliche Trennung oder gar auf perspektivische Divergenzen

4.2 Die partikulare Szene kinematografischer Unmittelbarkeit – *Wunschkonzert*

aufmerksam. Der präsentische Radioeffekt einer Ganzheit wird somit durch die Verfahren der Kinematografie anhaltend destabilisiert.

Brian Currid hat in seiner Analyse von *Wunschkonzert* dieses Phänomen für das Argument genutzt, die Herstellung einer nationalen Einheit(lichkeit) erfolge nicht automatisch, sondern müsse als Appellativ erst konstruiert werden.[125] Er verweist zudem darauf, dass die Heterogenität der Bilder allein durch das einheitsstiftende *voice over* von Goedecke reguliert werden kann, indem seine Stimme diese ‚vernähe'. Zugleich, so Currid weiter, würden dabei die einzelnen Figuren ihrer Gefühle enteignet, um diese in den Dienst einer Gemeinschaft zu stellen, welche jene wiederum mit Ersatzgefühlen versorgt (die diese an sich jedoch gar nicht besitzt). Currid setzt hier die visuelle und die akustische Ebene in ein einfaches Ergänzungsverhältnis: Die übergeordnete Stimme beziehungsweise Musik ordnet aufgrund ihrer Kontinuität die heterogenen Bilder. Exakterweise muss man aber zwischen *voice over* und *voice off* unterscheiden. In den Szenen, in denen das Wunschkonzert durch das Radio übermittelt und dabei von vermeintlich ‚individuell' adressierten Zuhörer*innen rezipiert wird, ist stets ein Exemplar des Volksempfängers im Bild zu sehen. Dieser fungiert als materieller Platzhalter beziehungsweise als sichtbare Quelle für die Stimme (s. Abschn. 3.6), die Symbol und Vermittler für die „nationale Akustik" sein soll. Insofern das Gerät gemeinsam mit den Figuren im Bild zu sehen ist, wird die übergeordnete Stimme als technisch-mediale Präsenz innerdiegetisch verankert. Das Radio ist hier als Einzelgerät im Bild verdinglicht und partikularisiert, was zudem auf die affektive Beziehung zwischen Gerät und Hörer*in zutrifft. Deshalb muss der Film über die Tonspur die Funktion des Zusammennähens des Ganzen übernehmen, was vom Radio als Gerät und technischem Fetisch nicht mehr geleistet werden kann. Currids These greift an dem Punkt wieder, wo er argumentiert, in *Wunschkonzert* wirkten mehrere, sich gegenseitig widersprechende „nationale Akustiken", die der ‚offiziell' gewünschten (militärische, populäre und klassische beispielsweise) und die der ‚subjektiv' erfahrenen (mütterliche, erotische beispielsweise) nämlich, wodurch im Film diese Inkongruenzen nicht vollständig überspielt, sondern mittels bestimmter kinematografischer Strategien sogar noch betont würden.[126] Ergänzen muss man diese Argumentation aber um den Punkt, dass auch die Identitäten in dem Maße, wie sie zu verschiedenen Medien ganz unterschiedlich ins Verhältnis gesetzt werden, durchaus viele unterschiedliche Bezugnahmen zur vermeintlich ganzheitlichen „nationalen Akustik" beziehungsweise der idealen Gemeinschaft ausbilden können.

Das Wunschkonzert bildet den Dreh- und Angelpunkt zweier Handlungsstränge. Einer der beiden fokussiert die Liebes- beziehungsweise Dreiecksgeschichte zwischen der jungen Frau Inge (Ilse Werner), dem Fliegerleutnant Herbert (Carl Raddatz) und dem Unteroffizier Helmut (Joachim Brennecke). Im anderen dreht sich alles um eine Gruppe einfacher Soldaten und deren

---

[125]Vgl. Currid 2006, bes. S. 54 ff.
[126]Vgl. hierzu erneut auch Schulte-Sasse 1996, bes. 295 f. sowie S. 298.

Erfahrungen an der Westfront. Dieser Erzählstrang wird zusätzlich untergliedert, insofern zwei dieser Soldaten, der Metzger Kramer (Hans Adalbert Schlettow) und der Bäcker Hammer (Hans Hermann Schaufuß), abkommandiert werden, um fünf erbeutete französische Schweine sowie eine Spende von 365 Mark direkt in Berlin beim Wunschkonzert abzuliefern, bei dem sie sogar auftreten dürfen.

Dieser Strang beginnt mit einer Szene, in der alle Männer aus dieser Gruppe zunächst in ihrer Heimatstadt, daher auch in ihrem jeweiligen sozialen Milieu gezeigt werden. Sobald sie an der Front angekommen sind, wird auf die Funktion des Radios fokussiert, die damit aufgemachte Differenz von ‚Heimat' und ‚Front' zu überbrücken. ‚Heimat' und ‚Front' scheinen somit zwei geografisch eindeutig getrennte Bereiche zu sein, was den Einsatz des Mediums als Vermittlungsinstanz legitimiert. Damit die Gemeinschaft weiterhin bestehen bleiben kann, braucht man das Medium. Ideal im Sinne von ‚natürlich' ist dieser Zustand aber nicht, sprich er muss überwunden werden. Bei näherer Betrachtung stellt sich jedoch der Eindruck ein, dass diese Trennung keineswegs so eindeutig ist, wie zunächst behauptet. Das lässt sich an der Inszenierung beziehungsweise der Herstellung der Identität der Soldatengruppe demonstrieren, welche sich aus Männern aus dem bürgerlichen und kleinbürgerlichen Milieu zusammensetzt: Neben den beiden Selbständigen Metzger Kramer und Bäcker Hammer sind da noch der Beamte Lehrer Friedrich (Malte Jaeger) sowie der freischaffende Musiker Schwarzkopf (Walter Ladengast).[127] Höheres Beamtentum, bürgerlicher Mittelstand, Industrielle und Arbeiter sind nicht vertreten. Obwohl sie deutlich verschiedene Dialekte sprechen, wohnen sie ‚in der Heimat' in derselben Stadt, wodurch zugleich ihre ‚Einheitlichkeit' als Deutsche sowie ihre (noch) nicht-ideale Heterogenität demonstriert wird. Dies trifft auch auf ihre Frauen (Ellen Hille, Vera Complojer und Vera Hartegg) zu, wobei hier dezidiert verschiedene, individuelle, daher nicht-ideale Paarbeziehungen qua unterschiedlicher männlicher und weiblicher Geschlechterrollen im Vergleich gezeigt werden.

In den Szenen, in denen diese Figuren vorgestellt werden, erklingt beinahe durchgehend als Hintergrundgeräusch der Badenweiler Marsch, der vermeintlich übers Radio vermittelt wird, jedoch über die Tonspur des Films transportiert werden muss, wenn im Bild verschiedene Lokalitäten wie Metzgerei und Bäckerei sowie das Friedrich'sche Wohnzimmer gezeigt werden. Dies muss man mitbedenken bei der Wahrnehmung, wie die Gruppe zunächst und daher vermeintlich zivil vereint werden soll, nämlich durch ein Stück deutschen Kulturguts, die *Pathétique*-Sonate von Beethoven, die Schwarzkopf für seine Mutter (Elise Aulinger) spielt, zu deren Spiel Hammer, Kramer sowie Friedrich und schließlich dessen schwangere Frau Hanna (Vera Hartegg) dazukommen. Die Szene ist Teil der Episode vom Vorabend des Einzugs der Männer in den Krieg.

---

[127] Es ist dafür bezeichnend, dass in der Titelsequenz lediglich die Namen der Schauspieler*innen, nicht aber ihre jeweiligen Rollennamen aufgeführt sind.

4.2 Die partikulare Szene kinematografischer Unmittelbarkeit – *Wunschkonzert*

Sie beginnt, indem Friedrich im Treppenhaus eine Gruppe seiner Schüler*innen verabschiedet, die sich bei ihm darüber beschweren, nun von einer Lehrerin unterrichtet zu werden. Friedrich gemahnt, dass sie sich gerade dann besonders anständig benehmen sollten. Daraufhin kehrt er in seine Wohnung zurück, in der ihn der Arzt seiner schwangeren Frau erwartet, welcher ihm diesbezüglich gut zuspricht. Gerade weil sie so zart sei, so der Arzt, gebe es bei der Geburt bestimmt keine Probleme. Er resümiert, es sei nun die Aufgabe der Medizin, die an der Front befindlichen Männer zu entlasten. Hanna sitzt im geblümten Hausmantel im angrenzenden Wohnzimmer, einen Strauß schon so streichelnd, als wäre er das Kind, das sie bald zur Welt bringen wird. Durch die in sich versunkene, auf die reproduktive Arbeit völlig fokussierte weibliche Figur soll ‚natürliche' Innerlichkeit erzeugt werden. Sie ist durch die vom Ehemann an den Arzt delegierte Fürsorge völlig entmündigt und an medizinische Diskurse und Techniken angeschlossen. Darin wird behauptet, das eine, die Reproduktion als Natur, könne nur durch das andere, die Medizin als Technik zur Herstellung dieser Natur, überhaupt erst entstehen. Diese Ausgestaltung des Verhältnisses von ‚Natur' (Reproduktion) und ‚Technik' (Produktion und technische Reproduktion) ist nicht nur der Behauptung einer eindeutigen Trennung von ‚Heimat' und ‚Front' analog und naturalisiert damit die Geschlechterdifferenz, sondern wiederholt sich in der Szene mit dem Klavierspiel bezüglich dieser vorwiegend männlichen Gemeinschaft.

Hammer besucht mit einer Torte die Friedrichs, woraufhin Hanna alle zum Kaffee einladen möchte und deshalb ihren Mann bittet, auch noch Schwarzkopf und seine Mutter dazuzuholen. Man hört dabei das Klavierspiel aus dem *off* genau in dem Augenblick, in dem Hanna in der Wohnung der Friedrichs den Namen Schwarzkopf erwähnt. Genauer gesagt, handelt es sich um ein *voice over* deshalb, weil bisher noch kein Hinweis über Ort und Quelle der Musik gegeben wurde.[128] Friedrich macht sich gleich zur Wohnung der Schwarzkopfs auf, um Bescheid zu geben. Auch im nun gezeigten Treppenhaus hört man das Spiel, nun im *off,* da in einer Einstellung die Wohnungstüre der Schwarzkopfs zu sehen ist, die vermutlich die Quelle der Musik abschirmt. Bevor Friedrich die Wohnstube der Schwarzkopfs betritt, sehen wir ihn noch kurz draußen an der Türe lauschend innehalten. Die nächste Einstellung zeigt die Wohnstube von innen halbnah, in der Nähe der Türe, durch die Friedrich nun tritt und sich lächelnd frontal der Kamera zuwendet. Das heißt, auch jetzt hören wir das Klavierspiel immer noch aus dem *off.* Die Kamera ist so postiert, dass man den Eindruck bekommt, es handele sich um eine Subjektive, die Position einer Figur, der Friedrich grüßend zulächelt. Tatsächlich sehen wir im Umschnitt Schwarzkopf in leichter Aufsicht, den Körper ins linke Profil gedreht, da er links im rechten Winkel zur Wand vor dem Klavier sitzt, den Kopf

---

[128] Zu diesem Zeitpunkt wissen wir noch nicht, dass Schwarzkopf Musiker ist und mit seiner Mutter im selben Haus wie die Friedrichs wohnt.

zur Kamera gedreht, in die er lächelt, um dann leise zu sagen: „Beethoven."[129] Es folgen ein paar Einstellungen, in denen wir sehen, wie Schwarzkopf, völlig versunken in die Musik, mit geschlossenen Augen, hingebungsvoll den Oberkörper hin- und herwiegend, spielt, während seine Mutter in einer Halbnahen verzückt ihre Strickarbeit auf dem Tisch ablegt, um sich besser auf die Musik konzentrieren zu können. Der nun sitzende Friedrich blickt abwechselnd auf Schwarzkopf und auf seinen Schoß, um sich zu sammeln. Parallel wird gezeigt, wie Hammer unruhig ob des Verbleibs der drei wird, um dann ebenfalls zur Gruppe zu stoßen. Hanna wiederum verweilt ein Stockwerk tiefer noch kurz im Zimmer, bevor auch sie schließlich zu den Schwarzkopfs hinaufgehen wird. Schließlich sind die drei Männer versammelt, von denen zwei Zuhörer sind und einer Musizierender ist, sowie die beiden Frauen, die alte Mutter und die junge werdende Mutter. In dem Augenblick, in dem Hanna die Wohnung der Schwarzkopfs betritt, ist sie in einer halbtotalen Einstellung zu sehen, die auch alle anderen Figuren ins Bild setzt. Schwarzkopf dominiert das Bild, insofern er vorne halbnah im rechten Profil am Klavier sitzt, immer noch völlig im Spiel der Musik hingegeben. Während Hanna die Türe schließt, neigt sie sich lächelnd ein wenig nach rechts zu ihrem Ehemann. Dieser dreht nach ihr den Kopf, erhebt sich von seinem Stuhl und geht nach links zu ihr, geleitet sie dann zu seinem Stuhl zurück. Sie setzt sich, er stellt sich hinter sie. Die Kamera fährt bei diesen Bewegungen zunächst nach links und schwenkt dabei ein wenig nach rechts, sodass nun im Bildhintergrund die hinten rechts im Erker sitzende Mutter ins Bild kommt. Die Kamera hält bei dieser Fahrt und dem Schwenk in dem Moment, in dem Hammer links unten im Bild erscheint, wo er gerade noch im Profil zu sehen ist. Sie kreiert damit die Szene der visuellen Fülle, in der alle Akteur*innen sichtbar versammelt, die Rollen dabei klar verteilt sind. Friedrich und seine Frau, Hammer und Schwarzkopfs Mutter schauen alle, in Ehrfurcht – vor Schwarzkopfs einfühlsamem Spiel und vor der Beethoven'schen Größe – erstarrt und konzentriert auf den vorn rechts am Klavier sitzenden Schwarzkopf, der weiterhin mit geschlossenen Augen, sich wiegend, hingebungsvoll spielt. Beobachtet, behütet und bewacht wird diese Szenerie von der sich rechts am Bildrand befindlichen Büste Beethovens, der alle Anwesenden anzublicken scheint.

Die Beethoven-Sonate steht hier für eine ‚zivile Innerlichkeit', für ‚reine' Kultur, in die man sich völlig versenken kann, wofür Schwarzkopf selbst repräsentativ steht. Dies gerade deshalb, weil er schon beinahe überzeichnet ist und darin diese ‚Innerlichkeit' vollkommen ausfüllt. Wichtig ist aber vor allem die totale Übereinstimmung von visueller und auditiver Präsenz, die in dieser Szene so sorgfältig

---

[129]Zur Funktion von „Beethoven" als kulturellem Versatzstück vgl. erneut Schulte-Sasse 1996. Sie argumentiert, durch die Musik sollte persönliche Innerlichkeit der Figuren hergestellt werden, wobei sich die Männer gemäß ihrer sozialen Herkunft unterschiedlich zu dieser Musik verhielten. Sinnstiftend wirke schlussendlich nicht die Musik an sich, sondern der Name ‚Beethoven' als Inbegriff deutscher (Hoch-)Kultur.

Schritt für Schritt aufgebaut wurde.[130] Insofern wird hier durch die totale Übereinstimmung von Sichtbarem und Hörbarem so etwas wie ein absoluter Einschluss beziehungsweise eine totale Selbstgenügsamkeit erzeugt, in der alle Anwesenden auf dieses eine Ideal bezogen sind, das sich in diesem Spiel, dieser Aufführung von „Beethoven" manifestiert. Dies gelingt jedoch nur deshalb so gut, weil es durch das andere, das Militärische und den Krieg nämlich, in dieser Szene durch dessen völligen Ausschluss zuallererst konstituiert ist. Dass aber die ‚zivile Innerlichkeit' ebenso wie die weibliche Reproduktion als Natur an sich nicht (mehr) existiert, sondern schon längst vom Militärischen und Kriegerischen durchdrungen ist, verdeutlicht nicht nur die vorausgehende akustische Dauerpräsenz des Badenweiler Marsches, sondern auch die nächste Einstellung – ganz davon abgesehen, dass man leicht übersieht, dass die Männer hier in ihre Uniformen gekleidet sind.

In dieser folgenden Einstellung ist die Kamera mit Sicht auf das Erkerfenster von der Außenseite des Hauses postiert, aus dem noch – nun wieder im *off* – das Klavierspiel dringt. In dem Augenblick, in dem die Kamera beginnt, nach rechts zu schwenken, verklingt der letzte hörbare Ton der Sonate, während man die Soldaten das Lied *Soldaten sind Soldaten* singen hört, bevor sie in Aufsicht unten auf der Straße zwischen den Häusern marschierend zu sehen sind. Der Schwenk suggeriert in der Einstellung visuelle Kontinuität, die an sich durch den Umschnitt von Innen- zu Außenraum prekär ist, während eindeutige Kontiguität auf der auditiven Ebene produziert wird. In der Forschung wird diese Einstellung zumeist so interpretiert, als würde das Klavierspiel vom Gesang der Soldaten überlagert und überdeckt. Bei genauem Hinhören handelt es sich nicht um ein Überlagern, sondern um ein bewusstes Herunterregeln des Klaviers, dessen Spiel innerdiegetisch noch nicht beendet ist, und ein Heraufregeln des Gesangs, der erst mit dem Schwenk aus dem „*off*" ins visuelle Feld rückt. Es handelt sich um einen technischen Trick, der nicht nur eine deutliche Sprache bezüglich der Manipulierbarkeit akustischer Daten spricht, sondern insbesondere auch zeigt, dass der Film als Film das akustische Feld beherrscht, formt und reguliert. Was nicht gehört werden soll, wird abgeschaltet, auch wenn es noch im visuellen Feld – zumindest indirekt – sichtbar ist, während etwas anderes, was jetzt gehört werden soll, bewusst in die Sichtbarkeit gehoben wird.

Was diese Einstellung darüber hinaus aber so bedeutsam macht, ist der Effekt, dass etwas Getrenntes verbunden beziehungsweise etwas Verbundenes getrennt wird: In ein und demselben Bild werden zwei, um Currids Begriff zu verwenden, „nationale Akustiken", die (hoch-)kulturelle Beethoven-Sonate, die für Innerlichkeit stehen soll, und das militärische Soldatenlied, das (Kriegs-)Gemeinschaft suggeriert, sichtbar, die sich im Grunde wechselseitig ausschließen

---

[130]Die Konstruktion der zivilen Gefühlsgemeinschaft bedarf der Mutter und der werdenden Mutter, sonst wäre sie einmal in dieser Funktion unglaubwürdig und zum zweiten liefe sie in der Konstellation einer männlich-exklusiven ganz leicht Gefahr, als homoerotische missverstanden zu werden.

(„überlagern" im Sinne von substituieren). Das Umschalten von der einen auf die andere spricht jedoch dafür, dass es eine Instanz beziehungsweise einen Mechanismus gibt, der potenziell beide gleichzeitig vernehmbar machen kann. Anders formuliert, während von beiden Akustiken behauptet wird, sie seien ganz verschiedene Phänomene, die unterschiedlichen, getrennten Bereichen angehören, bedingen sie sich nicht nur wechselseitig, sondern das eine bringt das andere jeweils erst als dieses vermeintlich Unabhängige hervor. Das Bild dieser Gemeinschaft, die aus repräsentativen, dezidiert bürgerlichen Männern besteht, ist quasi eingepresst zwischen jeweils Bildern einer Zivilgesellschaft, die bereits längst (akustisch) militarisiert ist. Der Inhalt ‚reiner bürgerlicher Innerlichkeit' kann vielmehr nur deshalb überhaupt bestehen, weil er von der vermeintlich von ihr strikt getrennten, militarisierten Kriegsgesellschaft zuallererst als solch innerlich-selbstgenügsame ausgewiesen werden muss. Gerade das Konstrukt aber einer vermeintlich eindeutigen Trennung, überdeckt geschickt diese wechselseitige Durchdringung und Hervorbringung von ‚Zivilem' und ‚Militärischem'. Diese eindeutige Trennung muss sich dann evident, daher geografisch manifestieren, damit eine eindeutige Verknüpfung in Gestalt von ‚Front' und ‚Heimat' durch das Medium Radio sinnhaft werden kann, die zur raumzeitlichen Überbrückung eines eindeutig noch-nicht idealen Zustands führen soll – weshalb das gemeinsame Radiohören weitgehend in komischem Modus (Tips für Hausfrauen) gezeigt werden kann. Auch hier ist es interessant zu sehen, was die Differenz zwischen ‚Heimat' und ‚Front' als raumzeitliche Distanz für die Konstituierung der Identität der Männer, nun in ihrer Funktion als Soldaten an der Front, für Konsequenzen mit sich bringt.

Wie bereits erwähnt, wird dem Film seitens der Literatur vorgeworfen, die Kriegsgeschehnisse (humoristisch) verzerrt oder ästhetisiert darzustellen. Das hängt mit der Funktion zusammen, die die Bürgersoldaten in diesem Film gerade mit Bezug zu Medien einnehmen sollen. Sie sind zunächst ‚einfache Männer', die zu einer Solidargemeinschaft an der Front werden sollen, wofür sie repräsentativ stehen. Das kann man auch mit der Jagd nach Schweinen, mit kleinen Subordinationsproblemen, mit Dichten und gemeinsamem Radiohören vermitteln. Im Lichte ihrer speziellen Funktion muss man dann auch die Inszenierung ihrer militärischen Handlungen betrachten. Hier zeigt sich einmal mehr, was in der vorausgehenden Darstellung der ‚Beethoven'-Episode deutlich werden sollte: Dass sich nämlich Zivil- und Kriegsgesellschaft nur unter der Voraussetzung voneinander (neu) trennen lassen, dass sich ihre wesentliche Differenz bereits aufgelöst hat. Zugleich ist damit verknüpft, dass sich beides (noch) nicht im idealen Zustand befindet und überwunden werden muss.

Deutlich wird dies in jener Kampfszene, in der sich die Truppe im Nebel zu verlieren droht, und Schwarzkopf, der in einer Kirche zurückgeblieben war, zur Orientierung beginnt, Max Regers Choralfantasie *Eine feste Burg ist unser Gott* auf der Orgel zu spielen.[131] Die Szene ist deshalb so anschaulich, weil in ihr

---

[131]Diese Sequenz käme, so der Tenor in der Forschung, einer ‚adäquaten' Darstellung des Krieges am nächsten. In der Logik meiner Analyse des Films sind gerade diese Szenen besonders

erneut der Einsatz eines Mediums durch das Lied zum Tragen kommt. Dies in einer Konstellation, in der räumlich Getrenntes zusammengebracht werden soll. Bedingung dafür ist, dass die räumliche Trennung nicht allzugroß ist, weil das Signal nicht verstärkt werden kann, sprich Schwarzkopfs Spiel dient den im Nebel desorientierten Kameraden als akustischer Wegweiser.

Auf dem Feld soll also eine soldatische (Männer-)Gemeinschaft dadurch entstehen, dass sie sich noch unter der Bedingung forcierter, daher gefährlicher (Beschuss, Verlorengehen im Nebel) Mittelbarkeit halten kann. Mit dieser inneren Kohäsion wird eine klare Abgrenzung von der ‚Heimat' suggeriert, wobei es sich um eine konstitutive Schranke, sprich eine Setzung handelt. Das Orgelspiel, das den Männern die Marschrichtung vorgibt, wird zu einem Signal, wie auch ein Befehl ein Signal ist.[132] Es ist aber kein Zufall, dass es sich dabei weder als Medium noch als ‚message' um keinen militärischen Befehl, sondern um die Choralfantasie handelt. Ähnlich wie schon in der ‚Beethoven'-Szene, geht es hier weniger um den religiösen Sinngehalt des Liedes. Vielmehr wird eine Bedeutung evoziert, die für deutsche, protestantische bürgerliche Hochkultur steht. Die Männer überleben deshalb, weil ihr Zusammenhalt mittels eines Signals gestiftet wird, dessen ‚Botschaft' ein Kulturgut ist, das symbolisch für das ideale Ganze steht. Als Gemeinschaft überleben sie aber nur, *weil* sich einer opfert.[133] Dieses ‚Opfer' ist, entgegen der Anmutung des Titels der Choralfantasie, nicht religiös aufgeladen, sondern kulturell definiert für eine Gesellschaft, in der das singuläre Ereignis des Todes des Einzelnen zum exemplarischen Opfer wird. Mit der zivilen Geste kultureller Produktion auf dem Schlachtfeld leistet Schwarzkopf seinen individuellen Beitrag für das große Ganze, wodurch er zum Helden stilisiert wird. Dieses Opfer ist kein einfaches Kriegsopfer, sondern das Zeichen einer ultimativen Hingabe des Lebens für das künftige Ideal *beyond*.

Die Funktion aller männlicher Figuren erfüllt sich im eschatologischen Raumzeitschema erst in dem Moment, in dem sie zu idealen Repräsentanten der jeweils ‚typischen' Identität werden. Sie löst sich bei der letzten Aufführung des Wunschkonzerts ein, bei der alle Erzählstränge konvergieren. Kramer und Hammer liefern, entsprechend ihrer komisch angelegten Charaktere, *live* vor Ort die Schweine ab und verkünden auf der Bühne ihren Spendenbeitrag. Friedrich rückt durch die mitgeteilte Geburt seines Kindes vom Lehrer/Ehemann endgültig ins Sinnbild des Vaters ein. Schwarzkopf steigt posthum durch die Benachrichtigung seiner Mutter zu den Klängen des von Bochmann extra für den Film komponierten Schlagers *Gute Nacht, Mutter* zum idealen Sohn (der Nation) auf.

---

scheinhaft, weil darin auf Stereotype zurückgriffen wird, die illusionistisch, also unvermittelt präsentiert werden. Hier sieht man einen Schützengraben, der wie eine Schwarzwaldhütte anmutet, inklusive Spruchschild über dem Eingang!

[132] Gerade als ziviles akustisches Signal ist es aber besonders störanfällig.
[133] Schwarzkopf bleibt zu lange in der zwischenzeitlich unter Feindesbeschuss stehenden Kirche, sodass er bei deren Zusammenbruch von einem herabstürzenden Balken während des Orgelspielens erschlagen wird.

Dagegen muss sich die dargestellte, streng hierarchisch organisierte Kriegerkaste[134] in *Wunschkonzert* als bereits ideale männliche Gemeinschaft nicht mehr konstituieren. Auf Entwicklung oder überhöhende Stilisierung ist sie nicht angewiesen. Bereits vor Kriegsbeginn, also 1936 bei der Olympiade, ist diese Kaste wie selbstverständlich anwesend. In den Handlungszusammenhang ist sie nur ‚sporadisch' eingebunden. Sie wird narrativ und semantisch vor allem durch Kriegshandlungen legitimiert, die um dokumentarisches Material gruppiert ist, welches ausgewählte ‚historische' Ereignisse bebildert: Legion ‚Condor' in Spanien 1936; Überfall Polens 1936; Offensivangriff auf England 1940.

Auch wenn der Zugang limitiert ist, kann potenziell jeder Teil dieser Gemeinschaft werden, wenn er wie Helmut genug draufgängerischen Schneid besitzt. Die Gemeinschaft wird durch Regeln und Codizes organisiert. Interaktion und Kommunikation folgen dem Schema Befehlsanordnung – -ausführung. Die wesentliche Daseinsform ihrer Mitglieder ist das Soldatentum. Sind sie in Zivil unterwegs, wirken sie verkleidet. Ihre Rationalität, ihre Handlungen, aber auch ihre Wahrnehmungen und Affekte sind weitgehend auf Technik, schweres Kriegsgerät und deren Einsatz gerichtet und von ihr geprägt. Keiner von ihnen wälzt sich in schlammigen Schützengräben. Vorgänge wirken hier effizient, dabei steril. Vernichtung findet auf Distanz (U-Boot; Flugzeug) statt. Entsprechend sind sie mit Medien ausgestattet, mit denen nicht nur über große Distanz hinweg unsichtbar Nachrichten und Befehle übermittelt, sondern auch ‚der Feind' abgehört und ausgespäht werden kann wie beispielsweise Radar, Funk und weitere Nachrichtentechnik. Die sterile, distanzierte Art der Bezugnahme bildet die Grundlage der Kriegermenschen für den Respekt vor ‚dem Feind', sofern man sich auf Augenhöhe mit den anderen Kriegermenschen befindet. Herbert ruft in einer Szene, nachdem sein Flugzeug von der britischen Luftwaffe abgeschossen wurde, seinem Gegner aus dem Rettungsboot noch begeistert „Gruß, alter Tommy!" hinterher. Diese Existenzweise muss nicht mit der Heimat durch das altgediente Radio verbunden werden. Sie ist auch nicht zur Gemeinschaftsbildung auf mittelbare Interaktionen angewiesen.

Die Identität der Kriegermenschen lässt sich demnach nicht, wie die der Bürgersoldaten, anhand der Dichotomien ‚Heimat' und ‚Front', ‚Krieg' und ‚Frieden', ‚Zivilgesellschaft' und ‚Kriegsgesellschaft' sowie ‚Dokumentarisches' und ‚Fiktionales' erfassen. Ihre durch Kriegsführung, Film und Radio sowie Technik konstituierte Daseinsform ist der uneingeschränkten raumzeitlichen Extension koextensiv. Daher muss mediale Vermitteltheit und Technizität zur Natur zweiter Ordnung für sie geworden sein. Für diese Existenzweise hat sich die Dichotomie von vermittelt oder unmittelbar gänzlich erledigt. Wie stark ihre Wahrnehmungs- und Erkenntnisweisen, ihre Affekte und Begehren auf Maschinen und/oder Menschen bezogen beziehungsweise Beziehungen durch Medien vermittelt sind, ist eine Frage allein der Modulation (keine ‚Innerlichkeit'). Das Wunschkonzert

---

[134]Die männlichen Figuren gehören der Wehrmacht und nicht der SA oder der SS an.

4.2 Die partikulare Szene kinematografischer Unmittelbarkeit – *Wunschkonzert*

bildet für die Kriegermenschen die ‚zivile' prothetische Variante ihrer militarisierten Daseinsform, welches ihnen als Sprachrohr dient. Das Wunschkonzert der Wehrmacht vermittelt alles: Finanzielles wie Spenden; Privates wie Geburten und Tode; Akustisches wie die neuesten Nachrichten von der Front, Märsche aller Art und Schlager.

Diese ‚Individuen' stehen für das Ideal einer durch Militarismus, Kriegs- und Nachrichtentechnik sowie Medien vermittelten beziehungsweise konstituierten Identität, die hierdurch immer schon Teil einer Gesellschaft ist, die diese Vermittlungsleistungen erbringen muss in dem Maße, wie sie durch diese begründet und legitimiert ist. Es handelt sich zugleich um die allumfassende, endgültige Daseinsform ‚des Individuums' als ‚Übermensch' (s. Kap. 4), das nur männlich sein kann.

Ihre Identitätskonstitution vollzieht sich weitgehend darüber, wie Medien/Technik ihre Rationalität, Affekte und Begehren von strategischem Kalkül, über stummen Befehlsempfang bis hin zum sieghaften Rausch[135] modulieren (keine ‚Innerlichkeit'!). Insofern ist relevant, bis zu welchem Grade sie in dem Paradima medialer Konstituierung ihrer Identität verbleiben, die sie erst zu (idealisierten, herausragenden) Individuen macht. Durch den Fall, dass diese Identität nicht exklusiv durch den Technik-Medienverbund hervorgebracht und legitimiert ist, erschließt sich entsprechend die Figur des Technisch-Anthropomorphen queerer Männlichkeit in *Wunschkonzert*.

Hierfür ist zunächst ein Blick auf die im Film dominierende Beziehung notwendig, die als Liebesgeschichte deklariert wird. Herbert und Inge begegnen sich bei der Olympiade 1936 und verlieren sich gleich wieder, weil er auf ‚geheime Mission' (Legion ‚Condor') muss. Erst im Jahr 1940 gibt es ein Wiedersehen, durch welches im Film ein *happy end* erfüllter Liebe in Aussicht gestellt wird. Dabei ist eine dritte Figur in dieses Spiel involviert, nämlich Helmut, Inges alter Jugendfreund, der ihr Avancen macht. Hierauf wird in der Literatur, wenn überhaupt, nur knapp eingegangen. Die Liebesgeschichte von Inge und Herbert wird dagegen als Paradigma idealer Liebe angeführt, die von den Einzelnen Pflichterfüllung (seitens des Mannes) sowie Verzicht und Aufschub (in Form von Warten seitens der Frau) im Dienst des großen Ganzen fordert.[136] Schulte-Sasse argumentiert deshalb, an ihr werde für das Publikum ein nachvollziehbares Exempel statuiert. Ich meine aber, dass hier noch andere Aspekte im Spiel sind. Allein schon die Besetzung macht die Figuren zu starken Identifikationsankern mit Vorführeffekt: Herbert und Inge sind das perfekte Paar, nicht weil ihre Liebe füreinander so wahrhaftig inszeniert wäre. Vielmehr verkörpern sie aufeinander bezogene Männlichkeit und Weiblichkeit optimal im Sinne der idealen Konzepte von

---

[135]Vgl. zum Punkt des Rauschs vor allem durch Geschwindigkeit, wie sie insbesondere beim Fliegen erlebt und durch ein phänomenologisches Moment der Stille reguliert wird, Streim 2002. Zur Figuration des Fliegers als jugendlichem Helden im NS vgl. Schütz 2002a.

[136]Vgl. erneut Schulte-Sasse 1996, O'Brian 2004, Heins 2013 sowie Andress 1991.

‚individueller' Männlichkeit und Weiblichkeit. Damit ist ihre gesamte *personality* gemeint. Nicht nur sind sie zugleich ‚modern' und ‚wertetreu'. Auch vermitteln sie ein gut konsumierbares Bild von Männlichkeit und Weiblichkeit: Wenn sie bei Olympia zuschauen, wenn sie schick auf dem Wannsee segeln, abends im Jazzlokal schwofen, wenn sie Hitler zujubeln, demonstrieren sie die ‚genehme Geisteshaltung' *und* das Aktuellste an angesagtem *life style*. Die Liebesgeschichte stellt in mehrfacher Hinsicht ein Topprodukt dar, das *larger than life*, aber nicht überhöht ist. Man soll sich, sofern man zur ‚genehmen' Bevölkerung zählt, im Hier und Jetzt daran orientieren, indem man es konsumierend erlebt.

Schulte-Sasse bemerkt weiter, dass beider Begehren von Beginn an nicht in der erotischen Beziehung aufgehe, sondern mit der Begeisterung für die Olympiade verknüpft sei. Dieses Begehren werde durch die Trennung frustriert, um sich schlussendlich im Ideal des großen Ganzen zu entfalten. Dieser Beobachtung stimme ich prinzipiell zu, würde aber argumentieren, dass beider Begehren im Laufe des Films weniger frustriert, als dass es schlicht abgelenkt und auf andere Objekte verschoben wird. Das frustrierte Begehren organisiere, so der Tenor in der Literatur, in Form des Verzichts die Narration als permanenten Aufschub. Ich begründe die narrative Organisation dagegen vielmehr damit, dass beide Figuren in das eschatologische Raumzeitschema eingepasst werden.

Eingangs wird durch ihre Begegnung die heterosexuelle Paarbeziehung zeitgleich mit dem ‚Urknall' der Olypiade 1936 gestiftet. Mit diesem Ereignis ist beider Geschlechteridentität noch nicht koextensiv. Die Figuren müssen erst einmal den nicht-idealen Zustand (Pflichterfüllung, alleinstehend sein) ‚individuell' und ‚krisenartig' erleben und durcharbeiten, um schließlich in idealisierter Form in Erscheinung treten zu können (s. Kap. 4). Dies ist allein als heterosexuelles Paar möglich, weil nur hierdurch die überhöhte Existenzform von Männlichkeit und Weiblichkeit generell legitimiert ist.

Die Olympiade ist dabei spektakulär inszeniert. Hierfür wurde *footage* aus Riefenstahls *Olympiade*-Film neu geschnitten. Die vielen Unter- sowie Aufsichten des Stadionvorplatzes und -eingangs, die mittels Doppelbelichtungen und Überblendungen montiert sind, erzeugen eine ‚übermenschliche' Perspektive auf das Ereignis. Der ‚reale' Ort wird hier schon ins Monumentale erhöht. Kontrastiv und ergänzend hierzu werden die Menschenmassen und ihr Affekte hinsichtlich des attraktiven Ereignisses gezeigt. Hierüber soll zugleich dessen ‚Internationalität' demonstriert werden.[137] In ihrer Komplementarität (das Individuum wirkt in der Masse verloren) verleiht die Visualisierung der Menschenmassen den übermächtigen, symbolisch aufgeladenen Bildern, die drohen, sich in der Abstraktion zu verlieren, eine ‚reale' Verankerung. Schulte-Sasse schreibt von einer Art inszeniertem Traum. Dieser ist deutlich, wie ich hinzufügen möchte, als nationaler, kollektiver Traum aufzufassen. In diesen ist das ‚Internationale' bereits eingeschlossen, dabei eingehegt und im Sinne der ‚neuen Wirklichkeitsauffassung' modifiziert.

---

[137]Im Stadion gruppieren sich um Inge und Herbert Menschen auffällig viele Menschen, die als ‚fremd' markiert sind, u. a. *blacks*.

4.2 Die partikulare Szene kinematografischer Unmittelbarkeit – *Wunschkonzert*

Das Kinopublikum bekommt demnach 1940 im Kino ein Ereignis präsentiert, das zwar real stattgefunden hat, in dieser ästhetischen Form aber noch nie wahrnehmbar gewesen sein konnte. Es handelt sich um keine einfache, sprich ‚dokumentarische' Wiedergabe der Olympiade von 1936, sondern um eine medial als idealisiert konstituierte kollektive Erinnerung. Bei dieser medialen Konstruktion ist sie der normalmenschlichen Wahrnehmung völlig enthoben und entrückt worden.

Nach einigen Filmminuten sieht man den Eingang des Stadions in einer ‚normalen' Halbtotalen und daher auf ‚normalmenschliche' Wahrnehmung im Kino relativiert. Ein Schwenk auf Inges Tante, Frau Eichhorn (Ida Wüst), und Inge deutet an, dass nun die Filmhandlung einsetzt. Diese Szene dient dazu, die erste Begegnung von Inge und Herbert herbeizuführen. Als die Tante aufgrund vergessener Eintrittskarten nach Hause zurückfährt, läuft der angekommene Herbert der wartenden Inge über den Weg, die er einlädt, weil er wiederum eine Karte übrig hat. Auf die Dialogszene mit Inge und Herbert folgt die Ankunft Hitlers. Sorgfältig montiert werden hier Bilder von Inge und Herbert, dem jubelnden Stadion, den Sportler*innenteams sowie der Persona ‚Hitler'. Sie sind durchweg musikalisch begleitet von den Tönen des Badenweiler Marsches. Hinsichtlich der Sportler*innenteams werden mittels Nah- und Weiteinstellungen, Unter- und Aufsichten sowie Montage Differenzen eingezogen, die den unterschiedlichen politischen Beziehungen zwischen den Nationen Ausdruck verleihen, gespiegelt in der Reaktion des Publikums.[138] Die Eröffnung der Olympiade endet nicht mit der Entzündung des olympischen Feuers (die minutenlang anhält), sondern mit einer Vogelperspektive, in der Fahnen, Turm und Stadionkurve mit den gefüllten Tribünen ein letztes Mal zu sehen sind, eingehegt durch die massive steinerne Außenwand des Stadions, die wie ein Bollwerk wirkt.

Auf den polit-ideologischen Charakter der Olympiade als inszeniertem Spektakel haben insbesondere Schulte-Sasse und O'Brian deutlich aufmerksam gemacht.[139] Das Stadion im Modus des *larger than life*, so Schulte-Sasse, „symbolize[s] a seemingly paradoxical containment *and* ecstatic dissolution (Entgrenzung) within contained boundaries, thus allowing each individual to merge ‚safely' with the hole." (Schulte-Sasse 1998, S. 293)

In den Ablauf des Einzugs sind die Interaktionen zwischen Herbert und Inge drei Mal hineingeschnitten. Es wird in der Literatur häufig angemerkt, dass die Narration aufgrund dieser übercodierten Bilder nur schwerlich in Gang komme. Schulte-Sasse argumentiert, das „Olympic spectacle" (Schulte-Sasse 1996, S. 291)

---

[138] Schulte-Sasses These stimme ich darin nicht zu, dass Hitler als überhöhte Gestalt qua Abwesenheit in jeder Einstellung des Films über dem Geschehen ‚schwebe'. Vielmehr wird er als dieser überhöhte, darin exklusive Bezugspunkt verstärkt visualisiert. Daraus entsteht aber auch die Gefahr, dass er ‚nur' als ‚individueller Mensch' sichtbar wird.

[139] Vgl. erneut O'Brian 1997 sowie Schulte-Sasse 1996. Die Olympiade wurde 1936 als großes Medienereignis inszeniert, sprich sie war darauf angelegt, von einem TV-Publikum an den Bildschirmen *live* goutiert zu werden. Vgl. hierzu erneut Kittler 1989.

käme der Liebesgeschichte in die Quere,[140] und Inges „decision to plunge into a community with Koch coincides with the community experience of the crowd,[141] which also literally converges upon the stadium when he [Hitler, Anmerk. C. K.] arrives." (Schulte-Sasse 1996, S. 292) Inge lässt sich auf Herberts Annäherungsversuche ein, weil sie vom kollektiven Freudenrausch der jubelnden Menge bei Hitlers Ankunft affektiv angesteckt wird, wodurch sie ihre Bedenken gegenüber einem ‚fremden Mann' über Bord wirft und sich in der, mit der Menge ins Stadion schwemmen lässt. Das Spektakel der Olympiade kommt der narrativen Liebesgeschichte demnach nicht in die Quere, sondern bildet deren Kern und konstitutives Element, deren Dreh- und Angelpunkt wiederum das Begehren ist.

Inges Liebe zu Herbert ist von der ersten Szene an untrennbar mit dem Begehren für dieses Spektakel verknüpft, welches als ‚Ursprungsmythos' relevant für das eschatologische Raumzeitschema ist. Aus Inges Perspektive ist der Mann ‚Herbert' immer schon mehr als die individuelle Person ‚Herbert'. Alles, was jetzt künftig folgen wird, ist immer schon retroaktiv durch diese Herausstellung des männlichen Individuums qua Superereignis ‚Olympiade' imprägniert. Die Dimension des Erlebens der eigenen Existenz als Teil dieser durch das Ereignis gestifteten Gemeinschaft macht aus ihm einen Mann *larger than life*. Sofern ist Inges Begehren nicht auf Herbert als dieses ‚reale' Individuum bezogen, sondern muss teilweise imaginär sein, weil es sich auf die idealisierte Variante dieser Person bezieht. In dem Maße also, wie ihr Begehren schon von Beginn an nicht nur auf die ‚reale', sondern immer schon auf die vergangene und zugleich zukünftige ‚ideale' Person ‚Herbert' bezogen ist, kann es durch den Aufschub gar nicht frustriert werden. Die gesamte Ausstattung ihrer Figur zielt ja darauf ab, dass sie selbst exemplarisch ihre ‚Individualität' als ‚Krise' erlebt, um sie schlussendlich in der Position überhöhter idealisierter Weiblichkeit im Geschlechterverhältnis *larger than life* einzulösen. Entsprechend hat die Figur, wenn sie in der Narration zu sehen ist, den Großteil des Films über de facto nichts zu tun (sie arbeitet auch nicht), bis sie den Impuls erhält, Herbert zu suchen. Dieser wird ausgelöst durch das Hören des Wunschkonzerts (Herbert wünscht sich die Olympiafanfare), das den Affekt re-produziert, der an das Erlebnis der Olympiade/Herbert geknüpft ist.[142] Dazwischen muss sie – oh, Krise – den nicht ganz so idealen Helmut abwehren.

---

[140]Vgl. die ähnliche Argumentation bei Andress 1991.

[141]Dass die Menge keine undifferenzierte Masse, sondern eine partikularisierte Quantität sein soll, zeigt sich in einem selbstreflexiven Dialog zwischen Inge und Herbert. Zunächst antwortet Herbert Inge auf ihren Ausruf: „Gott, ist das schön. Diese vielen Menschen. Wie viele mögen das wohl sein?" mit der genauen Zahl 89968. Dann möchte Inge von Herbert wissen, wieviel der Platz in Block C in der 17. Reihe wohl koste.

[142]Es spricht Bände, dass Inge, daraufhin von ihrer Großmutter angesprochen, ob sie immer noch „an den damals in Berlin" denke, antwortet: „Ganz vergessen kann man das ja nie." Sie bezieht sich also nur unbestimmt auf Person und/oder Ereignis.

4.2 Die partikulare Szene kinematografischer Unmittelbarkeit – *Wunschkonzert*

In der Anordnung des Raumzeitschemas ist für ‚gelebte' Zweisamkeit wenig Platz. Folglich erhält Herbert, nachdem sie im Anschluss an die Olympiade in einem Swinglokal[143] Tanzen und am Tag darauf auf dem Wannsee segeln waren, seinen Einzugsbefehl. Die perfekt gestaltete melodramatische Szene der Informationsübermittlung führt zur Trennung. In ihr vollzieht sich mit Bezug zum heterosexuellen Paar in Form gesteigerter Emotionalität ‚individuelle Innerlichkeit' in vermeintlich evidenter Abgrenzung zum bereits allumfassenden Kriegerischen, das diese Trennung als Effekt einer nachträglichen Setzung zuallererst hervorbringt, weil sie allein durch dieses legitimiert ist. Erst in der Schlussszene des Films kommt es zum konkreten Wiedersehen der beiden.

Die dazwischen ablaufende Zeit vergeht in einem bestimmten Modus, der dem Raumzeitschema entspricht. Beginnend mit dem Einsatz der Legion ‚Condor', werden dokumentarische Ansichten vom Kriegsgeschehen gezeigt.[144] Die visuelle und akustische Ausgestaltung dieser Sequenz geht nahtlos und beinahe unmerklich in das Kriegsgeschehen von 1939 über. Lediglich durch einen Zwischentitel, der das Datum des 6. September 1939, sprich den sechsten Tag des Zweiten Weltkriegs anzeigt, erfährt man, wieviel Zeit mittlerweile vergangen ist. Die Zeit wird hier elliptisch extrem kondensiert. Die zweisekündige akustische Zäsur durch das Aussetzen des im *voice over* erklingenden Marsches während des Spanieneinsatzes unterstreicht dieses Verfahren. Aus einer geheimen, völkerrechtlich und politisch fragwürdigen Aktion zur Unterstützung der faschistischen Putschistengruppe in Spanien ist ein offizielles Kriegsgeschehen geworden, mit Nazi-Deutschland als Angreifer. Das *footage* aus Wochenschauen, unterstrichen mit flotter Marschmusik, soll militärische Stärke und Dominanz dokumentieren. Die Inszenierung dieser jüngst vergangenen Vergangenheit, die Krieg und Zerstörung als Spektakel inszeniert, soll das Kinopublikum mitreißen, das sich daran berauschen soll. Die narrative Organisation erzeugt ein Zeitempfinden, in dem das Jahr 1939 nicht dem Jahr 1936 folgt, sondern dieses vom Jahr 1939 aufgesogen wird.[145] Diese zeitliche Kompression bedingt Inges und Herberts Wiedervereinigung. Die Trennung, die in *Wunschkonzert* eine lange Zeit nicht dargestellt und darin nicht als medial vermittelte repräsentiert ist, wird nun im Licht dieser kriegerischen Begeisterung aufgehoben. Darin scheint die Begegnung der Figuren doppelt als absolut unvermittelte, ultimativ partikularisierte Identität in zweiter Ordnung auf. Nur unter diesen Bedingungen löst sich Inges retroaktiv auf den Olympia-Herbert *larger than life* bezogenes Begehren abrupt ein, wo es jedoch

---

[143] Vgl. hierzu erneut Kater 1992.
[144] Legion ‚Condor' waren Einsätze von Wehrmachtsoffizieren im Dienst Franco'scher Putschisten, die die republikanische Regierung abschaffen und die Demokratie beenden wollten. Es kamen dort zu Erprobungszwecken die neuesten Modelle der Flugzeugbomber von Junkers, Heinkel, Dornier und Messerschmidt zum Einsatz. Die Offiziere reisten dabei in Zivil an und gaben sich, wie im Film dargestellt, als Angehörige der Lufthansa aus.
[145] Vgl. erneut O'Brian 1997, bes. S. 42 f.

in die (ewiggültige) Form idealisierter Weiblichkeit in Bezug auf Männlichkeit in Gestalt der aufopfernden und loyalen Gefährtin eingehegt wird.

So findet die Szene ihres Wiedersehens im Krankenhaus statt, in das Helmut aufgrund eines Unfalls beim Fliegen eingeliefert wurde. Dort klären sich in einem Gespräch die Verwerfungen zwischen Helmut und Herbert sowie zwischen Herbert und Inge auf.[146] Die Wiedervereinigung zeigt dabei weder Intimität noch konkrete ‚Liebe' zwischen Herbert und Inge. Die einzige explizit erotische Handlung in diesem Film bildet der in Nahaufnahme gezeigte Kuss auf den Mund zwischen Inge und Helmut. Der Film muss zumindest einmal Begehren/Erotik auf individuelle Weise sichtbar machen, um das Konzept ‚Liebe' überhaupt irgendwie zu plausibilisieren. Merklich ist die Anstrengung, die Figuren mit etwas *sex appeal* auszustatten, um sie fürs Filmpublikum attraktiv zu machen. Das zwischen Inge und Herbert angeblich zirkulierende, dabei aufgeschobene Begehren äußert sich nicht nur auf den ‚falschen' Mund bezogen, sondern findet eben nicht in trauter Zweisamkeit statt, sondern in Anwesenheit einer dritten Figur. Evident wird hier, dass das Begehren ‚authentisch' zum Ausdruck gelangen soll, wobei die Anordnung destabilisiert, wessen Begehren auf wen de facto bezogen ist.

Verstärkt wird diese begehrenstechnische Un/eindeutigkeit vom dargestellten Wunschkonzert, das die Begegnung vermeintlich unterbricht. Innerdiegetisch als Radiosendung an Helmuts Krankenbett motiviert, wird immer wieder in die Aufführung im Funkhaussaal geschnitten. Wir sehen und hören die von Jochum dirigierte Ouvertüre aus Mozarts *Le nozze di Figaro*. Alternierend wird die Geburt von Friedrichs Sohn von Goedecke verkündet sowie die *hommage* an den gefallenen Schwarzkopf mit der Schlagernummer *Gute Nacht, Mutter* begleitet. Ergänzt wird dieses fiktionale Geschehen durch die langatmigen Auftritte der Stars aus der Unterhaltungsindustrie, welches die Narration anhält. Das militärische Funkhaussaalpublikum wird immer wieder eingeblendet, wie auch das ‚allgemeine' Radiopublikum an den Empfängern, inklusive Friedrich mit seinen Kameraden an der Front sowie die einsame Mutter Schwarzkopf in ihrer Wohnung.

Im Augenblick des vermeintlichen Triumphs der Liebe küsst also Inge Helmut auf den Mund, Herbert schreitet zum Radio, aus dem der letzte Ton der Ouvertüre verklungen ist und schaltet den Sender um, aus dem nun das chauvinistische Marschlied *Wir fahren gegen Engelland* erklingt. Noch einmal wird ins Funkhaus geschnitten, wo der Saal in zwei weiten Einstellungen in Aufsicht gezeigt wird, sodass er jeweils von zwei gegenüberliegenden Seiten erscheint: einmal das Orchester und der Chor rücklings, vorn im Bild, während das Publikum frontal zu sehen ist; einmal das Publikum von seitlich schräg hinten rechts, dafür das Orchester und der Chor von vorne, gerahmt von der Saalarchitektur. Inge und

---

[146]Helmut, der Fliegerleutnant unter Herberts Führung geworden ist, erzählt ihm von einem Mädchen, das er gerne heiraten würde. Beide wissen zu diesem Zeitpunkt nicht, dass es sich um Inge handelt. Später erfährt Herbert dies durch Zufall und denkt, Inge würde sich nicht mehr für ihn interessieren. Daher muss Inge ihn im Krankenhaus vom Gegenteil überzeugen.

Herbert treten in der darauffolgenden Einstellung zunächst ins Zimmer zu Helmut *off frame*, dabei nach rechts winkend. Dann treten sie gemeinsam, er mit der Hand auf ihrem Rücken, nach hinten den Krankenhausgang entlang ab. Es folgt erneut ein Schnitt ins Funkhaus, wo die Kamera in einer erhöhten Position einmal quer von links nach rechts über das Saalpublikum gleitet, das augenscheinlich den Liedtext mitsingt. Die letzten Bilder bestehen aus Wochenschaumaterial, das Kriegsgerät massiv zur Schau stellt, während das Lied, gemischt mit den Tönen von Glocken, zu hören ist, bis zuletzt ein neues angestimmt, wobei ein Schiff mit einer Hakenkreuzfahne gezeigt wird. Diese ist in der letzten Einstellung in leichter Untersicht frontal nah zu sehen, worüber das Wort „Ende" eingeblendet steht. Dann blendet das Bild in Schwarz ab, der Text bleibt noch kurz stehen. Mit seinem Verschwinden verklingt der letzte Tusch der Musik.

Der Eingangsszene analog, wird hiermit in gesteigerter Form die absolute Präsenz der ‚idealen harmonisierten Gemeinschaft' inszeniert, worin man nun, insbesondere im Kontrast zur Olympiade als ‚internationalem' Ereignis, ganz ‚unter sich' ist. In dieser Sequenz erfüllt sich das eschatologische Raumzeitschema. Darin sind Krieg, Liebesbeziehung, ideale Volksgemeinschaft und sogar die Position des Kinopublikums koextensiv. Sie werden rauschhaft und daher ‚siegreich' inszeniert und können/sollen so vom Filmpublikum erlebt werden. Mit Bezug zur Liebesgeschichte von Inge und Herbert erfolgt nicht nur deren Erhöhung zur Sinnbildlichkeit als ‚Paar an sich'. Vielmehr vermittelt der Film diese ultimative Daseinsform als Verweis auf sich selbst in dem Maße, wie das Wunschkonzert nicht mehr als Übermittlung und daher mediale Vermitteltheit, sondern als ultimative visuelle Fülle dargestellt ist. Sie interveniert nicht in die Liebesbeziehung, sondern weist sich, dem Olympiaspektakel absolut analog, als ihr konstitutives Element aus. Diese Form der ultimativen medialen ‚Interferenz' von Geschlechteridentität und idealer Gemeinschaft in un/mittelbarer Un/Vermitteltheit ist hier zur wahren, idealen Natur zweiter Ordnung geronnen. Allerdings muss dies ebenfalls mit Verweis aufs Radio durch Schnitt und Montage hergestellt werden.

Herberts Positionierung im Raumzeitschema gestaltet sich etwas anders. Obwohl durch die Trennung der beiden evoziert, spielt die abwesende Inge in seinen Handlungen und Fantasien nur eine periphere Rolle. Herberts kognitive und affektive Bestrebungen sind weitgehend durch Kriegshandlungen und -gerätschaften bestimmt.

Ab 1936 ist Herbert vollbeschäftigt. Aus seinem 1936 bestiegenen Flugzeugbomber scheint er bis 1939 nicht mehr herauszukommen. Er fliegt Einsätze, er plant, organisiert und führt den Krieg durch. Für seine Einsätze zwischen 1936 und 1940 wird er zum Staffelkommandanten befördert. Als leitendem, paternalistisch auftretendem Kriegsangestellten untersteht ihm auch eine Mannschaft, zu der sich Helmut rasch gesellt, da er als waghalsiger Pilot ‚aus der Menge' heraussticht. Herbert nimmt ihn aufgrund seines Talents sofort unter seine Fittiche und protegiert ihn. Die alternierenden Plotstränge werden bis zu dem Punkt dynamisiert und dramatisiert, an dem die beiden Männer miteinander 1940 den Englandeinsatz fliegen, bei dem sie abgeschossen werden. Helmut wird verletzt ins Krankenhaus eingeliefert. All dies ereignet sich kurz vor Beginn des zweiten (letzten) Wunschkonzerts.

Unter Herberts Führung steigt Helmut rasch vom einfachen Leutnant zum Fliegeroffizier auf. Er besitzt, worauf im Film großen Wert gelegt wird, einen zivilgesellschaftlichen Hintergrund. Im Gegensatz zu Herbert, ist er auch ‚in der Heimat' beispielsweise beim Besuch von Inges Großmutter (Hedwig Bleibtreu) zu sehen. Helmut ist jünger, hat daher weniger Meriten und Erfahrung, dafür aber viel Schneid und Potenzial. Deshalb will ihn Herbert unter persönlicher Führung zum ruhmreichen Kampfpiloten machen. Bei ihrer ersten Begegnung, Helmuts ‚Einstellungsgespräch', verdeutlicht sich die Art ihrer Beziehung. Bezeichnend ist, worauf Herbert Helmut da schon anspricht. Einmal auf seinen Hang zu bewundernswerter männlicher Tollkühnheit. Womit er auf dessen herausstechenden Charakter, nicht seine Kompetenz hinweist. Zudem will er Helmuts Beziehungsstatus wissen, insofern er nach Verlobung und Heirat fragt. Helmut äußert in seiner Antwort daraufhin explizit seine Bedenken, er würde, sobald er verheiratet wäre, in Herberts Augen für den Job nicht mehr gut genug geeignet sein. Eine Implikation dieses Dialogs bezieht sich auf die potenzielle körperliche und willentliche Schwächung eines Kampfpiloten aufgrund der Bindung des Begehrens an eine Frau. Die zweite Implikation besteht darin, dass Herbert augenscheinlich an Helmuts Begehren partizipieren mag. Helmut wiederum verdeutlicht durch seine Absicht, in Herberts Augen brillieren zu wollen, seinen Wunsch, diesem zu gefallen. Das ‚wahre', durch Führung und Fügsamkeit, zugleich durch Wünschen nach Respekt und Gefallenwollen hierarchisch gegliederte Band unter Männern kann offenbar nur ohne ‚weibliche' Ablenkung, sprich Intervention gestiftet werden.

Beide Figuren sind also bereits hier nicht nur über die Rangfolge als Lehrer und Schüler miteinander verbunden. Ihre Beziehung als männliche ideale Gemeinschaft wird per se stark durch Affekt wie Begeisterung beispielsweise für die Technik und den Krieg und Bewunderung beispielsweise füreinander sowie Wünsche hinsichtlich der gegenseitigen Erwartungserfüllung und des Gefallens sowie Lust am erotischen Leben des anderen konstituiert. Das ist an sich in Form des soldatischen Männerbundes recht unproblematisch. Schwierig wird die Anordnung, wenn sie wie im Film als männliche Zweierbeziehung dargestellt werden muss, die deutlich mehr *screen time* umfasst als die von Protagonist und Protagonistin. Deshalb sind die erotischen Komponenten durch eine Frau, Inge,[147] oder durch den Fetisch ‚Kriegstechnik' vermittelt, wodurch sie in der Handlung kanalisiert und als heterosexuelle evident gemacht werden sollen. Für einen solchen Versuch steht die Szene repräsentativ, in der Herberts Flugzeug abgeschossen wird.

Herbert und Helmut befinden sich darin in der Flugkabine. Diese bildet einen abgeschlossenen Raum, der sich visuell nur Richtung ‚Feindesland' hin öffnet.

---

[147]Die zudem in der Funktion der Vermittlerin noch medial vermittelt wird, insofern ihr Foto zwischen den beiden Männern als Medium des (trennenden) Begehrens getauscht wird.

4.2 Die partikulare Szene kinematografischer Unmittelbarkeit – *Wunschkonzert*

Herbert liegt unten vorne im Bodenraum. In einigen Einstellungen wird er halbnah im Profil gezeigt, wie er nach vorne durch die Scheiben auf das Meer und die vorgelagerten Britischen Inseln blickt. Als Zuschauer*innen nehmen wir durch die *over the shoulder shots* über seinen Kopf hinweg praktisch seine spektakuläre Perspektive auf das Meer ein. Diese Einstellungen alternieren mit Untersichten von Helmut am Steuer, mit direkter Sicht zwischen seine Beine. Es handelt sich dabei um Umschnitte aus Herberts Perspektive. Nur durch die massive Präsenz von Flugzeugkampftechnik, Lenksäule, Kampfanzug, Schaltgeräte und Sauerstoffmaske an der Decke wird dieser begehrliche Blick auf Helmut kanalisiert, indem er vom Mann weg auf das technische Gerät umgelenkt und dabei verteilt werden kann. Dies gelingt in dem Maße, wie die fetischisierte Technik selbst zur Steigerung von Begehren beiträgt. Die Anordnung macht somit zwar das anvisierte Objekt des Blicks eindeutig und uneindeutig zugleich. Das hierauf gerichtete Begehren, das im Blick zutage tritt, kann aber durch die Umlenkung auf die Technik nicht vollständig aufgehoben werden. Allein die Fortführung des Geschehens, Helmuts Verletzung nämlich, durch die der Blickwinkel abrupt verändert und die Handlung vorangetrieben wird, ermöglicht eine Zurückdrängung dieses vom Blick transportierten Begehrens und seine Übersetzung in (helfende) Handlung.

Anders dagegen verhält es sich in der Szene, die der Absturzszene zeitlich direkt vorausgeht. Bezüglich des Plots möchte sich hier Herbert endlich mit Inge für ein Wiedersehen verabreden, nachdem diese über Goedecke seinen Aufenthaltsort erfahren hat. Dabei kommt ihm jedoch der Flugeinsatz in die Quere, wodurch jenes erneut aufgeschoben werden muss. Nachdem Herbert Inges Brief erhalten hat, verabredet er sich mit ihr in einem Hamburger Lokal. Hierzu verfasst er in seinem Büro seinen Antwortbrief. Dieser Handlungsstrang wird für einige Zeit durch den Handlungsstrang im Schützengraben unterbrochen. Als der Handlungsstrang wieder aufgegriffen wird, sehen wir Herbert nicht bei seinem Treffen mit Inge, sondern mit Helmut am Strand. Rein handlungslogisch sowie narrativ ist diese Szene in keinster Hinsicht zu legitimieren. Ihr Ende gleicht einem Bruch in der Handlung. Die Fortführung der Handlung nach dieser Szene ist abrupt, weil das Folgende nicht kausallogisch durch sie motiviert ist. Sie steht buchstäblich für sich, weil sie nicht durch eine Mediendifferenz entsteht. Im Gegenteil wird das ‚rein' Kinematografische als singuläre Präsenz betont, insofern die Szene zwar in ‚der Natur' spielt, der Ton jedoch ohne jegliche Atmo reproduziert ist, Meeresrauschen erst am Ende der Szene einsetzt. In Form einer ‚bloßen' technischen Reproduktion vollzieht sie sich ohne jegliche weitere akustische Unterfütterung und produziert somit etwas, was ansonsten in diesem Film gar nicht existiert: Die unvermittelte Begegnung im Modus der Präsenz zweier Figuren, die genau in dem Maße nicht auf das ideale große Ganze bezogen ist, wie sie nicht qua medialer Vermitteltheit zur ‚Natur' (zweiter Ordnung) geworden ist.

Zunächst sehen wir dabei eine Hand in einer Nahaufnahme, die im Sand gräbt, sich dann vom Boden etwas erhebt und durch die Finger Sand rieseln lässt. Die Kamera zieht auf Herberts Hand auf. Dann fährt sie im Bogen nach links an ihm vorbei, wobei sie nach rechts schwenkt und dabei so weit wegfährt, dass er nun in seiner gesamten Körpergröße im Bild erscheint: Er liegt bäuchlings in Badehose im Sand, ein Handtuch über dem Nacken. Die Kamera hält diese Einstellung, und wir sehen nun Helmut rechts im Bild, von schräg links hinten angeschnitten. Er sitzt und hat den Blick auf einen Brief gesenkt. Während wir Herbert beinahe nackt sehen, ist Helmut mit einem Bademantel bekleidet.[148] Herbert schaut kurz zu ihm nach rechts, dann blickt er wieder vor sich hin auf den Sand und fragt: „Von Fräulein Braut?" Zwischen beiden entspannt sich ein Dialog, den man als Wiederaufnahme desjenigen beim Einstellungsgespräch auffassen kann. Hierin relativiert Helmut seine vorherigen Aussagen (keine Verlobte, sondern eine „Schulfreundin" schreibe; es sei besser so, denn: „Jetzt braucht man ja den Kopf frei."), deren Inhalte aber auch auf Herberts Situation zutreffen, womit er, Helmut, sich nach dem Korb von Inge endlich ganz identifizieren kann: „Sie lieben ja auch keine Bindung, Herr Hauptmann." Herbert richtet sich dabei auf und setzt sich Helmut in einer weiten Einstellung direkt gegenüber, wobei er sagt: „Na, ganz so ist das wiederum nicht. Sagen Sie mal, Winkler. Ich glaube, Sie halten mich für einen Weiberfeind, was?" Helmut antwortet: „Nein, Herr Hauptmann, das hab' ich nicht gesagt." Herbert nimmt dabei spielerisch den Zeigefinger hoch und droht ihm: „Aber gedacht, seien Sie ehrlich." Die Kamera ist dabei in eine halbnahe Einstellung gegangen (s. Abb. 4.7).

Helmuts Antwort lautet beschwichtigend: „Nein, ich habe geglaubt, dass Sie mal eine schwere Enttäuschung erlebt haben." Herbert dreht sich daraufhin von Helmut weg, frontal zur Kamera und beginnt abgeklärt, von seiner Geschichte mit Inge zu berichten. Er habe sie damals bei der Olympiade 1936 kennengelernt, und nach drei Tagen sei es eben aus gewesen. Dann streckt er sich wieder lang direkt vor Helmut aus, diesmal rücklings, und verschränkt die Arme hinter dem Kopf. Die Kamera springt wieder in eine halbnahe Einstellung, in der wir viel Sand und Grasbüschel sehen, aber auch Herbert in einer leichten Aufsicht, quer im Bild liegend, wie er sinnierend nach rechts hoch aus dem Bild blickt. Dabei berichtet er weiter von den Umständen: „Abkommandiert nach Spanien. Na, Sie wissen doch, wie das damals war. Dienstgeheimnis, Briefverbot, monatelang." Dann dreht er sich frontal zur Kamera und schaut nach links vorn unten auf den Boden und spricht: „Dann meine Verwundung. Und als ich dann wieder halbwegs gehen konnte, war es zu ..." Er nimmt währenddessen sein Zigarettenetui in die Hand. Die Kamera schneidet auf Helmut, der nun mittig von schräg links vorne halbnah vorgebeugt mit angezogenen Knien, die Arme darum geschlungen, im Bild sitzt und ernst nach links vorn blickt, während wir Herbert aus dem *off* den Satz vollenden hören: „... spät." Helmut fragt ihn daraufhin: „Haben Sie ihr nie geschrieben?" Herbert antwortet *off*: „Doch." Den Rest der Erklärung gibt er

---

[148]Natürlich soll das Filmpublikum sich dabei auch jeweils an der schmucken, athletischen Körperlichkeit der beiden ergötzen. Heins schreibt, im Kino der Nazi-Zeit sei der nackte Körper als schöner, natürlicher Körper extra sichtbar gemacht worden, wobei das homoerotische Potenzial, im Gegensatz zum Hollywoodkino dieser Zeit, durchaus in Kauf genommen wurde. Vgl. erneut Heins 2013, S. 33 sowie zu männlicher (erotischer) Körperlichkeit Herzog 2005.

4.2 Die partikulare Szene kinematografischer Unmittelbarkeit – *Wunschkonzert* 463

Abb. 4.7 *Wunschkonzert*, D 1940, Friedrich-Wilhelm-Murnau-Stiftung, 52:25:02

in der halbnahen Einstellung wie zuvor, wobei er nach rechts oben ins *off frame* blickt: „Zweimal. Beide Briefe kamen zurück. Adressat verzogen, unbekannt wohin." Er dreht sein Zigarettenetui rechts in der Hand, schaut dann nach links seitlich vor: „Na, dann …" Der Umschnitt zeigt Helmut wie zuvor, während Herbert *off* sagt: „… hab' ich's eben aufgegeben." Helmut ist bestürzt: „Das gibt's doch gar nicht. Einen Menschen, den man …" Jetzt schneidet die Kamera zu Herbert in derselben Einstellung zurück, während man Helmuts Stimme aus dem *off* hört: „… finden will." Herbert unterbricht ihn, wobei er sich ins Profil dreht und sagt: „Tja, ja, Sie haben schon Recht. Aber ich hab' eben damals ein bisschen den Mut verloren." Bei diesen Worten wirft er achtlos das Etui weg, dann schaut er nach links hoch. Im Umschnitt sehen wir Helmut wie zuvor, der antwortet: „Und haben Sie nie wieder etwas von ihr gehört? Bis heute?" Worauf wir Herbert *off* sagen hören: „Nein." Die nächste Einstellung zeigt den Strand in einer weiteren Perspektive, Herbert liegt, halbtotal, in leichter Aufsicht rücklings im Sand. Dann richtet er sich erneut auf. Die Kamera schwenkt dabei nach rechts mit. Herbert sagt: „Bis vorgestern." Er stützt sich links mit dem rechten Arm auf und lächelt Helmut an, der freudig antwortet: „Sie haben sie wiedergefunden?" Herbert dreht sich frontal zur Kamera und schaut nach vorn: „Ja, sie hat geschrieben. Nach drei Jahren. Nächsten Sonnabend, da müssen Sie mich vertreten, Winkler." Bei Herberts Worten fährt die Kamera kontinuierlich zurück, sodass Herbert ganz im Bild zu sehen ist. Er hat sich zwischenzeitlich erhoben. Helmut antwortet:

„Selbstverständlich, Herr Hauptmann." Jetzt steht Herbert ganz und frontal breitbeinig im Bild neben dem rechts im Sand sitzenden Helmut. Er wedelt mit seinem Handtuch und neigt sich dabei ein wenig nach rechts zu Helmut hinunter mit den Worten: „Da treff' ich sie, in Hamburg." Er wirft mit Schwung das Handtuch hin und wendet sich nach rechts hinten, wo man das Meer vermuten kann. In diesem Augenblick hält die Kamera die Einstellung, sodass beide Männer kurz voll im Bild zu sehen sind. Helmut hat sich währenddessen aus dem Sand erhoben und zieht im Profil seinen Bademantel aus, während er zu Helmut nach hinten im Bild sagt: „Oh, ich gratuliere." Dann rennen sie beide gemeinsam nach rechts hinten weg (s. Abb. 4.8).

Jetzt ist Meeresrauschen vernehmbar.

In diesem Dialog geht es erneut umgehend um ‚Intimes', wie die Beziehung zu einer Frau. Aus Herberts Perspektive handelt es sich dabei um eine völlig abgeschlossene Geschichte, eine ‚reine' Erinnerung, die nur leicht melancholisch oder sentimental aufgeladen ist. Aus Helmuts Perspektive handelt es sich um eine Angelegenheit, die er gezwungenermaßen loslassen muss. Die Dispositionen beider Männer bedeuten, dass Begehren bereits freigesetzt ist (Herbert) oder werden muss/kann, dass es sich buchstäblich ‚anders orientieren' kann. Die potenzielle Freisetzung des Begehrens wird wahrnehmbar und in Verhandlung nicht-normierter sexueller Orientierung (Homosexualität) als unangebrachte impliziert. Beide Männer partizipieren erneut an der Lust des anderen durch Wissen über diese

Abb. 4.8 *Wunschkonzert,* D 1940, Friedrich-Wilhelm-Murnau-Stiftung, 52:38:22

4.2 Die partikulare Szene kinematografischer Unmittelbarkeit – *Wunschkonzert*

Lust. Dabei ist es zugleich in heterosexueller Variante nur noch lose vorhanden, weil auf eine abwesende Frau bezogen. Gleichzeitig wird es als nicht-heterosexuelles unmittelbar zwischen den Figuren thematisiert, wo es in der Sprache *contained* werden soll. Als solch sprachlich uneindeutig Gemachtes scheint es jedoch in der Szene visualisiert auf, indem durch das *shot-reverse-shot*-Verfahren und mittels mehrerer Subjektiven ein Höchstmaß an Intimität produziert wird. Es konstituiert sich, indem der Film sich auf sich selbst begrenzt als absolut reine Filmszene (mit ‚gemachtem' Ton), ohne jegliche Form der Vermitteltheit durch Medien, die die ideale Identität zur Natur zweiter Ordnung machen würden. Nicht von ungefähr tragen beide Figuren weder Uniformen noch Zivilkleidung, sondern lediglich Badebekleidung. Die Szene ist ‚rein' kinematografisch konstituierte Unmittelbarkeit. Und weil sie keinerlei mittelbaren oder unmittelbaren Bezug zum Rest der Handlung, weder zum eschatologischen Raumzeitschema noch zum Verlauf der Narration besitzt, ist die darin darstellte Innerlichkeit und Intimität nicht ‚natürlich', sondern absolut partikular. Als einzige Szene in *Wunschkonzert* ist sie nicht auf das durch technisch-mediale Relationalität naturalisierte Ideal des großen Ganzen zu beziehen. Sie bildet das einzig singuläre Ereignis privater Intimität un/eindeutigen männlich-männlichen Begehrens als ultimativ Abweichendes, daher ‚wahrhaftig' Unerwünschtes in *Wunschkonzert*.

Kapitel 5
Schlussbemerkung

Dieses Buch hat eine sehr lange Vorgeschichte. Die intensivste Auseinandersetzung mit dem Thema erfolgte bereits zu einem Zeitpunkt vor ungefähr zehn Jahren, als in den Medienwissenschaften angesichts der Thematisierung der ‚Neuen Medien' – gemeint war damit primär ‚das Digitale' – die Kategorie des Neuen an sich untersucht wurde. Wie stets, wenn Phänomene eben nicht (mehr) neu sind, sondern bereits lange selbstverständlich, initiiert der materiell-semiotische Veränderungen soziokultureller Anordnungen produzierende Impuls retroaktiv die intensive epistemologische Auseinandersetzung und die Befragung des ontologischen Statuses gerade von dem, was lange Zeit selbstverständlich und deshalb unbe(ob)achtet blieb. Dezidert einem ontologischen Verständnis von Medien entgegengesetzt, erschien auch mir die historische Zuwendungsgeste zu meinem Gegenstand sehr attraktiv, um nicht zu sagen, sie wirkte ‚elektrisierend'. Methodisch ergaben sich dadurch Lockerungen einiger Würgegriffe, denen man sowohl im Bereich der Gender und Queer Theory als auch auf dem Terrain der Medienwissenschaften ausgesetzt ist. Der ‚konstruktivistische' Ansatz ermöglicht die Entlastung von der kategorischen Bestimmung von Körpern, Identitäten, Sexualitäten und Begehren. Er ermöglicht ebenso, zu fragen, was Medien tun, nicht, was sie sind (Ernst 2001, S. 257). Gerade als Film- und Medienwissenschaftlerin ist und war es mir wichtig, Geschlechter und Medien in ihrer Relationalität eben nicht dichotomisch denken zu müssen, schlimmstenfalls noch in Form von ‚Repräsentation' und ‚Abbildung' einer vorgelagerten Wirklichkeit. Anders herum geblickt, hat eine Epistemologie von Medien und Geschlechtern, die sie als ‚konstruiert' und deshalb für ‚historisch wandelbar' denkt, auch ihre Tücken. Sie ist dort problematisch, wo vor allem ihre soziale Wirkmächtigkeit und Gewaltförmigkeit, mit der sie (in) die materiell-semiotische Konfigurationen in die ‚Wirklichkeit' einschneiden/neu zusammensetzen, zu beobachten sind.

Mit dem Konzept der Performativität in einer nicht allzu strengen Auslegung von Butler hinsichtlich Geschlechteridentitäten und der Idee der Remedialisierung im Sinne Bolter und Grusins erschien es mir auch methodisch möglich, beider Relationalität auf angemessene Weise darzustellen. Aus heutiger Sicht hätte ich zumindest in epistemologischer Hinsicht mit anderen methodischen queer-feministischen Werkzeugen gearbeitet, um das, was ich Technisch-Anthropomorphes queerer Männlichkeit nenne, herauszuarbeiten, wie beispielsweise mit Karen Barads *cutting together-apart*. Der Grund dafür ist, dass damit ein Prozess bezeichnet werden kann, in dem die Zeit zugleich irreduzibel abläuft, während das, was erscheint, stets immer schon in sich different war/ist/sein wird. Ich habe diesem spezifischen In-Sich-Differentsein versucht, gerecht zu werden, habe aber meist nur von Öffnungen geschrieben. Mit dem Werkzeug des *cutting together-apart* lässt sich jedoch das Prinzip der Wiederaufführung markanter bezeichnen, insofern das, was ‚wieder' erscheint, gemäß eines neuen *cuts* ebenfalls immer in sich different ist, welcher jedoch nicht beliebig ist, sondern anders trennend verbindet, sprich verschränkt oder auch diffraktiert. Anders formuliert, es kann als situiertes Un/bestimmtes erhalten bleiben. Es handelt sich hierbei nicht nur um ein anderes Verständnis von historischer Zeit, sondern um eine Verqueerung von Raumzeitlichkeit per se. Diese hätte sicherlich in der Arbeit von mir deutlicher gemacht und extensiver beim Aufspüren der technisch-anthropomorphen Figuren queerer Männlichkeit produktiv gemacht werden können.

Bezüglich der Arbeit von Medien bei der Herstellung von Identitäten, Körpern, Geschlechtern und Begehren hat sich durch die historische Arbeit dennoch gezeigt, dass sich die von mir verwendete Epistemologie der Medien und Geschlechter als in sich different verschränkte auf den Gegenstand selbst faltet. Dies, insofern für mich durch die Auseinandersetzung mit den historischen Diskursen zum Film und dem Kinoapparat deutlich wurde, dass spätestens ab Ende der 1930er Jahre ein deutliches Bewusstsein vom Potenzial wirklichkeits(um) bildender Funktion von Medien existierte – dessen es sich selbstredend zu bemächtigen galt und welches instrumentalisiert werden sollte. Von daher war es für mich umso wichtiger, mich im Lichte dieser Erkenntnisse in Bezug auf meinen queer-feministischen Ansatz deutlich dagegen in Stellung zu bringen, indem ich im Nachvollzug vor allem auf das konstitutive Element des Un/verfügbaren und Un/bestimmten beharrte. Das ist mir, soweit ich das selbst beurteilen kann, weitgehend gelungen. Auch hier hätte die Verfügbarkeit der Werkzeuge, wie sie mir heute zugänglich sind, sicherlich geholfen, diese trennende Verbindung, das *cutting- together-apart* deutlicher herauszuarbeiten.

Gerade weil diese Untersuchung theoretisch-methodisch als Prozess angelegt ist, hat sie für mich ein offenes Ende. Es gibt kein Resultat ‚X'. Im Grunde verstehe ich sie als Beginn, weiter und intensiver über *raumzeitliche* Verschränkungen von Geschlecht und Medien zu forschen. Aktuell finden diese Untersuchungen in queer-feministischer Hinsicht auf anderen disziplinären Feldern als der Filmwissenschaft und Filmtheorie wie den feministischen Science and Technology Studies, der feministischen Techniksoziologie und den feministischen Forschungen

5 Schlussbemerkung

zu Medienökologien und ‚Digitalisierung' statt.[1] Auch hier gibt es (noch) mehr Potenzial für differenziale Relationalität.

Mein ‚ursprüngliches' Interesse war es, zu untersuchen, wie sich in Kino und Film in Deutschland ab dem Zeitpunkt nicht-normierte Männlichkeit wiederereignet, ab dem beides flächenwirkend in Erscheinung tritt.

Zu diesem Zeitpunkt wurde in den queer-feministischen Debatten die Bezeichnung von ‚queer' erneut einer kritischen Untersuchung unterzogen. Dies erfolgte im Licht der aufkommenden Kritik seitens der queer-feministischen Ansätze von *queers of color* sowie seitens jener am postliberalen Kapitalismus, die auf die Tendenz zur erneuten Bedeutungsfixierung von ‚queer' im Sinne einer Identitätsbezeichnung hinwiesen, worunter zunehmend ‚angepasste' Lebensweisen firmierten.[2] Jasbir Púar hat in Folge von Lisa Duggan dafür den Begriff ‚homonormativ' geprägt.[3] Dies bestärkte mich zwar in meinem post/humanen, technisch-anthropomorphen Ansatz, führte aber gleichzeitig zu der Frage, wie ich selbst ‚queer' in Bezug auf meinen europäisch zentrierten, ‚weißen' Gegenstand definieren muss, um die Stoßrichtung meiner Arbeit beziehungsweise meinen wissens- und kulturpolitischen Standpunkt zu verdeutlichen.

Mein Verständnis von ‚queer' setzt deshalb nicht bei der Kategorie ‚Identität' an, sondern setzt an bei einem Antworten *(response)* auf eine bestimmte Form der Verletzlichkeit und Prekarität, die im Sozialen oft mit Geschlecht und Sexualität (als Begehrensform und Praxis) verknüpft beziehungsweise verschränkt ist. Um dieses als politische Perspektive offenzuhalten, verknüpfte ich es mit einem feministischen Impetus, um auf die innere(n) Differenz(en) von ‚queer' aufmerksam zu machen. So wollte ich verhindern, zu behaupten, dass ‚queere Männlichkeit' ein in sich geschlossenes Phänomen darstellt, sich dagegen ‚queer' vielmehr als immer wieder sich ereignende, insistierende Daseinsform qua Verletzbarkeit und Prekarität immer schon zu Weiblichkeit, aber auch zu trans-, *race* und *class* hin öffnet.

Ähnlich bin ich mit dem Medium Film und dem Kinoapparat verfahren, die ich beide nicht als gesetzt betrachtet habe, sondern als Prozesse stetiger Rekonfigurationen. Dabei half mir, nicht ausschließlich das konventionelle Werkzeug der Filmwissenschaft zu verwenden, sondern mit medienwissenschaftlichen, medientheoretischen und -archäologischen sowie jenen aus der Visual Culture und Visual Cultural History zu arbeiten.[4] Auf diese Weise war es mir möglich, einen

---

[1] Vgl. hierzu Schrader 2010, 2012, 2017; Barad 2014, 2015, 2017; Cuboniks 2015; Parisi 2017a, 2017b sowie 2017c.
[2] Vgl. hierzu erneut Halberstam 2005, weiterführend Castro Varela u. a. (Hg.) 2011; Eng 2010; Kulpa/Mizielinska (Hg.) 2011 sowie Harney/Moten (Hg.) 2013.
[3] Vgl. Duggan 2002 sowie Púar 2017.
[4] Vgl. Sturken/Cartwright 2014; Rogoff 2014 sowie Mirzoeff (Hg.) 1998.

Film als materiell-semiotische Entität des sich wandelnden Kinoapparats und dabei als Prozess medialer differenzialer Relationalitäten zu beschreiben. Dies, um damit zu demonstrieren, dass sich in diesem Prozess geschlechtliche und sexuelle Identität auf einzigartige Weise mit denjenigen vor der Leinwand verschränkten, die bereits selbst durch Medium, Apparat sowie Diskurs bedingt waren. Ich denke, ich habe mit dem Technisch-Anthropomorphen queerer Männlichkeit eine ganz passende Figur hierfür entwickelt. Hilfreich waren diesbezüglich im Sinne eines zeitlichen beziehungsweise historischen Anküpfungspunkts die Überlegungen von Eve K. Sedgwick, nicht nur bezüglich ihrer Lesart vom minorisierenden und universalisierenden *double bind* der Darstellung von Männlichkeit per se seit Beginn des 19. Jahrhunderts. Vielmehr war es auch ihr Konzept der queeren Performativität, das sie in seiner historisch situierten Funktion als Selbst-Beschreibung queerer Männlichkeit zu einer Figur gerade nicht der Repräsentation, sondern durch die raumzeitliche Verschränkung von Absorption und Theatralität zur Torsion von Referenzialität („,abberant' relation to its own reference", Sedgwick 1993, S. 2) ausbaute. Eine zugespitzte Variante des raumzeitlichen Umgangs mit der Ausarbeitung der Figuren des Technisch-Anthropomorphen queerer Männlichkeit hätte sicherlich die völlige Modifizierung von Raumzeitverhältnissen und damit eine Verabschiedung von konventionellen Formen der Historiografie bedeutet, wie sie unter anderen Liz Freeman mit ihrer Erotohistoriografie entwickelte.[5] Bis zur Mitte des Projekts stand mir eine solche Herangehensweise aus Gründen der disziplinären Verortung nicht zur Verfügung. Dennoch denke ich – hoffentlich überzeugend – vermittelt zu haben, dass Kino und Film geschlechtliche und sexuelle Identität, um meinen Kollegen Stephan Trinkaus zu zitieren, ‚halten'. Das heißt, sie bringen unablässig durch Schnitte/Verkleben Geschlecht und Sexualität immerzu in und durch diese Verschränkungen immer (in sich) anders hervor. Andere Medien, Medienkonstellationen und -artefakte tun dies auf andere Art und Weise, sie antworten/halten/verschränken anders. Auf andere Konstellationen von Begehren und Prekarität wiederum wird anders geantwortet, sie werden anders gehalten/verschränkt. Mein ‚Untersuchungsgegenstand' ist deshalb, wie so viele andere in dieser Hinsicht, völlig unabgeschlossen. Es gibt noch viel, worauf wir mit einer queer-feministischen Perspektive der „abberant relation to it's own reference" (Sedgwick 1993, S. 2) antworten, wodurch wir ver-antwortlich sein können.

---

[5]Vgl. Freeman 2010.

Filmografie

Abgründe (D 1910; R: Urban Gad).
The Adventures of Ruth (USA 1919; R: George Marshall).
American Falls from Above (USA 1896; P: Edison).
Der Andere (D 1913; R: Max Mack).
Anders als die anderen (D 1919; R: Richard Oswald).
L'arroseur arrosé (F 1896; P: Lumière).
Aus eines Mannes Mädchenzeit (D 1913; R: Richard Oswald).
Die Büchse der Pandora (D 1929; R: Georg W. Pabst).
Das Cabinett des Dr. Caligari (D 1921; R: Robert Wiene).
Charcutrie mécanique (F 1900; P: Méliès).
Cyankali (D 1930; R: Hans Tintner).
The Deceived Slumming Party (USA 1908; R: David W. Griffith).
L'Éscamotage d'une dame au théâtre Robert Houdin (F 1986; P: Méliès).
Es wäre so schön gewesen (D 1910; R: Jules Greenbaum).
Es werde Licht! (D 1917; R: Richard Oswald).
Der ewige Jude (D 1940; R: Fritz Hippler).
The Execution of Mary, Queen of Scots (USA 1895; P: Edison).
Fantômas (F 1913/1914; R: Louis Feuillade).
Faust (D 1926; R: Friedrich W. Murnau).
Frankenstein (GB 1931; R: James Whale).
Die freudlose Gasse (D 1925; R: Georg W. Pabst).
The Gay Shoe Clerk (USA 1903; P: Edison).
Geheimnisse einer Seele (D 1926; R: Georg W. Pabst).
Genuine (D 1920; R: Robert Wiene).
Das Geschenk des Inders (D 1913; R: Louis Ralph).
Geschlecht in Fesseln – Die Sexualnot der Gefangenen (D 1928; R: Wilhelm Dieterle).
The Great Train Robbery (USA 1903; R: Edwin S. Porter).

Hans Westmar (D 1933; R: Franz Wenzler).
Der Hauptmann von Köpenick (D 1906; R: Carl Buderus).
The Hazards of Helen (USA 1914–1917; R: J. P. McGowan).
Heimkehr (D 1941; R: Gustav Ucicky).
Hintertreppe (D 1921; R: Leopold Jessner).
Hitlerjunge Quex (D 1933; R: Hans Steinhoff).
Island of Lost Souls (USA 1932; R: Erle C. Kenton).
Jack Johnson – Jim Jeffries (USA 1910; R: J. Stuart Blackton).
Jud Süß (D 1940; R: Veit Harlan).
Das Kabinett des Dr. Larifari (D 1930; R: Robert Wohlmuth).
Kampf zwischen Greiner und Sandow (D 1895; P: Skladanowsky).
Leinen aus Irland (D 1939; R: Heinz Helbig).
Ein Lied geht um die Welt (D 1933; R: Richard Oswald).
Lucille Love, Girl of Mystery (USA 1914; R: Francis Ford).
Mädchen in Uniform (D 1931; R: Carl Froelich/Leontine Sagan).
Der Mann im Keller – 2. Abenteuer des berühmten Detektivs Stuart Webbs (D 1914; R: Joe May).
Le manoir du diable (F 1896; P: Meliès).
Metropolis (D 1927; R: Fritz Lang).
Die Nibelungen (D 1924; R: Fritz Lang).
Nick Carter (F 1908; R: Victorin Jasset).
Nosferatu, eine Symphonie des Grauens (D 1922; R: Friedrich W. Murnau).
Olympia (D 1938; R: Leni Riefenstahl).
Opium – Die Sensation der Nerven (D 1919; R: Robert Reinert).
The Perils of Pauline (USA 1914; R: Louis J. Gasnier).
Prostitution – Die sich verkaufen (D 1919; R: Richard Oswald).
Raskolnikow (D 1923; R: Robert Wiene).
Der Riesenfilm Nobody (D 1921/1922; P: Progreß-Film G.m.b.H.).
Robert und Bertram (D 1939; R: Hans Zerlett).
Die Rothschilds (D 1940; R: Erich Waschneck).
Rough Sea at Dover (GB 1895; R: Birt Acres).
Salon de coiffure (F 1908; P: Méliès).
S. A. Mann Brand – ein Lebensbild aus unseren Tagen (D 1933; R: Franz Steidt).
Schatten (D 1923; R: Arthur Robison).
Schlussakkord (D 1936; R: Detlev Sierck).
Der Schuß im Tonfilmatelier (D 1930; R: Alfred Zeisler).
Sieg des Glaubens (D 1933; R: Leni Riefenstahl).
Der Student von Prag (D 1913; R: Paul Wegener).
Das Tagebuch des Dr. Hart (D 1916; R: Paul Leni).
Die Toten erwachen – 6. Abenteuer des berühmten Detektivs Stuart Webbs (D 1915; R: Joe May).
Triumph des Willens (D 1935; R: Leni Riefenstahl).
Unsühnbar (D 1917; R: Georg Jacoby).
Les vampires (F 1915/1916; R: Louis Feuillade).
La voltige (F 1895; P: Lumière).

Von morgens bis mitternachts (D 1920; R: Karlheinz Martin).
La voyage dans la lune (F 1902; P: Méliès).
Das Wachsfigurenkabinett (D 1924; R: Paul Leni).
Die weiße Sklavin (zwei Teile; D 1921; R: Arthur Teuber).
Westfront 1918 (D 1930; R: Georg W. Pabst).
Wo ist Coletti? (D 1913; R: Max Mack).
Wunschkonzert (D 1940; R: Eduard von Borsody).
Zigomar (F 1911–1913; R: Victorin Jasset).
Zuflucht (D 1928; R: Carl Froelich).

Literatur

Abbott, Stacey: *Celluloid Vampires: Life After Death in the Modern World*. Austin 2007.
Abel, Richard/Altman, Rick (Hg.): *The Sounds of Early Cinema*. Bloomington/Indiana 2001.
Abrams, Lynn: From Control to Commercialization: the Triumph of Mass Entertainment in Germany 1900-1925? In: *German History* 8, Nr. 3 (1990), S. 278–293.
Adams, Carole E.: *Women Clerks in Wilhelmine Germany. Issues of Class and Gender*. Cambridge/New York/New Rochelle/Melbourne/Sydney 1988.
A. G. Gender-Killer (Hg.): *Antisemitismus und Geschlecht. Von „maskulinisierten Jüdinnen" und „effeminierten Juden" und anderen Geschlechterbildern*. Münster [1]2005.
Albes, Jens: *Worte wie Waffen. Deutsche Propaganda in Spanien während des Ersten Weltkrieges*. Essen 1996.
Albrecht, Gerd: *Nationalsozialistische Filmpolitik. Eine soziologische Untersuchung über die Spielfilme des Dritten Reiches*. Stuttgart 1969.
Allen, Ann T.: *Feminism and Motherhood in Germany, 1800-1914*. New Brunswick 1991.
Almeida, Fabrice d': *High Society in the Third Reich*. Cambridge/Malden 2008.
Almeida, Fabrice d': Luxury Distinction Under National Socialism. In: Dies. u.a. (Hg.): *Pleasure and Power in Nazi Germany*. Houndsmill/New York 2011, S. 67–83.
Almeida, Fabrice d' u.a. (Hg.): *Pleasure and Power in Nazi Germany*. Houndsmill/New York 2011.
Alter, Peter u.a. (Hg.): *Die Konstruktion der Nation gegen die Juden*. München 1999.
Altman, Rick: Introduction. In: *Yale French Studies*, Nr. 60 (1980)a, S. 3–15.
Altman, Rick: Moving Lips: Cinema as Ventriloquism. In: *Yale French Studies*, Nr. 60 (1980)b, S. 67–79.
Altman, Rick: Die Geburt der klassischen Rezeption. Die Kampagne zur Standardisierung des Tons. In: *montage a/v. Zeitschrift für Theorie und Geschichte audiovisueller Kommunikation* 5, Nr. 2 (1996), S. 3–22.
Amenda, Lars: Fremd-Wahrnehmung und Eigen-Sinn. Das ‚Chinesenviertel' und chinesische Migration in Hamburg 1910-1960. In: Eder, Angelika (Hg.): *„Wir sind auch da!" Das Leben von und mit Migranten in europäischen Großstädten*. München/Hamburg 2003, S. 73–94.
Andress, Reinhard: Verschoben, aber nicht aufgehoben: Zur Topographie der Liebe im Kontext von Volksgemeinschaft und Krieg in erfolgreichen NS-Filmen. In: *Monatshefte* 91, Nr. 3 (Herbst 1991), S. 359–375.
Andriopoulos, Stefan: *Possessed. Hypnotic Crimes, Corporate Fiction, and the Invention of Cinema*. Chicago 2008.

Andriopoulos, Stefan: Suggestion, Hypnosis, And Crime. Robert Wiene's *The Cabinet of Dr. Caligari* (1920). In: Isenberg, Noah (Hg.): *Weimar Cinema. An Essential Guide to Classic Films of the Era*. New York 2009, S. 13–32.
Andriopoulos, Stefan u.a. (Hg.): *Die Adresse des Mediums*. Köln 2001.
Angerer, Marie-L./König, Christiane (Hg.): *Gender Goes Life. Die Lebenswissenschaften als Herausforderung für die Gender Studies*. Bielefeld 2008.
Ankum, Katharina von (Hg.): *Women in the Metropolis: Gender and Modernity in Weimar Culture*. Berkeley 1997.
Anzaldúa, Gloria: *Border Lands./La Frontera. The New Mestiza*. San Francisco 1987.
Applegate, Celia/Potter, Pamela (Hg.): *Music and German National Identity*. Chicago 2002.
Arata, Stephen D.: The Occidental Tourist: *Dracula* and the Anxiety of Reverse Colonization. In: *Victorian Studies* 33, Nr. 4 (Sommer 1990), S. 622–645.
Archiv der Arbeiterbewegung e. V. (Hg.): *Macht und Gesellschaft*. München 2004.
Arndt, Andreas/Jaeschke, Walter (Hg.): *Materialismus und Spiritualismus. Philosophie und Wissenschaften nach 1848*. Hamburg 2000.
Arnold, Loy u.a.: *Nosferatu. Eine Symphonie des Grauens*. München 2000.
Ascheid, Antje: Nazi Stardom and the ‚Modern Girl': The Case of Lilian Harvey. In: *New German Critique* 74 (Frühjahr-Sommer 1998), S. 57–89.
Ascheid, Antje: *Hitler's Heroines. Stardom and Womanhood in Nazi Cinema*. Philadelphia 2003.
Aschheim, Steven E.: *Brothers and Strangers: The East European Jew in German and German-Jewish Consciousness, 1800-1923*. Madison 1982.
Ashkenazi, Ofer: 'A New Era of Peace and Understanding': The Integration of Sound Film into German Popular Cinema, 1929-1933. In: Rogowski, Christian (Hg.): *The Many Faces of Weimar Cinema. Rediscovering Germany's Filmic Legacy*. Rochester, NY 2010a, S. 249–267.
Ashkenazi, Ofer: Rethinking the Role of Film in German History: The Jewish Comedies in the Weimar Republic. In: *Rethinking History: The Journal of Theory and Practice* 14, Nr. 4 (2010)b, S. 569–585.
Auerbach, Nina: *Our Vampires, Ourselves*. Chicago 1995.
Avanessian, Armen/Hester, Helen (Hg.): *dea ex machina*. Berlin 2015.
Bachtin, Michael M.: *Literatur und Karneval. Zur Romantheorie und Lachkultur* [russ. 1929, 1965]. München ¹1969.
Bachtin, Michael M.: *Rabelais und seine Welt. Volkskultur als Gegenkultur* [russ. 1965]. Frankfurt a. M. 1987.
Bade, Klaus J.: *Europa in Bewegung. Migration vom späten 18. Jahrhundert bis zur Gegenwart*. München 2000.
Bajohr, Frank/Pohl, Dieter: *Der Holocaust als offenes Geheimnis. Die Deutschen, die NS-Führung und die Alliierten*. München 2006.
Bamberger, Edgar/Ehmann, Annegret (Hg.): *Kinder und Jugendliche als Opfer des Holocaust*. Heidelberg 1995.
Barad, Karen: Diffracting Diffraction: Cutting Together-Apart. In: *Parallax* 20, Nr. 3 (2014), S. 168–187.
Barad, Karen: Transmaterialities: Trans*/Matter/Realities and Queer Political Imaginings. In: *GLQ: A Journal of Lesbian and Gay Studies* 21, Nr. 2–3 (Juni 2015), S. 387–422.
Barad, Karen: No Small Matter. Mushroom Clouds, Ecologies of Nothingness, and Strange Topologies of Spacetimemattering. In: Tsing, Anna u.a. (Hg.): *Arts of Living on a Damaged Planet. Ghosts of the Anthropocene*. Minneapolis/London 2017, S. 103–120.
Baranowski, Shelley: *Strength Through Joy. Consumerism and Mass Tourism in the Third Reich*. Cambridge/New York/Melbourne/Madrid/Cape Town 2004.
Barbian, Jan-P.: Politik und Film in der Weimarer Republik. In: *Archiv für Kulturgeschichte* 80 (1998), S. 213–245.
Barkhausen, Hans: *Filmpropaganda für Deutschland im Ersten und Zweiten Weltkrieg*. Hildesheim/Zürich/New York 1982.

Barndt, Kerstin: Mothers, Citizens, and Consumers: Female Readers in Weimar Germany. In: Canning, Kathleen u.a. (Hg.): *Weimar Publics/Weimar Subjects. Rethinking the Political Culture of Germany in the 1920s*. New York/Oxford 2010, S. 95–115.

Barron, Stephanie/Eckmann, Sabine (Hg.): *Exiles and Emigrés: The Flight of European Artists from Hitler*. New York 1997.

Bartels, Ulrike: *Die Wochenschau im Dritten Reich. Entwicklung und Funktion eines Massenmediums unter besonderer Berücksichtigung völkisch-nationaler Inhalte*. Frankfurt a. M. 2004.

Bartetzko, Dieter: *Illusionen aus Stein. Stimmungsarchitektur im Nationalsozialismus*. Berlin ¹2012.

Barthes, Roland: *Die helle Kammer. Bemerkungen zur Fotografie*. Frankfurt a. M. ¹1985 (frz. 1980).

Bartov, Omer u.a. (Hg.): *Crimes of War: Guilt and Denial in the 20th Century*. New York 2002.

Bate, David: *Photography and Surrealism: Sexuality, Colonialism, and Social Dissent*. London 2004.

Bathrick, David: Radio und Film für ein modernes Deutschland: Das NS-Wunschkonzert. In: Schenk, Imbert (Hg.): *Dschungel Großstadt. Kino und Modernisierung*. Marburg 1999, S. 112–131.

Bauer, Ingrid u.a. (Hg.): *Liebe und Widerstand. Ambivalenzen historischer Geschlechterbeziehungen*. Köln/Weimar/Wien 2005.

Baumeister, Martin: 'L'effet de réel'. Zum Verhältnis von Krieg und Film 1914 bis 1918. In: Chiari, Bernhard u.a. (Hg.): *Krieg und Militär im Film des 20. Jahrhunderts*. München 2003, S. 245–268.

Baumkämper, Arnd/Julien, Elise (Hg.): *Durchhalten! Krieg und Gesellschaft im Vergleich, 1914-1918*. Göttingen 2010.

Bayerdörfer, Hans-P. (Hg.): *Theatralia Judaica. Emanzipation und Antisemitismus als Momente der Theatergeschichte. Von der Lessingzeit bis zur Shoah*. Tübingen 1992.

Bayerdörfer, Hans-P./Fischer, Jens M.: Vorwort. In: Ders. u.a. (Hg.): *Darstellungsformen im europäischen Theater von der Restauration bis zur Zwischenkriegszeit*. Tübingen 2008, S. 1–19.

Bayerdörfer, Hans-P. u.a. (Hg.): *Darstellungsformen im europäischen Theater von der Restauration bis zur Zwischenkriegszeit*. Tübingen 2008.

Bechdolf, Ute: *Wunsch-Bilder? Frauen im nationalsozialistischen Unterhaltungsfilm*. Tübingen 1992.

Becker, Frank: Amerikanisierung im ‚Dritten Reich'? Wege und Irrwege der Moderne. In: Ders./Reinhardt-Becker, Elke (Hg.): *Mythos USA. „Amerikanisierung" in Deutschland seit 1900*. Frankfurt a. M./New York 2006, S. 151–170.

Becker, Frank/Reinhardt-Becker, Elke (Hg.): *Mythos USA. „Amerikanisierung" in Deutschland seit 1900*. Frankfurt a. M./New York 2006.

Becker, Tobias: Unterhaltungstheater. In: Ders. u.a.: *Weltstadtvergnügen. Berlin 1880-1930*. Göttingen/Bristol 2016, S. 28–73.

Becker, Tobias u.a.: *Weltstadtvergnügen. Berlin 1880-1930*. Göttingen/Bristol 2016.

Becker, Tobias u.a. (Hg.): *Die tausend Freuden der Metropole. Vergnügungskultur um 1900*. Bielefeld 2011.

Begemann, Christian u.a. (Hg.): *Dracula Unbound: Kulturwissenschaftliche Lektüren des Vampirs*. Freiburg i. Br. 2008.

Belach, Helga/Bock, Hans-M. (Hg.): *Das Cabinett des Dr. Caligari. Drehbuch von Carl Meyer und Hans Janowitz zu Robert Wienes Film von 1919/1920*. München 1995.

Bennett, Tony: The Exhibitionary Complex. In: Schwartz, Vanessa R./Przyblyski, Jeannene M. (Hg.): *The Nineteenth-Century Visual Culture Reader*. New York/London 2004, S. 117–130.

Benz, Wolfgang (Hg.): *Die Juden in Deutschland 1933-1945: Leben unter nationalsozialistischer Herrschaft*. München 1988.

Berger, Julia: Amerikanismus im Vergnügungspark. Die früheste Scenic Railway im deutschsprachigen Raum. In: Hassler, Uta u.a.: *Konstruierte Bergerlebnisse. Wasserfälle, Alpenszenarien, illuminierte Natur*. München 2016, S. 190–215.
Bergmeier, Horst J. P./Lotz, Rainer E.: *Hitler's Airwaves. The Inside Story of Nazi Radio Broadcasting and Propaganda Swing*. New Haven/London 1997.
Bergstrom, Janet: Sexuality at a Loss: The Films of F. W. Murnau. In: *Poetics Today* 6, Nr. 1/2 (1985), S. 185–203.
Bergstrom, Janet: Psychological Explanation in the Films of Lang and Pabst. In: Kaplan, E. Ann (Hg.): *Psychoanalysis & Cinema*. New York/London 1990, S. 163–180.
Bergstrom, Janet (Hg.): *Endless Night. Cinema and Psychoanalysis, Parallel Histories*. Berkeley/Los Angeles/London 1999.
Berlin Museum (Hg.): *Eldorado. Homosexuelle Frauen und Männer in Berlin 1850-1950. Geschichte, Alltag und Kultur*. Berlin 1984.
Berridge, Virginia/Edwards, Griffith: *Opium and the People: Opiate Use in Nineteenth-Century England*. New Haven 1987.
Bessel, Richard: Kriegserfahrungen und Kriegserinnerungen. Nachwirkungen des Ersten Weltkriegs auf das politische und soziale Leben der Weimarer Republik. In: Linden, Marcel van der/Mergner, Gottfried (Hg.): *Kriegsbegeisterung und mentale Kriegsvorbereitung. Interdisziplinäre Studien*. Berlin 1991, S. 125–140.
Bessel, Richard: Die Heimkehr der Soldaten: Das Bild der Frontsoldaten in der Öffentlichkeit der Weimarer Republik. In: Hirschfeld, Gerhard u.a. (Hg.): *Keiner fühlt sich hier mehr als Mensch... Erlebnis und Wirkung des Ersten Weltkriegs*. Essen 1993, S. 221–240.
Betts, Paul: *The Authority of Everyday Objects. A Cultural History of West German Industrial Design*. Berkeley/Los Angeles 2004.
Bhabha, Homi: *Die Verortung der Kultur*. Tübingen 2000 (engl. 1994).
Birdsall, Carolyn: *Nazi Soundscapes. Sound, Technology and Urban Space in Germany, 1933-1945*. Amsterdam 2012.
Birett, Herbert: The Origins of Official Film Censorship in Germany. In: Usai, Paolo C./Codelli, Lorenzo (Hg.): *Before Caligari. German Cinema, 1895-1920. Prima di Caligari. Cinema tedesco, 1895-1920*. Pordenone/Wisconsin 1990, S. 50–57.
Birkner, Nina u.a. (Hg.): *Spielräume des Anderen. Geschlecht und Alterität im postdramatischen Theater*. Bielefeld 2014.
Blackbourn, David: The Conquest of Nature and the Mystique of the Eastern Frontier in Nazi Germany. In: Nelson, Robert L. (Hg.): *Germans, Poland, and the Colonial Expansion to the East: 1850 to the Present*. New York 2009, S. 141–170.
Blackmer, Corinne E./Smith, Patricia J. (Hg.): *En Travesti. Women, Gender Subversion, Opera*. New York 1995.
Blanchard, Pascal u.a. (Hg.): *MenschenZoos. Schaufenster der Unmenschlichkeit*. Hamburg 2012.
Blue II, Al W.: *Black & Persons of Color. Freak Shows & Circus Performers Of The Past*. Selbstverlag 2014 o. w. A.
Blume, Eugen/Scholz, Dieter (Hg.): *Überbrückt. Ästhetische Moderne und Nationalsozialismus. Kunsthistoriker und Künstler 1925-1937*. Köln 1999.
Bock, Gisela: Ganz normale Frauen. Täter, Opfer, Mitläufer und Zuschauer im Nationalsozialismus. In: Heinsohn, Kirsten u.a. (Hg.): *Zwischen Karriere und Verfolgung. Handlungsräume von Frauen im nationalsozialistischen Deutschland*. Frankfurt a. M./New York 1997, S. 245–277.
Bock, Gisela (Hg.): *Rassenpolitik und Geschlechterpolitik im Nationalsozialismus*. Sonderheft *Geschichte und Gesellschaft* 19, Nr. 3 (1993).
Bock, Gisela (Hg.): *Genozid und Geschlecht. Jüdische Frauen im nationalsozialistischen Lagersystem*. Frankfurt a. M./New York 2005.
Bock, Hans-M./Lenssen, Claudia (Hg.): *Joe May. Regisseur und Produzent*. München 1991.
Bock, Hans-M./Töteberg, Michael (Hg.): *Das Ufa-Buch. Kunst und Krisen; Stars und Regisseure; Wirtschaft und Politik*. Frankfurt a. M. 1992.
Bock, Hans-M. u.a. (Hg.): *Triviale Tropen. Exotische Reise- und Abenteuerfilme aus Deutschland 1919-1939*. München 1997.

Bock, Hans-M. u.a. (Hg.): *Die Deutsche Universal. Transatlantische Verleih- und Produktionsstrategien eines Hollywood-Studios in den 20er und 30er Jahren*. München 2001.
Bock, Hans-M. u.a. (Hg.): *Spaß beseite, Film ab. Jüdischer Humor und verdrängendes Lachen in der Filmkomödie bis 1945*. München 2006.
Bock von Wülfingen, Bettina/Frietsch, Elke (Hg.): *Epistemologie und Differenz. Zur Reproduktion des Wissens in den Wissenschaften*. Bielefeld 2010.
Boemeke, Manfred F. u.a. (Hg.): *Anticipating Total War: The German and American Experiences, 1871-1914*. Washington/Oxford 1999.
Bösch, Frank: Grenzen des ‚Obrigkeitsstaates'. Medien, Politik und Skandale im Kaiserreich. In: Müller, Sven O./Torp, Claudius (Hg.): *Das deutsche Kaiserreich in der Kontroverse*. Göttingen 2009, S. 136–164.
Bolter, Jay/Grusin, Richard: *Remediation. Understanding New Media*. Cambridge, MA 2000.
Bono, Francesco: Glücklich ist, wer vergißt ... Operette und Film: Analyse einer Beziehung. In: Uhlenbrok, Katja (Hg.): *MusikSpektakelFilm: Musiktheater und Tanzkultur im deutschen Film 1922-1937*. München 1998, S. 29–45.
Borutta, Manuel/Verheyen, Nina (Hg.): *Die Präsenz der Gefühle. Männlichkeit und Emotion in der Moderne*. Bielefeld 2010.
Bottomore, Stephen: The Panicking Audience?: early cinema and the ‚train effect'. In: *Historical Journal of Film, Radio and Television* 19, Nr. 2 (1999), S. 177–216.
Bourke, Joanna: *Dismembering the Male. Men's Bodies, Britain and the Great War*. London 1996.
Bracher, Karl D.: The Role of Hitler: Perspectives and Interpretations. In: Laqueur, Walter (Hg.): *Fascism. A Reader's Guide. Analyses, Interpretations, Bibliography*. Berkeley/Los Angeles 1976, S. 211–225.
Brändle, Rea: *Wildfremd, hautnah. Zürcher Völkerschauen und ihre Schauplätze 1835-1964*. Zürich ²2013.
Brand, Bettine/Dahlmann, Dittmar: Streitkräfte (Russland). In: Winter, Jay u.a. (Hg.): *Der Erste Weltkrieg und das 20. Jahrhundert*. Hamburg 2002, S. 901–904 (engl. 2000).
Brandlmeier, Thomas: Die polnische Karte. Anmerkungen zu Paul Lenis Film „Das Tagebuch des Dr. Hart". In: Feindt, Hendrik (Hg.): *Studien zur Kulturgeschichte des Polenbildes 1848-1939*. Wiesbaden 1995, S. 156–165.
Brandlmeier, Thomas: Frühe deutsche Filmkomödie 1895-1917. In: Elsaesser, Thomas/Wedel, Michael (Hg.): *Kino der Kaiserzeit. Zwischen Tradition und Moderne*. München 2002, S. 62–79.
Brandlmeier, Thomas: Unheimlicher Witz. Frühe deutsche Filmkomödie 1895-1917. In: CineGraph (Hg.): *Die deutsche Filmkomödie vor 1945. Kaiserreich, Weimarer Republik und Nationalsozialismus*. München 2004, S. 13–26.
Braun, Christian A. (Hg.): *Deformation der Gesellschaft? Neue Forschungen zum Nationalsozialismus*. Berlin 2008.
Braun, Christina von: Der Körper des ‚Juden' und des ‚Ariers' im Nationalsozialismus. In: A. G. Gender-Killer (Hg.): *Antisemitismus und Geschlecht. Von „maskulinisierten Jüdinnen" und „effeminierten Juden" und anderen Geschlechterbildern*. Münster ¹2005, S. 68–80.
Braun, Christina von: Religiöse Geschlechterordnung und politische Religion. Der Körper des ‚Juden' und des ‚Ariers' im Nationalsozialismus. In: Diehl, Paula (Hg.): *Körper im Nationalsozialismus. Bilder und Praxen*. München/Paderborn 2006, S. 79–90.
Braun, Christina von/Heid, Ludger (Hg.): *Der ewige Judenhaß*. Berlin/Wien 2000.
Breckman, Warren G.: Disciplining Consumption: The Debate About Luxury in Wilhelmine Germany, 1890-1914. In: *Journal of Social History* 24, Nr. 3 (Frühjahr 1991), S. 485–506.
Breger, Claudia u.a. (Hg.): *Engineering Life. Narrationen vom Menschen in Biomedizin, Kultur und Literatur*. Berlin 2009.
Breidenbach, Joana: *Deutsche und Dingwelt. Die Kommodifizierung nationaler Eigenschaften und die Nationalisierung deutscher Kultur*. Münster/Hamburg 1994.

Breitenfeller, Kirstin: Der ‚jüdische Fuß' und die ‚jüdische Nase': Physiognomik, Medizingeschichte und Antisemitismus im 19. und 20. Jahrhundert. In: Dies./Kohn-Ley, Charlotte (Hg.): *Wie ein Monster entsteht: Zur Konstruktion des anderen in Rassismus und Antisemitismus.* Bodenheim 1998, S. 103–120.

Breitenfeller, Kirstin/Kohn-Ley, Charlotte (Hg.): *Wie ein Monster entsteht: Zur Konstruktion des anderen in Rassismus und Antisemitismus.* Bodenheim 1998.

Brenner, Hildegard: *Die Kunstpolitik des Nationalsozialismus.* Reinbek bei Hamburg 1963.

Brewster, Ben: A Bunch of Violets. In: Gaudreault, André u.a. (Hg.): *A Companion to Early Cinema.* Malden/Oxford/Chichester 2012, S. 245–256.

Brewster, Ben/Jacobs, Lea: *Theatre to Cinema. Stage Pictorialism and the Early Feature Film.* Oxford/New York 1997.

Bridenthal, Renate/Koonz, Claudia: Beyond *Kinder, Küche, Kirche*: Weimar Women in Politics and Work. In: Bridenthal, Renate u.a. (Hg.): *When Biology Became Destiny. Women in Weimar and Nazi Germany.* New York 1984, S. 33–65.

Bridenthal, Renate u.a. (Hg.): *When Biology Became Destiny. Women in Weimar and Nazi Germany.* New York 1984.

Brittnacher, Hans R.: *Ästhetik des Horrors. Gespenster, Vampire, Monster, Teufel und künstliche Menschen in der phantastischen Literatur.* Frankfurt a. M. 1994.

Bröckling, Ulrich/Horn, Eva (Hg.): *Anthropologie der Arbeit.* Tübingen 2002.

Brogini Künzi, Giulia: Total Colonial Warfare: Ethiopia. In: Chickering, Roger/Förster, Stig (Hg.): *The Shadows of Total War. Europe, East Asia, and the United States, 1919-1939.* Washington/Oxford 2003, S. 313–326.

Bronfen, Elisabeth: The Vampire: Sexualizing or Pathologizing Death. In: Kaeser, Rudolf/Pohland, Vera (Hg.): *Disease and Medicine in Modern German Cultures.* Ithaca, NY 1990, S. 71–90.

Bronner, Simon J.: *Consuming Visions. Accumulation and Display of Goods in America 1880-1920.* New York/London 1989.

Brooks, Peter: *The Melodramatic Imagination: Balzac, Henry James, Melodrama, and the Mode of Excess.* New Haven/London 1976.

Brown, Shane: *Queer Sexualities in Early Film: Cinema and Male-Male Intimacy.* London/New York 2016.

Browne, Nick/McPherson, Bruce: Dream and Photography in a Psychoanalytic Film: *Secrets of a Soul.* In: *Dreamworks* 1, Nr. 1 (Frühjahr 1980), S. 35–45.

Browne, Nick (Hg.): *Refiguring American Film Genres: History and Theory.* Berkeley 1998.

Browning, Christopher: *Ganz normale Männer. Das Reserve-Bataillon 101 und die „Endlösung"* in Polen. Reinbek bei Hamburg 1993 (engl. 1992).

Brunner, Otto u.a. (Hg.): *Geschichtliche Grundbegriffe. Historisches Lexikon zur politisch-sozialen Sprache in Deutschland. Band 5.* Stuttgart ¹1984.

Brunotte, Ulrike: *Zwischen Eros und Krieg. Männerbund und Ritual in der Moderne.* Berlin 2004.

Brunotte, Ulrike/Herrn, Rainer (Hg.): *Männlichkeiten in der Moderne. Geschlecht in den Wissenskulturen um 1900.* Bielefeld 2008.

Bruns, Claudia: Der homosexuelle Staatsfreund. Von der Konstruktion des erotischen Männerbundes bei Hans Blüher. In: Nieden, Susanne zur (Hg.): *Homosexualität und Staatsräson. Männlichkeit, Homophobie und Politik in Deutschland 1900-1945.* Frankfurt a. M./New York 2005a, S. 100–117.

Bruns, Claudia: Skandale im Beraterkreis um Kaiser Wilhelm II. Die homoerotische ‚Verbündelung' der ‚Liebenberger Tafelrunde' als Politikum. In: Nieden, Susanne zur (Hg.): *Homosexualität und Staatsräson. Männlichkeit, Homophobie und Politik in Deutschland 1900-1945.* Frankfurt a. M./New York 2005b, S. 52–80.

Bruns, Claudia: *Politik des Eros: Der Männerbund in Wissenschaft, Politik und Jugendkultur (1880-1934).* Köln/Weimar/Wien 2008.

Bruns, Jana F.: *Nazi Cinema's New Women*. Cambridge/New York/Melbourne/Madrid/Cape Town/Singapore/Sao Paulo/Delhi 2009.
Budd, Michael: The Moments of Caligari. In: Budd, Michael (Hg.): *The Cabinet of Dr. Caligari: Texts, Contexts, Histories*. New Brunswick/London 1990, S. 7–109.
Budd, Michael (Hg.): *The Cabinet of Dr. Caligari: Texts, Contexts, Histories*. New Brunswick/London 1990.
Bühler, Benjamin: *Lebende Körper. Organologische Modelle in der Biologie, Philosophischen Anthropologie und Literatur im ersten Drittel des 20. Jahrhunderts*. Würzburg 2004.
Bürger, Peter: *Theorie der Avant-Garde*. Frankfurt a. M. ¹1974.
Bullen, Roger J./Pogge von Strandmann, Hartmut/Polonsky, Antony B. (Hg.): *Ideas into Politics. Aspects of European History 1880-1950*. London/Sydney/Totowa 1984.
Bundeszentrale für politische Bildung (Hg.): *Aus Politik und Weltgeschichte* 16–17 (2014), http://www.bpb.de/apuz/182566/deutsche-soldaten-und-maennlichkeit-im-ersten-weltkrieg?p=0 (015.07.2019).
Burrow, John W.: *Die Krise der Vernunft. Europäisches Denken 1848-1914*. München 2003.
Buschmann, Nikolaus: Treue und Verrat. Zur Semantik politischer Loyalität in Deutschland von den Befreiungskriegen bis zur Weimarer Republik. In: Borutta, Manuel/Verheyen, Nina (Hg.): *Die Präsenz der Gefühle. Männlichkeit und Emotion in der Moderne*. Bielefeld 2010, S. 129–151.
Buschmann, Nikolaus/Carl, Horst (Hg.): *Die Erfahrung des Krieges. Erfahrungsgeschichtliche Perspektiven von der Französischen Revolution bis zum Zweiten Weltkrieg*. Paderborn/München/Wien/Zürich 2001.
Busemer, Herrad-U.: *Frauenemanzipation und Bildungsbürgertum: Sozialgeschichte der Frauenbewegung in der Reichsgründungszeit*. Weinheim/Basel 1985.
Butler, Erik: *Metamorphoses of the Vampire in Literature and Film. Cultural Transformations in Europe, 1732-1933*. Rochester/New York 2010.
Butsch, Richard (Hg.): *For Fun and Profit. The Transformation of Leisure into Consumption*. Philadelphia 1990.
Campt, Tina M.: *Other Germans. Black Germans and the Politics of Race, Gender, and Memory in the Third Reich*. Michigan 2004.
Canjels, Rudmer: *Distributing Silent Film Serials. Local Practices, Changing Forms, Cultural Transformation*. New York/London 2011.
Canning, Kathleen: Gender and the Politics of Class Formation: Rethinking German Labor History. In: Eley, Geoff (Hg.): *Society, Culture, and the State in Germany, 1870-1930*. Ann Arbor 1996, S. 105–141.
Canning, Kathleen: Claiming Citizenship: Suffrage and Subjectivity in Germany after the First World War. In: Dies. u.a. (Hg.): *Weimar Publics/Weimar Subjects. Rethinking the Political Culture of Germany in the 1920s*. New York/Oxford 2010a, S. 116–137.
Canning, Kathleen: Introduction: Weimar Subjects/Weimar Publics: Rethinking the Political Culture of Germany in the 1920s. In: Dies. u.a. (Hg.): *Weimar Publics/Weimar Subjects. Rethinking the Political Culture of Germany in the 1920s*. New York/Oxford 2010b, S. 1–28.
Canning, Kathleen u.a. (Hg.): *Weimar Publics/Weimar Subjects. Rethinking the Political Culture of Germany in the 1920s*. New York/Oxford 2010.
Carroll, Noël: The Cabinet of Dr. Caligari. In: *Millennium Film Journal* 1, Nr. 2 (Frühjahr-Sommer 1978), S. 77–85.
Carter, Erica: *Dietrich's Ghosts. The Sublime and the Beautiful in Third Reich Film*. London 2004.
Carter, Erica: Frauen und die Öffentlichkeit des Konsums. In: Haupt, Heinz-G./Torp, Claudius (Hg.): *Die Konsumgesellschaft in Deutschland 1890-1990. Ein Handbuch*. Frankfurt a. M./New York 2009, S. 154–171.
Cartwright, Lisa: *Screening the Body. Tracing Medicine's Visual Culture*. Minneapolis/London 1997.

Castro Varela, María do Mar/Dhawan, Nikita/Engel, Antke (Hg.): *Hegemony and Heteronormativity: Revisiting „The Political" in Queer Politics*. Farnham 2011.
Castronovo, Russ/Nelson, Dana D.: *Materializing Democracy: Toward a Revitalized Cultural Politics*. Durham 2002.
Catania, Saviour: Absent Presences in Liminal Landscapes: Murnau's *Nosferatu* and the Otherworld of Stoker's *Dracula*. In: *Literature/Film Quarterly* 32, Nr. 3 (2004), S. 229–235.
Cauter, Lieven de: The Panoramic Ecstasy: On World Exhibitions and the Desintegration of Experience. In: *Theory, Culture & Society* 10, Nr. 1 (1993), S. 1–23.
Cebulla, Florian: *Rundfunk und ländliche Gesellschaft 1924-1945*. Göttingen 2004.
Cerams, C. W.: *Eine Archäologie des Kinos*. Reinbek bei Hamburg 1964.
Chan, Jachinson: *Chinese American Masculinities. From Fu Manchu to Bruce Lee*. New York/London 2001.
Chaney, David: The Department Store as a Cultural Form. In: *Theory, Culture & Society* 1, Nr. 3 (1983), S. 22–31.
Charney, Leo/Schwartz, Vanessa R. (Hg.): *Cinema and the Invention of Modern Life*. Berkeley/Los Angeles/London 1995.
Châteauvert, Jean: Das Kino im Stimmbruch. In: *KINtop: Jahrbuch zur Erforschung des frühen Films* 5 (1996), S. 81–93.
Chiari, Bernhard u.a. (Hg.): *Krieg und Militär im Film des 20. Jahrhunderts*. München 2003.
Chickering, Roger: *Imperial Germany and the Great War, 1914-1918*. Oxford 1998.
Chickering, Roger: Total War: The Use and Abuse of a Concept. In: Boemeke, Manfred F. u.a. (Hg.): *Anticipating Total War: The German and American Experiences, 1871-1914*. Washington/Oxford 1999, S. 13–28.
Chickering, Roger/Förster, Stig: Introduction. In: Dies. (Hg.): *The Shadows of Total War. Europe, East Asia, and the United States, 1919-1939*. Washington/Oxford 2003, S. 1–19.
Chickering, Roger/Förster, Stig (Hg.): *The Shadows of Total War. Europe, East Asia, and the United States, 1919-1939*. Washington/Oxford 2003.
Chodorkoff, Bernard/Baxter, Seymour: 'Secrets of a Soul': An Early Psychoanalytic Film Venture. In: *American Imago* 31 (1974), S. 319–334.
Ciarlo, David: *Advertising Empire: Race and Visual Culture in Imperial Germany*. Cambridge, MA 2011.
CineGraph (Hg.): *CinErotikon. Materialien zum 12. Internationalen Filmhistorischen Kongress, Hamburg 4.-7. November 1999*. München 1999.
CineGraph (Hg.): *Die deutsche Filmkomödie vor 1945. Kaiserreich, Weimarer Republik und Nationalsozialismus*. München 2004.
Claus, Horst: Varieté – Operette – Film. Berührungspunkte und Konkurrenzkampf aus der Sicht des Fachblattes ‚Der Artist'. In: Uhlenbrok, Katja (Hg.): *MusikSpektakelFilm: Musiktheater und Tanzkultur im deutschen Film 1922-1937*. München 1998, S. 67–83.
Cohen, Jeffrey J. (Hg.): *Monster Theory: Reading Culture*. Minneapolis 1996.
Comolli, Jean-L.: Machines of the Visible. In: Heath, Stephen/Lauretis, Teresa de (Hg.): *The Cinematic Apparatus*. New York/London 1980, S. 121–143.
Connell, Raewyn: Masculinity and Nazism. In: Dietrich, Anette/Heise, Ljiljana (Hg.): *Männlichkeitskonstruktionen im Nationalsozialismus. Formen, Funktionen und Wirkungsmacht von Geschlechterkonstruktionen im Nationalsozialismus und ihre Reflexion in der pädagogischen Praxis*. Frankfurt a. M./Berlin/Bern/Bruxelles/New York/Oxford/Wien 2013, S. 37–42.
Conrad, Sebastian: *Globalisierung und Nation im Deutschen Kaiserreich*. München 2006.
Conrad, Sebastian u.a. (Hg.): *Essential Outsiders: Chinese and Jews in the Modern Transformation of Southeast Asia and Cultural Europe*. Seattle/London 1997.
Conrad, Sebastian/Osterhammel, Jürgen (Hg.): *Das Kaiserreich transnational. Deutschland und die Welt 1871-1914*. Göttingen 2004.
Cooke, Lynne/Wollen, Peter (Hg.): *Visual Display. Culture Beyond Appearance*. Seattle 1995.
Courtwright, David T.: *Dark Paradise. Opiate Addiction in America before 1940*. Cambridge, MA/London 1982.

Courtwright, David T.: *Forces of Habit. Drugs and the Making of the Modern World.* Cambridge, MA/London 2001.
Crary, Jonathan: Spectacle, Attention, Counter-Memory. In: *October* 50 (Herbst 1989), S. 415–425.
Crary, Jonathan: *Techniques of the Observer. On Vision and Modernity in the Nineteenth Century.* Cambridge, MA 1992.
Crary, Jonathan: *Aufmerksamkeit. Wahrnehmung und moderne Kultur.* Frankfurt a. M. 2002 (engl. 1999).
Craton, Lilian: *The Victorian Freak Show. The Significance of Disability and Physical Differences in 19th-Century Fiction.* Amherst/New York 2009.
Cross, Gary: *Time and Money. The Making of Consumer Culture.* London/New York 1993.
Crossick, Geoffrey/Badel, Laurence (Hg.): *Cathedrals of Consumption: The European Department Store 1850-1939.* Aldershot 1999.
Crouthamel, Jason: Deutsche Soldaten und ‚Männlichkeit' im Ersten Weltkrieg. In: Bundeszentrale für politische Bildung (Hg.): *Aus Politik und Weltgeschichte* 16–17 (2014), http://www.bpb.de/apuz/182566/deutsche-soldaten-und-maennlichkeit-im-ersten-weltkrieg?p=0 (15.07.2019).
Cuomo, Glen R. (Hg): *National Socialist Cultural Policy.* New York 1995.
Cuboniks, Laboria: Xenofeminismus – Eine Politik für die Entfremdung. In: Avanessian, Armen/Hester, Helen (Hg.): *dea ex machina.* Berlin 2015, S. 15–34 (engl. 2015).
Currid, Brian: ‚A song goes around the world': the German *Schlager*, as an organ of experience. In: *Popular Music* 19, Nr. 2 (2000), S. 147–180.
Currid, Brian: *A National Acoustics. Music and Mass Publicity in Weimar and Nazi Germany.* Minneapolis/London 2006.
Curtis, Scott: The Taste of a Nation: The Senses and Sensibility of Cinema Audiences in Imperial Germany. In: *Film History* 6 (1994), S. 445–469.
Dabringhaus, Sabine: The German War in China, 1900-1901. In: Boemeke, Manfred F. u.a. (Hg.): *Anticipating Total War: The German and American Experiences, 1871-1914.* Washington/Oxford 1999, S. 459–476.
Dahlke, Günther/Karl, Günther (Hg.): *Deutsche Spielfilme von den Anfängen bis 1933. Ein Filmführer.* Berlin ²1993.
Dahm, Volker: Kulturelles und geistiges Leben. In: Benz, Wolfgang (Hg.): *Die Juden in Deutschland 1933-1945: Leben unter nationalsozialistischer Herrschaft.* München 1988, S. 75–267.
Dahm, Volker: Nationale Einheit und partikulare Vielfalt. Zur Frage der kulturpolitischen Gleichschaltung im Dritten Reich. In: *Vierteljahresschrift für Zeitgeschichte* 43 (1995), S. 221–265.
Daniel, Ute: *Arbeiterfrauen in der Kriegsgesellschaft: Beruf, Familie und Politik im Ersten Weltkrieg.* Göttingen 1989.
Daniel, Ute: The Politics of Rationing versus the Politics of Subsistence: Working-Class Women in Germany, 1914-1918. In: Fletcher, Roger (Hg.): *Bernstein to Brandt: A Short History of German Social Democracy.* London 1987, S. 55–64.
Daniel, Ute: Der Krieg der Frauen 1914-1918: Zur Innenansicht des Ersten Weltkriegs in Deutschland. In: Hirschfeld, Gerhard u.a. (Hg.): *Keiner fühlt sich hier mehr als Mensch... Erlebnis und Wirkung des Ersten Weltkriegs.* Essen 1993, S. 131–149.
Daniel, Ute/Siemann, Wolfram (Hg.): *Propaganda. Meinungskampf, Verführung und politische Sinnstiftung 1789–1989.* Frankfurt a. M. 1994.
Daston, Lorraine (Hg.): *Things That Talk. Object Lessons from Art and Science.* New York 2004.
Daston, Lorraine/Galison, Peter: Das Bild der Objektivität. In: Geimer, Peter (Hg.): *Ordnungen der Sichtbarkeit. Fotografie in Wissenschaft, Kunst und Technologie.* Frankfurt a. M. 2004, S. 9–99.
Daum, Andreas: *Wissenschaftspopularisierung im 19. Jahrhundert. Bürgerliche Kultur, naturwissenschaftliche Bildung und die deutsche Öffentlichkeit 1848-1914.* München ²2002.
Davis, Belinda: Food Scarcity and the Empowerment of the Female Consumer in World War I Berlin. In: Grazia, Victoria de/Furlough, Ellen (Hg.): *The Sex of Things. Gender and Consumption in Historical Perspective.* Berkeley/Los Angeles/London 1996, S. 287–310.

Davis, Belinda: *Home Fires Burning. Food, Politics, and Everyday Life in World War I Berlin.* Chapel Hill 2000.
Deist, Wilhelm: *Flottenpolitik und Flottenpropaganda. Das Nachrichtenbureau des Reichsmarineamtes 1897-1914.* Stuttgart 1976.
Deleuze, Gilles: Was ist ein Dispositiv? In: Ewald, François u.a. (Hg.): *Spiele der Wahrheit. Michel Foucaults Denken.* Frankfurt a. M. ¹1991, S. 153–162 (frz. 1989).
Deleuze, Gilles/Guattari, Félix: *Tausend Plateaus. Kapitalismus und Schizophrenie.* Berlin ⁵2002 (frz. 1980).
Diawara, Manthia/Klotman, Phyllis: Ganja & Hess: Vampires, Sex, and Addictions. In: *Black American Literature Forum* 25, Nr. 2 (Sommer 1991), S. 299–314.
Dibbets, Karel: Die Einführung des Tons. In: Nowell-Smith, Geoffrey (Hg.): *Geschichte des internationalen Films.* Stuttgart/Weimar 2006, S. 197–203.
Dickinson, Edward R.: Reflections on Feminism and Monism in the Kaiserreich, 1900-1913. In: *Central European History* 34, Nr. 2 (2001), S. 191–230.
Dickinson, Edward R.: Biopolitics, Fascism, Democracy: Some Reflections on Our Discourse on ‚Modernity'. In: *Central European History* 37, Nr. 1 (2004), S. 1–48.
Dickinson, Edward R.: ‚A Dark Impenetrable Wall of Complete Incomprehension': The Impossibility of Heterosexual Love in Imperial Germany. In: *Central European History* 40 (2007), S. 467–497.
Didi-Huberman, Georges: *Die Erfindung der Hysterie: die photographische Klinik des Jean-Martin Charcot.* München 1997 (frz. 1982).
Diederichs, Helmut H.: *Die Anfänge deutscher Filmkritik.* Frankfurt a. M. 1986.
Diederichs, Helmut H.: The Origins of the Autorenfilm. In: Usai, Paolo C./Codelli, Lorenzo (Hg.): *Before Caligari. German Cinema, 1895-1920. Prima di Caligari. Cinema tedesco, 1895-1920.* Pordenone/Wisconsin 1990, S. 380–401.
Diehl, Paula (Hg.): *Körper im Nationalsozialismus. Bilder und Praxen.* München/Paderborn 2006.
Dietrich, Anette/Heise, Ljiljana (Hg.): *Männlichkeitskonstruktionen im Nationalsozialismus. Formen, Funktionen und Wirkungsmacht von Geschlechterkonstruktionen im Nationalsozialismus und ihre Reflexion in der pädagogischen Praxis.* Frankfurt a. M./Berlin/Bern/Bruxelles/New York/Oxford/Wien 2013.
Dietz, Burkard u.a. (Hg.): *Technische Intelligenz und „Kulturfaktor Technik". Kulturvorstellungen von Technikern und Ingenieuren zwischen Kaiserreich und früher Bundesrepublik Deutschland.* Münster/New York/München/Berlin 1996.
Diner, Dan (Hg.): *Enzyklopädie jüdischer Geschichte und Kultur. Band 3.* Stuttgart/Weimar 2012.
Dipper, Christof u.a. (Hg.): *Faschismus und Faschismen im Vergleich. Wolfgang Schmieder zum 60. Geburtstag.* Köln 1998.
Distel, Barbara: *Frauen im Holocaust.* Gerlingen 2001.
Distelmeyer, Jan (Hg.): *Babylon in FilmEuropa. Mehrsprachenversionen der 1930er Jahre.* München 2006.
Dörner, Bernward: *Die Deutschen und der Holocaust. Was niemand wissen wollte, aber jeder wissen konnte.* Berlin 2007.
Dohrmann, Olaf: ‚Kämpfer für eine Reform des § 218', ‚Limonade' oder Gretchentragödie. Cyankali im sozialhistorischen und intermedialen Kontext. In: Hagener, Malte (Hg.): *Geschlecht in Fesseln. Sexualität zwischen Aufklärung und Ausbeutung im Weimarer Kino 1918-1933.* München 2000, S. 102–118.
Domansky, Elizabeth: Militarization and Reproduction in World War I Germany. In: Eley, Geoff (Hg.): *Society, Culture, and the State in Germany, 1870-1930.* Ann Arbor 1996, S. 427–463.
Dose, Ralf: *Magnus Hirschfeld: Deutscher, Jude, Weltbürger.* Berlin/Teetz 2005.
Doty, Alexander: *Queering the Film Canon.* New York/London 2000.
Douglas, Mary: *Purity and Danger: An Analysis of the Concepts of Pollution and Taboo.* New York 2002.

Drechsler, Nanny: *Die Funktion der Musik im deutschen Rundfunk 1933-1945*. Pfaffenweiler 1988.
Dreesbach, Anne: *Gezähmte Wilde: Die Zurschaustellung „exotischer" Menschen in Deutschland 1870-1940*. Frankfurt a. M. 2005.
Dreesbach, Anne/Zedelmeier, Helmut (Hg.): *„Gleich hinterm Hofbräuhaus waschechte Amazonen". Exotik in München um 1900*. München/Hamburg 2003.
Drewniak, Boguslaw: *Der deutsche Film 1938-1945. Ein Gesamtüberblick*. Düsseldorf 1987.
Dröge, Franz/Müller, Michael: *Die Macht der Schönheit. Avantgarde und Faschismus oder Die Geburt der Massenkultur*. Hamburg 1995.
Duberman, Martin u.a. (Hg.): *Hidden From History. Reclaiming The Gay and Lesbian Past*. London/New York 1991.
Duggan, Lisa: The new heteronormativity: the sexual politics of neoliberalism. In: Castronovo, Russ/Nelson, Dana D.: *Materializing Democracy: Toward a Revitalized Cultural Politics*. Durham 2002, S. 175–194.
Durbach, Nadja: *Spectacle of Deformity. Freak Shows and Modern British Culture*. Berkeley/Los Angeles/London 2010.
During, Simon: *Modern Enchantments: The Cultural Power of Secular Magic*. Cambridge, MA 2002.
Dyer, Richard: Children of the Night: Vampirism as Homosexuality, Homosexuality as Vampirism. In: Radstone, Susannah (Hg.): *Sweet Dreams. Sexuality Gender and Popular Fiction*. London [1]1988, S. 47–72.
Dyer, Richard: Less and More than Women and Men: Lesbian and Gay Cinema in Weimar Germany. In: *New German Critique* 51 (1990)a, S. 5–60.
Dyer, Richard: *Now You See It: Historical Studies on Lesbian and Gay Film*. London 1990b.
Easton, Laird: The Rise and Fall of the ‚Third Weimar': Harry Graf Kessler and the Aesthetic State in Wilhelmian Germany, 1902-1906. In: *Central European History* 29, Nr. 4 (1996), S. 495–532.
Echternkamp, Jörg (Hg.): *Die deutsche Kriegsgesellschaft 1939-1945. Halbband 2*. München 2005.
Eder, Jens: Das populäre Kino im Krieg. NS-Film und Hollywoodkino – Massenunterhaltung und Mobilmachung. In: Segeberg, Harro (Hg.): *Mediale Mobilmachung. Mediengeschichte des Films. Band 4*. München 2004, S. 379–416.
Eisner, Lotte: „Réalisme et irréel chez Dreyer." In: *Cahiers du Cinéma* 65 (1956), S. 17–18.
Eisner, Lotte: *Die dämonische Leinwand*. Frankfurt a. M. [2]1975.
Eisner, Lotte: *Fritz Lang*. London 1976.
Eitler, Pascal: Sexualität als Ware und Wahrheit: Körpergeschichte als Konsumgeschichte. In: Haupt, Heinz-G./Torp, Claudius (Hg.): *Die Konsumgesellschaft in Deutschland 1890-1990. Ein Handbuch*. Frankfurt a. M./New York 2009, S. 370–388.
Eksteins, Modris: *Rites of Spring. The Great War and the Birth of the Modern Age*. London/New York/Toronto/Sydney/Auckland 1989.
Eley, Geoff (Hg.): *Society, Culture, and the State in Germany, 1870-1930*. Ann Arbor 1996.
Ellwanger, Karen: Frau nach Maß. Der Frauentyp der vierziger Jahre im Zeichensystem des Filmkostüms. In: NGBK (Hg.): *Inszenierung der Macht. Ästhetische Faszination im Faschismus*. Berlin 1987, S. 119–128.
Ellwanger, Karen/Eva Warth: Die Frau meiner Träume. In: *Frauen und Film* 38 (1985), S. 58–71.
Ellwood, David W./Kroes, Rob (Hg.): *Hollywood and Europe: Experience of a Cultural Hegemony*. Amsterdam 1994.
Elsaesser, Thomas: National Subjects, International Style: Navigating Early German Cinema. In: Usai, Paolo C./Codelli, Lorenzo (Hg.): *Before Caligari. German Cinema, 1895-1920. Prima di Caligari. Cinema tedesco, 1895-1920*. Pordenone/Wisconsin 1990, S. 338–355.

Elsaesser, Thomas: Filmgeschichte – Firmengeschichte – Familiengeschichte. Der Übergang vom Wilhelminischen zum Weimarer Kino. In: Bock, Hans-M./Lenssen, Claudia (Hg.): *Joe May. Regisseur und Produzent.* München 1991, 11–30.
Elsaesser, Thomas: Moderne und Modernisierung. Der deutsche Film der Dreißiger Jahre. In: *montage a/v. Zeitschrift für Theorie und Geschichte audiovisueller Kommunikation* 3, Nr. 2 (1994), S. 23–40.
Elsaesser, Thomas: Das Lied ist aus, oder wem gehört die Operette? In: Hagener, Malte/Hans, Jan (Hg.): *Als die Filme singen lernten. Innovation und Tradition im Musikfilm 1928-1938.* München 1999, S. 86–104.
Elsaesser, Thomas: *Weimar Cinema and after. Germany's Historical Imaginary.* London/New York 2000.
Elsaesser, Thomas: 'Going Live' – Köper und Stimme im Frühen Tonfilm am Beispiel von *Das Lied einer Nacht.* In: Krenn, Günter/Loacker, Armin (Hg.): *Zauber der Bohème. Marta Eggerth, Jan Kiepura und der deutschsprachige Musikfilm.* Wien 2002, S. 271–297.
Elsaesser, Thomas: The Film History as Media Archaeology. In: *Cinémas: revue d'études cinématographiques/Cinémas: Journal of Film Studies* 14, Nr. 2–3 (2004), S. 75–117.
Elsaesser, Thomas (Hg.): *A Second Life. German Cinema's First Decades.* Amsterdam 1996.
Elsaesser, Thomas/Barker, Adam (Hg.): *Space, Frame, Narrative.* London 1990.
Elsaesser, Thomas/Wedel, Michael (Hg.): *Kino der Kaiserzeit. Zwischen Tradition und Moderne.* München 2002.
Emilio, John d'/Freedman, Estelle B. (Hg.): *Intimate Matters. A History of Sexuality in America.* Chicago 1998.
Eng, David. L.: *The Feeling of Kinship: Queer Liberalism and the Racialization of Intimacy.* Durham/London 2010.
Epkenhans, Michael: Kriegswaffen – Strategien, Einsatz, Wirkung. In: Spilker, Rolf/Ulrich, Bernd (Hg.): *Der Tod als Maschinist. Der industrialisierte Krieg 1914-1918.* Bramsche 1998, S. 69–83.
Erb, Ernst: *Radio-Katalog. Band 1.* Luzern [1]1998.
Ernst, Wolfgang: Medien@Archäologie (Provokation der Mediengeschichte). In: Stanizek, Georg/Voßkamp, Wilhelm (Hg.): *Schnittstelle Medien und kulturelle Kommunikation.* Köln [1]2001, S. 250–267.
Ernst, Wolfgang: Medientheorie als Medienarchäologie, https://www.medienwissenschaft.hu-berlin.de/de/medienwissenschaft/medientheorien/downloads/skripte/medientheorie1.pdf. (03.07.2019).
Eschebach, Insa: *Nationalsozialistische Sexualpolitik und weibliche Homosexualität.* Pfaffenweiler 1991.
Eschebach, Insa (Hg.): *Homophobie und Devianz. Weibliche und männliche Homosexualität im Nationalsozialismus.* Berlin 2012.
Etlin, Richard A. (Hg.): *Art, Culture, and Media Under the Third Reich.* Chicago/London 2002.
Evans, Richard J.: *The Feminist Movement in Germany, 1894-1933.* London 1976.
Ewald, François u.a. (Hg.): *Spiele der Wahrheit. Michel Foucaults Denken.* Frankfurt a. M. [1]1991.
Faderman, Lillian/Eriksson, Brigitte: *Lesbians in Germany: 1890's-1920's.* Tallahassee [2]1990.
Fahrenberg, Jochen: Wundts Programm und Methodik der Völkerpsychologie. In: Jüttemann, Gerd (Hg.): *Die Entwicklung der Psyche in der Geschichte der Menschheit.* Lengerich 2013, S. 55–67.
Fassbind, Alfred: *Joseph Schmidt. Ein Lied geht um die Welt. Spuren einer Legende. Eine Biographie.* Zürich 1992.
Faulstich, Werner: Einführung: ‚Ein Leben auf dem Vulkan'? Weimarer Republik und die ‚goldenen' 20er Jahre. In: Ders. (Hg.): *Die Kultur der zwanziger Jahre.* München 2008, S. 7–20.
Faulstich, Werner (Hg.): *Die Kultur der zwanziger Jahre.* München 2008.
Faulstich, Werner (Hg.): *Die Kultur der 30er und 40er Jahre.* München 2009.

Faulstich, Werner/Korte, Helmut (Hg.): *Der Star. Geschichte – Rezeption – Bedeutung*. München 1997.
Feldman, Gerald D.: Right-Wing Politics and the Film Industry. Emil Georg Strauß, Alfred Hugenberg, and Ufa, 1917-1933. In: Jansen, Christian u.a. (Hg.): *Von der Aufgabe der Freiheit: politische Verantwortung und bürgerliche Gesellschaft im 19. und 20. Jahrhundert. Festschrift für Hans Mommsen zum 5. November 1995*. Berlin 1995, S. 219–230.
Felsch, Philipp: Das Laboratorium. In: Geisthövel, Alexa/Knoch, Habbo (Hg.): *Orte der Moderne. Erfahrungswelten des 19. und 20. Jahrhunderts*. Frankfurt a. M./New York 2005, S. 27–36.
Feminismus Seminar (Hg.): *Feminismus in historischer Perspektive. Eine Reaktualisierung*. Bielefeld 2014.
Fiebach, Joachim/Mühl-Benninghaus, Wolfgang (Hg.): *Spektakel der Moderne. Bausteine zu einer Kulturgeschichte der Medien und des darstellenden Verhaltens*. St. Ingbert 1995.
Fielding, Raymond: Die *Hayle's Tours*: Ultrarealismus im Film vor 1910. In: *montage a/v. Zeitschrift für Theorie und Geschichte audiovisueller Kommunikation* 17, Nr. 2 (2008), S. 17–40.
Fischer, Jens M.: Deutschsprachige Phantastik zwischen Décadence und Faschismus. In: *Phaicon: Almanach der phantastischen Literatur* 3 (1978), S. 93–130.
Flemming, Thomas: Industrialisierung und Krieg. In: Spilker, Rolf/Ulrich, Bernd (Hg.): *Der Tod als Maschinist. Der industrialisierte Krieg 1914-1918*. Bramsche 1998, S. 55–67.
Fletcher, John (Hg.): *Melodrama*. (Themenheft *Screen* 29, Nr. 3, 1988).
Fletcher, Roger (Hg.): *Bernstein to Brandt: A Short History of German Social Democracy*. London 1987.
Florey, Ernst/Breidbach, Olaf (Hg.): *Das Gehirn, Organ der Seele? Zur Ideengeschichte der Neurobiologie*. Berlin 1993.
Flückiger, Barbara: *Sound Design. Die virtuelle Klangwelt des Films*. Marburg 1999.
Föllmer, Moritz/Graf, Rüdiger (Hg.): *Die „Krise" der Weimarer Republik. Zur Kritik eines Deutungsmusters*. Frankfurt a. M./New York 2005.
Fohrmann, Jürgen u.a. (Hg.): *Autorität der/in Sprache, Literatur, Neuen Medien*. Bielefeld 1999.
Foster-Hahn, Françoise: Constructing New Histories: Nationalism and Modernity in the Display of Art. In: Dies. (Hg.): *Imagining Modern German Culture: 1889-1910*. Hanover/London 1996, S. 71–89.
Foster-Hahn, Françoise (Hg.): *Imagining Modern German Culture: 1889-1910*. Hanover/London 1996.
Foucault, Michel: *Dispositive der Macht. Michel Foucault über Sexualität, Wissen und Wahrheit*. Berlin 1978.
Foucault, Michel: *Sexualität und Wahrheit. Band 1*. Frankfurt a. M. [1]1983 (frz. 1976).
Foucault, Michel: *Die Geburt der Klinik. Eine Archäologie des ärztlichen Blicks*. Frankfurt a. M. [7]2005 (frz. 1963).
Fout, John C.: Homosexuelle in der Nazi-Zeit: Neue Forschungsansätze über Alltagsleben und Verfolgung. In: Jellonnek, Burkhard/Lautmann, Rüdiger (Hg.): *Nationalsozialistischer Terror gegen Homosexuelle. Verdrängt und ungesühnt*. Paderborn/München/Wien/Zürich 2002, S. 163–172.
Fox, Jo: *Filming Women in the Third Reich*. Oxford/New York 2000.
Frame, Lynne: Gretchen, Girl, Garçonne? Weimar Science and Popular Culture in Search of the Ideal New Woman. In: Ankum, Katharina von (Hg.): *Women in the Metropolis: Gender and Modernity in Weimar Culture*. Berkeley 1997, S. 12–40.
Franzoi, Barbara: *At the Very Least She Pays the Rent. Women and German Industrialization, 1871-1914*. Westport/London 1985.
Freeman, Elizabeth: *Time Binds: Queer Temporalities, Queer Histories*. Durham 2010.
Frei, Helmut: *Tempel der Kauflust: eine Geschichte der Warenhauskultur*. Leipzig 1997.
Frei, Norbert: *Der Führerstaat. Nationalsozialistische Herrschaft 1933 bis 1945*. München 1987.

Frei, Norbert: Zwischen Terror und Integration. Zur Funktion der politischen Polizei im Nationalsozialismus. In: Dipper, Christof u.a. (Hg.): *Faschismus und Faschismen im Vergleich. Wolfgang Schmieder zum 60. Geburtstag.* Köln 1998, S. 217–228.
Frevert, Ute: *Die kasernierte Nation. Militärdienst und Zivilgesellschaft in Deutschland.* München 2001.
Frevert, Ute: Das Militär als Schule der Männlichkeiten. In: Brunotte, Ulrike/Herrn, Rainer (Hg.): *Männlichkeiten in der Moderne. Geschlecht in den Wissenskulturen um 1900.* Bielefeld 2008, S. 57–75.
Frevert, Ute (Hg.): *Bürgerinnen und Bürger: Geschlechterverhältnisse im 19. Jahrhundert.* Göttingen 1988.
Frevert, Ute (Hg.): *Militär und Gesellschaft im 19. und 20. Jahrhundert.* Stuttgart 1997.
Friedberg, Anne: Gemeinsame Tagträume: Eine psychoanalytische Film-Affäre – Pabst, Sachs und das Filmjournal *Close up*. In: Schlemmer, Gottfried u.a. (Hg.): *G. W. Pabst.* Münster 1990a, S. 36–62.
Friedberg, Anne: An *Unheimlich* Maneuver between Psychoanalysis and the Cinema: Secrets of a Soul (1926). In: Rentschler, Eric (Hg.): *The Films of G. W. Pabst: An Extraterrestrial Cinema.* New Brunswick 1990b, S. 41–51.
Friedberg, Anne: *Window Shopping. Cinema and the Postmodern.* Berkeley/Los Angeles/London 1993.
Friedlander, Judith u.a. (Hg.): *Women in Culture and Politics: A Century of Change.* Bloomington 1986.
Friedman, Régine-M.: Jüdische Charaktere/Nazi-Schauspieler: Zwischen Mimikry und Mimesis. In: Diehl, Paula (Hg.): *Körper im Nationalsozialismus. Bilder und Praxen.* München/Paderborn 2006, S. 91–106.
Frietsch, Elke: Bilder des Weiblichen als Zeichen für den ‚Aufstieg und Verfall' von Kultur. Antimisogynie im Nationalsozialismus. In: Geier, Andrea/Kocher, Ursula (Hg.): *Wider die Frau. Zu Geschichte und Funktion misogyner Rede.* Köln/Weimar/Wien 2008, S. 149–181.
Frietsch, Elke: Mediale Inszenierungen von ‚Volk und Führer': Akustik – Bild – Skulptur. In: Dies./Herkommer, Christina (Hg.): *Nationalsozialismus und Geschlecht. Zur Politisierung und Ästhetisierung von Körper, „Rasse" und Sexualität im „Dritten Reich" und nach 1945.* Bielefeld 2009, S. 199–221.
Frietsch, Elke/Herkommer, Christina (Hg.): *Nationalsozialismus und Geschlecht. Zur Politisierung und Ästhetisierung von Körper, „Rasse" und Sexualität im „Dritten Reich" und nach 1945.* Bielefeld 2009.
Fritzsche, Peter: Did Weimar Fail? In: *Journal of Modern History* 68, Nr. 3 (September 1996), S. 629–656.
Fuechtner, Veronika: *Alfred Döblin and the Berlin Psychoanalytic Institute.* Chicago 2002.
Führer, Christian: A Medium of Modernity? Broadcasting in Weimar Germany, 1923-1932. In: *The Journal of Modern History* 69, Nr. 4 (Dezember 1997), S. 722–752.
Fulbrook, Mary (Hg.): *German History since 1800.* London/New York 1997.
Fuller, William C. Jr.: Die Ostfront. In: Winter, Jay u.a. (Hg.): *Der Erste Weltkrieg und das 20. Jahrhundert.* Hamburg 2002, S. 34–70 (engl. 2000).
Funck, Marcus: Bereit zum Krieg? Entwurf und Praxis militärischer Männlichkeit im preußisch-deutschen Offizierskorps vor dem Ersten Weltkrieg. In: Hagemann, Karen/Schüler-Springorum, Stefanie (Hg.): *Heimat – Front. Militär und Geschlechterverhältnisse im Zeitalter der Kriege.* Frankfurt a. M./New York 2002, S. 69–90.
Furlough, Ellen: *Being Elsewhere. Tourism, Consumer Culture, and Identity in Modern Europe and North America.* Ann Arbor/London 2001.
Furlough, Ellen/Strikwerda, Carl (Hg.): *Consumers Against Capitalism? Consumer Cooperation in Europe, North America, Japan, 1840-1900.* Lanham/Oxford 1999.
Gallwitz, Tim: In der Falle von Triebtheorie und repressiver Moral. *Geschlecht in Fesseln.* In: Hagener, Malte (Hg.): *Geschlecht in Fesseln. Sexualität zwischen Aufklärung und Ausbeutung im Weimarer Kino 1918-1933.* München 2000, S. 154–165.

Ganeva, Milena: *Women in Weimar Fashion: Discourses and Displays in German Culture, 1918-1933*. Rochester 2008.
Garden, Ian: *The Third Reich's Celluloid War. Propaganda in Nazi Feature Films, Documentaries and Television*. The Mill/Stroud 2012.
Garland Thomson, Rosemarie: *Staring: How we Look*. Oxford 2009.
Garland Thomson, Rosemarie (Hg.): *Freakery. Cultural Spectacle of the Extraordinary Body*. New York/London 1996.
Garncarz, Joseph: Hollywood in Germany. Die Rolle des amerikanischen Films in Deutschland: 1925-1990. In: Jung, Uli (Hg.): *Der deutsche Film. Aspekte einer Geschichte von den Anfängen bis zur Gegenwart*. Trier 1993, S. 167–214.
Garncarz, Joseph: *Maßlose Unterhaltung. Zur Etablierung des Films in Deutschland 1896-1914*. Frankfurt a. M./Basel 2010a.
Garncarz, Joseph: The Star System in Weimar Cinema. In: Rogowski, Christian (Hg.): *The Many Faces of Weimar Cinema. Rediscovering Germany's Filmic Legacy*. Rochester 2010b, S. 116–133.
Gassert, Philipp: *Amerika im Dritten Reich: Ideologie, Propaganda und Volksmeinung, 1933-1945*. Stuttgart 1997.
Gaudreault, André u.a. (Hg.): *A Companion to Early Cinema*. Malden/Oxford/Chichester 2012.
Geary, Christraud M./Webb, Virginia-L.: *Delivering Views: Distant Cultures in Early Postcards*. Washington 1998.
Gehmacher, Johanna/Hauch, Gabriella (Hg.): *Frauen- und Geschlechtergeschichte des Nationalsozialismus. Fragestellungen, Perspektiven, neue Forschungen*. Innsbruck/Wien/Bozen 2007.
Geier, Andrea/Kocher, Ursula (Hg.): *Wider die Frau. Zu Geschichte und Funktion misogyner Rede*. Köln/Weimar/Wien 2008.
Geimer, Peter (Hg.): *Ordnungen der Sichtbarkeit. Fotografie in Wissenschaft, Kunst und Technologie*. Frankfurt a. M. 2004.
Geisthövel, Alexa: Das Tanzlokal. In: Dies./Knoch, Habbo (Hg.): *Orte der Moderne. Erfahrungswelten des 19. und 20. Jahrhunderts*. Frankfurt a. M./New York 2005, S. 141–150.
Geisthövel, Alexa/Knoch, Habbo (Hg.): *Orte der Moderne. Erfahrungswelten des 19. und 20. Jahrhunderts*. Frankfurt a. M./New York 2005.
Gelder, Ken: *Reading the Vampire*. London 1994.
Gellately, Robert: *The Gestapo and German Society. Enforcing Racial Policy, 1933-1945*. Oxford 1990.
Gellately, Robert: *Backing Hitler: Consent and Coercion in Nazi Germany*. Oxford/New York 2001.
Gellately, Robert/Stolzfus, Nathan (Hg.): *Social Outsiders in Nazi Germany*. Princeton/Oxford 2001.
Gernsheim, Helmut/Gernsheim, Alison: *L. J. M. Daguerre. The History of the Diorama and the Daguerreotype*. London 1956.
Giles, Geoffrey J.: Männerbund und Homo-Panik: Die Angst der Nazis vor der Rolle der Erotik. In: Jellonnek, Burkhard/Lautmann, Rüdiger (Hg.): *Nationalsozialistischer Terror gegen Homosexuelle. Verdrängt und ungesühnt*. Paderborn/München/Wien/Zürich 2002, S. 105–118.
Giles, Geoffrey J.: The Denial of Homosexuality: Same-Sex Incidents in Himmler's SS and Police. In: Herzog, Dagmar (Hg.): *Sexuality and Fascism*. New York/Oxford 2005a, S. 256–290.
Giles, Geoffrey J.: Legislating Homophobia in the Third Reich: The Radicalization of Persecution Against Homosexuality by the Legal Profession. In: *German History* 23, Nr. 3 (2005)b, S. 339–354.
Gillerman, Sharon: Producing Jews: Maternity, Eugenics, and the Embodiment of the Jewish Subject. In: Canning, Kathleen u.a. (Hg.): *Weimar Publics/Weimar Subjects. Rethinking the Political Culture of Germany in the 1920s*. New York/Oxford 2010, S. 153–174.
Gilman, Richard: *Decadence. The Strange Life of an Epithet*. New York ^{2}1979.
Gilman, Sander: *The Jew's Body*. New York/London 1991.

Gilman, Sander: *The Case of Sigmund Freud: Medicine and Identity at the Fin de Siècle*. Baltimore 1993a.
Gilman, Sander: *Freud, Race, and Gender*. Princeton, NJ 1993b.
Gledhill, Christine: *Home Is Where the Heart Is: Studies in Melodrama and the Women's Film*. London 1987.
Goble, Mark: *Beautiful Circuits: Modernism and Mediated Life*. New York/London 2010.
Goetsch, Paul/Scheunemann, Dietrich (Hg.): *Text und Ton im Film*. Tübingen 1997.
Gollwitzer, Heinz: *Die gelbe Gefahr: Geschichte eines Schlagworts. Studien zum imperialistischen Denken*. Göttingen 1962.
Gomery, Douglas: Tri-Ergon, Tobis-Klangfilm, and the Coming of Sound. In: *Cinema Journal* 16, Nr. 1 (Herbst 1976), S. 51–61.
Gomery, Douglas: Economic Struggle and Hollywood Imperialism: Europe Converts to Sound. In: *Yale French Studies*, Nr. 60 (1980), S. 80–93.
Goodman, Jordan u.a. (Hg.): *Useful Bodies: Humans in the Service of Medical Science in Twentieth Century*. Baltimore 2003.
Gorbman, Claudia: Narrative Film Music. In: *Yale French Studies* 60 (1980), S. 183–203.
Gordon, Mel: *Voluptuous Panic. The Erotic World of Weimar Berlin*. Port Townsend ²2006.
Grau, Günter: Persecution, ‚Re-education' or ‚Eradication' of Male Homosexuals between 1933 and 1945. Consequences of the Eugenic Concept of Assured Reproduction. In: Ders. (Hg.): *Hidden Holocaust? Gay and Lesbian Persecution in Germany 1933-45*. London 1995, S. 1–7.
Grau, Günter (Hg.): *Hidden Holocaust? Gay and Lesbian Persecution in Germany 1933-45*. London 1995.
Grau, Günter (Hg.): *Homosexualität in der NS-Zeit. Dokumente einer Diskriminierung und Verfolgung*. Frankfurt a. M. ²2004.
Grazia, Victoria de/Furlough, Ellen (Hg.): *The Sex of Things. Gender and Consumption in Historical Perspective*. Berkeley/Los Angeles/London 1996.
Greiner, Ulrich: *Die Komödie. Eine theatralische Sendung: Grundlagen und Interpretationen*. Tübingen 1992.
Greve, Reinhard: Die SS als Männerbund. In: Völger, Gisela/Welck, Karin von (Hg.): *Männerbünde – Männerbande. Zur Rolle des Mannes im Kulturvergleich*. Köln 1990, S. 107–112.
Greven-Aschoff, Barbara: *Die bürgerliche Frauenbewegung in Deutschland, 1894-1933*. Göttingen 1981.
Grewe, Cordula (Hg.): *Die Schau des Fremden. Ausstellungskonzepte zwischen Kunst, Kommerz und Wissenschaft*. Stuttgart 2006.
Griffith, Alison: *Wonderous Difference. Cinema, Anthropology, and Turn-of-the-Century Visual Culture*. New York 2002.
Griffith, Alison: Spectacle and Immersion in the Nineteenth-Century Panorama. In: Dies.: *Shiver Down Your Spine. Cinema, Museums, and the Immersive View*. New York/Chichester 2008, S. 37–78.
Grob, Norbert: Phantasma Stadt/Phantasma Straße. Zur großstädtischen Aura in Filmen der zwanziger und frühen dreißiger Jahre. In: Koebner, Thomas u.a. (Hg.): *Diesseits der ‚Dämonischen Leinwand'. Neue Perspektiven auf das späte Weimarer Kino*. München 2003, S. 57–83.
Grob, Norbert/Prümm, Karl (Hg.): *Die Macht der Filmkritik. Positionen und Kontroversen*. München 1990.
Grodal, Torben K. u.a. (Hg.): *Visual Authorship: Creativity and Intentionality in Media*. Kopenhagen 2005.
Groß, Gerhard P. (Hg.): *Die vergessene Front. Der Osten 1914/15. Ereignis, Wirkung, Nachwirkung. Zeitalter der Weltkriege. Band 1*. Paderborn ²2009.
Grosse, Pascal: *Kolonialismus, Eugenik und bürgerliche Gesellschaft in Deutschland 1850-1918*. Frankfurt a. M./New York 2000.

Grossmann, Atina: The New Woman and the Rationalization of Sexuality in Weimar Germany. In: Snitow, Ann u.a. (Hg.): *Powers of Desire. The Politics of Sexuality.* New York 1983, S. 153–171.

Grossmann, Atina: Girlkultur or Thouroughly Rationalized Female: A New Woman in Weimar Germany? In: Friedlander, Judith u.a. (Hg.): *Women in Culture and Politics: A Century of Change.* Bloomington 1986, S. 62–80.

Grosz, Elizabeth: Intolerable Ambiguity: Freaks as/at Limit. In: Garland Thomson, Rosemarie (Hg.): *Freakery. Cultural Spectacle of the Extraordinary Body.* New York/London 1996, S. 55–66.

Günther, Ernst: *Geschichte des Varietés.* Berlin 1981.

Guenther, Irene: *Nazi Chic? Fashioning Women in the Third Reich.* Oxford 2004.

Gunkel, Henriette/Hameed, Aysha/O'Sullivan, Simon (Hg.): *Futures and Fictions.* London 2017.

Gunning, Tom: The Cinema of Attraction[s]: Early Film, its Spectators and the Avant-Garde. In: *Wide Angle 8*, Nr. 3–4 (1986), S. 63–70.

Gunning, Tom: The Aesthetic of Astonishment: Early Film and the (In)Credulous Spectator. In: *Art & Text* 34 (1989), S. 31–45.

Gunning, Tom: Attractions, Detection, Disguise. Zigomar, Jasset, and the History of Film Genres. In: *Griffithiana* 47 (1993), S. 111–135.

Gunning, Tom: The Whole Town's Gawking: Early Cinema and the Visual Experience of Modernity. In: *The Yale Journal of Criticism* 7, Nr. 2 (Januar 1994), S. 189–201.

Gunning, Tom: Tracing the Individual Body: Photography, Detectives, and Early Cinema. In: Charney, Leo/Schwartz, Vanessa R. (Hg.): *Cinema and the Invention of Modern Life.* Berkeley/Los Angeles/London 1995, S. 15–45.

Gunning, Tom: Doing For the Eye What the Phonograph Does For the Ear. In: Abel, Richard/Altman, Rick (Hg.): *The Sounds of Early Cinema.* Bloomington 2001, S. 13–31.

Gunning, Tom: The Attraction of Motion: Modern Representation and the Image of Movement. In: Ligensa, Annemone/Kreimeier, Klaus (Hg.): *Film 1900: Technology, Perception, Culture.* New Barnet/Bloomington/Chatswood 2009, S. 165–173.

Gunning, Tom: 'We are Here and Not Here'. Late Nineteenth-Century Stage Magic and the Roots of Cinema in the Appearance (and Disappearance) of the Virtual Image. In: Gaudreault, André u.a. (Hg.): *A Companion to Early Cinema.* Malden/Oxford/Chichester 2012, S. 52–63.

Hämmerle, Christa: Von den Geschlechtern der Kriege und des Militärs. Forschungseinblicke und Bemerkungen zu einer neuen Debatte. In: Kühne, Thomas/Ziemann, Benjamin (Hg.): *Was ist Militärgeschichte?* Paderborn 2000, S. 229–262.

Hämmerle, Christa u.a. (Hg.): *Gender and the First World War.* New York 2014.

Haenni, Sabine: *The Immigrant Scene. Ethnic Amusements in New York 1880-1920.* Minneapolis/London 2007.

Hänsel, Sylvaine/Schmitt, Angelika (Hg.): *Kinoarchitektur in Berlin 1895 – 1995.* Berlin 1995.

Hagedorn, Roger: Technology and Economic Exploitation: The Serial as a Form of Narrative Presentation. In: *Wide Angle* 4, (1988), S. 4–12.

Hagemann, Karen: Krieg, Militär und Mainstream. Geschlechtergeschichte und Militärgeschichte. In: Dies./Quartaert, Jean H. (Hg.): *Geschichte und Geschlecht. Revisionen der neueren deutschen Geschichte.* Frankfurt a. M./New York 2008, S. 92–129.

Hagemann, Karen/Pröve, Ralf (Hg.): *Landsknechte, Soldatenfrauen und Nationalkrieger. Militär, Krieg und Geschlechterordnung im historischen Wandel.* Frankfurt a. M./New York 1998.

Hagemann, Karen/Schüler-Springorum, Stefanie (Hg.): *Heimat – Front. Militär und Geschlechterverhältnisse im Zeitalter der Kriege.* Frankfurt a. M./New York 2002.

Hagemann, Karen/Quartaert, Jean H. (Hg.): *Geschichte und Geschlecht. Revisionen der neueren deutschen Geschichte.* Frankfurt a. M./New York 2008.

Hagener, Malte (Hg.): *Geschlecht in Fesseln. Sexualität zwischen Aufklärung und Ausbeutung im Weimarer Kino 1918-1933.* München 2000.

Hagener, Malte/Hans, Jan: Musikfilm und Modernisierung. In: Hagener, Malte/Hans, Jan (Hg.): *Als die Filme singen lernten. Innovation und Tradition im Musikfilm 1928-1938*. München 1999, S. 7–21.
Hagener, Malte/Hans, Jan (Hg.): *Als die Filme singen lernten. Innovation und Tradition im Musikfilm 1928-1938*. München 1999.
Hagener, Malte/Hans, Jan: Von Wilhelm zu Weimar. Der Aufklärungs- und Sittenfilm zwischen Zensur und Markt. In: Hagener, Malte (Hg.): *Geschlecht in Fesseln. Sexualität zwischen Aufklärung und Ausbeutung im Weimarer Kino 1918-1933*. München 2000, S. 7–22.
Hagener, Malte/Hans, Jan: Der Sängerstar im Zeitalter seiner technischen Diversifizierbarkeit. In: Krenn, Günter/Loacker, Armin (Hg.): *Zauber der Bohème. Marta Eggerth, Jan Kiepura und der deutschsprachige Musikfilm*. Wien 2002, S. 299–333.
Hagner, Michael: *Homo Cerebralis. Der Wandel vom Seelenorgan zum Gehirn*. Frankfurt a. M. 2000.
Hagner, Michael/Wahrig-Schmidt, Bettina (Hg.): *Johannes Müller und die Philosophie*. Berlin 1992.
Hahn, Torsten u.a. (Hg.): *Grenzgänge zwischen Wahn und Wissen. Zur Koevolution von Experiment und Paranoia 1850-1910*. Frankfurt a. M./New York 2002.
Hake, Sabine: Girls and Crisis – The Other Side of Diversion. In: *New German Critique* 40 (Winter 1987), S. 147–164.
Hake, Sabine: *The Cinema's Third Machine. Writing on Film in Germany 1907-1933*. Lincoln/London 1993.
Hake, Sabine: Heinz Rühmann und die Inszenierung des ‚kleinen Mannes'. In: *montage a/v. Zeitschrift für Theorie und Geschichte audiovisueller Kommunikation* 7, Nr. 1 (1998), S. 33–56.
Hake, Sabine: *Popular Cinema of the Third Reich*. Austin 2001.
Hake, Sabine: *Film in Deutschland. Geschichte und Geschichten seit 1895*. Hamburg 2004.
Hake, Sabine: *Topographies of Class. Modern Architecture and Society in Weimar Berlin*. Ann Arbor 2008.
Halberstam, Jack [formerly Judith]: *In a Queer Time and Place. Transgender Bodies, Subcultural Lives*. New York/London 2005.
Halberstam, Judith: *Skin Shows: Gothic Horror and the Technology of the Monsters*. Durham 1995.
Haller, Andrea: Das Kinoprogramm. Zur Genese und frühen Praxis einer Aufführungsform. In: Klippel, Heike (Hg.): *„The Art of Programming". Film, Programm und Kontext*. Münster 2008, S. 18–51.
Halperin, David M.: *One Hundred Years of Homosexuality. And Other Essays on Greek Love*. New York/London 1990.
Hamann, Brigitte: *Der Erste Weltkrieg. Wahrheit und Lüge in Bildern und Texten*. München 2004.
Hancock, Eleanor: 'Only the Real, the True, the Masculine Held it's Values': Ernst Röhm, Masculinity, and Male Homosexuality. In: *Journal of the History of Sexuality* 8, Nr. 4 (April 1998), S. 616–641.
Hansen, Miriam: Early Silent Cinema: Whose Public Sphere? In: *New German Critique*, Nr. 29 (Frühjahr-Sommer 1983), S. 147–184.
Haps, Silke: Vom Faux Terrain zum Alpenpanorama. Vergnügungsarchitektur an der Wende zum 20. Jahrhundert. In: *archimaera. architektur.kultur.kontext* 3 (Mai 2010), S. 97–107.
Harney, Stefano/Moten, Fred (Hg.): *The Undercommons: Fugitive Planning & Black Study*. New York 2013.
Harrington, Anne: *Die Suche nach der Ganzheit. Die Geschichte biologisch-psychologischer Ganzheitslehren: Vom Kaiserreich bis zur New-Age-Bewegung*. Reinbek bei Hamburg 2002.
Hartwig, Wolfgang: *Nationalismus und Bürgerkultur in Deutschland 1500-1914*. Göttingen 1994.
Harvey, Elizabeth R.: Culture and Society in Weimar Germany: The Impact of Modernism and Mass Culture. In: Fulbrook, Mary (Hg.): *German History since 1800*. London/New York 1997, S. 279–297.
Harvey, Elizabeth R.: *Women and the Nazi East: Agents and Witnesses of Germanization*. New Haven 2003.

Harvey, Elizabeth R.: Seeing the World: Photography, Photojournalism and Visual Pleasure in the Third Reich. In: Swett, Pamela u.a. (Hg.): *Pleasure and Power in Nazi Germany*. Basingstoke/Houndsmill 2011, S. 177–204.
Harwey, David: *The Condition of Postmodernity. An Enquiry into the Origins of Cultural Change*. Cambridge/Oxford ¹1990.
Hashemi Yekani, Elahe: Großwildjäger. In: Netzwerk Körper: *What Can a Body Do? Praktiken und Figurationen des Körpers in den Kulturwissenschaften*. Frankfurt a. M./New York 2012, S. 83–88.
Hassler, Uta u.a.: *Konstruierte Bergerlebnisse. Wasserfälle, Alpenszenarien, illuminierte Natur*. München 2016.
Hauch, Gabriella: Zwangsarbeiterinnen und ihre Kinder: Zum Geschlecht der Zwangsarbeit. In: Dies. u.a. (Hg.): *Zwangsarbeit – Sklavenarbeit: Politik-, sozial- und wirtschaftshistorische Studien*. Köln/Weimar/Wien 2001, S. 355–448.
Hauch, Gabriella u.a. (Hg.): *Zwangsarbeit – Sklavenarbeit: Politik-, sozial- und wirtschaftshistorische Studien*. Köln/Weimar/Wien 2001.
Haug, Wolfgang F.: Ästhetik der Normalität/Vor-stellung und Vorbild. In: NGBK (Hg.): *Inszenierung der Macht. Ästhetische Faszination im Faschismus*. Berlin 1987, S. 79–102.
Haupt, Heinz-G./Torp, Claudius (Hg.): *Die Konsumgesellschaft in Deutschland 1890-1990. Ein Handbuch*. Frankfurt a. M./New York 2009.
Hausen, Karin: Große Wäsche: Technischer Fortschritt und sozialer Wandel in Deutschland. In: *Geschichte und Gesellschaft* 13, Nr. 3 (1987), S. 273–303.
Hausen, Karin (Hg.): *Frauen suchen ihre Geschichte: Historische Studien zum 19. und 20. Jahrhundert*. München 1983.
Hausen, Karin (Hg.): *Geschlechterhierarchie und Arbeitsteilung. Zur Geschichte ungleicher Erwerbschancen von Männern und Frauen*. Göttingen 1993.
Haxthausen, Charles W./Suhr, Heidrun (Hg.): *Berlin. Culture and Metropolis*. Minneapolis/Oxford 1990.
Hayes, Christian: Phantom carriages: Reconstructing Hayle's Tours and the virtual travel experience. In: *Early Popular Visual Culture* 7, Nr. 2 (Juli 2009), S. 185–198.
Hays, Michael/Nikolopoulou, Anastasia (Hg.): *Melodrama. The Cultural Emergence of a Genre*. Basingstoke/London 1996.
Headrick, Daniel R.: *The Tools of Empire: Technology and European Imperialism in the Nineteenth Century*. New York 1981.
Headrick, Daniel R.: *When Information Came of Age: Technologies of Knowledge in the Age of Reason and Revolution*. Oxford 2000.
Heath, Stephen: Cinema and Psychoanalysis: Parallel Histories. In: Bergstrom, Janet (Hg.): *Endless Night. Cinema and Psychoanalysis, Parallel Histories*. Berkeley/Los Angeles/London 1999, S. 25–56.
Heath, Stephen/Lauretis, Teresa de (Hg.): *The Cinematic Apparatus*. New York/London 1980.
Heidelberger, Michael: Fechner und Mach zum Leib-Seele-Problem. In: Arndt, Andreas/Jaeschke, Walter (Hg.): *Materialismus und Spiritualismus. Philosophie und Wissenschaften nach 1848*. Hamburg 2000, S. 53–67.
Heilbut, Anthony: *Exiled in Paradise: German Refugee Artists and Intellectuals in America from the 1930s to the Present*. Boston 1983.
Heinemann, Elizabeth D.: Sexuality and Nazism: The Doubly Unspeakable? In: Herzog, Dagmar (Hg.): *Sexuality and Fascism*. New York/Oxford 2005, S. 22–66.
Heins, Laura: *Nazi Film Melodrama*. Urbana/Chicago/Springfield 2013.
Heinsohn, Kirsten u.a. (Hg.): *Zwischen Karriere und Verfolgung. Handlungsräume von Frauen im nationalsozialistischen Deutschland*. Frankfurt a. M./New York 1997.
Heintz, Bettina: *Die Herrschaft der Regel. Zur Grundlagengeschichte des Computers*. Frankfurt a. M./New York 1993.
Heintz, Bettina u.a. (Hg.): *Mit dem Auge denken: Strategien der Sichtbarmachung in wissenschaftlichen und virtuellen Welten*. Zürich/Wien/New York 2001.

Heister, Hanns-W./Klein, Hans-G. (Hg.): *Musik und Musikpolitik im faschistischen Deutschland*. Frankfurt a. M. 1984.

Helduser, Urte: Der ‚Einbruch von Realität': Behinderung im postdramatischen Theater Jelineks und Marthalers. In: Birkner, Nina u.a. (Hg.): *Spielräume des Anderen. Geschlecht und Alterität im postdramatischen Theater*. Bielefeld 2014, S. 177–193.

Heller, Heinz-B.: *Literarische Intelligenz und Film. Zu Veränderungen der ästhetischen Theorie und Praxis unter dem Eindruck des Films 1910-1930 in Deutschland*. Tübingen 1984.

Helmer, John: *Drugs and Minority Oppression*. New York 1975.

Hentschel, Linda: *Pornotopische Techniken des Betrachtens: Raumwahrnehmung und Geschlechterordnung in visuellen Apparaten der Moderne*. Marburg 2001.

Herf, Jeffrey: *Reactionary Modernism. Technology, Culture, and Politics in the Third Reich*. Cambridge/New York/Melbourne 1984.

Hermann, Ulrich/Nassen, Ulrich (Hg.): *Formative Ästhetik im Nationalsozialismus. Intentionen, Medien und Praxisformen totalitärer ästhetischer Herrschaft und Beherrschung*. Weinheim/Basel 1993.

Herminghouse, Patricia/Müller, Magda (Hg.): *Gender and Germanness. Cultural Productions of Nation*. Providence/Oxford 1997.

Herrn, Rainer: Magnus Hirschfelds Geschlechterkosmos: Die Zwischenstufentheorie im Kontext hegemonialer Männlichkeit. In: Brunotte, Ulrike/Herrn, Rainer (Hg.): *Männlichkeiten in der Moderne. Geschlecht in den Wissenskulturen um 1900*. Bielefeld 2008, S. 173–196.

Herzer, Manfred: Hinweise auf das schwule Berlin in der Nazizeit. In: Berlin Museum (Hg.): *Eldorado. Homosexuelle Frauen und Männer in Berlin 1850-1950. Geschichte, Alltag und Kultur*. Berlin 1984, S. 44–47.

Herzer, Manfred: *Magnus Hirschfeld: Leben und Werk eines jüdischen, schwulen und sozialistischen Sexologen*. Hamburg ²2001.

Herzog, Dagmar: *Die Politisierung der Lust. Sexualität in der deutschen Geschichte des zwanzigsten Jahrhunderts*. München ¹2005a.

Herzog, Dagmar: Introduction: War and Sexuality in Europe's Twentieth Century. In: Dies. (Hg.): *Sexuality and Fascism*. New York/Oxford 2005b, S. 1–15.

Herzog, Dagmar (Hg.): *Sexuality and Fascism*. New York/Oxford 2005.

Herzog, Dagmar (Hg.): *Brutality and Desire: War and Sexuality in Europe's Twentieth Century*. New York 2009.

Hess, Volker: Der Selbstversuch im Labor: Animalische Elektrizität als Experimentierfeld einer bürgerlichen Geschlechterordnung. In: Bock von Wülfingen, Bettina/Frietsch, Elke (Hg.): *Epistemologie und Differenz. Zur Reproduktion des Wissens in den Wissenschaften*. Bielefeld 2010, S. 133–151.

Hesse, Sebastian: Ernst Reicher alias Stuart Webbs: King of the German Film Detectives. In: Elsaesser, Thomas (Hg.): *A Second Life. German Cinema's First Decades*. Amsterdam 1996, S. 142–150.

Heßler, Martina: „Mrs. Modern Woman": Zur Sozial- und Kulturgeschichte der Haushaltstechnisierung. Frankfurt a. M./New York 2011.

Hettling, Manfred/Hoffmann, Stefan-L. (Hg.): *Der bürgerliche Wertehimmel. Innenansichten des 19. Jahrhunderts*. Göttingen 2000.

Heuwinkel, Christiane: ‚Auch im Kino wohnen Götter!' Zu den Anfängen der Filmkritik am Beispiel der *Münchener Neuesten Nachrichten*, 1907-1914. In: Schaudig, Michael (Hg.): *Positionen deutscher Filmgeschichte. 100 Jahre Kinematographie: Strukturen, Diskurse, Kontexte*. München 1996, S. 37–60.

Hewitt, Andrew: Die Philosophie des Maskulinismus. In: *Zeitschrift für Germanistik* 9 (1990), S. 35–56.

Hewitt, Andrew: *Fascist Modernism. Aesthetics, Politics, and the Avant-Garde*. Stanford, CA 1993.

Hewitt, Andrew: *Political Inversions. Homosexuality, Fascism, & the Modernist Imaginary*. Standford 1996.

Hickethier, Knut: Vom Theaterstar zum Filmstar. Merkmale des Starwesens um die Wende vom 19. zum 20. Jahrhundert. In: Faulstich, Werner/Korte, Helmut (Hg.): *Der Star. Geschichte – Rezeption – Bedeutung*. München 1997, S. 29–47.

Hickethier, Knut: Theatervirtuosinnen und Leinwandmimen. Zum Entstehen des Stars im deutschen Film. In: Müller, Corinna/Segeberg, Harro (Hg.): *Die Modellierung des Kinofilms. Die Geschichte des Kinoprogramms zwischen Kurzfilm und Langfilm (1905/06-1918)*. München 1998, S. 333–358.

Hickethier, Knut: Die Erfindung des Rundfunks in Deutschland. In: Faulstich, Werner (Hg.): *Die Kultur der zwanziger Jahre*. München 2008, S. 217–237.

Hickethier, Knut: Hitler und das Radio: Der Rundfunk in der NS-Zeit. In: Faulstich, Werner (Hg.): *Die Kultur der 30er und 40er Jahre*. München 2009, S. 191–208.

Hickman, Timothy A.: *The Secret Leprosy of Modern Days. Narcotic Addiction and Cultural Crisis in the United States, 1870-1920*. Amherst 2007.

Hillach, Ansgar: ‚Ästhetisierung des politischen Lebens'. Benjamins faschismustheoretischer Ansatz – eine Rekonstruktion. In: Lindner, Burkhart (Hg.): *‚Links hatte noch alles sich zu enträtseln.' Walter Benjamin im Kontext*. Frankfurt a. M. ¹1978, S. 127–167.

Hirschfeld, Gerhard (Hg.): *Keiner fühlt sich hier mehr als Mensch... Erlebnis und Wirkung des Ersten Weltkriegs*. Essen 1993.

Hirschfeld, Gerhard u.a. (Hg.): *Enzyklopädie Erster Weltkrieg*. Paderborn/München/Wien/Zürich ²2003.

Hoelger, Angelika: Die Reglementierung öffentlicher Lustbarkeiten in Berlin um 1900. In: Becker, Tobias u.a. (Hg.): *Die tausend Freuden der Metropole. Vergnügungskultur um 1900*. Bielefeld 2011, S. 23–42.

Hörl, Erich/Burton, James (Hg.): *General Ecology. The New Ecological Paradigm*. London/Oxford/New York/New Delhi/Sydney 2017.

Hoff, Peter: German Television (1933-1944) as Subject and Medium of National Socialist Propaganda. In: *Historical Journal of Film, Radio & Television* 10, Nr. 2 (Juni 1990), S. 227–240.

Hoffmann, Christoph: The Design of Disturbance: Physics Institutes and Physics Research in Germany, 1870-1910. In: *Perspectives on Science* 9 (2001)a, S. 173–195.

Hoffmann, Christoph: φ-Phänomen Film. Der Kinematograph als Ereignis experimenteller Psychologie um 1900. In: Andriopoulos, Stefan u.a. (Hg.): *Die Adresse des Mediums*. Köln ¹2001b, S. 236–252.

Hofmann, Wilhelm (Hg.): *Visuelle Politik. Filmpolitik und die visuelle Konstruktion des Politischen*. Baden-Baden 1998.

Hohmann, Joachim S.: *Sexualforschung und -aufklärung in der Weimarer Republik. Eine Übersicht in Materialien und Dokumenten. Mit einem Beitrag über den frühen Aufklärungsfilm*. Berlin/Frankfurt a. M. 1985.

Hollstein, Dorothea: *„Jud Süß" und die Deutschen. Antisemitische Vorurteile im nationalsozialistischen Spielfilm*. Frankfurt a. M. 1971.

Holzer, Anton (Hg.): *Der Weltkrieg der Bilder. Fotoreportage und Kriegspropaganda in der illustrierten Presse (1914-1918)*. (Sonderheft *Fotogeschichte. Beiträge zur Geschichte und Ästhetik der Fotografie* 33, Nr. 130 (2013)).

Hong, Young-S.: World War I and the German Welfare State: Gender, Religion, and the Paradoxes of Modernity. In: Eley, Geoff (Hg.): *Society, Culture, and the State in Germany, 1870-1930*. Ann Arbor 1996, S. 345–369.

Hong, Young-S.: *Welfare, Modernity, and the Weimar State, 1919-1933*. Princeton 1998.

Honold, Alexander: Ausstellung des Fremden – Menschen- und Völkerschau um 1900. Zwischen Anpassung und Verfremdung: Der Exot und das Publikum. In: Conrad, Sebastian/Osterhammel, Jürgen (Hg.): *Das Kaiserreich transnational. Deutschland und die Welt 1871-1914*. Göttingen 2004, S. 170–190.

Horn, Eva: *Der geheime Krieg. Verrat, Spionage und moderne Fiktion*. Frankfurt a. M. 2007.

Hornung, Ela: Denunziation, ‚Wehrkraftzersetzung' und Geschlecht. In: Gehmacher, Johanna/ Hauch, Gabriella (Hg.): *Frauen- und Geschlechtergeschichte des Nationalsozialismus. Fragestellungen, Perspektiven, neue Forschungen.* Innsbruck/Wien/Bozen 2007, S. 169–184.
Huener, Jonathan/Nicosia, Francis R. (Hg.): *The Arts in Nazi Germany: Continuity, Conformity, Change.* New York/Oxford 2006.
Hüppauf, Bernd: The Birth of Fascist Man from the Spirit of the Front. From Langemarck to Verdun. In: Milfull, John (Hg.): *Attractions of Fascism. Social Psychology and Aesthetics of the ‚Triumph of the Right'.* New York/Oxford/Munich 1990, S. 45–76.
Hüppauf, Bernd: Räume der Destruktion und Konstruktion von Raum. Landschaft, Sehen, Raum und der Erste Weltkrieg. In: *Krieg und Literatur. War and Literature. Internationale Beiträge zur Erforschung der Kriegs- und Antikriegsliteratur. International Research Papers on War and Anti-War Literature* 3, Nr. 5/6 (1991), S. 105–123.
Hüppauf, Bernd: Experiences of Modern Warfare and the Crisis of Representation. In: *New German Critique* 59 (Frühjahr-Sommer 1993), S. 41–76.
Hugill, Peter J.: *Global Communications Since 1844. Geopolitics and Technology.* Baltimore/London 1999.
Huhtamo, Erkki: Global Glimpses for Local Realities: The Moving Panorama, a Forgotten Mass Medium of the 19th Century. In: *Art Inquiry. Recherches sur les Arts* 4 (2002), S. 193–228.
Huhtamo, Erkki: *Illusions in Motion: Media Archaeology of the Moving Panorama and Related Spectacles.* Cambridge, MA 2013.
Huhtamo, Erkki/Parikka, Jussi (Hg.): *Media Archaeology. Approaches, Applications, and Implications.* Berkeley/Los Angeles/London 2011.
Hull, David St.: *Film in the Third Reich.* Berkeley/Los Angeles 1969.
Huyssen, Andreas: Mass Culture as Woman. Modernism's Other. In: Modleski, Tania (Hg.): *Critical Approaches to Mass Culture.* Bloomington/Indianapolis 1986, S. 188–207.
Huyssen, Andreas/Segal, Naomi: Sexual Politics and the Avant-Garde: From Apollinaire to Woolf. In: Timms, Edward/Collier, Peter (Hg.): *Visions and Blueprints. Avant-garde Culture and Radical Politics in Early Twentieth-Century Europe.* Manchester/New York 1988, S. 235–249.
Isenberg, Noah (Hg.): *Weimar Cinema. An Essential Guide to Classic Films of the Era.* New York 2009.
Jacobsen, Wolfgang u.a. (Hg.): *Geschichte des deutschen Films. Band 2.* Stuttgart ²2004.
Jansen, Christian u.a. (Hg.): *Von der Aufgabe der Freiheit: politische Verantwortung und bürgerliche Gesellschaft im 19. und 20. Jahrhundert. Festschrift für Hans Mommsen zum 5. November 1995.* Berlin 1995.
Jansen, Wolfgang: *Das Varieté. Die glanzvolle Geschichte einer unterhaltenden Kunst.* Berlin ¹1990.
Jazbinsek, Dietmar: Vom Sittenspiegel der Großstadt zum Sittenfilm. Über die populärkulturellen Zusammenhänge der frühen deutschen Kinoproduktion. In: Hagener, Malte (Hg.): *Geschlecht in Fesseln. Sexualität zwischen Aufklärung und Ausbeutung im Weimarer Kino 1918-1933.* München 2000, S. 81–101.
Jeismann, Michael: Propaganda. In: Hirschfeld, Gerhard u.a. (Hg.): *Enzyklopädie Erster Weltkrieg.* Paderborn/München/Wien/Zürich ²2003, S. 198–209.
Jelavich, Peter: Modernity, Civic Identity, and Metropolitan Entertainment: Vaudeville, Cabaret, and Revue in Berlin, 1900-1933. In: Haxthausen, Charles W./Suhr, Heidrun (Hg.): *Berlin. Culture and Metropolis.* Minneapolis/Oxford 1990, S. 95–110.
Jelavich, Peter: *Berlin Cabaret.* Cambridge/London 1993.
Jelavich, Peter: 'Darf ich mich hier amüsieren?' Bürgertum und früher Film. In: Hettling, Manfred/Hoffmann, Stefan-L. (Hg.): *Der bürgerliche Wertehimmel. Innenansichten des 19. Jahrhunderts.* Göttingen 2000, S. 283–303.
Jellonnek, Burkhard: *Homosexuelle unter dem Hakenkreuz. Die Verfolgung von Homosexuellen im Dritten Reich.* Paderborn 1990.

Jellonnek, Burkhard: Staatspolizeiliche Fahndungs- und Ermittlungsmethoden gegen Homosexuelle. In: Ders./Lautmann, Rüdiger (Hg.): *Nationalsozialistischer Terror gegen Homosexuelle. Verdrängt und ungesühnt*. Paderborn/München/Wien/Zürich 2002, S. 149–161.
Jellonnek, Burkhard/Lautmann, Rüdiger (Hg.): *Nationalsozialistischer Terror gegen Homosexuelle. Verdrängt und ungesühnt*. Paderborn/München/Wien/Zürich 2002.
Jenkins, Jennifer: The Kitsch Collections and The Spirit of the Furniture: Cultural Reform and National Culture in Germany. In: *Social History* 21, Nr. 2 (Mai 1996), S. 123–141.
Johannsen, Jan P.: 'Arisierungen' von Kinos in Hamburg. In: Segeberg, Harro u.a. (Hg.): *NS-Medien in der Metropolregion Hamburg. Fallstudien zur Mediengeschichte des Dritten Reiches*. Hamburg ¹2009, S. 73–82.
Jones, Ernest: *The Life and Work of Sigmund Freud. Band 3*. New York 1957.
Jonsson, Stefan: Neither Masses Nor Individuals: Representations of the Collective in Interwar German Culture. In: Canning, Kathleen u.a. (Hg.): *Weimar Publics/Weimar Subjects. Rethinking the Political Culture of Germany in the 1920s*. New York/Oxford 2010, S. 279–301.
Jordanova, Ludmilla: Medicine and the Genres of Display. In: Cooke, Lynne/Wollen, Peter (Hg.): *Visual Display. Culture Beyond Appearance*. Seattle 1995, S. 200–217.
Jossé, Harald: *Die Entstehung des Tonfilms. Beitrag zu einer faktenorientierten Mediengeschichtsschreibung*. Freiburg i. Br./München 1984.
Jüttemann, Gerd (Hg.): *Wilhelm Wundts anderes Erbe. Ein Missverständnis löst sich auf*. Göttingen 2006.
Jüttemann, Gerd (Hg.): *Die Entwicklung der Psyche in der Geschichte der Menschheit*. Lengerich 2013.
Jung, Uli (Hg.): *Der deutsche Film. Aspekte einer Geschichte von den Anfängen bis zur Gegenwart*. Trier 1993.
Jung, Uli/Schatzberg, Walter: *Caligari*: Das Kabinett des Dr. Wiene. In: Dies. (Hg.): *Filmkultur zur Zeit der Weimarer Republik. Beiträge zu einer internationalen Konferenz vom 15. bis 18. Juni in Luxemburg*. München/New York 1992, S. 71–89.
Jung, Uli/Schatzberg, Walter (Hg.): *Filmkultur zur Zeit der Weimarer Republik. Beiträge zu einer internationalen Konferenz vom 15. bis 18. Juni in Luxemburg*. München/New York 1992.
Junge, Torsten/Schmincke, Imke (Hg.): *Marginalisierte Körper. Beiträge zur Soziologie und Geschichte des anderen Körpers*. Münster 2007.
Kaes, Anton: The Debate About Cinema: Charting a Controversy (1909-1929). In: *New German Critique* 40 (Winter 1987), S. 7–33.
Kaes, Anton: The Cold Gaze: Notes on Mobilization and Modernity. In: *New German Critique*, Nr. 59 (Frühjahr-Sommer 1993), S. 105–117.
Kaes, Anton: War – Film – Trauma. In: Mülder-Bach, Inka (Hg.): *Modernität und Trauma. Beiträge zum Zeitenbruch des Ersten Weltkrieges*. Wien 2000, S. 121–130.
Kaes, Anton: *Shell Shock Cinema: Weimar Culture and the Wounds of War*. Princeton/Oxford 2009.
Kaes, Anton (Hg.): *Kino-Debatte. Texte zum Verhältnis von Literatur und Film 1909-1929*. Tübingen 1978.
Kaeser, Rudolf/Pohland, Vera (Hg.): *Disease and Medicine in Modern German Cultures*. Ithaca, NY 1990.
Kane, Josephine: *The Architecture of Pleasure. British Amusement Parks 1900-1939*. Farnham/Burlington 2013.
Kanya-Forstner, A. S.: Krieg, Imperialismus und Entkolonialisierung. In: Winter, Jay u.a. (Hg.): *Der Erste Weltkrieg und das 20. Jahrhundert*. Hamburg 2002, S. 229–262 (engl. 2000).
Kanzog, Klaus: „*Staatspolitisch besonders wertvoll"*: Ein Handbuch der 30 deutschen Spielfilme der Jahre 1934 bis 1945. München 1994.
Kapczynski, Jennifer M./Richardson, Michael D. (Hg.): *A New History of German Cinema*. Rochester 2012.
Kaplan, E. Ann (Hg.): *Psychoanalysis & Cinema*. New York/London 1990.
Kaplan, Marion: Freizeit-Arbeit. Geschlechterräume im deutsch-jüdischen Bürgertum 1870-1914. In: Frevert, Ute (Hg.): *Bürgerinnen und Bürger: Geschlechterverhältnisse im 19. Jahrhundert*. Göttingen 1988, S. 157–174.

Kaplan, Marion: *Der Mut zum Überleben. Jüdische Frauen und ihre Familien in Nazideutschland*. Berlin 2003.
Kaplan, Marion (Hg.): *Geschichte des jüdischen Alltags in Deutschland. Vom 17. Jahrhundert bis 1945*. München 2003.
Kappelhoff, Hermann: Eine neue Gegenständlichkeit. Die Bildidee der Neuen Sachlichkeit und der Film. In: Koebner, Thomas u.a. (Hg.): *Diesseits der ‚Dämonischen Leinwand'. Neue Perspektiven auf das späte Weimarer Kino*. München 2003, S. 119–138.
Karentzos, Alexandra u.a. (Hg.): *Körperproduktionen. Zur Artifizialität der Geschlechter*. Marburg 2002.
Karg, Barbara u.a. (Hg.): *The Everything Vampire Book. From Vlad the Impaler to the Vampire Lestat – A History of Vampires in Literature, Film, and Legend*. Littlefield St. Anton 2009.
Kasten, Jürgen: From Peripetia to Plot Point: Heinrich Lautensack and ZWEIMAL GELEBT (1912). In: Elsaesser, Thomas (Hg.): *A Second Life. German Cinema's First Decades*. Amsterdam 1996, S. 213–218.
Kasten, Jürgen: Der Stolz der deutschen Filmkomödie. Die frühen Filme von Ernst Lubitsch 1914-1918. In: Müller, Corinna/Segeberg, Harro (Hg.): *Die Modellierung des Kinofilms. Die Geschichte des Kinoprogramms zwischen Kurzfilm und Langfilm (1905/06-1918)*. München 1998, S. 301–332.
Kasten, Jürgen: Verweigerung der korrekten Assimilation. Jüdische Typen, Milieus und Stereotype in Komödien Ernst Lubitschs und Reinhold Schünzels. In: Bock, Hans.-M. u.a. (Hg.): *Spaß beiseite, Film ab. Jüdischer Humor und verdrängendes Lachen in der Filmkomödie bis 1945*. München 2006, S. 33–47.
Kater, Michael: *Different Drummers: Jazz in the Culture of Nazi Germany*. New York/Oxford 1992.
Kater, Michael: *The Twisted Muse: Musicians and Their Music in the Third Reich*. New York 1997.
Kater, Michael/Riethmüller, Albrecht (Hg.): *Music and Nazism: Art Under Tyranny, 1933-1945*. Laaber 2003.
Katz, Jonathan N.: *The Invention of Heterosexuality*. New York 1995.
Kaufmann, Stefan: *Kommunikationstechnik und Kriegführung 1815-1945. Stufen telemedialer Rüstung*. München 1996.
Keil, Charlie: Integrated Attractions: Style and Spectatorship in Transitional Cinema. In: Strauven, Wanda (Hg.): *The Cinema of Attractions Reloaded*. Amsterdam 1996, S. 193–203.
Keire, Mara L.: Dope Fiends and Degenerates: The Gendering of Addiction in the Early Twentieth Century. In: *Journal of Social History* 31 (Sommer 1998), S. 809–822.
Keppler, Stefan/Will, Michael (Hg.): *Der Vampirfilm. Klassiker des Genres in Einzelinterpretationen*. Würzburg 2006.
Kershaw, Ian: How Effective Was Nazi Propaganda? In: Welch, David A. (Hg.): *Nazi Propaganda: The Power and the Limitations*. London 1983a, S. 180–205.
Kershaw, Ian: *Popular Opinion and Political Dissent in the Third Reich. Bavaria 1933-1945*. Oxford/New York 1983b.
Kershaw, Ian: *The Nazi Dictatorship: Problems and Perspectives of Interpretation*. London 1985.
Kershaw, Ian: 'Cumulative Radicalization' and the Uniqueness of National Socialism. In: Jansen, Christian u.a. (Hg.): *Von der Aufgabe der Freiheit. Politische Verantwortung und bürgerliche Gesellschaft im 19. und 20. Jahrhundert. Festschrift für Hans Mommsen zum 5. November 1995*. Berlin 1995, S. 323–336.
Kershaw, Ian: The Wehrmacht, German Society, and the Knowledge of the Mass Extermination of the Jews. In: Bartov, Omer u.a. (Hg.): *Crimes of War: Guilt and Denial in the 20th Century*. New York 2002, S. 24–19-30.
Kessel, Martina (Hg.): *Kunst, Geschlecht, Politik: Männlichkeitskonstruktionen und Kunst im Kaiserreich und der Weimarer Republik*. Frankfurt a. M./New York 2005.
Kessler, Frank: The Féerie between Stage and Screen. In: Gaudreault, André u.a. (Hg.): *A Companion to Early Cinema*. Malden/Oxford/Chichester 2012, S. 64–79.
Kessler, Frank u.a. (Hg.): *Kinematographen-Programme*. Frankfurt a. M./Basel 2002.

Kienitz, Sabine: 'Fleischgewordenes Elend.' Kriegsinvalidität und Körperbilder als Teil einer Erfahrungsgeschichte des Ersten Weltkrieges. In: Buschmann, Nikolaus/Carl, Horst (Hg.): *Die Erfahrung des Krieges. Erfahrungsgeschichtliche Perspektiven von der Französischen Revolution bis zum Zweiten Weltkrieg*. Paderborn/München/Wien/Zürich 2001, S. 215–237.
Kift, Dagmar (Hg.): *Kirmes – Kneipe – Kino. Arbeiterkultur im Ruhrgebiet zwischen Kommerz und Kontrolle (1850-1914)*. Paderborn 1992.
King, Norman: The Sound of Silents. In: *Screen* 25, Nr. 3 (1984), S. 2–15.
Kiss, Robert J.: Von Charleys (jüdischer) Tante zu Viktor und Viktoria. Männliches Cross-Dressing im Theater und Film 1864-1933. In: Bock, Hans.-M. u.a. (Hg.): *Spaß beiseite, Film ab. Jüdischer Humor und verdrängendes Lachen in der Filmkomödie bis 1945*. München 2006, S. 133–144.
Kittler, Friedrich: *Grammophon, Film, Typewriter*. Berlin 1986.
Kittler, Friedrich: *Aufschreibesysteme 1800, 1900*. München ³Auflage 1995.
Kittler, Friedrich: *Optische Medien. Berliner Vorlesungen 1999*. Berlin 2002.
Klein, Thomas u.a. (Hg.): *Filmgenres. Kriegsfilm*. Stuttgart 2006.
Kleinhans, Bernd: *Ein Volk, ein Reich, ein Führer. Lichtspiel in der braunen Provinz*. Köln 2003.
Klingler, Walter: *Nationalsozialistische Rundfunkpolitik 1942-45. Organisation, Programm und die Hörer*. (Dissertationsschrift) Baden-Baden 1983.
Klippel, Heike (Hg.): *„The Art of Programming". Film, Programm und Kontext*. Münster 2008.
Klotz, Marcia: Epistemological Ambiguity and the Fascist Text: *Jew Süss, Carl Peters*, and *Ohm Krüger*. In: *New German Critique* 74 (Frühjahr-Sommer 1998), S. 91–124.
Klotz, Volker: *Bürgerliches Lachtheater: Komödie, Posse, Schwank, Operette*. München ⁴2007.
Knoch, Habbo: Völkische Bewegung und nationale Kameradschaft. Geschlechterverhältnisse und Kameradschaft in der nationalsozialistischen Aufwertungsdiktatur. In: Archiv der Arbeiterbewegung e. V. (Hg.): *Macht und Gesellschaft*. München 2004, S. 42–60.
Knops, Tilo: Cinema From the Writing Desk. Detective Films in Imperial Germany. In: Elsaesser, Thomas (Hg.): *A Second Life. German Cinema's First Decades*. Amsterdam 1996, S. 132–141.
Koch, Gertrud: Der NS-Film – Institutionen, Genres und Ästhetik. In: Sösemann, Bernd (Hg.): *Der Nationalsozialismus und die deutsche Gesellschaft. Einführung und Überblick*. Stuttgart/München 2002, S. 210–220.
Koch, Hans-J.: Das ‚Wunschkonzert für die Wehrmacht' als Verbindung zwischen Front und Heimat. Leichte Musik im NS-Rundfunk. In: Scharlau, Ulf/Witting-Nöthen, Petra (Hg.): *„Wenn die Jazzband spielt ..." Von Schlager, Swing und Operette. Zur Geschichte der Leichten Musik im deutschen Rundfunk*. Berlin ¹2006a, S. 33–43.
Koch, Hans-J.: *Wunschkonzert. Unterhaltungsmusik und Propaganda im Rundfunk des Dritten Reichs*. Graz 2006b.
Kocka, Jürgen (Hg.): *Angestellte im europäischen Vergleich. Die Herausbildung angestellter Mittelschichten seit dem späten 19. Jahrhundert*. Göttingen 1981.
Kocka, Jürgen/Tenfelde, Klaus (Hg.): *Von der Arbeiterbewegung zum modernen Sozialstaat. Festschrift für Gerhard A. Ritter zum 65. Geburtstag*. München 1994.
Koebner, Thomas: Der romantische Preuße. In: Prinzler, Hans H. (Hg.): *Friedrich Wilhelm Murnau. Ein Melancholiker des Films*. Berlin 2003a, S. 9–54.
Koebner, Thomas: Wenn ‚Fortuna winke winke macht'. Die Tonfilm-Operette: Das bedeutendste Kino-Genre in der Endzeit der Weimarer Republik. In: Ders. u.a. (Hg.): *Diesseits der ‚Dämonischen Leinwand'. Neue Perspektiven auf das späte Weimarer Kino*. München 2003b, S. 341–371.
Koebner, Thomas: Nosferatu – Eine Symphonie des Grauens. In: Vossen, Ursula (Hg.): *Horrorfilm*. Stuttgart 2004, S. 40–50.
Koebner, Thomas u.a. (Hg.): *Diesseits der ‚Dämonischen Leinwand'. Neue Perspektiven auf das späte Weimarer Kino*. München 2003.
König, Gudrun M.: Im Bann der Dinge. Geschmackserziehung und Geschlechterpolitik. In: Maase, Kaspar/Kaschuba, Wolfgang (Hg.): *Schund und Schönheit. Populäre Kultur um 1900*. Köln/Weimar/Wien 2001, S. 343–377.

König, Gudrun M.: *Konsumkultur. Inszenierte Warenwelt um 1900.* Köln/Weimar/Wien: Böhlau Verlag 2008.
König, Wolfgang: *Geschichte der Konsumgesellschaft.* Stuttgart 2000.
Koepnick, Lutz: Fascist Aesthetics Revisited. In: *Modernism/Modernity* 6, Nr. 1 (1999), S. 51–73.
Koepnick, Lutz: *The Dark Mirror. German Cinema between Hitler and Hollywood.* Berkeley/Los Angeles/London 2002.
Köstering, Susanne: *Natur zum Anschauen. Das Naturkundemuseum des deutschen Kaiserreichs, 1871-1914.* Köln/Weimar/Wien 2003.
Kohnle, Armin/Engehausen, Frank (Hg.): *Zwischen Wissenschaft und Politik. Studien zur deutschen Universitätsgeschichte. Festschrift für Eike Wolgast zum 65. Geburtstag.* Stuttgart 2001.
Konigsberg, Ira: Cinema, Psychoanalysis, and Hermeneutics: G. W. Pabst's *Secret of a Soul*. In: *Michigan Quarterly Review* 34, Nr. 4 (1995), S. 519–547.
Kopf, Christina: 'Der Schein der Neutralität' – Institutionelle Filmzensur in der Weimarer Republik. In: Koebner, Thomas u.a. (Hg.): *Diesseits der ‚Dämonischen Leinwand'. Neue Perspektiven auf das späte Weimarer Kino.* München 2003, S. 451–466.
Korotin, Ilse/Serloth, Barbara (Hg.): *Gebrochene Kontinuitäten? Zur Rolle und Bedeutung des Geschlechterverhältnisses in der Entwicklung des Nationalsozialismus.* Innsbruck/Wien/München 2000.
Korte, Helmut: Weltwirtschaftskrise und politische Polarisierung: Die deutsche Filmproduktion in den letzten Jahren der Weimarer Republik. In: Hofmann, Wilhelm (Hg.): *Visuelle Politik. Filmpolitik und die visuelle Konstruktion des Politischen.* Baden-Baden 1998, S. 252–266.
Korte, Helmut: Filmkultur der 1920er Jahre. In: Faulstich, Werner (Hg.): *Die Kultur der zwanziger Jahre.* München 2008, S. 199–215.
Koschorke, Albrecht: Das Panorama. Die Anfänge der modernen Sensomotorik um 1800. In: Segeberg, Harro (Hg.): *Mediengeschichte des Films. Band 1.* München 1996, S. 149–169.
Kosok, Elisabeth: Die Reglementierung des Vergnügens. Konzessionspraxis und Tanzbeschränkungen im Ruhrgebiet (1879-1914). In: Kift, Dagmar (Hg.): *Kirmes – Kneipe – Kino. Arbeiterkultur im Ruhrgebiet zwischen Kommerz und Kontrolle (1850-1914).* Paderborn 1992, S. 60–82.
Kosok, Lisa/Jamin, Mathilde (Hg.): *Viel Vergnügen. Öffentliche Lustbarkeiten im Ruhrgebiet der Jahrhundertwende.* Essen 1992.
Kotowski, Elke-V./Schoeps, Julius H. (Hg.): *Der Sexualreformer Magnus Hirschfeld. Ein Leben im Spannungsfeld von Wissenschaft, Politik und Gesellschaft.* Berlin 2004.
Kraft, Claudia u.a. (Hg.): *Kolonialgeschichten – Regionale Perspektiven auf ein globales Phänomen.* Frankfurt a. M./New York 2010.
Krause, Marcus/Pethes, Nicolas (Hg.): *Mr. Münsterberg und Dr. Hyde. Zur Filmgeschichte des Menschenexperiments.* Bielefeld 2007.
Kreimeier, Klaus: *Die Ufa-Story. Geschichte eines Filmkonzerns.* München/Wien 1992.
Krenn, Günter/Loacker, Armin (Hg.): *Zauber der Bohème. Marta Eggerth, Jan Kiepura und der deutschsprachige Musikfilm.* Wien 2002.
Kronlechner, Peter/Kubelka, Peter (Hg.): *Propaganda und Gegenpropaganda im Film 1933-1945.* Wien 1972.
Krützen, Michaela: ‚Esperanto für den Tonfilm'. Die Produktion von Sprachfilmen für den frühen Tonfilm-Markt. In: Schaudig, Michael (Hg.): *Positionen deutscher Filmgeschichte.* München 1996, S. 119–154.
Krug, Hans-J.: *Radiolandschaften. Beiträge zur Geschichte und Entwicklung des Hörfunks.* Frankfurt a. M. 2002.
Kuball, Michael: *Familienkino. Geschichte des Amateur-Films in Deutschland. Band 2.* Reinbek bei Hamburg 1980.

Kühne, Thomas: '... aus diesem Krieg werden nicht nur harte Männer heimkehren'. Kriegskameradschaft und Männlichkeit im 20. Jahrhundert. In: Ders. (Hg.): *Männergeschichte – Geschlechtergeschichte. Männlichkeit im Wandel der Moderne.* Frankfurt a. M./New York 1996, S. 174–192.
Kühne, Thomas: Imaginierte Weiblichkeit und Kriegskameradschaft. Geschlechterverwirrung und Geschlechterordnung, 1918-1945. In: Hagemann, Karen/Schüler-Springorum, Stefanie (Hg.): *Heimat – Front. Militär und Geschlechterverhältnisse im Zeitalter der Kriege.* Frankfurt a. M./New York 2002, S. 237–257.
Kühne, Thomas: *Kameradschaft. Die Soldaten des nationalsozialistischen Krieges und das 20. Jahrhundert.* Göttingen 2006.
Kühne, Thomas: Zärtlichkeit und Zynismus. Militärische Vergemeinschaftung 1918-1945. In: Borutta, Manuel/Verheyen, Nina (Hg.): *Die Präsenz der Gefühle. Männlichkeit und Emotion in der Moderne.* Bielefeld 2010, S. 179–202.
Kühne, Thomas (Hg.): *Männergeschichte – Geschlechtergeschichte. Männlichkeit im Wandel der Moderne.* Frankfurt a. M./New York 1996.
Kühne, Thomas/Ziemann, Benjamin (Hg.): *Was ist Militärgeschichte?* Paderborn 2000.
Kuhns, David F.: *German Expressionist Theater. The Actor and the Stage.* Cambridge/New York/Melbourne 1997.
Kulpa, Robert/Mizielinska, Joanna (Hg.): *De-centering Western Sexualities: Central and Eastern-European Perspectives.* Farnham 2011.
Kundrus, Birte: *Kriegerfrauen. Familienpolitik und Geschlechterverhältnisse im Ersten und Zweiten Weltkrieg.* Hamburg 1995.
Kundrus, Birte: Geschlechterkriege. Der Erste Weltkrieg und die Deutung der Geschlechterverhältnisse in der Weimarer Republik. In: Hagemann, Karen/Schüler-Springorum, Stefanie (Hg.): *Heimat – Front. Militär und Geschlechterverhältnisse im Zeitalter der Kriege.* Frankfurt a. M./New York 2002, S. 171–187.
Kundrus, Birte: *Moderne Imperialisten. Das Kaiserreich im Spiegel seiner Kolonien.* Köln/Weimar/Wien 2003.
Kundrus, Birte: Totale Unterhaltung? Die kulturelle Kriegführung 1939 bis 1945 in Film, Rundfunk und Theater. In: Echternkamp, Jörg (Hg.): *Die deutsche Kriegsgesellschaft 1939-1945. Halbband 2.* 2005, S. 93–157.
Kundrus, Birte (Hg.): *Phantasiereiche. Zur Kulturgeschichte des deutschen Kolonialismus.* Frankfurt a. M./New York 2003.
Kunst- und Ausstellungshalle der Bundesrepublik Deutschland GmbH (Hg.): *Sehsucht. Das Panorama als Massenunterhaltung des 19. Jahrhunderts.* Frankfurt a. M./Basel 1993.
Kupfer, Alexander: *Die künstlichen Paradiese. Rausch und Realität seit der Romantik. Ein Handbuch.* Stuttgart/Weimar 1996.
Kuzniar, Alice A.: *The Queer German Cinema.* Stanford 2000.
Labanyi, Peter: Images of Fascism. Visualization and Aestheticization in the Third Reich. In: Laffen, Michael (Hg.): *The Burden of German History 1919-1945. Essays for the Goethe Institute.* London 1989, S. 151–177.
Lacasse, Germain: The Film Lecturer. In: Gaudreault, André u.a. (Hg.): *A Companion to Early Cinema.* Malden/Oxford/Chichester 2012, S. 487–497.
Lacey, Kate: *Feminine Frequencies: Gender, German Radio and the Public Sphere, 1923-1945.* Ann Arbor 1996.
Laffen, Michael (Hg.): *The Burden of German History 1919-1945. Essays for the Goethe Institute.* London 1989.
Lane, Roth: Dracula meets the *Zeitgeist*: Nosferatu (1922) as Film Adaption. In: *Literature/Film Quarterly* 7, Nr. 4 (1979), S. 309–313.
Lange, Gabriele: *Das Kino als moralische Anstalt. Soziale Leitbilder und die Darstellung gesellschaftlicher Realität im Spielfilm des Dritten Reiches.* Frankfurt a. M./Berlin/Bern/New York/Paris/Wien 1994.

Lange, Kerstin: Tanzvergnügen. In: Becker, Tobias u.a.: *Weltstadtvergnügen. Berlin 1880-1930*. Göttingen/Bristol 2016, S. 74–108.

Langewiesche, Dieter: Das neue Massenmedium Film und die deutsche Arbeiterbewegung in der Weimarer Republik. In: Kocka, Jürgen/Tenfelde, Klaus (Hg.): *Von der Arbeiterbewegung zum modernen Sozialstaat. Festschrift für Gerhard A. Ritter zum 65. Geburtstag*. München 1994, S. 114–130.

Lanwerd, Susanne/Stoehr, Irene: Frauen- und Geschlechterforschung zum Nationalsozialismus seit den 1970er Jahren. Forschungsstand, Veränderungen, Perspektiven. In: Gehmacher, Johanna/Hauch, Gabriella (Hg.): *Frauen- und Geschlechtergeschichte des Nationalsozialismus. Fragestellungen, Perspektiven, neue Forschungen*. Innsbruck/Wien/Bozen 2007, S. 22–68.

Laqueur, Thomas: *Making Sex: Body and Gender from the Greeks to Freud*. Cambridge, MA: Harvard University Press 1990.

Laqueur, Walter: *Weimar. Die Kultur der Republik*. Frankfurt a. M./Berlin/Wien 1974.

Laqueur, Walter (Hg.): *Fascism. A Reader's Guide. Analyses, Interpretations, Bibliography*. Berkeley/Los Angeles 1976.

Lauretis, Teresa de: Queer Theory: Lesbian and Gay Sexualities. In: *differences: A Journal of Feminist Cultural Studies* 3, Nr. 2 (1991), S. iii-xviii.

Lautmann, Rüdiger: Geschichte und Politik. Paradigmen der nationalsozialistischen Homosexuellenverfolgung. In: Jellonnek, Burkhard/Lautmann, Rüdiger (Hg.): *Nationalsozialistischer Terror gegen Homosexuelle. Verdrängt und ungesühnt*. Paderborn/München/Wien/Zürich 2002, S. 41–54.

Leach, William: Strategists of Display and the Production of Desire. In: Bronner, Simon J. (Hg.): *Consuming Visions. Accumulation and Display of Goods in America 1880-1920*. New York/London 1989, S. 99–132.

Lecouteux, Claude: *Die Geschichte der Vampire. Metamorphose eines Mythos*. Düsseldorf 2001 (frz. 1999).

Lefko, Stefana: ‚Truly Womanly' and ‚Truly German'. Women's Rights and National Identity in *Die Frau*. In: Herminghouse, Patricia/Müller, Magda (Hg.): *Gender and Germanness. Cultural Productions of Nation*. Providence/Oxford 1997, S. 129–144.

Leiser, Erwin: *Nazi Cinema*. New York 1974.

Leitzbach, Christian: *Matthias Erzberger. Ein kritischer Beobachter des Wilhelminischen Reiches 1895-1914*. Frankfurt a. M./Berlin/Bern/New York/Paris/Wien 1998.

Lenk, Sabine: Stars der ersten Stunde. Eine Studie zur Frühzeit des Kinos. In: *montage a/v. Zeitschrift für Theorie und Geschichte audiovisueller Kommunikation* 7, Nr. 1 (1998), S. 11–32.

Lenman, Robin J.: Mass Culture and the State in Germany, 1900-1926. In: Bullen, Roger J. u.a. (Hg.): *Ideas into Politics. Aspects of European History 1880-1950*. London/Sydney/Totowa 1984, S. 51–59.

Lenman, Robin J.: *Die Kunst, die Macht und das Geld. Zur Kulturgeschichte des kaiserlichen Deutschland 1871-1918*. Frankfurt a. M./New York 1994.

Lenoir, Timothy: Das Auge des Physiologen. Zur Entstehungsgeschichte von Helmholtz' Theorie des Sehens. In: Sarasin, Philipp/Tanner, Jakob (Hg.): *Physiologie und industrielle Gesellschaft. Studien zur Verwissenschaftlichung des Körpers im 19. und 20. Jahrhundert*. Frankfurt a. M. 1998, S. 99–128.

Leonhard, Joachim-F. (Hg.): *Programmgeschichte des Hörfunks in der Weimarer Republik. Band 1 und 2*. München 1997.

Lethen, Helmut: *Neue Sachlichkeit 1924-1932. Studien zur Literatur des „Weissen Sozialismus"*. Stuttgart ²1975.

Levina, Marina/T. Bui, Diem-My (Hg.): *Monster-Culture in the 21st Century: A Reader*. New York/London 2010.

Levine, Leah: *Blut ist ein besonderer Saft. Die Kult(ur)geschichte der Vampire*. Wahlsburg/Bawinkel ¹2011.

Lewerenz, Susann: Völkerschauen und die Konstituierung rassifizierter Körper. In: Junge, Torsten/Schmincke, Imke (Hg.): *Marginalisierte Körper. Beiträge zur Soziologie und Geschichte des anderen Körpers.* Münster 2007, S. 135–153.

Ligensa, Annemone/Kreimeier, Klaus (Hg.): *Film 1900: Technology, Perception, Culture.* New Barnet/Bloomington/Chatswood 2009.

Linden, Marcel van der/Mergner, Gottfried (Hg.): *Kriegsbegeisterung und mentale Kriegsvorbereitung. Interdisziplinäre Studien.* Berlin 1991.

Lindner, Burkhart (Hg.): *‚Links hatte noch alles sich zu enträtseln.' Walter Benjamin im Kontext.* Frankfurt a. M. ¹1978.

Loewenst, Bedrich (Hg.): *Geschichte und Psychologie. Annäherungsversuche.* Pfaffenweiler 1992.

Lohoff, Brigitte: Johannes Müller: Von der Nervenwissenschaft zur Nervenphysiologie. In: Florey, Ernst/Breidbach, Olaf (Hg.): *Das Gehirn, Organ der Seele? Zur Ideengeschichte der Neurobiologie.* Berlin 1993, S. 39–54.

Loiperdinger, Martin: Filmzensur und Selbstkontrolle. In: Jacobsen, Wolfgang u.a. (Hg.): *Geschichte des deutschen Films. Band 2.* Stuttgart ²2004, S. 534–537.

Loiperdinger, Martin (Hg.): *Travelling Cinema in Europe. Sources and Perspectives.* Frankfurt a. M./Basel 2008.

Loiperdinger, Martin (Hg.): *Early Cinema Today: The Art of Programming and Live Performance.* New Barnet/Bloomington 2011.

Longerich, Peter: *„Davon haben wir nichts gewusst!" Die Deutschen und die Judenverfolgung 1933-1945.* München ¹2007.

Lowry, Stephen: Ideology and Excess in Nazi Melodrama: *The Golden City.* In: *New German Critique* 74 (Frühjahr-Sommer 1998), S. 125–149.

Lowry, Stephen: Das Star-System im Kino des ‚Dritten Reiches'. Überlegungen zur Modernität des NS-Kinos am Beispiel von Heinrich George und Heinz Rühmann. In: Schütz, Eberhard/Streim, Gregor (Hg.): *Reflexe und Reflexionen von Modernität 1933-1945.* Bern/Berlin/Brüssel/Frankfurt a. M./New York/Oxford/Wien 2002, S. 173–208.

Lücke, Martin: *Männlichkeit in Unordnung. Homosexualität und männliche Prostitution in Kaiserreich und Weimarer Republik.* Frankfurt a. M./New York 2007.

Lüdtke, Alf: ‚Ehre der Arbeit'. Industriearbeit und Macht der Symbole. Zur Reichweite symbolischer Orientierungen im Nationalsozialismus. In: Tenfelde, Klaus (Hg.): *Arbeiter im 20. Jahrhundert.* Stuttgart 1991, S. 343–392.

Lüdtke, Alf u.a. (Hg.): *Amerikanisierung. Traum und Alptraum in Deutschland des 20. Jahrhunderts.* Stuttgart 1996.

Lusane, Clarence: *Hitler's Black Victims. The Historical Experiences of Afro-Germans, European Blacks, Africans, and African Americans in the Nazi Era.* New York/London 2002.

Maase, Kaspar: *Grenzenloses Vergnügen: Der Aufstieg der Massenkultur 1850-1970.* Frankfurt a. M. 1997.

Maase, Kaspar: Krisenbewusstsein und Reformorientierung. Zum Deutungshorizont der Gegner der modernen Populärkünste 1880-1918. In: Ders./Kaschuba, Wolfgang (Hg.): *Schund und Schönheit. Populäre Kultur um 1900.* Köln/Weimar/Wien 2001, S. 290–342.

Maase, Kaspar: *Die Kinder der Massenkultur. Kontroversen um Schmutz und Schund seit dem Kaiserreich.* Frankfurt a. M./New York 2012.

Maase, Kaspar/Kaschuba, Wolfgang (Hg.): *Schund und Schönheit. Populäre Kultur um 1900.* Köln/Weimar/Wien 2001.

Maiwald, Klaus-J.: *Filmzensur im NS-Staat.* Dortmund ¹1983.

Makropoulos, Michael: Benjamins Theorie der Massenkultur. In: Wirkus, Bernd (Hg.): *Die kulturelle Moderne zwischen Demokratie und Diktatur. Die Weimarer Republik und danach.* Konstanz 2007, S. 263–286.

Marschall, Brigitte: *Die Droge und ihr Double. Zur Theatralität anderer Bewusstseinszustände.* Köln/Weimar/Wien 2000.

Marschall, Susanne: *Farbe im Kino.* Marburg 2005.

Marshall, Marilyn E.: Physics, Metaphysics, and Fechner's Psychophysics. In: Woodward, William R./Ash, Mitchell G. (Hg.): *The Problematic Science: Psychology in Nineteenth-Century Thought.* New York 1982, S. 65–87.

Marßolek, Inge/Saldern, Adelheid von: Das Radio als historisches und historiographisches Medium. Eine Einführung. In: Dies. (Hg.): *Radio im Nationalsozialismus. Zwischen Lenkung und Ablenkung. Zuhören und Gehörtwerden. Band 1.* Tübingen 1998, S. 11–44.

Marßolek, Inge/Saldern, Adelheid von (Hg.): *Radio im Nationalsozialismus. Zwischen Lenkung und Ablenkung. Zuhören und Gehörtwerden. Band 1.* Tübingen 1998.

Martschukat, Jürgen/Stieglitz, Olaf: *„Es ist ein Junge!" Einführung in die Geschichte der Männlichkeiten in der Neuzeit.* Tübingen 2005.

Marx, Peter: Consuming the Canon: Theatre, Commodification, and Social Mobility in Late-Century German Theatre. In: *Theatre Research International* 31, Nr. 2 (2006)a, S. 129–144.

Marx, Peter: Jargontheater. In: Diner, Dan (Hg.): *Enzyklopädie jüdischer Geschichte und Kultur. Band 3.* Stuttgart/Weimar 2012, S. 170–173.

Marx, Peter: 'Wenn Ihr uns kitzelt, lachen wir nicht'? Formen ‚ethnischen Humors' im deutschsprachigen Theater zwischen 1870-1933. In: *Maske und Kothurn* 51, Nr. 4 (2006)b, S. 457–68.

Masset, Pierangelo: Kunst im Nationalsozialismus. In: Faulstich, Werner (Hg.): *Die Kultur der 30er und 40er Jahre.* München 2009, S. 233–242.

Mayne, Judith: Dracula in the twilight: Murnau's *Nosferatu* (1922). In: Rentschler, Eric (Hg.): *German Film & Literature. Adaptations and Transformations.* New York/London 1986, S. 25–39.

Mazower, Mark: *Hitler's Empire. Nazi Rule in Occupied Europe.* London 2009.

McCarthy, Margaret: Surface Sheen and Charged Bodies. Louise Brooks as Lulu in *Pandora's Box* (1929). In: Isenberg, Noah (Hg.): *Weimar Cinema. An Essential Guide to Classic Films of the Era.* New York 2009, S. 217–236.

McCormick, Richard: *Gender and Sexuality in Weimar Modernity. Film, Literature, and „New Objectivity".* New York/Basingstoke 2001.

Medovoi, Leerom: Theorizing Historicity, or the Many Meanings of *Blacula*. In: *Screen* 36, Nr. 1 (1998), S. 1–21.

Mehnert, Ute: *Deutschland, Amerika und die ‚Gelbe Gefahr'. Zur Karriere eines Schlagworts in der großen Politik, 1905-1917.* Stuttgart 1995.

Melchior-Bonnet, Sabine: *The Mirror: A History.* New York 2001.

Menke, Bettine/Vinken, Barbara (Hg.): *Stigmata. Poetiken der Körperinschrift.* München 2004.

Mennel, Barbara: *Queer Cinema. Schoolgirls, Vampires and Gay Cowboys.* London/New York 2012.

Mergel, Thomas: Das Kaiserreich als Migrationsgesellschaft. In: Müller, Sven O./Torp, Claudius (Hg.): *Das Deutsche Kaiserreich in der Kontroverse.* Göttingen 2009, S. 374–391.

Merthens, Herbert: *Moderne Sprache Mathematik. Eine Geschichte des Streits um die Grundlagen der Disziplin und des Subjekts formaler Systeme.* Frankfurt a. M. 1990.

Meskimmon, Marsha/West, Shearer (Hg.): *Visions of the Neue Frau. Women and the Visual Arts in Weimar Germany.* Aldershot 1995.

Meyer, Sibylle: Die mühsame Arbeit des demonstrativen Müßiggangs. Über die häuslichen Pflichten der Beamtenfrauen im Kaiserreich. In: Hausen, Karin (Hg.): *Frauen suchen ihre Geschichte: Historische Studien zum 19. und 20. Jahrhundert.* München 1983, S. 175–199.

Meyhöfer, Annette: Die Schauspielerinnen im Dritten Reich. In: Möhrmann, Renate (Hg.): *Die Schauspielerin. Zur Kulturgeschichte der weiblichen Bühnenkunst.* Frankfurt a. M. [1]1989, S. 300–323.

Micheler, Stefan: Homophobic Propaganda and the Denunciation of Same-Sex-Desiring Men under National Socialism. In: Herzog, Dagmar (Hg.): *Sexuality and Fascism.* New York/Oxford 2005, S. 95–130.

Michels, Stefanie: Totale Mobilmachung in Afrika. Der Erste Weltkrieg in Kamerun und Deutsch-Ostafrika. In: Baumkämper, Arnd/Julien, Elise (Hg.): *Durchhalten! Krieg und Gesellschaft im Vergleich, 1914-1918.* Göttingen 2010, S. 238–259.

Mickenberg, David u.a. (Hg.): *The Last Expression: Art and Auschwitz.* Evanston 2003.

Milfull, John (Hg.): *Attractions of Fascism. Social Psychology and Aesthetics of the ‚Triumph of the Right'.* New York/Oxford/Munich 1990.

Miller, Angela: The Panorama, the Cinema, and the Emergence of the Spectacular. In: *Wide Angle* 18, Nr. 2 (April 1996), S. 34–69.

Milton, Sybil H.: Der Weg zur ‚Endlösung der Zigeunerfrage': Von der Ausgrenzung zur Ermordung der Sinti und Roma. In: Bamberger, Edgar/Ehmann, Annegret (Hg.): *Kinder und Jugendliche als Opfer des Holocaust.* Heidelberg 1995, S. 32–35.

Milton, Sybil H.: 'Gipsies' as Social Outsiders in Nazi Germany. In: Gellately, Robert/Stolzfus, Nathan (Hg.): *Social Outsiders in Nazi Germany.* Princeton/Oxford 2001, S. 212–232.

Minden, Michael: Politics and the Silent Cinema: The Cabinet of Dr. Caligari and Battleship Potemkin. In: Timms, Edward/Collier, Peter (Hg.): *Visions and Blueprints. Avant-Garde Culture and Radical Politics in Early Twentieth-Century Europe.* Manchester/New York 1988, S. 287–306.

Mirzoeff, Nicholas (Hg.): *The Visual Culture Reader.* New York 1998.

Mitchell, Timothy: Die Welt als Ausstellung. In: Conrad, Sebastian u.a. (Hg.): *Essential Outsiders: Chinese and Jews in the Modern Transformation of Southeast Asia and Cultural Europe.* Seattle/London 1997, S. 148–176 (engl. 1989).

Modleski, Tania (Hg.): *Critical Approaches to Mass Culture.* Bloomington/Indianapolis 1986.

Möhring, Maren: *Marmorleiber. Körperbildung in der deutschen Nacktkultur (1890-1930).* Köln/Weimar/Wien 2004.

Möhring, Maren: Der fremde Rausch. Drogen und Kolonialismus um 1900 (unveröffentlichtes Vortragsmanuskript, S. 19).

Möhrmann, Renate (Hg.): *Die Schauspielerin. Zur Kulturgeschichte der weiblichen Bühnenkunst.* Frankfurt a. M. ¹1989.

Moeller, Felix: *Der Filmminister. Goebbels und der Film im Dritten Reich.* Berlin 1998.

Moon, Michael: Flaming Closets. In: *October* 51 (Winter 1989), S. 19–54.

Morat, Daniel: Kalte Männlichkeit? Weimarer Verhaltenslehren im Spannungsfeld von Emotionen- und Geschlechtergeschichte. In: Borutta, Manuel/Verheyen, Nina (Hg.): *Die Präsenz der Gefühle. Männlichkeit und Emotion in der Moderne.* Bielefeld 2010, S. 153–177.

Morgan, Wayne: *Drugs in America. A Social History.* New York 1981.

Mosse, George L.: *Germans and Jews. The Right, The Left, and the Search for a „Third Force" in Pre Nazi Germany.* New York 1970.

Mosse, George L.: *Die Nationalisierung der Massen. Politische Symbolik und Massenbewegungen in Deutschland von den Befreiungskriegen bis zum Dritten Reich.* Frankfurt a. M./Berlin/Wien 1976 (engl. 1974).

Mosse, George L.: *Fallen Soldiers – Reshaping the Memory of the World War.* New York/Cambridge 1990.

Mosse, George L.: *The Image of Man. The Creation of Modern Masculinity.* New York/Oxford 1996.

Mosse, George L.: Die Juden im Zeitalter des modernen Nationalismus. In: Alter, Peter u.a. (Hg.): *Die Konstruktion der Nation gegen die Juden.* München 1999, S. 15–25.

Mosse, George L. (Hg.): *International Fascism: New Thoughts and New Approaches.* London/Beverly Hills 1979.

Mühl-Benninghaus, Wolfgang: Exemplifikationen des Militärischen zwischen 1914 und 1918. Die Darstellung des Ersten Weltkrieges im Nonfiction Film. In: Müller, Corinna/Segeberg, Harro (Hg.): *Die Modellierung des Kinofilms. Die Geschichte des Kinoprogramms zwischen Kurzfilm und Langfilm (1905/06-1918).* München 1998, S. 273–300.

Mühl-Benninghaus, Wolfgang: Die deutsche Tonfilmentwicklung im Kontext medialer Verflechtungen. In: *Archiv für Sozialgeschichte* 41 (2001), S. 205–230.

Mühl-Benninghaus, Wolfgang: Vom Aufstieg des Tonfilms zur digitalen Bildproduktion. In: Polzer, Joachim (Hg.): *Aufstieg und Untergang des Tonfilms*. Die Zukunft des Kinos: 24p? *The Rise and Fall of Talking Movies*. The Future of Cinema: 24p? *Beiträge zu einer Kulturgeschichte der Filmtechnik. Contributions Towards the Cultural History of Film Technology*. Berlin/Potsdam ⁶2002, S. 55–95.
Mülder-Bach, Inka (Hg.): *Modernität und Trauma. Beiträge zum Zeitenbruch des Ersten Weltkrieges*. Wien 2000.
Müller, Corinna: *Frühe deutsche Kinematographie. Formale, wirtschaftliche und kulturelle Entwicklungen 1907-1912*. Stuttgart/Weimar 1994.
Müller, Corinna: *Vom Stummfilm zum Tonfilm*. München 2003a.
Müller, Corinna: Tonfilm: Neuer Realismus? Zum Beispiel *Ich bei Tag und Du bei Nacht*. In: Koebner, Thomas u.a. (Hg.): *Diesseits der ‚Dämonischen Leinwand'. Neue Perspektiven auf das späte Weimarer Kino*. München 2003b, S. 393–408.
Müller, Corinna: Kino und Kinokultur in Hamburg um 1932. In: Segeberg, Harro u.a. (Hg.): *NS-Medien in der Metropolregion Hamburg. Fallstudien zur Mediengeschichte des Dritten Reiches*. Hamburg ¹2009, S. 39–55.
Müller, Corinna/Segeberg, Harro (Hg.): *Die Modellierung des Kinofilms. Die Geschichte des Kinoprogramms zwischen Kurzfilm und Langfilm (1905/06-1918)*. München 1998.
Müller, Corinna/Segeberg, Harro (Hg.): *Kinoöffentlichkeit (1895-1920). Cinema's Public Sphere (1895-1920). Entstehung. Etablierung. Differenzierung. Emergence. Settlement. Differentiation*. Marburg 2008.
Müller, Jürgen: Der Vampir als Volksfeind. F. W. Murnaus *Nosferatu*. Ein Beitrag zur politischen Ikonografie der Weimarer Zeit. In: *Fotogeschichte* 72 (1999), S. 26–63.
Müller, Sven O./Torp, Claudius (Hg.): *Das deutsche Kaiserreich in der Kontroverse*. Göttingen 2009.
Müller, Ulrich/Wunderlich, Werner (Hg.): *Dämonen Monster Fabelwesen*. St. Gallen 1999.
Müller-Hill, Benno: *Murderous Science: Elimination by Scientific Selection of Jews, Gypsies, and Others: Germany 1933-1945*. Oxford 1988.
Mulvey, Laura: Notes on Sirk and Melodrama. In: *Movie* 25 (1977), S. 53–56.
Mulvey, Laura: Visual Pleasure and Narrative Cinema. In: *Wide Angle* 5, Nr. 1 (1982), S. 34–41.
Murphy, Richard J.: Carnival Desire and the Sideshow of Fantasy: Dream, Duplicity and Representational Instability in *The Cabinet of Dr. Caligari*. In: *The Germanic Review* 66 (1991), S. 48–56.
Murray, Bruce: *Film and the German Left in the Weimar Republic. From Caligari to Kuhle Wampe*. Austin 1990.
Musser, Charles: A Cinema of Contemplation, A Cinema of Discernment: Spectatorship, Intertextuality and Attractions in the 1990s. In: Strauven, Wanda (Hg.): *The Cinema of Attractions Reloaded*. Amsterdam 1996, S. 159–179.
Muth, Laura/Simonis, Annette (Hg.): *Weltentwürfe des Fantastischen. Erzählen, Schreiben, Spielen*. Essen 2013.
Nagl, Tobias: *Die unheimliche Maschine: Rasse und Repräsentation im Weimarer Kino*. München 2009.
Neale, Steve: Melodrama and Tears. In: *Screen* 27, Nr. 6 (November-Dezember 1986), S. 6–22.
Neale, Steve: Propaganda. In: *Screen* 18, Nr. 3 (Herbst 1977), S. 9–40.
Neitzel, Britta/Nohr, Rolf F. (Hg.): *Das Spiel mit dem Medium. Partizipation – Immersion – Interaktion. Zur Teilhabe an den Medien von Kunst bis Computerspiel*. Marburg 2006.
Nelson, Robert L. (Hg.): *Germans, Poland, and the Colonial Expansion to the East: 1850 to the Present*. New York 2009.
Netzwerk Körper: *What Can a Body Do? Praktiken und Figurationen des Körpers in den Kulturwissenschaften*. Frankfurt a. M./New York 2012.
NGBK (Hg.): *Inszenierung der Macht. Ästhetische Faszination im Faschismus*. Berlin 1987.
Niedbalski, Johanna: Vergnügungsparks. In: Becker, Tobias u.a.: *Weltstadtvergnügen. Berlin 1880-1930*. Göttingen/Bristol 2016, S. 153–192.

Nieden, Susanne zur: Aufstieg und Fall des virilen Männerhelden. Der Skandal um Ernst Röhm und seine Ermordung. In: Dies. (Hg.): *Homosexualität und Staatsräson. Männlichkeit, Homophobie und Politik in Deutschland 1900-1945*. Frankfurt a. M./New York 2005, S. 147–192.

Nieden, Susanne zur/Bruns, Claudia: ‚Und unsere germanische Art beruht bekanntlich zentnerschwer auf unserem Triebleben ...' Der ‚arische Körper' als Schauplatz von Deutungskämpfen bei Blüher, Heimsoth und Röhm. In: Diehl, Paula (Hg.): *Körper im Nationalsozialismus. Bilder und Praxen*. München/Paderborn 2006, S. 111–128.

Nieden, Susanne zur (Hg.): *Homosexualität und Staatsräson. Männlichkeit, Homophobie und Politik in Deutschland 1900-1945*. Frankfurt a. M./New York 2005.

Nolan, Mary: *Visions of Modernity. American Business and the Modernization of Germany*. New York/Oxford 1994.

Nowell-Smith, Geoffrey (Hg.): *Geschichte des internationalen Films*. Stuttgart/Weimar 1998 (engl. 1996).

Nowell-Smith, Geoffrey (Hg.): *Geschichte des internationalen Films*. Stuttgart/Weimar 2006 (engl. 1996, Sonderausgabe).

O'Brian, Mary-E.: Aestheticizing War: Eduard von Borsodys *Wunschkonzert*. In: *seminar: A Journal of Germanic Studies* 33, Nr. 1 (1997), S. 36–49.

O'Brian, Mary-E.: *Nazi Cinema as Enchantment. The Politics of Entertainment in the Third Reich*. Rochester/Woodbridge 2004.

Ochaim, Brygida/Bald, Claudia: *Varieté-Tänzerinnen um 1900. Vom Sinnenrausch zur Tanzmoderne*. Frankfurt a. M. 1998.

Oettermann, Stephan: Alles-Schau: Wachsfigurenkabinette und Panoptika. In: Kosok, Lisa/Jamin, Mathilde (Hg.): *Viel Vergnügen. Öffentliche Lustbarkeiten im Ruhrgebiet der Jahrhundertwende*. Essen 1992, S. 36–63.

Oettermann, Stephan: *The Panorama: History of a Mass Medium*. New York 1997 (dtsch. 1980).

Ofer, Dalia/Weitzman, Lenore J. (Hg.): *Women in the Holocaust*. New Haven/London 1998.

Oosterhuis, Harry: Reinheit und Verfolgung. Männerbünde, Homosexualität und Politik in Deutschland (1900-1945). In: *Österreichische Zeitschrift für Geschichtswissenschaften* 5, Nr. 3 (1994), S. 388–409.

Oosterhuis, Harry: Medizin, Männerbund und die Homosexuellenverfolgung im Dritten Reich. In: Jellonnek, Burkhard/Lautmann, Rüdiger (Hg.): *Nationalsozialistischer Terror gegen Homosexuelle. Verdrängt und ungesühnt*. Paderborn/München/Wien/Zürich 2002, S. 119–126.

Opitz, Tim: Die drei Bühnen der Stadt. Der Berliner Königsplatz als lokaler, nationaler und globaler Ort. In: Becker, Tobias u.a. (Hg.): *Die tausend Freuden der Metropole. Vergnügungskultur um 1900*. Bielefeld 2011, S. 43–66.

Oppelt, Ulrike: *Film und Propaganda im Ersten Weltkrieg. Propaganda als Medienrealität im Aktualitäten- und Dokumentarfilm*. Stuttgart 2002.

Orr, John: German Social Theory and the Hidden Face of Technology. In: *European Journal of Sociology* 15, Nr. 2 (Dezember 1974), S. 312–336.

Osietzki, Maria: Körpermaschinen und Dampfmaschinen. Vom Wandel der Physiologie und des Körpers unter dem Einfluß von Industrialisierung und Thermodynamik. In: Sarasin, Philipp/Tanner, Jakob (Hg.): *Physiologie und industrielle Gesellschaft. Studien zur Verwissenschaftlichung des Körpers im 19. und 20. Jahrhundert*. Frankfurt a. M. 1998, S. 313–346.

Osietzki, Maria: Das ‚Unbestimmte' des Lebendigen als Ressource wissenschaftlich-technischer Innovationen. In: Weber, Jutta/Bath, Corinna (Hg.): *Turbulente Körper, soziale Maschinen. Feministische Studien zur Technowissenschaftskultur*. Opladen 2003, S. 137–150.

Otis, Laura: *Müller's Lab*. New York 2007.

Otte, Marline: *Jewish Identities in German Popular Entertainment, 1890-1933*. Cambridge/New York/Melbourne/Madrid/Cape Town/Singapore/São Paulo 2006.

Paech, Anne: *Kino zwischen Stadt und Land. Geschichte des Kinos in der Provinz: Osnabrück*. Marburg 1985.

Paech, Anne/Paech, Joachim: *Menschen im Kino. Film und Literatur erzählen.* Stuttgart/Weimar 2000.
Paech, Joachim/Schröter, Jens (Hg.): *Intermedialität analog/digital. Theorien – Methoden – Analysen.* München 2008.
Paletschek, Sylvia/Pietrow-Ennker, Bianca (Hg.): *Women's Emancipation Movements in the 19th Century: A European Perspective.* Stanford 2004.
Palm, Kerstin: Unbewusstes Leben – Neovitalismus um 1900 als produktives Krisenphänomen. In: Angerer, Marie-L./König, Christiane (Hg.): *Gender Goes Life. Die Lebenswissenschaften als Herausforderung für die Gender Studies.* Bielefeld 2008, S. 201–220.
Palm, Kerstin: Homo vitalis – Existenzweisen des Lebens in der Biologie des 18. bis 20. Jahrhunderts. In: Breger, Claudia u.a. (Hg.): *Engineering Life. Narrationen vom Menschen in Biomedizin, Kultur und Literatur.* Berlin 2009, S. 37–52.
Paris, Michael (Hg.): *The First World War and Popular Cinema. 1914 to the Present.* Edinburgh 1999.
Parisi, Luciana: After Nature: The Dynamic Automation of Technical Objects. In: Weinstein, Jami/Colebrook, Claire (Hg.): *Posthumous Life. Theorizing Beyond the Posthuman.* New York 2017a, S. 155–178.
Parisi, Luciana: Automate Sex: Xenofeminism, Hyperstition, and Alienation. In: Gunkel, Henriette/Hameed, Aysha/O'Sullivan, Simon (Hg.): *Futures and Fictions.* London 2017b, S. 213–248.
Parisi, Luciana: Computational Logic and ecological rationality. In: Hörl, Erich/Burton, James (Hg.): *General Ecology. The New Ecological Paradigm.* London/Oxford/New York/New Delhi/Sydney 2017c, S. 75–99.
Patalas, Enno: 'Nirgends zuhause, in keinem Haus, in keinem Menschen.' Unterwegs zu NOSFERATU. In: Rüffert, Christiane u.a. (Hg.): *Unheimlich anders. Doppelgänger, Monster, Schattenwesen im Kino.* Berlin 2005, S. 17–24.
Paul, Gerhard: Krieg und Film im 20. Jahrhundert. Historische Skizze und methodologische Überlegungen. In: Chiari, Bernhard u.a. (Hg.): *Krieg und Militär im Film des 20. Jahrhunderts.* München 2003, S. 3–76.
Pauleit, Winfried u.a. (Hg.): *Das Kino träumt. Projektion. Imagination. Vision. Cinema Dreams. Projection. Imagination. Vision.* Berlin 2009.
Peiss, Kathy: Charity Girls and City Pleasures. In: *Magazine of History* 8, Nr. 4 (Juli 2004), S. 14–16.
Percheron, Daniel/Butzel, Marcia: Sound in Cinema and its Relationship to Image and Diegesis. In: *Yale French Studies* 60 (1980), S. 16–23.
Pérez, Gilberto G.: F. W. Murnau. An Introduction. In: *Film Comment* 7, Nr. 5 (1971), S. 13–15.
Pérez, Gilberto G.: Nosferatu. In: *Raritan* 13, Nr. 1 (Sommer 1993), S. 1–28.
Peters, Sibylle/Schäfer, Martin J.: Intellektuelle Anschauung – unmögliche Evidenz. In: Dies. (Hg.): *„Intellektuelle Anschauung" – Figurationen von Evidenz zwischen Kunst und Wissen.* Bielefeld 2006, S. 9–21.
Petersen, Klaus: *Zensur in der Weimarer Republik*, Stuttgart/Weimar 1995.
Petersen, Vibeke R.: *Women and Modernity in Weimar Germany: Reality and its Representation in Popular Fiction.* New York/Oxford 2001.
Petro, Patrice: *Joyless Streets. Women and Melodramatic Representation in Weimar Germany.* Princeton 1989.
Petro, Patrice: Modernity and Mass Culture in Weimar: Contours of a Discourse on Sexuality in Early Theories of Perception and Representation. In: *New German Critique* 40 (Winter 1987), S. 115–146.
Petro, Patrice: After Shock/Between Boredom and History. In: Dies. (Hg.): *Fugitive Images. From Photography to Video.* Bloomington/Indianapolis 1995, S. 265–284.
Petro, Patrice: Nazi Cinema at the Intersection of the Classical and the Popular. In: *New German Critique* 74 (Frühjahr-Sommer 1998), S. 41–55.
Petro, Patrice: National Cinemas/Interational Film Culture: *The Blue Angel* (1930) in Multiple Language Versions. In: Isenberg, Noah (Hg.): *Weimar Cinema. An Essential Guide to Classic Films of the Era.* New York 2009, S. 255–270.

Petro, Patrice (Hg.): *Fugitive Images. From Photography to Video.* Bloomington/Indianapolis 1995.
Petropoulos, Jonathan: *Art As Politics in the Third Reich.* Chapel Hill 1996.
Petropoulos, Jonathan: *The Faustian Bargain. The Artworld in Nazi Germany.* London 2000.
Peukert, Detlev J. K.: *Volksgenossen und Gemeinschaftsfremde. Anpassung, Ausmerze und Aufbegehren unter dem Nationalsozialismus.* Köln 1982.
Peukert, Detlev J. K.: *Die Weimarer Republik. Krisenjahre der Klassischen Moderne.* Frankfurt a. M. ¹1987.
Phillips, Marcus S.: The Nazi Control of the German Film Industry. In: *Journal of European Studies* 1, Nr. 1 (März 1971), S. 37–68.
Pirie, David: *The Vampire Cinema.* New York 1977.
Planert, Ute: *Antifeminismus im Kaiserreich. Diskurs, soziale Formation und politische Mentalität.* Göttingen 1998.
Planert, Ute: Vater Staat und Mutter Germania. Zur Politisierung des weiblichen Geschlechts im 19. und 20. Jahrhundert. In: Dies. (Hg.): *Nation, Politik und Geschlecht. Frauenbewegung und Nationalismus in der Moderne.* Frankfurt a. M./New York 2000, S. 21–25.
Planert, Ute: Wie reformfähig war das Kaiserreich? Ein westeuropäischer Vergleich aus geschlechtergeschichtlicher Perspektive. In: Müller, Sven O./Torp, Claudius (Hg.): *Das deutsche Kaiserreich in der Kontroverse.* Göttingen 2009, S. 165–184.
Planert, Ute (Hg.): *Nation, Politik und Geschlecht. Frauenbewegung und Nationalismus in der Moderne.* Frankfurt a. M./New York 2000.
Plant, Richard: *Rosa Winkel: Der Krieg der Nazis gegen die Homosexuellen.* Frankfurt a. M./New York 1991.
Plumb, Steve: *Neue Sachlichkeit 1918-33. Unity and Diversity of an Art Movement.* Amsterdam/New York 2006.
Polster, Bernd (Hg.): *„Swing Heil": Jazz im Nationalsozialismus.* Berlin 1988.
Polzer, Joachim (Hg.): *Aufstieg und Untergang des Tonfilms. Die Zukunft des Kinos: 24p? The Rise and Fall of Talking Movies. The Future of Cinema: 24p? Beiträge zu einer Kulturgeschichte der Filmtechnik. Contributions Towards the Cultural History of Film Technology.* Berlin/Potsdam ⁶2002.
Ponte, Susanne de: *Ein Bild von einem Mann – gespielt von einer Frau. Die wechselvolle Geschichte der Hosenrolle auf dem Theater. Kataloge zum Bestand des Deutschen Theatermuseums. Band 2.* München 2013.
Potter, Pamela: *Most German of the Arts: Musicology and Society from Weimar Republic to the End of Hitler's Third Reich.* New Haven 1998.
Pratt, David B.: 'Fit Food for Madhouse Inmates'. The Box Office Reception of the German Invasion of 1921. In: *Griffithiana* 16, Nr. 3 (1993), S. 96–157.
Prawer, Siegbert S.: Vom ‚Filmroman' zum Kinofilm. In: Belach, Helga/Bock, Hans-M. (Hg.): *Das Cabinett des Dr. Caligari. Drehbuch von Carl Meyer und Hans Janowitz zu Robert Wienes Film von 1919/1920.* München 1995, S. 11–40.
Preisendanz, Wolfgang/Warning, Rainer (Hg.): *Das Komische.* München 1976.
Prinzler, Hans H. (Hg.): *Friedrich Wilhelm Murnau. Ein Melancholiker des Films.* Berlin 2003.
Prümm, Karl: Der frühe Tonfilm als intermediale Konfiguration. In: Fiebach, Joachim/Mühl-Benninghaus, Wolfgang (Hg.): *Spektakel der Moderne. Bausteine zu einer Kulturgeschichte der Medien und des darstellenden Verhaltens.* St. Ingbert 1995, S. 278–290.
Prümm, Karl: Verhinderte Modernisierung. Fernsehdiskurs und Fernsehpolitik im ‚Dritten Reich'. In: Schütz, Erhard/Streim, Gregor (Hg.): *Reflexe und Reflexionen von Modernität 1933-1945.* Bern/Berlin/Brüssel/Frankfurt a. M./New York/Oxford/Wien 2002, S. 241–260.
Prüßmann, Karsten C.: *Die Dracula-Filme. Von Friedrich Wilhelm Murnau bis Francis Ford Coppola.* München 1993.
Przyrembel, Alexandra: *‚Rassenschande'. Reinheitsmythos und Vernichtungslegitimation im Nationalsozialismus.* Göttingen 2003.
Puar, Jasbir: *Terrorist Assemblages: Homonationalism in Queer Times.* Durham 2007.

Quack, Sibylle: Jüdische Frauen in den dreißiger Jahren. In: Heinsohn, Kirsten u.a. (Hg.): *Zwischen Karriere und Verfolgung. Handlungsräume von Frauen im nationalsozialistischen Deutschland*. Frankfurt a. M./New York 1997, S. 111–128.
Quaresima, Leonardo: Dichter heraus! The *Autorenfilm* and German Cinema of the 1910's. In: *Griffithiana* 38/39 (1990), S. 101–126.
Quaresima, Leonardo: Der Film im Dritten Reich. Moderne, Amerikanismus, Unterhaltungsfilm. In: *montage/av. Zeitschrift für Theorie und Geschichte audiovisueller Kommunikation* 3, Nr. 2 (1994), S. 5–22.
Quaresima, Leonardo: Tankstelle und Hinterhof. ‚Genre'-Entwicklung als Modernisierungsprogramm. In: Hagener, Malte/Hans, Jan (Hg.): *Als die Filme singen lernten. Innovation und Tradition im Musikfilm 1928-1938*. München 1999, S. 61–71.
Quartaert, Jean H.: *Staging Philanthropy. Patriotic Women and the National Imagination in Dynastic Germany, 1813-1916*. Ann Arbour 2001.
Rabinbach, Anson G.: The Aesthetics of Production in the Third Reich. In: Mosse, George L. (Hg.): *International Fascism: New Thoughts and New Approaches*. London/Beverly Hills 1979, S. 189–222.
Rabinbach, Anson G.: *Motor Mensch. Energie, Ermüdung und die Ursprünge der Modernität*. Wien 2001 (engl. 1990).
Rabinovitz, Lauren: *Electric Dreamland. Amusement Parks, Movies, and American Modernity*. New York 2012.
Radkau, Joachim: *Das Zeitalter der Nervosität: Deutschland zwischen Bismarck und Hitler*. München/Wien 1998.
Radstone, Susannah (Hg.): *Sweet Dreams. Sexuality, Gender and Popular Fiction*. London ^{1}1988.
Rappaport, Erika: A New Era of Shopping. In: Schwartz, Vanessa R./Przyblyski, Jeannene M. (Hg.): *The Nineteenth-Century Visual Culture Reader*. New York/London 2004, S. 151–164.
Rauscher, Susanne: Sweet Transvestite. Hosenrollen in der Oper. In: *feministische studien* 22 (November 2004), S. 263–276.
Reagin, Nancy: *Sweeping the German Nation. Domesticity and National Identity in Germany, 1870-1945*. Cambridge, MA 2007.
Reichel, Peter: *Der schöne Schein des Dritten Reiches. Faszination und Gewalt des Faschismus*. München/Wien 1991.
Reichert, Ramón: *Im Kino der Humanwissenschaften. Studien zur Medialisierung wissenschaftlichen Wissens*. Bielefeld 2007.
Reimann, Aribert: Der Erste Weltkrieg – Urkatastrophe oder Katalysator? In: Bundeszentrale für politische Bildung (Hg.): *Aus Politik und Zeitgeschichte* (B 29–30/2004), http://www.bpb.de/publikationen/TqS45R.html (15.07.2019).
Reintsch, Ole: Flappergirls. Feminismus und Konsumgesellschaft in den Goldenen Zwanzigern. In: Feminismus Seminar (Hg.): *Feminismus in historischer Perspektive. Eine Reaktualisierung*. Bielefeld 2014, S. 143–163.
Rentschler, Eric: *The Ministry of Illusion. Nazi Cinema and its Afterlife*. Cambridge/London 1996a.
Rentschler, Eric: The testament of Dr. Goebbels. In: *Film History* 8 (1996)b, S. 316–326.
Rentschler, Eric (Hg.): *German Film & Literature. Adaptations and Transformations*. New York/London 1986.
Rentschler, Eric (Hg.): *The Films of G. W. Pabst: An Extraterrestrial Cinema*. New Brunswick 1990.
Repp, Kevin: Marketing, Modernity, and ‚The German People's Soul'. Advertising and its Enemies in Late Imperial Germany, 1896-1914. In: Swett, Pamela E. u.a. (Hg.): *Selling Modernity. Advertising in Twentieth-Century Germany*. Durham/London 2007, S. 26–51.
Reuband, Karl-H.: 'Schwarzhören' im Dritten Reich. Verbreitung, Erscheinungsformen und Kommunikationsmuster im Umgang mit verbotenen Sendern. In: *Archiv für Sozialgeschichte* 41 (2001), S. 245–270.
Reuveni, Gideon: Lesen und Konsum. Der Aufstieg der Konsumkultur in Presse und Werbung Deutschlands bis 1933. In: *Archiv für Sozialgeschichte* 41 (2000), S. 97–117.

Reuveni, Gideon: *Reading Germany. Literature and Consumer Culture in Germany before 1933*. New York/Oxford 2006.
Rheinberger, Hans-J. (Hg.): *Experiment, Differenz, Schrift. Zur Geschichte epistemischer Dinge*. Marburg 1992.
Ricci, Fabio: *Ritter, Tod und Eros: die Kunst Elisàr von Kupffers (1872-1942)*. Köln/Weimar/Wien 2007.
Richebacher, Sabine: *Uns fehlt nur eine Kleinigkeit: Die deutsche proletarische Frauenbewegung 1890-1914*. Frankfurt a. M. 1982.
Riechert, Hansjörg: *Im Schatten von Auschwitz: Die nationalsozialistische Sterilisationspolitik gegenüber Sinti und Roma*. Münster/New York 1995.
Rieger, Stefan: Schaltungen. Das Unbewusste des Menschen und der Medien. In: Andriopoulos, Stefan u.a. (Hg.): *Die Adresse des Mediums*. Köln 2001, S. 235–250.
Rieger, Stefan: Arbeit an Sich. Dispositive der Selbstsorge in der Moderne. In: Bröckling, Ulrich/Horn, Eva (Hg.): *Anthropologie der Arbeit*. Tübingen 2002, S. 79–96.
Rieger, Stefan: *Kybernetische Anthropologie. Eine Geschichte der Virtualität*. Frankfurt a. M. ¹Auflage 2003.
Rieger, Stefan: Zur Genealogie der Psychophysik. In: Menke, Bettine/Vinken, Barbara (Hg.): *Stigmata. Poetiken der Körperinschrift*. München 2004, S. 355–372.
Rimmele, Markus/Sachs-Hombach, Klaus/Stiegler, Bernd (Hg.): *Bildwissenschaft und Visual Culture*. Bielefeld 2014.
Ritter, Joachim: *Subjektivität*. Frankfurt a. M. 1974.
Rogoff, Irit: Studying Visual Culture. In: Rimmele, Markus/Sachs-Hombach, Klaus/Stiegler, Bernd (Hg.): *Bildwissenschaft und Visual Culture*. Bielefeld 2014, S. 155–170.
Rogowski, Christian: The Dialectic of (Sexual) Enlightenment: Wilhelm Dieterle's *Geschlecht in Fesseln* (1928). In: Ders. (Hg.): *The Many Faces of Weimar Cinema. Rediscovering Germany's Filmic Legacy*. Rochester, NY 2010, S. 211–234.
Rogowski, Christian (Hg.): *The Many Faces of Weimar Cinema. Rediscovering Germany's Filmic Legacy*. Rochester, NY 2010.
Romani, Cinzia: *Die Filmdiven im Dritten Reich*. München 1982.
Rony, Fatimah T.: *The Third Eye: Race and Ethnographic Spectacle*. Durham 1996.
Rose, Romani/Bamberger, Edgar/Reuter, Frank (Hg.): *Der nationalsozialistische Völkermord an den Sinti und Roma*. Heidelberg 1995.
Ross, Corey: *Media and the Making of Modern Germany. Mass Communication, Society, and Politics From the Empire to the Third Reich*. Oxford 2008.
Rossell, Deac: *Living Pictures. The Origins of the Movies*. New York 1998.
Rother, Rainer: Vom ‚Kriegssofa' zum ‚Flug an die Front'. In: Ders. (Hg.): *Die letzten Tage der Menschheit. Bilder des Ersten Weltkriegs*. Berlin 1994, S. 195–205.
Rother, Rainer: The Experience of the First World War and the German Film. In: Paris, Michael (Hg.): *The First World War and Popular Cinema. 1914 to the Present*. Edinburgh 1999, S. 217–246.
Rother, Rainer: Leni Riefenstahl und der ‚absolute Film'. In: Segeberg, Harro (Hg.): *Mediale Mobilmachung. Mediengeschichte des Films. Band 4*. München 2004, S. 129–149.
Rother, Rainer: What is a National Socialist Film? In: *Historical Journal of Film, Radio and Television* 27, Nr. 4 (2007), S. 455–469.
Rothfels, Nigel: *Bring'em Back Alive: Carl Hagenbeck and Exotic Animal and People Trades in Germany, 1848-1914*. Ann Arbor 1994.
Rouette, Susanne: Nach dem Krieg: Zurück zur normalen Hierarchie der Geschlechter. In: Hausen, Karin (Hg.): *Geschlechterhierarchie und Arbeitsteilung. Zur Geschichte ungleicher Erwerbschancen von Männern und Frauen*. Göttingen 1993a, S. 167–190.
Rouette, Susanne: *Sozialpolitik als Geschlechterpolitik. Die Regulierung der Frauenarbeit nach dem Ersten Weltkrieg*. Frankfurt a. M./New York 1993b.
Rovit, Rebecca: *The Jewish Kulturbund Theatre Company in Nazi Berlin*. Iowa 2012.
Rüffert, Christiane u.a. (Hg.): *Unheimlich anders. Doppelgänger, Monster, Schattenwesen im Kino*. Berlin 2005.

Rürup, Reinhard: 'Weltkrieg' – ‚Volkskrieg' – ‚Kulturkrieg'. Die Bedeutung des Ersten Weltkrieges für die deutsche Geschichte. In: Spilker, Rolf/Ulrich, Bernd (Hg.): *Der Tod als Maschinist. Der industrialisierte Krieg 1914-1918*. Bramsche 1998, S. 13–21.
Rüther, Günther (Hg.): *Die Literatur in der Diktatur. Schreiben im Nationalsozialismus und DDR-Sozialismus*. Paderborn/München/Wien/Zürich 1997.
Ruhs, August: Geheimnisse einer Seele: Ein Freud-loses Projekt. In: Schlemmer, Gottfried u.a. (Hg.): *G. W. Pabst*. Münster 1990, S. 20–32.
Ruoff, Jeff (Hg.): *Virtual Voyages. Cinema and Travel*. Durham/London 2006.
Russo, Vito: *The Celluloid Closet. Homosexuality in the Movies*. New York/Cambridge/Philadelphia/San Francisco/London/Mexico City/ São Paulo/Sydney 1981.
Ruthner, Clemens: Vampirische Schattenspiele: Friedrich Wilhelm Murnaus Nosferatu: Eine Symphonie des Grauens (1921/1922). In: Keppler, Stefan/Will, Michael (Hg.): *Der Vampirfilm. Klassiker des Genres in Einzelinterpretationen*. Würzburg 2006, S. 29–54.
Ryan, James R.: *Picturing Empire: Photography and the Visualization of the British Empire*. London 1997.
Sachsse, Rolf: *Die Erziehung zum Wegsehen: Photographie im NS-Staat*. Dresden 2003.
Saekel, Ursula: *Der US-Film in der Weimarer Republik – ein Medium der „Amerikanisierung"? Deutsche Filmwirtschaft, Kulturpolitik und mediale Globalisierung im Fokus transatlantischer Interessen*. Paderborn/München/Wien/Zürich 2011.
Said, Edward: *Orientalismus*. Frankfurt a. M. 1981 (engl. 1978).
Saldern, Adelheid von: *Amerikanismus. Kulturelle Abgrenzung von Europa und US-Nationalismus im frühen 20. Jahrhundert*. Stuttgart 2013.
Saldern, Adelheid von: The Hidden History of Mass Culture. In: *International Labor and Working-Class History* 37 (Frühjahr 1990), S. 32–40.
Saldern, Adelheid von: Massenkultur im Visier. Ein Beitrag zu den Deutungs- und Einwirkungsversuchen während der Weimarer Republik. In: *Archiv für Sozialgeschichte* 33 (1993), S. 21–58.
Salt, Barry: From Caligari to Who? In: *Sight and Sound* 48, Nr. 2 (Frühjahr 1979), S. 119–123.
Salt, Barry: Der frühe deutsche Film. Stilmerkmale im internationalen Vergleich. In: Elsaesser, Thomas/Wedel, Michael (Hg.): *Kino der Kaiserzeit. Zwischen Tradition und Moderne*. München 2002, S. 318–335.
Sandberg, Mark B.: *Living Pictures. Missing Persons. Mannequins, Museums, and Modernity*. Princeton/Oxford 2003.
Sannwald, Daniela: Der Ton macht die Musik. Zur Definition und Struktur des frühen Tonfilms. In: Hagener, Malte/Hans, Jan (Hg.): *Als die Filme singen lernten. Innovation und Tradition im Musikfilm 1928-1938*. München 1999, S. 29–38.
Sarasin, Philipp/Tanner, Jakob (Hg.): *Physiologie und industrielle Gesellschaft. Studien zur Verwissenschaftlichung des Körpers im 19. und 20. Jahrhundert*. Frankfurt a. M. 1998.
Saunders, Thomas J.: *Hollywood in Berlin: Hollywood Cinema and Weimar Germany*. Berkeley/Los Angeles 1994.
Schäfer, Hans D.: *Das gespaltene Bewusstsein. Deutsche Kultur und Lebenswirklichkeit 1933-1945*. Frankfurt a. M./Berlin/Wien 1984.
Schäfer, Hans D.: Kultur als Simulation. Das Dritte Reich und die Postmoderne. In: Rüther, Günther (Hg.): *Die Literatur in der Diktatur. Schreiben im Nationalsozialismus und DDR-Sozialismus*. Paderborn/München/Wien/Zürich 1997, S. 215–245.
Scharlau, Ulf/Witting-Nöthen, Petra (Hg.): *„Wenn die Jazzband spielt ..." Von Schlager, Swing und Operette. Zur Geschichte der Leichten Musik im deutschen Rundfunk*. Berlin [1]2006.
Schaub, Hagen: *Blutspuren. Die Geschichte der Vampire. Auf den Spuren eines Mythos*. Graz 2008.
Schaudig, Michael (Hg.): *Positionen deutscher Filmgeschichte. 100 Jahre Kinematographie: Strukturen, Diskurse, Kontexte*. München 1996.
Scheerer, Eckhart: Gustav Theodor Fechner und die Neurobiologie: ‚Innere Psychophysik' und ‚tierische Elektrizität'. In: Florey, Ernst/Breidbach, Olaf (Hg.): *Das Gehirn, Organ der Seele? Zur Ideengeschichte der Neurobiologie*. Berlin 1993, S. 259–286.

Schenk, Imbert: Geschichte im NS-Film. Kritische Anmerkungen zur filmwissenschaftlichen Suggestion der Identität von Propaganda und Wirkung. In: *montage/av. Zeitschrift für Theorie und Geschichte audiovisueller Kommunikation* 3.2 (1994), S. 73–98.
Schenk, Imbert: Walter Ruttmanns Kultur- und Industriefilme. In: Segeberg, Harro (Hg.): *Mediale Mobilmachung. Mediengeschichte des Films. Band 4.* München 2004, S. 103–125.
Schenk, Imbert (Hg.): *Filmkritik. Bestandsaufnahme und Perspektiven.* Marburg 1998.
Schenk, Imbert (Hg.): *Dschungel Großstadt. Kino und Modernisierung.* Marburg 1999.
Scheunemann, Dietrich: Intolerance – Caligari – Potemkin: Zur ästhetischen Funktion der Zwischentitel im frühen Film. In: Goetsch, Paul/Scheunemann, Dietrich (Hg.): *Text und Ton im Film.* Tübingen 1997, S. 11–45.
Schieder, Wolfgang/Christof Dipper: Propaganda. In: Brunner, Otto u.a. (Hg.): *Geschichtliche Grundbegriffe. Historisches Lexikon zur politisch-sozialen Sprache in Deutschland. Band 5.* Stuttgart ¹1984, S. 69–112.
Schivelbusch, Wolfgang: *Geschichte der Eisenbahnreise. Zur Industrialisierung von Raum und Zeit im 19. Jahrhundert.* München/Wien 1977.
Schlemmer, Gottfried u.a. (Hg.): *G. W. Pabst.* Münster 1990.
Schlüpmann, Heide: Kinosucht. In: *Frauen und Film*, Nr. 33 (Oktober 1982), S. 45–52.
Schlüpmann, Heide: Faschistische Trugbilder weiblicher Autonomie. In: *Frauen und Film*, Nr. 44/45 (1988/91), S. 44–65.
Schlüpmann, Heide: *Die Unheimlichkeit des Blicks. Das Drama des frühen deutschen Kinos.* Frankfurt a. M./Basel 1990.
Schlüpmann, Heide: Wahrheit und Lüge im Zeitalter der technischen Reproduzierbarkeit. Detektiv und Heroine bei Joe May. In: Bock, Hans-M./Lenssen, Claudia (Hg.): *Joe May. Regisseur und Produzent.* München 1991, S. 45–60.
Schlüpmann, Heide: 'Die Erziehung des Publikums'. Auch eine Vorgeschichte des Weimarer Kinos. In: *KINtop: Jahrbuch zur Erforschung des frühen Films* 5 (1996), S. 133–146.
Schlüpmann, Heide u.a. (Hg.): *Asta Nielsen. Sprache der Liebe.* Wien ²2010.
Schmidgen, Henning: *Die Helmholtz-Kurven. Auf der Suche nach der verlorenen Zeit.* Berlin 2009.
Schmidgen, Henning: Between the Laboratory and the Museum: Claude Bernard and the Problem of Time. In: *History and Philosophy of Life Sciences* 35, Nr. 1 (2013), S. 33–37.
Schmidt, Gunnar: *Anamorphotische Körper. Medizinische Bilder vom Menschen im 19. Jahrhundert.* Köln/Weimar/Wien 2001.
Schmidt, Jens: „Sich hart machen, wenn es gilt": Männlichkeitskonzeptionen in Illustrierten der Weimarer Republik. Münster 2000.
Schmidt, Klaus M.: Dracula – Der Herrscher der Finsternis. Vom mittelalterlichen Mythos zum modernen Zelluloid-Nervenkitzel. In: Müller, Ulrich/Wunderlich, Werner (Hg.): *Dämonen Monster Fabelwesen.* St. Gallen 1999, S. 185–204.
Schmidt, Ulf: 'Der Blick auf den Körper'. Sozialhygienische Filme, Sexualitätsaufklärung und Propaganda in der Weimarer Republik. In: Hagener, Malte (Hg.): *Geschlecht in Fesseln. Sexualität zwischen Aufklärung und Ausbeutung im Weimarer Kino 1918-1933.* München 2000, S. 22–46.
Schmiechen-Ackermann, Detlef (Hg.): *Anpassung, Verweigerung, Widerstand. Soziale Milieus, Politische Kultur und der Widerstand gegen den Nationalsozialismus in Deutschland im regionalen Vergleich.* Berlin ¹1997.
Schmied, Wieland: *Neue Sachlichkeit und Magischer Realismus in Deutschland, 1918-1933.* Hannover 1969.
Schmölders, Claudia: Die Stimme des Bösen. Zur Klanggestalt des Dritten Reiches. In: *Merkur* 581 (1997), S. 681–693.
Schneider, Franka: Die temporäre Verdorfung Berlins. Der Alpenball als urbane Vergnügungspraxis um 1900. In: Becker, Tobias u.a. (Hg.): *Die tausend Freuden der Metropole. Vergnügungskultur um 1900.* Bielefeld 2011, S. 197–228.
Schneider, Irmela (Hg.): *Radio-Kultur in der Weimarer Republik: Eine Dokumentation.* Tübingen 1984.

Schneider, Silke: *Verbotener Umgang. Ausländer und Deutsche im Nationalsozialismus. Diskurse um Sexualität, Moral, Wissen und Strafe.* Baden-Baden 2010.
Schneider, Thomas F.: Zwischen Wahrheitsanspruch und Fiktion. Zur deutschen Kriegsliteratur im Ersten Weltkrieg. In: Spilker, Rolf/Ulrich, Bernd (Hg.): *Der Tod als Maschinist. Der industrialisierte Krieg 1914-1918.* Bramsche 1998, S. 143–153.
Schöning, Jörg: Rund um den Erdball. Exotische Reise- und Abenteuerfilme 1919-1945. In: Bock, Hans-M. u.a. (Hg.): *Triviale Tropen. Exotische Reise- und Abenteuerfilme aus Deutschland 1919-1939.* München 1997, S. 195–206.
Schoppmann, Claudia: Zwischen strafrechtlicher Verfolgung und gesellschaftlicher Ächtung: Lesbische Frauen im ‚Dritten Reich'. In: Eschebach, Insa (Hg.): *Homophobie und Devianz. Weibliche und männliche Homosexualität im Nationalsozialismus.* Berlin 2012, S. 35–51.
Schoppmann, Claudia: *Nationalsozialistische Sexualpolitik und weibliche Homosexualität.* Pfaffenweiler 1991.
Schrader, Astrid: Responding to Pfiesteria piscicida (the Fish Killer): Phantomatic Ontologies, Indeterminacy, and Responsibility in Toxic Microbiology. In: *Social Studies of Science* 40, Nr. 2 (April 2010), S. 275–306.
Schrader, Astrid: Haunted Measurements: Demonic Work and Time in Experimentation. In: *differences: A Journal of Feminist Cultural Studies* 23, Nr. 3 (2012), S. 119–160. https://doi.org/10.1215/10407391-1892916.
Schrader, Astrid: Microbial Suicide: Towards a Less Anthropocentric Ontology of Life and Death. In: *Body & Society* 23, Nr. 3 (September 2017), S. 1–27. https://doi.org/10.1177/1357034X17716523.
Schrage, Dominik: *Psychotechnik und Radiophonie: Subjektkonstruktionen in artifiziellen Wirklichkeiten 1918-1932.* München 2001.
Schrödl, Barbara: *Das Bild des Künstlers und seiner Frauen. Beziehungen zwischen Kunstgeschichte und Populärkultur in Spielfilmen im Nationalsozialismus und der Nachkriegszeit.* Marburg 2004.
Schrödl, Barbara: Bilder partieller Emanzipation: Künstlerpaare im NS-Spielfilm. In: Frietsch, Elke/Herkommer, Christina (Hg.): *Nationalsozialismus und Geschlecht. Zur Politisierung und Ästhetisierung von Körper, „Rasse" und Sexualität im „Dritten Reich" und nach 1945.* Bielefeld 2009, S. 244–258.
Schüttpelz, Erhard/Kümmel, Albert (Hg.): *Signale der Störung.* München 2003.
Schütz, Erhard: Das ‚Dritte Reich' als Mediendiktatur: Medienpolitik und Modernisierung in Deutschland 1933 bis 1945. In: *Monatshefte* 87, Nr. 2 (Sommer 1995), S. 129–150.
Schütz, Erhard: Flieger – Helden der Neotonie. Jugendlichkeit und Regeneration in Literatur, Massenmedien und Anthropo-Biologie. Eine Studie zur unspezifischen Modernität des ‚Dritten Reiches'. In: Ders./Streim, Gregor (Hg.): *Reflexe und Reflexionen von Modernität 1933-1945.* Bern/Berlin/Brüssel/Frankfurt a. M./New York/Oxford/Wien 2002a, S. 83–107.
Schütz, Erhard: Wunschbilder des Nationalsozialismus in Kultur und Künsten. In: Sösemann, Bernd (Hg.): *Der Nationalsozialismus und die deutsche Gesellschaft. Einführung und Überblick.* Stuttgart/München 2002b, S. 221–238.
Schütz, Erhard/Streim, Gregor (Hg.): *Reflexe und Reflexionen von Modernität 1933-1945.* Bern/Berlin/Brüssel/Frankfurt a. M./New York/Oxford/Wien 2002.
Schulte-Sasse, Linda: *Entertaining the Third Reich. Illusions of Wholeness in Nazi Cinema.* Durham/London 1996.
Schwartz, Gudrun: 'Viragos' in Male Theory in Nineteenth Century Germany. In: Friedlander, Judith u.a. (Hg.): *Women in Culture and Politics: A Century of Change.* Bloomington/Indianapolis 1986, S. 128–143.
Schwartz, Vanessa R./Przyblyski, Jeannene M. (Hg.): *The Nineteenth-Century Visual Culture Reader.* New York/London 2004.
Schweinitz, Jörg: ‚Wie im Kino!' Die autothematische Welle im frühen Tonfilm. Figurationen des Selbstreflexiven. In: Koebner, Thomas u.a. (Hg.): *Diesseits der ‚Dämonischen Leinwand'. Neue Perspektiven auf das späte Weimarer Kino.* München 2003, S. 373–392.

Schweinitz, Jörg: Totale Immersion, Kino und die Utopien von der virtuellen Realität. Zur Geschichte und Theorie eines Mediengründungsmythos. In: Neitzel, Britta/Nohr, Rolf F. (Hg.): *Das Spiel mit dem Medium. Partizipation – Immersion – Interaktion. Zur Teilhabe an den Medien von Kunst bis Computerspiel.* Marburg 2006, S. 136–153.
Schweinitz, Jörg (Hg.): *Prolog vor dem Film. Nachdenken über ein neues Medium 1909-1914.* Leipzig ¹1992.
Sedgwick, Eve K.: *Between Men. English Literature and Male Homosocial Desire.* New York/ Chicester 1985.
Sedgwick, Eve K.: *The Coherence of Gothic Conventions.* New York/London ¹1986.
Sedgwick, Eve K.: *Epistemology of the Closet.* Berkeley/Los Angeles 1990.
Sedgwick, Eve K.: Queer Performativity. Henry James's *The Art of the Novel.* In: *GLQ: A Journal of Gay and Lesbian Studies* 1 (1993), S. 1–16.
See, Klaus von: Politische Männerbund-Ideologie von der wilhelminischen Zeit bis zum Nationalsozialismus. In: Völger, Gisela/Welck, Karin von (Hg.): *Männerbünde – Männerbande. Zur Rolle des Mannes im Kulturvergleich.* Köln 1990, S. 93–102.
Seeßlen, Georg/Jung, Fernand: *Horror. Geschichte und Mythologie des Horrorfilms.* Marburg 2006.
Segeberg, Harro: Faschistische Medien-Ästhetik? Ernst Jüngers *Der Arbeiter* und Leni Riefenstahls *Triumph des Willens.* In: Fohrmann, Jürgen u.a. (Hg.): *Autorität der/in Sprache, Literatur, Neuen Medien.* Bielefeld 1999, S. 724–742.
Segeberg, Harro: Erlebnisraum Kino. Das Dritte Reich als Kultur- und Mediengesellschaft. In: Ders. (Hg.): *Mediale Mobilmachung. Mediengeschichte des Films. Band 4.* München 2004, S. 11–42.
Segeberg, Harro (Hg.): *Mediale Mobilmachung. Mediengeschichte des Films. Band 4.* München 2004.
Segeberg, Harro u.a. (Hg.): *NS-Medien in der Metropolregion Hamburg. Fallstudien zur Mediengeschichte des Dritten Reiches.* Hamburg ¹2009.
Sekula, Allan: The Body and the Archive. In: *October* 39, Nr. 2 (1986), S. 1–64.
Showalter, Elaine: Syphilis, Sexuality, and the Fiction of the Fin de Siècle. In: Yeazell, Ruth B. (Hg.): *Sex, Politics, and Science in the Nineteenth-Century Novel.* Baltimore 1990, S. 88–115.
Sieg, Katrin: *Ethnic Drag. Performing Race, Nation, Sexuality in West Germany.* Ann Arbor 2002.
Siegel, Tilla: *Leistung und Lohn in der nationalsozialistischen „Ordnung der Arbeit".* Opladen 1989.
Siegert, Bernhard: *Passagen des Digitalen. Zeichenpraktiken der neuzeitlichen Wissenschaften 1500-1900.* Berlin 2003.
Siegrist, Hannes u.a. (Hg.): *Europäische Konsumgeschichte. Zur Gesellschafts- und Kulturgeschichte des Konsums (18. bis 20. Jahrhundert).* Frankfurt a. M./New York 1997.
Singer, Ben: *Melodrama and Modernity. Early Sensational Cinema and its Contexts.* New York 2001.
Skal, David S. (Hg.): *Hollywood Gothic: The Tangled Web of Dracula from Novel to Stage to Screen.* New York 2004.
Smedley, Nick: *A Divided World. Hollywood Cinema and Emigré Directors in The Era of Roosevelt and Hitler, 1933-1948.* Chicago 2011.
Sneeringer, Julia: *Winning Women's Votes: Propaganda and Politics in Weimar Germany.* Chapel Hill 2002.
Snitow, Ann u.a. (Hg.): *Powers of Desire. The Politics of Sexuality.* New York 1983.
Sösemann, Bernd (Hg.): *Der Nationalsozialismus und die deutsche Gesellschaft. Einführung und Überblick.* Stuttgart/München 2002.
Solomon, Matthew: *Disappearing Tricks: Silent Films, Houdini, and the New Magic of the Twentieth Century.* Urbana 2010.
Solomon-Godeau, Abigail: The Other Side of Venus. The Visual Economy of Feminine Display. In: Grazia, Victoria de/Furlough, Ellen (Hg.): *The Sex of Things. Gender and Consumption in Historical Perspective.* Berkeley/Los Angeles/London 1996, S. 113–150.

Sorlin, Pierre: Cinema and the Memory of the Great War. In: Paris, Michael (Hg.): *The First World War and Popular Cinema. 1914 to the Present*. Edinburgh 1999, S. 5–26.
Spieker, Markus: *Hollywood unterm Hakenkreuz: der amerikanische Film im Dritten Reich*. Trier 1999.
Spiekermann, Uwe: Display Windows and Window Displays in German Cities of the Nineteenth Century: Towards the History of a Commercial Breakthrough. In: Wischermann, Clemens/ Shore, Elliott (Hg.): *Advertising and the European City. Historical Perspectives*. Aldershot 2000, S. 139–171.
Spieldiener, Annette: Der Weg des ‚erstbesten Narren' ins ‚Planschbecken des Volksgemüts': Gustav Raeders Posse *Robert und Bertram* und die Entwicklung der Judenrollen im Possetheater des 19. Jahrhunderts. In: Bayerdörfer, Hans-P. u.a. (Hg.): *Darstellungsformen im europäischen Theater von der Restauration bis zur Zwischenkriegszeit*. Tübingen 2008, S. 101–112.
Spiker, Jürgen: *Film und Kapital. Der Weg der deutschen Filmwirtschaft zum nationalsozialistischen Einheitskonzern*. Berlin 1975.
Spilker, Rolf/Ulrich, Bernd (Hg.): *Der Tod als Maschinist. Der industrialisierte Krieg 1914-1918*. Bramsche 1998.
Stahr, Gerhard: *Volksgemeinschaft vor der Leinwand. Der nationalsozialistische Film und sein Publikum*. Berlin 2001.
Stanizek, Georg/Voßkamp, Wilhelm (Hg.): *Schnittstelle Medien und kulturelle Kommunikation*. Köln ¹2001.
Stargardt, Ute: *Rassenpolitik* and National Socialist Cinema. In: *SHOFAR: An Interdisciplinary Journal of Jewish Studies* 16, Nr. 3 (Frühjahr 1998), S. 1–27.
Stark, Gary D.: Cinema, Society, and the State: Policing the Film Industry in Imperial Germany. In: Ders./Lackner, Bede K. (Hg.): *Essays on Culture and Society in Modern Germany*. Arlington 1982, S. 122–166.
Stark, Gary D./Lackner, Bede K. (Hg.): *Essays on Culture and Society in Modern Germany*. Arlington 1982.
Steakley, James: *The Homosexual Emancipation Movement in Germany*. New York 1975.
Steakley, James: Iconography of a Scandal. Political Cartoons and the Eulenburg Affair in Wilhelmine Germany. In: Duberman, Martin u.a. (Hg.): *Hidden From History. Reclaiming The Gay and Lesbian Past*. London/New York 1989, S. 233–263.
Steakley, James: Cinema and Censorship in the Weimar Republic: The Case of *Anders als die Anderen*. In: *Film History* 11, Nr. 2 (1999), S. 181–203.
Stegmann, Dirk: Die Angestelltenkultur in der Weimarer Republik. In: Faulstich, Werner (Hg.): *Die Kultur der zwanziger Jahre*. München 2008, S. 21–39.
Steinbach, Peter/Tuchel, Johannes (Hg.): *Widerstand gegen den Nationalsozialismus*. Bonn 1994.
Steinborn, Anke: Nosferatu – Ein expressionistisches Bewegtbild-Bestiarium. In: Muth, Laura/ Simonis, Annette (Hg.): *Weltentwürfe des Fantastischen. Erzählen, Schreiben, Spielen*. Essen 2013, S. 231–243.
Steinle, Matthias/Röwekamp, Burkhard (Hg.): *Selbst/Reflexionen. Von der Leinwand bis zum Interface*. Marburg 2004.
Steinmetz, Selma: *Österreichs Zigeuner im NS-Staat*. Wien 1966.
Steinmeyer, Jim: *Hiding the Elephant: How Magicians Invented the Impossible and Learned to Disappear*. New York 2003.
Steinweis, Alan: *Art, Ideology, and Economics in Nazi Germany: The Reich Chambers of Music, Theater and the Visual Arts*. Chapel Hill 1995.
Sternberger, Dolf: *Panorama oder Ansichten vom 19. Jahrhundert*. Hamburg 1946.
Stewart, Susan: Death and Life, in That Order, in the Works of Charles Wilson Peale. In: Cooke, Lynne/Wollen, Peter (Hg.): *Visual Display. Culture Beyond Appearance*. Seattle 1995, S. 31–53.
Stierle, Karlheinz: Komik der Handlung, Komik der Sprachhandlung, Komik der Komödie. In: Preisendanz, Wolfgang/Warning, Rainer (Hg.): *Das Komische*. München 1976, S. 237–269.

Stigler, Stephen M.: *History of Statistics. The Measurement of Uncertainty Before 1900.* Cambridge 1986.
Stoehr, Irene: Organisierte Mütterlichkeit: Zur Politik der deutschen Frauenbewegung um 1900. In: Hausen, Karin (Hg.): *Frauen suchen ihre Geschichte: Historische Studien zum 19. und 20. Jahrhundert.* München 1983, S. 225–253.
Stollmann, Rainer/Smith, Ronald L.: Fascist Politics as a Total Work of Art: Tendencies of the Aestheticization of Political Life in National Socialism. In: *New German Critique* 14 (Frühjahr 1978), S. 41–60.
Stone, Allucquère R.: *The War of Technology and Desire at the Close of the Mechanical Age.* Cambridge, MA 1995.
Strauven, Wanda (Hg.): *The Cinema of Attractions Reloaded.* Amsterdam 1996.
Streim, Gregor: ‚Tempo – Zeit – Dauer.' Zum phänomenologischen Technikdiskurs im ‚Dritten Reich'. In: Schütz, Erhard/Streim, Gregor (Hg.): *Reflex und Reflexionen von Modernität 1933-1945.* Bern/Berlin/Brüssel/Frankfurt a. M./New York/Oxford/Wien 2002, S. 41–59.
Strobel, Ricarda: Film- und Kinokultur der 30er und 40er Jahre. In: Faulstich, Werner (Hg.): *Die Kultur der 30er und 40er Jahre.* 2009, S. 129–147.
Struck, Wolfgang: Die Geburt des Abenteuers aus dem Geist des Kolonialismus. Exotistische Filme in Deutschland nach dem ersten Weltkrieg. In: Kundrus, Birte (Hg.): *Phantasiereiche. Zur Kulturgeschichte des deutschen Kolonialismus.* Frankfurt a. M./New York 2003, S. 263–281.
Struck, Wolfgang: *Die Eroberung der Phantasie. Kolonialismus, Literatur und Film zwischen deutschem Kaiserreich und Weimarer Republik.* Göttingen 2010.
Stryker, Susan: My Words to Victor Frankenstein Above the Village of Chamounix. Performing Transgender Rage. In: *GLQ: A Journal of Lesbian and Gay Studies* 1 (1994), S. 237–254.
Stuchtey, Benedikt: 'Not By Law but by Sentiment': Great Britain and Imperial Defense, 1918-1939. In: Chickering, Roger/Förster, Stig (Hg.): *The Shadows of Total War. Europe, East Asia, and the United States, 1919-1939.* Washington/Oxford 2003, S. 255–270.
Stuchtey, Benedikt: *Die europäische Expansion und ihre Feinde. Kolonialismuskritik vom 18. bis 20. Jahrhundert.* München 2010.
Studlar, Gaylyn: The Perils of Pleasure? Fan Magazine Discourse as Women's Commodified Culture in the 1920s. In: *Wide Angle* 13, Nr. 1 (1991), S. 6–33.
Stümke, Hans-G.: *Homosexuelle in Deutschland. Eine politische Geschichte.* München 1989.
Stümke, Hans-G./Rudi Finkler: *Rosa Winkel, Rosa Listen. Homosexuelle und „Gesundes Volksempfinden" von Auschwitz bis heute.* Reinbek bei Hamburg 1981.
Sturken, Marita/Cartwright, Lisa: Practices of Looking: An Introduction to Visual Culture. In: Rimmele, Markus/Sachs-Hombach, Klaus/Stiegler, Bernd (Hg.): *Bildwissenschaft und Visual Culture.* Bielefeld 2014, S. 187–203.
Sturm, Eva: Von der Zensurfreiheit zum Zensurgesetz. Das erste deutsche Lichtspielgesetz (1920). In: Hagener, Malte (Hg.): *Geschlecht in Fesseln. Sexualität zwischen Aufklärung und Ausbeutung im Weimarer Kino 1918-1933.* München 2000, S. 63–79.
Swett, Pamela E. u.a. (Hg.): *Pleasure and Power in Nazi Germany.* Basingstoke/Houndsmill 2011.
Swett, Pamela E. u.a. (Hg.): *Selling Modernity. Advertising in Twentieth-Century Germany.* Durham/London 2007.
Szabo, Sacha: *Rausch und Rummel. Attraktionen auf Jahrmarkt und in Vergnügungsparks. Eine soziologische Kulturgeschichte.* Bielefeld 2006.
Szabo, Sacha (Hg.): *Kultur des Vergnügens. Kirmes und Freizeitparks. Schausteller und Fahrgeschäfte. Facetten nicht-alltäglicher Orte.* Bielefeld 2009.
Tagg, John: *The Burden of Representation: Essays on Photographies and Histories.* Amherst/London 1988.
Tamagne, Florence: *A History of Homosexuality in Europe. Berlin, London Paris, 1919-139.* 2 Bände. New York 2006 (frz. 2000).
Taylor, Brandon/Will, Wilfried van der (Hg.): *The Nazification of Art. Art, Design, Music, Architecture and Film in the Third Reich.* Winchester 1990.

Tegel, Susan: Veit Harlan and the Origins of ‚Jud Süß', 1938-1939: Opportunism in the Creation of Nazi Anti-Semitic Film Propaganda. In: *Historical Journal of Film, Radio and Television* 16, Nr. 4 (1996), S. 515–531.
Tenfelde, Klaus (Hg.): *Arbeiter im 20. Jahrhundert*. Stuttgart 1991.
Theaterwissenschaftliche Sammlung der Universität zu Köln (Hg.): *Fantasies of India on the German Stage*. Köln 2016.
Theweleit, Klaus: *Männerphantasien*. Band 2. Reinbek bei Hamburg 1984.
Thies, Ralf: *Ethnograph des dunklen Berlin. Hans Ostwald und die „Großstadt-Dokumente" (1904-1908)*. Köln/Wien 2006.
Thode-Arora, Hilke: *Für fünfzig Pfennig um die Welt. Die Hagenbeckschen Völkerschauen*. Frankfurt a. M./New York 1989.
Thode-Arora, Hilke: Völkerschauen als Vorläufer exotisierender Abenteuerfilme. In: Bock, Hans.-M. u.a. (Hg.): *Triviale Tropen. Exotische Reise- und Abenteuerfilme aus Deutschland 1919-1939*. München 1997, S. 19–33.
Thompson, Kristin: Early Sound Counterpoint. In: *Yale French Studies* 60 (1980), S. 115–140.
Thompson, Kristin: Dr. Caligari at the Folies-Bergères, or, The Successes of an Early Avant-Garde Film. In: Budd, Michael (Hg.): *The Cabinet of Dr. Caligari: Texts, Contexts, Histories*. New Brunswick/London 1990, S. 121–169.
Thompson, Kristin: National or International Films? The European Debate During the 1920s. In: *Film History* 8 (1996), S. 281–296.
Throta, Trutz von: 'The Fellows Can Just Starve': On Wars of ‚Pacification' in the African Colonies of Imperial Germany and the Concept of ‚Total War'. In: Boemeke, Manfred F. u.a. (Hg.): *Anticipating Total War: The German and American Experiences, 1871-1914*. Washington/Oxford 1999, S. 415–435.
Thurner, Erika: *Nationalsozialismus und Zigeuner in Österreich*. Wien 1983.
Timms, Edward/Collier, Peter (Hg.): *Visions and Blueprints. Avant-garde Culture and Radical Politics in Early Twentieth-Century Europe*. Manchester/New York 1988.
Toeplitz, Jerry: *Geschichte des Films. Band 1*. Berlin 1992.
Töteberg, Michael: Neben dem Operetten-Theater und vis-à-vis Schauspielhaus. Eine Kino-Topographie von Hamburg 1896-1912. In: Müller, Corinna/Segeberg, Harro (Hg.): *Kinoöffentlichkeit (1895-1920). Cinema's Public Sphere (1895-1920). Entstehung. Etablierung. Differenzierung. Emergence. Settlement. Differentiation*. Marburg 2008, S. 87–104.
Torp, Claudius: Das Janusgesicht der Weimarer Konsumpolitik. In: Haupt, Heinz-G./Torp, Claudius (Hg.): *Die Konsumgesellschaft in Deutschland 1890-1990. Ein Handbuch*. Frankfurt a. M./New York 2009, S. 250–267.
Tsing, Anna u.a. (Hg.): *Arts of Living on a Damaged Planet. Ghosts of the Anthropocene*. Minneapolis/London 2017.
Tsivian, Yuri: Stilisten der 10er Jahre. Franz Hofer und Jegenij Bauer. In: Elsaesser, Thomas/Wedel, Michael (Hg.): *Kino der Kaiserzeit. Zwischen Tradition und Moderne*. München 2002, S. 379–400.
Turner, R. Steven: Helmholtz, Sensory Physiology, and the Disciplinary Development of German Psychology. In: Woodward, William R./Ash, Mitchell G. (Hg.): *The Problematic Science: Psychology in Nineteenth-Century Thought*. New York 1982, S. 147–166.
Uhlenbrok, Katja (Hg.): *MusikSpektakelFilm: Musiktheater und Tanzkultur im deutschen Film 1922-1937*. München 1998.
Ulrich, Bernd: Nerven und Krieg. Skizzierung einer Beziehung. In: Loewenst, Bedrich (Hg.): *Geschichte und Psychologie. Annäherungsversuche*. Pfaffenweiler 1992, S. 163–192.
Ulrich, Bernd/Ziemann, Benjamin (Hg.): *Frontalltag im Ersten Weltkrieg. Wahn und Wirklichkeit, Quellen und Dokumente*. Frankfurt a. M. 1994.
Unrau, Rona: *Eine Symphonie des Grauens* or The Terror of Music: Murnau's *Nosferatu*. In: *Literature/Film Quarterly* 24, Nr. 3 (Juli 1996), S. 234–240.
Urrichio, William: Der Erste Weltkrieg und die Krise in Europa. In: Nowell-Smith, Geoffrey (Hg.): *Geschichte des internationalen Films*. Stuttgart/Weimar 1998, S. 58–64 (engl. 1996).

Usai, Paolo C./Codelli, Lorenzo (Hg.): *Before Caligari. German Cinema, 1895-1920. Prima di Caligari. Cinema tedesco, 1895-1920.* Pordenone/Wisconsin 1990.
Varchmin, Joachim/Radkau, Joachim: *Kraft, Energie und Arbeit. Energie und Gesellschaft.* Reinbek bei Hamburg 1981.
Vardac, A. Nicholas: *Stage to Screen. Theatrical Method from Garrick to Griffith.* Cambridge, MA 1949.
The Velvet Light Trap: A Critical Journal of Film und Television 37 (Spring 1996).
Verhey, Jeffrey: Der Geist von 1914. In: Spilker, Rolf/Ulrich, Bernd (Hg.): *Der Tod als Maschinist. Der industrialisierte Krieg 1914-1918.* Bramsche 1998, S. 47–53.
Verwey, Gerlof: Müller und das Leib-Seele-Verhältnis. In: Hagner, Michael/Wahrig-Schmidt, Bettina (Hg.): *Johannes Müller und die Philosophie.* Berlin 1992, S. 172–190.
Vettel-Becker, Patricia: *Shooting From the Hip: Photography, Masculinity, and Postwar America.* Minneapolis 2005.
Virilio, Paul: *Krieg und Kino. Logistik der Wahrnehmung.* Frankfurt a.M. 1989 (ital. 1984).
Völger, Gisela/Welck, Karin von (Hg.): *Männerbünde – Männerbande. Zur Rolle des Mannes im Kulturvergleich.* Köln 1990.
Vogl-Bienek, Ludwig: Die historische Projektionskunst. Eine offene geschichtliche Perspektive auf den Film als Aufführungsereignis. In: *KINtop: Jahrbuch zur Erforschung des frühen Films* 3 (194), S. 1–32.
Volkert, Klaus Th.: *Die Krise der Anschauung: eine Studie zu formalen und heuristischen Verfahren der Mathematik seit 1850.* Göttingen 1997.
Volkov, Shulamit: *Antisemitismus als kultureller Code.* München ²2000a.
Volkov, Shulamit: *Die Juden in Deutschland 1780-1918.* München 2000b.
Vondung, Klaus: *Magie und Manipulation. Ideologischer Kult und politische Religion des Nationalsozialismus.* Göttingen 1971.
Vossen, Ursula: Die große Attraktion. Opern- und Operettensänger im deutschsprachigen Tonfilm. In: Uhlenbrok, Katja (Hg.): *MusikSpektakelFilm. Musiktheater und Tanzkultur im deutschen Film 1922-1937.* München 1998, S. 105–122.
Vossen, Ursula (Hg.): *Horrorfilm.* Stuttgart 2004.
Wagner, Leonie: Totalitäre Projektionen. Zum Verhältnis von Weiblichkeit und Politik im Nationalsozialismus. In: Korotin, Ilse/Serloth, Barbara (Hg.): *Gebrochene Kontinuitäten? Zur Rolle und Bedeutung des Geschlechterverhältnisses in der Entwicklung des Nationalsozialismus.* Innsbruck/Wien/München 2000, S. 131–150.
Wahl, Chris: Babel's Business – On Ufa's Multiple Language Film Versions, 1929-1933. In: Rogowski, Christian (Hg.): *The Many Faces of Weimar Cinema. Rediscovering Germany's Filmic Legacy.* Rochester, NY 2010, S. 235–248.
Walgenbach, Katharina: *„Die weiße Frau als Trägerin deutscher Kultur." Koloniale Diskurse über Geschlecht, „Rasse" und Klasse im Kaiserreich.* Frankfurt a. M./New York 2005.
Walser, Karin: *Dienstmädchen. Frauenarbeit und Weiblichkeitsbilder um 1900.* Frankfurt a. M. ¹1985.
Ward, Janet: *Weimar Surfaces, Urban Visual Culture in 1920s Germany.* Berkeley/Los Angeles/London 2001.
Warner, Marina: Waxworks and Wonderlands. In: Cooke, Lynne/Wollen, Peter (Hg.): *Visual Display. Culture Beyond Appearance.* Seattle 1995, S. 54–201.
Webber, Andrew: Secrets and Keys: Psychoanalysis, Modernism, and Film in the Curious Cases of Musil's *Törless* and Pabst's *Geheimnisse einer Seele*. In: *Oxford German Studies* 38, Nr. 2 (2009), S. 188–202.
Weber, Jutta: *Umkämpfte Bedeutungen. Naturkonzepte im Zeitalter der Technoscience.* Frankfurt a. M./New York 2003.
Weber, Jutta/Bath, Corinna (Hg.): *Turbulente Körper, soziale Maschinen. Feministische Studien zur Technowissenschaftskultur.* Opladen 2003.
Weinstein, Jami/Colebrook, Claire (Hg.): *Posthumous Life. Theorizing Beyond the Posthuman.* New York 2017.

Weinstock, Jeffrey: *The Vampire Film. Undead Cinema*. London/New York 2012.
Weiss, Andrea: *Vampires & Violets: Lesbians in Film*. New York 1993.
Weitz, Eric D.: *Weimar Germany. Promise and Tragedy*. Princeton/Oxford 2007.
Welch, David A.: A Medium for the Masses: Ufa and Imperial German Film Propaganda During the First World War. In: *Historical Journal of Film, Radio and Television* 6, Nr. 1 (1986), S. 85–91.
Welch, David A.: Cinema and German Society in Imperial Germany 1905-1918. In: *German History* 8, Nr. 1 (Februar 1990), S. 28–45.
Welch, David A.: *The Third Reich. Politics and Propaganda*. London/New York 1993.
Welch, David A. (Hg.): *Nazi Propaganda: The Power and the Limitations*. London 1983.
Welskopp, Thomas u.a. (Hg.): *Fractured Modernity. America Confronts Modern Times, 1890s to 1940s*. München 2012.
Weniger, Kay: „*Es wird im Leben dir mehr genommen als gegeben …*" *Lexikon der aus Deutschland und Österreich emigrierten Filmschaffenden 1933 bis 1945*. Hamburg [1]2011.
Wenk, Silke: Volkskörper und Medienspiel. Zum Verhältnis von Skulptur und Fotografie im deutschen Faschismus. In: *Kunstforum international* 114 (1991), S. 226–236.
Werner, Frank: ‚Noch härter, noch kälter, noch mitleidloser.' Soldatische Männlichkeit im deutschen Vernichtungskrieg 1941-1944. In: Dietrich, Anette/Heise, Ljiljana (Hg.): *Männlichkeitskonstruktionen im Nationalsozialismus. Formen, Funktionen und Wirkungsmacht von Geschlechterkonstruktionen im Nationalsozialismus und ihre Reflexion in der pädagogischen Praxis*. Frankfurt a. M./Berlin/Bern/Bruxelles/New York/Oxford/Wien 2013, S. 45–63.
Werner, Paul: *Die Skandalchronik des deutschen Films von 1900 bis 1945*. Frankfurt a. M. 1990.
Wessely, Christina: *Künstliche Tiere. Zoologische Gärten und urbane Moderne*. Berlin 2008.
Wetzel, Kraft/Hagemann, Peter: *Zensur. Verbotene deutsche Filme 1933-1945*. Berlin 1978.
White, William L.: *Slaying the Dragon. The History of Addiction Treatment and Recovery in America*. Bloomington, Ill. 1998.
Widdig, Bernd: *Culture and Inflation in Weimar Germany*. Berkeley/Los Angeles/London 2001.
Wildenthal, Lora: *German Women for Empire, 1884-1945*. Durham/London 2001.
Wildenthal, Lora: Gender and Colonial Politics after the Versailles Treaty. In: Canning, Kathleen u.a. (Hg.): *Weimar Publics/Weimar Subjects. Rethinking the Political Culture of Germany in the 1920s*. New York/Oxford 2010, S. 339–359.
Wilke, Jürgen (Hg.): *Telegraphenbüros und Nachrichtenagenturen in Deutschland*. München/London/New York/Paris 1991.
Willems, Wim: *In Search of the True Gypsy: From Enlightment to the Final Solution*. London/Portland 1997.
Willett, John: *Art and Politics in the Weimar Period: The New Sobriety, 1917-1933*. New York 1978.
Williams, Linda: Pornografische Bilder und die ‚körperliche Dichte des Sehens'. In: Kravagna, Christian (Hg.): *Privileg Blick. Kritik der visuellen Kultur*. Berlin [1]1997, S. 65–97.
Williams, Linda: Melodrama Revisited. In: Browne, Nick (Hg.): *Refiguring American Film Genres: History and Theory*. Berkeley 1998, S. 42–88.
Williams, Linda: *Hardcore. Power, Pleasure, and „The Frenzy of the Visible"*. Berkeley/Los Angeles/London [2]1999.
Williamson, Milly: *The Lure of the Vampire: Gender, Fiction and Fandom from Bram Stoker to Buffy*. London 2005.
Winkel, Roel Vande/Welch, David A. (Hg.): *Cinema and the Swastika. The International Expansion of Third Reich Cinema*. Houndsmill/New York 2007.
Winkler, Klaus: *Fernsehen unterm Hakenkreuz. Organisation, Programm, Personal*. Köln/Weimar/Wien 1994.
Winkler-Mayerhöfer, Andrea: *Starkult als Propagandamittel? Studien zum Unterhaltungsfilm im Dritten Reich*. München 1992.

Winter, Sebastian: Sippengemeinschaft statt Männerbund. Über die historische Genese der Männlichkeitsentwürfe in der SS und die ihnen unterliegende Psychodynamik. In: Dietrich, Anette/Heise, Ljiljana (Hg.): *Männlichkeitskonstruktionen im Nationalsozialismus. Formen, Funktionen und Wirkungsmacht von Geschlechterkonstruktionen im Nationalsozialismus und ihre Reflexion in der pädagogischen Praxis.* Frankfurt a. M./Berlin/Bern/Bruxelles/New York/Oxford/Wien 2013, S. 65–81.

Winter, Jay: *Sites of Memory, Sites of Mourning. The Great War in European Cultural Memory.* Oxford 1995.

Winter, Jay u.a. (Hg.): *Der Erste Weltkrieg und das 20. Jahrhundert.* Hamburg 2002 (engl. 2000).

Wirkus, Bernd (Hg.): *Die kulturelle Moderne zwischen Demokratie und Diktatur. Die Weimarer Republik und danach.* Konstanz 2007.

Wischermann, Clemens/Shore, Elliott (Hg.): *Advertising and the European City. Historical Perspectives.* Aldershot 2000.

Witte, Karsten: Filme im Nationalsozialismus. In: Jacobsen, Wolfgang u.a. (Hg.): *Geschichte des deutschen Films. Band 1.* Stuttgart ²2004, S. 117–166.

Wollrich, Erika (Hg.): *Deutsche Universal: Transatlantische Verleih- und Produktionsstrategien eines Hollywoodstudios in den 1920er und 1930er Jahren.* München 2001.

Wolter, Stefanie: *Die Vermarktung des Fremden: Exotismus und die Anfänge des Massenkonsums.* Frankfurt a. M./New York 2005.

Woodward, William R.: Wundt's Program for the New Psychology: Vicissitudes of Experiment, Theory, and System. In: Ders./Ash, Mitchell G. (Hg.): *The Problematic Science: Psychology in Nineteenth-Century Thought.* New York 1982, S. 167–197.

Woodward, William R./Ash, Mitchell G. (Hg.): *The Problematic Science: Psychology in Nineteenth-Century Thought.* New York 1982.

Wortmann, Rolf: Das Bild vom Krieg vor 1914. In: Spilker, Rolf/Ulrich, Bernd (Hg.): *Der Tod als Maschinist. Der industrialisierte Krieg 1914-1918.* Bramsche 1998, S. 23–31.

Wulf, Joseph: *Presse und Rundfunk im Dritten Reich. Eine Dokumentation.* Hamburg 1966.

Wulff, Hans J.: *Ein Lied geht um die Welt* (1933/1958): Die Wandlungen des Sängerfilms oder Der Sänger Joseph Schmidt als Genrefigur und als historische Person. In: *Lied und populäre Kultur/Song and Popular Culture. Jahrbuch des Deutschen Volksliedarchivs* 55 (2010), S. 199–207.

Yangwen, Zheng: *The Social Life of Opium in China.* Cambridge 2005.

Yeazell, Ruth B. (Hg.): *Sex, Politics, and Science in the Nineteenth-Century Novel.* Baltimore 1990.

Zglinicki, Friedrich von: *Der Weg des Films. Textband.* Hildesheim/New York 1979.

Zimmermann, Andrew: *Anthropology and Antihumanism in Imperial Germany.* Chicago/London 2001.

Zimmermann, Andrew: Ethnologie im Kaiserreich. Nation, Kultur und ‚Rasse' in Deutschland und seine Kolonien. In: Conrad, Sebastian/Osterhammel, Jürgen (Hg.): *Das Kaiserreich transnational. Deutschland und die Welt 1871-1914.* Göttingen 2004, S. 191–212.

Zimmermann, Anja: Ästhetik der Objektivität. Naturwissenschaftliche und ästhetische Bildproduktionen und die Konstruktion von Geschlecht seit dem 18. Jahrhundert. In: Karentzos, Alexandra u.a. (Hg.): *Körperproduktionen. Zur Artifizialität der Geschlechter.* Marburg 2002, S. 128–144.

Zimmermann, Clemens: Filmwissenschaft im Nationalsozialismus. In: Kohnle, Armin/Engehausen, Frank (Hg.): *Zwischen Wissenschaft und Politik. Studien zur deutschen Universitätsgeschichte. Festschrift für Eike Wolgast zum 65. Geburtstag.* Stuttgart 2001, S. 203–217.

Zimmermann, Clemens: Landkino im Nationalsozialismus. In: *Archiv für Sozialgeschichte,* Nr. 41 (2005), S. 231–243.

Zimmermann, Clemens: From Propaganda to Modernization: Media Policy and Media Audiences Under National Socialism. In: *German History* 24, Nr. 3 (2006), S. 431–454.

Zinn, Alexander: *Die soziale Konstruktion des homosexuellen Nationalsozialisten. Zu Genese und Etablierung eines Stereotyps.* Frankfurt a. M. 1997.

Zinn, Alexander: Homophobie und männliche Homosexualität in Konzentrationslagern. Zur Situation der Männer mit dem rosa Winkel. In: Eschebach, Insa (Hg.): *Homophobie und Devianz. Weibliche und männliche Homosexualität im Nationalsozialismus*. Berlin 2012, S. 79–96.
Zox-Weaver, Annalisa: *Women Modernists and Fascism*. Cambridge/Melbourne/Cape Town/Singapore/São Paulo/Delhi/Tokyo/Mexico City 2011.

Quellen

Albersmeier, Franz-J. (Hg.): *Texte zur Theorie des Films*. Stuttgart 1984.
Altenloh, Emilie: *Zur Soziologie des Kinos. Die Kino-Unternehmung und die sozialen Schichten ihrer Besucher*. Jena 1914.
Arnheim, Rudolf: *Kritiken und Aufsätze zum Film*. München/Wien 1977.
Balázs, Bela: *Der sichtbare Mensch oder die Kultur des Films* [1924]. Frankfurt a. M. [1]2001.
Baudelaire, Charles: *Les paradis artificiels. Opium et Haschisch*. Paris 1860.
Benjamin, Walter: Über einige Motive bei Baudelaire [1939]. In: Ders.: *Illuminationen. Ausgewählte Schriften I*. Frankfurt a. M. [1]1977, S. 230–250.
Benjamin, Walter: Haschisch in Marseille [1932]. In: Ders.: *Illuminationen. Ausgewählte Werke, Band 1*. Frankfurt a. M. [1]1977, S. 325–332.
Benjamin, Walter: Das Kunstwerk im Zeitalter seiner technischen Reproduzierbarkeit [1936-1939]. In: Ders.: *Gesammelte Schriften. Unter Mitwirkung von Theodor W. Adorno und Gershom Scholem, Band 12*. Frankfurt a. M. [1]1974, S. 471–508.
Benjamin, Walter: Theorien des deutschen Faschismus [1930]. In: Ders.: *Gesammelte Schriften. Band 3*. Frankfurt a. M. [1]1991, S. 238–250.
Benjamin, Walter: Berliner Kindheit um 1900. In: Ders.: *Berliner Chronik/Berliner Kindheit um 1900. Band 11*. Zwei Teilbände. Frankfurt a. M. 2019.
Bie, Richard/Mühr, Alfred: *Die Kulturwaffen des neuen Reiches. Briefe an Führer, Volk und Jugend*. Jena 1933.
Blüher, Hans: Darlegung einer neuen Begründung zur Aufhebung des § 175 R.-Str.-G. In: *Kraft und Schönheit: Zeitschrift für vernünftige Leibeszucht* 8 (1913), S. 568–575.
Blüher, Hans: *Die Wandervogelbewegung als erotisches Phänomen*. Berlin 1912.
Body, N. O.: *Aus eines Mannes Mädchenjahren*. Berlin [4]1907.
Brentani, Mario Heil de: Über den Volksfilm *Robert und Bertram*. In: *Licht-Bild-Bühne* vom 14. Juli 1939, S. 161.
Buchner, Hans: *Im Banne des Films. Die Weltherrschaft des Kinos*. München 1927.
Debries, Erwin: *Hollywood. Wie es wirklich ist*. Zürich/Leipzig 1930.
Dvorak, Robert: Macht und Technik. In: *Die neue Rundschau* 51, Nr. 12 (Dezember 1940), S. 80–83.
Dvorak, Robert: Tempo, Zeit, Dauer. In: *Die neue Rundschau* 49, Nr. 7 (Juli 1938), S. 410–416.
Dvorak, Robert: Der Tod und die Macht. In: *Die neue Rundschau* 51, Nr. 7 (Juli 1949), S. 438–441.
Dvorak, Robert: Die Zeit als Hörspiel. In: *Die neue Rundschau* 51, Nr. 7 (Juli 1940), S. 414–415.
Eger, Lydia: *Kinoreform und Gemeinden*. Dresden 1920.
Eisenstein, Sergej M. u.a.: Manifest zum Tonfilm [russ. 1928]. In: Franz-J. Albersmeier (Hg.): *Texte zur Theorie des Films*. Stuttgart: Reclam Verlag 1984, S. 54–57.
Engl, Jo: *Der tönende Film. Das Tri Ergon Verfahren und seine Anwendung*. Braunschweig 1927.
Evola, Julius: Kultur der Zeit und Kultur des Raumes. In: *Europäische Revue* 12, Halbband 1 (Juli-Dezember 1936), S. 564–568.
Findahl, Theo: *Traumland Hollywood im Tageslicht. Eindrücke*. München 1939.
Fischer, Fritz/Lichte, Hugo (Hg.): *Der Tonfilm. Aufnahme und Wiedergabe nach dem Klangfilm-Verfahren (System Tobis-Klangfilm)*. Leipzig 1931.
Forch, Carl: Sensation im Kinodrama und anderwärts. In: *Bild und Film* 2, Nr. 7 (1912/1913), S. 164–165.

Freud, Sigmund: Über Coca. In: *Centralblatt für die gesamte Therapie* (1884), t II, S. 289–314.
Friedjung, Josef K. u.a. (Hg.): *Sexualnot und Sexualreform. Verhandlungen der Weltliga für Sexualreform. Bericht des IV. Kongresses.* Wien 1931.
Friedländer, Benedict: Bemerkung zu dem Artikel des Herrn Dr. Rüdin über die Rolle der Homosexuellen im Lebensprozess der Rasse. In: *Archiv für Rassen- und Gesellschaftsbiologie einschließlich Rassen- und Gesellschaftshygiene: Zeitschrift für die Erforschung des Wesens von Rasse und Gesellschaft und ihres gegenseitigen Verhältnisses für die biologischen Bedingungen ihrer Erhaltung und Entwicklung sowie für die grundlegenden Probleme der Entwicklungslehre; wissenschaftliches Organ der Deutschen Gesellschaft für Rassenhygiene und des Reichsausschusses für Volksgesundheitsdienst* ½ (1904), S. 219–225.
Friedländer, Benedict: Schadet die soziale Freigabe des homosexuellen Verkehrs der kriegerischen Tüchtigkeit der Rasse? In: *Jahrbuch für sexuelle Zwischenstufen* 1, Nr. 7 (1905), S. 463–470.
Gabler, Werner: *Die Akustik des Tonfilmtheaters*. Halle 1932.
Giese, Fritz: *Girlkultur: Vergleiche zwischen amerikanischem und europäischem Rhythmus und Lebensgefühl*. München 1925.
Groll, Gunter: *Film. Die unentdeckte Kunst*. München 1937.
Häfker, Hermann: *Der Kino und die Gebildeten*. Mönchengladbach 1915.
Groll, Gunter: *Kunst und Kino*. Mönchengladbach 1913.
Hahn, Hans-J.: *Der Tonfilm. Grundlagen und Praxis seiner Aufnahme, Bearbeitung und Vorführung*. Berlin ³1939 (zuerst von Umbehr/Wollenberg 1930).
Halfeld, Adolf: *Amerika und der Amerikanismus: kritische Betrachtungen eines Deutschen und Europäers*. Jena 1927.
Hardie, Martin/Sabin, Arthur K. (Hg.): *War Posters Issued by Belligerent and Neutral Nations 1914-19*. London 1920.
Harms, Rudolf: *Die Philosophie des Films. Seine ästhetischen und metaphysischen Grundlagen*. Zürich 1924.
Hatschek, Paul: *Grundlagen des Tonfilms*. Halle 1931.
Herkt, Günther: *Das Tonfilmtheater. Umbau, Neubau, Tongerät, Betrieb, Vorführer*. Berlin 1931.
Hippler, Fritz: *Betrachtungen zum Filmschaffen*. Berlin ⁴1942.
Hirschfeld, Magnus: *Berlins Drittes Geschlecht. Großstadt-Dokumente. Band 3*. Berlin/Leipzig 1904.
Hirschfeld, Magnus: *Geschlechtskunde. Band 3*. Stuttgart 1930.
Hirschfeld, Magnus (Hg.): *Jahrbuch für sexuelle Zwischenstufen unter besonderer Berücksichtigung der Homosexualität (Vierteljahresschrift des wissenschaftlich-humanitären Komittees)* (1899-1923).
Hirschfeld, Magnus/Gaspar, Andreas (Hg.): *Sittengeschichte des Ersten Weltkrieges*. Hanau a. M. ¹1929.
Ihering, Herbert: Ein Tonfilm? Die Melodie der Welt [1929]. In: Ders.: *Von Reinhardt bis Brecht. Vier Jahrzehnte Theater und Film. Band 2*. Berlin 1959, S. 566–576.
Ihering, Herbert: Ein expressionistischer Film [1920]. In: Ders.: *Von Reinhardt bis Brecht. Vier Jahrzehnte Theater und Film. Band 1*. Berlin 1961, S. 374.
Jason, Alexander: Der Film unter jüdischer Herrschaft. (Sonderdruck *Süddeutsche Monatshefte* 4 (Januar 1936)).
Jason, Alexander: *Der Film in Ziffern und Zahlen. Die Statistik der Lichtspielhäuser in Deutschland 1895-1925*. Berlin 1925.
Jasper, P. Gerhard: *Vom Film*. Bethel bei Bielefeld 1934.
Kahan, Hans: *Dramaturgie des Tonfilms*. Berlin 1930.
Kalbus, Oskar: *Vom Werden deutscher Filmkunst. Band 2*. Altona-Bahrenfeld 1935.
Kestenberg, Leo (Hg.): *Kunst und Technik*. Berlin 1930.
Kienzl, Hermann: Theater und Kinematograph [1911]. In: Schweinitz, Jörg (Hg.): *Prolog vor dem Film. Nachdenken über ein neues Medium 1909-1914*. Leipzig ¹1992, S. 230–234.
Koch, Heinrich: Gehalt und Gestalt deutscher Filmkunst. In: Koch, Heinrich/Braune, Heinrich: *Von deutscher Filmkunst. Gehalt und Gestalt*. Berlin 1943, o. A.

Koch, Heinrich/Braune, Heinrich: *Von deutscher Filmkunst. Gehalt und Gestalt.* Berlin 1943.
Kolb, Richard/Siekmeier, Heinrich (Hg.): *Rundfunk und Film im Dienste nationaler Kultur.* Düsseldorf 1933.
Kracauer, Siegfried: *Die Angestellten. Aus dem neuesten Deutschland* [1930]. Frankfurt a. M. [1]1971.
Kracauer, Siegfried: *Von Caligari bis Hitler. Ein Beitrag zur Geschichte des deutschen Films.* Hamburg 1958.
Kracauer, Siegfried: *Der Detektiv-Roman. Ein philosophischer Traktat* [1922]. Frankfurt a. M. [1]1979.
Kracauer, Siegfried: *Das Ornament der Masse. Essays* [1929]. Frankfurt a. M. [1]1977.
Kracauer, Siegfried: *Theorie des Films: Die Errettung der äußeren Wirklichkeit* [engl. 1960]. Frankfurt a. M. [1]1985.
Kraeplin, Prof. Dr. Emil: Psychiatrische Randbemerkungen zur Zeitgeschichte. In: *Kriegshefte der Süddeutschen Monatshefte* (April 1919 bis September 1919), S. 171–183.
Kriegk, Dr. Otto: *Der deutsche Film im Spiegel der Ufa. 25 Jahre Kampf und Vollendung.* Berlin 1943.
Krünes, Erik: Das Star-Unwesen im Film. In: Kolb, Richard/Siekmeier, Heinrich (Hg.): *Rundfunk und Film im Dienste nationaler Kultur.* Düsseldorf 1933, S. 374–386.
Kurtz, Rudolf: *Expressionismus und Film.* Berlin 1926.
Langer, Resi: *Kinotypen. Vor und hinter den Filmkulissen. Zwölf Kapitel aus der Kinderstube des Films.* Hannover 1919.
Lehrschau der Universum-Film Aktiengesellschaft (Hg.): *Das deutsche Filmschrifttum. Eine Bibliographie der Bücher und Zeitschriften über das Filmwesen.* Leipzig 1940.
Lichte, Hugo/Narath, Albert: *Physik und Technik des Tonfilms.* Leipzig [3]1945.
Lolhöffel, Erich: *Wie ein Tonfilm entsteht.* Halle 1933.
Lukács, Georg: Gedanken zu einer Ästhetik des Kinos [1911]. In: Kaes, Anton (Hg.): *Kino-Debatte. Texte zum Verhältnis von Literatur und Film 1909-1929.* Tübingen 1978, S. 112–118.
Märten, Lu: *Historisch-Materialistisches über Wesen und Veränderung der Künste (eine pragmatische Einleitung).* Berlin 1921.
Dr. M-I (Dr. Mendel): Geheimnisse einer Seele. In: *Lichtbild-Bühne* (25. März 1926), o. A., http://www.filmgalerie.de/2006/05/13.htm (03.07.2019).
Michaelis, Heinz: Zum Problem des Sittenfilms. In: *Film-Kurier* Nr. 196 (21. August 1925), abgedruckt in CineGraph (Hg.): *CinErotikon. Materialien zum 12. Internationalen Filmhistorischen Kongress, Hamburg 4.-7. November 1999.* München 1999, http://www.cinegraph.de/kongress/99/k12_06.html (03.07.2019).
Michel, Wilhelm: Unser Verhältnis zum Hausgerät. In: *Deutsche Kunst und Dekoration* 20 (1907), S. 166–171.
Münsterberg, Hugo: *Das Lichtspiel. Eine psychologische Studie (1916) und andere Schriften zum Kino* [1916]. Wien 1996 (engl. 1916).
Neumann, Carl u.a.: *Film-„Kunst", Film-Kohn, Film-Korruption. Ein Streifzug durch vier Filmjahrzehnte.* Berlin 1937.
Oertel, Rudolf: *Filmspiegel. Ein Brevier aus der Welt des Films.* Wien 1941.
Opfermann, H. C.: *Die Geheimnisse des Spielfilms. Ein Buch für Filmer und Leute, die gerne ins Kino gehen.* Berlin 1938.
Ostwald, Hans: *Großstadt-Dokumente.* Berlin/Leipzig 1904-1908.
Palágyi, Menyhért: *Neue Theorie des Raumes und der Zeit. Die Grundbegriffe einer Metageometrie.* Leipzig 1901.
Pinthus, Kurt (Hg.): *Kino-Buch.* Leipzig 1913.
Plättner, Karl: *Eros im Zuchthaus. Eine Beleuchtung der Geschlechtsnot der Gefangenen, bearbeitet auf der Grundlage von Eigenerlebnissen, Beobachtungen und Mitteilungen in achtjähriger Haft.* Berlin 1929.
Quincey, Thomas de: Confessions of an English Opium Eater. In: *London Magazine* 1821/22.
Rennert, Malwine: Victor Hugo und der Kino. Französische und deutsche Filmkunst. In: *Bild und Film* 2, Nr. 6 (1912/1913), S. 129–131.
Ross, Colin: *Unser Amerika: Der deutsche Anteil an den Vereinigten Staaten.* Leipzig 1936.

Ruttmann, Walter: Technik und Film. In: Kestenberg, Leo (Hg.): *Kunst und Technik*. Berlin 1930, S. 325–331.
Sachs, Hanns: *Psychoanalyse: Rätsel des Unbewussten*. Berlin 1926.
Samuleit, Paul/Born, Emil: *Der Kinematograph als Volks- und Jugendbildungsmittel*. Berlin 1914.
Schneider, Albert: Robert und Bertram. In: *Licht-Bild-Bühne* (15. Juli 1939), S. 162.
Schwerber, Peter: *Nationalsozialismus und Technik. Die Geistigkeit der nationalsozialistischen Bewegung*. München 1932.
Sellmann, Adolf: *Der Kinematograph als Volkserzieher?* Langensalza 1912.
Serner, Walter: Kino und Schaulust. In: *Die Schaubühne* 9 (1913), S. 807–811.
Singer, Dr. Kurt: Das Kriegsende und die Neurosenfrage. In: *Neurologisches Zentralblatt: Übersicht der Leistungen auf dem Gebiete der Anatomie, Physiologie, Pathologie und Therapie des Nervensystems einschließlich der Geisteskrankheiten* 39 (1919), S. 330–334.
Skaupy, Franz: *Die Grundlagen des Tonfilms. Bearbeitet unter Mitwirkung von May Wolff*. Berlin 1932.
Sternheim, Julius: Wer soll einen Aufklärungsfilm schreiben? In: *Lichtbild-Bühne*, Nr. 17 (27. April 1918), abgedruckt in CineGraph (Hg.): *CinErotikon. Materialien zum 12. Internationalen Filmhistorischen Kongress, Hamburg 4.-7. November 1999*. München 1999, http://www.cinegraph.de/kongress/99/k12_06.html (03.07.2019).
Stindt, Georg O.: *Das Lichtspiel als Kunstform. Die Philosophie des Films. Regie, Dramaturgie und Schauspieltechnik*. Bremerhaven 1924.
Stirner, Max: *Der Einzige und sein Eigentum*. Leipzig 1845.
Strohm, Walter: *Die Umstellung der deutschen Filmwirtschaft vom Stummfilm auf den Tonfilm unter dem Einfluß des Tonfilmpatentmonopols*. Freiburg i. Breisgau 1934.
Tannenbaum, Herbert: *Kino & Theater*. München 1912.
Toller, Ernst: Gefangenschaft und Sexualität. In: Friedjung, Josef K. u.a. (Hg.): *Sexualnot und Sexualreform. Verhandlungen der Weltliga für Sexualreform. Bericht des IV. Kongresses*. Wien 1931, S. 48–56.
Traub, Hans: *Zeitung, Film, Rundfunk. Die Notwendigkeit ihrer einheitlichen Betrachtung*. Berlin 1933.
Traub, Hans (Hg.): *Die Ufa. Ein Beitrag zur Entwicklungsgeschichte des deutschen Filmschaffens*. Berlin 1943.
Ulrich, Hermann/Timmling, Walter: *Film, Kitsch, Kunst, Propaganda*. Oldenburg 1933.
Umbehr, Heinz/Wollenberg, Hans: *Der Tonfilm. Grundlagen und Praxis seiner Aufnahme und Wiedergabe*. Berlin ²1932.
Universum-Film Aktiengesellschaft (Hg.): *Das deutsche Filmschrifttum. Eine Bibliographie der Bücher und Zeitschriften über das Filmwesen*. Leipzig 1940.
Warschauer, Frank: Die Zukunft der Technisierung. In: Kestenberg, Leo (Hg.): *Kunst und Technik*. Berlin 1930, S. 409–446.
Wehrlau, Karl: *Das Lichtbild in der Werbung für Politik, Kultur und Wirtschaft. Seine geschichtliche Entwicklung und gegenwärtige Bedeutung*. Würzburg 1939.
Werder, Peter von: *Trugbild und Wirklichkeit. Aufgaben des Films im Umbruch der Zeit*. Leipzig ²1943.
Wiene, Robert: Expressionismus im Film. In: *Berliner Börsen-Courier* (30. Juli 1922), abgedruckt in: Belach, Helga/Bock, Hans-M. (Hg.): *Das Cabinett des Dr. Caligari. Drehbuch von Carl Meyer und Hans Janowitz zu Robert Wienes Film von 1919/1920*. München 1995, S. 149–152.
Die Woche 33, Nr. 27 (04. Juli 1931) (Sonderheft zum Ton-Film)
Worringer, Wilhelm: *Abstraktion und Einfühlung. Ein Beitrag zur Stilpsychologie*. München 1908.
Zerlett, Hans H.: Landstreicher im Himmel. Gespräch mit Hans H. Zerlett über den Film ‚Robert und Bertram'. In: *Film-Kurier*, Nr. 14 (17. Januar 1939).

Printed by Printforce, the Netherlands